Das Buch

Die historische Methode der Bibelauslegung, die die Gefühle, Sehnsüchte, Ahnungen und Intuitionen der Seele mißachtet, greift nach der Erkenntnis Eugen Drewermanns zu kurz. Denn die heutige Tiefenpsychologie hat gezeigt, wie lebenswichtig die Botschaften der Psyche in Träumen, Imaginationen und neurotischen Symptomen sind und wie sehr diese Botschaften auf die transzendente Dimension hinweisen. Die Wundererzählungen der Bibel können daher nur wirklich begriffen werden, wenn man auf die Erfahrung der Psychoanalyse und der Psychosomatik zurückgreift, aber ebenso auch auf das Wunderverständnis der Naturvölker und des Griechentums. Ähnliches gilt für die Erscheinungs- und Berufungserzählungen, die Visionen und Prophetien, vor allem aber für die Apokalypsen und Eschatologien. Ja selbst die historischen Erzählungen, die Streitgespräche und Gleichnisse verlangen nach Drewermanns Meinung eine psychologische Auslegungskomponente. Er macht deutlich, daß das Objektivitätsideal der Neuzeit dahin zu revidieren ist, zeigt aber auch die Grenzen der tiefenpsychologischen Hermeneutik auf.

Der Autor

Eugen Drewermann, 1940 in Bergkamen bei Dortmund geboren, studierte Philosophie in Münster, Theologie in Paderborn, Psychologie in Göttingen und habilitierte sich in katholischer Theologie. Er war Priester und Dozent in Paderborn, bis er wegen seiner grundlegenden Kirchenkritik in Auseinandersetzung mit der katholischen Amtskirche geriet. Er ist seitdem als Schriftsteller und Therapeut tätig. Veröffentlichungen u.a.: «Das Markusevangelium» (2 Bände 1987–1988), «Kleriker» (1989), «Das Matthäusevangelium» (1992), «Lieb Schwesterlein, laß mich herein» und «Rapunzel, Rapunzel, laß dein Haar herunter» (Märcheninterpretationen 1992), «Giordano Bruno oder: Der Spiegel des Unendlichen» (1992), «Glauben in Freiheit» (1993).

Eugen Drewermann:
Tiefenpsychologie und Exegese 2
Die Wahrheit der Werke und der Worte
Wunder, Vision, Weissagung,
Apokalypse, Geschichte, Gleichnis

Deutscher
Taschenbuch
Verlag

Von Eugen Drewermann
sind im Deutschen Taschenbuch Verlag erschienen:
Kleriker (30010)
Tiefenpsychologie und Exegese 1 (30376)
Lieb Schwesterlein, laß mich herein (35050)
Rapunzel, Rapunzel, laß dein Haar herunter (35056)

Ungekürzte Ausgabe
Dezember 1993
Deutscher Taschenbuch Verlag GmbH & Co. KG, München

ISBN 3-530-16852-1
Umschlaggestaltung: Dieter Brumshagen unter Verwendung
eines Gemäldes von Hans Memling
Satz: Digital Type & Picture AG, Wiedlisbach, Schweiz
Druck und Bindung: C.H. Beck'sche Buckdruckerei, Nördlingen
Printed in Germany • ISBN 3-423-30377-8

Der Zweck einer Fischreuse ist, Fische zu fangen.
Wenn die Fische gefangen sind, denkt man nicht mehr an die Reuse.
...
Der Zweck von Worten ist, Gedanken mitzuteilen.
Wenn die Gedanken verstanden sind, denkt man nicht mehr an die Worte.
Wo finde ich den Mann, der Worte vergessen hat?
Mit ihm möchte ich sprechen.
Th. Merton: Sinfonie für einen Seevogel, 129

Inhalt

Einführung: Von vier Gefahren der Theologie – der Exegese aber im besonderen 13

1. Das erfahrungslose Sprechen von fremden Erfahrungen oder: Das Brotgelehrtentum 13
2. Die Zerstörung der Bilder oder: Der Rationalismus der Schriftauslegung 18
3. Das Beurteilen nach dem Erfolg oder: Die professorale Distanz geschichtlicher Forschung 22
4. Die Verleugnung der zentralen Alternative von Angst und Glauben oder: Der Gang des Petrus über das Wasser 27

Standort und Überblick 36

I. Zur psychologischen Eigenart und Auslegung von Novellen (Wundergeschichten) 43

1. Das philosophische Problem der Wundergeschichten oder: Von der Zerstörung des Gefühls 46
2. Der Offenbarungseid der historisch-kritischen Wunderauslegung und der Streit der Konfessionen 64
3. Das Wunderverständnis der Naturvölker 74
   a) Wie ein Schamane fähig wird, zu heilen 79
   b) Was eine Krankheit ist 95
   c) Was im Fall der Krankheit heilen kann 105
4. Was Bibelexegese und christliche Theologie von den Schamanen bezüglich der Wunderheilungen zu lernen haben 114
   a) Die Faktizität des Heilungswunders 123
   b) Die Notwendigkeit der Körperlichkeit des Glaubens 125
   c) Über den Zusammenhang von Wunder, Sakrament und Glaube sowie von einer Besonderheit im Wirken Jesu 129

5. Parallelen in der antiken Welt oder: Das Beispiel göttlicher Ärzte . . 141
a) Pythagoras oder: Die Heilung durch die Harmonie 143
b) Empedokles oder: Die Heilung durch das Wort und die Frage der «Naturwunder» 158
c) Orpheus oder: Die Heilung durch die Musik 169
d) Chiron, Asklepios und die Wunder von Epidauros oder: Die Heilung durch den Traum 174

6. Psychoanalytische und psychosomatische Auslegungsregeln antiker Wundererzählungen 188
a) Das psychoanalytische Verfahren der Traumheilung im Vergleich zur schamanistischen Praxis 193
b) Die Psychosomatik der verdrängten Angst 206
1) Konversionssymptome und die Sprache des Volksmundes 210
2) Organneurosen und Charakterstrukturen 221
α) Die schizoide Fehlhaltung 224
β) Die depressive Fehlhaltung 226
γ) Psychotische Steigerungen 228
δ) Die zwangsneurotische Fehlhaltung 231
ε) Die hysterische Fehlhaltung 234

7. Zusammenfassende Regeln und Erkenntnisse zur Interpretation der Wundererzählungen (Novellen) 239
a) Die Wahrheit der Topik und Typik der Wundererzählungen 239
b) Die Allgemeinheit menschlicher Not in den Wundererzählungen 240
c) Der Gegensatz von Angst und Vertrauen als Parameter der Hermeneutik 240
d) Die psychosomatische Diagnostik der Angstzustände 241
e) Die Methode der Einfühlung sowie die Verdichtungs- und Vollständigkeitsregel 241
f) Die Symbolik der Umstände 243
g) Die symbolische Antwort des Heilungsvorgangs 243
h) Die Einheit von priesterlichem und ärztlichem Tun 244
i) Die Einheit von Gottfindung und Selbstfindung 244

8. Zwei Beispiele 246
a) Die Heilung des Besessenen von Gerasa (Mk 5,1–20) 247
1) Historisch-kritische Fragen und Ergebnisse 247
2) Wenn das Leben zum Grab wird 251
3) Die Hölle der Freiheit 253
4) Die Qual der Krankheit und der Heilung 256
5) «Was ist's um Deinen Namen?» 264
6) Durcharbeiten und Ausagieren 268
7) Der Widerstand der Schweinehirten 270
8) Menschlichkeit und Gottesglaube 272
b) Die Heilung der blutflüssigen Frau und der Tochter des Jairus (Mk 5,21–43) 277
1) Historisch-kritische Fragen und Ergebnisse 278
2) Von Alter und Jugend im Leben von Frauen 279
3) Die blutflüssige Frau 281
4) Vom Mut der verstohlenen Zärtlichkeit 285
5) Die offene Bejahung 290
6) Des Vaters armes Töchterlein 295
7) Der wahre Tod und das wahre Leben 301

II. Erscheinungs- und Berufungsgeschichten, Visionen und Prophetien 310

1. Die Unterdrückung der heiligen Gesichte in der Weltsicht des Christentums . . . 311
2. Die Himmelsträume und die Jenseitswanderungen der Schamanen . . 320
3. Differenzierungen . . . 329
   a) Erscheinungs- und Berufungsgeschichten oder: Welches sind Gottes Bilder? 329
   b) Visionen im eigentlichen Sinne oder: Die besänftigende Schau des eigenen Wesens 346
   c) Prophetien und Propheten oder: Visionen zwischen Ich und Du 355
      1) Die absolute Verwiesenheit auf Gott 364
      2) Der Widerspruch von König und Prophet 364
      3) Der Widerspruch von Priester und Prophet 368
      4) Der Widerspruch zum Volk oder: Die Einsamkeit des Propheten 371
      5) Zwischen Fanatismus und Gehorsam 373
4. Beispiele . . . 378
   a) Die Berufung des Mose (Ex 3; 4) 379
   b) Die Erscheinung Jesu am See oder: Zwischen Diesseits und Jenseits (Joh 21,1–14) 392
   c) Die Himmelfahrt des Elija (2 Kön 2,1–15) 423

III. Eschatologien und Apokalypsen 436

1. Begriff und psychische Struktur . . . 436
   a) Eschatologische Visionen 436
      1) Inhalt und Problematik eschatologischer Visionen 436
      2) Theologische Einseitigkeiten in der Hermeneutik eschatologischer Visionen 441
      3) Die Eschatologie – eine regressive Mythologie der Zukunft 447
      4) Die bleibende Wahrheit der eschatologischen Bilder 452
   b) Apokalyptische Schriften 467
      1) Das Wesen der Apokalyptik und ihre Beziehung zur prophetischen Eschatologie 467
      2) Weltuntergangsvorstellungen in der Mythologie und ihre Nähe zum schizophrenen Erleben 473
      3) Die Aufnahme der Apokalyptik im frühen Christentum und die Frage ihrer sachgemäßen Interpretation 486
      4) Altägyptische Analogien zu den christlichen Jenseitshoffnungen und die Wahrheit vom Untergang der Welt 511
2. Als Beispiel: Einige Bemerkungen zur Geheimen Offenbarung des Johannes . . . 541
   a) Gliederung und Aufbau 541
   b) Von der Grenze einer historischen und von der Notwendigkeit einer psychologischen Deutung der Geheimen Offenbarung 546
   c) Einzelauslegung 552
      1) Apk 8,2–9,21: Die Vision der ersten sechs Posaunen 552
      2) Apk 10,1–11: Die Vision des ersten «Zwischenstücks» 557
      3) Apk 11,1–14: Die Vision des zweiten «Zwischenstücks» 559
      4) Apk 12,1–17: Die Vision von der gebärenden Frau und dem Drachen 568

5) Apk 12,18–13,18: Die Vision von dem Tier aus dem Meer und dem Tier aus der Erde 576
6) Apk 14,1–20,6: Die Vision von der Hochzeit des Lammes und dem Sturz der Hure Babylon 580
7) Die bleibende Wahrheit der Geheimen Offenbarung 589

IV. Der psychologische Beitrag zur Interpretation historischer Erzählungen 592

1. Die psychologische Bedeutung der Entdeckung von Geschichte . . . 596
a) Die erlebte Zeit und das Existential der Geschichtlichkeit 597
b) Die «Ungeschichtlichkeit» des mythischen Zyklus als Paradies oder als Verhängnis der menschlichen Existenz 598

2. Der Beitrag der Neurosenlehre zum Verständnis von Zeit 605
a) Die verschiedenen Neuroseformen und die Unterschiede im Zeiterleben 606
b) Von der Ambivalenz des Geschichtlichen im Spannungsfeld von Angst und Glaube oder: Von einer möglichen Synthese zwischen Mythos und Geschichte 613
c) Die Uneigentlichkeit der Zeit im Felde der Angst oder: Der Augenblick ist wichtiger als die Zukunft 620

3. Theologische Geschichtshermeneutik auf dem Hintergrund der Angst oder: Die Frage nach der Theologie oder der Ideologie der Geschichte . . 625

4. Die bleibende Gültigkeit einzelner Schicksale und bestimmter charakterlicher Typen: einige Frauengestalten des Alten und des Neuen Testamentes zum Beispiel 635
a) Das Schicksal Rachels 637
b) Die Frauen im Stammbaum Jesu: Thamar, Rahab, Ruth und Bathseba 640
c) Einige Frauengestalten in der «Thronnachfolgegeschichte Davids» oder: Von der Weisheit des Archetyps der Frau 648
d) Negativaspekte des weiblichen Archetyps: Salome zum Beispiel 654

5. Zwei hermeneutische Konsequenzen zur Auslegung von Geschichtserzählungen 659

V. Zur Auslegung der Wortüberlieferungen 665

1. Die Wortüberlieferungen im engeren Sinne 666
a) Die Isolation der Überlieferung vom historischen Kontext und die existentielle Rekonstruktion des inneren Zusammenhangs 666
b) Die Gefahr ethisierender Mißverständnisse oder: Die Lehrtechnik der Rätselrede 673
c) Formale Gliederung der Redegattungen 681
1) Streit- und Schulgespräche: Die Geschichte vom Zinsgroschen (Mk 12,13–17) zum Beispiel und: Das Gespräch Jesu mit der Frau am Jakobsbrunnen (Joh 4,1–42) 683
α) Die Geschichte vom Zinsgroschen (Mk 12,13–17) 683
β) Das Gespräch Jesu mit der Frau am Jakobsbrunnen (Joh 4,1–42) 686
2) Biographische Apophthegmata (Aussprüche): Die Geschichte vom reichen Jüngling (Mk 10,17–27) zum Beispiel 697
3) Seligpreisungen, Gesetzesworte und Weisungen 707

2. Gleichnisse und Parabeln 712
a) Begriff und Eigenart der Gleichnisse und Parabeln 712
b) Von der immanenten Psychologie der Gleichnisse und ihrer Auslegung 714
1) Deutung als Nachgestaltung 714
2) Das Gesetz der unbewußten Kommunikation 715
3) Die Suche nach den ursprünglichen Adressaten oder: Die primären Hörer sind wir 716
4) Gleichnisrede als Existenzform 721
c) Das Gleichnis als Verbalisationsform von Gefühlen und als Sublimationsform der Antriebe ins Unendliche 725
d) Gleichnis und Traum: der Abschluß des Kreises 735
3. Zwei Beispiele 739
a) Das Gleichnis vom Sämann (Mk 4,3–9; vgl. Mt 13,1–9; Lk 8,4–8) 739
b) Die Parabel von den unterschiedlichen Talenten (Mt 25,14–38; vgl. Lk 19,11–27) 746
4. Zusammenfassende: Regeln zur Interpretation der Worttraditionen . . 753
a) Die Regel der formalen Isolation und der existentiellen Vereinzelung 754
b) Die Innerlichkeitsregel 754
c) Die Personalitätsregel und das Prinzip der Gleichzeitigkeit 754
d) Die Regel vom absoluten Primat des Seins vor dem Tun, des Glaubens vor der Ethik 755
e) Die Regel der paradoxen Brechung von Bewußtsein und Unbewußtem 756
f) Die Regel von der Glaubensgrundlage des Verständnisses gegen die Angst 757
g) Die Regel von der lebendigen Mitte aller Worte 758

VI. Ergebnisse, Antworten und Fragen 760

1. Mögliche (bzw. übliche) Mißverständnisse und ihre Auflösung . . . 760
a) Die Dialektik zwischen historisch-kritischer Exegese und tiefenpsychologischer Hermeneutik 760
b) Die Dialektik zwischen tiefenpsychologischer und theologischer Hermeneutik 762
c) Die Dialektik zwischen protestantischer und katholischer Hermeneutik 773
d) Die Dialektik zwischen «Heidentum» und «Christentum» 776
e) Die Dialektik zwischen tiefenpsychologischer und sozialer Hermeneutik 779
2. Thesen 782
a) Die Revision des Objektivitätsideals der Neuzeit 783
b) Der interpretative Wert von Symbolismus und Gefühl 783
c) Exegese als Integration 784
d) Die notwendigen Verzweigungen der Exegese in Raum und Zeit 785
3. Von den Grenzen auch der tiefenpsychologischen Hermeneutik . . . 787

Bibliographie: Verzeichnis der zitierten Literatur 791
Register 822

Abkürzung: Der recht häufige Querverweis vgl. I... bedeutet: Tiefenpsychologie und Exegese, Band I S. ...

Einführung: Von vier Gefahren der Theologie – der Exegese aber im besonderen

Was soll mir das Lob der Sänger,
wenn ich ein welker Zweig bin,
o grüner Regen!
L. S. Senghor: Schwarzer Orpheus, 8

1. Das erfahrungslose Sprechen von fremden Erfahrungen oder: Das Brotgelehrtentum

«Anders ist der Studierplan, den sich der Brotgelehrte, anders derjenige, den der philosophische Kopf sich vorzeichnet. Jener, dem es bei seinem Fleiß einzig und allein darum zu tun ist, die Bedingungen zu erfüllen, unter denen er zu einem Amte fähig und der Vorteile desselben teilhaftig werden kann, der nur darum die Kräfte seines Geistes in Bewegung setzt, um dadurch seinen sinnlichen Zustand zu verbessern und eine kleinliche Ruhmsucht zu befriedigen – ein solcher wird bei Eintritt in seine akademische Laufbahn keine wichtigere Angelegenheit haben, als die Wissenschaften, die er Brotstudien nennt, von allen übrigen, die den Geist nur als Geist vergnügen, auf das sorgfältigste abzusondern.... Jede Erweiterung seiner Brotwissenschaft beunruhigt ihn, weil sie neue Arbeit zusendet oder die vergangene unnütz macht; jede wichtige Neuerung schreckt ihn auf, denn sie zerbricht die alte Schulform, die er sich so mühsam zu eigen machte, sie setzt ihn in Gefahr, die ganze Arbeit seines vorigen Lebens zu verlieren. Wer hat über Reformatoren mehr geschrien als der Haufen der Brotgelehrten? ... Jedes Licht, das durch ein glückliches Genie, in welcher Wissenschaft es sei, angezündet wird, macht ihre Dürftigkeit sichtbar; sie fechten mit Erbitterung, mit Heimtücke, mit Verzweiflung, weil sie bei dem Schulsystem, das sie verteidigen, zugleich für ihr ganzes Dasein fechten. Darum kein unversöhnlicherer Feind, kein neidischerer Amtsgehilfe, kein bereitwilligerer Ketzermacher als der Brotgelehrte.»

Mit diesen Worten eröffnete F. SCHILLER 1789 seine akademische Antrittsrede zu dem Thema: «Was heißt und zu welchem Ende studiert man Universalgeschichte?»[1] Mit seiner Kritik hat SCHILLER für jede Art von Studium, weit über

[1] F. SCHILLER: Was heißt und zu welchem Ende studiert man Universalgeschichte, in: Werke II 818–819.

die historischen Wissenschaften hinaus, bis heute ohne Zweifel recht behalten. Denn prinzipiell gilt es zu wählen zwischen der Enge und Engstirnigkeit des akademischen Betriebs mit seinen wohlgeregelten Stellenbesetzungen, seinen abgezweckten Studiengängen, seinen methodischen Erstarrungen *und* der suchenden Ungebundenheit, dem drängenden Wagemut, der rückhaltlosen Wahrheitsliebe echten Forschens und Erkennens. Am meisten aber von allen «akademischen» Disziplinen sollte die Theologie, gewidmet dem Unendlichen, sich von der perspektivelosen Verendlichung ihrer Fragestellungen, von der Verzettelung in isolierte Teilantworten, von dem Bereden existentieller Nichtigkeiten im Umkreis von Broterwerb und Karrierefleiß zu befreien suchen. Doch statt der weitherzigen Durchdringung des Wissens der Zeit in einer sinndeutenden geistigen Synthese dienlich zu sein, sieht man die Theologie heute als ein bloßes Derivat echten Wissens in dem sektiererhaften Status einer bloßen Randwissenschaft dahinvegetieren, indem ihre Begriffe allenfalls die eigene Begriffsgeschichte, selten aber die Welt ringsum in ihren grenzenlosen Räumen und in den Abgründen der Zeit zu interpretieren vermögen.

Es ist jetzt 125 Jahre her, daß CH. DARWIN in der «Entstehung der Arten»[2] zum ersten Mal die wahren Dimensionen der Evolution des Lebens auf unserem kleinen Planeten zu ahnen begann; es ist genau 60 Jahre her, daß E. HUBBLE[3] zum ersten Mal mit Sicherheit zeigen konnte, daß der Andromedanebel eine eigene Milchstraße darstellt, die, ähnlich der unseren, besetzt ist mit ca. 100 Mrde. Fixsternsonnen. Wir wissen heute, daß es etwa 100 Mrde. solcher Galaxien im Weltall geben kann[4], – eine ungeheure Veranstaltung, deren Vision den Menschen ebenso stumm, erschrocken und bewundernd zurücklassen

[2] CH. DARWIN: Die Entstehung der Arten, London 1859. Vgl. D.S. PETERS und W.F. GUTMANN: Die Geschichte der Evolutionslehre, in: G. HEBERER u. H. WENDT (Hrsg.): Entwicklungsgeschichte der Lebewesen, 25–31. Bes.: J. C. ECCLES: Wahrheit und Wirklichkeit, 114–138.

[3] Vgl. I. SÄNGER-BREDT: Die kosmischen Gesetze, 18–19; TH. FERRIS: Galaxien, 14; ST. WEINBERG: Die ersten drei Minuten, 36–57. – Sehr zu Recht schildert L. KLAGES: Der Geist als Widersacher der Seele, II 887 die Mystik der Renaissance-Zeit bei der Wiederentdeckung des «Eros der Ferne», der grenzenlosen Dimensionen des Kosmos, wobei besonders G. BRUNO als bleibendes Zeichen für die Schwierigkeit steht, den Aufbruch der Neuzeit in den Geist des Christentums zu integrieren.

[4] Vgl. F. CAPRA: Der kosmische Reigen, 190–204, der die Dynamik des Universums mit Begriffen östlicher Mystik zu beschreiben versucht. Zu den Vorstellungen moderner Kosmologie vgl. H. FRITZSCH: Vom Urknall zum Zerfall, 248–256. – Nach wie vor lesenswert ist die große mystische Konzeption von P. TEILHARD DE CHARDIN: Christentum und Evolution (1945), in: Mein Glaube, 207–223, der mit seiner Vision des «Christus universalis» im Grunde uralte gnostische Vorstellungen ins Christentum zurückholte, ohne freilich religionsgeschichtlich und philosophisch seinen Standpunkt hinreichend abzugrenzen. DERS.: Der Mensch im Kosmos, 38f.; 128f. spricht von dem beständigen «Anwachsen» der psychischen oder radialen Energie im Verlauf der Evolution «hinter der ‹mechanischen› oder ‹tangentialen› Energie». R. RIEDL: Biologie der Erkenntnis, 166 hat darin einen idealistischen «Determinismus» gesehen, der keinen Raum für das Schöpferische der Evolution lasse. Doch handelt es sich hier um ein Mißverständnis, das nur zeigt, wie schwierig es heute ist, theologische Begriffe mit den weitgehend mechanistischen Vorstellungen der Naturwissenschaften zu vermitteln.

müßte wie die Gotteserscheinung im Buche Hiob (38-41) den rechtenden Gerechten, den am vermeintlichen Unrecht der Welt fast Zerbrechenden[5].
Aber in den redseligen Diskursen der Theologie scheinen diese Erschütterungen der modernen Kosmologie kaum ein schwaches Echo hinterlassen zu haben. Ganz so als lebten wir noch immer im geozentrischen Weltbild, wagt weder die Dogmatik noch die Moraltheologie den entscheidenden Schritt, den Menschen in seiner psychischen Konstitution, in den Strukturen seiner Wahrnehmung, seines Denkens und seines Fühlens als Teil der Evolutionsgeschichte auf *einem* von Myriaden möglicherweise lebentragenden Planeten im All zu verstehen. Die Tiefenpsychologie, indem sie – im Verein mit der Verhaltensforschung[6] – die Naturgeschichte der menschlichen Psyche auf unserer Erde zu erforschen versucht, müßte allein deshalb schon im Zentrum des theologischen Interesses stehen; sie könnte die Grundlage einer vertieften Anthropologie bilden, in der die Natur, die den Menschen umgibt, als Ort einer nicht endenden Manifestation des Göttlichen zurückgewonnen und der menschlichen Seele ihre Tiefe und Schönheit im Orchester der Welt zurückgegeben würde[7]; eine neue Form welthafter Mystik, eine sensible Poesie der Liebe sowie eine umfassende Vertiefung in den gemeinsamen Wurzelgrund aller Religionen und Kulturen müßte als Prämie solchen Bemühens Lohn und Anreiz genug bieten[8]. Aber die wichtigste Voraussetzung, um die Theologie aus dem Getto ihrer geistigen Beziehungs- und Belanglosigkeit herauszuführen, scheint wie abhanden gekommen zu sein: die Bereitschaft, bedingungslos wieder einzutauchen in die «Wolke des Nichtwissens»[9], die von Ewigkeit her die Sphäre des Göttlichen umhüllt, und der

[5] Zum Zusammenhang des Atheismus mit einem falschen, anthropozentrisch verkürzten Gottesbild vgl. E. Drewermann: Der tödliche Fortschritt, 75–78; 88–90.

[6] Vgl. E. Drewermann: Strukturen des Bösen, II², XXXV-L; vgl. ders.: Tiefenpsychologie und Exegese, I 67–68.

[7] F. Capra: Wendezeit, 176–202 fordert von den erkenntnistheoretischen Änderungen des physikalischen Weltbildes her sehr zu Recht ein Ende des mechanistischen Denkens auch in der Psychologie. Bes. K. Lorenz: Die Rückseite des Spiegels, 259–275 über die Ritualbildung als Grundlage des Spracherwerbs zeigt sehr instruktiv die Verbindung des menschlichen Geistes mit der Stammesgeschichte.

[8] Sehr lesenswert sind nach wie vor die Betrachtungen, die V. von Weizsäcker: Am Anfang schuf Gott Himmel und Erde, 91ff. über den metaphysischen Urgrund der Welt, über die «zeitlos-raumlose Innerlichkeit» im Hintergrund allen Geschehens anstellt. Stellvertretend für viele schrieb W. Heisenberg: Erste Gespräche über das Verhältnis von Naturwissenschaft und Religion (1927), in: Der Teil und das Ganze, 110–111: «Wir müssen uns ... hier darüber klar sein, daß ein komplementäres Verhältnis besteht zwischen dem kritischen Nachdenken über die Glaubensinhalte einer Religion und einem Handeln, das die Entscheidung für die geistige Struktur dieser Religion zur Voraussetzung hat. Von der bewußt vollzogenen Entscheidung geht für den Einzelnen eine Kraft aus, die ihn in seinem Handeln leitet, ihm über Unsicherheiten hinweghilft und ihm, wenn er leiden muß, den Trost spendet, den das Geborgensein in dem großen Zusammenhang gewähren kann. So trägt die Religion zur Harmonisierung des Lebens in der Gemeinschaft bei, und es gehört zu ihren wichtigsten Aufgaben, in ihrer Sprache der Bilder und Gleichnisse an den großen Zusammenhang zu erinnern.»

[9] W. Massa (Hrsg.): Die Wolke des Nichtwissens, – eine Schrift aus dem 14. Jh. über die Einführung in das mystische Gebet.

Wille, den Wissensdurst des Geistes, die Neugier des Herzens, das Verstehenwollen aller seelischen Zusammenhänge, im letzten die grenzenlose Energie der Liebe ins Unendliche sich verströmen zu lassen.
Paradoxerweise stehen mehr als alle anderen gerade die Theologen in der Gefahr, ihr Sprechen vom Unendlichen fast unbemerkt in eine besserwisserische Starrheit und ungeistige Ideologisierung endlicher Erfahrungsgrößen zu verwandeln. Anders als die Naturwissenschaftler, deren Theoriebildungen immer wieder von der Empirie her bestätigt oder widerlegt werden müssen, eignet dem Stand der Theologen selten die vornehme Objektivität des Denkens und die persönliche Bescheidenheit gegenüber der Begrenztheit des eigenen Wissens, die zur Erforschung der Natur schier unerläßlich sind. Man kann von Gott nur sprechen, indem die gesamte eigene Existenz dabei betroffen wird; doch diese wesenhafte Subjektivität des Religiösen[10] kann, wenn sie sich in das akademische Gewand der Objektivität und Wissenschaftlichkeit hüllt, nur allzu leicht zu der tragikomischen Rolle angemaßter Gottähnlichkeit und faktischer Allzumenschlichkeit mißraten; der dünkelhafte Hochmut, die emsige Stellenjagerei, das ehrgeizige «Pflasterschmieren», alle Arten von professoralem Narzißmus können gewiß nirgends ein so unkontrolliertes und unkontrollierbares Eigenleben entfalten wie in der Zunft derer in «langen Gewändern» (Mk 12, 38)[11]. Was W.F. Otto der Philologie im Umgang mit den Mythen der Griechen bereits vor 40 Jahren vorgeworfen hat[12] – daß sie das Wissen und die Erfahrung im Umgang mit göttlichen Mächten in ein sinnloses Wissen und Bereden der äußeren Gestaltungsformen *vergangener* Ergriffenheit verwandele, von der die Gegenwart gerade nicht durchdrungen sei noch werden könne, – das muß mit noch größerem Recht der gegenwärtigen Theologie zur Last gelegt werden: daß sie, statt Erfahrungen zu vermitteln, Begriffe zur Deutung fremder Erfahrungen lehrt, daß sie die ursprünglichen Gefühle religiösen Erlebens durch rationale Theorien über die vermutlichen Konsequenzen solcher Erlebnisse ersetzt, und daß sie insgesamt in ihrer Reduktion auf verstandesmäßige Argumentationsmuster den Ursprung religiöser Erfahrung mehr verschüttet als eröffnet. Die Gefahr ist nicht zu übersehen, daß auf diese Weise das viele Reden von Gott gottlos, das Spre-

[10] Bes. S. Kierkegaard: Philosophische Brosamen und Unwissenschaftliche Nachschrift, (1. Teil, Kap. 2), 180–188 setzte die «spekulative Betrachtung» mit ihrer wesentlich *historischen* Auffassung des Religiösen der wesentlichen Innerlichkeit und Subjektivität des religiösen Standpunktes gegenüber.
[11] R. Schnackenburg: Das Evangelium nach Markus, 2.Bd., 180 meint zur Stelle: «Es besteht kein Grund, daran zu zweifeln, daß Jesus nicht nur einmal, sondern wiederholt eine Kritik an jenen einflußreichen Leuten geäußert hat, die ihm die Todfeindschaft dieser Kreise eintrug.» Aber es geht nicht an, diese Feststellung nur zu treffen, um in historischem Sinne ein solches Logion Jesus zu- oder abzusprechen; es kommt darauf an, den tödlichen Gegensatz herauszustellen, der wesentlich und zu allen Zeiten die Schriftgelehrsamkeit von der Haltung Jesu trennt. Zu dem «Wehe» Jesu über Priester, Schriftgelehrte und Pharisäer vgl. J. Jeremias: Neutestamentliche Theologie, I 142–150.
[12] W.F. Otto: Die Wirklichkeit der Götter, 45; vgl. Tiefenpsychologie und Exegese, I 343[119].

chen vom Geiste geistlos, die Berufung auf das Zeugnis der menschlichen Seele seelenlos erstarrt und versteinert, und erst in diesem Zustand erstarrter Veräußerlichung finden die Herrscher und Eroberer der Äußerlichkeit, die Spekulanten und Glücksritter des Irdischen, ihr Ein- und Auskommen vorzüglich in den Hochburgen auch und gerade der Theologie.

Es ist, als beträte man in den Hörsälen der Theologie heute das europäische Alptraumland, das GOTTFRIED BENN in seiner Erzählung: «Der Ptolemäer»[13] mit den Worten beschrieb: «Dies Fluidum, das den Erdteil denkerisch durchtränkte, war in seiner Ausweglosigkeit längst erkannt, trotzdem liefen die Länder auf vollen Touren, es von neuem auf den Damm zu bringen.» «Dieses Denken will gar nicht darauf antworten, was das Leben oder die Vererbung oder das Wesen der Materie sei, es betreibt sich als Selbstzweck, es spiegelt die Fragen, aber als Auge ist es blind. Es befriedigt sich selbst und läßt alle dabei zusehen, und jeder, der zusieht, weiß genau, daß hier etwas ganz Abnormes geschieht, aber nirgends ist mehr eine Kraft, es aufzuhalten, die Voraussetzung dafür wäre ein Wille, eine neue körperliche Wirklichkeit erstehen zu lassen mit sublimeren denkerischen Bedürfnissen und einem echten Identifizierungsritual, aber dazu ist die Rasse zu erschöpft.»

An sich, wohlgemerkt, müßte die ganze Theologie nichts anderes sein als ein solches großangelegtes «Identifizierungsritual», eine «körperliche Wirklichkeit» geistiger Vermittlung; aber um diesem ihrem Wesen zu entsprechen, müßte sie selbst sich tiefer den Zonen anvertrauen, in denen all die Erfahrungen leben, von denen in diesem vorliegenden 2. Band der *«Tiefenpsychologie und Exegese»* die Rede sein soll: die Welt der Wunder, der Erscheinungen und Berufungen, der Visionen und Apokalypsen, der zur Dichtung sich verdichtenden Geschichte und der die menschliche Geschichte deutenden dichterischen Reden und Erzählungen von Gott. An keiner dieser Stellen kann und darf die Theologie der Tiefenpsychologie entraten – *den* Nachweis werden wir zu erbringen suchen; an keiner dieser Stellen aber wird auch der Widerstand des Brotgelehrtentums mit größerer Gewißheit zu erwarten sein. Denn nicht allein, daß man in der vorliegenden Arbeit die Unfehlbarkeit der eigenen Methoden und Denkvoraussetzungen in Frage gestellt finden wird – vor allem der Anspruch auf eine stärkere Verbindung der Theologie mit dem seelischen Leben und religiösen Erleben muß in manchen Schreibstuben der Theologie Verwunderung, Befremden, Angst und Zorn erwecken, läuft doch diese Forderung erklärtermaßen darauf hinaus, die so beruhigende Spaltung zwischen Geist und Leben, zwischen objektiver Rationalität und subjektiver Ergriffenheit, zwischen Profession und Konfession endgültig aufzugeben. Für einen Menschen dürfte wohl nichts schwieriger sein, als sich einzugestehen, daß er womöglich viele Jahre seines

[13] G. BENN: Der Ptolemäer, in: Sämtliche Erzählungen, 216; 217.

Lebens damit zugebracht hat, von Dingen zu reden, die er nie gefühlt, nie erfahren, nie erlebt und nie erkannt, dafür aber allen anderen erklärt, bewiesen, begründet und verkündet hat; doch gerade diese Entdeckung läßt sich u. U. nicht vermeiden, wenn von dem gegenwärtigen Status der Theologie und darin besonders der Exegese die Rede sein soll.

2. Die Zerstörung der Bilder oder: Der Rationalismus der Schriftauslegung

Von allen theologischen Disziplinen steht die Exegese notgedrungen am meisten in der Gefahr einer lehrhaft gelehrsamen Veräußerlichung. Denn indem sie das lebende Wort Gottes in einem Buch vorfindet, unterliegt sie von Anfang an dem Sog, den Buchstaben über den Geist zu setzen, das geschriebene Wort, das literarische Zeugnis, als Dokument der Vergangenheit zu deuten und damit sich selbst und die lebendige Gegenwart aus dem Spiel zu lassen. Das korrekte Nachsprechen historischer Wendungen und Begriffe ersetzt dann beizeiten den Glauben und die gläubige Erfahrung des Lebens in der Gegenwart, und, je nachdem, führt diese Einstellung entweder zu einem fanatischen Biblizismus, der partout, entgegen dem Rat Jesu, den neuen Wein in die alten Schläuche gießen will (Mk 2,22), oder zu einem rationalistischen Historizismus, dem die Bibel nur noch als Quelle religionsgeschichtlicher Anschauungen dient, die allenfalls in ihrer «Wirkungsgeschichte» auf das religiöse Bewußtsein der Gegenwart von Belang sind. Vor allem dieser zweite Trend ist dabei das eigentliche Ergebnis der historisch-kritischen Methode in der Bibelexegese. «Entmythologisierung des Neuen Testamentes, die Reduzierung des Wunderhaften, des Pneumatisch-Enthusiastischen, des ‹Magischen›, des Sakramentalen, des Übernatürlich-Gnadenhaften, des Von-Gott-bevollmächtigt-Amtlichen auf Allgemein-auch-sonst-Feststellbares»[14] war und ist offensichtlich in der Bibelauslegung historisch-kritischer Provenienz nicht aufzuhalten gewesen, und sie ergab sich logischerweise aus dem Ansatz und Selbstverständnis dieser Methode selbst.

Die historisch-kritische Methode der Bibel besitzt ihre nicht mehr zu revidierende Wahrheit gewiß darin, daß es nicht möglich ist, die historisch bedingten Denk- und Anschauungsweisen der Bibel unkritisch in die Gegenwart zu übernehmen, ihre Ausdrucksweisen in falschem Sinne «wörtlich» aufzufassen und in einer unwahrhaftigen Gleichsetzung den Graben der Fremdheit zuzuschütten, der uns Heutige von der Bibel inmitten der Welt der Antike trennt. Aber der Fehler der historisch-kritischen Methode liegt in ihrem Unvermögen, jenseits

[14] O. Kuss: Dankbarer Abschied, 116.

des neuzeitlichen Wirklichkeitsverständnisses und jenseits der geschichtlichen Distanz den Ort im Menschen zu bestimmen, an dem die religiösen Erfahrungen von einst sich vermitteln zu den Erfahrungen gegenwärtigen Erlebens. Selbst in ihrer ganzen Ausrichtung ein Kind der Neuzeit, wirkt die historisch-kritische Exegese auf die Bilder und Symbole der Bibel so ähnlich, wie es F. Fellini in seinem parodistischen Film «Roma»[15] einmal beschreibt: bei Ausschachtungsarbeiten für den Bau einer neuen Metro-Strecke in Rom entdecken Arbeiter etruskische Fresken, die seit über 2500 Jahren im Schoß der Erde ruhen; einen Augenblick lang erstrahlen sie im flüchtigen Glanz der Kopflampen der Arbeiter, dann zerfallen sie in Minutenschnelle unter dem ätzenden Strahl des Sauerstoffs. In der Tat: wir atmen heute in einer Luft, die auf die Bilder in den Tiefenschichten (der Historie wie) der menschlichen Psyche wirken muß wie ein Ätzmittel; die Exegese historisch-kritischer Provenienz aber wirkt wie ein Verfahren, geradezu vorsätzlich den tödlichen Atemwind der Moderne an die uralten Bilder und Symbole der Religion heranzuführen. Am Ende stehen sich eine Reihe dogmatisierter Symbole, reflektiert in den Kategorien bestimmter philosophischer Systeme, und eine Reihe entmythologisierter Bilder, reduziert auf bestimmte profane Tatsachen, einander ohne Vermittlung und Beziehung gegenüber – ein Ergebnis, das indessen lediglich unser Unvermögen widerspiegelt, die Religion mit der Wirklichkeit des menschlichen Lebens zu verbinden, wie es die alten Texte in ihren Mythen und Legenden gerade zu tun versuchten.

Am Beispiel der Geburtsgeschichte Jesu hat Fridolin Stier in seinen Tagebuchaufzeichnungen einmal auf diese Diskrepanz zwischen dem Vorgehen der historisch-kritischen Exegese und dem Verständnis des Glaubens hingewiesen, und da wir den 1. Band der vorliegenden Arbeit gerade mit dem Beispiel der Geburtsgeschichte Jesu geendet haben, lohnt es sich, am Beginn dieses 2. Bandes die betreffende Passage etwas ausführlicher wiederzugeben. F. Stier schreibt (am 3. 12. 1968): «Geburtsgeschichte Jesu: Es gibt die historisch-kritisch zu erforschenden Tatsachenwahrheiten, und es gibt die Offenbarungs- oder dogmatischen Wahrheiten – ‹Wahrheiten›! Aber da sind Erzählungen, literarisch zur Gattung Legende gehörig – Legenden! Töchter von Tatsachen zwar, aber weit über diese hinausgewachsen. Und Kinder eines Glaubens sind sie, eines Glaubens aber, der noch jung, noch im Werden ist. Und da macht sich ein reiner Intellektualist, der wissenwollende, wissenschaftliche Verstand an diese Gebilde eines ganz anders gearteten Geistes heran und stellt ihnen Fragen, auf die sie nicht gefaßt sind. Die gefragten Tatsachen stecken zwar in ihnen, aber sie bewiesen und beweisbar auf den Tisch zu legen, sich historisch zu legitimieren, ist nicht ihre Art. Sie sind nun einmal so, wie sie sind, und es ist ungerecht,

[15] F. Fellini: Roma, 1972

‹legendär› mit unwahr gleichzusetzen. Tatsachen ergeht es in Legenden wie Stoffen, die sich im Schmelztiegel mit anderen zu einer komplexen Masse verbinden, einem Amalgam, in dem sie nicht mehr zu sehen und doch enthalten sind.» «Das Unbehagen, das ich bei solchem Verhör der Erzählungen (sc. wie in der historisch-kritischen Forschung oder dogmatischen Festlegung, d. V.) von jeher empfinde, werde ich erst los, wenn ich sie, ohne mich kritisch an ihnen zu betätigen, unbefragt zu mir sprechen, auf mich wirken, mich unbefangen von ihnen erfassen lasse. Dann öffnen sie mir die Sinne für Wahrnehmungen, die sich der Zuständigkeit des Intellekts entziehen ... So kommt ihm (sc. dem Intellekt, d. V.) nicht einmal die Frage, ob und was ihm, auch ihm, diese Texte zu verstehen geben – *ihre* Wahrheit! Und so kommt es, daß er weiterhin, versessen auf *seine* Fragen nach Fakten und Lehren, vorbei am Wesen und Sinn dieser ‹Legenden› und unberührt von ihrer Freude, ein Wahrheitsgeschäft betreibt, in dem nichts zu heben ist, wovon Menschen leben könnten.»[16]
Es käme, um die Sprache der «Legenden» (und ebenso der Mythen, der Märchen, der Sagen, kurz: aller traumnaher, archetypisch geprägter Erzählungen) zu verstehen, auf einen vollständigen Umsturz des Ausgangspunktes an: nicht beim Verstand und beim Ergründen der historischen Faktizität, sondern beim mitträumenden Verweilen und einfühlenden Mitempfinden wäre einzusetzen; nicht etwas Fremdes, zeitlich Entlegenes, sondern das Ureigenste, Überzeitlich-Gültige in der Sprache der eigenen Seele müßte zum Klingen gebracht werden, um das bleibende «Wort» Gottes in den Bildern der menschlichen Psyche zu vernehmen. Nur weil wir das Träumen, das Fühlen, das Dichten in den Hörsälen der Theologie, in den Gottesdiensten und Meßfeiern der Kirche, ja im Grunde sogar im Umgang mit uns selbst, im persönlichen Beten, im privaten Sinnen und Trachten, weitgehend verlernt haben, bedarf die Theologie zur Rückgewinnung ihres eigenen Ursprungs heute unausweichlich der Tiefenpsychologie, um sich von ihr, wie von dem fremden Exorzisten des Evangeliums (Mk 9,38-39), bei ihrer eigentlichen Aufgabe unterstützen zu lassen: die Menschen frei zu machen von Angst und Entfremdung und sie zu einem Vertrauen zurückzugeleiten, das jenseits der neurotischen Verstellungen die in sich wesenhaft religiöse Welt der heilenden Bilder und Symbole in der Seele eines jeden Menschen wie aus einem versunkenen Königreich in die Tageshelle des Bewußtseins ruft.
Wie paradox sich heute die Wirklichkeit des exegetischen «Betriebs» gestaltet, davon kann jeder Veranstaltungsleiter eines Bildungsinstitutes, einer Akademie, einer Volkshochschule, davon kann inzwischen jeder Gemeindepfarrer und Religionslehrer sein bitteres Lied singen.
Man biete im Programm eine tiefenpsychologische Interpretation Grimmscher

[16] F. Stier: Vielleicht ist irgendwo Tag, 23–24.

Märchen an, und man darf sich einer zahlreichen und breitgestreuten Hörerschaft, vor allem junger Leute, gefaßt machen; man lade hingegen in demselben Programm denselben Referenten ein, über ein biblisches Thema, z.B. über die Sündenfallerzählung oder über die Auferstehungsberichte, zu sprechen, und man wird einen verschwindenden Kreis vorwiegend älterer Leute antreffen, die in ihrer Zusammensetzung keinerlei Repräsentanz für den Querschnitt der gegenwärtigen Gesellschaft besitzen. Diesen Tatbestand kann man nicht mit dem bequemen Argument aus der Welt schaffen, «Tiefenpsychologie», «Märchen», «Unbewußtes», «Mythen» etc. entsprächen halt der modischen Welle von Regression, Fortschrittsverweigerung, Zukunftsangst und Nostalgie – ein bloßes Gebräu antiintellektualistischer Resignation aufgrund der subjektiven Undurchschaubarkeit der pluralistischen Industrie- und Massengesellschaft. Das Problem liegt gerade umgekehrt darin begründet, daß die Bibel, das «Wort Gottes», nach 150 Jahren historisch-kritischer Exegese unter den Händen kirchlicher Theologen so weitgehend zerredet, zergliedert und zerstört worden ist, daß ihr die Mehrheit der denkenden Bevölkerung durchaus nicht mehr zutraut, was man einem Märchen jederzeit gewillt ist, als Kredit zu geben: daß hier etwas zur Sprache kommen könnte, das mit dem eigenen Leben klärend, deutend, korrigierend, helfend oder zumindest doch fragend oder anregend etwas zu tun hätte. Ein vernichtenderes Urteil über die Bilanz der historisch-kritischen Exegese nach mehr als fünf Generationen Forschung und Arbeit ist jedenfalls nicht vorstellbar, als daß irgendein Kindermärchen (wie «Frau Holle», «Schneeweißchen und Rosenrot» oder «Die Kristallkugel»)[17] der Mehrheit unserer Bevölkerung inzwischen mehr an Weisheit, Lebendigkeit und Erfahrungsreichtum zu versprechen scheint als die unauslotbar tiefen, ewig gültigen Menschheitstexte des «Buchs der Bücher».

«Aber die Bibel ist doch kein Märchenbuch!», so lautet immer noch der übliche Einwand gegen die Einbeziehung der Tiefenpsychologie in die Bibelexegese. Richtig! Die Bibel ist kein Märchenbuch, und sie enthält unendlich viel mehr an Verheißung und Heil als in der Erzählform eines Märchens Platz finden kann. Aber wenn man die Bibel doch wenigstens auf dem Niveau zu lesen beginnen wollte, auf dem die Tiefenpsychologie uns seit vielen Jahrzehnten die Sprache der Märchen (wieder!) zu verstehen gelehrt hat! Man würde dann sehr bald merken, daß es nichts Kostbareres gibt als die ewigen Träume Gottes im Herzen des Menschen, die gerade ihrer überzeitlichen Wahrheit wegen auch in die Bibel Eingang finden mußten und, Gott sei Dank, gefunden haben, weil sie die Wunder und Erscheinungen des Göttlichen im menschlichen Leben ermöglicht haben und nach wie vor ermöglichen möchten.

[17] E. Drewermann – I. Neuhaus: Frau Holle, 1982; dies.: Schneeweißchen und Rosenrot, 1983; dies.: Die Kristallkugel, 1985.

3. Das Beurteilen nach dem Erfolg oder: Die professorale Distanz geschichtlicher Forschung

Ein Hauptübel der historisch-kritischen Exegese indessen liegt in der Wahl des historischen Ausgangspunktes selbst. Ähnlich wie man in der Atomphysik nicht gleichzeitig den Ort und den Impuls eines Elementarteilchens bestimmen kann[18], so gilt es, im Umgang mit den historischen Urkunden der Religion eine Entscheidung darüber zu treffen, was man erforschen will: den Ort (und die Gestalt) des historischen Auftretens einer religiösen Botschaft oder ihre gerichtete Energie, die durch die Zeiten wirkt und auf kein historisches Umfeld festzulegen ist. Dadurch, daß die historisch-kritische Methode der Exegese sich ganz und gar auf die Erforschung des historischen Ortes der Religion festgelegt hat, verurteilt sie sich nicht nur als Methode dazu, den bleibenden religiösen Gehalt der Bibel außer Betracht zu lassen, sie errichtet zugleich eine wachsende Distanz zwischen der Gegenwart und der Vergangenheit; und eben damit muß sie notgedrungen jeden existentiellen Ernst aus ihrer Betrachtungsweise entfernen. Mit Hilfe eines retrospektiven Tricks beginnt sie stets dort, wo die wahre Auseinandersetzung des menschlichen Lebens niemals stattfindet: statt im Augenblick der Entscheidung mit all seiner Ungewißheit und Ausgesetztheit setzt die historisch-kritische Methode am Ergebnis, am Resultat des Lebens ein, indem sie die geschichtliche Wirkung bzw. die Wirkungsgeschichte stets für wichtiger nimmt als den existentiellen Ursprung geschichtlichen Gestaltens.

Sören Kierkegaard hat auf diese prinzipielle Verfälschung der Perspektive in der «Erforschung» und «Bewertung» religiöser Überlieferung bereits zu einem Zeitpunkt hingewiesen, da die historisch-kritische Methode der Bibelexegese eben erst das Licht der Welt erblickte. «Ein Held», meinte Kierkegaard (zwischen den Zeilen mit dem Blick auf Christus), «der das *skandalon* seiner Zeit geworden ist in dem Bewußtsein, daß er ein Paradox ist, und der sich nicht verständlich machen kann, ruft seinen Zeitgenossen getrost zu: Der Ausgang wird schon beweisen, daß ich berechtigt war ... Wenn man ... in unserer Zeit diese Worte hört: Das muß nach dem Ausgang beurteilt werden, so ist man sich sofort klar darüber, mit wem zu sprechen man die Ehre hat. Die, welche so reden, sind ein zahlreiches Volk, das ich mit einem zusammenfassenden Namen die Dozenten nennen will. Sie leben in ihren Gedanken beruhigt im Dasein, sie haben eine *feste* Stellung und *sichere* Aussichten in einem wohlorganisierten Staat, sie haben Jahrhunderte oder wohl gar Jahrtausende zwischen sich und den Erschütterungen des Daseins, sie befürchten nicht, daß sich solches wiederholen könnte; was würde auch die Polizei und die Zeitung sagen? Die Tat in ihrem Leben ist die, die großen Männer zu beurteilen und sie nach dem Ausgang zu

[18] A. Einstein – L. Infeld: Die Evolution der Physik, 302–317.

beurteilen. Ein solches Verhalten gegen das Große verrät eine merkwürdige Mischung von Hochmut und Jämmerlichkeit; Hochmut, weil man sich dazu berufen meint, zu urteilen, Jämmerlichkeit, weil man auch nicht im entferntesten das eigene Leben mit dem Großen als verwandt spürt ... Wenn derjenige, der handeln soll, sich selbst nach dem Ausgang beurteilen will, so kommt er nie zu einem Anfang.» «Aber auf den Ausgang ist man ja neugierig, wie auf den Ausgang eines Buches; von der Angst, der Not und von dem Paradox will man nichts wissen. Mit dem Ausgang liebäugelt man ästhetisch; er kommt ebenso unerwartet, aber auch ebenso leicht wie ein Gewinn in der Lotterie; und wenn man den Ausgang gehört hat, dann ist man erbaut darüber. Und doch ist kein Tempelräuber, der mit Bolzen und Eisen arbeitet, ein so gemeiner Verbrecher wie der, der das Heilige derartig plündert; und doch ist Judas, der seinen Herrn für dreißig Silberlinge verkaufte, nicht verachtenswerter als der, der so das Große verkauft.»[19]

Klarer läßt sich diese professorale Verfälschung des Existierens ins Dozieren, diese Umkehrung des in jedem Augenblick gültigen Paradoxons des Religiösen in die «Vermittlung» der historischen Ableitungen, Relativierungen und ästhetischen Verfeierlichungen nicht an den Pranger stellen. Man begreift aber zugleich auch, wieso gerade die historisch-kritische Methode der Bibelexegese sich auf den Lehrstühlen einer solchen Beliebtheit erfreuen konnte und erfreuen kann: sie verpflichtet existentiell zu nichts; sie erlaubt es, ohne schamrot zu werden, für ein reiches Gehalt, in Samt gekleidet, mit akademischen Titeln und Würden umkränzt, darüber zu «handeln», wie Jesus arm war[20] und mit seiner Art einer grenzenlosen Liebe und Güte als wahnsinnig betrachtet wurde; sie ermöglicht schließlich das groteske Schauspiel, den historischen Ausgangspunkt, den «historischen» Jesus, für das stets Ungewisse, die Interpretationen, die Weiterentwicklungen seiner Botschaft hingegen für das zwar geschichtlich Relative, aber doch einzig «Faßbare» zu erklären. Im Grunde projiziert man auf diese Weise nur die selbstgeschaffene künstliche Aufspaltung von Leben und Reden durch Absolutsetzung der sog. Lehr-«tätigkeit» in den geschichtlichen Ursprung zurück. Man gibt damit letztlich zu verstehen, daß man sich wie mit Absicht von den Fragen des Lebens für endgültig dispensiert hält; fortan hat man es mit scheinbar Wichtigerem zu tun als mit dem Leben, obliegt man doch mit allem Fleiß der Nachforschung, auf welche Weise man es verstehen und deuten kann, wie vor Jahrtausenden das Leben bestimmter großer religiöser Persönlichkeiten in der Überlieferung ihrer Worte und Taten verstanden und gedeutet wurde. Zwar schließt die Bergpredigt Jesu mit den Worten: «Nicht jeder, der zu mir sagt: Herr, Herr! (sc. Nur Gott ist Herr) wird in das Reich der Himmel kom-

[19] S. KIERKEGAARD: Furcht und Zittern, 58–59.

[20] S. KIERKEGAARD: Der Augenblick, Nr. 5, in: S. KIERKEGAARD, Werksausgabe 2. Bd., 417–421 («Hütet euch vor denen, die gern in langen Kleidern gehen»); Ges. Werke, XIV 211–214.

men, sondern wer den Willen meines Vaters in den Himmeln *tut.*» (Mt 7,21) Aber was will das nur besagen bzw. was hat Jesus wohl als den «Willen» «seines» «Vaters» in den «Himmeln» bezeichnen wollen – wenn irgend das Wort überhaupt von ihm selber stammt, oder nicht vielmehr einen Ausfluß jüdischer Werkgerechtigkeit darstellt? – Solche Fragen zu verhandeln und zu verhandeln und darüber so lange zu «handeln», bis alles Sprechen von Gott sich nur noch in Handel und Händel ohne Handlungen und Taten verwandelt, diese Kunst macht aus der Theologie in der Tat einen «Kriminalfall» im Sinne KIERKEGAARDS: einen Diebstahl des Inhalts unter dem Anschein dienstbarer Sachwalterschaft und emsiger Bemühtheit. Doch erst, indem man Gott aus allen Worten stiehlt, die ihn bezeichnen könnten, taucht der Berufsstand auf, den Jesus als einzigen auf Erden für schlechterdings verwerflich hielt: die Kaste der Schriftgelehrten und Rabbinen. Ihnen suchte er mit allen nur möglichen Mitteln Gott als einen Gott der Lebenden gegenüberzustellen; aber ohne Erfolg offensichtlich. – «*Ihr* laßt euch nicht Rabbi nennen!» (Mt 23,8) Wieso eigentlich nicht, wenn es doch darum geht, die Worte Jesu *auszulegen*?

Es ist wahr, und es muß der historisch-kritischen Methode die Erkenntnis als Verdienst hoch angerechnet werden, daß die biblischen Überlieferungen (so wenig wie die Traditionen aller antiken Religionen und Stammesüberlieferungen) eine «Geschichte» im Sinne des THUKYDIDES oder des neuzeitlichen Verständnisses von Geschichte als einer Kette «objektiver Tatsachen» weder mitteilen wollten noch überhaupt zu kennen vermochten. Man hat sich angewöhnt, mindestens im Bereich der «Profangeschichte», die Reduktion auf die Welt der belegbaren bzw. rekonstruierbaren Tatsachen für einen wichtigen geistesgeschichtlichen Fortschritt und ein unerläßliches methodisches Erfordernis zu halten, während man den religiösen Überlieferungen, etwa der Ureinwohner Australiens oder der Xingu-Indianer in Amazonien[21], immerhin unter ethnologischem und religionspsychologischem Gesichtspunkt einen großen Wert zuerkennt. Es ist jedoch bereits die Frage, ob es die uns seit der französischen Revolution und dem Zeitalter der Säkularisation so selbstverständlich gewor-

[21] Bei den *Xingu-Indianern* handelt es sich um sieben Stämme unterschiedlicher Herkunft und Sprache im abgelegenen südlichen Teil des Xingu-Nationalparks. Vgl. K.S. BRECHER: Indianer-Stämme am Xingu in Brasilien, in: Brockhaus Völkerkunde, Bd. 5, 1. Teil, 42–49. Ihren Ursprung führen die Indios auf die *mythischen Zwillinge* Sonne und Mond zurück (a.a.O., S. 42). – Vgl. vom Anliegen her C. LÉVI-STRAUSS: Traurige Tropen, bes. S. 345–368, mit dem Hinweis auf jenen «feinen Bogen», «der uns mit dem Unzugänglichen verbindet. Er zeigt uns jenen Weg, den wir nicht gegangen sind, der aus der Versklavung herausführen würde und dessen Betrachtung dem Menschen die einzige Gnade verschafft, nach der er streben sollte, nämlich den Marsch zu unterbrechen, den Impuls zu zügeln, der ihn zwingt, eine nach der anderen die offenen Spalten in der Mauer der Notwendigkeit zuzustopfen und damit sein Werk in jenem Augenblick zu vollenden, in dem er sein Gefängnis gebaut hat. Es ist jene Gnade, nach der jede Gesellschaft begehrt, wie auch immer ihre religiösen Überzeugungen, ihr politisches System und ihre Kultur beschaffen sein mögen; es ist jene Gnade, in der sie ihre Muße, ihr Vergnügen, ihre Ruhe und ihre Freiheit findet, jenes lebenswichtige

dene Zweiteilung zwischen Religiösem und Profanem wirklich gibt, ob es wirklich ein historisches Geschehen gibt, das nicht, wie die Mythen, die Sagen und die Legenden es überliefern, von göttlichen Kräften mitgetragen und ermöglicht wird[22]; es ist auch zu fragen, ob aus der Religion nicht lediglich ein weihrauchumwölkter Schemen wird, wenn man die religiöse Überlieferung künstlich als eine Welt für sich von der «Profangeschichte» auszusondern sucht. Keine Frage ist es jedenfalls, daß die religiösen Überlieferungen der Bibel, nicht anders als die Überlieferungen der antiken Religionen und der Stammesreligionen, insgesamt nur eine Welt kennen, in der menschliche Geschichte und göttliches Wirken wesenhaft und unauflöslich miteinander verbunden sind[23]. Doch selbst wenn man es als Fortschritt begrüßen mag, die «Profangeschichte», was immer das sei, nach den Gesetzen historisch-kritischen Fragens erforschen zu können, so ist doch deutlich, daß die Anwendung der historisch-kritischen Methode auf die Bibelwissenschaften (und auf die Auslegung anderer religiöser Überlieferungen außerhalb der Bibel) nur bis zu dem Punkt fruchtbar sein konnte, wo die Eigenart religiöser Überlieferungen in der Form von Mythen, Sagen, Legenden u.a. im Widerspruch zu den neuzeitlichen Erwartungen nach Tatsachentreue und dokumentarischer Berichterstattung wiederentdeckt wurde; an der gleichen Stelle mußte sogleich der Schaden einsetzen, daß man mit dem Anspruch, die Fakten *hinter* den Fiktionen der entsprechenden Überlieferungsformen rekonstruieren zu wollen, im Grunde die Säkularisation mitten in das Zentrum der christlichen Religion, mitten in die Auslegung der Bibel, hineintrieb[24].

Es ist bereits in der Dichtung der Weltliteratur die Feststellung zu machen, daß eine «erfundene» Geschichte «wirklicher» und «authentischer» sein kann als die

Vermögen, das darin besteht, in den kurzen Augenblicken, in denen es die menschliche Art erträgt, ihr bienengleiches Tun zu unterbrechen, das Wesen von dem zu erfassen, was sie war und noch immer ist, jenseits von Denken und von Gesellschaft ein Mineral zu betrachten, das schöner ist als alle menschlichen Werke, einen Duft einzuatmen im Kelch einer Lilie, weiser als unsere Bücher, mit Geduld, Ernst und gegenseitigem Verzeihen ein Zwiegespräch zu führen mit einer Katze.» (A.a.O., 368) Die untergehenden Kulturen der Indios lehren Lévi-Strauss die Vergänglichkeit von allem, die «Weisheit» einer kosmologischen Resignation, die Umwandlung der Anthropologie in «Entropologie». Am Ende von allem steht wieder die Natur oder das Nichts. – Aber ist es das, was die Indios am Amazonas selber glauben, oder nicht vielmehr nur die Projektion unserer eigenen Leere, die auch in den fremden Kulturen nur die gleichen Illusionen wiederzuentdecken vermag, an die wir selber glauben müssen, um eine Weile lang unseren Part auf der Bühne des Lebens zu spielen?

[22] Vgl. Tiefenpsychologie und Exegese, I 321ff.

[23] Vgl. K. Rahner: Weltgeschichte und Heilsgeschichte, in: Schriften zur Theologie, V 115–132, der S. 127 sehr richtig sagt: «das Religiöse ist überall der Sinn und die Wurzel der Geschichte, und dieses Religiöse ist nie nur die sublimste Blüte einer bloß menschlichen Kultur als Werk der Menschen, sondern innerlich schon getrieben durch die von Gott gewirkte Gnade.» Aber um so sprechen zu können, bedarf man im Grunde schon einer Einsicht in die Alternative von Angst und Glauben im Hintergrund der menschlichen Geschichte.

[24] Vgl. Tiefenpsychologie und Exegese, I 24.

«objektive» Historie[25], denn allein die erträumte, die verdichtete Geschichte erlaubt es dem späteren Leser, das Geschehen von einst mitträumend, mitfühlend, mitleidend, mithoffend für sich selber mitzuerleben. Der Unterschied zwischen bloßer Dichtung und der Art und Aneignung religiöser Überlieferungen liegt nicht in der Form und in der Ausdrucksweise der religiösen Erzählungen begründet – auch sie sind echte «Träume» und «Dichtungen» –, wohl aber in ihrer Zielsetzung und in ihrem Anspruch; die religiösen Überlieferungen wollen vom Heil aller Menschen zu allen Zeiten sprechen, und während die «profane» Dichtung die Menschen aller Zeiten für ein einmaliges historisches Thema gefangennehmen möchte, schildert die religiöse Verdichtung von Geschichte ein (historisches oder «unhistorisches») Thema als entscheidend für alle Zeiten. Deshalb tauchen die religiösen Erzählungen und Überlieferungen tiefer in die Welt der archetypischen Bilder hinab, als es «profane» Verdichtungen von Geschichte für gewöhnlich zu tun pflegen, und um sie in ihrer bleibend gültigen Bedeutung zu verstehen, gibt es mithin keinen anderen Weg, als sie in der Tiefe der eigenen Existenz vom Ursprung her als ein «Gleichzeitiger» mitzuträumen und sie mitzuempfinden als die Wahrheit auch des eigenen Wesens.

Von daher ist die Tiefenpsychologie die entscheidende Methode der Wahl, um die Spaltung zwischen Subjekt und Objekt[26], die dem modernen Wissenschaftsbegriff wesentlich zugrunde liegt, durch die Erfahrung eben jener Einheitserfahrung zu überwinden, die jedes wirklich religiöse Erlebnis ausmacht. Weit entfernt, eine bloße Verfälschung der Historie zu sein, erscheinen die Mythen, Märchen, Sagen und Legenden in tiefenpsychologischer Betrachtung gerade als Offenbarungsweisen der großen bleibenden Themen und Wahrheiten in den Tiefenschichten der menschlichen Psyche. Doch um diese Wahrheiten zu finden, ist vom Traum und vom Traumerleben auszugehen, nicht von der Welt der äußeren Tatsachen[27]; nur dann wird man dem Duktus «primitiver» Geschichtsüberlieferung ohne Zwang folgen können, die das historische Geschehen zum Anlaß dichterisch-traumhafter Verdichtungen nahm, nicht um dieses Geschehen in seiner Bedeutung zu verdunkeln oder zu verfälschen, sondern um es aus seiner zufälligen Einmaligkeit herauszunehmen und in ein Symbol von überzeitlicher Geltung und Gültigkeit zu verwandeln. Erst wer bereit ist, den *symboli-*

[25] Vgl. I 336–350.

[26] Der Ausdruck «Subjekt-Objekt-Spaltung» stammt von K. JASPERS: Der philosophische Glaube, 15, der «Glauben» gerade als eine *Unmittelbarkeit* versteht, die die Subjekt-Objekt-Spaltung umgreift. – Vgl. K. JASPERS: Die maßgebenden Menschen, 42, wo die Art des philosophischen Erkennens historischer Persönlichkeiten der wissenschaftlichen Bildung über das Vergangene gegenübergestellt wird. Der «Sinn» des philosophischen Erkennens liege, meint JASPERS, «in der Gegenwärtigkeit». Das Eigentliche des Daseins der großen Persönlichkeiten sprenge die Proportionen geschichtlicher Übersichten. «Ihr überzeitliches Wesen als Sprache der Wahrheit ist mehr als ihr historischer Zusammenhang. Ihr Eigentliches liegt in diesem Übergeschichtlichen. Mit solcher Auffassung verneinen wir nicht die Geschichte, sondern gehen über sie hinaus.» (A.a.O. 43)

[27] Vgl. Tiefenpsychologie und Exegese, I 92–100.

schen Gehalt derartiger Bilder auf sein eigenes Leben zu beziehen bzw. sein eigenes Leben als Beispiel für die Wahrheit ihrer Aussage zu verstehen, darf als rechter Ausleger religiöser Erzählungen gelten; anders wird er der Gefahr, ein bloßer «Schriftgelehrter» zu sein, niemals entgehen können.

4. Die Verleugnung der zentralen Alternative von Angst und Glauben oder: Der Gang des Petrus über das Wasser

Der Unterschied zwischen einem gläubigen und einem schriftgelehrten Auslegen heiliger Schriften und Überlieferungen läßt sich am besten an dem einzigen Eichgerät aller existentiellen Echtheit prüfen: an der Klarheit, mit der die eigene Angst bzw. das eigene Vertrauen als wesentliche Mittel des Verstehens göttlicher Rede und göttlichen Handelns spürbar werden oder nicht. Man gebe, um die Probe aufs Exempel zu machen, die Bibel einem echten «Schriftgelehrten», einem Experten der Bibelauslegung, einem historisch-kritischen Forscher in Sachen göttlicher Wörter in die Hand. Ein solcher wird die Bibel nicht mit zitternden Händen und feuchten Augen lesen – er wird fürchten, daß dies seinen klaren Blick nur trüben könnte. Er wird nicht mit dem Hunger der Verzweiflung die Worte des Glaubens ergreifen, wie der Herr zu Lazarus sagte: «Lazarus, Lazarus, komm heraus!»[28] – er wird fürchten, eine solche Leidenschaftlichkeit des subjektiven Empfindens könnte ihm die Objektivität seines Urteils rauben. Er wird nicht mit dem Flehen des Leidens wie der Blinde bei Jericho (Mk 10,46-52) um Erbarmen rufen – er wird wähnen, er möchte sonst einem unkontrollierten Wunschdenken erliegen. Vielmehr wird er sich vor allem um die wissenschaftlich nötige objektive Distanz bemühen, um die vorurteilslose, kritische Einstellung der Überlieferungsgeschichte des Textes gegenüber; er wird textkritisch, literarkritisch, formgeschichtlich und redaktionsgeschichtlich den Werdegang der jetzigen Textgestalt im Verlauf des mündlichen und schriftlichen Stadiums der Überlieferung nachzuzeichnen versuchen – aber was ist dann erreicht? Eine Untersuchung ist entstanden, in der 100mal von Gott die Rede war, aber immerzu nur in einem historischen Sinn, d.h. es war niemals von Gott die Rede, sondern um alles Reden von Gott wurde die unsichtbare Klammer gesetzt, daß es sich dabei (nur) um die jeweilige zeitbedingte Vorstellung von «Gott» gehandelt habe und daß es gelte, diese Vorstellung von «Gott» objektiv zu untersuchen. Und so wird weiter von «Gott» gesprochen, und es ähnelt aufs Wort einem wirklichen Sprechen von Gott, aber es ähnelt ihm, wie Falschgeld richtigem Geld ähnlich sehen mag: je ähnlicher es aussieht, desto

[28] Joh 11, 43. – F.M. Dostojewski: Schuld und Sühne, 4. Teil, Kap. 4; S. 343–360 hat diese Szene in dem berühmten Gespräch zwischen der Dirne Sonja und dem Mörder Raskolnikow in den Mittelpunkt seines großen Romans zwischen Verzweiflung und Glaube gestellt.

leichter läßt es sich in Umlauf bringen, und je mehr davon in Umlauf kommt, desto rascher verfällt der Wert der wahren Währung[29].
So führt das Sprechen von «Gott» in historisch-kritischem Sinne am Ende nur dazu, daß bei allem Sprechen von «Gott» niemals der Ernstfall eintritt. Denn der Ernstfall besteht darin, daß Gott mir selbst etwas zu sagen hat, und dahin gelangt man gerade nicht in der Haltung objektiver Distanziertheit, sondern nur in der Bereitschaft einer völligen Verschmelzung, in einem Akt der «Gleichzeitigkeit», der «Identität», der eigenen Betroffenheit auf Heil oder Unheil, auf Wachstum oder Zerstörung, auf Leben oder Tod. Ohne mit dem Lastgewicht der eigenen Existenz zu fragen, wird Gott uns keine Antwort geben.
Inzwischen ist die Hohlheit des theologischen Redens so weit gediehen, daß die Mehrzahl der Bevölkerung beim Besuch einer Ausstellung über ägyptische Kunst vermutlich mehr von der ewigen Gegenwart des Religiösen spüren wird als in den althergebrachten Formeln des üblichen Dogmatismus und Biblizismus. Wie unmittelbar berührt den Betrachter beim Anblick der mütterlichen Isis, des falkenköpfigen Horus oder des goldüberzogenen Ba-Vogels das Geheimnis der göttlichen Geburt oder der Glaube an die Lichtnatur und Ewigkeit des menschlichen Lebens! Selbst ein so «einfaches» Symbol wie das Bild der Pyramide[30] formt sich vor seinen Augen zu dem geheimnisvollen Sinnbild des eigenen Lebens: wie, wenn alles darauf ankäme, das eigene Leben «gleich der Sonne am Himmel» (*mj R^c m pt*, wie die ägyptischen Inschriften immer wieder sagen) zu verstehen und zu gestalten – als einen langsamen Aufstieg zu dem geheimnisvollen Punkt des Zenits, da der Himmel die Erde berührt und die lebenspendenden Strahlen der Sonne phönixgleich den sterblichen Menschen aufnehmen in die Welt des ewigen Lichtes, die keinen Tod mehr kennt (s. u. S. 517)? Oder man lernt, wie die Konstruktion der Pyramide gleichermaßen lehrte, das Leben zu betrachten als ein Ausruhen von der Unruhe des Kommens und Gehens und den Blick zu richten auf den Punkt am Himmel, um den alles sich dreht, während er selber doch vollkommen feststeht und in sich selbst zu ruhen scheint[31]. Die Märchen der Völker berichten immer wieder von dem geheimnisvollen Gläsernen Berg, den man besteigen muß, um in der Erlösung der Liebe den Himmel zu finden[32]; wer aber, wenn er eine christliche Kirche betritt, erkennt noch in Altar und Kreuz die alten Archetypen von Weltenberg und

[29] Vgl. S. Kierkegaard: Der Augenblick, s. o. Anm. 20, S. 388–390 (Ges. Werke, XIV 177–179).
[30] Zur Theologie der ägyptischen *Pyramide* vgl. C. Barocas: Theben, 12–14; zu dem verwandten Symbol des *Obelisken* vgl. L. Habachi: Die unsterblichen Obelisken Ägyptens, 15–35.
[31] P. Tompkins: Cheops, 149ff. – Zu welchen Ergebnissen eine rein sozial-historisch und kulturgeschichtlich orientierte Untersuchung auch eines so wunderbaren Symbols wie der ägyptischen Pyramiden führen kann, zeigt K. Mendelssohn: Das Rätsel der Pyramiden, 125–147: «Die Pyramiden waren nicht Selbstzweck, sondern riesige Denkmäler eines Ziels, das man erreichte, indem man sie baute: die Schaffung einer neuen Gesellschaftsordnung. Diese riesigen Steinhaufen markieren die Stelle, wo der Mensch den Staat erfand!» (147)
[32] E. Drewermann – I. Neuhaus: Die Kristallkugel, S. 56, Anm. 18; 19.

Weltenachse wieder, um seine Seele an ihnen zu erheben und in ihnen seinen Halt zu finden? Es scheint, als ob all die Bilder und Symbole, deren die Religion zu allen Zeiten sich bedient hat, unter dem Staub der historischen Kritik inzwischen wie begraben lägen; jedenfalls vermittelt selbst eine rein ästhetische Begegnung mit der religiösen Symbolsprache z.B. der ägyptischen Kultur, wenn sie nicht mit historischen Erklärungen überfrachtet wird, für gewöhnlich eine solche Dichte und Ursprünglichkeit des Erlebens, wie sie für eine wirklich religiöse Aneignung entsprechender Bilder oder bildhaltiger Erzählungen unerläßlich wäre, aber in der christlichen Theologie immer schmerzlicher vermißt wird.
Was freilich die Religion von bloßer Ästhetik in absoluter Weise trennt, ist der existentielle Ernst auf dem Hintergrund der Angst. In religiöser Betrachtung genügt es nicht, die Schönheit eines Bildes, eines Kunstwerkes, zu bewundern und sich von seiner Faszinationskraft gefangennehmen zu lassen; religiös geht es um die unausweichliche Verbindlichkeit seiner Wahrheit, und sie entscheidet sich an der Macht, die es besitzt, den Menschen über den Abgrund seiner Angst hinwegzusetzen und ihn mit Vertrauen zu erfüllen gegenüber den äußersten Infragestellungen der Existenz: gegenüber der Kontingenz und Endlichkeit des Daseins, die schon die Ägypter beruhigen mochten, indem sie verwiesen auf die Unsterblichkeit des Lebens und die Ewigkeit seiner Bestimmung.
Kein Bild der Bibel ist in diesem Sinne sprechender als die Erzählung aus Mt 14,22-32 vom *Seewandel des Petrus*. Die Erzählung beginnt (in der Redaktion des Matthäus) mit der Absage Jesu an die Verehrung der Menge – es ist nicht die Woge von Menschengunst und -begeisterung, die trägt; im Gegenteil, sie würde wie ein verschlingender Berg morgen schon unter sich begraben, was sie heute noch emporspült. Wirklich tragend hingegen ist der Raum des Gebetes, wo ein Mensch sich im Vertrauen der Macht aussetzt, die sein Leben erschuf und erhält; sich in ihr zu bergen nach den Worten aus Ps 56,5.12: «Auf Gott vertraue ich, ich fürchte mich nicht; was kann denn ein Mensch mir schon tun?» – das ist der einzig feste Grund der menschlichen Existenz. Was Matthäus hingegen im folgenden nach alten mythischen Traditionen[33] ausgestaltet, ist wie eine Bestätigung dieser Wahrheit im eigenen Leben, und von ihr sei einleitend in den Bildern vom «Seewandel Petri» in Kürze die Rede.
Oft genug, meint diese mythennahe Erzählung, erkennen wir das, was uns retten könnte, zunächst nur wie ein Nachtgespenst, wie einen Spuk um Mitternacht, wie einen peinigenden, panikartigen Alptraum. In schlaflosen Nächten, verfolgt von unfaßbaren Ängsten, dämmern uns die ersten Ahnungen der Gestalt, zu der zu kommen wir berufen sind und die wie schwebend, wie unheim-

[33] Vgl. M. Dibelius: Die Formgeschichte des Evangeliums, 112–113; 277, Anm. 2; vgl. G. Traub: Das Wunder im NT, in: A. Suhl (Hrsg.): Der Wunderbegriff im Neuen Testament, 166–168, der zu Recht mit dem Blick bes. auf *buddhistische* Analogien meint: «Diese in sich einheitliche Erzählung scheint ... ein Wunderbeispiel für die Kraft des Glaubens in den verschiedenen Religionssystemen zu sein.» (167)

lich in ihren Umrissen, in wörtlichem Sinne auf uns «zukommt», wie etwas Unvermeidbares, das wir doch vermeiden wollen, wie etwas gerade uns Betreffendes, das wir doch von uns fernhalten möchten, wie etwas längst Vertrautes und Bekanntes, das uns dennoch im Augenblick der Angst so fremd erscheint. Es kommt indessen alles darauf an, in dieser Gestalt, die vom «anderen Ufer» her über das «Meer» auf uns zukommt, die Person Jesu, die Gestalt dessen, als was Gott uns will und uns gemeint hat, (wieder-)zuerkennen; denn nur dann werden wir den Schritt wagen, der die Sicherheit des «Bootes» verläßt und das Wagnis eingeht, das Unbegehbare zu begehen, das nie Betretene zu betreten, das scheinbar Abgründige zum Grund zu nehmen – und nicht daran zugrunde zu gehen.

Es ist an dieser Stelle, wie wenn die Szene des Exodus sich noch einmal (und immer wieder!) wiederholen würde, als Israel auf der Flucht aus dem Ort der Knechtschaft, verängstigt und verstört durch die verfolgenden Streitwagenabteilungen des Pharaos, in das Rote Meer hineinzog, und links standen die Wasser, und rechts standen die Wasser, Israel aber zog mitten hindurch, weil am anderen Ufer der Mann Moses stand und seinen Stab ausgestreckt hielt über die Wasser, und sein Mund befahl: «Komm!»[34] So setzt auch Petrus seinen Fuß auf das Wasser im Vertrauen auf die Gestalt, die vom anderen Ufer her ihm in den Weg tritt, und er wagt es, über den Abgrund hinwegzuschreiten. Das «Wasser» steht symbolisch für alles, was im Leben nur irgend an Haltlosigkeit, an Bodenlosigkeit, an Abgründigem zu erfahren ist: die Angst vor dem Tod, die Angst vor dem Scheitern, die Angst vor der Sinnlosigkeit, die Angst vor dem Andrängen der Triebmacht des eigenen Unbewußten, die Angst vor allem noch Unfertigen, Ungestalteten, Ungeschlachten, Ungestümen – die Symbolik der «Schlange» an den Übergangszonen zwischen Nichtsein und Sein steht in den Mythen und Märchen gern für dieses «Wasser»[35]; denn ihr riesiger Leib umringelt an den Grenzzonen des Daseins die uns vertraute und bewußte Welt und schnürt sie ein in Angst und Enge, und ihr riesiger Rachen ist wie ein gähnendes Maul unterhalb der geschaffenen Welt, das jederzeit bereit ist, die Erde und alles, was ist, in die Chaoswasser der Urzeit zurückzuschlingen.

Von daher gilt es, im menschlichen Leben eine absolute Wahl zu treffen, und alle Religion, alle erscheinenden Gestalten und Gestaltungen, die vom «anderen Ufer» her auf uns zukommen, vermögen nur, die Notwendigkeit dieser Wahl bewußt zu machen und ihre Entscheidung nach Möglichkeit zum Guten zu lenken: zu wählen ist zwischen Angst und Vertrauen, zwischen Ufer und Abgrund, zwischen Einheit und Untergang. Denn sieht man die Wellen und hört man den Wind, türmt die Angst sich auf mit Riesenwogen, und die Welt ist ein

[34] Vgl. Tiefenpsychologie und Exegese, I 493–496.
[35] Zur Schlangensymbolik vgl. E. Drewermann: Strukturen des Bösen, I[3], S. LXV–LXXXIII.

einziges verschlingendes Loch, und von allen Seiten her bricht es über uns herein; sieht man hingegen unverwandt vor sich diese Gestalt vom anderen Ufer, die auf uns zukommt, so trägt das «Wasser», und wir finden zurück ins «Boot», gemeinsam mit dieser Person des ganz «Anderen», die in Christus lebte und lebt und zu der wir berufen sind und die uns begegnen kann in einem jeden Menschen, den wir so lieben, daß seine Person für uns durchscheinend wird zum Licht vom anderen Ufer, zum Anruf der Freiheit unseres eigenen Wesens, zum Lockruf der Reifung zu unserer wahren Bestimmung. Lassen wir die Gestalt dieses «Anderen» bei uns ein, so legt sich der «Sturm», und die Angst vergeht; anderenfalls aber würden wir aus Angst umkommen vor Angst, und es erginge uns nicht anders als dem Propheten *Jona*, der aus Angst vor Gott und sich selber zu fliehen suchte, nur um am Ende schon von sich aus zu wünschen, man möge ihn in den Orkus werfen, um dem Orkan seiner Angst zu entrinnen – ein Kreislauf absoluter Verzweiflung inmitten eines Lebens, das in der Angst kein Leben ist.

In der Theologie ist seit Jahrzehnten die Diskussion nicht abgeschlossen, die von der «dialektischen Theologie» entfacht wurde: daß Gott uns stets begegnet als der «ganz Andere»[36]; daß seine Worte uns erreichen nur im Paradox und Wider-

[36] Im Grunde stellt die dialektische Theologie lediglich eine konsequente Ausformulierung des protestantischen Denk- und Erfahrungsansatzes dar, den bereits L. FEUERBACH: Das Wesen des Glaubens im Sinne Luthers (1844), IV 12 mit Recht so kennzeichnete: «Was ... Gott ist, das kann unmöglich der Mensch sein, wenn nicht Gott ein Luxusartikel sein soll. Diese Unmöglichkeit, diese Notwendigkeit, daß jede Bejahung in Gott eine Verneinung im Menschen voraussetzt, ist die Grundlage, worauf Luther sein Gebäude aufgeführt und die römisch-katholische Kirche zertrümmert hat. Ist Gott gut, so ist der Mensch böse, so ist es folglich Gotteslästerung, Gottesverleugnung, wenn der Mensch sich gute Handlungen, gute Werke zuschreibt ... Ist Gott selbst der Versöhner des Menschen mit Gott, Gott der Heiland, der Sündentilger, der Seligmacher der Menschen, so kann nicht der Mensch der Tilger seiner Sünden, der Heiland von sich selbst sein – und folglich sind alle sogenannten verdienstlichen Werke ... eitel und nichtig.» In diesem Prinzip der Entgegensetzung, das FEUERBACH aus LUTHERS Schriften reich belegte, besteht in der Tat das Wesen des Protestantismus; m.a.W.: die protestantische Theologie *muß* dialektische Theologie sein oder sie mißversteht sich selbst. Bes. K. BARTH: Die kirchliche Dogmatik, 1. Bd.: Die Lehre vom Worte Gottes, 2. Teil, S. 327ff. hat gemeint, das Verhältnis von Glauben und Religion in christlichem Sinne nur als Entgegensetzung bestimmen zu können. «Religion ist eine Angelegenheit ... des *gottlosen* Menschen», schrieb er. Selbst der Bildersturm hat unter diesen Umständen «seine Notwendigkeit und seinen guten Sinn». Was unter der Voraussetzung der *Angst* sinnvoll zu sagen ist: daß das *ganze* menschliche Dasein, inklusive der Religion, ins Widergöttliche verzerrt werden kann, wird bei BARTH ohne jede psychologische Voraussetzung zu einem Gegensatz von Theologie und Anthropologie, den man nur z.T. als zeitbedingten Ausdruck des Widerspruchs der «bekennenden Kirche» gegenüber den «Deutschen Christen» verstehen kann. Die kategorische Ablehnung einer «natürlichen Theologie» (vgl. K. BARTH: Die Kirchliche Dogmatik, II 1, 194–200) ist keineswegs die Voraussetzung, um die Remythisierungstendenzen etwa des Nationalsozialismus ablehnen zu können; eher, daß umgekehrt eine unintegrierte Form des «Glaubens» die Welt der archetypischen Bilder und Antriebe in hilfloser Weise metaphysizieren und entweder dem Heiligen Geist oder dem Teufel zuschreiben muß (s.u.S. 318). – G. HUMMEL: Theologische Anthropologie und die Wirklichkeit der Psyche, 30 weist zu Recht darauf hin, daß die Christo-Ontologie BARTHS und seine Begründung theologischer Anthropologie allein von der Christologie her verkenne, «daß die Christologie des Neuen Testamentes immer schon Anthropologie impliziert». HUMMEL fährt fort: «Dieser Begriff des Menschen (sc. bei BARTH, d.V.) ist die Frucht der Furcht vor einer

spruch[37]; daß nur in der völligen Umkehr aus unserem Unwesen wir unser Wesen wiederfinden könnten. Die Frage erhob sich vor allem im katholischen Raum, wo denn, wenn es so stünde, der «Anknüpfungspunkt» für die Botschaft Gottes zu suchen sei, und man versuchte deshalb, den Gegensatz zwischen Gott und Mensch, den die Schüler K. BARTHS nicht müde wurden zu betonen, nach Möglichkeit abzuschwächen. Aber in beiden Lagern konnte sich nur zeigen, wie verhängnisvoll (spätestens seit den Tagen der Reformation, im Grunde aber schon seit der Diskussion zwischen Augustinus und dem Mönch Pelagius) es für die Theologie sein muß, wenn sie sich in ihrer Reflexion außerhalb der Dynamik stellt, von der sie eigentlich und einzig wesentlich sprechen müßte: von der Alternative zwischen Angst und Vertrauen. Was bei SÖREN KIERKEGAARD

theologia naturalis ... So müssen denn die anthropologischen (und anderen) Phänomene stumm bleiben – christo-ontologisch stumm wohlgemerkt. Und zahllose Phänomene gelangen überhaupt nicht mehr in den Blick» (31). «So bleibt der offene Horizont einer theologischen Lehre vom Menschen verschlossen. Das Resultat solchen Denkens ist in dem Satz verborgen: ‹Das menschliche Wesen Jesu erspart und verbietet uns das unsrige›» (39; nach: K. BARTH: Kirchliche Dogmatik, III 2, 55) Auch HUMMEL kommt in seiner hervorragenden Studie freilich nicht auf den eigentlichen Kern der Christologie: die Erlösung von der Angst bzw. von der Verformung des Daseins im Bannkreis einer sich selbst überlassenen Dynamik der Angst, zu sprechen. Nur mit dem Blick auf die Psychologie der Angst versteht man die Umwandlung der gesamten menschlichen Existenz von Segen in Fluch, von Menschlichkeit in Unmenschlichkeit in den vergeblichen Selbstrettungsversuchen des Menschen ohne Gott; nur so auch versteht man das eigentliche Anliegen K. BARTHS, daß man auf Christus schauen muß, um zu wissen, was der Mensch von Gott her ist und sein kann.

[37] So erklärte R. BULTMANN: Anknüpfung und Widerspruch (1946), in: Glauben und Verstehen, II 117–119, daß Gott selbst, indem er zu uns spricht, sich die Voraussetzung zum Verstehen selbst erschafft; es gibt demnach überhaupt keinen Anknüpfungspunkt für das Wort Gottes im Menschen, insbesondere kein «religiöses Organ» zum Vernehmen und Verstehen Gottes, vielmehr macht Gott den Menschen, den er lebendig machen will, zunächst zunichte. Lediglich indem der Mensch auch im Widerspruch zu Gott doch von der Frage nach seiner Eigentlichkeit umgetrieben wird, gibt es so etwas wie eine negative Anknüpfung der Botschaft Gottes an den Menschen (a.a.O., S. 120). Man kann diesen Widerspruch der ganzen menschlichen Existenz gegen den Anruf der Gnade Gottes erst wirklich von der Unbarmherzigkeit und Grausamkeit der Dynamik der Angst her verstehen, wie wir anhand der *jahwistischen Urgeschichte* gezeigt haben; vgl. E. DREWERMANN: Strukturen des Bösen, III 226–330. Erst in der Erlösung von der Angst gewinnen auch die *katholischen* Entgegnungen auf die protestantische Zerstörung der anthropologischen Grundlagen des Glaubens ihre Berechtigung, wie sie H. U. VON BALTHASAR: Analogie und Dialektik, in: Divus Thomas 22 (1944), 171–216 vorgelegt hat. Mit Recht meint G. HUMMEL: Theologische Anthropologie und die Wirklichkeit der Psyche, 66 (nach einer äußerst lesenswerten Darlegung der theologischen Anthropologie BULTMANNS, 46–61), BULTMANNS Theologie sei «ganz und gar kein Verrat an die Philosophie HEIDEGGERS, sondern eine verkürzende und verkehrende Hereinnahme derselben in die Theologie.» Wo bei HEIDEGGER das Dasein im Tod ende, da bei BULTMANN im Wort Gottes (47). «Was hier ansichtig wird, ist eine Zerrissenheit von Existenzial-Ontologie und Theologie. Auf der einen Seite steht die formalisierte und neutralisierte existentiale Daseinsanalytik, die in den Rang eines (klassisch-)ontologischen An-sich erhoben wird. Auf der anderen Seite steht das personenhafte Für-mich des Verkündigungsworts. Beide kommen nur paradoxal zusammen, dienen aber keinem neuen und eigenen ontologischen Regressus.» (67) In der Tat ließe sich die HEIDEGGERsche Thematik der Vorläufigkeit des Daseins zum Tode nur von dem Erleben der *Angst* im Sinne S. KIERKEGAARDS wirklich theologisch vermitteln, indem sich zeigt, daß die Angst vor der Nichtigkeit und Kontingenz des Daseins das Dasein so verformt, daß der Tod den Charakter einer ständigen Bedrohung erhält; erst durch das Aufgreifen der Todesangst, durch den Tod hindurch, kann ein solches aus Angst tödlich und mörderisch gewordene Dasein zu sich selbst befreit werden.

durchaus eine existentiell verdichtete Erfahrung war und bei ihm jedes seiner Worte durchtönte, mußte sogleich ein völlig anderes Gepräge annehmen, als man es von dem lebendigen Erfahrungshintergrund der Angst löste und in ein dogmatisches und hermeneutisches Axiom der Exegese verwandelte. Bei KIERKEGAARD stimmt es, wenn er (unabhängig von seiner asketischen Verzeichnung des Christentums) betonte[38], daß Gott und Mensch einander widersprechen *müssen* – im Felde der Angst. Meisterlich beschrieben findet man bei KIERKEGAARD[39], mit welcher Zwangsläufigkeit und Zwangsgesetzlichkeit die Angst ihre eigenen Abwehrmechanismen, Sicherungssysteme, Kompensationsversuche und Terrortendenzen hervorbringt. Im Zustand der Angst hat man wirklich Grund, Gott zu fürchten wie einen Einbrecher, wie einen Dieb in der Nacht (vgl. 1 Thess 5,2); denn nichts ist in der Angst furchtbarer, störender und unbegreifbarer als die zerreißende Weite des Herzens, als die vernichtende Bedrohung der Güte, als die alles verheerende Macht der Liebe. Wie Eisblumen, deren Schönheit beim ersten Anhauch des Frühlings dahinschmilzt, so müssen die leblos-verfrorenen Gestaltungen der Angst vor der Unverfrorenheit eines Lebens in der Kraft des Vertrauens um ihr Dasein fürchten, und nichts ist für sie fürchterlicher, als am Ende aller Angst zu begreifen, wie sinnlos und grundlos es war, aus Angst in eine Welt hineinzustürzen, die ohne Gott, als dem Urgrund von allem, wirklich in allem als Abgrund erscheinen muß. Besteht ein Mensch nur noch aus Angst, so widerspricht er Gott in seinem ganzen Daseinsaufbau, denn der Grund aller Angst besteht letztlich nur darin, aus lauter Angst einzig die «Wellen» zu sehen und die Gestalt vom «anderen Ufer» aus den Augen verloren zu haben – *darin* hat die «dialektische Theologie» unzweifelhaft *ganz* recht. Aber es ist zugleich der größte Widerspruch im Menschen, es ist die schlimmste Perversion seines ganzen Wesens, statt vom Vertrauen in den Ursprung seines Daseins nur noch von Angst bestimmt zu sein – und *darin* hat die katholische Theologie zweifelsohne recht.

Auf dem Hintergrund der Angst gäbe es gleich *zwei* Anknüpfungspunkte für die «Botschaft» Gottes: es wäre nötig, auf der Stelle allen «anklagenden Gebrauch» (allen *«usus elenchthicus»*) aus dem Gotteswort zu entfernen und fortan «freundlich zu reden zum Herzen Jerusalems» (Jes 40,2). Jedes Wort der Bibel müßte so

[38] Zu der asketischen Verzeichnung des Christlichen bei KIERKEGAARD im Erbe des Protestantismus vgl. E. DREWERMANN: Strukturen des Bösen, III 504–514. – Auch das erkannte ein so großer Psychologe wie L. FEUERBACH klar, wie sehr die (protestantische) Entgegensetzung von Gott und Mensch die Glaubensgrundlage bis in den Gefühlsbereich hinein zerstören muß, und er schrieb (in: Theogonie nach den Quellen des klassischen, hebräischen und christlichen Altertums, IV 336): «Wären die Götter das, wofür sie ihre falschen und unwissenden Freunde ausgeben, von allem Menschlichen abgesonderte Wesen, ... so fiele auch auf seiten des Menschen der Verstand, der Wille, das Gefühl für die Götter, hiermit der Grund zu ihrer Verehrung hinweg. Müßte sich der Mensch in der Religion dieselbe Tortur antun, ... so verwandelte sich sein Vertrauen in Mißtrauen, seine Verehrung in Verachtung, seine Liebe in Haß.»

[39] E. DREWERMANN: Strukturen des Bösen, III 436–479, zu S. KIERKEGAARD: Die Krankheit zum Tode.

lange geprüft werden, bis es verrät, was es zum Verständnis, zur Besänftigung und zur Beseitigung der menschlichen Daseinsangst betragen kann; und ehe dies nicht wirklich verstanden ist, sollte man kein Wort eines Propheten oder Gottesmannes in noch außerhalb der Bibel für von Gott beglaubigt halten. Zu viel des Terrors ist im Namen «Gottes» verkündet worden[40], und mit zu viel Angst hat man sich Gottes Worte «anzueignen» versucht, als daß man weiterhin an der Angst des Menschen vorbei ein Gotteswort exegesieren dürfte. Erlösende Macht hat ein Gotteswort, wenn es im Umraum des Vertrauens des Menschen Angst bewußt macht und im Überfluß der Gnade überflüssig macht; anders als ohne diese erlösende Macht ist kein Wort Gottes Wort. Die Exegese aber muß wissen, wovon sie redet und was sie will: ein «Wissen» um heilende Worte oder eine brotgelehrte Wissenschaft bloßer Worte und Redensarten.

Das nämliche gilt von den *Taten* Gottes. Ausgehend von der Traumbotschaft der Mythen, Märchen, Sagen und Legenden im 1. Bd. der vorliegenden Arbeit, werden wir im folgenden zu zeigen haben, daß die Wunder der Heilung, die Gesichte des Heiligen, die Entrückungen in die Sphären anderer Welten sich als göttlich nur verstehen lassen im Gegenüber der menschlichen Angst. Eben deshalb ist uns die Tiefenpsychologie so wichtig, weil sie der (biblischen bzw. jeder religiösen) Hermeneutik ihr eigentliches Thema zurückzugeben vermag. Keine Methode der Psychologie hat mit solchem Nachdruck den Nachweis erbracht, daß im Hintergrund aller Daseinsverformungen, aller Seelenerkrankungen, allen neurotischen und psychosomatischen Leids die Schlange der Angst seit Paradiesestagen lauert und die Menschen immer wieder zwingt, in die falsche Richtung zu fliehen. Bis in den Schlaf, bis in die Träume hinein formt oder verformt sich die innere Wahrnehmungsfähigkeit des Menschen, je nachdem, ob seine Seele von Angst oder Vertrauen beseelt ist. Und nur daran also ist alles gelegen: wie man den Menschen wieder bis in seine Träume, bis in seine Physis hinein erlösen kann von seiner Angst.

Die Tiefenpsychologie ist keine Universalwissenschaft und kein «Sesam, öffne Dich» für alle möglichen Probleme. Ja, wir werden am Ende dieses 2. Bandes ausführlich noch über die Grenzen, Einseitigkeiten und Gefahren auch der Tiefenpsychologie zu sprechen haben. Aber in ihrer Zentrierung der Problematik des menschlichen Daseins auf die Angst sowie in ihrem Bemühen um ein möglichst vorurteilsloses Verstehen jenseits der moralisch vorgegebenen Ver- und Vorverurteilungen weist sie in Diagnose wie Therapie eine Haltung auf, die der Religion von alters her eigentümlich ist und in der Gegenwart wieder zu ihrem eigensten Anliegen gemacht werden müßte. Dies wäre ohne Zweifel der erste und wichtigste «Anknüpfungspunkt» der Botschaft Gottes in der menschlichen Seele.

[40] Vgl. E. Drewermann: Tiefenpsychologie und Exegese, I 476–478.

Der zweite «Anknüpfungspunkt» hingegen besteht in den archetypischen Symbolen und bildhaften Szenen selbst, die im menschlichen Herzen verborgen liegen. Es hat sich bereits im Umgang mit den Mythen, Märchen, Sagen und Legenden gezeigt, wie archaisch, wie universell menschheitlich, wie gemeinsam verbindend zwischen den verschiedensten Kulturen aller Zeiten und Zonen die Ausdrucksgestalten sind, mit denen die Religion dem menschlichen Erleben eine Ahnung des Göttlichen zu vermitteln sucht.
Im folgenden werden wir sehen, daß ebenso die Berichte von Wunderheilungen, Visionen, Prophetien und Apokalypsen eine typologisch vorgegebene Gleichheit aufweisen, die allerorten ihre Analogien, ja oft genug in historischer Herkunft und Verwandtschaft vom schamanistischen Erleben ihre Homologien besitzt. Tiefenpsychologie, Religionsgeschichte, Ethnologie, empirische Anthropologie und philosophische Reflexion vor allem im Sinne der existentialen Auslegung müssen sich daher zu einem hermeneutischen Ensemble vereinigen, das uns, so hoffen wir, wieder zu lehren vermag, daß die Wunder der Heilung sich auch in unserem oft so wunderlichen und doch stets so wunderbaren Leben zu ereignen vermögen, wenn wir nur die Angst zu überwinden lernen und uns öffnen zur Weite des Herzens (zur 'wt jb, zur Freude des Himmels[41], wie die Ägypter sagten); erkennen möchten wir, daß auch die Augen unserer Seele befähigt sind, heilige Bilder zu sehen und träumende Weisungen zu empfangen, wenn wir nur den Lufthauch des Lebens (den *ṯ'w ʿnḫ*, wie die Ägypter sagten) tief genug in uns einlassen; und nachweisen möchten wir, daß unsere Seele zu den gleichen Jenseitswanderungen und Sternenwegen berufen ist, von denen die Geheimen Bücher, die Apokalypsen, erfüllt sind, mit deren Bildern die Ägypter ihre Grabkammern umkleideten. Wenn wir mit Hilfe des vorliegenden Buches in den Stand gesetzt würden, ein Stück gesünder zu leben, ein Stück weit reiner zu träumen, ein Stück weit mutiger zu hoffen, über alle Welt hinaus, und wenn unsere Ohren sich öffnen ließen zu der geheimnisvollen Poesie und Gleichniswelt alles Geschaffenen, so hätte diese Arbeit ihren Dienst erfüllt: Eine Hermeneutik wäre entstanden, in der anhand ehrwürdiger und heiliger Texte ein jeder wieder die Heiligkeit und Würde seines eigenen Daseins erfahren könnte.

[41] Vgl. A. Erman – H. Grapow: Ägyptisches Handwörterbuch, S. 1. – Zu der ägyptischen Auffassung der *Freude* bzw. der «Herzensweite» als einer Erscheinungsform der himmlischen, sonnenhaften Existenz vgl. J. Assmann: Der König als Sonnenpriester, 36.

Standort und Überblick

Eine entscheidende Erkenntnis des 1. Bandes dieser Arbeit lautete, daß der Ausgangspunkt einer jeden Hermeneutik religiöser Texte nicht dort gesucht werden darf, wo die historisch-kritische Exegese ihn annimmt: in der äußeren Geschichte, sondern daß er im Traum bzw. im traumnahen Erleben von Poesie und Dichtung gefunden werden kann und muß. Nur so vermeidet man es, immer wieder Fragen an die antiken Texte zu richten, auf die sie nicht oder nur unter Zerstörung ihres Inhaltes und ihrer Form zu antworten vermögen; nur so erreicht man es auch, daß die «Geschichte der Formen» nicht als eine bloße Geschichte des Abfalls von der geschichtlichen Wahrhaftigkeit erscheint, sondern in ihrer eigentlichen Wahrheit, in ihrer Fähigkeit, das historisch Einmalige in die Symbolsprache überzeitlicher Gültigkeit zu retten, gewürdigt und positiv mitvollzogen wird. Vergegenwärtigt man sich darüber hinaus, welch eine überragende religiöse Bedeutung dem Traumerleben noch heute in den sog. «Primitivkulturen» zugemessen wird, so versteht man leicht, daß der eigentliche Ursprungsort religiöser Erfahrung im Inneren des Menschen, in der Nähe des Traumes zu suchen ist, nicht aber draußen, in der Welt der äußeren Fakten; diese gestalten sich als religiös bedeutungsvoll vielmehr überhaupt erst, wenn sie im Gefolge archetypischer Visionen in Szene gesetzt oder in großen archetypischen Symbolen verdichtet der Nachwelt überliefert zu werden vermögen. Für die Stammeskulturen noch heute, für die antiken Kulturen zur Zeit, da die Bibel entstand, ist Geschichte nicht anders verstehbar denn als Ausdruck göttlicher Kräfte; allein dem ewig Gültigen, dem kultisch zu Vergegenwärtigenden, der göttlichen Gegenwart im Strom der menschlichen Vergänglichkeit dient diese Art von Geschichtsüberlieferung, und wer sie gegen dieses ihr eigenes und eigentliches Anliegen vorwiegend auf ihren profanen Informationswert festlegen will, dem kann es nur so gehen wie den zwei Brüdern im Märchen vom «Wasser des Lebens» (KHM 97): auf der Suche nach einer lebenrettenden Quelle in dem Zauberschloß einer wunderschönen Jungfrau wurden sie auf ihren Pferden zwischen zwei Felsen eingeklemmt und konnten schließlich weder vor- noch rückwärts – zur Strafe für ihren Hochmut. Es gilt im Sinne dieses Märchens, die Stimme des «Zwergen» am Wege, die Sprache der hilfreichen «Kobolde» und der dienstbaren «Geister» zu vernehmen; es gilt m. a. W., die märchenhafte Botschaft und Sprache der Träume wiederzuerlernen, um auf den Wegen des schönsten der Träume, auf den Wegen der Liebe und des ewigen Glücks in der Einheit der Seele, in wörtlichem Sinne «Fortschritte» zu machen. In dieser Innenwelt aus Traum und Poesie ist zu beginnen, um den träumerischen, den wahrhaft religiösen Zugangsweg auch zu der Welt der äußeren Realität zu finden.

Ausgehend vom Traumerleben, ordnen sich die Erzählformen von Mythos und Märchen, von Sage und Legende wie von selbst als die notwendigen Vermittlungsglieder zwischen Innen und Außen, zwischen Traum und Geschichte. Indem der *Mythos* (und in seiner Nachfolge *das Märchen*) die großen archetypischen Gestalten des Unbewußten auf die äußere Natur projiziert, um in einzigartiger Weise den Menschen mit der ihn umgebenden Natur zu verbinden, kann er sehr wohl historische Reminiszenzen (meist aus der formativen Periode des Stammes) zur Beschreibung des eigenen Wesens (bzw. des menschlichen Wesens insgesamt) heranziehen, wie es z.B. die Urzeiterzählungen der Völker für gewöhnlich tun. Die Geschichte selbst aber bildet für den *Mythos* nur die symbolische Kulisse oder das bloße Inventar symbolischer Gestaltung; entscheidend sind es die vergöttlichten Mächte der Natur, die als Träger und Gestalter der mythisch erzählten Geschichte in Erscheinung treten. Zeitlosigkeit bzw. Überzeitlichkeit in Geschehen und Bedeutung ist daher ein Hauptmerkmal aller mythischen (und der davon abgeleiteten märchenhaften) Erzählungen.

Weit näher stehen der Geschichte die Erzählformen von *Sage* und *Legende*, deren Personen und Orte zumeist der «wirklichen» Geschichte entstammen. Als Darstellungen «idealisierter» Geschichte gehen in die Sagen und Legenden jedoch eine Vielzahl archetypisch vorgegebener Szenen und schematisierter Handlungsabfolgen ein, die sich von den großen Themen der Mythen und Märchen in nichts unterscheiden und mithin in der gleichen Weise wie diese zu deuten sind, nur daß sich die Projektionsebene des Unbewußten in den Sagen und Legenden von der äußeren Natur weg mehr in den «Raum» der Geschichte verlagert hat. Freilich ergibt sich daraus auch eine gewisse Brechung im Realitätssinn der Sagen und Legenden gegenüber den Mythen und Märchen. Vom *Märchen* erwartet niemand, daß es eine andere denn eine symbolische Wahrheit besitzt; der *Mythos* hingegen will in allen seinen Teilen *geglaubt* sein, dient er doch selbst zur Beglaubigung und Bewahrheitung der bestehenden (Welt-)Ordnung. Anders die *Sagen* und *Legenden*. Solange sie in Kraft stehen, gilt auch ihnen die ehrfürchtige Pietät und die Frommgläubigkeit des Volkes, und doch schwingt bereits das Bewußtsein mit, daß in ihnen im Grunde *innere* Erfahrungen der Wirklichkeit geschildert werden. Es mag in den Legenden und Sagen, ähnlich wie in den Mythen und Märchen, viel Wunderbares geschehen – man vergißt doch nicht, daß die außerordentlichen Begebenheiten in der Natur oder Geschichte dort lediglich Projektionen innerer Vorgänge darstellen und eine rein symbolische Bedeutung haben. Wenn etwa in der Heiligenlegende des Propheten Elias Raben den Gottesmann am Bache Kerit mit Brot ernähren (1 Kön 17,2-6; I 177), oder wenn in der Sünderlegende von Nu 22 Bileams Eselin zu reden beginnt, so weiß ein jeder, daß hier das Wunderbare nur als äußeres Bild einer inneren Erfahrung zu verstehen ist, und auf merkwürdige Weise durchdringen in den Sagen und Legenden, an den Grenzzonen zwischen Traum und Wirklichkeit, der Symbolismus und Realismus der Darstellung im Verständnis einander. Dabei sind die Sagen und Legenden, auch bezogen auf die äußere Realität, sich ihres illusionären Wunschcharakters mindestens halb bewußt; sie sind durchaus unmächtig, eine Geschichte nach ihrem Vorbild zu formen, es sei denn, daß sie selbst den späten Nachhall «heroischer» Zeiten und «heiliger» Begebenheiten bilden.

Die Lage ändert sich indessen grundlegend, wenn wir uns im folgenden, vorab zu den Fragen religiöser Worttradition, mit einer weiteren Gruppe traumnaher Erzählungen beschäftigen wollen, die alle, so phantastisch anmutend auch immer, in ihrer Art den Anspruch erheben, in historischem Sinne «wirkliche» Geschichte zu überliefern, zu kennen oder zu gestalten. Es handelt sich dabei um die Gruppe

der Wundererzählungen («Novellen»),
der Erscheinungs- und Berufungsberichte sowie
der Prophetien und Apokalypsen.

Alle drei Erzählgattungen sind bereits in der objektiven Geschichte verwurzelt, weit mehr als die Sagen und Legenden –, und doch lagern sie wie Morgennebel über den Fluren von Raum und Zeit: nie sind sie mit den Methoden «exakter» Forschung zu bestimmen, und je mehr man sich ihnen zu nähern glaubt, desto mehr entziehen sie sich jedem Zugriff. Deutlich ist nur, daß auch in ihnen, statt einer gewissen Konkretheit und Diskretheit des Materials, wie sie bei allen mehr oder weniger historischen Überlieferungen zu erwarten stünde, ganz im Gegenteil die Merkmale der Topik und Typik absolut vorherrschend sind. M.a.W.: auch bei ihnen hat man es mit einem Material zu tun, das den Gesetzen archetypischer Gestaltung folgt. Gleichwohl sind die Unterschiede zu den bisher erörterten Erzählgattungen (von Mythos, Märchen, Sage und Legende) ganz erheblich, und es kommt jetzt alles darauf an, zu sehen, daß diese Unterschiede sich erneut nicht vorwiegend aus Unterschieden des Stoffes und der Thematik, sondern im wesentlichen aus Unterschieden der jeweiligen Projektionsebenen ergeben, an denen das traumnahe Material des Unbewußten dem Bewußtsein gegenübertritt.

In systematischer Absicht und zur vorgreifenden Übersicht über die Gliederung der nachstehenden Abschnitte läßt sich probeweise die folgende schematische Entwicklungsreihe aufstellen, die im Grunde eine Abfolge ständiger Verinnerlichung darstellt.

Wir wissen bereits, daß die *Mythen* das Vorstellungsmaterial des Unbewußten in die Natur hineinprojizieren – ihre «Kosmologie», sagten wir, ist zu lesen als eine projektive Psychologie. Die *Sagen* und *Legenden* projizieren im Grunde das gleiche Material in die Geschichte – ihre Geschichtsdarstellungen sind mithin zu verstehen als szenische Darstellungen des idealen Ichs unter bestimmten geschichtlichen Bedingungen. Bei den *Wundererzählungen* kommt nun eine dritte Projektionsfläche in Sicht, die weit persönlicher und individueller geprägt ist: der menschliche Körper; auch auf ihn lassen sich die Erfahrungen und Hoffnungen seelischer Heilung und Reifung übertragen, und die «Novellen» beschreiben mit ihren Schilderungen wunderbarer Heilungen von vorwiegend körperlicher Krankheit und Not in typisierter Form gerade die Vorgänge, in denen seelische Ängste und Abspaltungen sich im Körpergeschehen objektivieren und durch spezifische Symbolhandlungen beseitigt werden (können). Auch in diesen Erzählungen werden also im Grunde innere Bewegungen nach außen verlegt und dort sichtbar gemacht; aber dieses Äußere ist jetzt nicht mehr der Raum der Natur oder der Raum der Geschichte, sondern die individuelle, körpereigene Physis; sie ist es, die in den «Novellen» zum projektiven Erfahrungs- und Darstellungsort des Heils wird.

Noch einen Schritt weiter nach innen verlegen die *Erscheinungs-* und *Berufungserzählungen* die Projektionsfläche des Unbewußten, indem sie Erfahrungen wiedergeben, in denen bestimmte Inhalte aus den Tiefenschichten der Psyche sich dem Wahrnehmungsvermögen im Wachzustand mit solcher Heftigkeit aufdrängen, wie es im Schlaf für gewöhnlich im Traum geschieht; die entsprechenden Erfahrungen werden vom Bewußtsein mit gewissem Recht daher als etwas Ichfremdes, von ihm Unabhängiges, Objektives, wenngleich Ungegenständliches, Personhaftes erlebt und dementsprechend als Weisung und Fügung höherer geistiger Mächte empfunden und gedeutet. Psychologisch dürfte darin der Grund liegen, warum die Erscheinungsberichte stets zu Beginn von einem heftigen Widerstand des Ichs gegen seine inneren Widerfahrnisse berichten und sich erst im weiteren Verlauf der Erzählung als Zeugnisse eines übermächtigen Anrufs göttlicher Mächte und einer das ganze weitere Leben entscheidend prägenden Beauftragung zu erkennen geben.

Der Kreis der projektiven Selbstdarstellung des Unbewußten schließt sich im letzten erst in den *Prophetien* und *Apokalypsen.* Auch sie sind – soweit nicht bloße literarische Fiktionen oder Kompilationen vormals echter Erscheinungen – im Grunde Visionsberichte; aber ihr zentrales Thema ist nicht die Beauftragung des Einzelnen, sondern sie malen als Prophetien das künftige Schicksal des eigenen Volkes im nahen oder ferneren Verlauf der menschlichen Geschichte, bzw. sie schildern als Apokalypsen das weitere Schicksal der Welt im ganzen, vorausblickend, ansagend und deutend. Der Vorgang der Projektion führt hier zu einem spiegelbildlich symmetrischen Pendant der *Mythen* und *Legenden.* Denn während die *Mythen* das psychische Material des Unbewußten in die

äußere Natur projizieren und von dort her dem Bewußtsein gegenüberstellen, entstehen die *apokalyptischen Visionen* gerade umgekehrt dadurch, daß die Bilder des Unbewußten sich im Bewußtsein als eine Welt für sich reflektieren; indem die äußere Welt dem Bewußtsein unter der Intensität solcher Erfahrungen so gut wie gänzlich entschwindet, gehören zu den apokalyptischen Bildern fast immer spezifische Weltuntergangsphantasien, die sich regelmäßig als das Gegenstück der Weltschöpfungserzählungen in den Urzeitmythen der Völker darbieten. Gleichermaßen wird in den *Prophetien* die Spiegelung des Unbewußten im Bewußtsein als eine überpersönliche Botschaft erlebt, indem der Weg der eigenen Geschichte im Unbewußten als Vorbild bzw. als Repräsentanz der äußeren Geschichte erlebt wird. Während die Legenden (und Sagen) das eigene Unbewußte (d.h. bestimmte Wunschphantasien und Ideale) projektiv an der äußeren Geschichte bewußt machen, versuchen die Prophetien, die äußere Geschichte nach dem Vorbild der eigenen unbewußten Vorstellungen auszulegen und bewußt zu machen. Insofern versteht man die stets zu beobachtende Verschmelzung zwischen dem Ich des Propheten mit dem Schicksal seines Volkes in Gestalt der *Korporativperson*, zu deren Hermeneutik bereits im 1. Bd. (I 271 ff.) manches gesagt wurde. Wenn wir den Mythos als projizierte Psychologie bezeichnen können, so werden wir die Apokalyptik als introjizierte Kosmologie verstehen können und die Prophetie als Legende der Zukunft.
Vergleicht man die Stellung der einzelnen Erzählgattungen bezüglich der verschiedenen Projektionsebenen miteinander, so kann man nach dem Gesagten die folgende schematische Reihe aufstellen, wobei der Pfeil soviel bedeutet wie: «projiziert das Unbewußte auf»:

Mythos (und Märchen)	→	die äußere Natur als Bild der inneren Natur
Legende (und Sage)	→	die äußere Geschichte als Bild der inneren Geschichte
Novelle	→	den menschlichen Körper als Darstellungsort seelischer Vorgänge
Erscheinungs- und Berufungsgeschichte	→	das eigene Bewußtsein als Darstellungsort äußerer Vorgänge
Prophetie	→	die innere Geschichte als Bild der Volksgeschichte
Apokalypse	→	die innere Natur als Bild der äußeren Natur

Deutlich wird auf diese Weise die innere Zuordnung und die umgekehrte Symmetrie von Mythos und Apokalypse, von Legende und Prophetie sowie von Novelle und Visionsgeschichte; lediglich das Märchen und die Sage dürfen an dieser Stelle außer Betracht bleiben, da sie keine explizit religiöse Thematik zum Gegenstand haben. Darüber hinaus aber wird vor allem von innen her verständlich, daß und warum es die genannten Erzählgattungen überhaupt gibt und geben muß. Jede Betrachtung der «Formgeschichte», die von der äußeren Historie her ein Verständnis der unterschiedlichen Erzählformen zu gewinnen sucht, kann von vornherein nur zu einer bloßen Registrierung und formalen Beschreibung der faktischen Formgattungen gelangen. Eine tiefenpsychologische Betrachtung hingegen, die vom Traumerleben her die verschiedenen Projektionsebenen des Unbewußten miteinander vergleicht, verleiht der Formgeschichte, wie wir sehen, allererst eine innere Begründung und Notwendigkeit; denn sie kann nicht nur zeigen, daß die genannten Erzählformen sich unmittelbar aus den verschiedenen Projektionsrichtungen des Unbewußten herleiten – es ist damit zugleich auch die innere Berechtigung und Wahrheit der einzelnen Erzählformen selbst dokumentiert. Während die historisch-kritische Exegese nicht anders vorgehen kann, als die jeweiligen Erzählformen selbst an bestimmte Formen der Sozialgeschichte eines Volkes zu binden und damit ihre Wahrheit selbst zu relativieren, vermag eine tiefenpsychologische Untersuchung gerade die bleibende Notwendigkeit und die gültige Wahrheit der jeweiligen Erzählformen zu begründen, indem sie zeigt, daß dieselben Kräfte, denen die Mythen und Legenden, die Wunder und Visionen, die Prophetien und Apokalypsen ihre Herkunft verdanken, zu allen Zeiten in der Seele eines jeden Menschen schlummern und nur darauf warten, immer wieder unter veränderten soziokulturellen Bedingungen im Raum der Religion zum Leben zugelassen zu werden.

Gleichwohl stellt sich jetzt auch in psychologischer Sicht erneut das Problem der Historizität der jeweiligen Erzählungen, die ihre Wirkung weitgehend gerade aus dem Anspruch herleiten, in historischem Sinne wahre Informationen mitzuteilen. Die Ratlosigkeit der historisch-kritischen Exegese angesichts dieser Erzählungen kann kaum größer sein, denn natürlich haben die in Frage stehenden Erzählgattungen mit «Geschichte» im Sinne von *Leopold v. Ranke* nicht das geringste zu tun. Aber welch eine Geltung haben sie dann? Bei den Mythen, den Sagen und den Legenden ließ sich diese Frage relativ einfach beantworten: die *Mythen* mochten gewisse historische Elemente und Anlässe in sich enthalten oder auch nicht – ihre wesentlichen Aussagen verblieben (als eine in die Natur projizierte Psychologie) auf der Ebene der archetypischen Symbolsprache. Ähnlich verhielt es sich bei den *Sagen* und *Legenden*: der subjektive Anspruch auf historische Wahrheit erwies sich als unwesentlich neben der Forderung einer gewissen realitätsbezogenen Geltung der Idealität an sich; selbst wenn mitunter bestimmte Ideale einzelner Legenden und Sagen als psychologisch höchst fragwürdig erscheinen mögen, so nehmen die Sagen und Legenden zumeist doch so viel von den archetypischen Bildgehalten der Mythen (und der Märchen) in sich auf, daß sie jenseits der historischen Kritik auf der Ebene des symbolischen Ausdrucks und der grundlegenden Formen menschlichen Fühlens ihren Wert und ihre Wahrheit zu allen Zeiten behalten. Die *Wundererzählungen*, *Berufungs-*

geschichten, *Prophetien* und *Apokalypsen* hingegen versuchen ihre Botschaft, ihren Verkündigungsinhalt, ihren religiösen Anspruch gerade mit der Historizität bestimmter Ereignisse zu *legitimieren* und zu begründen; indem die historische Kritik den historisierenden Anschein (oder Anspruch) dieser Erzählungen als haltlose Illusion entlarvt, droht sie ihnen folglich die gesamte Legitimationsgrundlage zu entziehen; das theologische Bemühen um die Bibel gerät damit selber in Konsequenz der historisch-kritischen Methode in eine schwere Legitimationskrise, die nur zu überwinden sein wird, wenn sich mit psychologischen Mitteln zeigen läßt, *in welchem Sinne* es Wunderheilungen, göttliche Erscheinungen und Berufungen, Prophezeiungen und endzeitliche Offenbarungen gegeben haben kann und zu allen Zeiten geben sollte. Das Ziel kann nicht darin bestehen, entgegen den sicheren Ergebnissen der historisch-kritischen Methode doch noch in einer abwegigen Art von Fundamentaltheologie die äußere Faktizität und Richtigkeit von Wundern, Prophezeiungen, Heilsweissagungen und Weltuntergangsphantasien zu erweisen; wohl aber kann und muß es darum gehen, zu zeigen, welche seelischen Erfahrungen, die an sich zu allen Zeiten und an allen Orten möglich sind, sich in den jeweiligen Erzählungen so verdichten, daß sie in der Form von scheinbar einmaligen und unerhörten Begebenheiten gleichwohl etwas Typisches, Allgemein-Menschliches zum Ausdruck bringen, dessen vorgestellte Realität zu einer *bestimmten* Zeit das Vertrauen in seine Möglichkeit zu *jeder* Zeit mit Recht begründen kann und soll. Entsprechend den einzelnen Erzählgattungen stellt sich die Frage jeweils unterschiedlich und muß von Fall zu Fall untersucht werden. Wir beginnen logischerweise bei den *Wundererzählungen*, in denen das Vorstellungsmaterial des Unbewußten nicht mehr, wie in Mythos, Sage und Legende, in der allgemeinen Natur und Geschichte, sondern in der Biographie eines Einzelnen, in *seiner* Geschichte und in *seiner* Natur sich mitteilt und auswirkt.

I. Zur psychologischen Eigenart und Auslegung von Novellen (Wundergeschichten)

Der Schmerz wird ihn weise machen,
die Häßlichkeit gütig,
die Bitternis milde und die Krankheit stark.
Seine Augen werden weit sein und tief,
seine Ohren hell und voll Widerhall.
Sein Mund wird schweigen,
aber wenn er die Lippen auftun wird,
werden sie Gutes künden.
Hab keine Furcht und geh nach Haus.
J. Roth: Hiob, 14; vgl. 96; 147

So sehr man bis vor wenigen Jahren noch in kirchlich gebundenen Kreisen das Ergebnis der historisch-kritischen Methode bzgl. der Wundererzählungen verleugnen oder verdrängen mochte – Tatsache ist, daß es auch theologisch nicht sehr sinnvoll ist, die Wunderberichte der Bibel unkritisch als Mirakel der historischen Geschichte glauben oder beglaubigen zu wollen. Denn die Frage eines jeden Frommen, der in persönlicher Not ist, wird sogleich lauten, warum Gott, der damals der blutflüssigen Frau oder der Tochter des Jairus half (Mk 5,21-43), nicht heute, in gleicher Bedrängnis, rettend in den Gang der Welt zugunsten des Leidenden eingreift. Die Erklärung hilft wenig, die Wunder damals seien Zeichen des Glaubens und Auszeichnungen des von Gott gesandten Heilbringers gewesen – viel zu breit schildern die «Novellen» das menschliche Elend in Krankheit und Ausweglosigkeit, um sich derartige theologische Abstraktionen gefallen zu lassen; ihrem ganzen Duktus nach legen sie selbst den größten Wert auf die mitfühlbare Not der Menschen, die sich an den Wundertäter um Hilfe wenden; und was für ein Gott sollte es sein, der zum Erweis seiner Macht zu einer bestimmten Zeit wohl einzelne erhört und damit zu erkennen gibt, wie gnädig und barmherzig er handeln könnte, dann aber für alle Zeiten den Himmel wieder verschließt, um ungerührt und tatenlos bis zum Ende der Tage der *comédie humaine* zuzuschauen? Der Glaube an die Realität des Wunders damals macht nur Sinn, wenn er die Hoffnung an die Möglichkeit des Wunders jetzt und heute wachhält und begründet. Alles hängt dann davon ab, sich eine rechte Vorstellung von den «Wundern damals» zu verschaffen, denn erst dadurch wird sich zeigen, was sich für das eigene Leben und das Leben der Menschen, die uns nahestehen, erhoffen und erwarten läßt.

Gefährlicher kann jedenfalls im Raum der Religion nur weniges sein, als theologisch Hoffnungen zu lehren und zu nähren, die sich als Bastarde eines falschen Weltbildes erweisen und in den Enttäuschungen an einem Gott, der in Ansehung des namenlosen Leids der Menschen helfen müßte und helfen könnte, geradewegs dem heroischen Mitleid eines verzweifelten Atheismus in die Hände spielen müssen. Der Weg des russischen Atheismus[1] im 19. Jh. z. B., die Geburtsstunde des Bolschewismus in gewissem Sinne, war ein solcher metaphysischer Protest des verzweifelten Mitleids gegen einen zum Wunder befähigten und doch unbegreiflich untätigen Gott. Dieselbe Auflehnung bezeugt die westliche Literatur des 19. und 20. Jh. «Aber ich», fleht G. BÜCHNERS «Lenz» den gütigen Pfarrer Oberlin - dieses lebende Ideal von Humanität und Frömmigkeit während der Goethezeit - voller Verzweiflung im Steintal an: «Aber ich, wäre ich allmächtig, sehen Sie, wenn ich so wäre, ich könnte das Leiden nicht ertragen, ich würde retten, retten; ich will ja nichts als Ruhe ... Oberlin sagte, dies sei eine Profanation. Lenz schüttelte trostlos mit dem Kopfe.»[2] Es ist derselbe Protest gegen einen scheinbar allmächtigen, aber untätigen Gott, wie ihn ALBERT CAMUS in seinem Roman *«Die Pest»* zur Begründung seiner Lehre vom Heroismus des Absurden inmitten einer Welt des «Dreschflegels» und der «blutigen Mathematik» über uns in furchtbarer Eindringlichkeit formuliert hat[3].

Die Hauptfrage, die von der Lektüre der Wundererzählungen ausgeht, ist also nicht zunächst «exegetisch» und am allerwenigsten «historisch-kritisch»; sie ist vielmehr eine philosophische Herausforderung ersten Ranges. Zu untersuchen ist, welche philosophischen Einstellungen im Vorbau der historisch-kritischen Exegese den Zugang zu den Wundererzählungen der Bibel offenbar so weit verstellt haben, daß man den Bereich des Wunderbaren entweder nur völlig verleugnen oder aber in völlig phantastischer Weise als wirklich setzen muß(te). Ein anderes Problem, das mit den Wundererzählungen sich sehr eng verbindet, ergibt sich aus der historisch-kritischen Betrachtung selbst. Die Novellen oder Wundergeschichten erheben den Anspruch, nicht in einer symbolischen, rein innerlichen, sondern gerade in einer äußeren Realität wirklich zu sein. Indem sie als Heilungsgeschichten die psychische Bewegung ganz und gar in den Körper hineinverlegen und dort sichtbar werden lassen, berichten sie

[1] Vgl. M. DOERNE: Gott und Mensch in Dostojewskijs Werk, 62–66. Vgl. E. DREWERMANN: Der tödliche Fortschritt, 84–90. Ein anderes Argument des russischen Atheismus richtet sich gerade gegen die theologische Theorie von der «Vernichtung der Menschheit zum Vorteil der Gottheit.» Vgl. M. BAKUNIN: Gott und der Staat, in: Gott und der Staat und andere Schriften, 70. R. GUARDINI: Der Mensch und der Glaube, 166 spricht in seiner großen DOSTOJEWSKIJ-Deutung von einem tiefen, zerstörenden Mitleid «ohne ethische Reinigung und Charakterisierung», aber er scheint nicht sehen zu können, wie destruktiv die elementare Kraft des Mitleids innerhalb eines anthropozentrisch ausgerichteten Weltbildes wirken muß.

[2] G. BÜCHNER: Lenz, in: Ges. Werke, 103. – Zur Psychologie des «Lenz» vgl. U. MAHLENDORF: Schizophrenie und Kreativität: Büchners Lenz, in: G. Ammon (Hrsg.): Handbuch der Dynamischen Psychiatrie, II 793–808.

[3] Vgl. A. CAMUS: Die Pest, 119–125.

etwas Wunderbares, das gerade in seiner äußeren Ungewöhnlichkeit die Einmaligkeit und Unvergleichlichkeit seines Urhebers (eines gottgesandten Wundertäters, eines Propheten, des Gottessohnes u.a.) begründen und beweisen soll. Die historische Forschung indessen kann auf Schritt und Tritt den Nachweis erbringen, daß es den gleichen Typus von Wundererzählungen, vor allem von Heilungsgeschichten, mit den gleichen Topoi des Berichteten keinesfalls nur im Christentum, sondern so gut wie in allen antiken Religionen gibt. Nicht genug damit, zeigt vor allem die vergleichende Religionswissenschaft, daß noch heute in «primitiven» Stammeskulturen Wunderheilungen und wunderbare Rettungstaten in den religiösen Heilpraktiken der Schamanen gang und gäbe sind. An sich ist dieses Vergleichsmaterial durchaus dazu angetan, den Anspruch auf die Einmaligkeit des Wundertäters einer bestimmten Religion ein für allemal zu erschüttern. Aber auch der umgekehrte Schluß ist möglich und eigentlich näherliegend: wenn allerorten und zu allen Zeiten ähnliche Berichte von wunderbaren göttlichen Heilungen berichtet und überliefert werden, so müssen diese Erzählungen ohne Zweifel eine tiefe menschliche Wahrheit enthalten, und statt die Allgemeinheit ihrer Verbreitung als ein Argument gegen die historische Glaubwürdigkeit derartiger Berichte zu verwenden, scheint es weit angemessener, aus dem Reichtum des (sogar rezenten!) Vergleichsmaterials zu lernen, von welcher Art die Erfahrungen eigentlich sind, die den Wunderberichten (auch in historischem Sinne!) zugrunde liegen. Erst dann wird man die bleibende Wahrheit der Wundererzählungen für den Glauben wirklich verstehen können, indem man sich selbst in dem Spiegel der Not ebenso wiederzuerkennen vermag wie in dem Licht der Rettung, von dem diese Erzählungen Kunde geben.
Auf zwei Wegen also müssen wir versuchen, uns einem möglichen Verständnis der Wundererzählungen zu nähern: zum einen müssen wir, in gebotener Kürze freilich, die philosophischen Gründe, vor allem innerhalb der Denkrichtungen des Rationalismus und Idealismus, beleuchten, die in der Neuzeit dazu geführt haben, daß der Glaube an das Wunder zum Problem wurde, und wir müssen uns dabei zugleich fragen, unter welchen Voraussetzungen ein neuer Zugang zu den Wundern und Wundererzählungen erschlossen werden kann, der die moderne historisch-kritische Reflexion und die enorm gewachsene Kenntnis psychologischer Zusammenhänge nicht verleugnet, sondern gerade in den Dienst einer vertieften Hermeneutik stellt; zum anderen müssen wir religionsgeschichtlich und religionswissenschaftlich uns ein möglichst breites Vergleichsmaterial zum Verständnis der Heilungswunder verschaffen, um das in ihnen menschheitlich Gültige und für alle Zeiten Wesentliche herausarbeiten zu können; hernach wird es dann nicht schwer sein, mit Hilfe der Tiefenpsychologie die Phänomene der Wunderheilungen zu deuten und eine entsprechende Methode zur Auslegung der Wundererzählungen vorzulegen. – Wir beginnen mit der Frage der philosophischen Problematik des Wunderbegriffs in der Neuzeit.

1. Das philosophische Problem der Wundergeschichten oder: Von der Zerstörung des Gefühls

Als erster unter den großen Philosophen der Neuzeit hat BARUCH DE SPINOZA in seinem «Theologisch-politischen Traktat» von 1670 im Abendland die Problematik des jüdischen (und christlichen) Wunderbegriffs erkannt und ausgesprochen, und es fällt schwer, rückblickend die Größe seines Einflusses in dieser Frage richtig abzuschätzen. Indem SPINOZA Gott mit der Natur identifizierte[1], drängte sich ihm der Schluß auf, «daß die allgemeinen Naturgesetze nur Gottes Ratschlüsse sind, die aus der Notwendigkeit und Vollkommenheit der göttlichen Natur folgen. Wenn daher in der Natur etwas geschehen würde, das mit ihren allgemeinen Gesetzen in Widersprüche stünde, so würde es auch dem Ratschluß, dem Verstand und der Natur Gottes notwendig widersprechen; oder wenn jemand behaupten wollte, Gott tue etwas entgegen den Naturgesetzen, so müßte er zugleich auch behaupten, Gott tue etwas seiner eigenen Natur entgegen»[2]. Daraus folgerte SPINOZA, daß wir durch Wunder, «insofern man darunter der Naturordnung widerstreitende Werke versteht»[3], in Wahrheit «Gott, seine Existenz und Vorsehung nicht kennenlernen können, sondern daß wir dies alles viel besser aus der festen und unwandelbaren Ordnung der Natur folgern»[4]. Die vermeintlichen Wunder auch in der heiligen Schrift sind für SPINOZA daher «nichts anderes ... als die Ordnung der Natur»[5]. Wo immer die Bibel von

[1] B. DE SPINOZA: Ethik, IV. Vorrede, S. 187.

[2] SPINOZA: Theologisch-politischer Traktat, 112–113.

[3] A.a.O., 116.

[4] A.a.O., 118. – Im Grunde folgt SPINOZA damit dem Grundanliegen der *Deisten*, deren Bewegung mit EDWARD HERBERT OF CHERBURY: Tractatus de veritate (1624) begonnen hatte (vgl. W. u. A. DURANT: *Kulturgeschichte der Menschheit*, Bd. 18, 101–106; 371) und mit J. TOLAND: *Christianity not Mysterious* (Christentum ohne Geheimnis, 1696) fortgesetzt wurde; besonders in der englischen Aufklärung wurden diese Gedanken aufgegriffen, wie TH. WOOLSTON: *Six Discourses on the Miracles of Our Savior* (Sechs Reden über die Wuntertaten unseres Heilands), 1727–1739 beweist, in denen WOOLSTON zwar versichert, an Christus zu glauben, aber zugleich erklärt, die Erzählung von der Auferstehung Christi sei eine Erfindung der Apostel. CONYERS MIDDLETON: *Brief an Dr. Waterland* (1731) warnte vor einer rein verbalistischen Auslegung der biblischen Legenden als geschichtlicher Tatsachen und erklärte 1748 in: *A Free Inquiry into the Miraculous Powers which are supposed to have existed in the Christian Church throug Sucessive Ages* (Eine freie Untersuchung der wundertätigen Kräfte, die angeblich im Laufe der Zeiten in der christlichen Kirche gewirkt haben), daß auch die Wunder in den Überlieferungen der Kirche freie Erfindungen seien; die christliche Theologie sei insgesamt unglaubwürdig, sie eigne sich jedoch als Stütze sozialer Ordnung und zur Niederhaltung der menschlichen Instinkte. Vgl. DURANT: A.a.O., 372. D. HUME schätzte MIDDLETONS «Inquiry» höher als sein eigenes Buch *«Über Wunder»* (1748). Den geistigen Höhepunkt der deistischen Religionskritik in England bildete MATTHEWS TINDAL: *A Christianity as old as the Creation* (Ein Christentum, so alt wie die Schöpfung) von 1730. – Vergleicht man die Argumente der englischen Aufklärung mit den Positionen der heutigen Exegese, so kann man sowohl die enorme *politische* Macht der Kirche wie ihre geistige Ohnmacht gegenüber diesen Lehren ermessen, die nicht durch Widerlegung, sondern nur durch eine Vertiefung des Wirklichkeitsbegriffs in ihrer Wahrheit zu integrieren (gewesen) wären.

[5] SPINOZA: Theologisch-politischer Traktat, 121.

Dingen berichtet, die der Naturordnung zuwider scheinen, so tut sie dies nach SPINOZA allein deshalb, «weil die Schrift ... nicht die Aufgabe hat, die Dinge nach ihren natürlichen Ursachen zu lehren, sondern nur solche Dinge zu erzählen, wie sie dem Vorstellungsvermögen tiefen Eindruck machen, und zwar in einer Methode und in einem Stile, wie er am ehesten dazu dient, Bewunderung zu erwecken und damit dem Gemüt des Volkes Verehrung einzuflößen»[6]. Vor allem mancherlei irrige und vorgefaßte Ansichten über die Natur hätten dazu geführt, viele «Ereignisse» als Wunder zu überliefern, die es in Wirklichkeit nicht waren oder die nie stattgefunden haben. Daß z.B. Elias im Feuer zum Himmel fuhr, oder Feuer den Gottesberg umgab, als Moses die Gesetze verkündete, u.a.m. – all das seien «nur Vorstellungen, angepaßt den Anschauungen derer, die sie uns so, wie sie sich ihnen darstellten, als wirkliche Begebenheiten überliefert haben»[7]. «Also teils aus religiösen Motiven, teils nach ihren vorgefaßten Meinungen haben sie die Sache ganz anders, als sie sich in Wirklichkeit zutragen konnte, aufgefaßt und dargestellt.»[8]

In großer Klarheit hat SPINOZA damit nicht nur eine radikale Bibelkritik bzgl. der Wundererzählungen begründet und eingeleitet, sondern er hat zugleich auch bereits einen außerordentlich wichtigen Lösungsvorschlag des bestehenden Problems unterbreitet: es gibt, so soll man fortan denken, in Wahrheit keine Wunder, sondern einzig wunderbar und göttlich ist die überragende Ordnung und Weisheit der Natur; wo immer von Wundern die Rede ist, sind sie mithin als ein rein psychologisches, nicht als ein kosmologisches, als ein subjektives, nicht als ein objektives Geschehen auszulegen.

Mit dieser Ansicht verband SPINOZA zugleich die Lehre, daß es in bezug zu Gott nur eine einzige berechtigte Haltung und Einstellung gebe: eine geistige Liebe *(amor intellectualis)*, die aus der Erkenntnis und der damit verbundenen Freude entspringe[9]. Da die Ordnung der Natur indessen nichts anderes sei als die Erkenntnis Gottes selbst, die durch sich selbst wirklich ist, so sei es ein und dasselbe, die Natur zu erkennen und Gott zu erkennen, und die Liebe des Menschen zu Gott bedeute nur ein Eintauchen in die Liebe Gottes zum Menschen[10]. Mit dieser Lehre wollte SPINOZA vor allem erreichen, daß man in Gott nicht länger mehr ein fremdes, unbegreifbares, vom Menschen abgetrenntes

[6] A.a.O., 123.
[7] A.a.O., 127.
[8] A.a.O., 127.
[9] SPINOZA: Ethik, V Lehrs. 32; S. 287.
[10] A.a.O., V Lehrs. 36; S. 289. – Zu Recht verweist P. EICHER: Expression und Offenbarung, in: J.J. Petuchowski – W. Strolz (Hrsg.): Offenbarung im jüdischen und christlichen Glaubensverständnis, 151 auf das Interesse der Staatsethik hin, das nach den Religionskriegen das Anliegen einer Reformation des Schriftverständnisses bei SPINOZA beherrsche: daneben spielt die Ablehnung der Bilder und der Imagination eine wesentliche Rolle – allzu sehr bleiben die Anschauungsweisen der Bibel hinter dem «gereinigten» philosophischen *amor intellectualis* zurück. Die Frage SPINOZAS gilt denn auch nicht der Wahrheit der biblischen

Wesen zu erblicken habe, sondern etwas, das an Machtfülle und Weisheit zwar allem Geschaffenen unendlich überlegen, aber doch dem Menschen und allen Dingen zutiefst innerlich sei.

Diese pantheistische Konzeption SPINOZAS bildete nunmehr in der Folgezeit, ob ausgesprochen oder unausgesprochen, den eigentlichen Angelpunkt der Wunderdiskussion.

Natürlich, wenn im Pantheismus Gott und die Natur ein und dasselbe sind, kann es keine «Wunder» geben; also wurde das Wunder umgekehrt jetzt zum apologetischen Hauptbeweis gegen den Pantheismus. Denn wenn Gott und die Natur *nicht* identisch sind, wenn Gott also von der Natur verschieden ist und seiner Schöpfung mit freiem Willen gegenübersteht, warum soll er dann nicht, je nach Notwendigkeit, in die Naturordnung eingreifen können? Die *Möglichkeit* des Wunders erschien somit als eine logische Konsequenz des Theismus; das *Faktum* des Wunders hingegen hielt man durch die Bibel für erwiesen. Die Wunderdebatte avancierte damit zu einem Kernstück der philosophisch-theologischen Auseinandersetzung und sollte es bis in die Mitte des 20. Jh.s hinein bleiben.

Allerdings hatte bereits G. W. LEIBNIZ um 1710 in seiner «Theodizee» die Frage aufgeworfen, ob man das «Wunder» denn wirklich nur als Ausnahme von der Natur verstehen könne.LEIBNIZ meinte, es gebe zwei Arten von Vernunftwahrheiten: die sog. ewigen Wahrheiten (die logischen, metaphysischen und geometrischen Wahrheiten) und die Tatsachenwahrheiten, die den Gesetzen entsprechen, die Gott der Natur durch eine freie *Wahl* gegeben habe und die nicht in sich notwendig seien. Zwischen beiden Wahrheiten bzw. Wirklichkeitsebenen bestehe freilich eine vorgegebene Harmonie, so daß z. B. die physische Notwendigkeit auf der moralischen Notwendigkeit basiere. Daher sei es möglich, daß die Ebene der physischen Notwendigkeiten durch Vernunftgründe höherer Art unterbrochen werden könne, ohne daß ein solches Wunder die Harmonie des Ganzen stören müsse; im Gegenteil, ein Wunder könne durchaus für die Harmonie des Ganzen dienlich und notwendig sein.

Um diese Lehre zu begründen, griff LEIBNIZ die scholastische Theorie von der *potentia oboedentialis* (dem wesenhaften Vermögen des Geschaffenen, dem Willen des Schöpfers zu entsprechen) auf: die Kreaturen vermöchten «zu Vollkommenheiten und zu Fähigkeiten, die weit wertvoller sind als diejenigen, welche sie vermöge ihrer Natur erlangen können, erhoben» zu werden, und aus Gehorsam

Überlieferungen, sondern (wie bei R. BULTMANN später) ihrem Sinn, den SPINOZA freilich nicht im Existentialen, sondern Politischen sieht. «Im Grunde genommen liegt der ganze Effekt der Prophetie wie auch der Wundererzählungen nach SPINOZA in der Unkenntnis der wahren Ursachen der Ereignisse und in der heilsamen Wirkung einer narrativen Dramaturgie, welche von Gott zwar redet wie (sc. von, d. V.) – ein(em) König, Richter und Liebhaber, aber damit nicht eine wahre Aussage von Gott, sondern nur eine sinnvolle Aussage für eine staatlich günstige Lebensführung erreicht.» (P. EICHER: a. a. O., 152)

gegenüber dem Befehl des Schöpfers könnten sie ein Vermögen erwerben, das sie «von den Gesetzen, welche er ihnen vorgeschrieben, entbinden und in ihnen etwas erzeugen kann, was ihrer Natur nicht entspricht»; eben dies sei der Fall des Wunders, «daß die Naturgesetze der Aufhebung durch den Gesetzgeber unterworfen» seien[11]. Natürlich wußte LEIBNIZ, daß er sich mit dieser Auffassung dem Vorwurf aussetzte, er lasse die Weltordnung Gottes als ein im Grunde willkürliches Regiment erscheinen, und so suchte er sich ausdrücklich von der Lehre des PATER MALEBRANCHE abzusetzen, der einen *Sonderwillen Gottes* zur Erhaltung der Weltordnung in jedem Einzelfalle annahm[12]. Stattdessen dachte LEIBNIZ sich die Schöpfung, als deren Teil er auch die Engel und Geisterwesen betrachtete, nach Art einer prästabilierten Harmonie geordnet[13], und nur innerhalb eines solchen Systems vorgegebener Harmonie erachtete er die Wunder im eigentlichen Sinne für notwendig und sinnvoll. Zudem betonte er, daß viele Werke, die von Gott unter Beihilfe einiger unsichtbarer Substanzen, wie der Engel, vollbracht würden, durchaus nach Art dieser Geschöpfe zustande kämen und nur im Hinblick auf uns Menschen als Wunder erschienen, «ebenso wie unsere Werke den Tieren wunderbar vorkommen würden, wenn sie so etwas bemerken könnten»[14].

Doch diese Erklärungen ließ LEIBNIZ selbst nur für bestimmte Wunder, wie z.B. die Verwandlung von Wasser in Wein auf der Hochzeit zu Kanaa (Joh 2,1-10), gelten; hingegen «die Schöpfung, die Inkarnation und einige andere göttliche Handlungen», fügte er hinzu, «übersteigen alle Kräfte der Natur und sind wirkliche Wunder, oder sogar Mysterien»[15].

LEIBNIZ anerkannte also ausdrücklich die Tatsache von Wundern, aber es lag ihm daran, ihnen den Charakter des sozusagen Gesetzwidrigen, des alle Ordnung Sprengenden zu nehmen, und so lief sein Gedankengang eigentlich – wie bei SPINOZA – darauf hinaus, daß die «Wunder» im Grunde keine Wunder, sondern nur Manifestationen einer umgreifenden Harmonie darstellten. Die LEIBNIZSCHE «Harmonie» ist trotz der Einbeziehung von Engeln, Geistern und Bewohnern fremder Planeten[16] der Sache nach von der «Naturordnung» des SPINOZA daher kaum zu unterscheiden; denn auch die «Natur» *Spinozas* bestand keinesfalls nur aus der *materiellen* Welt; im Gegenteil: selbst der philosophiegeschichtlich so geläufige Gegensatz von Geist und Materie bildete für den großen jüdischen Denker nur den Kontrast der zwei Attribute, die er als einzige von den unendlichen Eigenschaften der göttlichen Substanz für erkennbar hielt[17].

[11] G.W. LEIBNIZ: Die Theodizee, 35.
[12] A.a.O., 262–263.
[13] A.a.O., 263.
[14] A.a.O., 292.
[15] A.a.O., 292.
[16] A.a.O., 109.
[17] SPINOZA: Ethik, S. 51–52; 55–56.

Wenngleich SPINOZA demnach den Wunderbegriff der Bibeltheologen seiner Zeit ungleich kritischer analysierte als ein halbes Jahrhundert später der eirenische LEIBNIZ, so lag der eigentliche Unterschied zwischen den beiden Hauptvertretern des frühen Rationalismus doch nicht an dieser Stelle. Der wahre Unterschied in dieser Frage bestand zwischen ihnen philosophisch darin, daß SPINOZA den Willen des Menschen ebenso wie den Willen Gottes nicht als frei, sondern als eine notwendige Ursache[18], als einen bloßen Modus des Denkens zu verstehen suchte, das sich selbst nach notwendigen logischen Gesetzen richten müsse, so daß selbst «Gott nicht aus Freiheit des Willens handelt»[19]. Wenn Gott, schrieb SPINOZA, «über die Natur und ihre Ordnung anders beschlossen hätte, als er beschlossen hat, das heißt: wenn er hinsichtlich der Natur anders gewollt und gedacht hätte, dann hätte er einen anderen Verstand, als er jetzt hat, und einen anderen Willen, als er jetzt hat, haben müssen», was sich jedoch mit der Idee Gottes nicht vertrüge[20]. Demgegenüber wurde LEIBNIZ nicht müde zu betonen, daß die Schöpfung eine *Wahl* Gottes, einen Akt seiner Freiheit darstelle[21]; Gott stehe, meinte LEIBNIZ, der Welt als freier Schöpfer gegenüber und er sei mit seiner Schöpfung wesenhaft nicht identisch. Indessen wurde diese Freiheit Gottes auch bei LEIBNIZ doch sogleich wieder sehr zurückgenommen, wenn er erklärte, daß Gott an sich zwar auf unendlich viele Weisen die Welt habe erschaffen und folglich zwischen unendlich vielen möglichen Welten habe auswählen können, daß er aber doch «mit Notwendigkeit die beste erwählt hat, da er nichts ohne Vernunft tut»[22]. In der Tat ist dies der am meisten berühmt gewordene und jedenfalls wichtigste Beitrag, den LEIBNIZ zur Frage der *Theodizee*, der Rechtfertigung Gottes angesichts der Übel in der Welt, und indirekt damit auch zur Frage der Wunder geleistet hat: daß Gott als «überlegene Weisheit . . . in Verbindung mit einer nicht weniger unendlichen Güte einzig und allein das Beste erwählen» konnte und also darin keine Wahl hatte, von allen denkbaren möglichen Welten entsprechend seiner eigenen Wesensnatur die beste erschaffen zu müssen[23]. Aber der Gedanke der «Wahl» Gottes bei seiner Schöpfung mußte auf diese Weise mindestens eingeschränkt, wo nicht widerlegt werden, wenn LEIBNIZ betonte, daß Gott nur so «wählen» konnte, wie es der inneren Notwendigkeit seines Wesens beim Vorgang der Schöpfung entsprach[24].

Man sieht bei dieser Diskussion jedoch, daß LEIBNIZ den Nachdruck seiner Argumentation zugunsten der Möglichkeit von Wundern auf die Existenz der Wunder selbst legte; das, was er «Wunder» nannte, bildete für ihn im Grunde

[18] A.a.O., S. 33.
[19] A.a.O., S. 34.
[20] A.a.O., S. 37.
[21] LEIBNIZ: Die Theodizee, 34.
[22] A.a.O., 101.
[23] A.a.O., 101.
[24] A.a.O., 101.

den Teil einer umfassenden, in sich harmonischen Gesetzmäßigkeit der Welt, und bezeichnet man dieses Insgesamt vernünftiger Gesetze als «Natur», so konnte auch LEIBNIZ – ganz wie SPINOZA – sagen, das eigentlich Wunderbare liege nicht in dem einzelnen Geschehen, das dem Menschen als ein Wunder erscheine, sondern in der Ordnung des Ganzen. Statt auf dem «Wunder» zu insistieren, ging es LEIBNIZ freilich darum, Gott, im Gegensatz zu SPINOZA, als eine *bewußt* handelnde, freie Person zu verstehen, die von der Natur wesenhaft verschieden sei. Allein deshalb sprach er von einer «Wahl» Gottes, wo doch eigentlich im LEIBNIZschen Sinne das Wesen Gottes selbst, seine Vernunft und Güte, die Richtung seines Handelns notwendig vorwegbestimmen sollte. Diese Notwendigkeit des göttlichen Handelns aber war für LEIBNIZ ganz und gar moralisch begründet und nicht nach Art einer physischen Kausalität vorstellbar; sie konnte daher in seinen Augen die Freiheit Gottes nicht aufheben, sondern erschien gerade als die Weise, in der die Freiheit Gottes sich vollzog[25]. Doch eben dies: daß Gott frei und seiner selbst bewußt sei – im Unterschied zu der an sich unbewußten Natur –, stellte für LEIBNIZ das entscheidende Argument gegen den Pantheismus SPINOZAS dar. Das Wunder bewies nach LEIBNIZ also nicht so sehr, daß Gott auch jetzt noch in die Naturordnung eingreifen und *dadurch* seine Freiheit gegenüber der Schöpfungsordnung demonstrieren müßte – das Wunder zeigte ihm eigentlich nur, daß zur Ordnung des Ganzen Wirkungen notwendig sind, die nicht allein aus der Kausalität der physischen Ursachen erklärt werden können. Insofern waren für LEIBNIZ allerdings die Wunder objektive Gegebenheiten und nicht nur rein subjektive, psychologische Phänomene, wie für die Bibelkritik SPINOZAS; sie galten ihm als ein Beweis dafür, daß es eine Ordnung jenseits der äußeren Ursachen gebe und geben müsse.

Dieser Standpunkt, den LEIBNIZ gegenüber der Wunderproblematik eingenommen hat, ist nun im Grunde unverändert fast zweieinhalb Jahrhunderte lang für die theistische Position in Philosophie und Theologie charakteristisch geblieben: die Wunder galten zwar als Aufhebungen der physischen Naturkausalität, aber sie bedeuteten keine Störung der natürlichen Ordnung im umfassenden Sinne; sie ermöglichten Wirkungen, die aus den Gesetzmäßigkeiten der jeweiligen Wirklichkeitsebene allein nicht verstehbar sind, aber diese Wirkungen sollten nicht den einzelnen Gesetzen der Natur widersprechen, sondern sie überhöhen, ja, – so meinte man – sie brächten diese in gewisser Weise sogar allererst zur Vollendung. Tatsächlich könnte man derartige Gedanken, die auch heute noch in der Fundamentaltheologie eine gewisse Rolle spielen, an sich mit Gewinn aufgreifen und hermeneutisch für die Bibelauslegung nutzbar machen, wenn sich nur irgendeine Vorstellung darüber entwickeln ließe, wie denn die Einwirkung einer höheren (geistigen) Wirklichkeitsebene auf eine niedrigere (physische)

[25] A.a.O., 381.

Wirklichkeitsebene zu denken wäre. Doch gerade an dieser entscheidenden Stelle, wie denn die Möglichkeit eines Wunders vorstellbar sei, hat LEIBNIZ selber nicht nur keine Antwort gegeben, sondern er hat – unabhängig von der Wunderproblematik – insbesondere über *das Verhältnis von Geist und Körper, Leib und Seele*, eine Anschauung weiterentwickelt, die bereits von R. DESCARTES grundgelegt wurde und in ihrer Konsequenz den gesamten Wunderglauben um seinen Kredit bringen mußte, indem sie nur allzu deutlich das Unvermögen dokumentierte, einen geistigen Einfluß auf die Materie verstehbar zu machen.
Der Wunderbegriff, den LEIBNIZ entwickelte, war an sich logisch widerspruchsfrei. Dem Einwand, es bleibe innerhalb seiner prästabilierten Harmonie kein Raum mehr für ein besonderes Eingreifen Gottes in Form eines Wunders, konnte LEIBNIZ ohne Mühe mit dem Hinweis begegnen, die Wunder, welche in der Welt geschähen, seien der Möglichkeit nach bereits in der Welt enthalten gewesen, die Gott sich unter der unendlichen Zahl anderer möglicher Welten vorgestellt habe, und Gott, der die Wunder vollbringe, habe bereits damals, als er gerade diese Welt erwählte, sich dafür entschieden, sie zu vollbringen[26]; m.a.W.: zu der Welt, wie sie ist, gehören, um ihrer Harmonie und Einheit willen, eben auch die Wunder. Dieser Standpunkt konnte theologisch als durchaus plausibel gelten; aber äußerst schwierig wurde die LEIBNIZsche Wunderlehre aus Gründen der Metaphysik und der Anthropologie.
Man muß bemerken, daß das Verhältnis von Gott und Welt stets in Analogie zu dem Verhältnis von Seele und Körper im Menschen vorgestellt worden ist und offenbar auch vorgestellt werden muß. Insofern war die Zweiteilung für die Philosophiegeschichte außerordentlich wichtig und folgenschwer, die R. DESCARTES ca. 100 Jahre vor LEIBNIZ im 4. Kap. seiner berühmten «*Abhandlung über die Methode*» vorgenommen hatte. DESCARTES vertrat dort die fortan immer wieder diskutierte Ansicht, daß er selbst, sein Ich, eine Substanz sei, deren ganzes Wesen bloß im Denken bestehe und vom Körper völlig verschieden sei[27]. Diese DESCARTESsche Zweiteilung der Welt in ein erkennendes geistiges Subjekt *(res cogitans)* und ein davon völlig unabhängiges materielles Erkenntnisobjekt *(res extensa)* mußte alsbald die Frage aufwerfen, wie denn zwei so verschiedene Substanzen wie Geist und Materie aufeinander wirken könnten. Hierzu bemerkte DESCARTES nun zwar rein empirisch, daß «der Geist ... von dem Temperament und der Disposition der körperlichen Dinge so abhängig» sei, «daß, wenn es irgendein Mittel gibt, um die Menschen insgeheim weiser und geschickter zu machen», er glaube, «man müsse es in der Medizin suchen»[28]. Aber aus metaphysischen Gründen galt ihm die Seele als so grundverschieden vom Kör-

[26] A.a.O., 130.
[27] R. DESCARTES: Abhandlung über die Methode, in: R. Descartes, ausgew. v. I. Frenzel, 66–67; DERS.: Meditationen, II 3; 8; in: R. Descartes, S. 100–101.
[28] R. DESCARTES: Abhandlung über die Methode, Kap. 6; S. 82–83.

per, daß ihm eine Verbindung zwischen beiden logischerweise als ganz unmöglich erschien, und diese Aporie der Leib-Seele-Problematik mußte auch die Vorstellungen über das Verhältnis von Gott und Welt zunehmend in ein Dilemma führen.
Für SPINOZA, der die *res extensa* und die *res cogitans* des DESCARTES lediglich als zwei von unendlich vielen Attributen ein und derselben göttlichen Substanz betrachtete, bestand das cartesianische Problem einer möglichen Verbindung zwischen Geist und Körper im Grunde nicht; aber bei LEIBNIZ, der ebenfalls Geist und Körper als zwei verschiedene Substanzen ansah, mußte das Problem des DESCARTES' sogleich zurückkehren; und so wie er bei dem Verhältnis zwischen Gott und Welt den *Occasionalismus* des PATER MALEBRANCHE zugunsten der Idee einer prästabilierten Harmonie verworfen hatte, so lehnte er auch in der Frage nach dem Verhältnis von Leib und Seele das System der «Gelegenheitsursachen» ab, wonach Gott in einer ununterbrochenen Kette von Wundern sich unablässig damit befasse, der Seele die Vorstellungen zu geben, nach denen der Körper gelüste, und umgekehrt die Körper stets nach dem Wunsche der Seele bewege. Stattdessen nahm LEIBNIZ eine Art von psychophysischem Parallelismus zwischen Leib und Seele an und meinte, Gott habe die Seele so geschaffen, «daß sie alles in ihrem Körper Geschehende ordnungsgemäß erzeugen und vorstellen muß, und den Körper so, daß er seinerseits tun muß, was die Seele befiehlt»[29]. Die Tätigkeiten der Seele und die Funktionen des Körpers sind also nach LEIBNIZ in sich so wohl geordnet, daß sie wie zwei exakt laufende Uhren stets die zueinander passenden Zustände annehmen. Diese komplizierte Theorie war nötig, weil es für LEIBNIZ (ähnlich wie für DESCARTES) nicht nur unerklärlich war, wie es eine physische Wechselwirkung zwischen Leib und Seele geben könne, sondern weil er definitiv der Meinung war, «daß ohne eine völlige Aufhebung der Naturgesetze die Seele auf den Körper physisch nicht wirken kann»[30]. Wie aber, wenn es so steht, soll man sich dann das Verhältnis Gottes zu seiner Schöpfung vorstellen?
Setzt man die Auffassung vom psychophysischen Parallelismus bei LEIBNIZ einmal voraus, so war es im Grunde durchaus nicht mehr verstehbar, wie es so etwas wie ein Wunder im angegebenen Sinne überhaupt noch geben könnte. Wenn die Seele als geistige Substanz auf den Körper als eine von ihr gänzlich verschiedene Substanz keinen Einfluß haben kann noch soll, so ist beim besten Willen, trotz aller anderslautenden Versicherungen, auch schließlich nicht mehr einzusehen, wie Gott oder irgendein anderes Geistwesen auf die materiellen Gegenstände und ihre Gesetze einwirken könnte. In der Tat ist es denn auch diese von LEIBNIZ selbst durchaus nicht gewollte Seite seiner Philosophie, die

[29] LEIBNIZ: Die Theodizee, 136.
[30] A.a.O., 135. Vgl. dazu aber die Diskussion bei POPPER/ECCLES: Das Ich und sein Gehirn, 220–235, wo nur die Idee der physikalischen Verursachung bei DESCARTES abgelehnt wird.

den Glauben an die Möglichkeit von Wundern in der Folgezeit immer mehr untergraben mußte. Während der Gedanke von der durchgängigen Ordnung und Harmonie der Dinge sich außerordentlich befruchtend vor allem auf die Naturwissenschaften auswirkte, mußte die Vorstellung, daß Gott in die Natur in irgendeiner Weise eingreifen könnte, unter den gegebenen Bedingungen als immer weniger glaubhaft erscheinen. Vor allem, als durch die Erkenntniskritik DAVID HUME's die sog. Naturgesetze schließlich als bloße Setzungen des Menschen[31], nicht mehr als objektive Gegebenheiten bzw. als Schöpfungen Gottes, erschienen, wurde es zu einer Frage der bloßen Konsequenz und Logik, ob man sich noch bereit zeigte, an Wunder zu glauben, oder nicht.

Nur etwas mehr als 80 Jahre nach der «*Theodizee*» des LEIBNIZ bereits kam es daher, im Grunde folgerichtig, dahin, daß I. KANT in seiner Darlegung über «*Die Religion innerhalb der Grenzen der bloßen Vernunft*» (1793)[32] die Frage nach der Möglichkeit von Wundern schon eigentlich nicht mehr als eine Frage nach dem Widerspruch von Gotteswillen und Naturordnung diskutierte, sondern in Wahrheit die Wunderproblematik in das Thema der Autonomie bzw. der Fremdbestimmung des Menschen verschob. Die Gesetze der Natur, lehrte KANT, sind nicht die Gesetze einer Natur, die Gott gemacht hat, sondern es sind die Gesetze, die der menschliche Verstand der Mannigfaltigkeit seiner Sinneseindrücke vorschreibt. Der Verstand ist dahin anzuhalten, seine eigenen Kategorien, vornean die Kategorie der Kausalität, mit höchstmöglicher Vollständigkeit zu gebrauchen, und er muß daher, solange er seinen eigenen Prinzipien treu bleiben will, die Möglichkeit von Wundern *a limine* ausschließen. Der Wunderglaube ist für KANT daher eine Zumutung an den menschlichen Verstand, und da der Mensch seine Freiheit gerade in dem Gebrauch seiner Vernunft und seines Verstandes betätigt, bedeutet der kirchliche Wunderglaube in dieser Sicht letztlich eine Einschränkung der menschlichen Freiheit; er ist Teil einer Religion der *Heteronomie* und mithin das Gegenteil einer vernünftigen Religion, in der Gott verehrt wird gerade in der autonomen Selbständigkeit des Menschen[33]. Oder kirchenkritischer: der Wunderglaube dient in der Afterreligion des Pfaffentums geradewegs zur Unterdrückung und Unmündigkeit.

Näherhin stellte KANT in seiner Erkenntnistheorie die Ordnung der Natur (der Erscheinungswelt), als etwas ganz und gar der Kausalität Unterliegendes, einer möglichen Welt Gottes (bzw. der Sphäre des Dings an sich) gegenüber, doch zwischen beiden gab es nach wie vor keinerlei Vermittlung. Genau wie bei DESCARTES und LEIBNIZ blieb die Ebene des Geistes, der Freiheit, grundver-

[31] D. HUME: Treatise on human nature, Bd. 1–3, London 1738–1740; vgl. DERS.: The natural History of religion, London 1757.

[32] I. KANT: Die Religion innerhalb der Grenzen der bloßen Vernunft (1793), in: Werke VIII, 635–643. Zur Darstellung der Philosophie KANTS vgl. E. DREWERMANN: Strukturen des Bösen, III 1–27.

[33] I. KANT: Die Religion, VIII 742; 870–877.

schieden und völlig isoliert gegenüber der Sphäre der Materie, der Naturerscheinungen in Raum und Zeit. Wohl definierte KANT, daß die *Freiheit* ein Vermögen sei, ohne vorherige Ursache, außerhalb der Zeitreihe, durch sich selbst die Ursache für eine Wirkung in der Zeit zu sein und somit selbst kausale Prozesse zu initiieren; ob es aber eine solche Freiheit wirklich gebe, lasse sich – im Sinne naturwissenschaftlicher Erkenntnis – nicht feststellen, sondern nur noch aus Gründen der Moralphilosophie postulieren. Vollends hielt KANT es für unerkennbar, wie eine Freiheit – Gottes oder des Menschen – auf die Welt der Erscheinungen einwirken könnte. Die cartesianischen Entgegensetzungen von Körper und Geist, von *res extensa* und *res cogitans*, setzte sich in dieser Zweiteilung also unverändert fort[34].

Aus dieser kurzen Übersicht der Wunderproblematik in der Neuzeit ergibt sich für uns jetzt eine wichtige Einsicht. Wie man sieht, waren es denkgeschichtlich keineswegs mangelnde Frömmigkeit und Kirchentreue, die spätestens im 18. Jh. dem christlichen Wunderglauben ein Ende bereiteten, sondern es war hauptsächlich die Entgegensetzung von Körper und Geist, von Materie und Denken, von erkennbarem Objekt und erkennendem Subjekt, die das Denken der Neuzeit, beginnend mit DESCARTES, begründete und den christlichen Wunderglauben zerstörte. Die empirisch erscheinende Welt, die Natur, wurde jetzt als eine Art perfekt gestalteter und funktionierender Maschinerie vorgestellt, die durchgängig nach verständigen Gesetzen geordnet war und keinen Eingriff «von außen» mehr zuließ. Daneben – oder dahinter – gab es zwar eine geistige Welt, in der die Gesetze der Moral ihren Ursprung und ihre Geltung haben sollten; aber zwischen beiden Bereichen gab es keine Vermittlung. Das Schema dieses Denkens, in dem so etwas wie ein Wunder methodisch und logisch a priori ausgeschlossen sein mußte, hatte seinen Ursprung jedoch zentral in der neuzeitlichen Sicht des Menschen, und hier vor allem in der Entgegensetzung von Geist und Körper, mithin in der wesentlich negativen Einstellung gegenüber dem *Gefühl.*

Es kommt an dieser Stelle entscheidend darauf an zu bemerken, daß die Zweiteilung von Geist und Körper als zweier verschiedener Substanzen bereits bei DESCARTES zu einer Ausschaltung gerade jenes Bereichs führte, der zwischen Geist und Körper an sich vermitteln müßte und könnte. Während DESCARTES die Sinne für trügerisch hielt und die Träume ihm als bloße Trugbilder galten, erkannte er selbst sich doch an der soeben erwähnten Stelle im «*Discours de la méthode*» als «eine Substanz . . ., deren ganzes Wesen und Natur bloß im Denken bestehe, und die zu ihrem Dasein weder eines Ortes bedürfe, noch von einem materiellen Ding abhänge, so daß dieses Ich, d. h. die Seele, wodurch ich bin, was ich bin, vom Körper völlig verschieden und selbst leichter zu erkennen

[34] I. KANT: Kritik der reinen Vernunft, IV 488–489; DERS.: Prolegomena, V 216–217; DERS.: Grundlegung zur Metaphysik der Sitten, VII 96–97; 99–101.

ist als dieser, und auch ohne Körper nicht aufhören werde, alles zu sein, was sie ist»[35]. Der einzige Ort, seiner selbst gewiß zu werden, das einzige Organ auch, um mit Gott, ja sogar um mit der materiellen Außenwelt in eine wahre Beziehung zu treten, bildete für DESCARTES also das Denken.

Durch diese ungeheure anthropologische Reduktion des Menschen allein auf das Denken blieb auch von der Natur selbstredend nur in Geltung, was durch das Denken erfaßbar ist. Akzeptiert man diese Voraussetzung, so *kann* die Natur in der Tat nur als ein nach Verstandesgesetzen geordnetes Gebilde erscheinen, das keinen «Eingriff» von «außen» zuläßt. Schon der menschliche Körper, als ein materielles, durch Naturgesetze geordnetes Gebilde, muß bei dieser Betrachtungsweise bloß für eine kunstvoll organisierte Maschine gelten, wie es in der berühmten Schrift des JULIEN OFFRAY DE LAMETTRIE «*L'homme machine*»[36], die dieser 1748, drei Jahre vor seinem Tode, herausgab, bereits der Titel zum Ausdruck brachte. Will man jetzt noch, etwa im Sinn der Wundertheorie des LEIBNIZ, erklären, wie ein physisches Geschehen durch das Wirken höherer Ursachen zu Effekten außerhalb der Naturkausalität geführt werden könnte, so muß man zweifellos schon aus Gründen der methodischen Stringenz ein solches Vorhaben in sich selbst für völlig absurd halten. Bereits die Idee eines *Heilungswunders* würde ja voraussetzen, daß es zwischen Geist und Körper eine Verbindung gebe, dergestalt, daß auf den Geist Einwirkungen stattfinden könnten, die auch das körperliche Geschehen auf negative oder positive Weise zu beeinflussen vermöchten.

Statt in dem Körper also einen maschinellen Automaten zu sehen, müßte man ihn vielmehr als ein offenes System betrachten, das geistigen Einflüssen zugänglich ist und seinerseits geistige Prozesse beeinflussen kann, wenn so etwas wie ein «Wunder» erkenntnistheoretisch und metaphysisch möglich sein soll. Das aber würde die Bereitschaft voraussetzen, gewisse psychische Übergangsformen zwischen Körper und Geist anzunehmen, also überhaupt zunächst einmal bestimmte Zwischenstufen zwischen Denken und Sein als eigentlich menschlich anzuerkennen. Man müßte, um Körper und Geist als eine Einheit zu verstehen, vor allem beachten, daß bereits auf der untersten Ebene die körperlichen Zustände und Bedürfnisse in sich selbst in Gestalt der *Triebe* eine psychische Realität besitzen; denn daraus würde von allein sich die Folgerung ergeben, daß man die Psyche des Menschen nicht länger nach dem Vorbild des DESCARTES allein im Bewußtsein, im Denken, ansiedeln darf. Man müßte vielmehr zugeben, daß ganze Teile der menschlichen Psyche dem Bewußtsein entzogen sind und sowenig reflex präsent sein können wie weite Teile des rein körperlichen Ge-

[35] R. DESCARTES: Abhandlungen über die Methode, 4. Kap. in: R. Descartes, hrsg. v. I. Frenzel, S. 66–67.
[36] J. DE LAMETTRIE: L'homme machine (1748); dt., Leipzig 1919. – Noch J. NEEDHAM: Man a Machine (1928) versuchte, den Mechanismus und Materialismus dieses Ansatzes aufzugreifen und zu verteidigen.

schehens. Mehr noch: man müßte die psychischen Repräsentanten der Triebe im Bewußtsein, die *Affekte*, als etwas *wesentlich* zum Menschen Gehörendes anerkennen, das an sich genauso wahr, gut und berechtigt ist wie die Kategorien des Denkens oder die reinen Anschauungsformen der Sinne[37].

Ganz besonders aber müßte dem *Gefühl* ein zentraler verbindender Wert zwischen Denken und Affekt eingeräumt werden, und man sollte, wie C. G. JUNG es vorschlug, im Fühlen nicht nur eine sekundäre, von Vorstellungen oder Empfindungen abhängige Erscheinung erblicken, sondern das Gefühl als einen Vorgang verstehen, «der zwischen dem Ich und einem gegebenen Inhalt stattfindet, und ... welcher dem Inhalt einen bestimmten *Wert* im Sinne des Annehmens oder Zurückweisens (‹Lust› oder ‹Unlust›) erteilt» und der «abgesehen vom momentanen Bewußtseinsinhalt oder von momentanen Empfindungen sozusagen isoliert als ‹Stimmung› auftreten kann»[38].

Auf diese Weise müßte man unfehlbar zugeben, daß die Gefühle keineswegs, wie DESCARTES und LEIBNIZ meinten, einfach unklare Gedanken sind, sondern daß sie Urteilsweisen des Ichs darstellen, die mindestens ebenso «rational» sein können wie die Überlegungen des Verstandes. Leicht wäre es dann festzustellen, daß die Gedanken, selbst wenn sie noch so «klar» und «distinkt» sind, keineswegs an sich schon einen Zugang zu Wahrheiten eröffnen, die sicherer wären als das Urteil der Gefühle[39]; jedenfalls, wenn es sich nicht nur um die Feststellung von Tatsachen, sondern um deren Bewertung für das menschliche Leben handelt, dürfte dem Gefühl sogar eher Vertrauen entgegenzubringen sein als dem Denken. Schließlich und hauptsächlich aber müßte man in den Gefühlen und in den Affekten eben den Zwischenbereich erkennen, der in den philosophischen Systemen des Rationalismus des 17. und 18. Jh.'s völlig ausgeklammert bleibt und eben deswegen das Leib-Seele-Problem als so unlösbar erscheinen läßt. Gerade die Sphäre der Gefühle und Affekte ist es, die Geist und Körper miteinander verbindet, und nirgendwo sonst, wenn nicht hier, läßt sich ablesen, wie Gedanken vermittels der Gefühle und Affekte auf den Körper einwirken und wie umgekehrt die Gedanken in den Dienst der Triebbedürfnisse treten können. Ständig ereignet sich in diesem Zwischenbereich der Gefühle, was im Sinne der Bestimmung des LEIBNIZ als ein Wunder verstanden werden muß und was dennoch nicht gegen die Harmonie des Ganzen oder gegen die Gesetze der Natur als solche verstoßen kann: daß physische Prozesse des Körpergeschehens

[37] Zum Begriff von «Trieb» und «Affekt» in der Psychoanalyse vgl. S. FREUD: Drei Abhandlungen zur Sexualtheorie, V 67, wo FREUD den Trieb als Repräsentanz einer innersomatischen Reizquelle definierte; der «Affekt» (oder die «Emotion») ist demgegenüber als ein «Gefühlszustand zu verstehen, der einerseits durch merkbare Körperinnervation, andererseits durch eine eigentümliche Störung des Vorstellungsablaufes gekennzeichnet ist.» (C. G. JUNG: Definitionen, VI 448)

[38] C. G. JUNG: Definitionen, VI 467.

[39] Gegen DESCARTES: Regeln zur Leitung des Geistes, Regel XII 13, in: R. Descartes, hrsg. v. I. Frenzel, S. 39.

in einer Weise gesteuert werden, die mit Hilfe rein physischer Ursachen schlechterdings unbegreifbar ist. Und was bereits im Verhältnis von Geist und Körper im Menschen sich an Wunderbarem ereignen kann, darf theologisch gewiß auch im Verhältnis von Gott und Welt für möglich gehalten werden.

Die Überlegungen, die wir hier anstellen, führen uns mithin zu einem überraschenden, wenngleich nach dem früher Gesagten nur konsequenten Resultat. Wir stellen nämlich fest, daß es im Grunde auf ein und dasselbe hinausläuft, anthropologisch die Ebene der Gefühle und Affekte im Menschen zu verleugnen und theologisch die Möglichkeit von Wundern auszuschließen. So wie die Verleugnung des Unbewußten notwendig zu einer Fehlinterpretation, ja Zerstörung der *Mythen*, *Märchen*, *Sagen* und *Legenden* führen mußte, so wird man durch die Herabsetzung des affektiven und emotionalen Bereichs im Menschen notwendig zu einer Mißdeutung der *Wundererzählungen* gelangen müssen. Beides hängt zusammen. Die Ebene der Gefühle und Affekte, die zwischen Geist und Körper vermittelt, muß als der eigentliche Ort zum Verständnis vor allem der Heilungswunder gelten; und diese Ebene zu leugnen oder für minderwertig zu halten, ist notgedrungen identisch mit einer theologischen Leugnung oder Abwertung der Möglichkeit auch der Wunder. Anders ausgedrückt: ohne den entscheidenden Zwischenbereich der Gefühle und Affekte zerfällt dem Menschen die Wirklichkeit unausweichlich in eine nach Gesetzen geordnete materielle Welt auf der einen Seite und in eine davon völlig unabhängige und isolierte Sphäre des reinen Geistes auf der anderen Seite, und zwischen Diesseits und Jenseits, Gott und Welt, Leib und Seele tut sich bei dieser Zweiteilung ein Abgrund auf, der die Idee eines Wunders, einer lebendigen Verbindung zwischen Gott und Mensch jenseits der «intellektuellen Liebe» des SPINOZA, von vornherein als so unmöglich erscheinen läßt, wie daß des Lazarus' Finger die Lippen des reichen Prassers zu kühlen vermöchten (Lk 16,24.26).

Die Richtigkeit dieser Betrachtung läßt sich ohne weiteres überprüfen, wenn man die Wundererzählungen einmal vom anderen Ende, nicht von ihren Voraussetzungen, sondern von ihrer Zielsetzung her untersucht und sich die Frage vorlegt, was die Wunder eigentlich ihrem Wesen und Gehalt nach aussprechen und zum Ausdruck bringen wollen. Die beste Antwort darauf verdanken wir paradoxerweise G. W. F. HEGEL, dem eigentlichen Vollender des Rationalismus in der Philosophiegeschichte, der dem *Begriff* der Wundererzählungen zweifellos am nächsten gekommen ist, nur um ihn dann sogleich als etwas Vordergründiges und Unwahres zu verwerfen.

Für HEGEL galt, daß die Religion insgesamt nur in vorläufiger Weise, weil nur nach Art des Gefühls, die Wahrheit des Geistes auszudrücken vermöge, und so war er der Meinung, man müsse den Inhalt der Religion in die Philosophie, vom bloß Gefühlten in die Vernünftigkeit des Begriffs, aufheben; dann erst werde die Religion nicht nur in ihrem Inhalt, sondern auch ihrer Form nach zur Wahrheit gelangen[40]. In Konsequenz dieses Ansatzes sah HEGEL auch in den Wundern nicht ein Zeugnis für die Wahrheit einer Religion, sondern ein Dokument für ihren vorläufigen, an sich noch unwahren Geisteszustand. Gleichwohl erkannte er sehr richtig, daß es vor allem *das Gefühl, das Gemüt, die Sehnsucht des Herzens* seien, an die sich die Wundergeschichten wenden. Bereits das Rahmenthema, unter dem HEGEL die Wundererzählungen in seiner «Ästhetik» abhandelte, wies auf diese Auffassung hin: der religiöse Kreis der *romantischen* Kunst. In ihm liegt bereits der Geltungsbereich, aber auch die Grenze von Gefühl und Wunderglauben begründet: beide galten HEGEL als etwas Willkürliches und Subjektives, also noch Unvernünftiges. Die eigentliche Unwahrheit und Vordergründigkeit des Wunderglaubens aber sah HEGEL, ähnlich wie SPINOZA und KANT, in der Aufhebung der Naturgesetze und damit in der Äußerlichkeit der Gottesvorstellung selbst gelegen. So schrieb er: «Die Wirklichkeit liegt (sc. in den Wundererzählungen d. V.) als ein gemeines, zufälliges Dasein vor; das Endliche wird vom Göttlichen berührt, das, insofern es in das ganz Äußerliche und Partikulare unmittelbar einschlägt, dasselbe auseinanderwirft, verkehrt, zu etwas schlechthin anderem macht, den natürlichen Lauf der Dinge, wie man gewöhnlich zu sagen pflegt, unterbricht. Das Gemüt nun, als von solchen unnatürlichen Erscheinungen, in welchen es die Gegenwart des Göttlichen zu erkennen glaubt, ergriffen, in seiner endlichen Vorstellung überwunden darzustellen, ist ein Hauptinhalt vieler Legenden (sc. solcher, die von Wundern berichten, d. V.). In der Tat aber kann das Göttliche die Natur nur als Vernunft, als die unwandelbaren Gesetze der Natur selber, die Gott ihr eingepflanzt hat, berühren und regieren, und das Göttliche darf sich nicht in einzelnen Umständen und Wirkungen, die gegen die Naturgesetze verstoßen, gerade als das Göttliche erweisen sollen; denn nur die ewigen Gesetze und Bestimmungen der Vernunft schlagen wirklich in die Natur ein. Nach dieser Seite hin gehen die Legenden (sc. als Wundergeschichten, d. V.) häufig ohne Not in das Abstruse, Abgeschmackte, Sinnlose und Lächerliche über, indem Geist und Gemüt gerade von dem soll zum Glauben der Gegenwart und Wirksamkeit Gottes bewegt werden, was an und für sich das Vernunftlose, Falsche und Ungöttliche ist. Die Rührung, Frömmigkeit, Bekehrung kann zwar dann noch von Interesse sein, aber sie ist nur die *eine*, innere Seite; sobald sie mit anderem und Äußerlichem in Verhältnis tritt, und dies Äußere die Umkehrung des Herzens bewirken soll, muß das Äußere nicht in sich selbst etwas Widersinniges und Unvernünftiges sein.»[41]

[40] G. W. F. HEGEL: Enzyklopädie der philosophischen Wissenschaften im Grundrisse, 381; DERS.: Vorlesungen über die Philosophie der Religion, I 33–34. – Zur Philosophie HEGELS vgl. E. DREWERMANN: Strukturen des Bösen, III 60–96.

[41] G. W. F. HEGEL: Ästhetik, II 606–607. – Bereits in: *Der Geist des Christentums und sein Schicksal* (1799) erklärte HEGEL kategorisch: «Wenn ein Gott wirkt, ist es nur von Geist zu Geist; ...aber in den Wundern erscheint der Geist auf Körper wirkend, ...aber Geist und Körper haben nichts gemein; sie sind absolut

Laut diesen Worten sah HEGEL sehr wohl, daß die Wundergeschichten eigentlich *Erzählungen des Gemütes für das Gemüt* sind, daß also die Ebene ihrer Erfahrung und ihres Ausdrucks ganz und gar im Gefühl beheimatet sein muß; und indem er die Religion insgesamt als eine Wahrheit des (bloßen) Gemütes betrachtete, hätte er eigentlich sogar zugeben müssen, daß die Wundererzählungen nicht etwas Nebensächliches, sondern so etwas wie das Kernstück der religiösen Überlieferung überhaupt ausmachen. Aber für HEGEL war, in der Nachfolge SPINOZAS, die eigentliche Wirklichkeit, Gott, ein reines Denken, kein Gefühl, und dieses Denken war mit den Gesetzen der Natur identisch. Daher konnte es für HEGEL keine Wunder geben. Zwar bedeutete die gesamte Naturgeschichte für HEGEL eine zutiefst geistige Bewegung, und ihm lag gerade daran, den Dualismus von Geist und Körperwelt, der von DESCARTES bis KANT das rationalistische Denken beherrscht hatte, zu überwinden; jedoch sah er verhängnisvollerweise, nicht anders als DESCARTES, in der Sphäre des *Gefühls* nur ein Vorstadium der Vernunft, nicht einen eigentlichen Offenbarungsraum der

Entgegengesetzte. Ihre Vereinigung, in welcher ihre Entgegensetzung aufhört, ist ein Leben, das ist, gestalteter Geist; und wenn dieser als Göttliches, Ungetrenntes wirkt, so ist sein Tun eine Vermählung mit verwandtem Wesen, mit Göttlichem, und Erzeugung, Entwicklung von neuem, der Darstellung ihrer Vereinigung; sofern aber der Geist in einer andern, entgegengesetzten Gestalt als Feindliches, Beherrschendes wirkt, so hat er seiner Göttlichkeit vergessen. Wunder sind darum die Darstellung des Ungöttlichsten, weil sie das Unnatürlichste sind, und die härteste Entgegensetzung des Geistes und Körpers in ihrer ganzen ungeheuren Roheit verknüpft enthalten. Göttliches Tun ist Wiederherstellung und Darstellung der Einigkeit; Wunder die höchste Zerreißung.» Das Wunder als Zeichen des Göttlichen besteht in der Tat in der Wiederherstellung einer lebendigen Einheit von Geist und Körper; aber um deren Möglichkeit zu verstehen, ist nicht von dem abstrakten Gedankengegensatz der Welt des Geistes und der Welt der Körper auszugehen, sondern es ist der Zwischenbereich von Geist und Körper: der Bereich von Empfindung, Gefühl und Vorstellung zum Ausgangspunkt zu machen. HEGEL indessen vermeinte, der «Geist des Christentums» bestehe wesentlich in der «Entgegensetzung in dem Göttlichen» und vermöge niemals «in einer unpersönlichen lebendigen Schönheit Ruhe zu finden», so daß es das Schicksal des Christentums sei, «daß Kirche und Staat, Gottesdienst und Leben, Frömmigkeit und Tugend, geistliches und weltliches Tun nie in Eins zusammenschmelzen können.» (A.a.O., 86; 87) Freilich könnte gerade die Wunderdiskussion zeigen, daß es nur in der Schönheit *persönlichen* Lebens eine Einheit des Menschen geben kann. – Logisch richtig, aber dann doch nicht wirklich zu Ende führend sind die knappen Ausführungen von F. W. J. SCHELLING: Philosophie der Offenbarung, II 188: «Daß man sich gegen Wunder sträubt, ist nach den beiden Standpunkten, die man bis jetzt allein kennt (sc. der Theismus bzw. Deismus sowie der Naturalismus bzw. Pantheismus, d. V.), ganz vernünftig und in der Ordnung. Ist Gott absolut außer und jenseits der Welt, so hat jenes für einzelne Fälle angenommene Herübergreifen Gottes in diese ganz unabhängig von ihm ablaufende, ein für allemal eingerichtete Weltmaschine etwas so Kleinliches, daß eine solche Vorstellung für einen aufgerichteten Geist keiner Widerlegung bedarf. Ist aber Gott *in* der Welt, so ist sie nur als die notwendige Folge seiner *Natur*; er ist in ihr nur als blinde Substanz. Hierin kann man wieder nur dem Naturalismus oder, wenn man lieber will, dem Pantheismus nicht Unrecht geben. Wenn Gott mit seinem *Willen* in der Welt wäre, so könnte die Welt nicht so voller Zertrennung, Verwirrung, Irrthum, Krankheit und Unheil aller Art seyn. Darin hat also der Naturalismus *ganz* Recht, daß Gott nicht mit seinem Willen in der Welt ist.» – An dieser Stelle wird erneut deutlich, wie sehr eine rein anthropozentrische Auslegung des göttlichen Willens den Pantheismus (oder Atheismus) geradewegs begründet und begünstigt. SCHELLING fährt indessen fort: «Aber eben darum, sagen wir nun, ist er (sc. Gott, d. V.) mit seinem *Unwillen* darin (sc. in der Natur, d. V.), und eben darum ist die Welt, in der er mit seinem Willen seyn könnte, potentia, dem Stoff nach, immer vorhanden, und eben damit ist auch die

Wahrheit, und was er dem Geist ohne weiteres zutraute: in der Welt, in der Materie, zur Erscheinung zu kommen, das gerade sprach er dem Gefühl ab. Der Grund dafür liegt, wie HEGEL selbst erklärte, in der vermeintlichen Partikularität der Gefühle: während die Vernunft ihre allgemeinen Gesetze kennt, erschienen HEGEL die Gefühle als etwas rein Privates, Individualistisches, Willkürliches, als etwas schlechthin Unvernünftiges, und eben so bewertete er die Religion mitsamt ihrem Wunderglauben. In Wahrheit trat HEGEL mit dieser Auffassung lediglich in die Spuren der rationalistischen Einseitigkeiten seiner Vorgänger; denn indem er die Wundergeschichten für abstrus und lächerlich erklärte und die Religion als bloßes Vorstadium der Philosophie entwertete, machte er die Ebene des Gefühls letztlich selber wertlos und lächerlich.

Wie bizarr indessen die Einstellung des Rationalismus selber sich darbietet, erkennt man bereits an der Gewalttätigkeit und Gezwungenheit seines Vorgehens. Viel näher läge es ohne Zweifel, aus der an sich richtigen Erkenntnis

Möglichkeit des Wunders gegeben. Denn wenn Gott in irgend einem Punkt der Welt mit seinem *Willen* ist, so muß, so zu reden, das Krumme gerade, das Kranke gesund, das Verkehrte zurechtgestellt werden.» Das Wunder erscheint so als Durchsetzung des Willens Gottes gegen die Welt, die aber doch seinem Wesen entstammen muß, und der anthropologische Dualismus des Leib-Seele-Problems erweitert sich bei diesem Ansatz in einen Dualismus von Gott und Welt, der nur dialektisch – im Sinne des «Monotheismus» der Trinitätslehre SCHELLINGS – aufgelöst werden kann. – In Wahrheit ereignen sich die Wunder nicht durch den Menschen für und in Gott, sondern umgekehrt: durch Gott in und für den Menschen. Allerdings hat SCHELLING das durchaus *Heidnische* an dem Wunderglauben richtig erkannt und anerkannt: «Man denkt», schreibt er, «nicht daran, daß an Christo das Heidenthum so viel Theil hat als das Judenthum, daß er aus dem Judenthum und jüdischen Vorstellungen allein nicht erklärbar ist. Das Judenthum gibt nur die Materie seiner Erscheinung. Er selbst aber ist die dem Judenthum fremde Potenz des Heidenthums. Darum der Haß der Juden, die ... sein Materielles zerstören und tödten mußten, damit jene Potenz, die der Heiden Heiland werden sollte, völlig frei werde» (a.a.O., 189). – Sehr viel klarer als die idealistische Philosophie hat L. FEUERBACH das Wesen des Wunders verstanden, als er (Das Wesen des Christentums, V 156) schrieb: «Aus dem Gemüte entspringt das Wunder, auf das Gemüt geht es wieder zurück. Selbst in der Darstellung verleugnet es nicht seinen Ursprung. Die adäquate Darstellung ist allein die gemütliche.» Aber FEUERBACH übernahm den konventionellen Wunderbegriff der Theologie, das Wunder sei «Aufhebung des Naturgesetzes», und belegte diese Vorstellung mit zahlreichen Zitaten (in: Beleuchtung der ... Rezension meiner Schrift «Das Wesen des Christentums», III 176–181). Statt die eigene Auffassung vom Wunder zur Einsicht in die anthropologische (psychosomatische) Wahrheit der religiösen Heilverfahren zu nutzen, sah FEUERBACH – in gewissem Sinne zu Recht! – in dem veräußerlichten Wunderverständnis der Theologie, statt der Einheit, nur die gewalttätige Trennung von Gott und Welt, Leib und Seele bestätigt und erklärte von daher die Religion insgesamt aus einer falschen Stellung des Menschen gegenüber der Natur. «Der Mangel des Begriffs der Natur ist ein spezifisches Merkmal religiösen Bewußtseins.» (A.a.O., III 178) Der Protestantismus, meinte FEUERBACH, habe den Wunderglauben zwar der Kirche streitig gemacht, aber dafür um so phantastischer ins Private abgeschoben. Im ganzen sei das Wunder, «wie die Gespenster und die mit ihnen verwandten Engel und Dämonen», «eine Abstraktion der Phantasie, beruhend auf einer Störung der Harmonie der Sinne, der Grundlage von der Gewißheit aller Realität.» FEUERBACH: Über das Wunder, II 254. – In gleichem Sinne erfolgt noch bei E. MEYER: Ursprung und Anfänge des Christentums, III 326–328, die Kennzeichnung der frühen Kirche als einer «Bewegung von unten, erwachsen aus ... den von der Menge zäh festgehaltenen Vorstellungen des mythischen Denkens und der übernatürlichen Mächte ... mit ihren Zauberkräften und willkürlichen Wirkungen ... prinzipiell irrational und autoritätsgläubig».

Hegels von der wesentlich gemüthaften Wirkung und Ausdrucksgestalt der Wundererzählungen gerade die umgekehrte Schlußfolgerung zu ziehen und zu sagen, daß die Wundererzählungen sich nicht um eines gemüthaften Effektes beim Leser willen der Mitteilung von Wundern bedienen, sondern im Gegenteil, daß sie gemüthaft auf den Leser wirken, weil sie von einem Effekt sprechen, der ganz und gar dem Gemüt bzw. dem Gefühl und dem affektiven Bereich angehört. Um zu verstehen, was die Wundererzählungen sagen wollen, ja wovon sie überhaupt sprechen, darf man mithin die Ebene des Gefühls und des Affektes gerade nicht für etwas nur Vorläufiges oder Uneigentliches am Menschen halten, sondern man muß in ihr gerade die Mitte im Sein und Erleben des Menschen erblicken, an der sich entscheidet, ob jemand an sich selber krank oder gesund, heil oder zerrissen, menschlich oder unmenschlich zu leben genötigt ist.

Zu eben dieser Wertschätzung des Gefühls und des Affektes, die mit der Anerkennung des Wunders auf das engste zusammenhängt, ist jedoch die neuzeitliche Philosophie, jedenfalls in ihrer vorwiegend rationalistischen Ausrichtung, wie sich gezeigt hat, außerstande. Man beginge indessen einen schweren Fehler, wollte man die Verstandeseinseitigkeit bzw. die Gefühllosigkeit des neuzeitlichen Denkens einzelnen Philosophen wie Descartes, Spinoza, Leibniz, Kant oder Hegel *ursächlich* als Schuld zur Last legen. Kein Philosoph *bestimmt* das Denken seiner Zeit oder einer ganzen Epoche, vielmehr verleiht er nur der latent sich vorbereitenden geistigen Einstellung Stimme und Bewußtsein. Die Philosophen haben für ihre Zeit in etwa die gleiche Funktion wie die Manometer an den Kesseln eines Kraftwerkes: man kann an ihnen ablesen, wie die Druckverteilung sich gestaltet, aber es wäre unsinnig, dem Manometer den Druckabfall oder den Überdruck des Kessels vorzuwerfen[42]. So kann man an den wichtigsten Stationen des 17. und 18. Jahrhunderts in aller Deutlichkeit ersehen, wie die Verleugnung des Unbewußten und die Mißachtung des Gefühls voranschreiten und wie gleichzeitig dazu die gesamte Wirklichkeitserfassung sich in eine rein geistige und in eine rein körperliche Erfahrungsebene polarisiert. An dieser nicht zu überwindenden Dichotomie in der Grundeinstellung muß der Gedanke an die Möglichkeit eines Wunders, die gerade auf der Einheit von Geist und Körper beruhen würde, ebenso scheitern wie der Glaube an die mögliche Einheit von Leib und Seele im Wesen des Menschen oder wie das Vertrauen an eine persönlich gestaltete, gefühlsmäßig warme Beziehung zwischen Gott und Mensch. An der Stelle der alten Religion macht sich jetzt in unvermittelter Einseitigkeit die Idee einer in sich geschlossenen Naturkausalität gegen den Wunderglauben, ja gegen die Möglichkeit von Religion überhaupt geltend, wäh-

[42] Die Einbeziehung des «bürgerlichen» Hintergrundes in die Kritik der neuzeitlichen Geistesgeschichte aus der Sicht christlicher Theologie findet sich in vorbildlicher Darstellung bei P. Eicher: Bürgerliche Religion, 34–75 (über Spinoza).

rend umgekehrt der Geist als ausschließlich nach Naturgesetzen handelnd vorgestellt wird; zwischen beiden Bereichen gibt es in der Neuzeit durchaus kein Zentrum mehr, das beide miteinander wechselseitig verbinden könnte.
Indem auf diese Weise der Bereich des Unbewußten sowie die Welt des Gefühls vollkommen negiert wird, muß fortan in der Tat die alte Religion mitsamt ihrem «unvernünftigen» Wunderglauben durch den Fortschritt der Naturwissenschaft bekämpft werden, und das naturwissenschaftliche Denken selbst wird jetzt zu dem wichtigsten Instrument, um die Macht der Gefühle und des Unbewußten, wo immer diese sich trotz aller Verleugnung nicht gänzlich ausschalten läßt, als etwas Irrationales moralisch zu diskreditieren.
Von daher kann es nicht Wunder nehmen, daß vor allem *die katholische Theologie* in der Diskussion um das Wunder sich seit fast 200 Jahren in einer aussichtslosen Position befindet. In ihrer Dogmatik hat die katholische Kirche immer wieder, ausgehend bereits von der Beschreibung der zwei Naturen in der einen Person Christi auf dem Konzil von Chalcedon, in ihren Lehrentscheidungen betont, daß im Menschen Leib und Seele eine einzige Natur und Person bildeten, ja, daß die Seele als Wesensform des Leibes verstanden werden müsse[43]; aber ihre eigene Verstandeseinseitigkeit und ihr äußerst zwiespältiges Verhältnis zur Welt des Unbewußten darf man ohne Zweifel als die Hauptursache der dualistischen Anthropologie der Neuzeit ansehen[44], und trotz aller verbalen Bekenntnisse zu einem anthropologischen Einheitsdenken in der Dogmatik zeigt sich die katholische Kirche jedenfalls bis heute außerstande, über den engen Raum der dogmatischen Glaubenssymbole sowie des liturgischen und sakramentalen Geschehens hinaus das Unbewußte im Menschen zur Kenntnis zu nehmen. Die eigenen moralischen Sperren, die quasi neurotische Angst vor dem Unbewußten, hindern die katholische Kirche seit Jahrhunderten, wenigstens in den zentralen Punkten ihrer eigenen Glaubenstradition noch sich selbst zu verstehen und sich nach außen hin verständlich zu machen, während in *der evangelischen*

[43] J. Brinktrine: Die Lehre von der Schöpfung, 237–245. – J. C. Eccles – H. Zeier: Gehirn und Geist, 190 meint Eccles freilich mit Berufung auf Descartes, der alte Standpunkt des Aristoteles lasse sich nicht halten und er hat mit guten Gründen die Theorie einer dualistischen Interaktion zwischen Gehirn und selbstbewußtem Geist entwickelt, die stark von I. Kants Idee von der *Einheit des Bewußtseins* beeinflußt ist (vgl. J. C. Eccles: Das Rätsel Mensch, 221–224). Für Eccles ist die rechte Hirnhemisphäre mit ihren wesentlich visuellen Fähigkeiten an sich *unbewußt*, während die linke Hirnhälfte mit den Sprachzentren zum Selbst offen ist; beide Sphären sind durch das Corpus callosum verbunden, durch dessen Kommissuren auch die rechte Hirnhälfte Zugang zum Bewußtsein erhält. Vgl. J. C. Eccles: Das Gehirn des Menschen, 258–274. An dieser Stelle lassen sich die wichtigen Einsichten von Eccles (und Popper) nicht diskutieren; das Problem der Psychoanalyse und Psychotherapie liegt aber offenbar nicht allein in der Beziehung zwischen den beiden Hirnhälften, sondern, wichtiger noch, in dem Verhältnis zwischen dem Neocortex und dem *limbischen System*, das allem Anschein nach die Gefühle und Affekte des Menschen steuert, was Descartes mit der Theorie von der *Zirbeldrüse* schon zu ahnen schien.
[44] Vgl. E. Drewermann: Der tödliche Fortschritt, 133–142; ders.: Der Krieg und das Christentum, 195–282.

Kirche, deren Denken bereits vom Ansatz her auf eine noch radikalere Zerstörung alles «Heidnischen», alles Mythisch-Unbewußten in der christlichen Glaubenslehre hinausläuft, die Entleerung des Religiösen von der Welt des Gefühls theoretisch wie praktisch immer rascher voranzuschreiten scheint[45].
Gleichwohl werden wir im folgenden bald sehen, daß man zu einem rechten Verständnis der Wundererzählungen in der Bibel (ebenso wie in den außerbiblischen Überlieferungen) an sich nichts weiter brauchen würde als einen Wunderbegriff, wie ihn LEIBNIZ in etwa schon entwickelte, und eine Anthropologie, wie sie von der katholischen Kirche bis in die Gegenwart hinein dogmatisch gelehrt wurde. Aber statt die hermeneutischen Folgerungen aus der eigenen Dogmatik zu ziehen, laboriert die kirchliche Schriftauslegung, wofern sie nicht zwangsweise die historische Kritik der Exegese an den Wundererzählungen einfach übernimmt, fundamentaltheologisch immer noch an dem angeblich entscheidenden Problem der Durchbrechung gewisser Naturgesetze herum. Nach wie vor versucht sie, das schlechterdings Unbegreifbare, die Wunder, *dem Verstand* plausibel zu machen, und sie muß bei diesem Bemühen ebenso sicher Schiffbruch leiden, wie der Versuch vor 200 Jahren mißlingen mußte, die Dogmen des Christentums, die archetypischen Symbole des Glaubens, gegen die Verstandeskritik der Aufklärungsphilosophie zu verteidigen. Verfangen in der selbstgewählten Sackgasse, kommt die christliche Apologetik und Hermeneutik auf das Allernächstliegende am allerwenigsten: *die Wunder als Taten und Tatsachen des Gefühls und des Affektes, nicht des Verstandes* zu verstehen.

2. Der Offenbarungseid der historisch-kritischen Wunderauslegung und der Streit der Konfessionen

Man mag in den Seminaren der Dogmatik und Fundamentaltheologie über die Möglichkeit von Wundern an sich mit noch so plausiblen metaphysischen Spekulationen aufwarten – die Bewährungsprobe und -last hat die Exegese zu tragen, und hier zeigt sich erneut, daß die Bibelauslegung unter den gegebenen

[45] Vgl. den Exkurs: Die Mythenfeindlichkeit des Christentums, der Widerstreit der Konfessionen und die innere Zerrissenheit des Menschen, in: E. DREWERMANN: Strukturen des Bösen, III 514–540. – Sehr treffend meinte E. JÜNGER: Annäherungen. Drogen und Rausch, 266: «Historikern wie Walter F. Otto (1874–1958) und Wilhelm Grönbech (1873–1948) ist gelungen, was Jacob Burckhardt versagt war ...: der Schritt über die kulturgeschichtliche Betrachtung hinaus in die unmittelbare Wirklichkeit – dort der Griechen, hier der Germanen und ihrer Welt. – Daß die Christen nur einen Gott verehren, der keine anderen Götter neben sich duldet, hat die Welt schwer büßen müssen – nicht nur durch die Ausrottung von Menschen und Völkern, sondern auch durch die planmäßige Vernichtung von Urkunden. Sie erschwert den Zutritt nicht nur zu den mexikanischen Hochkulturen, sondern auch zu den eigenen Vorfahren. In dieser Hinsicht bedeutet die Existenz Snorris einen einzigartigen Glücksfund für uns.»

Bedingungen als historisch-kritische Methode die Aufgabe nicht leisten kann, die sie als eine theologische Disziplin zu erfüllen hätte.
Wenn die philosophische Frage in der Debatte um das Wunder vor allem dem Problem gilt, ob das Wunder die Naturordnung aufhebe oder übersteige, so ist dies gewiß nur *ein* Aspekt an dem traditionellen Wunderbegriff. Ein anderer wesentlicher theologischer Aspekt des Wunderbegriffs liegt darin, daß das Wunder um eines bestimmten Zweckes willen geschieht. Man könnte zunächst meinen, das Wunder habe seinen vornehmlichen Sinn in der Heilung von Kranken oder in der Rettung von Menschen, die in Not geraten sind, und es gibt gewiß auch Erzählungen genug, in denen dieses Moment besonders hervorgehoben wird; aber bei solchen überwiegend auf die menschliche Not konzentrierten Erzählungen handelt es sich formal oft schon nicht mehr um eigentliche Wundererzählungen, sondern eher um Legenden, die etwa die Macht des Bittgebetes oder eines bestimmten religiösen Ritus verdeutlichen wollen. Die Wundererzählungen im eigentlichen Sinne schildern die wunderbare Heilung von Krankheiten oder die unerwartete Rettung aus Gefahr und Not im wesentlichen nicht, um nach Art der Legenden zu beschreiben, wie Menschen dem Heiligen begegnen, sondern um den Heiland, den Wundertäter selbst vor dem Hintergrund menschlichen Leids als Gesandten Gottes zu erweisen bzw. zu beglaubigen. Insofern hat es sich theologisch eingebürgert, die Wunder als *Zeichen* zu interpretieren, die auf die überragende Bedeutung des Wundertäters, auf die göttliche Macht seiner Person und auf die Wahrheit seiner Botschaft hinweisen sollen.
Als eine theologische Disziplin müßte die historische Forschung in der Auslegung der Bibel von daher im Grunde einer doppelten Aufgabe dienen: sie müßte zum einen die Historizität bzw. die Faktizität der in der Bibel geschilderten Wunder nachweisen, und indem sie das tut, müßte sie zum anderen der theologischen Argumentation Gründe für den Beweis an die Hand geben, daß, im Neuen Testament etwa, Jesus von Gott gesandt, ja selber göttlicher Natur war. Wenn die Wunder als Zeichen für die Bedeutung des Wundertäters gelten sollen, so hängt in der Tat die Glaubwürdigkeit der Christologie zu einem nicht geringen Teil an dem Nachweis, daß Jesus besondere, nur ihm eigene Wundertaten vollbracht hat.
Aber eben mit dieser seit den Tagen der frühchristlichen Apologeten des 2. Jh.'s n. Chr. der Bibelauslegung gestellten Forderung kommt die historisch-kritische Exegese nicht zurecht. Bewußt oder unbewußt steht ihr seit den Tagen des SPINOZA mehr und mehr fest, daß es keine Wunder im Sinne einer Durchbrechung der Naturgesetze gibt noch geben kann, und folglich hat sie, wie es SPINOZA vorschlug, eigentlich gar nicht mehr zu untersuchen, ob und was für Wunder «damals» geschehen sind; ihr Augenmerk muß einzig der Frage gewidmet sein, wieso man dazu kam, von Wundern im Umkreis des Propheten Elisäus, der Person Jesu, seiner Jünger o.a. zu berichten. Damit verschiebt sich

ihre Untersuchungsrichtung natürlich vollständig. Die Historie, die sie analysiert, ist durchaus nicht mehr ein wirkliches Ereignis, sondern nur noch die Berichterstattung über vorgebliche Ereignisse. Das Wunder, das berichtet wird, kann so, wie es geschildert wird, unmöglich stattgefunden haben, und so wenig, wie Jesus, dem Mythos nach, über das Wasser gewandelt sein kann, so wenig wird auf sein Wort hin ein Blinder sehend oder ein Lahmer gehend geworden sein. Wenn folglich das Wunder immer noch als ein *Zeichen* verstanden werden soll, dann sicher nicht mehr auf der Ebene einer wirklichen Handlung und Begebenheit, sondern allein in einem rein literarischen Sinne: nicht was geschah, ist (bzw. war) ein Zeichen, sondern was man berichtete, ist als ein bedeutungsvolles Zeichen zu interpretieren, das z.B. zeigt, wie man bestimmte Stellen des Alten Testamentes als Prophezeiungen verstand, die in Jesus Christus ihre Erfüllung gefunden haben, oder das darauf hinweist, daß man Jesus für einen göttlicheren Menschen hielt als Asklepios oder Pythagoras. Um z.B. die Worte von Jes 35,5f; 61,1 als erfüllt anzuzeigen, wie es Jesus in der Antwort an die Johannesjünger tat (Mt 11,5), mußte man etwa schildern, wie Jesus wirklich Blinde, Lahme, Aussätzige, Taube, ja sogar Tote geheilt habe, und indem man davon berichtete, verkündete man den Glauben an die Messianität und Gottgesandtheit Jesu Christi. Oder man wollte, in einem anderen Strang früher Christologie, Jesus als den zweiten Moses verkündigen und benutzte als Zeichen dafür, in Parallele zum Manna in der Wüste, gleich zweimal das Wunder der Brotvermehrung (Mk 6,30-44; 8,1-9). Genauso wie bei der Auslegung der Mythen, Märchen und Legenden der Bibel wird der Inhalt der Erzählungen bei dieser Interpretationsweise zum an sich Unwesentlichen erklärt, das nur als Aussagemittel, nicht als Aussage an sich von Bedeutung ist, und zugleich verschiebt sich der Begriff des Bedeutungsvollen damit vom Erfahrungsbereich weg ins rein Literarische, ins im Grunde Fiktive.

Die Exegese als historisch-kritische Methode kommt auf diese Weise unausweichlich in die groteske Lage, ständig in einem Feld des Unhistorischen oder zumindest rein Arbiträren umherzuirren. Sie, die man ausgeschickt hatte, die Historizität der biblischen Erzählungen zu erweisen, kehrt mit einem Resultat zurück, das nicht besser ausfällt als die Expeditionsberichte von der Suche nach dem tibetanischen Yeti: es gibt unzählige Berichte von Schneemenschen im Himalaya, aber die Schneemenschen selbst sind unauffindbar und werden es immer bleiben. So die Wunder im Neuen und Alten Testament (und in jeder anderen religiösen Überlieferung), wenn man sie historisch-kritisch untersucht. An dieser Stelle freilich trennten sich, jedenfalls noch bis Mitte der 50er Jahre, die Wege der protestantischen und der katholischen Exegese auf spezifische Weise.

R. Bultmann darf gewiß nicht ohne weiteres als Repräsentant einer in sich einhelligen protestantischen Exegese gesehen werden; aber er hat doch in der

Auseinandersetzung um das Verständnis des Wunders gerade und zunächst im protestantischen Raum eine so überragende Bedeutung gewonnen, daß seine Auffassung an dieser Stelle eine besondere Beachtung verdient. Mit einer Entschiedenheit wie kein anderer unter den Exegeten vor ihm hat BULTMANN die Konsequenzen aus dem deterministischen Weltbild der Naturwissenschaften gezogen und vor allem auf den Gegensatz zu dem durchaus mythischen Weltbild der Bibel hingewiesen, innerhalb dessen allein man an so etwas wie ein Wunder zu glauben vermöge. Die moderne Wissenschaft, schreibt BULTMANN, glaubt nicht, «daß der Lauf der Natur von übernatürlichen Kräften durchbrochen und sozusagen durchlöchert werden kann. Dasselbe gilt für die moderne Geschichtsforschung, die nicht mit dem Eingreifen Gottes oder des Teufels oder von Dämonen in den Lauf der Geschichte rechnet»[1]. Oder, einige Seiten später: «Die Weltanschauung der Schrift ist mythologisch und daher für den modernen Menschen nicht annehmbar, dessen Denken von der Naturwissenschaft her geformt wird und deshalb nicht mehr mythologisch ist.»[2]

Es spielt tatsächlich für BULTMANN bereits keine Rolle mehr, ob in metaphysischem Sinne Wunder an und für sich möglich oder als möglich denkbar sind; er stellt ganz zu Recht die beiden Auffassungen einander gegenüber, daß zu dem mythischen Weltbild der Antike der Wunderglaube wie eine Selbstverständlichkeit gehört, während er in dem Weltbild der Neuzeit schlechterdings keinen Platz hat; selbst wenn es Wunder an sich geben sollte, so ginge es in der Moderne doch so ähnlich zu, wie BRUCE MARSHALL es in seinem Roman «*Das Wunder des Malachias*» dem Kaplan Neary mit der Bemerkung in den Mund legt: Wunder sind «heutzutage aus der Mode gekommen. Wenn sich eines im Schlafzimmer unseres hochwürdigsten Herrn Bischofs ereignen würde, täten

[1] R. BULTMANN: Jesus Christus und die Mythologie, 12. Vgl. DERS.: Die Frage des Wunders, in: Glauben und Verstehen, Tübingen, I[4] 1961, 214–228.

[2] R. BULTMANN: Jesus Christus und die Mythologie, 38. – Zu Recht sagt zu diesem Problem E. MÉNÉGOZ: Der biblische Wunderbegriff, in: A. Suhl (Hrsg.): Der Wunderbegriff im Neuen Testament, 65–66: «Der Gegensatz, welchen die alte Orthodoxie zwischen Glauben und Wissen aufgestellt hat, ist mehr als ein Unglück; unter dem Schein der Frömmigkeit ist er eine schädliche Lehre, welche manche religiöse Gemüter vom Evangelium wegtreibt, die sehr geneigt wären, sich demselben anzuschließen.» Aber er fährt fort: «Meines Erachtens hat der Rationalismus und der Liberalismus in den Verhandlungen über das Wunder oder, wie man lieber sagt, über das Übernatürliche eine noch unheilvollere Rolle gespielt als die Orthodoxie. Anstatt den religiösen Glauben der hl. Schriftsteller zu studieren und in seiner Tiefe zu erfassen, anstatt sich Mühe zu geben, ihn unter seiner zufälligen, historischen Form zu verstehen, um seine heilsame, lebenschaffende Wahrheit zu erhalten und zu verbreiten, haben die alten Liberalen eine unverständige und bisweilen ungemein profane Polemik gegen die biblischen Wunder getrieben, und es wurde ihnen leicht, eine gewisse Anzahl derselben ins Lächerliche zu ziehen und dadurch auch die andern in Mißkredit zu bringen. Diese Polemik ist von religiösem Gesichtspunkt aus eine der unheilvollsten, die ich kenne. Man hat mit Recht manchem Vertreter dieser Richtung vorgeworfen, daß er an der Zerstörung des Glaubens in den Seelen mitarbeite.»

seine Gnaden alles, um den ungehörigen Vorfall zu vertuschen»[3]. Recht hat BULTMANN auch sicherlich darin, den Wunderglauben ineins mit dem mythologischen Weltbild zu bekämpfen; denn die Ablehnung des Mythos beendet ipso facto auch die Möglichkeit, noch an der Existenz von Wundern festzuhalten. Was aber soll ein christlicher Theologe exegetisch dann mit den Wundergeschichten der Bibel anfangen?

Die Argumentation BULTMANNS ist hier von bemerkenswerter Folgerichtigkeit innerhalb des protestantischen Denkens. Die Wunder bzw. die sog. «Mirakel» als Stütze des Glaubens abzulehnen, meint BULTMANN, bedeute in Wahrheit nicht, das Feld des christlichen Glaubens zu verlassen, sondern es ermögliche gerade, in die eigentliche Christlichkeit des Glaubens einzutreten; denn nur so lasse sich vermeiden, daß Gott oder sein Wirken als Teil der Welt gedacht werde. Erst die Leugnung von Wundern gebe Gott mithin seine weltüberlegene Transzendenz zurück und verleihe dem Glauben wieder seine existentielle Eigenart, seine Unbeweisbarkeit, seine Ungesichertheit. «Wie die Lehre von der Rechtfertigung zerstört die Entmythologisierung jedes Verlangen nach Sicherheit ... Wer an Gott glauben will, muß wissen, daß er selbst sozusagen in einem Vakuum steht.»[4]

Somit erscheint es jetzt geradezu als die Forderung eines recht verstandenen Glaubensbegriffs, sich der Wunder zu entschlagen und Gottes Walten als etwas Unsichtbares, nie Festzulegendes, schlechthin Geheimnisvolles stehen zu lassen. Was SPINOZA vor dreihundert Jahren im Namen eines gereinigten Gottesbegriffs verkündete, wird jetzt, nur vom anderen Ende her, nicht im Namen der pantheistischen Identität von Gott und Welt, sondern der protestantischen Transzendenztheologie von der absoluten Andersartigkeit Gottes her, als das Postulat einer eigentlichen Gotteslehre ausgegeben. Die Zweiteilung des DESCARTES von

[3] B. MARSHALL: Das Wunder des Malachias, 57. – S. LANGER: Philosophie auf neuem Wege, 269–270 wies vor allem auf den Beitrag des historischen Denkens bei der Zerstörung des alten Wunderglaubens hin: «Die realistische Geisteshaltung, die unsere Zivilisation kennzeichnet ..., wird ... manifestiert durch unsere strengen Maßstäbe für die historische Tatsache ... Wenn Wunder geschähen – Ereignisse, die sich nicht erklären ließen, die aber auch nicht wiederholt werden könnten ... – so könnte man sie als ‹Ungenauigkeiten› in dem allgemeinen Bild von der Natur (sc. als Naturwissenschaftler, d. V.) außer acht lassen.» «Die exakte Naturwissenschaft ist ... aber nicht der entschiedenste Ausdruck realistischen Denkens: das ist vielmehr der neue ‹historische Sinn› ... der Glaube an die Erreichbarkeit und den Wert des reinen Faktums ist dieses sicherste Symptom; das Ideal der Wahrheit, das die ganze letzte Generation von Historikern glauben machte, daß das Heil in den Archiven zu finden sei. ... Tatsächlich ... (ist, d. V.) ... es die Haltung, die der moderne Mensch, jenes mächtige und ziemlich abschreckende Wesen, der Welt gegenüber einnimmt ...: die vollständige Unterwerfung unter das, was er als ‹harte, kalte Tatsache› begreift. Fiktionen, Glaubensüberzeugungen und ‹konstruierte Systeme› in Tatsachen einzutauschen, das gilt ihm als höchster Wert; daher auch seine periodischen Verachtungsausbrüche gegen die religiöse oder legendäre Tradition; seine Genugtuung über den nackten Realismus in der Literatur, sein Mißtrauen und seine Ungeduld im Verhältnis zur Poesie.»

[4] R. BULTMANN: Jesus Christus und die Mythologie, 100.

der *res cogitans* und der *res extensa*, von subjektivem Vollzug und objektiver Wirklichkeit, wird jetzt aus einem erkenntnistheoretischen Axiom zu dem theologischen Postulat eines dergestalt geläuterten Christentums.

Es hat demnach niemals in Wirklichkeit Wunder gegeben, es braucht auch gar keine Wunder zu geben, ja es darf sogar fortan, buchstäblich um Gottes willen, für den christlichen Exegeten keine Wunder mehr geben, denn sie sind nichts als der Ausdruck des heidnischen Verlangens, Weltliches und Göttliches zum Zwecke falscher Sicherheiten miteinander zu vermischen. Wenn die Bibel, vor allem das Neue Testament, gleichwohl von Wundern berichtet, so ist dies keinesfalls als etwas theologisch Wesentliches zu erachten; denn wohl hat es in historischem Sinne Wunder nicht gegeben, aber rein historisch bedingt ist die Tatsache des antiken Wunderglaubens, und ihm allein ist es zuzuschreiben, daß auch die Bibel von Wundern erzählt. Das eigentliche Geschehen, von dem das Heil ausgeht, durch das der Glaube geweckt wird und auf das der Glaube sich bezieht, ist indessen eben nicht der theologisch stets zweideutige Wunderglaube der Antike, sondern der christliche Glaube an Jesus Christus bzw. die Verkündigung des Christus, das Kerygma der Urkirche. Nicht bestimmte historische Ereignisse, sondern die Verkündigung des Glaubens selbst, die ein an sich bedeutungsloses geschichtliches Geschehen als heilsbedeutsam ausweist, wird damit zu dem wahren Ort des Heilsgeschehens. «Der Mensch», schreibt K. HOLLMANN in seiner gründlichen und kritischen BULTMANNstudie, «steht nicht in der Entscheidung gegenüber einem wie immer gearteten historischen Ereignis, sondern gegenüber der Bedeutsamkeit, die das Kerygma dem Ereignis zuspricht. Der Glaube ist demnach Annahme des Kerygmas und eröffnet dem Menschen ein neues Verstehen seiner selbst, eine neue Möglichkeit des Existierens, nämlich die der Eigentlichkeit. Der Glaube hat keine Sicherung und keine Legitimation; allein daß von einem bestimmten historischen Geschehen, nämlich dem Jesus-Geschehen, behauptet wird, in ihm eröffne sich das Geschenk eines neuen Selbstverständnisses, ist Grund des Glaubens. Grund und Gegenstand des Glaubens fallen damit in eins zusammen.»[5]

Die Exegese der Bibel kommt als historisch-kritische Auslegung also nicht nur zu dem Ergebnis, daß die Erzählungen, welche den Glauben begründen und seine Macht aufzeigen wollten, einer eigentlichen historischen Grundlage entbehren und selber nur rein historisch (durch die Bedingtheiten ihrer Zeit) zu verstehende Gebilde sind – die Exegese leistet mit diesem rein negativen Resultat nach BULTMANN sogar ihren eigentlich theologischen Beitrag, indem sie den Glauben von allen Scheinsicherungen löst und von rein zeitbedingten, im Grunde unchristlichen, schlechterdings heidnischen Beimengungen befreit. Gerade in der Zerstörung eines solchen heidnischen Wunderglaubens soll nun-

[5] K. HOLLMANN: Existenz und Glaube, 90.

mehr, ebenso wie in der Zerstörung der Mythen, die Christlichkeit der christlichen Botschaft triumphieren. So jedenfalls in weiten Kreisen der *protestantischen* Bibelhermeneutik.

Die *katholische Kirche* hat sich gegenüber dieser Position wie verzweifelt über viele Jahrzehnte hin zur Wehr zu setzen versucht; aber je länger die Auseinandersetzung dauert(e), desto mehr nahm sie den bekämpften Virus selber in sich auf. Der Realismus und Objektivismus des katholischen Ansatzes mußte sich von vornherein gegen die BULTMANNSCHE Trennung von Historizität und Kerygma, gegen die exegetische Variante der Trennung von *res extensa* und *res cogitans*, verwahren, und es schien geradezu eine Forderung des gesunden Menschenverstandes zu sein, daß man nicht etwas verkünden könnte, ohne sich auf irgendeine Erfahrung in der Wirklichkeit dabei berufen zu können. Genauso wie die katholische Lehre gegenüber dem Protestantismus auf der Vernünftigkeit des Gottes- und Auferstehungsglaubens bestanden hat, indem sie die sog. Gottesbeweise entwickelte und z. B. an dem Dogma von der Unsterblichkeit der Seele festhielt[6], ebenso forderte sie für den Glauben an Christus vernünftige Zeichen und Hinweise. Ihrer ganzen Geisteshaltung nach mußte sie darauf beharren, daß die Botschaft von Christus, das Glaubenszeugnis, auch Kunde gibt von bestimmten historischen Ereignissen (1 Joh 1,1ff)[7].

Aber wiederum zeigte sich, daß die katholische Position durch die Verleugnung des Unbewußten auch an dieser wichtigen Stelle der theologischen Auseinandersetzung sich durch die Übernahme des historisierenden Rationalismus ihrer «Gegner» um jeden Kredit bringen mußte.

Bei der Interpretation der *Mythen* und der Glaubenssymbole schon wurde es der katholischen Theologie zum Verhängnis, daß sie ihr an sich sehr berechtigtes Verlangen nach Objektivität vor aller subjektiven Reflexion an die rein historische Vermittlung, statt an die objektiv vorgegebenen Bilder der menschlichen Psyche band; wesentliche Teile ihrer Glaubenslehre mußten dadurch zu bloßen Aussagemitteln verkommen, und weite Bereiche der christlichen Dogmatik mußten unter der protestantischen Kritik wie heidnische, unchristliche Relikte

[6] J. BRINKTRINE: Die Lehre von der Schöpfung, 35–41; 230–235; DENZINGER-SCHÖNMETZER, Nr. 738; Nr. 1440; 3771.

[7] Zu der Diskussion und Rezeption der BULTMANNschen Hermeneutik in der katholischen Theologie vgl. bes. die Bilanz bei K. HOLLMANN: Existenz und Glaube, 348–350. – Mit einiger Wehmut über so viel angewandten Scharfsinn und sympathische Argumentation liest man heute Arbeiten wie z. B. die von C. S. LEWIS: Wunder, 107: «Die Menschen vollziehen nur zögernd den Übergang von der Vorstellung einer abstrakten Gottheit (wie im Deismus z. B., d. V.) zum lebendigen Gott. Das ist nicht erstaunlich. Hier liegt die tiefste Wurzel des Pantheismus und der Ablehnung aller traditionellen Bildvorstellungen ... Der Gott der Pantheisten tut nichts und verlangt nichts. Er ist da, so ... wie ein Buch auf dem Bücherbrett.» Das stimmt zwar; LEWIS berücksichtigt aber weder den Stand moderner Exegese noch der modernen Naturwissenschaft, wenn er (S. 124ff) von der Menschwerdung Christi her die Möglichkeit und Angemessenheit von Wundern zu demonstrieren sucht. Symbole sind nicht physische Realitäten.

oder Artefakte erscheinen[8]. Bei der *Wunderdebatte* nun bestand die katholische Kirche wiederum auf der Objektivität der Glaubensverkündigung, und es kam ihr sehr darauf an, daß die Wunderberichte nicht nur Zeichen existentieller Bedeutsamkeit, sondern den Niederschlag wirklicher Begebenheiten darstellten. Aber indem die katholische Kirche durch die Ausklammerung der psychologischen Ebene des Verstehens bereits den (antiken) Mythos und das (christliche) Dogma in Gegensatz zueinander gestellt hatte, mußte sie jetzt erleben, daß unter den selbstgeschaffenen Bedingungen Wunder und Vernunft einander nur widersprechen konnten und daß die Forderung, den Glauben an Christus «vernünftig» mit Hilfe bestimmter historischer Wunder zu begründen, im Rahmen des modernen naturwissenschaftlichen Denkens selbst als vollkommen unvernünftig gelten mußte. Indem die katholische Lehrtradition die Polemik gegen den Mythos selbst begründet und gefördert hat (I 30), indem sie des weiteren durch diese Polemik die mythenbildenden Kräfte im Menschen selbst unterdrückt, verleugnet und verdrängt hat, trägt sie selber heute die Hauptlast der Schuld an eben dem Gegensatz, der sich zwischen ihr und der protestantischen Exegese auftut: zwischen der reinen Subjektivität des Glaubensvollzugs ohne eine objektive Grundlage und Vorgabe und der postulierten Objektivität eines Wunders, für das es bei dem bestehenden Natur- und Menschenbild keinen Träger mehr gibt, an dem es sich vollziehen könnte. Der Glaube, die «Subjektivität», die innere Realität ist in dieser Zerrissenheit nicht mehr mächtig genug, um in die Objektivität, in die äußere Wirklichkeit, gestaltend und prägend vorzudringen; die Natur, die «Objektivität», die äußere Realität hingegen gestaltet sich nach gottfernen und seelenlosen Gesetzen, nach mechanischen Abläufen, ohne jeden Glanz von Freiheit, Würde und Weite, in deren Sphäre allein das Wunder zu atmen vermag. Doch diese die Religion selbst zerstörende Spaltung ist von den Theologen selbst begründet, wo nicht verursacht worden.

Indem die Kirche von ihren Anfängen her zwischen Mythos und Geschichte radikal zu trennen suchte, übersah sie so gut wie ganz, daß gerade das Bedeutsame, das Wesentliche und Ewige an der Geschichte nur in den archetypischen Bildern des Mythos aufbewahrt und weitergegeben werden kann (I 327ff.); damit hat sie selber *nolens volens* den Menschen zwischen Physis und Psyche, Unbewußtem und Bewußtsein, Gefühl und Denken, innerer Realität und äußerer Realität auseinandergerissen. Bereits Jahrhunderte vor dem Generalangriff der Aufklärung auf die tradierten Bastionen des Glaubens entstand auf diese Weise eine Seelenlage, in der auch im kirchlichen Leben die Gegensätze der seelischen Zerrissenheit sich in zwei getrennten Konfessionen manifestieren mußten, die nach den Prinzipien der Objektivität (im Katholizismus) und der Subjektivität (im Protestantismus) voneinander unterschieden sind und in ihrer

[8] Vgl. E. Drewermann: Strukturen des Bösen, III 524–527.

Einseitigkeit ebenso sehr auf ihre wechselseitige Ergänzungsbedürftigkeit wie auf die Aporie des abendländischen Christentums im ganzen verweisen: keine der beiden Konfessionen kann als solche den Hohlraum zur Mitte des Menschen hin schließen; eine jede von ihnen ist in ihrer gegenwärtigen Gestalt eine Teilwahrheit, ein lebloses Partikel, ohne die andere, und ehe die Grundkrankheit beider, die Verleugnung des Unbewußten und die Zerrissenheit des Menschen, nicht von innen her geheilt wird, erscheint ein einheitliches Denken über den Zusammenhang von Gott und Welt, Geist und Körper, Mythos und Historie, Psychischem und Physischem von vornherein als unmöglich.

Es macht daher in den ökumenischen Gesprächen und kontroverstheologischen Debatten wenig Sinn, wenn das Problem der Glaubensspaltung immer wieder einseitig personalisiert oder soziologisiert wird, ganz so, als ob es genügte, die kirchlichen Mißstände der Renaissance-Zeit bzw. den Kulturgegensatz zwischen Germanen und Romanen zu beklagen oder, wie es früher oft der Fall war, einander vorzuhalten, daß vor 460 Jahren M. Luther ein jähzorniger Fanatiker und Ablaßprediger Tetzel ein habgieriger Egoist gewesen sei. Die einzugestehende Schuld an der Glaubensspaltung heute liegt sicher nicht in solchen Symptomen begründet; aber den Menschen im Namen des christlichen Glaubens in seiner inneren Zerrissenheit auch weiterhin zu belassen und ihn womöglich in seinem intellektualistischen Hochmut noch zu bestärken, für den es all das nicht mehr gibt, was in der Bibel Gottes Wirken ausweist und begleitet: die Wunder der Geistsendung, der Heilung von Krankheit, der Prophetien und Visionen, der Austreibung böser Geister, der Rettung aus Not und Unglück des Lebens u.a.m. – *das* macht die Schuld des gegenwärtigen Christentums aus, und diese dauert fort, solange, statt einer Besinnung und Veränderung der geistigen Grundlagen, mit bürokratischem Fleiß und routinierter Selbstgewißheit in der Einseitigkeit der vorgezeichneten Bahnen bis zur Besinnungslosigkeit weitergedacht, weitergemacht und weiterverwaltet wird.

Insofern zeigt die Exegese angesichts der Wunderproblematik in ihrer historisch-kritischen Ausprägung eigentlich nur, wie es im ganzen steht: indem sie Zug um Zug an jeder Stelle die Wunderberichte in ihrer historischen Glaubwürdigkeit zerstört, führt sie *als Methode*, nicht erst in ihren Ergebnissen, sondern in ihrer geistigen Grundlage, den katholischen Objektivitätsanspruch *ad absurdum*, und umgekehrt treibt die katholische Kirche mit dem Corpus ihrer dogmatischen Lehren nach dem Verlust ihrer politischen Macht wie ein toter Fisch im Strom der Zeit und muß es wehrlos hinnehmen, daß unter der rationalen Kritik des neuzeitlichen Wirklichkeitsverständnisses Stück um Stück von ihrer Substanz herausgebissen und -gebrochen wird. Die Zerstörungsarbeit der protestantischen Innerlichkeit, verbunden mit der «Objektivität» der Naturwissenschaften, ist dabei ebenso virulent und aktiv, wie der katholische Objektivismus monumental, seelenlos und unlebendig dasteht. Und schon läßt sich vorausse-

hen, in welche Richtung die Entwicklung weitergehen wird. Eine höchst dynamische Gesitigkeit, aber ohne Körper, ohne Historie, ohne Substanz, ohne Tradition und ohne Kirchlichkeit - in Gestalt des Protestantismus auf der einen Seite - und daneben eine objektive Kirchlichkeit und Tradition, die in Dogma und Reglement selber zum Monument des Historischen, zum Steinbruch des Gegenwärtigen wird, in Gestalt des Katholizismus auf der anderen Seite - es ist klar, wohin bei dieser Verteilung der Gewichte die Resultante beider Kräfte zielen muß. Es steht zu vermuten, daß - ähnlich unaufrichtig wie in der Frage der archetypischen Symbole - von seiten der Exegese mit den Ausflüchten von der ganz und gar abstrakten «Geschichtlichkeit» der Wunderberichte wohl noch eine ganze Zeit fortgefahren und die Kunst des leeren historisierenden Hypothesenschmiedens weitergeübt werden wird. Aber je länger man so weitermacht, desto mehr wird an gläubiger Substanz verbraucht, desto mehr wird der Subjektivismus des Protestantischen im Bündnis mit der einzigen Wirklichkeit, die in der Neuzeit Geltung hat, mit der naturwissenschaftlich nachprüfbaren Welt der Fakten, den Inhalt zersetzen, den er objektiv im Katholizismus noch antrifft; der Katholizismus hingegen wird ohne eine entscheidende Veränderung seiner selbst außerstande sein und bleiben, der berechtigten protestantischen Forderung nach Innerlichkeit und subjektiver Wirklichkeit sowie der Forderung der Naturwissenschaften nach wahrer Objektivität zu seiner eigenen Rettung nachzukommen und zu entsprechen.
Was die Problematik der Wunderberichte angeht, so ist es unter diesen Umständen am meisten bedenklich, wie die Wunderberichte für die historisch-kritische Exegese zu rein literarischen Dokumenten degenerieren, die man nicht mehr darauf befragen kann, wovon sie Kunde geben, sondern nur noch, wofür sie Propaganda machen wollen. Nachdem die kausale Frage, worin die Wundererzählungen ihren Grund haben, negativ vorweg entschieden ist, bleibt jetzt nur noch eine zweckrationale Fragestellung übrig: was man mit solchen Geschichten hat sagen wollen, wem gegenüber man den eigenen Glauben bezeigen wollte und für welch einen Leserkreis derartige Geschichten bestimmt waren.
In dieser Verschiebung der Perspektive liegt nicht nur die Gefahr, daß die Verbindung von Botschaft und Historie durchschnitten wird - schlimmer wiegt im Grunde die existentielle Unverbindlichkeit, daß man die Wundererzählungen in dieser Sichtweise stets nur als Glaubenszeugnisse «für andere» betrachten kann, ohne daß ein einziges Mal wirklich klar würde, wie denn jemand *am Anfang*, ursprünglich, für sich selbst zu dem Wunder des Glaubens kommt und welche Erfahrungen ihn dahin bringen, selber für sich, wie die Wundererzählungen es überliefern, gegen alle Angst das Laufen, das Sehen, das Hören, das Sprechen wiederzuerlernen; statt zu zeigen, wie jemand an sich selbst zu dem Wunder des Glaubens kommt, ist in einer solchen Auslegung immerzu die Rede von anderen, die schon zum Glauben gekommen sind, und von Berichten, die

man erzählt, um andere zum Glauben zu bekehren. Die Wirklicheit des Lebens verwandelt sich damit unter der Hand immer wieder in literarische Fiktionen, die unter bestimmten historischen Bedingungen als Zeugnisse des Glaubens für andere (vielleicht) nötig waren. Aber was geht das die eigene Existenz heute an? Das ständige Sprechen von Kerygma und Eigentlichkeit bewahrt durchaus nicht davor, in dem Getto der Schriftgelehrsamkeit zu verbleiben, und das Unvermögen, die Wunder des Glaubens in der eigenen Lebenswirklichkeit von innen her zu begreifen, zeigt deutlich, wie weit die Geisteshaltung der historisch-kritischen Exegese sich von dem Glauben der Bibel entfernt hat.
Als Christus von der Welt Abschied nahm, gab er nach dem Zeugnis des Neuen Testamentes den Jüngern das Versprechen auf den Weg, es werde der Glaubende in seinem Namen «in neuen Sprachen reden, Schlangen aufheben, Tödliches trinken und Kranke durch Handauflegung heilen» (Mk 16,17-18). Ein «Glaube», der erklärt, daß all dieses ein bloßes Mißverständnis sei, was hat der eigentlich mit dem Neuen Testament gemein? Er ist ein gänzlich ohnmächtiger Glaube, der selber eingesteht, daß er über sich hinaus ebenso wenig bewirken wird wie eine LEIBNIZSCHE Monade.

3. Das Wunderverständnis der Naturvölker

Um die Wahrheit der Wundererzählungen wiederzuentdecken, müßte man nach dem Gesagten den Fragepunkt völlig zurückverlagern und die gesamte Entwicklung revidieren, deren die historisch-kritische Gestalt der Exegese ihre Herkunft verdankt. Die Frage dürfte primär nicht lauten: was wollten die Wundererzählungen *anderen* mitteilen bzw. für welche Art von Botschaft waren sie vormals als Bedeutungsträger tauglich? – sondern die erste Frage müßte lauten: welch eine Art von Wirklichkeit geben die Wundererzählungen wieder, welche Erfahrungen verdichten sich in ihnen und was sagt sich in ihnen aus? – statt: was hat man mit ihrer Hilfe vor 2000 Jahren bestimmten Gruppen in Form und mit Hilfe von literarischen Fiktionen sagen wollen?
Offensichtlich ist es unmöglich, eine Vorstellung von der Realität in den Wundererzählungen auch der Bibel zu gewinnen, solange man in den Denkschablonen der europäischen Geistesgeschichte verbleibt. Um von Grund auf neu zu lernen, wovon beim Sprechen von Wunderhaftem und Wunderbarem eigentlich die Rede ist, muß man das Feld der schriftgelehrten Phantasmagorien daher wohl ein für allemal verlassen und tut gut daran, sich zuallererst mit der Art und Weise vertraut zu machen, in der noch heute in den «Primitivkulturen» von Wundern und Wunderheilungen berichtet wird; denn nur bei den «Primitiven» existiert noch ein geistig lebendiges Koordinatensystem, innerhalb dessen Wunder möglich und wirklich sind; nur dort auch erhält man den lebendigen Kom-

mentar zu dem, was ein Wunder eigentlich ist, indem es nicht eine sichtbare Ordnung durchbricht, sondern eine unsichtbare transzendente Wirklichkeit sichtbar macht. Und erst von dorther, aus dem Horizont eines breiteren Verstehens, läßt sich auch auf die Fragmente des antiken Wunderglaubens im zeitgeschichtlichen Umkreis der Bibel vergleichend zurückschließen.

Allerdings: schon gegen ein solches Ansinnen, die exegetische Arbeit in die Ethnologie zu verlängern und in zentralen Aspekten sogar primär von dorther neu zu begründen, wird und muß die historisch-kritische Exegese natürlich wiederum, genau wie bei der Interpretation der archetypischen Erzählungen, ihr Veto einlegen; und wieder ist die christliche Apologetik, von ihren Anfangstagen bis in die Gegenwart hinein, nicht unschuldig an dieser Einstellung, und man kann vor allem die frühe Kirche dabei gut verstehen.

Die Wunder sollten für die christliche Glaubenslehre von Anfang an als ein Zeichen gelten, daß die Botschaft Christi glaubwürdig sei. Mit dieser Absicht war und ist natürlich der Tatbestand schwer vereinbar, daß jede Religion von Wundern zu berichten weiß und darin mit Recht eine Stütze für die Richtigkeit *ihrer* Anschauungen sieht. So sehr ein Wunder in *einer* Religion den Glauben stärken kann, so sehr müssen scheinbar viele Wunder in *allen* Religionen diesen Glaubensbeweis wieder entkräften, und deshalb hielten die heidnischen Philosophen der ersten Jahrhunderte denn auch dem Christentum die Tatsache von Wundern (oder zumindest von Wunderberichten) in anderen Religionen mit besonderem Nachdruck entgegen[1]; umgekehrt erklärten die Christen die Wunder bei den Heiden entweder für minderrangig oder für nichtexistent[2]. Besonders ORIGINES legte großen Wert auf das Zeugnis der Wunder für die Bestätigung der christlichen Lehre[3]; und in dem Maße das Christentum sich durchsetzte, war es schließlich *de facto* die einzige Religion, deren Anfänge durch Wunder beglaubigt schienen und die jedenfalls die Macht hatte, per Dekretion die Wunder in anderen Religionen für schwarze Magie oder frommen Humbug zu erklären. Also ging der Weg, wie bei der Beseitigung der heidnischen Mythen, konsequent in die nämliche Richtung weiter: indem man die heidnischen Wundererzählungen diffamierte, verdrängte man zugleich die Kräfte, aus denen im menschlichen Leben Wunder geschehen können, und schließlich gelangte man notwendigerweise an den Punkt, daß nach einer Zeit der Alleinherrschaft

[1] So z.B. CELSUS, bei ORIGINES: Gegen Celsus, I 46; I 67; II 55. Tatsächlich wollte CELSUS den christlichen Glauben überhaupt widerlegen, und er argumentierte dabei nicht anders als viel später die englischen Deisten (s.o.S. 46, Anm. 4): «Denn wenn du hienieden nur ein einziges Ding, und wäre es auch das geringste, ändern wolltest, so wird dir die ganze Welt umgestürzt werden und in Trümmer gehen.» ORIGINES: Gegen Celsus, IV 5. Vgl. H. JORDAN: Was verstand das älteste Christentum unter Wunder, in: A. Suhl (Hrsg.): Der Wunderbegriff im Neuen Testament, 178–183.

[2] AUGUSTINUS: Gottesstaat, X 16; BKV Augustinus, Bd. II 100–101.

[3] ORIGINES: Gegen Celsus, I 46; III 28.

des Christentums der Rationalismus gegenüber den fremden Überlieferungen auch vor den eigenen Lehren nicht mehr Halt machte: dieselben Argumente, nach denen es heidnische Wunder nicht geben konnte, bewiesen bei einiger Konsequenz und Logik gleichermaßen, daß es auch im Christentum keine Wunder gegeben habe, und dieser Schluß mußte auf der Stelle gezogen werden, als die Vernunft erst einmal ihre Angst vor dem Dogma verloren hatte.

Erneut mußte es sich somit als ein Grundfehler des Christentums erweisen, daß es seine Lehren von den Anfängen an in einer radikalen Einseitigkeit und Polemik gegen die fremden Religionen und damit ausschließlich nur in der äußeren Historie, statt zugleich in der menschlichen Psyche mit ihren traumnahen, heilenden und wundermächtigen Bildern und Symbolen zu begründen suchte. Die Exegese aber folgt, wie man sieht, im Grunde nur einer jahrhundertelangen Praxis, wenn sie auch heute noch sich weigert, die Wunderdiskussion über die Erzählungen der Bibel auf die sog. heidnischen Völker und Primitivkulturen auszudehnen. Nachdem sie jedoch selber inzwischen durch ihre historische Kritik an den religiösen Überlieferungen der Antike den Wunderglauben sogar auf dem eigenen Boden, auch innerhalb der Bibel und innerhalb des Christentums, nachhaltig zerstört hat, bleibt theologisch und geistesgeschichtlich überhaupt kein anderer Weg mehr übrig, als von den nichtchristlichen Völkern das Ureigenste wieder zu lernen und nach und nach verstehen zu üben, was das ist: ein Wunder der Heilung oder der göttlichen Rettung aus menschlicher Not. Statt in der Einzigartigkeit der biblischen Wunder den ausschließlichen Wahrheitsanspruch der christlichen Religion bewiesen zu finden, steht man heute vor dem Scherbenhaufen des christlich-abendländischen Ausschließlichkeitsdenkens, und man muß geradezu froh sein, daß in den Reservaten Amerikas, Asiens, Australiens und Afrikas noch Reste eines Menschtums leben, die aus dem jahrtausendealten Erbe der Menschheit das Verständnis auch des eigenen christlichen Ursprungs dem abendländischen Menschen nahebringen können.

Freilich muß man zu diesem Zweck mit der spezifisch protestantischen Vorstellung in der Exegese Schluß machen, auf die wir schon bei der Mythendiskussion gestoßen sind: das eigentlich Christliche könne in der Kirche bzw. im Neuen Testament nur durch Ausschluß aller «heidnischen» Beimengungen ermittelt und verstanden werden (I 84). Tatsächlich zeigte ja bereits der formale Aufbau der Novellen, daß in den Wundererzählungen ein ausgesprochen «weltliches» Interesse an der Schilderung irdischer Not und Krankheit vorherrscht[4], und zu sagen, die Wundererzählungen seien nur Träger und Signale einer tieferen christologischen Bedeutsamkeit, ist, gemessen an der Eigenart dieser Erzählungen schlechterdings falsch. Weit ehrlicher und richtiger hat schon M. Dibelius unumwunden eingestanden, daß die christlichen Wunderberichte sich *darin* in

[4] Vgl. Tiefenpsychologie und Exegese, I 82.

nichts von den heidnischen Erzählungen unterscheiden, daß sie einen ausgesprochenen Wunderrealismus zeigen wollen und vertreten (I 82). Aber was soll aus dieser Feststellung *theologisch* folgen? Für DIBELIUS – und ähnlich für BULTMANN – folgte daraus, daß die Novellen den christlichen Glauben geradezu verrieten; ja, man könne, so meinten sie, sich ihre Entstehung überhaupt nur so vorstellen, daß die Bedürfnisse der christlichen Mission die frühe Gemeinde dazu veranlaßt hätten, den unzähligen heidnischen Wundergeschichten unter dem Namen Jesus Christus ähnliche Geschichten entgegenzusetzen oder entsprechende Erzählungen einfach umzutaufen, so wie man oft genug die hellenistischen Götterstatuen weiterverwendete, indem man Aufschrift und Kopf gegen christliche Personen und Namen auswechselte; aus der *Konkurrenz* zu anderen Wundergeschichten also seien die christlichen Wundergeschichten entstanden[5].

Es verdient Beachtung, daß diese Struktur der Argumentation in den Untersuchungen der historisch-kritischen Exegese mit ermattender Monotonie wiederkehrt. Was in der Bibel von den berichteten Fakten her in das historisch-kritische Weltbild nicht hineinpaßt, muß historisch auf Entlehnung von außen zurückgeführt werden. Das Bedürfnis, zu fragen und zu verstehen, ist in der historisch-kritischen Methode erschöpft, wenn ein unbekannter Tatbestand in der Bibel mit Erfolg auf einen anderen unbekannten Tatbestand außerhalb der Bibel zurückgeführt worden ist; nicht was etwas an sich selber ist, sondern woher es kommt, ist die Frage dieser Methode, nicht was es in sich selbst bedeutet, sondern was seine Übernahme durch andere bedeutet – darum soll es gehen. Demnach stammt z.B. die Schlange im Paradies aus dem Fruchtbarkeitskult Kanaans[6], die Bundeslade verdankt ihren Ursprung den Madianitern, der Tempel Salomos findet sein Vorbild bei den Phöniziern, der Königskult stammt von den Ägyptern, der Engelglaube und die Apokalyptik von den Persern etc., und im Sinne der gleichen reduktiven Methode hat der Wunderglaube des Neuen Testamentes für erklärt zu gelten, wenn man den Verdacht begründen kann, er habe seine Herkunft wohl im Hellenismus und den Mysterienreligionen. An keiner Stelle dieser vermeintlichen «Erklärungen» wird auch nur ein einziges Mal die Notwendigkeit oder wenigstens die Erlaubnis zugestanden, sich danach zu erkundigen, was denn mit dem Glauben an Engel und Geister an sich gemeint ist, oder was für einen Sinn das Schlangensymbol in sich selber hat, was denn mit den Archetypen von König und Tempel gemeint sein könnte, was denn die Urzeiterzählungen und die Apokalypsen der Völker besagen wollen, wenn allerorten von Weltanfängen und Weltuntergängen in den Mythen berich-

[5] Die «Konkurrenz» zwischen den Religionen mit Hilfe von Wunderbeweisen ging später zwischen den Konfessionen weiter, indem jede Glaubensgruppe jeweils nur ihre eigenen Wundererfahrungen als «wirklich» betrachtete und analoge Erlebnisse in anderen Gruppen ignorierte oder diffamierte; vgl. G. TRAUB: Die Wunder im NT, in: A. Suhl (Hrsg.): Der Wunderbegriff im Neuen Testament, 140.

[6] Zum Schlangensymbol vgl. E. DREWERMANN: Strukturen des Bösen, I[3] (erw.), S. LIV–LXXVI.

tet wird, und dgl. mehr. Ebenso scheint die Frage methodisch unter Tabu gestellt zu sein, welche Erfahrungen den Wunderberichten zugrunde liegen.
In der Tat führt diese Art von «Erklärung» sich selber angesichts der Wundererzählungen ebenso *ad absurdum* wie vorher schon bei der Interpretation der Mythen: wenn es schon so viele Wundererzählungen in den heidnischen Religionen der Antike gab, daß das Christentum, um auf sich aufmerksam zu machen, auf ähnlich spektakuläre Berichte zurückgreifen, sie teils erfinden, teils übernehmen und mit christianisierter Herkunftsangabe versehen mußte, warum um alles in der Welt wurden und werden dann allerorten derartige Berichte überhaupt «erfunden» und tradiert? Was steckt hinter diesen Berichten und welche psychische Realität spricht sich in ihnen aus?
Tatsächlich kann bereits ein kurzer Blick auf das Wunderverständnis eines einfachen Naturvolkes deutlich zeigen, was ein Wunder ist, wie es zustande kommt und worin es eigentlich besteht, und man wird alsbald sehen, daß das Wunder gerade nicht darin liegt, eine gegebene Naturordnung zu durchbrechen, sondern die gesamte Wirklichkeit der Welt und des Menschen zu sammeln und wirksam werden zu lassen. Allerdings wird man, um dies zu verstehen, von den Dualismen, die sich im Christentum durch die Verleugnung des Unbewußten eingebürgert haben, endgültig Abschied nehmen müssen; und desgleichen wird man sich vorsichtig mit dem Gedanken vertraut zu machen haben, daß die «Eigentümlichkeit» des Glaubens nicht darin liegt, Physis und Psyche säuberlich voneinander zu trennen und wiederum in der Psyche das Fühlen und das Denken gewaltsam auseinanderzureißen[7], sondern im Gegenteil, daß, wenn von Glauben im eigentlichen Sinne die Rede sein soll, dies nicht anders geschehen kann, als daß der Mensch selbst in allen seinen «Teilen» zu seiner Einheit zurückfindet. Eine Theologie, die diese Einheit *ex officio* nicht dulden kann, ist *a principio* das Gegenteil von Glauben, wie «christlich» sie sich auch gebärden mag.

[7] Dieser Dualismus bleibt auch dann bestehen, wenn z.B. J. Blank: Die biblischen Wunderberichte als Kerygma und als Glaubensgeschichten (1969), in: Verändert Interpretation den Glauben, 148 zur Erläuterung des biblischen Wunderglaubens versichert: «Nicht die Naturgesetze werden durchbrochen – das gibt es streng genommen nicht –, sondern in der menschlichen Freiheit vom Naturzusammenhang, im menschlichen Bewußtsein, in der Möglichkeit menschlicher Erfahrung von Welt und Geschichte ist die Naturgesetzlichkeit grundsätzlich schon durchbrochen, und damit ist die Frage nach dem Wunder ein menschliches Problem, ein Problem der Anthropologie oder auch der Psychologie.» Das Problem vor allem der Heilungswunder liegt nicht im menschlichen «Bewußtsein», sondern in dem äußerst sensiblen Zwischenbereich der Gefühle, der in dem Rationalismus der historisch-kritischen Methode jedoch geradezu peinlich gemieden wird. Infolgedessen geht es Blank auch nicht darum, eine «Psychologie» oder «Anthropologie» der «Wunder» für die Exegese wirklich zu erarbeiten, sondern sehr rasch kommt er bei seinen Ausführungen zu den üblichen theologischen Abstraktionen: «Die Wunder Jesu wollen als eschatologische und soteriologische Heilszeichen betrachtet werden.» «Die Wunder gewinnen ihre Bedeutung hauptsächlich im Rahmen der Basileia-Verkündigung Jesu.» «In verschiedener Hinsicht haben die Wunder einen christologischen Sinn, indem sie die Bedeutung Jesu als Heilbringer und Offenbarer Gottes enthüllen.» Blank: A.a.O., 158. Was es heißt, einem unsichtbaren Königreich anzugehören oder in den Raum einer Erfahrung einzutreten, in dem etwas Endgültiges vom eigenen Wesen zum Leben gelangt, braucht mit keinem Wort reflektiert zu werden.

a) *Wie ein Schamane fähig wird, zu heilen*

Für gewöhnlich gelten die Wunderheiler in den «Primitivkulturen» als schamanistische Magier und Obskuranten, die ihr blankes Unwissen in Fragen der Medizin angesichts der Angst und Hilflosigkeit gegenüber einer grausamen Natur hinter religiösen Riten und Beschwörungen zu tarnen suchten und aus der Gutgläubigkeit der Menge Ansehen und Nutzen für sich selber zögen. Wohl billigt man ihnen, im Kontrast zu dieser Bewertung, mitunter überraschende Kenntnis in der Auswahl bestimmter Heilkräuter und Heilmethoden zu, aber für ihr wichtigstes Instrument hält man die «Hypnose», die «Magie» und die «Suggestion», was immer damit im einzelnen gemeint sein mag.

Wie falsch und ungerecht dieses Bild von dem «Medizinmann» ist und wie sehr die ganze Beschreibung bereits durch die Verwendung vorurteilsbeladener Begriffe belastet wird, ersieht man leicht, wenn man an wenigstens einem Beispiel sich einmal vor Augen führt, welch eine Auffassung die sog. Schamanen der Naturvölker von ihrer eigenen Person und ihrer Tätigkeit besaßen. Als ein solches Beispiel mag die Darstellung gelten, die der letzte große Schamane der Ogalalla-Sioux, Schwarzer Hirsch, in seiner biographischen Darstellung dem amerikanischen Ethnologen J. G. Neihardt gegeben hat und in der vor allem die überragende *Bedeutung des Traumes*, des in psychoanalytischer Sprache «Unbewußten», zum Ausdruck kommt. Es lohnt sich sehr, die Visionen von Schwarzem Hirsch an dieser Stelle ausführlicher zu zitieren und zu referieren, weil es nötig ist, sich in das entsprechende Erleben selbst so weit wie möglich einzufühlen; zudem gibt es in der gesamten Literatur von und über Schamanen und Wunderheiler wohl kaum ein Beispiel, das menschlich so tief und anrührend wirkt wie das Leben dieses letzten großen Sehers eines untergehenden Volkes. Außerdem werden wir später, bei der Erörterung von Vision und Berufung, Prophetie und Apokalyptik, erneut zum Verständnis dieselben Erfahrungen heranziehen müssen, denen im Schamanismus der göttliche Heiler seine Existenz verdankt.

Schwarzer Hirsch, der von 1863–1952 lebte, bekennt im Rückblick auf sein Leben und auf den Niedergang seines Volkes, daß alles, was er erlebt habe, «die Geschichte eines ungeheueren Gesichts» gewesen sei, «das einem Menschen offenbart worden, der zu schwach war, um davon Gebrauch zu machen; eines heiligen Baumes, der mit Blüten und singenden Vögeln in eines Volkes Herz hätte gedeihen sollen, und der nun verdorrt ist»[8]. Bereits dieses Verständnis von «Geschichte» muß einem an Thukydides und Ranke geschulten Historiker fremd vorkommen: die Geschichte als Bestätigung eines Traumes, und umgekehrt: der Traum als vorwegnehmende Offenbarung und Bestimmung der sich

[8] Schwarzer Hirsch: Ich rufe mein Volk, 13–14.

vollziehenden Geschichte – das hat mit der «Objektivität» abendländischer Geschichtsschreibung durchaus nichts mehr zu tun, es entspricht aber ganz und gar der Vorstellung, die wir bei der Erörterung der ewigen Geschichte im Mythos gewonnen haben (I 313ff.). Das Große Gesicht, auf das SCHWARZER HIRSCH anspielt, ist ein Traum, den er mit neun Jahren (!) träumte und der im Text 20 Seiten lang ist[9]. Es ist die Traumvision von einer Reise zu den vier Himmelspunkten (den «vier Großvätern») und zum Mittelpunkt der Welt.

In dieser Vision, die an Größe und Schönheit den Gesichten des EZECHIEL oder der Geheimen Offenbarung nicht nachsteht, ja sie an Reichtum und Kraft oft vielfach übertrifft, sieht SCHWARZER HIRSCH die Erde «wie einen Reifen voller Menschen, und in der Mitte blühte der heilige Stab, der jetzt ein Baum war, und an seinem Fuße kreuzten sich zwei Straßen, eine rote und eine schwarze»[10]. Die rote Straße, die von Norden nach Süden führt, ist der Weg des Guten, und auf ihr soll das Volk gehen; die schwarze Straße, die von Westen nach Osten führt, ist «ein Weg der Wirrsal und des Krieges»; auch auf ihr wird das Volk gehen und die Macht haben, seine Feinde zu vernichten[11]. Der Geist des Himmels, der fünfte Großvater, enthüllt nun vor SCHWARZEM HIRSCH seine Macht. «Er breitete seine Arme aus und wurde zu einem gefleckten kreisenden Adler. ‹Sieh›, sagte er, ‹alle geflügelten Tiere der Luft werden zu dir kommen, und die Winde und die Sterne werden deine Verwandten sein. Du wirst mit meiner Kraft begabt über die Erde ziehen.›»[12] In seinem Traumgesicht sieht SCHWARZER HIRSCH auch, wie das Volk bei der Wanderung auf dem schwarzen Weg, als der Kreis des Volkes wie ein Rauchband zerreißt, als die Vögel verschwinden und der heilige Baum dahinzusterben scheint, vor Hunger beinah umkommt. Doch da sprießt zur Rettung ein heiliges Kraut zu Füßen eines Büffels an dem Ort, wo in der Mitte des Stammeskreises der Baum gestanden war. «Das Kraut wuchs und trug vier Blüten an einem einzigen Stiel ... eine blaue, eine weiße, eine scharlachrote und eine gelbe», und SCHWARZER HIRSCH wußte, daß der Büffel die Gabe eines guten Geistes war und die Kraft seines Stammes, und als das Kraut gewachsen und erblüht war, schienen die Leute sich wieder wohler zu fühlen, und die Pferde, die nur noch Haut und Knochen gewesen waren, schwangen ihre Schweife und wieherten, und der blühende Baum stand wieder in der Mitte des Stammeskreises[13]. Die vier Farben des Krautes indessen sind die Farben der vier

[9] A. a. O., 30–54.
[10] A. a. O., 38.
[11] A. a. O., 38.
[12] A. a. O., 39.
[13] A. a. O., 46–47. – Die Vorstellung vom *Heiligen Baum* ist selbst ein archetypisches Motiv und bildet einen wesentlichen Bestandteil der Schamanenberufung. Vgl. M. ELIADE: Schamanismus und archaische Ekstasetechnik, 259–263; J. HALIFAX: Die andere Wirklichkeit der Schamanen, 25–26. H. FINDEISEN – H. GEHRTS: Die Schamanen, 112–113 betonen, daß die Schamanen an den Ästen des Weltenbaumes zur Welt kommen

Weltgegenden: rot als die Farbe des Sonnenaufgangs und des Morgensterns für den Osten, gelb als die Farbe des Sommers für den Süden, blau (oder schwarz) als die Farbe der Donnerwesen für den Westen, und weiß als die Farbe des reinigenden Schnees für den Norden[14].

SCHWARZER HIRSCH sieht hernach in einem anderen Bild, das die Gestalt aller Gestalten zeigt, wie alle Lebewesen zusammenleben müssen, «gleich wie *ein* Wesen»[15]. Er erkennt, daß der heilige Ring seines Volkes nur einer ist von vielen Ringen, «die einen Kreis bildeten, weit wie Tageslicht und wie Sternenlicht.» In der Mitte aber wuchs ein üppig blühender Baum zum Schutze all der Kinder einer Mutter und eines Vaters. Und, fügte er hinzu, «ich erkannte all dies als heilig»[16]. Dann kommen zwei Männer, zwischen denen der Morgenstern sich erhebt, von Osten und reichen SCHWARZEM HIRSCH ein Kraut und sagen: «‹Mit diesem wirst du auf Erden alles beginnen und ausführen.» Es war das Morgenstern-Kraut, «das Kraut des Verständnisses, und sie hießen mich, es auf die Erde fallen zu lassen. Ich sah es fallen, tief, und als es die Erde berührte, begann es zu wurzeln», und es trieb vier Blüten in den Farben der vier Himmelsgegenden. Ihre «Strahlen strömten aufwärts zu den Himmeln, so daß alle Geschöpfe es sehen konnten und an keinem Ort mehr Dunkel herrschte»[17]. Schließlich sagt der älteste der sechs Großväter zu SCHWARZEM HIRSCH: «Großsohn, das ganze All hast du erblickt. Jetzt sollst du mit Kraft begabt an den Ort zurückkehren, von dem du gekommen, und dort soll es geschehen, daß Hunderte geheiligt, Hunderte zu Flammen werden!»[18]

Man mag daran erinnern, daß es auch in der Bibel Bilder ähnlicher Größe und Schönheit gibt, und man mag dabei vor allem hinweisen auf den Baum in der Mitte des Gartens (der Welt) und den Baum der Erkenntnis in Gen 2,9 oder auf die Wurzel Jesse und den Stumpf, der neu erblüht (Jes 6,13; 11,1); man mag daran erinnern, wie in Ez 31 die Völkergeschichte als die Geschichte *eines* Baumes oder in Form von Bäumen dargestellt wird, die am Wasser aus der heiligen Stadt erstarken und deren Früchte heilende Wirkung besitzen (Ez 47,12). Aber man muß auch zugeben, daß von diesen Vorstellungen im wirklichen Leben gerade noch so viel übriggeblieben ist wie der Kinderglaube vom

und daß es besondere Bäume gibt, an denen die Seelen der Schamanen in Erscheinung treten. Das Grimmsche Märchen vom *«Fundevogel»* (KHM 51) scheint solche Vorstellungen aufzugreifen. – Zur Bedeutung und Darstellung des Weltenbaumes in Mythologie und Kunst vgl. M. LURKER: Der Baum in Glauben und Kunst, 18–27. – Auch das Motiv der *Vierzahl* und der *Dualität* zur Gliederung des heiligen Raumes der Welt ist dem Weltbild der Schamanen wesentlich; vgl. D. SHARON: Magier der vier Winde, 97–109. Zur Vierzahl als kosmischem Zentralsymbol vgl. W. MÜLLER: Glauben und Denken der Sioux, 258–266.

[14] SCHWARZER HIRSCH: Ich rufe mein Volk, 14.

[15] A.a.O., 50.

[16] A.a.O., 50–51.

[17] A.a.O., 51.

[18] A.a.O., 52.

glückbringenden vierblättrigen Kleeblatt oder der Gesang der Jugendbewegung von der blauen Blume der Romantik; und der Abstand, der uns im Abendland von den Grundlagen derartiger religiöser Erfahrungen trennt, wird allein schon durch die Tatsache überdeutlich belegt, daß wir selber völlig außerstande sind zu Gesichten und Träumen, wie sie Ende des vergangenen Jahrhunderts noch einem neunjährigen Indianerjungen zuteil werden konnten. An diesen Traumbildern hängt aber nicht nur die Berufung eines Wunderheilers, sondern auch das Verständnis seines Auftretens und Wirkens.

Zumeist ist man geneigt, die schamanistische Heilpraktik, wenn sie sich bestimmter Kräuter bedient, als «Magie» zu betrachten; wie wenig aber das Bild des Heilkrautes, das SCHWARZEM HIRSCH in seinem Traum geschenkt wird, mit «Magie» im Sinne der üblichen Religionspsychologie zu tun hat, zeigt sich unmittelbar an der Art, wie SCHWARZER HIRSCH selber von seiner eigenen Heilung und seiner späteren Tätigkeit als Heiler spricht.

Man muß wissen, daß SCHWARZER HIRSCH vor und bei seinem Traum sehr krank war; seine Beine und Arme waren arg geschwollen, sein Gesicht war gedunsen[19], und in diesem Zustand befand er sich auch noch, als er erwachte[20]. Trotzdem fühlte er sich vollkommen wohl und wollte sogleich aufstehen und herumlaufen. Seine Eltern jedoch sagten ihm, daß er zwölf Tage lang krank gewesen sei und wie tot dagelegen habe; der Medizinmann WIRBELWIND-JÄGER habe ihn gesund gemacht[21], und tatsächlich staunen die Leute über die heilende Kraft dieses Medizinmannes; SCHWARZER HIRSCH aber weiß es anders und richtiger: er weiß, daß nicht der Medizinmann, sondern die Großväter ihn in dem flammenden Regenbogen-Tipi gesund gemacht haben, von wo aus sie ihn die ganze Welt schauen ließen und zu seinem Volk zurückführten, und es wird diese Ansicht sein, die er später bei seiner eigenen Tätigkeit als Krankenheiler bestätigt finden wird.

Was seinen Traum selbst angeht, so gibt SCHWARZER HIRSCH von sich aus dazu einen Kommentar, der unsere früher vorgetragene Auffassung von dem Vorrang der Bilder des Unbewußten, der psychischen Realität, vor den Worten, dem Rationalen der äußeren Welt (I 112), sowie von der unendlichen und unbeendbaren Auslegung der Mythen und Träume durch das Leben (I 218ff.) auf eindrucksvolle Weise bestätigt.

SCHWARZER HIRSCH nämlich verheimlichte seinen Traum zunächst aus Angst, man werde einem neunjährigen Kind eine solche Vision nicht zutrauen noch

[19] A.a.O., 31. – Auch die *Initiation* des Schamanen *durch Krankheit*, ekstatische Erlebnisse und Träume gehört wesentlich zur Schamanenberufung; vgl. M. ELIADE: Schamanismus und archaische Ekstasetechnik, 43–52; J. HALIFAX: Schamanen, 17–21; H. FINDEISEN – H. GEHRTS: Die Schamanen, 60–74; J. HALIFAX: Die andere Wirklichkeit der Schamanen, 20–23; A. LOMMEL: Schamanen und Medizinmänner, 74–76.

[20] SCHWARZER HIRSCH: Ich rufe mein Volk, 54.

[21] A.a.O., 54.

glauben. Aber, so sagte er *J. Neihardt* gegenüber, während «ich dort lag und über mein Gesicht nachdachte, (konnte ich) alles wieder sehen und mit einem Teil von mir dessen Sinn empfinden als eine seltsame Kraft, die in meinem Leibe glühte; doch wenn der Teil von mir, welcher spricht, für diesen Sinn nach Worten suchte, dann war er wie Nebel, der sich mir entzog.» «Ich bin nun gewiß», fuhr er erklärend fort, «daß ich damals zu jung war, um das alles zu verstehen, was ich bloß fühlte. Jedoch erinnerte ich mich sehr wohl und recht deutlich an die geschauten Bilder und die Worte, welche mit ihnen zusammen heraufkamen; denn nichts, was ich je mit meinen Augen sah, war so hell und so klar wie das, was mein Gesicht mir gezeigt hat; und keine Worte, die ich jemals mit meinen Ohren gehört, waren gleich den Worten, die ich vernommen. Ich brauchte mich auf diese Dinge nicht zu besinnen; sie haben sich während all dieser Jahre ständig selbst in Erinnerung gebracht. In dem Maße, wie ich älter wurde, trat für mich der Sinn dieser Bilder und Worte deutlicher hervor; aber auch jetzt noch weiß ich, daß mir mehr offenbart wurde, als ich mitzuteilen vermag.»[22] Immer wieder im Verlauf seines Lebens, bei der Büffeljagd und im Kampfe, im Umgang mit den Tieren und angesichts des Niedergangs und der Not seines Volkes, erinnerte sich SCHWARZER HIRSCH später an dieses *sein* Gesicht, das sein Leben, seinen Lebensauftrag, sein Wesen, seine Bestimmung verkörperte. Noch am Abend des gleichen Tages, da SCHWARZER HIRSCH von seiner «Himmelsreise» zurückgekehrt war[23], setzte sich WIRBELWIND-JÄGER zu ihm, schaute ihn lange an und sagte zu seinem Vater: «Dein Junge sitzt da in einer heiligen Weise. Ich weiß nicht, was es ist, doch ihm ist etwas Besonderes zu

[22] A.a..O., 55.

[23] Zum Begriff der *Himmelsreise* vgl. M. ELIADE: Schamanismus und archaische Ekstasetechnik, 131–139; DERS.: Mythen, Träume und Mysterien, 144–159; DERS.: Der magische Flug, in: Antaios 1 (1960), 1–12; bes.: J. HALIFAX: Die andere Wirklichkeit der Schamanen, 51–81 bringt ein reiches Material aus Sibirien, Australien und Afrika, in dem Schamanen von ihren Jenseitswanderungen erzählen. Vgl. auch A. LOMMEL: Schamanen und Medizinmänner, 133–151, der die Himmelsreise mit sexuellen Flug- und Steigeträumen in Verbindung bringt. Sehr treffend erklären R. u. T. RIDINGTON: Das innere Gesicht von Schamanismus und Totemismus, in: D.u.B. Tedlock (Hrsg.): Über den Rand des tiefen Canyon, 168–182, der Flug des Schamanen sei «eine innere Reise ins Land der Erfahrung». «Die drei Welten der schamanistischen Kosmologie sind keine geographischen Orte, sondern innere Seinszustände, die durch geometrische Analogien dargestellt werden. Der Schamane fliegt nicht wirklich nach oben oder unten, sondern nach innen, zum Sinn der Dinge. Schamanismus ist der magische Flug in eine verborgene Dimension der Erfahrung, in der Zeit und Raum, Subjekt und Objekt zu einer Einheit verschmelzen. So definiert, ist der Schamanismus in der Tat eine universale menschliche Erfahrung» (S. 170). Die Kraft zur visionären Suche gewinnt der Schamane bezeichnenderweise nur in der Zeit vor der Pubertät, «in der das körperliche Band zur Mutter zerrissen ist und noch keine sexuelle Verbindung mit einer Frau besteht. Die visionäre Suche ist die Entwicklungsstufe des Übergangs von der Herkunftsfamilie zur späteren eigenen Familie. In dieser Zeit vollzieht der Mensch eine symbolische Bewegung von der westlichen zur nördlichen Phase seiner Reifung.» (S. 177) – Gerade so wird man die *Suchwanderungen* der *Märchen* verstehen müssen – als Traumreisen der Sehnsucht und der Liebe. Die Frage stellt sich unwillkürlich, was aus Menschen werden soll, denen man zur Anpassung an ihre bürgerliche Welt förmlich verordnet, ihre Jugend, ihre Träume, ihre Sehnsucht, ihre Ahnung von einer

tun bestimmt, denn eben als ich kam, konnte ich sehen, daß eine Kraft wie ein Licht durch seinen ganzen Körper ging.»[24] Tatsächlich fühlte SCHWARZER HIRSCH in der Folgezeit seinen Angehörigen gegenüber sich fremd, er mied das Gespräch und hatte Angst, sein Geheimnis könnte entdeckt werden. Statt dessen erwachte in ihm die Vorstellung, daß er «gleichsam ein Verwandter der Vögel sein sollte», und es machte ihn traurig, Tiere töten zu sollen[25].

Jahre vergehen, in denen SCHWARZER HIRSCH seine innere Kraft, die ihm durch das Traumgesicht zuteil wurde, bestätigt findet und überzeugt ist, daß die Großväter «und die Donnerwesen» ihn beschützen[26]. Aber im Alter von 16 Jahren bricht eine schwere Zeit über SCHWARZEN HIRSCH herein, in der ihm die Donnerwesen, die Vögel, die Raben am Tag und die Präriewölfe in der Nacht zurufen: «Es ist Zeit.» Er aber weiß nicht, was er tun soll[27]. Seine Angehörigen, zu denen er nicht sprechen mag, halten ihn, wie damals, für krank, und auch er selber fragt sich, ob er nicht vielleicht bloß wahnsinnig sei. Schließlich wendet er sich aus lauter Angst, künftighin vielleicht nur noch vor allem Furcht haben zu müssen, an den Medizinmann SCHWARZER WEG, und dieser erklärt ihm, seine Störung liege darin, daß er sein Gesicht noch nicht verwirklicht habe, und er rät ihm, zunächst als rituelle Darstellung seines Traumes den Pferdetanz aufzuführen[28].

Diese Episode bestätigt nicht nur den früher schon erörterten Zusammenhang von Traum, Mythos, Ritual und geschehender Geschichte (I 298ff.) – sie zeigt auch, daß es nicht genügt, ein Gesicht zu empfangen, man muß der Traumvision, wenn man nicht Schaden an Leib und Seele nehmen will, auch Folge leisten, und das kann man nur, wenn man sich den Traum wie ein Sakrament im rituellen Geschehen aneignet und zugleich dem Volke mitteilt – ein Verständnis

jenseitigen Welt zu vergessen, um als Kinder dieser Welt am Boden zu kleben ohne Aussicht und Einsicht. – Wichtig ist der religionsgeschichtliche Hinweis, daß die Erfahrungen der «Himmelsreise», der «Seele außerhalb», offenbar den Ursprung auch des Glaubens an die *Unsterblichkeit der Seele* bilden; vgl. G. VAN DER LEEUW: Phänomenologie der Religion, 347–352. Zur Vorstellung der Reise der Seele nach dem Tod vgl. im Umfeld des Schamanismus D. TEDLOCK: Der Tod aus indianischer Sicht, in: D.u.B. Tedlock (Hrsg.): Über den Rand des tiefen Canyon, 216–223.

[24] SCHWARZER HIRSCH: Ich rufe mein Volk, 56.

[25] A.a.O., 57.

[26] A.a.O., 153. – Zur Vorstellung von den *Hilfsgeistern* und hilfreichen Tieren, wie sie in den *Märchen* immer wieder vorkommen, vgl. M. ELIADE: Schamanismus und archaische Ekstasetechnik, 96–102; vgl. A. LOMMEL: Schamanen und Medizinmänner, 83–101.

[27] SCHWARZER HIRSCH: Ich rufe mein Volk, 154. – Zum *Sprechen der Tiere* und zur schamanistischen Kunst, die Sprache der Tiere zu verstehen und zu sprechen vgl. M. ELIADE: Schamanismus und archaische Ekstasetechnik, 103–106. Sehr eindrucksvoll beschreiben J. LAME DEER – R. ERDOES: Tahca Ushte. Medizinmann der Sioux, 152–155 das buchstäblich «sprechende» Verhältnis zwischen Mensch und Tier in der Vorstellung der Indianer. «Du mußt», lautet die Folgerung, «all diesen Kreaturen zuhören, zuhören mit Kopf und Herz. Sie haben Geheimnisse zu erzählen.» (S. 153)

[28] SCHWARZER HIRSCH: Ich rufe mein Volk, 156.

auch des *Ritus*, das sich von dem weitgehend seelenlos gewordenen Hantieren mit Formeln und Geräten im gegenwärtigen christlichen Gottesdienst sehr vorteilhaft unterscheidet.

Nachdem SCHWARZER HIRSCH, wie befohlen, seinen Traum im Ritus dem Stamm mitgeteilt hat, fühlt er sich wieder ganz gesund, und seine Angst ist vergangen; am glücklichsten aber ist er, wenn die Donnerwolken am Himmel erscheinen, denn er empfindet sich jetzt selbst als Verwandten, der Donnerwesen[29], und das mit Recht. Bereits während des rituellen Tanzes, mit dem SCHWARZER HIRSCH aufgrund seines Traumes sich als Medizinmann des Stammes ausweist, werden einige kranke Stammesgenossen geheilt; doch erst nach der Aufführung des sog. Heyoka-Ritus wagt es SCHWARZER HIRSCH, als Medizinmann tätig zu werden. Der Heyoka-Ritus, der nur von Leuten getanzt wird, die einen Traum von den Donnerwesen erhalten haben, ist wie ein reinigendes Gewitter; es handelt sich um einen Tanz, der die Leute heiter machen soll, indem er eine auf den Kopf gestellte Welt darstellt; in ihm zeigt sich die Welt nicht mit ihrem ernsten und traurigen, sondern mit ihrem heiteren und lachenden Gesicht, und gerade die Traurigen und Überernsten bedürfen daher des Heyoka-Tanzes[30]. Danach aber geht SCHWARZER HIRSCH das vierstrahlige Kraut suchen, das er im Traum gesehen hat und das ihm in den vier Farben der vier Weltgegenden erblühte; es wird in Zukunft sein Heilmittel, seine «Medizin» sein, und als er es findet, sagt er zu dem Kraut: «Jetzt werden wir hingehen zu den Zweibeinern, doch nur zu den schwächsten von ihnen, und unter den Schwachen wird es glückliche Tage geben.»[31]

Noch in einem anderen Tanz, welcher der Kraft des Büffels gewidmet ist, muß sich SCHWARZER HIRSCH seiner Kraft versichern und die anderen noch nicht rituell gestalteten Teile seiner Vision in einer öffentlichen, sakramentalen Darstellung seinem Stamm mitteilen. Voller Zweifel, ob er ein Recht hat, sein Geheimnis endgültig zu offenbaren, und in der Furcht, deswegen sterben zu müssen[32], kommt er endlich zu dem Schluß, daß er verpflichtet ist, seine Vision auf diese Weise zu retten und in ihrer Wahrheit zu verstehen. Denn, so sagt er: «Aus dem Verständnis erwächst die Kraft; und die Kraft im Ritus kam aus dem Verständnis seines Sinnes; denn nichts kann recht leben, es sei denn auf eine Weise, die mit der Weise der Welt übereinstimmt; so wie die heilige Kraft der

[29] A.a.O., 168.

[30] A.a.O., 179. – Der *Heyoka-Ritus* besteht in der humorvollen Darstellung einer «verkehrten Welt», einer Art indianischen Komödienspiels; die Protagonisten sind oft Menschen, die im «normalen» Leben als anders geartet erscheinen. Eine sehr eindrucksvolle Beschreibung des Heyoka findet sich bei R.B. HILL: Hanto Yo, 425–428; eine entsprechende Wesensbeschreibung des Heyoka, des heiligen Clowns, bietet B. TEDLOCK: Der Weg des Clowns, in: D.u.B. Tedlock (Hrsg.): Über den Rand des tiefen Canyon, 109–121.

[31] SCHWARZER HIRSCH: Ich rufe mein Volk, 186–187.

[32] A.a.O., 194.

Welt lebt und sich regt.»[33] Fortan weiß SCHWARZER HIRSCH sich endgültig als Heiler, der allezeit jene Kraft in sich spüren kann[34]. Sein Weg zum Schamanen und Wunderheiler hat sich vollendet. Alles, was nötig ist, um sein Geheimnis und Wesen zu verstehen, ist damit an sich zu Ende erzählt.

Betrachtet man die Darstellung des SCHWARZEN HIRSCHS von seinem «Schamanentum» als ganze, so muß man, historisch gesehen, feststellen, daß es sich hier um einen unvergleichlichen Glücksfund in der Völkerkunde handelt, der nur dadurch zustande kommen konnte, daß es ein «Weißer» einmal für nötig hielt, einem Indianer, einem «Wilden», mit gesammelter Aufmerksamkeit zuzuhören. Sucht man nach vergleichbaren Beispielen in der Geschichte, so wird man nur an zwei Vorbilder erinnert: wie vier Jahrhunderte zuvor der wunderbare FRAY BERNADINO DE SAHAGUN bei den Azteken entgegen dem kulturellen Zerstörungsprogramm der Spanier alles sammelte und aufbewahrte, was an Überlieferung den Indios wichtig war, und wie 200 Jahre später PADRE FRANCISCO XIMENEZ bei den Mayas ein solches Vertrauen sich erwarb, daß sie ihm ihr Heiligstes übergaben, was sie besaßen: das *Popol Vuh*, das Buch des Rates, in der Zuversicht, daß nach so langer Zeit des Programms des HERNANDO CORTÉS: «*Acabar con el alma del Indio*» – die Seele des Indios auslöschen – endlich sich jemand finden werde, dessen Seele weit genug sei, die Wahrheit der indianischen Religion in sich aufzunehmen[35]. Ein solcher Glücksfund des bloßen Zuhörens und der reich belohnten Aufnahmebereitschaft müßte für sich allein schon ausreichend genug sein, um all die beliebten Denkschablonen und Redensarten von der Magie, der Massenhypnose und eitlen Gewinnsucht der schamanistischen Wunderheilungen ein für allemal als Schutzbehauptungen unserer eigenen Herzensenge zu erweisen.

Tatsächlich haben viele Ethnologen und Religionswissenschaftler sich denn auch seit längerem darum bemüht, ein gerechteres, objektiveres Bild des Schamanismus zu zeichnen, wobei freilich immer wieder auf eine gewisse pathologische Veranlagung der Schamanen hingewiesen wurde. Aber es ist die Frage, wie man diesen an sich zutreffenden Befund bewertet. Vor allem MIRCEA ELIADE, der sich sein Leben lang bemüht hat, die Religionsgeschichte so darzustellen, daß aus ihr, statt eines Kuriositätenkabinetts bizarrer Theoreme, ein Verfahren des Lernens, der Erweiterung und der Vermenschlichung des eigenen europäischen Standpunktes wird, hat zu dem Phänomen des Schamanismus die wohl profundesten und kenntnisreichsten Untersuchungen vorgelegt. Nach den Darlegungen M. ELIADES bestehen die schamanistischen Einweihungen «in ekstatischen Erfahrungen (zum Beispiel Träume, Visionen, Trancezustände) und in der Belehrung durch die Geister oder durch Meisterschamanen (etwa schamanistische Techni-

[33] A.a.O., 195–196.
[34] A.a.O., 196.
[35] Vgl. W. CORDAN: Popol Vuh, 5–6.

ken, Namen und Wirkung der Geister, Mythologie und Genealogie des Clans, Geheimsprache)»[36]. Diese Feststellung trifft absolut zu und läßt sich gerade am Leitfaden der aufgezählten Erlebniszustände gut belegen, an die auch SCHWARZER HIRSCH sich zu Beginn seiner Erwählung zum Schamanen erinnert. Weniger zwingend und allgemeingültig scheint es indessen, wenn M. ELIADE meint, es gehöre zum Schamanen «eine psychopathische Krise», während derer man annimmt, «daß er (sc. der Schamane, d. V.) von Dämonen und Geistern gefoltert wird, die die Rolle von Meistern der Einweihung spielen», und ferner, daß zu den «Einweihungskrankheiten» vor allem in Sibirien und Zentralasien «gewöhnlich die folgenden Elemente» gehören: «1. Folterung und Abhacken der Glieder, 2. Abschaben des Fleisches und Reduktion auf ein Skelett, 3. Ersetzung aller Organe und Erneuerung des Blutes, 4. Aufenthalt in der Unterwelt und Belehrung durch Dämonen und die Seelen toter Schamanen, 5. Aufstieg zum Himmel, 6. Auferstehung, das heißt Zugang zu einer neuen Seinsweise, jener eines Eingeweihten, der fähig ist, persönlich mit den Göttern, den Dämonen und den Seelen der Toten zu verkehren.»[37] Mindestens die Punkte 5. und 6. sind in der Vision von SCHWARZEM HIRSCH deutlich enthalten, während die Punkte 1.–4. selbst bei einigem guten Willen nur summarisch in dem Erleben seines todähnlichen Tiefschlafs oder in den ödemartigen Schwellungen seiner Krankheit erkennbar sind. Gleichwohl verdienen die Darstellungen ELIADES schon deshalb die größte Aufmerksamkeit, weil sie zeigen, wie fremd einen Menschen des christlich-abendländischen Kulturkreises selbst solche Zentralbegriffe der christlichen Dogmatik wie «Himmelfahrt» und «Auferstehung» anmuten müssen. Sogar die sehr verständnisvolle Schilderung ELIADES scheint am Ende eher geeignet, den Eindruck der Fremdartigkeit des schamanistischen Erlebens noch zu erhöhen, als die Möglichkeit eines gleichartigen Erlebens und einer inneren Verwandtschaft aufzuzeigen. Liest man den Traum des SCHWARZEN HIRSCHS und seine ebenso tiefsinnigen wie schlichten Erklärungen, so gewinnt man jedenfalls einen weit menschlicheren einfühlbareren Eindruck, als wenn man von Psychopathie, Trance, Ekstase, Fleischabschälen, Unterweltsaufenthalt u. a. hört, Dingen also, von denen ein gewöhnlich Sterblicher sich nur denken kann, sie seien seinem ärgsten Feinde kaum zu gönnen.

Denn das Bild ändert sich völlig, wenn man erfährt, mit welchen Worten ein Schamane wie SCHWARZER HIRSCH selber seine Beauftragung und Befähigung schildert. SCHWARZER HIRSCH litt sicherlich in psychiatrischer Betrachtung an epileptiformen Anfällen, und seine Zustände lassen sich unzweifelhaft in psychopathologischen Begriffen beschreiben – nur: was ist damit gewonnen? Es

[36] M. ELIADE: Die Sehnsucht nach dem Ursprung, 146; vgl. DERS.: Schamanismus und archaische Ekstasetechnik, 116–147. Verschiedene Berichte über die Schamanenberufung stellt A. LOMMEL: Schamanen und Medizinmänner, 46–73 einander gegenüber.

[37] M. ELIADE: Die Sehnsucht nach dem Ursprung, 146.

verhält sich nicht anders, als wenn man das psychologische, religiöse und dichterische Genie z.B. des russischen Dichters F.M. DOSTOJEWSKI *wesentlich* aus seinem Anfallsleiden erklären wollte[38]. Gewiß, ohne die Epilepsie wäre DOSTOJEWSKI nicht der Dichter gewesen, der er war, und SCHWARZER HIRSCH wäre ohne eine ähnliche Veranlagung nicht der Visionär geworden, als der er den Untergang seines Stammes innerlich begleitete. Aber die Krankheit ist nur die auxiliäre Bedingung der Visionen; der Inhalt und die Größe des Gesehenen, mithin auch das Wesen eines Schamanen ist von der Krankheit allein her nicht zu begreifen.

In Wahrheit sagt SCHWARZER HIRSCH selbst unnachahmlich klar, wie er von seiner Person, von seiner Krankheit und von seiner Kraft zu heilen denkt. Nicht nur, daß er von seiner eigenen Heilung nach der Himmelsreise als Neunjähriger mit Sicherheit weiß, daß die Großväter im Regenbogen-Tipi, nicht aber die Heilkünste des Schamanen ihn gesund gemacht haben (I 124ff.); auch von seiner eigenen Tätigkeit erklärt er, daß nicht er es war, «welcher heilte; es war», sagt er, «die Kraft der jenseitigen Welt, und die Gesichte und Riten hatten mich bloß zu einer Öffnung gemacht, durch welche die Kraft zu den Zweibeinern gelangen konnte. Hätte ich geglaubt, daß ich von mir aus also wirke, so hätte sich die Öffnung geschlossen, und die Kraft wäre ausgeblieben; und alles, was ich hätte beginnen wollen, wäre Torheit gewesen»[39]. Was SCHWARZER HIRSCH mit diesen Worten sagen will, ist eine tiefenpsychologisch außerordentlich wichtige Einsicht, die den Unterschied zwischen Genie und Wahnsinn, zwischen göttlicher Berufung und Psychose religionspsychologisch geradezu klassisch wiedergibt.

Die Größe der schamanistischen Vision ergibt sich tiefenpsychologisch aus einem ungewöhnlich guten Rapport zum Unbewußten und zur Welt der archetypischen Bilder. Die Gefahr des Schamanen, des religiösen und dichterischen Visionärs, liegt jedoch darin, daß er sich mit der Macht des Unbewußten identifiziert und dem eigenen Ich diejenigen Kräfte zuschreibt, die ihren Wert und ihre Herkunft gerade darin haben, daß sie der Kollektivpsyche der Menschheit entstammen und auf diese hinwirken. Das Ich kann von den Inhalten des Unbewußten so besetzt werden, daß es darüber die Kontrolle der Realität verliert, und es entsteht dann jenes Zustandsbild, das die Psychiatrie als Psychose beschreibt[40]. Es kommt zu einer wahnhaften Ichvergrößerung, zu einer «Inflation» in dem Sinne, daß hier kollektive Ansprüche aus den tieferen Schichten des

[38] Vgl. die Schilderung bei F.M. DOSTOJEWSKIJ: Der Idiot, 2. Teil, 5. Kap., S. 216–217; s.u. Anm. 337.

[39] SCHWARZER HIRSCH: Ich rufe mein Volk, 192–193. – Zu der zentralen Bedeutung des *Traumkontaktes* eines Schamanen mit der jenseitigen Welt vgl. H. LÄNG: Kulturgeschichte der Indianer Nordamerikas, 75–77; 101–103.

[40] Zum *Realitätsverlust* in der Psychose vgl. S. FREUD: Der Realitätsverlust bei Neurose und Psychose, XIII 364–365; zur Identifikation mit dem kollektiven Unbewußten in der Psychose vgl. C.G. JUNG: Die Beziehungen zwischen dem Ich und dem Unbewußten, VII 185–188. Vgl. unten S.484.

Unbewußten zur Grenze des Bewußtseins vordringen, ohne nach außen projiziert zu werden[41]. All diese psychiatrischen bzw. tiefenpsychologischen Bezeichnungen meinen sachlich offenbar genau dasselbe, was SCHWARZER HIRSCH sagen will, wenn er von der «Torheit» oder von dem «Verschließen der Öffnung» spricht. Es ist dieselbe Erfahrung, die das Neue Testament mit den Worten wiedergibt: «Ich rede nicht aus mir; der Vater, der in mir wohnt, er selbst ist am Werke» (Joh 14,10).

Der Gottesseher, der Schamane, ist mithin gerade kein Psychotiker. Wohl öffnet sich ihm die Welt des kollektiven Unbewußten, die Welt der archetypischen Bilder, in bedrängender Weise, und insofern muß ihn unvermeidbar die Angst befallen, wahnsinnig zu werden; aber das Wunder seines Lebens liegt darin, daß er die Visionen und Kräfte des Unbewußten als objektive Realitäten stehen läßt und sie nicht größenwahnsinnig seinem Ich zuschreibt. Den Schamanen, den Priester, den Visionär bewahrt buchstäblich *gerade die Religion* davor, wahnsinnig zu werden, denn die Religion besteht u.a. in dem Wissen um die objektive Macht des Unbewußten, und sie bezieht sich gerade auf diesen Grenzbereich zwischen Bewußtsein und Unbewußtem, in dem die «Seher» zu Hause sind. Das religiöse Genie eines Mannes wie des SCHWARZEN HIRSCHS liegt besonders darin, daß er weder das Banausentum der «Realisten» noch die Ichaufblähung der Wahnsinnigen teilt; er lebt an der Grenze, wo das kollektive Unbewußte, das Ewige im Menschen, an das individuelle Bewußtsein heranreicht, und eben: indem er beide Bereiche in sich vereinigt, wird er zum Träger heilender Kraft.

Von daher erledigt sich jetzt auch endgültig die Vorstellung, ein «Medizinmann» wirke seine Heilungen durch die Kenntnis magischer Praktiken und biologisch aktiver Heilkräuter. Was den «Medizinmann» vor den gewöhnlichen Stammesmitgliedern auszeichnet, ist primär nicht ein besonderes äußeres Wissen um bestimmte Essenzen und Substanzen, sondern die Kenntnis einer Kraft, die ihm im Traum mitgeteilt wird. *Entsprechend seinem Traum* wählt SCHWARZER HIRSCH das Heilkraut aus, und entsprechend seinen Visionen ordnet er die rituellen Handlungen. Für ihn ist der Traum eine Reise «in die Welt . . ., wo nichts ist als die Geister aller Dinge». «Das», sagt er, «ist die wirkliche Welt, die hinter dieser liegt, und alles was wir sehen, ist nur so etwas wie ein Schatten von jener Welt.»[42] Der Glaube bzw. die Erfahrung einer Realität hinter der sichtbaren Wirklichkeit, die sich in ihr spiegelt und in der «nichts . . . hart» ist und «alles . . . zu fließen» scheint[43], kennzeichnet das Schamanentum, und es ist ein aberwitziges, für den Materialismus der westlichen Denkungsart freilich typisches Mißverständnis, die Kunst eines Schamanen in der Kenntnis äußerer Sach-

[41] L. SZONDI: Triebpathologie, I 141.
[42] SCHWARZER HIRSCH: Ich rufe mein Volk, 87.
[43] A.a.O., 80. – Zu diesem «platonischen» Grundzug des schamanistischen Weltbildes vgl. W. MÜLLER: Glauben und Denken der Sioux, 248–252.

verhalte und deren «objektiver» Wirksamkeit zu sehen. Ganz im Gegenteil ist alles Äußere für eine wahrhaft religiöse Weltanschauung nur die Spiegelung einer transzendenten Welt, eine Ansicht, die man in der abendländischen Philosophiegeschichte vor allem mit der Ideenlehre PLATONS verbindet, ohne jedoch zumeist dabei zu bedenken, daß PLATON im Grunde nur viel ältere religiöse Gedanken, die er zu Recht für ewige Wahrheiten hielt, gegen die Kritik der sophistischen Aufklärung in die Sprache der Philosophie übersetzen wollte.
Wie sehr insbesondere die Indianer ihre botanischen Kenntnisse von dem heilenden Wissen der Religion zu unterscheiden wußten, hat C.A. EASTMAN in seinen Jugenderinnerungen überliefert. CHARLES ALEXANDER EASTMAN, der als Dakota-Junge bis zu seinem 15. Lebensjahr den Namen OHIJESA – Sieger – trug, drückt sich bereits in der Sprache und Denkvorstellung der Weißen aus, wenn er referiert: «Es war einer der abergläubischen Gebräuche der Santee-Sioux, Krankheiten zu behandeln mit Rücksicht auf irgendein mythisches Wesen oder Tier, von dem man annahm, daß es einen magischen Einfluß auf das Leben oder Befinden des Kranken gewonnen habe.»[44] Einer seiner Freunde, so erzählt er als Beispiel, war eines Tages an Schwindsucht schwer erkrankt. Die Großmutter dieses Jungen, der er großes Vertrauen entgegenbrachte, war sehr ehrgeizig und hatte es sich in den Kopf gesetzt, als eine bedeutende Medizinfrau zu gelten. EASTMAN sieht diese Frau ganz mit abendländischen Augen, indem er urteilt: «Viele wurden von ihr getäuscht, denn sie war in Wirklichkeit eine Betrügerin, gab nie Medizin, sondern wollte jede Krankheit nur durch Beschwörungen heilen.»[45] Demnach muß also derjenige als ein «Betrüger» gelten, der, statt auf die (chemische) Wirkung von Medikamenten zu bauen, sich auf «Beschwörungen» verläßt. OHIJESA macht indessen seinen kranken Freund auf die Fähigkeiten seiner eigenen Großmutter aufmerksam, die «eine sehr geschickte, arzneikundige Frau sei», und erhält eine Antwort, die das indianische Denken über die Kraft der Heilung unverfälscht wiedergibt: sein Freund, erinnert er sich nämlich, «erklärte ... mir, jede alte Frau, die nach Wurzeln grübe, könne arzneikundig sein, dazu bedürfe es keiner übernatürlichen Gaben; hingegen könne keine ohne höhere Macht und Auftrag Krankheiten bekämpfen. Ich verteidigte meine Großmutter damit, daß in den Kräutern selbst übernatürliche Kräfte verborgen seien und daß denen, die diese Kräfte kennen und verstehen, auch die Macht verliehen sei, sie zu verwerten. ‹Aber›, meinte mein Freund dagegen, ‹man muß vom Großen Geheimnis dazu berufen sein›»[46].
Diese Unterscheidung ist es in der Tat, an der sich Welten trennen. Auch für die indianische bzw. schamanistische Auffassung einer Heilung können gewisse Medikamente eine bestimmte Rolle spielen; aber in dieser Weltsicht wirken sie

[44] CH. A. EASTMAN: Ohijesa, 110.
[45] A.a.O., 111.
[46] A.a..O., 111.

nur als Träger übernatürlicher Kräfte und vor allem nur in der Hand einer Person, die von Uakan Tanka, dem Großen Geheimnis, berufen ist. Wenn ein Medizinmann als «Betrüger» gilt, so nicht deswegen, weil er eventuell eine Heilung *ohne* medizinische Pharmaka und Manipulationen mit Hilfe bloßer «Magie» vornähme, wie das westliche Denken es nahelegen würde; ein Betrüger ist nach dem Urteil dieser Weltsicht ein Arzt, der vorgibt, mit Medikamenten einen Menschen heilen zu können, ohne innerlich mit der jenseitigen Welt in Verbindung zu stehen und von ihrer Kraft getragen zu sein.

Alles hängt für einen Schamanen infolgedessen von seinem Vermögen ab, mit der Traumvision, die ihn zur Krankenheilung beauftragt und befähigt hat, in lebendigem Kontakt zu bleiben. Diese Aufgabe ist für ihn so wichtig, daß er sich gar nicht mehr vorstellen kann, wie ein Leben ohne sein Traumgesicht möglich sein sollte. Als z. B. SCHWARZER HIRSCH später «jenseits des Großen Wassers» in England und Frankreich leben mußte, war seine Kraft während all dieser Zeit gänzlich erloschen, und er meint von diesem Abschnitt seines Lebens: «Ich war wie ein toter Mann und irrte herum. Kaum vermochte ich mich an mein Gesicht zu erinnern, und wenn mir das gelang, dann war es wie ein trüber Traum.»[47] Die Erinnerung an seinen Jugendtraum hingegen ist für SCHWARZEN HIRSCH gleichbedeutend mit Leben und Orientierung, und dieser Traum ist es, in dem all seine Kraft liegt. Ein Schamane, ein Krankenheiler, lebt m. a. W. aus der Kraft seiner Vision, oder er lebt gar nicht.

Logischerweise zeigt sich die Macht eines Schamanen dabei nicht nur in der Fähigkeit, Macht über die Krankheit zu gewinnen, sondern auch im Bewahren der Einheit mit den Verstorbenen oder, wie man auch im christlichen Sprachgebrauch weit besser und zutreffender sagen sollte, mit den in der wirklichen Welt Lebenden. In dem berühmten Lakota-Mythos von der Herkunft der Heiligen Pfeife z. B. erklärt die Uakan-Frau bei ihrem Abschied das Geheimnis von Leben und Tod, von Krankheit und Heilung mit den Worten: «Es soll für dich ein geheiligter Tag sein, wenn einer deines Volkes stirbt. Du mußt dann seine Seele festhalten, wie ich es dich lehren will. Dadurch wirst du viel Macht erlangen; denn wenn diese Seele zurückgehalten wird, wird sie in dir deine Anteilnahme und Liebe für deinen Nachbarn verstärken. Solange der Verblichene in seiner Seele bei eurem Volk behalten wird, werdet ihr durch ihn fähig sein, eure Stimme zu Uakan-Tanka (dem Großen Geheimnis, d. V.) dringen zu lassen. Es soll euch ein geheiligter Tag sein, wenn eine Seele freigelassen wird und in ihre Heimat zu Uakan-Tanka zurückkehrt; denn an diesem Tage werden vier Frauen geweiht und sie werden in Zukunft Kinder tragen, die den Pfad auf geheimnismäßige Weise wandeln und ihrem Volk ein Beispiel geben werden ... Wer die Seele eines Menschen zurückhalten will», sagt die Uakan-Frau schließlich, «muß

[47] SCHWARZER HIRSCH: Ich rufe mein Volk, 216; vgl. 203.

ein guter und reiner Mann sein, und er soll die Pfeife so gebrauchen, daß alle mit der Seele zusammen ihre Stimme zu Uakan-Tanka schicken. Die Frucht eurer Mutter, der Erde, und die Frucht von allem, was sie trägt, wird auf diese Weise gesegnet sein, und dein Volk wird dann den Lebenspfad in einer geheimnismäßigen Art abschreiten.»[48] Mittler also ist der Schamane nach diesen Worten insgesamt zwischen Lebenden und Toten, zwischen Diesseits und Jenseits, ein Wanderer ist er zwischen den Welten, und eben so, als Mittler zwischen dem Sichtbaren und dem Unsichtbaren, zwischen der äußeren und der inneren Welt, zwischen der Sphäre der Schattenspiegelungen und Erscheinungen und der transzendenten Sphäre des Wesens der Dinge und ihrer Wahrheit, vermag er vermittels heilender Symbole der anderen Welt schon im Diesseits Wunder der Heilung zu wirken.

Will man sich das Schicksal eines solchen Schamanen vorstellen, so muß man nicht zuletzt von der Vorstellung Abschied nehmen, der Heilkundige der Naturvölker sei ein Mann, der aus seinem geheimen Wissen persönlichen Vorteil ziehe. Immer wieder lesen wir, daß vor allem Kinder ihre Großen Träume, die sie zu späteren Schamanen berufen, vor den anderen verheimlichen, aus Furcht, ausgelacht oder mißverstanden zu werden[49]. Und nicht nur in der Zeit jugendlicher Einsamkeit und Zurückgezogenheit leidet ein künftiger Schamane unter seiner Vision und Einsichtsfähigkeit eher, als daß er für sich selbst Gewinn aus seiner Offenbarung ziehen könnte; auch später trägt er schwer an seiner Gabe und Berufung. Weit entfernt, sich in magischer Allmacht zu wähnen, quält ihn zumeist das Gefühl der Ohnmacht angesichts der vielfältigen Not und angesichts all dessen, was eigentlich geschehen müßte. SCHWARZER HIRSCH etwa empfindet die Leute in der Pine Ridge Agency, von denen nur wenige etwas von dem Gesicht und der Kraft seines Traumes wußten, als «schwer und dunkel». «Ich fühlte sie», bekennt er im Rückblick, «wie eine mir aufgelegte große Last; doch wenn ich mein ganzes Gesicht wieder überdachte, dann liebte ich diese Last und fühlte Mitleid mit meinem Volk.»[50]

Am schwersten zu tragen war für SCHWARZEN HIRSCH das furchtbare Unvermögen, sein Volk vor der drohenden Vernichtung zu retten und die tödliche Krankheit seines Stammes unter den Lügen und Mißhandlungen der Weißen zu heilen. So bekannte er gegenüber J. NEIHARDT: « . . . wenn ich um mich mein Volk in Verzweiflung sehe, möchte ich weinen, und ich wünschte, mein Gesicht wäre einem Würdigeren zuteil geworden. Ich frage mich, warum ich es besitze; ich, ein jammervoller alter Mensch, der nichts vermag; Männer und Frauen und Kinder habe ich von Krankheit geheilt, mit der Kraft, die mein Gesicht mir verliehen; meinem Volk aber konnte ich nicht helfen. Wenn ein Mann, eine Frau

[48] A.a.O., 16; 19.

[49] Vgl. C.A. EASTMAN: Ohijesa, 111–112.

[50] SCHWARZER HIRSCH: Ich rufe mein Volk, 171.

oder ein Kind stirbt, so hat das nicht lange viel zu bedeuten, denn das Volk lebt weiter. Es war jedoch das Volk, das dahinstarb, und das Gesicht war für das Volk bestimmt, aber ich habe nichts dafür getan.»[51]

Daß der Heilende nur Macht hat gegenüber dem einzelnen Leid, nicht aber gegenüber dem Leid des ganzen Volkes, daß er wohl eine religiöse, nicht aber eine politische Macht besitzt, daß also – in biblischer Sprache – der Messias aus dem Hause Levi nicht identisch ist mit dem Messias aus dem Hause David (I 427) – an dieser Spaltung seiner Macht bzw. an dieser seiner Ohnmacht leidet der Schamane am meisten. Seine Vision umfaßt das ganze Volk, und seine Kraft müßte imstande sein, auch das äußere politische Schicksal seines Volkes zum Heil zu wenden, aber wo gibt es einen Heiland, der die Kraft besessen hätte, sein Volk vom schwarzen Pfade des Krieges und des Unheils wegzuführen auf die rote Straße des Friedens?

In den Jugendjahren von SCHWARZEM HIRSCH z.B. hatte WOVOKA, der Messias der Paiute (vgl. I 128), im Jahre 1888 aus Verzweiflung über den Niedergang der Indianer Nordamerikas die Religion des Geistertanzes begründet[52]. Im Geistertanz erträumten sich die Indianer, die Weißen würden in einer Art Sintflut verschwinden und alle Büffel und die verstorbenen Stammesangehörigen würden auf die Erde zurückkehren[53]. Vieles, was SCHWARZER HIRSCH selbst in seinem Traum gesehen hatte, erkannte er auch im Ritus des Geistertanzes wieder[54]; aber seine Hoffnung, nun werde er seine Kraft auch politisch unter Beweis stellen und sein Volk in den heiligen Ring zurückbringen können[55], wurde schwer enttäuscht: Ende Dezember 1890 ließ Colonel J. W. FORSYTH bei Wounded Knee die Anhänger des Geistertanzes erbarmungslos zusammenschießen[56]. «Und ich, der ich in meiner Jugend mit einem so großen Gesicht bedacht worden», klagt SCHWARZER HIRSCH in Erinnerung an seinen Traum von der Größe seines Volkes, den er endgültig im blutigen Schnee und im Schneesturm von Wounded Knee begraben mußte, «ihr seht mich nun als einen bejammernswerten alten Mann, der nichts vollbracht hat, denn der Ring des Volkes ist zerbrochen und zerfallen. Es gibt keine Mitte mehr, und der heilige Baum ist tot.»[57]

In diesen Worten findet man beides noch einmal: die Berufung und die Tragödie, die Auszeichnung und die Last eines Schamanen. Sein Wesen liegt darin, durch seinen Traum an den Mittelpunkt der Welt geführt worden zu sein und aus der Kraft der Mitte die Befähigung zum Heilen zu besitzen; aber sein Schmerz ist es,

[51] A.a.O., 171–172.
[52] Vgl. D. Brown: Begrabt mein Herz an der Biegung des Flusses, 415–421.
[53] SCHWARZER HIRSCH: Ich rufe mein Volk, 217; 220.
[54] A.a.O., 221.
[55] A.a.O., 222.
[56] TH. JEIER: Die letzten Söhne Manitous, 252–257; H.J. STAMMEL: Die Indianer, 249.
[57] SCHWARZER HIRSCH: Ich rufe mein Volk, 250.

daß er fast immer außerstande ist, politisch sein Volk um sich her in der Mitte zu versammeln. Nicht persönliche Machtentfaltung, sondern die leidvolle Ohnmacht bestimmt für gewöhnlich das Los eines solchen Erwählten.

Nachdem z.B. SCHWARZER HIRSCH gegenüber J. NEIHARDT seine Geschichte erzählt hatte, ging er in einer letzten Gebärde von Leid und Ohnmacht noch einmal an den Felsen zurück, wo er in seinem Traum den Ring der Welt um sich gesehen hatte, und noch einmal erhob er dort, zu den vier Weltgegenden gewandt, seine Stimme zu dem Großen Geist und beschwor die Vision seines alten Gesichtes mit den Worten eines ergreifenden Gebetes: «In die Mitte der Welt hast du mich gebracht und mir die Güte und die Schönheit und die Seltsamkeit der grünenden Erde gezeigt, der einzigen Mutter – und dort hast du mir die Geist-Formen der Dinge gezeigt, so wie sie sein sollten, und ich habe gesehen. In der Mitte dieses heiligen Kreises hast du gesagt, ich solle den Baum zum Blühen bringen. Unter rinnenden Tränen, o Großer Geist, Großer Geist, mein Großvater – unter rinnenden Tränen muß ich nun bekennen, daß der Baum nie geblüht hat. Ein beklagenswerter alter Mann, so siehst du mich hier, und ich bin abtrünnig geworden und habe nichts getan. Hier, in der Mitte der Welt, wo du mich hingebracht und unterwiesen hast, als ich jung war; hier, nun alt, stehe ich, und der Baum ist verdorrt, Großvater, mein Großvater! Nochmals, und vielleicht zum letzten Mal auf dieser Erde, rufe ich das große Gesicht wieder auf, das du mir gesandt hast. Es könnte ja sein, daß eine kleine Wurzel des heiligen Baumes noch lebte. Nähre sie, auf daß sie Blätter und Blüten trage und sich mit singenden Vögeln fülle. Höre mich, nicht um meinetwillen, um meines Volkes willen, ich bin alt. Erhöre mich, auf daß sie wiederum in den heiligen Ring zurückkehren und den guten roten Weg finden, und den beschirmenden Baum.»[58]

Der Große Geist hat das Gebet eines seiner größten Söhne nicht erhört, und man hat sein Volk nicht leben lassen. Aber eben dies: nicht über «magische» Allmacht (im europäisch-abendländischen Sinne) zu verfügen, sondern in dem grausamen Strom der Geschichte sehenden Auges nur beten zu können – im Bewußtsein einer Berufung, die man nicht fähig ist zu erfüllen, und doch in dem schwindenden Glauben, jenseits der eigenen Schuld noch Erhörung zu finden zum Wohle derer, die man am meisten liebt – das ist das wahre Los eines *Schamanen*, oder, wie wir noch sehen werden, gleichermaßen das Schicksal eines Propheten (s.u. S. 371ff.). In einer Vision von der Mitte der Welt im Bild deutlich vor sich zu sehen, woran Menschen gesunden könnten, und doch nicht imstande zu sein, das eigene Volk, den eigenen Stamm, ja nicht einmal die eigenen Angehörigen zum Heil führen zu können, *diese* Not ist das Kreuz jedes Mannes Gottes, gleich, ob man ihn einen Schamanen, einen Priester, einen Wunderheiland oder einen Propheten nennt. Warum nur sollte es unter diesen

[58] A.a.O., 253–254.

Umständen historisch so ganz unglaubwürdig sein, wenn auch von Jesus überliefert wird, er habe *zu Beginn* seines öffentlichen Wirkens, nach 30 Jahren des Schweigens, ehe er Menschen heilte und die Dämonen austrieb, in einem großen Gesicht den Himmel offen gesehen (Lk 3,21), und *am Ende* seines Wirkens sei er beim Anblick der heiligen Stadt Jerusalem und ihres sicheren Untergangs in Tränen ausgebrochen (Lk 19,41)? Nur die Kürze der Mitteilung und gewiß die eigene Entfernung von der wirklichen Erfahrungswelt auch unseres, des christlichen Heilandes lassen die Darstellung seines Lebens in den Evangelien uns Heutigen als «mythisch» und als «legendär» an gerade den Stellen erscheinen, die auch im biographischen Sinne vielleicht am getreuesten überliefert worden sind.

b) Was eine Krankheit ist

Nachdem wir somit über die Persönlichkeit und das Wesen der «Wunderheiler» in «primitiven» Stammeskulturen eine hinreichende Vorstellung gewonnen haben, sind wir bereits darauf vorbereitet, zu hören, daß nicht nur die Stellung des «Arztes», sondern auch das Wesen der Krankheit bei den Naturvölkern erheblich anders gesehen wird als in der europäisch-abendländischen Auffassung. Nach der bei uns herrschend gewordenen Vorstellung besteht die Krankheit in einer Störung des normalen Ablaufs körperlicher Funktionen bzw. in deren Folgewirkungen. Die Ursachen einer solchen Störung können angeboren oder erworben sein – immer erscheinen sie uns als Teil der in Raum und Zeit beobachtbaren Wirklichkeit; sie gelten dem Verstand als prinzipiell erkennbar, und nur der mangelnde Kenntnisstand der wissenschaftlichen Forschung mag im Einzelfall eine Krankheit noch als rätselhaft erscheinen lassen, die es an sich durchaus nicht ist. Ganz anders ist der Begriff der Krankheit bei den Naturvölkern.

Aus der Bibel ist noch die Ansicht geläufig, daß Krankheiten eine Folge der Sünde seien. Die katholische Dogmatik lehrte lange Zeit sogar als *sententia communis*, daß der erste Mensch durch eine besondere außernatürliche Gnade vor Leid und äußerem Unglück befreit gewesen sei, und vertrat als sichere Lehrmeinung, daß erst die Erbsünde die körperliche wie geistige Lage des Menschen derart verschlechtert habe, wie sie sich heute dem Betrachter darbietet[59]. Auch Christus teilt im Neuen Testament offensichtlich diese Ansicht. Zwar

[59] Vgl. J. Brinktrine: Die Lehre von der Schöpfung, 294; 342; vgl. W. von Siebenthal: Krankheit als Folge der Sünde, Hannover 1950. Zu welchen kurzschlüssigen Ungereimtheiten dieser Glaube freilich, wenn er überhaupt (noch) ernst genommen wird, außerhalb der Psychodynamik der Angst geraten muß, hat schon L. Feuerbach 1841 gezeigt, als er sich über Dr. N. von Ringseis in der kleinen Schrift: «Zur Charakteristik des modernen Afterchristentums» lustig machte (Werke III 105–129).

erklärt er in der stark überarbeiteten Novelle von Joh 9,3, die Krankheit des Blinden entstamme nicht seiner persönlichen Sünde, aber in Mk 2,5 vergibt er, ganz entsprechend der Lehre von dem ewigen Zusammenhang zwischen Krankheit und Sünde, dem Gelähmten doch zunächst seine seelische Schuld, ehe er ihn auch körperlich ins Heil ruft. Gerade solche Ansichten über die Schuldbedingtheit von Krankheit (und Tod), die nicht nur in der Bibel, sondern in zahlreichen Urzeit-Mythen der Völker auftauchen, passen natürlich in das Weltbild der modernen Naturwissenschaften durchaus nicht hinein. Krankheit und Schmerz, Alter und Tod sind nach unserer Auffassung Gegebenheiten jedes lebenden Organismus, sie sind der Preis der Mehrzelligkeit des Lebens, eine Folge der Differenzierung und der Höherentwicklung der Arten. Zudem ist die Ansicht des Christentums naturwissenschaftlich falsch und philosophisch verhängnisvoll, als wenn die Ordnung der Natur speziell auf den Menschen hin ausgerichtet sei oder als wenn gar das menschliche Tun eine Strafe nach sich ziehen könne, die auf die gesamte Natur unmittelbar nachteilig einwirke[60]. Natürlich gab es in der Evolution des Lebens alle möglichen Krankheiten längst vor dem Auftreten des Menschen, und es läuft auf eine sinnlose Überbewertung des Menschen hinaus, das gesamte Naturgeschehen auf das Heil oder Unheil des Menschen hin zentrieren zu wollen.

Wenn gleichwohl das «primitive» Denken der Mythen und Urzeiterzählungen der Völker, die Bibel nicht ausgeschlossen, immer wieder einen Zusammenhang zwischen Sünde und Krankheit zu erkennen meint, so kann dies nach neuzeitlichem Denken unmöglich einen objektiven Grund haben. Dennoch läßt sich psychologisch immerhin ein erster wichtiger Grund benennen, der einen gewissen Zusammenhang von Schuld und Krankheit nahelegt und schon im tierischen Erleben vorgeprägt zu sein scheint, und immer wieder ist es wichtig, diese Verankerung der menschlichen Psyche in der Evolution zu beachten.

Die Tierpsychologie kennt etwa das Phänomen des «Anstoßnehmens», z.B. bei Möwen, die einen Artgenossen tödlich angreifen, dessen Federkleid nicht der

[60] Vgl. R. Schneider: Winter in Wien, 129–130, der den Gang durch das Naturhistorische Museum in Wien mit den Worten beschreibt: « . . . eine Kathedrale der Sinnlosigkeit, des Lebenswillens, der nicht leben kann». Einzig J. Bernhart: Die unbeweinte Kreatur, 227ff. besaß (noch) den Mut, das Leid der Kreatur als Teil des Daseins insgesamt zu interpretieren und auf «ein Paradies nach der Geschichte, den Himmel des verklärten Menschen in der verklärten Schöpfung», in einer Weise zu hoffen, die auch dem Tier Gerechtigkeit widerfahren läßt. Allerdings nahm J. Bernhart es bei seiner Konzeption in Kauf, die Welteinrichtung insgesamt für sündhaft-verderbt und erlösungsbedürftig zu erklären und damit die christliche Anthropozentrik im Grund noch auszudehnen. Immerhin verrät die Problemstellung und Antwort J. Bernharts indessen eine Sensibilität für das Leid der Tiere, der man in der theologischen Literatur sonst kaum begegnet; bes. seine Sammlung von Beispielen der Liebe verschiedener (zumeist jedoch recht unbekannter) Heiliger zu den Tieren (a.a.O., 167–189) versöhnt ein Stück weit mit dem üblichen Bild der Naturfremdheit und Naturfeindschaft der christlichen Theologie.

Norm entspricht[61]. Es genügt, daß eine Möwe – völlig ohne eigenes Verschulden natürlich – in eine Öllache gerät, und schon wird der Möwenschwarm über sie herfallen, auf ihr herumhacken und sie auszumerzen trachten. Krankheiten, vor allem solche, die Körperzonen der Signalsprache: das Gesicht, die Augen, den Mund, die Zähne, die Ohren, die Haare, den Schwanz etc. befallen, lösen bei anderen Gruppenmitgliedern einen Aggressionsaffekt aus, der die Krankheit als eine Abweichung von der guten Norm bestraft. Auf diese Weise tritt die Krankheit in das Gebiet des Strafwürdigen ein, und man versteht, daß sie auf paläoanthropologischem Niveau als Schuld erlebt und entsprechend «behandelt» werden kann[62].

Von daher scheint es, daß die Urzeitmythen der Völker die archetypische Szene von Krankheit und Ausmerzung (Strafe) nur besonders konsequent zu Ende denken, wenn sie *alle* Krankheiten und Leiden des Menschen als das Ergebnis einer urzeitlichen Schuld betrachten. Man könnte mit dieser Theorie den Krankheitsbegriff der Naturvölker gut erklären – und besäße zugleich die Möglichkeit, ihn als das rohe und primitive Theorem einer noch sehr unaufgeklärten Vorstellung von Vernunft und Gerechtigkeit weit von sich zu weisen.

Indessen geht die eigentliche Logik des «primitiven» Denkens in eine ganz andere Richtung. Sie beschränkt sich keineswegs auf die Ansicht, die Krankheit sei eine Strafe für ursprüngliche Schuld, sondern sie glaubt vor allem, daß die Krankheit, weit entfernt, ein nur körperliches Geschehen zu sein, durch die Macht bestimmter Geister hervorgerufen werde; das Wirken dieser Geister *kann* eine bestimmte menschliche Fehlhandlung zum Anlaß einer Strafe nehmen, es folgt aber für gewöhnlich einer eigenen Gesetzmäßigkeit, die viel allgemeiner und weiter ist als die moralische Verknüpfung von Schuld und Strafe, und die letztere stellt nur den Sonderfall der Vorstellung dar, daß die Krankheit vor allem einen *geistigen* Ursprung besitzt und dem Willensentschluß eines bestimmten Geistes entstammt.

L. Lévy-Brühl, dessen Arbeiten wir früher schon bei der Charakterisierung der Kollektivvorstellungen und der «mystischen Partizipation» (trotz aller notwendigen Einschränkungen) zugrunde gelegt haben (vgl. I 276), hatte darin zunächst sicher recht, daß er den Krankheitsbegriff der Naturvölker für im Grunde *mystisch* hielt. «Man glaubt», so erläuterte er den Ausdruck «mystisch», «daß die Krankheit stets von einer unnahbaren und unfaßbar wirkenden Kraft ... hervorgebracht wird.»[63] Die Krankheit, meinte Lévy-Brühl, gehe für das primitive Denken auf einen äußeren unsichtbaren Einfluß zurück, den bestimmte Götter,

[61] Vgl. R. Bilz: Über das emotionale Partizipieren, in: Die unbewältigte Vergangenheit des Menschengeschlechts, 64.

[62] R. Bilz: Paläoanthropologie, I 434; E. Drewermann: Strukturen des Bösen, II 224.

[63] L. Lévy-Brühl: Das Denken der Naturvölker, 232.

Dämonen oder auch andere Menschen ausübten. In diesem Sinne habe die Krankheit keine natürliche, sondern stets eine übernatürliche Ursache; sie sei ein Geheimnis *praeter naturam*. Eben daraus ergibt sich nach LÉVY-BRÜHL auch die Notwendigkeit, zur Bekämpfung der Krankheit mystische, geheimnisvolle, übernatürliche Mittel einzusetzen[64].

Sehr richtig sah LÉVY-BRÜHL vor allem, worin das eigentlich Befremdliche des Krankheitsbegriffs der Naturvölker für das neuzeitliche Denken besteht: während im neuzeitlichen Denken die Sphäre des Übernatürlichen, Geistigen, Unsichtbaren von der Welt der natürlichen, sichtbaren, materiellen Ursachen streng unterschieden wird, bilden beide Ebenen für den «Primitiven» eine untrennbare Einheit. «Für *unser* Denken», schrieb LÉVY-BRÜHL, «kann in der Tat diese unsichtbare Welt mit dem, was wir die Natur nennen, nur koexistent sein, in dem Sinne, daß sie jenseits von dem liegt, was wir Natur nennen. Was dagegen nach meiner Meinung die *prälogische* Geistesart charakterisiert, ist eben das, daß diese beiden Welten in ihren Kollektivvorstellungen nur *eine* ausmachen. Die mystischen Elemente sind hier ebenso natürlich wie die anderen, die an ihnen partizipieren.»[65] Setzt man voraus, daß die unsichtbare Welt der Geistermächte und der kollektiven Partizipation identisch ist mit dem, was die Tiefenpsychologie als das kollektive Unbewußte bezeichnet (vgl. I 129), so kann man auch sagen, daß der Krankheitsbegriff der Naturvölker wesentlich von der Einheit von Körper

[64] A.a.O., 233.

[65] A.a.O., 233. – A. VIERKANDT: Entwicklungspsychologische Theorie der Zauberei (1937), in: L. Petzoldt (Hrsg.): Magie und Religion, 148–178 hat die «weltanschauungstheoretische» Auffassung LÉVY-BRÜHLS, wonach die Magie die Folge einer bestimmten Weltanschauung bilde, als eine zu «intellektualistische» Deutung zu widerlegen versucht und ihr seine eigene entwicklungs-psychologische Deutung gegenübergestellt, wonach die Zauberhandlungen der Magie sich nicht aus den Glaubensvorstellungen, sondern nur aus dem «Triebleben und den sonstigen Anlagen des Menschen» verstehen ließen (a.a.O., 149). In Wahrheit wollte LÉVY-BRÜHL jedoch gerade auf die nicht-intellektualistische, mystische Weltsicht der «Primitiven» hinweisen. Man kann sehr wohl mit VIERKANDT sagen: «die Zauberhandlungen sind ursprünglich Ausdruck bestimmter Gefühle, Stimmungen und Gesinnungen» (S. 166), aber es kommt darauf an, den *Symbolismus* dieses Ausdrucksgeschehens zu betrachten; nicht die Einwirkung der Person auf ihre soziale Umwelt (S. 220–222), wie VIERKANDT meinte, sondern die traumnahe Symbolisierung, die dem «primitiven» Weltbild ebenso zugrunde liegt wie den Ausdruckshandlungen selbst, erlaubt die «mystische» Wechselbeziehung bzw. das Einheitserleben von «Subjekt» und «Objekt», das dem «magischen» Handeln zugrunde liegt. Insofern bietet die Tiefenpsychologie die gemeinsame Basis der «weltanschauungstheoretischen» wie der «entwicklungspsychologischen» Ableitung der «Magie»; vgl. E. DREWERMANN: Tiefenpsychologie und Exegese, I 122–132; 276–280; 302–320. – Auch ein anderes Mißverständnis der «Magie» erledigt sich von daher, das K. BETH: Religion und Magie bei den Naturvölkern, 221 stellvertretend für viele andere so formuliert hat: «Die Idee der übersinnlichen Kraft ist eine religiöse, sie ruht auf dem religiösen Gefühl. Sie ist nicht intellektuell orientiert wie die magische Anschauung, die zu dem Bewußtsein eines besonderen Wissens und Verstehens gelangt, durch dessen Anwendung die Mittel zur Durchsetzung der egozentrischen Wollungen erreicht werden sollen. Die Magie ist egozentrisch auch insofern, als es . . . die intellektuelle Ichkraft ist, die sich auf unbekannte Dinge versteht und sie meistert.» Ähnlich sieht K. ZEININGER: Wesen der Religion und der Magie, in: L. Petzoldt (Hrsg.): Magie und Religion, 138–144 die Religion als eine spontane Wendung des Menschen ins Unsinnliche an, die durch eine hohe Erregung, veranlaßt durch die Erfahrung von Neuem,

und Seele, Bewußtsein und Unbewußtem her bestimmt ist, während, wie eben gezeigt (S. 52–64), das neuzeitliche Denken gerade systematisch und methodisch diese Einheit aufzulösen versucht hat. Die körperlichen Funktionsstörungen sind für die Naturvölker keine isoliert zu betrachtenden, rein linear zu verstehenden Phänomene, sondern sie stellen sich als Folge einer Störung in der Welt der «Geister», in der Sphäre des Unbewußten dar. Wenn wir soeben gesehen haben, daß der «Medizinmann», der Heiler, ein Mensch ist, der durch seine Träume zutiefst in die Einheit mit dem Unbewußten, in die Mitte der Welt geführt worden ist, so kann man jetzt auch umgekehrt sagen: das, was er überwinden soll, die Krankheit, beruht wesentlich auf einem Widerspruch zur Welt der Träume; sie basiert auf einer gestörten, mangelnden oder gar feindlichen Beziehung zu den Mächten der unsichtbaren, jenseitigen Welt des Unbewußten; sie ist im Grunde das, was das gesamte Denken der Neuzeit als seine logische und wissenschaftstheoretische Grundlage reklamiert und postuliert hat: die Trennung von Bewußtsein und Unbewußtem, die Aufspaltung des Menschen und der Welt in Geist und Körper, die Isolation des körperlichen Geschehens von seinen psychischen Grundlagen oder Folgen.
Daß dieses Verständnis der Krankheit noch heute bei den «Naturvölkern» vorherrscht, läßt sich wiederum am einfachsten an den schon zitierten Erfahrungen aus dem nordamerikanischen Kulturkreis belegen.

Ungewußtem, zustande komme, während in der Magie der Mensch, statt vom Unsinnlichen sich leiten zu lassen, selber das Wirken des Göttlichen «selbstisch zu beeinflussen» strebe (S. 144); die Magie sei so etwas wie eine rationalisierte (besser: operationalisierte) Technik des Religiösen. – Statt von einer «egozentrischen» und «selbstischen» Haltung der Magie zu sprechen, sollte man tiefenpsychologisch eher von einer Verlagerung des Erlebnisschwerpunktes vom Ichbewußtsein zu der Symbolsprache des Unbewußten im Vollzug der magischen Handlung sprechen. Denn so «rational» festgelegt ein bestimmtes «magisches» Ritual auch erscheinen und aufgeführt werden mag, so hängt seine «Wirkung» doch in jedem Falle davon ab, daß das Bewußtsein der Beteiligten von der Bildersprache der Handlung zutiefst ergriffen wird. Es ist die «Magie der Seele» (E. SPRANGER), die die Wirkung des magischen Tuns begründet und ihr die Mittel anweist. Vgl. E. SPRANGER: Die Magie der Seele, 72: «In der Magie geht es mehr um die Gewinnung von Kraft als um den Erfolg des Handelns. Sie wirkt auf die Seele, nicht auf Äußeres». – Insofern ist es schwer verständlich, wieso K. TH. PREUSS: Das Irrationale in der Magie, in: L. Petzoldt (Hrsg.): Magie und Religion, 234–236 zwar betont, «die Religion» setze «stets nur nach Erschöpfung des vernünftigen Denkens» ein (sic!, S. 234), aber andererseits sich dagegen verwahrt, die Magie wesentlich mit dem Traumerleben zu verbinden, weil «das Traumbewußtsein für das gewöhnliche Leben nur eine untergeordnete praktische Bedeutung» besitze (a. a. O.). Im Gegenteil wird man sagen müssen, daß die magischen Riten eines einzelnen Schamanen nicht nur immer wieder sich einzelnen Traumvisionen verdanken, sondern daß vor allem die religiösen Riten eines Stammes, einer Glaubensgemeinschaft, in einem bestimmten Weltbild wurzeln, das von einem entsprechenden Mythos vorgezeichnet ist, – ein Umstand, den auch K. TH. PREUSS (a. a. O., 240ff.) besonders hervorhebt. Der Symbolismus von Traum und Mythos aber entstammt den gleichen gemeinsamen Quellen der bildernden Schichten der menschlichen Psyche, und man hat den Eindruck, als wenn die ethnologischen Kontroversen um das rechte Verständnis der Magie vor allem dadurch notwendig würden, daß sie alle zwar vom «Unsinnlichen» und «Transzendenten» sprechen, aber das Unbewußte der menschlichen Psyche dabei weitgehend vernachlässigen, um sich dann um so eifriger den soziologisch bedingten Sonderformen und Auswirkungen der Magie innerhalb eines vorwissenschaftlichen Weltbildes zuwenden zu können. Vgl. zudem die

Wir haben bereits gehört, in welch eine Krise SCHWARZER HIRSCH geriet, als er mit 16 Jahren seinem Traum immer noch nicht Folge geleistet hatte. Es ist eine Krankheit, von der sein Oheim, der Medizinmann SCHWARZER WEG, sagte: «Neffe, ich weiß, wo die Störung liegt! Du mußt tun, was das rehbraune Pferd in deinem Gesicht wünschte. Du mußt deine Pflicht tun und dieses Gesicht für dein Volk auf Erden verwirklichen ... Alsdann wird die Furcht dich verlassen; tust du dies aber nicht, wird dir etwas sehr Schlimmes zustoßen.»[66] Eine Ursache der Krankheit kann also darin liegen, dem Befehl eines Traumes nicht gehorcht zu haben; sie wird beseitigt, indem die Traumbotschaft erfüllt wird. Einem Schamanen geht es demnach so, wie dem Propheten Jeremias, wenn dieser klagt, es brenne das Wort Gottes ihm im Gebein, wenn er es aus Angst zurückhalte (Jer 20,9).

Desgleichen erklärte OHIJESAS kleiner Freund ROTHORN, als er krank darniederlag und bezweifelte, daß OHIJESAS Großmutter ihn ohne Beauftragung nur mit Arzneimitteln heilen könnte (s. o. S. 90), eines Tages zur Überraschung seines Gefährten: «Ohijesa ... meine Großmutter hat den Grund meiner Krankheit gefunden.» – Wir erinnern uns, daß OHIJESA diese Frau aus der Sicht europäischen Denkens als eine Betrügerin «entlarvte»! – Damals fragte er, ob sie seinen

sehr berechtigte Kritik von A. E. JENSEN: Mythos und Kult bei Naturvölkern, 251–255, der K. TH. PREUSS entgegenhält, er betrachte «alle naturvölkischen Äußerungen religiöser Art als Ausflüsse eines primitiven Zauberglaubens» (S. 252), isoliere sie von dem Kontext des Mythos und des Kultus und ordne sie als rein praktisch-technische Handlungen den irrigen Kausalverknüpfungen des «primitiven», assoziativen Denkens zu (S. 254). – Zustimmen muß man indessen K. TH. PREUSS, wenn er (a. a. O., S. 245) darauf hinweist, daß die Magie im Grunde *rückwärtsgewandt* sei; M. ELIADE: Kosmogonische Mythen und magische Heilungen, in: Paideuma 6 (1954–1958), 194–204 stellt mit Recht die Magie in den großen Kontext alles Religiösen: der Sehnsucht nach dem (verlorenen) Paradies, der Wiedererinnerung einer wesensursprünglichen Erfahrung von Einheit und Harmonie. Der «rationalistische» Zug der Magie, auf den zahlreiche Forscher immer wieder hinweisen, ergibt sich wohl erst durch eine Veränderung der Blickrichtung in die Zukunft auf einer höheren Kulturstufe. «Dafür sind zwei Ereignisse von Wichtigkeit, nämlich die Sorge für das Leben im Jenseits und der Beginn der Staatsbildung durch Eroberung.» (PREUSS: A. a. O., 245) Beides läßt sich z. B. im Alten Ägypten auf klassische Weise im Jenseitskult der Pharaonen feststellen. Aber es handelt sich dabei um eine rationale Systematisierung von Bildern und Erfahrungen, die als archetypische Symbole in der Seele eines jeden Menschen zur Beantwortung schwerer psychischer Krisen bereitliegen (s. u. S. 483). An der nach vorn blickenden Ausrichtung des Bewußtseins und der damit verbundenen Betonung der Geschichte, wie sie besonders in der Bibel zum Ausdruck kommt, zerbricht die magische Weltsicht *wesentlich*. Vgl. dazu M. u. R. WAX: Der Begriff der Magie, in: L. Petzoldt (Hrsg.): Magie und Religion, 345–351.

[66] SCHWARZER HIRSCH: Ich rufe mein Volk, 155. – Dem widerspricht nicht, wenn K. TH. PREUSS: Das Irrationale in der Magie, in: A. a. O., 234 geltend macht, bei den Pima-Indianern z. B. würden die Träume nicht als Vorherbestimmungen für bestimmte Handlungen angesehen, sondern es verursache umgekehrt das «Träumen von Toten Krankheit des Träumenden, und wenn er in mehreren aufeinanderfolgenden Nächten von Toten träumt, so wird er sterben.» Abgesehen davon, daß auch hier dem Traum eine schicksaldeutende Funktion zukommt, stellt tiefenpsychologisch sich natürlich die Frage, *warum* jemand von Toten träumt, und es sind diese psychischen Kräfte im Hintergrund des manifesten Trauminhaltes, die, je nach der Icheinstellung, in der Tat über Krankheit und Gesundheit, über Leben und Tod entscheiden.

kranken Gefährten denn wirklich gesund machen könne, und er erhielt von seinem Freund die erstaunliche Antwort: «Natürlich kann sie es nicht, ehe ich nicht dem höheren Befehl gehorcht habe. Ich habe ihr bekannt, daß ich vor zwei Jahren eine Vision hatte und daß ich dementsprechend meinen Bärentanz letztes Frühjahr, als ich dreizehn Jahre alt war, hätte ausführen und mich als Medizinmann hätte erklären sollen. Ich schämte mich, mich in so jungen Jahren als Medizinmann ausrufen zu lassen; dafür werde ich nun gestraft, doch meint meine Großmutter, daß es noch nicht zu spät sei.»[67]

Deutlicher kann man nicht sagen, wie die Krankheit im Denken der Naturvölker verstanden wird. Krank wird jemand, der den Kontakt zur Welt der Träume verloren hat, indem er seinem Traumauftrag zuwiderhandelt oder aus Angst sich nicht getraut, an die Größe seines eigenen Wesens und seines eigenen Lebensweges zu glauben, die ihm im Traum gezeigt wurde. Man kann auch sagen, «Krankheit» sei in diesem Sinne identisch mit dem Verlust der Einheit, mit einem Herausfallen aus der Mitte der Welt und des eigenen Herzens. Versteht man den Traum, wie es allerorten bei den Naturvölkern geschieht, als eine Offenbarung göttlicher Mächte, so kann man in der Tat, nicht aufgrund einer primitiven Gerechtigkeitsvorstellung, sondern mit großem theologischem Recht, auch sagen, Krankheit sei eine Folge der Sünde; sie sei ein Abweichen vom Weg des eigenen Traumgesichts; sie sei eine Isolation, eine «Sonderung» aus der Einheit des Zentrums, und eine solche Auffassung entspräche ganz und gar der alten dogmatischen Lehre von dem Zusammenhang von Sünde und Krankheit; ja, diese Lehre erhält offenbar überhaupt erst im Vergleich mit den Auffassungen der Naturvölker wieder einen Hintergrund, von dem sie sich von innen her verstehen läßt.

Dieser letztere Aspekt wird sehr wirkungsvoll deutlich, wenn man sich vor allem klarmacht, daß ein Traumgesicht für den «Primitiven» nicht das chaotische Durcheinander der neurotischen Traumbeispiele der psychoanalytischen Literatur reflektiert, sondern wesentlich eine Geistreise zum Mittelpunkt der Welt darstellt.

Schon der *Ritus*, durch den man sich auf einen Traumempfang *vorbereiten* muß, ist ein wundervolles Dokument eines solchen Einheitsdenkens. Ohne die Einzelheiten an dieser Stelle zu referieren, sei z.B. das Gebet erwähnt, das bei den Sioux die Verwandten des Traumsuchers, während dieser sich zur Reinigung in der Schwitzhütte befindet, an Uakan-Tanka, das Große Geheimnis, und an die Mächte der Welt mit den Worten richten: «Uakan-Tanka, Altvater, schau her zu uns!...Zu wem könnte man eine Stimme schicken, außer zu Dir, Uakan-Tanka, unser Altvater und Vater? O Uakan-Tanka, dieser junge Mann bittet Dich, Mitleid mit ihm zu haben. Er sagt, sein Gemüt sei verwirrt und er bedürfe

[67] C.A. Eastman: Ohijesa, 111–112.

Deiner Hilfe ... er wird bald an einen hochgelegenen Ort gehen, und dort will er Deine Hilfe erflehen. Nimm Dich seiner an! O ihr vier Mächte des Alls, ihr Fliegenden der Luft und all die Völker, die sich im Weltall bewegen ... Helft diesem jungen Manne mit dem Wissen, das euch allen von Uakan-Tanka verliehen wurde. Habt Mitleid mit ihm! O Uakan-Tanka, gewähre diesem Manne viele Verwandte, auf daß er mit den vier Winden, den vier Mächten der Welt, eins werde, und mit dem Lichte der Morgendämmerung. Möge er seine Verwandtschaft mit allen geflügelten Völkern der Luft verstehen! Er wird seine Füße auf die geweihte Erde einer Bergspitze setzen; möge er dort Erkenntnis erlangen, mögen seine Nachkommen geweiht sein! Alle Wesen danken Dir, o Uakan-Tanka, der du mitleidig bist und uns allen hilfst. Wir erbitten all das von Dir, denn wir wissen, Du bist der Eine und Einzige, und Deine Macht erstreckt sich auf alles!»[68]

Dieses Vorbereitungsgebet zeigt nicht nur, daß der Traum selbst als ein Geschenk des Großen Geheimnisses, als eine göttliche Weisung verstanden wird, es zeigt auch, daß ein Traum, ganz entsprechend der Vision, die wir von SCHWARZEM HIRSCH selber kennen, als Erlebnis einer außerordentlichen Einheit und Verbundenheit mit allen Mächten der Natur, mit allem Lebenden, insbesondere aber mit den Vögeln des Himmels, verstanden wird; denn vogelgleich schwebt der Träumende zur heiligen Bergesspitze, wo Uakan-Tanka ihm die Weisung seines Lebens erteilt. Alle erschaffenen Wesen, erklärt SCHWARZER HIRSCH, sind als heilig und bedeutsam zu betrachten, «alles hat ... einen Einfluß, der auf uns übertragen werden kann und durch den wir ein wenig mehr Verständnis gewinnen können, wenn wir aufmerksam sind»[69].

Bei all dem aber geht es darum, sagt SCHWARZER HIRSCH wörtlich, zu Uakan-Tanka zurückzufinden, «der die Mitte aller Dinge ist; auch dann noch, wenn wir uns von Ihm zu entfernen glauben, müssen wir und alle Dinge zu ihm zurückkehren»[70]. Das Erlebnis der Einheit mit allem Lebenden und mit allen Kräften der Natur ist zugleich ein Gefühl der Einheit mit dem geheimen Zentrum von allem, und der Traum selbst ist letztlich eine Reise zur Mitte der Welt. Deshalb muß der Flehende drei, vier Tage lang «in der Mitte der Nacht aufstehen und wieder zu den vier Weltgegenden gehen, dabei jedesmal zum Mittelpunkt zurückkehren und die ganze Zeit über seine Stimme ausschicken»[71].

Von daher versteht man, was für dieses Denken Gesundheit und Krankheit bedeuten und was beide mit dem Bereich der Geister, der Träume, des «Mystischen» zu tun haben. *Gesundheit* bedeutet, in der Mitte der Welt und in der Verbundenheit mit allem Geschaffenen zu leben, und der Weg dorthin ist in der

[68] SCHWARZER HIRSCH: Die heilige Pfeife, 76–77.
[69] A.a.O., 84.
[70] A.a.O., 84.
[71] A.a.O., 85.

Vision des Traumes zu erkennen; *Krankheit* hingegen bedeutet, daß jemand seinem Traum nicht nachkommt und vom Mittelpunkt der Welt getrennt ist; ihm stürzt die gesamte Welt aus ihrer Ordnung, und er versteht weder Gott, noch die Tiere, noch sein Herz; er ist ein ebenso kranker wie sündiger Mensch. Auch am Anfang der Bibel findet sich diese Weltansicht, indem der Jahwist in seiner Urgeschichte die Lage des Menschen auf ähnliche Weise beschreibt: die Menschen, solange sie am Baum in der Mitte des Gartens (der Welt) leben und bei ihrem Gott zuhause sind, mögen zwar sterben müssen, aber sie sind in sich heil und der Krankheit enthoben; ein Dasein aber, das aus dem Mittelpunkt der Urzeit, der Traumzeit, herausstürzt, ist selber in Unordnung und erfährt alle Welt ringsum als zerbrochen und unheil[72].

Vergleichen wir diese Anschauung mit unseren eigenen Vorstellungen über Gesundheit und Krankheit, so mag man wohl zweifeln, welcher Ansicht der Vorrang zu geben ist. Beide sind miteinander schlechterdings unvereinbar, und ihr Gegensatz macht vor allem noch einmal erschreckend deutlich, wie sehr wir uns von den Grundlagen eines wirklich religiösen Denkens entfernt haben, das den Menschen in den zentralen Punkten des Lebens zu einer Einheit mit dem Geheimnis seines Daseins zu führen vermöchte, indem er seine Existenz im Einklang mit sich selbst und mit allen Lebewesen zu verstehen und auszulegen imstande wäre; es ist zugleich noch einmal deutlich, wie sehr die Aufspaltungen des neuzeitlichen Denkens, ob gewollt oder ungewollt, in sich selbst bereits strukturell und methodisch *atheistisch* sind, indem sie bereits auf einem Mißverständnis des Religiösen beruhen und ihrerseits ein Begreifen religiöser Wahrheiten zunehmend unmöglich machen. Selbst derjenige, dem der Niedergang des Religiösen innerhalb des neuzeitlichen Denkens keinen Kummer bereiten sollte, wird inzwischen seine Zweifel haben müssen, ob wir denn wenigstens rein medizinisch im Verlauf der letzten 400 Jahre auf dem rechten Weg gegangen sind. Bedenken solcher Art kann man bereits gegenüber dem mechanisierten, seelenlosen Umgang mit der Krankheit bzw. mit dem Kranken in unseren hochtechnisierten, unpersönlichen, zwingburgähnlichen Hospitälern anmel-

[72] Vgl. E. Drewermann: Strukturen des Bösen, I 45–53; 87–106. W. Y. Evans-Wentz: Cuchama, 125 verweist darauf, daß die Navahos die Religion «als psychologische Technik zur Bewahrung oder Wiederherstellung der Harmonie oder der Einheit zwischen Menschen und Kosmos» verstehen. «Aus diesem Grunde erachtet der Indianer – im Gegensatz zum Weißen – die Gesundheit oder die Harmonie innerhalb des physischen Körpers als unabdingbaren Bestandteil der Religion. Viele ihrer zeremoniellen Praktiken zielen auf eine Wiederherstellung der Harmonie, sowohl im physischen Organismus des Menschen, als auch in dessen mentalem und seelischem Bereich. Einem Kranken singen die Navaho ein heiliges Lied, das alle Dinge für so vollkommen erklärt, als ob sie soeben erschaffen worden wären. Dadurch wird der oder die Leidende mental in einen Zustand der Vollkommenheit versetzt, der ihm oder ihr ermöglicht, seine oder ihre ursprüngliche Ganzheit oder Harmonie wiederzuerlangen. – Im Bereich der psychosomatischen Therapie und der Psychoanalyse beginnt der Weiße den Spuren des indianischen Medizinmannes – seines psychisch wacheren Bruders – zu folgen. In vielen christlichen Religionsgemeinschaften finden – etwas verspätet – ähnliche Heilmethoden, einschließlich Handauflegen und Gebete, mehr und mehr Anwendung.»

den; ganz sicher jedoch muß man feststellen, daß die europäischen Vorstellungen von Krankheit und Heilung bei den Angehörigen *der Naturvölker* eher Schaden als Nutzen stiften und gestiftet haben.

Der Glaube, daß eine im naturwissenschaftlichen Sinne sachgerechte Behandlung des Körpers eine Krankheit unfehlbar heilen müsse, wird von den sog. «Eingeborenen» aller fünf Kontinente immer wieder Lügen gestraft, indem diese nicht nur den europäischen Behandlungsmethoden das größte Mißtrauen entgegenbringen, sondern auch wirklich oft genug eher Zerstörung als Heilung von den ihnen fremden und furchterregenden Eingriffen erfahren. «So gestand ein Arzt aus der Provinz Victoria (Australien) zu, ‹daß es ihm im allgemeinen jedesmal, wenn er einem kranken Eingeborenen seine besondere Pflege hatte angedeihen lassen, nur gelungen war, ihn schneller zu töten› ... Läßt man sie frei in den Wald laufen, so erholen sie sich rasch.»[73]

Demgegenüber hatten die einheimischen «Medizinmänner», solange die Stammestradition noch ungebrochen war, hervorragende Erfolge aufzuweisen und genossen allgemein Ansehen und Vertrauen. Keine Frage, daß es an psychischen Faktoren des Vertrauens oder der Angst liegt, die in Wahrheit über Leben und Tod entscheiden. Aber bedeutet dies anzuerkennen nicht zugleich auch, den Eingeborenen im Grunde recht zu geben, wenn sie in den Kräften der Krankheit wie der Gesundung *geistige* Mächte am Werke sahen und die körperlichen Ursachen, die sie freilich nur unzureichend kannten, für eine Wirklichkeit untergeordneter Bedeutung hielten? «Wir zweifeln nicht», urteilte A.E. JENSEN in seiner Studie über *«Mythos und Kult bei Naturvölkern»*, «daß die medizinische Wissenschaft mit ihrer völlig anderen Einstellung zur Wirklichkeit und zur Frage nach dem Wesen der Krankheit zu Erkenntnissen befähigt ist, die nur durch sie und nicht durch die geistige Haltung der Naturvölker erschlossen werden können. Aber müßte man nicht mit der Möglichkeit rechnen, daß eine frühere Idee über das Wesen der Krankheit, in der die spirituellen Wesenheiten der Geister eine primäre Rolle spielten, auch ihrerseits zu Erkenntnissen befähigt war, die eben nur ihr und keiner anderen geistigen Haltung möglich wären?»[74]

Der Bereich, in dem die eigentlichen Erkenntnisse der schamanistischen Heilkunde liegen, steht jedenfalls außer Frage; es ist derselbe, der seit dem Beginn der Neuzeit mehr und mehr verleugnet und an den Rand gedrängt worden ist: der Bereich des Religiösen und der objektiven Realität des Psychischen sowie, damit verbunden, die Einheitsschau einer «Anthropologie», die den Menschen, statt ihn von seinen Lebensbezügen abzutrennen und ihn selber in immer differenziertere («distinktere») Bestandteile zu zerlegen, als ein Wesen zu betrachten

[73] Zit. bei: L. LÉVY-BRÜHL: Das Denken der Naturvölker, 236–237.
[74] A.E. JENSEN: Mythos und Kult bei Naturvölkern, 374.

sucht, das davon lebt, Gott, die Geschöpfe und sich selber mit Hilfe der religiösen Überlieferungen des Stammes als eine große universelle Einheit empfinden und verstehen zu können.

c) Was im Fall der Krankheit heilen kann

Es ist klar, daß der Krankheitsbegriff der Naturvölker zu Heilmethoden Anlaß gibt, die nur selten Bewunderung, häufig indessen Kopfschütteln und Verachtung bei den Vertretern der europäischen Medizin auslösen mußten. Folgt man den gängigen Beschreibungen über die Heilverfahren der «Primitiven», so liegt die Aufgabe des eingeborenen Zauberers zunächst darin, «die Hexerei, die die Ursache der Krankheit ist, zu entdecken. Er beginnt damit, daß er sich in Schweiß bringt, und wenn er sich müde geschrien, wenn er genügend um sich geschlagen und seinen Genius beschworen hat, erklärt er hierauf die erste ungewöhnliche Sache, die ihm einfällt, für die Ursache der Krankheit»[75]. Ähnlich willkürlich und unsinnig, wie der Schamane sich schon zur Diagnose herbeiläßt, schickt er sich zufolge solcher Darstellungen natürlich auch zur eigentlichen Prozedur der Heilung an; kurz: es muß wirklich wundernehmen, wie nach solchen Roßkuren irgendein Sterblicher dem Leben sollte zurückgegeben werden können. Gleichwohl tritt dieser Fall, wie man einräumen muß, oft genug ein, und es wäre nur ehrlich und richtig, des weiteren zuzugeben, daß der Eindruck des Tollen und Närrischen, den die schamanistischen Heilpraktiken unfehlbar bei einem europäischen Beobachter hinterlassen müssen, mehr von

[75] CHARLEVOIX: Journal d'un voyage dans l'Amérique septentrionale, III 367, zit. bei: L. LÉVY-BRÜHL: Das Denken der Naturvölker, 236. – Selbst G. CATLIN: Die Indianer Nordamerikas, 37–38, der den Eingeborenen sehr aufgeschlossen gegenüberstand und sie in eindrucksvollen Bildern verewigte, schreibt recht verächtlich von den Schamanen: «Alle Stämme haben ihre Ärzte, die auch Medizinmänner, und zwar die angesehensten sind. Sie werden ordentlich aufgefordert, den Kranken Arznei zu verordnen, wofür man sie bezahlt; manche von ihnen erlangen große Geschicklichkeit in ihrem Fache und eine bedeutende Berühmtheit unter ihrem Volke. Zuerst verordnen sie Wurzeln und Kräuter, von denen sie eine Menge verschiedener Spezies haben, und wenn diese nichts helfen, so schreiten sie zur Anwendung ihres letzten Mittels, nämlich der ‹Medizin› oder des Geheimnisses. Wenn sie zu diesem Zwecke dem Kranken den letzten Besuch abstatten, so ziehen sie einen auf die wunderlichste Weise zusammengesetzten Anzug an, tanzen über dem Kranken, schütteln ihre schrecklichen Rasseln und singen Zaubergesänge, in der Hoffnung, den Leidenden durch Zauberei zu heilen. Es kommen allerdings Fälle vor, daß der Kranke während der Anwendung dieser albernen Mittel sich wieder erholt, dann sieht man den scharfsinnigen Sohn des indianischen Äskulap mehrere Tage auf dem Dache eines Wigwam stehen, wie er der gaffenden Menge ohne allzugroße Bescheidenheit kundtut, welche erstaunliche Geschicklichkeit er in seiner Kunst erworben und wie seine ‹Medizin› durchaus unfehlbar sei. Stirbt dagegen der Kranke, so wechselt der Arzt seine Kleider, vermischt seine Klagen mit denen der Leidtragenden und versichert, es sei der Wille des Großen Geistes gewesen, daß der Kranke sterbe, weshalb seine schwachen Bemühungen, als man ihn gerufen, nicht hätten wirken können; dies genügt dem unwissenden und abergläubischen Volke, und der Ruf und Einfluß des Arztes bleibt ungeschwächt.» – Es ist wahr, was F. TRUPP: Die

dem eigenen Unverstand als von der Unverständigkeit der eingeborenen «Medizinmänner» herrührt.
Tatsächlich nehmen sich die Urteile nicht verständnisvoller aus, die man von den Vorstellungen der modernen Medizin aus über die Heilpraktiken der Wundertäter im Alten wie im Neuen Testament fällen muß. Unerachtet, daß es schon aus theologischen Gründen, wie wir hörten, manchem als abgeschmackt erschien, den christlichen Glauben an solch obskure Berichte wie die Erzählungen von Wundern zu heften, überschreiten vor allem die Details einer Reihe von Wundererzählungen nicht selten die Geduld selbst gutwilliger Ausleger, ist doch die apologetische Ausrede gar zu plump und unbeholfen, Jesus etwa habe sich eben der zeitgenössischen Vorstellung bei seinen Wundertaten bedienen müssen. Wenn er, wie man sagt, durch seine Wunder die unerläßlichen Zeichen seiner göttlichen Natur und Kraft hat geben wollen, so hätte er, ähnlich dem alle Wunder verschmähenden Buddha[76], in der Tat seine Überlegenheit weit besser durch die Macht seiner Person und seiner Worte demonstrieren können als durch die Imitation dessen, was die Wundertäter und göttlichen Männer der Antike allerorten taten. Welch eine Göttlichkeit soll für die Augen eines aufgeklärten Theologen schon darin liegen, daß jemand auf die Erde spuckt, einen breiigen Teig anrührt und diesen einem Blinden auf die Augen streicht (Joh 9,6), oder daß er mit Speichel die Zunge eines Taubstummen berührt und dabei beschwörende Befehle erteilt (Mk 7,33-34), oder daß er einen unreinen Dämon durch Anschreien dazu bringt, aus einem Besessenen auszufahren (Mk 1,25)? Kein Zweifel: Jesus «bedient» sich hier nicht gewisser Heilverfahren, deren er an sich als Sohn Gottes entraten könnte und die er, obzwar an sich seiner unwürdig und sogar peinlich, dennoch nach Maßgabe der mangelnden Fassungskraft des

letzten Indianer, 179 von den südamerikanischen Indio-Schamanen sagt: «Erst in den letzten Jahren hat sich auch die wissenschaftliche Forschung mit dem Phänomen der traditionellen Heilpraktiken auseinandergesetzt. Lange Zeit hindurch galten die Methoden der Medizinmänner oder Schamanen als Hokuspokus. Neuere Studien, die von Ärzten, Ethnologen und Psychologen durchgeführt wurden, haben inzwischen auf die Bedeutung dieser Heilpraktiken aufmerksam gemacht.»

[76] Der *Buddha* wollte nicht, «daß seine Bhikkhus Wunder verrichteten oder zauberten, wie er in *Dighanikaya* XI im Gespräch mit *Kevaddha* ausdrücklich erklärt hat.» K. Schmidt: Buddhas Reden. Majjhimanikaya 16, S. 59, Anm. – Das hindert nicht, daß in späteren Zeiten dem *Buddha* und seinen Schülern Wunderkräfte im Zustand der Versenkung zugeschrieben wurden und man es für eine Versuchung des Bösen hielt, daß der *Buddha* seine Heilkräfte der Menschheit vorenthalten sollte. Vgl. die Legende von der Versuchung des Buddha: H. Oldenberg: Buddha, 115. R. Birnbaum: Der heilende Buddha, 28–37 verweist auf die buddhistische Auffassung von den *geistigen* Ursachen der Krankheiten, die deshalb vor allem durch Geistheilung und Lehre, weniger durch «übernatürliche» Praktiken geheilt werden müssen. Zu Recht meinte schon G. Grimm: Die Lehre des Buddho, 362, Anm. 147, daß die «Wunder» im Buddhismus (wie z.B. das Wunder der Vervielfältigung) sich nur im Zustand tiefster Konzentration einstellten und mit den biblischen Wundern an sich nichts gemein hätten. Das hindert nicht, daß sich zahlreiche Analogien zwischen christlichen und buddhistischen Wundererzählungen feststellen lassen. Vgl. G. Traub: Die Wunder im NT, in: A. Suhl (Hrsg.): Der Wunderbegriff im Neuen Testament, 167–168.

Volkes anwendet; er setzt sie offensichtlich ein, weil er sie selbst zur Heilung unerläßlich findet, und es ist wiederum nur unsere eigene Fremdheit gegenüber der Welt der Wunderheilungen und vor allem, wie sich im folgenden zeigen wird, die Auflösung des Mythos schon im Neuen (wie im Alten) Testament, durch die derartige Heilmethoden uns heute lediglich wie die Überreste einer an sich nichtigen und durchaus entbehrlichen, jedenfalls für das Christentum geradezu wesenswidrigen «Magie» erscheinen müssen. In Wahrheit kann man die Heilungswunder auch der Bibel ohne weiteres verstehen, wenn man die Einzelheiten ihrer Praxis gerade für *wesentliche* Bestandteile der Heilverfahren selbst ansieht und ihre Techniken auf dem breiten Hintergrund der *schamanistischen* Heilmethoden betrachtet.

Um eine gewisse Vorstellung von dem Sinn und der Bedeutung der vermeintlich «magischen» Praktiken der schamanistischen Heilkunst zu erlangen, ist es am einfachsten, erneut mit JOHN NEIHARDT zum Manderson-Postamt zu gehen und sich noch einmal beim SCHWARZEN HIRSCH in die Lehre zu begeben. Wir haben nämlich das Glück, daß SCHWARZER HIRSCH in seinen Erinnerungen «*Ich rufe mein Volk*» einen ausführlichen, vier Seiten langen Bericht darüber gibt, wie er nach dem Pferdetanz und dem Heyoka-Ritus (s.o. S. 85) zum ersten Mal im Jahre 1882, als er selber 19 Jahre alt ist, einen Knaben heilt, der im Sterben liegt. Gerade hat er entsprechend seiner Traumvision das vierstrahlige Kraut in den Bergen gefunden, als am Abend des nächsten Tages ein Mann mit Namen SCHLÄGT-IN-STÜCKE in großer Betrübnis für seinen Jungen bittet, der schon lange Zeit krank darniederliegt, nun aber zu sterben droht. SCHWARZER HIRSCH hat Angst, weil er noch niemanden mit seiner Kraft geheilt hat; aber da ihm der Mann leid tut, betet er inbrünstig um Hilfe und läßt sich eine Pfeife mit einer Adlerfeder bringen, die er von links her sich anreichen läßt. Dann begibt er sich mit einigen Freunden zu dem Jungen. Er bietet zunächst die Pfeife den sechs Mächten dar und bringt dann auf der Trommel einen Donnerlaut hervor, um die erfrischende Kraft des Gewitters näher heranzuholen; denn es ist für SCHWARZEN HIRSCH der Schall der Trommel, der «ein Opfer an den Geist der Welt» ist, der das Gemüt auch eines Kranken erhebt und der «die Menschen das Geheimnis und die Macht der Dinge empfinden läßt»[77].

Betrachtet man dieses Bild, so findet man leicht, daß auf seiten des Schamanen keineswegs magische Omnipotenz oder hysterisch exaltierter Wahnwitz am Werke sind, wenn er sich an das Wunder der Heilung begibt, sondern daß, wie nach den Darlegungen über die Persönlichkeit eines Schamanen nicht anders zu erwarten, ganz im Gegenteil eher eine Mischung aus Angst, Verantwortung und Mitleid sein Verhalten bestimmt. Weit davon entfernt, den Versuch der Heilung als eine persönliche Fähigkeit für sich zu beanspruchen, weiß der Schamane von

[77] SCHWARZER HIRSCH: Ich rufe mein Volk, 188.

sich, daß er nur insoweit etwas vermag, als die Macht Gottes in ihm wirksam ist. So betet SCHWARZER HIRSCH als erstes um Hilfe, ähnlich wie es das Neue Testament von Christus schildert (Joh 11,33.41).

Näherhin versteht man die Bedeutung der *Pfeife mit der Adlerfeder* in dem Heilverfahren von SCHWARZEM HIRSCH nur aus den Zeremonien, die üblicherweise mit der heiligen Pfeife in allen sieben Riten (besser: Sakramenten) der Sioux verbunden sind.

Der begründende Mythos der Sioux erzählt, daß die Uakan-Frau, als sie die Pfeife zu den Menschen brachte, mit heiligen Worten dieses Vermächtnis hinterlassen habe: «Mit dieser heiligen Pfeife sollt ihr auf der Erde leben; denn die Erde ist eure Allmutter und Mutter und heilig. Jeder Schritt, der auf ihr getan wird, sollte wie ein Gebet sein. Der Pfeifenkopf ist aus rotem Stein; er ist die Erde. In den Stein geschnitten und gegen die Mitte gerichtet ist dieses Büffelkalb; es vertritt alle Vierbeinigen, die auf eurer Mutter leben. Der Pfeifenstil ist aus Holz, und er stellt all das dar, was auf der Erde wächst. Und diese zwölf Federn, die hier hängen, wo der Stiel am Kopf sitzt, sind von dem gefleckten Adler; sie vertreten den Adler und alle Geflügelten in der Luft. Alle diese Völker und alle Dinge des Weltalls gesellen sich zu dem, der die Pfeife raucht – alle senden sie ihre Stimme zu Uakan-Tanka, dem Großen Geist. Wenn ihr mit dieser Pfeife betet, so betet ihr für alle und mit allem . . . Durch diese Pfeife sollt ihr mit all euren Verwandten verbunden sein . . . Der Anbruch jedes Morgengrauens ist eine heilige Begebenheit, und jeder Tag ist heilig, denn das Licht kommt von eurem Vater Uakan-Tanka; auch sollt ihr stets eingedenk sein, daß die Zweibeinigen und all die anderen Völker, die auf der Erde leben, heilig sind, und danach behandelt werden müssen. Von nun an soll die heilige Pfeife auf dieser roten Erde stehen, und die Zweibeinigen sollen sie ergreifen und ihre Stimmen zu Uakan-Tanka erheben.»[78]

Die Pfeife stellt für den Indianer nach diesen Worten nichts geringeres dar als ein universelles Einheitssymbol; sie verkörpert die ganze Erde, Oben und Unten, alle Lebewesen und alle Dinge der Erde; die heilige Pfeife zu rauchen, bedeutet demnach, aus der Vereinzelung herauszutreten und die Verbindung mit der Gesamtheit aller Wirklichkeit aufzunehmen. Nur von daher versteht man die überragende Bedeutung, die der Pfeife beim Vorgang des Heilens zukommt. Um jemanden von Krankheit zu befreien, bedarf SCHWARZER HIRSCH der Pfeife, auf daß seine und des Kranken Seele sich mit dem Weltganzen zu verbinden vermag. Man braucht keinen Moment anzustehen, um zu sagen: was Schwarzer Hirsch im Ritus der Pfeife dem Kranken spendet, ist nicht anders auszulegen als etwa die Krankenkommunion in der katholischen Kirche, nur daß dieser *de facto* kaum noch irgendeine heilende Kraft zugetraut wird. Auch die heilige

[78] SCHWARZER HIRSCH: Die heilige Pfeife, 14–15.

Kommunion soll in der Vorstellung des Christentums mit Christus verbinden, der das Haupt der Welt, der Inbegriff des ganzen Kosmos ist (Kol 1,15-18), und dieser Bezug, die Kommunion als Sakrament der Welt[79], ist als theologisches Theorem unstreitig; aber indem schon bei Paulus die gnostische Vorstellung von dem kosmischen Urmenschen und dem Leib der Welt auf die Kirche als den eigentlichen Leib des Herrn hin gedeutet wurde[80], ging der Weltbezug der Eucharistiefeier weitgehend verloren. Der Christ ist mit der Geschichte, mit der Person Christi, unendlich mehr verbunden als mit der «Welt», und so nimmt es nicht wunder, daß die Naturlosigkeit der christlichen Symbole auch der inneren Natur des Menschen ohnmächtig und ohne Heilkraft gegenübersteht. Dabei gäbe es in der immer mehr verschütteten Sprache der Symbole an sich noch eine Menge weltbezogener Gemeinsamkeiten zwischen den christlichen und den «heidnischen» Ritualen.

Die heilige Pfeife der Indianer etwa wird gefüllt mit den symbolischen Zeichen der vier Weltgegenden, und sie wird geraucht, indem man sie den sechs Himmelsmächten darbietet und das Herz zu ihnen erhebt. Nicht anders verhält sich der Priester in der heiligen Messe der katholischen Kirche, wenn er den Hochaltar – dieses uralte Symbol des Weltenberges[81] – von allen vier Seiten umschreitet und mit Weihrauch umwölkt, auf daß sein Gebet sei wie ein Erheben der Seele zum Himmel[82]. Aber die reiche Poesie der Welt ist verschollen in der Überbetonung des Historischen, und ein katholischer Priester erlebt erlaubterweise nicht mehr, was ein Schamane der Dakota-Sioux beim Rauchen der heiligen Pfeife als Sakrament vergegenwärtigte: das Eintreten in die Mitte der Welt auf den Pfaden der Traumberufung und das Auffinden einer vorgegebenen Ordnung des Alls am Ort, da die Welt ihr Zentrum hat.

Von daher versteht man auch die Details des heilenden Rituals. Daß SCHWARZER HIRSCH sich z.B. die Pfeife *von links* anreichen läßt, ist natürlich keine willkürliche Festlegung, sondern ein wichtiger symbolischer Teil der Handlung selbst.

79 Üblich geworden ist dogmatisch der Ansatz von K. RAHNER: Kirche und Sakramente, 73–78, der in der Eucharistie «das eschatologisch siegreiche Heil Gottes präsent» sieht, wo «die Kirche als das konsekrierte und gesellschaftlich verfaßte Volk Gottes in Erscheinung tritt» (77). Irgendeine kosmische Beziehung ist in diesem rein geschichtlichen, auf den Menschen bezogenen Ansatz nicht erkennbar. Daneben steht P. TEILHARD DE CHARDIN: Einführung zum christlichen Leben (1944), in: Mein Glaube, 198–200, wenn er sagt: Die Eucharistie «ist *das* einzige Sakrament, ... weil durch sie unmittelbar die *Achse* der Inkarnation, d.h. der Schöpfung, hindurchgeht.» Vgl. DERS.: Die Messe über die Welt (1923), in: Lobgesang des Alls, 9–42.

80 Zu der jüdisch-orientalischen Vorstellung vom «Leib Christi» im Epheser- und Kolosserbrief (Eph 1,22; Kol 1,15.16f.; 1,24; 2,10.19) in bezug zu den jüdischen Adamspekulationen und dem gnostischen Urmensch-Erlösermythos vgl. den immer noch äußerst instruktiven Exkurs bei H. SCHLIER: Der Brief an die Epheser, 90–99.

81 Vgl. W. Y. EVANS-WENTZ: Cuchama. Heilige Berge der Welt, 36–40, der den «Berg der Schöpfung» in dem äonischen Rhythmus von Entstehen und Vergehen als Vorbild der Stellung des Menschen im Kosmos begreift und (S. 59–101) eine Reihe heiliger Berge in den Überlieferungen der Völker vorstellt.

82 Vgl. Ps 24; 50.

Links ist tiefenpsychologisch der Bereich des Unbewußten[83]; aber innerhalb des indianischen Heilungsritus bildet links vor allem deshalb die vorgeschriebene Bewegungsrichtung, weil sich darin der gesamte Weg des Lebens darstellt. Als SCHWARZER HIRSCH das Zelt des kranken Jungen betritt, umschreitet er, nach links gewendet, einen Kreis, indem er von Süden eintritt und an der Westseite anhält, während der Knabe an der Nordostseite des Tipis liegt. Den Sinn dieser Anordnung erläutert SCHWARZER HIRSCH mit den Worten: «Bedenkt dies: ist nicht der Süden die Quelle des Lebens, und kommt nicht der blühende Stab tatsächlich von dort? Und schreitet nicht der Mensch von dort der untergehenden Sonne seines Lebens zu? Nähert er sich dann nicht dem kälteren Norden, wo die Haare weiß sind? Und langt er nicht dann, wenn er am Leben bleibt, an der Quelle von Licht und Erkenntnis an, die der Osten ist? Und kehrt er nicht dorthin zurück, von wo er ausgegangen, zu seiner zweiten Kindheit, um dort sein Leben an alles Leben wieder hinzugeben und sein Fleisch der Erde, aus welcher er es bekommen»[84]? Die Bewegung nach links ordnet also das Leben *im Kreis der Zeit* ein, so wie die Pfeife es im *Kreis des Raumes* ordnet; sie macht vor allem den Ort bzw. die Phase der Krankheit als Teil einer Bewegung zwischen Geburt und Tod deutlich und gibt damit dem Leiden buchstäblich seinen «Stellenwert». Das ganze menschliche Leben vollzieht sich in der linksgedrehten Kreisbewegung zwischen den vier Himmelsgegenden, zwischen Anfang und Ende, zwischen Jugend und Alter, und es kommt darauf an, das vierblättrige Heilkraut in der Mitte der Welt zu finden, um das Dasein als ganzes aus der

[83] Der Grund dafür liegt darin, daß die logisch-deduktive Hälfte des Erkenntnisprozesses mit den drei Teilen der Sprachrinde in der *linken* Hemisphäre unseres Gehirns liegt. Nur «diese besitzt eine vollständige Verbindung mit unserem Bewußtsein. Diese logisch-deduktive Hälfte des Erkenntnisprozesses wird nun mit dem Bewußtsein weiterentwickelt.» «Dagegen gehören die alten, endogenen Hauptteile des Kreislaufs (sc. der Erkenntnisprozesse, d. V.) . . . fast ganz zur induktiven, heuristischen Hälfte. Sie bleiben im Dunkeln des Nichtbewußten. Und diese synthetisch gestaltenden Fähigkeiten der Erwartungshälfte unseres Erkenntnisvorgangs stimmen nun in einem Maße mit dem nonverbalen, synthetisch-holistischen Raum-Verständnis überein, mit den muster-, musik- und gestalt-verstehenden Leistungen der rechten Hemisphäre, daß sie in dieser liegen werden. Und eben diese Hirnhälfte besitzt keine vollständige Verbindung zum Bewußtsein». R. RIEDL: Biologie der Erkenntnis, 186; 187. Durch die Kreuzung der Nervenbahnen kommt es deshalb dazu, links mit «unbewußt» und rechts mit «bewußt» zu identifizieren. – Vgl. V. S. ROTENBERG: Funktionale Dichotomie der Gehirnhemisphären und die Bedeutung der Suchaktivität für physiologische und psychopathologische Prozesse, in: G. Ammon (Hrsg.): Dynamische Psychiatrie, II 285–287; 290–295; 297–301; 308–309 mit dem Ergebnis: «Die Funktionen der linken Hemisphäre sind ordnend und schaffen solche Formen der Organisation von Informationen, die eine logische Struktur ergeben, ebenso entwerfen sie akzeptierbare rationale Erklärungen für die eigenen Motive und Handlungen. Die rechte Hemisphäre nimmt die Welt wahr mit all ihren Widersprüchlichkeiten und negativen Komponenten. Daneben konstituiert sie das Szenarium heftiger Motive, die vom Bewußtsein nicht akzeptiert werden und in Bilder eingebaut sind. Aus diesem Grunde wird das Subjekt bei abrupter Ausschaltung der linken Hemisphäre mit einer erschrekkenden und desorganisierten Realität konfrontiert, neben der selbst die Phantasien des *Hieronymus Bosch* verblassen. Die abrupte Ausschaltung der rechten Hemisphäre macht die Welt sofort konfliktlos und geordnet.» (A. a. O., 308)

[84] SCHWARZER HIRSCH: Ich rufe mein Volk, 188.

Mitte her zu erfahren und zu gestalten[85]. Gesundheit ist in diesem Sinne nichts anderes als das Ergebnis einer richtigen Zentrierung des Lebens.
Auf diese Weise wird zugleich klar, worin die heilende Tätigkeit des Schamanen eigentlich besteht. Sie beruht einzig und allein darauf, daß der Schamane sich selbst für die Kraft aus der Mitte der Welt öffnet, und er tut das, indem er selbst in den Mittelpunkt der Ordnung von Raum und Zeit eintritt. Seine heilende Kraft gewinnt er ganz allein in der Harmonie der Welt, die in ihm und in dem Ritus, den er aufführt, sichtbar und erfahrbar wird.
Von dem Ritus, den SCHWARZER HIRSCH zur Heilung des kranken Knaben aufführt, wissen wir bereits, daß er den Traum aktualisiert, durch den er selbst zum Mittelpunkt der Welt geführt wurde. Wenn es von den Sakramenten in der katholischen Kirche heißt, daß sie durch Zeichen und deutende Worte wirksam werden[86], so betont auch SCHWARZER HIRSCH, daß die Kraft des Ritus allein auf dem Verständnis seines Sinnes beruhe[87]. Aber der Ritus und sein geoffenbarter Sinn liegt gänzlich im Inhalt seines Traumes. Das *Mittel* zur Heilung, die sog. «Magie» des «Medizinmannes», besteht demnach wesentlich darin, den Kranken vermittels des Ritus *in seinen eigenen Traum*, in die Erfahrung seiner eigenen Heilung, hineinzunehmen und ihn auf demselben Weg zu führen, auf dem der Schamane selbst bereits zur Mitte der Welt geführt wurde.
Im Grunde heilt ein Schamane also durch nichts anderes als durch sein eigenes Wesen, insoweit dieses in der Botschaft und Berufung des Traumes sich selbst offenbar geworden ist; und sein Heilverfahren besteht allein darin, daß er den Augenblick darstellt und wiederholt, an dem er sich seiner Wahrheit im Traum bewußt wurde. Seine Art, zu heilen, basiert allein darauf, im Ritus die Vision der Einheit aller Dinge und aller Menschen zu vermitteln, durch die er selbst zum Mittel der Erwählung wurde.
Zug um Zug läßt sich dabei die Entsprechung von Traumsymbolik und ritueller Zeichenhandlung mitvollziehen. Infolge seiner Traumverwandtschaft mit den Mächten des Westens beginnt SCHWARZER HIRSCH seinen heilenden Ritus mit dem Gedröhn der Donnerwesen. In der Hand das vierstrahlige Kraut seines Traumes, läßt er sich eine Wasserschale geben, füllt seine Pfeife und gibt sie der hübschen jungen Tochter von SCHLÄGT-IN-STÜCKE, mit der Anweisung, die Pfeife genau so zu halten, wie er es in seinem Großen Gesicht die Jungfrau des Ostens hat tun sehen. Das vierstrahlige Kraut ist, wie wir wissen, das vereinigende Symbol der vier Weltgegenden, der Erde im ganzen, und ebenso ist die Schale voll Wasser dazu bestimmt, den ganzen Himmel in sich zu enthalten, wie SCHWARZER HIRSCH es im Traum gesehen hat[88]; auch sie ist eine Gabe des

[85] Vgl. E. DREWERMANN: Strukturen des Bösen, I^3 (erw.) 378–389.
[86] J. BRINKTRINE: Die Lehre von den heiligen Sakramenten der katholischen Kirche, I 36–39.
[87] SCHWARZER HIRSCH: Ich rufe mein Volk, 199.
[88] A.a.O., 107.

Westens, der Heimat des Regens, und sie enthält das Wasser des Lebens[89] – das Wasser der Wiedergeburt und der Taufe in der Sprache der christlichen Sakramentenlehre.

SCHWARZER HIRSCH, nachdem er auf diese Weise alle Vorkehrungen für das Ritual der Heilung getroffen hat, schlägt nun leise donnernd auf die Trommel, indem er viermal den Geist der Welt anruft; und während er das tut, fühlt er, daß er dem kranken Knaben helfen könne[90]. Auch dieses Gefühl, von einer «Kraft» durchströmt zu werden, die zu Heilungen befähigt, ist dem Neuen Testament noch gegenwärtig, wenn vor allem bei LUKAS von der *dynamis theou*, von der Macht Gottes, die Rede ist, aus der heraus Christus und die Apostel ihre Wunder der Heilung in Wort und Tat vollbringen konnten (z. B. Lk 4,36; 5,17; 5,19; 8,46; 9,1; Apg 6,8). Aber obwohl biblisch durchaus begründet, ist in der christlichen Dogmatik die Vorstellung von einer wundermächtigen Heilkraft Gottes im Menschen, weil ohne jeden Erfahrungs- und Denkhintergrund, nur noch den Worten nach erhalten, und es wirkt wie die Sprache einer anderen Welt, wenn die Dogmatik lehrt, es sei der Heilige Geist, der als die dritte Person der Gottheit die Wunder der Heilung bewirke[91]. Was bei den «Primitivkulturen» noch als gelebte Wirklichkeit erfahren wird, mutet in der christlichen Dogmatik wie ein religionsgeschichtliches Fossil an, wofern es von der Exegese nicht überhaupt als eine nur zeitbedingte Vorstellung der Vergangenheit überantwortet wird. Was aber könnten wir von den «Primitiven» im Umgang mit geistigen Mächten lernen!

Im Bewußtsein der gewonnenen Kraft, die von der Erde, durch die Verwurzelung mit der Mutter – tiefenpsychologisch mit dem Unbewußten also – ihm mitgeteilt wird, sendet SCHWARZER HIRSCH, nach Westen gewandt, des weiteren das folgende Gebet zum Geist der Welt, das für sich allein schon den sprechendsten Kommentar zu dem Wesen einer schamanistischen Wunderheilung abgibt, den man sich nur wünschen kann. SCHWARZER HIRSCH betet: «Mein Großvater, Großer Geist, du bist der einzige, und zu keinem anderen kann eine Stimme dringen. Du hast alles geschaffen, so sagen sie, und du hast es gut und schön

[89] A. a. O., 194.
[90] A. a. O., 189.
[91] Das Element des «Wunders» wird neuerdings vor allem von der Bewegung der charismatischen Glaubenserneuerung wieder ins Spiel gebracht; vgl. H. MÜHLEN: Die Erneuerung des christlichen Glaubens, 243: «In eigens angekündigten Heilungsgottesdiensten herrscht oft eine tiefe Gläubigkeit, ein aus dem Innersten kommendes Vertrauen auf die machtvolle Anwesenheit des Geistes Christi.» Zu Recht verbindet MÜHLEN seine Ausführungen mit Gedankengängen der psychosomatischen Medizin, die er allerdings nicht weiter reflektiert, sondern mehr als ein Beispiel zur Rechtfertigung seiner Glaubensüberzeugung heranzieht. – Sehr lohnend in diesem Zusammenhang ist die Darstellung der MARY BAKER-EDDY und der Christian Science-Bewegung bei ST. ZWEIG: Die Heilung durch den Geist, 113–243, der (S. 135–140) die «Psychologie des Wunders» zwischen Verzweiflung und Heilungswillen im Leben dieser großen Frau mit eindrucksvollen Worten schildert.

gemacht. Die vier Viertel und die zwei Wege, die sich kreuzen, hast du gemacht. Du hast auch eine Kraft erweckt, dort, wo die Sonne niedergeht. Die Zweibeiner auf Erden sind in Verzweiflung. Für sie, Großvater, schicke ich eine Stimme zu dir. Du hast zu mir so gesprochen: Die Schwachen werden gehen. Im Gesicht hast du mich zur Mitte der Welt geführt, und dort hast du mir die Kraft der Hingabe gezeigt. Du gabst mir das Wasser in der Schale; durch seine Kraft wird der Sterbende wieder leben. Das Kraut, das du mir gezeigt hast – durch seine Kraft wird der Schwache aufrecht gehen. Von dort, wo wir immer hinblicken (dem Süden), siehe, wird eine Jungfrau erscheinen, und den guten roten Weg wandern, die Pfeife auf ihrem Wege darbietend; und ihr ist auch die Kraft des blühenden Stabes. Von dort, wo der Riese wohnt (dem Norden), hast du mir den reinigenden heiligen Wind geschickt, und wo dieser Wind vorüberzieht, da werden die Schwachen Kraft erlangen. Solches hast du zu mir gesprochen. Zu dir und zu allen deinen Mächten und zur Mutter Erde schicke ich eine Stimme um Hilfe.»[92]

Nach diesem Gebet wendet sich SCHWARZER HIRSCH in *linker* Richtung den drei anderen Himmelsrichtungen zu und hält im *Süden*, «wo die Quelle allen Lebens ist, und wo der gute rote Weg beginnt»[93]. Dort singt er ein Lied, das wiederum seine Traumvision mit dem jetzt zu heilenden Einzelfall verbindet: «Auf heilige Weise machte ich sie gehen. / Ein heilig Volk liegt darnieder. / Auf heilige Weise machte ich sie gehen. / Ein heiliger Zweibeiner liegt darnieder. / Auf heilige Weise wird er gehen.» «Während ich dieses sang», erzählt SCHWARZER HIRSCH in seiner Erinnerung gegenüber J. NEIHARDT, «empfand ich in meinem ganzen Leibe etwas Seltsames, etwas, das in mir das Verlangen weckte, über alle unglücklichen Geschöpfe zu weinen, und Tränen rannen über mein Gesicht.»[94]

Eine solche Empfindung universellen Mitleids während einer Wunderheilung überliefert auch das Neue Testament, wenn es etwa sagt, daß Jesus beim Anblick eines Aussätzigen, der vor ihm auf die Knie fiel, von Mitleid ergriffen worden sei (Mk 1,41); der Codex Cantabrigiensis liest an dieser Stelle freilich: «er geriet in Zorn», und nach der textkritischen Regel von der Bevorzugung der schwierigeren Lesart müßte man dieser Textüberlieferung folgen; aber wahrscheinlicher ist, daß beide Lesarten auf ein und dasselbe hebräische (oder aramäische) Wort

[92] SCHWARZER HIRSCH: Ich rufe mein Volk, 190.

[93] A.a.O., 190.

[94] A.a.O., 190–191. – Wenn R.H. FULLER: Die Wunder Jesu in Exegese und Verkündigung, 20 hervorhebt, bei den Wundern Jesu handle es sich um ein «messianisches, nicht humanitäres Mitleid», es gehe um «Zeichen» und Machttaten (vgl. S. 121), so bleibt doch von der wirklichen Erfahrung im Wundererleben her zu fragen, über welch eine Macht der göttliche Arzt denn sonst verfügen soll als eben über die «Macht» seiner Menschlichkeit und seines Mitleids? Theologisch sollte man sich endgültig nicht länger mehr damit begnügen, biblische Hoheitsaussagen nachzureden, sondern man sollte dem Erfahrungshintergrund nachspüren, aus welcher die Aura der Person des Christus hervorleuchtet; andernfalls erhält man nichts weiter als die exegetische Grundlage eines verfeierlichten Doketismus.

zurückgehen, das ursprünglich wjḥm – «er erhitzte sich» lautete. In jedem Falle ist deutlich, welch einer inneren Anspannung es bedarf, um sich auf eine Wunderheilung einzulassen, wie wenig sie mit «magischer» «Scharlatanerie» oder wahnhaften Allmachtsphantasien zu tun hat. Demütiger, selbstloser, mitleidiger und offener gegenüber dem Himmel und den Mächten der Erde kann ein Mensch nicht sein, als wenn er sich als Mittler der heilenden Kraft des Großen Geheimnisses bereithält.

Schwarzer Hirsch geht schließlich zu dem *westlichen* Weltteil und zündet dort die Pfeife an, die er den Mächten darbietet. Der kleine kranke Knabe lächelt, und Schwarzer Hirsch fühlt in dem Moment noch einmal, wie seine Kraft zunimmt. Er trinkt zunächst selber aus der Wasserschale und geht dann zu dem Jungen hinüber; viermal stampft er vor ihm auf die Erde, legt seinen Mund auf die Magengrube des Knaben und bläst den reinigenden Wind des Nordens durch ihn hindurch. Dann kaut er etwas von dem Kraut, das ihm im Traum gezeigt wurde, legt es in das Wasser und bläst ein wenig davon auf den Knaben und nach den vier Weltgegenden. Die Schale mit dem Rest des Wassers reicht er der Jungfrau, die dem Knaben zu trinken gibt[95]. Dann sagt er der Jungfrau, sie solle dem Jungen aufstehen helfen und mit ihm im Kreise gehen, beginnend im Süden, an der Quelle des Lebens. Der Knabe ist noch sehr elend und schwach, doch mit der Jungfrau Hilfe tut er es. Dann geht Schwarzer Hirsch fort. «Am folgenden Tag», erinnert er sich noch Jahrzehnte später, «kam Schlägt-in-Stücke und berichtete mir, sein kleiner Knabe befinde sich besser, er sitze aufrecht und könne wieder etwas essen. Vier Tage später ging er wieder herum. Er wurde gesund und lebte bis zum dreißigsten Jahr. Schlägt-in-Stücke gab mir ein gutes Pferd für diesen Dienst. Aber ich würde freilich auch umsonst geholfen haben.»[96]

4. Was Bibelexegese und christliche Theologie von den Schamanen bezüglich der Wunderheilungen zu lernen haben

Bedenkt man, was in diesem absolut getreu berichteten Heilungswunder geschehen ist, so sieht man bald, daß das Wunder keinesfalls dort zu suchen ist, wo die abendländische philosophische und theologische Tradition es mit Vorliebe ange-

[95] Vielleicht wirft dieses Bild auch ein Licht auf die berühmte ägyptische Darstellung des Pharao *Tut-anch-Amun* («das lebende Bild Amuns»), dem unter den segnenden Strahlenhänden der Sonne seine Gemahlin Anchesenamun («Sie lebt für Amun») eine Schale zur Salbung reicht. Man hat immer wieder an dieser Darstellung den Kontrast zwischen der «Intimität» und der «Numinosität» des Bildes bemerkt; vgl. I. E. S. Edwards: Tutanchamun, 38–41; die Darstellung aber ist durch und durch *sakral* gemeint, und so könnte sehr wohl auch in der Salbung durch die Frau ein symbolischer Bedeutungsgehalt gelegen sein.

[96] Schwarzer Hirsch: Ich rufe mein Volk, 191.

siedelt hat: in der Durchbrechung oder Aufhebung bestimmter Naturgesetze. Die schamanistische Heilung setzt keine Naturordnung außer Kraft, sondern sie beruht im Gegenteil gerade darauf, so intensiv wie nur möglich ein Gefühl der Verbundenheit und der Einheit mit der gesamten Wirklichkeit zu vermitteln. Was sie will und tut, entspricht sehr wohl der Art, wie wir LEIBNIZ das Wunder definieren sahen: es geht um die Indienstnahme einer niederen Ebene der Wirklichkeit zugunsten einer höheren geistigen Ebene. Während sich indessen bei LEIBNIZ die «höhere» und die «niedere» Ordnung unverbunden gegenüberstanden, ist für das schamanistische Weltbild alles Sichtbare, wie wir hörten, von vornherein nur Spiegelung und Abbild einer unsichtbaren, geistigen Welt, und man muß die geistigen Kräfte kennen, um auch das äußere, sichtbare Geschehen, z.B. einer Krankheit, zu verstehen.

Weit entfernt, eine Ordnung zu stören, beschwört die schamanistische Heilung deshalb mit allen Kräften die Erfahrung einer universellen Harmonie. Für sie existiert kein Gegensatz von Geist und Körper, Gotteswille und Naturgesetz, mystischer und irdischer Welt, Unbewußtem und Bewußtem, sondern sie versteht einen solchen Gegensatz selbst als Zeichen und Ursache der Krankheit. Nicht Störung, Abspaltung und Willkür ist ihr Werk, sondern im Gegenteil: Einordnung, Integration und Gehorsam. Ihre Anschauung und Wirksamkeit ist ganz und gar religiös, und der Schamane, der Heiland, ist nur der Mittler einer Macht, die er am eigenen Leib erfahren und erprobt hat. Insoweit er seine eigene Krankheit als angstvollen Widerstand gegen seinen Traumbefehl, gegen sein inneres Wesen erkannt hat, weiß er zugleich auch, worin die Heilung liegt: er muß den Weg seines Traumes realisieren; indem er andere heilt, heilt er zugleich sich selbst, seine eigene Krankheit. Alles, was er lehren kann, besteht in dem Vertrauen, zur Mitte der Welt, zu dem Großen Geheimnis zurückzufinden und in der Verbundenheit mit allem die Isolation zu durchbrechen, zu der allein die Angst ihn zwingt und in der seine Krankheit besteht.

Natürlich – um ein mögliches Mißverständnis zu beseitigen – wissen auch die Naturvölker, daß Krankheiten «äußere», «einfache» Ursachen haben können: jemand bricht sich ein Bein, er wird im Kampf verletzt etc. Aber auch in solchen Vorfällen wird im Weltbild der «Primitiven» zunächst die Wirkung einer höheren, geistigen Ursache erkennbar. Noch die Helden HOMERS z.B. kämpfen vor Troja nicht allein gegen den Pfeilwurf eines *Hektors* oder *Paris*, sondern die Götter selbst nehmen am Kampfe teil, ja der gesamte Krieg ist letztlich *ihr* Werk, und die Schlacht der Menschen ist in Wahrheit eine Schlacht der Götter, wie der 20. Gesang der *Ilias* zeigt; die Götter sind es auch, die den Pfeilen ihre Wucht und Richtung geben; sie schützen ihre Günstlinge, machen sie unsichtbar oder verleihen ihnen Kraft zum Widerstand. «Darum», sagt HOMER, «vermag kein Mann, dem Achilles entgegen zu kämpfen; / Immer ist einer der Götter bei ihm, der das Unheil ihm abwehrt. / Ohnedies fliegt sein Geschoß geradeaus und rastet nicht eher, / Bis es den Leib eines Mannes durchbohrt hat; doch wenn im Gleichen / Spannte das Ende des Kampfes ein Gott, dann würde so leicht nicht / Ihm der Sieg, wenn auch ganz aus Erz zu sein er sich rühmte.»[1] An der Art, wie man zu den geistigen Mächten steht, entscheidet sich also auch das äußere Schicksal, und umgekehrt liegt es an der Einheit und Geschlossenheit des eigenen Geistes, an der Verbundenheit mit den göttlichen Mächten, wieviel Kraft zur Heilung jemand einer Krankheit entgegenzusetzen vermag.

Worin also liegt das eigentliche Wunder der Wunderheilung? – Paradox formuliert muß man sagen: Es liegt nicht in der Durchbrechung der Naturordnung, sondern in deren Wiederherstellung; es besteht nicht darin, etwas Geheimnisvolles ins Werk zu setzen, sondern das Geheimnis der Wirklichkeit bewußt zu machen; es ist keine Verdunklung des Verstandes in Richtung von Irrwitz und Willkür, sondern eine Erleuchtung, eine Offenbarung jenseits des Verstandes in Richtung einer tieferen Einheit und Vernunft. Daß sich das Herz des Kranken aus seiner Enge löst und wieder weit wird bis zu den Enden der Welt, daß es aus seiner Haltlosigkeit zurückfindet in die Geborgenheit der Mitte, daß es sich von innen her getragen fühlt durch das Vorbild eines anderen, der selber gerade so im Zentrum aller Dinge sich wiedergefunden hat – *das* ist das eigentliche Wunder der Wunderheilung. Daß die Angst überwunden wird durch das Bewußtsein der universellen Güte aller Dinge – *dieses* Vertrauen zu vermitteln ist das Geheimnis, das *Wunder* der schamanistischen Heilung.

Allerdings bedarf es, um die Möglichkeit solcher Heilungen zu verstehen, oder auch nur ihr Faktum anzuerkennen, einer erheblichen Korrektur der uns gewohnten abendländischen Denkweise. Man muß in der Tat angesichts der

[1] Homer: Ilias, XX 97–102; nach R. Hampe. – Zwar meint A. Krug: Heilkunst und Heilkult, 51: «Wie Celsus (Proömium 1) bemerkt, haben die homerischen Ärzte nur Wunden behandelt; Krankheiten aber wurden als von den Göttern gesandt angesehen, und die Götter allein vermochten sie zu heilen. Es vergingen Jahrhunderte, bis auch die nichttraumatische Erkrankung als etwas Natürliches, wenn auch Unerwünschtes erkannt wurde.» «Gesundheit ist gleichbedeutend mit der Harmonie und Ordnung all dessen, was die Natur, die Physis des Menschen ausmacht, die ihrerseits ein Abbild des übergeordneten Kosmos ist. Krankheit als Störung der Gesundheit ist daher etwas, was gegen die Natur verstößt.» Aber mit diesen sehr vom heutigen Denken her bestimmten Ausführungen, in denen zwischen Mensch und Gott, Leib und Seele streng geschieden wird, tritt die äußerst wichtige Gestalt der Arzt-Heroen und der göttlichen Ärzte bei *Homer* ungebührlich in den Hintergrund. K. Kerényi: Der göttliche Arzt, 75 verweist z.B. auf Telephos, «der von Achill verwundet wurde und dann vom Orakel des Apollon den Bescheid erhielt: wer ihn verwundete, der werde ihn auch heilen.» «Berühmt durch die sonderbare Heilung des Verwundeten durch den Verwundenden, stand Telephos in Beziehung zu Apollon, zum Hirsch und zur Zypresse. Sein Pflegevater hieß Korythos, sonst ein Beiname des Apollon ... Eine Hirschkuh hatte den ausgesetzten kleinen Telephos genährt, dessen Name ‹der weithin Leuchtende› bedeutete, während seine Mutter Auge, ‹das Licht›, heißt ... All diese Züge, mythologische Variationen der Sonnengeburt, der täglichen und der jährlichen Lichtepiphanie, der eine Art Licht-Tod in der Zeit der Wintersonnenwende vorangeht, waren Symbole der Heilwerdung und der die Heilwerdung hervorrufenden sonnenhaften Genialität.» M.a.W.: *Jede* Heilung verdankt sich letztlich der Teilhabe des Menschen an der göttlichen Natur des Lichtes; tiefenpsychologisch gesprochen: der Bewußtwerdung seiner Zugehörigkeit zu der umgreifenden Harmonie des Alls.

schamanistischen Heilung die Perspektive vor allem der neuzeitlichen Weltsicht vollständig ändern: nicht am Körper, sondern am Geist erkranken die Menschen primär, und entgegen dem gängigen Materialismus oder anthropologischen Dualismus ist es methodisch richtiger, den Körper als eine Funktion, als einen Spiegel der Seele zu betrachten, als umgekehrt: den Geist als ein Produkt hirnphysiologischer Stoffwechselvorgänge anzusehen. Wir werden nachher noch ausführlicher zu schildern haben, in welcher Weise die moderne Psychoanalyse und Psychosomatik unter dem Druck ärztlicher Notwendigkeiten gewissen Einsichten der «primitiven» Heilkunst in den Stammeskulturen und den alten Religionen nachgekommen ist und nachkommen mußte; an *dieser* Stelle genügt die Feststellung, daß es nach dem bisher Gesagten wie Tollheit anmutet, wenn vielerorts immer noch so getan wird, als sei die sog. «Magie» der Schamanen lediglich durch die objektive Richtigkeit ihrer medizinischen Kenntnisse wirksam gewesen – für wie unwichtig den Schamanen die «Arzneimittel» in Wahrheit gelten, haben wir gerade gehört (s.o. S. 90). Es mag natürlich sein, daß sich z.B. die altchinesische Technik der Akupunktur aus der schamanistischen Praxis heraus entwickelte, «die bösen Geister durch Einstiche mit Nadeln zu vertreiben»[2], oder daß auch sonst «magische» Praktiken Ergebnisse zeitigten, die der westlichen Heilkunst entsprechen. Aber die These, es sei die schamanistische Magie (als ein rudimentäres Vorstadium des naturwissenschaftlichen Experiments) schließlich in die moderne Rationalität methodischer Forschung und Wissenschaft eingemündet, entstammt einem ähnlichen Schluß, wie wenn man das heutige Fußballspiel aus dem Ballspiel der Mexikaner ableiten wollte[3]: es mag solche Verbindungen geben; aber nur durch die Veräußerlichung des ursprünglich Gemeinten, nur durch die Zerstörung des eigentlichen Sinns hätte sich dann die Gestalt des Gegenwärtigen herausgebildet. Im übrigen schmeicheln derartige Ableitungen zwar sehr dem neuzeitlichen Rationalismus und dem historischen Fortschrittsglauben, sie stellen aber den wirklichen Sachverhalt völlig auf den Kopf.

Das gleiche ist von den Überlegungen zu sagen, die ein so bedeutender Autor wie A. GEHLEN in seinem Buch «*Urmensch und Spätkultur*» dem Phänomen des Schamanismus gewidmet hat. Die «Magie» des Schamanen beruht seiner Meinung nach darauf, daß man den zu beobachtenden Erfolg einer Handlung durch die «Reindarstellung» der Handlungskette, die zu ihm führte, herstellen kann, und eben dies sei der «verhüllte Vernunftkern in der Magie»[4], nicht aber

[2] J. THORWALD: Macht und Geheimnis der frühen Ärzte, 230.

[3] Zum mexikanischen *Ballspiel* vgl. E. DREWERMANN: Der Krieg und das Christentum, 286ff.; den Ritus des Ballaufwerfens bei den Dakota-Indianern Nordamerikas schildert SCHWARZER HIRSCH: Die heilige Pfeife, 178–194.

[4] A. GEHLEN: Urmensch und Spätkultur, 233.

eine «prälogische Mentalität», wie er gegen LÉVY-BRÜHL, ohne ihn der Erwähnung zu würdigen, bemerkt. Man habe in der Magie die wahrnehmbaren Zuordnungen durch Gründe erklären wollen, und so habe man diese Gründe in dem Modell des eigenen Strebens und Widerstrebens zu finden gehofft, meint GEHLEN, aber diese sympathetische Zuordnung schließe die Handlung kurz: zwischen der Ähnlichkeit der Darstellung und dem gewünschten Erfolg[5]. Die religiöse Handlung – wie die Religion selbst – bestünde demnach (wiederum!) in einem falschen Verhältnis zur Natur; sie wäre objektiv ein Irrtum, der jedoch aufgrund der an sich richtigen logischen Voraussetzungen doch eines Tages zur Wahrheit, zur Ablösung des religiösen Verhältnisses zur Natur durch wissenschaftliche Forschung, zu führen vermöchte.

Die «Magie» stellt nach der Auffassung GEHLENS im Grunde eine bloße «Erkenntnisform des Instinktes» dar[6]; und mit dieser Definition verkennt er, was eigentlich der «Magier» erkennen will: nicht die äußere Natur, sondern die geistige Wirklichkeit hinter der Natur; ihre religiöse, nicht ihre naturwissenschaftliche Dimension bildet das Ziel seines Bemühens. Nur wenn die «Geister» und «heiligen Kräfte» der Schamanen in etwa dasselbe meinen würden, was in der Physik «Energie», «Gravitation», «Elektrizität» etc., oder in der Medizin «Virus», «Immunsystem», «Antigen» o.a. genannt wird, ließe sich GEHLENS Ansicht von der «Magie» der Schamanen als einer bloßen Vorstufe naturwissenschaftlicher Forschung aufrechterhalten. Tatsächlich aber appelliert der «Magier» bei der Wunderheilung überhaupt nicht an die Kräfte der äußeren Natur, sondern an die Kräfte der menschlichen Seele und an deren Fähigkeit, sich dem Geheimnis der Welt anzuvertrauen. Man mag dieses Verfahren mit GEHLEN sehr richtig als eine «sympathetische Zuordnung» bezeichnen, aber was im Ritus der Schamanen eine symbolische, sakramentale Verschmelzung der Seele mit den Mächten des Alls darstellt, würde man grob mißverstehen, wenn man darin einen «falschen» Kausalschluß des Denkens erblicken wollte, wie GEHLEN es vorschlägt.

Vollends irrte GEHLEN in der Darstellung und Deutung der Schamanen selbst, die er – freilich mit vielen anderen Forschern – für psychoneurotische, paranormale, sexuell invertierte Individuen, mindestens aber für exogen psychotische Deliranten, jedenfalls für abartige Allmachtsträumer hielt und als deren Wesen er eine «Umkehrung der Antriebsrichtung» von außen nach innen betrachtete[7]. Während der ursprüngliche Ritus, meinte GEHLEN, noch einen vernünftigen, apriorischen Kern besitze, der freilich durch die Fiktionen des sympathetischen

[5] A.a.O., 234.
[6] A.a.O., 234.
[7] A.a.O., 238; ähnlich z.B. auch D. FELTON: Schamanismus, in: C. Humphreys (Hrsg.): Asiatische Sowjetunion, in: Bilder der Völker, IX 2, S. 176–179.

Weltbildes bedauerlicherweise um seinen Nutzen gebracht werde[8], bedürfe der *entleerte* Ritus eines Tages einer neuen sekundären Motivation[9]: die Gruppe genieße jetzt das Ritual seiner emotionalen Wirkung wegen, es werde zu einem Mittel psychischer Erregung, und eben die psychisch erregbarsten und labilsten Elemente in Gestalt der Schamanen bemächtigten sich dieser Domäne.
Es läßt sich nicht leugnen, daß es faktisch all das gibt und geben kann, was GEHLEN unter dem Stichwort «Schamanismus» vor Augen hatte; das *Wesen* der schamanistischen Heilkunst und «Magie» aber wird damit so wenig begriffen, daß die Gestalt eines einzigen wirklichen Schamanen wie die des letzten Sehers der Ogalalla-Sioux in ihrer Lauterkeit und Reinheit den ganzen Spuk der rationalen Vorurteile und Abwehrdefinitionen über den Haufen zu werfen vermag. Die «Magie» kriecht nicht in einen sinnlos gewordenen Ritus, um sich an den Mitteln entleerter Religiösität wollüstig zu berauschen, sondern im Gegenteil: die «Magie» ist selber rituell, der Ritus aber ist die Nachbildung eines Großen Gesichtes, in dem nicht die Welt der äußeren Wirklichkeit, sondern die transzendente, eigentliche Welt einer universellen Einheit der Menschen, der Tiere und des Göttlichen erfahren wird.
Das Mißverständnis, dem GEHLEN (und zahlreiche andere Autoren) unterliegen, zeigt sich an dieser Stelle indessen noch auf andere Weise. Für gewöhnlich wird in den religionswissenschaftlichen Untersuchungen vorausgesetzt, daß die Religion *wesentlich* ein soziales Phänomen, einen Sonderfall des Gruppenbewußtseins darstelle; aber wenngleich eine Religion gewiß *auch* in der Verbundenheit vieler Menschen im Einverständnis gleicher Überzeugungen und symbolischer Zeichen gelebt werden will, so *entsteht* die Religion doch keineswegs aus dem gesellschaftlichen Zusammenleben selbst. Gerade von den Schamanen, diesen sozialen Außenseitern, kann man lernen, daß alle soziologischen Erklärungsversuche der Religion allenfalls die Außenseite des Religiösen zu erfassen vermögen. In Wahrheit steht am Anfang des religiösen Erlebnisses nicht die Gesellschaft, die Institution, die rituelle Praxis der Gruppe, sondern der Einzelne, *sein* Traumerlebnis und dessen angstvolle, befreiende Objektivierung vor dem Forum der Stammesangehörigen. Nicht die soziale, sondern allein die psychische Ebene, wenn man sie nicht kausalistisch und reduktionistisch verengt, öffnet den Zugang zum Verständnis des Religiösen. Was der Schamane weiß, entzieht sich im letzten jeder Wissenschaft und Logik; es ist der Ursprung aller Religion: daß Menschen auf Erden nur zu leben vermögen und leben möchten in dem Bewußtsein einer höheren, jenseitigen, ewigen Welt[10]. PLATON kommt das

[8] A. GEHLEN: Urmensch und Spätkultur, 240.
[9] A.a..O., 236.
[10] An dieser Verallgemeinerung des Grunderlebens ändert sich auch nichts, wenn die Hypothese von L.VAJDA: Zur phaseologischen Stellung des Schamanismus (1959), in: C.A. Schmitz (Hrsg.): Religions-Ethnologie, 265–295 zutrifft, wonach der Schamanismus in Sibirien in seinen einzelnen Komplexmerkmalen

Verdienst zu, wenigstens einige Teile dieser Weltsicht gegen die rationalistische Aufklärung seiner Zeit dem Abendland vermittelt zu haben; aber er konnte es nur tun auf der schwächsten seiner hinführenden Brücken: in dem Gedankenkreis der philosophischen Ideen und in der bewußten Abkehr von den leidenschaftlichen Ekstasen des Gefühls, des Traums, der Poesie und der Musik; und statt die eigentliche Botschaft PLATONS zu vernehmen, hat man in der europäischen Geistesgeschichte den notgedrungenen Intellektualismus seiner Argumentationsfiguren und seine Angst vor allem Sinnlichen und Sinnenhaften tiefer aufgenommen als die zentrale Erkenntnis, aus der auch die Schamanen lebten: Ein Mensch lebt nur solange, als er sein Leben als offen für die Ewigkeit, als getragen von göttlichen Mächten und als verbunden mit aller Welt zu fühlen vermag; aus *diesem* Wissen heilten die Schamanen, und man kann ihnen hierin nur zustimmen. Was, so muß man auch persönlich fragen, hätte ihre Weisheit einem Mann wie ARNOLD GEHLEN selber in den sehr schweren letzten Jahren seines Lebens zu sagen vermocht!

Aber es bleibt dabei: um das Schamanentum und seine Wunderpraxis wirklich

aus von einander relativ unabhängigen kulturellen Situationen entstanden sei – «ein Produkt von fruchtbaren Wechselwirkungen zwischen südlich-agrarischen und nördlich-jägerischen Kulturen.» (S. 295) Die *rituelle Ekstase* sei «praktisch zeitlos»; die *theriomorphen Hilfsgeister* und die Vorstellung vom tiergestaltigen Alterego seien aus höheren Jägerkulturen bekannt; die Vorstellung einer göttlichen *Berufung* ergebe sich aus den ekstatischen Kulturen, trete aber auch im Kulturbringermythos und im Ahnenkult auf, lasse sich also in einer Spätphase der wildbeuterischen oder einer Frühphase der agrarischen Kulturen datieren; die animistisch-manistische Art der *Schutzgeister* spreche ebenfalls dafür; die mystische *Initiation* mit der Zerstückelungsidee stelle einen durch agrarische Kulte entscheidend umgebildeten Jägerbrauch dar, zu dem die *Schamanenweihe* später hinzugetreten sei; die *Jenseitsreise*, von M. ELIADE als Rückkehr zu einer paradiesischen Urzeit verstanden, komme zwar auch in Jägermythen vor, scheine aber eigentlich für agrarische Kulturen kennzeichnend; das schamanistische *Weltbild* mit bestimmten kosmischen Vorstellungen, wie der Mehrstufigkeit des Weltalls, der Weltensäule etc., sowie die *Schamanenkämpfe*, die oft mit atmosphärischem oder fruchtbarkeitsförderndem Ausgang verbunden seien, gehörten den archaischen Hochkulturen zu, wobei das häufige *Ringen in Tiergestalt* einen Kompromiß mit jägerischer Geistigkeit eingegangen sei; bestimmte Bestandteile der *Schamanenausrüstung*, z.B. die Tierverkleidungen, gehörten ins Jungpaläolithikum (S. 292). – Selbst wenn all diese Zuordnungen im *sibirischen* Raum kulturhistorisch plausibel zu machen wären, so ist damit doch das Faktum selbst nur um so erstaunlicher, daß sich gleiche Vorstellungen in ganz verschiedenen Kulturen offenbar unabhängig von einander entwickelt haben; vor allem aber ist mit einer historischen Untersuchung über die Entwicklung von etwas die Frage nach der Natur eines kulturellen Phänomens – der ontologische Gesichtspunkt – keinesfalls schon beantwortet. D. SCHRÖDER: Zur Struktur des Schamanismus (1955), in: C.A. Schmitz (Hrsg.): Religions-Ethnologie, 296–334 hat denn auch versucht, im Gefolge M. ELIADES den Schamanismus wesentlich vom ekstatischen Erleben her zu deuten und von daher die Vorstellungen von der Jenseitswanderung sowie den Dualismus des schamanistischen Weltbildes, die Verwandlung der Seele und den rituellen Nachvollzug entsprechender mythischer urzeitlicher Ereignisse zu verstehen. Das Resultat lautet, «daß der Schamanismus keine eigene Religion und keine eigentliche Magie ist. Gewiß, er hat magische Züge angenommen, weil er dafür besonders anfällig ist. Aber der Schamane ist kein Zauberer, schon deshalb nicht, weil ein Zauberer keine Ekstase notwendig hat, und weil die magische, unpersönliche Wirkkraft sich von der personalen, schutzgeistgebundenen Schamanenkraft wesentlich unterscheidet. – Eine eigene Religion ist der Schamanismus deshalb nicht, weil ihm spezifische Gottheiten, spezifische Kultformen, spezifische Lehren usw. fehlen. Wohl verbindet er sich mit verschiedenen Religionen und entnimmt ihnen gewisse

zu verstehen, müssen wir Abschied nehmen von jahrhundertelangen Einseitigkeiten und Vorurteilen der eigenen Geistesgeschichte, und es scheint, als müßten wir zunächst gerade die am meisten lächerlich anmutenden Reste der eigenen christlichen Überlieferung, das am meisten Unverständliche darin, das am klarsten der Wissenschaftsgläubigkeit der Zeit Widersprechende als Ansatz zu einem tieferen Verstehen unserer selbst benutzen, indem wir von Völkern und Kulturen, die wir bislang zu den «Primitiven» zählten, uns wieder einen Weg zeigen lassen, der uns mit den Ursprüngen auch der eigenen Religion in den Tiefenschichten der Seele von neuem verbindet. Dazu aber ist es unerläßlich, die Symbolsprache des Religiösen, die wunderbaren Bilder der schamanistischen Traumberufungen und Wunderheilungen nicht länger mehr für eine verschrobene Art von «magischer» Naturbeherrschung anzusehen, sondern sie in ihrer seelischen Wahrheit und Aussagetiefe, in der magischen Faszinationskraft ihrer Schönheit und Größe zu belassen.
Die Travestie ist überdeutlich: die Großen Träume der Schamanen und aller großen Religionen von Himmelfahrt und Himmelsreise haben sich, wenn man

Gottheiten und rituelle Formen. Er ist überall dort möglich, wo ein Jenseits, jenseitige Wesen, Trennung von Leib und Seele, Ekstase und Mystik vorkommen, also auch im Buddhismus, Taoismus, Mohammedanismus und theoretisch sogar im Christentum.» (S. 333) Ähnlich urteilt A. E. JENSEN: Mythos und Kult bei Naturvölkern, 307. M.a.W.: *der Schamanismus ist ein Erfahrungselement in jeder Religion*, wenngleich die ekstatische Ausgangsform des Erlebens stark überlagert, ja, schließlich gänzlich ausgeschaltet werden kann. Nicht als Wesensunterschiede, sondern nur wie kulturell bedingte Modifikationen und Spezialisierungen liest es sich dann, wenn SCHRÖDER fortfährt: «Daß der Schamane kein Priester oder Zauberpriester ist, bedarf keiner besonderen Erklärung mehr. Der Priester ist der Vertreter einer bestimmten Religion und hat Funktionen, die nicht unter den Bereich des Schamanen fallen, z.B. das Opfer, ganz abgesehen davon, daß er das wichtigste Element des Schamanismus, nämlich die Trance, nicht kennt. Wohl können auch Schamanen priesterliche Funktionen ausüben, wie z.B. beim großen Pferdeopfer ... Aber eine solche Verbindung ist rein akzidentell. – Man muß auch den Schamanismus von der echten Mystik unterscheiden. Die Mystik verfolgt individuelle und keine sozialen Ziele, kennt keine komplizierten Formen und Riten, wie Tracht, Weihe usw. – Und schließlich ist der Schamane nicht mit einem Seher oder Propheten identisch. Der Seher kann, muß aber nicht die Ekstase haben ... ihm fehlen auch manche schamanistische Funktionen, etwa Krankenheilung, Dämonenbann usw.» (S. 333) – Die Schwierigkeiten der geschichtlichen und kulturellen Zuordnung entstehen offenbar, wenn man die sozialen Rollen vergleicht, in denen in bestimmten Kulturen Menschen sich dem Erfahrungsraum des Heiligen nähern und ihr Erleben anderen nahezubringen suchen. Das *traumnahe* Wissen der Schamanen um die eigentliche Wirklichkeit hinter der «Wirklichkeit» vordergründiger, äußerer Wahrnehmung ist indessen ein Wesenszug jeder Religion, gleichgültig wie sich die Berufsstände (Priester, Lehrer, Propheten etc.) etablieren und spezialisieren, die dieses Wissen weitergeben. – Sehr schön erzählt C. A. EASTMAN: Winona, 113 zur Charakterisierung des Schamanen und der Schamanentrommel die Mythe von dem Waldgeist *Oglugitschana*, der nicht größer gewesen sei als ein neugeborenes Kind und eine unbekannte Sprache sprach; er habe aber eine Zaubermusik besessen, durch die er einsame Reisende behexte und sie in große Kriegspropheten oder Medizinmänner verwandelte; wer ihn jedoch erblickte, ohne bereits von ihm bezaubert zu sein, der mußte beim ersten Anblick des Lagerfeuers sterben. Ein Schamane ist demnach jemand, der die Musik der Welt in ihrer Ursprünglichkeit vernimmt und sich von ihr verzaubern läßt, – so wird man dieses Mythem wohl deuten können. EASTMAN faßt die entsprechende Geisteshaltung in dem bemerkenswerten Satz zusammen: «Das Übernatürliche war für sie (sc. die Indianer jener Tage, d. V.) ein Teil ihres wirklichen Lebens.»

so will, in ihrer äußeren «Rationalität» heute mehr als bestätigt: wir können in der Tat inzwischen *äußerlich* über den Wolken schweben und gar die Rückseite des Mondes betreten; aber will irgendjemand wirklich glauben machen, dies sei der eigentliche Sinn der Traumvisionen der Schamanen gewesen? Gewiß, man kann auch den Traumempfang, statt durch Gebete, Fasten, Reinigung und Ritus, weit «einfacher» und «praktischer» mit LSD und Peyote-Extrakten erzeugen[11]; aber die Zerstörung der Seele hat ihre eigene Logik, und was ehedem die Kraft der Befreiung und Erlösung besaß, wird jetzt unter den Verwüstungen der Zeit zu einem Gegenstand der Sucht und Selbstzerstörung. Exogene Psychopathen waren nicht die Schamanen; aber eine Geisteshaltung, die diese großen religiösen Persönlichkeiten nur noch als Neurotiker und Deliranten zu sehen imstande ist, erzeugt offensichtlich Psychopathen und Neurotiker in immer größerer Zahl.

Von daher besteht Grund genug, um mit Nachdruck die These aufzustellen, daß wir gerade als Christen zum Verständnis unseres eigenen Ursprungs, unserer eigenen Religiösität, von den «Primitiven» lernen müssen. Insbesondere die Wundererzählungen der Bibel liefern – wie bereits die mythischen, märchenhaften, sagenhaften und legendären Überlieferungen der Hl. Schrift – einen wichtigen Beweis dafür, daß wir mit der Einstellung des neuzeitlichen Bewußtseins grundsätzlich außerstande sind, die Gestalt Jesu oder eines der Propheten, das

[11] Bei den *Azteken* z. B. spielten Halluzinationen aller Art eine große Rolle und standen unter dem Schutz der Göttin *Mayahuel.* Noch heute machen sich besonders die *Huichol*-Indianer im Westen Mexikos alljährlich im Oktober auf den Weg in die Wüste, um den heiligen Peyote-Kaktus zu suchen. Peyote wird nicht geerntet, sondern gejagt, wie der heilige Hirsch, mit dem diese Pflanze mystisch verbunden ist. Der Hirsch verkörpert die wichtigste Gottheit der Indios und bildet zusammen mit dem Mais und dem Regen eine heilige Drei-Einigkeit, die im Peyote zusammengefaßt ist. Das Peyote-Fest dient der Versöhnung der Götter der Trockenheit und der Ehrung der Wassergöttinnen. Vgl. I. NICHOLSON: Mexikanische Mythologie, 68–72; F. A. HOFFMANN: Die Huichol in Mexiko, in: J. Pitt-Rivers (Hrsg.): Mexiko und Zentralamerika, in: E. Evans-Pritchard (Hrsg.): Bild der Völker, IV 2, 192–199. – E. JÜNGER: Annäherungen. Drogen und Rausch, 340–341 urteilt von der Wirkung des Peyote: «Man kann das Meskalin nicht als so unbedenklich deklarieren, wie es *Huxley* tut. Richtig ist, daß die hier zu vermutenden Schäden nicht ins Gewicht fallen, verglichen mit denen, die Alkohol, Tabak und Tabletten anrichten. Zu bedenken ist indessen, daß es die Ausgangsposition verstärkt, die auch zu schwach oder schief sein kann ... Potenziert könnte auch das Belanglose werden, wie im Fall der Stenotypistin, die Berge von Schlagsahne sah. – Es würde dann nicht zum ‹Ausflug durch eine chemische Tür in die Welt transzendentalen Erlebens› kommen und nicht zur ‹kurzen zeitlosen Erleuchtung›, die Huxley mit Recht in unserem programmierten Bildungsgang vermißt. Daran ist nichts zu ändern, denn: Wenn sie den Stein der Weisen hätten, / Der Weise mangelte dem Stein. / – Zu erwähnen ist, daß die mexikanischen Drogen nicht erotisieren wie Äther und Alkohol. Sie führen tiefer in die Charaktere als bis zur Kreuzung, an der sich die Geschlechter abzweigen. Die Charaktere werden durch das Geschlecht beeinflußt, doch nicht bestimmt. ... Das Risiko ist anderer Art. Im Augenblick kann erkannt werden, was sich sonst erst in Jahren enthüllt. Dorthin führt keine Beichte hinab.» – Zur Verwendung des Peyote als sakramentaler Speise in der Religion der *Native American Church*, die um 1885 bei den Kiowa und Komantschen in Oklahoma entstand, vgl. J. S. SLOTKIN: Der Peyote Weg, in: D. u. B. Tedlock (Hrsg.): Über den Rand des tiefen Canyon, 100–108, der besonders auf die Gabe des *Redens in Zungen* verweist (105–106) sowie auf die mystische Erfahrung von Harmonie und Heilkraft (106–107).

Wesen eines Priesters oder eines Sehers wirklich zu verstehen; und alle theologischen Rhapsodien mit ihren Hoheitstiteln und christologischen Symbolen können an der Tatsache nicht vorbeitäuschen, daß wir fortschreitend dabei sind, die Wirklichkeit gerade des Wunderbaren, des traumhaft Heilenden, des magisch Bezaubernden in uns selber zu zerstören, indem wir sie de facto im Rahmen der historisch-kritischen Methode der Exegese als Geschehen der Vergangenheit verleugnen und als Möglichkeit der Gegenwart durch eine Kette von Mißverständnissen verhindern. So paradox ist jetzt die Lage: während die historisch-kritische Bibelwissenschaft als ein verspäteter Bastard des Rationalismus und Säkularismus der Neuzeit angesichts der Wundererzählungen von einer Peinlichkeit in die andere stolpert, kann ein einziger Blick auf das Leben eines wirklichen Wunderheilers außerhalb des europäischen Kulturkreises zeigen, wie die Wunder der Heilung zu verstehen sind und vor allem: welch eine Wirkmacht einer unverfälschten Form von Religiösität zuzutrauen ist. Sehr im Widerspruch zu den Versicherungen vor allem der protestantischen Exegese, daß die Gestalt Christi von allen «heidnischen» Beimengungen in der neutestamentlichen wie kirchlichen Überlieferung befreit werden müsse, sind es heute gerade die Beispiele der «Heiden», die uns außerhalb Europas an den Randzonen dessen, was wir «Kultur» nennen, einen gewissen Einblick auch in den Sinn und den Ursprung der christlichen Religion gestatten können.
Es sind insbesondere drei Punkte, die wir vor der Hand durch einen Vergleich der biblischen Wundererzählungen mit den schamanistischen Heilverfahren lernen können:
a) die Faktizität des Heilungswunders – *gegen* die theologische Lehre von der bilderlosen Transzendenz Gottes;
b) die Notwendigkeit der «Körperlichkeit» des Glaubens; und
c) der Zusammenhang von Wunder und Sakrament sowie die eigentliche Besonderheit im Wirken Jesu.

a) Die Faktizität des Heilungswunders

Zunächst geht von der Beschäftigung mit den schamanistischen Wunderheilungen entgegen der rationalistischen Bibelkritik eine neue Zuversicht aus, daß grundsätzlich zahlreiche Heilungen in einer Weise sich zugetragen haben *können*, wie sie in der Bibel (und anderswo) berichtet werden. Gerade die scheinbar «peinlichen» Details, etwa der Heilungswunder Jesu, zeigen, daß wir es hier mit Begebenheiten zu tun haben, wie sie der Art nach in den sog. «Primitivkulturen» noch heute an der Tagesordnung sind. Statt sich in dem unentwirrbaren Netz der philosophischen Aporien von Naturkausalität und Freiheit zu verfangen, läßt sich fortan in Ruhe das Faktum konstatieren, daß Jesus, Elisäus o.a. der

Überlieferung nach nichts anderes getan haben, als was allerorten sonst von einem Mann Gottes erwartet wird. Nicht die propagandistische Konkurrenz zu den hellenistischen Wundertätern hat demnach die Urgemeinde dazu gebracht, ähnliche Geschichten auch über Jesus zu überliefern, sondern man muß umgekehrt sagen: die Erfahrung einer wirklichen göttlichen Offenbarung ist nicht anders vorstellbar, als daß jemand durch Vision und Traum in den Mittelpunkt der Welt geführt wird; und eben daraus ergibt sich sowohl die Fähigkeit als auch die Pflicht, als heilender Gesandter und Bevollmächtigter göttlicher Kräfte nach außen zu wirken. Die *Art* der Heilung selbst ist dabei stets die gleiche: der andere muß durch bestimmte symbolische Handlungen in den Weg miteinbezogen werden, der den Wundertäter selbst zur Einheit und Erleuchtung führte.
An dieser Stelle wird vor allem deutlich, was die Wundererzählungen des Neuen Testaments unter «*Glauben*» verstehen und wovon die Evangelien immer wieder Jesus sagen lassen, eben dieser «Glaube» sei es, der den Kranken im eigentlichen Sinne gesund gemacht habe (vgl. Mt 9,22; Mk 5,34; Lk 8,48; Mk 10,52; Lk 18,42; Lk 7,50; 17,19; Mt 9,29; 15,28; Apg 14,9). Die protestantische Exegese hat eben diesen «Glauben» der Novellen des Neuen Testamentes als heidnische Wundersüchtigkeit und als unchristliche Äußerlichkeit zu diffamieren gesucht, so als sei gerade das propagandistisch Wirksame und Attraktive des frühen Christentums nur eine fromme Lüge oder ein unchristliches Mißverständnis gewesen[12]. Aber mit welchem Recht kann man eigentlich so sprechen? Wahr ist, daß der Glaube an Heilungswunder nicht spezifisch nur auf Christus sich bezieht; aber Christus selbst verweist bei seinen Heilungen ausdrücklich, genau wie die Schamanen[13], nicht auf seine eigene Person, sondern auf die Macht, die in ihm wohnt, bzw. auf die heilende Macht des Glaubens selbst, und dies erst schafft den Hintergrund und die Voraussetzung, daß in frühen Schichten der Tradition bereits und erst recht in der Redaktion der Evangelisten die Wunder Jesu «christologisch» gedeutet werden konnten; das Ereignis des Wunders selbst ist «älter» und ursprünglicher als jede «Christologie» und Verkündigungsabsicht. Wahr ist auch, daß die Wunder, die so zustande kommen, nicht ein *besonderes* Argument für die spezifische Wahrheit der christlichen Religion liefern können; aber dafür beweisen sie, daß die Person Jesu in jener Erfahrungstiefe und Wirkmächtigkeit gesehen werden muß, die jeder wahren Religiösität zukommt, und gerade hier läge der Ansatzpunkt einer verständigen Inkarnationstheologie ebenso wie eines fruchtbaren Dialogs zwischen dem Christentum und den «heidnischen» Religionen. Wahr ist auch, daß der «Glaube» der Novellen nicht einen bestimmten Inhalt, etwa ein christologisches Bekenntnis, zum Gegenstand hat; vielmehr besagt dieser Glaube nichts anderes als das Vertrauen,

[12] Vgl. Tiefenpsychologie und Exegese, I 82–84.
[13] Zur Notwendigkeit dieser Selbstzurücknahme s. u. S. 768f.

gegen die eigene Angst und Ohnmacht buchstäblich «allein durch den Glauben» «gerettet» zu werden. Aber wenn man vor Augen hat, wie die schamanistische Heiltechnik sich gerade um dieses Vertrauen bemüht, wie sie mit allen Mitteln versucht, den Kranken nicht aus der Weltordnung herausfallen, sondern ihn von neuem die Verbundenheit und Güte des Alls spüren zu lassen, wie sie, soweit irgend möglich, erreichen möchte, daß der Kranke sich selbst im Mittelpunkt der Welt von den Kräften des Daseins getragen fühlt und damit zu seiner eigenen Mitte zurückfindet, so kann man nicht bezweifeln, daß jede Religion eben dieses Vertrauen zu erwecken und eine jede auf ihre Weise die immer gleiche Angst des menschlichen Daseins zu bekämpfen versucht.

Die Wunder, die Jesus wirkt, erscheinen in dieser Sicht als das außerordentlich eindrucksvolle Zeugnis einer tiefen und wahren Menschlichkeit, und offensichtlich wollen die Wundererzählungen der Bibel auch gerade so verstanden werden. Die Wunder Jesu sind nicht «göttlich» in dem Sinne, daß sie alles Menschliche vergessen machen wollen, sondern umgekehrt: gerade indem sie jene Menschlichkeit sichtbar machen, der wir bei den Schamanen auf Schritt und Tritt begegnen, erscheinen sie als Ausdruck göttlichen Wirkens und erweisen Jesus als wahren Gesandten Gottes (Joh 10,18.37; 14,12). Eben weil Jesus offenbar eine solche Macht der Menschlichkeit, wie die Schamanen sie besaßen, in sich trug, benannte man ihn mit all den Vokabeln, die den Bereich göttlicher Sendung und Beglaubigung bezeichnen: Heiland, Gottgesandter, zweiter Moses, zweiter Elias, der Prophet etc.

Die in der Exegese inzwischen beliebten Floskeln hingegen – um mehr handelt es sich nicht mehr! –, die Wunder Jesu seien Zeichen seiner Messianität, Signa der anbrechenden Gottesherrschaft etc., sind vor diesem Hintergrund nicht gänzlich falsch oder wertlos, aber sie geben in ihrer schriftgelehrten und wirklichkeitsfremden Einseitigkeit den wahren Sachverhalt nur äußerst verzerrt wieder: die Wunder geschehen nicht, um als hinweisende Zeichen einer abstrakten Bedeutsamkeit Glauben zu wecken – allenfalls daß sie zu diesem Zwecke überliefert werden; umgekehrt: die Wunder geschehen, ganz wörtlich wie das Neue Testament sagt, weil ein Vertrauen, das durch die Begegnung mit Jesus ausgelöst wird, die Macht der Krankheit überwindet; erst indem von Jesus eine solche Macht des Vertrauens ausstrahlt, erweist sich, daß wirklich göttliche Macht und nicht die Ohnmacht der Schriftausleger in ihm wohnt (Mk 1,22.27).

b) Die Notwendigkeit der Körperlichkeit des Glaubens

Somit sind die Wunderheilungen Jesu von den Heilungen der Schamanen weder in der Art noch im Sinngehalt noch in ihrer religiösen Kraft und Bedeutung wesentlich unterschieden; ja, bei dem derzeit trostlosen Stand der exegetischen

Debatten um die Historizität der Wunder Jesu machen die Taten der Schamanen es sogar überhaupt erst wieder sinnvoll, auch Jesus ein Vermögen zuzutrauen, das prinzipiell in jedem Menschen angelegt sein muß, wenngleich es nur wenigen Begnadeten, und diesen offenbar nur unter viel Leid und eigener Krankheit, zuteil wird.

Eben diese Gleichheit des religiösen Ursprungs in *allen* Wunderheilungen, gleich ob innerhalb oder außerhalb der Bibel, verbietet es nun auf der Stelle, der protestantischen Verzweiflungsauskunft weiter nachzuhängen, man könne die leidigen Wundererzählungen des Neuen Testamentes theologisch getrost aus dem Bestand der «eigentlichen» Christusverkündigung tilgen; man könne sich auf diese Weise zudem die Auseinandersetzung mit den Naturwissenschaften sparen und gewinne schließlich sogar den entscheidenden Vorteil, den Gottesbegriff in seiner transzendenten Erhabenheit gänzlich zu reinigen und in wahrhaft theologischer Klarheit aufzurichten.

Schon der Ansatz dieser mit penetrantem dogmatischem Rigorismus verkündeten Auskunft ist falsch. Wo denn hätten die Schamanen, wenn man nur den eigenen «Magie»-Begriff reinigen wollte, Gott sich verfügbar machen oder in einen kategorialen «Gegenstand» verwandeln wollen? Es ist eines, für Christus zu eifern, aber kein Recht leitet sich daraus ab, ganze Völkerschaften und Kulturen, die jahrtausendelang geistig von den Schamanen geführt wurden, für in Wahrheit unreligiös oder psychopathisch zu erklären. Für die indianischen Schamanen ist nie ein Teil der Welt «Gott» gewesen; alle Dinge waren für sie vielmehr nur die Orte, an denen das Große Geheimnis geruht hatte und denen nachgehend man Gottes Spuren in der Welt verfolgen konnte. Sie waren von der Transzendenz des Göttlichen nicht minder überzeugt als vormals die Germanen – und alle anderen Naturvölker –, von denen Tacitus schrieb: «Es verträgt sich nicht mit der Vorstellung der Germanen von der Erhabenheit der Himmlischen, Götter in Wände einzuschließen und irgendwie menschenähnlich darzustellen. Sie weihen ihnen vielmehr Lichtungen und Haine; und mit Namen von Göttern bezeichnen sie jenes geheimnisvolle Wesen, das sie nur in ihrer Verehrung und im Geiste schauen.»[14]

Aber diese Transzendenz Gottes *spiegelt* sich in der Welt. Zur Mitte der Welt und zum Innersten des eigenen Herzens hinzufinden, bedeutet deshalb auch, sich dem Großen Geheimnis hinter aller sichtbaren Schöpfungswirklichkeit zu nahen und in der Kraft dieses Geheimnisses dem menschlichen Leben Richtung und Ordnung zu geben. Der Glaube ist in dieser Sicht eine Versammlung aller Kräfte auf *ein* Zentrum hin, wie es das einzig wesentliche Gesetz des Lebens im Alten wie im Neuen Bund verlangte (Mk 12,30; Dtn 6,4); und er ist gerade nicht ein weltloser Absturz heraus aus allen Dingen, wie es manche Richtungen vor

[14] Tacitus: Germania, Kap. 9; S. 8–9.

allem der dialektischen Theologie gern möchten, sondern eher umgekehrt: die Einbeziehung des ganzen Kosmos in die Verwandtschaft und Einheit von allem, was lebt, in die Mitte des Herzens, in die Mitte der Welt.

Der Gegensatz kann an dieser Stelle nicht größer sein.

Erinnern wir uns, was bei *Bultmann* und seinen Anhängern unter «Glauben» verstanden wurde: ein Sprung, der alle «weltlichen» Sicherungen fahren läßt, eine Eigentlichkeit, die im Grunde ohne jedwede menschliche Vermittlung und Voraussetzung im Weltjenseitigen gründet, eine Beziehung, die ohne die mindeste symbolische Verdichtung und ohne den Schimmer auch nur eines einzigen tieferen Gefühls sich einem Gott zu stellen sucht, bei dem nach der Zerstörung aller anderen Seelenbilder man durchaus nicht sicher sein kann, ob letztlich nicht auch das Reden von «Gott» nur einen mythischen Rest, ein heidnisches Relikt, ein unchristliches Aperçu verkörpert. Diese auf die Spitze getriebene «Reinigung» des Glaubens, diese radikale protestantische Bilderzerstörung ist nicht nur theologiegeschichtlich, sondern ihrer ganzen inneren Dynamik und Logik nach der direkte Wegbereiter der *Gott-ist-tot-Theologie*[15].

In der Tat stehen die Wundererzählungen der Bibel in schreiendem Widerspruch zu einer solchen theologischen Transzendenzlehre. Wenn in den «Novellen» auch nur ein Funke religiöser Berechtigung und Wahrheit enthalten ist, so eben in der Forderung und der Erwartung, daß sich im Glauben, in der Beziehung zu Gott, alles, was irgend menschlich und weltlich ist, *versammelt* und versammeln darf; die Weltüberlegenheit des Großen Geheimnisses im Hintergrund der sichtbaren Welt erreicht man im Sinne der Wundererzählungen nicht in der Weise eines leeren Überstiegs, der alle weltlichen Bezüge abstreift, sondern nur in dem Akt einer symbolischen Verdichtung aller Welt; Glaube gilt hier nicht als Weltentleerung, sondern als Einigung, als Verwesentlichung, als geistige Konzentra-

[15] Nicht eigentlich als «Theologie», sondern ehrlicher als ein Versuch, unter decidiert atheistischen Voraussetzungen einen humanistischen Kern der Botschaft Jesu zu entnehmen, versteht sich M. Machoveč: Jesus für Atheisten, 264ff., der «die Idee der Nächstenliebe (einschließlich des Feindes), die Idee des Verzeihens und ‹Nichtwiderstehens›» für eine «Projektion der Vision vom ‹Königreich› auf den menschlichen Geist in der Gegenwart» hält. Die eschatologische Revolution gegen die «Privilegien von Reichen, Pharisäern, Römern im Land» sei dann an der Enttäuschung an der eschatologischen Naherwartung zusammengebrochen und habe den «Angehörigen der besitzenden Klassen» Platz gemacht (265). Die Worte von 1 Tim 6,1-2 oder Titus 2,9 gelten dann als «Parodie der Botschaft Jesu», und der Marxismus erscheint berufen, das von der kirchlichen Dogmatik verfälschte Jesusbild wiederherzustellen. Zur Darstellung der Thesen von Machoveč vgl. Th. Pröpper: Der Jesus der Philosophen und der Jesus des Glaubens, 48-52. – Ähnliche Gedanken finden sich der Sache nach bei H. Braun: Jesus, der Mann aus Nazareth, Stuttgart. [3]1972. Die Arbeiten von Machoveč und Braun seien hier erwähnt, weil sie von der Exegese historisch-kritischer Provenienz her argumentieren und in gewissem Sinne die Konsequenz dieser Methode aufzeigen, wenn sie in ihrer Einseitigkeit belassen wird. – Zur Auseinandersetzung mit der «Gott-ist-Tod-Theologie» vgl. H. Zahrnt: Gott kann nicht sterben (1970), der zu Recht die kritischen alternativen Fragen stellt: «Gegenwart oder Zukunft?» (256–259), «Veränderung oder Erlösung?» (259–262), «Göttlicher Offenbarer oder sozialer Revolutionär?» (262–266), «Gerechtigkeit oder Barmherzigkeit?» (266–267), «Personen oder Strukturen?» (267–269) und schließlich auf die Wesensfrage aller Religionen: auf den Tod, hinweist.

tion des Herzens mit all seinen Gefühlen, und *das* war es, was dem Heilverfahren der Schamanen zugrundelag. «Eigentlich» wird der Mensch zufolge dieser Vorstellung keinesfalls dadurch, daß er sich seiner Gefühle und Empfindungen entschlägt und mutwillig im Namen «Gottes» die psychischen Grundlagen jeder religiösen Erfahrung zerstört; «eigentlich» im Sinne der Wunderheilungen der Schamanen beginnt ein Mensch zu leben, wenn er, getragen von dem Vertrauen in die Macht des Großen Geheimnisses in allen Kreaturen und im eigenen Herzen, sich in den Weg der eigenen Traumbotschaft fügt; und indem er der eigenen geoffenbarten Berufung seines Lebens folgt, realisiert er das, was er dem eigenen Wesen nach sein sollte. Das Göttliche und das Menschliche erscheinen hier nicht als Widerspruch, sondern es erweist sich das Göttliche in eben dem Maße als mächtig und groß, wie das Menschliche zu seiner Wirklichkeit gelangt. Geist und Körper bilden hier keine Gegensätze, sondern die innere Vision der Traumberufung und des heilenden Rituals spricht durchaus in Bildern körperlicher Präsenz, und ihre Stärke liegt gerade darin, daß diese innere Schau *gefühlt* und *empfunden* werden kann. Was die Schamanen wollten, war geradewegs das Ende der Zerspaltungen des Menschen, in denen sie sehr zu Recht den Grund und das Wesen der Krankheit erblickten; sie wollten, daß Gott bis ins Innerste körperlich fühlbar sei, so wie es der *Psalm 16* einmal mit den Worten ausdrückt: «Darum ist Freude in mein Herz gezogen, mein ganzes Wesen ist ein Lobgesang, und auch mein Körper findet seine Ruhe in Geborgenheit» (Ps 16,9). Wo *das* geschieht, ereignet sich das Heilungswunder der Schamanen: die Neuverschmelzung der Seele mit dem Körper und mit aller Welt.

Es ist also sehr richtig, wenn die *Dialektische Theologie* den Glauben und die Selbstfindung des Menschen, die Eigentlichkeit seiner Existenz, in engstem Zusammenhang miteinander sah; aber der Mensch wird nicht zu seiner Eigentlichkeit geführt, sondern zu einer radikalen Selbstentfremdung, wenn man mit theologischen Gründen geltend macht, man müsse aus seinem Gefühl, aus seinem Körper, aus allen weltlichen Bezügen heraustreten, um in der reinen Transzendenz sich von Gott ergreifen zu lassen. In diesem Punkte irrte die Dialektische Theologie groß, wenn sie alle weltimmanenten Züge des Glaubens verwarf und aus dem Christentum verbannen wollte; denn im Gegenteil: je mehr ein Mensch sich von Gott umgreifen läßt, desto inwendig geschlossener und einheitlicher wird er sich selbst erleben; nicht weltentrückter, sondern heimischer wird er sich auf der Erde fühlen, und alle Dinge werden, wie in Paradiesestagen, ihm von seinem Gott erzählen: die Tiere und die Bäume, die Blumen und der Wind, die Sterne und das Meer – alles wird für ihn ein Bild und Zeichen seines Gottes sein. Nur so ist es verständlich, daß Christus als sein tiefstes Ausdrucksmittel die *Gleichnisrede* fand – die ganze Welt als Poesie des Großen Geheimnisses, das er mit der Weisheit der Schamanen «Vater» nannte.

Desgleichen ist der KIERKEGAARDSCHE Grundgedanke der Dialektischen Theologie nur zu bestätigen, daß Gott und Mensch einander *im Felde der Angst* wie Gegensätze, wie Feinde gegenüberstehen, und in der Sicht alter Schamanenweisheit ist die Krankheit geradezu das sichtbarste Zeichen dieses Widerspruchs. Aber unrecht hat die Dialektische Theologie, wenn sie diesen Gegensatz aus den Voraussetzungen der Angst entläßt und, wie KIERKEGAARD z.T. schon selber, den Anschein zu erwecken sucht, als wenn das natürliche Wesen des Menschen, sein Fühlen und Wollen, in sich selbst bereits etwas Widergöttliches darstelle[16]. Eine solche Widerspruchstheologie bzw. eine solche negative Anthropologie würde nicht die Ursache der krankhaften Seelenzerrissenheit, die *Angst* an der Wurzel des menschlichen Daseins, beruhigen, sondern im Gegenteil ontologisch vertiefen, und es wäre, stünde es so, beim besten Willen nicht mehr zu verstehen, wie ein Mensch aus einer solchen Zerrissenheit der Existenz zu seiner Eigentlichkeit erlöst werden könnte. Statt ein Verfahren der Heilung zu sein, müßte ein solcher «Glaube» sich unfehlbar in eine theologische Rationalisierung und asketische Stabilisierung schwerer neurotischer Ängste verwandeln; und ein bestimmter Krankheitszustand des theologischen Denkens muß in der Tat sein größtes Interesse daran finden, jede Vermenschlichung des Glaubens als unchristlich herauszustellen. Demgegenüber bildet nicht die Gegensätzlichkeit, sondern die Gottmäßigkeit der menschlichen Seele, ihre wunderbare Fähigkeit, sich in den Schichten ihres Unbewußten dem Geheimnis des Daseins in den ewigen Bildern der Religion zu öffnen, die Grundlage für das Wunder der Heilung in der Kraft des Glaubens.

c) Über den Zusammenhang von Wunder, Sakrament und Glaube sowie von einer Besonderheit im Wirken Jesu

Die religiösen Heilungswunder sind also nicht nur der modernen Naturwissenschaft ein Dorn im Auge, sie widerlegen vor allem eine Theologie, die sich an die faktische Seelenzerrissenheit des neuzeitlichen Menschen soweit angepaßt hat, daß sie die Krankheit selber, den Status der Angst, der Naturfremdheit und den Dualismus einer gefühlskalten, vollkommen unkörperlichen und dennoch absolut materialistischen Rationalität, statt sie vom Glauben her zu heilen, sogar in eine eigentliche Form christlichen Glaubens umzudeuten wagt. Die Heilungswunder der Schamanen ebenso wie die der Bibel legen ein deutliches Zeugnis ab von einer Frömmigkeit, in der Gott und Welt, Natur und Mensch, Geist und Körper eine Einheit bilden und in welcher der Glaube gerade darin besteht, in diese Einheit einzutreten. Doch um diese Vision eines heilen bzw. geheilten Menschseins zu verstehen, gibt es gegenwärtig vom Christentum her schein-

[16] Vgl. die Diskussion zu dieser Frage bei E. DREWERMANN: Strukturen des Bösen, III 536–540.

bar keinen Zugang mehr, bis auf eine einzige, äußerst schwankend gewordene Brücke, die wir soeben schon teilweise betreten mußten, um die Heilpraxis von SCHWARZEM HIRSCH (und anderen Schamanen) zu beschreiben: die Brücke der Sakramente und der heiligen Zeichen in der katholischen Kirche.
Man wird nach dem Gesagten leicht begreifen, daß dieselbe Geisteshaltung, die gegen den Mythos, gegen die Welt des Unbewußten, gegen die Sphäre der archetypischen Bilder, gegen die Wahrheit der Märchen, Träume, Wundererzählungen und Legenden gerichtet ist, auch mit dem Glauben an gewisse sakramentale Riten nichts Sinnvolles zu verbinden vermag. In der Tat ist es ein und dasselbe, an die objektive Wirksamkeit bestimmter Riten und an die Möglichkeit von Wunderheilungen zu glauben, ist doch das eine geradezu die Voraussetzung des anderen: das schamanistische Heilverfahren besteht ja im Grunde, wie wir gesehen haben, in nichts anderem als einem sakramentalen Ritus, der, wie etwa das Sakrament der Krankenölung, die Gesundung von Seele und Leib herbeiführen will und keineswegs nur auf eine innere Wirkung, etwa auf die Vermittlung bestimmter «Gnaden», beschränkt ist.
Die dogmatische Theologie hat die Beziehung zwischen Wunder und Sakrament übrigens sehr wohl seit altersher gesehen. Nach den *Thomisten* etwa ist die heilige Menschheit Christi «das eine große lebendige und leibhaftige *Sakrament* des Neuen Bundes», «wodurch Gott seine übernatürlichen Wirkungen der Erneuerung der Menschheit vollzieht. Die sieben Sakramente der Kirche sind die fortgesetzten Handlungen des Gottmenschen, wodurch er ... bis zum Ende der Zeiten die Entsündigung und Begnadigung der erlösungsbedürftigen Menschen bewirkt»[17]. Zugleich aber werden auch *die Wunder* als Wirkungen der Menschheit Christi angesehen, und man versteht die Sakramente der Kirche geradewegs als eine Fortsetzung der Wunder Christi. Diese Lehre, so spekulativ und lebens-

[17] B. BARTMANN: Lehrbuch der Dogmatik, I 370f.; J. BRINKTRINE: Die Lehre von der Menschwerdung und Erlösung, 190. – Damit stellt sich natürlich generell die Frage nach dem *Verhältnis von Magie und Religion*, von Suggestion und Sakrament. A. ALLWOHN: Magie und Suggestion in der Heilpraxis, in: W. Bitter (Hrsg.): Magie und Wunder in der Heilkunde, 37–38 meint dazu sehr mit Recht: «Die Magie ist *nicht* als *primitive Technik* zu verstehen ... in Unkenntnis der Naturgesetze.» «Das Wesen der Magie besteht in einem Umgang mit dem Göttlichen, bei dem *keine Grenze* zwischen Jenseits und Diesseits, zwischen dem Metaphysischen und dem Physischen, zwischen dem Heiligen und dem Natürlichen, zwischen dem Spirituellen und dem Materiellen gezogen wird.» «Magisches Handeln kann zwar vom kultischen Beten und Opfern unterschieden werden, die Behauptung aber, daß ein unvereinbarer Gegensatz zwischen Magie und Religion bestehe, widerstreitet der Tatsache ihrer geschichtlichen Verbundenheit.» «Am Ursprung der Magie steht durchaus die Erfahrung des Numinosen ... Immer bleibt eine Bindung ... zum Mythus des Ursprungs bestehen.» ALLWOHN verweist zudem auf Beispiele der Bibel: die priesterliche Reinigung des Aussatzes (Lev 14,1ff.), oder die Heilung vom Aussatz in 2 Kön 5,9ff. Trotz des Verbotes der Magie in Dtn 18,9 gibt es Stellen wie Ex 7,10ff. und Num 20,22 oder im NT Beispiele wie Apg 13,8ff (die Beschwörung des Zauberers Elymas) bzw. magische Elemente in Heilungen (vgl. Mk 7,33; Joh 9,6 u.ö.) Zu Recht weist ALLWOHN auf die «Unterlassungssünde» der Christenheit hin, die «sinnlich faßbaren Manifestationen der Offenbarung Gottes: die Bilder, Symbole und heiligen Gegenstände, die Sakramente und die Handauflegung» nicht mit meditativer Heilkraft auszustatten, und schreibt sehr wahr: «Gott ist ins Fleisch und nicht nur in die Worte gekommen».

fern sie auch anmuten mag, trifft religionspsychologisch den eigentlichen Sachverhalt erstaunlich genau; allerdings sollte man, um den Zusammenhang zwischen Wunder und Sakrament richtig zu begreifen, auch umgekehrt davon sprechen, daß die Wunder eine Art Fortsetzung von im Grunde sakramentalen Handlungen darstellen.

Vollständig betrachtet ist die Reihenfolge diese: am Anfang steht der Ritus, das sakramentale Zeichen, bzw., noch früher, die Vision (des Schamanen), die den Ausgangspunkt von allem weiteren bildet; aber die Macht der Vision wird erst wirksam, wenn sie im darstellenden Ritus verkündet und als objektive Realität mitgeteilt worden ist. Teile dieses rituellen Traumgeschehens bilden dann die Grundlage des Heilungsgeschehens. Der Unterschied zwischen den Heilungsriten und den in engerem Sinne sakramentalen Riten – deren Anzahl, überraschend konkordant, bei vielen Völkern der Erde auf die Siebenzahl festgesetzt ist[18] – liegt indessen nicht in den rituellen Symbolen und Ausdrucksformen selbst, sondern allein in dem Umstand begründet, daß die eigentlichen Sakramente sich von der Ebene der individuellen, privaten Notlage entfernen und sich dafür an die Thematik der entscheidenden Knotenpunkte *jedes* Menschenlebens anschließen; sie artikulieren und bewirken gewissermaßen die Wunder, die das ganze Menschenleben – dargestellt an den Hauptmarkierungsstellen von Geburt, Reife, Hochzeit und Tod, sowie den Momenten der Versöhnung, der Gemeinschaftsbildung und der Weihe der Autorität in der Gemeinde – in der ganzen Breite begleiten und tragen. Die Sakramente im eigentlichen Sinne sind gewissermaßen die standardisierte, generalisierte Form der rituellen Wunderheilungen. Sie gehen zwar aus den Wundern hervor, die – ganz im Sinne der dogmatischen Sprechweise – die «menschliche Natur» bewirkt, wenn sie von

(A.a.O., 55) – Obwohl in seiner thomistischen Unterscheidung von natürlichen und übernatürlichen Kräften recht problematisch, ist der Sache nach H.M. Christmann: Der Doppelgegensatz: Wunder und Pseudo-Wunder – Sakrament und Magie, in: W. Bitter (Hrsg.): Magie und Wunder in der Heilkunde, 98 zuzustimmen, wenn er meint: Wunder und Sakrament haben das gemeinsam, «daß beide *Zeichen* sind, und zwar wirksame Zeichen, also *Real-Symbole* des irgendwie schon im Kommen begriffenen Reiches Gottes ...» Der von Christmann aufgestellte Gegensatz zwischen Wunder und Sakrament auf der einen Seite und Pseudo-Wunder und «entartete» Magie auf der anderen Seite läßt sich allerdings nur unter dem «christlichen» Vorurteil gegenüber der Magie aufrecht erhalten.

[18] Zur Herkunft der *Siebenzahl* vgl. E. Drewermann: Strukturen des Bösen, I 197; II 79; 512. C.G. Jung: Mysterium Conjunctionis, XIV 2, 152; 161–165 sieht in der Sieben eine ununterbrochene Reihe, die eine Einheit aus der Drei und der Vier, des Männlichen und des Weiblichen also, darstelle: «sieben sind (sc. im Taoismus, d.V.) große Weise oder Heilige, die unsterblich im Himmel wohnen oder auf der Erde, der achte aber ist *ein Mädchen*, welches vor der Himmelstüre kehrt» – ähnlich wie im Märchen von den «Sieben Raben» (KHM 25). Entsprechend kennt die Antike die sieben Planeten, die Sphären und Tore sind, die der Myste durchschreiten muß; Herodot: Historien, I 98, Bd. 1, S. 81 z.B. berichtete dementsprechend von den sieben Ringmauern Ekbatanas. – Die Sieben ist auch Übergang der Seele zu der (weiblich gedachten) *8-Zahl.* Die Siebenzahl der Sakramente bildet dann in ihrer Gesamtheit einen Aufstieg zum Himmel, ähnlich der Weltenachse der Schamanen. – Vgl. M. Eliade: Schamanismus und archaische Ekstasetechnik, 263–267, der die Siebenzahl historisch auf mesopotamische Einflüsse zurückführt.

Gott getragen wird; aber es gilt auch das umgekehrte: die Heilungswunder gehen aus den quasi sakramentalen Riten hervor, in denen die Traumvisionen der Schamanen ihre Darstellung gefunden haben.
Daher ist es eine ebenso bedenkenswerte wie bedenkliche Lehrmeinung, wenn gesagt wird, die Wunder Jesu hätten ihre historische Fortsetzung in den Sakramenten der Kirche gefunden. Eine solche Sprechweise bringt die Gefahr mit sich, die Sakramente auf eine bloß rituelle Funktion zu reduzieren, ihren Traumhintergrund, ihre archetypische Seelentiefe aber zu verleugnen und damit das sakramentale Geschehen von den Grundlagen seines Ursprungs und seiner Verstehensmöglichkeit abzutrennen. Ist es erst einmal so weit gekommen, so liegt es nahe, die Betrachtung sogar völlig umzukehren und den isolierten sozialen Anteil dahin zu übertreiben, daß, wie E. DURKHEIM meinte[19], die rituelle Zusammenkunft der Gruppe selbst das Religiöse allererst begründe; statt zu sagen, die Gruppe werde konstituiert durch die Erfahrung einer als gemeinsam empfundenen religiösen Macht und einer alle Gruppenmitglieder vereinigenden rituellen Symbolik, müßte man im Sinne DURKHEIMS gerade umgekehrt sagen, daß die Einheit der Gruppe mit Hilfe einer bestimmten rituellen Symbolik die religiöse Erfahrung konstituiere. Es ist aber nach Verleugnung des psychischen Ursprungs der Riten durchaus unbegreifbar, woher die rituelle Symbolik überhaupt die Kraft erlangen sollte, derart mächtig auf die Psyche einer großen Zahl von Menschen unterschiedslos einzuwirken. Die Riten und Sakramente besäßen keinerlei Macht, wenn sie nicht selbst aus den Tiefenschichten des Unbewußten, aus den Szenen von Traum und Vision, stammen würden, und wenn man schon sagt, ihr *Zweck* liege in der emotionalen Erregung der Teilnehmer, so sollte man schon aus Gründen der Logik noch viel weiter gehen und sagen: ihr Ursprung liegt in den emotionalen Kräften der Psyche selbst.
Statt funktional nach dem sozialen Wert und der Wirkungsweise der Sakramente zu fragen, sollte man also zunächst ihren primär psychischen Ursprung und Sinn herausarbeiten und betonen. Denn es ist klar, daß die religiöse Bedeutung der Sakramente völlig ausgehöhlt und von jedem Sinn entleert wird, wenn der eigentliche Hintergrund des sakramentalen Geschehens, die Ebene von Traum, Archetyp und Heilung, aus dem Blick gerät. Insofern reflektiert die theologische Auskunft, die Sakramente seien die Fortsetzung und Ablösung der Heilungswunder Jesu, gewissermaßen in sich selbst bereits das Endstadium des Sakramentalen und die Ursache seiner Auflösung. Der Bereich des Sakramentalen ist nur solange wahr und mächtig, wie die Sprache des Unbewußten mächtig ist; wird diese unter dem Lärm der rationalen Begriffe und einer Theologie der bloßen Worte unhörbar, so stirbt die Welt der Bilder und Symbole wie von selbst.

[19] Vgl. Tiefenpsychologie und Exegese, I 50; 256; 308–309.

Von daher eröffnen die Sakramente der Kirche zwar noch einen letzten Zugang zum Verständnis der Heilungswunder, und es lebt in ihnen an sich die Welt der Wunder, so verborgen auch immer, noch weiter, aber sie selbst sind nur zu verstehen, wenn man sich auf ein Denken einläßt, das die Kräfte des Unbewußten zumindest nicht verleugnet, und sich für ein Einheitsdenken offenhält, das die Zerspaltungen des neuzeitlichen Bewußtseins (noch) nicht teilt.
Freilich tritt gerade im Vergleich zwischen den Heilpraktiken der Schamanen und den Heilungswundern Jesu eine auffallende Eigentümlichkeit des Wirkens Jesu zutage, die es offenbar mit ermöglicht hat, daß die Welt des Unbewußten, des Archetypischen, des Rituellen im Christentum derart hat in Vergessenheit geraten können, und diese Eigentümlichkeit ist die (relative) Unvermitteltheit der Heilungswunder Jesu. An ihr wird ein höchst bemerkenswerter Unterschied des christlichen Glaubensverständnisses deutlich, das bei aller Gemeinsamkeit mit den «heidnischen» Religionen, wenn es um die Wunder der Heilung geht, dennoch den Anteil des Personalen weit stärker hervorhebt, als es außerhalb des Christentums geschieht.
Wir wissen bereits, daß die Besonderheit der Gestalt Jesu sicher nicht in der Tatsache bestimmter Heilungswunder an sich begründet liegt; um die Gestalt Jesu zu verstehen, sollte man vielmehr überhaupt das Denken in Konkurrenz und Gegnerschaft zu anderen Religionen vermeiden; aber es ist gerade dieser Stil der Apologetik, der die Theologie Jahrhunderte lang beherrscht hat. Noch 1927 schrieb RICHARD REITZENSTEIN, es habe bis vor kurzem als ein Angriff auf das Christentum selbst gegolten, «zu behaupten, eine dem Glauben ähnliche religiöse Kraft oder Empfindung könne im Heidentum auch schon bestanden haben»[20]. Tatsächlich wird auch heute noch theologisch vielerorts ein solcher Exklusivitätsanspruch des Christlichen gepflegt, und statt daß man in der Gleichartigkeit und Gemeinsamkeit des Christentums mit den anderen Religionen eher ein Argument für die Wahrheit, Menschlichkeit und Natürlichkeit des eigenen Glaubens erblicken würde, läßt man es sich lieber als Pflicht auferlegen, den esoterischen Eigensinn zu fördern, den wiederum die Dialektische Theologie in der Schule K. BARTHS bis an die Grenzen des Fanatischen getrieben hat. Um so wichtiger ist es zu sehen, daß, den Wundererzählungen des Neuen Testamentes zufolge, Jesus durchaus keinen anderen Glauben gelehrt hat, als er

[20] R. REITZENSTEIN: Die hellenistischen Mysterienreligionen, 234. – Sehr treffend hat schon A. VON HARNACK: Die Mission und Ausbreitung des Christentums in den ersten drei Jahrhunderten, 139, gemeint: «Seelenheilung und Seelenheilkunde haben nie aufgehört, ja ihren ganzen dogmatischen und kultischen Apparat stellte die alte Kirche unter diesen Zweck. Sie gab sich fort und fort als die große Heilsanstalt . . .; die Heiden, Sünder und Häretiker sind die Kranken, die kirchlichen Lehren und Handlungen sind die Arzneien.» Aber so sehr HARNACK die kirchliche Sakramentenpraxis dem heidnischen Mysterienwesen verfallen sieht, so deutlich betont er zugleich die Wundertätigkeit Jesu: «Die Gesundheit der Seele ist die Erkenntnis Gottes. Auf diesen Fels hatte sie Jesus aus dem Schiffbruch des Lebens gerettet. Weil sie Gott als den *Vater* in dem Sohne erkannt haben, darum wissen sie sich als geheilt.» (S. 130–131)

gleichermaßen in anderen Religionen lebt, wofern auch sie imstande und willens sind, gegen die Angst des menschlichen Daseins ein Vertrauen in den geheimnisvollen Grund der Welt zu vermitteln und den Menschen in die Mitte der Welt und des eigenen Herzens zu führen.

Aber von welch einem «Glauben» ist dann die Rede? Diese Frage muß im Umkreis der Wundererzählungen an dieser Stelle noch ein Stück weiter geklärt werden.

MARTIN BUBER hat in seiner Schrift «*Zwei Glaubensweisen*» (1950) den alttestamentlichen Begriff des Glaubens so entschieden wie möglich dem neutestamentlichen «Glauben» und vor allem dem Wunderglauben des frühen Christentums entgegenzusetzen versucht. Die jüdische Haltung des Glaubens, der *emunah*, meinte BUBER, sei eine Haltung der Treue und des Vertrauens gegenüber Gott, wie sie sowohl bei Jesaja (7,9) als auch bei Jesus noch verwirklicht gewesen sei[21]. Die griechisch-paulinische Auffassung vom Glauben hingegen, die im Neuen Testament vorherrschend geworden sei, verstehe unter Glauben etwas ganz anderes: nämlich den «Glauben» an eine bestimmte Lehre. Diese Entgegensetzung entspricht im Grunde der alten Unterscheidung der Dogmatik zwischen der *fides qua creditur* und der *fides quae creditur*, zwischen dem Glauben als Haltung und dem Glauben als Inhalt, und das Plädoyer BUBERS für die Gesinnung eines bedingungslosen Vertrauens gegenüber Gott hat sein Pendant durchaus in der sonst von ihm so bekämpften Existentialisierung des Glaubens in der protestantischen Theologie. Auch bezüglich des Wunders im Neuen Testament nimmt BUBER eine analoge Stellung ein, die für den Zusammenhang von Glauben und Heilungswunder jetzt besonders lehrreich ist.

Eine Erzählung des Markusevangeliums (9,14-29) z.B. berichtet, wie Jesus einen «besessenen» Knaben von einer Krankheit heilt, deren Erscheinungsbild deutlich die Züge einer Epilepsie aufweist[22]. Der Vater hat sich in Abwesenheit Jesu an seine Jünger gewandt, aber diese «waren nicht stark genug», so wie alle Menschen, unter denen Jesus zu leben gezwungen ist, an dieser Stelle als eine insgesamt ungläubige und folglich des Wunders unmächtige Menschenart geschildert und gescholten werden. Der Vater, in seiner Verzweiflung, fleht Jesus an, wenn er etwas vermöge, so solle er doch Erbarmen haben und ihm angesichts der Krankheit seines Jungen helfen. – Wie keine andere Novelle des Neuen Testamentes greift diese Erzählung die Frage nach der Macht des Wunderheilers auf, und um so charakteristischer ist die Antwort Jesu: «Dieses: Wenn du kannst – alles ist möglich dem Glaubenden!» Das entspricht aufs Wort der

[21] M. BUBER: Zwei Glaubensweisen, Werke I 670.

[22] Vgl. R. PESCH: Das Markusevangelium, II 84, der zwar in der Überschrift von der «Heilung eines epileptischen Knaben» spricht, aber daraus keinerlei Konsequenzen für ein psychodynamisches Verständnis des Textes zieht, sondern sich im folgenden über die Aussageabsicht der Erzählung bzgl. der Exorzismuskraft des Wundertäters ergeht.

vertrauensvollen Einstellung, die wir soeben als Grundlage auch der schamanistischen Wunderheilung kennengelernt haben (s.o. 112); und tatsächlich nimmt denn auch der Vater des kranken Knaben die Antwort Jesu in gerade diesem Sinne auf: «Ich glaube!» ruft er, «hilf meinem Unglauben.»

Der Glaube, von dem hier die Rede ist, ist nichts anderes als das Vertrauen in die Macht, die von Gott her in einem Menschen wirksam werden kann, der selbst sich vom Vertrauen zu Gott tragen läßt; es ist dieselbe Art von Glauben, der wir auch beim SCHWARZEN HIRSCH begegnet sind, als er im Vertrauen auf seine Traumbotschaft seine Angst bezwang und die Kraft in sich sammelte, um den Sohn von SCHLÄGT-IN-STÜCKE zu heilen. Doch eben von dieser wundermächtigen Haltung des Vertrauens meinte nun M. BUBER, ein solcher Glaube sei ein offenkundiger Widersinn. «Denn», so erklärte er, «‹ich glaube, daß ich diesen heilen kann›, besagt eben eine innere Gewißheit, wie jedes mit ‹daß› konstruierte ‹Glauben›. Daß diese Gewißheit genüge, um das ‹Vermögen› (sc. zum Heilungswunder, d.V.) hervorzubringen, geht gegen die Erfahrung des Menschengeschlechts», und er fügte noch hinzu, die Geschichte beweise eine «bedenkliche Nähe zum Magier». Denn: «Was sind Magier anderes als Menschen, die glauben, daß *sie* heilen können?»[23]

BUBER hatte zweifellos ganz recht, wenn er auf die «Magie» in dem Glaubensverständnis der Heilungsgeschichten hinwies. Aber er hatte sehr unrecht, einen solchen «magischen» Glauben «absurd» zu finden und die Erfahrung des «Menschengeschlechtes» dagegen aufzurufen. Richtig ist, daß ein solcher Glaube, wie er in Mk 9,14-29 geschildert wird, nicht ein Vorrecht Jesu darstellt, sondern dem Menschen als solchen zugänglich ist[24] – auch der Vater des Jungen fleht ja gerade um einen solchen Glauben. Aber unrecht hatte BUBER, wenn er eine Stelle wie die von Jesaja 28,16 als «jüdisch» gegen einen solchen angeblich «hellenistischen» Glaubensbegriff in Anschlag zu bringen suchte: «Der Glaubende wird nicht beschleunigen», übersetzte BUBER das schwierige Prophetenwort, und er deutete dies dahin: «der Glaubende wirkt im Tempo Gottes»[25], d.h. er will keinen anderen Gang der Geschichte herbeizwingen als den, der Gott entspricht; er verlangt vor allem keine Offenbarkeit Gottes dort, wo Gott sich verhüllt[26]. Aber ein solcher Gegensatz, wie BUBER ihn hier zwischen dem «jüdischen» und dem vermeintlich «hellenistischen» «Glauben» der Wundererzählungen konstruierte, trifft nicht das, was dem Geheimnis der Wunderheilungen zugrunde liegt. Der Heiland, der Schamane, der göttliche Arzt maßt sich durchaus keine Macht an, die ihm nicht zusteht oder die er nicht besitzt, etwa wie SIMON MAGUS, der vor Kaiser Nero prahlte, fliegen zu können, und bei der Vorführung seines Kunst-

[23] M. BUBER: Zwei Glaubensweisen, I 662-663.
[24] A.a.O., 663.
[25] A.a.O., 665.
[26] A.a.O., 779.

stückes abstürzte[27]; ein wirklicher Wunderheiler traut sich auch nicht zu, «magisch» über Gott zu verfügen; er fühlt nur in sich selbst, daß es heilend ist und gut, in Gott, im Zentrum der Welt, verwurzelt zu sein, und die Kraft *dieses* Vertrauens gibt er weiter.

Karl Kerényi, der in einem kleinen Aufsatz «*Der Mythos des Glaubens*»[28] (1966) die Fragestellung Bubers vom Griechentum her aufgegriffen hat, hat die anstehende Problematik auf den eigentlichen Kern zurückgeführt: auf den Hintergrund des Mythos und des Kultes. Kerényi zeigte, daß das Vertrauen in die Kraft des Vertrauens, das sich im Neuen Testament ausspricht, im ursprünglichen Sinne dem Mythos entstammt bzw. der «mythischen» Erfahrung, daß das Vertrauen selber eine göttliche Macht ist. So gab es bei den Römern einen Mythos der Göttin *Fides*, der Göttin Glauben, wie Cicero in seiner Schrift «*Vom Wesen der Götter*» (2,61) bezeugt[29]: der Konsul *Marcus Aemilius Scaurus*, der im Jahre 115 v.Chr. im Amt war, hatte den Göttinnen *Fides* und *Mens* (Geist) einen Tempel auf dem Capitol errichten lassen. Cicero fragte in diesem Zusammenhang, warum die *Fides*, aber auch die Hilfe, das Heil, die Eintracht, die Freiheit, der Sieg als Götter in eigenen Tempeln verehrt würden, und er antwortete: «Weil alle diese Begriffe so große Bedeutung haben, daß man sie sich nur unter Führung einer Gottheit vorstellen konnte.»[30]. Der Glaube verdient demnach nur deshalb Glauben und die Treue verlangt nur deshalb Treue, weil sie *Götter* sind. Erst der Mythos des Glaubens verleiht dem Glauben Grund und Macht. «Mythos» versteht K. Kerényi hier «als eine Aussage, die mit dem Anspruch der Wahrheit, ja, einer wichtigen Wahrheit auftritt», diese aber spontan, in absoluter Gewißheit ausdrückt, ohne den Forderungen nach reflektierter Begründung entsprechen zu können[31]. In diesem Sinne *braucht* der Glaube den Mythos von seiner göttlichen Allmacht, und gerade in dieser «Verwegenheit»[32], jenseits der verstandesmäßigen Begründungen und Beweise, meinte K. Kerényi, lebte auch der Glaube Jesu an die Allmacht des Glaubens (Lk 17,6), die nur eine Grenze kennt: den Unglauben, der sich dem Wunder verschließt (Mk 6,5). – Dieser

[27] A.a.O., 662–663; zur Gestalt des *Simon Magus* vgl. Apg 8,9–24; Justin: Dialog mit dem Juden Tryphon, 120, 6; BKV 33, S. 197; Irenäus: Gegen die Häresien, I 23; BKV Irenäus, Bd. 1, 68–71, der die gesamte Gnosis auf Simon Magus und seine Gefährtin Helena (Ennoia) zurückführt. – Die Vorstellung vom *«Fliegen»* dürfte auf (gnostische) Himmelfahrtsvisionen zurückgehen (vgl. E. Peterson: Frühkirche, Judentum und Gnosis, 264), wie wir sie als psychisches Erleben bereits in den schamanistischen Visionen kennengelernt haben. – Zur Gestalt und Religion des *Simon Magus* vgl. E. Meyer: Ursprung und Anfänge des Christentums, III 277–293, der besonders den «Boden eines wüsten Aberglaubens» betont (S. 292), aus dem auch das Christentum selbst erwachsen sei.

[28] K. Kerényi: Der Mythos des Glaubens (1966), in: Antike Religion, 260–273.

[29] Cicero: Vom Wesen der Götter (De natura Deorum, ca. 45 v.Chr.).

[30] A.a.O., 2, 61; S. 92.

[31] K. Kerényi: Der Mythos des Glaubens, a.a.O., 268–269.

[32] A.a.O., 273.

«Mythos» des Glaubens, dieser absolute Vertrauensvorschuß in die Macht des Vertrauens, liegt auch der Religion des Christentums zugrunde; er ist nicht begrenzt auf irgendeine Religion, er ist der Ursprung *aller* Religion.

Auch in dem angesprochenen *sakramentalen* Sinne ist der Glaube Jesu, wie er sich in den Wundererzählungen mitteilt, in der tieferen, allgemeinmenschlichen, mythischen Begründung der Religion verankert. Mythos, wie wir wissen, ist, genauso wie das Sakrament, «Wort» und «Sachverhalt» ineins; in ihm sind Wort und Sein, Zeichen und Wirklichkeit nicht zu trennen[33]; auf der Ebene des Wortes besitzt der Mythos daher dieselbe Funktion, wie das Sakrament auf der Ebene des Kultes: er ist *sacramentum* et *res*, Zeichen und Sache, Ausdruck, der in sich selber objektiv bewirkt, was er bezeichnet. In Gestalt der Wunder ebenso wie der Sakramente greift der Glaube auch des Christentums daher mit großem Recht auf die menschheitlichen Erfahrungen zurück, die sich bereits in den Wunderheilungen und heilenden Riten der Schamanen verdichteten; tiefenpsychologisch lotet er in Schichten der Psyche hinab, in der die seelische und die körperliche, die innere wie die äußere Realität eine noch ungeschiedene und ununterscheidbare Einheit bilden; und eben diese Einheit im Glauben zu ermöglichen, ist das Ziel des Religiösen.

Alle Religionen haben daher ihre Wunder, und alle Religionen, wofern sie wahr sind, besitzen die Fähigkeit, einen Glauben zu erwecken, der auf wunderbare Art die Angst besiegt. Nicht in einem anderen Glauben kann daher zunächst die Wahrheit auch des Christentums im Umkreis der Wunderheilungen liegen, sondern allenfalls darin, daß es *die Angst* tiefer und ihre Überwindung mächtiger erfaßt hat als jemals vor und nach ihm eine andere Religion; wenn es sich zeigen sollte, daß das Christentum über die Kraft verfügt, das letzte, gültige, mächtige Wort über die mächtigsten Formen *der Angst* des menschlichen Daseins zu sprechen bzw. gesprochen zu haben, so läge *darin* in der Tat eine gewisse Absolutheit, ein gültiger Nachweis seiner absoluten Mächtigkeit begründet, aber: – nur dann!

Dafür, daß es sich so verhalten könnte, gibt es allerdings ein wichtiges Indiz und Argument: das der Personalisierung und der Individualisierung des christlichen Glaubens und, damit verbunden, der unendlichen Steigerung von Freiheit und Angst im Christentum. Auf dem Hintergrund der schamanistischen Heilkunst wird neben dem gemeinsamen Kampf gegen die Angst des menschlichen Herzens auch eine wichtige Differenz zu der Heilpraxis Jesu im Neuen Testament deutlich. Die Schamanen heilen durch die Kraft der archetypischen Bilder ihrer Träume, die sie rituell darstellen und einsetzen; dasselbe tut Jesus im Grunde auch, wenn er durch bestimmte Gebärden und Zeichen, verbunden mit entsprechenden Worten, auf den Kranken einzuwirken sucht; gleichwohl beruht seine

[33] A.a.O., 267–268.

Heiltätigkeit nicht eigentlich auf einem Ritual. Weit stärker als bei den schamanistischen Wunderheilungen tritt vielmehr seine eigene Person in den Vordergrund, wohingegen die archetypische Bildersprache, das «magische» Element der Heilung, auf relativ wenige Äußerungen reduziert erscheint. Während der Schamane ganz der Mittler und das Sprachrohr seines Traumes ist, scheinen die Heilungen, die Jesus wirkt, eines eigenen Rituals nicht mehr zu bedürfen; und wenn er auch immer wieder, von seiner Person ablenkend, das Wunder der Heilung mit den Worten erklärt, es sei der Glaube des Kranken selbst, der ihn gerettet habe, so ist dieser Glaube doch, wie in Mk 9,14-29, ganz entscheidend an die Begegnung mit seiner Person, an seinen eigenen Glauben, gebunden.
Auch von dem Schamanen kann man sagen, daß er letztlich nur durch seine eigene Person und seinen eigenen Glauben wirkt; auch von dem Schamanen gilt, daß das Wesen seiner Person sich ganz und gar aus der Vision seiner Traumberufung ergibt; aber die Gestalt Jesu, wie das Neue Testament sie schildert, ist nicht mehr in jedem einzelnen Heilungsvorgang an die jeweiligen Bilder des «Traumes» zur Stützung des eigenen Glaubens gebunden; sie steht in größerer Freiheit der Welt der archetypischen Bilder gegenüber, und wir stoßen hier auf das gleiche Phänomen, das wir bereits bei der Erörterung des mythischen Materials in der Bibel beobachten konnten: während die *Symbolsprache* der Bibel sich nicht von den ubiquitären Bildern der Menschheitsreligionen unterscheidet, betont sie doch den individuellen, personalen, freiheitlichen Anteil der menschlichen Psyche gegenüber den Archetypen außerordentlich viel stärker. Während die Person des Schamanen hinter seiner Bilderwelt beinahe ebenso verschwindet wie die Personen der mittelalterlichen Bildhauer hinter ihren Statuen und Bildwerken, tritt die Person Jesu in den Schilderungen des Neuen Testamentes zwar hinter seinen Worten und Werken selbst vollkommen in den Hintergrund, sie spielt aber gerade in den Wundererzählungen eine außerordentlich große Rolle. Während man an einen Schamanen wie «Schwarzer Hirsch» nur in dem Sinne «glauben» kann, daß man seine Traumberufung für wahr und die in ihm wohnende Kraft für wirklich hält, verschmilzt der Glaube, der in den Kranken durch die Begegnung mit Jesus geweckt wird, in weit stärkerem Maße mit seiner Person selbst. Was der Schamane durch den Ritus vermitteln möchte: daß der Kranke zur Einordnung in das Ganze und zur Mitte der Welt zurückfinden möge, bewirkt Jesus *fast ausschließlich* durch seine eigene Person. Die Person Jesu nimmt daher mehr und mehr die Stelle des schamanistischen Ritus ein, und hierin liegt zweifellos ein entscheidender Unterschied zu den Heilungswundern der Schamanen. Diese Differenz gilt so sehr, daß es durchaus möglich und berechtigt ist, davon zu sprechen, daß man, um geheilt zu werden, nicht nur durch oder in Jesus zu einem heilenden Glauben finden, sondern auch *an* Jesus glauben müsse als an das Haupt, das Zentrum des Alls (Kol 1,16-18), weil in der Liebe zu ihm alles in ihm lebt, was man zum Leben braucht. Es handelt sich um

eine Personalisierung des Rituellen, die in der Tat ein Specificum des Christentums zu sein scheint und offensichtlich mit der Person Jesu und mit ihrem Wirken auf das engste zu tun hat.

Es kommt nun freilich alles darauf an, daß man diesen spezifischen Vorzug, diese Größe des Christentums: die enorme Personalisierung aller Ausdrucksgebärden und Symbole, nicht im Kampf gegen ein falsch verstandenes «Heidentum» als Zersetzung und Auflösung des Rituellen deutet; eher hat man es mit einer Integration, mit einem freien Umgang mit der rituellen Bilderwelt im Wirken Jesu zu tun. Vor allem aber muß man bedenken, daß für die Urkirche das Leben Jesu selbst in Tod und Auferstehung zu einem sakramentalen Vorbild geriet. Die Traumbilder der Schamanen von Tod und Himmelsreise, Höllenabstieg und Wiedergeburt, die in den einzelnen Wundertaten Jesu zurücktraten, prägten umgekehrt in weit stärkerem Maße sein gesamtes Tun und Schicksal; und wenn man die sakramentalen Symbole und archetypischen Traumbilder, verglichen mit der Heilpraxis der Schamanen, in den einzelnen Wunderheilungen Jesu vermißt, so muß man umgekehrt sagen, daß Jesus in seiner Person und in seinem Leben die gesamte Fülle dieser Bilder auf das reinste verkörperte und lebte. Insofern bedeutet die Personalisierung des Rituellen in den Heilungswundern Jesu gerade keine Beseitigung, sondern eher eine Vollendung, eine Totalisierung der schamanistischen Heilkunst: was in den Visionen der Schamanen traumhaft gesehen und rituell dargestellt wird, erfährt in der Person Jesu seine Wahrheit in der Realität seines Lebens.

Alle «*Hoheitstitel der Christologie*»[34] und des christlichen Glaubens können in dieser Erfahrung ihren Grund und Ursprung finden. Man mag Jesus als den «Menschensohn» bezeichnen und ihn verehren als einen in sich wahrhaft alles Menschliche vereinenden Menschen. Mit dem gleichen Recht aber kann man ihn auch als «*Gott*» bezeichnen. Einen Menschen «Gott» zu nennen, war, wie Mk 14,61-62, die Szene vor dem Hohenpriester, und Mk 15,39, das Bekenntnis des Hauptmanns unterm Kreuz, beweisen, für jüdische Ohren gewiß eine Ungeheuerlichkeit; doch nicht so für Griechen und Römer. Für die Griechen war «Gott», wie K. Kerényi gezeigt hat, ein Prädikatsbegriff. Helena etwa ruft in der gleichnamigen Tragödie des *Euripides* aus: «O Götter! Denn es ist Gott, wenn man die Lieben erkennt!» *Das Ereignis des Erkennens der Lieben ist Gott.* Ähnlich sagt Plinius der Ältere: «Es ist Gott dem Menschen, wenn man dem anderen hilft!»[35] «Gott» *geschieht* in diesem Sinne; «Gott» ist nicht als Substanz, sondern

[34] Vgl. F. Hahn: Christologische Hoheitstitel, zu den Begriffen «Menschensohn» (S. 12–53), «Gottesknecht» (S. 54–66), «Kyrios» (S. 67–125), «Christos» (S. 133–230), «Hoherpriester» (S. 231–241), «Davidssohn» (242–279), «Gottessohn» (S. 280–333), «Prophet» (S. 251–404). – Zu dem umstrittenen Titel «Menschensohn» vgl. bes. J. Jeremias: Neutestamentliche Theologie, I 245–263, der in dem Titel die Erwartung Jesu auf seine künftige Herrlichkeit ausgesprochen findet.

[35] K. Kerényi: Theos: «Gott» – auf Griechisch, in: Antike Religion, 211.

als Geschehen wirklich und gegenwärtig. Vor allem *Zeus* ist das große Geschehen des glücklichen Aufleuchtens, am Himmel als Licht, aber ebenso als Aufleuchten des Geistes. «Das Erscheinen einer nicht ausgeführten, noch nicht einmal bildhaften Offenbarung in der Welt: das ist theos (sc. Gott, d. V.), ist das theion (sc. das Göttliche, d. V.) der griechischen Philosophen. Es ist nicht nur auf unberechenbare Weise da, sondern wenn es in seiner Eigenschaft als theion erkannt wird, leuchtet es überall – durch alles und in allem. Es leuchtet in Jahreszeiten und Mondphasen, und es leuchtet in allen Lebensaltern und Lebensbereichen.»[36]

Mit großem Recht darf in dieser Bedeutung vor allem der Wundertäter, der Heiland, der ein trostlos gewordenes Leben zum Aufleuchten bringt, als Erscheinung des Großen Aufleuchtens gelten, welches Gott ist, und sehr wahr ist das Bekenntnis, das in der Sonnenfinsternis des Karfreitags der römische Centurio ablegt: «Dieser war wirklich Gottes Sohn.» (Mk 15,39) Als Gott ist er die Gegenwart des Ritus, die Wirklichkeit des Aufleuchtens. Wir werden später noch sehen, wie der Besessene von Gerasa, nachdem der Spuk der Dämonie von ihm gewichen ist, am Ende aller Angst im Gebiet der Zehn Städte von dem, was Gott an ihm getan hat, nur sprechen kann, indem er mitteilt, was Jesus ihm getan hat: er hat ihm gegen alle innere Zerrissenheit seine Person zurückgegeben; und er, der am meisten von allen gelitten hat, so daß er seine Behausung allein in den Grabmälern zu finden hoffte, wird im Markusevangelium der erste und einzige sein, der ein vollgültiges Bekenntnis ablegt zu Jesus als Gott (s. u. S. 275ff.). Man kann die Dichte einer solchen Erfahrung als eine «funktionale Christologie» bezeichnen, aber sie bedeutet nicht mehr und nicht weniger, als daß im Umkreis der Wundererzählungen Gott dort ist, wo man einem Menschen begegnet, der es erlaubt, ein Mensch zu sein.

Ineins mit der Personalisierung des Rituellen vertieft sich naturgemäß auch die Diagnose des menschlichen Leids und die Erfahrung der menschlichen Angst im Christentum. Der Krankheitsbegriff der Schamanen lag darin, das körperliche Gebrechen als eine Art Ungehorsam aus Angst gegenüber dem eigenen Traumbefehl zu verstehen, und schon diese Einsicht in seelische Zusammenhänge ist tief. Aber das Feld der Angst wird zweifellos unendlich erweitert, wenn der Einzelne, wie es im Christentum geschieht, aus den Bindungen des Stammes so weit gelöst wird, daß sich die Zugehörigkeit zur Gemeinschaft einzig und allein nach der Entscheidung oder besser: der Erwählung der eigenen Person richtet. Der christliche Glaube, darin muß man M. Buber zustimmen, ist nicht Volksglaube, sondern wesenhaft Glaube des Einzelnen. «Die christliche Pistis» (sc. der «Glaube», d. V.), schreibt Buber sehr richtig, «wurde außerhalb der Geschichtserfahrungen von Völkern, sozusagen im Austritt aus der Geschichte, geboren in

[36] A. a. O., 214.

den Seelen von Einzelnen.»[37] Eine derartig radikale Isolierung des Individuellen führt notwendigerweise Formen der Angst herauf, wie sie undenkbar sind, solange der Einzelne noch im Schutz seiner Stammestraditionen verbleiben kann. Die Angst, die das Christentum durch die Personalisierung der archetypischen Bilder und rituellen Gebärden hervorruft, ruft und verlangt deshalb auch nach einer Form des Glaubens, die noch tiefer in der Mitte der menschlichen Person verwurzelt sein muß, als es in den üblichen Formen der Stammesreligionen der Fall sein könnte.

Diese Tiefe in der Diagnose der Angst und diese Absolutheit der Glaubensforderung – beides ist das, was K. Kerényi zutreffend, wenngleich abwertend, den «Erlösungskomplex» des Christentums genannt hat und was er bei den Griechen (noch) nicht anzutreffen vermochte; es handelt sich um ein «Gefangenschaftsbewußtsein»[38], wie es am tiefsten in der Neurosenlehre der Tiefenpsychologie beschrieben wurde und daher im Fortgang unserer Untersuchungen am besten auch von dorther zu verstehen und zu erläutern sein wird. In der Zuspitzung des gesamten Daseins auf die absolute Alternative von Angst und Glaube ist das Christentum und die Gestalt Christi als des Erlösers aller Angst tatsächlich eine absolute Religion, bis auf gewisse Ansätze und Intuitionen, die sich z.B. im Alten Testament bei dem Verfasser der jahwistischen Urgeschichte[39] oder auch in gewissen vergleichbaren Ahnungen der mythischen Religionen finden.

5. Parallelen in der antiken Welt oder: Das Beispiel göttlicher Ärzte

Vom historischen Standpunkt aus wird und muß man den vorstehenden Betrachtungen gewiß zum Vorwurf machen, daß sie mit dem Vergleich der schamanistischen Wunderheilungen und der biblischen Erzählungen scheinbar Unzusammenhängendes und jedenfalls kulturgeschichtlich Unverbundenes miteinander in Beziehung setzen, ohne Rücksicht auf die riesigen Distanzen von Raum und Zeit. Dieser Vorwurf ist, was den Vergleich mit der schamanistischen Wunderheilung angeht, trotz der Nähe der biblischen Wundererzählungen zum «Hellenismus», innerhalb der historischen Methodik zweifellos berechtigt; gleichwohl trifft er die Sache selber nicht. Wir behaupten ja nicht, daß Jesus – oder Elias, Elisäus, Petrus, Paulus o.a. – durch das unmittelbare Vorbild schamanistischer Techniken zu ihren Taten befähigt worden wären; wir sagen lediglich, daß, wo immer Heilungswunder geschehen, sie im Bannkreis der überall glei-

[37] M. Buber: Zwei Glaubensweisen, Werke, I 780.
[38] K. Kerényi: Ist die griechische Religion Erlösungsreligion, in: Antike Religion, 258.
[39] E. Drewermann: Strukturen des Bösen, II 460–468; 479–486. Vgl. unten S. 157.

chen archetypischen Bilder und Erfahrungen geschehen, und lediglich um nach Jahrhunderten der Entfremdung von der Wirklichkeit des Wunders wieder eine Vorstellung davon zu verschaffen, wie die Heilungswunder *ihrem Wesen nach* gemeint sind und bewirkt werden, haben wir uns den schamanistischen Heilverfahren heute noch lebender Naturvölker zugewandt. Der Schamanismus stellt in unserer Betrachtung ein religionspsychologisches Erkenntnismodell dar; wir sagen nicht, er sei die religionsgeschichtliche Ursache zur Erklärung der Gestalt Jesu und seiner Wunder[1].

Dennoch, das ist zuzugeben, sind unsere Überlegungen solange spekulativ, als wir nicht gezeigt haben, daß auch in der Zeit und im Umkreis Jesu Vorstellungen von Heilungswundern eine gewichtige Rolle spielten, die denen der Schamanen in bestimmter Weise entsprechen und überhaupt erst im Vergleich mit diesen wirklich verstanden werden können. Tatsächlich läßt sich ein solcher Nachweis jedoch ohne große Mühe führen, wenn man im kulturgeschichtlichen Umfeld des Hellenismus einmal auf *das Wesen des göttlichen Arztes, die Art seiner Heilung* und *sein Verständnis von Krankheit und Heilung* acht hat. Alle drei Aspekte müssen daher in gebotener Kürze an dieser Stelle skizziert und gewürdigt werden, wobei vor allem die philosophischen und religiösen Vorstellungen über den Zusammenhang von Seele und Leib, Krankheit und Tod, Heilung und Leben zu untersuchen sind.

Zur Kennzeichnung antiker Wunderärzte drängt sich *eine* Parallele sofort auf: APOLLONIOS VON TYANA[2]. Folgt man der Lebensbeschreibung, die sein Biograph PHILOSTRAT auf Weisung der Kaiserin *Julia Domna* verfaßt hat, so versuchte APOLLONIOS VON TYANA dem Vorbild des PYTHAGORAS nachzueifern[3], und es scheint, daß er in Predigten und Wundern eine außerordentliche Wirkung entfaltete, die von manchen, in der Antike z.B. von HIEROKLES, dem Präses von Bithynien, sogar über die Person Jesu gestellt wurde[4]. Selbst ORIGINES[5] führt APOLLONIOS als ein Beispiel dafür auf, wie sogar bedeutende Philosophen durch einen bloßen «Gaukler» sich beeinflussen ließen. Aber die Darstellung des PHILOSTRAT ist in allen Teilen selbst so «*pythagoreisch*», daß sie nicht zeigt, wer

[1] Die Versuche der Jahrhundertwende, eine Psychopathologie Jesu zu erstellen, hat A. SCHWEITZER: Geschichte der Leben-Jesu-Forschung, II 376–382 referiert und zu widerlegen versucht. Nichts liegt uns ferner, als an Arbeiten anzuknüpfen wie an E. RASMUSSEN: Jesus, Leipzig 1905, der in Christus einen (hysteroepileptischen) Propheten sehen wollte.

[2] Zur Darstellung des APOLLONIUS und seiner Taten vgl. K. BETH: Die Wunder Jesu, in: A. Suhl (Hrsg.): Der Wunderbegriff im Neuen Testament, 115–116, der die Parallelen des *Apollonius* zu den Taten des *Buddha* betont.

[3] PHILOSTRAT: Apollonius von Tyana, übers. v. E. Baltzer, Rudolfstadt 1883.

[4] HIEROKLES war nach 297 Praeses von Arabia Aug. Libanensis, bis nach 303 Stadthalter von Bithynien. Er verfolgte die Christen und schrieb zwei Bücher: «Wahrheitsliebende Reden an die Christen». EUSEB erwiderte mit dem Buch «Gegen Hierokles.»

[5] ORIGINES: Gegen Celsus, VI 41; BKV III 148.

APOLLONIOS wirklich war, sondern wie er sich selber sah und verstanden wissen wollte. Von daher ist die (vielleicht bedeutende) Gestalt des APOLLONIOS nur mehr ein Stichwort für den Namen des PYTHAGORAS und, damit merkwürdig verwoben, des ORPHEUS.

a) Pythagoras oder: Die Heilung durch die Harmonie

Auch von PYTHAGORAS haben die späteren Biographen manche Wunder berichtet, durch die sie offensichtlich neutestamentliche Erzählungen überbieten wollten. So überlieferten z.B. PORPHYRIOS[6] und IAMBLICHOS[7], PYTHAGORAS habe, als er bei Kroton ans Land gestiegen sei, einigen Fischern geboten, noch einmal ihre Netze auszuwerfen, und als sie die vorausgesagte Zahl von Fischen gefangen hätten, habe PYTHAGORAS ihnen geboten, die Fische wieder ins Meer zu werfen, um sich nicht durch das Essen von Fleisch zu versündigen. Derartige Berichte sind allem Anschein nach teilweise Umdeutungen christlicher Überlieferungen (in diesem Falle von Lk 5,1-7 und Joh 21,1-14), mit dem Akzent der moralischen Überlegenheit des Vegetarismus der Pythagoreer.

Gleichwohl läßt sich über die Grundzüge der pythagoreischen Gedankenwelt aus den Fragmenten seiner Schüler ein relativ gesichertes Bild gewinnen, das die Verbindung zwischen seiner Religiösität und seiner Wundertätigkeit gerade durch die Andersartigkeit des PYTHAGORAS gegenüber dem Christentum in den wesentlichen Punkten gut belegen kann.

Dem Phänomen des PYTHAGORAS wird man nicht gerecht, wenn man seine Person im Rahmen der Philosophiegeschichte abhandelt. Schon ARISTOTELES wußte mit der *Seelenwanderungslehre* des PYTHAGORAS nichts anzufangen und mißverstand sie charakteristischerweise so, als ob hier die Seele in einem rein zufälligen Verhältnis zum Körper stehe[8]. HEGEL, der besonders von der *pythagoreischen* Zahlenmystik beeindruckt war, machte sich diese Kritik zu eigen und fügte als besonders bemängelnswert noch hinzu, daß die Sittlichkeit des PYTHAGORAS nur in einem «Bund», statt im Ganzen (des Staates), ihre Realität finde[9]. Tatsächlich liegt die eigentliche Bedeutung des PYTHAGORAS durchaus nicht im Philosophischen, sondern gerade darin, daß er an die Stelle der naturphilosophischen Fragen der milesischen Kosmologen (THALES, ANAXIMANDER, ANAXIMENES) nach der Entstehung der sichtbaren Welt und ihrer Zusammensetzung aus

[6] PORPHYRIOS: De vita Pythagorae, § 25.

[7] AMBLICHOS: De vita Pythagorica, VIII § 36. – Zur Medizin und Philosophie der Pythagoreer vgl. summarisch: A. KRUG: Heilkunst und Heilkult, 25–27.

[8] ARISTOTELES: De anima, I 3.

[9] G. W. F. HEGEL: Vorlesungen über die Geschichte der Philosophie, 1. Bd., in: Werke, XVIII 267–268; 270–272.

Wasser oder Luft ein spezifisch religiöses Denken setzte, in dem er, im Unterschied zur *homerischen* Religion, vieles aus der altmediterranen «orphischen» Welt übernahm. Die Gestalt des PYTHAGORAS sei vor allem deshalb so wichtig, meinte von daher ganz richtig W. SCHADEWALDT, «weil er von einem ganz neuen Seinsbereich ausgeht, nicht von dem vor Augen Liegenden, sondern von einer geistigen Wirklichkeit: der Seele»[10]; sein Quellgrund, fügte er hinzu, sei «eindeutig die Religion» gewesen[11], und in der Tat sind es vornehmlich die Züge einer archaischen, an das Schamanentum erinnernden Denk- und Wirkungsweise, verbunden mit einer hohen spekulativen Kraft, die das Bild des PYTHAGORAS prägen.

Gewiß hatte *K. Kerényi* recht, wenn er die von J. BURNET stammende Darstellung des PYTHAGORAS als eines Medizinmannes kategorisch zurückwies[12] und meinte: «Der ‹Wundermann Pythagoras› war ein Liebling der religionsgeschichtlichen Forschung.»[13] Was PYTHAGORAS von dem Schamanentum einfacher Stammesreligionen himmelweit unterscheidet, ist bereits äußerlich sichtbar: PYTHAGORAS folgt nicht einem Traum, den er dem Stamm, dem Volk, mitteilt, sondern er begründet eine esoterische Lehre, er stiftet einen religiösen Bund, in dessen Mittelpunkt eine aristokratische Seelenwanderungslehre nebst einem hochintellektuellen Gedankengebäude steht. Trotzdem wird sich zeigen, daß die zentralen Einsichten der *pythagoreischen* Religion mitsamt ihren Heilungswundern wesenhaft - nicht historisch - uraltes schamanistisches Gedankengut aufgreifen.

Wie die HOMERISCHE Religion von der *Seele* dachte, zeigen bereits die Anfangsverse der *Ilias* (I 3-5), wonach der Zorn des *Achill* «viele starke Seelen von Helden zum Hades schickte», «sie selbst aber schuf er zur Beute den Hunden und den Vögeln zum Mahle, - es erfüllte sich aber der Wille des Zeus». Die Menschen selbst sind für HOMER Körper, im Unterschied zur Seele, die als Prinzip der Lebendigkeit, als «Atem im Tod den Körper verläßt und in Form eines Abbilds im Hades fortlebt»[14]. «Der Mensch selbst also kann sterben und zerstört werden, nur dies Bild von ihm dauert irgendwo fort, schattenhaft und ohne Bewußtsein.»[15] Für diese adelige Form des Glaubens gibt es ein eigentliches Weiterleben des Menschen daher allein im Ruhm, und diesem Ziel vor allem gelten die blutigen Kämpfe Mann gegen Mann vor den Mauern von Troja. Daneben gab es freilich auch andere Vorstellungen, die unausgeglichen neben-

[10] W. SCHADEWALDT: Die Anfänge der Philosophie bei den Griechen, I 267; 274.

[11] A.a.O., 268; 272.

[12] So die These von J. BURNET: Die Anfänge der griechischen Philosophie, Leipzig-Berlin 1913.

[13] K. KERÉNYI: Pythagoras und Orpheus, in: Humanistische Seelenforschung, 20; dies auch gegen W. SCHADEWALDT: Die Anfänge der Philosophie bei den Griechen, 273; 274.

[14] W. SCHADEWALDT: A.a.O., I 268.

[15] A.a.O., 269.

einander standen: vom Totengericht des Minos[16], von dem Bluttrank, den die Schattenseelen im Hades zu sich nehmen müssen, um Bewußtsein und Leben zu erlangen[17], von Hermes, dem Seelengeleiter, dem die Seelen wie Fledermäuse schwirrend am Land der Träume vorbei zur Asphodeloswiese folgen[18], etc.
Setzt man dagegen die *Seelenwanderungslehre* des PYTHAGORAS, so sollte man nicht gleich an den bekannten, in Indien noch heute verbreiteten Seelenmythos denken, den auch PLATON aufgegriffen hat: die Lehre von der «Allerseelengleichheit»; vielmehr überliefert eine alte Legende die urtümlichere Form der *pythagoreischen* «Seelenwanderung», derzufolge PYTHAGORAS in einer früheren Existenz der phrygische *Euphorbos* gewesen sei[19]. Im Grunde rückt damit PYTHAGORAS ganz und gar in die Nähe zu *Apollon.* Denn als im 16. Gesang der ILIAS *Hektor* dem fliehenden *Patroklos* nachsetzte «und stieß ihm dabei mit dem Speere / Unten hinein in die Weichen und trieb das Erz durch und durch ihm»[20], richtete der schon entkräftete *Patroklos* die seltsamen Worte an seinen scheinbaren Bezwinger: «Jetzt schon, Hektor, rühme dich groß, denn dir hat gegeben / Zeus, der Kronide, den Sieg und Apollon, die mich bezwangen / Leicht, denn sie haben mir selbst von den Schultern die Waffen genommen. / Wären mir solche wie du auch zwanzig entgegengetreten, / Alle hier wären vernichtet, von meinem Speere bezwungen. / Mich aber tötete Letos Sohn und das grausame Schicksal, / Und von den Männern Euphorbos; doch du erlegst mich als dritter.»[21] Nicht nur treffen wir hier erneut auf die Vorstellung, daß es der Gott ist, der letztlich Krankheit, Verwundung und Tod im Menschen bewirkt[22]; es fällt vor allem auf, wie die drei: das Schicksal (die Moira), *Letos* Sohn *(Apoll)* und *Euphorbos* als zwei gezählt werden und also in Wahrheit auch nur zwei sind. *«Euphorbos»* – das ist mithin jemand, der unter den Menschen den Namen des phrygischen Helden trägt, der aber unter den Göttern den Namen *Apoll* trägt.
Die «Präexistenz» des PYTHAGORAS als *Euphorbos* ist demnach eigentlich keine Seelenwanderung, sondern eine Wanderung des Gottes *Apoll*, und die Legende von der Identität des PYTHAGORAS mit dem *homerischen Euphorbos*, «diesem Symbol des Apollinischen im Menschen», ist so etwas wie das Glaubensbekenntnis einer Apollonreligion, «die in Pythagoras ihren Gott erblickte und das, was apollinisch ist, durch ihn erschaute»[23]. Statt einer Seelenwanderungslehre ist die *pythagoreische* Religion also zunächst eher eine Lehre von der Wiedergeburt

[16] HOMER: Odyssee, XI 568–571; S. 153.
[17] HOMER: Odyssee, XI 23–50; S. 139–140.
[18] HOMER: Odyssee, XXIV 1–14; S. 307.
[19] KALLIMACHOS: Die Dichtungen des Kallimachos, S. 321; Fr. 191, V. 59–63.
[20] HOMER: Ilias, XVI 820–821; nach R. HAMPE.
[21] A.a.O., II. XVI 844–850, nach R. HAMPE.
[22] S.o.S. 116.
[23] K. KERÉNYI: Pythagoras und Orpheus, in: Humanistische Seelenforschung, 24.

des Göttlichen in besonderen Menschen, eine Ansicht, der wir sogleich noch bei Empedokles begegnen werden. Der griechische Ausdruck für solche «Wiedergeburt» ist *Metempsychosis*, was wörtlich «Wiedergeburt in einer neuen Seele» bedeutet – also nicht Belebung verschiedener Körper durch die Wanderung ein und derselben Seele, sondern Einwohnung desselben Gottes in verschiedenen Seelen: «Das höhere Wesen ging nicht unmittelbar in den Leib, sondern in die *Psyche* ein, durch die der Körper belebt wurde.»[24]

Das aristokratische Wesen dieses «Seelenwanderungsglaubens» zeigt sich z.B. in den Trauergesängen des Pindar, wenn er schreibt: «Ihnen (sc. den im Kampf Gefallenen, d.V.) leuchtet die Kraft der Sonne, während hienieden die Nacht / Herrscht, und auf Wiesen von roten Rosen leben sie vor ihrer Stadt, / Wo die Schatten der Zeder und von goldenen Früchten schwer ... / Und die einen erfreuen sich an Pferden und Ringkampf, andre am Brettspiel, / Andre an Phormingen, und in voller Blüte steht ihnen jedes Glück.»[25] Das geschilderte Los dieser edlen, heldenmütigen Toten entspricht ganz und gar den Vergnügungen des dorischen Adels; umgekehrt gibt es andere, von welchen *Persephone*, die Göttin der Unterwelt, Sühne annimmt für altes ihr angetanes Leid: «Deren Seelen sendet sie wieder empor zur Sonne im neunten Jahr. Aus denen werden herrliche Könige / Und schnelle Läufer und große Dichter. Für die Zukunft aber / Werden sie heilige Heroen unter den Menschen genannt.»[26]

Dieses Gedicht Pindars enthält beides: den Glauben an eine Vergeltung nach dem Tod und an eine Wiedergeburt der Seele; aber der Kreis der Gereinigten, denen dieses Schicksal zuteil wird, beschränkt sich auf eine dreigefächerte aristokratische Elite (Könige, Sportler und Dichter). Auf diese Weise steht die Lehre des Pythagoras, entsprechend ihrer geschichtlichen Lage, im Grunde *zwischen* «adeligem Griechentum (sc. der Religion *Homers*, d.V.) und italisch-sizilianischem Altmediterranentum»[27]. Die demokratische Entwicklung indes drängte in der Folgezeit auch die *phythagoreische* Religion zur Lehre der Allerseelengleichheit und der Vergeltung eines jeden Lebens. *Ion von Chios* (490–421 v.Chr.) bereits konnte von einem Mann namens *Pherekydes* sagen, daß er, durch Mannesmut und Ehrgefühl ausgezeichnet, «auch nach seinem Tode für seine Seele ein erfreuliches Leben» erworben habe, «wenn denn in Wahrheit Pythagoras der Weise über alle Menschen hinaus Einsichten erfuhr und kennen lernte»[28]. Nach diesen Worten wäre Pythagoras geradezu als Begründer des Glaubens an die Unsterblichkeit der Seele und an eine gerechte Vergeltung nach dem Tode anzusehen.

24 K. Kerényi: A.a.O., 29.
25 G. Wirth: Griechische Lyrik, 204.
26 G. Wirth: A.a.O., 204; W. Schadewaldt: Die Anfänge der Philosophie bei den Griechen, 272.
27 K. Kerényi: Pythagoras und Orpheus, in: A.a.O., 31.
28 Fr. 4; Diels-Kranz: Die Fragmente der Vorsokratiker, 73.

Indem der *Pythagoreismus* religionsgeschichtlich also zwischen dem adeligen Griechentum und der alten Religion des Mittelmeerraumes vermittelt, liegt auch seine Lehre von der Seele «auf der Trennungs- und Vereinigungslinie zweier Welten: einer rein geistigen und einer wesentlich ... körperlichen»[29]. Was PYTHAGORAS selbst von der Seele dachte, ist in eigenen Zeugnissen nicht überliefert. Aber nach den Anschauungen, die der Arzt ALKMAION aus Kroton (571–497 v. Chr.) und PHILOLAOS (5. Jh. v. Chr.) von der Seele lehrten, läßt sich die Lehre des PYTHAGORAS zu einem recht genauen Gesamtbild ergänzen, vor allem, wenn man die Ansichten des größten Wunderheilers des alten Griechenlandes, des EMPEDOKLES aus Agrigent (483–424), mit hinzunimmt.

Die *Seelenlehre* der PYTHAGOREER ist beides: Lebenslehre (Biologie) und Theologie, und sie umfaßt naturwissenschaftliche Forschung ebenso wie Religion. Jede Lebensäußerung galt den Pythagoreern als Manifestation von Kräften, die sie in Gestalt verschiedener Seelenteile verschiedenen Körperteilen zuordneten. Diese Entsprechung von Seele und Leib war derart streng, daß die Seele nahezu ganz im Körper aufzugehen schien[30]. So unterschied PHILOLAOS bei einem vernunftbegabten Geschöpfe vier Prinzipien, die jeweils vier Körperteilen entsprachen: der Kopf als Prinzip des Verstandes, das Herz als das Prinzip der Seele und Empfindung, der Nabel als das Prinzip des Anwurzelns und Emporwachsens des Embryos, das Schamglied als das Prinzip der Samenentleerung und Zeugung. «Das Gehirn aber (bezeichnet) das Prinzip des Menschen, das Herz das des Tieres, der Nabel das der Pflanze, das Schamglied das aller zusammen, denn alles blüht und wächst aus Samen heraus.»[31]

Es gibt demnach in *pythagoreischer* Auffassung verschiedene Seelenkräfte, die auf den einzelnen Stufen des Lebens verwirklicht sind, im Körper des Menschen aber eine organische Einheit bilden und darin sich vollständig darstellen. Die menschliche Seele umschließt für die PYTHAGOREER in ihren körperlichen Manifestationsweisen mithin alle Formen des Lebendigen, und ihre Wiedergeburt in Tieren und Pflanzen bedeutet daher gerade nicht, wie ARISTOTELES meinte, eine Zufälligkeit im Verhältnis der Seele zum Körper, sondern eher eine Art strafweiser Reduktion für eine reduziert gelebte Menschlichkeit. Die wesentliche Einheit der menschlichen Seele mit der umgebenden Natur kommt auch darin zum Ausdruck, daß es nach PHILOLAOS eine seelische Kraft gibt, die alles Lebendige durchzieht und sich vornehmlich in der Sexualität, in dem Verlangen nach Zeugung und Vereinigung, ausspricht.

Aber es ist nicht nur die Sexualität, die der Mensch mit allen anderen Lebewesen teilt; besonders wichtig ist, daß in der älteren *pythagoreischen* Auffassung auch

[29] K. KERÉNYI: Pythagoras und Orpheus, in: A.a.O., 31.

[30] A.a.O., 32.

[31] PHILOLAOS, Fr. 13; DIELS-K., 78.

der Verstand (der *nus*) allen Lebewesen zu eigen ist. So lehrte EPICHARMOS aus Krastos eine universelle Einheit des Menschen mit der Kreatur und betonte ausdrücklich: «Die Weisheit ist nicht nur bei *einer* Gattung vorhanden, sondern alles, was da lebt, hat auch Verstand. Denn das Hennenvolk bringt ... keine lebendigen Jungen hervor, sondern brütet sie erst aus und verschafft ihnen so ein Leben (Seele). Doch wie sich's mit der Weisheit verhält, das weiß die Natur allein. Denn sie ist ganz durch sich selbst unterrichtet worden.»[32] In dieser Sicht, die später auch die Bibel im Buche *Ijob* (12,7-10; 38,36.41; 39,1-30), allerdings ohne Konsequenz und nur gelegentlich, aufgreift, sind Mensch und Tier einander zugeordnet, und die Lehre von der «Gleichheit der Lebewesen»[33] ist ein besonders kennzeichnendes Merkmal des religiösen Weltverständnisses in der *pythagoreischen* Überlieferung. Der dem Christentum und Judentum so wichtige Glaube an die Vorrangstellung des Menschen wird infolgedessen als eitle Selbsttäuschung abgetan: «Kein Wunder», erklärte EPICHARM zu der menschlichen Eitelkeit, sich selbst für die Krone der Schöpfung zu halten, «daß wir das so sagen und uns selbst gefallen und uns selber schön gewachsen dünken. Denn der Hund scheint dem Hunde das schönste Geschöpf zu sein und der Ochse dem Ochsen, der Esel dem Esel das schönste und das Schwein gar dem Schweine.»[34]

Der Grund für die erstaunliche Einheitslehre der *pythagoreischen* Weltsicht liegt nicht nur darin, daß sie, wie jede wahre Religion, die seelische Wirklichkeit, statt der äußerlich sichtbaren Realia, in den Mittelpunkt der Betrachtung rückte, sondern es war vor allem die Anerkennung der tierischen oder pflanzlichen Teile der menschlichen Seele sowie der Glaube an eine verdeckte Menschlichkeit in allen Geschöpfen, die diese Universalität des Naturverständnisses ermöglichte. In der Sprache der modernen Psychoanalyse muß man sagen: es war die Anerkennung des Animalischen, Tierhaften, Unbewußten im Menschen, es war die Einsicht in die *unbewußte* göttliche Weisheit in allen Lebewesen und ebenso in der menschlichen Seele, die eine solche Weltverbundenheit ermöglichte. Wie hoch z.B. EPICHARM die unbewußte Einsichtsfähigkeit der menschlichen Psyche zu schätzen wußte, zeigte er in Fr. 27; 28, wenn er sagte: «Suchst du etwas Kluges, so bedenk' es in der Nacht!», und: «Alles Ernste findet sich eher bei Nacht.» Die höchste Form der Weissagung und Offenbarung erblickte EPICHARM in den Träumen, und zwar mit der Begründung, daß sie nicht willkürlich hervorgebracht werden könnten[35]. Desgleichen erkannte er offenbar den unbewußten Charakter des Menschen in seiner fatalen Macht[36]. Wieviel man damals bereits von unbewußten Motivationen wußte, zeigt als kleines Beispiel ein Aus-

[32] EPICHARMOS, Fr. 4; Diels-K., 33.
[33] K. KERÉNYI: Pythagoras und Orpheus, in: A.a.O., 33.
[34] EPICHARMOS, Fr. 4; DIELS-K., 33.
[35] EPICHARMOS, Fr. 55; DIELS-K., 36.
[36] EPICHARMOS, Fr. 7; 17; DIELS-K., 33; 34.

spruch des EPICHARM, der in einem Satz die Lehre von den retentiven Gehemmtheiten in der Neopsychoanalyse H. SCHULTZ-HENCKES[37] vorwegzunehmen scheint: «Du bist nicht etwa menschenfreundlich, du bist krank; dir macht ja das Schenken Freude.»[38]

Überhaupt war die Seelenlehre des PYTHAGORAS als praktische Religiosität gerade aufgrund ihres Einheitsdenkens stets auch *Heilkunde*, und zwar zunächst und vor allem *Seelenheilkunde*. Die Seele zu kennen hieß zugleich, sich in den Körper zu vertiefen, und kein Mißverständnis könnte größer sein, als der Seelenlehre des PYTHAGORAS die PLATON*ische* Anschauung von einer weltjenseitigen, lebens- und leibfeindlichen Seelensubstanz zu unterstellen[39]. Eher muß man sagen, daß PYTHAGORAS die Seele bis zu dem Punkt hin körperlich auffaßte, wo sich der Körper selbst in Geist auflöst, ähnlich wie die moderne Physik bei der Betrachtung der Materie nur noch quantifizierte Energiezustände bzw. mathematische Strukturen und Symmetrien übrig behält. Als Lebensprinzip ist für die *Pythagoreer* nicht «das einzelne Lebewesen, wohl aber das unzerstörbare Stück Leben in ihm ... eine ewig bestehende Wirklichkeit, den Göttern selbst ähnlich»[40].

Näherhin meinte der Pythagoreer ALKMAION aus Kroton, es sei die ewige Bewegung, welche die Seele unsterblich und den Göttern ähnlich mache: «Denn auch sämtliche göttlichen Wesen seien in ewig währender Bewegung: Mond, Sonne, Sterne und der ganze Himmel.»[41] Nicht nur wird damit die Beseeltheit des Lebendigen auf die Gestirne ausgedehnt, sondern auch umgekehrt: die Seele selber erscheint als Träger göttlichen Lichtes; ja, es gibt die Theorie, der warme Sonnenstrahl selbst, der alles Leben erzeuge, bringe die Seele hervor, und zwar in Verbindung mit einem kalten Element[42]. EMPEDOKLES differenzierte diese Anschauung dahin, daß der warme Same, wenn er Kälte antreffe, Weibliches hervorbringe, wenn aber Wärme, Männliches. «Denn bei wärmerem Stoff», meinte er, «ist der Leib Erzeuger von Männlichem, und schwärzer sind deshalb und von kräftigeren Gliedern die Männer und haariger.»[43] Als ein anderes Gegensatzpaar galt der Kontrast von hart und weich, und es bedarf auch hier der Vereinigung des Ungleichen, um Leben und Fruchtbarkeit hervorzubringen. Die Maulesel z.B., meinte EMPEDOKLES, seien unfruchtbar, weil sie durch eine Samenmischung weicher Stoffe entstanden seien. « ... nur Hohles und Dichtes paßt zueinander», erklärte er[44].

[37] H. SCHULTZ-HENCKE: Lehrbuch der analytischen Psychotherapie, 28–32.
[38] EPICHARMOS: Fr. 31; DIELS-K., 34.
[39] K. KERÉNYI: Pythagoras und Orpheus, in: A.a.O., 33–34.
[40] A.a.O., 34.
[41] ALKMAION, DIELS-K., 38.
[42] DIOGENES LAERTIOS, 8, 27.
[43] EMPEDOKLES, Fr. 67; DIELS-K., 64–65.
[44] EMPEDOKLES, Fr. 92; DIELS-K., 66.

In solchen Überlegungen zeigte sich für PHILOLAOS, was die Seele in ihrem Wesen ist: hervorgegangen aus der Einheit von Wärme und Kälte, ist sie in ihrem Wesen *Harmonie*, und eben in ihrer Harmonie ist sie ein Abbild des Himmels[45]. Die Harmonie als Wesen der Seele wie des Alls ist der eigentliche Zentralgedanke der *pythagoreischen* Religion. «Merkwürdig ist es», bemerkte richtig HEGEL hierzu, «daß sie (sc. die Pythagoreer, d. V.) die Seele als ein System gefaßt haben, was von dem System des Himmels ein Gegenbild sei.»[46] In der Harmonie erblickte man sowohl den Schlüssel zum Verständnis der Natur als auch die Grundlage der Sittlichkeit und des richtigen Handelns, einschließlich der ärztlichen Praxis.

Kennzeichnend für die Religion des PYTHAGORAS ist es nun, daß in ihr der Gedanke von der Harmonie der Seele und des Kosmos nicht als bloße Intuition oder geistreiche Vision stehengelassen wurde, sondern daß man alles daran setzte, den Begriff der Harmonie als mathematische Struktur zu erfassen.

Die *Zahlenlehre* mit dem Zentralstück der Tetraktys (der Anordnung von vier, drei, zwei und einem zu einer dreieckigen Pyramide), die das gleichseitige Dreieck ebenso wie die Vierzahl und die Zehn als Einheit erscheinen ließ[47], bildete für die PYTHAGOREER die Grundlage der gesamten metaphysischen Harmonienlehre, als deren reinste Darstellung sie die Zahl, die mathematische Symmetrie betrachteten[48]. Hinzu kam die Entdeckung, daß auch *die Musik* sich auf Zahlenverhältnisse zurückführen ließ, indem die Länge einer Saite in einem bestimmten Verhältnis zum Ton steht[49]; und von der Musik schloß sich wieder der Kreis sowohl zur Kosmologie wie zur Seelenlehre, betrachtete man doch das ganze System der himmlischen Sphären als ein Zahlenverhältnis unhörbarer Musik[50], und ist es doch gerade die Musik, die den Menschen unmittelbar berührt.

Von daher versteht man, warum die Musik eine bevorzugte Stellung in den *Heilverfahren* der PYTHAGOREER besaß. «Musik kann die Seele krank und wieder gesund machen, das Innere aufrühren und wieder ordnen, und man hat versucht, selbst leibliche Krankheiten dadurch zu beeinflussen oder gar zu heilen»[51] – ein Gedanke, der in der psychosomatischen Medizin heute rein pragmatisch in Gestalt der *Musiktherapie* wieder aufgegriffen wird, ohne in ein religiösphilosophisches Weltbild eingeordnet zu sein, von dem her er Grund und Sinn

[45] PHILOLAOS, Fr. 6; DIELS-K., 77.

[46] G. W. F. HEGEL: Vorlesungen über die Geschichte der Philosophie I, Werke XVIII 265.

[47] Vgl. W. SCHADEWALDT: Die Anfänge der Philosophie bei den Griechen, 285.

[48] A. a. O., 281.

[49] Zur Einheit von Harmonie, Zahl und Musik vgl. PHILOLAOS, Fr. 6; DIELS-K., 77.

[50] G. W. F. HEGEL: Vorlesungen über die Geschichte der Philosophie I, Werke XVIII 262.

[51] W. SCHADEWALDT: Die Anfänge, 283. – Zu den *schamanistischen* Formen des *Gesangs* und dem Zusammenhang zum *«Weltenbaum»*, zum Traumerleben, zur Geisterfahrung und zur Krankenheilung vgl. J. HALIFAX: Die andere Wirklichkeit der Schamanen, 41–47.

erfahren könnte. Für die PYTHAGOREER hingegen war die Musik selbst ein ebenso körperliches wie geistiges Erleben der Harmonie des Alls, und wenn ALKMAION die Gesundheit als «Gleichberechtigung der Kräfte» ansah und umgekehrt für krankheiterregend «die Alleinherrschaft des einen Gegensatzes» erachtete[52], so durfte unzweifelhaft die Musik als ein willkommenes Mittel zur Wiederherstellung des inneren Ausgleichs der Seelen- und Körperkräfte gelten.

Wir brauchen an dieser Stelle nicht zu erörtern, in welcher Weise die *Jüngergemeinde* des PYTHAGORAS gegliedert war und nach welchen z. T. magisch-symbolischen Lebensregeln sie sich zu richten hatte. Aber es scheint keinen Zweifel zu leiden, daß die Überlieferung historisch zuverlässig ist, wonach PYTHAGORAS selbst als ein großer Arzt und Wunderheiler tätig war, und eben dies ist der Punkt, wo sich die Ähnlichkeit der Lehre des PYTHAGORAS zu dem Weltbild und den Praktiken der Schamanen nicht übersehen läßt.

Dabei geht es, wie gesagt, nicht darum, PYTHAGORAS selbst für einen Nachfahren alter Schamanenreligion zu erklären; aber es kommt sehr darauf an herauszuarbeiten, daß die heilende Kraft seiner Weltanschauung oder besser: seiner Weltanhörung, sich denselben Einsichten und Evidenzen verdankt, die auch im Weltbild der Schamanen die Wunder der Heilung ermöglicht haben. Man muß, um diese Gemeinsamkeiten zu verstehen, freilich in der Lehre des PYTHAGORAS den rationalen Anspruch ihrer Selbstdarstellung eher als eine spezifisch griechische Überlagerung denn als eine wahre Form der Selbstdarstellung dieser weisen und gütigen Religion betrachten.

In der Tat erscheint die Harmonie- und Einheitslehre des PYTHAGORAS in ihrer mathematisierten Form nur als eine rationale Variante der gleichen religiösen Überzeugung, auf die wir bereits bei der Erörterung der schamanistischen Wunderheilungen gestoßen sind: daß man die Welt, den Körper, die Krankheit, von der *seelischen* Wirklichkeit her verstehen müsse und daß es darauf ankomme, den Menschen in die Harmonie, in den Mittelpunkt, in die Einheit mit sich selbst und der Welt zu führen, um ihn zu heilen. Die rationale, philosophische Seite des *Pythagoreismus* ist in dieser Hinsicht durchaus nicht als das Wesentliche, sondern als ein bloßes Ausdrucksmittel zu betrachten, und sie machte in gewissem Sinne sogar die zentrale Schwäche der *pythagoreischen* Lehre aus, die gerade wegen ihres angestrengten Rationalismus später in Dogmatismus und Mystizismus führen mußte: schon im 5. Jh. v. Chr. erkannte HIPPASOS, daß die Diagonalen im Quadrat und Fünfeck zu *irrationalen* Zahlenverhältnissen führten[53], und diese mathematische Revolution für sich allein schon hätte die ganze Lehre des

[52] ALKMAION, Fr. 4; DIELS-K., 39.

[53] W. SCHADEWALDT: Die Anfänge, 276; HEGEL: Vorlesungen über die Geschichte der Philosophie I, Werke XVIII 247–263.

PYTHAGORAS aus den Angeln heben müssen, wäre sie wirklich, wie z.B. HEGEL es sehen wollte, vor allem ein philosophisches Lehrgebäude gewesen. In Wahrheit aber war sie eine zutiefst religiöse mystische Einheitslehre, und eben darin rührte sie an die gleichen Tiefen religiöser Erfahrung, denen bereits die schamanistischen Einheitserlebnisse und Heilungswunder sich verdanken.

Vor allem die *Wunder*, die von PYTHAGORAS berichtet werden, weisen in diese Richtung, wenn sie von der Berufung, dem Tierfrieden und der Heilkraft des PYTHAGORAS berichten.

Durch einen Fluß watend, so wird überliefert, habe PYTHAGORAS im Augenblick seiner Berufung eine große Stimme gehört: «PYTHAGORAS, sei gegrüßt.»[54] Die Szene erinnert stark an die Taufe Jesu in Mk 1,10-11 und bedeutet tiefenpsychologisch auch wohl dasselbe: daß inmitten des Wassers, im Eintauchen in das Element des Unbewußten, sich das eigentliche Selbst herausbildet, dessen Erscheinung religionsgeschichtlich mit dem Attribut des Gottmenschen versehen wird[55]; es ist ein Bild, welches durchaus dem Wunder der Himmelsreise der Schamanen, dem Vorgang der Integration aller Seelenteile, entspricht. Der Wunderheiler, so lautet die gemeinsame Anschauung, gewinnt seine eigentliche Kraft aus der Begegnung mit dem Göttlichen, und er begegnet dem Göttlichen in der Versammlung seines Herzens in der Mitte der Welt – gerade dieses Wunderbare an der Gestalt des PYTHAGORAS erscheint als das Wesentliche und Echte seiner Person. Von daher hat die alte Mythe nicht unrecht, wenn sie behauptet, daß PYTHAGORAS unter den Göttern *Apoll* sei und unter den Menschen *Euphorbos* (s.o.S. 145). Der große Schüler des PYTHAGORAS, EMPEDOKLES, drückte diese Ansicht später in dem Fr. 129 so aus: «... es lebte ... ein Mann von überragendem Wissen, der wahrlich den größten Gedankenreichtum erwarb, allerlei kluger Werke am meisten mächtig. Denn wenn er mit allen seinen Geisteskräften sich reckte, schaute er leicht jedes einzelne von allem Seienden in seinen zehn und zwanzig Menschenleben.»[56]

Auch ein anderer Zug der PYTHAGORASlegende verweist in denselben psychischen Umkreis, dem auch der Schamanismus verhaftet ist und der wiederum auch im Neuen Testament eine eigentümliche Parallele besitzt: *es ist das Motiv des Tierfriedens*, das psychologisch im Grunde nur eine andere Seite der Einheit mit den Tiefenschichten der eigenen Psyche darstellt.

Wir hörten bereits, daß der Ogalalla-Schamane SCHWARZER HIRSCH nach seiner Traumreise auf sonderbare Weise sich mit den Tieren, besonders mit den zweibeinigen Vögeln, eins wußte und daß er Mitleid mit aller Kreatur als mit seinen Brüdern empfand (s.o.S. 84). Wir haben dieses häufige *legendäre* Motiv der Ver-

[54] W. SCHADEWALDT: Die Anfänge, 273.
[55] C.G. JUNG: Psychologische Typen, VI 512; DERS.: Antwort auf Hiob, XI 503.
[56] DIELS-K., 70.

ständigung mit den Tieren bereits im ersten Band der vorliegenden Arbeit als ein wichtiges Moment an der Gestalt des *Heiligen* kennengelernt (I 400). Die Verwandtschaft mit den Tieren, die zunächst eine *innere Erfahrung* darstellt, wird freilich in der Seelenwanderungslehre des *Pythagoreismus* wiederum weit spekulativer und reflektierter dargestellt, als sie in den «einfachen», traumnahen Erlebnissen der Schamanenberufung erscheint; aber die moralischen Konsequenzen, die aus der Verwandtschaft von Mensch und Tier gezogen werden, erinnern wiederum an den «Tiertöterskrupulantismus» der «Primitiven»[57], und die wohltuende Strenge, mit der PYTHAGORAS eine vegetarische Lebensweise zur Pflicht erhob, ist im Griechentum ebenso wie in der Religionsgeschichte des Abendlandes sonst ohne Beispiel und Nachfolge; in ihrer Art gemahnt sie am ehesten an indische Vorbilder.

Erneut ist EMPEDOKLES hierfür der beste Gewährsmann *pythagoreischen* Denkens, wenn er seinen Zeitgenossen angesichts der Tieropfer, der Tierschlachtungen und des Fleischverzehrs vom Standpunkt der Seelenwanderungslehre aus entgegenhält: «Wollt ihr nicht aufhören mit dem mißtönenden Morden? Seht ihr denn nicht, wie ihr einander zerfleischt in Unbedacht des Sinnes?» «Und ihn, der die Gestalt gewandelt hat, seinen eigenen Sohn hebt der Vater empor, schlachtet ihn und spricht auch noch ein Gebet dazu, der arge Tor! Sie aber sind verstört, die den Flehenden opfern wollen; doch jener taub gegen seine Rufe rüstet, nachdem er ihn schlachtete, damit im Hause ein böses Mahl. Ebenso ergreift seinen Vater der Sohn und ihre Mutter die Kinder, entreißen ihnen das Leben und schlingen das eigene Fleisch hinunter.»[58] Rituelle Tierschlachtungen und Fleischessen sind für die PYTHAGOREER im Grunde nichts anderes als Sonderformen von Kannibalismus, und im Gegensatz zu diesen blutrünstigen und unmenschlichen Praktiken hebt EMPEDOKLES hervor, daß im Goldenen Zeitalter «mit lauterem Stierblut ... kein Altar benetzt (ward), sondern dies war unter den Menschen größte Befleckung, Leben zu entreißen und edle Glieder hineinzuschlingen.»[59]

Aber nicht nur, daß die *pythagoreische* Sittenlehre sich in kompromißlosem Ernst das Paradies, das Goldene Zeitalter, ausdrücklich zum Vorbild nahm, es ist auch überliefert, daß zur Zeit des PYTHAGORAS ein Stück des Paradieses wieder Wirklichkeit geworden sei. «Da waren alle Geschöpfe zahm und den Menschen zutunlich, die wilden Tiere wie die Vögel, und die Flamme der freundlichen Gesinnung glühte.»[60] Ganz und gar entspricht diese Vorstellung den mythischen und legendären Erzählungen vom Frieden mit und unter den Tieren – eine Erwartung, die wesentlich von der Erfahrung einer seelischen Einheit getragen

[57] Vgl. dazu DREWERMANN: Der Krieg und das Christentum, 21; 291; 292.
[58] EMPEDOKLES, Fr. 136; 137; DIELS-K., 70.
[59] EMPEDOKLES, Fr. 128; DIELS-K., 70.
[60] EMPEDOKLES, Fr. 130; DIELS-K., 70.

ist. Ein Mensch, der mit sich eins geworden ist, der Gottesmann, der Schamane, der Heilige, ist auch eins mit den Tieren, so meint diese an sich sehr berechtigte Vorstellung; die Kreatur, die Natur, erscheint ihm nicht wild[61], sondern er erlebt, wie der Mensch vor dem Sündenfall, die Tiere als seine eigenen Gefährten, als Brüder einer universalen Gemeinschaft des Lebens, als Wesen, die von gleichem Geiste beseelt sind.

Auch der Bibel sind solche «mythischen» Vorstellungen nicht gänzlich fremd. Im Neuen Testament z. B. berichtet Markus, daß Jesus, als er nach den 40 Tagen seines Wüstenaufenthaltes vor Beginn des öffentlichen Wirkens vom Satan versucht wurde, bei den wilden Tieren lebte und von Engeln bedient wurde (Mk 1,13). Die Einheit mit den Engeln und Tieren ist tiefenpsychologisch unzweifelhaft erneut ein Bild für die Integration der geistigen und der animalischen Kräfte der Psyche, ein Symbol für die Wiederkehr eines paradiesischen Einheitszustandes[62]. Aber gerade an dieser Stelle ist der Unterschied zwischen dem Einheitsdenken der Religion des PYTHAGORAS mit ihrer Nähe zu der alten Schamanenreligion und dem anthropozentrischen Weltbild der Bibel[63] deutlich: das Neue Testament hat aus dem Motiv des Tierfriedens niemals irgendeine ethische Ableitung getroffen, die so etwas wie Rücksicht und Mitleid zum Schutz der Tiere begründen könnte, wie denn das gesamte Judentum bis auf die knappen Reminiszenzen der jahwistischen Urgeschichte in Gen 2,18-20[64] den Gedanken an eine ethische Verpflichtung gegenüber den Tieren jämmerlich vermissen läßt[65]. Gleichwohl machen sich zumindest in den mythischen Passagen der Bibel, etwa in der eschatologischen Vision von Jes 11,6-8, noch die Ansätze des ursprünglichen religiösen Einheitsdenkens bemerkbar und verweisen auf den tiefen religionspsychologischen Zusammenhang, der zwischen der Kraft des Heilens und einer Weltsicht der Harmonie sowie der Achtung vor dem Recht allen Lebens besteht. Allerdings hat nicht allein die Bibel, sondern auch die griechische Antike solche Vorstellungen als sentimentale Kinderei belächelt. Mit deutlicher Bosheit erzählt etwa XENOPHANES, PYTHAGORAS habe einmal in dem Heulen eines geschlagenen Hundes voll Mitleid die Stimme seines verstorbenen Freundes wiedererkannt und der Mißhandlung des Tieres Einhalt geboten[66]. Natürlich gilt einer gewissen Intellektualität das Gefühl des Mitleids mit der «unvernünftigen» Kreatur selbst für etwas Unvernünftiges[67]; aber dies

[61] Vgl. E. DREWERMANN: Der tödliche Fortschritt, 107.
[62] Vgl. Tiefenpsychologie und Exegese, I 177.
[63] Vgl. E. DREWERMANN: Der tödliche Fortschritt, 71–78.
[64] E. DREWERMANN: Strukturen des Bösen, I^3 erw. 1981, S. 375–378.
[65] Vgl. E. DREWERMANN: Der tödliche Fortschritt, 100–102.
[66] XENOPHANES, Fr. 7; DIELS-K., 18.
[67] Vgl. E. DREWERMANN: Der tödliche Fortschritt, 92–93, zur Haltung SPINOZAS.

zeigt nur, wie schwer es einer bestimmten Art von Rationalismus wird, die mystische Einheitserfahrung des Lebens zu begreifen und praktisch zu respektieren, die in der Religion des PYTHAGORAS ebenso lebte wie in den Traumvisionen der Schamanen.

Ein drittes wichtiges Moment, das den schamanistischen Wunderheiler kennzeichnet, klingt ebenfalls in der PYTHAGORASlegende an: das Motiv des eigenen Leids.

Wir sahen bereits, daß ein Medizinmann wie SCHWARZER HIRSCH seine heilende Kraft wesentlich aus der *Überwindung der eigenen Krankheit* gewinnt, und soviel ist allemal an den religionsgeschichtlichen Darstellungen richtig, daß der Schamane, wo kein Psychotiker oder Delirant, so doch ein hochgradig gefährdeter und dem Leiden verwandter Mensch ist. Anders kann es im Grunde auch gar nicht sein, denn man wird nicht glauben dürfen, man könne im Leben alles zugleich haben: Glück und Wahrheit, Erfolg und Innerlichkeit, Ansehen und Ehrlichkeit. Alle wirklich Großen des Geistes, gleich ob Dichter, Maler, Philosophen oder Heilige, waren zunächst groß im Leiden: DOSTOJEWSKI ein Epileptiker, A. GIDE ein Homosexueller, VAN GOGH ein Paranoiker, NIETZSCHE (vermutlich) ein Syphilitiker, JUAN DE LA CRUZ ein Masochist, THERESE VOM KINDE JESU eine depressive Neurotikerin – selbst von Jesus erklärten seine eigenen Familienangehörigen, er sei ein Wahnsinniger (Mk 3,21). Wo denn hätte es jemals einen Funken Wahrheit in einem Menschen gegeben, ohne durch ein bis an die Grenzen des Wahnsinns reichendes Leiden erzeugt worden zu sein? Nur das Leid, die Einsamkeit und die Angst nehmen dem Menschen endgültig die Scheuklappen von den Augen, zerschneiden die falschen Sicherheiten gewohnter Heuchelei und gutmütiger Rücksichtnahme und stellen ihn vor den Abgrund des Nichts, das aller Schöpfung zugrunde liegt und aus dem nur Gott den Menschen retten kann. Umgekehrt ist das unmittelbare Glück in gewissem Sinne geradezu eine Gefahr – nach einem Wort KIERKEGAARDS ist es sogar die häufigste und beliebteste Wohnstätte der Verzweiflung[68]. Oft genug muß das Scheinglück der Oberflächlichkeit, der «Ruhe», der «Ordnung», der Behäbigkeit erst zerstört werden, um zu sich selbst zu finden. Die Schamanen, die Wunderheiler jedenfalls waren wie alle religiös und künstlerisch sensiblen Menschen durchaus unruhige, traumwandlerische Charaktere, Sucher einer Sphäre des Absoluten, des Weltjenseitigen und des dennoch in jedem Moment Gegenwärtigen. Sie waren Phantasten und Traumpoeten der Sehnsucht und der Liebe; aber am Anfang ihrer Berufung stand wie notwendig ein Meer seelischen Leids, und erst in der Überwindung der eigenen Krankheit formten sich ihnen die Kräfte, auch die Krankheiten anderer Menschen durch Verstehen und Mitgehen auf den Traumpfaden der Seele zu heilen.

[68] S. KIERKEGAARD: Die Krankheit zum Tode, 25.

In der PYTHAGORASlegende gibt es eine Begebenheit, die diesen Sachverhalt klassisch verdichtet. PYTHAGORAS, heißt es, sei einmal von einer giftigen Schlange gebissen worden; daraufhin habe er sie seinerseits gebissen, so daß die Schlange gestorben sei[69]. Es handelt sich um ein außerordentlich sprechendes Bild, das weit mehr über das Wesen eines Wunderheilers aussagt als sogar die wunderbare Verheißung des «unechten» Markusschlusses, die an Christus Glaubenden würden «Schlangen aufheben» können und ohne Schaden «tödliches Gift trinken», sie würden «Dämonen austreiben» und «durch Handauflegung heilen» können (Mk 16,17-18). Denn was dort gefahrlos nebeneinander steht: der Umgang mit Gift und Schlangenbiß einerseits und die Fähigkeit zur Heilung andererseits, schließt die Szene der PYTHAGORASlegende gerade zu einer logischen Einheit zusammen, und sie hat recht damit. Denn nur aus der eigenen Verwundung, aus der eigenen Betroffenheit, erwächst die Fähigkeit zur «magischen» Identifikation auch mit der seelischen (und körperlichen) Not anderer[70]. Das Urbild aller Daseinsgefährdung aber ist in den Mythen der Völker das Symbol der Schlange[71]. Die *Schlange* ist schon in der jahwistischen Sündenfallerzählung der Bibel als Verkörperung des Nichtseins, der Kontingenz der Dinge, der Angst und der Bedrohung des Todes zu verstehen[72]; ihr «Biß» muß deshalb in der PYTHAGORASlegende als ein Bild für die tiefste Heimsuchung der menschlichen Existenz durch die Erfahrung des Negativen, des Gefährdeten, Abgründigen, Krankhaften und Hinfälligen in aller Schöpfung gelten, und um diese Chiffre zu verstehen, muß man sich offenbar einen Menschen vorstellen, in den der Eindruck des Leidvollen, Todbedrohten und Ängstigenden, auch des Zerrissenen, Ungefügten und Widersprüchlichen der Welt sich derartig fest*gebissen* hat, daß er davon zutiefst *verwundet* worden ist. Seine Verletzung ist so tief, daß sie ihn eigentlich umbringen müßte; aber, sonderbar genug: er sammelt das Gift in sich auf und gewinnt aus sich selbst daraus eine Art Impfstoff zur Bekämpfung der Krankheit anderer; er benutzt das an sich Tödliche, das in ihn eingedrungen ist, zur «Verschlingung des Todes», um einen Ausdruck des Neuen Testamentes (1. Kor 15,54) zu gebrauchen. Es ist stets die Überwindung

[69] W. SCHADEWALDT: Die Anfänge der Philosophie bei den Griechen, I 273.

[70] Das Symbol des «verwundeten Heilers» (J. HALIFAX) begegnet nicht nur im Schamanismus (s.o.S. 88), es spielt auch in der griechischen Mythe von dem Zentauren *Chiron* eine große Rolle (s.u.S. 174).

[71] Zum Schlangensymbol vgl. Tiefenpsychologie und Exegese, I 185; vgl. U. STEFFEN: Drachenkampf, 147-161, zum Bild des Leviathan als Bild des Abgrundes in der physischen wie psychischen Natur und als Symbol der Zusammenfassung aller materiellen Kräfte.

[72] Zur Vielschichtigkeit der Schlangensymbolik je nach der Interpretationsmethode vgl. E. DREWERMANN: Strukturen des Bösen, I^2 (erw.) 1979, S. LXIV-LXXVI; vgl. M. LURKER: Adler und Schlange, 197–218, der zu Recht die Schlange «dem Dunkel der Erde» verhaftet sieht (S. 207) und in ihr ein Bild für das «Urfremde» erblickt. – Gegen die beliebte psychoanalytische Gleichsetzung der «Schlange» mit dem männlichen Penis wendet sich mit guten Argumenten R.D. LAING: Die Stimme der Erfahrung, 191–196, der das verbreitete Mythem von der Frau mit der Schlange als Bild der Frau mit der *Nabelschnur* deutet; der *regressive* Zug der Symbolik wird damit aber nur um so deutlicher.

des eigenen Traumas, die zum Heilen befähigt, und wenn es im Joh.-Ev. heißt, der Menschensohn müsse erst «erhöht», also gekreuzigt werden, so wie *Moses* die Schlange in der Wüste «erhöhte» (Joh 3,14; Num 21,4-9), um die verlorene Menschheit zu retten, so beruht diese Vorstellung offenbar auf einer gemeinsamen Erfahrung von der Verwandlung des Leids in ein Mittel des Heils, in ein heilendes Mitleid mit allem, was lebt.

Im ganzen ist die Lehre des PYTHAGORAS, wie man sieht, nicht zufällig *auch* ein Heilverfahren – sie ist *wesentlich* Erlösungslehre. Die Betonung der Harmonie, die Verwendung der Musik zur Heilung, die Verfahren zum Ausgleich der Gegensätze des Körpers wie der Seele entstammen einer religiösen Überzeugung von der immanenten Güte des Alls, die jeder in sich selber nachzuempfinden und nachzubilden vermag. Wenn im Neuen Testament vor allem die *Handauflegung* als Mittel zur Heilung erwähnt wird, so beschreibt auch dieser Gestus den gleichen Vorgang der Beruhigung der Angst, der Vermittlung eines Gefühls von Geborgenheit und Annahme, der Weckung eines Glaubens an den Schutz und das Wohlwollen Gottes. Die *Gefährdung* des irdischen Daseins, die *Erlösungsbedürftigkeit* des irdischen Menschen aber wurde von den PYTHAGOREERN sogar derartig radikal gesehen, daß PHILOLAOS das gesamte Dasein als Strafe verstand; von ihm stammt der berühmte Satz, der oft mit der PLATON*ischen* Philosophie in Zusammenhang gebracht wird: «Es bezeugen ... auch die alten Gotteskünder und Seher, daß infolge bestimmter Strafanordnungen die Seele mit dem Körper zusammengejocht und wie in einem Grabe in ihm bestattet ist.»[73] In jedem Leibe wohnt zufolge dieser Vorstellung ein gefallenes göttliches Wesen, und die ganze irdische Existenz muß als eine Art Strafe betrachtet werden, von der es den Menschen zu erlösen gilt[74]. «Bist du im Geiste fromm geartet», verheißt EPICHARMOS aus Krastos, «so wird dir im Tode kein Leid widerfahren. Oben wird der Hauch ewig bestehen bleiben, am Himmel.»[75] Heilung vom Leid auf Erden wie im Himmel – *das* war das letzte und eigentliche Ziel der *pythagoreischen* Religion, die sich, wie die heilenden Träume der Schamanen, einer vorgegebenen Harmonie der Welt und der Seele zu versichern suchte, um die Widersprüche und Zerrissenheiten des Daseins zu heilen.

[73] PHILOLAOS, Fr. 14; DIELS-K., 78.

[74] Die Ansicht einer Daseinsschuld des Menschen aufgrund des Geschaffenseins findet sich wohl zum ersten Mal in dem akkadischen *Enuma-elisch-Epos*, wo die Menschen aus dem Blut des bösen Dämons *Kingu* geschaffen werden; vgl. E. DREWERMANN: Strukturen des Bösen, I 25.

[75] EPICHARMOS, Fr. 22; DIELS-K., 34.

b) Empedokles oder: Die Heilung durch das Wort und die Frage der «Naturwunder»

Will man wissen, wie tief die PYTHAGOREER indessen unter der inneren Zerrissenheit leiden konnten und sie in ein Mittel des Heils umzuformen versuchten, so bietet der wundersame und wundertätige Arzt, Philosoph und Prediger EMPEDOKLES, der zwischen 492–432 v. Chr. lebte und sich selber auf seine religiösen Heilkräfte berief, dafür das wohl klarste Zeugnis. In EMPEDOKLES lebte nicht nur eine erstaunliche Kenntnis des eigenen Wesens und der eigenen Gefährdung – er verkörpert in gewissem Sinne auch eine andere Technik der Wunderheilung: die Therapie des Wortes.

Biographisch weiß man von *Empedokles* nur wenig, und das Wenige erscheint sonderbar und rätselhaft, wie es bei einem «göttlichen Menschen» und «göttlichen Arzt» nicht anders sein kann. Er durchzog, so wird überliefert, «hochgeehrt die griechischen Städte Unteritaliens und Siziliens ..., das Volk im Tone des Propheten und Sühnepriesters aufrufend ... Er soll mit Erfolg das ungesunde Klima seiner Heimatstadt (sc. Agrigent, d. V.) bekämpft und Selinunt von der Malaria befreit haben, so daß die Bewohner dieser Stadt ihm wie einem Gott huldigten»[1]. Man trug ihm zur Auszeichnung die Königswürde an, aber er verschmähte sie entsprechend der demokratischen Gesinnung seines Vaters *Meton*. Einer bekannten Legende zufolge soll er sich selbst in den Ätna gestürzt haben, sei es, um dadurch in den Schoß der Mutter Erde zurückzukehren, sei es, um dadurch den Mächten der Tiefe nahe zu sein.

Wie EMPEDOKLES selber sich sah, hat er besonders in der «Lehre von der Reinigung» ausgesprochen. Bezeichnend ist, daß EMPEDOKLES in seinen Darlegungen niemals von einer Seelenwanderung, sondern nur von einem Dämonen-Schicksal spricht, das auch ihn betrifft[2]. «Es ist», erklärt EMPEDOKLES, «der Notwendigkeit Spruch, ein Götterbeschluß, alt, urewig, mit breiten Schwüren versiegelt: wenn einer in Schuldverstrickung mit Mordblut seine eigenen Glieder befleckte, wer ferner im Gefolge des Streites einen Meineid schwor aus der Zahl der Dämonen, die ein sehr langes Leben erlost haben, die müssen dreimal zehntausend Horen fernab von den Seligen umherschweifen, wobei sie im Laufe der Zeit als alle möglichen Gestalten sterblicher Geschöpfe entstehen, die des Lebens mühselige Pfade wechseln. Denn der Luft Macht jagt sie zum Meere, das Meer speit sie auf den Erdboden aus, die Erde zu den Strahlen der leuchtenden (unermüdlichen) Sonne, und diese wirft sie in die Wirbel der Luft. Einer nimmt sie vom anderen auf, es hassen sie aber alle. Zu diesen gehöre jetzt auch ich, ein

[1] DIELS-K., 56.

[2] Gegen das Mißverständnis der Allerseelengleichheit wendet sich K. KERÉNYI: Pythagoras und Orpheus, in: A. a. O., 27.

von Gott Gebannter und Irrender, da ich rasendem Streite vertraute.»[3] «Denn ich wurde bereits einmal Knabe, Mädchen, Pflanze, Vogel und flutentauchender, stummer Fisch.»[4]

Das irdische Dasein erscheint in dieser Vorstellung als eine Sühne für bittere Schuld, für Mord und Meineid besonders –, und es gilt jetzt offenbar, durch das Gegenteil: durch umfassendes Mitleid und bedingungslose Wahrheitsliebe die Seele zu reinigen. Der Anblick der Welt selbst erscheint EMPEDOKLES leidvoll genug: «Bei der Geburt weinte und jammerte ich, als ich den ungewohnten Ort erblickte»[5], erklärt er, und das Erdendasein kommt ihm vor wie eine «überdachte Höhle»[6] – ein Ausdruck, der an PLATONS Höhlengleichnis[7] erinnert – bzw. wie ein Abstieg aus dem Rang und der Größe des Glücks[8] in ein unseliges, jammervolles Leben[9]. Gleichwohl ist das Erdendasein als Zwischenstadium wie eine heilsame Strafe anzusehen, denn das Ziel der Seelenwanderung besteht in einer Rückverwandlung ins Göttliche: «Zuletzt», meint EMPEDOKLES von den auf die Erde Verbannten, «werden sie Seher und Sänger und Ärzte und Fürsten den irdischen Menschen, woraus sie emporwachsen als Götter, an Ehren reichste, den anderen Unsterblichen Herdgenossen, Tischgefährten, menschlicher Leiden unteilhaft, unverwüstlich.»[10]

Als Arzt sah sich EMPEDOKLES selber seiner Gottwerdung unmittelbar nahe, ja, er betrachtete sich bereits auf Erden als Gott, wie der nachfolgende Ausspruch bezeugt: «Ihr Freunde, die ihr die große Stätte bewohnt, die am gelblichen Akragas sich hinabzieht, oben auf der Höhe der Stadt, ihr Pfleger trefflicher Werke, der Fremdlinge ehrfurchtsvolle Zufluchtstätten, in Schlechtigkeit unerfahren, seid mir gegrüßt! Ich aber wandle euch daher als ein unsterblicher Gott, nicht mehr als Sterblicher, unter allen geehrt, so wie ich ihnen dünke (so wie es geziemt), mit Tänien (sc. Siegesschleifen, d.V.) umflochten und mit grünenden Kränzen. Wenn ich zu ihnen komme in die prangenden Städte, zu den Männern und Frauen, so werde ich von ihnen verehrt; sie aber ziehen mit, Tausende, um zu erkunden, wo zum Gewinn der Pfad führe, die einen der Orakelsprüche bedürfend, die anderen fragen nach bei mannigfachen Krankheiten ein heilbringendes Wort zu erfahren, lange schon von schweren Schmerzen durchbohrt.»[11]

Das ärztliche Wunderwirken des EMPEDOKLES hat, wie man diesen Worten entnehmen kann, die gleichen Wurzeln, auf die wir soeben bei PYTHAGORAS

[3] EMPEDOKLES, Fr. 115, DIELS-K., 69.
[4] EMPEDOKLES, Fr. 117; a.a..O.
[5] EMPEDOKLES, Fr. 118; a.a.O.
[6] EMPEDOKLES, Fr. 120; a.a.O.
[7] PLATON: Staat 7, 514ff; in: Werke III 224ff.
[8] EMPEDOKLES, Fr. 119; DIELS-K., 69.
[9] EMPEDOKLES, Fr. 124; a.a.O.
[10] EMPEDOKLES, Fr. 146; 147; DIELS-K., 71.
[11] EMPEDOKLES, Fr. 112; DIELS-K., 68.

selbst gestoßen sind: auf der einen Seite die eigene Anfechtung und tiefe Kenntnis von Schuld und Leid, so sehr, daß davon die gesamte gegenwärtige Existenzweise bestimmt ist, und auf der anderen Seite die Integration der unbewußten Seelenkräfte zur Erhebung in das Gottmenschliche, ein unmittelbares Bewußtsein der eigenen unsterblichen Natur. Gerade aus dieser Spannung zwischen innerer Gefährdung und Wahrhaftigkeit muß EMPEDOKLES die Fähigkeit gewonnen haben, auch anderen die Wahrheit über ihr Leben zu sagen – so jedenfalls wird man wohl die Kunst des EMPEDOKLES verstehen dürfen, anderen richtige «Orakel» zu stellen. Damit auf das engste verbunden aber ist sein Verfahren, Krankheiten zu heilen durch *das heilbringende Wort*, eine «Technik», die in ihrer menschlichen Nähe und Unmittelbarkeit gar nicht hoch genug eingeschätzt werden kann. Es ist dabei besonders zu beachten, wie selbstverständlich EMPEDOKLES in dieser Darstellung seiner Tätigkeit an die Wundermacht des Wortes glaubt. Gewiß sollte man sich bei der Heilung durch das Wort nicht eine magische Formel oder einen besonders eindrucksvollen Beschwörungszauber vorstellen; vielmehr wird man an Erfahrungen denken müssen, wie sie vor allem die moderne Psychoanalyse und psychosomatische Medizin immer wieder gemacht hat: daß es möglich ist, durch bloße Aussprache, durch ungehindertes Ausredenlassen und inneres Begleiten des anderen Zugang zu den verdrängten Schichten seiner Seele zu gewinnen und damit die Ursache zahlreicher Krankheiten zu beseitigen.

Es mag sein, daß manchem Leser an dieser Stelle Zweifel kommen, ob denn wirklich schon im 5. Jh. v. Chr. so wichtige Entdeckungen wie die psychoanalytische Gesprächs- und Behandlungsmethodik bekannt sein konnten, ob dies alles nicht auf eine grandiose Überschätzung der schamanistischen oder antiken Wunderheiler hinauslaufe. Tatsächlich nicht! Es gibt im Gegenteil bei PLATON – der den PYTHAGOREERN in vielem nahestand – eine wichtige Kunde davon, daß die Heilung durch das Wort, wie sie EMPEDOKLES offenbar übte, nicht nur im Altertum bereits bekannt war, sondern in der griechischen Antike bedauerlicherweise schon anfing, in Vergessenheit zu geraten. Näherhin legten vor allem die angeblich barbarischen *Thraker* einen außerordentlich großen Wert auf die Heilung durch das Wort, also auf eine Art psychotherapeutischen Vorgehens, und sie hüteten sich, die ganzheitliche Betrachtung des Menschen als Einheit von Körper und Seele zugunsten einer aufsplitternden Spezialisierung gewisser seelischer oder körperlicher Behandlungstechniken preiszugeben. Die Nähe gerade der *pythagoreischen* Heilkunst zu den *Thrakern* ist natürlich nicht zufällig, sondern wir werden sogleich sehen, wie insbesondere die Gestalt des *thrakischen* Gottes ORPHEUS die religiöse Ausprägung des PYTHAGOREISMUS mitbestimmt.

Es ist der PLATON*ische* Dialog *«Charmides»*, der thematisch der Frage nach der rechten Heilmethode gewidmet ist. SOKRATES, der sich selbst in seinem ganzen Tun als eine Hebamme der ungeborenen, unbewußten Wahrheit der mensch-

lichen Seele verstand, stellt in diesem Dialog die an sich erstaunliche Lehre auf, daß es ein und dasselbe sei, die Besonnenheit, die innere Einsicht, zu lernen und an Leib und Seele zu gesunden. PLATON selbst gibt hier, wie an vielen anderen Stellen seiner Werke, zu erkennen, daß er bewußt nur der Tradent weit älterer, ursprünglich religiöser Anschauungen sein möchte, die bereits zu seiner Zeit in Verfall zu geraten drohten und die er deshalb mit den kargen Argumenten philosophischer Reflexion am Leben zu erhalten suchte; man verdankt PLATON auf diese Weise, daß von vielen menschlichen Wahrheiten, die bereits in den alten Schamanenreligionen lebendig waren, wenigstens noch eine gewisse Ahnung in der Geistesgeschichte des Abendlandes erhalten geblieben ist, wenngleich die rationale philosophische Argumentationsform PLATONS selbst ungleich mächtiger auf die Nachwelt gewirkt hat als die religiösen Intuitionen z.B. der PYTHAGOREER, ORPHIKER und, im Hintergrund, der *Thraker*.
Speziell von den *Thrakern*, die an den Gott und König *Zamolxis* glaubten, berichtet PLATON, es habe bei ihnen Ärzte gegeben, von deren Kunst SOKRATES selbst auf einem Heerzug Kenntnis erlangt habe. Auf das Thema der Heilkunst kommt SOKRATES zu sprechen, als er dem Knaben *Charmides* gegenüber sitzt, dessen Gesicht und Leibesschönheit ihm die Sinne verwirrt, aber dessen Seelenbildung er doch gerade deshalb voller Interesse prüfen möchte. Die Gelegenheit dazu ergibt sich, als *Charmides* erklärt, er leide unter allmorgendlichem Kopfweh. Trotz seiner Befangenheit gegenüber dem jugendlichen Reiz seines «Patienten» bringt nämlich SOKRATES vor, daß er wohl ein Mittel – ein Blatt – wisse, das jedoch nur in Verbindung mit einem Spruch wirksam sei, – «ohne den Spruch aber wäre das Blatt zu nichts nutze»[12]. Die Kraft eines solchen heilenden Wortes, erläutert er *Charmides*, ist «von der Art, daß sie nicht nur den Kopf gesund machen kann, sondern, wie auch du vielleicht schon von guten Ärzten gehört hast, wenn etwa einer, der an den Augen leidet, zu ihnen kommt, daß sie sagen, es wäre unmöglich die Heilung der Augen für sich allein zu unternehmen, sondern sie müßten zugleich auch den Kopf behandeln, wenn die Augen sollten hergestellt werden; und wiederum zu glauben, man könnte den Kopf allein für sich behandeln ohne den ganzen Leib, wäre großer Unverstand. Dieser Rede zufolge richten sie nun ihre Verordnung auf den ganzen Leib und versuchen, mit dem Ganzen auch den Teil zu behandeln und es zu heilen»[13]. Ebenso, fährt SOKRATES fort, verhalte es sich auch mit jenem Spruch, den er von einem der thrakischen Ärzte gelernt habe, die in dem Ruf stünden, unsterblich zu machen. «Dieser Thrakier», erklärt SOKRATES, «sagte, in jenem, was ich eben gesagt habe, hätten die hellenischen Ärzte ganz recht; aber Zamolxis, unser König, sprach er, der ein Gott ist, sagt, so wie man nicht unternehmen dürfe, die Augen zu heilen

[12] PLATON: Charmides, 155e, in: Werke I 131.
[13] PLATON: Charmides, 156b, c; a.a.O., 131.

ohne den Kopf, noch den Kopf ohne den ganzen Leib, so auch nicht den Leib ohne die Seele; sondern dieses eben wäre auch die Ursache, weshalb bei den Hellenen die Ärzte den meisten Krankheiten noch nicht gewachsen wären, weil sie nämlich das Ganze verkennen, auf welches man seine Sorgfalt richten müßte, und bei dessen Übelfinden sich unmöglich irgendein Teil wohlbefinden könnte. Denn alles, sagte er, entspränge aus der Seele, das Böse und das Gute dem Leibe und dem ganzen Menschen, und ströme ihm von dorther zu, wie aus dem Kopfe den Augen. Jenes also müsse man zuerst und am sorgfältigsten behandeln, wenn es um den Kopf und auch um den ganzen Leib gut solle stehen. Die Seele aber, mein Guter, sagte er, werde behandelt durch gewisse Besprechungen, und diese Besprechungen wären die schönen Reden. Denn durch solche Reden entstehe in der Seele Besonnenheit, und wenn diese entstanden und da wäre, würde es leicht, Gesundheit auch dem Kopf und dem übrigen Körper zu verschaffen. Als er mich daher das Mittel und die Besprechungen lehrte, sprach er: Daß dich ja nicht jemand überrede, mit dieser Arznei seinen Kopf zu behandeln, der dir nicht zuvor auch seine Seele darbietet, um sie mit den Besprechungen von dir behandeln zu lassen. Denn auch jetzt, sagte er, ist eben dieses der Fehler bei den Menschen, daß welche es unternehmen, abgesondert für eins von beiden Ärzte zu sein. Und gar sehr befahl er mir an, daß ich mich ja von niemand, wäre er auch noch so reich und vornehm und schön, sollte überreden lassen, anders zu tun. Ich nun habe ihm geschworen und muß notwendig gehorchen, werde es also auch. Und du, wenn du nach des Fremdlings Vorschrift zuerst die Seele hergeben willst, um sie zu besprechen mit des Thrakiers Besprechungen, so werde ich auch deinem Kopf das Mittel auflegen; wenn aber nicht, so weiß ich nichts, was ich für dich tun kann, lieber Charmides.»[14]

Dieses längere Zitat war unerläßlich, weil es gleich drei Einsichten erlaubt, die andernfalls als religionsgeschichtlich umstritten gelten könnten.

Als erstes: Die Heilung durch Worte oder Besprechungen ist keinesfalls als eine «magische» Beschwörung mißzuverstehen, und die heilenden Worte selbst, wenn sie als «Formeln» überliefert werden, sind nicht in sich, sondern allenfalls als zusammenfassendes Stenogramm eines «schönen Gesprächs» verständlich. Das Gespräch selbst indessen gibt sich als eine durch und durch *religiöse Psychotherapie* zu erkennen. Die Fähigkeit und Anweisung zur Heilung verleiht der Gott – ohne diesen religiösen Ursprung seines Glaubens vermöchte der Wunderheiler nichts.

Zum zweiten: im Mittelpunkt der ärztlichen Bemühungen der göttlichen Wunderheiler steht ganz und gar die Seele – jedes andere Vorgehen erscheint ihnen als gefährlich und schädlich. Wenn schon, was den Körper angeht, das Spezialistentum an sich in der Medizin als ein Übel gelten muß, so ist es in den Augen

[14] PLATON: Charmides, 156d–157c; a.a.O., 131–132.

dieser Ärzte noch viel verhängnisvoller, die Ganzheit des Menschen nur als Körper zu verstehen und dabei die Seele aus theoretischen oder praktischen Gründen für nicht existent zu erklären. Ganz in Fortsetzung zu der alten schamanistischen Heilkunst kam es ihnen deshalb darauf an, das körperliche Geschehen wesentlich von der Seele her zu verstehen.
Aus dieser Aufgabenstellung ergibt sich zum dritten: die überragende Bedeutung des «schönen», d.h. des gütigen, wohltuenden, verständnisvollen und einfühlenden Gesprächs. Als durchaus zweitrangig gegenüber einer solchen Kunst des therapeutischen Gesprächs galten den göttlichen Ärzten die äußeren Medikamente; ihre Wirkung wurde zwar nicht geleugnet, aber nur in Verbindung mit der religiös-seelischen Betreuung als legitim erachtet.
Es handelt sich dabei um dieselbe Mißachtung und Warnung vor einer bloßen Medikamentengläubigkeit, die wir bereits bei den Sioux-Schamanen angetroffen haben(s.o.S. 90). Auch die thrakischen Ärzte des Gottes *Zamolxis* scheinen es geradezu für eine verheerende Gefahr, für eine durch Berufseid zu unterdrükkende Versuchung gehalten zu haben, daß man die Anstrengung der seelischen Auseinandersetzung scheut und das ärztliche Heilverfahren durch Verabreichung von Tabletten «vereinfacht», d.h. in Wahrheit zu einer Karikatur entwertet. Eine wirkliche Heilung an Seele und Körper war für die thrakischen Ärzte offenbar nur als Einheit von Wort und «Mittel» vorstellbar – als *Sakrament*, ganz so, wie wir es bei der Darstellung der schamanistischen Heilverfahren gesehen haben.
Man muß sich dabei noch einmal vor Augen halten, daß so zu denken nicht der Sonderstandpunkt einer bestimmten Kultur – etwa der nordamerikanischen Indianer oder der Thraker – oder bestimmter religiöser Gruppen wie der PYTHAGOREER gewesen ist. Wir haben es vielmehr mit einer Anschauung zu tun, die für universell und menschheitlich gelten darf und jeder wahren Religion zutiefst innewohnt. Sie stellt nicht das Privatgut *einer* Religion, sondern das Ingredienz jeder wirklichen Religion dar, und dieser Umstand nötigt noch einmal dazu, auch an den Wundern der Bibel die Ursprünglichkeit und Wahrheit ihrer Religiosität nicht in dem Gegensatz, sondern der Einheit zu den Überlieferungen der «heidnischen» Religionen der Menschheit zu suchen. Die menschheitlichen Züge an der Jesusüberlieferung des Neuen Testamentes gerade in den Wunderüberlieferungen als unchristlich, «heidnisch» oder «unhistorisch» ausmerzen zu wollen, ist und bleibt daher ein Bubenstück, das nichts weiter als die Verkehrtheit der gesamten herrschenden Einstellung in der historisch-kritischen Exegese widerspiegelt. Noch einmal muß es gesagt werden: nicht das Exklusive am Christentum ist das Christliche, sondern gerade das Menschheitliche an ihm ist das am meisten Christliche – wenn irgend das Dogma der Menschwerdung, der Annahme der ganzen Menschennatur durch den Logos, einen hermeneutischen Sinn für das Verständnis der Gestalt und des Wirkens Jesu haben soll.

Insbesondere *der Glaube*, von dem die Wundererzählungen sprechen, ist so allgemeinmenschlich wie sein Gegenteil: die menschliche Angst, und jede Religion, wenn sie sich nicht selbst als ein Gebäude institutionalisierten Zwangs und psychischer Entfremdung etablieren will, besteht wesentlich darin, auf diese Angst heilende Antworten zu geben. «Die Religion», sagte daher sehr zu Recht der indische Religionsphilosoph S. RADHAKRISHNAN, «gründet sich auf Glauben im Sinne von Vertrauen. Das mechanische Glauben, das sich der Autorität unterwirft und dem der Wunsch zugrundeliegt, die Tröstungen der Religion ohne die Mühen eines religiösen Lebens zu erfahren, unterscheidet sich vollkommen von dem religiösen Glauben, dessen Wurzeln in der Erfahrung ankern ... (Glauben) ‹ist die Schau der Seele, die Kraft, durch die Geistiges wahrgenommen wird, so wie Materielles von den Sinnen wahrgenommen wird.› Der blinde Glaube an das Dogma ist nicht der Glaube, der rettet. Es ist eine unglückliche Entwicklung, die die christliche Theologie in Europa genommen hat, daß der Glaube zur Unterwerfung unter eine Autorität wurde. Wenn wir den Glauben in der richtigen Weise als Vertrauen oder geistige Überzeugung verstehen, ist Religion Glaube oder Intuition.»[15] Der Glaube, der rettet, besteht zu allen Zeiten und an allen Orten der Welt in dem gleichen Vertrauen gegen die Angst und in den gleichen Intuitionen der Bilder, mittels deren die Seele ihren Weg nach innen zu bezeichnen pflegt. Nur in Verleugnung dieser Sphäre der unbewußten Kräfte zur Heilung im Menschen hat man aus den Wundern der Heilung ebenso wie aus der Lehre von den Sakramenten und den Intuitionen der Dogmensymbole willkürliche und vernunftwidrige Raritäten oder, je nach Einstellung, bloße Kuriositäten eines (noch) tradierten Christentums machen können.

Kehren wir von daher zu EMPEDOKLES und den PYTHAGOREERN zurück, so sehen wir, wie auch hier der Eindruck des Besonderen nur dadurch entsteht, daß bei ihnen wieder Schichten des Religiösen aufgesucht und freigelegt wurden, die bereits zu ihrer Zeit in Vergessenheit zu geraten drohten. Was EMPEDOKLES oder PYTHAGORAS bei aller religionsgeschichtlichen Differenz mit der Grundüberzeugung der Schamanen verbindet, ist vor allem der Umstand, daß sie die Welt von der *seelischen* Wirklichkeit her zu begreifen suchten. Von daher hatte auch ihre Heilung durch das Wort nichts Befremdliches an sich, sondern im Gegenteil: mit Hilfe der schönen Gespräche vermochten sie, wie glaubhaft überliefert wird, die Seele zu einem Gleichmaß und zu einer Harmonie zurückzuführen, die im Grunde Krankheit ausschließt, wenn mit «Krankheit» mehr gemeint ist als ein äußerer Organbefund. Die Heilkraft, deren sich die PYTHAGOREER rühmten, wurde von ihnen selbst rein geistig verstanden und bestand in psycho-

[15] S. RADHAKRISHNAN: Weltanschauung der Hindu, 10–11. S. u. P. TILLICH, S. 574, Anm. 87.

logischem wie erkenntnistheoretischem Sinne in der Integration der gesamten Wirklichkeit.

Nur vor diesem Hintergrund versteht man einige Aussagen des EMPEDOKLES über die Einheit von Denken und Fühlen im Menschen und über seinen Einfluß auf die Natur. Die Denkkraft betrachtete EMPEDOKLES als das «den Menschen ums Herz wallende Blut»[16], also offenbar als die Quintessenz aller Gefühle und Herzensregungen; und wiederum stellte er den Grundsatz auf, daß man nur dasjenige erkennen könne, womit man selbst wesensidentisch sei: «Denn durch Erde schauen wir die Erde, durch Wasser das Wasser, durch Äther den göttlichen Äther, aber durch Feuer das vernichtende Feuer; die Liebe ferner durch *unsere* Liebe und den Haß durch *unseren* traurigen Haß.»[17] Alle Erkenntnis beruht demnach auf Selbsterkenntnis, Identifikation und Integration, und von daher ist es nur eine praktische Folgerung aus der Seelenwanderungslehre mit ihrem Glauben an die Allverwandtschaft des Lebens, wenn EMPEDOKLES zugleich mit der Erkenntnis und Herrschaft über sich selbst auch den Glauben an die Herrschaft über die Mächte der Natur verbindet.

Wir kommen damit zu einer wichtigen Ausweitung des Themas der Wunderkraft der Schamanen und Gottesmänner: ihre Kraft, *über die Natur zu gebieten.* Auch in den Naturwundern hat man immer wieder einen Ausdruck bloßer «Magie» und Selbstüberheblichkeit im Leben der Schamanen und der göttlichen Ärzte erblicken wollen. In Wahrheit aber ist es dieselbe Haltung, die die Seele in Einklang bringt mit dem menschlichen Körper und den Menschen harmonisch verbindet mit den Wundern der Natur. «Wenn du nämlich sie (die Lehren des Meisters?) tief in deinen festen Sinn einfügst», verspricht EMPEDOKLES, «und wohlgesinnt mit reinen Bemühungen beschaust, so wird dir sowohl dieses alles auf Lebenszeit zu Gebote stehen, aber auch noch anderes vieles wirst du daraus gewinnen; denn dies läßt von selbst ins Wesen des Menschen ein jedes wachsen, sowie die Natur einem jeden ist.... Gifte, so viele nur geworden sind als Hilfe gegen Übel und Alter, wirst du kennen lernen, denn dir allein will ich dies alles erfüllen. Stillen wirst du auch der unermatteten Winde Gewalt, die gegen die Erde losbrechen und mit ihrem Wehen vernichten die Fluren, und umgekehrt wirst du, wenn du den Willen hast, zum Ausgleich die Lüfte herbeiholen. Schaffen wirst du aus dunklem Regen rechtzeitige Trocknis den Menschen, schaffen wirst du aber auch aus sommerlicher Trocknis baumernährende Güsse, die dem Himmel entströmen (?); zurückführen wirst du aus dem Hades gestorbenen Mannes Kraft.»[18]

Diesen Worten zufolge verfügte EMPEDOKLES nicht nur über die Heilkraft,

[16] EMPEDOKLES, Fr. 105; DIELS-K., 67.
[17] EMPEDOKLES, Fr. 109; a.a.O., 67–68.
[18] EMPEDOKLES: Fr. 110; 111; a.a.O., 68.

Krankheit und Schmerz zu lindern, sondern auch über die Macht, die Naturgewalten und Elemente: vor allem den Wind und den Regen, zu beherrschen. Auch dies ist ein Zug, der ihn in die Nähe zu dem Auftreten der Schamanen bringt; denn in der Tat werden allerorten von den Gottesmännern Werke überliefert wie die, daß *Elias* Feuer und Wasser herbeirufen konnte (1. Kön 18,30-46) oder *Jesus* kraft seines Glaubens dem Wind und den Wellen gebot (Mk 4,35-41). Man hat wenig Grund, Berichte dieser Art für entweder legendär und also frei erfunden zu halten oder aber als «magische» Verirrung abzutun. Vielmehr sind die sog. «Naturwunder» nur die logische Fortsetzung der Wunderheilungen, und wie diese dem Erleben der Einheit, der Geborgenheit, entspringen, so auch jene.

Um zu verstehen, wie ein solches Naturwunder sich ereignet und wie man sich seinen Ablauf vorstellen muß, mag wiederum das Beispiel eines Schamanen, des Schwarzen Hirschen, als ein gut bezeugtes Exempel dienen. Als John Neihardt sich das Leben des letzten großen Sehers der Ogalalla-Sioux hatte erzählen lassen, beschlossen sie, gemeinsam noch einmal zum Harney Peak zu gehen, wo die Geister Schwarzen Hirschen in seiner Jugendvision zur Mitte der Welt, zum Zentrum des heiligen Kreises entrückt hatten. Auf dem Weg zum Gipfel bemerkte Schwarzer Hirsch zu seinem Sohn Ben: «Etwas sollte heute geschehen. Wenn mir noch von meiner Kraft geblieben ist, dann sollten die Donnerwesen des Westens mich hören, wenn ich eine Stimme schicke, und zum mindesten müßte ein wenig Donner und ein wenig Regen kommen.» An dieser Stelle fährt John Neihardt in seinem Bericht mit den Worten fort: «Was geschah, das mag nun freilich für Uaschitschun-Leser (sc. Weiße, d.V.) nicht mehr sein als ein erstaunliches Zusammentreffen. Es war ein strahlender, wolkenloser Tag, und als wir den Gipfel erreicht hatten, schien der Himmel vollkommen klar. Es herrschte eine Zeit der Dürre, eine der schlimmsten, deren der alte Mann (sc. Schwarzer Hirsch, d.V.) sich erinnern konnte. Der Himmel blieb bis gegen das Ende des nun kommenden Ritus klar.»[19] In der Kleidung und Bemalung seiner damaligen Traumvision erhob Schwarzer Hirsch nun seine Stimme zu dem Großen Geist und den sechs Mächten der Welt, um für sein verlorenes Volk zu bitten (s.o.S. 94). «Wir Zuhörenden», schreibt J. Neihardt, «bemerkten jetzt, daß sich über uns dünne Wolken versammelt hatten. Ein spärlicher kühler Regen begann zu fallen, und ein leiser murmelnder Donner war zu hören, ohne Blitz. Tränen rannen über seine Wangen, als der alte Mann seine Stimme zu einer dünnen Klage erhob: ‹In Trauer schick ich eine schwache Stimme, o Sechs Mächte der Welt. Hört mich in meiner Trauer, denn ich werde vielleicht nie wieder zu Euch rufen. O laßt mein Volk leben!› – Während einiger Minuten

[19] Schwarzer Hirsch: Ich rufe mein Volk, 251.

stand der alte Mann schweigend da, mit erhobenem Antlitz, und weinte im rieselnden Regen. – Nach einer kurzen Weile war der Himmel wieder klar.»[20]
In der religionsgeschichtlichen Terminologie müßte man ein derartiges Ereignis als «Sympathiezauber» bezeichnen; aber ein solches Wort beschriebe nur rein äußerlich die Praxis, zwei einander ähnliche Vorgänge, z.B. in diesem Falle die Tränen eines Menschen und den Regen des Himmels, miteinander in Verbindung zu bringen, um mittels des einen das andere hervorzurufen. Angesichts dessen, was sich vor den Augen J. NEIHARDTS wirklich abspielte, ist der Begriff des Sympathiezaubers offensichtlich ungeeignet und irreführend. SCHWARZER HIRSCH weint ja nicht, um Regen zu machen; er *weiß* nur, daß der Himmel auf seine Traurigkeit und sein Flehen eine Antwort geben wird; und *das* ist es denn auch, was geschieht: der Himmel weint mit seinen Tränen und gibt ihm zu verstehen, daß er sein Leid kennt und teilt; unter dem weiten Himmel ist SCHWARZER HIRSCH nicht allein. Man kann das nicht anders verstehen als so wörtlich wie möglich: die Wolken, der Wind, der Regen sind für den Schamanen keine toten Elemente, sondern verschwisterte Mächte, die mit dem Menschen eins sind.
Um zu verstehen, wie eine solche Überzeugung zustande kommt, kann es helfen, wenn man sich vielleicht einen Moment lang selber die Augenblicke im eigenen Leben in Erinnerung ruft, in denen man besonders glücklich oder besonders traurig war. Den Liebenden lacht die Sonne zu, und alle Blumen blühen nur für sie; wenn man hingegen sich sehr traurig fühlt, herrscht ein Gefühl, wie in dem Grimmschen Märchen von «Brüderchen und Schwesterchen» (KHM 11), die mutterseelenallein in die Welt hinausgehen: «Über Wiesen, Felder und Steine, und wenn es regnete, sprach das Schwesterchen: ‹Gott und unsere Herzen, die weinen zusammen!›» In Momenten wirklich tiefer Gefühle löst sich die Grenze zwischen Mensch und Tier und allen «Gegenständen» der Natur auf; alles rückt unendlich nahe; vor lauter Einsamkeit oder Glück beginnt man, die Katze, den Raben, die Wolken, die Bäume zu betrachten wie Geschwister, und eben eine solche Einheit mit den Mächten der Natur, eine derartige «mystische Partizipation» in der Sprache LÉVI-BRÜHLS[21], ermöglicht es dem Seher, dem Gottesmann, dem Schamanen, in dem Gefühl der Einheit mit den umgebenden Mächten zu handeln. Der Schamane, der Regenmacher, zwingt nicht den Regen herbei, er weiß nur, daß der Regen in dem Augenblick herabkommen wird, in dem er darum bittet. Ähnlich wird es zu verstehen sein, wenn im Neuen Testament Jesus dem Sturm und der See Stillschweigen gebietet (Mk 4,39). Gewiß, es ist die Vorstellung der «Primitiven», daß man mit den Naturkräften als mit Geistern reden kann; aber wichtiger als diese Feststellung

[20] A.a.O., 254.
[21] Vgl. Tiefenpsychologie und Exegese, I 277ff.

ist die Tatsache, daß ein Schamane, ein Gottesmann, wissen muß, *wann* die Naturkräfte mit sich reden lassen. Der «Sympathiezauber» ist nicht eigentlich ein sympathetischer Zauber, sondern umgekehrt: er entsteht durch jene zauberhafte Sympathie, in welcher der Schamane sich so sehr in die Natur einfühlt, daß er innerlich weiß, daß und wann es regnet, ein Sturm sich legt, eine Dürre beginnt oder endet, etc.

Ein solches Wissen ist uns Heutigen deshalb so schwer vorstellbar, weil wir gewohnt sind, alle Dinge ringsum als *Objekte* des Verstandes zu betrachten; wir beobachten die Natur, erklären sie nach den Gesetzen der Ratio und versuchen im Rahmen dieser Gesetzesmäßigkeiten aufgrund bestimmter Daten Vorhersagen über den weiteren Verlauf der Ereignisse zu treffen. Uns ist die Möglichkeit, sich in die Natur einzufühlen und sie innerlich so zu verstehen wie den eigenen Körper, derartig fremd geworden, daß wir unsere Art der Naturbeobachtung wie selbstverständlich für die einzig mögliche halten. Dabei vergessen wir, wie relativ jung unsere Einstellung zur Natur ist und daß Menschen und Tiere sich seit Jahrmillionen in der Natur vortrefflich zurechtfinden, ohne den Kausalsatz oder den Energieerhaltungssatz zu kennen. Es gibt bei Mensch und Tier offenbar ein unbewußtes Feingefühl, das rational nicht zu erklären ist und doch untrüglich zu sein scheint. Man weiß z.B., daß Vögel sich bei ihren Wanderungen nach der Sonne, den Sternbildern und dem Magnetfeld der Erde sowie nach der vorgegebenen Länge der Flugdauer orientieren können[22]; aber kein Mensch, der mit Kompaß und Sextant loszöge, wäre imstande, sich bewußt die Unzahl von Informationen einzuprägen, die er brauchen würde, um nach tausenden von Kilometern ein zwei Quadratzentimeter großes Loch in einer bestimmten Buche in einem bestimmten Wald in Südnorwegen wiederzufinden; Vögel können das – ohne «Bewußtsein». Oder ein Hund, der im geschlossenen Kofferraum von München nach Hamburg verfrachtet und dort ausgesetzt wird, erscheint nach Wochen wieder in München; während der ganzen Strecke hatte er nicht die geringste Gelegenheit, irgendwelche Daten über seinen Rückweg zu speichern – trotzdem findet er den Weg. Noch weit sensibler registrieren Tiere *meteorologische* Veränderungen. Vögel könnten nicht überleben, wüßten sie nicht Stunden im voraus, wann ein Gewitter aufzieht und wann Sturm aufkommt; sie erfühlen das Wetter und vollbringen unbewußt Leistungen, um die sie jeder Bordcomputer der Lufthansa beneiden müßte. Sollte man nun denken, daß der Mensch das einzige Tier auf dieser Erde wäre, dem die Natur nach Jahrmillionen der Evolution derartige Gaben verweigert hätte? Viel wahrscheinlicher ist es zu glauben, daß auch die Menschen in ihrem Unbewußten über die gleichen Fähigkeiten eines «instinktiven» Naturverständnisses verfügen, nur daß

[22] Vgl. K. Schmidt-Koenig: Vogelzug und Vogelorientierung, in: K. Immelmann (Hrsg.): Verhaltensforschung, 182–188.

diese Fähigkeiten durch den Verstand unterdrückt werden und in unserer Zivilisation keine Chance haben, sich zu entwickeln. Jedenfalls darf es als sicher gelten, daß Menschen, die sich auch sonst durch eine große Empfänglichkeit für das Unbewußte auszeichnen, zu solchen Fähigkeiten Zugang gewinnen können, und was der Umwelt dann als «Wunder» erscheint, ist vermutlich wiederum nur die Folge eines Einheitserlebens, das dem Verstandesdenken abgeht. Die Schamanen *sagen* nicht nur, daß die Tiere, die Wolken, die Bäume ihre Verwandten sind, sondern sie *fühlen* es auch so, und das ermöglicht es ihnen, ihr Handeln mit dem Naturverlauf in Einklang zu bringen. Sie *bestimmen* nicht die Natur, sie *gehorchen* ihr nur auf eine tiefere Weise, als dies mit den äußeren Sinnen und dem Urteil des Verstandes möglich ist.

Insofern hatte EMPEDOKLES ganz recht, wenn er meinte, die Kenntnis der Naturkräfte werde durch diejenigen Fähigkeiten hervorgebracht, die im Menschen selbst mit diesen Kräften identisch seien, und sein erkenntnistheoretischer Lehrsatz drückte nur in abstrakterer Fassung das Erleben einer universellen Sympathie aus, die man schlechterdings für ein Hauptkennzeichen des religiösen Menschen halten muß. Religion als eine Art tiefer, universeller Weltverbundenheit und Weltbrüderschaft zu begreifen – dies ist ein dem Christentum vor allem in der Neuzeit fremdes Verständnis des Religiösen[23], aber es ist die unmittelbare Bedingung und Konsequenz eines wirklichen Verständnisses der Wundererzählungen in allen Religionen.

EMPEDOKLES hat schließlich[24] davon gesprochen, ein wahrer Schüler des PYTHAGORAS werde «aus dem Hades gestorbenen Mannes Kraft» zurückführen, was doch wohl nicht mehr und nicht weniger bedeuten soll als die Fähigkeit zur Auferweckung von den Toten, die Herrschaft über die Macht der Unterwelt. Wir treten damit in einen letzten Bereich der Religion des PYTHAGORAS ein, die im Grunde dem ORPHEUS zugehört.

c) *Orpheus oder: Die Heilung durch die Musik*

Bereits die Heilung durch das Wort verwies nach dem Zeugnis PLATONS auf ein Heilverfahren, das in *Thrakien* zu Hause war. Die eigentliche Brücke zwischen der *apollinischen* Religion des PYTHAGORAS und den *Thrakern* bildet indessen der Mythos von ORPHEUS, einer dem *Dionysos* nahestehenden Gestalt, in der zugleich die mütterlichen Züge der *Demeter*religion zum Tragen kommen.

Während PYTHAGORAS und EMPEDOKLES unzweifelhaft historische Persönlichkeiten gewesen sind, gehört ORPHEUS ebenso unzweifelhaft dem Mythos an. In

[23] Vgl. E. DREWERMANN: Der Krieg und das Christentum, 359–368; s. u. S. 779.
[24] EMPEDOKLES, Fr. 111; DIELS-K., 68.

seiner Verwandtschaft zu *Dionysos* war er eine Vegetationsgottheit und stand bereits insofern in Beziehung zu der geheimnisvollen, alle einzelne Erfahrung übersteigenden Einheit von Leben und Tod. Die «Geschichte» des ORPHEUS gibt APOLLODOR mit knappen Worten wieder, wenn er sagt: «Von Kalliope und Oiagros stammten Linos, den Herakles tötete, und Orpheus, der die Sangeskunst zur Begleitung der Kithara meisterte und mit seinem Gesang Steine und Bäume in Bewegung brachte. Als sein Weib Eurydike an einem Schlangenbiß starb, ging er in die Unterwelt, um sie zurückzuholen. Tatsächlich überredete er den Pluton, sie freizulassen. Er versprach es unter der Bedingung, daß Orpheus unterwegs sich nicht umdrehe, bevor er sein Haus erreicht hätte. Der aber, mißtrauisch, wandte sich um und sah nach seiner Gattin. Da kehrte sie wieder zurück. Orpheus erfand auch die Mysterien des Dionysos. Er wurde zuletzt von den rasenden Weibern zerrissen und liegt in Pierien begraben.»[1] OVID schildert die Trauer, die das Wild und die klagenden Vögel beim Tode des ORPHEUS ergriff, und wie seine Leier im Hebrus-Strom mit klagenden Klängen dahintrieb, während das Lied der entseelten Zunge seines abgeschnittenen Hauptes wehmütig singend an den Ufern wiederhallte. Der Abschluß der Mythe des ORPHEUS aber versöhnt, wie ein Märchen, schließlich mit allem Leid, denn ORPHEUS selbst, dessen Haupt *Apoll* vor dem Biß eines Drachen schützte, indem er das Untier versteinerte, nahm als Geist Sitz in der Unterwelt, wo er *Eurydike* wiedersehen und mit liebenden Armen umfangen durfte. «Dort nun wandeln umher mit vereinigten Schritten die beiden», berichtet abschließend OVID[2].

Wie man sieht, verbindet die Gestalt des ORPHEUS vieles mit dem Gott *Dionysos*, dessen Mysterien er laut APOLLODOR erfunden haben soll. So wurde *Dionysos* von Titanen zerrissen, ORPHEUS von den Mänaden; *Dionysos* soll im Tempel von Delphi bestattet worden sein, und ebenso wurde auch das Grab des ORPHEUS zu einem Heiligtum; denn nach der Zerstückelung des ORPHEUS verheerten Hunde das Land, und ein Orakel besagte, die Not werde erst aufhören, wenn das Haupt des ORPHEUS bestattet sei. Auch von *Dionysos* wird eine – allerdings erfolgreiche – Unterweltfahrt berichtet, die er unternahm, um seine Mutter *Semele* zu holen[3]. All diese Züge weisen ORPHEUS wie *Dionysos* gemeinsam als Vegetationsgottheiten aus.

Dennoch hat K. KERÉNYI zu Recht die mythische Gestalt des *Orpheus* in den Kreis der *Apollon*religion gestellt und von einer *apollinischen* Reinigungssehnsucht der *orphischen* Seele gesprochen, die durch nichts vollständiger erklärt werde als durch *dionysische* Erfahrungen. *Dionysos Zagreus* selbst «ist der ‹Menschenzerreißende›, der ‹rohfressende› Gott, und zugleich der, der zerrissen

[1] APOLLODOR, I 14f; in: L. MADER: Griechische Sagen, 5–6.
[2] OVID: Metamorphosen, XI 1–66; vgl. R. RANKE-GRAVES: Griechische Mythologie, I 98–101.
[3] A. FOL u. I. MARAZOV: Goldene Fährte Thrakien, 26–27.

wird»[4]. Hinter diesem Mythem stehen offenbar Vorstellungen kretischer Kulte, die den Urwiderspruch des Daseins verdeutlichen: das Lebendige wird durch das Lebendige verschlungen. Aber nun war die *orphische* Lebensweise, wie die Lebensordnung des PYTHAGORAS, durch Enthaltsamkeit von jeglichem Fleischgenuß gekennzeichnet, und eine scheinbare Paradoxie der ORPHEUSMYSTERIEN liegt darin, «daß man als Zagreus-Mystes mit ‹reiner› orphischer Lebensführung vorher noch am ‹Mahl des rohen Fleisches› teilnimmt, wo das Opfertier lebendig in Stücke zerrissen und verschlungen wird ... In solchen, die selbst das blutrünstige Erlebnis des Verschlingens von Lebendigem erlebten, taucht dann ebenso gesteigert das Gefühl des gemeinsamen Schicksals mit der Tierwelt auf, das Mitleid mit ihr und die Angst vor dem Sturz in das gleiche, leidende Tierdasein: es erwacht der schreckende Gedanke der ‹Lebenswanderung› und die Sehnsucht nach der Flucht. Die religiöse Berührung mit der dionysischen Wirklichkeit ist für die orphische Seele ebenso bestimmend, wie der mächtige apollinische Drang nach Reinheit. Das dem Ungeheueren zugewandte *andere* Gesicht der pythagoreischen Seele ist es, das uns als orphische Seele erscheint»[5]. Folgt man dieser Deutung K. KERÉNYIS, so erhält in den *orphischen* Kulten das Ungeheuere, Wilde, Blutrünstige, Zerstörende, wie im *Dionysos*-Kult, religiöse Pflege; es wird nicht ausgeblendet, bekämpft oder verdrängt, sondern geradezu mit System auf den Punkt hingetrieben, wo es in sein Gegenteil umschlägt. Es ist, wie wenn die Lust zu hassen, zu zerstören, in Besitz zu nehmen, sich in vollem Umfang erst entladen müßte, ehe die Seele zu ihrer Reinheit gelangen könnte. Der religiöse Vergleich zu den Worten des PAULUS liegt nahe, daß in der Ermordung Christi die Sünde erst über alle Maßen sündhaft werden müsse (Röm 7,13), um auf diese Weise die Sklaverei der Sünde (Röm 6,6) abzuschütteln. Noch näher aber liegt vor allem die *psychotherapeutische* Erfahrung, daß der Weg zur seelischen Reinigung die Aufdeckung, Wiederholung und Durcharbeitung der eingeklemmten Affekte voraussetzt; nicht die willentliche Unterdrückung des Bösen, sondern seine rituelle Freisetzung, das szenarische Ausagieren, erlaubt es schließlich, von der rohen Gewalt der Triebe Abstand zu nehmen und geläutert zu werden.

Auf diese Weise erklärt sich die Nähe des ORPHEUS sowohl zu *Dionysos* wie zu PYTHAGORAS. Sein Kult bildet die Brücke zwischen dem Untersten und dem Höchsten vermittels eines Vorgangs der Reinigung, der beim Grausamen beginnt und in der Identifikation mit dem Zerstörten, im Erleiden des Leidens an der Grausamkeit endet. «Die dionysische Erfahrung, die die orphische Seele ins Dasein rief», sagte K. KERÉNYI, «war das Erkennen jener verborgenen Kräfte und Möglichkeiten ‹unter dem, worüber wir denken, daß wir es sind›.»[6] Diese

[4] K. KERÉNYI: Pythagoras und Orpheus, in: Humanistische Seelenforschung, 41.
[5] A.a.O., 42.
[6] A.a.O., 43.

Schicht unterhalb des Denkens ist tiefenpsychologisch das Unbewußte; und eben die ungeheueren Seiten des Unbewußten nicht zu leugnen, sondern im Geschehen, im ekstatischen Erleben bewußt zu machen, war der Sinn derartiger Riten, deren Ziel in der Erlösung von dem Blutigen, Titanenhaften, Zerreißenden lag. Was angestrebt wurde, war die Zartheit und Feinheit der Seele, die Absage an Grausamkeit und Blut, die Schonung der Lebewesen, wie sie in den mütterlichen Mysterien der *Demeter* in Eleusis begangen wurde: Brot statt Fleisch bildete dort die sakramentale unblutige Nahrung, und auch hierin trafen sich ORPHEUS und PYTHAGORAS. Die *Integration* des Animalischen in der menschlichen Seele lehrte zugleich die innere Verwandtschaft mit allem Lebenden.

Es paßt zu dieser Konzeption von der (rituellen) Läuterung der Seele durch das Aus- und Abagieren ihrer Schattenseiten, daß es gerade die *Musik*, die *Liebe* und der *Tod* sind, durch welche die Gestalt des ORPHEUS Unsterblichkeit erlangt hat. Die «dionysische Kunst», die Musik, meinte F. NIETZSCHE, «will uns von der ewigen Lust des Daseins überzeugen: nur sollen wir diese Lust nicht in den Erscheinungen, sondern hinter den Erscheinungen suchen. Wir sollen erkennen, wie alles, was entsteht, zum leidvollen Untergang bereit sein muß, wir werden gezwungen, in die Schrecken der Individualexistenz hineinzublicken – und sollen doch nicht erstarren: ... Trotz Furcht und Mitleid sind wir die glücklich Lebendigen, nicht als Individuen, sondern als das *eine* Lebendige, mit dessen Zeugungslust wir verschmolzen sind.»[7] Zu gerade diesem Einheitserleben möchte die *orphische* Musik hinführen; sie verschmilzt alle Erscheinungen des Lebens zu einer Einheit; sie ist der Urgesang, die Urmusik[8] des Lebens, die noch den Tod überdauern und die Pforten der Unterwelt öffnen wird; aber sie dient nicht allein der ekstatischen Erhebung des Einzelnen in das Bewußtsein des universellen Lebens; sie schenkt – über NIETZSCHES Deutung hinaus – dem

[7] F. NIETZSCHE: Die Geburt der Tragödie, Kap. 17, S. 108–109. Das Bild der Natur erscheint sehr schön in dem orphischen Hymnus auf die Natur, in: J.O. PLASSMANN: Orpheus. Altgriechische Mysterien, 34–36: «Natur, du allerzeugende Göttin, / Mutter, reich an Erfindung, / Ehrwürdige, Himmlische, Göttin der Völker, / Herrin, Allmächtige, Unbezwungene, / Allen sichtbare Lenkerin ... Denkend waltende Fürstin / Über Himmel, Erde und Meer – / Dem Widerstrebenden bitter, / Doch dem Gehorsamen süß; / Allweise, Allfürstin, allschenkende Spenderin. / Des Wachstums fruchtbare Nährerin, / Löserin alles Gereiften, / Aller Dinge Vater bist du, / Bist Mutter, Nahrung und Amme; / Selige, Schnellgebärende, / Vielsamige, Strudel des Lebens, / Allesvermögende Bildnerin, / Allbevölkernde, herrliche Gottheit. / Unsichtbare, Bewegung bringende, / Vielerfahrene, Sinnende, / Schnell drehend im Laufe die ewigen Wirbel; / Alldurchströmende, laufend im Kreise, / Auflebend immer in anderen Formen; / Verehrte, Schönthronende, einzig bestimmt, / Auszuführen den Schicksalsspruch – / Hoch über allen Trägern des Zepters / Die dumpfdonnernde Herrin bist du! / Allbezwingende, selbst unerschüttert, / Allen Schicksals gerechte Erfüllung, / Feueratmende, das bist du! / Unsichtbares Leben, / der Zukunft / Unvergängliche Schicksalsschau – / Alles bist du! Du allein / bist ja aller bewegender Ursprung. / Göttin, ich flehe zu dir / in den heiligen Stunden / Mit der Gesegneten Schar: / Allen gib Frieden, Gesundheit und Wachstum!»

[8] K. KERÉNYI: Der göttliche Arzt, XVI–XVII.

Einzelnen auch die Verheißung einer Einheit der Liebe, für die auf Erden kein dauernder Ort ist: jenseits des Todes, freilich erst dort, gehören *Eurydike* und *Orpheus* untrennbar einander für immer. Die Macht der Musik, deren heilende Harmonie die PYTHAGOREER pflegten, wird in der Religion des ORPHEUS zu einem universalen Therapeutikum, das sowohl die wilden Tiere besänftigt als auch die Unterwelt und am Ende sogar die Macht des Todes beruhigt; sie wird zugleich zu einer Bestätigung für die Unzerstörbarkeit des Lebens und der Liebe, die dennoch immer wieder an den Grenzen der sichtbaren Welt, unter den zerreißenden Händen der Mänaden, der «Vertreterinnen des Körperlich-Naturhaften»[9] auf Erden, scheitern müssen.

Immerhin aber verfügt der Sänger ORPHEUS an sich über die Kraft, *Eurydike* aus dem Reich des Todes zu erlösen, allerdings unter dem Preis, daß er vermöge der Musik, der eigenen Seelenharmonie, selber den Weg in die Unterwelt wagt. Er muß gewissermaßen selber sein Leben einsetzen und das Stück Harmonie aufs Spiel setzen, das in ihm lebt, um die Geliebte zu retten. Bereits in dieser *objektalen* Sicht, als Konflikt einer Beziehung zwischen zwei Menschen gedeutet, enthält die ORPHEUS-Mythe den Schlüssel zum Verständnis unzähliger Bemühungen der Liebenden, einander aus dem Totenreich der Angst zu befreien und den «Rückblick» in die ängstigende Vergangenheit, die Neigung zur Regression (auf das Niveau der alten Übertragungsängste) um alles in der Welt zu meiden[10], wenn es gilt, die eigene verlorene Seele in die Helle des Bewußtseins zurückzuführen. Gelingt dies nicht, so gewinnt das «Weibliche», die Welt der «anima»[11], schließlich eine so zerstörerische Macht, wie sie in den rasenden Mänaden zum Ausdruck kommt. Der Weg des ORPHEUS scheitert, weil er am Ende doch in Angst und Ungeduld der Bewegung nach rückwärts nachgibt[12]; aber das hindert nicht, daß in seiner Gestalt ein großartiges Bild des göttlichen Arztes und Heilers seinen mythischen Niederschlag gefunden hat, das in einer Vielzahl von Märchen und Mythen bis heute fortlebt und sich immer wieder im wirklichen Leben, in dem unablässigen Drama der Liebe zwischen Leben und Tod, zwischen Seligkeit und Scheitern wiederholt – als wenn die Seele eines über alles geliebten Menschen zum Leben zu erwecken durchaus nichts geringeres bedeuten würde als eine Art Abstieg zur Hölle und Auferstehung zum Himmel, ermöglicht durch das richtige *Wort*, meinte EMPEDOKLES, ermöglicht durch den richtigen *Ton*, ergänzt der ORPHEUS-*Mythos*, beide im Erbe der Heilkunst thrakischer Priester. Auch das Christentum hat diese Ansicht später geteilt, wenn es

[9] K. KERÉNYI: Pythagoras und Orpheus, a.a.O., 39.

[10] Zum Begriff der *Regression* vgl. Tiefenpsychologie und Exegese, I 231ff.; 242–244; 246–247; vgl. R.D. LAING: Die Stimme der Erfahrung, 223–235, der (S. 228) sehr zu Recht den *konstruktiven* Sinn des «Zurückgehens» betont.

[11] Zum Begriff der *anima* vgl. I 176.

[12] Das Motiv selbst erinnert sehr an Gen 19,26, an die Erzählung von Lots Weib.

lehrte, der «Abstieg zur Unterwelt», der *«descensus ad inferos»*, sei die wesentliche und unerläßliche Voraussetzung, um die Seele des Menschen dem Unleben, dem Schattenreich, dem Tode zu entreißen[13].

d) Chiron, Asklepios und die Wunder von Epidauros oder: Die Heilung durch den Traum

Im Grunde verbindet gerade diese Auffassung von dem notwendigen Abstieg ins Reich der Schatten auf dem Wege zum Heil die *orphischen* und *pythagoreischen* Heilslehren zugleich mit der berühmtesten Gestalt eines göttlichen Arztes im Altertum: mit dem Wunderheiler ASKLEPIOS und seinem Heiligtum in Epidauros. Wann immer man auf Heilungswunder in der Antike zu sprechen kommt, wird man mehr oder minder auch über ASKLEPIOS sprechen müssen, dessen Geheimnis, die Heilung durch den Traum, das Spektrum therapeutischer Möglichkeiten in der Antike um eine der wichtigsten Entdeckungen der Seelenheilkunde bereichert hat.

Als Lehrer des ASKLEPIOS gilt den antiken Mythen zufolge der gütige Zentaure CHIRON, der in einer Höhle auf dem Pelion und auf dem peloponnesischen Vorgebirge Malea wohnte; mit seiner Gestalt betritt man «eine dunkle Sphäre, jene nächtliche Welt der Erfahrungen um Geburt und Tod, in der sich die Keime und Kräfte zu einer geistigeren Geburt sammeln. Die Träger solcher Keime und Kräfte erscheinen in der Urwelt der Mythologie als ganz oder halb tierische, widerspruchsvolle Gestalten»[1]. CHIRONS Zentaurenleib selbst vereinigt in sich das Animalisch-Unbewußte und das Menschlich-Bewußte; er ist das personifizierte Bild einer Integration der seelischen Gegensätze und Widersprüche, und so liegt seine Heimat von vornherein in dem Zwischenreich von Licht und Dunkel, Glück und Verhängnis, Heil und Unheil, in dem Grenzbereich zwischen innerer und äußerer Realität, zwischen Bewußtsein und Unbewußtem. Gleichwohl aber wurde er, der ein göttlicher Arzt war, von einem Pfeil des *Herakles*, der eigentlich den König Elatos treffen sollte, tödlich verwundet, und erst so, in der Widerspruchsgestalt des Zentauren ebenso wie als verwundeter Heiler, ist CHIRON «die widerspruchsvollste Schöpfung der griechischen Mythologie ... Obwohl ein griechischer Gott, trägt er eine unheilbare Wunde. Ja, ... er vereinigt mit dem Tierischen das Apollinische, indem er trotz seines Pferdeleibes, des Kennzeichens zeugender und zerstörender Naturwesen, als die Kentauren sonst bekannt sind, ein Lehrer der Helden in der Heilkunst und Musik ist»[2].

[13] Vgl. J. BRINKTRINE: Die Lehre von der Menschwerdung und Erlösung, 245–249.
[1] K. KERÉNYI: Der göttliche Arzt, 97.
[2] A.a.O., 98.

In seinem traurigen Schicksal stellte CHIRON persönlich eine zutiefst tragische Gestalt dar. In seiner dunklen Welt am Fuße des Pelion im Pelethronion-Tal wuchs eine Vielzahl von Heilkräutern, darunter das Chironion, das jeden Schlangenbiß heilte; aber nach *einer* Variante der Überlieferung blieb die giftige Pfeilwunde des CHIRON selbst unheilbar. «Und so muß die Welt Chirons mit ihren unerschöpflichen Heilungsmöglichkeiten zugleich eine Welt des ewigen Hinsiechens bleiben. Seine Höhle, ein chthonischer, unterirdischer Kultort, war auch ohne dieses Leiden der Eingang zur Unterwelt. Das Bild, das aus all diesen Elementen – aus religiösem und dichterischem Stoff – entsteht, ist einzigartig. Der nur halb menschengestaltige, halb theriomorphe Gott leidet an seiner Wunde ewig, er trägt sie nach der Unterwelt, als wäre die Urwissenschaft, die dieser mythologische Ur-Arzt, die Vorstufe und der Vorgänger des hellen göttlichen Arztes, für die Nachzeit verkörpert, nichts anderes als das Wissen um eine Wunde, an der der Heilende ewig mit-leidet.»[3]

Wieder treffen wir hier auf das ebenso erstaunliche wie tiefsinnige Motiv: daß der göttliche Arzt einzig und allein vermöge der Kenntnis und in dem Verständnis seiner eigenen Krankheit zu heilen imstande ist – gerade CHIRON, der *dunkle* Heilgott, vermochte den Kranken das Augenlicht zurückzugeben. Die Weisheit dieser mythologischen Überlieferungen ist immer wieder die gleiche: Erst das eigene Leid eröffnet den Weg zu Verständnis und Mitleid, und nur insoweit man selbst gelitten hat, wird man fähig, das «schöne Wort» zu finden, durch welches fremdes Leid geheilt wird, bzw. die «Musik» zu komponieren, die in der Seele des anderen sich erhebt wie ein heilender Gesang[4]. Von der Weisheit der Schamanen bis zur modernen Psychotherapie hat sich an der Wahrheit dieser Einsicht nichts geändert. Sterbend nicht sterben, in «der Dunkelheit des Siechtums heimisch sein und darin die Keime des Lichtes und der Genesung finden, um die sonnenhafte Wendung, die Geburt des Asklepios hervorzuzaubern» – das ist die widersprüchliche Genialität der Medizin[5]; es ist, religiös ausgedrückt, das «Wunder unserer leeren Hände», «daß man auf solche Weise etwas schenken kann, was man selbst nicht besitzt»[6]. Menschen von der Art der göttlichen Ärzte wußten, daß sie zum Heilen letztlich über nichts anderes verfügten als über die Zerbrechlichkeit ihrer eigenen Person, und sogar die Frage, ob das Verständnis, das sie aus ihrer eigenen Krankheit gewonnen hatten, den anderen möglicherweise vergiften oder glücklicherweise heilen könnte, mußte sich von Fall zu Fall erweisen, in vollem Risiko von Gelingen oder Scheitern.

[3] A.a.O., 99.

[4] Sehr schön faßte einmal eine Frau die Schilderung ihres Lebens in den zurückliegenden Monaten mit den Worten zusammen: «Ich habe seit unserem letzten Gespräch eine bestimmte Melodie (F. CHOPIN: Nocturnes) wiedergefunden, und immer, wenn ich sie spiele, ist es, als fände ich meinen Ort in der Welt wieder.» *Das* ist gemeint.

[5] K. KERÉNYI: Der göttliche Arzt, 100.

[6] G. BERNANOS: Tagebuch eines Landpfarrers, 188.

Die *Evangelien* betonen immer wieder, daß ein Kranker geheilt werde durch sein Vertrauen, und wir haben bereits gesehen, wie unerläßlich die Überwindung der Angst durch den Glauben zu jedem Heilungswunder gehört. Der dogmatische Lehrsatz von der Gottheit Christi scheint jedoch (auf nahezu monophysitische Weise) oft den Blick auf die naheliegende Frage zu versperren, wieviel Vertrauen eigentlich umgekehrt dazu gehört, daß ein «göttlicher Arzt» sich selber wagt und anfängt, an das *Wunder der Verwandlung* zu glauben, durch welches die eigene Wunde dem anderen zur Heilung gereichen, die eigene Düsternis dem andern Licht spenden, die eigene Gefangenschaft den anderen befreien und die eigene Schwermut des anderen Freude bewirken kann. Von gerade diesem Wagnis und Vertrauen in das menschlich Unwahrscheinliche aber lebt die göttliche Heilung. Sie wird geboren aus dem Gefühl einer abgrundtiefen Angst und Ohnmacht, und das erste aller Wunder liegt ohne Zweifel darin, sich trotz der eigenen Hilflosigkeit und Gefährdung dem anderen zuzumuten und zu denken, daß das persönliche Leiden doch zu etwas gut und nützlich sein könne. Daß sich das Gift aus dem Schlangenbiß, den PYTHAGORAS erlitt, in ein Medikament für andere zu wandeln vermochte, daß jemand, wie EMPEDOKLES, der sich für einen zur Strafe auf die Erde verbannten Mörder und Meineidigen hielt, durch seine Wahrhaftigkeit und Güte anderen Leben und Wahrheit zu bringen imstande war – darin bestand offenbar das eigentliche und größte Wunder dieser sonderbaren Art von Ärzten, die man «göttlich» nannte, weil ihr Mut und ihr Wirken sich menschlichem Begreifen entzog. Auch von Jesus sagt man wohl zu einfachhin, er habe ein göttliches Selbstbewußtsein besessen und sei von daher imstande gewesen, zu tun, was immer er sich vorgesetzt habe. Denn das «Selbstbewußtsein» Jesu wird man sich doch wohl nicht, wie K. RAHNER es vorschlug, in rein intellektualistischem Sinne, als ein «nicht-kategoriales *Wissen*» vorstellen dürfen[7], sondern im Gegenteil: als ein menschlich nicht begründbares *Vertrauen*, das in sich selbst nicht weniger wunderbar gewesen sein muß als die gesamte Gestalt und das gesamte Wirken Jesu. Auch Jesus konnte im übrigen nicht wirken, was er wollte, wie all die Stellen des Neuen Testamentes beweisen, in denen der Wunsch Jesu, zu heilen, an dem Unglauben bzw. an dem mangelnden Vertrauen der Menschen scheitert (vgl. z.B. Mt 13,58; Mk 6,5). Die Kraft aber, durch die er wirkte, war, wie bei den anderen Wunderheilern der Antike, wie bei den Schamanen der Stammesreligionen, das eigene Vertrauen, Berge versetzen zu können (Mk 11,23), sowie das aus Not und Leid geborene Vertrauen der Kranken und ihrer Angehörigen, von Gott nicht gänzlich verlassen zu sein.

Von daher verwundert es nicht, daß manche Sinnbilder der antiken Wunderheiler der christlichen Symbolsprache *en detail* entsprechen. So ähnelt die Gestalt

[7] K. RAHNER: Dogmatische Erwägungen über das Wissen und Selbstbewußtsein Christi, in: Schriften zur Theologie, V 222–245; vgl. von seiten der Exegese A. VÖGTLE: Exegetische Erwägungen über das Wissen und Selbstbewußtsein Jesu, in: Gott in Welt, I 608–667.

des verwundeten Zentauren CHIRON dem christlichen Lamm Gottes (Joh 1,29; Apk 5,6.9.12), das mit der Seitenwunde die Sünde der Welt mitträgt bzw. hinwegträgt – ein Bild göttlichen Erbarmens und göttlicher Verletzlichkeit angesichts des Unheils der Menschen. Auch dies gehört jedenfalls zur Gestalt des göttlichen Arztes: daß er so leidensfähig und sensibel, so verwundbar und verwundet ist, daß seine Wunde sich in Zeit und Ewigkeit nicht schließen wird; denn niemals wird noch kann er jemals aufhören, sich wortwörtlich den Schmerz der Welt «zu Herzen» zu nehmen, findet er doch in allem Mörderischen, Ehebrecherischen, Skandalösen fremder Schuld letztlich sich selbst wieder, und gerade das, woran er selbst am meisten leidet, ermöglicht es ihm, auch den andern zu verstehen, ihm seine Wahrheit zu eröffnen und kraft des Mitleids und der Wahrheit andere zu heilen. Das Gotteslamm oder der Zentaure CHIRON – was für wunderbare Bilder!

Seine eigentliche Bedeutung indessen erlangte CHIRON durch den Umstand, daß er der Pflegevater des ASKLEPIOS wurde, wie PINDAR überliefert. ASKLEPIOS selbst war, wie PYTHAGORAS, eine Inkarnation des *Apoll*, allerdings aufgrund einer recht komplizierten mythischen Vorgeschichte seiner Geburt. Am See Boibeis lebte eine Jungfrau, die ihrer Schönheit wegen, also offenbar infolge ihrer schwarzen Haare, *Koronis* (die Krähenjungfrau) genannt wurde. Sie war die Tochter des Königs *Phlegyas* (des Feuerroten); zu ihr war *Apollon* eingegangen, und sie trug schon den reinen Samen des Gottes in ihrem Schoß, als aus Arkadien *Ischys* (der Fischtenmann, der Starke) zu ihr kam, den sie so unwiderstehlich fand, daß sie sich ihm heimlich hingab. *Apollon*, als er ihre Untreue merkte, entsandte seine Schwester, die Jagdgöttin *Artemis*, und diese tötete mit ihren Pfeilen viele Phlegyerinnen, so daß eine verheerende Seuche ausbrach, «und die Scheiterhaufen brannten in großer Zahl. Die Flammen loderten um die Leiche der Koronis schon, als Apollon ausrief: ‹Ich dulde nicht weiter, daß mein Sohn mit der Mutter untergeht!› Er nahm Asklepios aus dem Leibe der Mutter und brachte den Sohn zum Kentauren Chiron. Dieser lehrte ihn die Heilkunst»[8].

Im Grunde haben wir auch bei diesem Mythem erneut das gleiche hell-dunkle Wesen des göttlichen Arztes vor uns – eine sonderbare Mischung aus göttlichem Funken und *apollinischer* Klarheit einerseits und menschlicher Schuld und ohnmächtiger Leidenschaft andererseits, ein Wesen, das eigentlich entsprechend seiner Wesensherkunft den Tod verdient hätte und dessen bloße Existenz wie ein rasendes Unglück, wie eine Pest für alle anderen wirken muß; und dennoch wird es zum Leben zugelassen, weil gerade in der Zwielichtigkeit seines Wesens Göttliches wohnt. – Von solcher Art ist der Heilgott ASKLEPIOS, der große Gott von Epidauros zufolge dieser Erzählung.

[8] K. KERÉNYI: Die Mythologie der Griechen, I 114–115.

Freilich gibt es noch eine andere Geburtsmythe des ASKLEPIOS, die in Epidauros erzählt wurde: die Mutter des Gottes trug dort den Namen *Aigle* (die Lichte). Als *Phlegyas* mit seiner Tochter *Aigle* (oder *Koronis*) in kriegerischer Absicht zum Peloponnes kam, gebar die von *Apoll* schwangere *Koronis* auf ihrer Wanderung in Epidauros den ASKLEPIOS und setzte ihn auf dem Berge aus, der früher Myrtenberg, später Zitzenberg hieß. Eine Ziege säugte das Kind, und ein Hirtenhund bewachte es. *Aresthanas*, der Hirt, der seine beiden Tiere suchte, fand das Kind und wollte es mitnehmen. «Doch als er näher kam, sah er, daß ein Glanz wie Blitz den Säugling umstrahlte. Er erkannte das Göttliche und wandte sich ab voll Scheu. Sofort verbreitete sich die Kunde, dieses Kind würde Heilmittel gegen alle Krankheiten finden und Tote erwecken.»[9]
Diese Geschichte, die eine gewisse Ähnlichkeit zu der Weihnachtsgeschichte des Lukas-Evangeliums (Lk 2,1-20) besitzt[10], schildert die Geburt des ASKLEPIOS als Lichtepiphanie, als das Aufleuchten des *Apoll*. *«Apollon Asklepios»* – so nennen zahlreiche Inschriften in Epidauros denn auch den Gott, und diese Bezeichnung gibt «die Einheit des größeren Gottes (Apollon) mit einem seiner Aspekte (Asklepios)» wieder: der *Lichtapoll*, der auflodernde *Apoll*, wird man auch sagen dürfen. Der *Hund*, der den kleinen ASKLEPIOS bewacht und nach dem der Berg der Geburt *Kynortion* hieß, kann in der griechischen Mythologie auch golden sein und dürfte ebenfalls den Lichtaspekt vertreten. Sein Verwandter, der *Wolf*, hingegen vertritt die Finsternis und war gleichfalls dem *Apoll* heilig. In dieser Steigerung des Lichtaspektes scheint ASKLEPIOS eine leuchtendere Seite des *Apoll* verkörpert zu haben, der zuvor in Epidauros als *Apollon Maleatas* verehrt wurde: *Malea* ist der Name eines Berges im südlichen Peloponnes und mit finsteren, pferde- oder ziegengestaltigen, zeugenden Gottheiten verbunden[11]. ASKLEPIOS ist demnach ein Gott, der aus dem Dunklen aufleuchtet und dessen Sichtbarwerden Heilung bedeutet[12], oder umgekehrt: die Heilung in Epidauros ist (oder wird bewirkt durch) die Epiphanie des *Apoll*, der sich als aufleuchtender, als ASKLEPIOS zeigt. Die Wendung zum Heil ist selbst eine Art Sonnenaufgang, «ein Ereignis, das sich ... im Grenzbereich des Totenreiches abspielt»[13]. Ein charakteristisches Opfertier des ASKLEPIOS war daher der Hahn, der mit dem Ende der Nacht, mit dem Sonnenaufgang in Verbindung stand. «O Kriton, wir sind dem Asklepios einen Hahn schuldig, entrichtet ihm den, und versäumt es ja nicht», sprach deshalb SOKRATES, als ihm durch das tödliche Gift seiner

[9] K. KERÉNYI: a.a.O., I 115; vgl. DERS.: Der göttliche Arzt, 28.
[10] Vgl. E. DREWERMANN: Religionsgeschichtliche und tiefenpsychologische Bemerkungen zur Trinitätslehre, in: W. Breuning (Hrsg.): Trinität, 117–125. – Tatsächlich wurde noch im 2. Jh. n. Chr. heftig diskutiert, ob Asklepios oder Christus der rechte Heiland sei. Vgl. dazu A. v. HARNACK: Die Mission und Ausbreitung des Christentums in den ersten drei Jahrhunderten, 135–136, zu dem Streit zwischen Origines und Celsus.
[11] K. KERÈNYI: Der göttliche Arzt, 31–32.
[12] A.a.O., 27.
[13] A.a.O., 35.

Richter der Unterleib schon ganz kalt ward[14]; er hätte, meinte K. KERÉNYI, angesichts des Todes ebenso gut sagen können: «Die Sonne geht auf, das Licht kommt, danken wir dafür!»[15] Zum Sonnenaufgang hin war dementsprechend auch der ASKLEPIOStempel im Heiligtum von Epidauros ausgerichtet, so wie in den katholischen Kirchen der Altar, der Ort der Auferstehungsfeier, natürlicherweise früher im Osten stand, so daß der Priester mit dem Gesicht zum Sonnenaufgang hin die Feier des Siegs des Erlösers über den Tod beging[16].

Auf die Lichtnatur des ASKLEPIOS verweist im übrigen bereits die Vielzahl der Namen seiner Mutter: *Aigle* (die Helle) und *Koronis* (die Krähenjungfrau), die ihren Sohn am Ufer des Sees, des Himmelsozeans, empfängt und auf der Wanderschaft (am Himmel) gebiert, dürften wohl die zwei Seiten der dunklen und der strahlenden Schönheit der Mondgöttin bezeichnen. Dementsprechend erzählte man in Messenien, die Mutter des ASKLEPIOS habe *Arsinoe* geheißen – ein Name, der in der ersten Hälfte (arsi) die Erhebung aus der Dunkelheit andeutet; der Zeitpunkt, da ASKLEPIOS zur Welt kommt, ist mithin die dunkle Neumondzeit. Die beiden Schwestern der *Arsinoe* heißen *Hilaeira*, die «Gnädige» – ein Beiwort des milden Vollmondes –, die andere *Phoibe*, ein Name, der auch in dem Namen des Boibeis-Sees fortlebt und ebenfalls die Mondgöttin bezeichnet. Die *Dreizahl* der Namen bezeichnet die drei Mondphasen: den sich aus der Dunkelheit erhebenden Mond, dann den Mond zwischen den zwei Halbmonden, und schließlich die Phase, in welcher der Mond seine Sichelgestalt erhält, ehe er am Himmel verschwindet[17], eine urtümliche *lunare Trinitätslehre* mit ganz und gar weiblichen Zügen also[18]. Demgegenüber ist der Vater der schön-dunklen Mondfrau *Koronis*, der feurige *Phlegyas*, eine Verkörperung des bösen widergöttlichen Feuers[19].

Von der Lichtnatur des ASKLEPIOS her versteht man des näheren auch das *Hundesymbol* in der Geburtsmythe des Gottes noch genauer: der Hund begleitet in der griechischen Mythologie die Mond- und Unterweltgöttin *Hekate*; er steht damit offenbar symbolisch für den Übergang zwischen Nacht und Tag, zwischen Tod und Leben, und insofern ist er identisch mit dem bekanntesten Symbol des ASKLEPIOS, mit der *Schlange*, die in manchen Mythen auch direkt als Hund der Mondgottheit gilt[20]. Die Schlange und der Hund fungierten deshalb

[14] PLATON: Phaidon, 118a; Werke III 66.
[15] K. KERÉNYI: Der göttliche Arzt, 67.
[16] Von daher könnte auch das Symbol des *Hahnes* auf den Kirchturmspitzen zu verstehen sein; vgl. zum Symbol des Hahnes etwa im Märchen der *Frau Holle* (KHM 24) E. DREWERMANN – I. NEUHAUS: Frau Holle, 52, Anm. 64.
[17] K. KERÉNYI: Der göttliche Arzt, 90–93.
[18] Vgl. E. DREWERMANN: Religionsgeschichtliche und tiefenpsychologische Bemerkungen zur Trinitätslehre, in: W. Breuning (Hrsg.): Trinität, 138.
[19] Zu *Koronis* und *Asklepios* vgl. W. MARG: Hesiod: Sämtliche Gedichte, 440–444.
[20] E. DREWERMANN: Strukturen des Bösen, I 38.

auch als die Hilfstiere bei den Heilungen, die ASKLEPIOS bewirkte. Vor allem die Schlange war die bekannteste Verkörperung und Erscheinungsform des Gottes selbst, und sie bildet von daher noch heute das Wahrzeichen ärztlicher Kunst[21]. Faßt man dieses andere Bild des ASKLEPIOS: seine Herkunft aus dem Dunkelmond, seinen Bezug zu den Tieren, seine Identifikation mit dem Zwischenbereich von Tag und Nacht, zusammen, wo wird tiefenpsychologisch deutlich, worin eigentlich seine Heilkraft gründet. ASKLEPIOS ist auf der einen Seite ein Aspekt des *Apollon*; in ihm lebt die *apollinische* Schärfe und Klarheit des Geistes; aber diese Helligkeit wird «durch eine dunklere Wärme gemildert»[22]; sie strahlt nicht in versengender Helligkeit von oben herab, sondern steigt aus der Dunkelheit auf. ASKLEPIOS, der Heilgott, ist ein Licht, das heilt, indem es aus der Tiefe, aus den unbewußten Schichten der Seele, aufleuchtet. In ihm verkörpert sich tiefenpsychologisch mithin die Erfahrung, daß die *Bewußtwerdung* des *Unbewußten* in sich selber Heilung ist. Heilend ist weder die isolierte Helle des *Apoll* noch die Dunkelheit der sublunaren Welt; aber was aus der illegitim scheinenden Verschmelzung beider Bereiche hervorgeht, der Akt der Bewußtwerdung, bedeutet in sich selber Heilung, Manifestation und Epiphanie des Göttlichen. «Denn dies ist ja Gott – die Lieben zu erkennen» – diesen Satz der Helena (s. o. S. 139) kann man auch dahin abwandeln: «Es ist ja ASKLEPIOS, sich selbst zu erkennen.» Das, was erkannt wird, die Verkörperung des Gottes in Tiergestalt, gibt dabei den Inhalt an, der unerkannt den Grund der Krankheit, bewußt gemacht aber den Ort der Heilung bezeichnet, denn es sind zumeist die triebhaften, verdrängten Seelenregungen, die der Integration, der Vergöttlichung, harren.

In diese Sicht der Natur des ASKLEPIOS fügt sich nun besonders die Art, in der *die Heilungen* in Epidauros zustande kamen: im Heilschlaf im Innersten des Tempels, in der Erscheinung des Gottes im Traum. Man hat religionsgeschichtlich durchaus keinen Grund, in den Wunderberichten von Epidauros (oder von dem Heiligtum des ASKLEPIOS in Kos) bloße Propaganda-Zeugnisse einer gerissenen Ärtzeschaft zu wittern, die ihr geringes medizinisches Können durch phantastische Dokumente vermeintlicher Heilungen nach außen publikumswirksam aufzubauschen verstanden hätte. In Wahrheit stellen die Wunderheilungen von Epidauros, nicht anders als noch heute die Weihetafeln katholischer Gnadenkapellen, die Zeugnisse von Pilgern für Pilger dar, die voll Dankbarkeit den Glauben an die gnädige Erhörung ihrer Bitten durch den Gott bekunden möchten. Es mag sein, daß vor allem die Zeiträume, in denen die berichteten Heilungen stattgefunden haben sollen, – entsprechend der Zeitrafferregel (vgl. I 218ff.) – in den einzelnen Dokumenten z. T. sehr verkürzt wiedergegeben wor-

[21] Zu den Heilungen, die in Epidauros von Schlangen oder Hunden bewirkt wurden, vgl. R. HERZOG: Die Wunderheilungen von Epidauros, Nr. 17; 26; 33; 39; 42; 44; 58.
[22] K. KERÉNYI: Der göttliche Arzt, 44.

den sind[23]; im ganzen aber handelt es sich gewiß um historisch korrekte Erinnerungen tatsächlicher Geschehnisse, bei denen die Ärzte in Epidauros selbst nur sehr zurückhaltend beteiligt gewesen sein dürften. Die Macht, durch welche die Heilung bewirkt wurde, war ja durchaus nicht die Kunst der Ärzte, sondern entstammte dem Gott, den man durch den Traum im Tempel erfuhr.

Wer sich diese Tatsache bewußt macht, kommt nicht umhin, erneut die eklatante Verwandtschaft der Heilpraktiken der Ärzte von Epidauros mit den Heilungsverfahren der kulturell weit entlegenen Schamanenreligion zu bemerken, deren Heilkraft sich ebenfalls im wesentlichen auf die Erfahrungen von Traum und Ritual stützte. Wenn wir bei den Schamanen von dem Bemühen hörten, in der Himmelsreise des Traumes zum Mittelpunkt der Welt zu gelangen, so entspricht diesem Verfahren in Epidauros der Schlaf im *Abaton*, im Innersten des Heiligtums, vorausgesetzt, man greift das Bild des Tempels in seiner archetypischen Symbolbedeutung auf. Ein Tempel, ebenso wie eine Stadt, stellt dem Wesen nach eine Art Welthaus, ein Kosmosnachbild im Kleinen dar[24]; als Orte der Gottesbegegnung, als Plätze möglicher Tempelgründungen, galten in der Antike, ebenso wie in den rezenten Stammeskulturen, diejenigen Stellen, die von dem ursprünglichen Paradies der Urzeit noch übriggeblieben waren – Relikte der «Traumzeit», wie die Eingeborenen Australiens noch heute sagen[25]. Der Heilschlaf im Innersten des Tempels ist religionsgeschichtlich demnach im Grunde ein Versuch, an diese heile Urzeit anzuknüpfen und in den Mittelpunkt der Welt zurückzukehren; tiefenpsychologisch kann man auch sagen: es handelt sich um das Bemühen, in die Traumwelt des Unbewußten zurückzugehen und dort Antworten zu erhalten und Erfahrungen zu machen, die aus einer akuten Erkrankung und Lebenskrise herausführen.

Es ist dabei zu beachten, daß die Erfahrungen während des Heilschlafes im Tempelinnersten von Epidauros in sich selbst als religiös galten, war doch der Trauminhalt selbst als göttliche Offenbarung zu verstehen. Was sonst in der Bibel sporadisch noch anklingt, daß Gott sich dem menschlichen Bewußtsein eher im Traum als im Wachen mitteilt (vgl. I 101ff.), wurde in Epidauros zur Voraussetzung einer ärztlichen Praxis, die nur zwei Faktoren für wirklich wichtig hielt: das Vertrauen in die heilende Wirkung des Ortes – den Glauben also an die Nähe des Göttlichen – und die Wendung nach innen, den Traumvorgang selbst. Die Überzeugung herrschte, daß ein vertrauensvolles Träumen oder ein träumendes Vertrauen in sich selber eine Kraft zu entdecken und freizusetzen vermag, in welcher die Gottheit selber zur Heilung des Menschen in Erschei-

[23] Vgl. R. Herzog: Die Wunderheilungen von Epidauros, 67, der zu Recht den Realitätsgehalt der Heilungsberichte von Epidauros herausstellt; vgl. A. Krug: Heilkunst und Heilkult, 134–141.

[24] W. Müller: Die heilige Stadt, 34 (mit Bezug zu dem viergeteilten Rom).

[25] R. A. Gould: Die Eingeborenen der Gibson-Wüste Australiens, in: E. Evans-Pritchard (Hrsg.): Bild der Völker, I 53.

nung tritt, und zwar so, daß die Gottheit in ihrem Aufleuchten selber als Einheit (oder als Einswerdung, als Produkt) von Bewußtsein und Unbewußtem verstanden werden muß. Tatsächlich mutet die Institution des Tempelschlafs an wie eine praktische Nutzanwendung der schon erwähnten Lehre des PYTHAGOREERS EPICHARM[26], alles Ernste finde sich eher bei Nacht, und etwas Kluges solle man in der Nacht bedenken (s.o.S. 148).

Wie um dieses Gesamtbild von der hell-dunklen Natur des ASKLEPIOS und seiner Heilungswunder beim Übergang vom Schlafen zum Wachen zu vervollständigen, wurde ASKLEPIOS oft von einer zwergenhaften, nächtlichen Gestalt begleitet, die als ein Kind im Kapuzenmantel im Asklepiosheiligtum von Pergamon aufgrund eines Orakels verehrt wurde. Der Name dieser zwergengestaltigen Gottheit ist *Telesphoros*, der Vollbringer, ein zweideutiger Name, der sowohl Tod wie Heilung bezeichnen kann; allem Anschein nach gehörte *Telesphoros* der Welt der Nacht und des Schlafes an; er war mithin ein Verwandter des Traumes, der ein Bruder des Todes ist und doch die Heilung, das Leben, zurückschenkt[27]. Es verdient übrigens Beachtung, daß man auch in den deutschen Märchen noch solchen heilenden oder todbringenden Zwergen begegnet, wie z.B. in dem Grimmschen Märchen vom «Wasser des Lebens» (KHM 97), das die alte Thematik von dem Weg in die Zauberwelt einer erlösungsbedürftigen Jungfrau aufgreift und die Schwierigkeiten schildert, die zu bestehen sind, ehe man von dem Hochmut des Intellekts hinfindet zu der Demut der Liebe, zur Heimholung der eigenen Seele in Gestalt der traumhaft schönen Geliebten am Ende der Welt.

Soweit also reichte die Macht und die Weisheit des Gottes von Epidauros. Es gibt aber *eine* Verheißung bei der Geburt des ASKLEPIOS, die offensichtlich nicht in Erfüllung gegangen ist: die Weissagung, ASKLEPIOS, das göttliche Kind, werde Tote auferwecken. An dieser Stelle tritt besonders deutlich der Unterschied zwischen den Traumheilungen von Epidauros und den Mysterien von Eleusis zutage. Wohl bestanden zwischen den Heilungen des ASKLEPIOS von Epidauros und den Mysterien der *Demeter* in Eleusis aufgrund der gemeinsamen Erwartungen eines großen Erlebnisses am Ende eines langen Erlösungsweges gewisse Ähnlichkeiten; zudem erinnerte die Verkündigung des neugeborenen ASKLEPIOS-Kindes an den Schluß der eleusinischen Mysterien, in denen gleichfalls die Verkündigung der Geburt eines heiligen Kindes den Abschluß bildete[28]; und schließlich spielte auch das Motiv der Finsternis und die Begegnung mit den Schlangen in Epidauros wie in Eleusis eine wichtige Rolle. Aber der zentrale Unterschied ist doch nicht zu leugnen: die Mysterien von Eleusis führten den

[26] EPICHARM., Fr. 27; 28; DIELS-K., 34. – Zur Heilung durch Weisung im Traum vgl. O. WEINREICH: Antike Heilungswunder, 110–116, der (S. 111) bes. die Wandlung des alten Wunderglaubens zur Mystik betont.
[27] K. KERÉNYI: Der göttliche Arzt, 62; Abb. 53, S. 92.
[28] K. KERÉNYI – (C.G. JUNG): Das göttliche Mädchen, 66–68.

Mysten bis zur Begegnung mit der Königin der Unterwelt; der Weg in Epidauros hingegen kehrte früher um: er gelangte nicht zu dem Geheimnis der Überwindung des Todes, sondern begnügte sich mit der Überwindung der Krankheit. «In Eleusis herrschte die große Göttin, die das Mysterium der Unsterblichkeit enthüllte, indem sie zugleich Mutter und Tochter, ein sich selbst ewig wiedergebärendes weibliches Wesen war. In Epidauros herrschte das männliche Prinzip vor, im Aufleuchten seiner die Dunkelheit durchbrechenden Kraftfülle.»[29]

Schauen wir nun einmal näher zu, von welcher Art die Heilungswunder in Epidauros sind und wie sie sich u.U. verstehen lassen, so scheint gerade die *männliche* Seite der Heilungswunder des ASKLEPIOS den Schlüssel zur Diagnose wie zur Therapie mancher Krankheiten zu bieten. Der Gedanke ist nicht abwegig, daß vor allem die relativ große Zahl von *Heilungen aus Unfruchtbarkeit und Impotenz*[30] mit dem Überwiegen des männlichen Prinzips in der Gestalt des ASKLEPIOS zusammenhängen dürfte. Jedenfalls liefern besonders die Heilungen gewisser Störungen der weiblichen oder männlichen Fruchtbarkeit die einfachsten Beispiele für die Art der Träume und die Mitwirkung von heilenden Schlangen bei den Wundern von Epidauros. *Nikesibule* von Messene z.B. «schlief wegen Kindersegen im Heilraum und sah einen Traum: es träumte ihr, der Gott sei mit einer Schlange, die ihm folge, zu ihr gekommen; mit dieser habe sie verkehrt. Und darauf bekam sie übers Jahr zwei Buben[31].» Oder: *Agamede* von Keos «schlief wegen Kindersegens im Heilraum und sah einen Traum: Sie träumte, es liege ihr im Schlaf eine Schlange auf dem Bauch; und hierauf bekam sie fünf Kinder»[32]. In der Tiefenpsychologie gelten die Schlangen als phallische Symbole[33], und so stellen die heilenden Schlangenträume im Grunde koitale Vorgänge dar. Aber die Art der Symbolik verrät auch zugleich, worin Krankheit wie Heilung ihren Grund haben: die Schlange verkörpert als Symbol im FREUDSCHEN Sinne nicht nur den Wunsch nach sexueller Erfüllung, sondern mehr noch die Angst und die Scheu, sich selber ein solch «tierisches» Verlangen einzugestehen und seine Erfüllung herbeizuführen, und so kann die Unfruchtbarkeit der genannten Patientinnen durchaus als Folge einer entsprechenden Sexualabwehr gedeutet werden. Man versteht dann gut, worin eigentlich das heilende, befreiende Moment dieser Traumerfahrungen liegt: es hängt allem Anschein nach von der stillschweigenden Erlaubnis ab, Träume dieser Art überhaupt im Heiligtum des Gottes träumen zu dürfen, und daß es möglich ist, den Gott selbst als Träger der Schlange oder ihn selbst als Gestalt gewordene

[29] K. KERÉNYI: Der göttliche Arzt, 41.
[30] R. HERZOG: Die Wunderheilungen von Epidauros, Nr. 31; 34; 39; 42.
[31] A.a.O., Nr. 42.
[32] A.a.O., Nr. 39.
[33] E. DREWERMANN: Strukturen des Bösen, II 88–101.

Schlange sich vorzustellen, eröffnet unzweifelhaft einen völlig neuen Zugang zum Unbewußten. Das bis dahin Ungeheuere, Verdrängte, Überwältigende wird mit einem Mal als etwas Heiliges akzeptabel; ja, es tritt selbst als Teil des Göttlichen in Erscheinung. Das, was bis dahin am meisten Angst machte und wonach man sich doch insgeheim am meisten sehnte, verwandelt sich somit im Heiltraum von Epidauros in das Allerschönste und Beglückendste. Die Abwehrschranke kann somit fallen – der Gott selbst hat sie überwunden im Tempel eines vertrauensvollen Träumens.

Wie eine solche Umwandlung von Angst in Beglückung vor sich gegangen sein mag, zeigt das 31. Wunder von Epidauros[34]: «Andromache aus Epeiros wegen Kindersegens. Diese schlief im Heilraum und sah einen Traum: es träumte ihr, ein schöner Knabe decke sie auf, hierauf berühre sie der Gott mit der Hand. Darauf bekam Andromache einen Sohn von Arybbas.» Der schöne Knabe dürfte *Eros*, der Kindgott der Liebe sein, der in seiner Person der Liebe ihre unschuldige, spielerische Seite zurückgibt; zudem trägt die Gestalt des schönen Knaben nichts Furchterregendes an sich, – sie entspricht einer noch kindlichen Form der Liebe, die ihren Schutz und ihre Zeit der Entfaltung braucht, ehe sie dem männlichen Gott Asklepios begegnen kann und dessen Zärtlichkeit schließlich in endgültiger Erfüllung zulassen darf.

Gewiß ist das Material der Traumheilung von Epidauros zu spärlich, um Einsichten dieser Art generalisieren zu können. Dennoch erlauben sie ein erstes Verständnis der psychosomatischen Seite dieser Heilungswunder, und sie bieten damit zugleich Gelegenheit, vergleichbare Wunder in anderen Kulturen und zu anderen Zeiten von dem gleichen Deutungsansatz her zu interpretieren. Daß z.B. auch der Bibel entsprechende Vorstellungen nicht gänzlich fremd sind, zeigen eine Reihe von Erzählungen, die eine Schwangerschaft in den unmittelbaren Zusammenhang mit einer Gotteserfahrung stellen: in Gen 18,1-16 z.B. wird Sara, der schon betagten Gattin Abrahams, von den drei Gottesmännern bei der Orakeleiche von Mamre ein Kind verheißen; in Ri 13,1-24 verheißt der Gottesengel der unfruchtbaren Frau des Manoach die Geburt des Simson; in 1 Sam 1,1-20 erhört Gott das Gebet der unfruchtbaren Hanna im Tempel von Silo; die unfruchtbare Elisabeth empfängt, aufgrund der Erscheinung des Engels Gabriel im Tempel von Jerusalem vor ihrem Gemahl Zacharias, den Johannes (Lk 1,5-25), und ebenso empfängt Maria auf die Botschaft des Gabriel hin den Erlöser Israels (Lk 1,26-38)[35]. In all diesen Fällen wird die Geburt eines Kindes durch eine Gotteserscheinung vorbereitet; und wenngleich die Szene der Epiphanie hier jeweils in Form eines Mythos vor allem die Größe des künftigen Heilbrin-

[34] R. Herzog: Die Wunderheilungen von Epidauros, S. 20.

[35] Zu dem Mythem von der göttlichen Empfängnis in Lk 1,5-25 vgl. aus tiefenpsychologischer Sicht E. Jones: Die Empfängnis der Jungfrau Maria durch das Ohr, in: Jahrbuch der Psychoanalyse, Bd. 6 (1914), 179-193 (bes. zum Symbol von Geist Gottes und Taube).

gers verdeutlichen soll (vgl. I 394ff.), so hat man es doch offenbar mit der Sonderform einer allgemeinen Erfahrung zu tun: daß die Erlösung von Unfruchtbarkeit selbst ein göttliches Geschehen ist. Versteht man das «Kind» tiefenpsychologisch als Symbol einer eigenen Neugeburt, so ist das Wunder der gottgewirkten Schwangerschaft zugleich das Ergebnis dessen, was der Heilgott ASKLEPIOS selbst verkörperte: die Synthese von Bewußtsein und Unbewußtem, die Frucht der Vereinigung des «Männlichen» und des «Weiblichen» in der menschlichen Psyche.

Auch andere Träume in Epidauros heilen von Krankheiten, die gleichermaßen im Neuen Testament den Gegenstand von Wunderheilungen bilden, und insbesondere die Heilungen von *Gelähmtheit* und *Blindheit* gehören hierher.

Unter der Nr. 37 der Wunder von Epidauros wird z.B. berichtet: «Kleimenes von Argos, am Körper gelähmt. Dieser kam in den Heilraum, schlief und sah ein Gesicht; er träumte, der Gott wickle ihm eine rote wollene Binde um den Leib und führe ihn ein wenig außerhalb des Heiligtums zum Bad an einen Teich, dessen Wasser übermäßig kalt sei; als er sich feig benahm, habe Asklepios gesagt, er werde nicht die Menschen heilen, die dazu zu feig seien, sondern nur die, welche zu ihm in sein Heiligtum kommen in der guten Hoffnung, daß er einem solchen nichts Übles antun, sondern ihn gesund entlassen werde. Als er aufgewacht war, badete er und kam ohne Leibschaden heraus.»[36]

Dies ist ein Heilwunder, das sehr an Joh 5,1-9 gemahnt, wo gleichermaßen ein Gelähmter hofft, durch ein Bad im Teich Beth Chesda geheilt zu werden (dessen Wasser ein Engel des Herrn von Zeit zu Zeit in Wallung setzt, wie es die Koine-Handschriften überliefern); Jesus befiehlt dem Gelähmten, der darüber klagt, daß ihm niemand im rechten Augenblick ins Wasser helfe, er solle selber seine Bahre nehmen und nach Hause gehen. Offenbar fordert Jesus den Kranken indirekt damit zu etwas auf, zu dem dieser bisher nie den Mut hatte und das man wohl am besten ganz wörtlich mit «Selbständigkeit» beschreiben kann. Die Heilung von der Lähmung, so wird man schließen müssen, ist im Grunde eine Heilung von der ständigen Angst, ohne die Unterstützung der anderen sich keines eigenen Schrittes ins Leben getrauen zu können.

In ähnlicher Weise hängt allem Anschein nach auch die Krankheit des Gelähmten in Epidauros ursächlich mit seiner Angst bzw. einer gewissen Feigheit zusammen; dieser Schluß legt sich jedenfalls nahe, wenn man sieht, worin die Heilung dieses Gelähmten besteht: er ist seiner Gliedmaßen wieder mächtig, sobald er im Traum zu dem Vertrauen gelangt, daß wenigstens der Gott es gut mit ihm meine, selbst wenn er dem ersten Eindruck nach die Welt, das «Wasser», in das er geschickt wird, als unzumutbar kalt erlebt; man könnte auch sagen, es sei die unausgesprochene Fehlerwartung, es sich im Leben sozusagen

[36] R. HERZOG: Die Wunderheilungen von Epidauros, S. 23–24.

wie in einer Badewanne lauwarm einrichten zu können, die ihn gelähmt mache. Trifft diese Annahme zu, so bietet der Traum ihm in gewissem Sinne die Möglichkeit, sich selbst in seiner Krankheit besser zu verstehen: Das «Wasser», in das der Gott ihn schickt, ist eigentlich ein mütterliches Symbol, und die Kälte des «Wassers» macht offenbar deutlich, daß der Kranke sich nicht länger mehr in einer warmen Mutterleibexistenz einrichten darf; er kann aber die Kälte der «Mutter», die gefühlsmäßige Angst vor den Enttäuschungen und Lieblosigkeiten des Lebens auch nicht einfach fliehen; er muß im Gegenteil im Vertrauen auf den Gott jetzt buchstäblich «ins kalte Wasser springen», um zu sehen, daß er «schwimmen» kann – daß also nicht die Dinge und die Menschen an sich, sondern nur seine Ängste vor den Dingen und Menschen so lähmend und kränkend auf ihn wirken.

Eine solche Deutung der Heilung eines Gelähmten in Epidauros wird durch ein anderes Wunder des gleichen Typs bestätigt: Der 16. Wunderbericht von Epidauros berichtet ebenfalls von einer Lähmung, die letztlich nur in Angst besteht: «Nikanor, lahm. Während dieser dasaß, raubte ihm ein Knabe im Wachen seinen Stab und floh. Er stand auf, verfolgte ihn und wurde darauf gesund.»[37] – Auch in dieser Traumheilung geht es offenbar darum zu merken, daß man nur aufhören muß, sich ständig «aufstützen» zu wollen – und man könnte selber laufen; nimmt man jemand die «Krücken» fort, auf die er bisher sich angewiesen fühlte, so wird er u. U. sogleich sehen, daß es ohne solche vermeintlich notwendigen Prothesen viel leichter geht: schon die Empörung über den Mutwillen und über die Gemeinheit der anderen vermögen Beine zu machen. – Ähnlich verhält es sich in dem 15. Wunderbericht von Epidauros[38], wo jemand den größten Stein, den er finden kann, eigenhändig in den Tempel bringen soll und dadurch von seiner Lahmheit geheilt wird. – Immer stößt man in diesen Überlieferungen auf den nämlichen Vorgang: daß die Lähmung verschwindet durch das Vertrauen, in Wahrheit gar nicht lahm zu sein; umgekehrt gesprochen, ist es nur die Angst, die Abhängigkeit und das Gefühl der Ohnmacht, die der eigenen Verfügbarkeit und Bewegungsfreiheit Grenzen auferlegen, die an sich durchaus überflüssig und unnötig wären.

Eine andere Krankheit, die in den Heilungswundern der Bibel ebenso wie in Epidauros immer wieder eine Rolle spielt, ist die *Blindheit.* Der Wunderbericht Nr. 18 erzählt: «Alketas von Halieis. Dieser war blind und sah einen Traum: es träumte ihm, der Gott komme zu ihm und öffne mit den Fingern seine Augen, da habe er zuerst die Bäume im Heiligtum gesehen. Als es Tag geworden, kam er gesund heraus.»[39]

Dieser Traumbericht verrät eine gewisse Ähnlichkeit zu der Wunderheilung in

[37] A.a..O., S. 15.
[38] A.a.O., S. 15.
[39] A.a.O., S. 15–17.

Mk 8,22-26, wo Jesus ebenfalls einen Blinden durch Berührung der Augen heilt; auch dort sieht der Geheilte die Menschen zunächst wie Bäume, d.h., seine erste Wahrnehmung ist noch unpräzise und erfaßt nur große Gegenstände, aber es ist doch der erste Schritt, die Welt wieder richtig zu sehen.

In diesen letztgenannten Berichten wird nun freilich über die Ursache der Krankheit auch symbolisch an sich nichts Näheres mitgeteilt; es scheint aber, als wenn bei den Heilungsvorgängen die Berührung mit der Hand jeweils eine besondere Bedeutung besäße, und das macht es wahrscheinlich, daß es auch hier um das Problem von Angst, Einsamkeit und innerer Isolation geht. Die ganze Welt – so wird man im Hintergrund der Krankheit annehmen müssen – hat sich dem Blinden verdunkelt und in Unansehnlichkeit verwandelt; aber unter der Behandlung des Gottes gelingt es ihm, die Augen wieder aufzuschlagen und die Welt zu sehen, wie sie ist. Entscheidend ist mithin auch hier ein neu zu gewinnendes Vertrauen, das es gegen alle Angst erlaubt, sich der äußeren Realität wieder zu stellen und vor dem Anspruch der Wirklichkeit nicht länger die Augen zu verschließen. Vielleicht kann man auch sagen, es gehe darum, den Anblick der Welt zu ertragen, indem man lernt, sie mit den Augen Gottes zu sehen.

Allerdings ist zuzugeben, daß wir an dieser Stelle nur erst einige symbolische Deutungsversuche vortragen können, die in sich noch ziemlich spekulativ anmuten müssen und zudem nur zu einer sehr begrenzten Anzahl von Fällen passen. Der überwiegende Teil der Wunder in Epidauros – das ist anzuerkennen – bleibt rätselhaft und ist von den mitgeteilten Traumtexten allein her nicht verstehbar. Gleichwohl wird man K. KERÉNYI zustimmen müssen, wenn er von der Rätselhaftigkeit der epidaurischen Traumheilungen meint: «Sie stellen uns vor dasselbe Problem wie die meisten ‹Wunderheilungen› in den vielen christlichen Wallfahrtskirchen Süd- und Mitteleuropas. ‹Wunder›-Heilungen sind sie nur, insofern *jede* Heilung, jeder glückliche Ausgang, da wo auch die Möglichkeit zu einem unglücklichen vorhanden war, eine Art Wunder ist. In der Wendung zum Besseren, bei einer schweren Krankheit des zum Tode ausgelieferten Lebewesens, das seiner Natur nach auch Sterbewesen genannt werden darf, bleibt immer etwas Unfaßbares, selbst wenn der Arzt die Ursache der Krankheit erkannt und entfernt hat. Denn es muß neben dem Einwirken des Arztes immer noch etwas mithelfen, das gleichzeitig mit dem Eingreifen von außen im Inneren des Kranken vor sich geht, damit sich die Heilung einstellt. Im entscheidenden Augenblick der Heilwendung wirkt etwas, das am ehesten dem Ergießen einer Quelle zu vergleichen wäre.»[40]

In der Allgemeinheit dieser richtigen Feststellung sollte freilich nicht untergehen, daß in Epidauros speziell *der Traum* als Mittel zur «Heilwendung» gewählt

[40] K. KERÉNYI: Der göttliche Arzt, 24.

wurde. Die griechischen Ärzte wußten offenbar, daß ein Traum, der in der Geborgenheit und Zuversicht des Tempelinneren geträumt wurde, die Zonen der Seele erschließen konnte, deren Erleuchtung die Heilung brachte und den Lichtgott ASKLEPIOS erscheinen ließ. Alles, was sie zur Heilkraft der Träume beisteuern konnten, bestand in gewissen vorbereitenden Riten wie heiligen Bädern und Opfern – Handlungen innerer Einstimmung in das Wesen des Gottes, aus dem sich «die Quelle» ergoß und dessen Erscheinen Heilung bewirkte und bedeutete.

Worin also besteht, abschließend gefragt, das Wunder von Epidauros oder, noch allgemeiner, das Wunder in der Heilkunde? Es ist «nicht mehr, aber auch nicht weniger, als das Wunder des Lebens selbst», meint R. HERZOG in einem abschließenden Zitat von E. LIEK-DANZIG. «Wir können es nicht begreifen, nicht erklären, sondern können nur in Bildern sprechen. Paracelsus sagte: ‹Der Arzt geht aus Gott!› So ist es. Ein Teil der Macht, die Himmel und Erde, Tier und Pflanzen schuf, lebt in jedem von uns. Wir Ärzte sind Diener des Lebendigen, Heilen ist Heiliges. Ärztliches Handeln ist schöpferische Tat, auch wenn es menschlich, also Stückwerk bleibt. Schaffen und schöpfen aber kann man nur mit reinen Händen und mit reinem Herzen.»[41]

6. Psychoanalytische und psychosomatische Auslegungsregeln antiker Wundererzählungen

Über eine so wunderbare Weisheit und über ein solch tiefes Wissen um die Wunder der menschlichen Seele verfügten also die göttlichen Ärzte der Antike damals und verfügen die traumberufenen Schamanen der Stammeskulturen noch heute. Im Grunde sind es jedoch nicht eigentlich verschiedene Wege, die in den unterschiedlichen Verfahren der «Harmonie», des «Wortes», der «Musik»

[41] E. LIEK-DANZIG: Das Wunder in der Heilkunde, 206; sehr richtig bemerkt E. LIEK-DANZIG: a.a.O., 223–224 zu der Verunsicherung der gegenwärtigen Medizin durch die Anerkennung der psychischen Komponenten von Krankheit und Gesundheit: «Die wieder entdeckte und nach und nach anerkannte ‹Seele› ist eine schwere Belastung geworden für viele Gebiete der wissenschaftlichen Medizin. Ohne Seele wäre es, ich will einmal sagen, bequemer. Wir brauchten weniger nachzudenken. Das Anerkenntnis der Seele hat allem, was in der wissenschaftlichen Heilkunde vorgeht, gewissermaßen den sicheren Boden entzogen.» – Zur Würdigung und Wertung der Person und des Werkes von PARACELSUS vgl. E. KAISER: Paracelsus, 130–131: «In seiner (sc. des PARACELSUS, d.V.) Schau bedingen und durchdringen Kosmos und Mensch, Schöpfung und Individuum einander. Beide sind nach dem gleichen Plan angelegt; somit müssen sie auch den gleichen, planmäßigen Gesetzen folgen. Der Mikrokosmos ‹Mensch› ist nur zu verstehen, seine menschlichen Krankheiten und Gebrechen nur zu heilen, wenn man diese Gesetze aus dem ‹Licht der Natur› heraus zu erkennen und zu deuten vermag.» Von daher ergibt sich die kritisch aufgeklärte Haltung des PARACELSUS gegenüber den überkommenen Anschauungen der antiken Ärzte und sein Bruch mit der autoritätsgläubigen Schulmedizin (a.a.O., 89–90, der Text der *«Intimatio»* von 1527), andererseits aber auch der stark religiöse und spirituelle Zug, der das Werk vor allem des späten Paracelsus auszeichnet (a.a.O., 107ff.)

und des «Traumes» als wahlweise aufgefächert erscheinen. Vielmehr wird man – erneut orientiert an den Vorbildern schamanistischer Heilverfahren – besonderen Wert auf die Einheit all der genannten Methoden legen müssen. Denn es stellt nicht nur eine praktische Manier der Schamanenheilung dar, wenn etwa SCHWARZER HIRSCH im *Gebet* die *Trommel* schlägt, um im Ritual seines *Traumes* den krank darniederliegenden Jungen an den Ort zu führen, wo die Welt ihr *Zentrum* besitzt (s.o.S. 112); es gehört letztlich zum Wesen jeder wirklichen «Wunderheilung», daß all die genannten Elemente sich miteinander zu einem gemeinsamen Gesamtbild zusammenfügen. Bei jedem «schönen Gespräch» (s.o.S. 162) wird es so sein, als wenn der eine dem anderen seine Seele auslieferte wie eine Leier, über deren Saiten der Atmenwind des anderen hinwegglitte, um darauf eine von ihm selbst noch nie gehörte und dennoch zutiefst in ihm angelegte Melodie zu spielen; und die Worte selber werden – wie die «Orakel» des EMPEDOKLES, (s.o.S. 160) – die Kräfte zu beschwören und zu bannen suchen, die in den Tiefenschichten der menschlichen Psyche die Stärke wirklicher Schicksalsmächte besitzen; im Vertrauen wiederum auf die Melodie des eigenen Herzens und die «magische» Poesie der «richtigen» Worte werden der Seele Bilder entsteigen, die sie lehren, den Weg zu finden, der zu dem geheimen Zentrum der Dinge, zum Mittelpunkt des eigenen Herzens führt; und alles wird mit allem verschmelzen: die Worte werden sich zum Gesang erheben und sich verweben mit den Bildern der Träume, und wiederum werden die Lieder des Herzens den Klang der Worte formen, welche die Seele auf den Himmelsreisen und Jenseitswegen begleiten. Eben durch diese Verschmelzung von allem mit allem wird am Ende die «kristallene Kugel»[1] der Märchen geboren, durch deren Anblick alle Furcht und Fremdherrschaft aus der Seele des Menschen weicht und die Macht der Liebe die tödliche Energie der Angst vertreibt.

Als Resümee dieser historischen Betrachtungen lassen sich über das Wesen der Wunderheilung gewiß keine besseren Worte finden als diejenigen, die STEFAN ZWEIG seinem Buch «*Heilung durch den Geist*» vorangestellt hat, indem er schrieb: «Kampf um die Gesundheit bedeutet ... in der Urzeit der Menschheit nicht Kämpfen gegen die einzelne Krankheit, sondern ein Ringen um Gott. Alle Medizin der Erde beginnt als Theologie, als Kult, Ritual und Magie, als seelische Gegenspannung des Menschen gegen die von Gott gesandte Prüfung. Dem körperlichen Leiden wird nicht eine technische Handreichung, sondern ein religiöser Akt dawidergesetzt. Man untersucht die Krankheit nicht, sondern man sucht Gott ... So tritt noch eine volle Einheit des Gefühls der Einheit der Erscheinung entgegen. Es gibt nur eine Gesundheit und eine Krankheit und für diese wiederum nur eine Ursache und eine Heilung: Gott. Und zwischen

[1] Vgl. E. DREWERMANN – I. NEUHAUS: Die Kristallkugel. Grimms Märchen tiefenpsychologisch gedeutet, Bd. 6, 1985.

Gott und dem Leiden gibt es nur ein und denselben Mittler: den Priester, diesen Behüter zugleich des Leibes und der Seele. Die Welt ist noch nicht zersplittert, noch nicht zweigeteilt ... Heillehre bleibt in ihrem Ursprung unlösbar von Gotteslehre, Medizin und Theologie sind anfangs ein Leib und eine Seele.»[2]

Gerade so ist die Welt beschaffen, der wir die Heilungswunder verdanken, und wir begreifen mit Trauer, was wir eigentlich verloren haben. Denn seit diese Einheit, spätestens seit dem Beginn der Neuzeit, zerbrochen ist und sich der Arzt immer mehr zunächst neben, schließlich gegen den Priester gestellt hat, ist das Wunder der Heilung zu einer erst unverständlichen, dann unsinnigen Kunde vergangenen Menschtums degeneriert. Einen Menschen zu heilen ist seither in immer schnellerem Tempo und immer größerem Umfang zu einem technischen Anwendungsfall der Kenntnis bestimmter objektiver Gesetzmäßigkeiten der Natur geworden, hinter denen schließlich auch der Arzt selbst als Person verschwinden muß, indem er durch die Exaktheit ausgeklügelter Maschinen prinzipiell und jederzeit ersetzbar wird. Aus dem Verfahren göttlicher Heilkunst ist seither das Einwirken *künstlicher* Spezialmaschinen auf bestimmte Spezialbereiche *biologischer* Maschinen geworden, und es würde dieses buchstäblich seelenlose Handwerk unserer heutigen «Mediziner» in immer groteskere Formen ausufern, behielten nicht die uralten Worte der Ärzte des *thrakischen Gottes Zamolxis* recht: eben darum seien die (griechischen) Ärzte vieler Krankheiten nicht mächtig, weil sie trennten: die Seele vom Leib, den Kopf vom Körper, das Auge vom Kopf ... (s.o.S. 162). Die Zahl der «maschinell» nicht zu behandelnden Krankheiten nimmt trotz aller technischen Perfektion in der Gegenwart keinesfalls ab, sondern sie wächst bezeichnenderweise um so mehr, je scheinbar erfolgreicher und differenzierter die mechanistische Routine in der Medizin vorangetrieben wird. Die wachsende Not der Krankheiten, die sich als körperliches Geschehen darbieten und dennoch offensichtlich nicht rein somatisch zu verstehen sind, zwingt seit Jahrzehnten zu einem Umdenken auch der gegenwärtigen Medizin und ruft Wahrheiten in Erinnerung, die zuerst von den göttlichen Ärzten, von den Schamanen und Priestern, zu einer Zeit entdeckt wurden, in welcher Körper und Seele, Geist und Gefühl, Heilung und Heiligung noch eine Einheit bildeten. Die scheinbar so verächtliche Vergangenheit erscheint damit immer mehr als ein Ziel der Zukunft; denn was gäben wir darum, könnten wir jemals wieder zu dieser Einheit von Arzt und Priester, von heilender und heiligender Mittlerschaft göttlicher Mächte gelangen, die in der Gestalt der Schamanen und Wunderheiler gegenwärtig war!

Auch in dieser Frage gilt es, eine grundsätzliche Wahl zu treffen. Entweder hat

[2] St. Zweig: Heilung durch den Geist, 8–10.

S. Freud[3] recht und es ist wirklich die Hoffnung darin zu setzen, daß die Tiefenpsychologie eines Tages durch eine verbesserte Kenntnis der Biochemie abgelöst wird – dann sind seelische und geistige Krankheiten nichts anderes als (erst teilweise bekannte) Stoffwechselstörungen des Gehirns – oder man sollte gerade umgekehrt hoffen, daß die Tiefenpsychologie ihren Dienst erst erfüllt hat, wenn sie sich eines Tages in die Form einer vertieften Religiosität aufzuheben vermag. Eine Exegese, welche die Wirklichkeit der Wunderheilung, der Heilung durch den Geist, nicht verbindlich und mitvollziehbar auszulegen imstande ist, droht nicht nur den Glauben in ein bloßes Lippenbekenntnis tradierter Bekenntnisformeln ohne Erfahrung und Inhalt zu verwandeln – sie verweigert zugleich an entscheidender Stelle die Mitarbeit an einer der wichtigsten Fragen der Zeit: wie wir den praktischen und (mindestens) methodischen Atheismus und Materialismus im Umgang mit menschlicher Krankheit und Not überwinden können[4].

Freilich ist es nicht möglich, einfachhin in eine vorwissenschaftliche Denkweise zurückzufallen und auf direktem Wege, wie es z.B. die Christian Science-Bewegung oder manche Kreise der charismatischen Bewegung[5] versuchen, zur Praxis der Wunderheilung durch Gebet und Handauflegung zurückzukehren. *Wir* würden auf einem solchen Weg mit Sicherheit nicht zu gläubigen Menschen, sondern zu dem, was wir den «Primitiven» zu Unrecht immer neu vorwerfen:

[3] S. Freud: Psychoanalyse und Telepathie (1921), Werke XVII 29 z.B. sprach programmatisch von dem «blendenden Glanz einer lückenlosen Theorie», der in der «exakten Wissenschaftlichkeit» der Naturwissenschaft herrsche. «Die Analytiker», schrieb er, «sind im Grunde unverbesserliche Mechanisten und Materialisten, auch wenn sie sich hüten wollen, das Seelische und Geistige seiner noch unerkannten Eigentümlichkeit zu berauben.» A. Maeder: Persönliche Erinnerungen an Freud und retrospektive Besinnung, in: Der Psychotherapeut als Partner, 79–84 schildert aus persönlichen Eindrücken von hoher Betroffenheit, wie im ersten Prospekt für die Zeitschrift «Imago» von 1912 die Psychoanalyse von H. Sachs und O. Rank offen als Religionsersatz empfohlen wurde, ohne daß Freud diesen Darlegungen entgegentrat; selbst wenn Freud 1928 in einem Gespräch mit R. Laforge sein Buch *«Die Zukunft einer Illusion»* als «das Buch eines alternden Mannes» und für sein «schlechtestes Buch» erklärte, so blieb Freud doch bei seiner positivistisch-materialistischen Grundeinstellung stehen, im Unterschied zu O. Rank, dessen Schüler in seinem Auftrag eine Zeitschrift und ein Institut gründeten, um die Psychotherapie als religiösen Prozeß verstehbar zu machen; vgl. A. Maeder: Mein Weg von der Psychoanalyse zur Synthese, in: Der Psychotherapeut als Partner, 92.

[4] Zur Christian-Science-Bewegung vgl. St. Zweig: Heilung durch den Geist, 204–227, der resümiert: «seit Elisabeth von England und Katharina von Rußland hat keine Frau ähnlichen Triumph über die Welt erfochten, keine ein so sichtbares Monument ihrer Herrschaft auf Erden errichtet wie Mary Baker-Eddy, diese Königin durch ihren Willen, diese Herrscherin im eigenen Reiche und aus eigener Kraft.» (S. 227)

[5] Vgl. H. Mühlen: Die Erneuerung des christlichen Glaubens, 234–250, der bei aller theologischen Reflexion *psychologisch* über die subjektiven Voraussetzungen nicht nachdenkt, unter denen die «Charismen» der «Prophetie», der «Heilung» und der «Glossolalie» zustande kommen; die Folge dieser Unterlassung besteht darin, alle möglichen *im Moment* als positiv erlebten Reaktionen und Widerfahrnisse als vom Heiligen Geist gewirkt zu erklären; die Dialektik des Unbewußten und die Vielschichtigkeit der Psychodynamik wird mit einer solchen Vereinfachung in unzulässiger Weise ignoriert, und die Gefahr eines gutgemeinten frommen Terrors ist damit nicht mehr auszuschließen. Speziell zur «Gabe» der *Glossolalie*, die in der charismatischen Bewegung eine große Rolle spielt, empfiehlt sich nach wie vor die Lektüre von O. Pfister: Die psychologi-

zu Magiern. Tatsächlich verfügen wir weder über eine psychische Konstitution noch über ein Weltbild, um jene Dichte des Erlebens und der inneren Einheit unmittelbar zu erfahren oder zu verstehen, die in den Wundererzählungen der Antike sowie zahlreicher Naturvölker ihren Niederschlag gefunden hat. Das einzige, was wir sinnvollerweise tun können, besteht deshalb zunächst wohl lediglich darin, daß wir jene uns fremd gewordenen Erfahrungen als reale Gegebenheiten anerkennen und uns der Notwendigkeit stellen, die Methoden und Kategorien unseres eigenen Denkens soweit zu verändern und zu erweitern, daß sie zum Verständnis der Wunderheilungen tauglich werden. Es hilft nichts, die Wundererzählungen als Zumutungen an das naturwissenschaftliche Weltbild unserer Tage schlechtweg zu leugnen, oder aber in den Wunderberichten (der Bibel) bloße Tendenzgeschichten zur Verkündigung eines bestimmten, theologisch festgelegten «Glaubens» zu erkennen; es geht vielmehr darum, unser eigenes Denken und Fühlen soweit in Frage zu stellen, daß uns die Möglichkeiten und Erfahrungen der Wunderheilungen wieder von innen her zugänglich werden. Zu diesem Zweck aber müssen wir zu einem Welt- und Menschenbild zurückfinden, das die *cartesianische* Entgegensetzung von Subjekt und Objekt, Denken und Gefühl, Geist und Körper, Gott und Welt endgültig hinter sich läßt und eine einheitlichere Sicht des Menschen und der Welt ermöglicht.[6]

Gott sei Dank stellt es keine reine Pionierarbeit dar, diese Aufgabe in Angriff zu nehmen. Im wesentlichen brauchen wir nur dem Weg zu folgen, der in den letzten 80 Jahren unter dem Druck ärztlicher Notwendigkeit eingeschlagen wurde, um Krankheiten zu heilen, die im Rahmen eines rein biologischen Denkens weder verstehbar noch heilbar sind, die sich dem Verständnis aber sehr wohl erschließen, wenn man den Standpunkt der rationalistischen Bewußtseinseinseitigkeit des DESCARTES verläßt und im Menschen mehr zur Kenntnis nimmt als einen nach Naturgesetzen arbeitenden Körper und einen in Naturgesetzen denkenden Verstand. Was bereits die Antike in wesentlichem Einvernehmen mit der Religion der Schamanen wußte: daß ein vertrauensvolles Träumen,

sche Enträtselung der religiösen Glossolalie und der automatischen Kryptographie, in: Jahrbuch für psychoanalytische und psychopathologische Forschungen, III. Bd., 443–466, der vier Zungenreden nach den Gesetzen FREUDscher Traumpsychologie analysiert und (S. 783–786) von daher auch zur Glossolalie des PAULUS Stellung nimmt. Er resümiert: «Die biologische Bedeutung der Zungenrede . . .liegt wie beim Traum und neurotischen Symptom darin, daß den in der Wirklichkeit unbefriedigten Ansprüchen der Seele im Reiche der Phantasie Befriedigung geschaffen wird. Darum ist der Sinn jeder Glossolalie eine Wunscherfüllung im Sinne Freuds» (782), wobei das Material fast immer der Kindheit entstammt und der Anlaß in einer bestimmten suggestiven Beeinflussung seitens der Umgebung zu sehen ist.

[6] Vgl. die sehr berechtigte Kritik bei F. CAPRA: Wendezeit, 191–199, der die starke Beeinflussung des FREUDschen Denkens durch die NEWTONsche Mechanik nachweist (S. 195) und gerade von der Physik her zum Paradigmenwechsel des gesamten CARTESIANISCHEN Weltbildes auffordert – eine Forderung, die gerade von der Theologie getragen und begründet werden könnte und müßte, aber eben dort noch so gut wie ungehört verhallt.

Sprechen, Musizieren und ein harmonisches Erleben der gesamten Wirklichkeit in sich selber heilsam ist, wird inzwischen gerade unter dem Einfluß der Tiefenpsychologie wieder mehr und mehr zugegeben und bestätigt. Wir brauchen daher im Grunde nur die Einsichten vor allem der Psychoanalyse über die seelischen Ursachen und Behandlungsmöglichkeiten zahlreicher Krankheitsformen aufzugreifen und aufzuarbeiten, um in dem Erbe alter Schamanenweisheit zu einem angemessenen Verständnis auch der (biblischen oder antiken) Wundererzählungen zu gelangen.

a) Das psychoanalytische Verfahren der Traumheilung im Vergleich zur schamanistischen Praxis

Es zählt inzwischen zu den Merkwürdigkeiten der Medizingeschichte, daß ein so wichtiges Heilverfahren wie die Traumbehandlung, das bei allen Völkern der Antike und noch heute bei den Naturvölkern in höchstem Ansehen steht, für unsere Zeit wie von neuem, nachdem es für zwei Jahrtausende immer mehr in Vergessenheit geraten war, noch einmal entdeckt werden mußte. Die Wiederentdeckung der therapeutischen Funktion des Traumes ist unauflöslich an den Namen S. FREUD gebunden, und die psychoanalytische Methode, die aus der Traumbehandlung hervorging, ist in der Tat am besten geeignet, um das Phänomen der Wunderheilungen dem neuzeitlichen Denken begreifbar zu machen[1]. Allerdings ist es wiederum für unsere Zeit ebenso charakteristisch wie konsequent, daß die Wiederentdeckung der Traumheilungen, die ursprünglich ein ganz und gar religiöses Verfahren bildeten, in den Theoriebildungen der Psychoanalyse zunächst durchaus nicht zu einer Vertiefung und Bereicherung der bestehenden Religion geführt hat, sondern ganz im Gegenteil von FREUD und seinen Schülern als ein Argument gegen jede Art von Religion geltend gemacht wurde[2]. Die innere Auszehrung, die Seelenlosigkeit, ja die blanke Oberflächlichkeit der bestehenden abendländischen Religiosität konnte nur schwerlich krasser und eindeutiger zu Tage treten als dadurch, daß eine aufmerksamere Betrachtung der Träume als erstes Resultat nicht zeigte, wie sehr die Religion in den Tiefenschichten der menschlichen Psyche verankert ist, sondern gerade umgekehrt: wie verlogen, krankhaft und künstlich aufgesetzt die religiösen Inhalte im abendländischen Kulturkreis aus der Perspektive des Unbewußten erscheinen müssen. Nach Jahrtausenden der Feindschaft gegen Gefühl, Affekt und Körper im Namen der bestehenden Religion[3] erschien es jetzt geradezu als

[1] Vgl. Tiefenpsychologie und Exegese, I 129–132.

[2] S.o.S. 191, Anm. 3.

[3] Vgl. E. DREWERMANN: Der Krieg und das Christentum, 242–251.

eine Pflicht therapeutischer Wahrhaftigkeit und ärztlichen Mitleids, gegen die (bestehende Form von) Religion aufzustehen und ihr vorzuwerfen, daß sie unter dem Anschein und mit dem Versprechen, zu heilen, de facto ein System zur Erzeugung von Krankheiten aller Art darstelle. War schon die Entdeckung der gefühlsmäßigen Grundlagen des Religiösen bei L. FEUERBACH zu einer Analyse menschlicher Selbstentfremdung gediehen (vgl. I 69), so wurde diese philosophische Einsicht jetzt von medizinisch-praktischer Bedeutung und gewann dadurch eine Relevanz, die ihr als spekulatives Theorem allein niemals zugekommen wäre.

Auf diesem Hintergrund scheint es nicht zu viel behauptet, wenn wir sagen, daß ein rechtes Verständnis der Wundererzählungen, weit entfernt, von nur historischem Interesse zu sein, das Kern- und Probierstück religiöser Selbstauslegung überhaupt darstellt. Am Verständnis der Wundererzählungen entscheidet sich nicht nur, inwieweit Arzt und Seelsorger, Mediziner und Theologe wieder zueinander finden – es hängt davon auch ab, inwieweit die psychische Zerrissenheit des neuzeitlichen Menschen selbst ein Ende finden kann[4].

Die eigentliche Bedeutung der FREUD*schen* Wiederentdeckung des Traumes liegt zweifellos darin, dem Unbewußten des Menschen seine Anerkennung zurückgegeben zu haben.

Wie man weiß, entstand die FREUD*sche* Traumbehandlung aus einer Verlegenheit. FREUD hatte bei CHARCOT in Paris die damals viel beachtete Hypnosebehandlung kennengelernt, die dem Thema der Hysterie allererst «seine Würde» zurückgab[5], und er hatte dabei gesehen, daß es eine Reihe von anscheinend körperlichen Störungen gab, bes. Lähmungen aller Art, die überraschend während der Hypnose verschwanden, ja, sich sogar in Hypnose erzeugen ließen, und die von daher sicher keine organische Ursache haben konnten. Es mußte also psychische Kräfte geben, die unterhalb der Schwelle des Bewußtseins das Körpergeschehen so beeinflußten, daß es in seinen Funktionen verändert oder gestört werden konnte; da diese Kräfte in hypnotischem Zustand offenbar nicht wirksam waren und sich nur im bewußten Erleben geltend machten, folgerte

[4] Sehr schön hat A. MAEDER: Der mythische Heilbringer und der Arzt, in: Der Psychotherapeut als Partner, 24–27 auf den überpersönlichen Aspekt des Übertragungsproblems hingewiesen, indem u. U. der Patient das Bild des Heilbringers auf den Therapeuten projiziert. «Wenn ein gewisser Grad von Verzweiflung erreicht worden ist, so kann es bei manchen zu einer *Reaktion* kommen, als ob aus der Tiefe ein *Schrei nach Hilfe* aufstiege ... Dieser Schrei ruft nicht nach einem Arzt, sondern nach einem *Heiler*. Es handelt sich ... um etwas Emotionales, Elementares, das einen religiösen Charakter auch bei Zweiflern bekommt.» «Die ärztliche Autorität ist ... etwas anderes, als was solche Kranken verlangen; sie wäre ihnen zu rational, zu nüchtern, denn sie sehnen sich nach der magnetischen Anziehung des Mana-Geladenen» (24–25). Sehr kommt es nach MAEDER darauf an, die heilsame Kraft des Urbildes des Heilbringers anzuerkennen, ohne sich selbst als Arzt in der eigenen Person mit dieser Gestalt zu identifizieren.

[5] S. FREUD: Charcot, I 30; vgl. E. JONES: Das Leben und Werk von Sigmund Freud, I 222–227; 248–253; 271–272; 276–280; 293–294.

Freud – gegen Charcots Lehre von den erblichen Ursachen –, es müsse sich um Störungen handeln, die durch einen Abwehrvorgang, durch eine *Spaltung der Psyche* zustande kämen: bestimmte Vorstellungen, Regungen, Wünsche, Affekte sollten offenbar vom Bewußtsein ferngehalten werden; die funktionalen Störungen müßten dann als die Folgen dieses unbewußten psychischen Abwehrvorgangs verstanden werden, und dementsprechend sprach Freud von «Abwehrneuropsychosen», in denen die abgewehrte unerträgliche «Erregungssumme ins Körperliche umgesetzt» werde[6]. Für diesen Vorgang selbst schlug Freud den Ausdruck *«Konversion»* vor.

Im Grunde war damit eine Einsicht gewonnen, die bereits den Kern der gesamten späteren psychosomatischen Medizin enthielt, allerdings praktisch noch sehr wenig genutzt werden konnte. Zum einen konnten mit Hilfe der Hypnose zwar gewisse langjährige Lähmungen, hysterische Leiden u.a., für die Dauer der Hypnose aufgehoben werden; aber Freud selbst erwies sich, anders als Charcot, als ein miserabler Hypnotiseur, und er mußte außerdem erkennen, daß die Krankheitssymptome nach Auflösung des hypnotischen Zustandes alsbald zurückkehrten; zum anderen schaltete die Hypnose zwar die Kräfte der unbewußten Abwehr augenscheinlich aus, aber sie trug nicht dazu bei, die Gründe der Abwehr selbst aufzuspüren und bewußt zu machen. Und eben dies brachte Freud auf die Idee der Traumbehandlung: Der Traum war ja eine Erinnerung an den Zustand der freiwilligen «Hypnose» des Schlafes; sein Inhalt eröffnete den Zugang zu der verborgenen Erlebniswelt, die allem Anschein nach über Gesundheit und Krankheit entschied und in der jedenfalls die Ursachen für mancherlei unerklärbare Formen der Neuropsychose liegen mußten; vom Traum her also mußte ein Zugang zu den seelischen Krankheitsursachen – etwa der hysterischen Konversion – gesucht werden.

Es spricht für Freuds Genie, daß er diesen eigentlich äußerst naheliegenden und äußerst einfachen Gedanken mit aller Konsequenz weiterverfolgt und unbeirrbar gegen alle Widerstände durchgehalten hat. Um sich der Botschaft der Träume zu nähern, erfand er vor allem die Technik des Weiterträumens im halbwachen Zustand, das *Verfahren der freien Assoziation*. Implizit machte Freud damit eine Voraussetzung, die die Medizin seiner Zeit durchaus nicht anerkennen mochte: daß die Seele ein Organ sei, das sich nach bestimmten Gesetzen selber zu steuern vermöge. Diese Arbeitshypothese oder besser: dieses Vertrauen indessen brachte Freud fortan in die Behandlung mit, daß in der Seele des Kranken eine Wahrheit lebe, die sich in seinen Träumen mitteile, und er glaubte, wie die Ärzte des Asklepios, man müsse diese Traumbotschaft nur möglichst unverfälscht zum Bewußtsein bringen, um einen Prozeß seelischer Heilung in die Wege zu leiten. Das Verfahren der Traumanalyse, das Freud auf

[6] S. Freud: Die Abwehrneuropsychosen, I 63.

diese Weise schuf und das er in den folgenden Jahrzehnten zur Psychoanalyse ausgestaltete, erwies sich später – gegenüber vielen unkundigen Vorurteilen – als das im Grunde vorsichtigste, am wenigsten direktive und am meisten zurückhaltene Verfahren, das sich in der Psychotherapie nur denken läßt. Es stellte einen zwanglosen, aber höchst wirksamen Versuch dar, möglichst unverfälscht und objektiv, mit «gleichmäßig schwebender Aufmerksamkeit»[7], die Träume und Traumeinfälle des Patienten zu begleiten und durchzuarbeiten, ähnlich wie die Priester in Epidauros die Kranken aufforderten, ihre Träume mitzuteilen und aufzeichnen zu lassen.

Desgleichen fand FREUD, daß es letztlich stets ein und derselbe Faktor sei, der die Abspaltungen der seelischen Inhalte vom Bewußtsein, mithin die «Verdrängung», bewirke: *die Angst.* Anfangs glaubte FREUD, daß die Angst sich erst aus der Verdrängung bestimmter Antriebe und Affekte ergebe, und er sah dabei vollkommen richtig, daß die verdrängten Inhalte des Unbewußten in der Tat eine ständige Quelle der Angst bildeten; aber der umgekehrte Schluß ergab sich noch viel mehr: daß die Angst selbst es sei, die gewisse Verdrängungen erzwinge[8].

Wir brauchen an dieser Stelle nicht die (vorwiegend gesellschaftlichen) Gründe zu erörtern, die FREUD glauben ließen, daß hauptsächlich *sexuelle* Triebenergien eine solche Angst auslösten, daß sie aus Angst der Verdrängung anheimfielen, um hernach vom Unbewußten aus das Ich von neuem immer wieder mit (neurotischer Trieb-)Angst zu überziehen[9]. Es genügt, die weit entscheidendere Entdeckung gebührend herauszustellen, daß die Heilung von einer körperlich-seelischen Erkrankung in der Psychoanalyse identisch ist mit der Überwindung von Angst, oder, was dasselbe ist, mit einem Anwachsen von Vertrauen.

FREUD selber hat solche Begriffe wie Vertrauen und Wahrheit in seiner an naturwissenschaftlichen Kategorien orientierten Terminologie geradezu peinlich gemieden; aber der Sache nach hat er den Faktor des Vertrauens bei der Analyse vor allem der *Übertragung* ständig vorausgesetzt. Im Verlaufe einer jeden psychoanalytischen Behandlung, wie FREUD sie entwickelte, wendet sich der Patient an den Arzt mit Ängsten und Erwartungen, die, je länger, je mehr, gerade diejenigen Einstellungen *wiederholen*, die der Patient als Kind seinen Eltern entgegenbrachte. Es ist dabei nicht so, als ob der Therapeut die Ängste und Erwartungen seines Patienten von sich her begründen oder auslösen wollte; er rückt nur während der Behandlung mehr und mehr in die Rolle ein, die seiner-

[7] S. FREUD: Psychoanalyse und Libidotheorie, XIII 215; vgl. E. DREWERMANN: Von der Notwendigkeit und Form der Konfrontationstechnik in der gesprächspsychotherapeutischen Beratung, in: Psychoanalyse und Moraltheologie, II 229, Anm. 8.

[8] Zur Darstellung und Entwicklung der FREUDschen Angsttheorie vgl. E. DREWERMANN: Strukturen des Bösen, II 153–155.

[9] Zur Trieblehre FREUDS und zur Abwandlung der Triebtheorie vgl. E. DREWERMANN: Strukturen des Bösen, II 179–181.

zeit Vater und Mutter für den Patienten gespielt haben. Gleichwohl ist bereits dieser Vorgang der Übertragung selbst ein Zeichen wachsenden Vertrauens; denn der Patient würde es sich niemals gestatten, so weit in die unbewußten Erinnerungen und Verhaltensweisen seiner Kindheit zurückzutauchen, wenn er sich nicht in der Gegenwart des Therapeuten genügend akzeptiert und gesichert fühlen könnte[10]. Freilich ist sich der Therapeut und wird sich der Patient während der Dauer der Behandlung wohl bewußt, daß der Grund des Vertrauens nicht eigentlich im Therapeuten liegt; dieser selbst bringt im Gegenteil von sich her die Überzeugung mit, daß der Patient selbst allen Vertrauens wert ist, indem die ganze Wahrheit und alle Kräfte zu seiner Heilung bereits in ihm selber liegen und nur aus Anlaß des therapeutischen Gespräches wirksam freigesetzt werden müssen; desgleichen merkt auch der Patient immer mehr, daß es nicht so sehr der Therapeut ist, dem er seine Heilung verdankt, sondern im Grunde er selbst, nur wiederum nicht so, als wenn er es als seine Leistung betrachten könnte, gesund zu werden, sondern so, daß er zusammen mit dem Therapeuten ein gemeinsames Vertrauen in die verborgene Richtigkeit der spontanen Regungen seiner Seele einübt und sich mehr und mehr von dem leiten läßt, was er in sich selbst an unbewußter Führung wahrzunehmen vermag.

Auf diese Weise gleicht die therapeutische Behandlung der inneren Einstellung nach aufs Haar dem «schönen Gespräch» des SOKRATES (s.o.S. 162), wofern man von der rational-reflektierenden Form der *platonischen* Dialoge einmal absieht. Denn auch SOKRATES selbst glaubte sich letztlich allein gegenüber seinem *Daimonion*, gegenüber der inneren Stimme des Göttlichen im eigenen Herzen, verpflichtet, und zwar, wenn nötig, gegen die Meinung sogar der gesamten Bürgerschaft Athens[11]; und umgekehrt glaubte SOKRATES daran, daß es auch im anderen ein verborgenes Wissen um das Wahre und Gute gebe, das man nur bewußt machen müsse, um Geist und Körper auf den rechten Weg zu lenken. Sich selber verstand der griechische Weise dabei nur als Anlaß, nicht als Ursache, um diese Wahrheit zu entdecken, und so pflegte er nach manch einem Gespräch die manchmal angebotene Bezahlung zu verweigern, weil doch, recht verstanden, der Gesprächspartner im Grunde alles sich selber bzw. dem Gotte, nicht aber dem unwissenden SOKRATES verdanke[12]. Ganz entsprechend geht auch die Haltung des therapeutischen Gesprächs letztlich von einem wechselseitigen Vertrauen in die Wahrheit der Person des anderen aus, und sie berührt damit, ob sie es will oder nicht, den Erfahrungsraum des Religiösen. Denn:

[10] Zur *Übertragung* im Heilverfahren vgl. E. DREWERMANN: Strukturen des Bösen, II 577–586; DERS.: Ehe – tiefenpsychologische Erkenntnisse für Dogmatik und Moraltheologie, in: Psychoanalyse und Moraltheologie, II 43–61.

[11] Vgl. zur Auffassung des *Sokrates* die Darstellung bei G. W. F. HEGEL: Philosophie der Geschichte, 375–380.

[12] Bes. S. KIERKEGAARD: Philosophische Brocken, 12–15 nannte es den «sokratischen Ausgangspunkt», die Wahrheit als im anderen gegenwärtig vorauszusetzen und damit den zeitlichen Ausgangspunkt ihrer Entdekkung als unwesentlich zu setzen.

«Da die wirklichen Menschen ... begrenzt, unvollkommen, sogar schlecht sind, ist eine (therapeutische, d. V.) Haltung ... eigentlich nur von dem zu erbringen, der den anderen nicht nur als solchen liebt, sondern in ihm einen Abglanz dessen zu sehen vermag, der wirklich vollkommen liebenswert ist, der sich umgekehrt auch von dieser hinter dem anderen und hinter ihm selbst stehenden Instanz angenommen und getragen weiß.»[13] Ohne eine solche Gemeinsamkeit des Vertrauens in eine vorgängige Wahrheit und Güte, die das eigene Ich ebenso wie die Person des anderen umgreift, wird ein Therapeut sich weder auf ein «schönes Gespräch» dieser Art wirklich einlassen noch wird er in den anderen, womöglich gegen dessen eigene Angst, so viel an Vertrauen setzen, wie es regelmäßig kostet, um den anderen zu einem eigenen Leben hinzuführen. Was das «schöne Gespräch» der Psychotherapie von den Dialogen des SOKRATES unterscheidet, ist nicht dieses im Grunde religiöse Vertrauen in die Wahrheit und Wesensschönheit der inneren Gestalt eines Menschen, sondern allein die rationalistische Überzeugung des SOKRATES, daß die Verwirrungen des menschlichen Lebens nur als eine mangelnde Ordnung des Denkens zu verstehen seien, der man mit logischer Stringenz und kritischer Prüfung der scheinbar selbstverständlichen Unwahrheiten des Alltagspragmatismus beikommen könne; SOKRATES übersah wesentlich *die Angst* und die Hilflosigkeit, mit der ein jeder geradezu ein Bedürfnis hat, sich die Wahrheit über sein Leben vom Halse zu halten, und so konstatierte er ein philosophisch-moralisches Problem, wo es sich in Wahrheit, ganz entsprechend zu den Erfahrungen der alten Wunderheiler, um ein eminent religiös-existentielles Problem handelt: die Überwindung der menschlichen Angst durch ein neues Vertrauen zu dem Hintergrund des eigenen Daseins und damit zu sich selber – eine Frage, die nur mit dem Einsatz der ganzen eigenen Person gelöst zu werden vermag[14].

Von daher ergibt sich die paradoxe Tatsache, daß die im Erbe FREUDS sich so atheistisch artikulierende Psychoanalyse in dem Verfahren der Traumheilung und in der wechselseitigen Übertragung zwischen Therapeut und Klient *de facto* in eine Sphäre der Heilung zurückführt, die seit ihren Anfängen, seit der Zeit der Schamanen, der Wunderheiler und der göttlichen Ärzte der Antike, stets nur religiös begriffen wurde und letztlich auch nur religiös begriffen werden kann. *Der Arzt*, der heilt, ist wesenhaft *Priester*, Mittler zwischen dem Leben eines Menschen und der gütigen Kraft, die es trägt; der *Priester* umgekehrt ist als ein Glaubender ein *Arzt*, ein Mensch, der durch das Stück Vertrauen, das er selber lebt, Angst überwindet und im Segen Gottes heilt. Die *Trennung* von Arzt und

[13] J. SCHWERMER: Das helfende Gespräch in der Seelsorge, 17; vgl. D. STOLLBERG: Therapeutische Seelsorge, 158, der vom anderen Ende her formuliert: Seelsorge kommt «gerade dadurch zustande, daß eschatologisch bestimmter Glaube und empirisch-natürliche Vorfindlichkeit des Menschen zusammentreffen.»

[14] Vgl. E. DREWERMANN: Strukturen des Bösen, III, Vorrede zur 2. Aufl.: Das Ende des ethischen Optimismus, S. LXIX-LXXXIV; 539.

Priester hingegen, die in der Neuzeit durch die Aufspaltung von Subjekt und Objekt, Geist und Körper, Denken und Gefühl, Bewußtsein und Unbewußtem notwendig wurde, kann nur eine seelenlose Medizin und eine körperlose, schemenhafte Seelsorge erzeugen, und der Atheismus der heutigen Psychoanalyse hat darin zweifellos Berechtigung und Wahrheit, daß er die Lüge einer Religion dokumentiert, die von dem Menschen nur das Reststück seiner rationalen Seelenkräfte ernstnimmt und auch diese noch in rein moralischer Zensur zu regeln und zu verwalten sucht. Auf der anderen Seite hätte auch die Psychoanalyse inzwischen Grund, ihre antireligiöse Polemik aufzugeben und gemeinsam mit der Theologie das gemeinsame Erbe als verpflichtend und bindend anzuerkennen, dem Seelenheilkunde wie Seelsorge gleichermaßen entstammen: die ebenso religiöse wie therapeutische Weisheit der Schamanen und Priesterärzte von der Einheit des Menschen mit sich selbst, mit der ihn umgebenden Natur und mit dem «Großen Geheimnis», das in den Träumen von der Schönheit der menschlichen Seele sich nicht weniger großartig ausspricht als in der traumhaften Schönheit aller Dinge.

Tatsächlich kann man das psychologische Wissen der Schamanen, das diese sich in Ausübung ihrer «animistischen» Religion erwarben, kaum hoch genug veranschlagen, und gerade ihr Glaube an die Seelenverwandtschaft aller Lebewesen ersparte ihnen die unselige Feindschaft von Vernunft und Trieb, von Sittlichkeit und Sinnlichkeit, von Kultur und Natur, die sich zur Hauptursache der abendländischen, vom Christentum geprägten Neurotizismen entwickeln sollte. Ihr Verfahren der Heilung war schon von den Voraussetzungen her weit kenntnisreicher und wirksamer, als es die relativ künstliche, in SCHILLER*schem* Sinne «sentimentalische Dichtung» auch des psychoanalytischen Nachträumens jemals sein kann[15]. «Jeder angesehene Schamane», schreibt sehr zu Recht I. LISSNER, «ist ein großer Menschenkenner und ein ungewöhnlich begabter Psychologe. Nach meinen Erfahrungen ist der tungusische Schamane in dieser Beziehung unseren Ärzten weit überlegen. In der klinischen Behandlung, als Spezialist, ist er natürlich dem westlichen Arzt niemals gewachsen. Aber der Schamane ist ein glänzender Beobachter, ein hervorragender Diagnostiker, und er hat vor allem dem gelehrten Westen eines voraus, er kann die großen Hohlräume fehlenden Wissens intuitiv ausfüllen. Seine Patienten haben den festen Willen, ihm gefühlsmäßig zu folgen und sich von ihm beeinflussen zu lassen, während der westliche Arzt die viel schwierigere Aufgabe hat, Skeptiker zu heilen, die noch dazu meist Besserwisser sind. Der Ausdruck ‹Medizinmann› trifft jedenfalls viel eher auf den Typ unserer Ärzte zu als auf die Schamanen, die ja eine geistig-seelische Aufgabe haben.»[16]

[15] F. SCHILLER: Über naive und sentimentalische Dichtung, in: Werke II 678–750.
[16] I. LISSNER: So lebten die Völker der Urzeit, 306.

In der Tat, man gäbe etwas darum, wenn wenigstens in den riesigen *psychiatrischen* Landeskliniken einmal die Seele des Patienten nicht länger wie ein Gespenst behandelt würde, das man wie das letzte Überbleibsel einer noch vorwissenschaftlichen Zeit mit allen Mitteln bekämpfen müßte. Krasser jedenfalls läßt sich der quälende Materialismus unseres Weltbildes nicht erfahren, als wenn ein ganzes Heer von seelisch hochsensiblen Menschen, die meist durch die Gefühllosigkeit und Gefühlsroheit der engsten Angehörigen ihrer Umgebung bis an den Rand der Selbstentfremdung und Selbstzerstörung getrieben wurden, in ihrer Sprachlosigkeit und Ausgeliefertheit auf den bloßen Konsum bestimmter Medikamente reduziert werden, ganz so, als wenn man den furchtbaren Satz von L. FEUERBACH: «Der Mensch ist, was er ißt»[17], zur letzten Gewißheit erheben wollte. In Wahrheit wird mit solchen Verfahren die eigentliche Krankheit, der «Seelenverlust», zugunsten einer bloßen Symptombehandlung ohne innere Beteiligung und gefühlsmäßige Verbundenheit vollständig ignoriert. Die eigentlichen «Medizinmänner» darf man jedenfalls nicht in den Reservaten noch verbliebener Stammeskulturen suchen – man findet sie heute hochbezahlt und hochgeachtet in den hochmechanisierten Menschenfabriken unserer Krankenhäuser fernab von jedem natürlichen Gefühl und jeder erlebnismäßigen Nähe zu der inneren wie äußeren Natur.

Im Kontrast zu der buchstäblichen Unnatur der modernen «Medizin» ist es nicht zuletzt gerade die Naturverbundenheit, die dem Wirken des Schamanen Kräfte verleiht, die dem Menschen der modernen Industriegesellschaft weitge-

[17] L. FEUERBACH: Die Naturwissenschaft und die Revolution (1850), Werke, IV 254, erklärte (in Besprechung von J. MOLESCHOTT: Lehre der Nahrungsmittel): «Alles hängt vom Essen und Trinken ab. Die Verschiedenheit des Wesens ist nur Verschiedenheit der Nahrung ... Das Sein ist eins mit dem Essen; sein heißt essen; was *ist*, *ißt* und wird gegessen.» Freilich verstand FEUERBACH diese Darlegungen nicht als rückhaltlosen Materialismus, eher als einen sensualistischen Monismus. «Wahrheit», schrieb er, «ist weder der Materialismus noch der Idealismus, weder die Physiologie noch die Psychologie; Wahrheit ist nur die *Anthropologie*, Wahrheit nur der Standpunkt der Sinnlichkeit, der Anschauung, denn nur dieser Standpunkt gibt mir *Totalität* und *Individualität*. Weder die Seele denkt und empfindet – ... noch das Hirn denkt und empfindet.- ... Das Äußere setzt das Innere voraus, aber nur in seiner Äußerung verwirklicht sich das Innere. Das Wesen des Lebens ist die Lebensäußerung.» L. FEUERBACH: Wider den Dualismus von Leib und Seele, Fleisch und Geist (1846), IV 179. Tatsächlich erkannte FEUERBACH gerade in der Entgegensetzung von Leib und Seele die Quelle der Krankheit. «Der Schmerz, die ‹Empfindung› überhaupt ist nichts anderes als die laute, sehr verständliche Protestation gegen die Unterscheidung und Trennung von Leib und Seele, Existenz und Wesen» (a.a.O., 185). Und weiter: «Die Verneinung der Sinne ist die Quelle aller Verrücktheit und Bosheit und Krankheit im Menschenleben; die Bejahung der Sinne die Quelle der physischen, moralischen und theoretischen Gesundheit. Die Entsagung, die Resignation, die ‹Selbstverleugnung›, die Abstraktion macht den Menschen finster, verdrießlich, schmutzig, geil, feig, geizig, neidisch, tückisch, boshaft, aber der Sinnengenuß heiter, mutig, nobel, offen, mitteilend, mitfühlend, frei, gut.» (A.a.O., 189) – Zur Zeit FEUERBACHS mochte der *Idealismus* die Anthropologie zum Schaden des Menschen verkürzen; heute geschieht dasselbe eher im Namen eines zumindest methodischen *Materialismus*. – Vgl. sehr zu Recht A. MITSCHERLICH: Krankheit als Konflikt, I 53–73, der (S. 60ff.) vor allem den latenten Materialismus und Monismus der heutigen Psychiatrie mit ihrer Umwandlung von Geisteskrankheiten in Hirnkrankheiten von der psychosomatischen Betrachtungsweise her offenlegt.

hend fehlen. Auch die Psychoanalyse sieht in den Träumen zunächst nur einen Ausdruck der individuellen Biographie und Psychologie; sie ist von sich her nicht imstande, in den Traumbildern selbst ein Abbild des Kosmos[18], ein Spiegelbild der Harmonie des Alls, zu erblicken, wie es die PYTHAGOREER lehrten und die Schamanen wußten. «Ich glaube», fährt I. LISSNER an der soeben zitierten Stelle fort, «daß *nur* Schamanen echte Gedankenleser sind. Ich glaube, daß nur Schamanen fernbehandeln können, durch Träume, durch gesteigerte Erregung, durch Hinlenken der geistigen Schwingungen auf einen bestimmten Menschen. Ich glaube das, weil nur das Leben in der ungebrochenen Natur solche Kräfte ermöglicht und wirken läßt, weil schon die Sonne störend einwirkt, ganz zu schweigen von den toten Seelen elektrischer Glühbirnen.»[19] Die Psychoanalyse bewegt sich nur im Innenraum des Subjekts, und sie muß zufrieden sein, wenn sie dort die Verfälschungen der Angst, die Zwangsimprägnaturen der Gesellschaft und die verinnerlichte Diktatur ihrer Vermittler auf ein lebensfähiges Maß reduzieren kann. Die eigentliche Leistung und Befähigung der schamanistischen Heiltechnik bleibt ihr unter diesen Umständen fremd: den Kranken auf dem Weg der Heilung zum Mittelpunkt der Welt zu führen und ihn die Brüderlichkeit aller Geschöpfe zu lehren. Daß die Lehre von der Wesensverwandtschaft aller Kreaturen von einem höchst religiösen Empfinden inzwischen zu dem Leitsatz einer rein materialistischen Evolutionslehre *gegen* den Glauben der Religion hat geraten können, beweist, wie nichts anderes sonst, die Sinnentleerung unseres Naturverständnisses und die Unnatürlichkeit unserer Art von Religiosität; es zeigt aber auch, wie im Grunde religiös die Entdeckungen der Psychoanalyse über die Triebnatur des Menschen sein könnten und welch eine heilende Kraft sie besitzen würden, gäbe es eine Religion, die, wie die Weisheit der Schamanen, stark genug wäre, die großen Antriebe der menschlichen Psyche in ihren Symbolen und Riten wirksam werden zu lassen.

Um zu verstehen, wie sehr die psychoanalytische Behandlungsmethode ihrem Wesen nach den schamanistischen Heilpraktiken ähnelt, ist es notwendig, beide Verfahren einmal systematisch miteinander zu vergleichen. C. LÉVI-STRAUSS hat in seiner Arbeit *«Die Wirksamkeit der Symbole»* bereits 1949 einen solchen Vergleich zwischen der schamanistischen Heiltechnik und der Psychoanalyse durchgeführt. Folgt man seinen Darlegungen, so besteht das schamanistische Heilverfahren besonders darin, «eine Situation, die zunächst affektiver Natur ist, gedanklich faßbar und Schmerzen, die auszuhalten der Körper sich weigert,

[18] Vgl. z.B. W. MÜLLER: Die heilige Stadt, 93–114, zu der mythischen Einteilung der Welt nach vier Teilen und vier Straßen, die in der Anlage der «heiligen Stadt» nachgestaltet werden; eine derartige Einheitsschau der *Welt* ist aus keiner psychoanalytischen Mythen- oder Trauminterpretation allein zurückzugewinnen. – Zum *Kreisbild der Welt* und seiner *Vierteilung* vgl. auch M. LURKER: Der Kreis als Symbol im Denken, Glauben und künstlerischen Gestalten der Menschheit, 53–80.

[19] I. LISSNER: So lebten die Völker der Urzeit, 306.

für den Geist annehmbar zu machen». Der Kranke, meint Lévi-Strauss, sei an die Gegenwart der guten und bösen Geister gewöhnt, aber er sei nicht bereit, zufällige und willkürliche Schmerzen hinzunehmen, die ein Fremdkörper in seinem System sind, «denen aber der Schamane mit Hilfe des Mythos einen Platz in einem Ganzen zuweist, in dem alles sinnvoll aufeinander abgestimmt ist». Eine solche erklärende Einordnung der Krankheit in bekannte Zusammenhänge versucht wohl auch die moderne Medizin zu geben; aber während der Kranke bei der schamanistischen Deutung gesund wird, vollzieht sich derartiges bei den Kranken nicht, denen man in unseren Krankenhäusern «die Ursachen ihrer Störungen und Ausscheidungen, Mikroben und Viren erklärt hat». Denn «die Beziehung zwischen Mikrobe und Krankheit (ist) dem Denken des Patienten äußerlich: es ist eine Beziehung zwischen Ursache und Wirkung, während die Beziehung zwischen Ungeheuer und Krankheit für dasselbe bewußte und unbewußte Denken eine innere ist: es ist eine Beziehung zwischen Symbol und symbolisiertem Gegenstand oder ... zwischen Signifikant und Signifikat.» Das bedeutet: In der *Sprache* des Schamanen können unformulierte Zustände unmittelbar ausgedrückt werden[20].

Eben deshalb besitzt nach Lévi-Strauss das schamanistische Heilverfahren eine besondere Affinität zur Psychoanalyse. Der Grund: «In beiden Fällen bemüht man sich, Konflikte und Hemmungen ins Bewußtsein zu bringen, die bislang unbewußt geblieben waren ... In beiden Fällen lösen sich die Konflikte und Hemmungen nicht etwa durch die tatsächliche oder behauptete Erkenntnis ..., sondern weil diese Erkenntnis eine spezifische Erfahrung ermöglicht, in deren Verlauf die Konflikte sich in einer Ordnung und auf einer Ebene realisieren, welche ihre freie Entwicklung ermöglicht und zu ihrer Lösung führt. Diese gelebte Erfahrung wird in der Psychoanalyse als *Abreagieren* bezeichnet.» Das gleiche suche der Schamane zu erreichen: auch er suche ein Erlebnis hervorzurufen, durch welches sich die der Kontrolle des Subjekts entzogenen Mechanismen spontan regeln ließen, bis sie schließlich geordnet funktionierten. «Der Schamane hat dieselbe Doppelrolle wie der Psychoanalytiker: in der ersten Rolle – der Psychoanalytiker als Zuhörer, der Schamane als Redner – wird eine unmittelbare Verbindung mit dem Bewußtsein (und eine mittelbare mit dem Unbewußten) des Kranken hergestellt. Das ist die Rolle des eigentlichen Beschwörungsgesanges. Aber der Schamane spricht nicht nur die Beschwörung: er ist auch der Held dieses Gesangs, da er an der Spitze des überirdischen Bataillons der Geister in die bedrohten Organe eindringt und die gefangene Seele befreit. In diesem Sinne wird er wie der Psychoanalytiker zum Objekt der Übertragung, um dann – durch die dem Kranken eingegebenen Vorstellungen – zum tatsächlichen Protagonisten des Konfliktes zu werden, den dieser auf der

[20] C. Lévi-Strauss: Die Wirksamkeit der Symbole, in: Strukturale Anthropologie, 216–217.

Schwelle zwischen der organischen und der psychischen Welt ausficht. Der Neurotiker überwindet einen individuellen Mythos, indem er sich mit einem wirklich vorhandenen Psychoanalytiker konfrontiert; die gebärende Eingeborene (oder ein sonstwie Erkrankter, d. V.) überwindet eine organische Störung, indem sie (oder er, d. V.) sich mit einem zum Mythos gewordenen Schamanen identifiziert.»[21]

Von daher entsprechen das schamanistische Heilverfahren und die psychoanalytische Therapie einander vollkommen, aber durch spiegelbildliche Umkehrung aller Begriffe. «Beide zielen darauf ab, ein Erlebnis hervorzurufen, und beiden gelingt das, indem sie einen Mythos rekonstruieren, den der Kranke erleben oder wiedererleben muß. Aber im einen Falle handelt es sich um einen individuellen Mythos, den der Kranke mit Hilfe von Elementen aus seiner Vergangenheit errichtet, im anderen ist es ein gesellschaftlicher Mythos, den der Knabe von außen empfängt und der keinem früheren persönlichen Zustand entspricht. Zur Vorbereitung der Abreaktion, die damit erst eine ‹Abreaktion› wird, hört der Psychoanalytiker zu, während der Schamane redet. Mehr noch: wenn die Übertragungen stattfinden, bringt der Kranke den Psychoanalytiker zum Sprechen, indem er ihm erwartete Empfindungen und Absichten unterstellt; die Beschwörung dagegen spricht der Schamane für die Kranken.»[22]

Man muß noch hinzunehmen, daß die moderne Psychoanalyse vor allem bei der Behandlung von Schizophrenen auf die Notwendigkeit gestoßen ist, bestimmte Komplexe nicht allein durch Sprechen, sondern vor allem durch symbolische Handlungen anzugehen, durch wahre Riten, deren Botschaft sich unmittelbar an das Unbewußte richtet. «Für die Lösung einer Entwöhnungsstörung z. B. mußte die Psychotherapeutin eine verwirklichte Mutterhaltung einnehmen, nicht auf dem Weg einer getreuen Rekonstruktion der entsprechenden Verhaltensweise, sondern ... durch einzelne Handlungen, die jeweils die Symbolisierung eines Grundelementes jener Situation darstellen: zum Beispiel die Berührung der Wange des Kranken mit der Brust der Psychotherapeutin. Der symbolische Sinngehalt solcher Handlungen ersetzt die Sprache angemessen.»[23] Die Psychoanalyse wie die schamanistische Heiltechnik arbeitet demnach mit rituellen Tätigkeiten, mit Gesten, die ein Echo in dem Geist des Schizophrenen wachrufen, so wie die vom Schamanen wachgerufenen Vorstellungen eine Veränderung der organischen Funktionen bewirken[24].

Psychoanalytische wie schamanistische Heiltechnik stimmen also in allen wesentlichen Punkten überein:

in ihrem Rekurs auf das Unbewußte – bzw. auf die Welt der Geister,

[21] A. a. O., 217–218.
[22] A. a. O., 217.
[23] A. a. O., 220.
[24] A. a. o., 220.

in der Identifikation des Kranken mit dem Therapeuten – bzw. mit dem Schamanen als Gesandtem der Geister,
in der Erzeugung bestimmter Vorstellungen – bzw. im Akt der Beschwörung,
in der Abreaktion der Affekte – bzw. in der Erfahrung eines bestimmten heilenden Erlebnisses
und in der Wiederherstellung der normalen Körperfunktionen.
Beide, die Psychoanalyse wie die schamanistische Technik, arbeiten vor allem mit dem *Mythos*, der die Erfahrungen des Kranken in eine Symbolsprache einordnet, die unmittelbar die Schwelle des Bewußtseins überschreitet. Es gibt dabei nur einen wesentlichen Unterschied: «Bei der Behandlung der Schizophrenie (sc. durch die Psychoanalyse, d. V.) nimmt der Arzt die Handlungen vor, während der Kranke seinen Mythos hervorbringt; beim schamanistischen Heilverfahren stammt der Mythos vom Arzt, während der Kranke handelt.»[25]
Der Ursprung des heilenden Mythos ist im einen Falle individueller Art, im anderen von der kollektiven Tradition übernommen[26]. Aber auch *diesen* Unterschied hält Lévi-Strauss nicht für entscheidend: «Ob der Mythos vom Patienten neu geschaffen oder der Tradition entlehnt wird, in beiden Fällen entnimmt er seinen individuellen oder kollektiven Quellen (zwischen denen ein ständiger Austausch und fortwährende Wechselwirkungen stattfinden) nur das Bildmaterial, das er verarbeitet; die Struktur aber bleibt dieselbe, und durch sie erfüllt sich die symbolische Funktion.»[27] Daraus folgert Lévi-Strauss: «Die *Form* des Mythos ist wichtiger als der *Inhalt* der Erzählung.»[28]
Wenn gesagt wird, die Psychoanalyse basiere auf der Erzeugung eines Mythos, so wird man dem vielleicht entgegenhalten, sie bestehe vielmehr in dem Aufdekken wirklicher traumatisierender Fakten der Vergangenheit. Aber wir sahen früher schon bei der Erörterung der historisierenden Darstellungsweise des Mythos sowie bei dem Vergleich von Mythos und Deckerinnerung (I 350ff.), daß die Historizität der traumatischen Erinnerungen als psychische Realität Geltung besitzt: nicht das äußere Geschehen, sondern die innere Verarbeitung ist entscheidend, und daß etwas zum Trauma werden kann, liegt in der Tat daran, daß bestimmte Situationen «in Form eines erlebten Mythos» erfahren werden[29]. Der private Mythos des Kranken in der Psychoanalyse ebenso wie der kollektive Mythos des Schamanen sind mithin beide auf der «Suche nach der verlorenen Zeit»[30]. In beiden Fällen entstammt der Mythos den Formgesetzen, den Strukturen des Unbewußten, und selbst der Unterschied zwischen der

[25] A.a.O., 221.
[26] A.a.O., 222.
[27] A.a.O., 224.
[28] A.a.O., 224.
[29] A.a.O., 222.
[30] A.a.O., 224–225.

kollektiven und der individuellen Herkunft des therapeutischen Mythos verblaßt; die Gesetze des Unbewußten sind hier wie dort dieselben, und zudem sind auch die Mythen des Stammes, wie wir gesehen haben (I 132ff.), ursprünglich Visionen und Traumreisen, die einem begnadeten Einzelnen zuteil wurden. Allerdings hebt LÉVI-STRAUSS offenbar nicht genügend hervor, daß der Schamane im Ansatz nicht einmal den Mythos des Stammes besitzt, sondern nur sein eigenes Gesicht; denn wohl deutet er sein eigenes Traumerlebnis bereits nach den historisch vorgegebenen Symbolen der Religion seines Stammes, und sein Traum hat für ihn selbst erst Wert und Geltung, wenn er ihn in Form einer rituellen Darstellung dem Stamme mitgeteilt und gewissermaßen objektiviert hat; aber alles, was den Schamanen ausmacht, bleibt doch *sein* Traum und geht zurück auf die Ursprünglichkeit *seiner* Vision (s.u. S. 320ff.).
Selbst der Unterschied zwischen der privaten Mythologie des Patienten in der Psychoanalyse und der kollektiven Mythologie in der schamanistischen Behandlungstechnik reduziert sich von daher auf einen einzigen Punkt: daß der Schamane, der Priester, in einem sozialen Umfeld auftritt, das vom Mythos, von der Religion, wesentlich geprägt ist, während der Analytiker sich auf nichts dergleichen mehr beziehen kann; der Ausfall des Religiösen im kollektiven Bewußtsein reduziert den analytischen Mythos zum Privatereignis, so wie die Rationalität unserer Gesellschaft den seelisch Kranken von vornherein isoliert und umgekehrt durch ihre Feindschaft gegenüber dem Unbewußten die Neurose oder Psychose allererst erzeugt[31]. Zu Recht sagte LÉVI-STRAUSS dazu: «Die moderne Form der schamanischen Technik, die Psychoanalyse, erhält ihren charakteristischen Zug daher, daß in der technischen Zivilisation kein Platz mehr ist für die mythische Zeit, es sei denn im Menschen selbst. Dieser Feststellung kann die Psychoanalyse die Bestätigung ihrer Gültigkeit ebenso wie die Hoffnung entnehmen, ihre theoretischen Grundlagen zu vertiefen und durch eine Gegenüberstellung ihrer Methoden und Ziele mit denen ihrer großen Vorgänger, der Schamanen und Zauberer, die Mechanismen ihrer Wirkungskraft besser zu verstehen.»[32]
Auch die umgekehrte Möglichkeit und Hoffnung ist in dieser Perspektive sichtbar: daß die Psychoanalyse, indem sie in dem sozialen Konsens der Vergangenheit ihre Berechtigung und Richtigkeit bestätigt, zugleich einen neuen sozialen Konsens mit der Welt des Mythos in der Gegenwart wiederherstellt. Die psychoanalytische Behandlungstechnik lebt von den gleichen Erfahrungen und Evidenzen wie die Wunderheilungen der Schamanen und Priesterärzte, sie ist selbst

[31] Das entspricht in umgekehrtem Sinne der These FREUDS von der Religion als einer kollektiven (Zwangs-) Neurose, die es dem Einzelnen erspare, sein privates neurotisches System aufzubauen; S. FREUD: Die Zukunft einer Illusion, XIV 367.
[32] C. LÉVI-STRAUSS: Die Wirksamkeit der Symbole, in: Strukturale Anthropologie, 225; DERS.: Der Zauberer und seine Magie, in: Strukturale Anthropologie, 197–200.

in gewissem Sinne nichts anderes als eine Wiedererinnerung an die heilende Kraft des Mythos, an die bleibende Wahrheit des Religiösen; und nur weil das Religiöse kollektiv nicht mehr existiert oder nur noch in institutionalisierten sozialen Strukturen, die sich weigern, ihre Verwurzelung in den psychischen Strukturen des Unbewußten anzuerkennen, wird aus der Psychoanalyse die Privatreligion einer geistigen Elite gegen die bestehende Form des Religiösen. Die Psychoanalyse hätte ihr Ziel erreicht, wenn sie wieder dort einmünden könnte, wo sie geistig und praktisch ihren Ursprung hat: in der religiösen Dimension der Erfahrung von Sinn und Geborgenheit im Ring der Welt und im Ring der Zeit[33] unter den Händen einer absoluten Güte, die sie nur insoweit setzen und vermitteln kann, als sie sie voraussetzt und selber zu ihr hinfindet.

b) Die Psychosomatik der verdrängten Angst

Bis hierher reicht die Einsicht, daß die Wunderheilungen der Schamanen ebenso wie der Priesterärzte der Antike ihr modernes Pendant in den Heilungen der Psychoanalyse besitzen; und auf dieser Grundlage ist es nun möglich, konkretere Erkenntnisse auch über die Art der Krankheiten zu gewinnen, die von den Schamanen der Stammesreligionen und den Thaumaturgen der Antike geheilt wurden. Denn auf dem Boden der Psychoanalyse ist in Gestalt der Neurosenlehre und psychosomatischen Medizin ein Lehrgebäude erwachsen, das inzwischen über genügend Kategorien verfügt, um gewisse pathogene Wechselwirkungen zwischen körperlichen und seelischen Störungen hinreichend zu beschreiben; mit Hilfe derartiger Kategorien wird es legitim und möglich sein, auch die Wundererzählungen der Bibel (oder anderer Zeugnisse der Religionsgeschichte und Ethnologie) als Typen einer psychoneurotischen und psychosomatischen Kasuistik zu interpretieren.
Natürlich wird man einem solchen Vorgehen von seiten der historisch-kritischen Methode sogleich wieder den alten Einwand entgegenstellen, es werde hier etwas geschichtlich völlig Disparates miteinander verglichen oder unterschiedslos in einen Topf geworfen; die Wunder Jesu seien etwas schlechterdings Inkommensurables, die Gestalt Jesu habe nichts, aber auch gar nichts zu tun mit den Schamanen der «Primitivkulturen», ja, sie sei auch von dem Auftreten der «göttlichen Männer» und Wunderheiler der griechisch-römischen Antike grundverschieden; und überhaupt müsse man sich dagegen verwahren, den Glauben an Jesus Christus mit dem rein menschlichen Vertrauen in einer wie auch immer gearteten Psychotherapie ineins zu setzen. Aber Einwände dieser Art sind im Grunde längst widerlegt.

[33] Vgl. E. Drewermann: Strukturen des Bösen, I[3](erw.) 378–389.

Es geht uns nicht darum, die in der Tat absurde These aufzustellen, Jesus habe in historischem Sinne die PYTHAGOREER, die ORPHIKER oder die Ärzte des ASKLEPIOS nachahmen wollen oder er sei von irgendwelchen Schamanen und Wunderheilern, gleich welcher Herkunft und Kultur, beeinflußt worden; aber es ist sehr wohl möglich und notwendig, das *Wesen* der Wunderheilungen von den Erfahrungen und Praktiken der Priesterärzte und Schamanen her zu verstehen, und dann wird man in der angegebenen Weise leicht bemerken können, daß *jede* Heilung einer Krankheit durch den Geist dieselben Strukturen und Merkmale aufweisen *muß*, die wir bei den indianischen Schamanen genauso angetroffen haben wie bei den thrakischen Priestern des Gottes *Zamolxis* oder wie bei den Schülern des göttlichen PYTHAGORAS oder den Mystagogen des ORPHEUS. Auch und gerade die moderne Psychoanalyse, eben weil sie von der Seele her das Phänomen der Krankheit zu verstehen und zu heilen sucht, kommt nicht umhin, sich derselben Vorstellungen und Techniken zu bedienen, mit denen die Wunderheiler aller Zeiten und Zonen zwischen den Mächten des Göttlichen und der Not eines Menschen zu vermitteln suchten. Auch S. FREUD ist nicht in historischem Sinne von den Schamanen oder PYTHAGOREERN «ableitbar» – seine ethnologischen und kulturgeschichtlichen Kenntnisse waren eher gering und beschränkten sich im wesentlichen auf J. G. FRAZERS *«Goldenen Zweig»*; aber was FREUD versuchte und was er schuf, knüpfte notwendigerweise an Zonen der Erfahrung an, die in unserem Kulturkreis seit Jahrhunderten verleugnet und verloren waren; – nur deshalb bedarf es der Zeugnisse vergangener Zeiten und entlegener Kulturen, um zu verstehen, was wesentlich in einem jeden Menschen schlummert und was erwachen muß, wenn jemand gegen alle Angst sich selbst in der geheimen Botschaft seiner Träume am Mittelpunkt der Erde wiederfinden will. In gleichem Sinne war auch Jesus gewiß weder ein Schamane noch ein Psychoanalytiker; aber um die Wirklichkeit zu verstehen, in der sich Wunder der Heilung zu ereignen vermögen, gibt es für uns heute keinen anderen Zugang, als die Neurosenlehre der Psychoanalyse zum Verständnis der verschiedenen Krankheitssymptome in den Wundererzählungen heranzuziehen und die einzelnen Verfahren der Heilung als symbolische Wege eines langsam reifenden Vertrauens zu deuten.

Nur so entrinnt man den zwei immer wieder auftauchenden Aporien, in welche die historisch-kritische Exegese bei den Wundererzählungen unausweichlich führen muß.

Zum einen hat die historisch-kritische Exegese selbst die Typik auch der biblischen Wundererzählungen, ihre Gemeinsamkeit mit den hellenistischen – und buddhistischen! – Vor- oder Ebenbildern sowie ihre durchaus «profane» Grundeinstellung unzweideutig herausgearbeitet (I 82ff.). Aber sie hat daraus die Folgerung gezogen, daß Jesus *die* Wunder wohl kaum gewirkt haben könne, die in der Bibel berichtet werden; andererseits aber muß Jesus doch wohl gewisse Heilungen und Wunder vollbracht haben, sonst hätte man Erzählungen dieser Art nicht auf ihn übertragen oder von ihm erfinden können. Mit einem Wort: es verhält sich mit den Wundern Jesu in historisch-kritischer Betrachtung wie mit allem «Göttlichen» an seiner Person und in seinem Auftreten: es ist ein «Gegenstand» der Verkündigung und des Glaubens, aber nicht der Historie; aus der lebendigen Wirklichkeit seines Lebens ist ein literarisches «Zeugnis» geworden, und es ist methodisch förmlich untersagt, die überlieferten Berichte nach der Art von verdichteten Träumen zu lesen, die einzig in ihrer «unhistorischen», überzeitlichen Form das Wunder einer Heilung von Krankheit und Not zu beschreiben vermögen. Gegenüber diesen Engführungen der historisch-kritischen Methode werden wir im folgenden versuchen, mit Hilfe der Psychoanalyse hermeneutische Muster zu erarbeiten, die es erlauben, sich in die geschilderten Krankheitsformen und Notlagen ebenso unmittelbar einzufühlen wie in die symbolischen Antworten der vertrauensvollen Heilung vermöge des «Wunders». Am Ende sollte es möglich sein, die Wundererzählungen der Bibel (und anderer religiöser Überlieferungen) wieder so zu lesen, daß sie als Sinn- und Vorbilder auch des eigenen Lebens dienen können.

Dazu gehört jedoch zum zweiten, daß man die Öde der theologischen Abstraktionen entschieden verläßt, mit denen *usque ad nauseam* immer wieder ebenso apodiktisch wie hilflos konstatiert wird, dieses oder jenes Wunder in der Bibel, so historisch fragwürdig auch immer, bezeuge doch den Glauben an die Gottgesandtheit dieses oder jenes Propheten: des Elias, des Elisäus, des Messias Jesus, seiner Jünger o.a. Wir sagten bereits: die Wundererzählungen bezeugen primär nicht einen spezifischen Glauben an einen bestimmten Inhalt oder an eine bestimmte Person, sie dokumentieren die Macht eines allgemein menschlichen Vertrauens gegen die zerstörerische Energie der Angst, und nur mittelbar, um dieses Vertrauen in der eigenen Person zu erwecken und zu konzentrieren, ist die Person des Schamanen, des Priesters oder des Gottesmannes von allerdings entscheidender Bedeutung.

Gerade deshalb aber droht jetzt die Gefahr einer neuen, diesmal psychologischen Abstraktion; denn auch die Entgegensetzung von Angst und Glauben verbleibt an sich noch durchaus im Allgemeinen: ein einziges Beispiel würde genügen, um die Wahrheit zu bestätigen, daß der Glaube *an sich* Angst als solche zu überwinden vermag. Die Konkretion eines jeden Einzelfalles aber widersetzt sich einer Auflösung ins Allgemeine. Jede Not und jede Angst ist individuell; eine jede verlangt nach einer individuellen Antwort, und in jedem Einzelfall steht die Möglichkeit des Vertrauens gegen die Angst von neuem auf dem Spiel; umgekehrt bedeutet jede Heilung für sich in all ihren Details etwas Wunderbares, und es gibt vom schlechthin Wunderbaren keine Verallgemeinerung; das Wunder ist in jedem Einzelfalle ein unableitbares Wagnis und eine unableitbare Erwählung der ganzen Existenz – keinerlei Berufung auf etwas Vergangenes

außerhalb der Situation, in der es geschieht, ist möglich. Insofern haben die Wundererzählungen absolut recht, wenn sie mit der größten Aufmerksamkeit sich den Einzelheiten, den besonderen Details des jeweiligen Geschehens zuwenden und sich eben nicht in die Langeweile bloßer Summarien oder zusammenfassender Querschnittberichte auflösen lassen. Insbesondere den *Sammlungen* von Wundererzählungen, wie eine von ihnen z.B. dem Johannesevangelium als Quelle dient[1], ist offensichtlich gerade an dem Reichtum und der Vielfalt der einzelnen Krankheitsformen und Heilungswege gelegen; *alles* Leid soll in die Sphäre des Göttlichen getragen werden, und so wenig des Leids auf Erden ein Ende sein wird, so wenig kann es eine Grenze für die Vielfalt und den Inhaltsreichtum von Wundererzählungen geben. Möglichst viel des Wunderbaren muß daher berichtet werden; denn eine jede Variante möglicher Krankheit ist wichtig – gerade *ihre* Heilung ist es womöglich, nach der irgendwo auf Erden jemand sich sehnt; und es nutzt nichts, ihn auf eine andere Form von Krankheit oder Heilung zu verweisen, die sich zugetragen hat – es braucht eines Beispiels, das so genau wie nur möglich dem seinigen gleicht, um ihn zu ermuntern, selber sich dem Wagnis des Vertrauens auszusetzen, ungewiß, ob die Vergleichbarkeit der Krankheit sich auch in der Gleichheit ersehnter Heilung durchhält.
Von daher verabscheuen die Wundererzählungen jede Systematisierung, und ihr Bestreben gilt gerade der individuellen Detailtreue. Auf der anderen Seite aber sind die Wundererzählungen nicht individuelle, biographische Schilderungen, sondern durchaus *typische*, beispielhaft gemeinte Berichte, und von daher bedürfen wir gewisser Kategorien, die den Begriff der Angst – und mithin den Begriff des Glaubens – soweit konkretisieren, daß damit ein Verständnis der einzelnen Heilungsformen in ihrer Individualität *und* Typik möglich wird; – nur so gewinnen die Erzählungen von einst eine Aktualität für die Gegenwart.
Das Problem ist hier ähnlich und doch anders als bei den *Mythen*, den *Märchen*, den *Sagen* und *Legenden*. Dort fanden wir den unvergänglichen Grund ihrer ewigen Gültigkeit und ständigen Gegenwärtigkeit in der Archetypik der Bilder und der Typik der Gefühle; in den *Wundererzählungen* jetzt gibt es eine solche Unmittelbarkeit archetypischer Symbolik oder allgemein-menschlicher Gefühle nicht; das in der menschlichen Psyche Gleichbleibende und Verbindende zeigt sich hier nicht in der geistig-sinnlichen Sprache der Symbolik oder bestimmter Gefühlsäußerungen selbst, sondern es tritt nur vermittels einer Projektion der seelischen Inhalte ins Körpergeschehen in Erscheinung. Das «Typische», allgemein Gültige ist hier gebannt in die Symbolik der Körpersprache. Ohne den Vorgang der Projektion seelischer (Angst-) Inhalte in den somatischen Bereich selbst zu verstehen, werden wir daher auch den einzelnen Problemstellungen in den Wundererzählungen interpretativ nicht näher kommen.

[1] Vgl. R. SCHNACKENBURG: Das Johannes-Evangelium, 1. Teil, 51–55.

Zwei Gebiete sind es dabei, die wir untersuchen müssen: die Symbolik der Konversionssymptomatik sowie der Organneurosen und psychosomatischen Erkrankungen im eigentlichen Sinne.

1) Konversionssymptome und die Sprache des Volksmundes

Wir erwähnten soeben bereits den Begriff der *Konversion*, den S. FREUD einführte, um die Verschiebung einer psychischen Erregungssumme ins Körperliche zu bezeichnen; und mit diesem Begriff können wir jetzt wohl am besten den Anfang machen, um vor dem Hintergrund der Alternative von Angst und Vertrauen das psychosomatische Wechselspiel von seelischen und körperlichen Vorgängen in den Krankengeschichten und Heilverfahren der Wundererzählungen zu verstehen.
Bezeichnet man nach FREUD jede Verwandlung seelischer Inhalte in körperliche Symptome als «Konversion», so muß man sich die Art dieser Umwandlung selbst zunächst in unmittelbarer Ähnlichkeit zu der Entstehung der Traumsymbole vorstellen, d.h., die körperlichen Symptome – vor allem in der Hysterie – sind als unbewußtes symbolisches Ausdrucksverhalten zu deuten. Die Notwendigkeit einer solchen indirekten, chiffrierten Selbstmitteilung ergibt sich aus einem unlösbaren Widerspruch: ein bestimmter ursprünglicher Triebwunsch ist stark genug, um noch bis zur Bereitstellung der entsprechenden ausführenden Organe vorzudringen, aber die Zensur (des Überichs) entzieht den Triebwünschen die bewußte Vorstellung; infolgedessen erlebt das Ich (bes. in der Hysterie), daß anfallartig bestimmte Organe, die für gewöhnlich einer bewußten Steuerung unterliegen, sich der Kontrolle entziehen, indem sie entweder sich so verhalten, wie man es nicht will, oder indem sie sich nicht so verhalten, wie man es will. Organe, die von solchen Attacken des Unbewußten heimgesucht werden können, «sind einmal die Muskeln unserer Gliedmaßen ... Sie werden bei der Konversionshysterie von Konvulsionen, Zittern ... oder Lähmungen befallen ... zum anderen unsere Sinnesorgane, die bei unseren Bewegungen orientieren ... Hier gibt es hysterische Blindheit, Taubheit, hysterische Störungen des Tastsinnes usw.» Indem es bestimmte abgewehrte Triebwünsche sind, die in Symptome konvertieren, versteht man, warum von der Konversion fast niemals Organe betroffen werden, deren Tätigkeit dem Willen nicht untersteht und die infolgedessen bei der Durchführung eines Triebwunsches unmittelbar auch nicht infrage kommen. Magen, Leber, Nieren und die anderen inneren Organe sind an der Konversion fast immer unbeteiligt. Die Konversionssymptome beschränken sich also auf das animalische Nervensystem, im Unterschied vom autonomen oder vegetativen Nervensystem, das die inneren Organe versorgt. «Diese Grenzziehung ist in dem Krankheitsbild (sc. der Konversionshysterie,

d. V.) so ausgesprochen, daß auch Muskeln und Sinnesorgane nur soweit von Störungen befallen werden, als sie dem animalischen, also dem willkürlichen Nervensystem unterstehen. Alle anderen Funktionen, z. B. die Ernährung, die Regeneration, die Durchblutung dieser Organe unterstehen dem vegetativen Nervensystem und werden nicht betroffen.»[1]

Manch ein Leser könnte an dieser Stelle vielleicht denken, dies alles sei ja recht interessant, für das Verständnis der «Wundererzählungen» jedoch sei es recht unerheblich. In Wahrheit aber ergeben sich für die Frage nach den Wunderheilungen aus dem Begriff der Konversion jetzt bereits unmittelbar drei wichtige Einsichten.

a) Zum einen wird erstmals verständlich, warum bei den Wunderheilungen die überwiegende Zahl der Fälle sich auf die Heilung von Störungen der Sinnesorgane: von Muskellähmungen, Hautkrankheiten und Störungen im Sexualbereich bezieht; für all diese Erkrankungen darf als wahrscheinlich angenommen werden, daß es sich um echte Konversionssymptome handelt, die auf Verdrängungen basieren und geheilt werden können, sobald die Angst verschwindet, die die Verdrängung erzwingt. Die ständige Frage nach der objektiven Möglichkeit und faktischen Historizität der überlieferten Heilungswunder wird durch diese Feststellung zweifellos sehr entlastet.

b) Der Eindruck des Wunderbaren bei den Wunderheilungen findet eine relativ einfache Erklärung: indem die Organe des vegetativen (autonomen) Nervensystems trotz Lähmung, Tic etc. unbeschadet weiterfunktionieren, bleiben auch die «befallenen Organe selbst nach jahrelang anhaltender Blockierung ihrer Funktion weitgehend intakt ... Sie können nach Beseitigung der seelischen Störung ihre normale Tätigkeit sofort wieder aufnehmen.» Ein jahrelang Gelähmter kann also plötzlich wieder gehen, ein Blinder sehen, ein Tauber hören etc. Hingegen kommt es bei *vegetativen* Funktionsstörungen eines Organs zu tiefgreifenden Störungen, die, wenn überhaupt, nur langsam heilen können, und sich daher für Wunderheilungen nicht eignen[2].

c) Für die *Interpretation* der Wunderheilungen ergibt sich, daß die Krankheits-

[1] TH. VON UEXKÜLL: Grundfragen der psychosomatischen Medizin, 90. – Ein guter allgemeiner Überblick über den Beitrag der Psychoanalyse für die psychosomatische Medizin findet sich bei F. G. PLAUM – S. STEPHANOS: Die klassischen psychoanalytischen Konzepte der Psychosomatik ..., in: Th. v. Uexküll (Hrsg.): Lehrbuch der Psychosomatischen Medizin, 203–216. – Eine äußerst nützliche schematische Übersicht über den Zusammenhang von *Gehemmtheiten* im Antriebserleben und *psychosomatischen* Störungen findet sich bei H. SCHULTZ-HENCKE: Lehrbuch der analytischen Psychotherapie, 124–125.

[2] TH. v. UEXKÜLL: Grundfragen, 90. – Zum Begriff der *Konversion* vgl. F. ALEXANDER: Psychosomatische Medizin, 20–24; O. FENICHEL: Psychoanalytische Neurosenlehre, II 38–40, der das Konversionssyndrom als autoplastische Innervation anstelle einer alloplastischen Handlung betrachtet. Vgl. auch S. STEPHANOS – W. BIEBL – F. G. PLAUM: Die Konversionssyndrome, in: Th. v. Uexküll (Hrsg.): Lehrbuch der Psychosomatischen Medizin, 441–452; W. BRÄUTIGAM: Reaktionen, Neurosen, Abnorme Persönlichkeiten, 114–125, der von der Verhaltensforschung her die elementaren Ausdrucksformen des Bewegungssturms und des Totstellreflexes als Vorbild der Konversionshysterie sieht.

symptome selbst, wofern sie in den Bereich der Konversion fallen, als Ausdrucksgeschehen, mithin symbolisch zu deuten sind.

Diese Regel gilt im übrigen auch für die psychotherapeutische Anamneseerhebung, und der Gedanke ist faszinierend, daß es (erneut) dasselbe Verfahren ist, mit dem man einen Menschen versteht, der sich in und mit seiner Not um Hilfe an uns wendet, und mit dem man die Bibel versteht, wenn sie von den Wundern der Heilung erzählt. Wenn in der Psychotherapie ein Patient seine psychosomatische Erkrankung schildert, wird man von vornherein den größten Wert darauf legen, sich das subjektive Empfinden seiner Symptomatik so genau wie möglich beschreiben zu lassen. Ein äußerst wertvolles Hilfsmittel zum Verständnis des symbolischen Ausdruckswertes einzelner Symptome stellt in diesem Zusammenhang die *Sprache des Volksmundes* dar, die über einen hervorragenden psychologischen Spürsinn, über eine in Jahrtausenden gesammelte tiefe Weisheit und über eine unübertreffliche Fülle praktischer Erfahrung verfügt. Zur Verdeutlichung des Gemeinten lohnt es sich, einmal den ganzen menschlichen Körper in beiden Bereichen, in dem willkürlichen wie autonomen Nervensystem, auf derartige Sprachbilder hin durchzugehen; man wird dann alsbald feststellen, daß es so gut wie kein Organ gibt, das nicht auch symbolisch reagieren könnte, wenngleich der symbolische Gehalt z.B. des Magenulcus oder des Bronchialasthmas natürlich hinter dem somatischen Geschehen selbst stärker zurücktritt, als das bei den reinen Konversionssymptomen der Fall zu sein pflegt. Eine solche *tour d' horizon* psychosomatischer Symbolik und Symptomatik empfiehlt sich auch deshalb, weil nur auf diese Weise ein wirkliches Gespür und Verständnis für die Krankheitsfälle der einzelnen Wundererzählungen zu erreichen ist. Man kann eine einzelne Heilung nur verstehen, wenn es ein Bezugssystem gibt, von dem her sie sich deuten läßt; und so müssen wir uns zunächst von dem unmittelbaren Bedürfnis, die einzelnen Wundererzählungen der Bibel (oder anderer Religionen) zu verstehen, ein Stück weit entfernen und versuchen, eine allgemeine Vorstellung von den symptomatischen Ausdrucksmöglichkeiten des menschlichen Körpers und seiner Organe zu gewinnen, indem wir vor allem *die Sprache* als beste Interpretin des somatischen Symbolismus heranziehen.

Es ist, um die Reihe dem Körper entlang von oben nach unten zu beginnen, ein deutlicher Unterschied, wie jemand bestimmte Schmerzen in den *Augen* oder einen beginnenden *Migräneanfall* schildert: ob er den Schmerz als dumpfen Druck oder als punktförmiges Stechen beschreibt, ob er davon spricht, daß es in seinem Kopf dröhnt, daß es ihm zum Platzen im Kopf ist, oder ob er ein Empfinden hat, wie wenn er vor eine Wand gelaufen wäre. Der Volksmund drückt derartige Körperwahrnehmungen sehr treffend aus, wenn er sagt: «Mir sticht dies oder das ins Auge», um damit auszudrücken, daß man mit seinem «Augenmerk» überkonzentriert auf einen bestimmten noch unerreichbaren oder umgekehrt auf einen nicht zu beseitigenden Gegenstand fixiert ist; eine ganz andere Bedeutung hat es, wenn jemand sagt: «Mir fällt etwas in die Augen» oder «es springt mir in die Augen» – was als aufgenötigte Wahrnehmung sehr schmerzhaft sein kann, insbesondere bei Sachverhalten, bei denen man eigentlich wie zum Schutz «ein Auge zudrücken sollte». Die Augenmuskulatur kann beim Blinzeltic etwa zwischen neugierigem Hinsehen-wollen und Nicht-sehen-dürfen einen unheilvollen Kompromiß finden, indem jemand einerseits «ein Auge riskieren» möchte, aber andererseits sich doch aus Schuldgefühl wortwörtlich «blenden» lassen muß. Der dumpfe Augendruck oder gar beginnende Sehstörungen sind, wenn psychosomatisch bedingt, meist ein Zeichen dafür, daß jemand etwas «nicht mehr mitansehen kann», ohne es doch aus seinem «Gesichtsfeld» entfernen zu können.

Die Migräne kann «bohrend» sein bei bestimmten, fixen Gedanken, von denen man nicht loskommt; sie kann «zum Platzen» sein, wenn man viel zu viel gleichzeitig «im Kopf haben» muß; der Schmerz kann sich – meist halbseitig – festsetzen, wenn man an bestimmte vor allem ärgerliche Aufgaben und Pflichten denken muß[3]. Der Kopfschmerz kann aber auch vom *Nacken* und von den *Schultern* her ausstrahlen, wenn man buchstäblich gegen starke Widerstände «den Nacken steifhalten» muß oder buchstäblich «zuviel am Halse hat». Andere Formen des Kopfschmerzes können von der *Nase* ausgehen und mit Erkältungserscheinungen verbunden sein, z.B. wenn jemand «die Nase voll» hat oder wenn er das psychische Klima seiner Umgebung als zu «kalt», feindselig oder «unterkühlt» empfindet und sich dennoch gerade dadurch gezwungen fühlt, mit besonderen Leistungen bei den anderen «um gut Wetter» anzuhalten.

Die *Ohren* können gleichermaßen «voll» sein, wenn man jemandem nicht mehr zuhören kann; und man wird u.U. wirklich «schwerhörig» oder gar «taub», wenn man alles, was die anderen sagen, mit einem unträglichen «Gehorsam» aufnehmen muß.

Im *Halse* kann «etwas quer» sitzen, «nicht runter gehen» oder ein «Würgen» hervorrufen, als ein Protest gegen Zumutungen, gegen die man bewußt kein Wort zur Abwehr hervorbringen kann. Es gibt das Gefühl, «einen Kloß im Halse» zu haben, nämlich wenn man viel Trauriges zu sagen hätte, aber sich nicht zu sagen getraut – erstickte Tränen formen dann den «Kloß im Halse»[4].

[3] Zur Psychosomatik der *Sehstörungen* vgl. K. ABRAHAM: Über Einschränkungen und Umwandlungen der Schaulust, in: Schriften, 324–382. – Zur *Migräne*-Symptomatik vgl. A. DÜHRSSEN: Psychogene Erkrankungen bei Kindern und Jugendlichen, 266–268, die besonders die Identifikation mit den Leistungsüberforderungen der Eltern gepaart mit aggressiver Gehemmtheit ätiologisch herausstellt; vgl. auch F. ALEXANDER: Psychosomatische Medizin, 117–123, der auf eine «feindselige, neidische Einstellung spezifisch gegen intellektuelle Leistungen» hinweist (S. 121).

[4] Zum *Globus hystericus*-Symptom vgl. F. ALEXANDER: Psychosomatische Medizin, 66, der auf die «Legierung von Versuchung und Ablehnung mit einer ambivalenten Haltung gegenüber der Einverleibung» verweist; das Globus-Gefühl ist gleichwohl nicht selten eher depressiv als hysterisch determiniert.

Die *Stimme* kann aus Angst «belegt» sein, oder es verschlägt einem buchstäblich die Sprache, oder der Hals ist trocken vor Angst[5]; oder umgekehrt: man «schäumt vor Wut»; aber auch aus Wohlgefallen kann einem «das Wasser im Mund zusammenlaufen», während einem vor wehrlosem Unmut «die Spucke wegbleibt»[6]. Im Mund können vor allem bei Depressionen mitunter schwere *Zahnschmerzen* auftreten mit dem Gefühl, es fielen einem alle Zähne aus; dieses Empfinden tritt auf, wenn sich ein starkes Verlangen regt, einen eigenen (meist als pervers empfundenen) Wunsch zu äußern bzw. sich selber zu erfüllen, also in weitestem Sinne «zuzubeißen», und wenn dieser Wunsch gleichzeitig aus Angst verdrängt werden muß[7].

Im *Herz-* und *Brustraum* kann sich einem «das Herz (vor Angst) zuschnüren»; oder jemand hat das Empfinden, als drückten metallene Ringe seine Brust zusammen[8], dann nämlich, wenn er innerlich gerade dabei ist, seinen Spielraum zu erweitern und gegen starke bisherige Widerstände buchstäblich «weitherziger» zu werden. Ein anderes Empfinden ist das «Bleigewicht» auf der Brust. Eine Frau z.B. berichtet, sie leide des Nachts unter alptraumartigen Empfindungen, wie wenn schwere Gewichte auf ihre Brust drückten und sie von allen Seiten festgehalten würde; tatsächlich kämpft sie seit langem gegen schwere Onanieneigungen an, und das ängstigende Gewicht, das sich auf sie legt, ergibt sich eigentlich aus dem unbewußten Wunsch, daß jemand sich gerade so auf sie legen und sie so festhalten möge, wie sie es in der bewußten Selbstwahrnehmung befürchtet. Der Druck kann aber auch spezieller sein und sich z.B. nur auf bestimmte Zonen der Herzgegend beziehen; der Schmerz kann dann von Angst und zuviel Verantwortung herrühren, davon also, daß jemand wortwörtlich zuviel «vor der Brust hat». Schmerzen in der Herzgegend können auch als «Herzstiche» empfunden werden, z.B. wenn jemand sich Dinge zu sehr «zu Herzen nimmt», die in ihm einen ohnmächtigen Protest erzeugen, so daß er lauthals sich zur Wehr setzen möchte, ohne es zu dürfen oder zu können[9].

Auch die *Atmung* kann auf vielfache Weise psychosomatisch belastet sein, und auch dafür kennt der Volksmund zahlreiche treffende Sprachbilder. Man kann sagen, jemand laufe «mit Stolz geschwellter Brust» herum, oder er «werfe sich in die Brust», d.h. er trete selbstbewußt auf und präsentiere sich in ganzer Breite und Schönheit; oder man nennt das Denken und Verhalten eines anderen

[5] Vgl. E. Drewermann: Strukturen des Bösen, II 196.

[6] Vgl. H. Glatzel: Ernährung, in: Handbuch der Neurosenlehre, II 471.

[7] Zum Zusammenhang von *Melancholie* und *Zahnzerstörung* vgl. K. Abraham: Versuch einer Entwicklungsgeschichte der Libido, in: Schriften, 138–139.

[8] Sehr treffend schildert das Märchen vom *«Froschkönig»* (KHM 1) das Aufspringen der Eisenbande, die das Herz des «treuen Heinrich» (des *alter ego* des königlichen Ichs) gefangenhielten. – Vgl. O. Fenichel: Psychoanalytische Neurosenlehre, II 87–90.

[9] Zu psychogenem *Herzschmerz* vgl. P. Christian: Herz und Kreislauf, in: Handbuch der Neurosenlehre, II 508–513.

«schmalbrüstig» und «kurzatmig». Jemand kann sagen: «Ich kriege keine Luft mehr», und er meint damit, daß er sich von den Forderungen und Erwartungen anderer wie «erstickt» fühlt; ein anderer müßte erst einmal «tief Luft holen», um aus seiner flachen, angstgejagten Hechelatmung herauszukommen, die ihn wie ein Tier auf der Treibjagd gehetzt und nach Luft schnappend atmen läßt; wieder ein anderer müßte ganz im Gegenteil erst einmal «tief ausatmen», um seinem Ärger und seinem Protest «Luft zu machen», die seine Einatmung über Gebühr gegenüber der Ausatmung verlängern[10].

Der *Magendarmtrakt* kann von vielerlei sprichwörtlichen psychosomatischen Symptomen und Sensationen befallen sein: beispielsweise «kommt es einem hoch» vor Ekel und Widerwillen, oder «es liegt einem etwas schwer im Magen», das man «noch nicht verdaut» hat; oder man hat «die Wut im Bauch» bzw. man «fühlt sich zum Platzen». Ein anderes Gefühl ist es, wenn man sich vor Zorn «ein Loch in den Bauch beißen» möchte. Eine davon deutlich verschiedene Art von Ärger äußert sich in dem Gefühl, auf alles defäzieren und urinieren zu müssen – um die bekannten Wendungen des Volksmundes vornehm zu umschreiben. Aus Angst kann es umgekehrt vorkommen, daß man «sich vor Angst in die Hose macht» oder «das Herz in die Hose rutschen» fühlt oder «Magenkrämpfe» bekommt[11].

Andere symbolische Körpergefühle machen sich *genital* bemerkbar: der Impotente z.B. erlebt es u.a. auch organisch, daß er keinen «festen Standpunkt» einnehmen und sich nicht wirklich für etwas «einsetzen» kann; die Frigiditätsproblematik kann sich körperlich in dem Gefühl niederschlagen, nicht wirklich etwas ohne Angst- und Schuldgefühle «aufnehmen» und «annehmen» zu können. Schmerzgefühle in den Genitalien können ein erwachendes Sexualverlangen ausdrücken, das zugleich abgewehrt wird und sich als ein buchstäbliches «Ziehen» in den Hoden oder Eierstöcken bemerkbar macht[12].

Andere Organe, wie *Leber*, *Galle* und *Nieren*, sind gleichermaßen Gegenstand einer Vielzahl von psychosomatisch zutreffenden Redewendungen des Volksmundes: brummt jemand vor sich hin oder nörgelt er an allem herum, ohne daß man versteht, was den Betreffenden eigentlich so chronisch mißgelaunt macht, so sagt man: «ihm ist eine Laus über die Leber gelaufen»; wenn jemand zutiefst, aber unreflektiert, dumpf, von Angst und Schrecken oder von einer sehr ernsten Mitteilung betroffen wird, ohne eigentlich zu wissen, wie er darauf antworten soll, so sagt man: «das geht ihm an die Nieren»; und bei einem Gefühl von

[10] Zur Psychosomatik der *Atmung* vgl. P. Christian: Atmung, in: Handbuch der Neurosenlehre, II 521–529; O. Fenichel: Psychoanalytische Neurosenlehre, II 85–87; R. Stalmann: Psychosomatik, 59–73.

[11] Zur Psychosomatik des *Magen-Darm-Traktes* vgl. H. Glatzel: Ernährung, in: Handbuch der Neurosenlehre, II 431–453; 471–472; O. Fenichel: Psychosomatische Neurosenlehre, II 78–80; R. Stalmann: Psychosomatik, 51–58.

[12] Zur Psychosomatik *sexueller* Funktionsstörungen vgl. P. Matussek: Störungen des Sexuallebens, in: Handbuch der Neurosenlehre, II 580–598; R. Stalmann: Psychosomatik, 81–92.

grenzenlosem Ekel und Abscheu sagt man schon nicht mehr: «Es ist zum Kotzen», oder: «Mir kommt's hoch», sondern: «Mir kommt die grüne Galle», d.h. man entleert, wie ein Seekranker, nicht nur seinen Mageninhalt, sondern das krampfartige Würgen geht weiter bis zum Auspressen des Galleninhaltes.

Die Extremitäten, *Beine und Arme*, können von seltsamen Lähmungen oder Zuckungen heimgesucht werden – als wenn man ständig laufen oder treten oder um sich schlagen müßte, bzw. umgekehrt: als würden einem die Arme schlaff herunterhängen, als hätte man «Blei in den Gliedern» oder als könnte man sich überhaupt nicht mehr rühren. Manche hysterisch-zwangsneurotische Muskelirritation kann sich in bestimmten emotional hochgespannten und ambivalenten Augenblicken äußern: ein *Tremor* der Hände z.B. kann einsetzen, wenn jemand in Gesellschaft anderer Bewegungen der Feinmotorik durchführen, z.B. eine Tasse Kaffee trinken soll und dabei innerlich von Angst und (unbewußter!) Aggression gegenüber den fremden Erwartungen der anderen erfüllt ist; würde er die unfreiwillige Handlung (des Kaffeeverschüttens) bewußt erleben und ausführen, so müßte er den Kaffee den anderen ins Gesicht schütten, aber gerade davor bewahrt ihn der Tremor. Ein Zittern der Hände kann sich auch einstellen durch die depressiv getönte Angst, die anderen wollten einem «das Butterbrot vom Teller essen» oder einem «die Wurst vom Brot stehlen», während man selbst nicht das Recht hat, angesichts des Futterneides der anderen noch etwas zu sich oder in Anspruch zu nehmen. Manche Muskelbewegungen oder chronische Verkrampfungen, wie z.B. der *Schiefhals* (Torticollis), werfen die Frage auf, wem gegenüber man sich abwenden bzw. sein Haupt erheben möchte[13].

Der *Rücken* kann empfindlich beginnen zu schmerzen, wenn man buchstäblich das Gefühl hat, zu viel «auf dem Buckel zu haben». In der Psychotherapie mit Depressiven z.B. kommt es nicht selten zu vorübergehenden, aber nichts desto weniger sehr heftigen Rückenschmerzen, wenn die Patienten zum ersten Mal lernen, überhaupt so etwas wie «ein Rückgrat zu haben», statt sich in der bisher gewohnten Weise wie Molluskeln entweder zu allem «breittreten» zu lassen oder sich fluchtartig ins «Schneckenhaus zurückzuziehen»; die Muskelverspannungen bei dem Versuch, sich «gerade zu halten», können sehr schmerzhaft wirken und hören natürlich auch bei der ärztlich verordneten Bestrahlung mit Rotlicht nicht auf, eher daß sie in solchen Augenblicken sogar noch zunehmen.

Die *Haut* kann an bestimmten Zonen gegenüber verschiedenen Erlebnissen oder Substanzen, die selbst symbolisch oder assoziativ mit gewissen feindseligen oder ekeligen Erinnerungen verknüpft sind, mit allergischem Ausschlag reagieren; unterdrückte bzw. uneingestandene Angst kann zu *Nesselsucht* führen; sexuelles Verlangen, dem erlaubtermaßen nicht stattgegeben werden kann, vermag in Form des *Pruritus* zu einem quälenden Juckreiz der Schamlippen oder des

[13] Zur Psychosomatik der *Bewegung* vgl. J. Wilder: Bewegung, in: Handbuch der Neurosenlehre, II 545–554.

Scrotums zu führen, worauf die entsprechenden Redensarten im Rotwelschen anspielen. Ein bestimmtes intensives Gefühl von Angst oder Ergriffenheit jagt einem «eine Gänsehaut über den Rücken» bzw. es läßt einem «die Haare zu Berge stehen»[14]. Starke, aus Angst verdrängte Jähzornsanfälle können es einem «heiß und kalt» werden lassen und vermögen vor allem im Schlaf *Hitzewellen* hervorzurufen, die mit der Bildung von unerträglich juckenden roten Flecken («Quaddeln») einhergehen können. Unwillkürliches Erbleichen oder Erröten macht aus der Haut einen wichtigen Signalträger[15].

All diese Symptome begründen die Feststellung, daß es so gut wie kein Organ gibt, das nicht mittelbar auch zum Träger psychischen Ausdrucksverhaltens werden könnte. Darüber hinaus aber zeigt es sich, wie umfassend und genau das unbewußte Wissen um psychosomatische Zusammenhänge aus uralter Zeit in der Sprache des Volkes weiterlebt und wie hilfreich es sein kann, zum Erfassen solcher Sachverhalte in den Schilderungen von Patienten oder bei der Interpretation von Wundererzählungen auf die entsprechenden sprachlichen Wendungen des Volksmundes zu achten.

Natürlich kennt auch *die Bibel*, wie vermutlich der Volksmund aller Zeiten und Zonen, derartige Sprachbilder zur Beschreibung psychosomatischer (Krankheits-) Phänomene und Symptome in Menge. Allerdings scheitert das Verständnis der biblischen Ausdrucksweise manchmal schon daran, daß die Übersetzer sich den psychosomatischen Sinngehalt mancher Wendungen einfach nicht vorstellen können oder aber aus einer nicht gerade von Gottvertrauen geleiteten Prüderie sich scheuen wiederzugeben, was dasteht. Ein paar Beispiele mögen genügen, um die Sensibilität der biblischen Sprache und Ausdrucksweise gegenüber bestimmten psychosomatischen Reaktionsweisen zu beleuchten.

Im Hohenlied (5,2) z.B. erzählt die Geliebte, wie sie auf dem Lager ruht, während ihr «Herz wacht», d.h. ihr Gefühl, ihre Sehnsucht hört nicht auf, an den Geliebten zu denken; da klopft der Geliebte ans Fenster und ruft: «Mach mir auf, meine Schwester, meine Freundin, meine Taube, meine Wunderschöne», und wie er seine Hand durch den Fensterspalt steckt, da – wie Buber richtig übersetzt – «wallt mein Leib auf ihn zu» (Hld 5,5); der Ausdruck beschreibt zweifellos ein Ziehen, das krümmend durch den ganzen Unterleib fährt; dieses Gefühl unterscheidet sich deutlich von der Empfindung, die in der üblichen Übersetzung ausgedrückt wird: «da bebte mein Herz in Sehnsucht nach ihm»: das *«Herzklopfen»* der Liebe ist ein freudig-ängstliches Erstaunen, der Aufbruch

[14] Vgl. K. Lorenz: Das sogenannte Böse, 359–363, die Beschreibung des «heiligen Schauders».

[15] Zur neurotischen Symbolsprache der *Hautsymptomatik* und der *Muskelbewegungen* vgl. J. Sadger: Haut-, Schleimhaut- und Muskelerotik, in: Jahrbuch, III (1912) 525–556; O. Fenichel: Psychoanalytische Neurosenlehre, II 90–93; F. Alexander: Psychosomatische Medizin, 124–128, der besonders auf den Faktor der Schuldgefühle und aggressiven Regungen vor allem im Zusammenhang mit gehemmten sexuellen Triebregungen hinweist. Vgl. R. Stalmann: Psychosomatik, 111–122.

eines starken Gefühls bei der vorgestellten oder wirklichen Gegenwart des Geliebten, aber gerade nicht die Bewegung sehnsuchtsvollen Verlangens, das die Freundin im Hohenlied in sich verspürt.

Oder: In Ijob 32,18-20 ist *Elihu* aus Bus über die Reden des Hiob sowie über die geistige Kapitulation seiner Gefährten heftig entbrannt vor Zorn; die ganze Zeit über hat er während des Disputes aufgrund seiner Jugend und aus Respekt vor dem Alter geschwiegen. Jetzt aber erklärt er: «Ich bin der Worte voll», und folgt man den Übersetzern, soll es weiter heißen: «Mich drängt der Geist in meiner Brust.» Es ist aber nicht von der Brust, sondern vom Bauch (bṭn) die Rede, und nicht der Geist, sondern der Wind (rwḥ) drängt im Unterleib – ein typisches psychosomatisches Phänomen, das gerade dann sich einstellt, wenn jemand sehr zornig ist, aber nicht reden darf, so daß der unterdrückte Redestrom Blähungen erzeugt und buchstäblich «der Schuß nach hinten losgeht»; bei manchen Depressionen können solche Blähungen sogar chronisch werden, indem eine psychogene Dyskinesie der Gallenwege den normalen Verdauungsvorgang stört[16]. Wie schlimm indessen *Elihu* seine Blähungen empfindet, sagt er selbst in Ijob 32,19: «Siehe, wie Wein, nicht eröffnet, ist mein Bauch, wie neue Schläuche birst er», – so sehr also gärt es in seinem Magen und in den «Schläuchen des Darms»: alles in seinem Unterleib m.a.W. fühlt sich an wie wund. Dabei weiß *Elihu* sehr wohl, was ihm helfen könnte (Ijob 32,20): «Reden muß ich, daß geräumig mir werde, meine Lippen öffnen, entgegen.»[17] Wenn an einer solchen Stelle übersetzt wird, es sei die *Brust* «am Bersten wie neue Schläuche», so ist das ein ganz anderes Empfinden, das einen Menschen voraussetzt, der stolzgeschwellt dasitzt und mit großem Ausatmen einen Wicht von Gegner beiseitebläst, wie es z.B. in Ijob 15,2 anklingt; *Elihu* hingegen ist voller verhaltener Angst; er bläht nicht aus Stolz seine Brust auf, sondern er fühlt sich in seinem geistigen Lebensraum durch die Gedanken des *Hiob* aufs äußerste bedroht; wenn dessen Gedanken unwiderlegt stehenblieben, so müßte *Elihu* fürchten, aus seiner inneren Heimat vertrieben zu werden[18] – *darauf* antworten seine schweren Blähungen.

Die Übersetzer hingegen scheuen sich, vom «Unterleib» auch nur zu sprechen; stattdessen reden sie *gegen* das Lexikon lieber von der «Brust», offenbar um die entsprechenden Empfindungen zu sublimieren. In der Psychoanalyse ist eine solche «Verlegung von unten nach oben» als Abwehrvorgang bekannt[19], und so ergibt sich, daß bereits die offiziellen Übersetzungen der Bibel oft wirken wie ein Dokument innerkirchlicher Ziererei und Unehrlichkeit. Mitunter wird der psy-

[16] Vgl. H. Glatzel: Ernährung, in: Handbuch der Neurosenlehre, II 452–453.

[17] Nach M. Buber (F. Rosenzweig): Die 5 Bücher der Weisung, Die Schriftwerke, 323, der aber die anderen Verse gleichermaßen falsch übersetzt.

[18] Zur Beziehung von *Reviermarkierung* und *Flatuleszenz* vgl. W. Wickler: Stammesgeschichte und Ritualisierung, 255-258.

[19] S. Freud: Bruchstücke einer Hysterie-Analyse, V 189.

chosomatische Hintersinn mancher Worte aber auch dadurch verfehlt, daß man die Etymologie in der Übersetzung zu wenig berücksichtigt. In den Lexika wird z.B. das hebräische Verb *ksp* im Niphal mit «sich sehnen» angegeben; es ist aber ein Derivat des Substantivs *ksp*, das «Silber» bedeutet; «sich sehnen» bedeutet im Hebräischen also eigentlich «silberbleich werden». Von daher kann man in Gen 31,30 die Worte Labans an Jakob nicht einfach übersetzen: «Nun gut; gegangen bist du, weil du *Heimweh* nach deinem Vaterhause hattest»; eher muß man mit Buber sagen: «Nun denn, mußtest deinen Gang du gehen, weil du dich *sehntest*, sehntest nach dem Haus deines Vaters»; und selbst dann muß man hinzufügen, daß es sich um eine Sehnsucht handelt, die alles Blut aus den Wangen treibt. Ähnliches gilt in Ps 84,3.

Wie vortrefflich die Bibel sich in der Psychosomatik der Gefühle und Affekte auskennt, zeigen nicht zuletzt solche einmaligen Worte und Redewendungen wie die von Ps 73,21, wo der Beter den gängigen Übersetzungen zufolge Gott vorträgt: «Als mein Herz verbittert war und mein Inneres gepeinigt, da war ich töricht und unvernünftig»; das hebräische Verb *ḥmṣ* heißt aber nicht «verbittert sein», sondern «sauer werden» und hängt zusammen mit dem Substantiv *ḥmṣ*, das «Weinessig», «Vergorenes», «sauer Gewordenes» bedeutet; Buber übersetzt daher weit treffender: «Wenn aufgor mein Herz»; das bezeichnet ganz richtig die zornige, aggressive Bewegung des Herzens, die psychosomatisch spürbar ist als ein stechender Druck oder Schmerz in der Herzgegend. Völlig in die Irre führt die gewöhnliche Übersetzung indessen in dem nächsten Halbvers, wo angeblich das «Innere gepeinigt» wird. Im Text steht nicht «mein Inneres», sondern «meine Nieren», und mit «peinigen» kann man nicht die Reflexiv-Form des hebräischen Verbes *šnn* wiedergeben, das «schneiden» bedeutet; Buber sagt daher einzig korrekt: «Wenn ich mir's schneiden ließ in die Nieren» – eine Wendung, die offensichtlich kolikartige Schmerzen der Nieren beschreibt, ganz entsprechend dem vorhin zitierten deutschen Sprichwort: «es geht ihm an die Nieren», d.h. man läßt sich unbewußt und dumpf von gewissen äußerst ärgerlichen Dingen, auf die man mit unterdrücktem Urinieren reagiert, bis ins Innerste betreffen. Die psychosomatisch außerordentlich exakte Sprache des Hebräischen geht natürlich völlig unter, solange die Exegese schon auf der Stufe der Übersetzung, geschweige denn der Auslegung, sich außerstande zeigt, psychosomatische Phänomene inhaltlich zu verstehen und sprachlich korrekt wiederzugeben.

Demgegenüber muß man staunen, wenn man auf solche Passagen stößt wie Ps 22,15-18, wo, richtig übersetzt, eine ganze Reihe psychosomatischer Phänomene zur Beschreibung eines zutiefst verzweifelten und aufs äußerste verängstigten Gemütszustandes herangezogen werden: «Ich bin», heißt es dort, «hingeschüttet wie Wasser, trennen wollen sich all meine Knochen, mein Herz ist worden wie Wachs, in meinen Eingeweiden zerflossen, meine Kraft ist dürr wie ein

Scherben, an meinen Schlund geklebt meine Zunge.» (Buber) In der Terminologie der Neurosenlehre und psychosomatischen Medizin müßte man der Reihe nach von «schwerer Depression», «Hypotonie» und «Speichelversiegen» aus Angst sprechen; unter «Trennung der Knochen» ist wohl ein Gliederreißen zu verstehen, wie man es bei fiebriger Grippe, aber eben auch bei fieberhaften Angstanfällen erlebt, ein Gefühl, daß es einem, wie der Volksmund sagt, buchstäblich «an die Nähte geht.»
Oder man lese den Angsttraum, den im Buche Ijob 4,12-21 *Eliphas* von Teman als Gottesschau überliefert: «Zu mir hat sich Rede gestohlen, mein Ohr nahm ein Wispern draus auf. Im Gegrübel aus nächtlicher Schau, wenn Betäubung auf Menschen fällt, geriet Schrecken an mich und ein Zittern, schreckte die Menge meines Gebeins. Geistbraus streicht mir übers Antlitz, das Stürmen macht mein Fleisch grieseln.» (Buber) Die übliche Übersetzung von Ijob 4,15 («es sträubte sich jedes Haar meines Leibes») ist nicht unmöglich (*ś*ʿ*rh* kann der «Sturmwind», aber auch das «Haar» sein); jedoch das Verb *śmr* als Piel-Form im Sinne eines Reflexivums («sich sträuben») zu übersetzen, ist doch mehr als gewagt; auf jeden Fall geht es um ein Gefühl des Gruselns (oder «Grieselns»), das dem Träumenden eine Gänsehaut über den ganzen Körper jagt. Dabei wird der Angsttraum im Buche Ijob ebenso als eine Gottesoffenbarung und Warnung empfunden wie die Krankheit selbst. «In dem Traum nächtlicher Schau, wenn Betäubung auf Menschen fällt, in Schlummerzeiten auf dem Lager, da macht er das Ohr der Leute bar, und um ihre Zucht siegelt ers ein, Menschen zu entziehen der Untat ... Ermahnt wird er auf seinem Lager durch Schmerzen, beständigen Streit seines Gebeins, sein Lebensgeist macht das Brot ihn widern, seine Seele die begehrte Speise ...» (Ijob 33,15-17.19.20; nach Buber) Deutlicher, als es hier geschieht, läßt sich der Zusammenhang von Lebensangst und Krankheit, von Traumsymbol und Krankheitssymptom, aber auch die Beziehung von Krankheit und Gottesferne nicht darstellen.
In summa läßt sich sagen, daß es, verteilt über den ganzen Körper, alle möglichen Krankheitssymptome gibt, die im Grunde als Symbole für psychische Sachverhalte fungieren können. Zudem zeigt sich, daß der Volksmund vollkommen recht hat, wenn er in vielen Krankheitsformen seelische Zusammenhänge erkennt und ausgedrückt findet. Die Ausdrucksweise der volkstümlichen Redewendungen bringt dabei zudem zwei Vorteile mit sich: sie lenkt die Aufmerksamkeit des Therapeuten in die heuristisch richtige Richtung, wenn er den psychischen Hintergrund der betreffenden Krankheit behandeln will, und sie stellt ihm ein Vokabular zur Verfügung, mit dem er dem Kranken auf einfache und wirksame Weise sowohl die Ursache als auch den Sinn und die Bedeutung seines Leidens erklären kann. Die Krankheit hört dadurch auf, für den Patienten ein inakzeptabler Schicksalsschlag zu sein; sie wird ihm selbst plausibel, und wie bei der schamanistischen Wunderheilung gewinnt der Kranke dadurch den Ein-

druck, einem Geschehen gegenüberzustehen, an dem er selbst beteiligt ist. Andererseits muß man beachten, daß man nur in dem engen Umkreis der Konversionssymptome ein symbolisches Ausdrucksgeschehen vor Augen hat. Im Falle der eigentlichen Organneurosen und psychosomatischen Erkrankungen darf nicht in Vergessenheit geraten, daß der Körper eine eigene Kausalität besitzt, die in sich selber zunächst nicht in psychologischem Sinne als ein symbolisches bzw. finales Geschehen verstanden werden kann, sondern (relativ) autonomen Prozessen unterliegt. Gleichwohl sind auch die Vorgänge des autonomen Nervensystems psychisch beeinflußbar, nur daß die Zusammenhänge hier wesentlich verwickelter sind.

2) Organneurosen und Charakterstrukturen

Um die Kausalität der Organneurose zu verstehen, muß man an die Untersuchungen von W. B. Cannon über die *Notfallreaktionen* anknüpfen. Es gibt nach Cannon eine Reihe von organspezifischen, angeborenen Verarbeitungsweisen bestimmter Bedeutungserlebnisse der Umwelt[20]. Im Augenblick der Angst etwa, im Falle von «Streß», wird die Hirnanhangdrüse (Hypophyse) angeregt; auch andere Hormondrüsen, bes. die Nebennierenrinde, wird zur Ausscheidung ihrer Hormone stimuliert. So werden Adrenalin und Nor-Adrenalin (Catecholamine) abgesondert; das *Adrenalin* mobilisiert die Glykogendepots der Muskeln und der Leber, es verengt die Blutgefäße, fördert die Blutgerinnung (was im Falle einer Verwundung von entscheidender Bedeutung sein kann) und unterdrückt Immunreaktionen; es ermöglicht mithin im ganzen eine optimale Fluchtreaktion. Das Angriffshormon *Nor-Adrenalin* hingegen mobilisiert die Fettreserven des Körpers und beschleunigt Herzschlag und Kreislauf. Das von der Hypophyse ausgesandte ACTH (adenocorticotrope Hormon) regt die Nebennierenrinde zur Sekretion von Hydrocortison an, wodurch das verschobene Gleichgewicht noch stabilisiert wird. Die Ausschüttung der Kortikoide verursacht ein Schrumpfen der Thymusdrüse und gleichzeitig viele andere Veränderungen, wie z. B. eine Atrophie der Lymphknoten; der erhöhte Kortikoidgehalt des Blutes fördert die Entwicklung von Magen- und Darmgeschwüren, wobei allerdings das autonome bzw. vegetative Nervensystem noch eine gewichtige Rolle mitspielt. H. Selye, der als erster das Phänomen des *Streß* entdeckte und beschrieb, prägte für das Zusammenspiel all dieser Erscheinungen den Sammelbegriff: Adaptionssyndrom[21].

[20] W. B. Cannon: Bodily Changes in Pain, Hunger, Fear and Rage, Boston 1953.

[21] H. Selye: Streß, 47; 49. – Zum Streßkonzept in der psychosomatischen Medizin vgl. Th. v. Uexküll – W. Wesiack: Psychosomatische Medizin und das Problem einer Theorie der Heilkunde, in: Th. v. Uexküll

Die Frage ist nun allerdings, warum bei einer solchen Vielzahl möglicher Überlastungen der verschiedensten Organe bei anhaltendem Streß der eine Patient mit Herzinfarkt, ein anderer mit Magenulcus, ein dritter mit Leber- und Gallenleiden u.a. reagiert. SELYE meinte dazu: «Es setzt jede Art der Betätigung unseren Stressmechanismus in Bewegung, doch hängt es weitgehend von den zufälligen konditionierenden Faktoren ab, ob das Herz, die Nieren, der Magen-Darm-Kanal oder das Gehirn das meistbetroffene Zielorgan sein wird. Genau wie bei einer Kette zerbricht auch im Körper zuerst das schwächste Glied unter Stress, obwohl ihm alle Teile gleichermaßen ausgesetzt sind.»[22] Diese Hypothese vom schwächsten Glied der Kette ist sicher nicht ganz falsch. Es ist deutlich, daß z.B. durch eine überhöhte Ausschüttung von Catecholaminen zu viele Kohlehydrate und besonders Fettsäuren mobilisiert werden, die nicht hinreichend abgebaut werden; dieser Überschuß wird in Cholesterin umgewandelt und direkt in die Gefäßwände eingebaut; das *kann* zu Arteriosklerose und Herzinfarktneigung führen; die Herabsetzung der Immunreaktion macht für alle möglichen Infektionskrankheiten anfällig; Unsicherheit, Nervosität und Aggression führen zu Hyperacidität des Magens; Magen- und Darmgeschwüre *können* sich daraus ergeben. Aber Zusammenhänge dieser Art beantworten noch nicht die eigentliche Frage: worin besteht der Grund für die spezifische *Organwahl* der Krankheit?

Gäbe es nur die Regel von dem schwächsten Glied der Kette, so müßte man bei der Erkrankung eines einzelnen Organs durch Streß an vorwiegend hereditäre Ursachen denken, die natürlich auch im Spiel sein mögen. Der psychoanalytische Beitrag zur psychosomatischen Medizin aber besteht vor allem darin, das Angsterleben selbst in Art und Herkunft psychologisch prägnanter differenziert und seine Nähe zu bestimmten Körperorganen herausgestellt zu haben. Die psychoanalytische Untersuchung geht an dieser Stelle weit über die bloß empirische Zuordnung bestimmter Formen von Angst und Triebunterdrückung zu bestimmten Krankheitsbildern hinaus und liefert allererst spezifische Einsichten in den Zusammenhang von Angsterleben und psychosomatischer Angstverarbeitung. Gewiß, man kann z.B. zeigen, daß etwa die Ulcuskrankheit «in ganz bestimmten Situationen des Verkanntseins, Nicht-Anerkannt-Werdens, Nicht-durchsetzen-Könnens» entsteht; daß bei der habituellen Obstipation «ein unerfülltes Streben nach Besitz» besteht[23]; daß die Magersucht eine Selbstbestrafung

(Hrsg.): Lehrbuch der Psychosomatischen Medizin, 10–19, die «Streß» als «ungelöste Situation» bzw. als Zustand definieren, «der sich in Problemsituationen beim Fehlen adäquater Programme einstellt und zunächst mit gesteigerter ergotroper Reaktion ... einhergeht» (19).

[22] H. SELYE: Streß, 53.

[23] H. GLATZEL: Ernährung, in: Handbuch der Neurosenlehre, II 474. – Zum *Magenulcus* vgl. F. ALEXANDER: Psychosomatische Medizin, 69–81; W. SCHÜFFEL – TH. v. UEXKÜLL: Ulcus duodeni, in: Th. v. Uexküll (Hrsg.): Lehrbuch der Psychosomatischen Medizin, 626–639.

für orale und sexuelle Schuldgefühle darstellt[24] usw. Aber wichtiger noch als dies ist die Einsicht, daß die Angst selbst ihre bestimmten neurosespezifischen Strukturen besitzt und diese wiederum sich genetisch aus Frustrationen in spezifischen Triebbereichen herleiten; mit «Trieb» ist dabei ein periodisch wiederkehrender endogener Spannungszustand gemeint, der an bestimmte Körperorgane gebunden ist und danach drängt, mittels dieser Organe an einem geeigneten Objekt abgeführt zu werden; und so unterhalten die psychodynamischen Formen der Angstverarbeitung in den einzelnen Neurosearten genetisch von vornherein eine gewisse Nähe zu bestimmten Körperorganen.

Wenn von «Streß» die Rede ist, so legt das den falschen Eindruck nahe, als wenn die Umwelt selbst die Quelle der Angst darstellen würde; zudem kann jede Art von Angst «Streß» erzeugen, und mit dieser Einsicht allein wäre in der Tat nicht zu verstehen, wieso überhaupt ein Angsterleben sich chronifizieren kann, es sei denn, die soziale oder natürliche Umwelt wäre *ständig* über Gebühr angsterregend, was nur in Ausnahmefällen zutreffen wird; und noch weniger könnte man verstehen, wieso eine chronifizierte Angst, ein «Dauerstreß», zur Erkrankung ganz bestimmter (und nicht anderer) Organe führen kann. In Wahrheit ist es niemals die Umwelt «an sich», die Angst erzeugt, sondern es kommt, entsprechend der Umweltlehre J. von Uexkülls[25], entscheidend auf die «Bedeutungsverleihung» durch das Subjekt an, ob etwas als ängstigend, beglückend, ekelhaft o.a. erlebt wird. Ein einfaches Lob z.B. kann von einem Schizoiden mit Hohn oder Gleichgültigkeit beantwortet werden, bei einem Depressiven kann es Niedergeschlagenheit und Traurigkeit auslösen, bei einem Zwangsneurotiker Groll, bei einem Hysteriker Schwärmerei oder Angst, und es gehört eben schon eine gewisse «Normalität» dazu, ein normales Lob auch als Lob aufzufassen. Von daher hängt die Tatsache, die Art und das Quantum des Angsterlebens wesentlich von der Persönlichkeitsstruktur des jeweiligen Patienten ab, und ehe diese nicht verstanden ist, kann auch die Lücke zwischen der Psychologie der Angst und der psychosomatischen Medizin nicht geschlossen werden.

Die Psychoanalyse ist beim Studium der Charakterbildung darauf gestoßen, daß es vor allem vier Phasen der seelischen Entwicklung gibt, in denen sich die spätere Persönlichkeit in seelischer Gesundheit wie in neurotischer Erkrankung formt. Jede dieser vier Phasen ist durch bestimmte Triebbedürfnisse gekennzeichnet; jede hat ihre spezifischen Ängste; und je nach der Art und der Verar-

[24] Zur *Magersucht* vgl. E. Drewermann: Strukturen des Bösen, II 243–247; F. Alexander: Psychosomatische Medizin, 58–62; vgl. bes. A. v. Wallenberg Pachaly: Ansatz zu einem Verständnis der weiblichen anorektischen Reaktion, in: G. Ammon (Hrsg.): Handbuch der Dynamischen Psychiatrie, II 446–530, wo vor allem auf das «mütterliche Identitätsverbot» in der Genese und den «destruktiven Narzißmus» in der Haltung hingewiesen wird (480; 520); vgl. K. Köhle u. C. Simons: Anorexia nervosa, in: Th. von Uexküll (Hrsg.): Lehrbuch der psychosomatischen Medizin, 529–556, die sehr stark die Haltung der Überanpassung in der Rolle als Musterkind betonen.

[25] J. v. Uexküll: Bedeutungslehre, Leipzig 1940.

beitungsweise dieser Ängste ergeben sich die vier Hauptformen der Neurose. Es genügt an dieser Stelle, ohne auf Einzelheiten einzugehen, eine recht schematische Vorstellung davon zu vermitteln, mit welchen strukturellen, charakterspezifischen Ängsten und Konflikten im Hintergrund bestimmter psychosomatischer Krankheitssymptome oder Krankheitsformen zu rechnen ist, um auf diese Weise die Möglichkeit zu geben, bereits aus der Schilderung einzelner Krankheitsformen in den Wundererzählungen auf bestimmte Problemstellungen und Gefühlskonstellationen im Umkreis der Erkrankung rückschließen zu können.

a) Die schizoide Fehlhaltung

Die Ausbildung einer *schizoiden* (Fehl-)Haltung wird schon in den ersten Lebensmonaten grundgelegt, wenn das Kind in einer vielleicht hygienisch wohlversorgten, affektiv aber kalten Umgebung aufwachsen muß. Einem solchen Kind wird die gefühlsmäßige Zuwendung zu Menschen und Dingen erschwert; seinen Sinneseindrücken fehlt der Aufforderungscharakter; es erlebt seine Umwelt als grau, fremd, kalt, ja, abweisend und feindselig. Zwischen dem Wunsch, sich Menschen und Dingen zuzuwenden, schiebt sich immer wieder eine unbewußte Angst. Im Erleben schizoider Persönlichkeiten zeigen sich demgemäß ausgedehnte «intentionale Gehemmtheiten», Ängste, die keinen besonderen Inhalt haben, sondern sich auf das Erleben der gesamten Wirklichkeit beziehen. Nach außen wirkt der Schizoide daher womöglich abgekapselt, scheu, eigenbrötlerisch, lahm, einfallslos, über die Maßen distanziert und gleichgültig[26]; in Wahrheit aber kann er innerlich sehr reich und lebhaft sein.

Näherhin lassen sich die schizoiden Charaktereigenschaften in drei Gruppen ordnen:

1. ungesellig, still, zurückhaltend, ernsthaft (humorlos); Sonderling = Autismus;
2. schüchtern, scheu, feinfühlig, empfindlich, nervös, aufgeregt; Natur- und Bücherfreund = seelische Überempfindlichkeit;
3. lenksam, gutmütig, brav, gleichmütig, stumpf; dumm = seelische Unempfindlichkeit[27].

Trotz solcher Unterscheidungen aber versteht man den schizoiden Charakter zweifellos am besten, wenn man sich einen solchen Menschen nicht als entweder überempfindlich *oder* kühl, sondern als überempfindlich und kühl zugleich vorstellt. In der sozialen Einstellung sind die Schizoiden entweder absolut ungesellig oder nur in kleinen Zirkeln zugänglich, oder aber sie sind oberflächliche Gesellschafter ohne innere Beteiligung. Auch die scheinbare «Gutmütigkeit» des Schizoiden stammt nicht aus Gutherzigkeit, sondern eher aus Scheu, Lahmheit oder Ängstlichkeit. Man findet unter den Schizoiden nicht selten Hochbegabte,

[26] A. Dührssen: Psychogene Erkrankungen bei Kindern und Jugendlichen, 82–84; vgl. zur Daseinsanalyse der *Schizoidie* E. Drewermann: Strukturen des Bösen, III 471–475.
[27] H. Kranz: Die schizoide Fehlhaltung, in: Handbuch der Neurosenlehre, II 266.

glänzende Schriftsteller und Dichter, gesellige Anpasser, aber auch bedürfnislose Altruisten aus Grundsatz mit Sinn für Sachlichkeit und Rechtlichkeit sowie mit unbeugsamer Zähigkeit[28]. Insgesamt fällt es einem Schizoiden unendlich schwer, irgendetwas außerhalb seines eigenen Ichs für zuverlässig und wichtig zu nehmen. Dabei fürchtet er die Außenwelt im Grunde wegen seiner eigenen Ichschwäche: während der Schizoide ständig um sich selbst zu kreisen scheint, besitzt er in Wahrheit kein Selbst, das stark genug wäre, dem Druck der Außenwelt ungeschützt standzuhalten. Deswegen flüchtet er sich in eine Vielfalt von Rollen, hinter denen er seine wirkliche Persönlichkeit verstecken kann; die Widersprüche zwischen den einzelnen Rolleninhalten stören ihn dabei wenig, so wie er geistig insgesamt zu einem wertfreien Zynismus neigen kann. Mit der größten Nonchalance kann er mitunter die menschlich bewegendsten Sachverhalte mitteilen und sogar noch darüber spotten, daß jemand an ihm selber einen tieferen Anteil zu nehmen vermag, als er selbst ihn seiner eigenen Person für gewöhnlich entgegenbringt. So bleibt er sich selbst und anderen zutiefst ein «Fremder», wie A. CAMUS seinen ersten Roman zur Kennzeichnung dieser Erlebnisweise betitelt hat[29].

Körperlich kann die Schizoidie durch einen asthenischen Konstitutionstyp im Sinne KRETSCHMERS vorbereitet werden, indem bei besonders empfindlichen Naturen die Außenwelt von vornherein als schmerzgetönt und feindselig erlebt werden mag. Aber es kann auch umgekehrt die schizoide Angst und Haltung das Körpergeschehen beeinflussen. Da vor allem die *Haut* dasjenige Organ darstellt, das zwischen Körperich und Außenwelt vermittelt, kann die ständige affektive Kälte und mangelnde Zärtlichkeit, die die Schizoidie begründet, sich psychosomatisch in Hautaffektionen und *Allergien* niederschlagen. Da Haut und Nervensystem gleichermaßen aus dem Ektoderm hervorgehen, steht von vornherein zu erwarten, daß sich viele psychische Vorgänge im Verhalten der Haut darstellen[30]. Desgleichen scheint es eine Beziehung der Schizoidie, der seelischen Unterkühlung, zu Erkrankungen der *Atemwege* zu geben. Besonders asthmatische Erkrankungen treten nicht selten zusammen mit Hautaffektionen auf. Das *Asthma bronchiale* weist – neben erheblichen Aggressionshemmungen und einer starken (an den Ulcus erinnernden) Ausrichtung auf Ehrgeiz und Leistung – vor allem eine «Tendenz zur Selbstbewahrung» auf[31], die ein ruhiges Sich-Verströmen in der Ausatmung verhindert. Die atmosphärische Kälte der

[28] A.a.O., 266–267.

[29] A. CAMUS: Der Fremde, 1942.

[30] A. DÜHRSSEN: Psychogene Erkrankungen bei Kindern und Jugendlichen, 264.

[31] A.a.O., 259; zum *Asthma bronchiale* vgl. F. ALEXANDER: Psychosomatische Medizin, 96–104, der die Ambivalenz von starken Abhängigkeitsgefühlen und starken Aggressionen sowie die Abwehr gegen die infantile Fixierung herausstellt; das strukturelle Persönlichkeitsbild im Hintergrund des Asthma kann alle Arten umfassen. Vgl. J.M. HERRMANN – W. SCHÜFFEL – TH. V. UEXKÜLL: Asthma bronchiale, in: Th. v. Uexküll (Hrsg.): Lehrbuch der Psychosomatischen Medizin, 616–625.

Umwelt wirkt sich hier vor allem in dem Gefühl aus, stets *für andere*, für die eigene Familie etwa, die Forderung nach Pflichterfüllung, Arbeit und Leistung obenan stellen zu müssen, während alle Zärtlichkeiten, in Wort und Tat, durch Lob, Küssen oder Streicheln, als geradezu unsinnig oder unsittlich gelten – eine Wertung, die neben den schizoiden oft auch schon gewisse zwangsneurotische Merkmale aufweisen kann.

β) Die depressive Fehlhaltung

Während das intentionale Antriebserleben – und mithin dessen Hemmung in Form der Schizoidie – sich auf die Zuwendung zur Umwelt überhaupt bezieht, ist die Welt des Kleinkindes in den ersten Lebensmonaten zugleich durch *orale* Bedürfnisse gekennzeichnet, deren Hemmungen den Hintergrund der *depressiven* Charaktereinstellung bilden. Die Welt des ersten Lebensjahres ist wesentlich eine Mundwelt. Was indessen bei der Nahrungsaufnahme gelernt und aufgenommen wird, geht psychisch über das unmittelbare Erleben von Sättigung, Wärme und Kontakt weit hinaus. Entsprechend der Art des oralen Erlebens formt sich vor allem die spätere Einstellung zu den eigenen Wünschen nach Besitz und Eigentum. Bei schweren Einschränkungen der oral-kaptativen Bedürfnisse[32] wird das Kind lernen, sich bereits für sein elementares Verlangen nach Nahrung und Besitz schuldig zu sprechen[33], und da diese grundlegenden Wünsche unabtrennbar zu seiner Existenz gehören, wird es sich schließlich für sein ganzes Dasein, vor allem für den Umstand, Nahrung aufnehmen zu müssen, als schuldig empfinden. Gerade dieses Gefühl aber, bereits durch die Tatsache der eigenen Existenz schuldig zu sein, kennzeichnet zentral das *depressive* Erleben. Wie bereits K. Abraham beim Studium depressiver Zustände fand, spielen in der Melancholie, in Reaktion auf die orale Gehemmtheit, besonders oral-sadistische Phantasien: Vampirvorstellungen, Wolfsphantasien, unbewußte Wünsche, die Mutter oder den Vater in die Brust oder den Penis zu beißen, sowie alle möglichen Formen sadistischer Rachsucht eine überragende Rolle[33]. Essen, Wünscheäußern und Reden bilden die ständigen Problemgebiete des Depressiven. Zudem ist die orale Einverleibung der Säuglingszeit psychisch auf das engste mit den Vorgängen der Identifikation und Introjektion verknüpft, so daß es dem Depressiven sehr schwer fällt, eine klare Grenze zwischen Ich und Du zu ziehen; sein Wunsch ist es, ganz und gar mit dem anderen zu verschmelzen, und seine größte Angst, die bei jeder Abweichung von der eigenen Wesensart, bei jeder Enttäuschung, bei jeder Zurückweisung panikartige Züge annehmen kann, besteht in der ständigen Sorge, im Stich gelassen oder weggejagt zu

[32] Vgl. H. Schultz-Hencke: Lehrbuch der analytischen Psychotherapie, 105–108; O. Fenichel: Psychoanalytische Neurosenlehre, II 275–276; zur daseinsanalytischen Betrachtung der Depression vgl. E. Drewermann: Sünde und Neurose, in: Psychoanalyse und Moraltheologie, 1. Bd., 149–155.

[33] K. Abraham: Versuch einer Entwicklungsgeschichte der Libido, in: Psychoanalytische Studien, 141–151.

werden. Fast immer ist in der Genese von Depressiven ein Elternteil anzutreffen, der äußerst zornig und unberechenbar jedes beginnende Vertrauen untergraben hat, und indem der Depressive die elterlichen Anschuldigungen sich zu eigen macht, neigt er unablässig zu maßlosen Bezichtigungen seiner selbst. Bei der Therapie von Depressiven stellt es daher regelmäßig eine Hauptschwierigkeit dar, die (verinnerlichten) Vorwürfe des Depressiven gegen sich selbst in Vorwürfe gegen andere (d.h. ursprünglich gegen die eigenen Eltern) umzuwandeln und sie dabei zugleich auf ein reales Maß berechtigter Äußerungen von Wünschen, Einwänden und Beschwerden zurückzuschrauben.

Auch im Positiven tendiert der Depressive sehr stark dazu, sich mit dem Wohl und Wehe seiner Mitmenschen zu identifizieren. Da er aufgrund der oralen Gehemmtheiten seine eigenen Wünsche zumeist völlig verdrängt und auch die wenigen noch erlebbaren Wünsche nur unter größter Angst, dem anderen lästig zu werden oder sich ihm gegenüber durch vermeintliche Maßlosigkeiten schuldig zu machen, mitteilen oder verwirklichen kann, so hofft er insgeheim, der andere werde von selbst, gewissermaßen hellseherisch, merken, was ihm fehle. Die starke kindliche Identifikation mit den Eltern und die nachfolgende Introjektion der Elterngestalten führt zu einem außerordentlich strengen, sadistischen Überich, dessen Gewissensbisse buchstäblich eine (selbst-)mörderische Energie entfalten können[34]. Die Grausamkeit des strafenden Überichs sowie die hohe Identifikationsbereitschaft mit fremdem Leid treiben den Depressiven meist zu einem grenzenlosen Verantwortungsgefühl und verstärken noch den permanenten Eindruck, im Grunde unberechtigt auf der Welt zu sein. Die Plötzlichkeit und Heftigkeit, mit der bei kleinsten Wunschregungen oder womöglich sogar im Falle eigener aggressiver Regungen die Verurteilung des Überichs hereinbricht, verunsichern das Ich, wie in Kindertagen, immer wieder und verkomplizieren jede Partnerschaft von Anfang an durch ständige Selbstvorwürfe oder vermeintliche Kritiken und Anschuldigungen, die in die Umwelt hineinprojiziert werden. Andererseits finden sich unter den Depressiven ungewöhnlich einfühlsame, intuitiv-ganzheitlich empfindende Menschen – Gedankenleser von Natur, die von einer unermüdlichen Ausdauer, Anhänglichkeit und Hingabebereitschaft bis zur Selbstverleugnung sein können.

Psychosomatisch vermag die depressive Einstellung (bzw. die «Zyklothymie») durch einen pyknischen Konstitutionstyp begünstigt zu werden, so wie umgekehrt die orale Ambivalenz des Depressiven zwischen *Magersucht* und *Freßsucht* hin- und herschwanken kann. Die zentrale Gehemmtheit im oral-kaptativen

[34] Zur *Selbstmordproblematik* aufgrund von Schuldgefühlen vgl. E. Drewermann: Vom Problem des Selbstmordes oder von einer letzten Gnade der Natur, in: Psychoanalyse und Moraltheologie, 3. Bd., 142–154; vgl. A. Maeder: Wege zur seelischen Heilung, 40–51 zum Problem der Umlenkung aggressiver Triebimpulse in der Depression. – Zur sog. «anaklitischen Depression» in Hoffnungslosigkeit und Trauer vgl. K. Weber: Einführung in die psychosomatische Medizin, 91–97; 168–170.

Bereich disponiert natürlich vor allem zu *Störungen im Magen-Darm-Trakt.* Abgesehen einmal von ausgesprochen oralen Fixierungen der Kindheit wie *Daumenlutschen* und *Nägelkauen*[35], leidet der Depressive nicht selten an *Magen- und Darmbeschwerden,* indem er seinen Ärger, statt ihn auszusprechen, unterdrückt und in sich «hineinfrißt». Wut und Angst ebenso wie Glück und Freude fühlt der Depressive buchstäblich im Bauch. Vermischt mit dem ehrgeizigen Pflichtgefühl gewisser zwangsneurotischer Ansprüche, ergeben sich leicht Konflikte, die zum *Magenulcus* und *Zwölffingerdarmgeschwür* prädisponieren[36]. Die Hingabebereitschaft des Depressiven kann, verbunden mit anal-retentiven Gehemmtheiten, zur *Colitis ulcerosa* führen[37]. Die gedrückte bzw. unterdrücktverhaltene Einstellung des Depressiven kann den Blutdruck zur *Hypotonie* absenken und *chronische Müdigkeit* einleiten, während das überhöhte Verantwortungsgefühl und die Bereitschaft zur Identifikation mit anderen eine quälende *Schlaflosigkeit* verursachen kann.

Die schizoide wie die depressive Haltung können sich quantitativ dabei so weit ergänzend steigern, daß der Bezug zur Realität schließlich immer mehr aufgegeben wird und die Wirklichkeit zunehmend durch die eigenen Angstvorstellungen ersetzt wird; aus der Neurose wird dann eine Psychose[38], indem die Schizoidie zur Schizophrenie und die Melancholie (oder Depression) zum manisch-depressiven Irresein geraten kann.

γ) Psychotische Steigerungen

Bei der *Schizophrenie* wird in Gestalt der *Paranoia* die ohnedies bereits fremde und feindselige Außenwelt zu einer von unheimlichen, dämonischen Kräften bedrohten Welt ausgestaltet. Das Ich steht jetzt voller Angst allen möglichen geheimen Machenschaften und Anschlägen gegenüber, in die hinein es seine eigenen ohnmächtigen Haß- und (verdrängten) Liebeswünsche projiziert[39]. Um der Hilflosigkeit zu entkommen, kann sich das Ich schließlich selbst im Zentrum einer verborgenen geistigen Weltregierung wähnen, von der aus es mit geistigen Kräften, z.B. durch geheime Strahlen, als Sohn Gottes bzw. als oberster der Götter die Welt beherrscht; oder es erlebt sich umgekehrt als eine Brutstätte böser Geister und als Mittelpunkt teuflischer Mächte. Die Einheit der Person

[35] Vgl. E. Wiesenhütter: Neurosen des Kindesalters, in: Handbuch der Neurosenlehre, II 326.

[36] Zur Psychosomatik und Psychodynamik des *Magenulcus* s.o.S. 223, Anm. 23.

[37] Zur Psychosomatik und Psychodynamik der *Colitis ulcerosa* vgl. F. Alexander: Psychosomatische Medizin, 87–92, der im Hintergrund der Erkrankung «die versagte Strebung, eine Verpflichtung auszuführen», sowie den vereitelten «Ehrgeiz, etwas zu vollbringen», sieht. Vgl. G.L. Engel: Colitis ulcerosa, in: Th.v. Uexküll (Hrsg.): Lehrbuch der Psychosomatischen Medizin, 649–657.

[38] Zur Wirklichkeitsverleugnung in Neurose und Psychose vgl. S. Freud: Der Realitätsverlust bei Neurose und Psychose, XIII 361–368.

[39] Vgl. am Fall *Schreber* S. Freud: Psychoanalytische Bemerkungen über einen autobiographisch beschriebenen Fall von Paranoia, VIII 239–320.

zerfällt dabei in eine Vielzahl von Geisterstimmen, in denen die Gestalten von Vater und Mutter (bzw. deren Stellvertreter) verselbständigt weiterleben.
In der *manisch-depressiven Psychose* steigern sich (nach Objektverlust) die Verlassenheits- und Ohnmachtsgefühle oder – bei gegebenem Anlaß – die Verpflichtungsgefühle und dementsprechend die Ohnmachts- und Schuldgefühle (wegen der reaktiven Aggressionen) so sehr, daß auch der Depressive darauf wechselweise mit Omnipotenzphantasien und Allschuldwahnideen reagiert. Apokalyptische Weltuntergangsvorstellungen, das Gefühl, einen Mord (an der Mutter, dem Vater, dem Ehegatten) begangen zu haben, die Überzeugung, Teil einer vampirischen Weltverschwörung zu sein, die Verzweiflung, auf ewig und unrettbar von Gott verflucht zu sein – all dies formt sich in der *depressiven* Psychose zu einem erschütternden Gesamtbild, das an Traurigkeit, Qual und Hilflosigkeit nur schwerlich durch ein anderes psychisches Erleben übertroffen werden kann.
Umgekehrt hat R. M. RILKE einmal in seinem Gedicht *«Der Wahnsinn»* im «Buch der Bilder» sehr treffend den Ausbruch einer *Manie* beschrieben und geschildert, wie das depressive Erleben vollkommener Ohnmacht, Einsamkeit und Ungeliebtheit in sein wahnhaftes Gegenteil umschlägt:

Sie muß immer sinnen: Ich bin ... ich bin ...
Wer bist du denn, Marie?
    Eine Königin, eine Königin!
    In die Kniee vor mir, in die Knie!

Sie muß immer weinen: Ich war ... ich war ...
Wer warst du denn, Marie?
    Ein Niemandskind, ganz arm und bar,
    und ich kann dir nicht sagen wie.

Und wurdest aus einem solchen Kind
eine Fürstin, vor der man kniet?
    Weil die Dinge alle anders sind,
    als man sie beim Betteln sieht.

So haben die Dinge dich groß gemacht,
und kannst du noch sagen wann?
    Eine Nacht, eine Nacht, über *eine* Nacht, –
    und sie sprachen mich anders an.
    Ich trat in die Gasse hinaus und sieh:
    die ist wie mit Saiten bespannt;
    da wurde Marie Melodie, Melodie ...
    und tanzte von Rand zu Rand.
    Die Leute schlichen so ängstlich hin,
    wie hart an die Häuser gepflanzt, –
    denn das darf doch nur eine Königin,
    daß sie tanzt in den Gassen: tanzt! ... [40]

[40] R. M. RILKE: Das Buch der Bilder, in: Sämtliche Werke, I 376–377.

In der Bibel ist die bereits früher besprochene Perikope von der «Sünderin», die in Lk 7,36-50 zu Jesus kommt, ein bekanntes Beispiel für solch ein ganz und gar *depressives* Erleben und Verhalten (vgl. I 450ff.). Auch die Gestalt der Maria Magdalena, die von sieben bösen Geistern besessen war, ehe ihr Jesus ein eigenes Leben zurückgab (Lk 8,2), trägt nach der Schilderung des Neuen Testamentes in ihrer Treue und Anhänglichkeit, mit der sie Jesus in den Tod begleitet und am Ostermorgen weinend am Grabe steht (Joh 20,11-15), deutlich depressive Züge an sich. Depressiv-psychotisch mutet auch das Bild an, das im Alten Testament von dem bösen Geist gezeichnet wird, der über König Saul kommt (1 Sam 16,14.15); denn das hohe Verantwortungsgefühl, mit dem Saul das Schicksal der Stämme Israels in die Hand nimmt (1 Sam 11,5-10), die Angst vor der Strafe und vor dem neidischen oralen Besitzanspruch Gottes (1 Sam 15,10-31), die Schwermut und die Eifersucht gegenüber dem erfolgreichen und leutseligen David, setzen sich, so unsicher im einzelnen auch immer, doch zu einem äußerst depressiv gezeichneten Gesamtbild zusammen, das nur mühsam durch die wenigen glücklos-kämpferischen Phasen im Leben des ersten Königs Israels aufgehellt wird.

Innerhalb der *schizoiden* und der *depressiven* Problematik geht es, wenn man beide miteinander vergleicht, letztlich um zwei mögliche Antworten auf die Frage, wie man das eigene Ich vor dem Zugriff der Umwelt schützen kann: durch Flucht, Distanz und Sich-verstecken im eigenen «Haus» – so der Schizoide, oder durch Ausgleichung, Identifikation und Sich-verstecken im anderen – so der Depressive. Beide Erkrankungsformen in Neurose und Psychose gehen auf die frühesten Entwicklungsstadien der Psyche und die dort gemachten Erfahrungen zurück. Dabei lassen sich intentionales und orales Erleben freilich nicht immer so streng trennen, wie es in der diagnostischen Definition des Schizoiden und Depressiven wünschenswert wäre: die Oralität ist das Hauptbetätigungsfeld der frühkindlichen Intentionalität, und Störungen hier bewirken unmittelbar auch Störungen dort; und auch das Umgekehrte gilt: in einer feindseligen und kalten Atmosphäre wird gewiß auch die Nahrungsaufnahme ihre Beeinträchtigungen erleiden: nach der Art des intentionalen Erlebens richtet sich bereits die orale Erlebniswelt, und beides greift *de facto* ständig ineinander. Von daher ist das relativ häufige Auftauchen von *schizoid-depressiven Mischstrukturen* zu verstehen, bei denen sich die Blässe und Lustlosigkeit des schizoiden Erlebens mit den Verpflichtungs- und Schuldgefühlen des Depressiven paaren – Menschen, die oft nur noch weiterleben, weil es eine schwere Sünde oder eine Kränkung der Angehörigen bedeuten würde, sich das Leben zu nehmen[41], die aber auch hoch sensibel sein können und oft ein großes Maß an Einfühlung mit

[41] Vgl. E. Drewermann: Vom Problem des Selbstmordes, in: Psychoanalyse und Moraltheologie, 3. Bd., 148-149.

begrifflicher Reflexion und Klarheit als Schriftsteller, Lehrer, Psychotherapeuten, Ärzte, Sozialarbeiter etc. zu verbinden wissen.
Überhaupt muß man bedenken, daß nach der Art, wie eine bestimmte psychische Entwicklungsphase durchlaufen wurde, natürlich auch die weiteren Stadien mitgeformt werden. Das gilt insbesondere für die beiden weiteren Neuroseformen: die Zwangsneurose und die Hysterie.

δ) Die zwangsneurotische Fehlhaltung

Die Zwangsneurose entsteht genetisch aus den analen Konflikten zwischen Behalten und Hergeben, Eigenwillen und Fremdbestimmung, Macht und Unterlegenheit, und der erste Ort dieser Problematik ist die Zeit der Sauberkeitserziehung zwischen 1;5 und 2;6 Jahren. Hier zum erstenmal tritt die Forderung an das Kind heran, seinen Willen, seine willkürliche Muskulatur, zu beherrschen und in den Dienst eines fremden Willens zu stellen, der dem Kind nur begrenzt begreifbar zu machen ist. Dabei versteht man, daß ein Klima ängstlichen Mißtrauens und einer starken Irritation im Erleben der eigenen Wünsche nach Besitz und Aufnahme – also vorhergehende intentionale und orale Störungen – die Fähigkeit, je nachdem, etwas herzugeben oder zu behalten, jetzt zu einem ausgesprochenen Dilemma anwachsen lassen kann. Die Selbstbewahrungstendenz des *Schizoiden* etwa wird sich jetzt als verstärktes retentives Bedürfnis nach Kot- und Harnverhalten geltend machen; ein *depressives* Kind wird auf der analen Stufe geneigt sein, zusätzlich zu seinen oralen Gehemmtheiten zu lernen, daß es nicht nur kein Recht hat, sich etwas herauszunehmen oder von anderen etwas anzunehmen, sondern daß es gleichermaßen verboten ist, etwas für sich zurückzubehalten. So können schizoid-zwangsneurotische und depressiv-zwangsneurotische Mischstrukturen bzw. Kombinationen aus allen drei Triebhemmungen entstehen.
Die *zwangsneurotische* Haltung selbst aber ergibt sich unmittelbar aus einer Hemmung der analen Bedürfnisse, zu schmutzen, auf «dem Thron zu sitzen» und von sich selber «abzugeben», was, wann und wieviel man will. Aufgrund seiner analen Gehemmtheiten ist der Zwangsneurotiker gerade durch besondere Ordnung, Sparsamkeit, Pünktlichkeit und äußere Bescheidenheit gekennzeichnet. Er kann ein ausgesprochener Pfennigfuchser und Pedant sein; Schmutz und Unordnung, aber auch u. U. sexuelle Vorgänge, erzeugen in ihm Angst und Ekel. Vor seinen eigenen Wünschen flieht er aus Angst, willkürlich und chaotisch zu werden, und so hält er den eigenen unbewußten Willkürtendenzen die eherne Strenge des Gesetzes entgegen, das keine Ausnahme duldet. Wenn er dennoch bestimmte Wünsche durchsetzen will, so nur auf dem Weg von angeblich einklagbaren Rechtsforderungen, die für sich selber durchzusetzen er unter mehr oder minder geistreichen Rationalisierungen geradezu als eine Pflicht auszugeben versteht.

Auf diese Weise lebt der Zwangsneurotiker in einer Welt, die alle Möglichkeiten, Freiheiten oder gar Freizügigkeiten von vornherein ausschließt und nur das «Du mußt» gelten läßt. Ständig terrorisiert er daher sich und andere mit dem, was angeblich unbedingt sein muß. Besonders schwierig für die Umgebung gestaltet sich ein solches Leben des «Man-muß» bei depressiv-zwangsneurotischen Mischformen des Charakters, wenn die breiten oralen Gehemmtheiten des Depressiven durch die zwanghafte Rationalisierung eigener Wünsche kompensiert werden, so daß die an sich normalen Ansprüche nach Liebe, Geborgenheit, Anerkennung etc. nunmehr wie Rechtstitel, förmlich unter Strafandrohung, von den Mitmenschen ertrotzt werden. Da der Zwangsneurotiker indessen mit seinen verstellten Ansprüchen nur schwerlich zum Erfolg kommt, lebt er zumeist in dem Empfinden, eigentlich im Recht zu sein, aber leider, wie die Welt beschaffen ist, nicht Recht zu bekommen; und so verschanzt er sich oft lebenslänglich hinter einer Mauer von Trotz, Eigensinn und rechthaberischen Kontaktbarrieren, stets freilich belohnt durch das Bewußtsein, doch eigentlich ein guter, d.h. ein untadeliger, tüchtiger, fleißiger, nur eben in seinem Wert verkannter Mensch zu sein.

Tatsächlich kann es nicht ausbleiben, daß die Überordentlichkeit, die Hypermoral und die außerordentliche Starre den Zwangsneurotiker in einen ständigen Konflikt zu seinen Mitmenschen bringt, deren Pflichtvergessenheit, Unfähigkeit, Ungerechtigkeit etc. er mit ständig wachsender, aber (bis auf gelegentliche Explosionen) zumeist unterdrückter Wut tadelt und verdrossen kritisiert. Insbesondere der unbedingte Wille zur Perfektion macht dem Zwangsneurotiker (und seinen Mitmenschen) das Leben schwer; alles noch nicht Vollkommene, jeder Fehler, jede Entdeckung einer neuen Möglichkeit verwandelt sich für ihn in die unbedingte Pflicht, sofort und auf der Stelle das Fehlende zu ergänzen, und hinterläßt, falls er diesem Zwang nicht nachkommt, in ihm die Angst vollkommener Wertlosigkeit.

Von daher zeigt sich der Zwangsneurotiker nicht selten unfähig, überhaupt irgendeinen Entschluß zu fassen und sich ans Handeln zu begeben; in dem Gefühl der Unsicherheit und Unvollkommenheit, aber auch aus Angst vor den aggressiven Konsequenzen seiner Gedanken weicht er in Zweifelsucht, in ständige Grübeleien und Selbstwiderlegungen oder geradewegs in die Verklärung eines kontemplativen Lebensstiles aus[42]. Die unterdrückten sadistischen Wünsche des Zwangsneurotikers können sich oft nicht anders als in bestimmten

[42] Zum Denken der *Zwangsneurotiker* vgl. O. Fenichel: Psychoanalytische Neurosenlehre, II 146–153; zur daseinsanalytischen Betrachtung der Zwangsneurose vgl. E. Drewermann: Sünde und Neurose, in: Psychoanalyse und Moraltheologie, 1. Bd., 136–143; vgl. V.E.v. Gebsattel: Die anankastische Fehlhaltung, in: Handbuch der Neurosenlehre und Psychotherapie, II 125–142; vgl. auch F. Alexander: Psychoanalyse der Gesamtpersönlichkeit, 102–110; W. Bräutigam: Reaktionen, Neurosen, Abnorme Persönlichkeiten, 125–134, der vor allem die *Chronifizierung* der Zwangssymptomatik zu Recht hervorhebt (S. 133).

Zwangsvorstellungen, Zwangsbefürchtungen oder Vorsichtsmaßregeln niederschlagen, die, verbunden womöglich mit gewissen schizoiden Erlebnisinhalten, den breitesten Boden einer schizophrenen Entwicklung abgeben können. Da der einzige Weg zur Durchsetzung der eigenen Ansprüche für den Zwangsneurotiker in dem Erwerb von Geltung und Macht besteht, lebt er in einer ständigen Kain-und-Abel-Welt von Opfer, Konkurrenz und Sadismus; seine Beziehung zu den Mitmenschen wird ständig von der Frage erschwert, wer wohl als besser oder schlechter, als höher- oder minderrangig einzustufen ist. Bei einem anderen etwas zu loben oder anzuerkennen, fällt ihm mehr als schwer; denn das Gute gilt ihm als selbstverständlich, jeder Mangel aber als Skandal. Die Liebe reduziert sich für den Zwangsneurotiker unter solchen Voraussetzungen auf ein Besitzverhältnis: die Liebe ist, wie in DOSTOJEWSKIS Roman *«Der Idiot»*[43] die unglückselige Nastasja für den wollüstigen Rogoshin, eine Beziehung des «Einkaufs», des rechtmäßig erworbenen Besitzes, mit dem Willen freilich zu Schutz und Fürsorge in allem, was durch Leistung und Geld zu bewerkstelligen ist. Es war DOSTOJEWSKIS richtige Ahnung, daß eine solche Art von «Liebe» letztlich nur töten kann und eine verkappte Form von Nekrophilie darstellt: nur das Tote läßt sich in Sicherheit «besitzen».

Vor diesem Charakterhintergrund läßt sich unschwer erkennen, daß eine Reihe *psychosomatischer Störungen* zwangsneurotischer Herkunft mit Gewißheit den *Darm* heimsuchen müssen. *Obstipation, Diarrhoe, Colitis ulcerosa*[44], *Hämorrhoidalbildungen, Pruritus ani* etc. können auf diese Weise entstehen[45]. Darüberhinaus kann die unterdrückte Aggressivität zu *essentieller Hypertonie* führen, während die vasomotorischen Veränderungen leicht Kopfschmerzen hervorrufen können[46]; der verhaltene Ärger kann aber auch *Leber* und *Galle* angreifen, je nachdem, wie der Ärger verarbeitet wird, ob zornig und anfallartig, oder als «beleidigte Leberwurst» mehr passiv mäkelnd. Die Ekelreaktionen können, vor allem, wenn sie mit schizoiden Inhalten verbunden sind, *allergische Reaktionen* der *Haut* hervorrufen; abgewehrte Sexualstrebungen und sadomasochistische Konflikte können an der Haut ihren somatischen Niederschlag finden[47]. Die ständige Rivalität, der Leistungsanspruch, die damit verbundenen Minderwer-

[43] F.M. DOSTOJEWSKIJ: Der Idiot, 1. Teil, Kap. 16; S. 162–171.
[44] Zu *Obstipation* und *Diarrhoe* vgl. F. ALEXANDER: Psychosomatische Medizin, 84–87; 93–95.
[45] Zum *Pruritus* vgl. F. ALEXANDER: Psychosomatische Medizin, 128.
[46] Zur *essentiellen Hypertonie* vgl. O. FENICHEL: Psychoanalytische Neurosenlehre, II 87–90; vgl. J.M. HERRMANN – M. RASSEK – N. SCHÄFER – T.H. SCHMIDT – TH.v. UEXKÜLL: Essentielle Hypertonie, in: Th.v. Uexküll (Hrsg.): Lehrbuch der Psychosomatischen Medizin, 595–615. Als «Bereitstellungskrankheit» kann die Hypertonie bis zum Herzinfarkt führen.
[47] Zur *Allergie* vgl. O. FENICHEL: A.a.O., II 92; S. STEPHANOS: Das Konzept der «pensée opératoire» und «das psychosomatische Phänomen», in: Th.v. Uexküll (Hrsg.): Lehrbuch der Psychosomatischen Medizin, 229–230.

tigkeitsgefühle, die dauernde Angst unter der Tarnkappe äußeren Wohlverhaltens können zur *Überfunktion der Schilddrüse* führen; auch Gefühle der Organminderwertigkeit, besonders im sexuellen Bereich, sowie *hypochondrische Ängste*, in denen der latente Sadismus gegen die eigene Person gelenkt wird, können sich aus dem zwangsneurotischen Selbstgefühl herleiten. Vor allem in depressiv-zwanghaften Mischformen kann mitunter die Krankheit, die sonst wie ein unverzeihliches Versagen empfunden wird, förmlich gesucht, notfalls sogar erfunden werden, um endlich einmal mit einer gewissen Erlaubnis sich dem unerträglichen Druck der Pflichten entziehen zu können. Statt in solchem Falle von «Simulation» oder «Flucht in die Krankheit» zu reden, sollte man in solchem Verhalten eher einen äußersten Notruf erblicken.

ε) Die hysterische Fehlhaltung

Die am spätesten sich herausbildende und deshalb psychosomatisch nicht so tiefsitzende, aber darum keinesfalls harmlosere Neuroseform ist *die Hysterie*, die aus den von FREUD klassisch beschriebenen Konflikten der ödipalen Phase hervorgeht.

In jeder frühkindlichen Entwicklung, meinte FREUD, kommt es insofern zu einem unvermeidlichen Dilemma, als das Mädchen sich in seinen Vater, der Junge sich in seine Mutter «verliebt» und dadurch mit dem gleichgeschlechtlichen Elternteil in Konkurrenz gerät. In welcher Weise freilich des «Ödipuskomplex» erlebt wird, hängt wiederum entscheidend auch von der vorhergehenden Entwicklung ab. *Zwangsneurotische* Fixierungen können die ödipale Konkurrenz mit dem Vater bzw. mit der Mutter in einen dramatischen und oft lebenslangen Machtkampf verwandeln; die *depressive* Identifikationsbereitschaft wird die Liebe des Mädchens zum Vater bzw. des Jungen zur Mutter in eine Identifikation des Mädchens mit dem Vater, des Jungen mit der Rolle der Mutter verwandeln, und nach der Ablösung der Elternliebe, nach dem «Objektverlust» durch das (kastrative) Verbot des «Inzests», kann bei einem depressiven Mädchen daraus eine eher männlich-verantwortliche Haltung, bei einem Jungen eine eher weiblich-dienende Haltung hervorgehen; die *schizoide* Bindungslosigkeit hingegen kann einer eigentlichen Liebe zu Vater oder Mutter so weit im Wege stehen, daß die Sexualität in gewissem Sinne richtungslos bleibt und u. U. in perverse Bahnen gerät. Auch bei der Hysterie ist dementsprechend mit verschiedenen Mischformen zu rechnen.

Das spezifisch *hysterische Syndrom* aber ergibt sich aus einer Fixierung auf die ödipale Position, d. h. aus dem Verlangen nach einem Liebespartner, der diejenigen Eigenschaften besitzt, die das Mädchen bei seinem Vater, der Junge bei seiner Mutter entweder sehr intensiv gefunden oder sehr intensiv entbehrt hat. Aus der Fixierung der ödipalen Phase ergibt sich dabei eine im Grunde kindliche Einstellung zu dem überwertig vorgestellten Partner, die zu immer wiederholten bitteren Enttäuschungen führen muß, wenn sie nicht durch eine Art Nachreifung oder Stärkung des eigenen Ichs aufgefangen wird. Ferner gehört zur ödipalen Situation eine ständige Neigung, als Mann mit anderen Männern bzw. als Frau mit anderen Frauen zu rivalisieren und zu konkurrieren, und zwar nicht, wie in der zwangsneurotischen Konkurrenz, um Macht, sondern um Liebe und Anerkennung durch bestimmte andere Personen. Schließlich ergibt sich aus der ödipalen Konstellation die geradezu pflichtmäßige Selbstsabotage aller Liebesbeziehungen; denn die Liebe zum Vater darf in ihren sexuellen Inhalten nicht wirklich gelebt werden, und immer ist daher später mit Angst zu rechnen, sobald die traumhafte Sehnsucht nach Liebe eine reale Chance bekommt, Wirklichkeit zu werden.

So wie man den Zwangsneurotiker ständig um Macht buhlen sieht, ohne doch jemals zu einem wirklichen Genuß derselben zu gelangen, so sieht man daher den Hysteriker stets um die Liebe gewisser vaterähnlicher Personen ringen, ohne doch seine eigentlichen Wünsche leben zu dürfen. Um so stärker wächst das Verlangen, durch ein Höchstmaß äußerer Anpassung die Gunst der anderen zu erwerben, und so ist der Hysteriker versucht, ständig bestimmte Rollen zu spielen, bis daß er selber kaum noch weiß, wer er selber ist und was er selber will.

In diesem Bemühen um Anpassung nach außen ergibt sich im hysterischen Gebaren eine scheinbare Ähnlichkeit zu dem Streben des Depressiven, im anderen aufzugehen; aber während der Depressive in den anderen hineinflieht, um sich dort zu verstecken, gleicht der Hysteriker sich den Erwartungen der anderen an, um Liebe und Anerkennung zu erringen.

Bis in die Details seines Verhaltens hinein läßt sich diese ängstliche Überbemühtheit des Hysterikers um Anpassung und Wohlwollen erkennen. Besonders *die Redeweise* eines Hysterikers ist, bezogen auf die Thematik eines Gesprächs, durch ein ständiges Überspringen und «Dranvorbeireden» gekennzeichnet. Während der Schizoide sich durch die Gleichgültigkeit seiner Mitteilungen auszeichnet, während der Depressive eher zu Mutismus oder zu übertrieben-redseligem Lückenfüllen neigt, während der Zwangsneurotiker durch die umständliche Akribie und die gefühllose Unpersönlichkeit seiner Mitteilungen auffällt, fühlt der Hysteriker sich ständig zu einem ziellosen Redeschwall aufgefordert. Das hysterische Erleben braucht die Bühne, das Theater, die Wandlung, den Wechsel der Rollen, und es wehrt sich dementsprechend gegen Festlegungen, Einengungen und Pflichten; ständig ist der Hysteriker von daher bemüht, sich und den anderen zu beweisen, daß er (noch) nicht in bloßem Trott verkommt, daß er noch «Möglichkeiten» offen hat.

Beruflich nimmt es somit nicht wunder, daß man unter den Hysterikern nicht selten glänzende Unterhalter und Schauspieler, Meister der Selbstdarstellung und der Imitation findet. Schwer aber ist es herauszufinden, wer die Person eigentlich ist, die sich so virtuos hinter so vielen Masken verbirgt. Denn das zentrale Verlangen des Hysterikers nach der Liebe seines Vaters bzw. seiner Mutter bleibt ihm selber unbewußt und erzeugt eine ständige ängstliche Fluchtbereitschaft vor sich selbst und den vermeintlichen oder wirklichen Nachstellungen der anderen. Hinter der Fassade eines gesteigerten Erlebnishungers verbirgt sich daher im Grunde eine chronische Erlebnisunfähigkeit, und die bitter empfundene Erlebnisarmut wiederum wird hinter einem nicht endenden Bewegungssturm versteckt. «Mittels der Darstellung von Gefühlszuständen» gibt sich der Hysteriker den Anschein, «aus der Tiefe des eigenen Gefühls zu leben», während er in Wahrheit darauf angewiesen ist, «sich wirkungskräftige Ausdrucksbilder von anderen zu leihen»[48].

Psychosomatisch wirkt sich die Hysterie so aus, wie es ihrer Genese entspricht. Da die Hysterie entsteht, nachdem die ersten drei psychischen Entwicklungsphasen bereits durchlaufen sind, ist die eigentliche Domäne der Hysterie nicht mehr die Organneurose, das Gebiet der funktionalen Organstörungen bzw. des vegetativen Nervensystems, sondern der Bereich der Konversionssymptomatik, des animalischen (willkürlichen) Nervensystems. Der Mechanismus derartiger Störungen ist ebenso leicht zu erklären wie schwer zu behandeln: bestimmten Sinnesorganen oder Muskelbewegungen wird aufgrund der Verdrängung die Vorstellung entzogen oder, was auf dasselbe hinausläuft, bestimmte willkürlich zu steuernde Organe werden durch einen unbewußten Triebwunsch besetzt und damit einer bewußten Steuerung unzugänglich (s.o. S. 195). Viele hysterische Symptome sind eine unmittelbare Folge solcher Verdrängungen bzw. solcher Abspaltungen bestimmter Triebregungen vom Bewußtsein: «Bei einer hysterischen Anästhesie und Analgesie ist die Berührungs- und Schmerzempfindung, bei einer hysterischen Einengung des Gesichtsfeldes ist die Peripherie des Gesichtsfeldes, bei einer hysterischen Blindheit ist das Sehen, bei einer hysterischen Taubheit ist das Hören aus dem Erlebniszusammenhang herausgespalten und offenbar nicht bewußtseinsfähig. Bei der hysterischen Amnesie steht Erlebnismaterial aus der Vergangenheit nicht mehr zur Verfügung usw.»[49]

Was die *Erinnerungsfähigkeit* an die Vergangenheit angeht, so kann sie generell, je nach Neurosestruktur, sich sehr unterschiedlich gestalten. Der *Schizoide* hat entweder aus Gleichgültigkeit überhaupt keine Erinnerungen oder er teilt gleichmütig und ohne Sinnzusammenhang bizarre Details mit; der *Depressive* kennt für gewöhnlich seine Vergangenheit sehr gut, aber er verschweigt oft jahrelang besonders bedrückende Details seiner Biographie, um seinen Angehörigen keine Vorwürfe machen zu müssen; der *Zwangsneurotiker* wird sich schwer

[48] W. Th. Winkler: Die hysterische Fehlhaltung, in: Handbuch der Neurosenlehre, II 180. – Zur daseinsanalytischen Betrachtung der Hysterie vgl. E. Drewermann: Sünde und Neurose, in: Psychoanalyse und Moraltheologie, 1. Bd., 143–148.

[49] W. Th. Winkler: A.a.O., II 165.

tun, überhaupt auf seine Kindheit Gedanken zu verschwenden, da es für ihn fast einer Beleidigung gleichkommt zu unterstellen, sogar er sei nicht schon fertig zur Welt gekommen – seine Erinnerung beginnt oft erst mit 20 Jahren oder später; der *Hysteriker* hingegen blendet mehr oder minder bewußt bestimmte, meist sexuelle Themen von der Wahrnehmung aus, weil sie ihm Angst machen; er verdrängt zugleich die entsprechenden Affekte, und so kann man den Hintergrund der hysterischen Psychogenese meist nur von der Symptomatik selbst her erschließen.

Entsprechend der hysterischen Neigung zur szenischen Darstellung besitzen die Konversionssymptome stets einen hohen symbolischen Ausdruckswert, wobei vor allem die geschichtlich vorgebildeten Verhaltensweisen: die Hyperkinese (der Bewegungssturm) und die Bewegungsunfähigkeit (der Totstellreflex) in den Dienst der hysterischen Inszenierungen gestellt werden. So gibt es die kopflosen *Hyperkinesen*: Schreien, Zittern, Krämpfe, Zuckungen, Schütteltremor, Kreuz- und Querrennen u.a.; bei einem *großen hysterischen Anfall* vollends kann ein ganzes Feuerwerk aller überhaupt nur denkbaren Willkür-, Ausdrucks- und Reflexbewegungen entfesselt werden. Aber auch das Gegenteil: der *Totstellreflex*, kann in Form von Stuporzuständen und den genannten Symptomen der Astasie-Abasie, Extremitätenlähmungen, Aphonie, Blindheit, Taubheit u.a. als hysterisches Ausdrucksverhalten verwandt werden[50].

Am häufigsten treten hysterische Reaktionen bei Lebensgefahr und – aufgrund der ödipalen Herkunft – im Zusammenhang mit der Sexualität auf. Nicht selten wird die hysterische Krankheit als Ausweg gesucht, um das Ich von Schuldgefühlen zu entlasten oder um fehlende Aufmerksamkeit zu erlangen. Die Unfähigkeit zu wirklichem Erleben wird dabei zumeist nach außen hin tapfer überspielt und bleibt selbst dem eigenen Ehepartner mitunter ein Leben lang verborgen. Da die hysterischen Symptome eigentlich nicht ohne Zuschauer auskommen, sind vor allem durch den aufklärenden Einfluß der Psychoanalyse in den letzten Jahrzehnten die großen hysterischen Reaktionen relativ seltener geworden, wozu auch ein Rückgang der patriarchalischen Familienstrukturen einen Gutteil beigetragen haben wird; andererseits aber drängt die Erlebnisleere und Äußerlichkeit der modernen Industriegesellschaft heute wieder stärker zu einer hysterieformen Flucht in die Exaltiertheit und Theatralik großer Gesten ohne Inhalt.

Mit Hilfe der Psychodynamik der verschiedenen Neuroseformen läßt sich mithin eine Brücke zwischen dem psychischen Angsterleben und der psychosomatischen Reaktion in Form bestimmter Organneurosen und Konversionssymptome schlagen. Wenn auch die Zusammenhänge im einzelnen in ihren *biochemischen* Zwischengliedern vielfach heute noch nicht hinreichend verständlich

[50] W. Th. Winkler: A.a.O., II 172.

sein mögen, so wird doch deutlich, wie recht die Schamanen und die antiken Priester im Prinzip hatten, wenn sie eine Vielzahl von Krankheiten, ja, *die* Krankheit überhaupt, von dem psychischen Geschehen her zu verstehen und zu heilen unternahmen. Man muß sogar hinzufügen, daß selbst manche Infektionskrankheiten, wie *Lungen-Tb.* und *Cholera*, die zunächst als rein somatische Angelegenheiten imponieren, konditionell nicht ohne eine bestimmte psychische Bereitschaft auftreten können. Für die Lungen-Tb. z.B. scheint der Verlust einer geliebten Person oder die Unfähigkeit, ihr näher zu kommen, als auslösende Bedingung zu der Infektion hinzuzutreten[51]. Vor allem die im Altertum besonders unheimliche Krankheit des *morbus sacer*, der *Epilepsie*, wie sie in Mk 9,14-29 oder in dem Anfall des hl. *Paulus* vor Damaskus geschildert wird (Apg 9,1-9), kann offensichtlich in Form der sog. Hysteroepilepsie durch schwere anfallartige Tötungsimpulse bewirkt werden, die unter dem Druck des Überichs auf die eigene Person gelenkt werden[52].

Insgesamt aber zeigt sich für die Auslegung der Wundererzählungen, daß es sehr wohl möglich und sogar notwendig ist, die jeweils beschriebenen Krankheitssymptome in sich selbst psychosomatisch zu würdigen und damit die Art der Heilungsaufgabe überhaupt erst konkret genug zu begreifen. Man wird dann sehr bald sehen, daß die berichteten Details im Verhalten des Patienten wie des Therapeuten (des Schamanen, des göttlichen Arztes) auf das exakteste miteinander korrespondieren und psychosomatisch so getreu und zutreffend geschildert werden, wie sie keinerlei Propagandaabsicht «erfinden» könnte. Im Gegenteil weisen die Wunderberichte – ähnlich der psychischen Genauigkeit und Treffsicherheit der Träume, Mythen, Märchen und Legenden – eine überragende Beobachtungsschärfe in der Darstellung der psychosomatischen Sachverhalte und in der Beschreibung des Charakters und des Verhaltens der einzelnen Kranken auf; sie sind erfüllt von einem außerordentlich tiefen Wissen um psychosomatische Zusammenhänge, und selbst wo sie in historischem Sinne «erfunden» sein mögen, sind sie als «Erfindungen» doch keinesfalls die Produkte einer willkürlichen und effektsüchtigen Phantasterei, sondern die Verdichtungen einer unbewußten Weisheit, die mit traumhafter Sicherheit gerade diejenigen Szenen erschafft, die sich dann auch in engem historischem Sinne als «tatsächliche» Wunder zu allen Zeiten und Zonen ihre eigene Geltung und Wirklichkeit zu verschaffen vermögen und zu erschaffen bestimmt sind.

[51] Zur Psychosomatik der *Lungen-Tuberkulose* vgl. J.M. Herrmann: Infektionskrankheiten, in: Th.v. Uexküll: Lehrbuch der Psychosomatischen Medizin, 701. – Ein berühmtes Beispiel der Lungen-Tb. liefert F. Kafkas Erkrankung nach seiner Trennung von *Milena*.

[52] Vgl.F. Fenner: Die Krankheit im Neuen Testament, 30–40; 42–44, der freilich den Begriff der Hysteroepilepsie nicht einführt und deshalb die Diagnose «Epilepsie» ablehnt.

7. Zusammenfassende Regeln und Erkenntnisse zur Interpretation der Wundererzählungen (Novellen)

Aus dem Gesagten lassen sich nun einige Regeln ableiten und formalisieren, die zeigen, in welcher Weise und inwieweit die (Tiefen-)Psychologie zur Auslegung der Wundererzählungen herangezogen werden kann und muß.

a) Die Wahrheit der Topik und Typik der Wundererzählungen

In ihrer historischen Glaubwürdigkeit werden die «Novellen» oder Wundergeschichten der Bibel (ebenso wie der außerbiblischen Literatur) durch die Stereotypie ihres formalen Aufbaus zweifellos sehr belastet: die dramatische Schilderung auswegloser Not kontrastiert *stets* mit dem rettenden Eingriff des Wunderbaren; die affektive Wunschwelt, die in Texten dieser Art zum Ausdruck kommt, macht die Historizität des Dargestellten von vornherein recht unwahrscheinlich; zudem soll mit der herausragenden Schilderung des Wunders die Person und Bedeutung eines bestimmten Wundertäters selbst ins Wunderbare gerückt werden; die «Novellen» erscheinen somit als Propagandaliteratur mit deutlicher Blickrichtung auf ihre Wirksamkeit in der Massenpsyche. Rein historisch betrachtet, stellen die Wundergeschichten daher in Stil, Psychologie und Tendenz – abgesehen von den Widersprüchen zu der Geschlossenheit des naturwissenschaftlich-kausalen Weltbildes der Neuzeit – eine Crux der Interpretation dar, und sie reduzieren sich für die Exegese mithin entweder in rein pietistischer Orthodoxie auf ein bloßes Aussagemittel ohne Wichtigkeit des konkreten Inhaltes, oder sie entwerten sich in einem liberalen Historismus vollends als theologische Problem-Dokumente von Magie, Wundersucht und Aberglaube. Erst eine tiefere psychologische Betrachtung kann die Wundererzählungen wieder in ihre Rechte einsetzen. Denn mit der Topik ihrer Motive verweisen sie *psychologisch* gerade auf eine ubiquitäre Gleichheit des Empfindens und Vorstellens, die von sich her, besonders in ihrer dramatischen Steigerung, überhaupt erst diejenigen Kräfte im Menschen zu mobilisieren und freizusetzen vermag, die das «Wunder» einer Heilung ermöglichen. Das rein historisch Unwahrscheinliche wird damit zum psychologisch überaus Wahrscheinlichen, und erst durch die Vermittlung psychologischer Betrachtung läßt sich auch auf der äußerlichen Ebene historischer Fragestellungen eine sinnvolle Antwort auf das Problem der Möglichkeit und der Eigenart von Wunderheilungen geben. Desgleichen zeigen die typischen Krankheitsformen und Behandlungsmethoden der Wundererzählungen zu allen Zeiten und Zonen der Religionsgeschichte, daß es auch in historischem Sinne immer wieder um die gleichen Phänomene und Erlebnisse gehen muß, die z.B. auch in der Bibel überliefert werden. Eben deshalb sind die

Wundergeschichten selbst, als Reflex geschichtlich einmaliger Ereignisse, von überzeitlicher Bedeutung, und die Art ihrer Topik und Typik bedeutet nicht eine Verfälschung der geschichtlichen Wahrheit, sondern vielmehr eine Aufhebung des geschichtlich Einmaligen in das Ewig-Gültige.

b) Die Allgemeinheit menschlicher Not in den Wundererzählungen

Statt die «Novellen» zu rein theologischen Aussagemitteln herabzuwürdigen, die lediglich irgendeine «prophetische» Schriftstelle als «erfüllt» oder irgendeinen bestimmten Glauben als von Gott kommend darstellen sollen, geht es in psychologischer Betrachtung gerade darum, so konkret wie möglich die jeweilige Notlage, die Krankheit, das Leiden der Personen zu verstehen, die sich bittstellend und klagend, aber nie ohne Zuversicht und Hoffnung, an den Wundertäter wenden. Sehr bald wird man bei dieser Betrachtungsweise feststellen, daß die Krankheitsformen in den Heilungsgeschichten allgemein menschliche, typische Nöte und Notlagen widerspiegeln. Die Wundererzählungen sprechen nicht von exquisiten und absonderlichen Notlagen, sondern von Leiden, wie es sie allerorten und zu allen Zeiten gibt; die Wundererzählungen sind insofern prinzipiell Geschichten von und für jedermann.

c) Der Gegensatz von Angst und Vertrauen als Parameter der Hermeneutik

Vor allem wird man im Hintergrund der vielfachen Nöte in den Wundererzählungen immer wieder auf die Alternative von Angst und Vertrauen hingewiesen. Die häufige Wendung des Neuen Testamentes: «Dein Glaube hat dich gerettet», meint im Sinne der «Novellen» nicht einen spezifisch christlichen Glauben, sondern ein fundamentales Vertrauen gegenüber einer fundamentalen Angst. Im wahrsten Sinne des Wortes sind die Wundererzählungen *Erlösungsgeschichten*; indem sie beispielartig die rettende Macht des Vertrauens gegen die furchtbare, zerstörerische Macht der Angst beschreiben, sind sie nicht anders zu verstehen denn als Konkretionen einer eben solchen prinzipiellen Wahl zwischen Angst und Vertrauen. Dabei wird das Vertrauen, von dem hier die Rede ist, wohl durch den Wundertäter vermittelt und an seiner Person katalysiert, aber es gilt ihm nicht wesentlich; es geht durch ihn hindurch auf den Grund des Daseins selbst – religiös gesprochen auf Gott, dessen Macht im Wundertäter vermöge des Glaubens wirksam ist und sichtbar wird (s. u. Nr. h). M. a. W.: die Göttlichkeit des göttlichen Arztes besteht darin, Mittler zu sein zwischen den Mächten des Göttlichen und dem Herzen des Menschen.

d) Die psychosomatische Diagnostik der Angstzustände

Vom Erleben der Angst her lassen sich die einzelnen Krankheits- und Unheilssituationen selbst als konkrete Verdichtungen, als Artikulationen der Daseinsangst verstehen, die in jedem Menschen angelegt ist. Gerade die anschauliche und breite Schilderung der spezifischen Krankheitsformen und vielfachen Gebrechen in den Wundererzählungen darf durchaus nicht als «unreligiöses», «weltliches» Interesse dieser Erzählgattung abqualifiziert werden, sie muß im Gegenteil als Leitfaden genommen werden, um die Eigentümlichkeit der jeweiligen Angstinhalte besser zu verstehen und in sich selbst zu würdigen. Statt die Erfahrungen von Angst und Not, von Vertrauen und Rettung als unchristlich zu verleumden, gilt es gerade umgekehrt zu begreifen, daß die Botschaft der «Novellen» eben darin zutiefst religiös ist, daß sie zeigt, wie Menschen in der blanken Profaneität, in der bloßen Erniedrigung ihrer Existenz in der Angst, zu einem Vertrauen hinfinden, in dem sie zugleich mit sich selbst und ihrem Schöpfer einig werden. Die zumeist sehr im Detail beschriebenen Krankheitssymptome sind in den Wundererzählungen mithin so zu lesen, wie sie in der psychosomatischen Medizin bzw. in der Tiefenpsychologie gedeutet werden. Ein Teil der in den Wundererzählungen behandelten Krankheiten ist als Konversionssymptomatik zu deuten, d.h. die Krankheitsformen selbst sind unmittelbar *symbolisch* zu interpretieren: Blindheit, Lähmung, Taubheit u.a. sind daher als Ausdrucksformen einer inneren Einstellung, als Fehlverarbeitungen schwerer Ängste im Hintergrund zu verstehen. Andere Krankheiten sind nicht als rein psychoneurotisches Ausdrucksgeschehen, wohl aber als funktionale Störungen im Sinne der psychosomatischen Medizin zu deuten; in diesen Fällen kommt es darauf an, die Psychodynamik und die charakterspezifischen Konflikte im Hintergrund der Krankheitssymptomatik zu erschließen. In jedem Falle muß die immanente Psychologie und Pathologie der Wundererzählungen dazu verwandt werden, den latenten Ängsten in der Tiefe des Empfindens der jeweiligen Kranken nachzuspüren.

e) Die Methode der Einfühlung sowie die Verdichtungs- und Vollständigkeitsregel

Was bereits für die Mythen und Märchen sowie für die Sagen und Legenden galt, läßt sich jetzt mit größtem Gewinn auch bei der Auslegung der Wundererzählungen anwenden. So wie die Mythen Jahrhunderte und Jahrtausende im Leben der Natur, der Menschheit oder eines Volksstammes in einer einzigen Szene *verdichten*, so sind die Wundererzählungen biographische *Verdichtungen*, deren einzelne Momente von Krankheit und Heilung, übersetzt in die eigene Erfahrung, zumeist Jahre der inneren Entwicklung beschreiben und zusammenfassen (vgl. I 218ff.).

Wenn in Mk 7,31-37 z.B. der Taubstumme geheilt wird, indem Jesus ihn abseits von der Menge nimmt, ihm die Hände in Mund und Ohren legt und, zum Himmel blickend, den Öffnungsbefehl «ephphatha» spricht («Tu dich auf!»), so versteht man die Bedeutung dieser einzelnen Heilmaßnahmen am besten vom Modell der Psychotherapie her, indem man das in der Wundererzählung zu einem einzigen Moment verdichtete Geschehen sich als zeitlich zerdehnt vorstellen muß: in einer psychotherapeutischen Behandlung z.B. kann es Monate und Jahre in Anspruch nehmen, einen Menschen «abseits von der Menge zu nehmen» und ihn, ein Stück weit unabhängiger vom Urteil und Eindruck der anderen, zu dem zu führen, was in der französischen Sprache als «Selbstfindung» bezeichnet wird: *«defoulement»* – «Entmassung»; noch längere Zeit wird es oft brauchen, ehe ein Mensch zu glauben beginnt, daß die Annäherung eines anderen für ihn nicht bedrohlich und überfremdend wirken muß und jedenfalls nicht allein dem Zweck dient, ihm von außen etwas «in den Mund zu legen» und ihm «die Ohren vollzustopfen»; schließlich wird es darauf ankommen, den Blick überhaupt von aller Menschenangst weg zum Himmel zu richten und einzutauchen in die Sphäre einer absoluten Güte und Geborgenheit, in der die eigentliche Dimension der Heilung sich erschließt und wo der Kranke gemeinsam mit dem «Therapeuten» seinem Schöpfer gegenübersteht; erst in dem geduldigen Reifen dieser einzelnen Stufen auf dem Wege zu sich selber und zu Gott wird die Aufforderung nicht auf taube Ohren treffen: «Tu dich auf.»[53/54]

Neben dieser Interpretationsmethode der «Zeitzerdehnung» muß als Regel auch in den Wundererzählungen gelten, daß das Verhalten der handelnden Personen nicht als zufällig, sondern als wesentlich und kennzeichnend für ihre gesamte Haltung und Einstellung sich selbst und dem Leben gegenüber zu verstehen ist. Die Menschen, die sich in den Wundererzählungen dem Heilbringer zuwenden, sind ja nicht Menschen, die u.a. auch krank wären, sondern in ihrer Krankheit artikuliert sich gerade die verfehlte und verzweifelte Angst ihres Menschseins.

Um den Sinn der jeweiligen Krankheitssymptome zu verstehen, ist es daher unerläßlich, die einzelnen Mitteilungen einer Wundererzählung *integral* zu lesen, sich in die spezifischen Verhaltensweisen ihrer Akteure *einzufühlen* und die verschiedenen Angaben im Sinne der früher aufgestellten *Vollständigkeitsregel* (vgl. I 201ff.) als Mosaiksteine eines in sich geschlossenen Krankheitsbildes

[53/54] Vgl. E. Drewermann: Von der Zerstörung der religiösen Rede, in: Psychoanalyse und Moraltheologie, 3. Bd., 198.

zu interpretieren, in dem die Gesamtpersönlichkeit in ihren wesentlichen Merkmalen und Konflikten sich in Symptomatik und Verhalten auf das deutlichste mitteilt und ausspricht.

f) Die Symbolik der Umstände

In den Wundererzählungen sind die einzelnen Krankheitsformen mithin als Symptome spezifischer Ängste auszulegen, und die jeweiligen Verhaltensweisen der Personen sind als charakeristische Weisen der Verarbeitung dieser Ängste, als Ausdruck bestimmter Haltungen der Persönlichkeit, zu verstehen. Zur Szene der Wunderheilung gehört aber auch *die Ganzheitlichkeit der Umstände*, in die hinein sich das seelische Leiden über das Körpergeschehen hinaus erweitert und verobjektiviert: auch sie sind als symbolische Mitteilungen zu würdigen. Ob eine Heilung im Dunkeln oder am Tage, an einem Fluß oder Teich, in einem Wald oder in einer Höhle, in einem Tempel oder in einer Grabkammer, im Gewühl der Volksmenge oder abseits vom Volke sich vollzieht, ist keineswegs nebensächlich. Die Umgebung, das äußere Kolorit, besitzt selber symbolische Kraft und geht in die Voraussetzungen jenes Erlebens ein, in dem der Glaube heilend wirkt. Umgekehrt wird man die sog. *«Naturwunder»*, wo nicht als echte Formen einer empathetischen Einheit von Mensch und Natur, so doch als erweiterte symbolische Darstellungen seelischer Vorgänge interpretieren müssen.

g) Die symbolische Antwort des Heilungsvorgangs

Dieselbe Gleichheit von Innen und Außen, von Eingebung und Umgebung gilt auch bzgl. des «magischen» Arrangements der Umstände, mit dem der Wunderheiler, der Schamane, auf die Krankheit seines Patienten zu antworten sucht. Die Art der Heilung selbst ist durchaus als symbolische Form der Angstbearbeitung im Hintergrund der Krankheit zu verstehen; an der Art des Heilungsvorgangs selbst läßt sich m.a.W. noch einmal auf die Eigenart der Krankheitsursache schließen. Denn wiederum ist es nicht gleichgültig, ob eine Heilung durch Waschung oder Handauflegung, durch Berührung mit Speichel oder durch Anschreien, durch Fragen nach dem Namen oder durch einfachen Befehl erfolgt. Wenn ein bestimmtes Heilverhalten und Heilmittel eine bestimmte Angst zu beruhigen und eine bestimmte neurotische oder psychosomatische Krankheit zu heilen vermag, so muß das Auftreten des Wunderheilers in seinen einzelnen Maßnahmen als eine sinnvolle Antwort auf die Infragestellung der jeweiligen Krankheit begriffen werden. Statt in den «Novellen» die Botschaft eines schriftgelehrten Dogmenglaubens oder aber einen abstrakten «Glauben an sich» niedergelegt zu finden, kommt es vielmehr darauf an, die einzelnen Erzählungen danach zu befragen, auf welche Form von Angst und Krankheit, von Leid und Daseinsnot in ihnen «der» Glaube zu antworten vermag. Nicht um die theologische Abstraktion einer bestimmten «Verkündigung» ist es den «Novellen» zu tun; es geht ihnen vielmehr wesentlich darum, an möglichst vielen Inhalten, so konkret wie irgend möglich, zu zeigen, was «der» Glaube im menschlichen Leben angesichts der Daseinsangst im Untergrund aller seelisch bedingten oder verursachten Krankheitsformen heilend bewirkt.

h) Die Einheit von priesterlichem und ärztlichem Tun

Auch über die Person des Wunderheilers ist damit ein generelles Urteil für die Interpretation der Wundererzählungen zu fällen. Das Anliegen der Wundererzählung ist die Schilderung der Heilung; die «Novellen» sind nicht daran interessiert, dem Wundertäter selbst einen besonderen theologischen Titel zu verleihen. Nur indem er einen Glauben an Gott zu vermitteln weiß, dessen Kraft die Macht der Angst überwindet und die aus der Angst entstehenden Krankheiten heilt, erweist sich der Wunderheiler als ein Gottesmann; indessen, ob er die Wunderheilungen als Schamane, Prophet, Messias, Menschensohn oder unter welchem Prädikat auch immer wirkt, ist dabei sekundär; einzig wesentlich ist den Wundererzählungen die Macht des Glaubens, die von dem Wunderheiler ausgeht und von dem Kranken Besitz ergreift. Indem also der Wunderheiler den Kranken zu einem solchen Vertrauen in den Ursprung des Daseins befähigt, daß die Kränkung der Angst darüber verschwindet, erscheint er selbst ipso facto als ein Mann Gottes, als ein göttlicher Mensch, als ein Gesandter Gottes; ineins ist er Priester und Arzt – jemand, der heilt, indem er die Angst des menschlichen Daseins von Gott her beruhigt, und jemand, der wortwörtlich dadurch heilt, daß er, wie Mk 16,18 sagt, den Menschen die Hand auflegt und inmitten eines Raums der Geborgenheit einem jeden einzelnen wirksam und wahrhaft verkündet, wie nahe Gott auch seinem Herzen ist (Mt 10,7)[55].

i) Die Einheit von Gottfindung und Selbstfindung

Wenn die «Novellen» davon sprechen, wie Menschen krank werden vor Angst und gesund werden durch ein neu ermöglichtes Vertrauen zu Gott, dann ist es hermeneutisch ein für allemal nicht statthaft, die theologische und die psycholo-

[55] E. Drewermann: Zum Verhältnis von Psychotherapie und Seelsorge, in: Psychoanalyse und Moraltheologie, 1. Bd., 163–165. – Vgl. H. von Knorre (Hrsg.): Seelische Krankheit – Heilung und Heil, Marburg 1980.

gische Ebene der Deutung voneinander zu trennen oder beide Ebenen sogar in Gegensatz zueinander zu bringen. Gerade die Wundererzählungen widerlegen durch ihr Auftauchen zu allen Zeiten und an allen Orten die theologisch verbreitete Vorstellung, daß es die exklusiven, nur einer einzelnen Religion zugehörigen Glaubensinhalte seien, aus denen sich eine bestimmte Fähigkeit zum Heilen ergebe; die Wundererzählungen berichten vielmehr von Ängsten, die in jedem Menschen schlummern und die ihn daran hindern, zu seinem eigentlichen Leben zu finden; der Glaube umgekehrt besitzt zufolge der Wundererzählungen allein die Kraft, Menschen wieder zu sich selbst zurückzuführen. Gottfindung und Selbstfindung verhalten sich in den Wundererzählungen daher zueinander wie Grund und Folge, wie Wesensursprung und Erscheinung. In dieser Weise legen gerade die Wundererzählungen ein beredtes und unübertreffliches Zeugnis von der Humanität bzw. von der humanisierenden Kraft des Glaubens ab. Nur eine sich selbst entfremdete und von den Wurzeln des Unbewußten abgetrennte Theologie kann (oder konnte) einen Glaubensbegriff ersinnen, der sich zur Psychologie und Empirie der Selbstfindung neutral oder gar polemisch verhält.

In seiner Arbeit *«Die chassidische Botschaft»* (1952) hat M. Buber einmal zusammengefaßt, wie man sich vorstellen muß, daß ein *Zaddik*, ein Frommer, die Menschen heilt, die ihn um Hilfe für ihre Leibes- und Seelennöte bitten. Der Zaddik, erklärte Buber, steht für die Gläubigen an des Altares Stelle, und so tragen sie ihm an Gottes Statt die Nöte und Anliegen vor: «Freilich stehen auf den Bittzetteln, die sie darreichen, zumeist recht äußerliche Mängel und Gebrechen verzeichnet; aber deren Heilung rührt sogleich das Innerlichste auf und bewegt es zu umwandelnder Besinnung. Zum Verständnis des Phänomens allgemeiner Art, das dieser eigentümlichen Wirkung des Zaddiks zugrunde liegt und sich in seiner Tatsächlichkeit nicht anstreiten läßt, tragen die Begriffe ‹Wunder› und ‹Suggestion› gleich wenig bei ... Am ehesten kann man seiner Tiefendimension wohl gerecht werden, indem man sich vergegenwärtigt, daß das Verhältnis einer Seele zu ihrem organischen Leib von dem Grad ihrer Ganzheit und Einheit abhängt. Je dissoziierter, um so preisgegebener, je geschlossener, um so übermächtiger ist sie seinen Krankheiten und Anwandlungen; nicht als ob sie den Leib besiegte, sondern indem sie durch ihre Einheit die seine immer wieder rettet und schützt. Jäh und deutlich waltet diese Kraft, wo sich an einer zersprengten Seele in einem elementaren Augenblick ein Zusammenschließen und Ganzwerden vollzieht; da geschieht plötzlich und allsichtbar, was sonst nur im vegetativen Dunkel wächst, die ‹Heilung›. Durch nichts anderes kann dieser Prozeß so schlicht und unmittelbar bewirkt werden wie durch die fassende, umschließend erschütternde, den Vorgang der Kristallwerdung fördernde, psychosynthetische Kundgebung einer ganzen, geeinten Seele. Sie ‹suggeriert› nicht, sie schafft in der Mitseele, von der sie angerufen wird, Halt und Mitte, und um so wahrhafter und vollkommener, je mehr sie dafür Sorge trägt, daß die anrufende Seele nicht von ihr abhängig bleibe: der Helfer stellt Halt und Mitte her, nicht indem er sein eignes Bild in die wiederaufzubauende Seele einstellt, sondern indem er sie durch ihn wie durch ein Glas in das Wesen schauen und nun das Wesen in sich selber entdecken und es zum Kern der lebendigen Einheit ermächtigen läßt. Nur die Größten der Zaddikim haben dieser Aufgabe genug getan; sie stehen in der Reihe der Gotteshelfer.»[56] Von ihnen, gleich in welcher Religion, geben die Wundererzählungen zu allen Zeiten und an allen Zonen Zeugnis, indem sie die Hoffnung wachhalten, es werde eines Tages wieder möglich sein, das priesterliche und das ärztliche Bemühen um den Menschen als Einheit *eines* Wesens und *eines* Grundes zu verstehen.

8. Zwei Beispiele

Es empfiehlt sich, an wenigstens zwei unterschiedlichen Beispielen zu demonstrieren, daß und inwiefern die aufgestellten Interpretationsregeln den Wundererzählungen ohne Zwang Einsichten und Wahrheiten abzugewinnen vermögen, die in dem Raster historisch-kritischer Fragestellungen entweder unbeachtet bleiben oder durch methodisch bedingte Mißverständnisse – auf nicht selten geradezu bizarre Weise – deformiert und zerstört werden müssen.
Aus didaktischen Gründen wäre es gewiß empfehlenswert, eine relativ einfache Erzählung – z. B. die soeben erwähnte Heilung des Taubstummen (Mk 7,32-37) – als Exempel herauszugreifen; argumentativ aber scheint es günstiger, die Probe mit einer Erzählung zu wagen, an der die historisch-kritische Methode sich förmlich die Zähne ausgebissen hat und notgedrungen wohl auch ausbeißen muß: die Erzählung von dem Besessenen von Gerasa (Mk 5,1-20). Allerdings begibt man sich damit unweigerlich in das schwierige Problemgebiet des Dämonenglaubens, das wir an dieser Stelle weder dogmatisch noch religionsgeschichtlich erörtern können; aber es sind ja gerade diese «Schwierigkeiten», die wir nicht umgehen, sondern lösen wollen. Um indessen auch die Fragen psychosomatischer Erkrankungsformen und ihrer Heilungen in den Wundererzählungen ein Stück weit zu studieren, werden wir gut daran tun, zusätzlich noch die anschließende «Schachtelperikope» von der Heilung der blutflüssigen Frau und der Tochter des Jairus hinzuzunehmen und als Beispiel ausführlicher zu interpretieren (Mk 5,21-43).
Es wird bei der Darstellung im folgenden gewiß nicht mehr nötig sein, Stelle für Stelle noch eigens auf die Unterschiede zu dem Verfahren und den Ergebnissen

[56] M. Buber: Die chassidische Botschaft, III 823–824.

der historisch-kritischen Methode hinzuweisen – sie sind eklatant und inzwischen bekannt genug; gleichwohl wird sich oftmals zeigen, daß zahlreiche Aporien, Ungereimtheiten und Widersprüche, von denen die Wundererzählungen in historisch-kritischer Betrachtung voll zu sein scheinen, wie von allein verschwinden, wenn man die Feststellung und Diskussion toter Fakten aufgibt und sich statt dessen der lebendigen Bedeutung des Mitgeteilten widmet; einen besseren Beweis für die Richtigkeit und Angemessenheit einer Methode und ihrer Fragestellungen dürfte es jedenfalls kaum geben, als daß sie eine Perspektive eröffnet, in der ein an sich disparat erscheinendes Material sich harmonisch zusammenfügt und ordnet.

a) Die Heilung des Besessenen von Gerasa (Mk 5,1-20)

Der Text, in der Übersetzung von F. Stier:

[1]So kamen sie zur Jenseite des Sees, in das Land der Gerasener. [2]Als er aus dem Boote stieg, gleich trat ihm da aus den Grüften ein Mann mit unreinem Geist entgegen.[3]Er hatte seine Behausung in den Grüften, und auch mit Ketten vermochte ihn niemand mehr zu binden. [4]Denn oft war er mit Fußfesseln und Ketten gebunden worden, aber zerrissen waren von ihm die Ketten und die Fußfesseln zerrieben worden, niemand war stark genug, ihn zu bändigen. [5]Und die ganze Zeit durch, nachts und tags, war er in den Grüften und in den Bergen, schrie und schlug sich mit Steinen. [6]Als er Jesus von ferne sah, lief er und fiel vor ihm nieder, [7]und schrie mit lauter Stimme: Was willst du von mir, Jesus, Sohn des Höchsten Gottes? Ich beschwöre dich bei Gott: Quäle mich nicht! [8]Denn er hatte zu ihm gesagt: Fahr aus, unreiner Geist, aus dem Menschen! [9]Nun fragte er ihn: Wie heißt du? Legion heiße ich, sagt er ihm, denn viele sind wir, [10]und bat flehentlich, sie doch nicht aus dem Land hinauszuschicken. [11]Dort aber, am Berg, weidete gerade eine große Herde Schweine, [12]und da baten sie ihn: Schick uns in die Schweine, daß wir in sie einfahren! [13]Er gewährte es ihnen, und herausfuhren die unreinen Geister und hinein in die Schweine, und da schoß die Herde die Steile hinab in den See, an die zweitausend, und ersoff im See. [14]Da flohen ihre Hirten und meldeten es in der Stadt und den Höfen, und sie kamen, um zu sehen, was da wirklich geschehen ist. [15]So kommen sie zu Jesus und betrachten den Besessenen, wie er dasitzt, bekleidet und gesunden Sinnes – ihn, der die Legion gehabt hatte. Da überkam sie Furcht. [16]Und die es gesehen, erzählten ihnen, wie dem Besessenen und was den Schweinen geschehen war. [17]Da begannen sie ihn zu bitten, er möge wegziehen aus ihrem Gebiet. [18]Als er ins Boot einstieg, bat ihn der Besessene, mit ihm sein zu dürfen. [19]Doch ließ er ihn nicht, sondern sagt ihm: Geh heim zu den Deinen und melde ihnen, was alles der Herr dir getan und sich deiner erbarmte. [20]Da ging er von dannen und fing an, im Zehnstädteland zu verkünden, was alles ihm Jesus getan. Und alle staunten.

1) Historisch-kritische Fragen und Ergebnisse

Kaum eine Wundererzählung des Neuen Testamentes wirft in historisch-kritischer Betrachtung so viele Zweifel, Unebenheiten und Unwahrscheinlichkeiten auf wie die Geschichte von dem Besessenen von Gerasa. Schon um den Namen und die Lokalität des Ortes (Gadara-Gerasa) kann man textkritisch und archäologisch streiten[1]. Wichtiger ist das Problem, wieso Jesus überhaupt dazu kommt, sich in dem Wohngebiet von Nichtjuden, von Schweine züchtenden Heiden, aufzuhalten[2]. Die 2000 Schweine selbst, ein weiteres Problem, sind aus Gründen der Tierpsychologie an *einem* Ort und als *eine* Herde nicht vorstellbar – keine römische Legion hätte eine solche Menge dieser Tiere beisammen halten können; möglicherweise handelt es sich an dieser Stelle um einen Lese- und Übersetzungsfehler aus einem hebräischen (?) Originaltext[3]. Andere Schwierigkeiten ergeben sich aus dem Verhalten des Besessenen selbst sowie aus dem Verhalten Jesu: nur in *dieser* Wundererzählung wendet Jesus das «magische» (?) Mittel der Namenbefragung an, um der Dämonen Herr zu werden, –sonst vermag er nichts; schließlich wird er selbst am Ort seines Heilungswunders nicht mehr geduldet, ganz so, als ob die Dämonen in gewissem Sinne ihr Terrain hätten behaupten können[4]. Dafür verkündet der Geheilte im Gebiet der Dekapolis die Großtaten Gottes, wie er sie durch Jesus erfahren hat; aber er darf sich nicht, wie viele Geheilte sonst im Neuen Testament, seinem Retter persönlich anschließen. Mit einem Wort: nichts in dieser Erzählung geht so zu, wie es in vielen anderen Wundererzählungen geschildert wird, und so nimmt es nicht wunder, daß man in dieser Geschichte überhaupt einen Fremdkörper der Evangelienüberlieferung gesehen hat, wie er gut und gerne aus einer jüdischen oder hellenistischen Quelle stammen könnte, auf Jesus aber nur als heterogenes Traditionsstück übertragen wurde[5]. Freilich muß es auch dann einen «Sitz im Leben» für eine

[1] Vgl. E. Meyer: Ursprung und Anfänge des Christentums, I 108, Anm. 1, der für Gadara plädiert, während nach der textkritischen Regel der «schwierigeren Leseart» Gerasa zu lesen ist, das vom See weitab liegt; vgl. R. Pesch: Das Markusevangelium, I 283, Anm. b.

[2] Das Bild des Besessenen wird zumeist auf den Einfluß von Jes 65,3.4.7.11 zurückgeführt; aus dem menschlichen Schicksal wird damit ein Symbol für die «zerstörerisch-chaotische Macht heidnischen Unwesens»; R. Pesch: Das Markusevangelium, I 286. R. Glöckner: Neutestamentliche Wundergeschichten, 88–97 denkt vor allem an den Einfluß von Ps 88,2-7 und sieht in dem Besessenen den «Typos des von den ‹Pforten der Unterwelt› Erretteten, der von den Wundertaten Gottes erzählt»; aber wenngleich bestimmte Anklänge an die Psalmen in den Wundererzählungen vorliegen, so ist der «Typos» des Geretteten doch zunächst keine schriftstellerische Manier, sondern das Ergebnis lebendiger Erfahrung; vom Leben, nicht von der Literatur her muß daher auch der Typus dankbarer Heilung verstanden werden.

[3] P. Lapide, auf der Suche nach Belegen für die Hypothese einer hebräischen (nicht aramäischen) Urform der Evangelientradition, nimmt eine Verlesung von *'rb'jm* (40) in *'lpjm* (2000) an, wobei das hebräische *r* in *l* und *b'* in *p* verlesen worden wäre, vermutlich aufgrund einer Faltung des Papyros in der Längsrichtung (nach mündlicher Mitteilung); im Aramäischen wäre eine solche Verlesung nicht möglich; zweitausend (*trjn 'lpjn*) wird nie mit *'rb'jn* (40) verwechselt werden können; vgl. G. Dalman: Grammatik des jüdisch-palästinensischen Aramäisch, 127; 128.

[4] Daran entspann sich die Theorie von dem Märchenstoff vom geprellten Teufel und dem «Schwank», der unzweifelhaft auf Jesus übertragen worden sei, wie R. Bultmann: Die Geschichte der synoptischen Tradition, 225 meinte; vgl. aber schon die Kritik daran bei M. Dibelius: Die Formgeschichte des Evangeliums, 85.

[5] Vgl. dazu das Referat der neueren Auslegungsgeschichte der Stelle bei R. Pesch: Der Besessene von Gerasa, 9–11, der von dem «cantus firmus der Ratlosigkeit» vor diesem Text spricht. R. Glöckner: Neutestamentliche Wundergeschichten, 81 hingegen meint, der Jesus dieser Perikope unterscheide sich «viel weniger vom Jesusbild der übrigen neutestamentlichen Verkündigung, als auf den ersten Blick erkennbar wird.»

solche Wunderübertragung gegeben haben, und es muß historisch-kritisch versucht werden, die Entstehungsgeschichte dieser Erzählung, so hypothetisch auch immer, zu rekonstruieren, indem «logischerweise» am Anfang das «Einfache», am Ende das Kompliziertere, theologisch Gedeutete, gestanden haben muß.
R. Pesch[6] z.B., dessen gründliche Monographie hier als Exempel dienen mag, schlug vor, *am Anfang* des Werdegangs der Wundererzählung von dem Besessenen eine Ortstradition im Gebiet von Gerasa anzunehmen, die noch nicht am See spielte und «noch nicht vorrangig theologisch-symbolisch befrachtet» war[7]. Allerdings sei die Geschichte «nicht aus unmittelbarer Anschauung gestaltet» worden, sondern: «Sie stellte Jesus bereits missionarisch-werbend als den ‹Sohn Gottes› dar ... Sie pries eine Tat Jesu im Gerasenerland, eine Tat an einem heidnischen Besessenen. Ihren ‹Sitz im Leben› wird man also in der galiläischen judenchristlich-hellenistischen Mission suchen.»[8] Auf einer *zweiten* Stufe der Überlieferung sei dann der besessene Gerasener (unter Einfluß von Jes 65 und Ps 67) zum Prototyp des Heidentums geworden, das in die Gottesherrschaft mit einbezogen werde; besonders die Überlegenheit Jesu als des Gottessohnes sogar über eine ganze Legion von Dämonen werde ausführlich geschildert und mit der Konzessionsbitte der unreinen Geister verbunden, in die Schweine fahren zu dürfen; gezeigt werde somit, «daß Jesus gekommen ist, das Heidentum und das Heidenland von seiner Unreinheit, seinen Dämonen zu befreien»[9]. Gleichwohl zeige die Aufforderung der Hirten an Jesus, ihr Gebiet zu verlassen, daß Jesus selbst noch keine Heidenmission betrieben habe. Auf einer *dritten* Stufe der Überlieferung sei schließlich durch die Verse Mk 5,18-20 aus einer Epiphaniegeschichte des Gottessohnes eine Missionserzählung geworden: der Geheilte erhalte einen Verkündigungsauftrag, und gerade diesen «missionstheologischen Aspekt» habe der neue Bearbeiter der Erzählung stark betont[10], offenbar weil die Missionsarbeit im Osten Galiläas bereits begonnen hatte und weil man die Bedenken der Heiden wegen «Geschäftsschädigung» durch den neuen Glauben mit Berufung auf Jesu eigene Praxis habe zerstreuen müssen. In summa: «Die missionarisch-werbende Wundergeschichte (1) ist über die Stufe der Inszenierung der Demonstration der Überlegenheit der christlichen Mission über das Heidentum (2) zur Missionslegende (mit ätiologischem Einschlag) (3) geworden.»[11] Hernach, auf einer *vierten* Stufe der Überlieferung sei die Erzählung dann in den vormarkinischen Wunderzyklus inkorporiert worden, wo Jesus als

[6] R. Pesch: Der Besessene von Gerasa, Stuttgart 1972.
[7] A.a.O., 44.
[8] A.a.O., 44.
[9] A.a.O., 46.
[10] A.a.O., 47.
[11] A.a.O., 48.

Herr über die Naturgewalten (im Seesturm), über die Dämonen (die Besessenengeschichte), über Krankheit (die Blutflüssige) und über den Tod (die Tochter des Jairus) hingestellt werde.

Es verdient hervorgehoben zu werden, daß die Studie von R. PESCH im Rahmen der historisch-kritischen Methode vorzüglich gearbeitet ist; man kann gewiß in jedem Punkt seines Rekonstruktionsversuches anderer Meinung sein, aber solange man Bibelexegese historisch-kritisch betreibt, wird man notwendigerweise im wesentlichen dasselbe Ergebnis erhalten: eine Reihe von Hypothesen, die vom Verkündigungsinteresse der frühchristlichen Gemeinde her mehr oder minder einleuchtend sein mögen, aber niemals einen festen historischen Punkt erreichen; der eigentliche Grund und «Gegenstand» der «Verkündigung» verschwimmt stets hinter den zeitlich und räumlich wechselnden Verkündigungsinteressen selbst; an die Stelle persönlicher Erfahrungen, wirklicher Erlebnisse und menschlich begreifbarer Gefühle treten jetzt einander oft ergänzende, mitunter auch widersprechende Ideologiebildungen bestimmter Gruppen innerhalb der frühchristlichen Gemeinde; m. a. W.: die Erzählungen des Neuen Testamentes sagen nichts von dem Leben der Menschen, von denen sie zu berichten scheinen, sondern sie besagen einzig etwas über die interessengelenkte Manipulation von theologischen Aussagen mit Hilfe übernommener Erzählungen in der Glaubenspropaganda bestimmter religiös aktiver Gruppen. Aus der Erfahrung von Wundern der Heilung ist mithin ein bloßer Verkündigungsanspruch geworden, und je mehr Zeit sich zwischen die Zeitbedingtheit einer solchen Verkündigung und den heutigen Leser schiebt, desto deutlicher wird sichtbar, daß die geschilderten Ereignisse sich vermutlich niemals so ereignet haben und ganz gewiß in alle Zukunft niemals ereignen werden. Die Verkündigung selbst ist damit das einzige Ereignis, das sich beglaubigen läßt; die Theologie, die Schriftgelehrsamkeit, ist mithin an die Stelle des wirklichen Lebens getreten, und man muß schon selbst zu einem schriftgelehrten Theologen geworden sein, um nicht angesichts einer solchen Isolation des «Glaubens» von der wirklichen Erfahrung den Eindruck einer tiefen Haltlosigkeit und einer verzweiflungsvollen Unwahrheit zu verspüren.

Empfände man demgegenüber sich selber als unmittelbaren Zeugen oder Betroffenen von Begebenheiten, wie sie hier geschildert werden, so müßte das ganze eigene Empfinden und Gefühl zutiefst aufgerührt sein. Wie furchtbar hat der Besessene von Gerasa gelitten, und – sogleich in die Gegenwart übertragen – wie furchtbar leiden Menschen auch heute noch unter der Qual ihrer Seelenzerrissenheit! Und wer von ihnen bedürfte nicht, wie dieser Besessene damals, eines Menschen, in dessen Nähe es ihm möglich würde, buchstäblich wieder «zur Vernunft» und zu einem «ruhigen» Besitz seiner selbst zu gelangen, ganz so, wie es in Mk 5,15 angedeutet wird! Doch um zu merken, was die Erzählung von dem Besessenen von Gerasa auf diese Weise uns Heutigen sagen könnte, darf

man sich gerade nicht für die urkirchliche Gemeinde vor 1900 Jahren interessieren, die diese Geschichte übernommen bzw. erfunden hat – man muß sich für das interessieren, was die Geschichte selber wirklich berichtet: für die Personen der Erzählung, für ihre Gefühle, für ihre Angst, für ihre Ausweglosigkeit und Verzweiflung, für ihre Ohnmacht und für ihre Ausgeliefertheit, kurz: für die *menschliche*, nicht für die «historische» Seite der Wundererzählung muß man sein Herz aufschließen, um zu verstehen, wie sehr der Leser auch heute noch in den Erfahrungen und verdichtenden Bildern einer solchen Erzählung selbst vorkommt und was er darin von Gott her heilend und helfend zu finden vermag.
Auf Schritt und Tritt also werden wir uns bei den Wundererzählungen fragen müssen, nicht was man mit Hilfe des Erzählten hat sagen wollen – so als wären die handelnden Personen der Erzählungen nur die Maskenträger eines theologischen Zweckschauspiels, eines Jesuitendramas gewissermaßen –, sondern was in den Menschen, von denen die Erzählungen berichten, vor sich geht, ist als die eigentliche Ebene der Aussage zu betrachten. Einzig indem wir uns *den Menschen* (statt den Entstehungsbedingungen) der Wundererzählungen nähern, kommen wir uns selber näher, und nur in dem wachsenden Verständnis, das wir für uns und andere entwickeln, werden wir einander jenseits der historischen Grenzen von Raum und Zeit näherkommen. Nur in der Nähe eines anderen Menschen «verkündet» Gott die Macht *seiner* Nähe, und nur, indem wir einander näherkommen, wird irgendeine Verkündigung Gottes durch Menschen das Herz von Menschen erreichen. Zudem erlaubt allein eine entsprechend einfühlende Interpretationsweise die Feststellung, wie organisch einheitlich, wie psychologisch stimmig, wie in sich notwendig geformt solche Wundererzählungen wie z. B. die Geschichte von der Heilung des Besessenen bei Gerasa gestaltet sind, während in der historisch-kritischen Exegese der Eindruck des Gewaltsamen und Disparaten, des ständigen Umbaus von an sich widersprüchlichen Fragmenten und Elementen nie ganz zu verwischen ist.

2) Wenn das Leben zum Grab wird

Widersprüchlich, in der Tat, ist alles, was von dem Besessenen bei Gerasa berichtet wird; aber diese Widersprüche sind nicht literarischer, sondern psychischer Art, und es kommt sehr darauf an, die innere Zerrissenheit zu begreifen, unter der dieser Mann psychologisch leidet. Im ganzen Neuen Testament begegnet man objektiv keiner Gestalt von solcher Ohnmacht und Ausgeliefertheit; doch um zu begreifen, worum es eigentlich geht, genügt es keinesfalls, in der üblichen Manier das Verhalten dieses Mannes lediglich als eine Sammlung von Symptomen zur Kenntnis zu nehmen; die ständige Frage muß vielmehr lauten, was der

Besessene mit seinem Verhalten ausdrückt und was in ihm vor sich geht, wenn er auf gerade diese Weise handelt und spricht; zudem ist vorauszusetzen, daß alles, was die Geschichte von dem Besessenen erzählt, nicht ein Zufallsgeschehen beschreibt, sondern etwas Wesentliches über diesen Mann aussagt (vgl. I 448), wobei die einzelnen Momente seines Verhaltens durchaus einen symbolischen (also nicht nur einen symptomatischen) Wert besitzen. Sehr rasch wird man dann die unheimliche Aktualität bemerken, die bereits dem Portrait des Besessenen innewohnt.

Recht ausführlich schildert die Einleitung der Wundererzählung den Besessenen von Gerasa als einen Mann, der zutiefst an sich selber leidet und dessen gesamtes Handeln und Verhalten von quälenden Gegensätzen geprägt ist. Daß er seine Behausung in den Gräbern hat, wird in der exegetischen Literatur für gewöhnlich nur als Bild seiner «Unreinheit» gewertet – nach dem Gesetz des Moses galt als unrein, wer den Körper Verstorbener berührte (Lev 21,1-4; 22,4; Num 19,11-16; Ez 43,7)[12]. Aber mit einer solchen «Erklärung» berührt man nur die kultischen Folgen, die sich aus dem Verhalten des Besessenen ergeben; man versteht nicht, was es für einen Menschen bedeutet, wenn er sein Zuhause durchaus dort sucht, wo es kein Zuhause gibt, wenn er leben muß, wo kein Leben mehr ist, und wenn er offenbar den Toten sich verbundener fühlt als den Lebenden. Augenblicklich tritt dann die Gestalt eines Mannes vor unser Auge, dessen ganzes Leben sich zu einem «Unleben» deformiert hat, ein lebendig Toter, einer, der längst gestorben ist und der dennoch physisch weiter leben muß, ein «Untoter», wie die Vampir-Literatur ihn erfunden haben könnte[13], ein «Verzweifelter» in der Sprache Sören Kierkegaards, wenn eben dies Verzweiflung ist, nur noch den Tod vor sich zu sehen und dennoch leben zu müssen[14].

Es ist im Grunde zum Verständnis dieses *Typs* von Daseinszerstörung nicht entscheidend, worauf im einzelnen man ein solches Gefühl innerer Verwüstung psychogenetisch zurückführen kann. Man mag auf der Suche nach einem Beispiel für die Gestalt eines solchen «Gräberbewohners» in der Literatur etwa an die Gestalt von W. Borchert's *«Beckmann»* in dem Drama «Draußen vor der Tür» denken[15] – an einen Mann, der physisch dem Grauen des Todes entkommen ist, psychisch aber durch die Gläser seiner Gasmaskenbrille nur noch den Tod in wechselnder Gestalt zu sehen vermag – er selber ein «armes graues

[12] Vgl. R. de Vaux: Das Alte Testament und seine Lebensordnungen, I 99. – Richtig, aber ohne weitere Vertiefung, konstatiert R. Pesch: Das Markusevangelium, I 286: «Ein Todgeweihter lebt unter Toten, von der Kommunikation des Lebens abgeschnitten, entfremdet, verloren.»

[13] Vgl. B. Stoker: Dracula, 158–159; 163–164; 170; bes. S. 185–187.

[14] S. Kierkegaard: Die Krankheit zum Tode, 18–20; zur Darstellung der Arbeit Kierkegaards vgl. E. Drewermann: Strukturen des Bösen, III 460–468.

[15] W. Borchert: Draußen vor der Tür (1946), in: Das Gesamtwerk, 99–165.

Gespenst»[16], eine wandernde Vogelscheuche, ein von nicht endenden Schuldgefühlen Geplagter, der an den Tod zu glauben gelernt hat wie an einen neuen Gott. *Beckmanns* einziger Wunsch ist es, sterben zu können, doch immer wieder treibt eine innere Stimme, sein *alter ego*, ihn an, das Leben noch einmal zu wagen, bis daß er endgültig zusammenbricht an der Gleichgültigkeit der Erfolgreichen, an dem Glück der Skrupellosen und an den Vorwürfen der Geopferten. Von einem solchen Menschen kann man in wörtlichem Sinne sagen, daß er «seine Behausung» in den «Grabhöhlen» hat, und es waren nach dem Zweiten Weltkrieg Millionen von Menschen, in denen BORCHERT'S *Beckmann* lebte. Doch muß man, um eine solche Existenz in den Grabkammern, um das Leben solcher «Untoten» zu verstehen, durchaus nicht die großen kollektiven Katastrophen der menschlichen Geschichte bemühen. Es genügt, sich in das Leben so vieler Verzweifelter einzufühlen, deren Dasein, kaum daß es wirklich begonnen hat, von der düsteren Magie des Todes bis zur Unentrinnbarkeit heimgesucht wird: all die «langsamen Selbstmörder», die Süchtigen[17], die Drogenabhängigen, die ohne Alternative Ausgestiegenen, die Haltlosen, die sich Verlierenden – sind sie nicht alle Höhlenbewohner der Verzweiflung, Kinder des Todes, denen, wie der Prophet Jeremia es in der Selbstverfluchung seines unglückseligen Daseins herbeisehnte, der Mutterschoß zum Grab ward bzw. umgekehrt das Grab als letzter Zufluchtsort erscheinen muß (Jer 20,14f)? Dabei leidet ein Mensch in solchem Zustand keineswegs nur an sich selbst oder an den allgemeinen Zeitumständen, auch seine Mitmenschen bilden für ihn den Hintergrund einer nicht endenden seelischen Qual.

3) Die Hölle der Freiheit

Zu den furchtbaren Wahrheiten der Erzählung von dem Besessenen von Gerasa zählt es, daß gerade diejenigen, die der Hilfe anderer an sich am meisten bedürften, ihre Mitmenschen oft geradezu wie eine Bedrohung fürchten und daß die anderen mit ihren (oft sogar gut gemeinten) Hilfeversuchen immer wieder die soziale Angst und die Kontaktabwehr bei den Betroffenen nur verstärken.
In religionsgeschichtlicher und historisch-kritischer Distanz kann man über den Dämonenglauben der Antike ganz gut diskutieren; aber etwas anderes ist es, auch nur ein Stück weit den wirklichen Teufelskreis zu verstehen, in dem ein Mensch wie der Besessene von Gerasa unentrinnbar eingeschlossen ist. Im Grunde lebt er tagaus, tagein von der Hilfe derer, die ihn wenigstens materiell

[16] A.a.O., 114.
[17] Vgl. E. DREWERMANN: Suchtstrukturen, Süchte – und ihre fast unmögliche Behandlung, in: Psychoanalyse und Moraltheologie, 3. Bd., 86–87.

versorgen – undenkbar, daß er in seinem Zustand selber seinen eigenen Unterhalt bestreiten könnte. Aber die Menschen, die zu ihm kommen, erscheinen ihm ausnahmslos nicht als vertrauenswürdige Helfer und Retter, sondern ganz im Gegenteil: als Feinde und Gegner, als Kettenbringer und Fesselträger, als Zwingherren und Freiheitsräuber; und in der Tat: wie wird eine «normale» Umgebung auf derartige Außenseiter wie den Besessenen von Gerasa reagieren, wenn nicht gerade so, wie es hier geschildert wird: mit jener eigentümlichen Mischung aus Fürsorge und Dirigismus, aus Entgegenkommen und Abstoßung, aus Mitleid und Haß, die von der Ambivalenz des «Besessenen» geradewegs provoziert wird: man «kümmert» sich und «sorgt» sich um ihn, man «bemüht» sich, ihn zu «resozialisieren», aber im Grunde kommt ein jeder dieser «Helfer» wirklich nur mit Ketten und Fesseln, und ständig sagt er in seinem Verhalten zweierlei gleichzeitig: «Ich helfe Dir, aber Du mußt Dich dafür auch in die Gemeinschaft einordnen.» «Ich akzeptiere Dich, wenn Du Dich nach den Spielregeln richtest, die für jedermann sonst auch gelten.» «Ich betrachte Dich als einen von uns, sobald Du Dich einordnest, sobald Du Dich einfügst, sobald Du Dich ‹vernünftig› verhältst.» Auf diese Weise ergibt sich eine «Betreuung» und «Fürsorge», die stets an bestimmte moralische und gesellschaftliche Erwartungen und Bedingungen geknüpft ist, und gerade diese Erwartungen und Bedingungen kann und will der «Besessene» nicht erfüllen. Im Gegenteil, er versucht mit äußerster Anstrengung sich und allen anderen zu beweisen, daß man seine *Freiheit* nicht zerstören kann, daß er im wörtlichen Sinne keine «Bindung» dulden wird und daß er stärker ist als all seine Vergewaltiger und Kerkermeister.

Man mag diesen ungestümen, absolut gesetzten Freiheitsdrang mit gewissem Recht als «Wildheit» bezeichnen, aber man darf mit «wild» dann nicht nur das Phänomen des tobsüchtigen Umsichschlagens und Sich-Wehrens beschreiben wollen, sondern man muß vor allem vor Augen haben, daß der «Besessene» die Annäherung eines jeden Menschen in der Tat fürchtet wie ein scheues Tier, das im Gedächtnis seiner Art gelernt hat, schon die Silhouette eines Menschen als Gefahr von Unfreiheit und Tod zu fliehen. Offenbar besteht das eigentliche Geheimnis des «Besessenen» gerade in dieser Energie der Angst: daß er die Totalität seiner Freiheit wie zur Rettung seiner Person aufs äußerste verteidigt, nicht in dem Gefühl von Kraft und Stärke, die er, wie zur Täuschung aller, nach außen hin in seiner Ungebärdigkeit zur Schau stellt, sondern in dem Gefühl einer ständigen Bedrohtheit, im Umkreis einer ständigen Unheilgewärtigung, in einer unablässigen, an gewisse schizoid-paranoische Zustände gemahnenden Verfolgungsangst. Dies zu betonen ist wichtig, weil das Leid des «Besessenen» von Gerasa, wie jede tief empfundene menschliche Tragödie, auf ein grundsätzliches Problem der menschlichen Existenz hinweist, das sich jenseits der Psychologie letztlich nur philosophisch artikulieren läßt.

Besonders die Philosophie des französischen Existentialismus, entstanden aus den Erfahrungen der Resistance, hat in der Zeit nach dem 2. Weltkrieg mit einem hohen Maß an argumentativer Reflexion und in bestechender Darstellungskraft den Begriff der Freiheit als das eigentliche Wesen des Menschen zu bestimmen versucht: der Mensch, so meinte vor allem J.P. SARTRE, sei wesentlich das, wozu er sich selbst gegenüber der Faktizität seiner Situation entwerfe[18]; der Akt der Menschwerdung (ganz im Sinne der FICHTEschen «Tathandlung», durch den das Ich sich selbst als Bewußtsein hervorbringt[19]) bestehe in der ursprünglichen Wahl des eigenen Wesens. Es war den Begründern dieser «Ontologie» der menschlichen Existenz durchaus bewußt, daß eine solche absolut gesetzte Freiheit durchaus im Nichts gründet, daß sie in ihrer absurden Leere wie ein Fluch erscheint und daß sie prinzipiell von Vergeblichkeit, Sinnlosigkeit und Angst geprägt sein müsse; zudem betonten sie selber, daß ihre Existenzanalyse zentral von dem Erleben der Angst vor dem «Anderen», dem «Unmenschen» und «Gegenmenschen» – meinem «Bruder» – diktiert werde[20]. Aber der umgekehrte eigentlich naheliegende Schluß wurde nicht gezogen, daß erst eine solche Angst vor anderen Menschen die menschliche Existenz wirklich zum Zirkel der Selbstheit verformen muß, ohne daß es für dieses stets flüchtende, stets kämpfende, stets unbehauste Selbst jemals so etwas wie Sinnerfüllung, Glück, Geborgenheit und Einheit geben könnte. Inmitten seiner Angst ist das Selbst des Menschen seiner eigenen Zerrissenheit schutzlos und unentrinnbar ausgesetzt, und alle Versuche einer Annäherung von außen müssen unter solchen Umständen von vornherein mißraten, ganz so, wie es in Mk 5,1-20 geschildert wird.

Dabei verhält es sich keinesfalls so, als ob der «Besessene» von Gerasa menschliche Hilfe und Begleitung von vornherein ablehnen würde; paradoxerweise hört man ihn des Tags und des Nachts in den Bergen laut schreien.

Um sich eine derart geängstigte Isolation, eine derart um Lichtjahre von jeder menschlichen Nähe abgeschnürte Existenzform vorzustellen, muß man etwa das berühmte Bild von EDVARD MUNCH «Angst» betrachten[21], mit den schreckgeweiteten Augen und dem offenen Mund unter einem feuerflammenden Himmel. Dann versteht man, wie derselbe Mensch, der jeden anderen, der sich in seine Nähe traut, wild zurückstößt und voller Feindseligkeit abweist, sich im Hintergrund mit einem nicht endenden, langgezogenen Hilferuf nach dem Beistand anderer Menschen sehnt; unadressiert und ungerichtet bittet er jedermann um Hilfe, aber kaum versucht jemand, auf seinen Klageruf einzugehen, löst er nur die immer gleiche Explosion von Angst und Abwehr aus. Derselbe Mann, der aus der Ferne die Menschen sucht und herbeiruft, verflucht und verschreckt

[18] Zur Darstellung der Philosophie J.P. SARTRES vgl. E. DREWERMANN: Strukturen des Bösen, III 198–226.
[19] Vgl. E. DREWERMANN: A.a.O., III 60–62.
[20] Zur Phänomenologie des «Anderen» bei SARTRE vgl. E. DREWERMANN: A.a.O., III 251–278.
[21] TH.M. MESSER: Edvard Munch, 96.

sie, sobald sie seine Fluchtdistanz auch nur um ein Weniges unterschreiten. – Man kann bis zur Unerträglichkeit an der Einsamkeit leiden und doch zur Einsamkeit verurteilt sein, weil man am meisten fürchtet, was man am meisten herbeiwünscht: die Nähe anderer Menschen.

Fragen muß man sich natürlich, was der Besessene von Gerasa an den anderen Menschen eigentlich derart «fürchterlich» findet. Sie bedrohen seine Freiheit, gewiß, und sie wollen ihn «zivilisieren»; aber gerade damit reagieren sie doch nur auf die Ungeschlachtheit all seiner Ausdrucksformen, und womöglich ist es nicht nur der Teufelskreis von tödlicher Angst und mörderischer Freiheitssuche, die diesen Mann in die Grabhöhlen verbannt und ihm das unauslöschliche Signum der Unreinheit aufprägt, sondern es könnte sein, daß das Gefühl der «Unreinheit» existentiell, nicht kultisch, die eigentliche Basis all der Verzweiflungsausbrüche und eruptiven Aggressionsentladungen dieses «Besessenen» bildet. Sein Selbsthaß jedenfalls ist außerordentlich groß; denn wir sehen ihn, wie in einem selbstgeschaffenen Bußritus, unablässig mit Steinen auf sich einschlagen – eine dramatische Umkehrung der Drohgebärden unserer Primatenvorfahren, eine permanente Selbstmißhandlung und Selbstablehnung. Dieser Mann, der so fanatisch um seine Freiheit und Selbstbehauptung kämpft, besitzt im Grunde, wie man sieht, überhaupt kein Ich, das er anerkennen und achten könnte, und seine «Freiheit» mutet von daher an wie eine einzige Flucht nicht nur vor den anderen, sondern zunächst und wesentlich vor sich selbst; besonders seine scheinbar enorme Entladung von Kraft und Energie erweist sich in Wahrheit als ein Phänomen innerer Leere, als der Wirbel eines Taifuns, gelagert um ein Unterdruckgebiet vollkommener Stille.

Wie ist es möglich, einem Menschen näherzukommen, der seine eigene Nähe nicht erträgt und deshalb auch die Nähe eines jeden anderen nur fliehen kann? – Das wird jetzt zur alles entscheidenden Frage.

4) Die Qual der Krankheit und der Heilung

Man müßte es für unmöglich halten, das Netzwerk der Angst eines solchen «Besessenen» zu durchdringen, würde er selber sich nicht jedem anderen schon von weitem hilfesuchend aufdrängen und also neben seiner Angst und Flucht auch eine ganz andere Tendenz verraten, eine *demanding dependency*[22], die durch das Gefälle der Hilflosigkeit den anderen förmlich ansaugt, allerdings nur, um ihn im gleichen Moment wieder voller Angst von sich zu stoßen. Hätte man nicht bereits vor Augen, wie widersprüchlich der «Besessene» sich in seinem

[22] Vgl. St. Mentzos: Hysterie, 46–47, der die «aktiven Abhängigkeitstendenzen» im Umfeld der *Hysterie* beschreibt.

gesamten Gehabe verhält, so würde man wohl nur schwerlich verstehen, was sich auch jetzt wieder begibt, da Jesus das Ufer an der «Jenseite» des Sees betritt. Von weitem schon, kaum, daß er Jesu gewahr wird, läuft der «Besessene» ihm entgegen und wirft sich flehend zu seinen Füßen, und jeder Leser des Neuen Testamentes muß an dieser Stelle erwarten, er werde inständig Jesus um Erlösung aus der Hölle seiner Einsamkeit und Verlorenheit anflehen. Stattdessen aber geschieht, was nirgends sonst in der Bibel berichtet wird: daß jemand kniefällig Jesus bestürmt, ihm *nicht* zu helfen und ihn, buchstäblich um Himmels willen, in Ruhe zu lassen.

So unbegreiflich ein derartiger Hilferuf zur Nichthilfe erscheinen mag – in der psychotherapeutischen Praxis stellt er keineswegs die Ausnahme, sondern in gewisser Weise den Normalfall dar. Jede seelische Erkrankung schafft ja nicht nur Icheinschränkungen und Leiden aller Art, sie behebt zunächst einmal einen Konflikt, der mit den Mitteln des Bewußtseins nicht zu lösen ist. Insofern *braucht* der seelisch Kranke seine Krankheit, und so sehr er unter sich selbst und seinen Symptomen leiden mag, so sehr ängstigt er sich zugleich auch vor der heilenden Begegnung mit sich selbst und seiner Wahrheit. In jeder Psychotherapie stellt sich daher von Anfang an die Frage, wieviel an Leid man einem Menschen zumuten kann, um ihn am Ende mindestens unter sich selber weniger leiden zu lassen, und es kann durchaus sein, daß jemand so sehr identifiziert ist mit dem Negativen, daß es fast einem Mord gleichzukommen scheint, ihn aus dem Getto seiner Gefangenschaft zu befreien. Der bittere Ruf: «Quäle mich nicht», erschallt unausgesprochen oder laut herausgeschrien immer wieder in jeder Psychotherapie, die mehr ist als ein Glätten der Symptome an der Oberfläche, und es sieht schließlich wie ein letzter Akt der Barmherzigkeit und des Mitleids aus, den anderen «ungestört» in dem Teufelskreis seiner Angst zu belassen. Aber ringt man auf den Suchwanderungen der Seele denn primär um Glück oder Leidfreiheit? Das wahre Problem des Menschen besteht darin, daß er nur in der Wahrheit seiner selbst zu dem ihm möglichen und zugedachten Glück imstande ist, und man sucht letztlich nach Gott, wenn man in den Abgrund des Unbewußten eines Menschen hinabsteigt.

In der historisch-kritischen Exegese der Stelle gilt es lediglich als ein theologischer Topos, daß die «Dämonen», vor allem im Markus-Evangelium, offenbar von Anfang an über die Fähigkeit verfügen, die wahre Natur Christi zu erkennen; aber erneut geht bei solchen Feststellungen die menschliche Erfahrung unter, die möglicherweise eine derartige theologische Theoriebildung allererst rechtfertigt. Statt vorschnell in Abstraktionen und Generalisierungen auszuweichen, muß man sich vielmehr fragen, woher eigentlich das «dämonische» Wissen um Gott gerade bei einem Menschen stammt, der von Gott so wenig wissen will wie der Besessene von Gerasa bzw. der den Namen Gottes nur im Munde führt, um von Gott loszukommen.

Auch in dieser Frage bewies SÖREN KIERKEGAARD sein theologisches und psychologisches Gespür darin, daß er von «Dämonie» nicht nur redete, sondern sie einfühlbar, verstehbar, ja als latentes Schicksal eines jeden Menschen außerhalb des Glaubens begreifbar machte. Nach AUGUSTINUS, LUTHER und PASCAL war KIERKEGAARD der erste, der, ungleich bewußter und schärfer noch als alle seine Vorgänger, begriff, daß die Menschen nicht nur Angst haben, weil sie Sünder sind, sondern daß sie *wesentlich* Sünder sind aus Angst[23]. Die Menschen sündigen nach KIERKEGAARD aus Angst vor dem Bösen, und sie versuchen, indem sie das Böse tun, im Grunde nur die unerträgliche *Angst der Möglichkeit*, die in der Freiheit liegt, endlich von sich abzuschütteln; tragischerweise jedoch kehrt die Angst sogleich nach vollzogener Tat zurück, nun freilich sogar in potenzierter Gestalt, insofern die Angst vor der Strafe noch zusätzlich mit der Angst sich verpaart, das Böse, das durch die eigene Freiheit zur Wirklichkeit gelangt ist, könne fortan wieder und immer wieder von neuem geschehen. Am Ende kann die Angst einen Menschen dahin treiben, sich in das Böse wie zu einer endgültigen Beruhigung förmlich zu verkriechen und nur noch das Böse zu wollen, als wenn es nur so ein Entrinnen aus der Last der Freiheit geben könnte: – eine negative Geborgenheit am direkten Gegenpol der Menschlichkeit. Hat ein Mensch sich auf diese Weise erst einmal im Negativen heimisch gemacht, so muß er fortan das Gute fliehen wie eine tödliche Gefahr, die seinen verfehlten Existenzaufbau erneut ins Wanken bringen kann; doch gerade so – folgt man KIERKEGAARDS Ansicht – offenbart sich das Wesen des Dämonischen: als Angst vor dem Guten[24], als die sichere Qual, in seinem ganzen Dasein durch das Gute vernichtet zu werden. Nur weil diese Gefahr so deutlich empfunden wird, entsteht die paradoxe Hellsichtigkeit der Dämonie: sie weiß genau, was sie retten könnte, aber gerade davor fürchtet sie sich am meisten.

Indessen verfügt dieser Widerspruch, sobald er halb bewußt ist, über den unheimlichen Zwang, auf eine unendliche Steigerung der menschlichen Verzweiflung hinauszudrängen und damit das seelische Leid ins Grenzenlose zu steigern. All die Widersprüche in der Existenz des Besessenen, sein Ringen zwischen Selbsthaß und Selbstbehauptung, zwischen Ohnmacht und Stärke, zwischen Einsamkeit und Kontaktsehnsucht, zwischen Abhängigkeit und demonstrierter Autarkie, seine Ambivalenz schließlich zwischen Tod und Leben, läßt sich am kürzesten auf die genial einfache Formel bringen, mit der KIERKEGAARD die *Verzweiflung* definierte: als ein *Mißverhältnis zu sich selbst*, derart, daß jemand in Schwäche oder Trotz verzweifelt nicht sein wolle, was er ist, oder verzweifelt

[23] Zu KIERKEGAARDS Lehre (und Erfahrung) von der wesenhaften Herkunft der Schuld aus der Angst des endlichen Geistes vgl. E. DREWERMANN: Strukturen des Bösen, III 436–460.

[24] A.a.O., 492–497; S. KIERKEGAARD: Die Krankheit zum Tode, 104.

sein wolle, was er nicht ist[25], und schon dieser Zustand verzweiflungsvoller Zerrissenheit an sich ist entsetzlich. Eine absolute qualitative Potenzierung dieses Leidens aber muß unausweichlich eintreten, wenn das Bewußtsein erwacht, wie es eigentlich richtig wäre, zu leben, und wenn man zugleich aus Angst sich nicht getraut, der Wahrheit zu folgen, wenn m.a.W. die Verzweiflung selbst zu einem Verzweiflungskampf gegen die einzige Form der Wahrheit gerät, durch die sie erlöst werden könnte.

Vielleicht gibt es in der Bibel kein Bild, das dem Zustand einer solchen unendlichen Verzweiflung mehr entspricht als die Szene, da der Prophet *Jona* auf der Flucht vor dem Lebensauftrag Gottes im klaren Bewußtsein um den Grund seiner Zerrissenheit die Frage der Seeleute beantwortet, was sein Gewerbe sei, woher er komme, wo er daheim sei und zu welchem Volk er gehöre – die üblichen Fragen der bürgerlichen Identität: Beruf, Herkunft, Nationalität, Wohnort (Jona 1,8). Auf all diese Fragen könnte Jona, rein äußerlich gesehen, befriedigend antworten, denn in all dem wohnt nicht die Quelle seiner Angst und Unruhe noch der Grund seiner Verzweiflung und Verlorenheit; verzweifelt ist Jona nur, weil er sich weigert, vor Gott zu sein und zu tun, wozu er sich berufen fühlt. Aber gerade deshalb kann er nicht einfach beantworten, wonach man ihn fragt, und er muß beantworten, wonach man ihn eigentlich gar nicht fragt und was doch einzig der Grund seiner Verzweiflung ist: «Ich», spricht er, «verehre den Herrn, den Gott des Himmels, der das Meer und das Trockene gemacht hat.» (Jona 1,9) Der Gott des Himmels – das ist der Gott, der alles sieht und dem entweichen zu wollen sinnlos ist; doch gerade dieser Gott, der alles, was er gemacht hat, von allen Seiten umfängt, ist, je nachdem, wie der Mensch zu ihm steht, ein tragender Grund oder furchtbarer Abgrund, der Schöpfer des Festlandes oder des Meeres, und für Jona erscheint Gott in diesem Augenblick nur noch als Schöpfer des «Meeres».

In einem solchen erzwungenen Bekenntnis zu Gott aus dem Abgrund der Verzweiflung, wie Jona es hier ablegt, liegt zweifellos die entsetzlichste Möglichkeit des menschlichen Lebens, eine *Confessio*, die in ihrer drohenden Furchtbarkeit anderen zur Bekehrung gereichen kann, während sie für die eigene Person doch nur den Untergang festzuschreiben vermag. Am Ende kann die Wahrheit einem Menschen furchtbarer erscheinen als der Tod, bzw. es kann der Weg zu der eigentlichen Bestimmung und Berufung des Lebens so sehr von Angst versperrt sein, daß man schließlich nur noch den Rachen des Walfischs als Zuflucht sieht, eingeschlossen in Nacht und Dunkelheit, auf dem untersten Abgrund des Meeres. Der «Walfisch» des Jona bedeutet symbolisch nichts ande-

[25] S. Kierkegaard: Die Krankheit zum Tode, 50; 56; 61–67; E. Drewermann: Strukturen des Bösen, 487–492.

res als ein Leben in den Grabhöhlen von Gerasa[26] – ein Dasein ohne Aussicht, weil die einzige Rettung, die in Gott und in der Wahrheit der eigenen Berufung liegt, sich in den Herd einer panischen Angst verwandelt hat. Es ist, als hätte man in einem grausamen Experiment einer Maus die chemische Substanz der Dunkelangst, Skotophobin, injiziert, und nun müßte sie gegen ihre instinktive Angst immer wieder die Schattenorte und Zufluchtstellen fliehen, die eigentlich ihre Sicherheit bilden könnten, und umgekehrt, ins Helle fliehend, müßte sie zugleich wieder zurückstreben ins Dunkle – ein endloses Hin- und Hertaumeln von Angst zu Angst, von Flucht zu Flucht, ein verzweifelter Kampf gegen sich selber um sich selber.

Es ist an dieser Stelle außerordentlich wichtig, sich klarzumachen, daß bei all dem nur scheinbar von exorbitanten Schicksalen und abnormen menschlichen Verhaltensweisen die Rede ist. Die Berufung Gottes zu fliehen bedeutet gewiß nicht immer, was es bei Jona bedeutet: aus Angst den Weg nach «Ninive» zu meiden; aber es besagt in jedem Falle, daß man die eigene Wahrheit nicht zu leben sich getraut aus Angst vor der Meinung der (oder aller) anderen. Endlos kann die Kette der Beispiele dafür sein: eine Frau wagt es nicht, eine Frau zu sein, und ein Mann wagt es nicht, ein Mann zu sein, aus Angst vor den Schuldgefühlen und angedrohten Strafen der Kindertage, und keiner riskiert es, – womöglich gegen den Druck der Gesellschaft, der Kirche, der Verwandten, der Nachbarn – der Stimme des eigenen Herzens zu folgen. Ein leitender Beamter etwa spürt genau, daß er seelisch seit Jahren über seinen Verhältnissen lebt, und dringend müßte er sein Leben innerlicher, geistiger, weniger oberflächlich, in gewissem Sinne frömmer, aufgeschlossener, stiller und wahrer gestalten, doch gerade davor hat er am meisten Angst, denn er fürchtet um seine Anerkennung, sein Prestige, seine Macht und seinen Einfluß; oder: eine Frau entdeckt Mitte der Vierziger, kaum daß ihre Kinder aus dem Hause sind, daß sie viele Jahre an der Seite ihres Mannes gelebt hat oder gelebt wurde, ohne jemals zu fühlen, was Liebe, Begeisterung, Herzensweite und Sehnsucht in ihrem Leben bedeuten könnten. Leben nicht all diese Menschen, und demnach folglich wir alle, im letzten wie Untote in unsichtbaren Grabkammern, ständig auf der Flucht vor jedem wahren Kontakt mit anderen Menschen und ständig im Kampf gegen das wahre Leben? Und immer wieder siegt die Angst über die Wahrhaftigkeit; und immer wieder trifft man daher auf das Paradox der kämpferischen Anhänglichkeit eines Menschen an sein Leid.

Zu den theologischen Gemeinplätzen zählt seit den Vätertagen die Formel, daß Christus uns nur habe durch das Leiden erlösen können[27]. Aber in solchen

[26] Vgl. U. Steffen: Jona und der Fisch, 1982.

[27] Weitgehend herrscht in der Dogmatik ein reiner Positivismus in der Erlösungslehre; so wenn J. Brinktrine: Die Lehre von der Menschwerdung und Erlösung, 210–211 schreibt: «Der Herr hätte durch irgendein

Abstraktionen wird erneut nicht verständlich, woher der Widerstand gegen jedes Mehr an Menschlichkeit und Güte, wie sie in Jesus lebten, wesensmäßig immer wieder erwachsen sollte. Statt dessen flüchtet man sich theologisch in Scheinerklärungen, indem man entweder in einem rein verbalen Biblizismus die Macht des Bösen im Menschen auf den Einfluß böser Geister zurückführt (und also *obscurum per obscurius*, das Unverstandene durch das Unverstehbare, erklärt), oder in rein dogmatischem Positivismus an dem Gegensatz von Gott und Mensch festhält, ohne nach Zerstörung der biblischen Grundlagen durch die liberale Bibelkritik sich die Inkonsequenz und Haltlosigkeit der eigenen Position einzugestehen. Wohlgemerkt geht es hier nicht um die Frage, ob es in dogmatischem Sinne den «Teufel» «gibt» oder nicht; es geht vielmehr darum, zunächst einmal die Erfahrungen mit der menschlichen Not, mit der Zerrissenheit und Ohnmacht des menschlichen Herzens so weit zu erörtern, daß die entscheidende Alternative der menschlichen Existenz zwischen Angst und Glauben einfühlbar und einsichtig wird. Was jedenfalls die Gestalt des Besessenen von Gerasa in ihrer Widersprüchlichkeit auf erschütternde Weise deutlich macht, ist gerade diese absolute Konfrontation, dieser äußerste Widerstand, der einsetzt, wenn ein Mensch, der nur aus Angst besteht, auf seinen Erlöser trifft.

Nach dem Gesagten dürfte es klar sein, daß es nichts Schwereres für einen Menschen geben kann, als ein Leben zu verlassen, das durch und durch von Angst geprägt ist. Von außen betrachtet, könnte man vielleicht meinen, nach so viel Leid und Qual, wie der Besessene von Gerasa durchlitten hat, sollte ein Mensch doch nur froh sein, endlich zu sich selber zu gelangen; aber diese Hoffnung ist trügerisch. Wer gelernt hat, auf sich selbst mit Steinen einzuschlagen, wird denjenigen zunächst nicht lieben, sondern hassen, der ihn eine gewisse Freundlichkeit im Umgang mit sich selber lehren will; wer gelernt hat, vor jeder menschlichen Annäherung zu fliehen, wird denjenigen wütend anfallen und zu vertreiben suchen, der sich ihm anbietet, sein Freund und Begleiter durch die Nacht und die Angst zu sein; wer gelernt hat, den Tod zu lieben und das Leben zu fürchten, wird denjenigen umzubringen suchen, der ihm beibringen will, das Leben als Chance und Aufgabe zu begreifen. Doch gerade diesen Widerständen muß Jesus sich stellen, ja er muß sie förmlich provozieren und auf seine Person konzentrieren, sonst werden die alten Ängste und Fehleinstellungen des Beses-

gutes Werk Genugtuung leisten können ... Tatsächlich wollte er aber die Genugtuung durch die Hinopferung seiner selbst am Kreuze vollziehen.» Die Äußerlichkeit beginnt bereits mit der rein juridischen Gegenüberstellung von Mensch und Gott und der Konzeption von der «unendlichen Beleidigung» der göttlichen Gerechtigkeit durch die Sünde des Menschen. Wie lächerlich klein ist ein Gott, der sich durch die Tragik des menschlichen Daseins «unendlich» kränken läßt und welche masochistischen und zwangsneurotischen Konsequenzen ergeben sich religionspsychologisch aus einem derart engen Gottesbild! ANSELM VON CANTERBURY: Cur Deus homo, Cap. 18, S. 142–143, auf den diese Denktradition zurückgeht, wollte immerhin gerade den Positivismus der Erlösungslehre überwinden, wenn er sagte: «Diese Schuld (sc. des Menschen, d. V.) war so groß, daß, obwohl sie nur der Mensch einlösen mußte, es nur Gott konnte ...»

senen zu sich selber und zu allen Menschen ringsum niemals aufhören. Jede schwere Neurose gleicht in der Künstlichkeit ihrer Lebensform, in dem verschlungenen Glanz ihres Ersatzlebens und in der gnadenlosen Kälte ihrer Grundempfindung der Schönheit von Eisblumen am Fenster – sie ähneln in ihrer äußeren Gestalt vollkommen dem Anblick wirklicher Blumen, aber schon ein erster wärmerer Anhauch muß sie zum Zerschmelzen bringen. In einer Welt der Angst und des angstgeborenen Hasses muß die Güte wie etwas Zerstörerisches, wie etwas Lebensgefährliches bekämpft werden, und so wird Jesus von dem «Besessenen» paradoxerweise in gewissem Sinne zu Recht wie ein Eindringling, wie ein Störenfried, wie ein Fremder in einem Territorium empfunden, in dem er nichts zu suchen hat; schon von weitem schreien und brüllen die «Dämonen» ihn an, um ihn zu vertreiben.

Dabei scheint Jesus diesen Angriff selbst hervorgerufen zu haben. Erst nachträglich teilt der Text uns mit, daß Jesus, gewissermaßen durch ein Machtwort, die Besessenheit des Kranken habe heilen wollen, und gerade dieser Befehl habe (wiederum anders als sonst im ganzen Neuen Testament), statt den gewünschten Erfolg zu zeitigen, lediglich den wütenden Ausbruch des Besessenen hervorgerufen: «Was habe ich mit dir zu schaffen, Jesus, du Sohn Gottes, des Höchsten? Ich beschwöre dich bei Gott, quäle mich nicht!» (Mk 5,7) Von der Erzähllogik her muß es als sonderbar erscheinen, daß dieser eigentliche Grund für den verzweifelten Ausruf des Besessenen erst jetzt nachträglich angegeben wird; gleichwohl ist dieses Mittel der Umkehrung von Ursache und Wirkung in der Reihenfolge der Erzählung durchaus berechtigt und angemessen: es bietet dem Leser ein Bild, wie es bei Filmaufnahmen einer jeden Explosion unvermeidbar entsteht: man sieht zunächst die Detonation selbst, die umherfliegenden Sprengstücke, dann erst, in dem Bombenkrater, die Überreste der Zündschnur und – vielleicht – Teile der Bombe. Gerade so erreichen in dieser Wundererzählung von Gerasa den außenstehenden Betrachter die Schmerzensschreie des Besessenen eher als die Worte Jesu, die dem «unreinen Geist» gebieten, «auszufahren aus diesem Menschen» (Mk 5,8), und man erlebt die Wirkung dieser Worte eher, als daß man versteht, warum sie so wirken. Tatsächlich muß der Exorzismusbefehl Jesu mitten in den Kern des Aufruhrs getroffen haben, denn er läuft auf eine totale Kampfansage, auf einen absoluten Machtkampf hinaus, und es zeigt sich, daß Jesus diesen Machtkampf in direktem Angriff nicht gewinnen kann. Sein Befehl hat allenfalls den Wert einer provozierenden Zielangabe dessen, was er für den Besessenen erreichen möchte, keinesfalls ist er selber schon der Weg dorthin. Nur: was kann Jesus eigentlich tun, und: was *darf* er überhaupt tun?

Hat man ein Recht, einen Menschen gegen seinen Willen zu «behandeln»? Gibt es eine Erlaubnis, einen Menschen zu seinem Heil gewissermaßen hinzuquälen? Rein menschlich sicher nicht, wenn irgend feststünde, was denn der Wille eines

Menschen wirklich ist. In dieser Szene aber geht es letztlich um die einzig wesentliche Frage des menschlichen Daseins: inwieweit jemand, entgegen seiner Angst, der Wahrheit Gottes zu folgen wagt, oder ob er sich selber dazu verurteilt, an dieser furchtbarsten aller Bitten festzuhalten, man möge ihn um Gottes willen «in Ruhe» «leben lassen» – als wenn sein gehetztes, angstzerrissenes, selbstquälerisches Dasein auch nur das geringste mit «Ruhe» und «Leben» zu tun haben könnte. Es ist letztlich in jedem Menschenleben unvermeidlich, mit der Wahrheit vor Augen sich selber zu riskieren, und umgekehrt gibt es für einen Therapeuten von der Art der Priesterärzte keine Wahl: Gott hat ein Recht, daß seine Schöpfung nicht durch Angst verwüstet wird, und es ist nicht erlaubt, vor der Macht des Bösen zu kapitulieren.

Außerdem ist es sehr die Frage, was jemand mit dem, was er sagt, eigentlich sagen will.

Die Annahme ist gewiß zu simpel, man brauche nur den Worten eines Menschen zu folgen, und man werde ihn schon in etwa richtig verstehen. Oft genug verbirgt jemand gerade das ihm Wichtigste in Nebensätzen und Andeutungen; oder er sieht sich immer wieder aus Angst vor den anderen gezwungen, seine wahren Gedanken und Gefühle hinter vollkommen gegenteiligen Äußerungen zu verstecken; aus Furcht, enttäuscht zu werden, erklärt jemand womöglich schon von vornherein, daß er dies und das eigentlich nicht wolle, während er sich in Wahrheit gerade danach am meisten sehnt. Es stimmt schon: um einen Menschen zu verstehen, muß man in der Tat sehr genau hören, *was* er sagt, aber mindestens genauso aufmerksam muß man hören, *wie* er es sagt: ob er es traurig vorbringt, verkrampft, übertrieben fröhlich, mit gespielter Nonchalance, innerlich wie gejagt, verhalten-zögernd – die ganze Art des Sprechens ist oft weit sprechender als alle Worte. Achtet man daher auf die Sprech*weise*, statt nur auf das Gesprochene, so wird man nicht selten entdecken, daß man, um jemanden wirklich zu verstehen, ihm den *versteckten* Wunsch mehr glauben muß als den Wortlaut seiner Reden.

In dem Verhalten des Besessenen jedenfalls tritt überdeutlich zu Tage, daß er an sich die Hilfe eines anderen Menschen unbedingt sucht und will, nur daß er aus lauter Angst sich gerade dagegen am meisten wehrt und sperrt. Der erste entscheidende Ansatz zu seiner allmählichen Heilung besteht deshalb darin, seine verbalen Äußerungen als angstbedingte Widerstände zu betrachten und allein auf seinen ursprünglichen Wunsch einzugehen; verführe Jesus so nicht, bliebe gegenüber dem Besessenen wirklich nur die resignierte Feststellung übrig: «Er will es ja nicht besser.» Man muß wenigstens selber von Grund auf daran glauben können, daß der andere die Wahrheit seines Lebens will und ihrer fähig ist, um mit ihm durch dick und dünn zu gehen.

Wie aber überwindet man derart massive Angstbarrieren und Kontaktverweigerungen, wie der Besessene von Gerasa sie äußert?

Alle, die ihm bislang helfen wollten, haben mit Gewalt versucht, ihn buchstäblich «an die Leine zu legen» und «anzubinden», und natürlich hat niemand damit auch nur den geringsten Erfolg gehabt. Es gibt nur einen einzigen wirklich gangbaren Weg zum Herzen eines anderen Menschen, und eben diesen Weg beschreitet im folgenden Jesus: den anderen in seiner Angst zu «zähmen»[28], indem man ohne Zwang und ohne jeden Druck von außen sich in ihn einzufühlen und sein Wesen von innen her zu verstehen sucht, und das kann nur geschehen, indem man, bildlich gesprochen, den anderen nach seinem «Namen» fragt.

5) «Was ist's um Deinen Namen?»

Was sich in dieser Frage nach dem Namen in der Erzählung von dem Besessenen von Gerasa auf ein einziges Moment zusammendrängt, macht in Wirklichkeit das Geheimnis einer jeden Psychotherapie aus und kann dort oft viele Jahre in Anspruch nehmen. «Wie heißt Du?» – diese Frage bedeutet das Ende und das Gegenteil all der gutgemeinten bisherigen Vergewaltigungsversuche aus scheinbarer Fürsorge und Verantwortung; es stellt den ersten Versuch dar, dem Besessenen zumindest die Chance zu geben, einem anderen Menschen mitzuteilen, wie es in Wahrheit in ihm aussieht. «Wie heißt Du?» – das bedeutet, nicht länger mehr von den Rollenzwängen und Erwartungen der Gesellschaft und der sozialen Umwelt auszugehen, sondern den «Besessenen» selber in den Mittelpunkt allen Interesses zu rücken. «Wie heißt Du?» – das eröffnet die Möglichkeit, einmal trotz aller Angst glauben zu können, daß der andere, der so fragt, bedingungslos akzeptieren wird, wie man sich selber fühlt, und sei es noch so chaotisch, noch so pervers und derart ungezügelt, daß man ehrlicherweise auf diese Frage glaubt antworten zu müssen: «Die *Hölle* ist in mir!» Nur wenn die Frage nach dem Wesen des anderen so einfühlend, so ernst und so geduldig gestellt wird, daß sie in ihrem Interesse als glaubwürdig und in ihrer Menschlichkeit als tragfähig erscheint, kann man damit rechnen, von dem Betroffenen eine wahre Antwort zu erhalten. Die Wahrheit des «Besessenen» freilich ist in der Tat furchtbar, und man versteht, wie schwer er sich tun muß, offen von sich zu reden.

Vor Jahren kam einmal ein Mann (ca. 30 Jahre alt) zu mir, den ich, als er Platz genommen hatte, mit der üblichen einfachen Frage begrüßte: «Was führt Sie zu mir?» Kaum gesagt, ergoß sich über mich ein ungeheuerer Redestrom von wirr erscheinenden Fragmenten: «Wissen Sie, das ist – man sagt heute: das System.

[28] Mit diesem Wort bezeichnet A. de Saint-Exupéry: Der kleine Prinz, 66–67 das allmähliche Sich-Vertrautmachen in der Liebe; vgl. E. Drewermann – I. Neuhaus: Das Eigentliche ist unsichtbar. Der kleine Prinz tiefenpsychologisch gedeutet, 42–46.

Da werden die Studenten ausgebildet und erhalten keine Arbeit. Die Sexualität macht alles kaputt – die Reklame! Da hungern in der Dritten Welt Millionen Menschen, und die (hier) fressen sich voll bis zum Platzen. Meine Mutter ist wie Rosa Luxemburg, eine Heilige ist das. Ich glaube nicht an Gott, aber an die Mutter Gottes glaube ich. Ich will Schriftsteller werden. Maxim Gorki habe ich schon erreicht, aber ich will noch mehr erreichen. Im Krankenhaus (sc. in der psychiatrischen Abteilung) warf man mich morgens immer aus dem Bett. Aber ich muß doch träumen. Ich habe noch keine Seite geschrieben, aber ich sehe alles vor mir ...»

Ganz ähnlich wird man sich dem Sinn nach die Antwort des «Besessenen» vorstellen müssen, wenn er auf die Frage Jesu: «Wie heißt Du?», erklärt: «Legion ist mein Name, denn wir sind viele.» (Mk 5,9) Es ist eine Antwort, die aufs Wort genau die ganze furchtbare Wahrheit des Besessenen enthält, die da lautet, daß es auf die Frage «Wer bist Du?» kein Ich gibt, das auf eine solche Frage antworten könnte. Das einzige, was der Besessene als Antwort auf die Frage nach seinem Namen zu geben vermag, besteht in der Schilderung der Zerrissenheit, in der er sich selbst erlebt; erklären muß er, daß er sich selbst gar nicht gehört, daß sein Ich besetzt gehalten wird von fremden Truppen, die mit breiten Stiefeln in seiner Seele herummarschieren und Befehlen gehorchen, die in sich unverständlich sind und dennoch einer übergeordneten geheimen Kommandostelle zu unterstehen scheinen – daß m.a.W. seine eigene Persönlichkeit in eine Vielzahl von «Besatzungstruppen» zerfällt. Ganz entsprechend wollte auch jener Mann mit dem Katarakt seiner Assoziationen eigentlich nur sagen: «Wenn Du mich fragst, wer ich bin, kann ich nur sagen, ich weiß nicht, wer ich bin. Mein Ich – das ist ein Haufen von Komplexen (die Mutterbindung, die sexuelle Gehemmtheit, die oralen Schuldgefühle, die Riesenerwartungen und Ohnmachtsgefühle, der Vaterhaß und die kleinkindliche Sehnsucht nach Geborgenheit etc., etc.) die alle irgendwie zusammenhängen und eine unheimliche Einheit bilden.»

Man darf annehmen, daß es vor allem diese Erfahrung innerer Zerrissenheit und Ausgeliefertheit ist, die als Kern dessen gelten muß, was in der Bibel als «Besessenheit» beschrieben wird und was als Erfahrung von einem jeden Menschen mehr oder minder mitempfunden werden kann.

Mit wem redet man eigentlich, wenn man mit einem Menschen redet?

Wollte man die psychische Wirklichkeit in einem *Film* darstellen, so müßte man oft bereits in einem einzigen Satz die jeweils handelnde Person gegen andere Personen austauschen oder sie mit ihnen überblenden: statt des eigenen Ichs, denkt, redet, fühlt, wertet, agiert plötzlich der Vater, die Mutter, die Schwester, der Dorfpfarrer, der Klassenlehrer usw., und sie alle warten in allen Äußerungen anscheinend nur auf das passende Stichwort für ihren Auftritt.

Wo aber bleibt dann das Ich? – Mit dem eigenen Ich verhält es sich oft so wie mit dem besetzten Frankreich 1944 vor der Landung der Alliierten in der Normandie: alles, was öffentlich gedruckt, gesendet, verbreitet wird, klingt französisch und ist doch die Sprache des Zerstörers, des Feindes, und alle laut gesagten Worte wirken nur als Instrumente weiterer Unterdrückung und Ausbeutung. Die Sprache des *freien* Frankreichs hört man vielleicht nachts um drei Uhr für wenige Minuten als eine unverständliche Kette von verschlüsselten Zeichen auf einem sehr schwachen Sender von geringer Reichweite und ständig wechselndem Standort. Ehe es wieder eine französische Sprache gibt, die in ihrem Inhalt und in ihrer Gesinnung nicht deutsch, sondern französisch gesprochen wird, sind zunächst entsetzliche Spannungen, gewalttätige Kämpfe und unabsehbare Leiden unvermeidbar; doch nur so wird der Tag der Befreiung näherrücken. Jeder «Besatzungszustand» des Ichs setzt voraus, daß alles «offen» Gesagte nur der Tarnung, nicht der Mitteilung der Wahrheit dient, und es bedarf oft schier endlos scheinender Auseinandersetzungen, um schließlich die Freiheit des Ichs zurückzugewinnen.

Man kann den inneren Zustand einer solchen seelischen Besatzung auch als eine furchtbare Angst des Ichs vor sich selber wiedergeben. F.M. DOSTOJEWSKI hat in seinem Roman «Die Dämonen», dem er als Motto gerade das Evangelium von dem Besessenen von Gerasa vorangestellt hat[29], mit psychologischer Meisterschaft geschildert, wie unheimlich Menschen auf andere wirken müssen, die aus Angst vor einer eigenen Existenz mit dem Risiko einer eigenen Freiheit sich ständig in das Kollektiv, in die Unverantwortlichkeit des Man, in den großen Haufen flüchten. Solche Menschen wagen niemals «Ich» zu sagen – sie sind aus Angst gezwungen, stets als «Legion» aufzutreten, und stets suchen und verteidigen sie eine Freiheit, die doch immer wieder von den anderen scheinbar unentrinnbar unterdrückt und geknebelt wird[30]. Wie ein Fluch lagert über solchen Menschen der Zwang, stets zu bereden, was «man» tut, wie «es» geht, was «aber doch» «an und für sich» «notwendig» ist, was «die anderen» sagen werden, was jetzt gerade «chic» und «Mode» ist etc., und oft merken sie kaum noch, wie uneigentlich und unpersönlich, wie abhängig und abgeleitet, wie entfremdet und besetztgehalten sie existieren.

Man weiß nicht, wie die Menschen im Hintergrund beschaffen sind, die eine solche Psychologie der Angst wie die des Besessenen von Gerasa geschaffen haben; aber so viel ist sicher: stets, wenn ein Mensch aus Angst (oder, wie er sich selbst womöglich einredet, aus «Verantwortung», «Pflichtgefühl» und «Charakter» u.a.) sich weigert, eine eigene Persönlichkeit auszuprägen und das Wagnis eines eigenen Lebens und einer eigenen Freiheit einzugehen, werden andere

[29] F.M. DOSTOJEWSKIJ: Die Dämonen, 5; vgl. S. 683.

[30] Vgl. a.a.O., 403–404, wo DOSTOJEWSKIJ das Leben in «Uniform», die «Scheu vor einer eigenen Meinung», die «Scham für jedes selbständige Denken» und die Verwandlung der Menschen in «Menschenmaterial» in der Ideologie und Praxis des *Sozialismus* anprangert.

Menschen seelisch die Kosten für seine Unselbständigkeit, Zwanghaftigkeit und Unmenschlichkeit zu tragen haben – ein buchstäblich «dämonischer» Sog der «Besessenheit», der Preisgegebenheit des Ichs an «fremde» Geistermächte, die man nicht gerufen hat und die doch jede Regung des Ichs zerfasern, kontrollieren, widerlegen, zerreden, verlachen, verbieten, beschimpfen. Es ist ein Zustand, wie er wohl nur in der Psychose im ganzen Ausmaß des Schreckens, der Hilflosigkeit und der Ohnmacht erlebt wird: als stünden ständig Leute hinter, neben oder über der eigenen Person und hielten Wache, streckten die Zunge heraus, entzögen einem die Gedanken, raubten die Gefühle, schüfen unheimliche körperliche Sensationen, nötigten einem absurde, perverse, obszöne Vorstellungen auf, nur um sogleich Hohn und Spott darüber zu ergießen – ein auswegloses Zurschaugestelltsein wie ein wildes Tier auf der Lichtung[31], und man weiß in all dem subjektiv durchaus nicht mehr, was einem aufmerksamen Beobachter derartiger Zustände an sich nicht entgehen kann: daß es ganz gewiß im Leben eines solchen «Besessenen» Menschen gegeben haben muß, die in der Kindheit schon sich gerade so verhalten haben, wie die «bösen Geister» jetzt sein Ich heimsuchen. Die Frage «Wer bist Du?» oder «Wie heißt Du?», wandelt sich in der Antwort des «Besessenen» von der «Legion» im Grunde zu einer Frage nach den Menschen, die in so grauenhafter Weise, ob sie es wollten oder nicht, schon in der Zeit der frühen Kindheit das Ich eines solchen Menschen bis zur Unkenntlichkeit deformiert haben.

Erst vor dem Hintergrund einer solchen seelischen Zerrissenheit versteht man jetzt, mit welcher inneren Logik und psychodynamischen Stringenz in der Erzählung von dem Besessenen von Gerasa die Widersprüchlichkeit, das Unleben, die Selbstzerstörung, die stets vergebliche Kontaktsuche, die «Wildheit» und Ohnmacht dieses Mannes in den wenigen Sätzen bereits der Einleitung geschildert werden. Kein Zweifel, Geschichten dieser Art werden nicht «erfunden», um damit fremde Personen und Gruppen außerhalb des Geschehens «missionieren» zu können; solche Erzählungen verdichten mit einer unübertrefflichen Wahrheit, Sensibilität und Präzision die Zustände seelischer Not und Einsamkeit, wie sie zu allen Zeiten im Menschen angetroffen werden; und gerade so beschwören sie die Hoffnung, daß es in jedem einzelnen inmitten seines Leids und seiner Seelenqualen trotz allem Kräfte der Sehnsucht und Energien einer niemals ganz vergessenen Wahrheit gibt, die nur darauf warten, durch einen anderen Menschen erlöst zu werden, der in der unerschütterlichen und durch nichts zu enttäuschenden Beharrungskraft der Liebe die Frage immer wieder stellt: «Du – wer bist Du?» und: «Welches ist Dein (eigentlicher) Name?»

[31] Vgl. das in seiner Genauigkeit furchtbare Bild von O. DIX: Die Irrsinnige (1925) in der Städtischen Kunsthalle Mannheim; Abb. in: E. KEUERLEBER: Otto Dix – Menschenbilder, 1982, 56.

Freilich, man riskiert bei dem Versuch, einen Menschen aus der Gefangenschaft seiner Seele zu befreien, sehr viel, und womöglich hat man zunächst keine Vorstellung, was mit der Frage nach seinem Wesen ins Leben gerufen wird. Nur in schlechten Lehrbüchern und in den Übererwartungen mancher Patienten erscheint die Psychotherapie wie die spanische Partie beim Schachspiel – jeder durchschnittliche Kenner des königlichen Spiels wird bis zu 20, 30 Zügen im voraus die möglichen Varianten abrufbereit vor sich sehen, auf die er sich mit den ersten Eröffnungszügen einläßt. In einer wirklich heilenden und heilsamen Begegnung zwischen Menschen muß man es durchaus akzeptieren und wagen, u.U. völlig Neues, Unbekanntes, eben deshalb als gefährlich Abgewehrtes zum Vorschein zu bringen, und die einzige Versicherung kann bei all dem nur lauten, daß man den anderen genug schätzen wird, um für ihn und mit ihm *alles* zu wagen, daß man vor nichts zurückschrecken wird, was immer sich in seiner Seele meldet, und daß man bedingungslos an die ursprüngliche Unschuld und Reinheit seiner Seele und seines Herzens glaubt; denn es gilt, auf dem Grunde des Meeres ein verschollenes Kunstwerk wiederzuentdecken und es nach und nach von den Schlacken uralter Ablagerungen, von den Entstellungen fremder gewalttätiger Einwirkungen und der Zerstörungsarbeit der Zeit und der Jahre mit sanfter Geduld zu befreien. Was dieses Bemühen jedoch im Einzelfall bedeuten kann, davon bietet die Wundererzählung von der Heilung des Besessenen von Gerasa wohl die eindringlichste Vorstellung.

Gerade erst hat Jesus mit seiner Frage nach dem Namen des Besessenen erreicht, daß der Kranke ihm das ganze Ausmaß seiner Seelenzerrissenheit enthüllt, da wird es sogleich zu dem größten Problem, wie die ungeheuer aufgestauten Gegensätze im Herzen dieses Mannes sich lösen lassen. Es ist zum ersten Mal, daß man vollständig merkt, wie extrem gespannt das Verhältnis zwischen diesem Mann und seinen Mitmenschen gewesen sein muß und wie zerstörerisch der ständige Machtkampf zwischen Selbstbehauptung und Vergewaltigung hin und her getobt haben wird. Die Wahrheit lautet, daß dieser «Besessene», der all die Ängste und die Widersprüchlichkeiten seiner Kindheit in sich aufgenommen hat, nur zu sich selber kommen kann, wenn er seine «bösen Geister» in einer enormen Orgie aggressiver Zerstörung nach außen abgibt; *unterhalb* dieser Schwelle gibt es offensichtlich keine Lösung noch Erlösung, und auch Jesus muß unter dem Eindruck dieser so zerstörerischen seelischen Entfremdung anerkennen, daß er die «unreinen Geister» nicht einfachhin, ohne konkrete Durcharbeitung, «außer Landes» schicken kann: sie würden siebenfach zurückkehren, wie er selbst es in Mt 12,45 (Lk 11,26) sagt. Von daher bleibt allein der Weg des aggressiven Ausagierens, des wirklichen Tuns nach außen, als Schritt einer tieferen Begegnung mit sich selbst und den anderen übrig.

Vielleicht ist kein Schrecken im Verlauf einer psychotherapeutischen Behandlung oder in einer wahren und tiefen menschlichen Beziehung größer, als wenn jemand spürt, daß Triebregungen, die er längst für überwunden glaubte, oft nach Jahren der angstvollen Verdrängung sich wieder zum Leben melden und zunächst wie ungebetene Gäste an die Türen und Fensterläden seiner Seele klopfen. So können etwa nach Jahren einer grauenhaft grauen und pflichterfüllten Ehe sich plötzlich und ungestüm im Leben einer Frau oder im Leben eines Mannes die heftigsten Wünsche nach Zärtlichkeit und Nähe vordrängen; oder es können nach einer Zeit schwerer Depressionen fast zwanghaft rasende Zerstörungsimpulse sich zu Wort melden, und all diese Gefühle müssen in irgendeiner Form nach außen abgeführt und wirklich gelebt werden, wenn sie nicht ständig weiter das eigene Ich zernagen und zerbeißen sollen.

Es mag als therapeutische Kunst gelobt werden, eine künstliche Sphäre der Erlaubnis freizugeben, in der die eingeklemmten Triebregungen auf *symbolischem* Wege abgeführt werden können. So findet man in den Abteilungen der Kinder- und Jugendpsychiatrie Tobräume eingerichtet, in denen die Attrappen der Eltern (oder deren Ersatzpersonen) mit Wasser bespritzt, mit Knetgummi verschmiert, mit Messern zerstochen, mit Füßen getreten werden können. Auf ähnliche Weise lassen seelische Konflikte sich im Psychodrama darstellen und bearbeiten: man kann – stellvertretend für die eigene Mutter, den eigenen Vater – den gegenüberstehenden Stuhl anbrüllen, man kann, an Stelle der Brust der Mutter oder des Vaters, das Sofakissen in den Mund stecken, zerbeißen, mit Fäusten schlagen oder mit dem Messer zerstückeln. In der Geschichte von dem Besessenen von Gerasa kann man in ähnlicher Weise die gesamte Szene von den Schweinen mit gewissem Recht für eine phantastische Symbolhandlung halten, die sich rein in der Vorstellung, sozusagen in Form bloßer Traumsequenzen, abspielt: alles, was an «Unreinem», für «säuisch» Gehaltenem, «Viehischem» in dem «Besessenen» lebt, muß ein für allemal gegen die Aufsicht der «Schweinehirten», gegen die Kontrolle des Überichs freigesetzt und ausgetobt werden dürfen, bis es sich endgültig entleert hat und getrost im «Meer» des Unbewußten versinken kann. Man hätte, als Traum gelesen, sogar Gelegenheit, bei der Vernichtung der «Schweine» von einer Art *magischer Tötung* zu sprechen, indem der «Besessene» von sich her aktiv überhaupt nichts unternimmt, um die «Schweine» den Abhang hinunter in den Tod zu treiben – das bloße Wünschen scheint an dieser Stelle zu helfen, und der aggressive Impuls selbst braucht dabei subjektiv kaum bewußt erlebt zu werden. Aber das wirkliche Dilemma bei der Heilung des «Besessenen» besteht offensichtlich darin, daß eine rein symbolische Abreaktion der verdrängten Aggressivität allein bei ihm durchaus nicht hinreicht, um die «Dämonen» aus seiner Seele zu verbannen.

Was muß ein Mensch tun dürfen, um aus dem Abgrund der Fremdgelenktheit, des seelischen Besatzungszustandes und der inneren Ausgeliefertheit zu sich selbst zurückzufinden? Im Sinne der Wunderheilung von dem Besessenen bei Gerasa kann man nur sagen: *alles* muß ein Mensch tun dürfen, was nötig ist, um zu sich selbst zu finden. Irgendwo muß offenbar für einen jeden Menschen ein Ort vorhanden sein, an dem es so etwas wie eine absolute Asylstätte, eine Art vorweggenommener Generalamnestie gibt, eine bedingungslose Zone der Erlaubnis in dem Vertrauen, daß alles, buchstäblich alles in der Seele eines Menschen berechtigt ist, zu leben, weil es von ganz allein schon sich selber reorganisieren und zu seiner vollendeten Schönheit entfalten wird, wofern man nur die alles entstellende und deformierende Last der Angst von seiner Seele nimmt.

7) Der Widerstand der Schweinehirten

Freilich: die Herausforderung, die eine solche generelle Erlaubnis zur Nachreifung und Selbstentfaltung an die Umgebung stellt, wird erst wirklich klar, wenn man sich vorstellt, daß in der alltäglichen Wirklichkeit, anders als in der Geschichte vom Besessenen von Gerasa, für gewöhnlich Jahre vergehen können, in denen die angstbeladenen, zerstörerisch anmutenden Impulse vom eigenen Ich nach außen abgelenkt werden müssen, um sich in ihrer vermeintlich unbeherrschbaren Wildheit allmählich zu erschöpfen. Unzweifelhaft kann man dabei sehr gut verstehen, daß jemand, der, wie Jesus in dieser Szene, die verborgenen, unheimlichen Kräfte im Inneren eines Menschen nach außen freizusetzen und lebbar zu machen versucht, den anderen durchaus wie ein lästiger Ruhestörer, wie ein gefährlicher Anarchist, mindestens wie ein perfider Verführer erscheinen muß.

Als Beispiel: Pier Paolo Pasolini hat 1968 in seinem Film *«Teorema – Geometrie der Liebe»*, um diesen Konflikt zwischen Unterdrückung und Freiheit zu beleuchten, eine Industriellenfamilie geschildert, in die ein junger Mann einbricht, indem er die latenten Wünsche nach Liebe, Verständnis und Zärtlichkeit in allen, in dem Vater, der Mutter, der Tochter, dem Sohn und der Magd, freisetzt und befriedigt; er hinterläßt alle Betroffenen, herausgelöst aus den Rollenvorschriften der bürgerlichen Gesellschaft, in verschiedenen Zuständen tiefer Verwirrung und wahnhafter Ängste[32]. Pasolinis Film wurde von der italienischen Regierung als obszön verboten, von dem Internationalen Katholischen Filmbüro aber mit einem Spezialpreis ausgezeichnet – beides zu Recht, möchte man denken; denn was der bürgerlichen Moral als Skandal erscheinen muß, kann sich religiös durchaus als notwendig und unvermeidbar erweisen.

Es handelt sich im Grunde um dasselbe Problem, das auch die Szene von der

[32] Vgl. L.-A. Bawden: Rororo Film-Lexikon, III 655–656.

Besessenenheilung in Gerasa mit äußerster Eindringlichkeit aufwirft: wie irrsinnig eigentlich die uns als so normal erscheinende, die uns als so «vernünftig» hingestellte, die uns als so selbstverständlich vorgeschriebene bürgerliche Ordnung sein muß, wenn schon ein bißchen Freiheit und Eigenständigkeit oft genug nur um den Preis eines – vorübergehenden – «Wahnsinns» erkauft zu werden vermag? Was alles in unserer Gesellschaft läßt sich nicht in dem grausamen Symbol der «Ketten» und der «Fesseln», in den Bildern der Entfremdung und Unterdrückung einer jeden eigenen Herzensregung, eines jeden eigenen Gedanken, einer jeden eigenen Handlungsweise durchaus angemessen darstellen! Die für die bürgerliche Ordnung z.B. so zentrale Institution der Ehe mit ihrem Monopolanspruch aller Gefühle und den Herrschaftszuweisungen innerhalb der patriarchalischen Gesellschaft – oder die Vergewaltigung aller eigenen Seelenregungen von Phantasie, Poesie, Kreativität, Entscheidungsfreude, Neugier, Mut und Lebenssehnsucht in dem Getto einer reinen Anpassungsethik und Erziehungstyrannei zu Leistung und Erfolg inmitten einer fast pflichtweisen Gesinnung des puren Materialismus – tausend Formen struktureller Seelenzerstörung sind denkbar, in denen die Geistigkeit, die Durchseeltheit und die Menschlichkeit des eigenen Lebens unter der Zwingrute ständiger Angst und Verunsicherung bis hin zu den Privatgebilden einer nicht mehr mitteilbaren Einsamkeit und Seelenverlorenheit erniedrigt und erdrückt wird. Was am Ende von den anderen als «Wahnsinn» oder «Psychose» betrachtet wird, ist zumeist nur eine Art Selbstheilung von der vollkommen materialistischen Seelenlosigkeit der konventionellen Spielregeln des scheinbar ganz normalen Zusammenlebens, die nur in der Erläuterung bestehen, was man an Nahrung und Medikamenten zu sich nehmen muß, um möglichst lange zu «leben», und wie man funktionieren muß, um möglichst erfolgreich zu «leben».

Wie sollte man jedenfalls unter diesen Umständen nicht verstehen, daß sich die «Schweinehirten» am Ende sogar wortwörtlich mit den «Dämonen» in der Seele des Besessenen solidarisieren? Kaum sitzt der ehedem «Dämonische» geheilt, vernünftig und «bekleidet» da, kaum befindet er sich mithin im Zustand seiner wahren «Gesellschaftsfähigkeit» und Schönheit, da beginnen die Hirten augenblicklich voller Angst die Kosten dieser «Heilung» zu beklagen, und sie sprechen ganz genau so, wie die Stimmen der Angst zu Beginn der Erzählung in dem «Besessenen» sprachen: Jesus möge am besten aus ihrem Gebiet verschwinden und sich nicht sozusagen in fremde Angelegenheiten einmischen; man ist offensichtlich den ganzen Wirbel, die Unruhe, den Schaden, die Opfer endgültig leid, die eine solche «Wunderheilung» voraussetzt und mit sich bringt. Gleichgültig, ob die Erzählung von dem Besessenen von Gerasa, historisch-kritisch betrachtet, dem Leben Jesu entnommen oder nur darauf übertragen wurde, man begreift an dieser Stelle durchaus den abgrundtiefen Haß, die tödliche Herausforderung, den furchtbaren Schrecken, den Jesus durch sein bloßes Auftreten und

Wirken, durch die Kraft seiner Person, durch die Sprengkraft seiner bloßen Freiheit entfachen mußte.

In der Tat, der besonders von Markus immer wieder geschilderte unerbittliche Kampf zwischen Jesus und den «Dämonen» ist keinesfalls nur eine spätere Mythologisierung oder Theologisierung der Gestalt Jesu, es verdichtet sich darin ein grundsätzlicher Konflikt zwischen Angst und Glauben, der in jedem Menschen, in jeder Gesellschaft, in jeder Kultur immer von neuem aufbrechen muß. Daß Jesus ein Unruhestifter und Volksaufwiegler sei – *diese* Anklage wird in dem Prozeß gegen ihn am Ende sogar den eigentlichen Grund für seine Aburteilung und Hinrichtung abgeben (Lk 23,5). Und in alle Zukunft wird es einem jeden so ergehen, der seinem Beispiel folgt. Wer, wie Jesus, in dieser Welt die Menschlichkeit, die Wahrheit und die Freiheit eines einzelnen Menschen fordert und fördert, wird als erstes entdecken und offenbar machen müssen, daß all die Leute, die ehedem so verantwortlich und treusorgend z.B. um das Wohl des armen Irren in Gerasa bemüht schienen, in Wahrheit die Partei der Angst, der Außenlenkung und der Entfremdung ergreifen und eher den «Dämonen» rechtzugeben bereit sind, als sich auf die Seite des neu gewonnenen Lebens zu schlagen. Die strukturelle Tödlichkeit der Spielregeln des bürgerlichen Zusammenlebens mit ihrem schier unendlichen Bedürfnis nach Sicherheit, Ruhe und Ordnung *kann* logischerweise nichts anderes wollen und betreiben, als Jesus aus dem Gebiet von Gerasa (und im Prinzip damit aus dem Leben selber) zu vertreiben; und offensichtlich gibt es für Jesus nur die Chance, dem kollektiven Druck von Fall zu Fall auszuweichen, oder sich der Herausforderung ein für allemal zu stellen und selber sich in die Grabkammern des Todes zu begeben. Er, der die Angst des Einzelnen zu heilen vermag, wird die Angst aller nur um den Einsatz seines Lebens heilen können.

8) Menschlichkeit und Gottesglaube

Wie lebt ein Mensch, der, von den Dämonen der Angst befreit, sein eigenes Leben zu ahnen beginnt?

Der unmittelbare und geradezu notwendige Wunsch wird, wie bei dem Besessenen selber, sich darauf richten, persönlich auf lebenslänglich demjenigen sich anzuschließen, der mit seiner Person einem selbst die eigene Person zurückgeschenkt hat. Wenn man jemals in seinem Leben einem Menschen begegnet, dessen Verständnis, Güte und Mut auch das eigene Leben mit Zuversicht, Freude und Liebe zu erfüllen vermochte, so ist es förmlich unvermeidbar, sein Herz für immer an diesen Menschen zu hängen; wer einem selbst das Leben schenkte und selbst zum Leben wurde, dem will und muß man aus innerem

Antrieb auch von sich her das eigene Leben schenken. In vielen Heilungsgeschichten des Neuen Testamentes verlangen daher die gerade Geheilten inständig danach, sich Jesus anschließen zu dürfen, um niemals mehr seine heilende, tragende und beglückende Gegenwart und Nähe zu entbehren. Viele Frauen, viele Männer zählen demgemäß zum Kreis der Jünger Jesu, denen das Augenlicht, die Sprache, der Geist zurückgegeben wurde. Um so mehr muß es erschrecken und verwundern, daß einzig an dieser Stelle der Bibel überliefert wird, Jesus habe dem «Besessenen», als er sich ihm anschließen wollte, die Erlaubnis dazu verweigert. Es muß für diese absolute Ausnahme der Bibel wichtige Gründe geben, die sich nicht traditionsgeschichtlich – z.B. durch das Missionsinteresse der Gemeinde – verstehen lassen, sondern sich nur aus der psychischen Situation der Szene selbst erklären, indem das Verhalten Jesu, wie all seine Worte bisher, sehr sensibel und präzise auf die Eigenart des ehedem «Besessenen» antwortet.

In der kirchlichen Moraltheologie wird mit Fleiß der Eindruck erweckt, als ob Jesus das bürgerliche Leben – vor allem die Ehe, das Privateigentum und die Kindererziehung – «geheiligt» und zu einem wesentlichen Teil seiner Botschaft erhoben habe. Kein Mißverständnis könnte größer sein. Nicht nur, daß nach dem Zeugnis der Evangelien Jesus selber dem bürgerlichen Leben keinerlei Tribut gezollt hat, er hat ausdrücklich in allen Zentralpunkten das Gegenteil einer bürgerlichen Existenz verkörpert und empfohlen. Auf der anderen Seite hat Jesus aber auch keine Ordensgemeinschaften oder Klöster gründen wollen. Vielmehr lag ihm gerade daran, die üblichen Zerspaltungen zwischen Diesseits und Jenseits, zwischen Liebe und Reinheit, zwischen Selbständigkeit in einer Form grenzenloser Geschwisterlichkeit und vertrauensvoller Offenheit zu überwinden. Dabei handelte Jesus offenbar durchaus in jedem Einzelfall absolut undogmatisch. Den Oberzöllner Zachäus z.B., den alle wegen seines «ungerechten» Reichtums mieden, konnte er um die Gunst einer Übernachtung bitten, weil doch «auch er ein Sohn Abrahams» sei (Lk 19,9); den reichen Jüngling hingegen, der seinen Besitz gewiß auf einwandfreie Weise erworben hatte, schickte er fort, weil er nicht bereit war, alles (!), was er besaß, zu verkaufen und den Armen zu geben (Mk 10,21). Je nachdem also verhielt Jesus sich gegenüber anderen von Fall zu Fall unterschiedlich, ganz entsprechend ihrer eigenen und eigentlichen Problematik: bestand ihre Hauptschwierigkeit in der Abhängigkeit vom Geld, verlangte er die Trennung vom Besitz, bestand sie in der völligen sozialen Isolation, suchte er Brücken der Gemeinsamkeit zu schlagen. Ganz so muß er Maria von Magdala und eine Reihe anderer Frauen, die er von ihrer «Besessenheit» heilte, gestattet haben, sich ihm anzuschließen; und eine so mutige Frau wie Johanna, die Gattin des Chusa, eines Hofbeamten des Herodes, wagte es sogar, ihre Ehe aufzugeben und Jesus zu begleiten, getrennt von einem Mann, dessen oberster Befehlsgeber sehr bald schon die Hinrichtung des lästigen und beunruhigenden Wanderpredigers aus Nazareth beschließen sollte (Lk 8,2.3).

Gerade dieser Sensibilität Jesu für das, was im Einzelfall notwendig ist, scheint es nun nicht zu widersprechen, sondern ganz und gar zu entsprechen, wenn er, anders als in allen Fällen sonst, dem «Besessenen» von Gerasa an dieser Stelle *nicht* gestattet, sich der unsteten Lebensführung seiner Jünger anzuschließen, sondern ihm förmlich befiehlt, nach Hause zu seinen Angehörigen zurückzukehren.

Es mag Menschen geben – und offenbar sind es die meisten –, für die es eine Erlösung bedeutet, wenn man sie herausruft aus der «Schmutzgasse des Hauslebens» und sie «das muschelblanke Reinheitsleben» lehrt, wie der *Buddha* es bereits 500 Jahre vor Christus versuchte[33]. Andere – eher wenige – aber gibt es, für die bedeutet es eine Erlösung, wenn sie die Angst vor anderen Menschen, vor allem die Angst vor den eigenen Angehörigen, verlieren, und ihre Art des Glaubens zeigt sich am besten gerade darin, das irdische Leben, die bürgerliche Existenzweise, von Gott zurückgeschenkt zu erhalten; bei ihnen wird man niemals fürchten müssen, sie könnten im bürgerlichen Durchschnitt versacken und versumpfen wie andere, die in der dumpfen Enge ihrer vier Wände niemals die Angst und die Ausgesetztheit des Abgrunds, aber auch niemals das Glück und die Sehnsucht der Unendlichkeit erfahren haben. Dieser Mann, der von der Schar der bösen Geister bis zur Selbstzerstörung getrieben wurde, wird als Bestätigung und Beweis seiner Erlösung fortan in kleinen Schritten lernen dürfen und müssen, die «Schwimmbewegungen des Unendlichen» im Endlichen zu *wiederholen*[34] und mitten in dem scheinbar so Alltäglichen das Göttliche, mitten in dem so Gewöhnlichen das absolut Ungewöhnliche und mitten im Kommen und Gehen der Tage das Rauschen der Flut am Gestade der Ewigkeit zu spüren und zu ahnen. Darin vor allem wird das «Zeugnis» bestehen, das der vormals «Besessene» in alle Zeit für die Machttaten Gottes durch sein bloßes Dasein mehr noch als durch sein Reden ablegen wird: daß er die ehedem so verhaßte enge Welt der Fessel- und der Kettenträger zu ertragen vermag, weil er seine Freiheit nicht mehr am Rande der Gräber und Grüfte zu verteidigen braucht; in alle Zukunft wird er wissen, daß seine Freiheit ihm von Gott geschenkt ist und an keines Menschen Weisung oder Weigerung mehr gebunden ist; und für immer wird er um den Wert und die Schönheit seines Wesens wissen, denn es gibt fortan in alle Zukunft einen «Namen», der ihm allein gehört, weil Gott nur ihn mit diesem Namen in das Dasein rief und für die Ewigkeit bestimmt hat.

Es bleibt ein Letztes, Wunderbares, von der Wunderheilung in Gerasa zu be-

[33] Vgl. Majjhima-Nikaya 36, in: P. Dahlke: Buddha. Die Lehre des Erhabenen, 50.

[34] Zum Begriff der *Wiederholung* bzw. der *Doppelbewegung des Unendlichen* bei S. Kierkegaard vgl. E. Drewermann: Strukturen des Bösen, III 497–504.

richten. Jesus entläßt den Geheilten mit der Aufforderung, seinen Angehörigen zu melden, «was der Herr (Gott)» ihm «Großes getan und wie er sich» seiner «erbarmt hat» (Mk 5,19); er aber geht hin und verkündet im Gebiet der Zehn Städte, was *Jesus* ihm Großes getan hat (Mk 5,20). In einem einzigen Satz enthält und enthüllt diese Bemerkung das ganze Geheimnis des Religiösen: man kann von Gott nur glaubwürdig sprechen im Umraum einer heilenden und tragenden Beziehung zu einem Menschen, der mit der eigenen Existenz weder die hilflose Gleichgültigkeit noch die vergewaltigende Verantwortlichkeit der «Schweinehirten» verkörpert, sondern der seine eigene Person dafür einsetzt, die Person des anderen in ihrer Riskiertheit und Freiheit hervorzulocken und buchstäblich «zur Sprache zu bringen». Wo es sich so verhält, daß ein Mensch einem anderen zum Weg aus den «Grabhöhlen» wird, da wird man in alle Zukunft von Gott nur noch sprechen können, indem man erzählt, wie man diesen Menschen in seinem Leben erfahren und in sein Herz geschlossen hat. Denn inmitten einer Welt, die sich drohend um das eigene Leben legte wie die schweren Steine eines Grabes, wurde dieser eine zu einem Fenster, das sich öffnet zum Himmel, zu einer Brücke, die hinüberführt zur Freiheit, zu einem Boot, das hinüberträgt zum anderen Ufer. Niemand wird im ganzen Neuen Testament geschildert, der mehr gelitten hätte als der Besessene von Gerasa; aber niemanden gibt es auch, der zum ersten Mal, wenn er von *Gott* sprechen will, begreift, daß er von *Jesus* sprechen muß. Was die «Dämonen» am Anfang der Erzählung wie eine Kampfansage Jesus entgegenschleuderten, daß er der Sohn des Allerhöchsten sei, wird jetzt zum Inhalt seines ganzen Lebens: in alle Zukunft wird dieser Mann bekennen wollen und bekennen müssen, daß Gott in der Nähe dieses einen alle Angst aus dem menschlichen Herzen zu verbannen vermocht hat, und das, was er am Anfang am meisten fürchtete, wird jetzt zum Inbegriff seines Glücks. Weil er sich *Jesus* anvertraute, als er ihn nach seinem Namen fragte, wird er für alle Zeiten wissen, wie sehr er *Gott* vertrauen kann, der ihn bei seinem Namen rief. Man sagt, daß im Markus-Evangelium kein Mensch, nur die «Dämonen» ausgenommen, zu einem wirklichen Christusbekenntnis imstande gewesen sei; erst im Tode Jesu und kraft seines Sterbens habe der römische Hauptmann das wahrhaft christologische Bekenntnis darüber abzulegen vermocht, daß Jesus wirklich (ein) Sohn Gottes (gewesen) sei (Mk 15,39)[35]. Aber man vergißt in dieser an sich richtigen redaktionsgeschichtlichen Feststellung den Besessenen von Gerasa: er, der die «Dämonen» legionsweise in sich trug, der gegen seine Rettung buchstäblich kämpfte wie um sein Leben und der schließlich dennoch aus den Gräbern auferstand zum Glück – er kann in aller Folgezeit nur leben, indem er Kunde gibt von dem, was Jesus lebte und was Jesu Botschaft war: in einem jeden Menschen ist das Gottesreich ganz nahe; und nirgendwo ist diese

[35] Vgl. E. Schweizer: Jesus Christus, 131.

Geborgenheit und Nähe Gottes spürbarer als in der Nähe dessen, der uns lehrte, «Kinder Gottes» zu sein, weil er selber unendlich begütigend und heilend als Sohn Gottes den Menschen die Angst von der Stirne strich und aus ihrem Herzen hinwegzauberte durch die Allmacht seiner Liebe. Wir aber, die wir berufen sind, seine Jünger zu sein, könnten der Logik der «Dämonen» und der «Schweinehirten» uns entschlagen und die unerhörte Freiheit wagen, einander zu rufen bei unserem Namen. Denn nur die Schönheit unserer Seele, mit der Gott uns wollte, wird in Ewigkeit bestehen. –

Es ist zu hoffen, daß die vorgeschlagene Auslegung der Heilung des Besessenen von Gerasa zu zeigen vermag, wie intensiv ein Text zu uns zu reden beginnt, wenn wir ihn nicht in historischer Distanz und objektivierender Nonchalance «untersuchen», sondern wenn wir ihn befragen nach den Nöten und Ängsten, den Zerrissenheiten und Hilflosigkeiten, die das Erleben eines «Besessenen» in eine leibhaftige Hölle verwandeln können und die doch, mindestens ansatzweise, in einem jeden von uns hausen. Erst im Rahmen einer solchen einfühlenden und mitfühlenden Interpretationsweise wird man das fremde Leid im Spiegel des eigenen Schicksals verstehen lernen und umgekehrt die eigene Erfahrung in den Konflikten eines nur scheinbar vergangenen Lebens wiederentdecken. Nicht mehr getrennt durch den Graben der Zeit, sondern verbunden durch die Gemeinsamkeit der gleichen Angst und der gleichen Hilflosigkeit darf man anhand einer solchen Wundererzählung *gemeinsam* sich der Frage Jesu stellen: «Was ist's um Deinen Namen», und ein jeder für sich mag die Gründe durchforschen, durch die er selber den fremden Mächten der Angst (z.B. in Gestalt seiner eigenen Eltern, seiner eigenen Familienangehörigen oder gewisser uralter Kindheitserinnerungen) sich ausgeliefert fühlt; wie der «Besessene» damals mag auch er selber den gleichen Raum der Erlaubnis betreten, in dem er sein eigenes Wesen, seinen eigenen Namen zurückgewinnen kann; und wie von selbst wird die Geschichte von der Heilung des Besessenen von Gerasa damit zu einer Einladung, auf dem Erfahrungshintergrund derselben Angst gemeinsam den Schritt auch des gleichen Vertrauens zu wagen.

In der Tat kann die Geschichte des Besessenen mithin der «Verkündigung» des «Glaubens» dienen, aber es handelt sich dabei nicht länger mehr um einen abstrakten Theologenglauben, sondern um ein einfühlbares, erfahrungsgesättigtes, menschlich verbindendes und verbindliches Bild für das Wunder der Verwandlung von Tod in Leben, von Entfremdung in Freiheit, von Selbsthaß und Einsamkeit in Würde und Gemeinsamkeit; selbst das Sprechen von Gott ist am Ende kein leeres «Bekenntnis» mehr, sondern es beschreibt vollgültig und dankbar, wie heilend einander Menschen zu begegnen vermögen, wenn sie nicht mit «Binden» und «Ketten» einander traktieren, sondern langsam und geduldig die Kunst einüben und erlernen, welche die Wunderheiler der «richtigen Worte» und der heilenden «Musik» zu allen Zeiten und Zonen beherrscht haben müssen: das Wesen des anderen zum Klingen zu bringen und ihm die ursprüngliche Melodie seines Herzens wiederzugeben.

An sich könnte ein solches einzelnes Beispiel an dieser Stelle genügen, um die erarbeitete Methode zur Interpretation der Wundererzählungen in den Grundzügen zu erläutern und dem aufmerksamen Leser näherzubringen. Aber das Thema einer Dämonenaustreibung verbleibt im Grunde noch im Innenraum des Psychischen selbst, und zudem ist gerade die Erzählung des Besessenen von Gerasa mit so vielen Eigenheiten und Schwierigkeiten durchsetzt, daß sie für eine ausführliche Bearbeitung zwar besonders reizvoll erschien, zugleich aber das Bedürfnis weckt, dieselbe Methode auch noch an einer «gewöhnlicheren» Erzählung zu demonstrieren, die vor allem den psychosomatischen Anteil in den Wundererzählungen stärker beleuchtet. Sehr gut eignet sich zu diesem Zweck die nachfolgende Erzählung des Markus-Evangeliums von der blutflüssigen Frau und der Tochter des Jairus, die wir am besten auswählen, weil sie in unmittelbarem Anschluß an die Geschichte von dem Besessenen das ganze Spektrum körperlich-seelischen Leidens zwischen Krankheit und Tod beispielhaft zusammenfaßt.

b) Die Heilung der blutflüssigen Frau und der Tochter des Jairus (Mk 5,21-43)

Der Text, in der Übersetzung von F. Stier[1]:

[21]Und als Jesus querüber zur Jenseite gefahren war, scharte sich abermals viel Volk um ihn. Er war eben am See, [22]da kommt einer der Synagogenvorsteher namens Jairus [23]und fällt, als er ihn sieht, ihm zu Füßen und bittet ihn flehentlich: Meine Tochter ist am letzten! Komm doch und leg ihr die Hände auf, daß sie gerettet wird und leben bleibt! [24]Da ging er mit ihm, und viel Volk zog ihm nach, und eng umdrängten sie ihn. [25]Und ein Weib – das hatte den Blutfluß zwölf Jahre – [26]hatte viel gelitten von vielen Ärzten und verbraucht ihre ganze Habe, aber nichts war ihr genützt, eher war's noch schlimmer mit ihr gekommen, [27]da hörte sie von Jesus, kam in der Menge und berührte von hinten sein Kleid. [28]Denn sie sagte sich: Wenn ich auch nur seine Kleider berühre, so werde ich geheilt. [29]Und gleich ward getrocknet der Quell ihres Blutes, und sie merkte am Leib, daß sie geheilt war von der Plage. [30]Und gleich merkte Jesus in sich, daß aus ihm die Kraft herausgegangen, wandte sich in der Menge um und sagte: Wer hat meine Kleider berührt? [31]Da sagten seine Jünger zu ihm: Du siehst, wie das Volk dich umdrängt, und da fragst du: Wer hat mich berührt? [32]Und er blickte um sich her, um die zu sehen, die es getan hatte. [33]Erschreckt und zitternd, da sie wußte, was ihr geschehen, kam das Weib, fiel vor ihm nieder und sagte ihm die ganze Wahrheit. [34]Er aber sprach zu ihr: Tochter, dein Glaube hat dich geheilt. Geh in Frieden, und sei gesund, ledig deiner Plage! [35]Noch während er redet, kommen sie vom Synagogenvorsteher und sagen: Deine Tochter ist gestorben! Was behelligst du noch den Meister? [36]Aber Jesus, der nebenbei gehört hatte, was da geredet wurde, sagt zum Synagogenvorsteher: Fürchte nicht! Glaube nur! [37]Und nun ließ er niemand zum Geleite mitgehen außer Petrus, Jakobus und Johannes, den Bruder des Jakobus. [38]So kommen sie zum Haus des Synagogenvorstehers, und er bemerkt Lärm, und wie sie weinen und wehklagen. [39]Er geht hinein und sagt zu ihnen: Was lärmt und weint ihr? Das Kind ist nicht gestorben, es schläft. [40]Da verlachten sie ihn. Er aber treibt alle hinaus, nimmt den Vater des

[1] F. Stier: Die Heilsbotschaft nach Markus, 21–23.

Kindes und die Mutter samt seinen Begleitern und geht hinein, wo das Kind war. [41]Und da faßt er das Kind bei der Hand und spricht zu ihm: Talitha kum, das heißt übersetzt: Mädchen, ich sage dir: steh auf! [42]Und gleich stand das Mädchen auf und ging einher; es war ja zwölf Jahre alt. Und gleich überkam sie Entsetzen, großes Entsetzen. [43]Aber er gebot ihnen streng, niemand dürfe es erfahren, und sagte, man solle ihr zu essen geben.

1) Historisch-kritische Fragen und Ergebnisse

Das Problem der historisch-kritischen Exegese mit dieser Erzählung beginnt bereits bei der Tatsache, daß es sich um eine «Schachtelperikope» handelt; also, daß man sich historisch-kritisch fragen muß, ob die beiden Wunder, die hier berichtet werden, wirklich ursprünglich zusammengehörten oder vielleicht erst später im Stadium der mündlichen oder schriftlichen Tradition miteinander verschmolzen wurden. Wie fast immer bei Untersuchungen mit Hilfe der historisch-kritischen Methode, lassen sich gute Gründe für die eine wie für die andere Ansicht geltend machen, und am Ende muß es demgemäß offen bleiben, ob es die erzählten Heilungen in historischem Sinne «wirklich» gegeben hat. R. BULTMANN z.B. glaubte an eine nachträgliche Verbindung beider Heilungsgeschichten[2]; andere Forscher, wie E. MEYER, fanden «die Verknüpfung der beiden Geschichten ... sehr geschickt, ja dramatisch ... Der Aufenthalt durch die Frau hat zur Folge, daß inzwischen das Kind stirbt, die Betätigung der Kraft in der unbeabsichtigten Heilung der Frau ist das Gegenstück zu ihrer höchsten Steigerung in der Totenerweckung»[3]. Andere meinten, die Erzählung von der Auferweckung der Tochter des Jairus sei aus Apg 9,36-43, der Geschichte von der Totenauferweckung der Tabitha durch Petrus, erwachsen[4], oder sie verwiesen auf die Totenerweckungen des Elia und Elisa in 1 Kön 17,17-24 und 2 Kön 4,18-37[5]. Wieder andere hoben die Typik der Erzählung hervor, zu der u.a. gehört, daß der Wunderheiler zu spät kommt, wie es etwa auch in Joh 11,21 (bei der Erweckung des Lazarus) berichtet wird[6]; schon um dieser Typik willen sei es notwendig gewesen, die Verspätung Jesu bei der Heilung der Tochter des Jairus durch das Dazwischentreten der blutflüssigen Frau zu begründen. Üblich in Wundererzählungen sei des weiteren die besondere Betonung der Krankheit, indem die blutflüssige Frau innerhalb von 12 Jahren von keinem Arzt geheilt werden konnte[7]. Volkstümlich sei der Glaube an die magische Kraft der Ge-

[2] R. BULTMANN: Die Geschichte der synoptischen Tradition, 228–229 denkt an eine vormarkinische Verflechtung der Stoffe; ähnlich M. DIBELIUS: Die Formgeschichte des Evangeliums, 68–69.
[3] E. MEYER: Ursprung und Anfänge des Christentums, I 109, Anm. 2.
[4] Vgl. F. FENNER: Die Krankheit im Neuen Testament, 64.
[5] K. BORNHÄUSER: Das Wirken des Christus durch Worte und Taten, 51ff.
[6] Vgl. R. BULTMANN: Die Geschichte der synoptischen Tradition, 229.
[7] A.a.O., 236; 237.

wandberührung und gewisser magischer Formeln wie *Talitha kumi*, die im geheimen gesprochen wurden[8]. Am Ende liefere die Tochter des Jairus durch ihr Essen den in vielen Wundererzählungen üblichen Beweis, daß sie wirklich geheilt worden sei[9].

Bei einer solchen Menge an «typischem» Erzählgut fällt es natürlich schwer, noch an irgendeiner Historizität der geschilderten Ereignisse festzuhalten. Um so mehr kann man den theologischen «Verkündigungscharakter» der Erzählung betonen: wenn Jesus der blutflüssigen Frau erkläre, ihr Glaube habe sie «gerettet» (Mk 5,34), so bedeute dies, daß «ihr das messianische Heil gebracht» worden sei[10], und ebenso sei die Tochter des Jairus, indem sie von den Toten auferweckt werde, ein Zeichen dafür, daß der Tod seine Macht verloren habe und «das langerwartete Eingreifen des Messias endlich stattgefunden» habe: «Die Toten stehen auf»[11]. Andererseits kann es in historisch-kritischer Sicht natürlich gar nicht angenommen werden, daß eine Auferweckung von den Toten sich wirklich ereignet hätte. Vielmehr «muß auch bei der Jairustochter, dem Jüngling von Nain und Tabitha mit der Möglichkeit des Vorhandenseins eines todesähnlichen Zustandes gerechnet werden ... Das Vorkommen derartiger, durch Trübung des Bewußtseins charakterisierter Zustände, bei denen eine völlige Starre der Extremitäten, Aufhebung der Sensibilität, Abschwächung der Atmung und Herztätigkeit eintritt und bei denen der Kranke mit ausdruckslosem Gesicht und starrem Blick Tage, Wochen, Monate hindurch in hypnoidem Zustand liegt ..., steht gerade bei Hysterie fest»[12]. M.a.W.: die historisch-kritische Analyse endet, wie allerorten, bei der Feststellung von theologischen Verkündigungsinhalten ohne historische Grundlage oder bei der Hypothese gewisser historischer Tatsachen ohne einen Inhalt, der sich über bestimmte zeitgeschichtliche Bedingtheiten hinaus «verkündigen» ließe.

2) Von Alter und Jugend im Leben von Frauen

Was die Erzählung von der blutflüssigen Frau und der Tochter des Jairus zu sagen hat, begreift man eigentlich erst, wenn man die historisch-kritische Fragestellung nach der formalen Komposition dieser «Schachtelperikope» aufgibt und sich statt dessen für den wirklichen Inhalt der Erzählung interessiert. Erheblich weiter hilft dann bereits die Feststellung, daß in der Geschichte das Schicksal von zwei Frauen erzählt wird, von denen die eine seit 12 Jahren unheilbar daran

[8] A.a.O., 238.
[9] A.a.O., 229; 240.
[10] R.H. Fuller: Die Wunder Jesu in Exegese und Verkündigung, 63.
[11] A.a.O., 64.
[12] F. Fenner: Die Krankheit im Neuen Testament, 64.

leidet, als Frau leben zu müssen, während die andere ihr Leben gerade in dem Moment zu verlieren droht, da sie im Alter von 12 Jahren eben erst dabei ist, eine Frau zu werden. Von beiden zeitlichen Polen der seelischen Entwicklung her dürfte es mithin um die Frage gehen, wie es möglich ist, als Frau zu leben bzw. sich mit der Rolle einer Frau positiv zu identifizieren.

Daß in diesem Thema die zentrale Problematik *der blutflüssigen Frau* besteht, ist unzweifelhaft; es ist aber wichtig, auch bei der *Tochter des Jairus* eine ähnliche Problemstellung anzunehmen. Denn nur im Sinne einer solchen inneren Beziehung versteht man die umgekehrt symmetrische Zuordnung, die zwischen der blutflüssigen Frau und der Tochter des Jairus Schritt für Schritt in dieser Erzählung zu Tage tritt: während die blutflüssige Frau von Arzt zu Arzt geht, um geheilt zu werden, vermag die Tochter des Jairus von sich her offenbar gar nichts zu ihrer Genesung beizutragen; während die blutflüssige Frau Jesus aufsucht, um ihn unbemerkt zu berühren, muß Jesus die Tochter des Jairus von sich her aufsuchen, um die schon Tote, abgesondert von der Menge, durch Handauflegung zu berühren; während die blutflüssige Frau selber sich ihren Weg durch die sperrige Menge bahnen muß, steht Jesus vor der Aufgabe, die hinderlichen Trauergäste von sich abzuschütteln; einander direkt parallel sind beide Heilungen darin, daß sie wie im verborgenen geschehen und der Öffentlichkeit erst *post festum* mitgeteilt werden, wobei die Frau ihre Heilung gerade *coram publico* kundmachen muß, während Jesus über die Heilung der Jairus-Tochter ein Schweigegebot verhängt.

Eine solche konsequent durchgeführte Parallelisierung aller Einzelmomente macht nur Sinn, wenn man sie als Aufforderung und Interpretationsanweisung versteht, das Leben der blutflüssigen Frau und das Leben der Tochter des Jairus als *innerlich* zusammengehörig zu betrachten, d.h.: man muß, psychologisch gesehen, die Heilung der blutflüssigen Frau als Pendant zu der Heilung der Jairustochter verstehen und umgekehrt. Erst gemeinsam und in wechselseitiger Ergänzung beleuchten beide Frauengestalten die Facetten ein und desselben Problems: wie man als Frau inmitten einer Gesellschaft von Männern leben und ein gewisses Maß an Glück und Gesundheit finden kann.

Sucht man nach biblischen Vorbildern für eine solche umgekehrte Symmetrie, wie sie in den beiden Wunderheilungen in Mk 5,21-43 vorliegt, so bietet die Erzählung des «Tobit»-Buches eine gewisse Vorlage für eine derartige Polarisierung einer Lebensproblematik in zwei wechselseitig aufeinander bezogenen Gestalten[13]. Auch im Tobit-Büchlein geht es zentral um die Frage der Liebe inmitten einer patriarchalisch versteinerten Welt, verteilt auf die Repräsentanten des Alters und der Jugend. Während in der alttestamentlichen Erzählung der

[13] E. Drewermann – I. Neuhaus: Voller Erbarmen rettet er uns. Tiefenpsychologische Deutung der Tobit-Legende, 29–33.

alternde Tobit an der Starre seiner Frömmigkeit beinahe zerbricht und Gott nur noch um die Gnade bitten kann, doch endlich sterben zu dürfen, fleht zur gleichen Stunde im fernen Ekbatana die junge Sarah zu Gott um die gleiche Gunst. Denn unter dem Einfluß des bösen Dämon Asmodi hat die treue Tochter des sorgenvollen Raguel in der Brautnacht siebenmal schon einen jeden, der ihr in die Ehe gegeben wurde, getötet. Beide, der alternde Tobit und die junge Sarah, scheitern an dem subjektiv lauteren Bemühen, dem Gesetz treu zu sein; beide können nicht leben, denn sie entbehren der Liebe; doch während der greise Tobit auf ein Leben zurückschaut, das vor lauter Rechtlichkeit und Redlichkeit immer kälter, freudloser und unlebendiger wurde, weiß die junge Sarah in ihrer Frömmigkeit durchaus nicht in das Leben hineinzufinden. Es bedarf, wie in zahlreichen Märchen der Völker, erst einer langen Suchwanderung der Liebe in der Gestalt des jungen Tobias, ehe unter dem Schutz des weggeleitenden Engels Raphael die Dämonie tödlicher Starre und mörderischer Angst aus dem Herzen der Menschen genommen wird.
Die Wundererzählung von der blutflüssigen Frau und der Tochter des Jairus ist in ihrer Art kein Märchen; aber ihr Aufbau und ihre Thematik ist in wesentlichen Zügen der Tobit-Erzählung durchaus verwandt, nur daß der Gottesengel hier den Namen Jesus trägt und daß er nicht so sehr das Zerrbild einer falschen Frömmigkeit vermenschlicht, sondern die Verletzung und die Todesangst beruhigt und heilt, die es angesichts einer Gesellschaft von Männern bedeutet, als Frau zu existieren.

3) Die blutflüssige Frau

Um zu begreifen, wovon in der Heilungsgeschichte des Markusevangeliums des näheren die Rede ist, muß man erneut sich die «Verdichtungsregel» zu eigen machen (vgl. I 226ff.) und davon ausgehen, daß in besonders intensiven Momenten des Lebens, wenn buchstäblich alles auf dem Spiel zu stehen scheint, ein Mensch sich gerade so verhält, wie es seinem ganzen Charakter entspricht (vgl. I 438ff.). Alles, was er sagt und tut, besitzt in solchen Augenblicken einen außerordentlich hohen Ausdruckswert, und statt in den Wundererzählungen lediglich Sammlungen zufälliger und kruder Details oder aber eine bloße Dramaturgie stereotyper Effekthaschereien zu erblicken, kommt es entscheidend darauf an, sich in die betreffenden Szenen so weit hineinzuleben, daß schließlich kein Moment derartiger Erzählungen mehr als merkwürdig, widersprüchlich oder als «literarisch unausgeglichen» erscheint. Es kann nicht oft genug gesagt und wiederholt werden: was in der historisch-kritischen Exegese immer wieder als traditionsgeschichtliches und redaktionsgeschichtliches Puzzle anmuten muß, erweist sich in tiefenpsychologischer Betrachtung zumeist als integrale Verdichtung von Konflikten und Lösungswegen, die gerade so ihren lebendigsten Ausdruck und ihre bleibend gültige Wahrheit erfahren. Auch in der alltäglichen Erfahrung braucht man aus dem Leben eines Menschen oft nur eine einzige Begebenheit zu kennen, um diesen Menschen innerlich vollkommen zu verstehen; denn im Grunde besteht unser Leben insgesamt nur aus einigen wenigen Weichenstellungen, und je nachdem, wie wir auf diese wesentlichen Augenblicke reagieren, gestaltet sich unser ganzes Leben zu Heil oder Unheil.

Rein äußerlich betrachtet, läßt sich die Krankheit der blutflüssigen Frau einigermaßen sicher diagnostizieren. Es dürfte sich um eine Anomalie der weiblichen Periode handeln, um eine Menorhagie, «die oft hysterischer Art und dann psychisch beeinflußbar ist»[14]. Aber es herrscht auch in der Medizin der gleiche Aberglaube, der weite Teile der Theologie inzwischen verwüstet hat: daß es genüge, in objektiver Distanz ein «Phänomen» zu «erklären» und terminologisch zu bezeichnen, um einem Menschen auf heilende Weise näher zu kommen. Statt einer leeren und distanzierenden Magie der Worte, kommt es vielmehr darauf an, zu verstehen, was eine Krankheit von dem Leben und Erleben eines Menschen mitteilt, auf welche Nöte und Ängste sie antwortet, wie sie selbst auf das eigene Befinden zurückwirkt, kurz: welch ein *Schicksal* sich in einer bestimmten Krankheit bis in die Physis hinein manifestiert[15]. Vor allem muß man sich hüten, das menschliche Leben in seinem Nuancenreichtum zu einem bloßen (Anwendungs-)Fall von an sich bekannten Gesetzmäßigkeiten zu erklären und damit von vornherein zu übersehen, was die Wundererzählungen bei aller Typik und Topik immer wieder in solcher Eindringlichkeit berichten: wie ein einzelner Mensch in und mit seiner Krankheit zu leben versucht, wie er mit ihr ringt und sich auseinandersetzt und wie er in allem letztlich nicht nach der Gesundheit des Leibes verlangt, sondern nach einer Liebe, die ihn Gott näher bringt. Anhaltspunkte für ein solches inneres Sich-Einfühlen bietet die Erzählung von der blutflüssigen Frau in Hülle und Fülle.

Wie diese Frau seit einem Dutzend Jahren sich fühlen muß, davon legen für jeden Gesetzeskundigen die grausamen Worte in Lev 15,25-27 ein beredtes Zeugnis ab: «Wenn ein Weib den Blutfluß lange Zeit hindurch hat, nicht zur Zeit ihres Monatsflusses, oder über die Zeit ihres Monatsflusses hinaus, so ist sie während der ganzen Zeit ihres unreinen Flusses unrein, wie in den Tagen ihres Monatsflusses. Jedes Lager, auf dem sie liegt, solange ihr Fluß andauert, soll ihr gelten wie das Lager während ihres Monatsflusses; und jedes Gerät, auf dem sie sitzt, wird unrein, wie dann, wenn sie infolge des Monatsflusses unrein ist. Und wer diese Dinge berührt, der wird unrein, und er soll seine Kleider waschen und

[14] F. Fenner: Die Krankheit im Neuen Testament, 65.

[15] D. Beck: Krankheit als Selbstheilung, 51–62 zeigt sehr eindrucksvoll, wie wenig «zufällig» Krankheiten auftreten und wie sehr sie im Grunde einen Selbstheilungsversuch der Psyche darstellen (90–99).

sich in Wasser baden, und er ist unrein bis zum Abend.»[16] Wer nach diesen Anweisungen zu leben gezwungen ist, dessen Leben ist im Grunde zu einer ständigen Berührungsangst verurteilt; er selber ist für die anderen ein lebendes Tabu, sein Dasein etwas, das man meiden muß wie Aas und Unrat. Und was das furchtbarste ist: man muß einem jeden, der in die Nähe kommen will, von sich aus in Worten oder im Verhalten sagen: komm mir nicht zu nahe, rühr mich nicht an, laß dich durch mein Gebrechen nicht selber infizieren; und je mehr man den anderen liebt, desto mehr muß man ihm ausweichen, desto mehr muß man ihn förmlich bitten, jeden engeren Kontakt zu meiden, damit nicht auch er sich beschmutzt und besudelt an der eigenen Unreinheit. Ein ständiges Gefühl muß eine solche Frau heimsuchen, abgesondert zu sein von Göttlichem wie Menschlichem, ein Vegetieren vor den Türen der Häuser und der Tempel, ein ständiges Leben im Abseits, umschlossen von der unsichtbaren Schranke dieser nie versiegenden Quelle des Schmutzes, die das ganze Dasein unwiderruflich in ein unhygienisches Etwas verwandelt.

Indessen würde diese Frau nicht so unentwegt und schmerzhaft an ihrer Krankheit leiden, wenn sie nicht ihrer ganzen Natur nach ausgesprochen kontaktfreudig wäre und sich nach nichts mehr sehnen würde als nach menschlicher Gemeinschaft. Man mag in diesem Sinne mit Recht von einer ausgesprochen *hysterischen* Ambivalenz sprechen, indem es zentral zum hysterischen Erleben gehört, bestimmte menschliche Beziehungen mit aller Leidenschaft der Vorstellung und Phantasie zu erstreben und dennoch zugleich auf einer tieferen Ebene voller Angst und geheimer Tabus förmlich zu fliehen. Allerdings muß man dann hinzufügen, daß die unüberwindlichen Schamschranken und Kontaktbarrieren nicht nur das Ergebnis, sondern geradewegs den Grund für die Krankheit des Blutflusses darstellen. Man steht in dieser Erzählung mithin vor dem typischen Paradox jeder psychosomatischen Erkrankung, daß der Betreffende seine Krankheit nicht nur verwünscht und bedauert, sondern sie in gewissem Sinne auch herbeiwünscht und braucht.

Psychoanalytisch wird man bei der Krankheit des «Blutflusses» im allgemeinen an ein Charakterbild denken müssen, innerhalb dessen die Rolle als Frau, insbesondere die weibliche Sexualität, insgesamt als etwas Schmutziges, Schuldhaftes und Schändlich-Schädliches erlebt wird. Fast immer geht ein solcher Eindruck auf eine äußerst problematische Beziehung zurück, die eine Frau schon als Mädchen zu ihrem Vater hatte, den sie ebenso sehr geliebt wie gefürchtet haben muß. Hinter einer derartigen überstarken und höchst ambivalenten Bindung an den Vater indessen stehen regelmäßig schwere Enttäuschungen an der Mutter, die man als zu schwach und unterwürfig empfindet, um sich gegenüber der

[16] Vgl. R. de Vaux: Das Alte Testament und seine Lebensordnungen, II 312–313; R. u. M. Hengel: Die Heilungen Jesu und medizinisches Denken, in: A. Suhl (Hrsg.): Der Wunderbegriff im NT, 346–347 sagen zu Recht, die Frau lebe im «Zustand ständiger kultischer Unreinheit ... ähnlich dem Aussatz».

gewalttätigen Art des Vaters durchsetzen zu können. In der Sprache der Psychoanalyse FREUDS erscheint die Rolle der Frau unter solchen Umständen einem Mädchen als eine Art «Kastration», und so wendet es sich dem Vater zu, um in seiner Furcht vor ihm geborgen zu sein und in seiner Liebe zu ihm trotz aller Verwundungen wieder «vollständig» und «ganz» zu werden[17]. Erst von diesem generellen *ödipalen* Syndrom her erklärt sich in späteren Jahren die Angst und Verletzbarkeit, aber auch die Hoffnung und Erwartung, die sich unverändert im Erleben auch der erwachsenen Frau an die Liebe heften werden. Um jedoch das ausgeprägte Symptom speziell des Blutflusses hervorzurufen, bedarf es fast immer noch eines zusätzlichen auslösenden Faktors im gegenwärtigen Erleben, zumeist einer schweren Enttäuschung und seelischen Verwundung in einer als überaus wichtig empfundenen Liebesbeziehung. – An wenigstens einem Beispiel sei die Psychodynamik und Konfliktverarbeitung im Hintergrund der Symptomatik des Blutflusses etwas näher geschildert.

Eine Frau (36), die seit mehreren Jahren phasenweise unter unaufhörlichen Monatsblutungen leidet, erzählt in einer kindlich wirkenden Sprache, sie sei als Einzelkind bei Eltern aufgewachsen, die mit ihren ständigen Spannungen und Streitigkeiten ein ausgesprochenes Angstvorbild für jedes eheliche Zusammenleben abgegeben hätten. Gleichwohl habe sie keinen sehnlicheren Wunsch gehabt, als einmal zu heiraten und selber Kinder zu haben. Auch ihre Berufswahl, Pädagogik zu studieren und Lehrerin zu werden, sei von daher motiviert gewesen. Freilich habe sie den Beginn ihres Studiums und den Abschied von zu Hause geradezu als Erleichterung empfunden und sei zunächst auch anderen Rollenerwartungen gefolgt. Eine entscheidende Krise in ihrem Leben sei eingetreten, als sie mit 30 Jahren sich etwa dreieinhalb Jahre lang in einen jungen Mann verliebt habe. Wörtlich erklärt sie: «Er war für mich ungeheuer fasizinierend. Doch er liebte mich nicht wirklich. Er wollte immer eine andere Frau aus mir machen. Er mochte mein Äußeres – daß ich wohl vorzeigbar wäre, aber nicht mein Wesen. Die Liebe zu diesem Mann war ein Trauma. Ich habe ein Jahr lang Schmerzen gehabt, und die Blutungen hörten nicht auf. Ich war im Krankenhaus deswegen, aber die Ärzte konnten das nicht behandeln – es war psychosomatisch. Ich glaube, wenn eine Liebe aufhört, ist es, wie wenn innerlich sich alles zusammenzieht. Ich kenne mancherlei körperliche Schmerzen – die gehen alle nur bis zu einer bestimmten Grenze. Aber *dieser* Schmerz hört niemals auf. Man fühlt sich zu Tode verletzt. Und ich war erleichtert, daß es so blutete – ich wollte sterben. Ich kam mir so gering und falsch vor, als ob ich alles verkehrt machte. Dabei möchte ich, daß jemand mich wirklich akzeptiert. Aber ich träume zuviel, ich bin zu viel allein. Wenn ich Männer von weitem mag, geht es, und wenn ich mich gar nicht bemühe, dann liegen sie mir fast zu Füßen. Aber

[17] Vgl. S. FREUD: Über die weibliche Sexualität, XIV 515–537.

wenn ich ihnen näherkomme, wenn ich einen Mann wirklich liebe, habe ich Angst, ihm lästig zu werden. Ich verlange vielleicht zuviel und idealisiere die Liebe. Ich möchte dem anderen doch helfen und ihm alles geben. Aber die anderen sagen, ich sei zu schwierig, zu kompliziert. Meine Kollegin sagt, ich hätte eben den falschen Mann kennengelernt, aber so einfach kann ich das nicht sehen.»

Tatsächlich hörten die Blutungen erst auf, als sie sich in einen zweiten Mann verliebte; aber auch dieser gab ihr nach einem Jahr den Laufpaß mit der gleichen Begründung, sie sei «zu schwierig» für ihn, und prompt begann erneut das alte Leiden aufzubrechen.

Was kann eine Frau tun, die in dem zentralen Bereich ihres Lebens, in der Suche nach Liebe, sich als «zu kompliziert» abgelehnt fühlt? *Diese* Frau hatte ihr Leben lang aus diesem Vorwurf den Schluß gezogen, niemals wieder einem anderen Mann lästig zu fallen, und sie versuchte diesen Entschluß auf den zwei einzig gangbaren Wegen zu realisieren: indem sie die eigenen Verwundungen, Schmerzen und Klagen wie etwas Beschämendes tief in sich verbarg und indem sie jeden tieferen Kontakt, bei dem ihre Seele sich hätte zu Wort melden können, durch *Bezahlung* wiedergutzumachen hoffte.

4) Vom Mut der verstohlenen Zärtlichkeit

Auch bei der blutflüssigen Frau im Evangelium wird man besonders diese beiden Verhaltensweisen sehr ausgeprägt beobachten können. Daß sie im Verlauf von vielen Jahren all ihr Vermögen erfolglos bei Ärzten vergeudete, wird man gewiß nicht allein der (ansonsten womöglich nicht seltenen) Habgier des Berufsstandes der Mediziner oder deren objektiver Unwissenheit zur Last legen müssen. Vielmehr wird man sich zum Verständnis ihrer Krankheit vorzustellen haben, daß die Frau ihre ärztlichen Konsultationen nach und nach als die einzigen noch verbleibenden Kontakte zu anderen Menschen in ihrem Leben erfahren hat und zur Beruhigung ihrer Schuldgefühle selbst für solche «offiziellen» Beziehungen eine überhöhte Bezahlung den Ärzten förmlich aufzudrängen versuchte. Natürlich muß auf diese Weise der Teufelskreis sich sehr rasch schließen: indem die Frau von vornherein glaubt, mit ihren Wünschen nach Liebe und Gemeinsamkeit den anderen nur lästig sein zu können, muß sie äußerlich immer mehr einsetzen, um die Liebe der anderen sich durch Vorleistungen aller Art erkaufen zu können. Ihre extreme Opfer- und Hingabebereitschaft muß indessen wohl überhaupt erst jenes unselige Symptom geschaffen haben, das sie in dem Glauben bestätigte, nur als «unrein» und «schmutzig» empfunden zu werden. In jedem Falle muß für diese Frau die Liebe gerade die Bedeutung gewonnen haben, die sich in dem Symptom des Blutflusses ausdrückt: Lieben – das hieße, auszufließen und sich zu verströmen und ständig und immer mehr an eigener Substanz dabei einzubüßen.

Als Grundgefühl im Leben dieser Frau muß mithin die Einstellung entstanden sein, ihr Dasein sei insgesamt nur ein immer weiter und unaufhaltsam fortschreitender Verlust, ein Sichverschleißen ohne den geringsten Sinn und Nutzen.

M. a. W.: die Krankheit dieser Frau bezeichnet symbolisch genau die Erfahrung, die sie bei den Ärzten immer wieder macht und die sie, wie man annehmen muß, auch von sich her immer wieder wie absichtlich arrangiert und herbeiführt: sie muß angeben, abgeben, hergeben, hingeben, vergeben, aufgeben, bis alle anderen immer reicher, sie aber immer ärmer, einsamer und hinfälliger wird. Schließlich vollendet sich das Paradox ihrer Leiden dahin, daß sie unentrinnbar immer mehr geben muß, um gesund zu werden, und immer kränker wird, je mehr sie vergeblich «geben» muß.

Am allerschlimmsten aber inmitten dieses Teufelskreises drückt *das Gefühl der Scham* sie nieder. Seinem Gedichtzyklus vom *«Buch der Lieder»* hat R. M. RILKE ein *«Titelblatt»* vorangestellt, auf dem er erklärt, warum er die folgenden Bilder der Not malen und den Stimmen des Elends eine Sprache verleihen möchte: den Bettlern, Trinkern, Witwen, Blinden, Aussätzigen, Zwergen – die ganze Litanei eines wie nur am Rande noch geduldeten mimosenhaften Lebens, das allerorten nach Hilfe sucht und doch nicht weiß, wo es sie finden kann. In dieser Erklärung spricht RILKE vor allem von dem Zwang, der auf den Armen liegt, sich mitzuteilen und zu offenbaren. Er schreibt:

Die Reichen und Glücklichen haben gut schweigen,
niemand will wissen, was sie sind.
Aber die Dürftigen müssen sich zeigen,
müssen sagen: ich bin blind
oder: ich bin im Begriff es zu werden
oder: es geht mir nicht gut auf Erden
oder: ich habe ein krankes Kind
oder: da bin ich zusammengefügt ...

Und vielleicht, daß das gar nicht genügt.

Und weil alle sonst, wie an Dingen,
an ihnen vorübergehn, müssen sie singen.

Und da hört man noch guten Gesang.

Freilich die Menschen sind seltsam; sie hören
lieber Kastraten in Knabenchören.

Aber Gott selber kommt und bleibt lang
wenn ihn *diese* Beschnittenen stören[18].

[18] R. M. RILKE: Das Buch der Bilder. Die Stimmen; Sämtliche Werke, I 447–448.

Es geht, diesen Zeilen zufolge, ein unhörbarer, lautloser Gesang der Armut durch die Welt, bestehend aus den ängstlich und schamvoll verborgenen Gebärden der Bitte, aus den vorsichtig verkleideten und versteckten Äußerungen der Not und aus den verstohlenen Blicken auf das unerreichbar erscheinende Glück der anderen. Gerade die Menschen, denen es am ärmsten geht, schämen sich oft am meisten, weil jedes Bittgesuch um Hilfe von ihnen wie eine Schande, wie ein Sich-bloß-Stellen, wie ein schamloser Offenbarungseid empfunden wird. Sie finden immer, daß sie sich verstecken und sich verstellen müssen, indem sie stets sagen, alles sei nicht so schlimm und es gehe ihnen ganz gut. In Wahrheit aber suchen sie verzweifelt nach einem Ort, an dem sie sich mitteilen dürften, und dennoch wagen sie gerade ein offenes Gespräch fast niemals, aus Furcht, die anderen würden über ihr Leid am Ende nur wie über eine billige Unterhaltung hinweggehen. Alle Kraft verbraucht sich schließlich dazu, die anderen vor der Ansteckungsgefahr des eigenen Ichs zu schützen und die Wände der Tarnung zu verstärken – was wäre, wenn der andere wüßte, wie es wirklich um die eigene Person bestellt ist! Bei allen Menschen im Elend findet man diese Scheu, sich mitzuteilen, und den gleichzeitig wachsenden Zwang, wie ein verhungerndes Tier schließlich doch um Hilfe betteln zu müssen; nirgendwo aber ist diese Spannung unerträglicher, als wenn einem Menschen nicht *etwas* fehlt, sondern alles – die Liebe, und wenn die Not nicht darin besteht, keine Liebe zu bekommen, sondern selbst wenn sie gegeben würde, sie definitiv nicht empfangen zu dürfen, weil es im eigenen Dasein, am eigenen Körper, eine Stelle gibt, die wie eine offene Wunde ist und die nie aufhören wird zu fließen.

Was mag im Herzen dieser Frau vor sich gegangen sein, als sie erfuhr, Jesus komme in ihre Stadt? Ganz sicher wird sie gewünscht haben, sie könnte den Gottesmann bitten, er möge seine Hand auf die Stelle ihres Schmerzes legen und sie heilen durch den Zauber seiner Nähe. Geträumt haben wird sie von einer Berührung, die durch den Körper hindurch ihre Seele berührte und die zärtlich genug wäre, an ihrem Leib nichts Unreines zu finden. Und ausgemalt haben wird sie sich die Begegnung einer Liebe voller Vertrauen – ohne Angst, voller Entgegenkommen – ohne Vorleistung, voller Zartheit – ohne Gewalt, – eine Gebärde reifender Begegnung, die in einem Augenblick imstande wäre, das ganze Leben einer Frau vom Schmerz zur Seligkeit zu öffnen. Aber in demselben Moment muß in ihr jäh und drohend die alte Scham, die verzweifelte Angst, die lähmende Resignation von neuem aufgestanden sein: wie soll es denn möglich sein, daß ein Gottesmann eine Frau derart berühren könnte, noch dazu eine solche wie sie, eine Unreine! Und kann es denn einen größeren Gegensatz geben als diesen Kontrast zwischen dem ganz Heiligen und dem ganz Unheilen, zwischen dem ganz Reinen und dem gänzlich Unberührbaren, zwischen dem gottgeweihten Mann und der vom Kultraum durch ihr Geschlecht sowohl wie durch die Krankheit ihres Geschlechts gleich doppelt ausgeschlossenen Frau! Es ist selbst in der hochgespannten Kühnheit ihrer Not und ihrer Liebessehnsucht schlechthin unvorstellbar, daß sich eine Brücke spannen könnte zwischen der Heiligkeit Gottes in der Gestalt eines Mannes und der Niedrigkeit menschlichen Leids in der Gestalt einer Frau. Und dennoch hört sie nicht auf zu träumen! Das Ungeheuere geschieht, daß sie an allen Gesetzen vorbei und über alle Schranken hinaus das Unausdenkbare zu denken und das schier Unglaubliche zu glauben wagt: wenn sie schon selbst nicht hoffen darf, den Gottesmann für sich und ihr Leid zu gewinnen, so wird es vielleicht doch möglich sein, ganz im Geheimen, ohne daß es jemand merkt, und vor allem, ohne lästig zu werden, Jesus ganz leicht und wie von ferne zu berühren. Wohl weiß auch sie genau, daß ihre Berührung den Mann Gottes «beflecken» muß, aber wenn dieser selbst es nicht merkt noch weiß...?

Immer wieder in der Geschichte Israels hat es Frauen gegeben, die unter dem Druck von Leid und Not die kultischen und moralischen Gesetze zerbrachen und dem Weg des Lebens folgten, selbst wenn sie damit den Weg der Weisungen und Satzungen verlassen mußten. So handelte Tamar, als sie, zweimal verwitwet und kinderlos, ihren Schwiegervater Juda verführte, um durch seine Zeugungskraft der Verheißung des kommenden Erlösers teilhaftig zu werden; so handelte Ruth, als sie, heimatlos und arm, sich des Nachts zu Boas auf die Tenne von Bethlehem schlich und ihm die Füße aufdeckte (s.u.S.644f.). Auch diese unbekannte blutflüssige Frau, deren Namen das Evangelium nicht erwähnt, wagt einen Augenblick lang in ihrem Leben den entscheidenden Schritt, um ihre Reinheit zu kämpfen und eine Frau zu sein. Selbst wenn sie den Bestimmungen nach den Mann Gottes durch ihr Dasein als Frau «verunreinigen» sollte, so muß sie und will sie doch glauben, daß ihre Gesundheit, ihr Wille zur Reinheit, wenn schon nicht vor den Menschen, so mindestens vor Gott wichtiger ist als die Einhaltung bestimmter Gebote. Dürfte sie nicht einmal Jesus das Vertrauen entgegenbringen, er werde ihre Berührung verstehen und sich dadurch nicht geschädigt fühlen, so müßte sie in der Tat zeitlebens weiter dazu verurteilt sein, einen jeden vor ihrer Nähe zu warnen, und der Ring der Angst, der sich um ihr Herz legt, würde niemals gesprengt werden. Brächte sie mithin auch jetzt die Courage nicht auf, sich selber ganz zu wagen und gleichermaßen alles zu geben und alles zu fordern, so würde ihr Leben in alle Zukunft ein endloses Suchen und würdeloses Betteln bleiben. Und so wagt sie wenigstens dieses eine entscheidende Mal, sich gegen alle Scham und Scheu dem anderen zuzumuten.

Dabei scheint der Augenblick an sich zu einem solchen Wagnis denkbar ungünstig und förmlich wie dazu gemacht, sie abzuschrecken; und doch wird diese Frau sich *dieses* eine Mal nicht abschrecken lassen. Wie kann sie, als einzelne, es wagen, durch den Trubel der Menge und den Auflauf der Masse zu Jesus vorzudringen? Aber sie tut es. Wie kann sie den Mann Gottes auf dem Weg zu einer wichtigen Heilung mit ihrem persönlichen Problem belästigen und aufhalten? Aber sie tut es. In diesem Moment muß sie völlig anders handeln als jemals zuvor. Aber sie tut es; denn sonst würde niemals in ihrem unglückseligen Leben sich etwas ändern können. Gleichwohl hört sie nicht auf, zu sein, was sie immer war: schüchtern, gehemmt, voller Skrupel und ebenso ängstlich wie erwartungsvoll, ebenso enttäuscht wie verträumt, ebenso eingeschränkt wie sehnsuchtsvoll. So sieht man diese Frau ihre mutigste Tat begehen wie einen verstohlenen Diebstahl. Von hinten, unbemerkt, wie zufällig nutzt sie das Getümmel der Menge als Versteck, um sich Jesus zu nähern und die entscheidende Berührung am Saum seines Gewandes zu riskieren.

Äußerlich betrachtet, handelt es sich dabei um eine Berührung, wie sie im Gedränge der Leute, die Jesus umgeben, hundertfach vorkommen muß, und eben darauf rechnet die Frau; aber es ist ihr nicht möglich, das für sie absolut Wichtige und Entscheidende zu vollziehen wie etwas Belangloses. Unzweifelhaft ist ihre Berührung viel feiner, viel sanfter, viel verhaltener, viel rücksichtsvoller und unendlich viel liebevoller als all das Hin- und Hergeschiebe in der Vielzahl der Leute, und so kann es nicht ausbleiben, daß sie entdeckt wird.

Was sich in diesem alles entscheidenden Augenblick der Berührung «wirklich» zugetragen hat, läßt sich von außen her durchaus nicht bestimmen. Nur so viel steht fest: es geschah etwas durch und durch Wunderbares. Versteht man indessen dieses Wunderbare, wenn man in wörtlicher Wiederholung des Bibeltextes von dem «Ausfließen einer Kraft» redet und darin ein «typisch magisches Denken» zu erkennen glaubt[19]? Weit richtiger wird es sein, sich die Begegnung

[19] So O. Weinreich: Heilungswunder in der Antike, 63f.; F. Preisigke: Die Gotteskraft der frühchristlichen Zeit, in: A. Suhl (Hrsg.): Der Wunderbegriff im Neuen Testament, 211, der betont, daß die «Kraft» hier als bloße Naturkraft «ganz selbständig», als *«ein Dinge für sich»*, «losgelöst vom Willen Christi» «automatisch» wirke, entsprechend dem «Denken der breiten Volksmasse». Aber diese Beurteilung der «Mana-Persönlichkeit» beruht offenbar auf einem rein äußerlichen Verständnis der «Magie» und vermag sich nicht vorzustellen, daß die «Kraft» der Berührung gerade in einer höchsten Anspannung *personaler* Beziehung zustande kommt. R. Pesch: Das Markusevangelium, 1. Teil, 302–303 denkt, der Sache nach richtig, an einen Vorgang «der psychotherapeutischen Vermittlung von Gesundheit»; dann aber ist es umgekehrt nicht möglich, die «Kraft» einfach als «Geist Gottes» zu interpretieren und die Bedeutung des «Glaubens», den Jesus immer wieder zur Heilung fordert, rein «messianisch» zu verstehen, so als habe er «nichts mit der magischen Arzt-Patienten-Beziehung zu tun», wie R. u. M. Hengel: Die Heilungen Jesu und medizinisches Denken, in: A. Suhl (Hrsg.): Der Wunderbegriff im NT, 348; 361 dies tun. In einer einfühlenden Analyse der Stelle meint A. Suhl: Die Wunder Jesu, in: A. Suhl (Hrsg.): A.a.O., 471: «Hinter dieser Darstellung steht die antike Vorstellung vom mit göttlicher Kraft erfüllten Wundermann, der durch bloße Berührung magisch Heilung vermittelt.» Aber hinter der Vorstellung von der göttlichen Kraft der Wundermänner steht – weit wichtiger noch – die sehr berechtigte Vorstellung von der großen Macht, die der (menschliche!) Geist über körperliche Prozesse besitzt, wenn er im Gegenüber einer wesentlichen Person in seiner Angst beruhigt ist. So T. A. Burkill: Die Vorstellung vom Wunder mit besonderer Berücksichtigung des Markusevangeliums, in: A. Suhl (Hrsg.): A.a.O., 336–337. Freilich kann man dann kaum mit Burkill: A.a.O., 334 sagen, die Novellen berücksichtigten nicht die «innere Haltung des Patienten Jesu, . . . als ob das eine psychologische Voraussetzung für ein Vollbringen von Heilungswundern wäre.» Die Szene von Mk 5,36, die Burkill zum Beweis seiner «antipsychologischen» Meinung anführt, werden wir sogleich ausführlich erläutern (s. u. S. 295 ff.).

zwischen Jesus und der blutflüssigen Frau in einer äußersten Verdichtung seelischer Intensität vorzustellen, so daß alles in Jesus auf diese tastend-fragende Berührung mit einer vollständigen Wärme und Hingabebereitschaft antwortet. Jesus muß die Berührung dieser Frau in ihrer hilflosen Zärtlichkeit in einer eben so tiefen Resonanz mitempfunden haben, wie sie ihm entgegengebracht wurde – als wenn zwischen zwei Menschen ein Stromkreis sich schließt und eine vollendete Einheit, eine vollständige und unwiderrufliche Faszination entsteht, so daß für diese Frau zum ersten Mal der Strom ihrer Hingabe zu ihr zurückkehrt und ihr Ausfließen zu ihrem Reichtum wird. In diesem Augenblick dringt in den Glauben, der ihre Hand bewegt, und in das Vertrauen, das ihre Finger nach dem Saum des Gewandes greifen läßt, gänzlich die Kraft des Herrn ein, und es wird in ihrem Leben nie wieder dieses Gefühl der Unreinheit, des Ausgesetztseins, des Nicht-Angenommenseins, des ewigen Vorleistens und Wiedergutmachenmüssens, dieses ständige Hadern mit der eigenen Geschlechtsrolle geben.
Kann eine einzige Berührung so viel bewirken? Gewiß, wenn man sich vorstellt, daß Gesten und Gebärden ebenso intensiv empfunden werden können wie z.B. der Schimmer der Augen in der Verzauberung der Liebe. Oft schon bei einer ersten Begegnung kann ein einzelner «Augenblick» zur Antwort für ein ganzes Leben werden, und die Augen eines Menschen können sein wie ein See, in dessen Wellen der Himmel sich spiegelt, oder wie Fenster, die sich öffnen zur Ewigkeit. Ähnlich kann die Art eines Händedrucks oder das Streicheln von Fingern wirken, wenn sie zärtlich genug sind, um die Seele des anderen in der Schönheit seines Leibes zum Leuchten zu bringen, und wenn sie rein genug sind, einem Menschen das Gefühl für seine ursprüngliche Unschuld zurückzugeben.

5) Die offene Bejahung

Dennoch genügt nicht die Geste allein. Keine Wunderheilung gibt es, in der nicht, wie in einem Sakrament (s.o.S. 130), sich die Gebärde mit dem Wort verbindet wie der Leib mit der Seele, und erst diese Einheit von Außen und Innen ist heilend bis in die Wurzel. Insofern kommt es jetzt ganz und gar auf die Betonung an, mit der man die Frage Jesu vernimmt, die er an die Menge richtet: «Wer hat meine Kleider angerührt?»
Auf den ersten Eindruck hin wirken diese Worte Jesu ein Stück weit inquisitorisch, ganz so, als sei hier wirklich ein Diebstahl geschehen, den es aufzuklären gälte. Vor allem die unwirsche Entgegnung der Jünger, die verärgert und unverständig auf den Trubel der Masse hinweisen, trägt zu diesem Eindruck bei. Aber gerade der Kontrast zwischen Jesus und den Jüngern weist eigentlich in eine andere Richtung. Während die Jünger sich durch den Auflauf der vielen Leute

offensichtlich behindert fühlen und so schnell wie möglich zum Hause des Synagogenvorstehers gelangen möchten, scheint es Jesus durchaus nicht eilig zu haben, und seine Weise, auf die Not der Frau zu antworten, unterscheidet sich deutlich von der Art aller anderen.

Es ist eines der schönsten Kennzeichen wirklich großer Persönlichkeiten, daß sie stets Zeit zu haben scheinen für die vermeintlich kleinen und geringfügigen Bitten und Nöte einzelner. Im Unterschied zu den wichtigtuerischen «Größen», die unablenkbar und starr ihren fixen Ideen oder vermeintlichen Pflichten hinterherlaufen, sind Menschen mit einem wahrhaft großen Herzen jederzeit imstande, flexibel auf einen Einzelfall zu reagieren, und mühelos können sie ein Vorhaben unterbrechen, verschieben oder ganz aufgeben, je nachdem, was ihnen *im Moment* in wörtlichem Sinne *begegnet*; denn es geht ihnen nicht um ihre Pläne und «Aufgaben», sondern um die Menschen, die Gott ihnen in den Weg schickt.

Insofern wird man die Frage Jesu: «Wer hat meine Kleider berührt?», keinesfalls als Ausdruck einer gereizten Verärgerung verstehen dürfen; vielmehr muß man seine Frage eher erstaunt und verwundert aussprechen – so ganz anders als die Berührung aller anderen ist dieses Berühren des Saums seines Gewandes, und Jesus möchte offensichtlich diejenige *persönlich* kennenlernen, die sich ihm so verstohlen naht. Indem er auf die Berührung der Frau mit seiner ganzen Person, mit all seiner «Kraft» antwortet, kann seine Frage im Grunde nur als Einladung verstanden werden, alle Heimlichkeit und Verstohlenheit aufzugeben und sich voller Vertrauen offen zu erkennen zu geben. «Wer hat mich berührt?» – bedeutet im Munde Jesu an die Adresse der noch Unbekannten: «Du brauchst Dich doch nicht zu ängstigen, wenn Du meine Nähe suchst.» «Du brauchst Dich doch nicht zu schämen, wenn Du meine Hilfe möchtest.» «Du brauchst Dich doch nicht wie ein Dieb zu fühlen, wenn Du mich in Anspruch nehmen möchtest.» Oder, positiv formuliert: «Betrachte doch als Dein Recht, was Dir die Not Deines Herzens gebietet.» «Untersage Dir nicht, was Du zum Leben brauchst.» «Habe offen den Mut, Dich vor aller Leute Augen zu Dir selber zu bekennen.» Eines ist es ja, *de facto* dem Verlangen des eigenen Herzens zu folgen, und ein anderes, ein solches Tun auch als etwas Berechtigtes einzufordern und vor den anderen zu verteidigen. Gerade diese Frau hat ihr Leben lang – wie wir unterstellen dürfen – daran am meisten gelitten, daß sie unter schweren seelischen Verletzungen sich stets als Zumutung für die anderen hat erleben müssen, und ihr Hauptproblem bestand darin, am Ende sich selber schon für etwas Unreines und Unzumutbares zu halten, ganz so, als ob sie jedes Stückchen Nähe und Glück in der Gegenwart eines anderen Menschen nur wie ein gestohlenes Gut, wie eine Art Mundraub betrachten könnte; selbst wenn sie selber womöglich noch glauben dürfte, zu einem solchen Diebstahl aus Not ein Recht zu haben, so hat sie doch gelernt, das ihr am meisten Wichtige nur heimlich und unbemerkt

von den Augen der anderen tun zu können – jede Entdeckung würde sie dem wütenden Krähengericht fremder Schnabelhiebe aussetzen.
So kommt auch jetzt die Frau «mit Furcht und Zittern» zu Jesus, gerade weil sie weiß, welch ein Wunder sich an ihr ereignet hat (Mk 5,33). Sollte derjenige, der ihr soeben die Gnade der Reinheit schenkte, sie ihr wieder nehmen wie eine unrechtmäßig erworbene Beute? Gerade diese entsetzliche Möglichkeit fürchtet die Frau auf das heftigste; aber solange sie so fürchtet, ist sie noch nicht wirklich geheilt. Eben deshalb muß Jesus ihr den Augenblick der Pein zumuten, sich vor den Augen aller bloßgestellt zu sehen. Ohne diese Angst ein für allemal an entscheidender Stelle emporzuholen, fände das Gefühl der Unberechtigtheit im Herzen dieser Frau nur immer neue Nahrung. Nur indem Jesus die Frau selber *sehen* will, wird die ständige Angst der eigenen Unansehnlichkeit von ihr genommen werden, und nur, wenn sie ihre Tat offen gesteht, wird sie lernen, in alle Zukunft offen für sich einzustehen.
Es ist eine erschütternde Szene, als die Frau sich Jesus zu Füßen wirft, um bittflehend seine Vergebung zu erlangen für «die ganze Wahrheit» ihrer Tat (Mk 5,33). Alles steht in diesem Moment für sie auf dem Spiel: endgültige Verurteilung oder endgültige Rettung, und alles kulminiert in der einen Frage, ob ihr verzweifelter Wagemut jetzt etwa auch von Jesus als etwas Unrechtes gebrandmarkt wird; in diesem Falle wäre wirklich alles zuende, und der Moment, da sie sich selbst als Frau endgültig zu gewinnen hoffte, wäre zugleich der Augenblick ihrer tiefsten Entwürdigung und Verbannung. Aber sie hat sich nicht geirrt, weder in ihrer Sehnsucht noch in der Person Jesu! Denn das schlechthin nicht zu Erwartende, das schlechthin Wunderbare geschieht: statt nach dem Wortlaut des Gesetzes, wie er wohl müßte, die Frau zu verstoßen, erklärt Jesus sie ausdrücklich für gerettet, und statt sich selber für «unrein» oder für «befleckt» zu halten, segnet er sie von Herzen und verzichtet selbst vollkommen auf die gesetzlich vorgeschriebenen Reinigungszeremonien. Nichts, endgültig nichts, ist daran zu bereuen, eine Frau zu sein und als Frau leben zu wollen, und nichts an ihrem Tun ist verwerflich, sondern ihr Motiv und ihre Tat sind ganz und gar rein. Dies ist das Urteil Jesu, und es ist mindestens so kühn und weitherzig wie jene Szene des Markusevangeliums (Mk 2,23-28), da Jesus das Ährenraufen seiner Jünger am Sabbat vor den Anwürfen der Pharisäer in Schutz nahm, ganz entsprechend seiner Lehre und Grundeinstellung, daß kein Gesetz, und sei es noch so ehrwürdig und heilig, wichtiger sein kann als ein Mensch, der Not leidet.
Man kann die einfache Botschaft dieser tiefen Menschlichkeit, die aus solchen Wundererzählungen wie der Geschichte von der blutflüssigen Frau spricht, im Grunde nur theologisch verfremden und überfrachten, wenn man die Herzensweite eines solchen wechselseitigen Vertrauens als einen «Glauben an die Messianität» Jesu versteht. Viel richtiger sah M. DIBELIUS, wenn er die «Profaneität»

der «Novellen» beklagte[20], die einfach nur von menschlicher Not und menschlicher Hoffnung sprachen. In der Tat: es ist allein das ganz und gar menschliche Vertrauen der Liebe gegen die Angst, das solche Wunder göttlicher Heilung bewirkt, und die Wundererzählungen zeugen zunächst von der Haltung eines bedingungslosen Vertrauens, das durch die Wärme, die Güte und das Verständnis des heilenden Boten Gottes geweckt wird.
Freilich bekommt der «Glaube» der Frau an dieser Stelle noch wirklich einen zusätzlichen Inhalt, der so erstaunlich ist, daß Jesus ihn eigens hervorhebt: «Meine Tochter, Dein Glaube hat Dich gerettet.» (Mk 5,34) Es ist ein Vertrauen, wie es unter Menschen im günstigsten Falle ein Mädchen seinem Vater gegenüber aufbringt - ein Empfinden, mit allen Fragen und Ängsten verstanden und aufgenommen zu sein. Wenn wir vorhin sagten, daß die Krankheit der Frau gewiß ihre ödipalen, kastrativen Angsthintergründe im Erleben des eigenen Vaters besitze, so kann der Kreis ihrer Krankheit offenbar zum Heil nur geöffnet werden durch die Liebe und das Vertrauen zu einem anderen Menschen, der die Angst vor dem Vater vergessen macht, weil er «brüderlich» genug ist, um «väterlich» sein zu können. Das ist es wohl, was Jesus sagen will, wenn er die ihm bis dahin unbekannte Frau «meine Tochter» nennt: «Ich möchte», wird diese Anrede besagen, «für Dich die Stelle einnehmen, an der Dein Vater hätte stehen müssen. Ich möchte die Ängste, die Zerstörungen, die Minderwertigkeitsgefühle aus Deinem Herzen nehmen, die er durch seine eigene Enge und Angst, durch sein Mißverstehen und Unverständnis, durch seine Kälte und seine

[20] Vgl. Tiefenpsychologie und Exegese, I 83; J. JEREMIAS: Neutestamentliche Theologie, 1. Teil, 90-96 hat jedoch gezeigt, daß die Aufteilung der Wunderüberlieferungen bei DIBELIUS in «Novellen» (die das Wundergeschehen selbst ausmalen) und «Paradigmen» (denen die religiöse Botschaft wichtig ist), recht künstlich anmutet, und er schlägt vor, statt zweier verschiedener Erzählgattungen, eher zwei verschiedene Traditionsschichten in der mündlichen Überlieferung anzunehmen, wobei die topikfreien Geschichten nach Palästina, die topikdurchsetzten Erzählungen in den hellenistischen Raum verweisen würden. Wichtiger aber als die Fragen der Überlieferung und der historischen Zuordnung ist die Frage nach der psychischen bzw. existentiellen Erfahrungswirklichkeit, die sich in den Wundererzählungen verdichtet, und hier ist die «Topik» nicht als «unhistorische» oder theologisch illegitime Verfremdung des «Eigentlichen» zu verstehen, sondern sie muß gerade als das Element betrachtet werden, das die typischen, wesentlichen Merkmale der Wundererfahrung immer wieder und allerorten zum Ausdruck bringt. In gewissem Sinne kann man dabei der zentralen Argumentationsfigur von E. JÜNGEL: Paulus und Jesus, 295 folgen, wenn er (bzgl. der Gleichnisse) die *Formen* biblischer Überlieferung, statt rein historisch, «eschatologisch» zu begründen versucht: «Betrachtet man ... die Verkündigung Jesu unter diesem eschatologischen Gesichtspunkt, so wird man die typischen Sprachformen der Verkündigung Jesu nicht mehr primär von ihrem ‹soziologischen Sitz im Leben› her zu verstehen haben, sondern als das die formgeschichtlichen Gattungen in der Verkündigung Jesu konstituierende Moment das eschatologische extra nos der Basileia ansehen müssen, das zu *Worte* kommen will. Die soziologische Fragestellung der formgeschichtlichen Methode ist damit im Rahmen der formgeschichtlichen Methode durch die eschatologische Fragestellung korrigiert, bzw. hermeneutisch überboten. Denn sowohl der Überlieferungsort als auch der Ursprungsort der Überlieferung sind eschatologische Phänomene.» M.a.W.: es genügt keinesfalls, die Wunder als «eschatologische» «Zeichen» der «hereinbrechenden Gottesherrschaft» zu «verstehen», im übrigen aber die Wundererzählungen als literarische Fiktionen und phantasievolle Produkte des Volksglaubens zu betrachten, auf welchen die urkirchliche Missionspropaganda *damals*, vor allem in

Gewalt in Deine Seele gelegt hat. Ich möchte Dich lieben auf eine Weise, die Dich Dir selbst als Frau zurückgibt. Und ich danke Dir für Deinen Mut, mit dem Du den ersten Schritt getan hast und zu mir gekommen bist. Ich bewundere Dich für Deine Tapferkeit, mit der Du das Gefühl Deiner Unreinheit abgestreift und Dich mir zugemutet hast. Und ich liebe Dich für die Größe Deiner Seele, die Dich die Angst und das Leid Deines Leibes besiegen ließ.» Was ein Vater seiner Tochter auf dem Weg in ihr Leben sagen müßte und was doch meistens in Angst und Besorgnis erstickt und zerredet wird, spricht Jesus hier aus: «Geh hin in Frieden», und, parallel dazu, wie um zu sagen, was dies jetzt bedeutet: «Sei von Deiner Qual gesund.» (Mk 5,34)

Erst in diesem Augenblick ist das Wunder der Heilung vollendet, das es der blutflüssigen Frau erlaubt, an ihrer Fraulichkeit nicht länger mehr zu leiden. Ein für allemal braucht sie sich nicht mehr als Diebin zu fühlen, wenn sie Anspruch darauf macht, von Grund auf *rein* zu sein – auch und gerade mit den Gefühlen, der Empfindsamkeit und der Empfänglichkeit einer Frau. Ein für allemal auch darf und kann sie wissen, daß es in alle Zukunft kein Gesetz mehr gibt, das sie aussperren dürfte von der Einheit ihrer Seele und der Gemeinschaft der Menschen. Denn Gott, wie er in Jesus nahe ist, lebt als der Vater aller Menschenkinder, und sein Reich wächst im Herzen eines jeden Menschen. Niemals verehrt man im Sinne solcher Wundererzählungen Gott reiner und wahrer, als wenn ein Mensch sich getraut, der Schönheit bewußt zu werden, mit der er von Ewigkeit her gewollt und erschaffen wurde. *Dies* ist die entscheidende «Verkündigung»

hellenistischen Kreisen, zurückgreifen mußte, um die Bedeutung und den Anspruch von Person und Botschaft Jesu verständlich zu machen; es kommt gerade umgekehrt darauf an, daß etwas «Endgültiges» im menschlichen Leben, wenn es zum Heil und nicht zum Tode sein soll, niemals anders erfahrbar ist als in dem Erleben der Einheit des vormals zerbrochenen Menschenwesens. Auch das Reden von «Eschatologie» bleibt eine theologische Abstraktion ohne die konkrete Durchdringung der gesamten menschlichen Existenz in der Gegenkraft der Angst, – im Vertrauen; und besonders die Wundererzählungen sind in der Tat ein notwendiger und bleibend gültiger Ausdruck und Niederschlag entsprechender Erfahrungen, insofern sie gerade dazu auffordern, bis in die Psychosomatik, bis in die Physis hinein sowohl der Zerstörungsmacht der Angst als auch der Heilkraft des Vertrauens nachzuspüren. Von daher geht es wohl darum, daß sich über den Selbsteinschluß der Angst hinweg von Grund auf eine neue Einstellung ermöglicht, die nur durch eine absolute personale Erfahrung zu gewinnen ist, – wenn dies *extra nos* (von außen vermittelt) heißen soll, wird man dem protestantischen Ansatz bei JÜNGEL zustimmen müssen; aber dann kommt alles darauf an, zu sehen, was im Menschen vor sich geht, je nachdem, inwieweit er von Angst oder von Vertrauen fundamental geprägt wird; nur von dieser Fragestellung her begreift man das Typische, immer Wiederkehrende der Wundererzählungen als bleibende Wahrheit der menschlichen Existenz im Gegenüber Gottes. Anders gesagt: die *existentiale Hermeneutik* läßt sich nur dann glaubwürdig «eschatologisch» «finalisieren», wenn das Maß des Endgültigen gerade dort gesucht wird, wo die protestantische Theologie es ihrem ganzen Selbstverständnis nach niemals suchen wird: im Wesen des Menschen. Das «eschatologische Heil» ist das Heil des Menschen, der gegen alle Angst zu Gott zurückgefunden hat, es ist nicht das Heil Gottes, der – nach gnostischem Vorbild – sich im Menschen selbst von seinem eigenen Sündenfall erlösen müßte. Alle Abstraktionen im Sprechen von der «Basileia» begünstigen und begründen im letzten (neben leeren Tautologien) nur einen Mystizismus der Sprache, der, philosophisch reflektiert, die idealistische Identitätsphilosophie HEGELS wieder hervorholen muß. S. u. S. 727, Anm. 3.

einer Wundergeschichte wie der Erzählung von der blutflüssigen Frau: daß ein Mensch, eine Frau zumal, im Bewußtsein ihres Stolzes und ihrer Größe fortan in ihr Leben treten darf als Vorbild für alle, die im Kommen und Gehen künftiger Geschlechter der Angst ihres Daseins entronnen sein werden. Im Alten Testament (Lev 15,29) galt es als Vorschrift, die Unreinheit des Blutflusses am 8. Tage durch das blutige Opfer zweier Tauben zu endigen; das Wunder der Heilung Jesu besteht darin, die Taube der Seele nicht länger mehr «abzutöten», sondern sie fliegen zu lassen in Freiheit.

6) Des Vaters armes Töchterlein

Dies alles geschieht, gewissermaßen mit fliegenden Nerven und bebendem Herzen; denn es gibt während all dieser Zeit einen Mann, der drängen und eilen möchte und den jedes Verzögern, jedes Verweilen qualvoll verstört: Vater Jairus. Ihm kann die Langsamkeit, die unendliche Geduld, die nicht endende Prozedur Jesu mit dieser blutflüssigen Frau nur wie eine ins unerträgliche sich dehnende Verzögerung erschienen sein, geht es doch um das Leben seiner Tochter, die im Sterben liegt!

Was können Menschen tun, wenn sie durchaus gar nichts mehr tuen können? Was soll man machen, wenn ein Mensch vom Tod bedroht wird, den man über alles liebt? Man kann nur den Himmel um ein Wunder bestürmen, ganz so, wie Jairus es tut: kniefällig und inständig. O wenn es Hände gäbe, die die Macht besäßen, den Atem zurückzuhalten, der den Leib der Geliebten verlassen möchte! O wenn es Hände gäbe, die das Menschenleben zu schützen vermöchten vor dem knöchernen Zugriff des Todes! O wenn sich doch eine Hand auf das Haupt eines Kindes legen könnte, das dem Leben entrissen zu werden droht, kaum daß es zu leben begonnen hat! Und dennoch geht die Angst und die Sorge des Jairus an dem eigentlichen Wunder vorbei, das sich doch insgeheim schon vorbereitet, während er selber bereits schier verzweifeln möchte; denn was in seinen Augen nur wie ein sinnloser Zwischenfall erscheint, ist in Wahrheit offenbar nur die unerläßliche Hinführung zur Rettung der Tochter.

Das psychologische Geheimnis dieser Wundererzählung, dieser «Schachtelperikope», besteht allem Anschein nach darin, daß man zu der Tochter des Jairus wirklich erst gelangen kann, wenn man die blutflüssige Frau von ihrer Unreinheit geheilt hat, und daß man umgekehrt die Heilung der blutflüssigen Frau im Grunde nur «fortsetzen» kann, wenn man hinter ihr ein 12-jähriges Mädchen findet, das, unmittelbar am Beginn seines Reifens zur Frau, dem Tod sich näher fühlt als dem Leben; nicht nur literarisch, sondern vor allem psychisch sind beide Frauengestalten ineinander «verschachtelt», indem beide ineinander leben: die Tochter des Jairus als die Kindheit der blutflüssigen Frau, und diese als tödliche Vision einer Zukunft, die man als Frau nur fliehen kann. Die Aufgabe und die Kunst der Interpretation dieser Erzählung muß folglich gerade darin liegen, dieses wechselseitige Ineinander der beiden Frauengestalten innerlich verstehbar zu machen und nicht als bloß literarische Manier stehenzulassen.

Ein nicht geringes Problem für die Auslegung liegt darin, daß, anders als bei der blutflüssigen Frau, deren Vorgeschichte recht ausführlich geschildert wird, die Erzählung von der Tochter des Jairus so gut wie gar nichts berichtet; gleichwohl ist gerade dieses Wenige sprechend genug, wenn man es in seinen Gefühlsbedeutungen zu erfassen sucht und zugleich in der angegebenen Weise durch die symbolische Parallelität und innere Verwiesenheit beider Frauengestalten aufeinander ergänzt.

Auch für die Tochter des Jairus wird man annehmen müssen, daß sie zentral daran leidet, eine Frau zu sein bzw. von einem Mädchen zu einer Frau werden zu müssen. Das vollendete 12. Lebensjahr galt den Rabbinen als der Zeitpunkt, an dem ein Mädchen heiraten kann[21], und es ist für ein Mädchen in diesem Alter unvermeidlich, die Kindheit abzustreifen und als Frau heranzureifen. Schon unter normalen Verhältnissen kann man diesen Schritt sich kaum einschneidend genug vorstellen. In den Initiationsriten der Stammeskulturen wird der Wandel vom Mädchen zur Frau mit Recht wie eine Art Sterben begangen, und noch die griechische Mythe der *Kore Persephone* schildert das Ende der Jugend wie ein Hinweggerafftwerden in das Reich des Hades, als Beginn eines Lebens, das keines mehr ist[22]. So stark ist dieser Einschnitt und Wechsel im Leben eines Mädchens – der Tod der Kindheit! Hinzukommen die Ängste, die vor den unbekannten, geheimnisvollen Kräften erwachender Liebe zu warnen versuchen – ein Gefühl, wie es wiederum Edvard Munch in seinem Bild «Pubertät» mit quälender Genauigkeit dargestellt hat[23]: ein Mädchen, das, unbekleidet, mit einem zarten, zerbrechlichen Körper, die Hände vor dem Schoß gekreuzt, auf dem Rand seines Bettes sitzt und mit angstgeweiteten, übergroßen Augen in die Zukunft zu starren scheint, während hinter ihm ein riesiger Schatten emporwächst, der es unweigerlich einholen wird. Gewiß, es gibt Märchen, wie die wunderbare Erzählung von «Schneeweißchen und Rosenrot»[24], die den Eintritt in das Leben einer Frau in harmonischen, angstfreien Schritten der Reifung beschreiben; aber solche Erzählungen sind eher wie Erinnerungen an ein verlorenes Paradies denn Beschreibungen der so zerrissenen und an jeder Stelle erlösungsbedürftigen Wirklichkeit, in der wir leben; und dennoch tut es gut und

[21] R. de Vaux: Das Alte Testament und seine Lebensordnungen, I 60.

[22] Vgl. K. Kerényi – (C.G. Jung): Das göttliche Mädchen, 20–24: «Allegorie des Frauenschicksals: die Hadesgrenze Allegorie der Scheidungslinie zwischen Mädchentum und dem ‹anderen› Leben, und der Entführer, der König der Unterwelt, nur eine Ausdrucksweise für den irdischen Bräutigam und Mann.»

[23] Th. M. Messer: Edvard Munch, 78 (Pubertät, um 1893).

[24] Vgl. E. Drewermann – I. Neuhaus: Schneeweißchen und Rosenrot, 30–35.

ist es absolut notwendig, auch die Fähigkeit des Menschen zu sehen, den Traum seines Lebens nicht gänzlich aus der Seele zu verlieren und der Erlösung fähig zu sein – oft nach Jahren seelischer Entbehrung, mit der gleichen Energie, mit der Wüstenblumen in den wenigen Tagen der Regenzeit vom Rand der Erstarrung zum Leben erblühen. Wir treffen die Tochter des Jairus, kaum daß ihr Leben beginnen könnte, wie eine lebendig Tote an; aber wenn wir nicht glauben dürften, daß die Angst und die Herzensenge nur begrenzte Kraft besitzen und sich besiegen lassen von der Liebe, würden die Wunder der Heilung sich niemals ereignen können, von denen die Bibel voll ist.

Denn um nichts anderes als um die Erlösung der Liebe von der Angst dürfte es sich bei der Auferweckung der Jairus-Tochter handeln. Ausschlaggebend für diese Auffassung der Erzählung ist nicht die (an sich korrekte) psychosomatische Diagnose eines hypnoiden Zustandes aufgrund schwerer hysterischer Ängste (s. o. S. 279), sondern die Zusammenschau aller Teilfaktoren, von denen die Erzählung berichtet. Freilich muß man, um die Krankheit der Jairus-Tochter zu verstehen, sich wiederum die Neigung der historisch-kritischen Exegese abgewöhnen, die einzelnen Mitteilungen der Erzählung als rein zufällige und beziehungslos nebeneinander stehende Details zu betrachten, statt in ihnen, wie stets in einer tiefenpsychologischen Interpretation, innerlich zusammengehörige und sich organisch zu einem eng umschriebenen Gestaltbild zusammenfügende Teilmomente eines spezifischen Krankheitssyndroms zu erblicken.

Gewiß, man kann von außen her, wenn man den inneren Aufbau dieser «Schachtelperikope» gänzlich außer acht läßt, bezweifeln, daß die Altersangabe der Jairus-Tochter irgend etwas mit ihrer tödlichen Krankheit zu tun hätte. Keinem Zweifel aber kann es unterliegen, daß die Beziehung zwischen Jairus und seiner Tochter von eigenartiger Natur ist.

Eigentümlich – wenngleich in patriarchalischen Gesellschaften nicht selten – ist bereits der Umstand, daß die Erzählung von einem zwölfjährigen Mädchen, d. h. im Grunde von einer dem Gesetz nach erwachsenen Frau, stets nur als der «Tochter des Jairus» spricht, ganz so, als hätte dieses Mädchen niemals aufgehört, ihres Vaters Tochter zu sein, und als genügte es völlig, zu wissen, wer ihr Vater ist, um zu verstehen, wer sie selber ist: – wenn ihr namenloser Name auf sie zutrifft, ist sie nichts als ein bloßes Spiegelbild der Wünsche und der Eigenarten ihres Vaters, ein Wesen ohne eigenen Willen, ohne eigenes Ich, ohne eine eigene Gestalt, die verkörperte Unselbständigkeit und Abhängigkeit, mithin die zur Charakterform erhobene Anpassungsbereitschaft aus Angst – eben *nur* «die Tochter des Jairus».

Dabei mag es erlaubt sein, sich ein Stück weit die soziale und psychische Lage eines Synagogenvorstehers auszumalen – sie dürfte in etwa der Rolle ähneln, die in unserer Gesellschaft vor ein paar Jahrzehnten noch dem Dorfschullehrer oder dem Dorfpfarrer zufallen mochte. Natürlich hatten ihre Kinder ein Muster an

Anstand und Sitte zu sein, und leicht kann man sich vorstellen, wie bei jeder Übertretung irgendeiner geringfügigen Vorschrift der Ruf erscholl: «Eine Pfarrerstochter resp. eine Lehrerstochter tut das nicht!» Drückend liegt über einem solchen Erziehungsstil die gehorsame Pflicht, eine *Ausnahme* gegenüber allen anderen Kindern des Ortes zu bilden: was allen anderen sonst an Nachsicht und Duldung gewährt sein mag, muß unnachsichtig geprüft und geahndet werden, wenn man das Glück und die Auszeichnung genießt, die Tochter einer angesehenen Persönlichkeit des Dorfes zu sein. Vor allem muß ein solches Kind sehr früh schon lernen, sich mit den Ehrbegriffen des Vaters zu identifizieren. Wenn ihm ein Fehler unterläuft, geht es Gefahr, des Vaters Achtung im Ort zu schmälern; jedes Versagen, jeder Fehltritt droht augenblicklich auf das Haupt des Vaters zurückzufallen, und es ist nicht möglich, irgendetwas zu tun oder zu lassen, was nicht sofort auch mit dem Ansehen des Vaters zu tun hätte – auch *das* muß es bedeuten, des «Jairus Tochter» zu sein. Zudem könnte es sein, daß das Mädchen als Einzelkind aufwachsen mußte – jedenfalls werden andere Geschwisterkinder nicht erwähnt, obwohl sie an sich bei der späteren Heilung wohl hätten anwesend sein müssen –, und in diesem Falle würden alle Hoffnungen und Erwartungen des Vaters sich noch weit mehr auf diese seine eine und einzige Tochter gerichtet haben. In jedem Falle ist und muß sie sein die kleine, liebe «Tochter des Jairus».

Daß es sich wirklich so verhält, zeigt besonders die kindliche Anrede, mit der Jairus von seiner Tochter Jesus gegenüber spricht: «Mein Töchterlein ist sterbenskrank ...» Das «Töchterlein», wie wir wissen, ist gerade im heiratsfähigen Alter, und selbst wenn man die Todesangst und Aufregung in Rechnung stellt, mit welcher Jairus seine Worte vorträgt, so drückt sich in seiner sorgenvollen Bitte ungewollt doch überdeutlich aus, wie er zu seiner Tochter steht: für ihn ist sie nach wie vor das süße, brave Ding, sein Ein und Alles, sein Stolz und seine Freude.

Ist es so abwegig zu denken, daß gerade in dieser Innigkeit und Fürsorge des Jairus für seine Tochter der eigentliche Todeskeim enthalten ist? Wenn es so steht, wir wir vermuten, besitzt die Tochter des Jairus in der Tat eine gewisse Ähnlichkeit zu der Sarah des Tobit-Büchleins.

Denn wie soll ein Kind, das derartig behütet in der Obhut seines Vaters aufwächst, jemals den Schritt wagen können, erwachsen zu werden? Es ist die Schattenseite aller sog. «Verantwortung» und «Sorge», daß sie die Freiheit des anderen bei allem guten Willen und Bemühen nicht freisetzt, sondern einengt, daß sie sein Selbstwertgefühl und Selbstvertrauen, seine Eigenständigkeit und Entschlußkraft nicht fördert, sondern lähmt, und daß sie – *nolens, volens* – am Ende ein unablässiges ängstliches Gefühl, etwas falsch machen zu können, bzw. ein verzweifeltes Streben danach, alles richtig zu machen, hervorbringen muß; der Maßstab indessen für richtig und falsch, gut und böse, anständig und unanständig, brav und frech darf weder im eigenen Herzen noch im eigenen Kopf gefunden werden – er hat stets in der allmächtigen Autorität des Vaters begründet zu liegen. Ein Kind, das so heranwächst, kann in allen wichtigen Fragen seines Lebens nur abhängig und unselbständig bleiben, und es wird in gewissem Sinne den goldenen Käfig der väterlichen Obhut niemals wirklich verlassen wollen. Ohne es zu bemerken, ist damit das Todesurteil über eine Entwicklung gesprochen, die in lauter Verantwortung und Fürsorge erstickt zu werden droht, kaum, daß sie beginnen könnte. Schließlich haben alle Beteiligten nur das beste gewollt, und alle haben ihre Pflicht getan, nur: das Mädchen wagt nicht zu leben. Besonders das Erleben der Sexualität muß unter solchen Voraussetzungen auf ein unauflösbares Dilemma zusteuern. Auf der einen Seite ist die Tochter des Jairus, wie wir vermuten dürfen, außerordentlich stark an ihren Vater gebunden, so daß es ihr über die Maßen schwerfallen wird, seine absolute Person gegen irgendeinen anderen Mann einzutauschen; andererseits wird wohl auch Jairus selbst seine Tochter mit einer unsichtbaren Mauer aus Kontrolle und Eifersucht umgeben haben, und er wird stets nur die besten Absichten und die redlichsten Argumente für sein nicht ganz selbstloses Interesse ins Feld geführt haben; bestimmt gibt es Regeln, wie eine ordentliche Tochter in heiratsfähigem Alter sich zu verhalten hat, und gewiß gibt es einzuhaltende Konventionen und gesellschaftliche Obliegenheiten, nach denen sich ergibt, welch ein Mann der Tochter eines Synagogenvorstehers würdig scheinen mag – man kann sicher sein, daß sich sobald niemand finden wird, der sich dieser Ehre schmeicheln darf. Zudem ist der Spielraum persönlicher Entscheidungsfreiheit für eine junge Frau in einer patriarchalischen Gesellschaft geringer als eng bemessen; wenn des Jairus Töchterlein sich eines Mannes getrauen sollte, dann gewiß dem Vater zuliebe, nicht aus eigenem Antrieb.

Kann denn ein solches Mädchen von sich aus überhaupt an so etwas wie eine Heirat und an ein persönliches Liebesglück denken? Der dunkle Schatten auf dem Bilde EDVARD MUNCHS wird das Ende seiner Kindheit umdüstern und die Zukunft seiner Jugend verfinstern, und selbst wenn man nicht die strenge Sexualkontrolle voraussetzt, die im Patriarchalismus, etwa noch heute des Islam, das Erleben eines Mädchens von Anfang an mit Tabus und Schuldgefühlen durchsetzt, so spricht doch die Krankheit der Jairus-Tochter psychosomatisch für sich selbst. Eine hypnoide Starre, wie sie allem Anschein nach hier vorliegt, erklärt sich relativ leicht als eine geradezu schreckhafte Abwehr gegen jede Art genitaler Berührung – eine Art Totstellreflex, wenn man der (sexuellen) Bedrohung (von innen oder außen) nicht mehr entweichen kann, eine Art Lähmung, die verhindert, daß man selber tun könnte oder verantwortlicherweise an sich vollziehen lassen würde, was im eigenen Ich oder Überich auf das heftigste abgelehnt und bekämpft wird. In der Geschichte von der Tochter des Jairus handelt es sich aber wohl nicht nur um eine kurzzeitige hysterische Lähmung, sondern es spielen hier offenbar starke vagotonale Reaktionen eine Rolle, wie sie in Situationen der Ausweglosigkeit von der Natur wie ein letzter Gnadenweg vorgezeichnet sind[25]. Man wird dann annehmen dürfen, daß der akute Zustand der Jairus-Tochter nicht ein äußeres Verhängnis, sondern das Resultat langer geheimer Todeswünsche und -sehnsüchte darstellt, das Ergebnis eines furchtbaren inneren Kampfes gegen den eigenen Körper, die Summe eines quälenden Protestes gegen den Zwang, erwachsen werden zu müssen und die Möglichkeiten und Aufgaben einer reifenden Frau zu übernehmen – ein Streik also gegen jede Form weiterer körperlicher und seelischer Entwicklung.

Bei *Magersüchtigen* etwa trifft man auf ein solches klassisches Syndrom der Entwicklungsverweigerung am Beginn der Pubertät[26]. Aus Angst vor der eigenen Triebhaftigkeit kann ein Mädchen, um nicht eine Frau werden zu müssen, den Körper durch strikte Nahrungseinschränkung immer mehr aushungern – ein «langsamer» Suizid, der neben der Sexualangst auch starke gegen die eigene Person gelenkte Aggressionen des Mädchens gegenüber dem Vater (bzw. eines Jungen zumeist gegenüber seiner Mutter) verrät. Näherhin zeigt sich, daß die Magersucht fast immer ein Protest gegen eine gewisse Form der Überverwöhnung und Überversorgung darstellt, gegen die man sich in offener Auseinandersetzung nicht ohne schwere Schuldgefühle wehren kann. Um dem erstickenden Vater bzw. der erstickenden Mutter zu entkommen, bleibt am Ende nur noch der Fluchtweg nach innen, der Rückzug in den Tod übrig. Das Paradox dieser Erkrankung liegt darin, daß der Magersüchtige sich nach außen besonders freundlich und angepaßt gerade gegenüber demjenigen Menschen zu verhalten sucht, von dem er in Wahrheit am meisten loskommen möchte. Im Grunde ist sein Todesverlangen ein verschobener Wunsch, die tödliche Gestalt des überfürsorglichen Vaters bzw. der Mutter aus dem Weg zu räumen; aber die schweren Schuldgefühle für derartige Tendenzen zwingen gerade umgekehrt dazu, sich besonders intensiv um das Wohl und Wehe dieses ebenso geliebten wie gehaßten Elternteils zu kümmern und damit die erlittene Überversorgung bis zur Groteske zu kontrakarieren.

Die Tochter des Jairus ist nicht magersüchtig; aber die tödliche Ambivalenz im Erleben der Eltern, die in der Magersucht herrscht, wird man auch bei dem lethalen Zustand dieses Mädchens unterstellen dürfen. Will man das Grundgefühl eines solchen Mädchens (bzw. eines solchen Jungen) in Worte fassen, so müßte man sagen: «Ich möchte alles, wirklich alles, nur gut und richtig machen. Ich möchte niemals einem Menschen lästig oder schädlich sein. Aber ich habe Angst vor mir selber. Ich will keine Frau (bzw. kein Mann) werden, denn es ist etwas Unheimliches, Tierisches, Rohes und Unsittliches, eine Frau (oder ein

[25] Zum *Vagus-Tod* vgl. E. DREWERMANN: Vom Problem des Selbstmords oder Von einer letzten Gnade der Natur, in: Psychoanalyse und Moraltheologie, 3. Bd., 103–104.

[26] Zur Problematik der *Magersucht* s. o. S. 223; Anm. 24.

Mann) zu werden. Lieber will ich ewig ein unschuldiges Kind bleiben, als auf diese Weise die Reinheit meiner Seele zu verlieren.» Es ist ein Bemühen, den eigenen Körper gewissermaßen abzustreifen und sich außerhalb der Gesetze von Zeit und Raum zu stellen, ein verzweifelter Versuch, aus der Welt herauszutreten und den Tod selber zum Wegbereiter eines «reinen» Lebens herbeizurufen.

Wenn wir bisher sagten, daß die Problematik der blutflüssigen Frau im Aufbau der Erzählung mit der Gestalt der Jairus-Tochter korrespondiere, so zeigt sich jetzt wirklich, daß im Hintergrund auch des späteren Blutflusses eigentlich ein Mädchen gerettet werden muß, das den Tod förmlich herbeisehnt und herbeiruft, um sich die «Reinheit» der Kindertage zu bewahren; die blutflüssige Frau ist gewissermaßen nur die vollendete Gestalt der Jairus-Tochter bzw. der verkörperte Alptraum ihrer Zukunft; und die Jairus-Tochter wiederum erscheint als das Kind, das die Frau war, ehe ihre Leiden begannen.

7) Der wahre Tod und das wahre Leben

Nur in dieser inneren Zuordnung wird verständlich, wieso man zunächst tatsächlich erst der blutflüssigen Frau begegnen *muß*, um Zugang zu der Tochter des Jairus zu finden. Man versteht zugleich aber auch, warum die Tochter des Jairus in gewissem Sinne wirklich zuerst sterben muß, um leben zu können.

Das Dilemma der Jairus-Tochter liegt nach dem Gesagten vor allem darin, daß ihr Vater jeden Schritt zu dem Leben einer erwachsenen Frau mit seiner Überfürsorge verhindert. Gerade weil dieser Mann unter allen Umständen das Leben seiner Tochter sein und erhalten will, ist er ihr Tod und bringt er sie um, schleichend-langsam im Untergrund und überraschend plötzlich in der akuten Krise. Sein Scheitern ist furchtbar und tragisch, und man kann eigentlich nur Mitleid und Mitgefühl für diesen armen Mann aufbringen. Und doch hat Jesus vollkommen recht, wenn er sich um seine Verzweiflung, seine Unruhe und seine Angst für die Dauer einer quälend langen Zeit gar nicht bekümmert. Denn das Paradox der Liebe liegt darin, daß sie u.U. sogar imstande sein muß, den anderen bis zur Grenze seines Todes, bis zu der Möglichkeit, sterben zu wollen, freizugeben, um ihm in seiner Freiheit nahe zu bleiben. Eine «fürsorgende» Liebe erstickt, wo sie begleiten müßte, sie engt ein, wo sie das Leben zur Entfaltung bringen müßte, sie bevormundet, statt vertrauensvoll dem anderen das Fenster zum Licht und zur Freiheit zu öffnen. Vor nichts aber ist die Angst größer und vor nichts möchte man den anderen mehr beschützen und bewahren als vor der Möglichkeit von Leid und Tod. Und doch ist es der allergrößte Schaden, den ein Mensch einem anderen zufügen kann, wenn er ihn so wohlversorgt hält wie ein Zootier; und doch ist es nur eine verkappte Form von Egoismus und Selbstmitleid, dem anderen seine Freiheit, seine Lust zum Abenteuer, seine Fähigkeit, aus Irrtum und Schuld zu lernen, ja sogar die Möglichkeit, im Einsatz des Lebens zu scheitern, unter dem Gerede von Verantwortung, Treue und Pflicht aus dem Herzen zu stehlen. Vater Jairus müßte aufhören, Vater Jairus zu sein, damit seine Tochter aufhören könnte, seine Tochter zu bleiben; aber das kann er nur, wenn er in gewissem Sinne in den Tod seiner Tochter einwilligt, wenn er die Möglichkeit akzeptiert, daß seine Tochter u. U. für ihn «gestorben» ist; nur dann besitzt die Tochter des Jairus eine Chance, selber ein eigenes Leben zu entfalten.

Gerade an dieser entscheidenden Stelle wird indessen erst im ganzen Umfang deutlich, wie stark im Hintergrund der Gestalt des Oberzöllners eine bestimmte Haltung sich äußert, die in sich selber Leben verhindert und tödlich ist, weil sie nichts als das irdische Leben kennt und nichts als die Versorgung im irdischen Leben anerkennt. Noch ist Jesus mit der Schar seiner Jünger unterwegs zum Hause des Jairus, da kommen Leute ihnen entgegen und melden, das Mädchen sei tot, jede weitere Bemühung also sinnlos; und es leidet keinen Zweifel, daß auch Jairus von sich her diese Auffassung von der Endgültigkeit des Todes teilt. Ein bodenloser Abgrund öffnet sich in diesem Moment vor den Augen Jesu, denn es ist erschreckend, was sich in dieser Einstellung des Jairus und aller seiner Hausgenossen zeigt.

Derselbe Mann, der tagaus, tagein das Leben seiner Tochter mit aufmerksamer Pflege umgibt und mit sorgfältiger Obhut umwartet, ist in Wirklichkeit ein Mensch, der im eigentlichen nur an den Tod als die letzte Macht des Lebens zu glauben vermag; mitten im Leben ist er ein geheimer Anbeter des Todes, und all die Angst, die seinen Erziehungsstil prägt, gewinnt ihre geheime tödliche Energie eben daraus, daß für ihn nur ein einziges Leben existiert: dieses irdische, das im Zerfall des Körpers endet. Wer ernstlich so denkt, kann in der Tat nur alle Kräfte mobilisieren, um den Tod hinauszuzögern und das Leben vor jeder möglichen Bedrohung zu schützen, und immer zu spät wird er merken, daß gerade dieses so umsicherte und umschützte Leben unter der Brutalität seiner Hände erstickt wird wie eine Kerzenflamme unter dem Glassturz. Vor allem kann die Liebe eines solchen Menschen nur eine ständige Angstliebe sein, die am Ende alles zerstört, was sie erhalten will, denn sie verfälscht das Leben von Grund auf. Man kann nicht leben, indem man es für den Sinn seines Lebens erklärt, die Gesundheit zu pflegen, seinen Lebensunterhalt zu verdienen, als Frau (oder als Mann) zu heiraten, Kinder in die Welt zu setzen und noch eine Weile vor dem Tod davonzulaufen; die Wahrheit ist, daß man nur mit und im Angesicht auch des Todes leben kann, und dazu gehört eine von Grund auf andere Weltsicht, als Jairus und die Leute seines Hauses sie an den Tag legen. Um leben zu können, bedarf es einer Zuversicht und eines Mutes, der nicht jede Gefahr, jedes Risiko mit Todesangst meidet; um ein Leben zu führen, das den

Namen «Leben» verdient, bedarf es einer Perspektive, die den Tod überwindet; und das ganze Geheimnis des menschlichen Daseins besteht offensichtlich darin, daß wir selbst die wenigen Jahrzehnte unseres Daseins nur zu leben vermögen in dem Bewußtsein, daß der Tod nicht zu fürchten ist, weil er das Leben nicht besiegen kann, das in Gott ewig ist.

Es mutet im folgenden an wie ein immer tiefer hinabführender Kommentar zu der hintergründigen Angstliebe des Jairus, wenn wir sehen und hören, welch eine Trauergemeinde von Wehklagenden und Weinenden das Haus des Synagogenvorstehers umgibt. O ja, der Schmerz des Todes kann furchtbar sein, und wenn man einen Menschen für die Jahre des irdischen Lebens durch den Tod verliert, so scheint es für unser Gefühl, als würden alle Sterne verlöschen, und die Welt verwandelte sich in ein riesiges Loch, und daraus dröhnte ein einziger langer, nicht endender Schmerzensschrei. Der Tod besitzt diese furchtbare Macht, mit seinen knöchernen Fingern Menschen voneinander zu trennen, deren Leben füreinander auf ewig bestimmt ist und die in der Liebe kaum zu leben wissen ohne einander. Aber es gibt eine Art der Klage und des Schmerzes, die so endgültig ist, daß es keine Hoffnung, keine Aussicht, buchstäblich nichts mehr gibt. In dieser Weltsicht ist der Tod der Tod und der Mensch nur der Körper, als der er lebt; zerfällt sein Körper, so zerfällt der Mensch – ein Bild, das in seiner grausigen Absolutheit tatsächlich nur Heulen und Wehgeschrei zuläßt. Ein Mensch ist gestorben – danach ist nichts mehr. Wer erst einmal so zu fühlen und zu denken sich angewöhnt hat, kann einen Menschen, den er liebt, wirklich nur unter der Glasglocke seiner Daueraufsicht und Dauerverantwortung leben lassen; er muß ihn ständig beschützen gegen eine Bedrohung, gegen die es letztlich keinen Schutz gibt, und seine Anstrengungen müssen um so verzweifelter ausfallen, als er die Absurdität seiner Bemühungen immer neu verdrängen muß.

Was soll man einem Menschen wie Vater Jairus sagen? Wenn man begreift, was er tut und anrichtet, möchte man ihn bei den Schultern packen und ihm in die Ohren schreien, er solle endlich seine Tochter leben lassen und sich nicht immer wieder mit der lähmenden Tödlichkeit seiner Angstobhut in ihre sich entfaltende Freiheit drängen. Aber ein Jairus würde das nicht verstehen. Er würde uns nur mit verweinten Augen anschauen und sagen, daß er seine Tochter doch nur liebhabe und daß er es nur gut mit ihr meine und daß er doch für ihr Leben verantwortlich sei. Man möchte ihm antworten, daß seine Verantwortung eine durch und durch egoistische Chimäre, eine todesstarrende Wahnidee sei und im übrigen nur das Alibi für jede Art von Rechthaberei und Zwang darstelle – aber ein Jairus würde kaum verstehen, wovon überhaupt die Rede ist. Und doch kommt alles darauf an, zunächst die Haltung des Jairus zu heilen, ehe seine Tochter leben kann, und es wird, wenn überhaupt, kein anderes Wort ihn erreichen als die Versicherung Jesu: «Fürchte nicht! Glaube nur!» (Mk 5,36)

Wer gesehen hat, wie lange Zeit es brauchen kann, Menschen wenigstens ein Stück weit von ihrer Angst zu befreien, wird in etwa ermessen, was diese Worte Jesu inhaltlich besagen. Mit einem Höchstmaß an Sensibilität rühren sie an die Zentralstelle im Verhältnis des Jairus zu seiner Tochter: daß alles, was er in vermeintlicher Fürsorge tut, immer wieder einer unbewußten Angst entspringt, die all seine noch so guten Absichten durchkreuzen und ins zerstörerische verschieben muß. «Fürchte nicht», heißt jetzt, im Angesicht des Todes: «Du brauchst, Jairus, ein für allemal Dich nicht mehr um Deine Tochter zu ängstigen, als wenn Du selber der Herr über Leben und Tod zu sein hättest. Das Leben Deiner Tochter ist nicht Dein Eigentum, es folgt eigenen Bahnen und Gesetzen. Du kannst und mußt die Sorge um Deine Tochter endgültig aufgeben.» Und Jesus fügt hinzu: «Glaube nur!» Denn Jairus soll und darf seine Tochter ja nicht einfach von sich stoßen, so als sei ihm ihr Schicksal fortan völlig gleichgültig, aber er darf seine eigene Fürsorge durch das Vertrauen ersetzen, daß Gott über das Leben seiner Tochter wacht. Nicht in seinen Händen – in den Händen Gottes ruht die «Tochter des Jairus» in diesem Augenblick, da sie ihrem Vater hinwegstirbt, und alles kommt für Jairus darauf an, diesen Tod seiner Tochter zu akzeptieren. Nur wenn er lernt, seine Tochter Gott zurückzugeben, der sie geschaffen hat, wird sie in Wahrheit leben können.
Und dieses Vertrauen gilt absolut. Nur wenige Stellen gibt es im Neuen Testament, die so deutlich zeigen, daß Menschen einander nur im Raum der Unendlichkeit und im Vertrauen auf ein ewiges Leben wirklich freilassen können, wie diese Stelle des Markusevangeliums. Es ist nicht allein, daß die Liebe zu einem anderen den tiefsten Grund für den Glauben an die Auferstehung bildet, sondern es zeigt sich auch umgekehrt, daß nur der Glaube an die Auferstehung zur Liebe befähigt. Die Liebe kommt um vor Angst und verzerrt sich zu einem tödlichen Fürsorgeterror, wenn es nur dieses irdische Leben gibt, ohne die Weite der Unendlichkeit. «Glaube nur» – das bedeutet, die Seele auszuspannen bis zum Horizont und sich Gott anzuvertrauen, der ewig ist.
Doch kaum geweckt, stößt dieser Glaube sogleich auf die äußerste Herausforderung. Unter den Augen der Ewigkeit ist der Tod kein Tod, sondern nur ein Schlaf zwischen Diesseits und Jenseits, ein Übergang, eine neue Geburt, bei welcher der Leib die Seele aus sich entläßt wie der Leib einer Mutter ihr Kind, und man muß den Tod so betrachten, um die Freiheit der Liebe zu leben. Aber nun begibt sich etwas so Ungeheuerliches und derart Grausiges, daß man kaum noch zu atmen vermag, wenn man es vor sich sieht. An die Gesellschaft der Trauernden inmitten ihres verzweifelten Wehklagens richtet Jesus die Frage: «Warum weint ihr?», und es ist eine Frage, wie sie in der Bibel immer wieder ergeht, um der Traurigkeit Raum zu geben (vgl. Lk 24,17; Joh 20,13.15). Alle Gefühle des Schmerzes, der Enttäuschung, der Mutlosigkeit und der Zerbrochenheit müssen und dürfen ausgesprochen werden als Antwort auf diese Frage,

und ein jeder der Trauernden könnte sagen, was ihm die Verstorbene menschlich bedeutet. Und doch müßten gerade diese Bande der Liebe, diese unverbrüchlichen Gefühle der Zusammengehörigkeit eigentlich noch die Gewißheit bestärken, die Jesus so deutlich ausspricht: «Das Kind ist nicht gestorben, es schläft.» Es ist das entscheidende Wort, an dem die Traurigkeit sich zur Zuversicht öffnen könnte wie Morgennebel zum Licht. Aber gerade jetzt erweist diese Art von verzweifelter Trauer ihre unheimliche, dämonische Macht: weil sie nur das irdische, endliche Leben anerkennt, ist ihr Schmerz grenzenlos und unendlich; sie muß sich förmlich verhöhnt vorkommen, wenn jemand ihr sagt, es dürfe für sie eine Schranke der Intensität und der Zeit geben, denn es gebe ein ewiges Leben, und so wehrt sie sich selber mit Spott und mit Hohn gegen jede Art einer Hoffnung auf Ewigkeit. Soeben noch schreiend vor Schmerz, bricht dieselbe Trauergesellschaft plötzlich in beißendes Lachen aus. Es ist ein Gelächter der Hölle, kalt, ohne Hoffnung, zynisch und trostlos. Weil man an der Endlichkeit der Welt so unendlich verzweifelt ist, deshalb darf es nur diese kleine, begrenzte Welt geben. Krasser kann man im Grunde nicht sagen, daß die ganze Trauer vorhin nichts war als billiges Selbstmitleid – die Tochter des Jairus bildete allenfalls den Anlaß, um die latente Verzweiflung aller Akteure zum Vorschein zu bringen. Und wieder muß man sich klarmachen, daß dieses Gelächter, dieser wahnsinnige Spott über die Botschaft der Auferstehung den Untergrund des ganzen uns so normal erscheinenden Lebensgefüges abgibt.
Das *Buch der Weisheit* hat diesen Verzweiflungskampf der Gottlosigkeit gegen den Auferstehungsglauben in klassischen Versen beschrieben, diese Verwandlung des Lebens in ein Dauergelächter, in einen absurden Jokus, in eine sarkastische Humoreske des Sich-Betäubens, des Geistersäufens, des Herzenverfettens[27]. Was kann man tun, wenn man weiß, daß man in zwanzig, dreißig Jahren tot ist, und zu wissen glaubt, daß es ein anderes Leben als dieses Leben auf Erden nicht gibt? Nun, man muß versuchen, den Tod zu vergessen und die Tage zu genießen, und jede Tätigkeit, die die Sinne erregt und den Geist betäubt, ist dazu gerade passend. Wenn es der Geist ist, der Angst verbreitet, so ist die Geistlosigkeit ein Ziel, und man muß sie förmlich zum Programm erheben, unter dem neuen Namen der Entspannung, der Ablenkung, der Freude und des «verdienten Genusses». Man wird schön essen gehen, man wird schön trinken gehen, man wird schön in der Sonne liegen, und vor allem wird man die Einsamkeit meiden und in die Gesellschaft fliehen – je mehr Menschenleiber uns

[27] A. Suhl: Die Wunder Jesu, in: Der Wunderbegriff im Neuen Testament, 473 erklärt wohl richtig: «Ein Gelächter ist die Antwort (sc. auf die Worte Jesu, d. V.) ... Man kann es sich gar nicht höhnisch genug vorstellen. In dieser Reaktion der Menschen drückt sich die überlegene Gewißheit aus, daß dieses Kind wirklich gestorben ist.» Aber die eigentliche Frage stellt sich auf diese Weise nicht: was denn das für eine «Gewißheit» ist, der nur der Tod gewiß zu sein scheint. *Hierzu* vgl. Weish 2,1-9.

umgeben, desto wärmer scheint die Schutzdecke gegen die Kälte des Todes zu wirken; man wird die Stille fürchten und den Lärm und den Taumel der Bewegung suchen, und in aller Hektik wird man sich des noch verbliebenen Restes an Jugend, Schönheit und Vitalität zu versichern suchen – die Tanzböden, die Maskenbälle, die Partys mit den pflichtverordneten Grimassen der «Lustbarkeiten» werden der bevorzugte Ort, um den Gedanken an den Tod sich aus dem Gehirn zu treiben, und wenn selbst das nicht hilft, so kann man dem nachhelfen, mit Drogen, mit Alkohol, mit dem Gegröhle der Masse, und man tanzt solange, bis daß der Tod am Ende selbst zum Tänzer wird[28]. *Das* muß es heißen: «Sie lachten ihn aus.» (Mk 5,40) Es ist ein Gegensatz von solch lärmender Aggressivität, daß selbst Jesus darauf nicht anders zu antworten vermag, als indem er das ganze Gesindel zur Tür hinauswirft. Furchtbar genug – aber selbst Jesus hat dieser obstinaten Mischung aus Selbstgefälligkeit, Selbstmitleid, Selbstbetäubung und Selbstverdummung nichts mehr zu sagen. Die Leute, die ihn auslachen, sind Verzweifelte, aber sie genießen ihre Verzweiflung so gekonnt und stimmungsvoll, daß es kein Gespräch gibt, nur noch den Hinauswurf. Erst in der Stille und in der Abgeschiedenheit kann sich das Wunder eines neu beginnenden Lebens ereignen.

Es ist in den Evangelien ein fester Topos, daß Jesus in entscheidenden Augenblicken nur seine drei Jünger: Petrus, Jakobus und Johannes, zugegen sein läßt. In historischer Hinsicht mag darin ein Versuch zu erblicken sein, bestimmte Gegensätze zwischen Teilgruppen der Urgemeinde durch eine Kompromißformel auszugleichen, die ihre Führer einander gleichrangig zuordnet[29]. Tiefenpsychologisch betrachtet, ist das Schema von Drei und Eins hingegen ein archetypisches Bild, um symbolisch die Einheit aller Seelenkräfte auszudrücken[30]. Es handelt sich stets um Momente, in denen Göttliches und Menschliches auf das engste ineinanderwirken und die menschliche Person (Jesu) als ganze auf eine bestimmte Situation antworten muß. So in dieser Szene, da Jesus den Raum der vermeintlich Toten betritt und nur deren Eltern noch mitnimmt. Was später vor allem die Ikonen der Ostkirche immer wieder abzubilden versucht haben, wird

[28] Vgl. G. Kaiser: Der tanzende Tod, in: Spektrum der Wissenschaft, Okt. 10/1984, 134–145.

[29] R. Bultmann: Die Geschichte der synoptischen Tradition, 279 denkt daran, daß die Geschichte ursprünglich von Petrus allein erzählt und die beiden anderen Jünger später hinzugefügt worden wären. E. Meyer: Ursprung und Anfänge des Christentums, I 145, der für das Markus-Evangelium eine Jüngerquelle und eine Zwölferquelle annimmt, schließt aus Mk 10,33b-45, daß Jakobus und Johannes, die beiden Zebedäussöhne, zu Anfang des Jahres 44 das Martyrium erlitten hätten, und verweist auf eine jerusalemische Tradition dabei. «Von Petrus ist nicht die Rede, die beiden Zebedäussöhne treten in den Vordergrund, wie 9,38 Johannes der Sprecher ist. Damit hängt offenbar zusammen, daß im Apostelkatalog zwar Petrus die erste Stelle behält – die konnte ihm nicht genommen werden –, aber Andreas von ihm getrennt ist und Jakobus und Johannes unmittelbar an ihn gerückt werden.» Insgesamt gebe die «Zwölferquelle» die Jerusalemer Tradition wieder, «wie sie sich weitergebildet hat, als Petrus im Jahre 44 Jerusalem verlassen hatte.» (A.a.O., I 160)

[30] Zu der Zahlensymbolik von *Drei* und *Eins* vgl. M.-L. v. Franz: Zahl und Zeit, 99–107; 120–126.

in diesem Augenblick Wirklichkeit: daß Jesus die Hand eines Toten ergreift und ihn mit sich hinaufzieht ins Licht und ins Leben[31].

Worauf es hier indessen besonders ankommt, ist der Unterschied in der Art der Berührung: während die Hand des Jairus bis zum Ersticken schwer auf seiner Tochter lag, richtet die Berührung Jesu auf; während des Jairus Hand sich ebenso beschirmend wie bestimmend über das Mädchen stülpte, nimmt Jesus ihre Hand wie ein Begleiter auf dem Weg ins Leben; während die Hand des Jairus seinem «Töchterlein» jede Selbständigkeit raubte, schenkt die Berührung Jesu dem Mädchen einen eigenen Standpunkt im Leben – «es war ja zwölf Jahre alt.» (Mk 5,42) Während von der Hand des Jairus der Tod ausging, gewährt die Hand Jesu das Leben. Es ist die gewiß schönste Kunst und das größte Wunder des menschlichen Lebens, wenn jemand einen anderen Menschen so an die Hand zu nehmen vermag, daß er dabei vom Tod zum Leben erwacht und sich seines neuen Lebens getraut in eben der Reinheit und Unschuld, die zu einem eigenen Dasein gehört. Denn wenn man diese «Behandlung» Jesu in Worte fassen wollte, so müßte man sagen, was in der Anrede «Talitha kumi» anklingt: «Mädchen, wage Du ruhig den ‹Aufstand›, Dich auf Deine eigenen Beine zu stellen; lerne Du selber das Laufen und geh Deiner eigenen Wege – Du bist alt genug dazu.» Und das Unglaubliche geschieht, daß dieses Mädchen sein Leben wagt, weil Jesus ihm seine Hand entgegenstreckt. Ja, wenn man die ursprüngliche, an die Magersucht gemahnende Symptomatik einer allgemeinen Lebens- und Sexualangst hinzunimmt, ist es durchaus psychologisch notwendig, zur Beglaubigung des neu erwachten Lebenswillens der Jairus-Tochter *zu essen* zu geben; denn erst auf diese Weise zeigt sich, daß der letzte Rest von Lebensekel von ihr gewichen ist.

Die Frage stellt sich in dieser Auslegung natürlich, ob die Totenauferweckung hier nicht unstatthafterweise «nur» als Symbol verstanden werde. Die Antwort kann nur lauten, daß die erzählte Begebenheit in Mk 5,35-43 gewiß *nur* als Symbol zu verstehen ist – bereits in historisch-kritischer Betrachtung besteht kein Grund, irgendein äußeres Ereignis in Raum und Zeit hinter der Erzählung dingfest machen zu wollen. Aber gerade weil wir auf die Symbolik der Geschichte so großen Wert legen, bleibt es jetzt auch durchaus nicht mehr bei der theologischen Absurdität, rein abstrakt einen «Verkündigungsanspruch» des Glaubens mit einer Geschichte verbinden zu wollen, die unter Mißachtung ihrer Symbolgehalte schlechthin als «unhistorisch» und «frei erfunden» erscheinen muß. In dem gesamten Interpretationsversuch, den wir hier vorschlagen, hat sich die historische Frage nie gestellt, und es ist und war für uns vollkommen unerheblich, ob und wie z.B. Vater Jairus «wirklich» gewesen sein könnte. Tiefenpsychologisch relevant sind die Wundererzählungen nicht als historische

[31] Vgl. H. Lützeler: Weltgeschichte der Kunst, Abb. 200 a.

(oder eben unhistorische) Geschichten, sondern als verdichtete Gestaltbilder typischer Erfahrungen von Heil und Unheil in der Spannungszone zwischen Angst und Vertrauen. Aber indem wir so getreu wie möglich den einzelnen Gefühlsbedeutungen und (psychosomatischen) Symbolen in den Erzählungen nachgegangen sind, ergibt sich nicht nur eine überraschende Geschlossenheit und innere Folgerichtigkeit der einzelnen Mitteilungen – wir sind auch theologisch auf eine Erkenntnis gestoßen, die in der Tat voll und ganz einen echten «Verkündigungsanspruch» für sich geltend machen kann: daß sich das Leben insgesamt in ein Unleben deformiert und sogar die Liebe zu einer Todespraxis der Angst entartet, wenn der Glaube an die Auferweckung von den Toten nicht das eigene Leben durchseelt und gestaltet. Gerade wenn man die Auferweckung der Tochter des Jairus symbolisch als eine Auferweckung vom Unleben zum Leben, von Entfremdung zur Selbständigkeit, von Neurose zur Heilung deutet, zeigt sich nur um so deutlicher, wie entscheidend für das irdische Leben der Glaube an ein ewiges Leben ist. Und welch ein Zeugnis für die Unsterblichkeit könnte sprechender sein als die Erfahrung, daß man als Mensch das Leben und die Freiheit zerstört, wenn die Seele sich nicht aufzuschwingen vermag in den Äther der Ewigkeit!

Ein letztes ist über dieses Wunder der Heilung zu sagen, und es scheint typisch für Jesus. Im Markusevangelium verbietet Jesus immer wieder im Anschluß an ein Heilungswunder, anderen davon auch nur irgendein Wort mitzuteilen. Exegetisch hat man darin eine theologische Konstruktion gesehen: um das schreckliche Ende Jesu mit dem Glauben an seine Messianität zu verbinden, habe man das «Messiasgeheimnis» erfunden, wonach Jesus selber seine Größe und Würde absichtlich vor den Menschen verborgen habe[32], und wieder ergibt sich in historisch-kritischer Betrachtung lediglich ein Verkündigungsanspruch ohne innere Wahrheit. An einer Stelle wie dieser aber spricht vieles dafür, daß das Schweigegebot Jesu sich aus dem gesamten Hergang der Erzählung von dem Wunder eines eigenen Lebens geradezu notwendig ergibt. Nichts ist für ein Leben in Selbständigkeit und Freiheit verderblicher, als den Glauben an das Zeugnis der Menge zu binden. Niemand gelangt zu der Wahrheit seines eigenen Lebens, der immer wieder fragt: nicht, was er selber fühlt, denkt, wünscht und will, sondern was die anderen sagen, was die anderen tun, was die anderen wollen, daß man es

[32] Zum «Messiasgeheimnis» vgl. W. Wrede: Das Messiasgeheimnis, 33ff. Demgegenüber versucht R. Pesch: Das Markusevangelium, I 148–149, das Schweigegebot von dem *typischen* Ausschluß des Publikums beim Wundergeschehen her zu erklären; – man darf «das Wunder nicht schauen, die Gottheit nicht beim Werke sehen»; R. Bultmann: Die Geschichte der synoptischen Tradition, 239; indem das Schweigegebot an Geheilte gerade zur Verkündigung und zur übersteigerten öffentlichen Akklamation führe, gehe es gerade nicht um das Geheimnis, «sondern im Gegenteil um die Offenbarung Jesu.» Pesch: A. a. O., 149; vgl. ders.: A. a. O., II 36–47, wo er die gesamte Konstruktion der messianischen Geheimnistheorie zu widerlegen sucht, mit dem Ergebnis freilich, daß es gar keine eigenständige christologische Konzeption bei Markus gebe (41).

tut. Eben deshalb hat Jesus die Meinung und Anerkennung der Menge offensichtlich geradezu als eine Gefahr betrachtet, nicht anders als das Geld oder die Macht, und er schickte nicht nur die Leute fort, die ihn nach der Brotvermehrung zum König machen wollten (Joh 6,15), er pries sogar ausdrücklich die Menschen selig, die von den anderen um seines Namens willen verspottet und verfolgt würden (Lk 6,22); und wie er in diesem Evangelium selbst mit dem Trauergesinde verfuhr, davon haben wir soeben erst die Probe erhalten. Auch dies ist mithin ein wichtiger Teil der «Verkündigung» dieser Erzählung: man gelangt zum Glauben und zum Leben nur durch einen anderen Menschen, dessen Hände und Worte uns so berühren, daß sie die Seele zu erwecken und dem Dasein seine ursprüngliche Reinheit zurückzugeben vermögen. Die Menge aber, der große Haufen, der Konsens der Mehrheit, ist etwas gänzlich anderes; sie können Leben nicht begründen, sondern nur ersticken, und wenn der Glaube Macht hat, so zeigt er sich gerade darin, von dem Urteil anderer in alle Zeiten unabhängig zu werden. Denn das Geheimnis aller Wunder Jesu ist es, daß der Mann aus Nazareth die Macht besaß, einzelne Menschen aus der Umklammerung ihres äußeren und verinnerlichten Milieus Gott zurückzugeben, auf daß nur der Allmächtige allein Macht habe über sie.

II. Erscheinungs- und Berufungsgeschichten, Visionen und Prophetien

Ist die Wahrheit wirklich? Ist sie eine Illusion?
Hat sie eine Form, ist sie formlos?
Ist sie Freude? Ist sie Schmerz?
Mach dir keine Sorge um die Welt; befasse dich zuerst mit dir!
Wenn du die Augen öffnest, erwacht da nicht die Welt für dich?
Verschwindet sie nicht, wenn du sie schließest?
Wenn du sie denkst, existiert sie für dich;
wo ist sie denn, wenn du schläfst?
Such also zuerst, wer es ist, durch den die Welt für dich existiert.
Dom Le Saux: Indische Weisheit, 66-67

Die Wundererzählungen – das dürfte aus den vorstehenden Darlegungen deutlich geworden sein – sind als Geschichten zu verstehen, in denen die Archetypik und Psychodynamik des Unbewußten in das Körpergeschehen bzw. – bei den Naturwundern – in die menschenförmig vorgestellte Natur hineinprojiziert wird. Im folgenden müssen wir uns einer Gruppe von Erzählungen zuwenden, die bei aller inneren Differenzierung eines gemeinsam haben: daß in ihnen das Unbewußte in seinen Gestaltungen sich nicht mehr in einem Teil der außerpsychischen Welt reflektiert bzw. sich projektiv in derselben verdichtet, sondern allein im Medium des Bewußtseins zur Darstellung gelangt. Es handelt sich dabei um die Erscheinungs- und Berufungsgeschichten sowie um die Visionen und Prophetien, die wir als erste besprechen wollen.
Es ist klar, daß die Interpretationsregeln dieser Erzählungen von den Methoden der Traumdeutung und der Hermeneutik archetypischer Erzählungen, die wir im 1. Band der vorliegenden Arbeit erörtert haben, nicht wesentlich verschieden sein können. Denn der Unterschied der Erscheinungen, Visionen und Prophetien zum Traumerleben besteht lediglich darin, daß der Traum im eigentlichen Sinne dem Schlafzustand des Bewußtseins zugehört, während Erscheinungen, Visionen und Prophetien sich im Wachzustand ereignen. Im Traum kommt eine bestimmte Form der Wahrnehmung dadurch zustande, daß das visuelle und auditive Wahrnehmungsvermögen nicht durch äußere Sinneseindrücke, sondern durch innere psychische Erregungen zu bestimmten Vorstellungen veranlaßt wird, und so liegt ein gewisser Unterschied darin, daß im Schlafzustand des Träumens das Bildmaterial vornehmlich durch die Art momentaner Leibreize und auditiver Erregungen mitgestaltet wird, während bei den Erscheinungen,

Visionen und Prophetien vor allem äußere visuelle Eindrücke das Material der jeweiligen traumähnlichen Vorstellungen mitanregen können. Gleichwohl ist die psychische Identität derartiger Erfahrungen mit dem eigentlichen Traumerleben so groß, daß wir zur Interpretation der entsprechenden Erzählungen an sich keine neuen Auslegungsregeln zu erarbeiten brauchen, sondern uns damit begnügen können, die einzelnen Erzählformen aufgrund der psychischen Gegebenheiten, denen sie entstammen, voneinander zu unterscheiden. Auf diese Weise läßt sich erneut zeigen, daß die jeweiligen Erzählungen als mögliche Ausdrucksformen der menschlichen Psyche nicht nur zeitbedingte historische Produkte sind, sondern eine bleibend gültige Wahrheit und Notwendigkeit besitzen. Um eine Vorstellung zu geben, wie die bisher gefundenen Interpretationsregeln sich auf den Erfahrungsraum der Erscheinungsgeschichten, der Visionen und Prophetien sinnvoll anwenden lassen, wird es dabei genügen, an jeweils ein oder zwei ausführlichen Beispielen die Hermeneutik dieser Erzählungen zu vermitteln.

1. Die Unterdrückung der heiligen Gesichte in der Weltsicht des Christentums

Allen Erzählungen von Visionen, prophetischen Gesichten, Erscheinungen und Berufungen ist das Phänomen des *Sehens* und, weniger stark, des *Hörens* gemeinsam. Aber die entscheidende Frage lautet, von welch einer Art dieses *Sehen* (und *Hören*) ist und auf welche Weise man Zugang dazu findet. Analog zur Erörterung der Wundererzählungen werden wir auch bei dieser Frage den rechten Weg beschreiten, wenn wir das Feld der Untersuchung nicht von vornherein auf den kulturell und zeitlich begrenzten Raum der biblischen Überlieferung einschränken. Die erste Frage kann und darf nicht, wie in der historisch-kritischen Exegese, immer wieder lauten, in welcher Weise und zu welchem Zweck bestimmte Erzählungen über wunderbare Gesichte, Erscheinungen und Weissagungen tradiert und aufgeschrieben wurden; vorrangig muß es darum gehen, das Wesen der religiösen Phänomene selber zu verstehen, von denen in den entsprechenden Erzählungen die Rede ist; denn erst durch Kenntnis der Wirklichkeit, in der und von der die Seher und Propheten leben, wird man begreifen, welch eine überzeitlich gültige, bleibende Wahrheit die jeweiligen Berichte über ihre Erlebnisse enthalten. Jedenfalls mutet es absurd an, sich als Student (oder Dozent!) der Theologie jahrelang pflichtweise mit Berichten von Gotteserscheinungen, Berufungserlebnissen, himmlischen Visionen und prophetischen Reden beschäftigen zu müssen, ohne dabei die geringste Ahnung zu besitzen oder zu gewinnen, was denn nun eigentlich in der lebendigen Erfahrung mit derartigen religiösen Widerfahrnissen gemeint sein könnte. Wie bei den Wundererzählungen setzt die heutige Form der Exegese auch bei der Auslegung der Erscheinungs- und Berufungsgeschichten, der Visionen und Prophetien sich selbst dem nur allzu berechtigten Vorwurf aus, daß sie mit dem ständigen Erörtern fremder Erfahrungen geradezu mutwillig die Chance verhindere, solche Erfahrungen auch selber in der Gegenwart machen zu können. Ihre Auslegungskunst führt niemals an den Ort, an dem Erlebnisse dieser Art sich ereignen könnten; vielmehr verbindet sie mit großem Fleiß und Eifer immer wieder den gegenwärtigen Leser mit fremden Ereignissen, die in ihrer historischen Gestalt nur hypothetisch zu rekonstruieren und als gegenwärtige Möglichkeit eigentlich geradewegs zu vermeiden sind.

Freilich ist hier wie allerorten die historisch-kritische Methode in der Exegese von bestimmten Einstellungen vorgeprägt, die in unserer «Religion» und «Kultur» die Sphäre von Traum, Vision und Prophetie als etwas gewissermaßen Störendes und sozusagen Unerwünschtes erscheinen lassen. In jeder Religion und in jeder Kultur besteht die Spannung zwischen dem «Apollinischen» und dem «Dionysischen»[1], zwischen der Tageshelle der Vernunft und den Traumgesichten der Nacht, zwischen der klaren und distinkten Welt der Vernunftbegriffe und der «Mondgenauigkeit»[2] der schwebenden Bilder träumerischer Poesie; jede Kultur und jede Religion wäre gut beraten, wenn sie diese Spannung als ein wesentliches Gesetz ihrer Lebendigkeit, ihrer Regenerationsfähigkeit und ihrer bleibenden Jugendfrische zu begreifen lernte.

Aber bereits die Geschichte der frühen Kirche gleicht eher einem unaufhaltsamen Siegeszug des «Petrus» über die Haltung des «Paulus», als daß sie es vermocht hätte, Mystik und Dogmatik, Vision und Institution, Prophetie und Pragmatik in einen fruchtbaren Austausch der Ergänzung und wechselseitigen Verwandlung zu bringen. Die Angst vor der antiken Mythologie, die in sublimerer Gestalt als Gnosis den Kern des frühen Christentums zu korrodieren

[1] So F. Nietzsche: Die Geburt der Tragödie aus dem Geist der Musik, 19–24, wo er von dem schönen «Schein der Traumwelten» als Voraussetzung der Poesie sprach, der auch das Wesen des *Apolls* bestimme, während er die Selbstvergessenheit des Rausches den glühenden Schwärmern des *Dionysos* zuschrieb. Ingeniös hat L. Klages: Der kosmogonische Eros, Werke, III 390–413, diesen Gegensatz weiterentwickelt, indem er dem *Dionysos* als dem Gott des chaotischen Rausches den *Eros* zur Seite stellte, in dem er den kosmischen Rausch verkörpert fand. «Der ... Berauschte», schrieb Klages, « ... ist nicht mehr ‹bei *sich*›, ist ‹außer *sich* geraten›» (S. 392); dann aber definierte er den dionysischen Rausch als Idiopathie, als den einsamen Rausch, bei dem jemand den ergänzenden Pol seiner selbst in sich selber trägt (S. 399). Hingegen: «Der erotisch sich vollendende Rausch ist niemals idiopathisch, sondern ausnahmslos *sympathetisch*; und es hat daher jeder Rausch gerade insoweit an der Besonderheit des erotischen teil, als sein Gehalt ein sympathetischer ist.» (S. 401)

[2] So Th. Mann: Joseph und seine Brüder, I 89: «Aber die Klarheit der Sonne ist eine und eine andere des Mondes Klarheit»; und III 1290: «jene Mondlicht-Genauigkeit, von der wir wohl wissen, daß sie sich für unseren Äon nicht schickt.»

drohte[3], nötigte bereits in den ersten Jahrhunderten zu immer neuen Versuchen, den Glauben an Christus so «rational» und «objektiv» wie irgend möglich zu formulieren, und das hieß vor allem: sich der Begriffe der griechischen Philosophie zur Lehre von Gott und Mensch und zudem der geschichtlichen Argumentation zur Begründung der Lehre von Christus zu bedienen. Wohl verstand die Urkirche sich als Erfüllung der Weissagungen des Propheten Joel: «Euere Jünglinge werden Gesichte sehen und eure Greise werden Träume träumen» (Apg 2,17; Joel 2,28-32), aber um sich von Schwarmgeistern und Irrlehren abzusetzen und die Gefahr einer apokalyptischen «Gesetzlosigkeit» (Mt 24,12; vgl. 2 Thess 2,10; 2 Tim 3,1-5) von sich selber fernzuhalten, schien es unausweichlich, den Raum privater Erscheinungen und Offenbarungen immer weiter einzuengen[4]. Schon Paulus selber betrachtete sich daher als den definitiv letzten in der Reihe derer, denen der auferstandene Herr erschienen ist (1 Kor 15,8), und vor allem nach der endgültigen Festlegung des Kanons der neutestamentlichen Schriften wurde «der enthusiastischen, frei oder nach Vorbildern schaffenden Produktion erlösender Tatsachen» ein «Damm entgegengesetzt»; «eine christliche Offenbarungszeit» wurde jetzt abgegrenzt gegenüber allen kommenden Zeiten der Kirche[5], in denen es allenfalls «Privatoffenbarungen», aber keine wirklich neuen Mitteilungen Gottes an die neue Religion des Christentums geben konnte. Das eigentlich prophetische Element, das die bestehenden Anschauungen einer Religion durch die Vision neuer Gesichte Gottes wieder der Kritik und Wandlung aussetzen könnte, fällt damit *ex cathedra* aus. Und selbst der Umkreis, in dem es noch erlaubtermaßen eine mystische Verinnerlichung bzw. eine innere Neuschöpfung und lebendige Bestätigung der Glaubensinhalte geben kann, muß in der Folgezeit nur immer enger und ausgedörrter werden. An der Begeisterung und dem Elan des Herzens scheitern zu können, gilt jetzt für gefährlicher als die Möglichkeit seelischer Austrocknung und Erstarrung. Die Visionäre werden ersetzt durch die Theologen, die Gotteslehre tritt an die Stelle der Gottesschau, und das Mißtrauen, die Angst, die Verdächtigung wächst gegenüber allen spontanen Regungen in den Tiefenschichten der menschlichen Psyche.

Der erfolgreiche Kampf gegen den heidnischen Mythos draußen und der Sieg über die Gnosis im eigenen Inneren mußte bezahlt werden mit dem Versiegen

[3] Vgl. A. von Harnack: Die Mission und Ausbreitung des Christentums in den ersten drei Jahrhunderten, 254–258, zeigt eindrucksvoll den Einfluß der Gnostiker und der Mysterienreligionen auf die frühe Kirche und wie (S. 296–299) aus dem Abwehrkampf gegen die Gnosis der Kanon des Neuen Testamentes, aber (S. 601–603) auch das Verbot kirchlicher Tätigkeiten von Frauen hervorging. Vergl. ders.: Das Wesen des Christentums, 124: «Der Kampf mit dem Gnostizismus hat die Kirche genötigt, ihre Lehre, ihren Kultus und ihre Disziplin in feste Formen und Gesetze zu fassen und jeden auszuschließen, der ihnen nicht Gehorsam leistete.»

[4] Vgl. E. Meyer: Ursprung und Anfänge des Christentums, II 412–419, der vor allem auf die Psychologie der Inspiration zu Recht großen Wert legt.

[5] Vgl. A. v. Harnack: Die Mission und Ausbreitung des Christentums, 299.

der Bilder, mit dem Absterben der visionären Kräfte, mit der Neurotisierung der Träume. Was wir in dem Verhältnis (der bisherigen Form) des Christentums zu den Kräften des Unbewußten bereits an genereller Zwiespältigkeit analysieren konnten, findet jetzt erneut seine Bestätigung an der Art, wie die Traumquellen des Religiösen in Form der Visionen, Erscheinungen und Prophetien im Verlauf der Kirchengeschichte fortschreitend der Auszehrung anheimfielen. Natürlich mußte dieser Prozeß auf den Formenreichtum der christlichen Glaubenssymbole selbst restriktiv zurückwirken, und Erfahrungen, die eigentlich die Grundlage des Religiösen bilden sollten, mußten unter diesen Umständen als individuelle Erscheinungen immer weiter psychiatrisiert und als kollektive Erscheinungen häretisiert werden.

Noch ehe wir uns über die religionsgeschichtlichen und psychologischen Hintergründe bestimmter visionärer Erlebnisse oder prophetischer Berufungen Rechenschaft geben, läßt sich doch bereits sagen, daß als «Erscheinung» des Göttlichen nur erkannt werden kann, was in einer bestehenden Religion an Vorstellungen von Gott anerkannt wird. Vor allem der *Protestantismus*, als die eigentliche Religionsform der Neuzeit, hat in seinem Kampf gegen alles vermeintlich Heidnische im Katholizismus eine Fülle archetypischer Bilder und Symbole im christlichen Glaubensleben mit Erfolg zu eliminieren vermocht, mit dem Ergebnis, daß es kein geistiges Bezugssystem mehr gibt, das die individuellen Erfahrungen göttlicher Erscheinungen und prophetischer Visionen religiös deuten und damit für die Gemeinschaft der Glaubenden fruchtbar machen könnte. Im Gegenteil stellt sich der Orthodoxie jetzt die Aufgabe, Erlebnisse dieser Art in ihrem geistigen Wert zu bestreiten bzw. offen zu verteufeln und damit den einzelnen Visionär zum Opfer pathologischer Widerfahrnisse zu stempeln. Umgekehrt kann dadurch die Angst der (noch) Glaubenden vor den Abenteuern der Seele mit ihren Jenseitsreisen und Unterweltfahrten, ihren himmlischen Visionen und abgründigen Schrecknissen nur weiter vermehrt werden, bis daß am Ende gerade das Bild entsteht, das die protestantische Theologie bietet: es mag eine Anschauung Gottes gegeben haben in biblischen Zeiten, und es mag sie wiederum geben am Ende der Zeiten, dazwischen aber, während des gesamten Zeitraums der menschlichen Geschichte, gibt es nur den traumlosen und bilderlosen Glaubensgehorsam der sich immer länger dehnenden Interimszeit zwischen ergangener Offenbarung und ergehendem Gericht. Natürlich, wenn es so steht, müssen die «Privatoffenbarungen», abgespalten vom Symbolkonsens der Gemeinschaft, immer wieder zu neuen separaten Gemeinschaftsbildungen Anlaß geben, und so mußte denn die Geschichte des Protestantismus notgedrungen zu einer Geschichte immer neuer Sektenbildungen entarten, die sich alle auf besondere Offenbarungsgrundlagen stützen, weil ihnen die gemeinsame religiöse Grundlage in den Tiefenschichten der menschlichen Psyche entzogen wurde.

Wenn die historisch-kritische Exegese, selbst ein legitimes Kind des Protestantismus, sich vor diesem Hintergrund den Erscheinungsberichten und prophetischen Visionen zuwendet, so kann sie dies nur in höchst ambivalenter Weise tun. Daß der Einzelne mit seiner eigenen Existenz vor Gott steht und ohne priesterliche, amtlich-institutionelle Vermittlung Gott nahe ist, gilt dem Protestantismus als wesentlicher Teil seiner Religiösität und stellt für ihn recht eigentlich das prophetische Element seines Selbstverständnisses dar. Auf der anderen Seite ist der Einzelne, wie der Protestantismus ihn sieht, von den archetypischen Bildern seiner Seele hermetisch abgetrennt, und er muß, um keinen Rückfall in das bloße Heidentum zu erleiden, seinen Glauben einzig in den bewußten Zonen seiner Existenz festmachen. Die Stellung des Einzelnen zu Gott verwandelt sich damit psychologisch in einen reinen Ichstandpunkt. Wenn die Propheten selber gleichwohl in allen Teilen der Bibel den Leser mit einer Fülle archetypischer Bilder förmlich überschwemmen, ja, überhaupt erst durch die Visionen göttlicher Erscheinungen zu dem Amt eines Propheten befähigt werden, so ist dies als etwas rein Historisches zu würdigen, dessen Wiederholung in der Gegenwart wiederum nur gefürchtet oder abgewehrt, nie und nimmer aber gewünscht und gefördert werden könnte.

Ehrlicherweise hat denn vor allem E. Meyer seine Verachtung für Phänomene dieser Art offen ausgesprochen, indem er zum rechten Verständnis all derer, die vormals «als Verzückte und Verrückte Orakel und Zeichen geben»[6], auf das «Treiben der zahlreichen Sekten des niederen Volks»[7] in allen möglichen Kulturen auch in der Gegenwart hinwies und zur «Entschuldigung» derartiger Phänomene allein die Unaufgeklärtheit des religiösen Aberglaubens gelten ließ. Anders als bei zahlreichen Wundererzählungen kann die historische Kritik bei den Erscheinungsberichten und prophetischen Visionen die Historizität der geschilderten Ereignisse an sich wohl *modo grosso* zugeben, aber nur um den Preis einer rationalistischen (und oft auch sozialen) Verachtung derer, die man den theologischen Worten nach als Offenbarungsträger und Gottesmänner zu rühmen sich genötigt sieht. Keine Frage: begegnete ein Jeremias oder Ezechiel einem Exegeten dieses Schlages nicht als ein biblisches «Phänomen», sondern im Hörsaal in leibhaftiger Wirklichkeit, er müßte denselben Worten des wissenschaftlichen Exorzismus anheimfallen wie all die Gottesträumer, deren trauriges Dasein, wenn überhaupt, so nur an den Rändern des offiziellen Christentums, in Gestalt der Gottesnarren, Sektierer, Einsiedler, oder eben: der psychiatrischen «Fälle» geduldet wird.

Tatsächlich scheint es nur noch im *katholischen* Kulturraum möglich zu sein, Erscheinungen der Dreifaltigkeit, der Muttergottes, der Heiligen, des Schutzen-

[6] E. Meyer: Ursprung und Anfänge, II 414.
[7] A.a.O., II 418.

gels oder des Teufels zu erleben, ohne von vornherein als seelisch krank gelten zu müssen. Mindestens dann, wenn die Kirche sich von der persönlichen Frömmigkeit und Lauterkeit der Erscheinungsempfänger überzeugt hat, ist sie in seltenen Fällen und unter günstigen Umständen, z.B. unter dem Druck der öffentlichen Meinung in romanischen Ländern, nicht gänzlich abgeneigt, an die Wirklichkeit solcher Erscheinungen zu glauben und sie in Form von Wallfahrtsorten, besonderen Festtagen und bestimmten Gebetsanliegen in das Frömmigkeitsleben der Gläubigen zu integrieren. Allerdings pflegt die katholische Kirche in diesen Ausnahmefällen einen dogmatischen Realismus, der die Psychologie der Erscheinungserlebnisse schlechthin überspringt und die psychische Ebene der Erfahrung kurzschlüssig mit der metaphysischen Ebene der theologischen Deutung identifiziert. Um es so klar wie möglich zu sagen: kein göttliches oder dämonisches Wesen kann als solches in der menschlichen Psyche erscheinen, so wenig wie in der äußeren Natur Gott unmittelbar den Donner oder den Blitz dreinfahren läßt, und es hieße die alte philosophische Lehre von den Erst- und Zweitursachen völlig über den Haufen zu werfen, wollte man psychische Phänomene unmittelbar mit außerpsychischen Formen der Wirklichkeit identifizieren. Wohl gehört es zum Begriff der «Erscheinung», daß es eine Wirklichkeit geben muß, die sich dem menschlichen Bewußtsein mitteilt, aber es kommt sehr darauf an, die jeweiligen Erscheinungen *nicht* als Gegebenheiten an sich zu interpretieren.

Es ist sehr bemerkenswert, daß man es fast als Gütezeichen jedes echten Erscheinungserlebnisses betrachten kann, wenn der Empfänger der Erscheinung zunächst in einer schwebenden Sprache von seinen Erlebnissen berichtet und nicht unmittelbar zu den vorgegebenen Vokabeln der ihm vertrauten Religion greift. Als Beispiel dafür mag die Geschichte der *Bernadette Soubirous* gelten, der in einer Höhle bei Lourdes Ende des vergangenen Jahrhunderts eine der großen Marienerscheinungen der Kirchengeschichte zuteil wurde[8].

Bernadette war ein Mädchen, das, obwohl die älteste in der Geschwisterreihe, doch als die dümmste und am meisten zurückgebliebene von allen galt; zudem machte ein Asthmaleiden sie zu einer schweren Belastung für ihre Familie, die in ärmlichen, heruntergekommenen Verhältnissen lebte; in der Schule wurde *Bernadette* gehänselt und verlacht, und nicht einmal durch besondere Frömmigkeit vermochte sie sich auszuzeichnen. Mit einem Wort: von außen betrachtet mußte die Chance, sie könnte jemals eine glückliche Frau sein, für verschwindend gering erachtet werden. Gerade dieses Mädchen aber sieht zu Beginn der Pubertät in der Grotte von Massabielle die Gestalt einer «wunderschönen Dame», wie *Bernadette* anfangs sagt. Man braucht von Tiefenpsychologie nicht sehr viel zu

[8] Zur Darstellung vgl. F. WERFEL: Das Lied von Bernadette, bes. S. 12ff. (die Höhle Massabielle); S. 36ff. (die Armut); S. 49ff. (die «Dame»); S. 73ff. (die Unterdrückung der Träume).

verstehen, um zu begreifen, daß das Bild der «wunderschönen Dame» dieses Mädchen innerlich gerade auf die Schönheit und Würde hinwies, die ihm in der äußeren Wirklichkeit so sehr fehlte: Es zeigte ihm, in grausamem Kontrast zu der demütigenden Aussichtslosigkeit aller äußeren Lebensbedingungen, welch eine wunderbare Gestalt als Frau eigentlich in ihm lebte und was zu sein es von Natur aus selbst berufen war. Auch späterhin sprach *Bernadette* immer wieder davon, daß sie «die Dame» gesehen habe, und dieser Ausdruck ist psychologisch unbedingt der korrekteste. Was ihr in der Höhle von Massabielle erscheinen konnte, kann tiefenpsychologisch in der Tat «nur» als der *Archetyp* der Frau, als das innere Gegenbild zu ihrer in der äußeren Wirklichkeit so sehr bedrohten und in jeder Weise behinderten Weiblichkeit verstanden werden.
Gleichwohl konnte *Bernadette* selbst und später sogar die kirchliche Behörde – letztere freilich erst nach langem Zögern! – mit gewissem Recht die Erscheinung «der Dame» mit der «Mutter Gottes» identifizieren. Eine solche Deutung war und ist legitim unter der dogmatischen Voraussetzung, daß in Maria selbst historisch der Archetyp der Frau, die Urgestalt dessen, was mit dem Leben einer Frau wesenhaft gemeint ist, am reinsten verwirklicht gewesen ist. Man muß freilich zugeben, daß unter anderen religiösen Voraussetzungen auch abweichende Deutungen des gleichen Phänomens vor der Hand ebenso legitim sind: die *Griechen* z.B. hätten die Erscheinung in der Höhle von Lourdes ohne Zweifel und mit gleicher Berechtigung mit der Gestalt *ihrer* Muttergöttin, also mit dem Bild der *Hera* oder *Artemis* identifiziert. Psychologisch ist der Archetyp selbst offen für die jeweilige Interpretation des religiösen Bezugssystems, und es bedarf infolgedessen einer langen inneren Entwicklung, um von der Wahrnehmung des archetypischen Bildes zu seiner endgültigen religiösen Festlegung zu gelangen.
Auch in den Erscheinungsberichten der Bibel muß es deshalb als ein Indiz für die Authentizität der geschilderten Erfahrungen betrachtet werden, daß z.B. Jesus nach seiner Auferstehung, wenn er den Jüngern erscheint, mit großer Regelmäßigkeit von ihnen zunächst nicht erkannt wird. Gleich, ob auf dem Weg nach Emmaus (Lk 24,13-35), ob bei der Erscheinung vor Maria von Magdala (Joh 20,1.11-18), im Abendmahlssaal (Joh 20,19-23) oder bei der Erscheinung am See (Joh 21,1-14), die wir später noch ausführlich erläutern werden (S. 392ff.) – immer herrscht am Beginn der Erscheinung der Eindruck des Fremdartigen und Furchtgebietenden vor, und erst allmählich gibt sich die Gestalt der Erscheinung als die Person Jesu zu erkennen. Psychologisch gesehen bestimmt das jeweilige archetypische Bild auf diese Weise das Bewußtsein dahin, die Erscheinung selbst mit einer bereits bekannten (religiösen) Vorstellung zu verknüpfen. Dogmatisch ist eine solche Verknüpfung zulässig, wofern unterstellt wird, daß die Inhalte des jeweiligen archetypischen Bildes, die zur Interpretation der einzelnen Erscheinungen herangezogen werden, sich in der Gestalt selbst verkörpert finden; das Bild selbst

beweist unzweifelhaft, daß die religiösen Lehren im Menschen tief verankert sind und folglich eine mindestens psychische Wahrheit besitzen müssen.
Tatsächlich hat der *Katholizismus*, *geschichtlich* gesehen, den Reichtum seiner dogmatischen Bilder immer wieder mit gewissen Erscheinungen zu verknüpfen gewußt und müßte demnach ehrlicherweise auf die Feststellung wohlvorbereitet sein, daß es *an sich* auch noch eine Fülle anderer in der Religionsgeschichte der Völker vorgegebener Deutungsmöglichkeiten archetypischer Visionen gibt.
Das berühmteste Beispiel für eine derartige Umdeutung von Erscheinungen, die ursprünglich dem Erlebnisraum einer «heidnischen» Religion zugehörten, lieferte die katholische Kirche im 16. Jh. in Mexiko mit der Verehrung der Heiligen Jungfrau von Guadelupe. «Am 9. Dez. 1531 sah ein schlichter Eingeborener mit Namen Juan Diego zum ersten Mal eine wunderschöne indianische, in glänzende Gewänder gekleidete Dame auf dem Hügel von Tepeyayac, wo heute die Basilika von Guadelupe steht. Sie sprach in Nahuatl und gab sich als Gottesmutter zu erkennen. Juan Diego berichtete seine Vision dem Bischof Zumarraga.»[9] Zunächst wehrten sich die Ordensbrüder gegen den neuen Kult; denn auf «dem Hügel von Tepeyayac stand früher das Heiligtum der Göttin Tonantzin (wörtlich: ‹unsere Mutter›). Diese Göttin kann man sogar als identisch mit Coatlicue betrachten, der Mutter Huitzilopochtlis mit ihrem Halsband aus menschlichen Herzen und Händen»[10]. Daß die Kirche die indianische Madonna schließlich doch «umtaufte», zeugt nicht nur von großem Mut, sondern auch von tiefer Menschlichkeit und Wahrheitsliebe. Aber die katholische Theologie ist in Fragen dieser Art bis heute zwiespältig geblieben, indem sie zwischen der Erscheinung selbst und der Wirklichkeit, die sich darin ausdrückt, nicht deutlich genug unterschied. Indem sie in gewissem Sinne den «Idealrealismus» der «heidnischen» Einstellung zu Traum und Vision (vgl. I 118) unbesehen übernahm, konnte sie nur ein kämpferisches Entweder – Oder an die Stelle eines fruchtbaren Dialoges auf dem Boden einer allgemein menschlichen bildernden Seele setzen: die indianische Tonantzin mußte verbrannt werden, um «unsere Mutter von Guadelupe» an ihren Platz zu setzen.
Mit Recht setzt sich der Katholizismus mit diesem Vorgehen dem protestantischen Vorwurf aus, ebenso gewalttätig gegen das Heidentum wie im Grunde selbst noch heidnisch befangen zu sein, und wiederum wird dabei deutlich, daß der Streit der Konfessionen lediglich eine Zerrissenheit widerspiegelt, die im christlichen Menschenbild generell die Welt des Bewußtseins vom Unbewußten trennt. Während der Protestantismus geneigt ist, die Welt der Archetypen insgesamt als «heidnisch» oder «unvernünftig» auszuklammern und nur die bewußte, reflexive Ichspitze, die «Existenz» in ihrer «Entschiedenheit» und «Eigentlich-

[9] N. Davies: Die Azteken, 381.
[10] A.a.O., 381–382.

keit» als Träger des Glaubens zu betrachten[11], neigt der Katholizismus dazu, die Welt der Archetypen als eine Sphäre zu betrachten, die nicht nur «objektiv», im Sinne von «unabhängig vom Bewußtsein», existiert, sondern schlechterdings unabhängig von der menschlichen Psyche überhaupt ein Sein an sich besäße. Je für sich, führt dieser Zwiespalt dazu, daß der Protestantismus die Welt der Bilder mitsamt ihren Erscheinungen zerstört, während der Katholizismus sie dem menschlichen Bewußtsein wie etwas von außen Gesetztes aufzwingen muß, und beide Konfessionen wirken in ihrer Zerspaltenheit eher wie Manifestationen der strukturellen Seelenzerrissenheit des Christentums, als daß sie imstande wären, aus der bestehenden Krise durch eine integrative Form von Religiosität herauszuführen.

Die Frage nach einer adäquaten Exegese der Erscheinungs- und Berufungsberichte, der Visionen und der Prophetien gilt folglich durchaus nicht nur der Interpretation gewisser Texte der Antike, sie verlangt vielmehr danach, die Einseitigkeit des Menschenbildes zu überwinden, das im abendländischen Christentum ausgeprägt wurde und in der Konfessionsspaltung seine soziale und politische Organisationsform gefunden hat. Man kann Erzählungen dieser Art nicht wirklich verstehen, wenn man die psychische Welt so beläßt, wie man sie gegenwärtig in der christlichen Religiosität ebenso wie in der bürgerlichen Gesellschaft unterschiedslos antrifft: eine eindimensionale Welt[12], in der es als verboten oder mindestens als gefährlich gilt, Träume und innere Eingebungen für wirklicher zu halten als die «Wirklichkeit» der äußeren Welt, in der Visionen und Gesichte lediglich als phantastische Utopien betrachtet werden und in der die starken Sehnsüchte und Wünsche der menschlichen Seele nach einer anderen ewigen Welt der Liebe, des Verstehens und der beseligenden Anschauung Gottes philosophisch als bloße Illusionen und psychologisch als pure Halluzinationen abgestempelt werden. Will man den Erzählungen von heiligen Erscheinungen und göttlichen Gesichten näherkommen, so gilt es vor allem, den Glauben an die Wahrheit derartiger Erfahrungen wiederherzustellen, indem man den eigentlichen Ursprungsort dieser Wahrnehmungen in den Tiefenschichten der menschlichen Psyche aufsucht. Nichts in der menschlichen Psyche ist Gott, die Mutter Gottes oder der Erzengel Gabriel selber; aber es leben darin aus dem

[11] Vgl. H. Mühlen: Das Vorverständnis von Person und die evangelisch-katholische Differenz, 1965.

[12] Vgl. H. Marcuse: Der eindimensionale Mensch, 70: «Wenn die Individuen – und das macht sogar ihr Glück aus – mit den Gütern und Dienstleistungen zufrieden sind, die ihnen von der Verwaltung heruntergereicht werden, warum sollten sie auf anderen Einrichtungen um einer anderen Produktion anderer Güter und Dienstleistungen willen bestehen? Und wenn die Individuen derart präformiert sind, daß zu den befriedigenden Gütern auch Gedanken, Gefühle und Wünsche gehören, warum sollten sie selbst denken, fühlen und sich etwas vorstellen. Zwar mögen die angebotenen materiellen und geistigen Waren schlecht, verschwenderisch, Schund sein – aber Geist und Erkenntnis sind keine durchschlagenden Argumente gegen die Befriedigung von Bedürfnissen.» Vor allem die «Absperrung des Universums der Rede» (S. 103–138) sowie der «Triumph des positiven Denkens» (S. 184–214) sind von Marcuse klassisch beschrieben worden.

Erbgedächtnis der Menschheit all die wunderbaren Bilder, die den Menschen, wenn er ihnen folgt, unfehlbar zurück in eine andere Welt geleiten.
Wenn im Herbst die Mönchsgrasmücken sich auf den Weg nach Süden begeben, so orientieren sie sich nach den Bildern der Sterne, die, noch ehe sie aus dem Ei schlüpfen, in ihren kleinen Köpfen eingeschrieben sind[13]. Wohlgemerkt, es gibt «objektiv» so etwas wie «Sternbilder» gar nicht; es gibt nur Fixsternsonnen, die, um Millionen von Lichtjahren voneinander getrennt, sich vor dem Wirbeltierauge in bestimmten Mustern anordnen; und dennoch haben gerade diese Bilder sich bis in das Erbgut der Tiere eingegraben, um, wenn die Zeit gekommen ist, den Vögeln über Wälder und Weiten, über Gebirge und Meere den Weg nach Süden, zurück in ihre wärmere Heimat, zu zeigen. Ganz ähnlich wird man die Bilder betrachten dürfen, die den Visionären und Propheten zuteil werden: es handelt sich um Formen und Inhalte der Anschauung, die der Seele eines jeden Menschen angeboren sind; sie sind nicht subjektiv ersonnen, aber sie sind deshalb auch nicht schon eine außerpsychische Wirklichkeit an sich; ja, im Grunde vermitteln sie ein Bild von der Wirklichkeit, das allenfalls in analogem Sinne als zutreffend gelten darf. Und dennoch weisen sie einem jeden, der sich ihnen anvertraut, den Weg zurück in seine ewige Heimat. Wer diese Bilder verstehen will, muß daher selbst etwas von einem Visionär und Propheten an sich haben und in sich wachrufen; denn so wundersam auch immer die Erscheinungen und Visionen des Göttlichen in unserer Welt sich ausnehmen mögen, so versteht man sie doch nur, wenn man in ihnen eine natürliche Möglichkeit der menschlichen Psyche erkennt, sich von der äußeren Oberflächlichkeit weg auf sich selbst zurückzuwenden, um der himmlischen Heimat nahe zu sein. Doch von dieser Einsicht ist die christliche Theologie, insbesondere die Exegese in ihrer historisch-kritischen Form, noch weit entfernt, und eben deshalb muß man sich erneut weit weg an die Ränder unserer Zivilisation begeben, um bei den sog. Primitivvölkern in Gestalt der Schamanen noch Menschen zu begegnen, die uns lehren können, was es heißt, den Himmel offen zu sehen und den Saum der Gottheit zu berühren.

2. Die Himmelsträume und die Jenseitswanderungen der Schamanen

Entsprechend unserer eigenen Einstellung, die Erscheinungen des Unbewußten, die Welt der Träume und Visionen, wenn jemand sie wirklich ernst zu nehmen versucht, als pathologische Ausnahmefälle zu betrachten, konnte es nicht anders

[13] Vgl. K. Schmidt-Koenig: Vogelzug und Vogelorientierung, in: K. Immelmann (Hrsg.): Verhaltensforschung, 182–188.

sein, als daß man auch in der Ethnologie und Religionsgeschichte in den Geistersehern und Jenseitsträumern der «Primitivkulturen» lange Zeit über, ja, im Grunde noch bis vor kurzem, nichts weiter zu sehen vermochte als abartige, krankhafte, betrügerische und unwissende Narren. Man zögerte keinen Augenblick, zugleich mit den Schamanen die gesamte Jahrtausende alte Religionsform, die in ihnen lebte, für ein rohes und, Gott sei Dank, überwundenes Stadium in der Geschichte des menschlichen Bewußtseins zu erklären – bestenfalls, daß man sie als Vorübung und Einübung der eigenen, christlich-europäischen Zivilisiertheit ausgeben mochte. Inzwischen, von den Ruinen der eigenen Gewalttätigkeit und Zerrissenheit allseits umstellt, sehen wir die Einseitigkeiten und Begrenztheiten unserer christlich-abendländischen Kultur klarer, und wir sind bereit zuzugeben, daß in den Fähigkeiten, Erfahrungen und Überlieferungen der Schamanen Möglichkeiten des Daseins wahrgenommen und tradiert werden und wurden, von denen einzig es abzuhängen scheint, ob wir zur Religion überhaupt noch fähig sind bzw. ob wir die Sehnsucht, das Verlangen, den «Geschmack fürs Unendliche»[1] in uns wachzuhalten vermögen, der allein uns als Menschen wesentlich vom Tier unterscheidet. Noch einmal also müssen wir uns mit den Schamanen beschäftigen, indem wir dieses Mal nicht ihre Kraft zur Wunderheilung, sondern buchstäblich die Weite ihres Gesichtsfeldes in den Mittelpunkt der Betrachtung stellen.

Wenn es ein Merkmal gibt, das einen Schamanen, einen Gottesträumer, einen Ekstatiker des Unendlichen fast berufsmäßig, zutiefst aber menschlich prägt und auszeichnet, so liegt es darin, daß er in seinem ganzen Dasein ein Wanderer zwischen zwei Welten ist.

Seinem «erbaulichen Roman» *«Der ewige Spießer»* hat Ödön von Horváth die Definition vorangestellt: «Der Spießer ist bekanntlich ein hypochondrischer Egoist, so trachtet er danach, sich überall feige anzupassen und jede neue Formulierung der Idee zu verfälschen, indem er sie sich aneignet.»[2] Von einem Schamanen kann man nur das gerade Gegenteil behaupten: er ist so wenig angepaßt, daß der Verdacht, er sei ein Exzentriker oder ein Psychopath, in äußerer Betrachtung stets auf der Hand liegen mag. Aber wenn in ihm etwas Krankes gelegen ist, so wird er doch erst zu einem Schamanen, wenn und weil es ihm «gelungen ist, gesund zu werden»[3]. Seine Phantasie und Poesie, seine Sensi-

[1] Vgl. F. Schleiermacher: Über die Religion, 89: «Mitten in der Endlichkeit Eins werden mit dem Unendlichen und ewig sein in einem Augenblick, das ist die Unsterblichkeit der Religion.» Allerdings setzt Schleiermacher (sehr unnötig!) die Entdeckung eines Universums «jenseits und über der Menschheit» (88), die er für das Ziel der Religion erklärt, in Gegensatz zu dem Glauben an das ewige Leben des Einzelnen als Individuum. Sehr zustimmen muß man Schleiermacher indessen bei seiner Analyse des Zustandes der Theologie in der Neuzeit, «wo alles auf ein kaltes Argumentieren hinausläuft und nichts anders als im Ton eines gemeinen Schulstreites behandelt werden kann» (19).

[2] Ö. von Horváth: Der ewige Spießer, III 147.

[3] M. Eliade: Mythen, Träume und Mysterien, 114.

bilität und seine Fähigkeit, sich in fremde Gemütszustände hineinzufühlen, grenzt oft ans Fabelhafte; seine künstlerische Originalität und Kreativität ist hoch. «Der poetische Wortschatz eines jakutischen Schamanen» zum Beispiel «umfaßt 12000 Wörter, während seine Umgangssprache – eben jene, die auch die gewöhnlichen Stammesgenossen verstehen – bloß 4000 besitzt»[4]. Es lohnt sich sehr, darüber nachzudenken, von welcher Art wohl Menschen sein müssen, die dreimal so viele Wörter verwenden, um ihren Träumen und Gefühlen Ausdruck zu verleihen, als um die Dinge und die Praktiken im Umgang mit den sog. «Realia» zu bezeichnen. Sänger, Dichter, Musikanten, Wahrsager, Priester und Ärzte in einem, sind die Schamanen die Hüter wie die Reformer der religiösen Überlieferungen ihres Stammes, und ihre eigentliche Fähigkeit scheint darin zu liegen, die Welt so dünnwandig und den menschlichen Körper so dünnhäutig zu machen, daß der Schimmer der Ewigkeit fühlbar und sichtbar durch sie hindurchdringt.

Um das Wesen und Wirken der Schamanen zu verstehen, muß man eine gemeinsame Überzeugung voranstellen, die in der Bibel nur von der Urgeschichte des *Jahwisten* überliefert wird, in den Mythen der Völker aber ubiquitär verbreitet ist: die Vorstellung von dem verlorenen Paradies. Am Anfang, so lehrt dieser Glaube, kannten die Menschen den Tod nicht, sie verstanden die Sprache der Tiere und lebten mit ihnen in Frieden, und sie brauchten nicht zu arbeiten, um zu essen. Wir haben anderenorts gezeigt, daß der *Jahwist* dieses «Paradies» nicht als einen historischen Tatbestand, sondern als den Zustand beschreiben will, in dem der Mensch sich befinden müßte, wenn er mit Gott, seinem Ursprung, in Einheit leben würde[5]. Von dieser Auffassung ist die Ansicht der Mythen nicht so weit entfernt, wenn sie berichten, daß in jener Zeit der Himmel der Erde noch ganz nah gewesen oder doch durch bestimmte Leitern, Berge oder Bäume leicht zu erreichen gewesen sei. Erst infolge eines urzeitlichen Unglücks oder Frevels sei die Einheit von Erde und Himmel zerbrochen worden, und damit zugleich die Einheit des Menschen mit sich selbst und mit der Welt. Entscheidend ist nun, «daß der Schamane vermittels besonderer Techniken danach trachtet, den gegenwärtigen menschlichen Zustand – den des *gefallenen Menschen* – aufzuheben und die Verfassung des ursprünglichen Menschen, von der uns die Paradiesesmythen erzählen, wiederherzustellen»[6]. Eben deshalb bedarf der Schamane der Ekstase, um die engen Grenzen der vordergründigen Welt zu verlassen und die Seele zum Himmel und zur Unterwelt *fliegen* zu lassen. In der Trance-Vorbereitung kehrt der Schamane zu der Einheit mit den Tieren zurück, indem er ihre Sprache annimmt und in der Tiersprache seine tierischen Hilfsgeister anruft. Dann schlägt er die Trommel, die aus einem Zweig des kosmischen Baumes

[4] A.a.O., 115.
[5] E. Drewermann: Strukturen des Bösen, I [3](erw.), S. 356–410.
[6] M. Eliade: Mythen, Träume und Mysterien, 90.

gefertigt ist, der am Mittelpunkt der Welt steht und «auf dessen Wipfel der Herr der Welt thront»[7], und es geschieht beim Klang dieser Trommel, daß der schamanische Flug beginnt. Oder der Schamane besteigt einen Pfahl bzw. einen Baum mit 7, 9 oder 12 Einschnitten, welche die himmlischen Sphären bezeichnen, ganz so, wie noch heute ein Priester der katholischen Kirche die Stufen zum Hochaltar emporschreitet, um damit eigentlich auf den Stufen des Weltenberges bzw. an der *Axis mundi* (des Kreuzes) zu dem Ort zu gelangen, wo Gott wohnt und der Himmel der Erde nahe ist – wo das verlorene Paradies zur fühlbaren Wirklichkeit wird.

Ein solches «Heimweh nach dem Paradies»[8] beherrscht die Seele des Schamanen, daß er alles daransetzt, die Organisation seiner Sinne von Grund auf zu wandeln, bis sie zu einer unmittelbaren Wahrnehmung des Heiligen fähig ist. Was dem Außenstehenden vor allem bei der «Einweihungskrankheit» des Schamanen wie eine psychopathologische Krise erscheinen mag, dient in Wahrheit einer symbolischen Rückkehr zum uranfänglichen Chaos, um den profanen Menschen aufzulösen und eine neue Persönlichkeit hervorzubringen[9]; mit den Worten des heiligen *Paulus*, geht es um das Erlebnis eines mystischen Todes und einer Auferstehung, einer vollkommenen Umwandlung des alten in den neuen Menschen, einer Wiedergeburt und Reifung zu der Gestalt des eigentlichen von Gott ursprünglich gemeinten Menschenwesens[10], einer Entrückung «in das Paradies», «in den dritten Himmel» (2 Kor 12,2.4).

Will man Erfahrungen dieser Art aus dem gewissermaßen anfallartigen, jähen Erleben der Vision in Einsichten existentieller Reifung übersetzen, so wird man sie am besten mit dem Begriff des *«Erwachens»* wiedergeben müssen. H. Hesse etwa, der in seiner Erzählung *«Die Morgenlandfahrt»* das Erleben von Tod und Verzweiflung auf dem Weg nach «Osten», zum Ort des verlorenen Paradieses, eindrucksvoll beschrieben hat, hielt dafür, daß nur das Leid den Menschen zu tieferer Einsicht treiben könne, und meinte: «Verzweiflung ist das Ergebnis jedes ernstlichen Versuches, das Menschenleben zu begreifen und zu rechtfertigen. Verzweiflung ist das Ergebnis eines jeden ernstlichen Versuches, das Leben mit der Tugend, mit der Gerechtigkeit, mit der Vernunft zu bestehen und seine Forderungen zu erfüllen. Diesseits dieser Verzweiflung leben die Kinder, jenseits die Erwachten.»[11] Stets geht es darum, eine (Selbst-)Erkenntnis zu gewinnen, die von den Bindungen und Wertungen der äußeren Umgebung befreit, und der erste Schritt dahin kann empfunden werden wie ein Sterben des «alten Menschen», wie ein Tod des früheren Lebens, wie eine Verzweiflung an allem, was

[7] A.a.O., 96.
[8] A.a.O., 88ff.; ders.: Die Sehnsucht nach dem Ursprung (1969).
[9] M. Eliade: Mythen, Träume und Mysterien, 119.
[10] A.a.O., 121.
[11] H. Hesse: Die Morgenlandfahrt, 109–110.

ehemals so selbstverständlich und fest erschien und doch nur Lüge, Flucht, Betäubung und Entfremdung war; erst in einem zweiten Schritt beginnt sich der Spiegel der Seele zusammenzusetzen und alles, was fest und tragfähig ist, zu einer neuen Einheit zusammenzuwachsen, ganz so, als müßte man, wie *Paulus* nach seinem Zusammenbruch vor den Toren von Damaskus, aus einer tiefen Blindheit und Verblendung erwachend, es nach und nach lernen, die Welt mit neuen Augen anzusehen (Apg 9,9-19).

Eben deshalb scheint innerhalb der schamanistischen Todes- und Auferstehungssymbolik die *Betrachtung des eigenen Skelettes* eine große Rolle zu spielen[12], denn sie stellt den Versuch dar, sich von allem vergänglichen «Fleisch und Blut»[13] vollkommen zu befreien und den Tod in gewissem Sinne zu einem ständigen Lehrmeister zu erwählen. «Inhalt einer solchen geistigen Übung ist vor allem das ‹Heraustreten aus der Zeit›, denn der Schamane nimmt durch die Innenschau nicht nur seinen physischen Tod vorweg, sondern erblickt auch das, was man die zeitlose Quelle des Lebens nennen könnte, das Gebein», als «die letzte Wurzel des animalischen Lebens, den unablässig das Fleisch hervorbringenden Mutterschoß»[14]. Durch die Aufhebung der Zeit bzw. durch das Heraustreten aus der Zeit gelangt der Schamane nicht nur dazu, die Eitelkeit alles irdischen Daseins zu erkennen - wie die mittelalterlichen Mönche, die in ihrer Zelle einen Totenkopf gleich neben das Gebetbuch legten –, er gelangt zugleich in die Sphäre der ewigen, wirklichen Welt im Hintergrund der Dinge. Vor allem vermag der Schamane durch das Absterben des äußeren Menschen seine Sinnlichkeit so zu verändern, daß er die profanen Grenzen der sinnlichen Wahrnehmung zum Übernatürlichen hin zu überschreiten und zu öffnen versteht. So werden aus dem Schamanismus zahlreiche Fälle von Telepathie, prophetischem Hellsehen in Träumen, unbeschadetem Durchschreiten von Feuer, Hellseherei und andere Phänomene außersinnlichen Wahrnehmungsvermögens berichtet, deren Tatsache schwer zu bestreiten ist, wenngleich ihre Erklärung allenfalls von der Parapsychologie geliefert werden kann. Im Rahmen von Tiefenpsychologie und Religionsgeschichte genügt es indessen, sich auf die Bedeutung, also auf den symbolischen Inhalt der «Himmelfahrt» bzw. des «magischen Fluges» zu beschränken, und dann muß man sagen, daß die schamanistische Ekstase einzig zum Ziel hat, zu tun, was jede Kulthandlung im Grunde zu tun unternimmt: den ursprünglichen Zustand des verlorenen Paradieses wiederherzustellen und schon im irdischen Leben auf erfahrbare Weise an der Seinsform der Geister teilzuhaben[15]. In allem entspricht der schamanistische Flug einem rituellen Tod:

[12] M. Eliade: Mythen, Träume und Mysterien, 122.

[13] Vgl. J. Jeremias: Flesh and Blood cannot inherit the Kingdom of God, 1 Cor XV 50 (1955–56), in: Abba, 298–307.

[14] M. Eliade: Mythen, Träume und Mysterien, 123.

[15] A.a.O., 140.

«Die Seele verläßt den Körper und entfliegt in die Lebenden unzugänglichen Sphären»[16]; der goldene Vogel der Seele aber wird gleich den Göttern und Geistern. Vermutlich ist es dieser Hintergrund, der zu dem bekannten Topos geführt hat, daß sterben muß, wer die Gottheit gesehen hat: die Anschauung Gottes, der Aufstieg der Seele zum Himmel, ist selber der Tod der irdischen Gefangenschaft und der Beginn der eigentlichen Wirklichkeit des Lebens.
So sehen wir die Schamanen in ihren Visionen, Himmelsauffahrten und Jenseitswanderungen von einer grenzenlosen Sehnsucht nach dem Ursprung und einem unendlichen Verlangen nach dem Zustand eines verlorenen Paradieses bestimmt. All die Vorstellungen von der Erhebung der Seele, dem Flug zum Himmel oder dem Aufstieg an der *Axis mundi* sind Versinnbildlichungen von «Transzendenz und Freiheit»; und diese Erfahrungen sind es, die den eigentlichen Hintergrund aller religiösen Riten und Symbole darstellen. «Auf den verschiedenen, aber wechselseitig bezogenen Ebenen des Traumerlebens, der aktiven Vorstellung, der Mythen und Sagenschöpfung, der Riten und der metaphysischen Spekulation, schließlich auf der Ebene der ekstatischen Erfahrung, bedeutet das Symbol der Auffahrt immer das Aufbrechen eines ‹versteinerten›, ‹verschlossenen› Zustandes, jenen Durchbruch, welcher den Übergang zu einer anderen Seinsweise ermöglicht.»[17] «Durch den ‹Flug› wird sowohl die *Transzendenz* wie die *Freiheit* erreicht. . . .Die Sehnsucht, die Fesseln, die ihn an die Erde ketten, zu brechen, ist nicht das Ergebnis kosmischen Zwanges oder wirtschaftlicher Unsicherheit – sie ist mit der Existenz des Menschen gegeben, insofern er sich einer Seinsweise erfreut, die in der Welt einzig ist. Solche Sehnsucht, sich von seinen Begrenzungen zu befreien, welche als Ergebnis eines Verlustes empfunden werden, und Ursprünglichkeit und Freiheit zurückzugewinnen, eine Sehnsucht, die, in unserem Beispiel, durch die Symbole des ‹Fluges› ausgedrückt wird, muß zu den spezifischen Kennzeichen des Menschen gerechnet werden.»[18]
Der Schauempfang heiliger Bilder, die Erhebung der Seele zum Himmel, der Aufstieg des Menschen am Zentrum der Welt zu den Sternen ist daher eine Befähigung, die in jedem Menschen schlummert und den eigentlichen Kern seines Wesens bestimmt. Ohne zu zögern wird man sagen können, daß ein Mensch in seiner Persönlichkeit gerade so viel wert ist, wie er von dieser Möglichkeit realisiert, sich über die Begrenzungen des irdischen Lebens hinauszuschwingen, seine Seele zu sammeln im Herzen aller Dinge und sich zu erheben zu der himmlischen Ruhe ewigen Lichts. Statt die Schamanen für hoffnungslose und unverbesserliche Exzentriker zu halten, sollten wir lieber die spießerhafte Kleinmütigkeit unseres eigenen Welt- und Menschenbildes im Konterfei einer

[16] A.a.O., 148.
[17] A.a.O., 170.
[18] Aa.O., 154.

solchen Traumsuche nach dem Unendlichen offen eingestehen und zu verändern trachten.

Freilich bleibt uns als Erfahrungsraum bei einem solchen Bemühen um die Rückkehr in ein verlorenes Paradies wohl zunächst nur *die* Macht, die wir gewohnt sind, am meisten zu fürchten, und die doch allein die Kraft besitzt, uns in das Paradies der Welt zurückzuführen: die Energie der Liebe. In allen Fragen, die die Liebe betreffen, haben wir in unserem Kulturraum gelernt, daß Gesetze wichtiger sind als Gefühle, daß die Ordnung wichtiger ist als das Glück, daß die Verantwortung wichtiger ist als die Freiheit, also, daß wir uns kaum noch eines leidenschaftlichen Gefühls getrauen – es könnte Anarchie bedeuten, daß wir uns kaum noch den Stimmungen von Traum und Poesie zu öffnen wagen – es könnte uns den Sinn für die «Realitäten» des Lebens trüben, und daß wir schließlich jede Begeisterung, jede Hochherzigkeit, jedes Flügelschlagen der Seele voller Angst vermeiden, in Langeweile ersticken und in beruhigter Dumpfheit verbrüten, ganz so, als ob die Kunst des Lebens darin bestünde, die «Illusionen» der Liebe zu verlieren und mit einem bißchen Liebe zufrieden zu werden. Jedem wirklich Liebenden indessen kann die Sprache, der Überschwang und die Vorstellungswelt der Schamanen nicht fremd sein – es ist die nämliche Welt der Träume und der Märchen, in der die Tiere sprechen und die Geister rufen und am Ende der Welt auf dem Gläsernen Berg eine verzauberte Geliebte ihrer Erlösung harrt, und alles ringsum verwandelt sich in ein geheimes Symbol der Erinnerung und der Weisung auf dem Weg zu ihr[19]. Dieselben Gefühle grenzenloser Einsamkeit und unendlicher Beseligung, die in den Überlieferungen der Schamanen leben, werden das Herz jedes wahrhaft Liebenden durchziehen; auch er wird die namenlose Angst, das Taumeln zwischen Himmel und Hölle auf der Suchwanderung der Seele kennen; und auch er wird trotz allen Irrens, trotz aller Gefahren, trotz allen Scheiterns sich immer mehr fühlen wie jemand, der in seiner Liebe Wohnung genommen hat in der Mitte der Welt und der auf den Flügeln der Liebe, der Andacht und der Dankbarkeit Stufe für Stufe emporsteigt und Tag für Tag höher emporfliegt zum Ort, wo Gott seiner wartet. Die irdische Existenz der äußeren Realität wird ihm nichtig und vergänglich dünken, und all seine Sinne wird er dafür schärfen, die Seele im Schimmer der Schönheit der Geliebten zu fühlen, zu hören, zu sehen. «Das Eigentliche ist unsichtbar», – diese Wahrheit EXUPÉRYS im «Kleinen Prinzen»[20] wird sein tägliches Brot sein; denn stets wird er versuchen, das verborgene Wesen der Geliebten, ihr ewiges Urbild im Himmel hinter den Spiegelungen der irdischen Existenz, zu finden und zu betrachten; und je mehr er die Wahrheit der Geliebten

[19] Vgl. E. DREWERMANN – I. NEUHAUS: Die Kristallkugel, 21–23.

[20] A. DE SAINT-EXUPÉRY: Der kleine Prinz, 72; zur Deutung vgl. E. DREWERMANN – I. NEUHAUS: Das Eigentliche ist unsichtbar, 50–58.

erkennt, desto mehr wird seine Liebe wachsen und zugleich seinen Wunsch nach Erkenntnis vermehren – ein unendliches Spiel von Anschauung und Annäherung, das dazu bestimmt ist, die ganze Ewigkeit zu erfüllen. Denn diese Erfahrung ist die tiefste Überzeugung der Liebe: daß sie auf Erden nur anfanghaft einen Himmel ahnt, aus dem die Seele verstoßen wurde, um ihn in der Liebe auf ewig wiederzufinden.

Nicht ganz unrecht hatte daher S. Freud, als er die Symbolik des «Fliegens»[21] oder des Erkletterns von Stiegen und Leitern[22], die in der schamanistischen Erfahrungswelt eine so große Rolle spielt, als eine verschlüsselte Poesie der Liebe deutete und die Ansicht vertrat, diese Liebe gelte im Grunde der Sehnsucht nach dem Paradies der Kindheit, nach dem Schoß der Mutter. Man muß den Gedanken Freuds allerdings aus der Enge seiner Theoriebildung vom Ödipuskomplex entlassen und ihn buchstäblich in kosmische Dimensionen ausdehnen, um seine Wahrheit zu verstehen. In den Überlieferungen der Schamanen taucht immer wieder ein Mythem auf, das davon berichtet, wie die Menschen der Urzeit aus der Unterwelt, aus Höhlen und unterirdischen Gängen des Erdreichs ans Tageslicht gelangt seien, und dieses Dogma der «Erdgeburt» korrespondiert mit der starken Sehnsucht, zur Mutter Erde zurückzukehren[23]. Ganze Volksstämme können von diesem ausgesprochen regressiven Verlangen erfaßt werden, so z.B. der südamerikanische Stamm der Yaruro auf Feuerland. «Die große Mutter der Yaruro lebt im Osten in einer fernen Gegend, die das Land von Kuma genannt wird. Dorthin, in das Land der Mutter, gehen die Toten; dort werden sie wie Kinder wiedergeboren und erfreuen sich eines paradiesischen Daseins: des Lebens, wie es die Yaruro, so sagen sie, kannten, ehe die Weißen kamen. Während ihrer Trance reisen die Schamanen in das Land von Kuma und erzählen, was sie sehen. Der ganze Stamm leidet an Heimweh nach diesem verlorenen Paradies: Die Yaruro warten ungeduldig darauf, zu sterben und ins Land der Mutter heimzukehren.»[24] Eine solche Sehnsucht ist es offensichtlich, die in wörtlichem Sinne die Schamanen «beflügelt» und «erhebt»;

[21] Zum Symbol des «Fliegens» vgl. P. Federn: Über zwei typische Traumsensationen, in: Jahrbuch für Psychoanalyse, VI 128.

[22] Zum Symbol des «Steigens» und «Kletterns» vgl. S. Freud: Die Traumdeutung, II-III 291f.; 331f.; 368–370; 372–376.

[23] In der Literatur hat diese Sehnsucht einen unübertrefflichen Ausdruck gefunden bei H. von Hofmannsthal: Das Bergwerk von Falun, 4. Akt, in: Gedichte und lyrische Dramen, 441, wenn Elis gegenüber Anna fleht: «Versteh mich doch. Es ist nicht bloß in mir: / Gemeinschaft hats mit Anderem, das draußen! / Ist eine Welt wie eure, stärker, größer: / Die Sterne sind ihr untertan, die Zeiten. / Zu der gehör ich. / Sieh, ich meinte auch, / Ich wähnte ja, man könnte ihr entrinnen. / Allein sie legt den Körper und den Geist / An ihre Ketten. Wollt ich ihr Geheimnis / Hinunterschlingen, es zerfleischte mir / Mein Inneres und bräch aus seinem Käfig. / Könnt ichs vergessen, mirs vom innern Aug / Wegblenden, sieh, dann wär ich selber nichts, / Gar nichts mehr, dies war alle meine Macht: / Was dich verfing an mich, war dieser Zauber. / Er sitzt in allen Fibern meines Wesens, / Und liebst du mich, so liebst du mich um Dinge, / Die mehr als Tod hinhauchen über dich.»

[24] M. Eliade: Mythen, Träume und Mysterien, 230–231.

es ist eine Sehnsucht und eine Liebe, die nicht einem bestimmten Menschen, nicht einer bestimmten Frau, sondern der ganzen Welt, der Mutter Erde im ganzen gilt – ein ozeanisches Gefühl, das den Menschen vom sicheren Gestade seiner kleinen endlichen Welt hinausträgt ins Weite, ans Ufer der Ewigkeit.

«‹Genaros Liebe ist die Welt›», läßt deshalb C. CASTANEDA den Schmanen *Don Juan* in seiner Erzählung *«Der Ring der Kraft»* sagen. «‹Jetzt eben hat er diese gewaltige Erde umarmt, aber da er so winzig ist, kann er nur in ihr schwimmen. Aber die Erde weiß, daß Genaro sie liebt, und sie schenkt ihm ihre Fürsorge. Deshalb ist Genaros Leben bis zum Rand erfüllt, und sein Dasein, wie immer es sein mag, ist Überfluß. Genaro wandert auf den Pfaden seiner Liebe, und wo immer er ist, da ist er ganz und gar!›» «‹Nur wenn man diese Erde mit unerschütterlicher Leidenschaft liebt, kann man sich von seiner Traurigkeit befreien . . . Ein Krieger ist immer fröhlich, weil seine Liebe unwandelbar ist und weil seine Geliebte, die Erde, ihn umarmt und ihn mit unvorstellbaren Gaben beschenkt. Die Traurigkeit ist nur bei denen, die gerade das hassen, was ihrem Dasein Obdach gibt.›» Während Don Juan so spricht, hört man von weitem das Bellen eines Hundes, und der Schamane weiß: «‹Das Bellen des Hundes ist die nächtliche Stimme eines Menschen . . . Ein Mann schreit durch seinen Hund . . . seine Traurigkeit, seine Langeweile hinaus. Er fleht seinen Tod an, zu kommen und ihn von den stumpfsinnigen, trostlosen Ketten seines Lebens zu befreien.›» «‹Dieses Bellen, und die Einsamkeit, die es erzeugt, all das spricht von den Gefühlen der Menschen . . . Der Menschen, für die das ganze Leben war wie ein gewisser Sonntagnachmittag, ein Nachmittag, der nicht gerade erbärmlich, aber heiß und stumpfsinnig und bedrückend war. Sie schwitzten und machten eine Menge Wirbel. Sie wußten nicht, wohin sie gehen, und was sie tun sollten. Dieser Nachmittag hinterließ ihnen nur die Erinnerung an kleine Ärgernisse und Langeweile, und dann, plötzlich, war es vorbei. Schon war es Abend geworden!›» «‹Und hier ist das Gegengift, das dieses Gift austreibt. . . . Ihr seid mehr allein denn je, denn ohne eine unerschütterliche Liebe zu dem Wesen, das euch Schutz bietet, ist das Alleinsein Einsamkeit. Nur die Liebe zu diesem strahlenden Wesen (sc. der Erde, d. V.) kann dem Geist eines Kriegers Freiheit geben, und Freiheit ist Freude, Tüchtigkeit und Unerschrockenheit im Angesicht von Widrigkeiten. Dies ist die letzte Lektion. Sie wird stets für den allerletzten Augenblick aufbewahrt, für den Moment der äußersten Einsamkeit, da ein Mann seinem Tod und seinem Alleinsein gegenübertritt. Erst dann versteht er.›»[25]

So ist der Schamane ein Mensch, der die ganze Welt derartig liebt, daß sie die Schale ihrer Endlichkeit abwirft und sich öffnet zum Unendlichen; der Schleier

[25] C. CASTANEDA: Der Ring der Kraft, 319–320.

der Maya, der Schatten des Tonal, verfliegt, und übrig bleibt eine Welt, deren Fläche sich hinbreitet wie der Spiegel eines Sees, um das Antlitz des Himmels in sich aufzunehmen.

3. Differenzierungen

In der Person eines Schamanen vereinen sich nicht nur die Fähigkeiten und Aufgaben eines Dichters, Musikers, Priesters, Arztes, Propheten und Mystikers – in ihm kommen innerhalb seiner Trance-Zustände und Ekstasen seelische Erfahrungen zustande, die in der *Formgeschichte der Bibel* sich in verschiedenen Erzählgattungen niedergeschlagen haben. Obwohl innerlich zusammengehörend, heben die Erscheinungs- und Berufungsgeschichten sich relativ deutlich von den Visionen und diese wiederum von den Prophetien ab, und dementsprechend ist näherhin zu fragen, wie jeweils die Psychodynamik beschaffen ist, die sich in diesen Erzählungen ausspricht.

a) Erscheinungs- und Berufungsgeschichten oder: Welches sind Gottes Bilder?

Formgeschichtlich[1] folgen die *Erscheinungs-* und *Berufungsgeschichten* einem typischen Aufbau von fünf Einzelmomenten: am Anfang steht eine göttliche Erscheinung (1), gefolgt von einer Anrede bzw. einem Auftrag (2); der Empfänger der Offenbarung wehrt sich zunächst dagegen, von Gott in Dienst genommen zu werden, denn er fühlt sich unfähig, schuldig und voller Angst (3). Daraufhin wiederholt und verschärft Gott seinen Befehl (4), unterstreicht aber seine Bereitschaft, dem Diener seines Auftrags schützend und helfend zur Seite zu stehen (5). Dieser Aufbau ist so *stereotyp*, daß er eine Erscheinungs- und Berufungsgeschichte auf klassische Weise charakterisiert, obwohl kleinere Abweichungen in Einzelfällen natürlich vorkommen mögen. Ein solch feststehender formaler Schematismus des Aufbaus muß indessen in historisch-kritischer Sicht von vornherein gegen die historische Wahrscheinlichkeit derartiger Erzählungen sprechen, und wie fast immer bei dieser Methode, enden die hypothetischen Rekonstruktionsversuche der geschichtlichen Wahrheit hinter den einzelnen Berichten auch hier mit der üblichen vagen Feststellung, bestimmte historische Erfahrungen, die nicht weiter bestimmbar seien, könnten vielleicht den Anlaß

[1] Zur Art der Berufungserfahrung eines Propheten durch persönliche Gottesanrede und Vision vgl. G. v. Rad: Theologie des Alten Testamentes, II 62–82. Besonders deutlich ist der Aufbau der Berufungsgeschichten in Jer 1,1-19 zu erkennen; vgl. A. Weiser: Der Prophet Jeremia, (ATD 20) 1-11, der freilich nicht formgeschichtlich argumentiert.

dieser Erzählungen gebildet haben, insgesamt aber werde an ihnen wohl die spätere Erfahrung des Gottesboten (bzw. seiner Schüler) in einer Anfangsszene verdichtet, die als Teil das Ganze vorwegnehme und in sich enthalte[2].

Setzen wir dieses Ergebnis der historisch-kritischen Methode als Resultat voraus, so stellt sich das hermeneutische Problem der Erscheinungs- und Berufungsgeschichten auf der individuellen Ebene nicht wesentlich anders dar, als wir es auf der kollektiven Ebene bereits bei den Urzeitmythen und Anfangserzählungen gesehen haben (vgl. I 313 ff.): während die historische Wirklichkeit in diesen Erzählungen bis zur Unkenntlichkeit verformt erscheint, indem sie nur den Anlaß oder den Stoff zu einer symbolischen Verdichtung bildet, verrät die *Symbolsprache* dieser Erzählungen, wenn man sie in ihrer Eigenart zu verstehen sucht, zumeist eine bleibend gültige Aussage über das Wesen eines Menschen oder eines Sachverhaltes. Gerade angesichts der Stereotypie der Erscheinungs- und Berufungsgeschichten stellt sich die Frage dann nicht nach dem historischen, sondern nach dem wesentlichen Hintergrund, der einen Menschen, wenngleich unter den einmaligen Bedingungen seiner Zeit und seiner Situation, doch immer wieder in vergleichbarer Weise dazu drängt, die Welt der äußeren Festlegung, die Definitionen seines bürgerlichen Daseins, zu verlassen und seiner wahren Bestimmung, der eigentlichen Berufung seines Lebens, zu folgen.

Indessen gibt es in den Erscheinungs- und Berufungsgeschichten ein Moment, das im Leben der Visionäre und Propheten auch in historischem Sinne als absolut zutreffend betrachtet werden muß: Stets schildern die Erscheinungsberichte die Vision als Vorgang eines *plötzlichen* Durchbruchs, als ein anfallartiges Überwältigtwerden von einer tieferen Erfahrung der Wirklichkeit, und gerade so ist es für ein echtes Visionserleben kennzeichnend.

Um das Plötzliche, Einbruchartige der Erscheinungserlebnisse zu begründen, bedarf es, psychologisch gesehen, eines starken Aufstaus affektiver Regungen, wie es L. SZONDI der Psychodynamik nach zutreffend im Gestaltbild des *«Paroxysmaltriebs»* beschrieben hat. SZONDI verstand unter dem Paroxysmal- oder Überraschungstrieb die Neigung, bestimmte Affekte bis zur anfallartigen Steigerung (eben bis zum «Paroxysmos») zurückzuhalten und zu hemmen. Als Ziel des Paroxysmaltriebes muß von der Tierpsychologie her die Überraschung eines möglichen Feindes gelten, wobei entweder der *Totstellreflex*, der *Bewegungssturm* oder der *Farbwechsel* zur Gefahrenabwehr benutzt wird. Während diese drei Schutzbewegungen im Tierreich jedoch zur Vermeidung einer äußeren Bedrohung verwandt werden, schützt der Mensch sich mit ihrer Hilfe zumeist gegen innere gefahrbringende Gefühlsbewegungen. «Der Mensch», meinte SZONDI, «kann sich ja auch schockartig ‹totstellen› und gelegentlich in

[2] Der historische Wert solcher Berufungserzählungen ist also in etwa einer «Deckerinnerung» vergleichbar; vgl. Tiefenpsychologie und Exegese, I 350ff.

Ohnmacht fallen, des öfteren, um den Feind nicht töten zu müssen (Epilepsie). Oder er schlägt mit theatralischen Bewegungen um sich (Hysterie, Hysteroepilepsie) und schützt sich vor einem massiven Angriff (sc. der eigenen Triebimpulse, d. V.) durch Erblassen oder Erröten.»[3] Näherhin besteht der Überraschungstrieb aus zwei Faktoren: dem epileptiformen Faktor «e», der die groben Affektkräfte (wie Wut, Haß, Zorn, Rache, Neid, Eifersucht) bis zum Bersten aufstaut, um sie dann explosionsartig zu entladen, und dem hysteriformen Faktor «hy», der die feineren Affekte (wie Ekel, Scham, moralische Wertungen, Sehnsucht nach Liebe und Zärtlichkeit) bis zur Unkenntlichkeit bzw. bis zur Bewegungslosigkeit vor den anderen verbirgt, um sie dann in einer Explosion des Geltungsdrangs und Sich-zur-Schau-Stellens nach Art eines Bewegungssturms abzureagieren. Entscheidend ist nun der plötzliche Wechsel zwischen dem «Vorder-» und «Hintergänger», die abrupte Umkehrung des Persönlichkeitsbildes, indem plötzlich, wie auf einer Drehbühne, die verdrängten Teile des seelischen Hintergrundes in den Vordergrund treten. Anfallartig kann in solchen Momenten aus dem Mörder Saulus ein Paulus werden oder umgekehrt aus einem Abel ein Kain, aus dem Mann Moses, der den Ägypter im Jähzorn erschlägt, der Mann, der das Gebot erläßt: «Du sollst nicht töten» – etc.[4].
Vor allem für die *Epilepsie* ist der plötzliche Anfall charakteristisch, und mit einer gewissen Berechtigung hat man denn auch besonders in den Visionserlebnissen der Schamanen (oder z.B. in der Berufungsvision des Paulus) einen epileptiformen Zug erkennen wollen. In der Tat beginnt der epileptische Anfall nicht selten mit einem Gefühl der Entrücktheit, einer weltumspannenden Verbrüderung und Harmonie, einer universellen Versöhnung, indem alle aggressiven Kain-Impulse vom Bewußtsein abgespalten und bis zu mörderischer Intensität aufgestaut werden, um sich im Anfall am eigenen Körperich wie ein einschlagender Blitz zu entladen. Zumeist wird ein solcher Anfall von einer *Aura* eingeleitet, die «am häufigsten in irgendwelchen Paraesthesien, einem Schmerz, einem Gefühl von Kälte oder sonderbaren Empfindungen im Magen» besteht, «dann in eigentlichen Halluzinationen, namentlich des Gesichtes ... Die Visionen haben oft die Neigung, auf den Patienten zuzukommen und immer größer zu werden»[5]. «In der Angst findet sich der Kranke in der Hölle und sieht die Teufel; in Wonnestimmungen wird er unter Verzückung in den Himmel aufgenommen.»[6] Aber die alles entscheidende Frage lautet hier nicht anders als bei allen Visionserlebnissen, wie dieser Befund solcher «Halluzinationen» zu deuten und zu bewerten ist.

[3] L. Szondi: Lehrbuch der experimentellen Triebdiagnostik, I 102.
[4] A.a.O., I 103.
[5] E. Bleuler: Lehrbuch der Psychiatrie, 332.
[6] A.a.O., 343.

An sich ist das Feld der Visionen weiter als das epileptiforme Erleben, und nur das Anfallartige vieler Visionserlebnisse weist eine gewisse Verwandtschaft zur Epilepsie auf. Versteht man unter «Halluzinationen» «Wahrnehmungen ohne entsprechenden Reiz von außen»[7], so sind alle Visionen letztlich nichts anderes als «Halluzinationen», und es ist gerade diese Abweichung von der äußeren Realität, die das Visionserleben in die Nähe des Wahnhaften rückt bzw., in chronifiziertem Zustand, bereits das Hauptmerkmal eines psychotischen Erlebens abgibt. So gilt die psychiatrische Definition: «Visionen, die nicht an bestimmte Objekte knüpfen, sind unzweifelhaft Halluzinationen.»[8] Gleichwohl gilt diese Definition nur für den außenstehenden Beobachter; denn in der Halluzination selbst besteht gerade der Eindruck, daß die wahrgenommenen Erscheinungen, Stimmen, Gerüche und Empfindungen der äußeren Wirklichkeit entstammen. Die «Projektion nach außen», die «Lokalisation an einen bestimmten Ort» geschieht *unbewußt* und «ist für die Patienten meist außer Diskussion»[9]. «Der *Realitätseindruck* der Halluzinationen läßt meist nichts zu wünschen übrig: was die Kranken sehen und hören, ist für sie unangreifbare Wirklichkeit, und wenn Halluzinationen und Realität sich widersprechen, so erscheint dem Patienten meist das, was uns Realität ist, als das Unwirkliche. Es nützt nichts, einem Kranken, der aus dem Nebenzimmer Stimmen hört, durch Augenschein zu beweisen, daß niemand darin ist; die Redenden sind eben hinausgegangen oder in den Wänden, oder sie sprechen durch unsichtbare Apparate.»[10] Intelligente Patienten können durch den Konflikt zwischen den halluzinatorischen und realen Wahrnehmungen zu den kompliziertesten Erklärungen und Systembildungen veranlaßt werden, indem sie die Erscheinungen, Stimmen und Empfindungen auf den Einfluß von Strahlen, Radar-Apparaten, Vergiftungen in der Nahrung, hypnotischen Einflüssen u.a. zurückführen. «Manche, die ihre Gedanken von anderen gekannt wähnen, meinen ‹durchsichtig› zu sein. Wieder andere glauben, im Stimmenhören eine besondere Fähigkeit erlangt zu haben».[11] Bei den Gehörshalluzinationen können die Stimmen alles ausdrücken, «was den Menschen bewegt: er wird geschmäht, beschimpft, bedroht, hört den Jammer mißhandelter Angehöriger; andererseits erhält er beglückende Verheißungen, Befehle usw. Er kann sich mit den Stimmen in ein Zwiegespräch einlassen, braucht aber nicht laut mit ihnen zu reden, sie antworten auch auf seine Gedanken. Aus beliebigen Distanzen, durch alle möglichen Hindernisse verbinden sie sich mit ihm auf geheimnisvollen Wegen, durch eigens dazu erfundene Apparate. Die Stimmen reden nicht nur, sie elektrisieren ihn, vergiften ihn, machen

[7] A.a.O., 30.
[8] A.a.O., 30.
[9] A.a.O., 30.
[10] A.a.O., 31.
[11] A.a.O., 32.

ihm Gedanken usw.; sie werden zu Personen verkörpert, die sich mit ihm beschäftigen»[12].
Als Ursache der Halluzinationen können cerebrale Reizzustände in Frage kommen, wie sie durch exogene Vergiftungen, z.B. durch Cocain, Mescalin, Weckamine u.a., hervorgerufen werden. Immer wieder hat man bei den Visionen der Schamanen auch auf den Faktor des Drogenkonsums hingewiesen, aber die *elementaren Halluzinationen*, die auf diese Weise erzeugt werden, bieten meist nur den Eindruck elementarer Sinnensempfindungen (wie Klopfen, Rauschen, Blitzen, Funkensehen etc.) und kommen zum Verständnis eigentlicher Visionen nur begrenzt in Frage. Wichtiger zum Verständnis der Visionen sind deshalb die *psychogenen Halluzinationen*, bei denen der Eindruck des Traumhaften überwiegt, indem in ihnen starke Affekte bestimmte Vorstellungen erzeugen, sowie, in fließendem Übergang, die *schizophrenen Halluzinationen*, in denen bestimmte Affekte als dem eigenen Ich nicht zugehörig abgespalten und dann als fremde, aufgezwungene, künstlich von außen arrangierte Erlebnisse erfahren werden[13].
All die verschiedenen halluzinogenen Faktoren können im Einzelfall zur Erzeugung einer Vision zusammenwirken, und es ist unerläßlich, diese kausale psychologische (und hirnphysiologische) Seite der Visionen vor Augen zu haben, um theologisch nicht einem puren Supranaturalismus der Deutung zu verfallen. Andererseits aber ist bereits deutlich, daß eine rein kausale Betrachtung weder den Sinn noch die Bedeutung von Visionen (und Auditionen) im menschlichen Erleben zu verstehen vermag, und noch weniger dürfte sie ausreichen, um den eigentlich religiösen Gehalt bestimmter Visionen zu begreifen.
Solange man in der angegebenen Weise von den Halluzinationen als Verfremdungen der Wirklichkeit spricht, scheint die Welt des Wahns von der Welt der «Wirklichkeit» wohlgetrennt zu sein. In der «Wirklichkeit» ist ein Haus ein Haus, ein Tisch ein Tisch, ein Unterhemd ein Unterhemd – wer etwas anderes darin oder dahinter sieht, lebt nach dieser einfachen Festsetzung in einer irrealen, folglich wahnhaften Welt. Indessen mag eine solche Einteilung von gewissem Nutzen sein, wenn man mit einem Bagger die Fundamente eines Hochhauses ausschachten, ein Zimmer dekorieren oder einen Einkauf tätigen will. Ein großer Schaden aber entsteht, wenn man diese im Umgang mit Sachen und Gegenständen scheinbar so erfolgreiche und zweckdienliche Einstellung auch auf den Umgang mit Menschen glaubt übertragen zu können. Für den Menschen ist es *wesentlich*, seine Seele in poetischer Weise mit den Dingen auszutauschen, und mehr noch als zum praktischen Umgang bedarf er ihrer, um sich in ihnen selber auszudrücken, mitzuteilen, darzustellen und bewußt zu werden. Die Wahrheit der mythischen Weltbetrachtung gilt psychologisch uneinge-

[12] A.a.O., 33.
[13] A.a.O., 34.

schränkt: der Symbolismus der Dinge ist unendlich viel wichtiger als ihr materieller Gebrauchswert; zerstört man den symbolischen Gehalt der «Dinge», so zerstört man zugleich die Seele des Menschen; man raubt ihr die Möglichkeit, sich in Bildern der Welt auszusprechen, und wenn sie schließlich verstummt ist, beginnen zu ihr die Dinge selber zu reden. Was dann als «Wahn» erscheint, stellt im Grunde nur den verzweifelten Versuch dar, inmitten einer seelenlosen, toten Welt die Seele wiederzufinden. Der «Wahn» liegt nicht darin, an die universelle Beseeltheit und die hintergründige Schönheit der Dinge zu glauben, der Wahn entsteht durch den brutalen Aberglauben des rein vordergründigen Realismus einer Welt der Inbesitznahme, der Ausbeutung, des seelenlosen «Machens» – und der Angst.

Auch dies gehört zur Welt der äußerlichen Aneignung, daß sie das menschliche Verhalten vom ersten Moment an in einen ständigen Dirigismus äußerer Gebrauchsanweisung einengt. Es ist in einer solchen Welt kein Platz für die Entfaltung eigener Gefühle – stets haben die Dinge, die Umstände, die vorgefertigten Umgangsformen als das Bedeutende zu gelten, die eigene Person hingegen hat wie plastisches Rohmaterial allseits verfügbar und knetbar zu sein. Statt eines Ichs, das sich entfalten und aussprechen könnte, bildet sich unter diesen Voraussetzungen nur ein Ensemble verselbständigter, in sich widersprüchlicher, mechanisch ablaufender Zwangsvorschriften und abgespaltener Triebimpulse. Innerhalb des psychotischen Erlebens beginnt dieser scheinbar so normale Zustand, in dem alle anderen scheinbar das Sagen haben, immerhin als eine unerträgliche Qual bewußt zu werden; das Ich beginnt sich zu wehren, es möchte selber sein Leben auslegen und ausleben dürfen, und wenn in der Psychose die eigenen Familienangehörigen, bestimmte Bekannte, die Nachbarn pausenlos von allen Seiten auf das ohnmächtige Ich einzureden scheinen, so spiegelt dieser «Wahn»-Zustand für gewöhnlich nur wider, was in der Welt des äußeren «Realismus» jederzeit für ganz normal gilt. Der Wahn des Alltagsrealismus in der Psychose ist es gerade, der überwunden werden soll.

Mit großem Recht hat man deshalb die Psychose als eine Art spontaner Selbstheilung betrachtet und sie als eine umgekehrte Psychoanalyse interpretiert[14]. Die Visionen und das Stimmenhören in der Psychose entsprechen in der Tat voll-

[14] Vgl. P. Federn: Zur seelischen Hygiene des psychotischen Ichs, in: Ichpsychologie und die Psychosen, 175, wo Federn der Auffassung Freuds widerspricht, die Psychose entstehe durch eine regressive libidinöse Besetzung des Ichs bzw. durch eine narzißtische Abwehr der Außenwelt: stattdessen schlägt Federn vor, die Psychose als eine «Niederlage des Ichs» zu begreifen, «das aufgehört hat, sich gegen die Wirkung von Triebforderungen und äußeren Konflikten (besser: Überich-Forderungen!, d. V.), die von diesen herrühren, wehren zu können.» Der schizophrene Prozeß bestehe in einem «Verlust der seelischen und körperlichen Ichgrenzbesetzung». Oder anders ausgedrückt (S. 182): «Man ist erstaunt, wie gut Psychosenkandidaten sofort verstehen, daß ihre Störung ihr Ich und ihre Ichgrenze betrifft ... – Es kommt ihnen zum Bewußtsein, daß ihr Ich zum Teil auf einer früheren Stufe verblieben ist und daß sie danach Verlangen tragen, auf dieser

kommen der analytischen Arbeit an den Träumen und an den Erinnerungen der Vergangenheit, nur gewissermaßen in umgekehrter Antriebsrichtung. In einer psychoanalytischen Therapie ist es das Ich, das seine Träume aus der Unterwelt des Unbewußten hervorruft, um die Schatten seines verdrängten Lebens nicht länger mehr zu fürchten, sondern zum Leben zuzulassen; auf Schritt und Tritt wird dabei anhand der Traumbilder selbst sowie der sie begleitenden Assoziationen deutlich werden, wieviel von der (frühkindlichen) Vergangenheit unbemerkt in die Gegenwart schicksalhaft hineinreicht; zudem zeigt die Analyse der wechselseitigen Übertragungen zwischen einem Klienten und seinem Therapeuten, welche Haltungen, Erwartungen und Reaktionsbereitschaften aus der Vergangenheit her den Rapport zu der gegenwärtigen Situation verstellen können.
In der Psychose ist es umgekehrt das Unbewußte, das in einer gewaltsamen Selbstbefreiung sich den Weg zum Bewußtsein verschafft, sei es, weil der Widerstand des Ichs durch eine momentane Schwächung zu gering geworden ist, um dem Andrang der unbewußten Seelenkräfte standzuhalten, sei es, weil eine akute Krise, vor allem der drohende Verlust einer Person, an deren Liebe das Ich seine Selbstachtung sehr stark gebunden hat, eine Rückkehr zu früheren Zuständen der Ichorganisation erzwingt, in der die jetzt verlorene Person durch ihre Vorgänger ersetzt wird. Was in der Psychoanalyse langsam, im Verlauf von Jahren, unter möglichster Wahrung der Ichkontrolle stattfindet, das ereignet sich in der Psychose plötzlich und anfallartig, furchtbar und gefährlich wie eine Hochwasserüberschwemmung. Die Psychose ist selbst so etwas wie eine erzwungene Analyse, indem sie das unbewußte Material wie von selbst an den Tag spült, während die Analyse einer Art künstlicher Psychose gleicht, wobei das Bewußtsein der Künstlichkeit nie ganz verlorengeht.
Drei Einsichten, die hermeneutisch von Belang sind, lassen sich aus diesem Sachverhalt für das Verständnis der Erscheinungsberichte gewinnen.
Zum ersten versteht man den Widerstand, die Angst, die Hilflosigkeit, die in den Visionsberichten seitens des Menschen gegenüber seinen Gesichten immer wieder geschildert werden; weitab, eine rein schriftstellerische Manier zu sein, bildet *der Typos des Widerstandes* in den Erscheinungs- und Berufungsgeschichten den Reflex einer psychologischen Notwendigkeit; denn es handelt sich um

Stufe zu verharren oder zu ihr zurückzukehren. Sie lernen, daß die spätere Ichentwicklung nicht gänzlich ausgeblieben ist, daß es aber für sie viel leichter ist, in einem unreifen Zustande zu verharren; dies ist die defensive Seite der Schizophrenie. Diese Individuen haben jedoch auch die Bedürfnisse reifer Menschen oder zumindest ein Bedürfnis, die Ansprüche reifer Menschen nachzuahmen. Daher sind Konflikte und sonderbares Verhalten unvermeidlich, ist doch ihr Begreifen und emotionales Empfinden auf der Stufe des Pubertätsalters oder der Kindheit verblieben.» Die Konzeption P. FEDERNS ist für das Verständnis und die Behandlung der Psychose bahnbrechend gewesen; sie widerspricht dem, was FREUD vor Augen hatte, an sich nicht, läßt aber gewissermaßen erst erkennen, was an der FREUDschen Auffassung der Psychose als Regression der Libido berechtigt ist.

einen Vorgang, bei dem das Ich gewissermaßen seine Grenzen verliert und wie eine Zelle mit zu dünner Membran schutzlos allen Einflüssen des Unbewußten ausgeliefert ist. Das Gefühl dieser Entgrenzung erzeugt die tiefste Angst, der das menschliche Bewußtsein ausgesetzt sein kann: die Angst, unwiderstehlich die eigene Identität zu verlieren. Deshalb der Eindruck tödlicher Überwältigung und grenzenloser Ausgesetztheit, einer Angst, wie sie ein Tier empfinden mag, wenn es unrettbar von allen Seiten von seinen Feinden umstellt ist. Unabhängig von einem solchen psychologischen Verständnis des Widerstandes im Berufungserleben könnte nur die oft wiederholte «theologische» Deutung übrig bleiben, die vor allem im Protestantismus sehr beliebt und geläufig ist: daß immer, wenn Gott zum Menschen rede, es wie eine absolute Infragestellung und Herausforderung des Menschen erscheinen müsse (I 31 ff.); in Wahrheit legt eine solche Theologie der Berufung jedoch eine Heteronomie des Gottesbildes nahe, die der tiefen Menschlichkeit der Visionsberichte geradezu widerspricht.

Zum zweiten versteht man, daß die Visionserzählungen in sich selber nur als *verdichtete Symbole*, nicht als (verfälschte oder fehlerhafte) Geschichtserzählungen zu interpretieren sind. Gerade weil das Visionserleben in sich selbst eine autonome Freisetzung der seelischen Symbolsprache darstellt, gibt es für eine adäquate Beschreibung eines solchen Vorgangs nur das Mittel der symbolischen Nachdichtung. Um die Bedeutung der dargestellten Szene zu verstehen, muß man zur Übersetzung erneut zu dem Kunstgriff der interpretativen Zeitzerdehnung greifen (vgl. I 218 ff.), d.h. man muß sich vorstellen, daß die Erfahrungen, die im Visionserleben auf einen einzigen kurzen Augenblick komprimiert sind – der dann zum Thema eines ganzen Lebens werden kann – umgekehrt im «normalen» Leben viele Jahre der Reifung in Anspruch nehmen können, innerhalb deren eine bestimmte innere Gestalt nach und nach an Kontur gewinnt.

Bereits während einer psychoanalytischen Therapie wird in der Regel eine längere Zeit verstreichen, bis die Träume der Nacht sich dem Leben des Tages einzuprägen vermögen, selbst wenn ein entsprechender Leidensdruck und die Intensität der persönlichen Beziehung den analytischen Prozeß in der Therapie noch relativ rasch gestalten können; im «normalen» Erleben wird man die Entdeckung einer wachsenden seelischen Verinnerlichung, meist jenseits der Lebensmitte, nur allmählich zu spüren bekommen und erst nach und nach merken, daß alles Äußere nur als Symbol, als Innenbild der Seele, als poetischer Ausdruck und Mittel des Austauschs unter Personen, Bedeutung und Wert besitzt: Das Haus, das man baute, bietet nicht in sich selbst schon eine Gewähr, zuhause zu sein, und es ist mehr ein symbolischer Auftrag für die Gestaltung des weiteren Lebens denn ein fertiger Besitz; die Wohnung, die man einrichtete, wird wohnlich nicht durch die Möbel, sondern durch das seelische Klima, und wiederum sind die Dinge nichts weiter als ein symbolischer Hinweis, wenn sie an dem wirklichen Leben teilnemen sollen; die Kleidung, die man kaufte, macht einen Menschen nicht schon durch sich selbst ansehnlicher, denn entweder unterstreicht sie den Charakter einer Persönlichkeit, oder sie bildet einen geradewegs lächerlichen Kontrast dazu. Mit einem Wort: in allen Dingen muß das Leben eines Menschen sich selbst symbolisch wiederfinden können, oder es entartet in seiner Äußerlichkeit und lebensfeindlichen Engstirnigkeit zu einer Form terroristischen Wahnsinns. In diesem Sinne ist die Psychose nur die Manifestation eines Lebens, das kein Leben ist, bzw. sie ist die Selbstheilung von einem «Realitätsverständnis», das in seiner Stumpfheit selbst wahnsinnig ist und nichts als Wahnsinn wirken kann. In der Psychose stellt sich stellvertretend dar, was weniger anfallartig und unfreiwillig die Aufgabe eines ganzen Lebens bilden sollte: die Welt der Gegenstände symbolisch zu beleben und die Seele, bereichert um den Inhalt ihrer Bedeutungen, wieder aus ihnen zurückzurufen.

Damit kommen wir zu dem *dritten* und wichtigsten Punkt der Hermeneutik von Visionsberichten: zu der Frage nach dem *Wahrheitsgehalt* der «Halluzinationen».

F.M. DOSTOJEWSKI, der selbst jahrzehntelang an hysteroepileptischen Anfällen zu leiden hatte[15], schreibt in seinem Roman *«Der Idiot»* einmal von der «Aura», die dem epileptischen Zustand des *Fürsten Myschkin* vorausgeht: «Das Empfinden des Lebens und das Selbstbewußtsein verzehnfachten sich fast in diesen Augenblicken, die nur die Dauer eines Blitzes hatten. Verstand und Herz wurden von einem ungewöhnlichen Licht durchdrungen, alle seine Zweifel und alle seine Unruhe schienen sich auf einmal zu besänftigen und in eine höhere Ruhe aufzulösen, die von einer hellen harmonischen Freude und Hoffnung und von der Vernunft und der Erkenntnis der Endursachen erfüllt war. Diese lichten Momente waren aber nur die Vorahnung jener endgültigen Sekunde (es dauerte nie mehr als eine Sekunde), mit welcher der Anfall selbst begann. Diese Sekunde war natürlich unerträglich. Wenn er später, wieder in gesundem Zustande, über diesen Augenblick nachdachte, sagte er sich oft, daß dieses ganze blitzartige Aufleuchten des höheren Selbstgefühls und Selbstbewußtseins und folglich auch ‹des höheren Seins› nichts anderes als Krankheit, als Aufhören des normalen Zustandes sei; in diesem Falle könnte das aber gar nicht ein höheres Sein genannt werden, sondern müßte im Gegenteil zu den niedrigsten Momenten des Lebens gezählt werden. Und doch gelangte er endlich zu folgendem außerordentlich paradoxen Schluß: ‹Was folgt denn daraus, daß es eine Krankheit ist?› fragte er sich, ‹wen geht es etwas an, daß diese Spannung anormal ist, wenn das Resultat selbst, wenn der Augenblick dieser Empfindung, im gesunden Zustand betrachtet und ins Gedächtnis zurückgerufen, sich als im höchsten Grade harmonisch und schön erweist und ein bis dahin nie gekanntes Gefühl der Fülle, des

[15] Zur *Epilepsie* DOSTOJEWSKIS vgl. A. GRIGORJEWNA: Erinnerungen der Anna Grigorjewna Dostojewski, 92; 102–104; DIES.: Das Tagebuch der Gattin Dostojewskis, 159; 228.

Gleichmaßes, der Versöhnung und des begeisterten, an ein Gebet erinnernden Aufgehens in die höchste Synthese des Lebens ergibt?› Diese nebelhaften Ausdrücke erschienen ihm selbst sehr gut verständlich, wenn auch nur zu schwach ... Er konnte nicht zweifeln und auch keinerlei Zweifel daran zulassen, daß das tatsächlich ‹Schönheit und Gebet› und ‹die höchste Synthese des Lebens› sei.»[16]

Nimmt man diese Darstellung DOSTOJEWSKIS beim Wort, so kann man das Erleben der epileptischen Aura unzweifelhaft als eine zutiefst *religiöse* Erfahrung deuten – als Manifestation einer wesenhaften Wahrheit, die in einem solchen Augenblick aufbricht und deren Inhalt in dem Gefühl gipfelt, sich selber ganz zu gehören und zugleich mit der ganzen Welt in dem Empfinden einer universellen Liebe verbunden zu sein. Wir erinnern uns, dem gleichen Eindruck bereits bei der Schilderung des schamanistischen Visionserlebens begegnet zu sein, und tatsächlich verstehen wir jetzt, wie eng in der schamanistischen Traumberufung Erkrankung und Heilung ineinander übergingen, indem die Berufung selber zumeist die Genesung von einer tiefen seelischen Krise bewirkte. Wenn es das Ziel der analytischen Psychotherapie ist, in den Traumbildern der Nacht das eigene Wesen wiederzuerkennen und als lebensmächtig anzuerkennen, so lassen die Berufungsvisionen sich so deuten, daß in ihnen die eigene Wesensgestalt aufscheint und sich zu Heil (oder, im Falle der Ablehnung, zu Unheil) dem eigenen Leben aufnötigt; denn dieser erscheinenden Wesensgestalt zu folgen, wird fortan zum Inhalt und zur Bestimmung des ganzen Daseins. Erst von daher ist es wirklich verständlich, daß die Erscheinungsgeschichten fast immer auch zugleich Berufungsgeschichten sind. Der Grund dafür liegt nicht in einer «antiindividualistischen» Tendenz der Gotteserfahrung, wie man in der neueren Exegese immer wieder gern betont hat, um jeden «Heilsegoismus» theologisch von vornherein abzuweisen, sondern es verhält sich gerade umgekehrt: weil ein Mensch anderen überhaupt erst dann etwas Wesentliches und Unbedingtes mitzuteilen hat, wenn er in sich selbst sein eigenes Wesen als unbedingte Forderung des Lebens zu erkennen gelernt hat, deshalb bedarf es der Bilder der Innenwelt, um nach außen hin etwas Wahres wirken zu können.

Auf der Suche nach einem einfachen Beispiel für die Erscheinung der eigenen Wesensgestalt legt sich ein Bild nahe, das A. DE SAINT-EXUPÉRY zur Verdeutlichung der inneren Berufung des Menschen zur Freiheit aufgezeichnet hat[17]: «Wenn die Wildenten zur Flugzeit über das Land streichen, erzeugen sie sonderbare Wirkungen. Die zahmen Enten versuchen ungeschickte Sprünge, geheimnisvoll angezogen von dem großen Winkel, den der Schwarm da oben am Himmel bildet. Der wilde Schrei hat in ihnen eine Spur von Wildheit erweckt.

[16] F. M. DOSTOJEWSKIJ: Der Idiot, 217.
[17] A. DE SAINT-EXUPÉRY: Wind, Sand und Sterne, in: Ges. Schriften I 326.

Für eine Minute werden die Bauernenten wieder Zugvögel. In dem kleinen harten Vogelkopf, in dem nur bescheidene Bilder von Teichen, Würmern und Geflügelhöfen lebten, entwickeln sich Weiten von Erdteilen, Freude am freien Wind, an den Gestaltungen der Meere. Das Tier hat vorher keine Ahnung, daß in seinem Kopf Raum für so viele Wunder war. Nun schlägt es mit den Flügeln, verachtet die Körner und die Würmer und will eine Wildente sein.» Gerade so, als ein Aufdämmern der eigentlichen Bestimmung nach Jahren der Entfremdung und Gefangenschaft, wird man das visionäre Erleben in den Erscheinungs- und Berufungsgeschichten deuten müssen.

Wenngleich formal eine Legende, gibt es in der Bibel wohl kein besseres Bild zur Charakterisierung der psychischen Eigenart und Wirkung des Visionserlebens als die Erzählung von der wunderbaren *Befreiung des Petrus* aus dem Gefängnis in *Apg 12,1-19*, vorausgesetzt, man sucht gerade in dieser Erzählung nicht nach historischen Relikten der frühen Kirchengeschichte[18], sondern nimmt die symbolische Gestalt dieser Perikope als gültige Ausdrucksform ihrer Wahrheit an. Jenseits der legendären Einkleidung geht es dann nicht um das Schicksal eines Mannes, der vor 2000 Jahren beinahe das Opfer der frivolen Politik des Herodes geworden wäre, sondern um das Bild einer inneren Gefangenschaft bzw. um das Portrait eines Lebens, das sich so empfinden muß, wie es die Erzählung von Petrus schildert: ein Leben, das allseits bewacht und kontrolliert wird und nur noch dem sicheren Tod entgegendämmert, das sich als bloßen Spielball von Zwang und Gewalt empfindet und unentrinnbar dem tödlichen Spott der Menge ausgesetzt sieht. Allein dieses Motiv bereits ist des Nachdenkens wert: wie gefesselt und eingeschnürt ein Mensch in der Gegenwart seiner Mitmenschen sich fühlen kann, als ob alle anderen nur dazu bestellt wären, das eigene Dasein einzuschnüren und zu verstellen[19]. Jeder Fluchtweg scheint abgeschnitten, eine Rettung unmöglich; und doch betet die Gemeinde der Gläubigen für den Gefangenen! Folgt man der «Legende» des Petrus an dieser Stelle, so ist dieses Beten füreinander mitunter das einzige, was Menschen tun können, um die Mauern der Angst und der Abgespaltenheit voneinander zu überwinden und eine Verbundenheit zu leben, die durch keinen Machtspruch von außen und durch keine Eingeschnürtheit von innen zu unterbrechen ist. Gleichwohl läßt sich die Freiheit von der tödlichen Angst vor den anderen als den ständigen Zuschauern und Aufsehern nicht von außen her begründen. Es ist ein wunderbares Bild, wenn die Legende von der Gefangenschaft Petri erzählt, ein Engel Gottes sei in den Kerker gekommen, um den schlafenden Apostel aufzuwecken, denn nur auf diese Weise, kraft einer inneren Vision, wird ein Mensch spüren, wie die Fesseln

[18] Vgl. H. Conzelmann: Die Apostelgeschichte, 69–71, der sich für den Ort der Gefangenschaft und die Motive der Christenverfolgung interessiert, aber den möglichen Sinn der «erbaulichen» «Legende» mit keinem Wort berührt.

[19] Vgl. die Erzählung von Mk 5,1ff., die Heilung des Besessenen von Gerasa, s.o.S. 253–256.

von ihm abfallen und die eisernen Türen sich öffnen und die Wachmannschaften blind sind gegenüber diesem neu sich zum Leben meldenden Erwachen der Freiheit. Es ist eine Zeit des Übergangs zwischen Traum und Wirklichkeit, in der Petrus den Kerker der Menschenfurcht und Menschenabhängigkeit verläßt, eine Phase der Umwertung aller Begriffe, in der die vormals so eindeutig festgelegte und sicher gefügte Welt aus Eisen und Stein, aus lähmender Angst und bleierner Müdigkeit, sich rückblickend als ein böser Spuk erweist, als ein bloßer Alptraum, der im Morgendämmern verfliegt, während doch die neue Wirklichkeit noch wie schemenhaft in Nebenschleiern sich verhüllt, mehr Ahnung noch als schon Gewißheit, mehr aufkeimende Hoffnung als bereits greifbare Erfahrung. Auch dieser Weg zwischen Traum und Wachen kann im «normalen» Erleben Jahre währen, in denen immer wieder die Frage sich aufdrängt, was denn nun «wirklich» gilt. Alles zuvor Gelernte erscheint jetzt wie haltlos und ohnmächtig; ehemals nur flüchtig Gedachtes setzt sich jetzt als wahrscheinlich und wahr; und nur eines scheint fortan ganz sicher: daß nichts mehr Geltung besitzen kann, was nur aus Angst vor dem Urteil anderer an «Bindungen» und Abhängigkeiten hingenommen und geduldet wurde, daß in alle Zukunft kein Mensch mehr die Macht besitzen wird, in das eigene Leben wesentlich hineinzuregieren, und daß es nunmehr nur noch einen Befehl und eine Weisung geben wird, die das Leben gestalten: dem Bild des «Engels» im eigenen Herzen zu folgen, bedingungslos, wie in Hypnose, traumergeben. Denn nur im Gehorsam gegenüber dieser Vision des eigenen Herzens endet ein Leben des puren Dahindämmerns in resignierter Todverfallenheit und dem Gefühl ohnmächtiger Ausgeliefertheit an Menschenwillkür und an Menschenspott. Freilich ist auf diesem Wege der Augenblick unvermeidbar, da Petrus auf der Straße steht – allein, auf sich gestellt, ein Einzelner, ohne Rechtfertigung und Legitimation durch fremde Beauftragung; aber gerade so findet Petrus hin zu seinen Freunden, die mit ihm verbunden sind in Gebet und Gedenken. Insbesondere sie werden Mühe haben, «Petrus» in dem Wunder seiner Freiheit wiederzuerkennen und als wirklich anzuerkennen.

Alles, was eine Vision wesenhaft bedeutet und bewirkt, enthält diese kurze Erzählung von der rettenden Vision des Petrus im Gefängnis. Aber, wird man jetzt endgültig fragen müssen, was denn hat Petrus «wirklich» gesehen, als ihm der «Engel Gottes» erschien?

Es ist bereits der biblischen Theologie zu danken, daß sie, neben einer Vielzahl von Gotteserscheinungen, ebenso häufig von Erscheinungen des «Engels Gottes» berichtet; denn sie macht auf diese Weise zwar nicht systematisch-streng, aber doch bereits im Ansatz deutlich, daß ein Unterschied besteht zwischen Gott selbst und der Gestalt seiner Erscheinung. In der Tat gibt es keinen Grund, diese absolute Differenz zwischen Theologie und Psychologie im Begriff der Erscheinung zu nivellieren, und es wäre, wie schon gesagt, auch theologisch ein schwerer Fehler, in unreflektierter Weise einem reinen Supranaturalismus bzw. einem primitiven Idealrealismus zu folgen, der das in den Visionen Geschaute als eine Wirklichkeit an sich, als etwas metaphysisch in sich selber Existierendes verstehen wollte. Man würde im Gefolge einer solchen undifferenzierten Betrachtungsweise nicht allein die Ergebnisse der Psychologie und Psychiatrie in der Erklärung des Visionserlebens sträflich mißachten, man würde vor allem den Visionen selbst einen Grad von Gewißheit und Sicherheit verleihen, der einer echten Gottesschau vollkommen abgeht. Gerade weil es nicht Gott selber, sondern nur Bilder sind, die dem Visionär zuteil werden, bleibt die Frage erhalten, was eigentlich das einzelne Gesicht ihm selbst und anderen mitzuteilen hat. Zudem würde man bei einer falschen Verschmelzung der Ebenen von Theologie und Psychologie die eigentliche Leistung der jüdisch-christlichen Religion wieder rückgängig machen, die u.a. gerade darin bestand, den Bereich des Göttlichen als absolut verschieden von den Vorgängen und Erscheinungen in der menschlichen Psyche zu betrachten. Es käme in der Tat einem Rückfall in den heidnischen Polytheismus bzw. einer Neuauflage der gnostischen Mythologie gleich, wollte man seelische Prozesse in der menschlichen Psyche als irreduzierbare, metaphysische Gegebenheiten interpretieren. Schließlich müßte vor allem das Ich des Einzelnen, dem bestimmte Visionserlebnisse widerfahren, bei einer derartigen «Theologie» ganze Bereiche seiner Psyche an gewisse dämonische bzw. göttliche Geistermächte abtreten, und statt daß der Glaube an Gott den Menschen aus Angst und Unfreiheit erlösen sollte, müßte er in solchem Mißverstand geradewegs als Ideologisierung und Dogmatisierung des psychotischen Erlebens gelten.

Bleibt dann aber nur die protestantische Zerstörung der Bilder, mithin die reine Psychiatrisierung und Säkularisierung der Visionserfahrungen? Auch darin läge eine schlimme Gefahr.

Es ist wahr: was dem Ich eines Menschen innerpsychisch erscheinen kann, ist Teil seiner eigenen Psyche. Erscheint ihm «Gott», so wird man zur Erklärung seiner Visionen unausweichlich an das Bild seines Vaters denken müssen; erscheint ihm die «Mutter Gottes», so wird man das Bild seiner Mutter mit seinen Erscheinungen vergleichen müssen, und im Hintergrund der Bilder von «Vater» und «Mutter» wird man die Psychodynamik von «animus» und «anima» zu bemerken haben[20]; erscheint ihm ein Engel bzw. der «Engel Gottes», so wird man an die Erscheinung des eigenen Idealbildes, an eine Manifestation der eigenen Wesensgestalt, an die Sphäre dessen, was die Ägypter die Ka-Seele nannten, zu denken haben[21]. «Gott» beschreibt dabei innerpsychisch (*nicht* me-

[20] Zur Symbolik von *animus* und *anima* vgl. Tiefenpsychologie und Exegese, I 115; 176.

[21] Zum Begriff des *Ka* in der ägyptischen Religion vgl. F. Nötscher: Altorientalischer und alttestamentlicher Auferstehungsglauben, 34–36; H. Kees: Totenglauben und Jenseitsvorstellungen der alten Ägypter, 43–55; A. Erman: Ägypten und ägyptisches Leben im Altertum, ^{2}1981, 345–347.

taphysisch!) die Einheit aller seelischen Gegensätze, die Gestalt des Selbst, die Verschmelzung von Bewußtsein und Unbewußtem[22]. Auch wenn der Teufel oder böse Geister, bzw. deren tiergestaltige Verkörperungen oder menschenähnliche Inkarnationen, dem Ich erscheinen, wird man psychologisch keine anderen Einflüsse gelten lassen können als bestimmte abgespaltene Seelenkräfte, verselbständigte Komplexe, Reaktionsbildungen auf das Erleben von Vater und Mutter u.a.m.[23]. Gerade weil die menschliche Psyche von Gegensätzen und Ambivalenzen aller Art gequält wird, ist es theologisch überaus wichtig, die Gegensatzproblematik der menschlichen Psyche *nicht* als ein Geschehen in Gott selber zu betrachten.

Eben deshalb aber ist es auch nicht möglich, den Menschen radikal mit sich allein zu lassen und so zu tun, als ob ihm an Göttern und Dämonen erscheinen könnte, was auch immer – Gott wie er an und für sich sei, habe mit all dem nichts zu tun. Es war und ist ein unendlicher Trost, den die Visionserfahrungen zu schenken vermögen, daß Gott dem Menschen nicht fern, sondern zutiefst innerlich ist. Auch und gerade wenn man anerkennt, daß die Visionserfahrungen ganz und gar den Gesetzen der menschlichen Psychodynamik folgen – nicht anders als Blitz und Regen den Gesetzen der Thermodynamik und Elektrizität –, scheint es unerläßlich, den Menschen nicht einfach nur als Spielball seiner unbewußten Triebkräfte zu betrachten bzw. das Ich des Menschen nicht überhaupt nur für einen Komplex unter anderen oder für ein illusionäres Beschreibungsmodell der Psychologie zu erklären. Keine Gefahr dürfte heute größer sein als die drohende Zerstörung der menschlichen Person durch eine Psychologie, die den Einzelnen förmlich dahin erzieht, sich selber nur noch als ein Bündel von andressierten Reflexen, verinnerlichten Objektbesetzungen und verdrängten Antrieben zu erkennen. Die Krisenerfahrungen des psychotischen Erlebens sind schlimm genug, um dem Menschen seine Ausgesetztheit und Ohnmacht gegenüber seinem eigenen Unbewußten vor Augen zu stellen; eine Psychologie, die erklärt, der Mensch sei nichts weiter als eben diese Ohnmacht, läuft auf eine nicht weniger schädliche Ideologie der Entfremdung hinaus als die theologische Dämonisierung oder Mythisierung der menschlichen Psyche, von der besonders die katholische Anthropologie nicht frei ist. Es kommt im Gegenteil alles darauf an, dem Einzelnen, wenn er aus dem Strudel des Unbewußten, aus dem Abgrund der Psychose wieder zu sich selber erwacht, mit um so größerem Nach-

[22] Vgl. Th. Mann: Joseph und seine Brüder, II 514: «Drei sind eins: Gott, Mensch und Tier. Denn vermählt sich das Göttliche mit dem Tierischen, so ist's der Mensch, wie man dem Pharao, wenn er im Feste ist, einen Tierschwanz anlegt nach uraltem Herkommen. Also, vermählt sich hinwiederum das Tier mit dem Menschen, so ist's ein Gott, und ist das Göttliche nicht anders zu schauen und zu begreifen als in solcher Vermählung ... Siehe, im Tiere findet sich Gott und Mensch, und ist das Tier der heilige Punkt ihrer Berührung.»

[23] Vgl. E. Drewermann: Der Teufel im Märchen, in: Archiv für Religionspsychologie, Bd. 15, 106–113.

druck ein Gefühl für die Wahrheit, die Schönheit, die Größe und die Reinheit seines eigenen Lebens zurückzugeben: sein Ich, seine Person, er selbst als Individuum ist das absolut Einmalige, Kostbare, Majestätische und über alles Liebenswerte, um dessentwillen alle Teilkräfte der Seele sich zusammenschließen, um es zu ermöglichen. Die Versicherung *in* und *hinter* den Visionsberichten ist entscheidend, daß mitten in aller Angst und Ohnmacht es Gott ist, der will, daß wir leben, und wenn die Visionsberichte *regelmäßig* damit enden, daß Gott seinen Beistand und Schutz auf dem weiteren Lebensweg zusichert, so darf man in diesem Zuspruch des Vertrauens das eigentliche Ziel der Visionsberichte erblikken.

Anders gesagt: Nichts in der menschlichen Psyche ist in sich selber göttlich oder teuflisch; aber es gibt Erfahrungen der Angst, in denen die menschliche Seele sich erlebt wie von Furien gejagt und wie von allen Teufeln gequält; es mag in solchen Augenblicken dem Ich selber empirisch nicht mehr mitteilbar noch erfahrbar sein, daß es einen Gott gibt, der es über den Abgrund rettet; und doch verhält es sich so, wenn irgend Wahrheit in den Visionserlebnissen steckt; rückblickend dann, gerettet, ist es nur um so wichtiger, zu sehen, daß Gott uns nahe war, auch wo wir selber uns gänzlich verlassen glaubten. Und umgekehrt: es gibt Augenblicke der Freude, in denen, wie in der Taufe Jesu, der Himmel sich zu öffnen scheint und eine Himmelsstimme uns versichert, unverbrüchlich von Gott angenommen und geliebt zu sein (Mk 1,10.11). Wann immer im Menschen seelisch etwas unheilbar zerbricht, mag es theologisch Sinn machen, zu sagen, es komme in solcher Destruktion etwas Teuflisches zur Erscheinung; und immer, wenn im Menschen etwas zu heilen beginnt und zu seiner eigenen Gestalt heranwächst, mag man theologisch darin Gott am Werke sehen. In jedem Falle aber verschmilzt der Glaube an Gott auf das engste mit dem Glauben an die Personalität des Menschen, und ein und dasselbe ist es, an Gott als Person, als weltjenseitigen Willen und ewige Liebe zu glauben und die menschliche Person als etwas Absolutes zu betrachten. Kein Mensch hätte den Mut, sich auf das Meer seines Unbewußten hinauszuwagen, wenn nicht in ihm selber Bilder angelegt wären, die ihm einen Weg zeigen hinüber zum anderen Ufer seiner ewigen Heimat.

Insofern liegt in den Visionserzählungen noch eine andere theologische Botschaft und Wahrheit, die gar nicht hoch genug zu veranschlagen ist: die Überzeugung von der Personalität des Göttlichen. Von seiten der *mystischen* Erfahrung einer inneren Verschmelzung des menschlichen Bewußtseins mit dem Göttlichen hat besonders die tiefenpsychologische Schule C. G. JUNGS die Ansicht verbreitet, die *unio mystica* sei im Grunde das Ziel oder mindestens eine überlegenere Form der *visio*, und in der Tat haben vor allem die gnostischen Systeme der Religionsgeschichte diesen Gedanken vertreten; desgleichen legen die vom *Buddhismus* entlehnten Methoden der *Meditation* die Ansicht nahe, es stelle gewissermaßen eine höhere Stufe der Frömmigkeit und Religiösität dar, die Gottheit nicht als eine vom Menschen unabhängige Person zu betrachten, sondern sie zu sehen wie die Luft, die alles umgibt und allem Leben den Atem verleiht, oder wie das Meer, in dem immer neue Wellen anbranden an das Gestade der Zeit[24]; das menschliche Ich erscheint in dieser Vorstellung wie eine Welle im Ozean[25], und es kommt sehr darauf an, den vermeintlichen Dünkel des Ichs zu zerbrechen, als ob das individuelle Bewußtsein etwas Letztes und Wesentliches darstelle[26]; als Sinn der Religion muß es unter diesen Umständen betrachtet werden, sich der Welt der äußeren und inneren Wahrnehmung immer mehr zu entleeren und durch die Sphäre der Vorstellungen und Bilder hindurchzutauchen bis zu den Zonen, in denen alle Gestaltungen ihre Eigenexistenz verlieren und die Grenzen zwischen Ich und Nicht-Ich sich auflösen. Demgegenüber hat der jüdisch-christliche Personalismus den größten Wert darauf gelegt, die eigene Individualität und Personalität so intensiv wie möglich zu be-

[24] So etwa lehrt die indische *Bhagavadgita*, IX 6–10, wo *Krishna* zu *Arjuna* sagt: «Wisse, daß in derselben Weise, wie die überallhin sich bewegende, mächtige Luft beständig im Ätherraum ... wohnt, alle Wesen in mir wohnen.» «Alle Wesen, o Sohn der Kunti (Arjuna), gehen am Ende der Weltperiode in meine Natur ein. Und am Beginn der (nächsten) Weltperiode bringe ich sie wieder hervor.» «Auf meine eigene Natur gestützt bringe ich wieder und wieder diese ganze Vielheit von Wesen hervor, welche hilflos und der Gewalt der Natur ... ausgeliefert sind.» «Und doch binden mich diese Werke nicht, o Schätzegewinner (Arjuna). Denn ich sitze gleichsam unbeteiligt da und verhafte mich nicht an diese Handlungen.» «Unter meiner Leitung bringt die Natur ... alle Dinge, bewegliche und unbewegliche, hervor, und hierdurch, o Sohn der Kunti (Arjuna), bleibt die Welt im Umlauf.» S. RADHAKRISHNAN: Die Bhagavadgita, S. 276–279. Zur Interpretation der Bhagavadgita vgl. auch H. ZIMMER: Philosophie und Religion Indiens, 339–365.

[25] Vgl. K. DÜRCKHEIM: Vom doppelten Ursprung des Menschen, 36: «Der Mensch ist zweierlei Ursprungs – himmlischen und irdischen. Aber nur dann, wenn er sich wie die Welle ihres Meer-Seins, das Blatt seines Baum-Seins und die Rebe ihres Weinstock-Seins *inne* wird als des ihm geheimnisvoll als Leben, Sinn und Heimat transzendent innewohnenden Ganzen – *weiß* er um seinen himmlischen Urpsrung als Erfahrung, Verheißung und Auftrag und braucht nicht mehr nur an ihn zu glauben.» – Es ist deutlich, daß die jonischen Naturphilosophen, ANAXIMANDER aus Milet z.B., gerade so vom «Unbegrenzten», vom *Apeiron*, hätten sprechen können. Vgl. DIELS-K.: Die Fragmente der Vorsokratiker, S. 13–14: «Anfang und Ursprung der seienden Dinge ist das *Apeiron*. Woraus aber das Werden ist den seienden Dingen, in das hineingeschieht auch ihr Vergehen nach der Schuldigkeit» (Fr. 1).

[26] Vor allem im *Buddhismus* gilt die Auflösung der Egozentrik als Hauptanliegen von Meditation und Lebensführung. Aber die Gefahr dieses Ansatzes zeigte sich schon im 1. Jh. v. Chr., wenn z.B. der berühmte *«Milinda-panha»* des Mönchs NAGASENA die Existenz eines Ichs mit metaphysischen und erkenntnistheoretischen Argumenten als pure Illusion zu erweisen suchte. Vgl. H. v. GLASENAPP: Die Philosophie der Inder, 326–327; vgl. H. ZIMMER: Philosophie und Religion Indiens, 458: «Die Seele, das Individuum ist nichts weiter als ein Komplex flüchtig dauernder Daseinsabschnitte.» – Auch für die *Psychoanalyse* bleibt es ein Hauptproblem, ob sie dem Anliegen FREUDS (freilich ohne dessen Rationalismus und methodischen Atheismus) folgen will: «Wo Es war, soll Ich werden» (Neue Folge der Vorlesungen, XV 86), oder ob sie mit J. LACAN: Das Ich in der Theorie Freuds und in der Technik der Psychoanalyse, 54, das «Ich als imaginäre Funktion ... nur als Symbol» begreifen will. «Man bedient sich des Ich», versichert LACAN, «wie der Bororo sich des Papageis bedient. Der Bororo sagt, *ich bin ein Papagei*, wir sagen, *ich bin Ich*. All das hat keinerlei Bedeutung. Die Hauptsache ist die Funktion, die das hat.» Mit gewissem Recht allerdings schlägt LACAN in seinen Darlegungen die Brücke zu HEGEL (S. 94–100), und er müßte eigentlich eher auf C. G. JUNG, den er offensichtlich nicht wirklich kennt, als auf FREUD zurückgreifen.

tonen[27], nicht um einem ungehemmten Egoismus und einer zügellosen Egozentrik das Wort zu reden, sondern in der Überzeugung, daß der Mensch mehr ist als eine Muschel am Strand, als ein Blatt am Baum, als eine Schneeflocke im Sturm oder als ein Atemhauch im Winter. Mag auch die Zone des bewußten Ichs tiefenpsychologisch sich ausnehmen wie eine Nußschale auf hoher See, so ist sie es doch, in welcher die Fracht sich birgt, die zum anderen Ufer gelangen soll.

Der Unterschied ist an dieser Stelle religionspsychologisch unübersehbar: während die asiatische (und abendländische) Mystik die Entgrenzung des Ichs sich zum Ziel gesetzt hat und, in Entsprechung dazu, Gott als das Umgreifende jenseits der Spaltung von Subjekt und Objekt[28], von Bewußtsein und Unbewußtem[29] versteht, kennt die Bibel an keiner Stelle eine solche «pantheistische» Verschmelzung; statt der Einheit des Mystikers gilt ihr Ziel der «Anschauung Gottes» bzw. dem Dialog zwischen Gott und Mensch, zwischen Ich und Du[30]. Nicht die wortlose Meditation, nicht die schweigende Entgrenzung, nicht die Transzendierung der Bilder bildet den Weg der biblischen Gotteserfahrung, sondern im Gegenteil: die Zwiesprache des Gebetes, der Austausch der Liebe und die nicht endende Poesie symbolischer Hinweise und Zeichen. Der Gott der Bibel ist *wesentlich* Person, und er meint uns Menschen wesentlich als Einzelne. Insofern sind die Erscheinungen Gottes in der Bibel in der Tat nicht nur psychologische Begebenheiten, sondern vor allem Chiffren einer theologischen Wahrheit: daß Gott am tiefsten erfahrbar ist im Dialog der Liebe und er zu erscheinen vermag immer, wenn ein Mensch einen anderen so zu betrachten

[27] Vgl. M. BUBER: Gottesfinsternis, I 537: «Ich-Du findet seine höchste Verdichtung und Verklärung in der religiösen Wirklichkeit, in der das uneingeschränkt Seiende als die absolute Person zu meinem Vater wird; Ich-Es findet seine höchste Verdichtung und Verklärung in der philosophischen Erkenntnis.» «Gott als Inhalt menschlicher Konzeptionen, gibt es erst, wenn und insofern Du zum Er, das heißt zum Es wird.» Von daher war die religionsphilosophische Kritik BUBERS an C. G. JUNG zur Klärung der Standpunkte und zur Vermeidung einer psychologisierenden Gnosis unerläßlich; M. BUBER: A.a.O., I 561–578.

[28] Vgl. K. JASPERS: Der philosophische Glaube, 14–17.

[29] So meinte M. BUBER: Gottesfinsternis, I 565; 567, zu Recht gegenüber C. G. JUNG, «die Übertragung des nachkantischen Idealismus ins Psychologische» mache die Psychologie selbst zur «Religion der reinen psychischen Immanenz».

[30] Vgl. M. BUBER: Ich und Du, I 169–170: «Die Bezeichnung Gottes als einer Person ist unentbehrlich für jeden, der ... mit ‹Gott› kein Prinzip meint, wiewohl Mystiker wie Eckhart zuweilen ‹das Sein› mit ihm gleichsetzen, und der mit ‹Gott› keine Idee meint, wiewohl Philosophen wie Plato ihn zeitweilig für eine solche halten konnten; der vielmehr ... mit ‹Gott› den meint, der ... in schaffenden, offenbarenden, erlösenden Akten zu uns Menschen in eine unmittelbare Beziehung tritt.» «In die unmittelbare Beziehung zu uns tritt Gott als die absolute Person.» – «Der Mensch, der sich ihm zuwendet, braucht sich ... von keiner anderen Ich-Du-Beziehung abzuwenden: rechtmäßig bringt er sie alle ihm zu und läßt sie sich ‹in Gottes Angesicht› verklären.» – P. R. MENDES-FLOHR: Von der Mystik zum Dialog, 131–164, zeigt sehr deutlich, wie die Abkehr BUBERS von der Mystik und seine Hinwendung zu der Dimension des «Zwischen» als des Erlebnisraumes Gottes auf eine Metasoziologie bzw. auf eine Entlarvung des Staates als eines Götzen hinausläuft.

versucht, daß sein kleines Ich in seiner Begrenztheit zu einem Fenster wird, durch das die Helligkeit des Himmels leuchtend warm hereinbricht.

Daß das Ich eines Menschen selber, mit den Augen der Liebe betrachtet, zum Ort wird, an dem das Licht der Gottheit die eigenen Bilder zum Strahlen bringt, ist als die eigentliche Überzeugung und bleibende Wahrheit der Erscheinungsberichte anzusehen. Auch deshalb enthalten die Erscheinungen Gottes wesentlich Berufungen für andere; denn wir brauchen einander, um Gott zu sehen, und nirgendwo ist Gott uns sichtbarer als im Herzen eines Menschen, in dem wir selber Wohnung genommen haben im Vertrauen der Liebe. «Denn wo zwei oder drei in meinem Namen versammelt sind, da bin ich mitten unter ihnen», sagt Jesus von der Gegenwart des Göttlichen im Neuen Testament (Mt 18,20); es ist der Inbegriff aller Wahrheit, die in den Erscheinungsberichten zum Ausdruck kommt.

b) Visionen im eigentlichen Sinne oder: Die besänftigende Schau des eigenen Wesens

Zu den Erscheinungsberichten, die wir bisher besprochen haben, gehört wesentlich, daß sich aus der Vision ein Auftrag für das eigene Leben bzw. eine Mission gegenüber anderen ergibt. Im folgenden ist es ratsam, zwischen Erscheinung und Vision einen Unterschied zu machen. Zwar führen wir diese Unterscheidung in dem Bewußtsein ein, daß es sachlich, vom Phänomen her, einen solchen Unterschied eigentlich nicht gibt; gleichwohl läßt sich *psychodynamisch* eine wichtige Differenzierung im Erleben feststellen, je nachdem, ob innerhalb einer *Erscheinung* das eigene Ich zu Gestaltung und Tun aufgerufen wird, oder ob die *Vision* des Göttlichen ihren Zweck und ihr Ziel in sich selbst besitzt. Die innere Haltung des Ichs bei einer *Erscheinungs-* und *Berufungsszene*, wie wir sie bisher kennengelernt haben, ist von Angst, Widerstand, Gehorsam, Vertrauen, kurz: von sehr widersprüchlichen Gefühlen geprägt; bei einer *Vision* im strengen Sinne, wie wir sie jetzt definieren wollen, bildet die Erscheinung des Göttlichen eher die beruhigende Antwort auf eine schwere Krise des Ichs. Während in den Erscheinungs- und Berufungsgeschichten davon berichtet wird, wie das Ich von den Mächten des Unbewußten bis zur Grenze des Erträglichen fortgeschwemmt zu werden droht, bis es die unheimlichen Bilder (und Stimmen) aus den Tiefenschichten der Psyche zu akzeptieren und zu integrieren gelernt hat, geht dem Visionserleben nicht selten eine schwere Infragestellung des Ichs durch die äußere Realität voraus, und es geschieht zur Bestätigung, zum Trost, zur Wiedergewinnung der inneren Balance, wenn das Ich unter dem Druck äußerer Anfechtungen sich zum Unbewußten hin öffnet, um seines wahren Wesens sich zu vergewissern. Der Sinn einer *Erscheinung* liegt in der zunächst als bedrohlich, mindestens als unerwünscht erlebten Beauftragung des Ichs, für eine bestimmte Wahrheit einzutreten; der Sinn einer *Vision* liegt in der Geborgenheit, mit der das Ich selber sich dem Göttlichen nahe fühlt.

Nicht selten sind deshalb bestimmte *Berge* die bevorzugten Orte göttlicher Visionen. Bereits innerhalb des schamanistischen Weltbildes bilden die Berge zumeist eine Art Weltenmuster, indem im Mittelpunkt «der große eingekreiste Berg» steht, der von vier anderen geheiligten Bergen entsprechend den vier Himmelsrichtungen umgeben wird. «Von oben betrachtet» gleicht «diese Welt einer vierblättrigen Blüte. Dieses Symbol des großen axialen Felsens, des eingekreisten Berges, findet sich heute (z.B., d.V.) in den Sandmalereien der Navaho als vierblättriger Lotos oder kleeblattähnliche Blüte.»[1] Bei den alten Völkerschaften Kaliforniens kannte man eine eigene Pilgerreise, die zwischen Jugend und Mannesalter zum heiligen Berg unternommen wurde, um einer göttlichen Vision gewürdigt zu werden. «Das große Mysterium und die göttlichen Führer des Berges sind angerufen worden; sobald die Sonne untergegangen war und die Sterne zu leuchten begannen, legte sich der junge Bittsteller in der dunklen Einsamkeit des Berggipfels schlafen. Der ihm nun gewährte mystische Traum befähigte ihn, sich vergangener Äonen zu erinnern, jener Zeit, wo er – ehe er erstmals auf der Erde Fuß faßte – bei den göttlichen Ahnen des Stammes wohnte und geistige Erkenntnis besaß. Dann näherten sich ihm in der Vision die von Sonnenglanz umhüllten leuchtenden Wesen; und er erblickte in diesem überwältigenden Glanz die verschiedenen, dem Menschen offenstehenden Schicksalswege. Geführt von seinen eigenen angeborenen und aus früheren Leben ererbten Neigungen, wußte er ohne Zögern die richtige Wahl zu treffen. Und für die gesamte Dauer der nun folgenden Inkarnation war der so gewählte Schicksalsweg – und nur dieser – sein persönliches Los.»[2]

In ganz entsprechender Weise findet man in *Mk 9,2-13 die Vision Jesu auf dem Berge* beschrieben. Die Legende verlegt sie mit gewissem Recht auf den Berg Tabor, der die fruchtbare Ebene Jezreel hoch überragt und weiten Ausblick gewährt auf die kleinen Dörfer, in denen die Wunder Jesu geschahen: Naim, Nazareth, Kanaa u.a.m. Der Name «Tabor» bedeutet «Nabel» (der Welt)[3], und so ist dieser Berg in der Tat der rechte Ort, um eine Offenbarung Gottes zu empfangen, an der Stelle, wo der Himmel die Erde berührt und das Herz des Menschen sich sammelt im Zentrum der Welt. Die Besteigung eines solchen Berges zum Empfang einer Vision ähnelt durchaus dem Verfahren der Schamanen, wenn sie an den Weltenbäumen[4], den Weltenbergen oder an den Himmels-

[1] W. Evans-Wentz: Cuchama, 96.
[2] A.a.O., 51.
[3] Vgl. M. Eliade: Schamanismus und archaische Ekstasetechnik, 257. – Selbst die 52. Sure des *Koran*, die Beschreibung von Hölle und Himmel, soll *Mohammed* auf dem Berg (Sinai oder Tabor) empfangen haben.
[4] A.a.O., 251.

leitern[5] emporkletterten, um dem Himmel näher zu sein. Es handelt sich um einen ekstatischen Augenblick des Glücks, wo man die Welt zu Füßen liegen wähnt und die Freude hell und strahlend die gesamte Gestalt ergreift – eine Hochzeit des Lichts, im Taumel der Sinne, an der Grenzzone zwischen Traum und «Wirklichkeit». Dieses Höchstmaß an Glück aber entzündet sich an der Gewißheit der eigenen Bestimmung und Berufung. Während die schamanistische Vision zu den (göttlichen) Ahnen des Stammes zurückführt, taucht in der Vision Jesu (und seiner drei Jünger) die Gestalt von *Mose* und *Elija* auf, als Verkörperung der alttestamentlichen Prophetie, und dieses Motiv der *Erfüllung* scheint typisch zu sein, wenn es sich um Visionen im engeren Sinne handelt. Immer, wenn ein Mensch zu fühlen beginnt, was mit seinem Dasein gemeint sein könnte, wird er den Eindruck einer inneren Fügung und Vorherbestimmung gewinnen, so als wenn sich mit seinem Leben ein Plan erfüllen würde, der seit Ewigkeit begonnen wurde und nun in seine Wahrheit träte. Tiefenpsychologisch ist diese Erinnerung an weit zurückliegende Weissagungen und Verheißungen kaum anders zu deuten, als daß es in der Tat uralte Triebstrebungen, verdrängte Erinnerungen und verinnerlichte Erfahrungen sein werden, die nunmehr durchbruchartig eine schicksalbestimmende Macht entfalten. Entscheidend aber ist, daß dieses Schicksal vom Ich als etwas empfunden wird, das nicht als Verhängnis, sondern als Gnade, nicht als Fluch, sondern als Segen von Gott gegeben wurde. Ein Gefühl tiefer Geborgenheit und dankbaren Vertrauens, einer absoluten Versöhntheit und Ausgesöhntheit durchzieht ein solches Visionserlebnis, ein Empfinden der Ruhe und des Behütetseins, und es ist Ausdruck eben dieses Empfindens, wenn Jesus auf dem Tabor eine Stimme vom Himmel vernimmt: «Dies ist mein geliebter Sohn, höret auf ihn.» Er selbst also ist der verheißene kommende Prophet (Dtn 18,15), der von Gott beauftragte König (Ps 2,7), der zum Leiden bestimmte Knecht Gottes (Jes 53,3), der wiederkehrende Elija in den Tagen der Endzeit (Mal 4,5).

Es geht uns an dieser Stelle nicht darum, im einzelnen zu fragen, was diese theologischen Titel im Leben Jesu oder für die Christologie des Markus-Evangeliums bedeuten mögen[6]; wichtig für das Verständnis der Visionserzählungen ist allein, daß sie offenbar wesentlich von einer *Versicherung des Seins* berichten, ohne damit zugleich einen Handlungsauftrag zu verbinden. Die Vision des Göttlichen dient hier vorwiegend der Beruhigung, Versöhnung und Akzeptation des Ichs, und von daher läßt sich mit einer gewissen Einseitigkeit der

[5] Vgl. zum Motiv des Himmelaufstiegs E. DREWERMANN: Strukturen des Bösen, II 504–514.

[6] Vgl. R. PESCH: Das Markus-Evangelium, II 36–47 (Messias-Geheimnis und markinische Christologie,) der (S. 43) eine eigenständige «Titelchristologie» bei Markus bestreitet. Vgl. zu den Hoheitstiteln auch G. DALMAN: Die Worte Jesu, 191–219 (Menschensohn), 219–237 (Gottessohn), 237–259 (Christus), 260–266 (Davidssohn). – Zur Verbindung des kommenden Reiches Gottes mit der Gestalt des Menschensohnes vgl. R. SCHNACKENBURG: Gottes Herrschaft und Reich, 110–122, der den Menschensohn als künftige Herrlichkeitsgestalt Jesu selbst betrachtet.

Akzentuierung sagen: die *Erscheinungs-* und *Berufungsgeschichten* verdanken ihre Dynamik mehr den Kräften des Unbewußten, die dem Es nahestehen und mit ihren Bildern und Träumen zunächst eine schwere Erschütterung des Ichs einleiten; demgegenüber vermitteln die *Visionsberichte* den Eindruck einer Psychodynamik, die eher von der Akzeptation des Ichs durch das Über-Ich geprägt erscheint. In jedem Falle «genügt» bei der Vision das Sehen selbst, während der Impuls zu einem Tun nach außen keinen notwendigen Bestandteil der Visionsberichte darstellt.

Dies vorausgesetzt, darf man es vielleicht nicht nur für eine rein redaktionelle Verknüpfung im Markus-Evangelium, sondern für eine innerlich sinnvolle Zuordnung halten, wenn die Verklärung Jesu auf dem Berg auf das engste mit der Thematik von Tod und Auferstehung verbunden ist, so sehr, daß in historisch-kritischer Betrachtung die gesamte Perikope als «nachösterlich» gelten muß[7]. Aber was historisch «später» in Erscheinung tritt, kann doch sehr wohl die eigentliche Wirklichkeit «damals» zutreffend wiedergeben, so wie u.U. ein Traum heute zum ersten Mal Licht in Zusammenhänge bringen kann, die vor 20 Jahren spielten. Psychologisch gesehen erscheint es als überaus wahrscheinlich, ja, als geradezu notwendig, daß jemand zunächst ein Übermaß an Glück «sieht» und erfährt, ehe er fähig wird, einem Übermaß an Leid standzuhalten; ohne ein Tabor-Erlebnis ist der Augenblick von Golgotha psychologisch kaum vorstellbar, und nur wer bis zum Himmel emporgestiegen ist, wird den Mut besitzen, in die Hölle hinabzusteigen. Eine Vision wie die Verklärung Jesu auf dem Berge läßt sich daher sehr gut als Antwort und Bestätigung auf eine schwere Lebenskrise verstehen, als Gegenreaktion auf eine schwere Infragestellung durch die wachsende Ablehnung und zunehmende Haßreaktion der Umgebung, als bejahendes Echo auf die notvolle Frage nach der eigenen Identität. Die Vision ist hier nicht nur Wegtraum und Beauftragung, sondern vor allem ein Tagtraum des eigenen Wesens, eine Selbstbetrachtung mit und unter den Augen Gottes; und was immer wieder erstaunen und verwundern muß: eine einzige solche Vision im Leben eines Menschen kann offenbar genügen, um für alle Zeiten hin das Äußerste zu wagen und an sich selber fortan auch unter extremen Widerständen nicht mehr irre zu werden.

[7] Vgl. R. Bultmann: Die Geschichte der synoptischen Tradition, 278–280, der die Erzählung für eine ursprüngliche Auferstehungsgeschichte erklärt. E. Meyer: Ursprung und Anfänge des Christentums, I 154–156, hingegen wandte psychologisch zu Recht ein, die Schilderung trage «den Charakter einer wirklichen Vision», und verweist dazu auf den *Koran*, Sure 53, die Berufungsvision *Mohammeds.* Natürlich sagt die psychologische Plausibilität an sich noch nichts über die historische Faktizität einer Schilderung aus; aber das Umgekehrte gilt noch viel mehr: es kann ein gegenwärtiger Traum *symbolisch* eine scheinbar längst vergangene Erfahrung selbst noch nach Jahren ungleich wahrer wiedergeben, als es eine Schilderung mit den Mitteln des Bewußtseins damals zu tun vermocht hätte; und so kann eine nachösterliche Geschichte die historische Wirklichkeit eines Erlebens wahrer wiedergeben, als es die Berichte «äußerer» «Augenzeugen» damals schildern könnten.

Ein wunderbares Beispiel für diese *bestätigende, beruhigende, vergewissernde* Wirkung einer Vision mag im Neuen Testament die Legende von der tröstenden *Erscheinung eines Engels im Ölberggarten* abgeben *(Lk 22,39-46)*. R.M. RILKE fand in seinem Gedicht über diese Szene das Motiv der Vision so unpassend, daß er in aller Schärfe die vermeintliche Verzweiflung Jesu gegen die religiöse Übermalung setzte und provozierend fragte:

> Warum ein Engel? Ach es kam die Nacht
> und blätterte gleichgültig in den Bäumen.
> Die Jünger rührten sich in ihren Träumen.
> Warum ein Engel? Ach es kam die Nacht.
>
> Die Nacht, die kam, war keine ungemeine;
> so gehen hunderte vorbei.
> Da schlafen Hunde und da liegen Steine.
> Ach eine traurige, ach irgendeine,
> die wartet, bis es wieder Morgen sei.
>
> Denn Engel kommen nicht zu solchen Betern,
> und Nächte werden nicht um solche groß.
> Die Sich-Verlierenden läßt alles los,
> und sie sind preisgegeben von den Vätern
> und ausgeschlossen aus der Mütter Schoß[8].

Aber es ist nicht allein theologisch, es ist vor allem rein psychologisch die Frage, wie ein Mensch fühlen wird, der dem schicksalhaften Weg ins Leiden nicht länger mehr durch Flucht und Versteck, wie er wohl könnte, auszuweichen sucht, sondern wissentlich und willentlich sich ihm stellt. Wenn man mit RILKE (und mit vielen seiner Vor- und Nachläufer) unterstellt, Jesus sei in der Angst von Gethsemane an Gott irre geworden, so ist es natürlich nur eine fremde fromme Verformung, davon zu erzählen, wie der Herr in der Stunde der Not von einem Engel gestärkt worden sei. Aber eine andere Annahme liegt ungleich näher und ist weit wahrscheinlicher: daß die Angst Jesu nicht einer Unsicherheit in seinem Verhältnis zu Gott entsprang, sondern aus dem schmerzlichen Kontrast zwischen Gottesglauben und Menschenwirklichkeit herrührte. Immer wieder hat Jesus zentral davon gesprochen, daß es nicht nötig sei, vor dem äußeren Schicksal (vor Krankheit, Alter, Tod, Armut, Hunger etc.) oder vor Menschen (vor Verleumdung, Haß, Verfolgung) Angst zu haben und die eigene Wahrheit darüber zu verraten; immer wieder hat er in seinen Gleichnissen ein Vertrauen zu begründen versucht, das die inneren Verbiegungen, die Charakterlügen, die faulen Kompromisse beseitigt und die Scheinsicherheiten und Scheinberuhigungen mit all ihren unmenschlichen Konsequenzen überflüssig macht.

[8] R.M. RILKE: Neue Gedichte, I 492–494.

Alles hängt für Jesus in dieser Stunde offensichtlich davon ab, daß der Glaube an Gott, den er in seiner Person verkörperte und verhieß, sich entgegen aller Angst als stark genug erwies – eine Probe der Bewahrheitung, wie sie nur Jesus selber durch sein eigenes Dasein herauszufordern und zu geben vermochte. Aber um so furchtbarer mußte für ihn der Abstand und der Widerspruch zu den Menschen werden. Alle Worte waren gesagt, alle Werke getan, doch jedes Wort ließ sich offensichtlich mit Absicht mißverstehen und in das Gegenteil des Gemeinten verdrehen, jedes Wunder der Liebe aus Haß mitdeuten, und je größer das Vertrauen Jesu zu Gott als seinem Vater wuchs, desto ungeheuerlicher muß ihm der Mensch erschienen sein: in der scheinbaren Unbesiegbarkeit seiner Angst, in der starren Härte und der wie selbstverständlichen Grausamkeit seiner Angstverarbeitungsmechanismen, sowie in der zynischen Heuchelei und windigen Anpassungsfähigkeit der Repräsentanten der offiziellen Religion und Politik. Nicht daß er sich in Gott geirrt hätte, wird die Angst Jesu in Gethsemane ausgemacht haben, wohl aber daß er von den Menschen möglicherweise zu groß gedacht haben könnte, dürfte mehr als genügend Grund zu Blutschweiß und Angst gebildet haben. Jesus muß sich in seinem Herzen Gott so nahe gefühlt haben, daß er einem jeden Menschen zutraute, Gott in seinem Herzen zu tragen; ihm schien die Ankunft des Reiches Gottes zum Greifen nahe (Mk 1,15); und doch irrte er sich in der zeitlichen, d.h. im Grunde wesenhaften Differenz zwischen Vision und Wirklichkeit. Gleichwohl ist eine Wahrheit nicht widerlegt, wenn die Zeit, in der sie verkündet wird, selbst auf Jahrtausende nicht reif ist, sie zu verstehen, und die Erscheinung des Engels im Ölberggarten soll Jesus offenbar darin bestärken, trotz aller Angst und Todesgefahr sich selber treu zu bleiben.

Vorhin bereits haben wir die Erscheinung eines Engels als Begegnung mit der Gestalt des eigenen Wesens zu verstehen gelernt (s.o.S. 339), und gerade so wird die Gestalt des *Engels* auch hier zu verstehen sein: der Konflikt selbst ist auch von Gott her nicht vermeidbar, im Gegenteil, er muß um Gottes willen durchgestanden werden; aber die Kraft dazu erwächst nicht aus einem moralischen Durchhaltewillen oder einer Haltung persönlicher Tapferkeit, sie entspringt der «irrationalen» Fähigkeit des Unbewußten, das eigene Wesensbild dem Ich als eine absolute, letzte Macht und Norm vor Augen zu stellen. Dieses Bild des eigenen Wesens wahrzunehmen und zu befolgen ist auch in theologischer Sicht damit identisch, Gott zu sehen, der das Wesen eines Menschen schuf, und ihm zu (ge)horchen; denn nirgendwo anders als im eigenen Herzen schreibt Gott seine wahren Gesetze, die in den Bestimmungen der jeweiligen Gesellschaft mehr verfälscht als ausgelegt werden können. Zugleich wird deutlich, daß es eine Form der Liebe gibt, die den anderen nicht davor bewahren kann, der Wahrheit seines Lebens zu folgen, auch wenn dieser Weg mit aller Sicherheit ins Leiden führen wird; denn schlimmer als bespuckt, verhöhnt, nackt vorgeführt und ausgepeitscht zu werden, ist es, aus lauter Angst sich täglich selber anspucken und verachten zu müssen und tagaus tagein das eigene Wesen zu mißhandeln.

An dieser Stelle geschieht es, daß die Visionserzählungen im engeren Sinne im Grunde bereits in die Bilder der *Eschatologie* übergehen. Die schmerzlichste Herausforderung eines Menschen besteht nicht allein in der Gewißheit seines Todes, sondern darin, durch den Mutwillen und die Uneinsichtigkeit anderer dem Tode ausgeliefert zu werden. Relativ früh schon hat deshalb auch Israel den *Martyrern* (zunächst als einzigen!) eine gerechte Belohnung durch Gott jenseits des Todes in Aussicht gestellt[9]. Aber es sind gewiß nicht zunächst die «Argumente» bzw. die «Postulate» der Gerechtigkeit, die den Menschen an ein ewiges Leben glauben lassen[10]; weit tiefer reichen die Erfahrungen der Liebe, die den anderen in seiner unendlichen Schönheit und unvergänglichen Erhabenheit zeigen – eine Offenbarung des Wesens eines Menschen jenseits von Raum und Zeit; und in enger Beziehung zu diesen Erfahrungen liegen in den Tiefenschichten der menschlichen Psyche die Bilder einer ewigen Sehnsucht nach einem Paradies jenseits der Grenzen der Welt weisend und tröstend bereit, um in Augenblicken äußerer Not und äußerster Infragestellung von innen her ein Gegengewicht der Hoffnung zu bilden. Gewiß: wieviel Wahrheitswert man den Bildern der Ewigkeit in den Visionen der Gottesträumer und Jenseitswanderer in der Religionsgeschichte der Menschheit zumessen darf, vermag nicht mehr die Psychologie, sondern nur noch die Philosophie bzw. die Theologie zu erörtern; aber wenn sich *psychologisch* zeigt, daß ein Mensch in den extremen Erfahrungen der Liebe ebenso wie des Hasses in den Grenzsituationen des Daseins immer wieder an die Türen der Ewigkeit zu klopfen vermeint, so liegt darin zweifellos ein gutes Argument für die *philosophische* Annahme, daß die Seele, der Geist des Menschen gerade so eingerichtet ist, daß er ohne die Anschauung Gottes und ohne die Aussicht auf ein ewiges Leben die eigene Größe nicht kennenzulernen vermag; nur die Selbstabstumpfung der Seele zu einem aufregungsfreien, dahindämmernden Mittelmaß, nur die verewigte Tierheit des Menschen bedarf offensichtlich keines Gottes und keiner Ewigkeit.

Im neuen Testament wird man vor allem *die Vision des Stephanus (Apg 7,55)* als ein solches Zeugnis für die todüberwindende Macht der Jenseitsbilder in der menschlichen Psyche heranziehen können. Dieses Beispiel eignet sich auch deshalb, weil sich daran erneut der Unterschied zwischen einer tiefenpsychologischen Deutung und einer historisch-kritischen Untersuchung veranschaulichen läßt.

In einer lesenswerten Monographie hat R. PESCH die Vision des Stephanus (Apg 7,55) von den Parallelen in der *Assumptio Mosis* 10,3 und in Jes 3,13 her als eine

[9] Vgl. U. KELLERMANN: Auferstanden in den Himmel, 99–109.

[10] So die Lehre bei I. KANT; vgl. zur Darstellung E. DREWERMANN: Strukturen des Bösen, III 7–8.

Vision der Rache (Ps 7,7; 9,20) interpretiert[11]. Wenn Stephanus angesichts der wutschnaubenden Menge den Himmel offen sieht und Jesus erblickt, wie er zur Rechten Gottes steht, so bedeutet dies nach Pesch, daß der «Menschensohn ... sich erhoben» hat, «um auf die Anklage des Stephanus hin das Urteil wider ‹sein Volk› zu sprechen: Sein Urteil markiert die heilsgeschichtliche Wende, den Fortgang der Heilsverkündigung von Jerusalem nach Judäa und Samaria und den Beginn des Weges der Frohbotschaft zu den Heiden. Die Vision des Stephanus verbürgt mit dem großartigen Symbol des stehenden Menschensohnes, daß die heilsgeschichtliche Wende, der *Fort-Gang* des Evangeliums von den Juden zu den Heiden gottgewollt ist»[12]. Es sei dahingestellt, inwieweit eine solche Deutung nicht bereits vier Zeilen später an dem erschütternden Gebet des Stephanus scheitert, mit dem er unter dem Steinhagel seiner Häscher zu Gott betet, wie Jesus es in der Bergpredigt (Mt 5,44) forderte und es selber sterbend tat (Lk 23,34): «Herr, rechne ihnen diese Sünde nicht zu.» (Apg 7,60) Immerhin scheint es schwer, mit dieser Gesinnung der Versöhnung den Geist der Rachepsalmen des Alten Testamentes in Einklang zu bringen. Weit bedenklicher aber ist die Entschiedenheit, mit der in historisch-kritischer Betrachtung die Gestalt des Stephanus entpersönlicht und zum bloßen Mittel der «Heilsgeschichte» herabgewürdigt wird. Wohl räumt auch R. Pesch ein, daß Stephanus in der Apostelgeschichte «als begnadeter Visionär» geschildert werde, «dessen Antlitz leuchtete wie das eines Engels» (Apg 6,15)[13]. Aber zugleich fügt er hinzu: «Bei der Schilderung der Vision des Stephanus kommt es ... nicht darauf an, persönliche Vorzüge und Gnaden des Jüngers Jesu der frommen Betrachtung erbaulich darzubieten. Dafür ist dessen Schicksal viel zu hart. Es geht um mehr, um die Bedeutung des Stephanus für die Geschichte der frühen Kirche: sein Tod leitet die Lösung des Christentums aus den allzu engen Bindungen an Judentum, an Gesetz und Tempel ein. Wie zuvor an der Gestalt Jesu, des Meisters selbst, so scheiden sich jetzt an der Gestalt und Botschaft des Stephanus grundsätzlich und endgültig die Geister ... Jesus kündigt seinen Richtern seine Erhöhung ins messianische Richteramt zur Rechten Gottes an (Lk 22,69), Stephanus muß den Urteilsspruch des Menschensohn-Richters verkünden (Apg 7,55f).»[14] Es ist wahr, daß an der Person des Stephanus sich die Entscheidung Israels gegen die Person Jesu noch einmal und jetzt endgültig katalysiert und daß in seiner großen Rede ein letztes Angebot und eine letzte Abrechnung gegenüber der Geschichte Israels unter den Augen Gottes vorliegt. Aber Entscheidungen solcher Tragweite entzünden sich an der Kraft von Personen. Man kehrt die wahren Zusammenhänge förmlich auf den Kopf, wenn man die handelnden Personen zu

[11] R. Pesch: Die Vision des Stephanus, 56–57.
[12] A.a.O., 58.
[13] A.a.O., 62.
[14] A.a.O., 62.

bloßen Marionetten der göttlichen «Heils»-geschichte macht, und offenbar gibt man sich theologisch zu wenig Rechenschaft darüber, welche Wirkungen eine solche Betrachtungsweise zeitigen muß, wenn man nach der längst vollzogenen Wende zur Säkularisation, statt von dem Willen Gottes in der Heilsgeschichte, von der Notwendigkeit des weltgeschichtlichen Prozesses spricht[15]. Es stellt für die historisch-kritische Methode der Bibelauslegung eine Gefahr ersten Ranges dar, dem modernen Kollektivismus der Geschichtsbetrachtung nachzueifern und ein Geschichtsbild zu konzipieren, in dem die Menschen zu bloßen Statisten des göttlichen Heilswillens degradiert werden und der Einzelne nur noch als Bedeutungsträger sozialgeschichtlicher Prozesse fungiert.

Bemerkenswert ist dabei vor allem die Begründung, die R. Pesch für seine Betrachtung bietet: das Schicksal des Stephanus sei «viel zu hart», um von persönlich-erbaulichem Interesse zu sein[16]. Die Wahrheit lautet gerade umgekehrt: eben die Härte der Herausforderung macht es notwendig, dem Druck von außen innerlich mit einem Gegenbild der Vergewisserung zu antworten, und die Legenden haben psychologisch völlig recht, wenn sie behaupten, daß ein Mensch, der sich vertrauensvoll Gott überläßt, im Angesicht des Todes nicht nur die Würgeengel seiner Angst erblickt, sondern daß er den Himmel offen sieht und offen sehen muß, um seiner Angst standzuhalten.

Damit gewinnt die Haltung des Vertrauens u.a. die Aufgabe, die «richtigen» Visionen zu erzeugen. Gerade der Glaube lehrt, nicht sozusagen «blind» zu sterben, ausgeliefert an ein vollkommen opakes Schicksal; er besitzt die Fähigkeit, aus den Tiefenschichten der menschlichen Seele gerade diejenigen Bilder hervorzulocken, die in symbolischer Anschauung eine Brücke der Kontinuität des Lebens über den Graben der Diskontinuität des Todes schlagen. So gilt sehr zu Recht das frühchristliche Glaubenssymbol, daß Jesus nach seiner Auffahrt in den Himmel «zur Rechten Gottes ist» (1 Petr 3,22), und eben dies ist das Bild, das Stephanus im Augenblick seines Todes zuteil wird. Er, der für den Glauben an die Wahrheit Christi bereit ist, sich steinigen zu lassen, tritt notwendigerweise in die gleiche Sichtweise von Leben und Tod ein, die Jesus lehrte und verkörperte; und diese visionäre Kraft des Glaubens gehört offensichtlich zur Gestalt des Stephanus: sie erst begründet seinen unerschrockenen Mut und macht ihn für die Juden seiner Zeit, ganz wie Christus selbst, zu einem Zeichen, dem widersprochen wird (Lk 2,34). Erklärt man hingegen die Vision des Stephanus für eine bloß legendäre Chiffre, so versteht man die Geschichte selbst nicht

[15] Es ist interessant, daß es auch in der Lehre des *dialektischen Materialismus* Ansätze zu der Konzeption einer Geschichte der stetigen Entwicklung, eines Prozesses ohne Träger, gab und gibt; diese Lehre vom *samotjok*, die sich z.B. auf N. Bucharins «Gleichgewichtstheorie» stützen konnte, wurde bezeichnenderweise als Mechanizismus und Determinismus verurteilt. Vgl. N. Bucharin: Ökonomik der Transformationsperiode, 159–169.

[16] R. Pesch: Die Vision des Stephanus, 62.

mehr, die sie bezeichnen soll; nur eine Vision, die den Tod besiegt, vermag das Leben von Grund auf zu ändern, und nur ein solches von Grund auf verändertes Leben provoziert und akzeptiert das Risiko des Todes innerhalb des Widerstandes der Geschichte. – Die Vision in engerem Sinne erteilt nicht mehr den Auftrag zu einer bestimmten zeitlichen Berufung; aber sie versichert und bestätigt die Person eines Menschen in ihrer wesentlichen Wahrheit und ewigen Bestimmung.

c) Prophetien und Propheten oder: Visionen zwischen Ich und Du

Nach der Erörterung der Erscheinungsberichte und Visionen sind wir jetzt in etwa vorbereitet, das Erleben und das Auftreten auch der *Propheten*, dieser bedeutendsten Persönlichkeiten der Bibel, tiefenpsychologisch wie theologisch besser zu verstehen. Alles, was wir bisher von den Erscheinungs- und Berufungsgeschichten gesagt haben, trifft uneingeschränkt auch auf die Prophetenberufung zu, und ebenso gilt alles, was wir von den Visionsberichten über das Moment der Bestätigung des Einzelnen sagten, auch und gerade für das Erleben dieser Gottbegeisteten. Dennoch ist das eigentlich prophetische Element von diesen Voraussetzungen allein her noch nicht wirklich verstehbar; es ergibt sich vielmehr historisch wie psychologisch nicht nur durch die Begegnung, sondern vor allem durch den Widerspruch spezifisch zu dem *ekstatischen* Visionserleben, das wir bisher mit dem Schamanismus verbunden haben und das in seiner Nähe zu gewissen psychotischen und epileptiformen Bewußtseinszuständen psychologisch bislang den ersten Ansatzpunkt zum Verständnis der Erscheinungserlebnisse bieten konnte. Im prophetischen Erleben tritt jetzt etwas Neues hinzu, das man als absolute Selbsterfahrung des Individuums durch eine absolute Erfahrung der Personalität des Göttlichen bezeichnen könnte und das mehr als alles andere das Wesen der Prophetischen ausmacht.
Im volkstümlichen Sprachgebrauch ist die Vorstellung wohl unausrottbar, eine Prophezeiung sei eine Zukunftsweissagung, ein Prophet sei mithin so etwas wie ein Wahrsager kommender Ereignisse. Wie wenig diese Ansicht indessen mit der Gestalt eines Propheten in der Bibel zu tun hat, zeigen z. B. die großartigen Worte über das Wirken und die Person des Mose in Dtn 34,10-12: «Und es stand kein Prophet in Israel mehr auf wie Mose, mit dem der Herr verkehrt hätte von Angesicht zu Angesicht, zu all den Zeichen und Wundern, die zu tun ihn der Herr gesandt hatte im Lande Ägypten am Pharao, an allen seinen Dienern und an seinem ganzen Lande, zu all der starken Hand und zu all den großen und beeindruckenden Taten, die Mose vor den Augen ganz Israels tat.» Mose hat, abgesehen von den nachträglichen Segensworten über die Stämme Israels in Dtn

33,1-29, der biblischen Überlieferung zufolge nirgendwo die Begebenheiten der Zukunft vorauszuwissen oder vorauszusagen vermocht; im Gegenteil, der Gott, dem er diente, war ein Gott, der wohl seine ständige Begleitung und schirmende Gegenwart versprochen, nicht aber eine fertige Zukunft in Aussicht gestellt hatte; der Umgang mit diesem Gott erforderte täglich, von der Hand in den Mund zu leben und an jedem Morgen neu zwischen den Steinen der Wüste das rätselhafte Manna zu sammeln, das Gott wie Tau vom Himmel regnen ließ. Charakteristisch für den Verkehr zwischen Mose und seinem Gott ist gerade nicht das Schauen in die Zukunft, das Sehen Gottes, wie er von vorn auf den Menschen zukommt, nicht das Erkennen der Pläne Gottes (Ex 33,13), sondern das Bewußtsein, in Gottes Augen Gnade gefunden zu haben und im eigenen Wesen von Gott «erkannt», geliebt und umfangen zu sein (Ex 33,12); allein von rückwärts, buchstäblich im nachhinein, ist Mose fähig, die Herrlichkeit Gottes wahrzunehmen, ohne zu sterben (Ex 33,18-23); kein Vorhersehen also, sondern buchstäblich ein «Nachsehen», ein Aufscheinen der Majestät Gottes im Vorübergang des gegenwärtigen Augenblicks und ein gestaltendes Begreifen der Erscheinung im späteren Rückblick[1]. Gleichwohl gilt Mose der Bibel als der größte aller Propheten, seiner Gesichte und seiner Wundertaten wegen, und auch wenn man in Rechnung stellt, daß diese deuteronomistische Wertung zeitlich recht spät anzusetzen ist, so zeigt sie doch, was im Alten Israel an der Gestalt eines Propheten als wichtig empfunden wurde: daß er, beauftragt durch göttliche Weisung, deutend und gestaltend die menschliche Geschichte auf Gott hin transparent macht. Beide Momente, die Vision des Göttlichen ebenso wie das Eingreifen in die Geschichte, gehören offenbar von altersher zum Bild des prophetischen Auftretens in der Bibel, während das Wissen um die Zukunft nur einen Sonderfall göttlicher Beauftragung darstellt; dennoch sind das visionäre Erleben und das prophetische Reden nicht ohne weiteres miteinander identisch und in gewissem Sinne psychologisch gesondert zu betrachten.

Um die Gestalt des «Propheten» psychologisch zu verstehen, wird man wiederum zunächst an diejenigen ekstatischen Erlebnisse denken müssen, die religionsgeschichtlich im Schamanentum der Stammesreligion gegenwärtig sind. Die prophetische Erfahrung ist nicht einfach eine Vision, ein tagträumerisches oder nachtgesichtiges Sehen, das der Hebräer mit *ḥzh* ausdrückt; das hebräische Wort für das prophetische Erleben (*nb'* im Hitpael) bedeutet soviel wie «sich im Zustand verzückten Rasens befinden»[2], und es scheint, als ob die Ekstase selbst zunächst als das Hauptmerkmal des Prophetischen gegolten habe[3]. Allerdings dürfte die Prophetie in dieser Form ursprünglich der Jahwereligion ganz fremd

[1] Vgl. in Auseinandersetzung mit der Geschichtsphilosophie Hegels mit ihrer retrospektiven Versöhnungslehre E. Drewermann: Strukturen des Bösen, III 102ff.

[2] Vgl. 1 Sam 18,10; Jer 29,26; Gesenius: Handwörterbuch, 479.

[3] M. Buber: Der Glaube der Propheten, II 303; ders.: Königtum Gottes, II 709; ders.: Der Gesalbte, II 830.

gewesen sein, und es ist immer wieder auf diese eigentümliche Fremdheit und Scheu der biblischen Religiösität gegenüber dem Erleben aus den Tiefenschichten der menschlichen Psyche hinzuweisen. Erst nach dem Eindringen in das Kulturland scheint eine Begegnung mit dem ekstatischen Prophetentum stattgefunden zu haben; ja, es scheint im 11. Jh. in Syrien und Palästina eine ekstatisch-mantische Bewegung gegeben zu haben, deren Ursprünge wohl in der thrakisch-kleinasiatischen Begeisterungsmantik zu suchen sind[4], was auch historisch erneut an einen gewissen schamanistischen Hintergrund denken läßt. Der enthusiastische, ansteckende Eindruck, den diese derwischartigen Gottbegeisteten bei den Neuankömmlingen hinterließen, wird in etwa in den Worten Samuels bei der Salbung Sauls wiedergegeben (1 Sam 10,5-6): «Kommst du nach dem Gibea Gottes, wo der Vogt der Philister wohnt, und gehst dort in die Stadt hinein, so wirst du auf eine Schar Propheten stoßen, die von der Höhe herabkommen; vor ihnen her ertönt Harfe, Handpauke, Flöte und Zither, während sie selbst in Verzückung sind. Alsdann wird der Geist des Herrn über dich kommen, und du wirst mit ihnen in Verzückung geraten und wirst dich in einen anderen Menschen verwandeln.» (Vgl. 1 Sam 19,18-24) Das «Gibea Gottes» wird man – erneut! – als eine Anhöhe verstehen müssen, auf der man sich dem Göttlichen nahe fühlte, der heilige Berg einer Gottesbegegnung, deren Art durchaus, in Vorbereitung und Begleitung durch Musik und Tanz, der schamanistischen Entrückung und Verzückung entsprochen haben dürfte: dem Durchbruch eines anderen Menschen aus dem Erleben des kollektiven Unbewußten, das augenblicklich auch die Betrachter ergriffen haben muß. Das Stammeln und unartikulierte Ausstoßen von Rufen während der Ekstase galt als so identisch mit dem Gotteserleben, daß die Gottheit selbst oft mit dem Laut eines solchen tranceähnlichen Anrufes («Io» z.B.) bezeichnet wurde[5].

Auf der anderen Seite spiegelt sich wohl ein ursprünglicher Abscheu darin, wenn die Bibel dieses ekstatische Sprechen als «geifern» (*ntp̄* im Hiphil, Am 7,16; Mi 2,6.11) wiedergibt und einen Propheten auch als *«meschugge»* (2 Kön 9,11) bezeichnen kann; jedenfalls hat die Jahwereligion das Prophetentum (bzw. das «Nabitum» dem hebräischen Wort nach) nur sehr zögernd in sich aufgenommen. Die klassische Stelle dieses Gesinnungswandels ist Num 11,24-30, eine Erzählung, die der elohistischen Quellenschrift zugehört und die Überwindung der anfänglichen Widerstände gegen die Gottbegeisteten zeigt, indem sie das Prophetentum auf das engste mit der mosaischen Religion in Verbindung zu bringen sucht[6]: als Mose, niedergeschlagen und verzweifelt über die Last seines

[4] Vgl. J. Lindblom: Zur Frage des kanaanäischen Ursprungs des altisraelitischen Prophetismus, in: Von Ugarit nach Qumran, 89ff.

[5] Vgl. M. Buber: Der Glaube der Propheten, in: Werke II 275–276; ders.: Moses, II 59–60; ders.: Königtum Gottes, II 621–624.

[6] Vgl. G. v. Rad: Theologie des Alten Testamentes, II 23.

Amtes und das Murren des Volkes, sich an Gott wandte, habe Jahwe selbst 70 Älteste ausgewählt, vom Geiste des Mose genommen und auf sie verteilt; daraufhin seien die Siebzig in ekstatische Verzückung geraten, und als Josua, erschrokken, Mose angefleht habe, dem unkontrollierten Treiben Einhalt zu gebieten, habe Mose gerufen: «Was willst du für mich eifern? Wollte Gott, daß alle im Volke des Herrn Propheten wären, daß der Herr seinen Geist auf sie legte!» Nach dieser Stelle widerspricht also das Prophetentum nicht der Moses-Religion, sondern es geht sogar selbst auf den Geist des Mose zurück und ist von ihm inauguriert; man muß demnach nicht die Jahwereligion verteidigen, indem man das ekstatische Prophetentum bekämpft. Wenn von Mose selbst prophetische Ekstasen nicht zu berichten sind, so erklärt Num 12,6-8 diese Tatsache durch die größere, unvergleichliche Unmittelbarkeit zwischen Mose und Gott: «Wenn unter euch ein Prophet des Herrn ist, so offenbare ich mich ihm in Gesichten und rede in Träumen mit ihm. Nicht so mit meinem Knechte Moses: er ist mit meinem ganzen Haus betraut. Von Mund zu Mund rede ich mit ihm, nicht in Gesichten und nicht in Rätseln, und die Gestalt des Herrn schaut er.» Das Prophetentum erscheint somit als eine nurmehr abgeleitete, geringere Form der Gotteserfahrung, als Teil eines umfassenderen Dienstes am und im Hause Gottes, als eine weniger unmittelbare Weise, Gott zu schauen.

Mit diesem Wandel in der Einstellung zum (kanaanäischen) Prophetentum nimmt die Jahwereligion selbst wohl das Moment der visionären Ekstase in sich auf, aber sie hört deswegen nicht auf, an Jahwe zu glauben, vielmehr kommt es ihr in der Folgezeit nur um so energischer darauf an, gerade durch die Propheten Jahwes die Propheten anderer Götter, besonders des Baal, aus dem Felde zu schlagen. So wie der Glaube an die fruchtbarkeitspendende Macht des Baal auf Jahwe übertragen wird (vgl. Hos 2,8), so wird es in Zukunft nur noch innerhalb des Jahwekultes eine legitime Form von Prophetie geben, und in der gesamten Folgezeit werden es gerade die Propheten sein, die der Versuchung Israels, den Göttern des Fruchtlandes zu huldigen und Jahwes zu vergessen, am allerheftigsten widersprechen. Insofern werden sie in der Tat den Geist des Mose in sich tragen, als sie immer wieder dem Volk entgegentreten müssen, wenn es «fremde Götter» neben Jahwe anerkennen möchte (Ex 20,3). Die Zeit der Wüstenwanderung gilt ihnen schließlich als eine Zeit des idealen Gottesgehorsams (Hos 11,1), sofern nicht, wie in Ez 20,7-14, selbst schon die Anfangszeit unter Mose als eine Zeit des ständigen Gottesabfalls gezeichnet wird, die sich überhaupt nur ereignen konnte, weil Gott immer wieder zwischen Verheißung und Drohung mit der Sünde seines Volkes Gnade walten ließ. Insbesondere wegen der außerordentlichen Begeisterungsfähigkeit der ekstatischen Kulte Kanaans stellten sich die Jahwepropheten radikal und rigoros gegen jede andere Art von Prophetie, wie es am unheimlichsten in dem Gottesurteil auf dem Berg Karmel, in dem Kampf zwischen Elija und den Baalspropheten in 1 Kön 18,1-46, zum Ausdruck kommt[7]. Bis in die Spätzeit hinein bekämpfte man die Baum- und Bergkulte der Kanaanäer, die gerade an den mythischen Orten heiliger Anhöhen und im Schatten raunender Bäume sich dem Geheimnis des Göttlichen nahefühlten[8] (vgl. Hos 4,12.13; Jes 57,7; Ez 6,13 u.a.), und wie gegenüber den Mythen, den Träumen, den archetypischen Bildern der Religion verhielt sich die Bibel notwendigerweise mithin auch gegenüber der ekstatischen Prophetie höchst ambivalent: sie übernahm die Prophetie als Erfahrung in die Jahwereligion, schmiedete sie aber zugleich in ein Kampfmittel um, das die Aufgabe erhielt, jede Gotteserfahrung, die nicht unmittelbar dem Geist des Mose entstammte, als etwas Widergöttliches auszureißen und zu zerstören.

Die Jahwereligion erhob daher in der Folgezeit gewissermaßen ein Monopol auf das prophetische Erleben, bis hin zu dem Eindruck, der von der historisch-kritischen Exegese, wenn sie «Theologie» treibt, noch heute weitgehend geteilt wird: als wäre die prophetische Ekstase lediglich als eine unmittelbare Eingebung des Gottes der Bibel zu betrachten und nicht als ein allgemein-menschliches Phänomen zu verstehen, das als Fähigkeit im Herzen eines jeden Menschen zu allen Zeiten und Zonen schlummert. Aus Angst vor den orgiastischen, scheinbar zügellosen Ausschweifungen der heidnischen Kulte verurteilten die Propheten jede Form von göttlicher Ekstase, die sich nicht durch die Bindung an den Gott Jahwe legitimieren konnte.

In der Tat gelang dem Alten Testament mit seinem gewalttätigen und leidenschaftlichen Kampf gegen das ekstatische Prophetentum der Kanaanäer im Namen des Prophetentums der Jahwereligion *die Herausbildung eines neuen Menschentyps*, ohne den die ganze weitere Religions- und Kulturgeschichte auf dem Boden der Bibel fortan undenkbar wäre: *der Typ des prophetischen Ichs*, die *absolute Kategorie des Einzelnen* gegenüber seinem Gott.

Betrachtet man etwa jene Szene auf dem Berge Karmel in 1 Kön 18,26-29, wie die Propheten des Baal in orgiastischer Selbstverletzung blutüberströmt, schreiend und rufend, hinkend und rasend ihren Gott bestürmen, und vergleicht damit die souveräne Ruhe, mit der Elija, der Erhörung gewiß, sich an Jahwe wendet, so wird deutlich, daß die Baalsreligion psychologisch in der Tat eine durchaus andere Zielsetzung besaß als die Jahwereligion. «Der Baalskult», schrieb richtig G. von Rad, «führt zu Übersteigerung und Selbstauflösung»[9];

[7] A. Alt: Das Gottesurteil auf dem Karmel, in: Kleine Schriften, II 135–149; ders.: Der Stadtstaat Samaria, in: Kleine Schriften, III 276–278.

[8] Zur Verehrung von Stein, Berg und Baum vgl. G. van der Leeuw: Phänomenologie der Religion, 37–46; zu der prophetischen Reaktion gegen die «Sünde Chams» vgl. M. Buber: Der Glaube der Propheten, II 312–313.

[9] G. v. Rad: Theologie des Alten Testamentes, II 31. – Zur Nähe des prophetischen Erlebens zu bestimmten schizophrenen Erlebnisweisen und Verhaltensformen vgl. H. Heimann: Prophetie und Geisteskrankheit, 1956; ebenso G. Widengren: Literary and Psychological Aspects of the Hebrew Prophets, 100ff. zu bestimmten Formen von Ekstase und Verzückung.

der Grund dafür lag aber gewiß nicht in dem «aussichtslosen Versuch, durch Leistung die Aufmerksamkeit der Gottheit zu erregen»[10], wie von Rad protestantischerseits das «Heidentum» beurteilen mochte, sondern in der Neigung aller mythischen Religionen, das individuelle Ich in Trance und Ekstase mit den kollektiven Erlebnisinhalten des Unbewußten zu verschmelzen. Das orgiastische Erleben selbst, die Aufhebung des Ichbewußtseins in der Selbstvergessenheit des Rausches, galt und gilt in den mythischen Religionen in sich selbst als Erfahrung des Göttlichen, und gerade dagegen mußte die Jahwereligion von ihrem ganzen Wesen her sich so radikal wie möglich wenden. Nicht allein aus moralischen, sondern vor allem aus religiösen Gründen mußte die Jahwereligion gegen die Auflösung des Ichbewußtseins in der Ekstase sich genauso verwahren wie gegen die Identifikation des göttlichen Ichs mit menschlichen Bewußtseinszuständen. Der Gott Israels *als Person* forderte und suchte die Individualität der menschlichen Person als Gegenüber und Partner eines Dialogs absoluter Bewußtheit und Verantwortung.

Von K. Jaspers stammt die Idee der «Achsenzeit»[11], in der in den verschiedensten Kulturen, in China, Griechenland und Israel, unabhängig voneinander, aber in auffallender Gleichzeitigkeit, der absolute Wert der Individualität und Freiheit entdeckt worden sei. Was das Alte Israel angeht, so läßt sich vor allem die Königszeit als die Epoche ansehen, in der die Berufung der Propheten zu einer einzigartigen, auch in der Jahwereligion neuen Erfahrung wurde. Man wird von Rad darin nur zustimmen können, daß er insbesondere auf die absolute Individuation hinwies, die in der Prophetenberufung gelegen war und auch in Israel zuvor in dieser Weise nicht bestanden hatte: «Gewiß, der hebräische Mensch hat auch vor dem Auftreten der Propheten vor Gott ‹Ich› gesagt – etwa in den Klage- und Dankliedern. Aber das war doch ein anderes Ich als dasjenige, das hier zu Wort kommt. Das, was in den alten kultischen Formeln im Ichstil über die Dinge zwischen Gott und dem Menschen gesagt wurde, das konnte und sollte mehr oder minder jeder von sich sagen; es war mehr ein kollektives, inklusives Ich, während das der prophetischen Aufzeichnungen ausgesprochenermaßen ein exklusives Ich ist. Diejenigen, die in diesen Berichten zu uns reden, waren ja Männer, die in einem entscheidenden Sinn aus den religiösen Ordnungen, die die Vielen noch für gültig hielten, herausgerufen waren (und was bedeutete das für einen antik-orientalischen Menschen!) und die deshalb vor der Notwendigkeit standen, sich in ihrer neuen und durchaus analogielosen Situation vor sich und vor den anderen zu rechtfertigen. Der Prophet berichtet von einem Ereignis, das ihn mit einem Auftrag, mit einem Wissen und einer Verantwortung belud, das ihn vor Gott ganz allein auf sich selbst stellte. Und

[10] G. v. Rad: Theologie des Alten Testamentes, II 31.
[11] K. Jaspers: Vom Ursprung und Ziel der Geschichte, 14–32.

das zwang den Propheten dazu, sich in dieser seiner Sonderstellung gegenüber den Vielen zu legitimieren.»[12] Eben dieser Legitimation des Propheten in seiner Einzigartigkeit gegenüber den anderen dienen die Berufungsgeschichten der Propheten.

Psychologisch ergibt sich aus dieser Tatsache, daß es nicht nur zu einfach, sondern geradewegs falsch wäre, das prophetische Berufungserlebnis wie bisher in Analogie zu den Trancezuständen schamanistischer Erweckungen als eine bloße Ekstase zu verstehen. Das ekstatische Erleben mag ausreichen, um das Prophetentum der Baalsreligion zu erklären, aber in der Gestalt der biblischen Propheten tritt etwas entscheidend Neues hinzu, das den Umkreis der mythischen Religionsformen prinzipiell sprengt, indem das ekstatische Erleben hier auf einzigartige Weise mit einer durch und durch personalen Erfahrung des Göttlichen wie des eigenen Ichs einhergeht. So wie in der Begegnung zweier Menschen die Ekstase eines Rauschs der Sinne, einer bewußtlosen Auflösung des Ichs im Taumel einer orgiastischen Verschmelzung sich vollkommen unterscheidet von der Erfahrung der ekstatischen Seligkeit wechselseitiger Transzendenz, in der das Ich in höchster Bewußtheit seiner selbst sich zurückgegeben wird durch ein Du, das es in absoluter Dichte der Existenz herausfordert, aufnimmt und bestätigt – so unterscheidet sich die Rauschekstase der Propheten des Baal (oder anderer mythischer Gottheiten) von der ekstatischen Gottesbegegnung der biblischen Propheten grundlegend durch die radikale Personalisierung des Erlebens. Wenn wir soeben gesagt haben, in den Erscheinungs- und Berufungsgeschichten drohe das Ich vom Unbewußten zunächst überfallartig heimgesucht und weggespült zu werden, ehe es sich schließlich in einer tieferen Wahrheit getragen und angenommen fühle (S. 330ff.), so können wir speziell von der prophetischen Berufung noch weit stärker sagen, daß in ihr das Ich des Einzelnen in unvergleichlicher Weise sich von dem Ich Gottes aufgerufen und bestätigt sieht. Während eine Berufung an sich noch relativ konform zu den Überzeugungen und Lebensinhalten der Allgemeinheit ausgerichtet sein kann, scheint es ein Hauptmerkmal der *prophetischen* Berufung zu bilden, daß in ihr die Vereinzelung, die Individualisierung, unter dem Anspruch des absoluten Ichs Gottes zu einer radikalen Unterscheidung, ja, zur Trennung und Entgegensetzung des bewußten Ichs gegenüber dem kollektiven Unbewußten kommt.

Damit aber wird es erneut zur Frage, was psychologisch hier unter «Gott» zu verstehen ist. Auch für das prophetische Erleben «Gottes» muß tiefenpsychologisch gelten, daß alles, was einem Menschen erscheint, als *Erscheinung* Teil seiner Psyche ist; ohne diese Feststellung, die in der exegetischen Literatur freilich so

[12] G. v. RAD: Theologie des Alten Testamentes, II, 66–67. – Vgl. W. EICHRODT: Theologie des Alten Testaments, I 232–236, der das unmittelbare Gegenüber Gottes in der prophetischen Erfahrung betont, in der die unbegreifliche Andersartigkeit und die ganz und gar personale Bestimmtheit Gottes einander bedingten.

gut wie gar nicht reflektiert wird, würde man wiederum die absolute Differenz zwischen Psychologie und Theologie, zwischen Bewußtsein und Wirklichkeit verleugnen, die erst die Frage sinnvoll und notwendig macht, welch eine theologische Wahrheit sich in und hinter einer Erscheinung verbirgt und ausspricht.
Die «prophetische» Reaktion auf das Andringen der kollektiven Erlebnisinhalte besteht, wie wir psychologisch sehen, in einer radikalen Gegenbewegung des Ichs gegenüber jeder Art von Auflösung und Verschmelzung mit den unbewußten Schichten der Psyche, wie es mit dem ekstatischen Erleben als Möglichkeit und Gefahr jederzeit verbunden ist, und eben in dieser Spannung zwischen Ekstase und Ichbehauptung tritt nun das entscheidend Neue zutage: statt bewußtlos in den Abgründen der Psyche zu versinken, benutzt das Ich des Propheten das Meer des Unbewußten gewissermaßen als Spiegel seiner eigenen Personalität, um von diesem ins Unendliche erweiterten Ich sich selbst in seiner eigenen Absolutheit bestimmen, tragen und legitimieren zu lassen. Was als «Gott» erscheint, ist, als innerpsychisches Phänomen, zunächst als eine solche projektive Icherweiterung in und am ekstatischen Erleben des Unbewußten zu verstehen; hinter dieser psychologischen Feststellung aber schimmert jetzt erstmalig eine Wahrheit und Erfahrung auf, die in ihrer Größe und Wucht von erschreckender Gewalt und Majestät ist und besonders theologisch gar nicht genug gewürdigt werden kann.
Zum ersten Mal nämlich, nicht nur in der Geschichte Israels, sondern in der Geschichte der Menschheit überhaupt, isoliert sich in den Berufungsvisionen der Propheten das kleine Ich eines Menschen aus dem allgewaltig scheinenden Strom der Kollektivpsyche und benutzt ihn, um sich in immer größere Weiten der Unendlichkeit tragen zu lassen. Ähnlich jenen unbekannten Seefahrern, die in ihren winzigen Auslegerbooten auf der Suche nach den Sterneninseln am Horizont tausende von Meilen der Südsee durchmaßen, um entweder für immer neue Eilande zu entdecken oder auf immer in der Grenzenlosigkeit noch unbekannter Meere zu entschwinden, wagen es die Propheten Israels mit ungeheuerem Mut, alle irdischen Sicherungen, alle Versicherungen von außen, alle kollektiven Beruhigungen in der bürgerlichen Wärme des «So machen's alle» zu zerbrechen und ungeschützt, in der Freiheit ihres Ichs, dem Volk, der Kultur, dem Sentiment ihrer Zeit gegenüber- und entgegenzutreten, gestützt auf nichts als ihr eigenes Ich und den Gott, der dieses Ich berief, Jahwe. Es ist dies der Ort, an dem man den Glauben der Propheten, jenseits der Psychologie, vor allem *theologisch* nur bestätigen kann: nie wagte diese unbändige Befreiung des Ichs von allen gesellschaftlichen, politischen und religiösen Fesseln in der Gestalt der Propheten Israels sich zu vollziehen, ohne daß in der psychischen Erscheinung der Gegenüberstellung von Ich und Du *im Hintergrund* eine Wahrheit erfahren würde, die eine *metaphysische* Realität besitzen und an sich selber gelten muß: daß das Ich, die Personalität, die Freiheit, das Bewußtsein, an sich selbst etwas

absolut Vorgegebenes ist, das danach drängt, (auch) im Herzen des Menschen zur Erscheinung zu kommen. Was tiefenpsychologisch in der Prophetenberufung als Projektion des Ichs ins Unbewußte erscheinen muß, verdankt sich, geistesgeschichtlich und theologisch betrachtet, ganz wörtlich dem Glauben an die absolute Personalität des Göttlichen selbst, wie sie in der Jahwereligion in ausgeprägter Weise vorlag.

Läßt man das Abenteuerliche, Gefahrvolle, ja Ungeheuerliche dieses Vorgangs für das Erleben des Einzelnen einmal beiseite, so kann man rein historisch auch sagen, daß die Jahwereligion bei der Berührung mit den mythischen Inhalten und ekstatischen Riten Kanaans an und im Material des kollektiven Unbewußten sich selbst in einer verjüngten Form offenbar noch einmal hervorbringen mußte. Indem das Ich Jahwes die Herrschaft auch über das «Land» beanspruchte, war es schier unvermeidbar, daß der Gott des Himmels sein Antlitz nunmehr auch in den dunklen Zonen der menschlichen Psyche widerspiegelte, daß der Gesetzgeber vom Sinai fortan zum Gott des Herzens wurde und daß sein Ich sich selbst ein Gegenüber schuf und wählte, um sich darin wahrer auszusprechen als jemals zuvor: in der ebenso schwachen wie großen, in der ebenso ohnmächtigen wie starken Person eines Einzelnen lebte jetzt das Ich *des* Gottes, der «Meer *und* Festland gemacht» hat (Jona 1,9).

Damit aber ist etwas theologisch außerordentlich Bedeutsames gegeben, das über das Verhältnis von Theologie und Psychologie wesentlich entscheidet: nie hätte diese Geburtsstunde des Einzelnen, diese Projektion des individuellen Ichs in die Unendlichkeit des Unbewußten in den Berufungsgeschichten der Propheten Israels sich ereignen können ohne das Bewußtsein von der Wahrheit des Glaubens an die absolute Personalität des Göttlichen. Nur in dem Glauben daran, daß Gott selbst Person *ist*, vermag er dem menschlichen Bewußtsein als eine Person zu erscheinen, die das eigene Ich ruft und will, und statt die Inhalte der Theologie aus der Psychologie (und diese wiederum aus den historischen Gegebenheiten der Soziologie) abzuleiten, kommt es vielmehr ganz entscheidend darauf an, zu sehen, daß allein eine bestimmte Form von Glauben imstande ist, eine bestimmte Form von Psychologie zu ermöglichen und ins Leben zu rufen. Die Personalität des Einzelnen, die absolute Größe und Vollmacht des Individuellen, steht und fällt mit dem Glauben, den die Propheten als wichtigsten Inhalt ihrer Botschaft verkündeten: dem Glauben an die Einmaligkeit und Einzigartigkeit Gottes, an das absolute, exklusive Ich Jahwes.

Nur von diesem zentralen Erleben der prophetischen Berufung her: das eigene Ich im Meer des Unbewußten nicht untergehen zu lassen, sondern wie in einem Spiegel darinnen reflektiert zu finden, versteht man die Charakteristika der Propheten Israels als *notwendige* Momente ihrer Berufung und ihrer Persönlichkeit. Diese Merkmale lassen sich jetzt unter folgenden fünf Aspekten in etwa hinlänglich beschreiben.

1) Die absolute Verwiesenheit auf Gott

Die Person eines Menschen wird wesenhaft bestimmt durch dasjenige, wozu sie sich wesentlich verhält[13]. Um einen Menschen zu verstehen, kommt es nicht darauf an, zu wissen, was er tut, woher er stammt und unter welchen Lebensbedingungen er existiert, entscheidend ist, zu wissen, an welche Ziele und Ideale jemand glaubt, woran er sein Herz zuinnerst hängt und was ihn am meisten mit Hoffnung oder Traurigkeit, mit Beseligung oder Verzweiflung, mit Zuversicht oder Angst erfüllt – je nachdem, wie nahe oder fern er sich dem Ziele seiner Sehnsucht fühlt. So glauben und leben die Propheten Israels *Gott*, bis zu dem Punkt, daß *Sein* Mund in ihren Worten Gestalt gewinnt und sie nur noch Boten der Macht sind, die sie bestimmt. *«N'm jhwh»* – «Spruch des Herrn» oder *«kh 'mr jhwh 'lj»* – «So hat der Herr zu mir gesprochen» – mit dieser Legitimation ihrer Berufung treten sie vor ihre Hörer hin als Bevollmächtigte, als Repräsentanten des Göttlichen. «Der Abgesandte von jemandem ist wie dieser selbst»[14] – diese Formel des Spätjudentums gilt für die Propheten von Anfang an, indem sie auf unerhörte Weise das emphatische *Ich* ihres Gottes sich zu eigen machen[15]. Was in der Gesetzgebung des Moses noch Gebot und Weisung war – die Exklusivität des Ichs Jahwes –, schließt sich jetzt zusammen mit einem menschlichen Ich, in dem es erscheint, und indem wiederum die Propheten ihr eigenes Ich aussprechen, vermögen sie nicht anders, als auf Gott zu verweisen. Buchstäblich ist Gott ihnen *Wort*, denn eben daß es inmitten der Ekstase des Visionsempfangs etwas zu hören und zu sagen gibt, erhebt die Propheten Israels in absoluter Weise über das Stammeln und «Geifern» der kanaanäischen Baalspropheten[16]: nicht die Apersonalität der Ichentspannung bzw. des Ichverlustes, sondern die Personalisierung des ekstatischen Erlebens bis hin zu einer Erstarkung des Ichs, wie sie nie zuvor bestand – *das* ist das Kennzeichen biblischer Prophetie.

2) Der Widerspruch von König und Prophet

Die geschichtliche Herausforderung, die sich aus dieser religiösen Emanzipation des Individuums ergeben mußte, besteht bis heute fort und ist zu einer Entscheidungsfrage für alle Zeiten geworden.

[13] Vgl. S. KIERKEGAARD: Die Krankheit zum Tode, 78, wo Kierkegaard den Glauben als eine Form des Selbstseins bestimmt, die sich selbst durchsichtig in Gott gründet.

[14] So die aramäische Formel der Rabbinen: *schilucho schäl adam k^e^motho*. – Vgl. J. JEREMIAS: Neutestamentliche Theologie, I 222–231, zur Botensendung der Jünger Jesu. Zur Traditionsgeschichte des synoptischen *Aussendungsberichtes* vgl. H. SCHÜRMANN: Traditionsgeschichtliche Untersuchungen zu den synoptischen Evangelien, 137–149.

[15] M. BUBER: Der Glaube der Propheten, II 341.

[16] M. BUBER: Der Gesalbte, II 828.

Im Allgemeinen herrscht die Vorstellung unter den Exegeten, daß *der Beginn des Königtums in Israel* einen neuen Humanismus geschaffen und ein größeres Bewußtsein von der Bedeutung des Einzelnen in der Geschichte heraufgeführt habe[17]. Träfe diese Vorstellung zu, so müßte man annehmen, daß die Entfaltung des Königtums selbst den Grundstein zur Entfaltung des Individuums gelegt habe, und es ergäbe sich dann wieder das bekannte Erklärungsmuster, das in der säkularen Geschichtsforschung inzwischen fast als das einzig plausible Deutungsraster akzeptiert wird: aus den sozialökonomischen und historisch-politischen Gegebenheiten einer Gruppe ergäben sich seine sozialen und rechtlich-religiösen Strukturen, und aus diesen wiederum gingen die psychologischen Strukturen und Antriebe hervor, die das geistige Leben und Erleben prägten und gestalteten; im Falle Israels müßte man demnach den Beginn der Eisenzeit sowie den Kampf gegen die Dauergefahr der Philisterangriffe für die Herausbildung des Königtums geltend machen, und aus der Machtentfaltung des Königs wiederum müßte man, als deren Abglanz, die wachsende Würde des Einzelnen verständlich zu machen suchen. Wie anders indessen die Wirklichkeit sich verhielt, berichtet die Bibel gerade in der Gestalt der Propheten: nicht das Königsich bildet den Hintergrund für die Entstehung des Individualichs, sondern umgekehrt: der prophetische Kampf gegen das königliche Ich im Namen Jahwes begründet ein so unbeugsames Selbstbewußtsein einzelner, daß davor Könige und Mächtige erzittern müssen – immer und zu allen Zeiten.

Vom Beginn des Königtums an ist es der Stand der Propheten, der negativ-polemisch, wie in der Jotam-Fabel (Ri 9,7-15)[18], oder skeptisch-kritisch, wie in 1 Sam 8,10-18, der erstarkenden Monarchie in Israel entgegensteht. Auch diese Zweiteilung, ja, dieser Gegensatz von König und Prophet ist freilich nicht allein auf Israel beschränkt. Auch aus dem alten *Mari* ist ein Fall berühmt geworden, in dem ein Prophet mahnend und warnend seinem König gegenübertritt[19]; und selbst wenn dieses Beispiel archäologisch nicht zu unserer Kenntnis gelangt wäre, gilt es doch zu sehen, daß selbst in einfachen Stammeskulturen bereits zwischen dem Seher und dem Führer, zwischen dem Schamanen und dem Häuptling eine unaufhebbare innere Spannung besteht, die sich in den

[17] Vgl. G. v. Rad: Der Anfang der Geschichtsschreibung im Alten Israel, in: Gesammelte Studien, 173–188, bes. S. 176: «Nur ein Staat, der selbst Geschichte macht, kann Geschichte schreiben.» In der Tat ist es bemerkenswert, daß die erste geschlosssene Geschichtsdarstellung, die *Thronnachfolgegeschichte Davids*, mit dem Anfang der israelitischen Dynastie unlösbar verknüpft ist.

[18] Zur Jotam-Fabel vgl. W. Richter: Traditionsgeschichtliche Untersuchungen zum Richterbuch, 248ff.; 282–299, der für eine soziologisch-politische Funktion der Fabel eintritt: «Der Fabel liegt eine Erfahrung von Klassenauseinandersetzungen zugrunde: der Niedrige, Verachtete zieht den Kürzeren.» (S. 297) Vgl. dagg. M. Buber: Königtum Gottes, II 562–563, der die Jothamfabel «die stärkste antimonarchische Dichtung der Weltliteratur» nennt, als «Gegenstück zum Gideonspruch» (S. 562).

[19] Zum Widerspruch der Propheten gegen das Königtum in Israel vgl. M. Buber: Der Glaube der Propheten, II 299–320; ders.: Der Gesalbte, II 805–811; zu dem «Propheten» am Hof *Zimrilims* in *Mari* vgl. M. Noth: Geschichte und Gotteswort im Alten Testament, in: Gesammelte Studien, 234–240.

Hochkulturen strukturell in dem Gegensatz von Prophet und König nur weiter auswachsen konnte und mußte. Zwar gehört auch zum Königtum ein im Grunde visionäres, prophetisches Element – der eigentliche Führer eines Volkes ist stets ein Charismatiker, in dem Geist und Macht zu einer inneren Einheit finden; aber *de facto* taucht eine solche Synthese von König und Prophet in der Geschichte nur als eine rasch vorübergehende Seltenheit auf – die *Richter* Israels oder «Prophetinnen» wie Debora (Ri 5,1-31) mögen dafür als Beispiel dienen; gerade bei ihnen aber wird ein Hauch von Gewalt und Ideologie so deutlich spürbar, daß man eine solche Synthese niemals für schlechthin unbedenklich finden wird. Insbesondere wenn wir die Könige sich selbst mit einer Trabantenschaft von Hofpropheten und Gottbegeisteten umgeben sehen, wartet förmlich alles darauf, daß ein Micha ben Jimla auftritt, um den vierhundert hörnertragenden Gefälligkeitsschwätzern der Macht das Handwerk zu legen (1 Kön 22,1-28)[20]. Der wahre Prophet entwickelt sich nicht in Abhängigkeit und in der Gunst des Königsichs, sondern *tout au contraire*: das Ich des Propheten reift und erstarkt im Protest gegen den König, und anders kann es sich im Grunde *prinzipiell* auf dem Boden der Bibel nicht verhalten.

Wir haben im 1. Bd. der vorliegenden Arbeit (I 286ff) darauf hingewiesen, daß das Ich des Königs *wesentlich* nicht ein individuelles, sondern ein korporatives Ich darstellt, in dem das gesamte Volk sich zusammenschließt wie ein Bienenschwarm um seine Königin. Dieses kollektive Ich ermöglicht nicht, sondern verhindert von einem bestimmten Moment der Entwicklung an die Herausbildung eines individuellen Ichs. Gebunden an die Entfaltung äußerer Macht, wächst es sich zu einem Baum aus, in dessen Schatten nichts anderes mehr leben kann, und so wird es zu einer alles entscheidenden Frage, worauf sich das Ich des Königs selber gründet: auf die Macht über sein Volk oder auf die Beauftragung durch Gott, auf das Gegenüber eines Kollektivs oder auf das Gegenüber einer absoluten Person. In ersterem Falle wird der König selbst zu einer Unperson, zum bloßen Träger von angemaßten Würden und Bürden, von hohlen Titeln und leeren Riten, und je äußerlicher und seelenloser er sich in das Rollenspiel der Macht begibt, desto sicherer wird er selbst zum Konkurrenten und Widersacher des göttlichen Ichs. Auch im Alten Ägypten etwa galten die Könige nicht als autokratische und selbstherrliche Machthaber, sondern als Inkarnationen der Sonne, als Hüter und Erneuerer der «Tochter des Re», der göttlichen Maat[21]; auch den ägyptischen Königen konnte – spätestens im Totengericht! –

[20] Vgl. zu dieser Szene M. Buber: Der Glaube der Propheten, II 323–324.

[21] Vgl. J. Assmann: Der König als Sonnenpriester, 70: «Der König ist vom Sonnengott selbst eingesetzt auf der Erde der Lebenden, er ist als Stellvertreter des Sonnengottes zu dem Mitarbeiteramt der ‹Versorgung› berufen, die Schöpfung durch Verwirklichen der Maat am Leben zu halten.» – Eine ähnliche Bestimmung des israelitischen Königs gibt W. Eichrodt: Theologie des Alten Testaments, I 297: «Als Diener des Bundesgottes war er (sc. der König) ... mit der Wahrung der Gottesordnung beauftragt.»

das göttliche Gesetz entgegengehalten werden, um ihre Taten auf der Waage der Ewigkeit zu prüfen[22]. Aber was die israelitischen Propheten von ihren Herrschern forderten, war ungleich mehr als die Einhaltung von Gesetzen und Satzungen; sie verlangten, was man seither als das Prinzip aller Sittlichkeit bezeichnen könnte und was doch in Wahrheit der Geburt eines neuen Menschen gleichkommt: daß der König – auch und besonders er! – aus den Bestimmungen seiner Rolle heraustritt und es wagt, als Einzelner in freier Verantwortung dem Ich Gottes gegenüberzutreten. All die so «modernen» Entschuldigungen: der Zwang der Rolle, die Macht des Faktischen, die Gesetzmäßigkeit des Handelns, haben die Propheten Israels immer wieder negiert, indem sie selber als einzelne zu den Königen redeten – als einzelnen. Nur dann steht das Ich eines Königs dem Ich Gottes nicht mehr im Wege, wenn ein Mensch jenseits der Attrappen kollektiver Größe und Allmacht sich auf das wahre Maß seiner eigenen Freiheit und Größe besinnt, wenn er es wagt, ein eigenes Ich zu sein, und seine Macht dafür einsetzt, das Ich jedes einzelnen zu fördern.

Erst von daher läßt sich die Radikalität ermessen, mit der die Propheten Israels die Geschichte den mythischen Kreisläufen entreißen und zum Ort einer einmaligen, freiheitlichen Entscheidung erklären wollten. Immer wenn ein Einzelner einem «System», dem Apparat der Macht gegenübertritt, ist er zum Scheitern verurteilt – STEFAN ZWEIG hat immer wieder in seinen Schriften dieser bitteren Erfahrung Ausdruck verliehen[23]. Die Propheten indessen scheuten die Konfrontation mit der Macht nicht. Man mochte sie darum als Pessimisten, als Defaitisten, als Narren, als Schwärmer beschimpfen und verunglimpfen, wie etwa den Propheten Jeremia[24] – sie hatten keine andere Wahl, als buchstäblich um Gottes und um ihrer selbst willen den äußersten Einsatz zu wagen. Immer wieder attackierten sie dabei nicht nur das blinde Vertrauen in die Macht und das blindwütige Spiel um die Macht, es war vor allem immer wieder das Interesse des Einzelnen, mit dessen Anspruch sie den Königen entgegentraten, mit Hilfe uralter Formeln orientalischen Rechts, die den Schutz der «Witwen und Waisen» verlangten oder Redlichkeit im Umgang mit Preis und Gewicht zur Pflicht machten. Immer steht dabei scheinbar das Königsich mit seinen vermeintlichen Rechten im Widerspruch zu den Rechten des Individualichs, und immer ergreifen die Propheten dabei die Partei des Wehrlosen; so Nathan, der nur dadurch überhaupt zum «Propheten» wird, daß er David seine Schuld an dem Hethiter Uria vorhält, den der König ermorden ließ, um seine Frau Bathseba besitzen zu können (2 Sam 12,1-15); so der Prophet Elija, der König Ahab entgegentrat, als dieser den Weinbergbesitzer Naboth in einem Scheinprozeß hatte hinrichten

[22] Vgl. S. MORENZ: Gott und Mensch im alten Ägypten, 157–177, zur Rolle der Ethik im Alten Ägypten.
[23] Vgl. ST. ZWEIG: Ein Gewissen gegen die Gewalt. Castellio gegen Calvin, 189–192, zum Tode *Castellios.*
[24] Jer 38,4-6.

lassen, um sich sein Landgut anzueignen (1 Kön 21,17-22)[25]. Bis zur Zeit des Exils wird dieser Kampf zwischen Prophet und König weitergehen, und die Bilanz des ganzen deuteronomistischen Geschichtswerkes, das dem Propheten Jeremia nahesteht, wird schließlich lauten, daß das Königtum insgesamt den Anfang vom Ende Israels darstelle – eine einzige Verfehlung, ein einziger Abfall[26]. Seither wird es in alle Zukunft die Frage eines jeden Menschen sein und bleiben, als was er selber sich versteht und was ihn wesentlich bestimmt: die Entpersönlichung und Fügsamkeit in Menschenmacht oder die Kraft des Glaubens an die Macht der ewigen, unendlichen Person Gottes im Hintergrund der Welt und aller menschlichen Geschichte.

3) Der Widerspruch von Priester und Prophet

Zugleich mit dem Großich des Königs trifft das Ich des Propheten notwendigerweise auf die Gestalt des Priesters: auch sie ist im Grunde *kollektiver* Natur, auch sie verkörpert ein Großich, auch sie bildet eine «Korporativperson». Es gehört zur Rolle und zum Beruf eines Priesters, daß er im Vollzug des *Ritus*, zu dem er bestellt ist, als Dramaturg archetypischer Szenen und Ausdruckssymbole einer Gruppe von Menschen vorsteht, die in diesen Bildern des kollektiven Unbewußten sich selbst als Einheit konstituiert, indem sie vermittels der Person und dem Wirken des Priesters gemeinsam in Beziehung zum Göttlichen tritt. Beides: der Bezug zu einem Ritual, das eine Gemeinde von Gläubigen bindet, sowie der Gedanke einer symbolischen, objektiv vorgegebenen Form der Vermittlung zwischen Mensch und Gott bestimmt die Existenz eines Priesters[27], und beides setzt den Priester in einen diametralen Gegensatz zu der Existenzform des Propheten. Denn genauso heftig, wie der Prophet, entsprechend dem

[25] Vgl. zur Szene G. von Rad: Theologie des Alten Testamentes, II 35, der hier den Zusammenprall des absolutistischen kanaanäischen Stadtkönigtums mit der «demokratischen» Auffassung Israels vom Schutz der individuellen Rechte durch Gott erblickt.

[26] Vgl. M. Noth: Gott, König, Volk im Alten Testament, in: Ges. Studien, 209, zu den Schwierigkeiten Israels, die «kultisch-rituelle Funktion des göttlich gedachten Königs» im syrisch-palästinensischen Kulturland zu übernehmen; vgl. G. v. Rad: Die deuteronomistische Geschichtstheologie in den Königsbüchern, in: Ges. Studien, 192; 201–204: «Jahwes Wort wirkt nach der Darstellung von Dtr. in der Geschichte Judas ... 1) als Gesetz, richtend und vernichtend; 2) als Evangelium, d.h. in der sich ständig erfüllenden David-Verheißung, rettend und vergebend.» (S. 202) Zum Gegensatz zwischen dem Königtum Gottes und menschlichem Königtum vgl. M. Buber: Der Glaube der Propheten, II 299–309; 420ff. (zu Jeremias Kampf gegen Jojakim).

[27] Zur Spannung zwischen Priester und Prophet vgl. M. Buber: Der Glaube der Propheten, II 303: «Beim Priester ...geht die *entscheidende* Bewegung von der menschlichen Person in den Bereich des Gottes ... hin, beim Nabi ... besteht sie darin, daß aus dem Bereich des Gottes etwas auf den Menschen niederfährt.» Vgl W. Eichrodt: Theologie des Alten Testaments, I 292ff., der den Gegensatz von Priester und Prophet al Gegensatz von Statik und Dynamik bestimmt; der Priester diene (wie der König!) «einer auf Dauer un Vollkommmenheit berechneten kosmischen Ordnung» (286).

Wesen *seiner* Berufung, sich gegen die Auflösung des Ichs im (kollektiven) Unbewußten wendet, genauso heftig muß er sich dagegen verwahren, daß das Ich des Einzelnen von seiner Verantwortung vor Gott durch die Flucht in die Menge oder in die Scheinrechtfertigung eines vermeintlich «objektiv» wirksamen Rituals zu entkommen versucht. Nicht zufällig oder nur von mal zu mal, sondern *wesentlich* attackieren die Propheten Israels (wie die Propheten aller Zeiten in allen Religionen) die – wie sie es sehen – Unpersönlichkeit und existentielle Leere der priesterlichen Kultdienerei; und immer wieder wird ihr Haupteinwand lauten, daß der Priesterstand, wofern nicht selber so korrupt, wie etwa in den Tagen Elis (1 Sam 2,11-17), so doch in jedem Falle auf Heuchelei, Scheinsicherheit und Wunschdenken hinauslaufe.
In der Tat scheint es zwischen der Haltung eines Priesters und der Haltung eines Propheten nur ein Entweder – Oder zu geben. Ein Priester versucht den Gottesschrecken zu mildern, indem er, in ständiger Nähe zum Mythos, den Menschen in den beruhigenden Kreislauf heiliger Zeiten und heiliger Verrichtungen hineinstellt; ein Prophet demgegenüber muß geradewegs versuchen, die erschütternde Erfahrung der Nähe Gottes möglichst ungeschmälert jedem Einzelnen zuzumuten. Man muß zugeben, daß es an sich durchaus «unterirdische» Verbindungen zwischen der Gestalt des Priesters und des Propheten geben könnte – in der Person des *Schamanen* wird sogar auf klassische Weise der wechselseitige Übergang von Ritual in Vision und von Vision in Ritual deutlich (s.o. S. 84f.); aber indem die Propheten Israels die schamanistisch anmutende Rauschekstase der kanaanäischen Propheten in ihrer Außenseite auf das entschiedendste bekämpften, zerstörten sie im Grunde die zentrale Stelle, an der sich ein befruchtender Austausch zwischen dem *Priester* als dem Repräsentanten der Welt der archetypischen Bilder in den Tiefenschichten der menschlichen Psyche und dem *Propheten* als dem Repräsentanten des personalen Ichs hätte ereignen können; beide Welten fallen, jedenfalls zur Zeit der Hochblüte der alttestamentlichen Prophetie, auf verhängnisvolle Weise auseinander, und in aller Folgezeit, auch im Christentum, werden das priesterliche und das prophetische Element durch keine tiefere Synthese mehr verbunden sein, sondern immer wieder den Anlaß für polemische Divergenzen und konfessionelle Spaltungen bilden. Vor allem der *Protestantismus* scheint mit seinem Individualismus, seiner Kultkritik und seinem Entscheidungsernst als wesentlich *prophetisch* bestimmt, wohingegen der *Katholizismus* eine durch und durch *priesterliche* Form der Frömmigkeit darstellt; beide Konfessionen aber bedürfen einander zu ihrer Einheit, damit zwischen Ich und Unbewußtem, zwischen Individuum und Gemeinschaft, zwischen Intuition und Institution kein lebenzerreißender Widerspruch entsteht und besteht. Jenseits der organisatorischen Zuweisungen würde das religiöse Leben einer jeden Glaubensgemeinschaft freilich auch dann noch wechselnde Phasen des Priesterlichen und des Prophetischen kennen, indem gewisse Zeiten

der Beruhigung und des Gleichmaßes erneuten Zeiten der Unruhe und des Aufbruchs weichen müßten und umgekehrt; doch dieser Wechsel wäre ein Austausch wie das Kommen und Gehen von Ebbe und Flut; einseitig gesehen aber sind die Propheten eine Hochflut ohne Deiche und ein Wind ohne Grenzen, die Priester aber sind wie verkarstete Hügel und verdorrte Flußtäler.
Sehr sprechend hat R.M. Rilke in seinem Gedicht *«Ein Prophet»* einmal diese drängende, ängstigende, unerschrocken-schreckliche Seite des *Prophetenamtes* in die Worte zu fassen versucht:

Ausgedehnt von riesigen Gesichten,
hell vom Feuerschein aus dem Verlauf
der Gerichte, die ihn nie vernichten, –
sind die Augen, schauend unter dichten
Brauen. Und in seinem Innern richten
sich schon wieder Worte auf,

nicht die seinen (denn was wären seine
und wie schonend wären sie vertan)
andre harte: Eisenstücke, Steine,
die er schmelzen muß wie ein Vulkan,

um sie in dem Ausbruch seines Mundes
auszuwerfen, welcher flucht und flucht;
während seine Stirne, wie des Hundes
Stirne, *das* zu tragen sucht,

was der Herr von seiner Stirne nimmt:
Dieser, Dieser, den sie alle fänden,
folgten sie den großen Zeigehänden,
die Ihn weisen wie Er ist: ergrimmt.[28]

In dieser Darstellung wirken die Propheten in der Tat mit der Macht eines Sturms, der die Bäume entlaubt und die Blätter weithin verstreut; später erst kommen die Priester, um das Verstreute wieder zu sammeln und zu ordnen, bis ihre beruhigte Welt erneut von dem Atemwind der Propheten hinweggeblasen wird. In gewissem Sinne scheint dieser Konflikt zwischen Amt und Freiheit, der Priestertum und Prophetie voneinander trennt, notwendig zu bestehen, und von einem bestimmten Grad der Zerrissenheit an muß es fast als illusorisch erscheinen, wenn die soeben zitierte Stelle des elohistischen Geschichtswerkes in Num 11,24-30 meint, es sei möglich, das leitende Amt der «Ältesten» mit prophetischem Geist zu erfüllen bzw. umgekehrt das prophetische Element sozusagen zu «beamten». Aber nur in einer solchen objektiven Verschmelzung von Geist und Funktion bliebe die Institution vor der Gefahr der Erstarrung und die Prophetie vor der Gefahr des Anarchischen bewahrt; und es bedürfte

[28] R.M. Rilke: Ein Prophet, in: Der neuen Gedichte anderer Teil; Sämtliche Werke, I 566–567.

offenbar einer neuen «schamanistischen» Mitte, um eine solche Einheit zu ermöglichen. Wenn die Propheten, wie in vielen wunderbaren Bildern des Hosea oder des Jesaja, zur Güte und zur Milde reiften und die Priester hingelangten zu der Ungesichertheit und der Ausgesetztheit Gottes, fände die Religion in der Tat zu ihrer Mitte. Ein Beispiel dafür in der Bibel könnte die Gestalt des Samuel im Alten Testament liefern, der beides war: ein Priester in der Zeit, da die Philister das Heiligtum der Bundeslade raubten, und ein Prophet, der mit seinem Geiste Könige salbte und richtete und der schon durch sein Dasein bewies, daß eine solche Einheit von Prophetie und Priestertum trotz allem doch nicht ganz unmöglich ist.

4) Der Widerspruch zum Volk oder: Die Einsamkeit des Propheten

Indem die Propheten das Großich von König und Priester im Namen der Rechte des Einzelnen bekämpfen, liegt ihnen im Grunde an der Herausbildung einer wahren Form von Gemeinschaft, in der das Verhältnis von Ich und Du zwischen Gott und Prophet sich ausdehnt im Verhältnis von Gott und Volk sowie im Umgang miteinander. M. BUBER, der dieses Anliegen immer wieder betonte, um die Gestalt der Propheten vor dem Eindruck eines einseitigen Individualismus zu bewahren, hat darauf hingewiesen, daß das hebräische Wort für «Volk» (ᶜm) mit dem lateinischen «cum» zusammenhängen könnte und der Etymologie nach so viel wie «Mitsein» bedeute[29]; ganz entscheidend aber sei, daß erst von der Stunde am Sinai an die Bibel von Israel als «Volk» spreche[30]. In der Tat greifen die Propheten gern die Erinnerung an die Zeit der Wüstenwanderung auf, um ihr Ideal von dem einen Volk unter der Führung des absoluten Königsichs Gottes immer wieder mahnend und beschwörend vor Augen zu stellen und nach dem Maßstab dieses Ideals den Zustand ihres Volkes und ihrer Zeit (im doppelten Sinne des Wortes) zu «richten».
Eigentlich sollte man daher erwarten, daß das Anliegen der Propheten gerade im Volk, und darinnen besonders von den sozial unterdrückten Kreisen, begeistert aufgegriffen und mitgetragen worden wäre. Aber eben das scheint nirgendwo der Fall gewesen zu sein. Nirgendwo sehen wir die Propheten als Volkstribunen, nirgendwo sehen wir sie an der Spitze größerer Volksbewegungen, und selbst wenn sie sich mit einer größeren Volksgruppe verbünden, wie Jeremia etwa mit dem nomadisierenden Stamm der Rechabiten (Jer 35), so geschieht das eher im Sinne einer symbolischen denn einer politischen Vermittlung. Überdeutlich

[29] Vgl. M. BUBER: Die Schrift und ihre Verdeutschung (1936), II, 1150–1154.
[30] M. BUBER: Die Erwählung Israels, II 1041: «Zum erstenmal nach den Verheißungen an die Väter läßt die Schrift hier (sc. in Ex 3,7, d. V.) Gott vom *Volke* reden, zum erstenmal überhaupt also als von etwas bereits Vorhandenem.»

zeigt sich an dieser Tatsache die Größe wie die Ohnmacht der Propheten: gestützt auf die Kraft ihrer inneren Erfahrungen, zeigen sie sich nach der Ablehnung (oder gar der Zerstörung) des Kultischen und Rituellen außerstande, einen positiven Zugang zu breiten Schichten der Öffentlichkeit zu finden. Anders als die Schamanen, die ihre Träume und Visionen in ritualisierter Darstellung zu heilenden Symbolen des Stammes auszuformen vermögen, fehlt den Propheten ein tieferer, archetypisch vorgegebener Anknüpfungspunkt für ihre Botschaft, und so müssen sie ohnmächtig zusehen, wie das Volk weiter den kollektiven Symbolgestalten von König und Priester, Thron und Altar anhängt und die Angst der individuellen Entscheidung scheut, zu der die Propheten es aufrufen. Gleichwohl fehlt es an sich nicht an Versuchen, mit denen auch die Propheten ihre Traumbilder dramatisch zu aktualisieren trachten; ja, zum Äußersten gedrängt, formt sich schließlich ihr ganzes Leben bis in die privatesten und intimsten Bereiche hinein zu einem Symbol für ihre Botschaft: von Hoseas unglückseligen Liebesbeziehungen (Hos 1,2-9; 3,1-5) spannt sich der Bogen über Jesaja, der nackt in Jerusalem umhergeht, um das traurige Schicksal der Stadt vorwegzunehmen (Jes 20,2), bis hin zu der Leidensgeschichte des Jeremia und den zahlreichen Symbolhandlungen des Ezechiel (vgl. Ez 4; 5; 12 u.a.). Doch trotz allem läßt sich die Welt der großen Ausdruckssymbole des kollektiven Unbewußten nicht rein aus der Innerlichkeit her gestalten. Allenfalls in der legendären Darstellung des *Jona*-Büchleins gelingt es, daß das Schicksal eines einzelnen zum rettenden Symbol einer großen Menschengruppe wird: die angstvolle Flucht und der verzweifelte Untergang des Propheten wird hier zum Vorbild der heidnischen Stadt Ninive, und was der Prophet selber im Gebet aus dem Fischbauch zu seiner Rettung erfuhr, wird – gegen seinen Widerstand – schließlich zur Hoffnung und Rettung der von ihm verurteilten Stadt. Es ist das Bestreben und der schicksalhafte Zwang der Propheten, ihr eigenes Leben in einer ungeheueren existentiellen Dichte als ein Symbol des Allgemeinen zu empfinden und zu gestalten; aber nur im Negativen, in Destruktion, Gericht und Untergang, nicht in den positiven wunderbaren Verheißungsinhalten der prophetischen Botschaft der umgreifenden Liebe Gottes kommt es zu einer Berührung und symbolischen Verschmelzung des prophetischen Ichs mit dem Großich der Gruppe. Die essentielle Einsamkeit und faktische Isoliertheit wird somit zum Signum des Prophetischen bis in die Gegenwart: SÖREN KIERKEGAARD als der letzte große Prophet des Abendlandes mag mit seiner Person und seinem Schicksal dieses Gesetz bestätigen[31].

[31] An dieser Stelle greift die Kritik von M. BUBER: Gottesfinsternis, II 589–593 nicht, wenn er S. KIERKEGAARD die «Suspension des Ethischen» als Karikatur des Absoluten vorwirft. Wahr ist BUBERS Sorge und berechtigt seine Angst vor falschen Ideologiebildungen und verzerrten individualistischen Anmaßungen, denen er sehr zu Recht als jüdischer Theologe (!) jene «Bilder des Absoluten» (!) entgegenhält, die im Herzen des Menschen «vergänglich wie ein Traumbild und doch in der Ewigkeit beglaubigt» schlummern (S. 592).

5) Zwischen Fanatismus und Gehorsam

Nicht nur den Zeitgenossen, auch späteren Geschlechtern kann das Auftreten eines Propheten jene Deutung nahelegen, die im Neuen Testament die Bewohner von Nazareth angesichts des Wirkens Jesu sich zu eigen machten: «Er ist von Sinnen» bzw. «er ist ein Rasender» (Mk 3,21). Was die Israeliten der Frühzeit von Anfang an beim Gebaren der Propheten wundernahm - das Moment der Verzücktheit, der Exaltation, der schlechthinnigen Irrationalität des Verhaltens -, ist vom Prophetentum auch in der personalisierten Form der Bibel wesenhaft nicht wegzudenken. Im Gegenteil; während die stammelnde Rauschekstase, das Versinken des Ichs in den Dämmerzonen des Kollektiven, zu allen Zeiten eine ungeheuere Verführungskraft auf die Massenpsyche ausübt[32], mußte das ekstatische Sprechen der israelitischen Propheten in der Unbedingtheit seiner Forderung, in der enthusiastischen Kraft seiner dichterischen Bildwahl, in dem Katarakt der sich überstürzenden Gefühle die große Öffentlichkeit wie etwas Fremdartiges, Beunruhigendes, ja Gefährliches anmuten, und sie wehrte sich instinktiv dagegen, so wie stets die Masse nur den Rausch der Menge, nie die Ekstase des Einzelnen in seiner Einzelgestalt sucht und herbeisehnt. In Wahrheit folgt die Massenpsyche dem Nirwana-Prinzip FREUDS[33] - sie will ihre Ruhe, und nichts ist ihr unverständlicher als die ständige Beunruhigung solcher Feuergeister, wie die Propheten es sind. Als ästhetisches Schauspiel, als närrische Posse mag man die Gottbegeisteten dulden; als solche, die verlangen, daß man ihnen folgt, gilt es, sie lächerlich, mundtot, unschädlich oder schlechtweg «unmöglich» zu machen.

Und hat die Menge nicht recht? Muß nicht für weise gelten, was Könige und Priester, was Mächtige und Gläubige zu allen Zeiten an den Propheten auszusetzen fanden: daß sie realitätsferne Träumer, exzentrische Fanatiker und unerträgliche Wirrköpfe seien?

Religionspsychologisch scheint keine Aufgabe schwieriger, als die Propheten von solchen Vorwürfen freizusprechen. Allzunahe liegt paradoxerweise der Verdacht, daß sie, analytisch gesprochen, in ihrem Reden von Gott nicht so sehr ihr eigenes Ich zu Wort kommen lassen, als vielmehr der Intransigenz ihres Überichs Ausdruck verleihen. Diese Möglichkeit, so widersprüchlich sie auch erscheinen mag, besteht durchaus, daß gerade die ersten Verkünder einer reinen Subjekthaftigkeit, einer absoluten göttlichen Subjektivität, zwar emanzipiert von äußeren Autoritäten, aber um so unfreier gegenüber bestimmten verinnerlichten Autoritäten ihrer eigenen Psyche waren.

Zur Problematik selbst vgl. E. DREWERMANN: Von der Unmoral der Psychotherapie oder von der Notwendigkeit einer Suspension des Ethischen im Religiösen, in: Psychoanalyse und Moraltheologie, 1. Bd., 79-104.

[32] Vgl. E. DREWERMANN: Der Krieg und das Christentum, 289-290.

[33] Zum «Nirwanaprinzip» vgl. S. FREUD: Das ökonomische Problem des Masochismus, XIII 372ff.

Am Beginn der Neuzeit z.B. steht die Gestalt MARTIN LUTHERS mit ihrem zweifellos prophetischen Protest gegen die schrankenlose Autorität von Papst und Kaiser, und man möchte meinen, daß dieser große Mann, der in der Kraft seiner Persönlichkeit und in der Leidenschaft seines Glaubens mehr, als er selbst womöglich ahnte, der Freiheit des Einzelnen zum Durchbruch verhalf, auch selber von einer souveränen Freiheit und Weite des Herzens geprägt gewesen sei; aber läßt man einmal die LUTHER-Legende beiseite, so steht ein Mann vor uns, der am menschlichsten ist gerade in seinem Suchen, in seinen Skrupeln, in seinen dunklen Schuldgefühlen, während seine spätere gläubige Sicherheit als Antwort auf den unheimlichen Abgrund der Angst von fanatischen Zügen nicht freizusprechen ist[34]. Die Frage bleibt, auf welch einer psychischen Ebene der Zusammenschluß, das Bündnis zwischen dem Ich Gottes und dem Ich des Propheten sich ereignet, und wesentlich richtet diese Frage sich nach dem Quantum der Angst im Hintergrund des prophetischen Erlebens.

Nichts schafft einem Menschen eine so elementare Angst, wie die Entdeckung der eigenen, von allen Bestimmungsgrößen der Umgebung unabhängigen und losgelösten Individualität. Es ist, wie wir sahen, ein unvermeidlicher und wahrer Schritt, wenn das Ich des Einzelnen begreift, daß es allein in einem anderen absoluten Ich jenseits der Menschenwelt seinen Halt, seine Berechtigung und seine Ruhe finden kann. Und dennoch ist gerade dieser entscheidende Sprung des Glaubens in sich noch einmal ambivalent, je nachdem, ob er zu einer bloßen Angstflucht auf Gott hin führt oder zu einem ruhigen Gefühl des Angenommenseins und des inneren Klarwerdens zu reifen vermag. Im ersteren Falle wird eine infantile Unterwürfigkeit unter bestimmte religiöse Lehrinhalte unvermeidbar sein, und diese einzig der Angstberuhigung dienenden Vorstellungen von Gott müssen späterhin zum Erhalt des Ichs bedingungslos verteidigt werden. Dasjenige Bild von Gott, das die Angst im Untergrund der eigenen Existenz beruhigt, wird dann zu einem scheinbar unwandelbaren Garanten der Wahrheit, und es wird gerade die Starre, die Unnachgiebigkeit, die unverrückbare Fixierung auf eine bestimmte Vorstellung von Gott sein, die, gepaart mit einer missionarischen Aggressivität, das Kennzeichen des Fanatismus ausmacht[35]. An die Stelle des Hörens tritt dann das Wissen, an die Stelle des Gehorsams die tyrannische Unterwerfung. Es mag im Einzelfall schwer sein, eine genaue Grenzlinie zwischen Fanatismus und Frömmigkeit zu ziehen, und das einzig klare Kriterium scheint der Rat Jesu zu liefern, an den «Früchten» die Wahrheit auch eines Gottesmannes zu erkennen (Mt 7,16); die angstbedingte Scheinsicherheit eines bloßen Wunschdenkens und die fanatische Starre der Rechthaberei jedenfalls

[34] Vgl. H.E. ERIKSON: Der junge Mann Luther, 271–272; vgl. E. DREWERMANN: Der Krieg und das Christentum, 68, Anm. 31; 138, Anm. 36.

[35] Vgl. E. DREWERMANN: Der Krieg und das Christentum, 68–69; 222–230; 362–363.

scheinen die besten Prüfsteine abzugeben, um einen echten Propheten von einem «Lügenpropheten» zu unterscheiden.

In der *Passionsgeschichte des Propheten Jeremia* (Jer 28,1a; 27,1b.2$\alpha\beta$b. 3.4a. 12b;28,1b.2-13.14a.15-17)[36] wird einmal auf klassische Weise die existentielle Differenz zwischen einem wahren Propheten in seiner Unsicherheit und seinem Zweifel und einem Falschpropheten in seiner triumphalen Selbstgewißheit geschildert[37]. Im 4. Regierungsjahr des Königs Zedekia hat der Prophet Jeremia von Gott den Auftrag erhalten, mit Jochstangen auf seinem Nacken den Abgesandten der umliegenden Königreiche als Botschaft aufzutragen, sie alle sollten und müßten sich in das Joch des Königs von Babel fügen, wenn sie am Leben bleiben wollten. In diesem Moment aber tritt ihm der Prophet Chananja von Gibeon, der Sohn Assurs, im Hause Gottes entgegen und widerspricht seinen Drohungen in Anwesenheit der Priester und des ganzen Volkes: Gott werde in den nächsten zwei Jahren schon die völlige Restitution und Unabhängigkeit vom Joch der Babylonier bewirken. Auch Jeremia kann nur von Herzen wünschen, daß es so kommen möge, aber die Liebe zur Wahrheit verbietet es ihm, ein solches Wunschdenken für das Wort Gottes auszugeben – so viele Jahre lang mußte er nach der Regentschaft des Königs Manasse (693–639), da alle von «Heil» (neudeutsch: von «Fortschritt», «Wachstum» und «Sicherheit») redeten, immer wieder vor der Menge die drohende, ihm so sichtbar scheinende Katastrophe beschwören, verlacht vom Volk, verfolgt von der Macht; auch jetzt kann Jeremia nur darauf hinweisen, wie bereits vor ihm die Propheten Krieg und Unheil geweissagt hätten; aber völlig auszuschließen, daß Chananja mit seiner Friedensbotschaft recht haben könnte, vermag auch Jeremia nicht, und so muß er, der Prophet Gottes, den Ausgang und die Wahrheit seiner Rede in die Hand Gottes zurückgeben. « . . . daran, daß sein Wort eintrifft, wird man erkennen, daß in Wahrheit Jahwe diesen Propheten gesandt hat.» Da tritt Chananja auf ihn zu und zerbricht das Joch auf seiner Schulter – gerade so werde Jahwe binnen zweier Jahre das Joch des Königs von Babylon zerbrechen. Und nun ist es bezeichnend, wie Jeremia reagiert: er, der soeben noch eine Weisung Gottes auszurichten hatte, weiß nicht mehr weiter; unmöglich für ihn, sich auf das alte Gotteswort zu berufen, wo die Situation sich so gründlich geändert hat; wortlos geht Jeremia fort und kehrt erst wieder zurück, nachdem Gott erneut zu ihm geredet hat: ein Joch aus Eisen soll er sich machen, denn eisern werde das Joch Nebukadnezars sein.

Derart vibrierend, derartig flackernd unter jedem Windhauch der Geschichte ist das Ich eines echten Propheten; es bleibt voller Ungewißtheit selbst im Glauben

[36] R. SMEND: Biblische Zeugnisse. Literatur des alten Israel, 184–185.

[37] Zum Konflikt zwischen *Jeremia* und *Chananja* vgl. M. BUBER: Der Glaube der Propheten, II 424–426; DERS.: Falsche Propheten, II 943–949.

an Gott, denn Gott ist *Person* – kein Prinzip, kein Weltgesetz, keine bekannte Größe; nur daß Er da sein wird, als der er da sein werde, ist sein »Name« seit den Tagen der Gotteserscheinung am Horeb (Ex 3,14)[38], und diese Gewißheit allein muß genügen: Gott wird dasein, gleich, in welchem Augenblick, und gleich, in welcher Weise.

Ernst Barlach, selber auf schreckliche Weise belehrt von den Orgien des fanatischen Chauvinismus in der Zeit des Ersten Weltkrieges, hat 1928 eine Bronzeplastik entworfen, die in der Städtischen Kunsthalle von Mannheim ausgestellt ist und den Titel trägt: «Der Geistkämpfer» – ein Erzengel mit erhobenem Schwert, stehend auf einem reißenden Wolf[39]. Das Bild eines *Propheten*, wenn er unwahr ist, gleicht diesem Bilde; das Bild eines Propheten, wenn er wahr ist, gleicht eher Barlachs Plastik «Der Hörende» – ein Mann, dessen ganzes Wesen es ist, so weit als irgend menschenmöglich *Ohr* zu sein.

Betrachtet man von daher die Größe wie die Grenze des Prophetischen, so wird man resümierend sagen können: die für alle Zeiten bleibende Bedeutung und Gültigkeit der prophetischen Erfahrung liegt in der Absolutheit, mit der sie das Ich Gottes zur Grundlage der eigenen, unableitbaren, individuellen Existenz erhebt. Erst im Raum dieser unbedingten Personalität und Freiheit gewinnt die menschliche Geschichte ihre Größe und Verantwortung. Auf der anderen Seite ist das Kämpferische, Isolierte, Drohend-Werbende im Wesen der Propheten nicht zu übersehen: ihr ganzes Dasein ist es, als Korrektiv eine Wirklichkeit vorzubereiten, unter deren Fehlen die Propheten überaus leiden, und insofern kommt ihnen in der Tat zwar nicht eine wahrsagende, wohl aber eine zukunftgestaltende und zukunftansagende Funktion zu. Ihr Dasein in der Gegenwart hingegen ist unter diesen Umständen zunächst notwendig ausgesetzt und einsam, angefeindet und gemieden, und vor allem: mit den Bildern in den Tiefenschichten der menschlichen Psyche auf höchst ambivalente Weise verbunden. Zwar ahnen und suchen die Propheten eine wahre Synthese zwischen Geist und Amt, zwischen Individuellem und Kollektivem, zwischen Personalem und Sozialem, zwischen Göttlichem und Menschlichem, aber sie selber sind (noch) nicht imstande, diese Einheit selber zu leben. Alles in ihrem Denken und Wirken wartet auf eine Form von Menschlichkeit, die sich im Neuen Testament in den Worten Jesu ausspricht, es habe keinen größeren Menschen gegeben als Johannes den Täufer (Lk 7,28), der schon in seinem Gewand aus Kamelhaar bewußt die Gestalt des Elija nachahmte (2 Kön 1,8; Mk 1,6), um die endzeitliche Erwartung der Wiederkunft des Thischbiters an seiner Person als erfüllt hinzustellen (Lk 7,27f); und dennoch gibt es mehr zu hoffen und zu leben, als in den Propheten leben konnte. Wenn sich bewahrheitet, worauf alle Propheten warte-

[38] Vgl. M. Buber: Moses, II 58–66.
[39] E. Barlach: Der Geistkämpfer, Städtische Kunsthalle Mannheim.

ten, so müßte ein Leben möglich sein, in dem die Liebe zu Gott, wie die Propheten es wollten, sich verbindet mit der Liebe zu einzelnen Menschen, und wo umgekehrt das kleine, bescheidene Glück eines «einfachen Lebens» (E. WIECHERT)[40] die Erleuchtung göttlicher Visionen nicht verstellt, sondern ermöglicht, indem das kleine, begrenzte Du eines Menschen, den wir über alles lieben, selber zum Offenbarungsort der Ewigkeit wird. Es ist die Weltsicht der Liebe, in welcher das Anliegen der Propheten sich erfüllt, den Einzelnen in seiner unendlichen Schönheit und seiner unendlichen Weite so tief zu entdecken, daß wir sein Wesen, seine Seele selber für unsterblich glauben müssen. – An ihr Ende gelangt, mündet die Prophetie ein in die Visionen der *Eschatologie* und der *Apokalyptik*, denen wir uns im nächsten Kapital zuwenden werden.
Was also ist ein «Mann Gottes», wie die Bibel verschiedentlich den Propheten Elija nennt (2 Kön 4,7.9.16.21f.25.27.40.42; 5,8.14f.20 u.a.)? Der islamische Mystiker DSCHELALADDIN RUMI (1207–1273), der größte und berühmteste Vertreter der «tanzenden Derwische», hat darauf eine wunderbare Antwort gegeben[41]:

Der Gottesmann ist trunken ohne Wein,
Der Gottesmann wird satt ohn' Speise sein.
Der Gottesmann ist stets verzückt, verwirrt,
Dem Gottesmann ist Schlaf und Hunger Schein.
Der Gottesmann ist in der Kutte Schah,
Der Gottesmann ist Schatz in Schutt und Stein.
Der Gottesmann ist nicht aus Wind noch Staub,
Der Gottesmann ist nicht aus Feuerschein.
Der Gottesmann ist unbegrenztes Meer,
Der Gottesmann schenkt Perlen von allein.
Der Gottesmann hat hundert Mond' und Stern',
Der Gottesmann hat hundert Sonnen rein.
Der Gottesmann ward wissend nur durch Gott;
Der Gottesmann weiß nicht aus Bücherreih'n.
Der Gottesmann ist jenseits Sünd' und Recht,
Dem Gottesmann ist Glaub' und Unglaub' klein.
Der Gottesmann, er ritt vom Nichtsein fort,
Der Gottesmann zieht hoch zu Roß nun ein.

Man kann auch sagen: ein Prophet ist jemand, dessen Stirn den Himmel berührt, während seine Füße noch auf Erden wandeln; doch die Erde ist ihm wie ein glühendes Feuer, und es wird lange währen, bis sie ihm Heimat wird.

[40] Vgl. E. WIECHERT: Das einfache Leben, 378–400, die Schilderung eines Lebens jenseits der Enttäuschung und Hoffnungslosigkeit, jenseits der menschlichen Wertungen von Gut und Böse.
[41] DSCHELALADDIN RUMI: Aus dem Diwan, S. 17.

4. Beispiele

Es ist an der Zeit, durch einige Beispiele zu belegen, wie die vorgetragenen Anschauungen zum Thema Erscheinung und Berufung, Vision und Prophetie sich hermeneutisch nutzen lassen. Es sind, wie eingangs gesagt (s.o.S. 310), an sich keine neuen Interpretationsregeln zu erstellen, die über die Technik der Deutung von Träumen und archetypischen Erzählungen hinausgehen würden. Lediglich darauf ist besonders zu achten, daß das Erscheinungserlebnis selbst nicht vorschnell als theologische Gegebenheit objektiviert wird, wie es in der exegetischen Literatur so gut wie ohne Ausnahme geschieht. Man scheint in den exegetischen Kommentaren nicht zu merken noch merken zu wollen, daß es für die gegenwärtige religiöse Aneignung derartiger Texte keinen Sinn ergibt, wenn man immer wieder beteuert, Gott sei dem Mose, dem Abraham oder dem Jeremia «erschienen», ohne zu zeigen, wie Erfahrungen dieser Art aus der menschlichen Seele hervorgehen und was sie für das Ich des Einzelnen bedeuten. Jede Gotteserfahrung ist zunächst psychologisch als eine besonders intensive Form der Selbsterfahrung zu verstehen, und erst in der psychologischen Reflexion der Bedingung der Möglichkeit solcher Erfahrungen wird man im Hintergrund des Erlebens auf ein Vertrauen stoßen, das nur möglich ist, wenn das im seelischen Bild Geschaute theologisch in der Tat als etwas «von außen» Geschenktes, mithin als etwas auf eine Macht jenseits des Menschen Verweisendes begriffen wird. In besonderem Maße sind die Visionsberichte psychologisch daher als verdichtete Zeugnisse der Ichwerdung zu interpretieren, und ihre theologische Wahrheit wird man darin erblicken müssen, daß es prinzipiell nur im Gegenüber einer absoluten Person möglich ist, ein eigenes Ich zu gewinnen. Um zu zeigen, in welcher Weise vor allem *der Symbolismus* der Erscheinungsberichte und Visionen zu deuten ist, greifen wir als Beispiele am besten drei Erzählungen heraus, die das Wesentliche von Berufung, Prophetie und Selbstvergewisserung im Gegenüber Gottes zeigen können. Da ist zum einen die Erzählung von der *Berufung des Mose*, sie empfiehlt sich besonders in der *jahwistischen* Form der Überlieferung, um alle wesentlichen Merkmale von *Erscheinung* und *Berufung* zu verdeutlichen. Als Beispiel eines *Visionsberichtes* empfiehlt es sich, als neutestamentliche Erzählung einmal einen *Auferstehungsbericht* exemplarisch auszulegen und damit zugleich den Nachweis zu liefern, daß auch die Auferstehungserzählungen durchaus nicht anders zu interpretieren sind als Visionsberichte sonst; *die Erscheinung Jesu am See* (Joh 21,1-14) scheint für ein solches Beispiel besonders geeignet zu sein. Schließlich wird es sich lohnen, eine alttestamentliche *Himmelfahrtsvision*, die Erzählung von der *Berufung des Propheten Elisäus* (2 Kön 2,1-14), auszulegen, um mit diesem Thema ein Stück weit bereits die Verbindung zu der nachfolgenden Gattung der eschatologischen und apokalyptischen Visionen und Bildreden herzustellen.

a) *Die Berufung des Mose (Ex 3; 4)*

Die Erzählung von der Berufung des Mose liegt in einer Redaktion aus den zwei Quellenschriften des Jahwisten und der sog. Priesterschrift vor. Die jahwistische Überlieferung, die innerhalb des Pentateuchs in das schon fertige Gerüst der Priesterschrift Stelle für Stelle eingeschaltet worden ist, verdient in dieser Szene ihrer Lebendigkeit wegen für unser Vorhaben zweifellos den Vorzug, und so wollen wir uns mit ihr gesondert beschäftigen. Der Text der jahwistischen Erzählung[1] umfaßt die Verse Ex 3,1abα.5.7.8aα.16.17aα; 4,1-4.6.7.10-12 und lautet:

Und Mose hütete die Schafe seines Schwiegervaters, des Priesters der Midianiter. Einst trieb er die Schafe über die Steppe hinaus. Da erschien ihm der Engel Jahwes in einer Feuerflamme, die aus dem Dornbusch hervorschlug. Und als er hinsah, siehe, da brannte der Busch im Feuer, aber der Busch ward nicht verzehrt. Da dachte Mose: «Ich will doch hinübergehen und diese wunderbare Erscheinung ansehen, warum der Dornbusch nicht verbrennt.» Und Jahwe sah, daß er herüberkam, um nachzusehen. Da sprach er: «Tritt nicht heran! Ziehe die Schuhe von den Füßen; denn die Stätte, darauf du stehst, ist heiliges Land.» Und Jahwe sprach: «Ich habe das Elend meines Volkes in Ägypten wohl gesehen, und ihr Schreien über ihre Treiber habe ich gehört; ja ich kenne ihre Leiden. Darum bin ich herniedergestiegen, sie aus der Gewalt der Ägypter zu erretten und sie aus jenem Lande hinauszuführen in ein schönes, weites Land. Gehe hin und versammle die Ältesten Israels und sprich zu ihnen: ‹Jahwe, der Gott eurer Väter, ist mir erschienen und hat gesagt: Ich habe achtgehabt auf euch und auf das, was euch in Ägypten widerfahren ist. Da beschloß ich, euch aus dem Elend in Ägypten herauszuführen.›» Da entgegnete Mose: «Wenn sie mir aber nicht glauben und nicht auf mich hören wollen, sondern sagen: ‹Jahwe ist dir nicht erschienen›» –? Jahwe sprach zu ihm: «Was hast du da in der Hand?» Er antwortete: «Einen Stab.» Da sprach er: «Wirf ihn auf die Erde!» Und er warf ihn auf die Erde; da ward er zu einer Schlange, und Mose floh vor ihr. Aber Jahwe sprach zu Mose: «Strecke deine Hand aus und fasse sie beim Schwanze!» Und er streckte seine Hand aus und ergriff sie; da ward sie in seiner Hand wieder zum Stabe. Und Jahwe sprach weiter zu ihm: «Stecke doch deine Hand in den Busen!» Und er steckte die Hand in den Busen; und als er sie wieder hervorzog, siehe, da war sie vom Aussatz weiß wie Schnee. Und er sprach: «Stecke deine Hand nochmals in den Busen!» Und er steckte die Hand nochmals in den Busen; und als er sie hervorzog, siehe, da war sie wieder wie sein [anderes] Fleisch. Mose aber sprach zu Jahwe: «Ach Herr, ich bin kein beredter Mann; ich war es von jeher nicht und bin es auch jetzt nicht, seitdem du mit deinem Knechte redest, sondern schwerfällig ist mein Mund und meine Zunge.» Da sprach Jahwe zu ihm: «Wer hat dem Menschen den Mund geschaffen? oder wer macht ihn stumm oder taub oder sehend oder blind? Bin nicht ich es, Jahwe? So gehe nun hin: ich will mit deinem Munde sein und dich lehren, was du sagen sollst.»

Die Schwierigkeiten dieser Geschichte beginnen bereits mit der Szene vom «brennenden Dornbusch». Wir sagten früher schon (I 205 ff.), daß gerade die Einleitung einer derartigen Erzählung mit besonderer Sorgfalt auszulegen sei, da sie zumeist verdichtet das Problem bezeichnet, auf das die nachfolgende Geschichte antwortet. Wer den Sinn der einleitenden Szenen und Bemerkungen nicht versteht, wird die innere Zentrierung einer Geschichte gewiß nicht richtig wahrnehmen können; und so geht die historisch-kritische Methode mit der Äußerlichkeit ihres Denkens bei der Berufungsgeschichte des Mose von Anfang

[1] R. Smend: Biblische Zeugnisse, 68–69.

an notwendig in die Irre, wenn sie das Raster ihrer üblichen Fragestellungen auch an das Erlebnis vom brennenden Dornbusch heranträgt und zu untersuchen beginnt, ob der in Ex 3 erwähnte «heilige Ort» vielleicht ein Kultort sei[2] und, wenn ja, ob zu diesem Kultort vielleicht das Phänomen des brennenden Dornbusches als «stehende Einrichtung» gehöre[3]. Ferner, ob das hebräische Wort für «Dornstrauch» (*śnh*) womöglich eine etymologische Beziehung zu dem Berg Sinai aufweise[4]. Sodann: ob es sich als Naturphänomen bei dem «brennenden Dornbusch» nicht vielleicht um ein Elmsfeuer handeln könne, also um eine elektrische Funkenentladung, die als Spitzenwirkung an einer Kondensatorplatte im Dielektrikum zu beobachten sei, oder um die Wirkung der tiefstehenden Sonne am Abend – u.a.m.[5]? Tatsächlich erlauben Hypothesen dieser Art in ihrer historisierenden Äußerlichkeit, so wenig wie auch sonst, nicht den geringsten Einblick in den Sinn des vorliegenden Textes; vielmehr wird aus der «Gotteserscheinung» bei einer solchen Betrachtung lediglich von vornherein eine mißdeutete Naturerscheinung, die durch eine verbesserte Kenntnis der Elektrophysik an sich leicht aufzuklären sein müßte, oder eine legendäre Geschichtsüberlieferung, die schon in der Bibel selbst nicht mehr «richtig», d.h. historisch getreu, verstanden und überliefert wurde.
In Wahrheit hat man es bei dem brennenden Dornbusch offenbar mit einem *Symbol* zu tun, dessen Thematik *innerlich* verstanden werden muß und dessen Bedeutung in gewissem Sinne die ganze folgende Berufungsgeschichte durchzieht: wie Gott eines derart nichtigen Trägers wie seines Knechtes Mose sich bedienen kann, um darin aufzuleuchten, ohne das Medium seiner Erscheinung zu vernichten. *Diese* für die ganze Berufung entscheidende Frage stellt sich in der nachfolgenden Erzählung nicht abstrakt und allgemein, sie wird vielmehr von Mose selber später ausdrücklich an Gott gestellt werden[6], und bereits diese innere Kohärenz des Textes spricht sehr dafür, das Bild vom Dornbusch im angegebenen Sinne zu verstehen. Zudem hat diese Auffassung des Textes den Vorteil, daß sie dem Alten Testament an sich durchaus nicht fremd ist. Denn das Bild des Dornstrauchs ist auch sonst, z.B. in der antimonarchischen Jotamfabel (Ri 9,14-15), ein Symbol der Wertlosigkeit, der Nichtigkeit, des aufgeblasenen Machtanspruchs, ja, der Gefährlichkeit für alle anderen. Setzt man diese symbolische Bedeutung voraus, so sieht Mose in der Eingangsvision vom Dornstrauch im Grunde sich selber: als einen Menschen, der in seiner Unbrauchbarkeit ganz anders sein müßte, als er ist, um von Gott in Dienst genommen zu werden, und der in seiner Sperrigkeit in der Nähe Gottes verglühen müßte, bliebe er der

[2] Vgl. M NOTH: Das zweite Buch Mose, 26–27.
[3] A.a.O., 26.
[4] A.a.O., 27.
[5] Zur Elmsfeuerhypothese vgl. a.a.O., 26.
[6] S.u.S. 389f.

Mensch, der er ist; wie es dennoch sein kann, daß gerade er zum Träger göttlicher Erleuchtung wird, auf diese Frage *muß* Mose eine Antwort finden, und sie wird ihm allem Anschein nach in diesem Symbol des Dornbusches zuteil, in dessen Feuer Gott aufleuchtet, ohne zu zerstören. *Warum der Dornbusch nicht verbrennt* – das ist es in der Tat, was als existentielles Bild Mose unbedingt wissen will und muß, wenn sein Leben mit Gott zu tun haben soll.
Es ist zuzugeben, daß eine solche Symboldeutung am Anfang einer Erzählung zunächst noch recht unsicher ausfallen muß; indessen ist nach der früher aufgestellten Komplementaritätsregel (vgl. I 201 ff.) immer wieder zu überprüfen, inwieweit eine bestimmte Entsymbolisierung als Schlüssel zum Verständnis der weiteren Erzählung dienen kann, und so werden wir im folgenden in der Tat Zug um Zug bestätigt finden, daß die Berufungsgeschichte des Mose *wesentlich* die Unsicherheit beantworten möchte, ob und wie Mose sich von Gott berufen fühlen kann. Der Unterschied zu anderen Erzählungen ist deutlich. Die Visionen, durch die etwa *Jeremia* zum Propheten berufen wird, beziehen sich ganz und gar auf den Inhalt seiner Botschaft (Jer 1,11.13)[7]; die Berufungsvision des *Jesaja* offenbart die erhabene Majestät Gottes, der seinen unwürdigen Verkünder selber mit den Glühkohlen der Seraphim reinigt (Jes 6,1-7)[8]; das «große Gesicht» aber, das *Mose* sehen will, zeigt ihn selbst, wie Gott von ihm trotz aller Niedrigkeit Besitz ergreift. Das Wunder *dieser* Erscheinung liegt sicher nicht in der äußeren Natur; es liegt darin, daß Gott sich eines Menschen wie des Mose bedienen will, um darin sich selbst als Licht und Feuer kundzutun.
Wie stehen Gott und Mensch zueinander? Diese Frage stellt die Erzählung von der Berufung des Mose mit einer Eindringlichkeit wie kaum eine andere Geschichte der Bibel, und sie verdient, in dieser dramatischen Begegnung des größten unter den Propheten Israels mit seinem Gott Schritt für Schritt nachempfunden zu werden.
Eine erste Antwort gibt bereits die merkwürdige Sorgfalt, mit welcher der Text hervorhebt, daß Jahwe *sah*, daß Mose herüberkam, um zu *sehen*. Auch diese Bemerkung des wechselseitigen Sehens von Gott und Mensch wird man nur innerlich verstehen können[9], und sie beschreibt, übertragen in das alltägliche Erleben, wohl das oft jahrzehntelange Bemühen eines Menschen, Gott und sein Wirken in seinem Leben zu verstehen; und doch wird alles, was wir jemals von

[7] Vgl. A. Weiser: Der Prophet Jeremia, 1–11.
[8] Vgl. O. Kaiser: Der Prophet Jesaja, 57–67.
[9] Vgl. M. Buber: Abraham der Seher, II 892–893: «Gott sieht den Menschen und der Mensch sieht Gott. Gott sieht Abraham und erprobt ihn mit seinem Sehen ... Abraham sieht Gott mit dem Blick seiner Tat und erkennt ihn, wie hernach Mose, als den Gnädigen ... Gott sieht die innerste Wirklichkeit der Menschenseele, indem er sie durch sein Erproben hervorholt, der Mensch sieht den Weg Gottes, darauf er in dessen Fußstapfen treten darf. Der Mensch sieht, und er sieht auch, daß er gesehen wird. Wenn das Mitteln zwischen Oben und Unten und zwischen Unten und Oben die eine große Eigenschaft des Propheten ist, so ist dieses Sehen die andere.»

Gott erkennen können, einzig darin bestehen, daß Gott selbst uns *sieht* bzw. schon gesehen hat. Das Hebräische kennt keine Komposita wie die indogermanischen Sprachen, und so muß man, um den Sinn dieser Stelle zu verstehen, das *Sehen* Gottes im Deutschen ein Stück weit mit den entsprechenden Zusammensetzungen variieren: von Gott gesehen werden heißt, daß wir bei Gott *angesehen* sind und ein *Ansehen* haben; es bedeutet, daß es in unserem Leben eine *Vorsehung* Gottes gibt; und besonders: daß wir mit allem, was wir von Gott begreifen, eigentlich nur an der *Einsicht* Gottes teilhaben.

Wie wenig beiläufig oder zufällig ein solches Wechselspiel von menschlichem und göttlichem Sehen auch sonst in Erscheinungs- und Berufungsgeschichten ist, zeigt z.B. die Berufungsgeschichte des *Nathanael* im Neuen Testament[10]: während Nathanael noch auf Christus zukommt, hat dieser ihn längst schon «gesehen», wie er unter dem Feigenbaum (in der Antike der Baum des Todes[11]) stand, und dieses *Sehen* wird sich für Nathanael dahin öffnen, daß er sowohl Gott (den «Himmel») als auch die Sendung Christi verstehen wird (Joh 1,45-51). In den biblischen Erzählungen klingt dieser Wechselbezug des Sehens auf seiten des Menschen und auf seiten Gottes nur sehr verhalten und schwebend an; aber der Sinn dieser Darstellungsweise wird unnachahmlich schön und treffend ausgedrückt, wenn der Ps 36,10 von dem «Sehen» zwischen Gott und Mensch sagt: «In Deinem Licht sehn wir das Licht». Es ist ein Wort, das etwas Wesentliches über das Verhältnis von Gott und Mensch ingesamt ausdrückt und eine Erfahrung wiedergibt, wie sie für *jede* wahre Gottesbegegnung kennzeichnend ist.

Bemerkenswerterweise findet sich zu der kleinen Szene, wie Mose unter den Augen Gottes in wechselseitigem Sehen und Angesehensein sich dem brennenden Dornbusch naht, wohl kein sprechenderer Kommentar als ein Gebet der südamerikanischen *Inka*, und da uns immer wieder daran liegt, das Urmenschliche, (Arche-)Typische in den biblischen Erzählungen herauszustellen, sei dieses Gebet hier in voller Länge wiedergegeben; es handelt sich um eines der berühmtesten altperuanischen Gebete, und es ist gerichtet an den Himmelsgott *Viracocha*; es dürfte keinen Text geben, der die Suche des Menschen nach Gott *vor und unter den Augen Gottes* eindringlicher und schöner beschriebe. Das Gebet lautet:

[10] Vgl. R. SCHNACKENBURG: Das Johannesevangelium, I 314–316, der das «wunderbare Wissen» Jesu aufgrund des nahen Verhältnisses Jesu zu seinem Vater herausstellt und dann beschreibt, wie überwältigt *Nathanael* von «Jesu Wissen und Herzenskunde» sei.

[11] Schon das Spätjudentum sah in dem *Feigenbaum* den Baum der Erkenntnis im Paradies, ein Symbol der Sünde und des Todes; vgl. SCHNACKENBURG: A.a.O., 315–316. Zum Feigenbaum vgl. M. LURKER: Der Baum in Glauben und Kunst, 26–27, wo der Feigenbaum als umgekehrter Weltenbaum beschrieben wird, S. 86; 96 (als Baum der Erkenntnis), S. 145 (als mütterlicher, himmlischer Lebensbaum) und S. 151 (als weibliches, kosmisches Fruchtbarkeitssymbol).

Viracocha, Herr der Welt!

Weder Mann noch Frau,
In jedem Fall Herr der Leidenschaft und der Verehrung,
Du bist der, der sogar mit seinem Speichel
Zauber bewirken kann.
Wo bist Du?
Oh, mögest Du Dich nicht vor Deinem Sohn verbergen!
Mag Er unten, mag Er oben sein,
oder vielleicht draußen im All.
Wo ist Sein mächtiger Schemel der Gerechtigkeit?
Oh, höre mich!
Mag Er sich über die oberen Gewässer verstreut haben,
oder unter den unteren Wassern und ihrem Sand
mag Er verweilen.
Schöpfer der Welt, Schöpfer des Menschen,
größter unter meinen Vorfahren!
Vor Dir erlischt das Licht meiner Augen, denn um Dich zu sehen,
Dich zu erkennen,
von Dir zu lernen,
Dich zu verstehen,
muß ich von Dir gesehen werden,
und Du wirst mich erkennen.
Die Sonne – der Mond, der Tag– die Nacht,
Sommer – Winter,
nicht umsonst drehen die Zeiten sich,
gehen zu ihrem vorbestimmten Platz,
zu ihrem Ziel.
Sie kommen an, wo immer Du
Dein kaiserliches Zepter trägst.
Oh! Höre auf mich, lausche mir!
Laß es nicht geschehen, daß ich müde werde
und sterbe.[12]

«Um Dich zu sehen ..., muß ich von Dir gesehen werden» – gerade das ist die Erfahrung des Mose, als er sich dem «brennenden Dornbusch» nähert, diesem Symbol, in dem die Kleinheit und die Niedrigkeit des Menschen sich vereinen mit der verzehrenden Wärme und Helligkeit des Göttlichen.
Sehr sonderbar erscheint im folgenden der Befehl Jahwes, Mose solle seine Schuhe ausziehen, denn der Boden, auf dem er stehe, sei heilige Erde. Natürlich ist ein «heiliger Ort» in gewissem Sinne auch ein «Kultort», und so legt es sich in der historisch-kritischen Methode geradezu zwingend nahe, in dieser Erzählung eine bestimmte kultische Lokaltradition zu vermuten[13]. Aber auf diese Weise wird das eigentlich Rätselhafte der Stelle erneut mit keinem Wort erklärt: was für einen Sinn es denn haben soll, an einem heiligen Ort die Schuhe auszuzie-

[12] J. A. Mason: Das alte Peru, 347–348.
[13] M. Noth: Das zweite Buch Mose, 26.

hen? – Auch bei dieser Frage kommt man nur mit Hilfe der Tiefenpsychologie und durch das Aufsuchen motivgeschichtlicher Parallelen weiter.

Es wäre gewiß ein *circulus vitiosus*, wollte man das Gebot des Schuheausziehens, verstanden als ein Ritual, einfachhin von anderen Kultformen her erklären, etwa aus der Sitte der Muslim, die mit Berufung auf diese Stelle das Betreten ihrer Moscheen nur barfuß erlauben[14]. Wie wenig solche Erklärungen den eigentlichen Grund entsprechender Bestimmungen wiedergeben, zeigen z.B. die Buddhisten und Hindus, deren Tempel man gleichfalls nur barfuß betreten darf, dort freilich mit der Begründung, daß man nicht mit dem Leder der Schuhe, also mit der Haut geschlachteter Tiere, die Götter beleidigen dürfe[15]. Derartige Begründungen stellen unzweifelhaft recht späte theologische Rationalisierungen dar: auch in Holzpantinen würde man am Eingang eines indischen Tempels abgewiesen – das Symbol des Barfußgehens ist unendlich viel älter und menschheitlicher als die Sonderbegründungen einzelner Kulturkreise.

Der eigentliche Sinn des Schuhausziehens im Heiligtum ergibt sich tiefenpsychologisch wohl am einfachsten von der Symbolbedeutung der *Füße* und der *Schuhe.* In der Traumpsychologie und Neurosensymptomatik weisen «Schuhe» und «Füße» psychoanalytisch zumeist auf das weibliche bzw. männliche Genitale hin[16]. Das Ausziehen der Schuhe kommt also einer Selbstentblößung, einer symbolischen Nacktheit *pars pro toto* gleich. Eine solche Entsprechung der «Füße» mit dem männlichen Genitale kennt auch das Hebräische, indem es mitunter rein euphemistisch in der Dualform von «Füßen» spricht, wo offensichtlich die männlichen Schamglieder gemeint sind (z.B. Ex 4,25; Jes 6,2; 7,20). Desgleichen läßt sich aus der Volkskunde belegen, daß das Schuhausziehen einer rituellen Nacktheit gleichkommt[17]; ja, man darf annehmen, daß schon in der Steinzeit die Fußabdrücke als genitale Zeichen galten und gewissermaßen als «Heiratsurkunden» in Gebrauch waren[18].

[14] *Koran*, 20. Sure, 11–13; 28. Sure, 30–35.

[15] Zu dem indischen Gebot des Nichtverletzens (*ahimsa*) vgl. H. ZIMMER: Philosophie und Religion Indiens, 163–164; 229 (bei den Jainas).

[16] Vgl. S. FREUD: Studien über Hysterie, I 150–151, Anm.; DERS.: Vorlesungen zur Einführung in die Psychoanalyse, XI 159; DERS.: Fetischismus, XIV 314.

[17] K. WEINHOLD: Zur Geschichte des heidnischen Ritus, in: Philosophische und historische Abhandlungen, 1896, 4–5 verweist auf Jos 5,15, auf «die Reinigung des Heiligthums der Athene im nachhomerischen Troja durch barfüßige Jungfrauen», auf die römischen Nudipedalia (Barfüßerprozessionen bei Trockenheit) und auf die Barfüßigkeit kappadokischer Frauen beim Feldzauber. Die Entblößung der Füße ist *pars pro toto* zu verstehen. «Eigentlich mußte der ganze Mensch sich der vom Verkehr mit dem Irdischen befleckten Hüllen vor dem Göttlichen entledigen. Der nackte Mensch versetzt sich in den Zustand des noch nicht bekleideten, von dem Leben noch nicht befleckten Kindes. Er nähert sich aber andererseits den göttlichen Wesen, besonders der unteren Stufe, welche eine Vermittlung zwischen Erde und Himmel bilden und mit den vom Leibe getrennten Seelen zusammenhängen.» Zu erinnern ist auch an die *Digambara-Jainas* in Indien, an die unbeschuhten Karmeliten, an die Nacktdarstellungen der barocken Engelgestalten u.a.m.

[18] F.R. PATURI: Zeugen der Vorzeit, 111.

Versteht man die Zeremonie des Schuhausziehens mithin als eine rituelle Selbstentblößung, so scheint sie zweierlei zugleich anzudeuten.
Zum einen handelt es sich offenbar um eine Geste der Demut und der Unterwerfung. So war es z.B. im alten Mexiko bei den *Azteken* üblich, daß «Bittsteller nur, wenn sie zuvor ihre Sandalen abgelegt und ihre Baumwollgewänder unter unscheinbaren Mänteln aus Agavefaser verborgen hatten», vor den Herrscher hintreten durften[19]; die Fußentblößung kam in diesem Falle einer Selbstauslieferung und Selbsterniedrigung gleich: der Herrscher verfügte über das absolute Kontrollrecht, und so mußte ihm der Untergebene den vollen Einblick über sich gestatten[20]. Von daher versteht man zugleich, warum die rituelle Nacktheit immer wieder besonders in den *Bußriten* der Völker eine große Rolle spielte. Bei den *Azteken* z.B. forderte der Priester den Bußwilligen, der vor den Gott *Tezcatlipoca* hintreten wollte, mit den Worten zur Selbstentblößung auf: «Du bist vor Gott, den großen Beschützer, hingetreten. Du willst ihm beichten und deine Sünden abwerfen. Du willst dich von deinen Geheimnissen befreien. Damit tust du recht. Lege deine Kleider ab. Zeige Gott, dem Beschützer, unserem Herrn Tezcatlipoca, deine Blöße. Vielleicht jedoch zeigt er sich dir, einem Sterblichen, nicht; vielleicht will er mit dir, einem Sterblichen, nicht sprechen. Denn er ist unsichtbar und unberührbar. So komme zu Gott, entdecke ihm deine Geheimnisse und erkläre ihm dein Leben und deine Taten ... Möge unser Herr, der große Beschützer, dir gnädig sein, dich in seine Arme aufnehmen und dich tragen. Sei kühn, furchtlos, nicht verschämt oder scheu.»[21]
In diesem letzten Satz wird indessen bereits der zweite wichtige Aspekt der rituellen Nacktheit angedeutet, mit welcher der Mensch seinem Gott entgegentritt; er *muß* nicht nur (zur Buße) sich entblößen, er *darf* es auch im Vertrauen, die Gottheit werde ihm gnädig sein. Nur von daher versteht man auch die eigentümliche Begründung, mit der Gott in Ex 3,5 Mose auffordert, seine Schuhe auszuziehen: «der Ort», sagt Gott, «an dem du stehst, ist heiliges Land». Es geht tatsächlich nicht so sehr darum, vor Gott *hinzutreten*, als vielmehr darum, auf einem Boden zu *stehen*, an dem die Gottheit anwesend ist. Denn auf tiefenpsychologischem und religionsgeschichtlichem Hintergrund erlangt die Mutmaßung der historisch-kritischen Exegese jetzt tatsächlich eine innere Begründung und Berechtigung, es könne sich bei der Begebenheit am Sinai um die Legende eines Kultortes handeln. Für zahlreiche Völker sind die «heiligen Orte» die noch verbliebenen Stätten eines durch urzeitliche Schuld verlorenen Paradieses[22], Erinnerungsorte der «Traumzeit», wie die australischen Eingeborenen

[19] W. Krickeberg: Altmexikanische Kulturen, 108.
[20] Zum Zusammenhang von Blickkontakt, Unterwerfung und Schuldgefühl vgl. E. Drewermann: Strukturen des Bösen, II 223–226.
[21] I. Nicholson: Mexikanische Mythologie, 112–113.
[22] Vgl. M. Eliade: Das Heilige und das Profane, 35–39;

sagen[23], heilige Punkte, die wie ein Netz über das Land verteilt sind. An diesen Paradiesstätten ist es selbstverständlich möglich und nötig, *unbekleidet*, also ohne Scham und Scheu, vor seinen Schöpfer hinzutreten. An einem «heiligen Ort» darf man wieder so sein, wie man ist; man hat dort nichts zu verbergen und braucht sich selbst nicht zu verstecken; man darf dort sein und leben, wie Adam vor dem Sündenfall; an einem «heiligen Ort» ist man vollkommen angenommen. Eben deshalb war es bei vielen Völkern geradezu Pflicht, verschiedene gottesdienstliche Verrichtungen vollständig unbekleidet, in heiliger Nacktheit, vorzunehmen, wie es im Alten Orient z.B. die assyrischen Reliefs bezeugen[24]. Wenigstens im Heiligtum, dem Restort des verlorenen Paradieses, darf man so sein, wie man aus der Hand Gottes hervorgegangen ist; in *Seinen* Augen ist man gut genug, so wie man ist – eine Erfahrung, an der wenige Zeilen später in der Begegnung zwischen Gott und Mose sich buchstäblich alles entscheiden wird.

Der Befreiungsbefehl Gottes über Israel ist an dieser Stelle des weiteren nicht eigens auszulegen. Wohl aber kann man sagen, daß Gott nicht an der Freiheit seines Volkes interessiert sein könnte, wenn seine Gestalt nicht dem Wesen des Menschen, mithin auch dem Wesen des Mose, entspräche. Die oft gebrauchte Formel «Ich bin der Gott deiner Väter» ist sicherlich zunächst religionsgeschichtlich bedingt[25]; aber es spiegelt sich in dem «Gott der Väter» doch nicht nur die historische Erinnerung an den Gott des Stammvaters wider, sondern mit «Vater» bezeichnet das Hebräische, entsprechend dem mythischen Denken, zugleich den Wesensursprung eines Menschen; der «Gott der Väter» ist schlechterdings niemals ein «fremder», heterogener oder heteronomer Gott; er ist ein Gott, der den Menschen so will und meint, wie er von innen heraus seiner Natur nach ist[26].

Doch eben an dieser Überzeugung entzünden sich nun die Hauptzweifel des Mose. Es gibt für einen Menschen wohl keine schlimmere Lage, als die ganze Wahrheit seines Lebensauftrages vor sich zu sehen, aber von sich her daran zu verzweifeln, für eine solche Aufgabe infrage zu kommen; indessen ist dies die Lage, in der Mose sich offenbar befindet: Er verlangt leidenschaftlich und sehnsüchtig nach der Befreiung Israels aus der ägyptischen Fremdherrschaft, aber er sieht in seiner Person keine Möglichkeit, wie er an einem solchen Werk entscheidend mitwirken könnte. Und gerade in dieser Situation zwischen Bereitwilligkeit und Angst, zwischen Gottesgehorsam und Selbstwertzweifel, wirkt Gott das «Wunder» der Verwandlung von *Stab und Schlange*.

Historisch-kritisch betrachtet, wird man diese Szene mit gewissen äußeren Parallelen in der Hypnosetechnik z.B. der ägyptischen oder der babylonischen

[23] Vgl. E. Drewermann: Der tödliche Fortschritt, 151.

[24] A. Parrot: Assur, 303.

[25] Vgl. A. Alt: Der Gott der Väter, in: Kleine Schriften, I 1–78.

[26] Vgl. dazu: E. Drewermann: Strukturen des Bösen, I ^{3}1981, S. 360–362.

Priester zu «erklären» versuchen, zumal das Motiv der Stabverwandlung in Ex 7,9-12, bei der Verhandlung vor dem Pharao, erneut aufgegriffen wird[27]. Gleichwohl wird auf diese Weise natürlich nicht verständlich, was das merkwürdige «Spiel» Gottes um Stab und Schlange an dieser Stelle im Zusammenhang mit der Berufung des Mose eigentlich soll; allenfalls müßte man sagen, daß Mose von Gott ein paar - recht billige - Tricks an die Hand bekommt, um später das ungläubige Volk in Erstaunen zu versetzen; die Vorstellungen über einen so erwirkten «Glauben» aber müßten, wie bei den meisten historisch-kritischen Erläuterungen, naturgemäß wiederum äußerst grob und äußerlich ausfallen, und selbst wenn man erklären wollte, es handle sich eben um die Vorstellungen eines (Gott sei Dank) vergangenen «Glaubens», so müßte eine solche «Erklärung» doch schon wenige Zeilen später vollends versagen bei dem zweiten «Zeichen»: dem Aussatz des Mose; es ist undenkbar, daß ein solches «Zeichen» dazu angetan sein könnte, ein ungläubiges Volk zum Glauben an Gott zu überreden! Tatsächlich aber ergibt sich der Sinn der Gottesworte wie von selbst, wenn man sie *innerlich* versteht und dabei voraussetzt, daß sie, wie der Dornstrauch, für Mose selber eine *symbolische* Bedeutung besitzen. Es verhält sich an dieser Stelle nicht anders als sonst: man versteht den religiösen Sinn eines Bibelwortes, einer bestimmten Szene, stets *nur* von innen her, indem man es so auf sich bezieht, als wenn es einem selber gelten würde; liest man hingegen ein Gotteswort als ein Wort «für andere», verirrt man sich sofort. Gewiß fragt auch Mose in Ex 4,1, was denn zu tun sei, wenn das Volk nicht auf ihn hören werde und womöglich rundum leugne, daß ihm «ein Jahwe» erschienen sei; aber man muß *die Angst*, das mangelnde Selbstvertrauen, die Selbstzweifel aus seiner Frage heraushören, um die Antwort Gottes an dieser Stelle im «Spiel» mit Stab und Hand zu verstehen. Die Frage des Mose geht ja nicht dahin, wie er vor den Augen Israels *Zauberdinge* aufführen könnte, sondern wie er mit sich selber umgehen und was er von sich selber halten soll.

Eben deshalb ist an dieser Stelle die Gegenfrage Gottes so wichtig: «Was hast du in deiner Hand?» Erneut muß man solche Gottesfragen sich in der menschlichen Realität nach der *Zeitrafferregel* (vgl.I 218ff.) gedehnt vorstellen - es sind Fragen, die sich immer wieder bohrend und unabweisbar an den Menschen richten. «Was habe ich in der Hand?» - das ist in der Tat die Frage, die Mose sich angesichts seiner Berufung ständig stellen muß; und man darf vom Bild des «Dornstrauchs» noch hinzufügen: « . . . wo ich mir selbst so niedrig, so unfähig und derart ohnmächtig vorkomme.» Auf diese Frage gibt es im Grunde als Antwort nur die Alternative, die Gott dem Mose vorlegt: «Du kannst», sagt Gott, wenn man es paraphrasiert wiedergeben will, «in deiner Angst so tun, als wenn du gar nichts in der Hand hieltest; Du kannst alles, worüber Du verfügst,

[27] M. NOTH: Das zweite Buch Mose, 54.

ruhig wegwerfen und zur Erde fallen lassen – dann wirst Du auf der Stelle erleben, daß Du nicht weniger Angst hast, sondern daß Deine Feigheit nur immer noch mehr Angst produzieren wird; worauf Du Dich eigentlich stützen und verlassen könntest, gerade das wird Dir mitmal als etwas Gefährliches und Bedrohliches erscheinen; Dein ganzes Leben wird sich aus lauter Angst in eine Flucht vor Dir selbst verwandeln.» Wenn man tiefenpsychologisch an die *phallische* Bedeutung von Stab und Schlange denkt[28], so wird man noch zusätzlich sagen können: «Statt ein wirklicher Mann zu sein, kannst Du Dich aus Angst weigern, für Deine Wahrheit Dich einzusetzen und geradezustehen; freilich wirst Du dann unausweichlich zum Opfer Deiner selbstverschuldeten Impotenz; fliehst Du vor Deinem Auftrag jetzt, so wirst Du in alle Zukunft nur noch auf der Flucht sein.» *Oder* – so muß man den Befehl Gottes verstehen, die «Schlange» «anzufassen» –: Mose kann entgegen seiner Angst sich selber in die Hand nehmen; dann wird er erfahren, daß ihn trägt und stärkt, was er in der Hand hat, und es wird ihm selber zuverlässig, was er an Fähigkeiten und Möglichkeiten «handhaben» kann. Aber es gibt nur dieses Entweder-Oder: entweder die Angst oder das Vertrauen.

Daß der Sinn des Schlangensymbols an dieser Stelle wirklich so zu verstehen ist, wird im Alten Testament bestätigt durch ganz ähnliche Erfahrungen in anderen Berufungserzählungen. Jona z.B., der dem Auftrag Gottes ausweicht, muß augenblicklich fliehen bis ans Ende der Welt, und er wird bald schon zum Opfer der Seeschlange, des «großen Fisches», den Jahwe verschafft, um Jona zu verschlingen (Jon 2,1)[29]. Die Schlange selber ist, wie in Gen 3,1-7, ein Ursymbol der Angst, des offenen Rachens, in den die geschaffene Welt sich verwandelt, wenn man sie ohne den Schöpfer betrachtet[30]. Ähnlich verhält sich Gott dem Propheten *Jeremia* gegenüber, der in seiner Angst auf seine vermeintliche Unreife und Jugend, auf seine mangelnde Mannhaftigkeit rekurriert, um die Berufung Gottes zurückzuweisen; auch ihm erklärt Gott, daß es nur *eine* Wahl gibt: zwischen Menschenfurcht und Gottesfurcht; «schrickst du vor ihnen, so schreck ich dich vor ihnen» (Jer 1,17), sagt Gott zu Jeremia[31]; es ist die gleiche Einsicht, die Mose aus dem *Symbol* von Stab und Schlange gewinnt.

Auf der gleichen Linie liegt im folgenden auch *das Bild von der aussätzigen Hand*, und erneut liefert die innere Folgerichtigkeit der Symbole an dieser Stelle eine wichtige Bestätigung dafür, daß wir den Text wirklich von seiner zentralen

[28] Vgl. E. Drewermann: Strukturen des Bösen, II 88–124.

[29] Vgl. U. Steffen: Jona und der Fisch, 1982.

[30] E. Drewermann: Strukturen des Bösen, 1. Bd., Vorrede zur 2. Auflage 1979, LXV-LXXXIX, zur Bedeutung der Schlangensymbolik. Es entspricht nur einem Teil der möglichen Bedeutungsbreite, wenn M. Lurker: Adler und Schlange, 241–242, meint: «Schlange und Adler sind die Vorbilder für Erde und Himmel ... für bios und logos»; wie in Gen 1,2 sind sie auch Bilder für Geist und Chaos, Sein und Nichtsein.

[31] Vgl. A. Weiser: Der Prophet Jeremia, 10: «Menschenfurcht ist Mangel an Gottesfurcht ... Und nur die Gottesfurcht überwindet die Angst vor den Menschen.»

Thematik her erfassen, wenn wir ihn im Kern von der Angst und dem Minderwertigkeitsgefühl des Mose gegenüber seiner Berufung deuten. Im Grunde besagt auch das Bild von der «Hand» dasselbe wie das Symbol des «Stabes» – es ist nur körpernäher, leibhaftiger, persönlicher. «Du kannst», so müßte man die Aussage Gottes in dem Zeichen der aussätzigen Hand alternativisch wiedergeben, «auch wegstecken und in der Tasche vergraben, was Du selber bist; Du kannst Deine Fähigkeiten und Handlungsmöglichkeiten vergessen, verdrängen oder verleugnen, dann wirst Du erleben, daß Du am eigenen Leibe zu verfaulen beginnst; aus lauter Angst vor den anderen bist Du am Ende ein Mensch, der von sich her den anderen wirklich nur Unheil und Gefahr bringt; schließlich wirst Du jemand sein, der als ein 'Aussätziger' auf Rufweite davor warnen muß, daß man sich auch nur ein wenig näher auf ihn einlasse.» – Auch diese Feststellung entspricht in etwa dem, was der Prophet *Jona* mit sich erlebt: weil er vor seinem Auftrag flieht, bedeutet seine Anwesenheit schließlich eine Gefahr für alle, die mit ihm im gleichen Boot sind (Jon 1,7). – Mose kann aber auch das Gegenteil von seiner Angst tun, und auch dies lehrt Gott den Mose im Symbol der aussätzigen Hand: er kann mutig «zupacken», und dann wird er erleben, daß er etwas an sich Zuverlässiges «in der Hand hat». Und desgleichen kann er seine eigenen Fähigkeiten wieder «aus der Tasche ziehen»; erst dann wird sich zeigen, daß er sich selber ganz gehört und daß es sich bei seiner Existenz durchaus nicht um etwas «handelt», das als verächtlich, krank oder häßlich gelten müßte.

Doch gerade an diesem Punkt setzen nun die schlimmsten Selbstzweifel des Mose ein, und wenn man irgend wissen will, was das Bild vom «brennenden Dornbusch» inhaltlich bedeutet, so spricht es sich jetzt ganz unverhüllt in einer dramatisch-verzweifelten Steigerung aus. Es ist eine Einrede, in der Mose seine gesamte eigene Person *gegen* den Auftrag Gottes setzt, den er erfüllen möchte, und doch nicht zu erfüllen vermag. Im Hebräischen geben die Worte des Mose in der Ungelenkheit von Wortstellung und Grammatik auf das genaueste wieder, wie paradox und gebrochen Mose sich selbst und seine Stellung vor Gott empfindet; wörtlich übersetzt lauten sie: «Bei mir, mein Herr, nicht ein Mann der Worte – ich! Auch nicht seit gestern, auch nicht seit vorgestern, auch nicht seit Deinem Sprechen zu Deinem Knecht, denn schwer der Mund, schwer die Zunge – ich!» (Ex 4,10) Was dem Auftrag Gottes entgegensteht, ist diesen Worten zufolge längst schon kein nur sachliches Bedenken mehr; es geht auch nicht mehr, wie eingangs, um die Angst vor der Ablehnung durch das Volk – all das waren, wie sich jetzt zeigt, lediglich die Symptome für die eine wesentliche Angst des Mose: für das Gefühl der Unzulänglichkeit angesichts seiner eigenen Person. Daß er selber ist, wie er ist, *das* ist es, was ihn hindert, sich der Berufung Gottes zu getrauen; das «*Dornbuschgefühl*» ist es, das ihm im Wege steht, zu glauben, Gott könne in einem Menschen wie ihm zur Erscheinung kommen.

«Bei mir – mein Herr!» Krasser kann man die Summe aller negativen Selbsterfahrungen und den verzweifelten Wunsch, Gott trotz allem anzuerkennen und ihm zu dienen, einander nicht gegenüberstellen. Sein ganzes Leben lang, buchstäblich «seit gestern», seit «vorgestern», hat Mose erfahren, daß er zu wenig wortgewandt, zu schwerfällig, zu kontaktarm ist; und in der Tat scheint es tiefenpsychologisch, als wenn dieses Leiden an sich selbst auf eigentümliche Weise in das Gesamtbild der psychischen Erscheinung des Mose passen würde, wie er im Jähzorn den Ägypter erschlug (Ex 2,12); es ist das Bild eines epileptoiden Charakters, bei dem das Anfallartige, die unterdrückte Aggression, sich auch in der wuchtigen Klobigkeit der Worte und in der Schwerfälligkeit der Rede geltend macht[32], und man könnte von daher meinen, daß es kein Zufall ist, wenn derselbe Mann später wie in einem geheimen Abwehrkampf gegen sich selbst und gegen den eigenen aufgestauten, nur mühsam bezwungenen Tötungsdrang das Gebot erläßt: «Du sollst nicht töten» (Ex 20,13)[33]. Anders als derartig gebrochen und widersprüchlich, fremd, und inakzeptabel hat Mose sich den eigenen Worten nach anscheinend nie erleben können – *deshalb* wird er nicht tun können, was Gott ihm aufträgt. Wohl deutet Mose eine gewisse Hoffnung in seiner verzweifelten Einrede gegen Gottes Auftrag immerhin an, doch nur, um zugleich seine bittere Enttäuschung auszusprechen, wenn er der Klage, er sei kein Mann der Worte, noch hinzufügt: «auch nicht seit Deinem Reden zu Deinem Knecht»! Als ob, wenn Gott etwas mit Mose zu tun haben wolle, er auch die Bedingungen schaffen und mitbringen müsse, um aus seinem willigen, aber unfähigen Geschöpf etwas Neues, Passendes, Besseres zu formen. – Wieviele Gebete von dieser Art werden Menschen, und zwar gerade im Bemühen um den Willen Gottes, zum Himmel richten: Gott möge andere, bessere Menschen aus ihnen schaffen! Gott wird es niemals tun. Im Gegenteil.

Die Antwort Gottes auf die resignierte Verweigerung des Mose fällt völlig anders als erwartet aus; es ist ein ungeheurer Satz, einer der erstaunlichsten der ganzen Bibel: «Wer hat gesetzt einen Mund dem Menschen oder wer setzt fest: stumm oder taub oder lahm oder blind, nicht etwa Ich, Jahwe?» (Ex 4,11) Mit wuchtiger Gebärde setzt sich in diesen Worten das Ich Gottes dem Ich des Mose und damit dem Zweifel menschlicher Selbsterfahrung entgegen, und auch diese Antithese ist am besten in einer Paraphrase zu verdeutlichen: «Du kannst, Mose,» wollen diese Worte offenbar besagen, «Dich in Deinen Minderwertigkeitsgefühlen weiter vergraben, ja Du *mußt* es geradezu, solange Du Dich in Deiner Angst ständig weiter um die eigene Achse drehst; Du kannst, ja, Du

[32] H. MELVILLE: Billy Budd, 17. Kap., S. 58–62, hat dieses Thema in die Weltliteratur eingebracht, indem er in ergreifender Weise schildert, wie der sprachgehemmte Matrose Billy Budd, der bei allen an Bord wegen seiner Freundlichkeit und Schönheit ausnehmend beliebt ist, aus empörtem Rechtsgefühl im Aufstau seiner Affekte zum Mörder aus Hilflosigkeit wird.

[33] Vgl. L. SZONDI: Lehrbuch der experimentellen Triebdiagnostik, Bd. 1, 103.

solltest aber einmal von Dir absehen und von Gott her Dein Leben betrachten. Statt Deine Behinderungen zu beklagen, könntest Du auch und gerade in Deinen Schädigungen, Mängeln und Beeinträchtigungen Gott am Werke sehen. Solange Du Dich gegen Deine Gebrechen wehrst, kannst Du nur immer mehr verbittert und enttäuscht werden; aber Du kannst auch lernen, Deine Unzulänglichkeiten aus meiner Hand anzunehmen, und dann wirst Du aufhören, Dir selbst und Deiner eigentlichen Bestimmung im Wege zu stehen. Gott verlangt nichts, was an Dir scheitern müßte – dies Vertrauen kannst Du, wenn nicht zu Dir selber, dann doch in Deinen Schöpfer haben: er will Dich, wie Du bist, und selbst die Stellen Deiner Fehler tragen noch den Fingerabdruck Deines Schöpfers. Gott schafft nichts noch einmal von vorn, und er braucht auch Dich nicht noch einmal zu schaffen; ihm bist Du gut genug, so wie er Dich auf Deinem Lebensweg gestaltet hat; mehr als Dich selber braucht es nicht für ihn.» – «Und nun geh», fügt Gott noch hinzu, «und ich werde mit Deinem Munde sein und Dich lehren, was Du sagen sollst.» Mose, wenn er sich selbst von Gott her zu akzeptieren wagt, braucht sich ein für allemal nicht mehr zu sorgen, wie und was er späterhin zu sagen hat; die Wahrheit, die zu sagen Gott ihn auffordert, wird sich von Mal zu Mal erweisen – ein Trost, wie ihn im Neuen Testament auch Christus seinen Jüngern mit auf den Weg geben wird – der Menschenfurcht zum Trotz (Mk 13,19).

Wie man sieht, hat die jahwistische Berufungsgeschichte des Mose im Grunde von Anfang bis Ende tatsächlich nur ein einziges Thema: wie Gott in einem «Dornstrauch» «brennen» kann, ohne das Medium seiner Erscheinung zu verbrennen: Mose wird bleiben, was er ist und war, und Gott wird sein, als der er da sein wird; aber das Wunder dieser Szene besteht darin, daß Gott und Mensch einander berühren und ineinander sind, ohne daß Gott den Träger seiner Offenbarung umschaffen oder gar vernichten müßte. Von daher versteht man auch noch einmal das *formale Gesetz*, das den Aufbau der Berufungsgeschichten bestimmt, indem sie mit einem Berufungsauftrag Gottes an einen Menschen beginnen und dann gegen den Widerspruch des Menschen mit einem verschärften Auftrag und einer Beistandserklärung Gottes enden. Eben weil es sich hier um eine *typische formale* Gesetzmäßigkeit der Berufungsgeschichten als Gattung handelt, scheint es historisch auch an dieser Stelle überaus unwahrscheinlich, daß die Berufung des Mose sich jemals in der geschilderten Weise ereignet haben könnte. Geht man indessen von dem *Inhalt* der Erzählung aus und betrachtet ihn tiefenpsychologisch als einen inneren Prozeß der Reifung zu sich selber, so wird deutlich, daß es einen anderen Weg der Berufung eines Menschen zu seiner eigentlichen Bestimmung gar nicht geben kann, als er in den Berufungsgeschichten immer wieder geschildert wird. Tiefenpsychologisch gesehen *müssen* die Berufungsgeschichten gerade diese Form haben, da sie von ihrem Inhalt her *nur* in einem solchen Wechsel von Anruf und Angst, von Auftrag und Zweifel, von

Selbstannahme und Bestätigung zustande kommen können. Und so wie die Wundererzählungen gerade wegen ihrer Typologie auch in historischem Sinne als prinzipiell wahr erscheinen konnten und ein hohes Maß innerer Glaubwürdigkeit zurückgewannen, so kann man auch sagen, daß Mose, Jeremia oder irgendeiner der Propheten gerade so berufen worden sein wird, wie die Berufungsgeschichten es erzählen, nur daß die historische Wahrheit derartiger Berichte im Inneren des Menschen und nicht in der «beobachtbaren» Äußerlichkeit spielt. Wo anders auch sollte Gott denn reden, wenn nicht im Inneren von Menschen! Die eigentlichen «Magier» jedenfalls sind nicht die Menschen, die in einem «Dornstrauch» sich selbst anschauen können, oder die eine «Schlange» in einen «Stab» zu verwandeln vermögen; abergläubische Veräußerer Gottes sind vielmehr die Exegeten, die in ihren Deutungen so tun, als wenn Gott anderswo zu finden wäre als in den innersten Geheimnissen der menschlichen Psyche.

b) Die Erscheinung Jesu am See oder: Zwischen Diesseits und Jenseits (Joh 21,1-14)

Am Ende des Johannesevangeliums ist ein Erscheinungsbericht angefügt[1], der in seiner Rätselhaftigkeit geradezu danach verlangt, ausgelegt zu werden, der aber der historischen-kritischen Methode die größten Schwierigkeiten bereitet. In möglichst wortgetreuer eigener Übersetzung lautet der Text wie folgt:

Danach hat sich wiederum Jesus den Jüngern am See Tiberias gezeigt. Er hat sich aber auf folgende Weise gezeigt. Es waren zusammen Simon Petrus und Thomas, der «Zwilling» genannt wird, und Nathanael aus Kana in Galiläa und die Zebedäussöhne und zwei andere von seinen Jüngern. Spricht zu ihnen Simon Petrus: «Ich gehe fischen.» Sagen sie ihm: «Es kommen auch wir mit dir.» Sie sind hinausgegangen und in das Schiff gestiegen, und in jener Nacht haben sie nichts gefangen. Als es aber schon Morgen wurde, ist Jesus hingetreten an das Steilufer; nicht freilich haben die Jünger gewußt, daß es Jesus ist. Sagt da ihnen Jesus: «Kindlein, habt ihr nicht etwas Zuspeise?» Geantwortet haben sie ihm: «Nein». Er aber hat ihnen gesagt: «Werfet zur rechten Seite des Bootes das Netz aus, und ihr werdet finden.» Sie haben daher ausgeworfen, und nicht mehr vermochten sie es zu ziehen von der Menge der Fische her. Sagt da jener Jünger, den Jesus liebte, dem Petrus: «Der Herr ist es.» Simon da, der Petrus, wie er hört: «Der Herr ist es», hat sich das Obergewand umgegürtet, er war nämlich nackt, und hat sich in den See geworfen; nicht nämlich waren sie weit vom Land entfernt, sondern (nur) etwa 200 Ellen, das Netz mit den Fischen im Schlepp. Wie sie da ausgestiegen sind ans Land, sehen sie ein Holzkohlenfeuer angelegt und Speisefisch daraufgelegt und Brot. Sagt ihnen Jesus: «Bringt von den Speisefischen, von denen ihr gefunden habt.» Hingestiegen ist Simon Petrus und hat das Netz ans Land gezogen, voll von großen Fischen, 153; und obwohl es so viele waren, ist das Netz nicht zerrissen. Sagt ihnen Jesus: «Kommt, eßt.» Und niemand wagte von den Jüngern ihn zu fragen: «Du, wer bist du?», denn sie wußten, der Herr ist es. Es kommt Jesus und nimmt das Brot und gibt ihnen, und den Fisch gleichermaßen. Dies war nunmehr das dritte Mal, daß Jesus den Jüngern sichtbar wurde, auferweckt von den Toten.

[1] R. Bultmann: Das Evangelium des Johannes, 542–547, zur Begründung der «Unechtheit» und «Uneinheitlichkeit» von Joh 21.

Rätselhafte Chiffren

Bereits beim ersten Hören dieses Textes müssen die zahlreichen Widersprüche und Sonderbarkeiten auffallen, die sich Satz für Satz aus dem geschilderten Ablauf der Erzählung ergeben. Es mag noch angehen, daß die Jünger des Nachts bei ihrem Fischfang erfolglos bleiben und dann überraschenderweise, wider alle Erfahrung, am Morgen, als es schon hell ist, einen überreichen Ertrag ins Netz bringen; wie aber soll man sich vorstellen, daß die Jünger Jesus nicht erkennen, als sie in seiner Nähe sind, während wenig später aus der Entfernung der Jünger, den Jesus liebte, weiß, daß es der Herr ist? Wie erklärt es sich, daß Petrus, obwohl er nicht weit vom Ufer entfernt ist, wie er hört, es ist der Herr, sich in den See wirft, zuvor aber noch das Obergewand umgürtet? Was soll die Pedanterie, mit der die Entfernung vom Land und später die Anzahl der Fische vermessen wird? Wie paßt dazu die Genauigkeit, daß Jesus gerade zur *rechten* Seite das Netz auswerfen läßt? Wieso fragt Jesus die Jünger, ob sie etwas zu essen mitgebracht haben, wenn später, als sie an Land steigen, bereits das Essen zubereitet ist? Und wenn das Mahl schon zubereitet ist, warum läßt Jesus dann eigens noch von den neugefangenen Fischen etliche herbeibringen? Wenn gerade noch die Jünger das gefüllte Netz kaum gemeinsam im Wasser ziehen konnten, wieso vermag es dann Petrus allein vom Ufer aus? Was soll die Verhaltenheit, mit der beim Essen niemand mehr Jesus zu fragen wagt, wer er ist? Und wie kann inmitten dieser Scheu des Fragens Jesus jetzt erst «kommen», als wäre er die ganze Zeit über nicht dagewesen? Und was schließlich soll die Hervorhebung am Anfang und am Ende der Erzählung, gerade dies sei die Art, in der Jesus den Jüngern zum dritten Mal erschienen sei?

So viele Mitteilungen der Text enthält, so viele Fragen wirft er auf[2]. Man hat daher nur die beiden Möglichkeiten, ihn entweder durch literarkritische Operationen so zurechtzuschneiden, daß er für einen «historischen» Bericht in Raum und Zeit passend wird[3]. Oder man muß den Text nehmen, wie er dasteht; dann aber muß man gerade die Widersprüchlichkeit der Erzählung für das Wesentliche nehmen. Das erstere Vorgehen sollte man nur versuchen, wenn es definitiv keinen anderen Weg mehr gibt; denn es ist immer ein verzweifeltes und gewalt-

[2] Vgl. R. SCHNACKENBURG: Das Johannesevangelium, III 406–407, der vor allem darauf hinweist, es werde das Fischfangwunder in der Erscheinungsgeschichte zu einem Nebenmotiv, das «vielleicht einen allegorisch-symbolischen Zug hergibt ..., aber nichts Zentrales für die Person Jesu aussagt.» Die Mahlszene stehe «nur äußerlich und ungeschickt» verbunden neben dem Bericht vom Fischfang. – So kann es scheinen! Einen recht vollständigen Katalog des «Ungereimten» stellt R. BULTMANN: Das Evangelium des Johannes, 543–544 zusammen.

[3] So hat R. PESCH: Der reiche Fischfang, 42–52, eine Fischfangtradition (Joh 21,2.3.4a.6.11) und eine Erscheinungstradition (Joh 21,4b.7.8.9.12.13) herauszuarbeiten versucht, wobei Joh 21,1.5.10.14 als redaktionelle Verknüpfung zu betrachten wäre; das Wunder des Fischfangs werde durch die Verbindung mit der Erscheinungserzählung ekklesiologisch neu interpretiert. Vgl. aber die Diskussion bei R. SCHNACKENBURG: Das Johannesevangelium, III 410–413.

tätiges Unternehmen, einen Text von der Voraussetzung aus zu interpretieren, daß er sinnlos überliefert ist. In letzterem Falle freilich muß man eine Auslegung verlangen, die gerade das Widersprüchliche und Paradoxe der Erzählung als Ausdrucksmittel eines verborgenen, hintergründigen Sinnes erscheinen läßt, der nicht anders als in der anzutreffenden Darstellungsweise adäquat wiedergegeben werden kann; nur wenn es gelingt, den tieferen symbolischen Sinn der Erzählung aufzuzeigen, verliert der Text den Charakter des Willkürlichen und Manierierten.

Das «Dritte Mal» – die Zeit der Kirche

Die erste Frage, die sich dann stellt, muß der merkwürdigen Angabe *am Beginn* der Erzählung gelten, die Erscheinung Jesu am See habe gerade *auf diese Weise* sich ereignet. Man hat den Eindruck, als wenn dem Leser indirekt damit gesagt werden sollte: Achte besonders auf die Art, in der im folgenden die Erscheinung Jesu berichtet wird; nimm die Eigentümlichkeit der Erscheinung Jesu in sich selbst für wichtig; überlies den Text nicht so rasch, als wenn es sich um eine Erscheinung handeln würde, die im Prinzip sich auch ganz anders hätte ereignen können. Genauso eindringlich wird *am Ende* der Erzählung hervorgehoben, daß dies *das dritte Mal* war, daß Jesus seinen Jüngern erschienen sei. Was, muß man sich fragen, ist dies für ein drittes Mal, und was für eine Art und Weise ist es, da Jesus «zum dritten Mal» erscheint?

Das 21. Kap. des Johannes-Evangeliums ist ein Nachtragskapitel aus dem Kreis der Jünger des Evangelisten[4]. Alles, was über das Leben Jesu zur Begründung des Glaubens zu berichten war, hat das Evangelium bereits dargestellt. Dennoch scheint ein Nachtrag unerläßlich, der es gerade mit diesem «Dritten Mal» des Erscheinens Jesu zu tun hat. Was vorausging, ist bekannt. Beim *ersten* Mal, da Jesus seinen Jüngern im Abendmahlssaal erschien, übergab er ihnen seinen Geist in der Vollmacht, Sünden zu vergeben (Joh 20,19-23); und um zu bestätigen, daß seine Erscheinung und dieser Auftrag gegenüber den Zweifeln des Thomas Wirklichkeit besäßen, gab er sich *noch einmal* den Jüngern, und insbesondere dem zweifelnden Apostel, zu erkennen (Joh 20,24-29). Was, so muß man sich fragen, gibt es noch zu berichten? Läßt sich noch mehr sagen, als was schon gesagt wurde: daß das Leben des Einzelnen, getötet von Menschen, bei Gott unsterblich ist, daß der Tod besiegt ist und daß, mehr als die Traurigkeit der Sünde und der Verzweiflung, das Glück der Liebe imstande ist, Wunden zu verwandeln in Licht und das Gefängnis der Schuld zu öffnen zum Beginn eines neuen Lebens? Dieses «dritte Mal» jetzt wäre eigentlich zutiefst «überflüssig»,

[4] Vgl. R. Schnackenburg: A.a.O., 415–417, der (S. 409) vor allem den «ausgesprochen ‹kirchlichen› Horizont» betont, aus dem dieses redaktionelle «Schlußkapitel» entstanden sei; die Botschaft des Evangelisten werde auf die Gemeinde angewandt.

und es würde sich um eine bloß zusätzliche Variante zu den beiden vorangegangenen Erscheinungen handeln, *wenn* man nicht denken müßte, daß gerade in diesem anhangsweisen Nachtrag noch etwas «Zusätzliches», letztlich Entscheidendes, zu sagen wäre. Und so verhält es sich in der Tat.

Nachdem nämlich bereits alles Wichtige über das Leben Jesu und seinen endgültigen Sieg über den Tod gesagt ist, gibt es doch noch etwas Neues und äußerst Wichtiges über die *Art und Weise* mitzuteilen, in der Jesus sich «*danach*» (21,1), also doch wohl jetzt und immer wieder, seinen Jüngern zu erkennen gibt. Dieses «Dritte Mal» nach allem, was vorausging, wird man am besten als die Zeit der Kirche bezeichnen müssen, als die Zeit, die noch kommt und währt, während alles Wesentliche bereits geschehen ist. Das Johannesevangelium kennt, anders als die synoptischen Evangelien, nicht das im Spätjudentum verbreitete apokalyptische Schema der Zeit, wonach dieses bestehende Weltzeitalter zugrunde gehen wird, um der kommenden Zeit des Messias zu weichen[5]. Für das Johannesevangelium sind die «Welt» und die «Wahrheit» nicht verschiedene Zeitzustände, sondern zwei verschiedene Weisen zu existieren[6], die zeitlich nebeneinander zu finden sind, während sie sich in der Lebenswirklichkeit doch so radikal unterscheiden wie Licht und Finsternis, wie Leben und Tod, wie Wahrheit und Lüge, wie «Geist» und «Fleisch», wie «oben» und «unten», wie Weite und Enge, wie Liebe und Haß. Insofern gibt es für das Johannesevangelium wohl etwas Neues zu *leben*, aber eigentlich nichts Neues zu *erwarten*. Wenn nach der Zeit, die mit Jesus gekommen ist, gleichwohl doch noch etwas kommt, das «nachzutragen» wäre, so kann es sich einzig um die Art und Weise handeln, wie man heute und in alle Zeit als Jünger Jesu den Herrn sehen kann – als Auferstandenen, als Lebenden. Die Art dieses «Dritten Males», da Jesus erscheint, will mithin so gelesen werden, daß ein jeder selbst als Glaubender seine eigene Situation darin wiederzufinden vermag. Nicht ein fremdes – sein eigenes Schicksal gilt es, anhand des Textes zu betrachten.

In der historisch-kritischen Exegese wird zumeist anerkannt, daß in dem vorliegenden Nachtragskapitel des Johannesevangeliums von der «Kirche», von der Schar der Jünger Jesu heute die Rede ist[7]; auch einen gewissen Symbolismus der

[5] Bes. R. Bultmann: Theologie des Neuen Testamentes, 427–445, knüpfte mit seinem Programm der Entmythologisierung bzw. der *existentialen Interpretation* an diese johanneische Umwandlung der alten Eschatologie eines dramatischen (äußeren) Endes von Welt und Geschichte an, indem er den Übergang in die eschatologische Existenz als eine Herausnahme der Existenz aus dem weltlichen Sein, als Freiheit von der Sünde bzw. als Erkenntnis der Wirklichkeit Gottes deutete.

[6] Vgl. R. Bultmann: A.a.O., 367–373 (zum Begriff der «Welt» als Schöpfung Gottes und als Scheinwirklichkeit und Lüge ohne Gott). «Aus dem kosmologischen Dualismus der Gnosis ist bei Johannes ein *Entscheidungs-Dualismus* geworden.» (S. 373) Vgl. zu dem Begriff der Entscheidung in Bultmanns Joh.-Kommentar J. Blank: Krisis. Untersuchungen zur johanneischen Christologie, Freiburg 1964.

[7] Vgl. R. Schnackenburg: Das Johannesevangelium, III 417.

Erzählung von der Erscheinung Jesu am See ist man bereit, zuzugeben[8]; aber indem man stets auf der Suche ist nach dem «Verkündigungsinteresse» der jeweiligen Erzählungen für bestimmte Gruppen in oder außerhalb der Kirche, umgeht man gewissermaßen mit methodischer Sorgfalt den eigentlichen Adressaten dieser Texte: sich selbst mit der eigenen Existenz[9].

Nicht ohne Absicht scheint der Visionsbericht in Joh 21,1-14 demgegenüber bereits in der Einleitung den größten Wert darauf zu legen, daß man nicht «die» Schar «der» Jünger an sich vor Augen hat, sondern einzelne, persönlich zu nennende Personen vor sich sieht. Außer der Erwähnung des «Jüngers, den der Herr liebt» (des Johannes?)[10], und der Gestalt des Petrus, denen beiden offensichtlich in der Erzählung eine besondere Bedeutung zukommt[11], dürfte es dabei relativ gleichgültig sein, wer von den Jüngern im einzelnen mit Namen genannt wird; wichtig hingegen scheint es, daß überhaupt bestimmte Personen in der Erzählung namentlich aufgeführt werden. Wenn es stimmt, daß das «Dritte Mal» der Erscheinung Jesu im Grunde die gegenwärtige Zeit betrifft, so kann eine solche Aufzählung von Namen für den heutigen Leser eigentlich nur bedeuten, daß er selbst mit seinem eigenen Namen sich in die Liste der Genannten eintragen möge, wie wenn er selber mitten unter ihnen wäre; die gesamte Erzählung also möge er für sich selber daraufhin befragen, was sie ihm Grundlegendes und Typisches über die Art und den inneren Vorgang zu sagen vermag, wie ihm selber der Herr erscheinen kann als einer, der von den Toten auferstanden ist. Die Voraussetzungen und Erfahrungen erlebbar zu machen, unter denen sich das Geheimnis der Auferstehung heute und immer wieder Menschen

[8] So besonders die «Allegorie» der 153 Fische, vgl. A.a.O., 413.

[9] Auch die *existentiale Hermeneutik* BULTMANNS, deren Anliegen gerade darin besteht, den gegenwärtigen, bleibenden Gehalt der alten mythischen Redeweisen zu erschließen, kann doch solange nicht an ihr Ziel kommen, als die konkrete Symbolik und Psychodynamik der jeweiligen Erzählungen nicht wirklich verstanden wird; die Ausklammerung der Tiefenpsychologie muß immer wieder die Theologie in eine polemische Stellung zur Anthropologie bringen.

[10] Zur Gestalt des *Lieblingsjüngers* vgl. R. SCHNACKENBURG: Das Johannesevangelium, I 85–88; III 450–463, der (S. 461ff.) in dem anonymen Lieblingsjünger einen Herrenjünger der Jerusalemer Gemeinde vermutet, der nicht zum Kreis der Zwölf gehörte, wohl aber am letzten Abendmahl teilgenommen haben könnte und offenbar ein «ehrwürdiger Zeuge noch aus den Tagen Jesu» war, so daß ihn «die joh. Gemeinde als ihren Gewährsmann, Traditionsträger und Interpreten der Taten und Worte Jesu verehrt.» (463)

[11] Vgl. R. SCHNACKENBURG: A.a.O., 453. Wenngleich der *Lieblingsjünger* in Joh 21 gewiß als eine historische Gestalt gedacht ist, erscheint er gerade in der «Konkurrenz» zu *Petrus* an anderen Stellen des Joh.-Evgl.'s als eine ideale, symbolische Gestalt. Es wird dann nicht genügen, vor allem in Joh 20,3-10 (Petrus und der Lieblingsjünger am Grab) nur gewisse Rangverhältnisse in der Jüngergruppe zu vermuten (vgl. SCHNACKENBURG: A.a.O., 370–371) oder, mit BULTMANN (Das Evangelium des Johannes, 543) in dem Lieblingsjünger außerhalb von Joh 21 einen Repräsentanten des Heidenchristentums zu sehen, während bes. in Joh 21,15-23 die Gleichrangigkeit beider unterstrichen werden solle (S. 555); es kommt vielmehr darauf an, das archetypische Schema solcher Zweiheiten («Syzygien») in seiner psychischen Symboldeutung zu erfassen. Dasselbe gilt von allen anderen Momenten dieser hoch symbolischen Erzählung.

in ihrem Leben mitzuteilen vermag, muß folglich als die Hauptaufgabe einer Auslegung dieser Stelle gelten.

Die Nacht auf dem See – ein Bild der Fremdheit und der Leere

Für kennzeichnend muß man dann bereits den Anfang der Erzählung halten. Tatsächlich beginnt ja die eigentliche Handlung damit, daß die Jünger trotz ihrer scheinbar so präzis genannten Namen im Grunde, bis auf einen, Petrus, gar nicht wirklich selber handeln. Was sie tun, richtet sich nach dem, was ein anderer gesagt hat; der Grund ihres Tuns liegt nicht in ihnen selber, sondern darin, daß ein anderer für sie einen Entschluß gefaßt hat. Man versteht den Sinn einer solchen Darstellung nur, wenn man von der möglicherweise (!) grundsätzlichen Bedeutung derartiger Bilder ausgeht und also mindestens probeweise voraussetzt, daß sie u.U. eine verdichtete Wesensbeschreibung menschlicher Lebenseinstellungen in sich widerspiegeln, in diesem Fall also eine Lebenseinstellung der Fremdbestimmtheit und der Außenlenkung; wieder muß man dabei, was hier ein winziges Moment der Erzählung zu sein scheint, sich im wirklichen Leben als Grundhaltung, als Dauerzustand vorstellen, und man wird dann bald verstehen, warum auf sonderbare Weise alles, was die Jünger unternehmen, leer und erfolglos bleiben muß.

Ganze Lebensabschnitte, so wird man bzgl. des erfolglosen Fischfangs der Jünger sagen dürfen, können im eigenen Leben so vergehen, wie es hier geschildert wird: man hat, wie es bei den Jüngern doch vorauszusetzen ist, alles Wichtige über Christus und sein Leben gehört, und man müßte daher eigentlich bereits als ein Glaubender gelten, und trotzdem (oder gerade deshalb!) verläuft das Leben im Grunde nach wie vor ohne eigenen Antrieb und Entschluß; man verrichtet letztlich völlig nichtssagende, alltägliche Dinge aus keinem anderen Grunde, als daß ein anderer es einem vorgesagt hat; man folgt in seinem ganzen Leben eigentlich nur einer fremden Weisung: man handelt nicht selbst – man «kommt» buchstäblich «auch mit»; man sitzt mit anderen in einem Boot nur deshalb, weil es alle anderen genauso halten.

Der Satz: «Wir kommen auch mit dir» – beschreibt in solcher Betrachtung ein durch und durch von anderen bestimmtes Leben, in dem man selber keinerlei eigene Existenz besitzt, sondern dahinlebt als ein «Mann ohne Eigenschaften»[12]. Diese Deutung schließt gleichwohl nicht aus, daß «Boot» und «Fischfang», wie

[12] R. Musil: Der Mann ohne Eigenschaften, 65, der den *Typ* einer solchen Existenzform der Uneigentlichkeit mit den Worten beschreibt: «Immer wird für ihn erst ein möglicher Zusammenhang entscheiden, wofür er eine Sache hält. Nichts ist für ihn fest. Alles ist verwandlungsfähig, Teil in einem Ganzen, in unzähligen Ganzen, die vermutlich zu einem Überganzen gehören, das er aber nicht im geringsten kennt. So ist jede seiner Antworten eine Teilantwort, jedes seiner Gefühle nur eine Ansicht, und es kommt ihm bei nichts darauf an, was es ist, sondern nur auf irgendein danebenlaufendes ‹wie es ist›, irgendeine Zutat, kommt es ihm immer an.»

es zumeist verstanden wird, an sich auch religiöse Bilder für die Kirche und ihr Wirken sein können[13]. Im Gegenteil; die Erzählung kann an eigentlicher Aussagekraft nur gewinnen, wenn man annimmt, daß die Jünger Jesu gerade in ihrem *kirchlichen* Tun zu Leere und Erfolglosigkeit verurteilt sind, solange sie, statt von innen heraus zu leben, sich nur von außen her bestimmen lassen, und es ist auch und gerade in der Kirche nicht ausgeschlossen, daß man im Grunde überhaupt nicht selber lebt, daß man in allem scheinbar religiösen Wirken in Wahrheit nur äußerlich mittut und innerlich dabei durchaus nicht weiß, wozu.

Man nehme, um sich diese Möglichkeit ein wenig zu verdeutlichen, nur an, daß jemand wie selbstverständlich in der christlichen Religion heranwächst; er hält für wahr, was Eltern und Lehrer ihm gesagt haben; er handelt so, wie man es ihm durch vielfältiges Beispiel beigebracht hat; ja, er widmet sich womöglich, als ein im Christentum Aufgewachsener, einem religiösen Beruf, den er als Lehrer, Diakon oder Priester ausübt. Und dennoch lebt er ihm Grunde nicht wirklich, sondern folgt in allem, was er tut, lediglich fremden Aufforderungen und Entschlüssen; er wird gelebt, statt selbst zu existieren, und schließlich muß er sich erschrocken, verunsichert und verzweifelt fragen, wie es R. M. RILKE in dem schwermütigen Gedicht «*Nonnen-Klage*» einmal geschildert hat:

«Mein Leben ging – Herr Jesus.
Sag mir, Herr Jesus, wohin?
Hast du es kommen sehen?
Bin ich in dir drin?
Bin ich in dir, Herr Jesus?

Denk, so kann es vergehn
mit dem täglichen Schalle.
Am Ende leugnen es alle,
keiner hat es gesehn.
War es das meine, Herr Jesus?

Kann es nicht sein, daß mein
Leben gar nicht dabei ist?
Daß es wo liegt und entzwei ist,
und der Regen regnet hinein
und steht drin und friert drin, Herr Jesus?»[14]

[13] Vgl. E. PETERSON: Das Schiff als Symbol der Kirche in der Eschatologie, in: Frühkirche, Judentum und Gnosis, 92–96, der in der Symbolsprache der alten Kirche vor allem die Einheit von Schiff und Arche aufzeigt. – Liest man den Text «historisch kritisch» (statt symbolisch), so erhält man nichts als Widersprüche: die Jünger scheinen von «einem Auftrag zur Verkündigung und Mission nichts zu wissen»; der «Anfang des Erscheinungsberichtes brauchte nicht oder nicht so ‹dramatisch› den Aufbruch zum Fischen zu erzählen»; SCHNACKENBURG: Das Johannesevangelium, 420; aber wenn man schon den späteren Fischfang symbolisch auf die «Mission und Einheit der Kirche» (a. a. O., 426) deutet, kann man den Anfang der Erzählung nicht rein vordergründig «historisch» interpretieren, – die vermeintlichen «Widersprüche» des Textes erweisen sich lediglich als Widersprüche und willkürliche Sprünge in der eigenen interpretativen Einstellung. Das eigentliche Problem scheint darin zu liegen, daß die historisch-kritische Methode wohl eine «ekklesiologi-

Es ist an dieser Stelle noch nicht wirklich *beweisbar*, daß die einfache Bemerkung der Jünger: «Auch wir kommen mit dir», in dem angegebenen Sinne als Ausdruck einer Lebenshaltung der Außengelenktheit und Fremdbestimmung verstanden werden muß. Wohl aber ist schon hier darauf hinzuweisen, daß die Aufforderung des Petrus zum «Fischen» offensichtlich dem späteren Befehl Jesu gegenüberzusetzen ist, das Netz noch einmal auszuwerfen, und dann stellt sich allerdings von Anfang an die Frage, worin der Unterschied besteht, der im einen Falle zu Leere und Vergeblichkeit, im anderen Falle aber zu Reichtum und Fülle führt – ein Unterschied, der unzweifelhaft auf eine Art von «Weltlichkeit» mitten in der innerkirchlichen Praxis hinweist. Vor allem aber wird jetzt deutlich, daß die folgenden Bilder von «*Nacht*» und «*Leere*» in der Erzählung von der Erscheinung Jesu am See den Zustand einer quälenden Infragestellung und Sinnlosigkeit des eigenen Daseins beschreiben.
Das gilt zunächst von der Chiffre der «*Nacht*». Gewiß wurden und werden auch heute noch am See Gennesareth Fische des Nachts gefangen, wo man sie mit Laternen leicht an die Oberfläche des Sees locken kann. Aber dieser äußere Tatbestand kann nicht verdecken, daß «Nacht» und «Finsternis» gerade im Johannes-Evangelium nicht so sehr die chronologische, als vielmehr die «seelische» «Zeit» beschreiben.
Im Abendmahlssaal z.B., als Judas, der Verräter, die Gemeinschaft der Jünger verläßt, heißt es ausdrücklich: «Es war aber Nacht.» (Joh 13,30) Deutlich ist hier nicht eine Zeitangabe, sondern der Zustand einer Welt gemeint, in der sich derartiges, wie der Verrat des Herrn, ereignen kann[15]. Entsprechend wird die gesamte «Welt» der Menschen ohne Gott bereits im Johannes-Prolog als ein Verlangen nach «Finsternis» beschrieben (Joh 1,5), als eine selbstgeschaffene Nacht zur Verhüllung der eigenen Bosheit (Joh 3,19). Vollends die zahlreichen Metaphern von «Sehen» und «Blindsein» im Johannes-Evangelium zeigen, daß «Nacht» als Symbol einen seelisch-religiösen Zustand beschreibt und keineswegs eine bloße Zeitangabe darstellt (vgl. Joh 9,39.41; 11,9). Besonders in dem Auferstehungsbericht heißt es ausdrücklich, daß es noch «dunkel» ist, als die Frauen in ihrer hoffnungslosen Trauer sich zum Grab begeben. Umgekehrt schildert Mk 16,1, daß gerade die Sonne aufgeht, als die Frauen zum Grabe

sche» (bzw. historisch-soziologische) «Symbolik» anzuerkennen vermag, nie und nimmer aber eine psychologische. An dieser Stelle liegt die Crux auch der *existentialen Hermeneutik* BULTMANNS. Die Situation von Joh 21,1-12 als Situation *in der Kirche* bzw. als existentielle Problematik *des Glaubenden* zu verstehen, setzt ein konsequentes Symbolverständnis aller Einzelmomente der Erzählung voraus.

[14] R.M. RILKE: Nonnenklage; Gedichte 1906–1926, in: Sämtliche Werke, II 34.

[15] R. BULTMANN: Theologie des Neuen Testamentes, 177, hebt sehr richtig den gnostischen Dualismus von «Licht» und «Finsternis» hervor und weist (S. 367) darauf hin, daß im Joh.-Ev. das «Wesen» der «Welt» «Finsternis» ist (vgl. Joh 8,12; 12,35.46). Merkwürdigerweise bringt er seine eigenen Feststellungen indessen mit der vorliegenden Erscheinungserzählung nicht in Zusammenhang – ein weiterer Beleg für das typische Unvermögen, Texte in ihrem symbolischen Gehalt zu erfassen.

gelangen, gilt doch Christus selbst seit dem Auferstehungsmorgen als die «unbesiegte Sonne»[16], deren Strahlen immer wieder die Dunkelheit der Nacht überwinden und die Helligkeit des Tages heraufführen.
Schon im Alten Testament ist übrigens die Symbolik von Nacht und Tag vorgeprägt. In Gen 32,32 z.B. wird es Tag, nachdem das Nachtgespenst am Jabbok den im Streit siegreichen, wenngleich verwundeten Jakob gesegnet hat[17]. Insbesondere eine der großen Weissagungen des *Jesaja* verspricht als Inbegriff des Heils, das Volk, das in Finsternis wandle, werde schauen ein großes Licht (Jes 9,1), so daß die menschliche Blindheit ihr Ende finde (Jes 35,5; vgl. Mt 11,5). «Nacht» ist es entsprechend einer solchen symbolischen Bedeutung mithin solange, als ein Leben in sich düster und aussichtslos dahintreibt; doch gerade so muß es nach johanneischer Auffassung dem Menschen ergehen, wenn er von Gott getrennt ist. Das «Wunder» des reichen Fischfangs kann demnach (ähnlich wie in der verwandten Erzählung der symbolischen Überlieferung von Lk 5,1-11) nicht darin liegen, daß bestimmte Fische gegen alle Natur am «Tage», statt in der Nacht gefangen werden. Das «Wunder» des reichen Fischfangs besteht nach dem Gesagten vielmehr darin, daß die Umnachtung und Verdüsterung, die Aussichtslosigkeit und Perspektivelosigkeit des menschlichen Lebens von Gott her durchbrochen werden kann. Wie ein Leben ohne Gott zu Gott hinfindet – *das* bedeutet es, aus der «Nacht» zum «Tag» zu gelangen (vgl. Röm 13,12 oder Apk 21,25). Zur *Nacht* gehört die Leere und Erfolglosigkeit des Lebens, ja sie besteht darin; *Nacht* ist das Bild eines Daseins, das u. a. bei aller äußeren Tüchtigkeit, jedenfalls bei aller äußeren Anstrengung und allem äußeren Tun, im Grunde durchaus nicht weiß, wofür es da ist und wozu es existiert; *Nacht* ist die Beschreibung eines in sich leeren, unausgefüllten, innerlich hohlen Daseins ohne Richtung, Ziel und Sinn.
In den Umkreis dieser Symbolik fügt sich nun auch das Bild von *See* und *Land.* Wiederum kennt bereits das Alte Testament die *theologische* Verwendung dieser nur scheinbar räumlichen Bestimmungen. Der Prophet Jona z.B., der vor Gott flieht, wird auf dem Meer hin und hergeworfen, und als er von den Seeleuten nach seiner Herkunft und Identität gefragt wird, bezeugt er, daß er an Jahwe glaube, den Gott des Himmels, «der Meer und Festland gemacht» habe (Jona 1,9). Je nachdem, wie man zu Gott steht, ist Gott für den Menschen der Schöpfer des «Meeres» oder des «Festlandes», und je nachdem versinkt man im Abgründigen und Bodenlosen, oder man bekommt festen Grund und Boden unter die Füße (s. o. S. 259). Und diese Anschauung gilt allgemein in der Bibel.

[16] Zu dem solaren Synkretismus vor allem in der *Mithras-Religion*, insbesondere im Kult der unbesiegten Sonne, vgl. F. CUMONT: Die Mysterien des Mithra, 172–178: das archetypische Bild vom Sieg der Sonne (bzw. des Mondes) über das Grab der Finsternis.
[17] Zum *Kampf Jakobs am Jabbok* vgl. die tiefenpsychologische Deutung bei M. KASSEL: Biblische Urbilder, 258–280, bes. S. 270–271 («Fluß» und «Nacht» als Durchgang durch das Unbewußte).

Die Menschen z.B., die sich in der alttestamentlichen Sintflutgeschichte immer weiter von Gott entfernen, versinken in Gen 6-8 in der Großen Flut[18]; die Israeliten umgekehrt, die vor den Ägyptern fliehen, um dem Auftrag ihres Gottes zu folgen, ziehen trockenen Fußes durch das Rote Meer, während die Reiterei des Pharao von den zurückflutenden Wogen begraben wird (Ex 15; vgl. I 493ff.).

«*Wasser*», «*Meer*», «*See*» und «*Fluß*» können in der Bibel mithin generell Bilder für die «Bodenlosigkeit» und Haltlosigkeit eines Lebens ohne Gott sein. So kann die ganze Welt als «See» erscheinen, wenn der Mensch nicht in Gott getragen und gehalten ist. Die eingangs (s.o.S. 29) schon erwähnte Erzählung vom Seewandel Jesu (Mk 6,45; Joh 6,16-21) deutet auf diese Symbolik hin: ohne fest auf den Herrn zu schauen, versinkt Petrus im «See», und nur das Vertrauen zu Christus trägt ihn über den Abgrund des Daseins hinweg (Mt 14,28-31). Getrennt vom Herrn, werden die Jünger, nach der Erzählung von Joh 6,16-21, auf dem See umhergetrieben; als aber der Herr zu ihnen ins Boot steigt, sind sie «am Land, auf das sie zufuhren.» (Joh 6,21) Selbst die Geschichte vom «Sturm auf dem Meere» (Mk 4,35-41) klingt an diese Symbolik an: die ängstigende Allgewalt der Elemente beruhigt sich in der Nähe Jesu, in dem Vertrauen, das er lehrt[19].

Das Meer ist in diesem Sinne ein Symbol für die *Angst*, die das gesamte Dasein ohne Gott überzieht[20]. «In der Welt», sagt Jesus in den Abschiedsreden, «habt ihr Angst» (Joh 16,33) – es ist der tiefsinnigste Kommentar zu der Symbolik von «Meer» und «See», den man sich denken kann. Umgekehrt verheißt die Geheime Offenbarung, daß am Ende der Zeit «das Meer», aus dem die widergöttlichen Ungeheuer emporsteigen (Apk 13,1-18), nicht mehr sein werde (Apk 21,1). Bei Gott zu sein bedeutet in diesem Sinne, aus dem «Meer» der Bodenlosigkeit und Angst gerettet zu sein; es bedeutet, mit beiden Beinen wieder auf festem Grund zu stehen.

Insofern bilden die Symbole von *Nacht*, *Leere* und *See* eine thematische Einheit. Sie bezeichnen insgesamt ein Leben der Aussichtslosigkeit, Vergeblichkeit und Angst, ein Dasein ohne Festigkeit und Halt. Auf der Gegenseite ist deutlich, daß die Symbole von *Land* (bzw. *Ufer*), beginnender *Helligkeit* und reichem *Ertrag* zusammengehören. Insbesondere das Wort «*Land*» steht für die wichtigsten Verheißungen Gottes im Alten Testament, und es umfaßt alle Fruchtbarkeit, alle

[18] Vgl. E. Drewermann: Strukturen des Bösen, II 389–417; 417–430.

[19] Das hindert nicht, daß R. Pesch: Das Markus-Evangelium, 271–272, zwar auf die Typik der Erzählung hinweist und zu Recht (in Parallele zu Ps 107,29) in dem Meer und dem Wind mythische Chaosmächte erkennt, dann aber in der üblichen Weise von «Exorzismus» und «Dämonenbeschwörung» redet, ohne den symbolischen Sinn seiner eigenen Worte zu bemerken.

[20] U. Steffen: Drachenkampf, 122–137, hat sehr gut gezeigt, wie der biblische Leviathan als Symbol des Meeres, des Chaosdrachens bzw. des Urzeitungeheuers in allen möglichen historischen Aktualisierungen die gegengöttliche Welt (bzw. besser, die Welt in ihrer Entfremdung von Gott) in sich verdichten kann.

Geborgenheit und Zuversicht in Gott; es bildet den Beginn der Rückkehr in ein verlorenes Paradies. Aber wie ist es dann möglich, vom «*Meer*» zum «*Land*» hinüberzugelangen? Davon hängt jetzt alles ab.

«Am anderen Morgen stand Jesus am Ufer»

Der Anfang eines solchen Übergangs vom «Meer» zum «Festland», meint die Erzählung von Joh 21,1-14, besteht in einer Art von «Dämmerung», die innerlich auf das engste mit dem «Zeitpunkt» der Erscheinung Jesu selbst zusammenhängt. Die «Dunkelheit», die innere Verzweiflung, lichtet sich, wenn einem die eigene Leere und Erfolglosigkeit «klar» zu werden beginnt, wenn es zu «dämmern» anfängt, daß man trotz aller Anstrengung letztlich mit «leeren Netzen» heimkehrt. Die Länge der «Nacht», die Unerträglichkeit der Not, können in gewisser Weise zu dieser Einsicht förmlich zwingen, und die «Dämmerung» des «Morgens» ist, so verstanden, wie ein Bild für das allmähliche Bewußtwerden der Ausweglosigkeit und Leere. Aber dieses Aufdämmern der Vergeblichkeit des bisherigen Lebens ist gleichwohl nicht ein bloßes Produkt der Not; es ist eigentlich nur möglich aufgrund der Vision einer ganz anderen, dem eigenen Dasein konträren Gestalt des Menschseins am gegenüberliegenden «Ufer», und eben dieses sich aufhellende Wahrnehmungsvermögen dafür, was es eigentlich heißt, mit dem Blick auf eine neue Ebene der Wirklichkeit menschlich zu leben, beginnt in der Erscheinung Jesu Wirklichkeit zu werden.

Was oder wer ist es eigentlich, das oder der den Jüngern am See begegnet? Die gewöhnliche Auskunft lautet sofort: der auferstandene Christus. Aber eine solche selbstsichere Antwort gibt vor, mehr zu wissen, als die Jünger selbst am Anfang der Erscheinung wissen können, und vor allem verzichtet sie durch theologische Voreiligkeit darauf, der langsam sich entwickelnden Bewegung des Textes mit all ihrer menschlichen Dramatik seelisch nachzuspüren.

Ein Hauptproblem der meisten Erzählungen von einer Erscheinung Jesu besteht immer wieder in dem Unvermögen der Jünger, den Herrn unmittelbar zu erkennen. Tatsächlich aber hat gerade diese Eigentümlichkeit der Erscheinungsberichte einen wohlbegründeten Sinn. Religionspsychologisch kann nach dem vorhin Gesagten (S. 333ff.) die Erscheinung Christi (oder des «Engels Gottes» oder der Mutter Gottes) nicht anders erfolgen, als daß in der menschlichen Seele Kräfte angesprochen werden, die ein entsprechendes Gestaltbild hervorrufen. So wie man eine Blume auf der Wiese oder eine Wolke am Himmel nur vermittels der optischen Gesetze des menschlichen Auges wahrnehmen kann, so kann auch die Erscheinung des Heiligen psychisch nur nach den Gesetzen der menschlichen Psyche erfolgen. Man muß dann annehmen, daß derartige Erscheinungen in der Tat auf eine schwere psychische Notlage zu antworten suchen. Die Seele stellt ein Organ dar, das in sich selber über starke Antriebe zu Regeneration und Selbstheilung verfügt. Wenn sich ein Mensch seelisch in einer großen Krise befindet, etwa vor dem drohenden Ausbruch einer Psychose, so kann es sein, daß zu seiner Gesundung wie von selbst aus dem Unbewußten Bilder und Vorstellungen aufsteigen, die wortwörtlich «vom anderen Ufer» her Gegenkräfte zu der bisherigen Bewußtseinseinstellung freisetzen. Je stärker die Krise ist, desto tieferen Schichten müssen die Bilder der Heilung entstammen, und die tiefsten, reichsten und stärksten Bilder sind die «archetypischen» Vorstellungen, die nicht mehr nur dem persönlichen Erleben, sondern dem kollektiven Unbewußten des Menschen entspringen, wo sie in der Seele eines jeden Menschen als energetische Zentren möglicher Regeneration bereit liegen. Diese heilenden Bilder des Unbewußten melden sich von innen her zu Zeiten tiefer Not, indem sie korrigieren, warnen und begleiten: sie treten wie autonome Gestalten vor das Bewußtsein hin und erteilen ihm durch ihre Erscheinung unbedingte, in sich letzte Weisungen. Sie haben daher in sich selbst eine absolute, religiöse Bedeutung. – Es ist an dieser Stelle noch einmal zu betonen, was wir weiter oben zur Psychologie der Visionen gesagt haben: Alles, was sich in der menschlichen Psyche wahrnehmen läßt, können nur Bilder der menschlichen Seele, kann nie «Gott an sich» sein. Es ist in jedem Einzelfall daher sehr wichtig, sich diesen Unterschied zu vergegenwärtigen; denn sonst ließe sich unmöglich verstehen, wieso in der Bibel die Jünger den Herrn nicht sogleich erkennen und erst nach einer ganzen Reihe weiterer Erfahrungen die erscheinende Gestalt mit dem Herrn zu identifizieren vermögen.

Was den Jüngern inmitten des Gefühls der Lebensleere, der Aussichtslosigkeit, der Haltlosigkeit und der Sinnlosigkeit «erscheint», ist, psychologisch betrachtet, das Gegenbild ihrer selbst – die Wesensgestalt einer nie geahnten, nie gelebten Menschlichkeit, die in ihnen angelegt ist und zumindest infolge des Leids ihrer Verleugnung nur darauf wartet, entdeckt zu werden. Es ist zunächst nicht Teil einer solchen Erfahrung, in diesem Wesensbild des Menschen die Gestalt des auferstandenen Christus wahrzunehmen; vielmehr ist umgekehrt als die Erfahrung der Jünger zu Lebzeiten Jesu vorauszusetzen, daß Jesus ihnen als der «Menschensohn», als die Verkörperung all dessen erschien, was menschlich lebenswert und liebenswert genannt werden darf. Dann aber kommt alles darauf an, das Gespür für die eigene Menschlichkeit so weit zu schärfen, daß es fähig wird, diese ganz andere Wahrheit zu begreifen: die Wahrheit von der ewigen Gültigkeit des wahren Wesens Jesu, mithin die Bestätigung der Sehnsucht aller Menschen: des Verlangens nach Unsterblichkeit. Wie es von der Vision der wirklichen Gestalt des Menschlichen zu der inneren Wahrnehmung von der Auferstehung des Menschensohnes kommen kann, erweist sich im folgenden als das eigentliche Thema dieses «dritten» Erscheinungsberichtes» des Johannesevangeliums; wer hingegen, statt auf die Entwicklung dieser Geschichte zu achten, die Erscheinung der Gestalt «im Morgengrauen» «am anderen Ufer» ohne weiteres mit Christus identifiziert, nimmt sich die Möglichkeit, die innere

Spannung dieses Textes zu verstehen, der auf die schwerste aller Fragen der menschlichen Existenz antworten möchte: wie es möglich ist, aus dem «Meer» der Verzweiflung, aus dem Abgrund der «Welt», zu dem «Ufer» zu gelangen, an dem Gott jeden Morgen in der Dämmerung des Lebens auf uns wartet.

«Wir haben nichts»

Die entscheidende Wende beginnt in der Erzählung von der Erscheinung Jesu am See, indem die Gestalt am anderen Ufer zu den Jüngern zu reden beginnt: «Kindlein, habt ihr nicht etwas Zuspeise?» Stets wenn Gott in der Bibel Fragen an den Menschen richtet wie diese, handelt es sich um Fragen, die der Mensch schon um seiner selbst willen sich irgendwann einmal unausweichlich stellen muß. Am Anfang der Genesis z.B., als Gott den Menschen sucht, der nach dem Sündenfall im Gesträuch sich versteckt hält, fragt ihn Gott, wohin er durch die Sünde geraten ist (Gen 3,9), und legt ihm förmlich das rettende Geständnis in den Mund, freilich ohne daß der Mensch zu der Wahrheit seiner Schuld wirklich stehen könnte[21]; später dann, als Kain seinen Bruder auf dem Feld erschlägt, fragt Gott den Menschen, wo sein Bruder sei, wie um ihn zu beschwören, die Verantwortung für seine Greueltat zu übernehmen; als aber Kain die Antwort verweigert, erhebt sich Gottes Frage an ihn zum Vorwurf: «Was hast du getan?» (Gen 4,10) – In dieser ganzen Kette von Fragen Gottes schon am Anfang der Genesis geht es darum, daß der Mensch aus der Verlorenheit der Schuld wieder zu sich selber finde. Und bis zum Ende der Bibel, bis zu den Auferstehungsgeschichten, ist diese fragende Art Gottes zu spüren, – so z.B., wenn die zwei Engel im Grab Maria Magdalena in ihrer Traurigkeit fragen, warum sie denn weine, und Christus dieselbe Frage an sie noch einmal wiederholt (Joh 20,13.15). Ähnlich fragt der Auferstandene die Jünger auf dem Weg nach Emmaus, was sie unterwegs geredet haben, so daß sie in ihrer Traurigkeit für einen Augenblick lang «innehalten» (Lk 24,17) und sich anhand der Schrift Klarheit über die Gründe ihrer Hoffnungslosigkeit verschaffen. In allen diesen Beispielen geht es nicht darum, Gott einen ihm unbekannten Sachverhalt mitzuteilen oder zu begründen; es geht ganz allein darum, daß der Mensch sich von Gott her so weit infrage gestellt sieht, daß er der Wahrheit über sich selbst nicht länger mehr entfliehen kann. Auch hier am Ufer des Sees Gennesareth richtet sich die Frage Jesu an die Jünger im Grunde nicht so sehr darauf, was sie zum Essen mitzubringen haben, sondern es sollen offenbar die Jünger sich selbst eingestehen, daß sie ganz buchstäblich nichts besitzen, um davon zu leben, daß ein Leben, wie sie es bisher geführt haben, sie nicht ernähren kann, ja daß sie, offen ausgesprochen, umkommen vor Hunger und trotz aller Bemühungen letztlich vollkommen leer geblieben sind.

[21] Vgl. E. Drewermann: Strukturen des Bösen, I 79–86.

Man darf voraussetzen, daß kein Geständnis einem Menschen schwerer fallen wird als dieses. Solange es nur irgend geht, wird man versuchen, sich und anderen bedingungslos mit allen möglichen Anstrengungen vorzumachen und einzureden, daß man wer weiß wieviel besitze; je weniger man wirklich an Inhalt seines eigenen Lebens in sich trägt, desto unersättlicher wird die Sucht, vor den anderen eine Tarnfassade eigenen Könnens und Vermögens zu errichten. Von der Szene im Paradies auf den ersten Seiten der Bibel an sieht man den Menschen gerade davor am meisten fliehen, sich seine Nacktheit eingestehen zu müssen, und wie unter Zwang unternimmt er alles, um die Schande seiner Armut vor den Augen aller zu verhüllen[22]. Nur wenn es durchaus nicht länger zu vermeiden ist, wird man den Mut zur Ehrlichkeit aufbringen und sich eingestehen, was die Jünger auf die Frage Jesu antworten müssen: «Wir haben gar nichts mitgebracht, wovon wir leben könnten.»

Um sich die Schwierigkeit eines solchen Eingeständnisses vor Augen zu halten, braucht man sich nur in der bereits angegebenen Weise vorzustellen, jemand habe, vielleicht jahrelang, sich religiös in der Kirche, wie es in dem Bild vom *«Fischfang»* anklingt, eingesetzt und angestrengt, und dennoch habe er all das ohne jeden eigenen Inhalt getan, lediglich auf fremde Weisung hin: Jahraus und jahrein hat er sich womöglich ins Werk gelegt, und es hat ihm selber überhaupt nichts eingebracht – er selber ist bei alledem vollkommen leer geblieben. Aber nun auch nur zu denken, daß dies immerhin doch möglich sein kann: nach Jahren der Frömmigkeit – nichts! Nach Jahren der Arbeit – nichts! Es hat nie gegolten! Man war bei allem Sprechen von Gott nie selber wirklich dabei! Man hat vor Gott nur gelebt wie ein Fremder! – Man hält diesen bloßen Gedanken der *«Nonnen-Klage»* R. M. RILKES nur aus und man wird nur wagen, ihn vor sich selbst und anderen auszusprechen, wenn man das schier unmögliche Vertrauen haben kann, trotz allem, auch wenn man gar nichts mitgebracht hat, wovon man leben könnte, auf geheimnisvolle Weise akzeptiert zu sein.

Offenbar weil dieses Eingeständnis so unsäglich schwierig ist, redet der Herr die Jünger mit dem sonderbar intimen Worte: «Kindlein» an[23]. Das Johannes-Evan-

[22] Vgl. E. DREWERMANN: Ein Plädoyer für die Lüge oder: vom Unvermögen zur Wahrheit, in: Psychoanalyse und Moraltheologie, III 204–215.

[23] R. SCHNACKENBURG: Das Johannesevangelium, III 421–422, findet die Anrede «auffällig», eine «‹Sondersprache› der joh. Gemeinde», und er meint im Ernst, der Zusammenhang von Vers 5a und V7 werde durch «die Vermischung mit der Fischfanggeschichte» so zerrissen, daß der «ursprünglich kaum (!?) beabsichtigte» Eindruck entstehe, «daß der von Jesus geliebte Jünger den Herrn erst auf Grund des Wunders erkennt.» So *muß* man Exegese treiben, wenn man gar nicht erst auf die Idee kommt, mitzufühlen, wie es ist, wenn man vom «anderen Ufer» her im beginnenden «Morgen» am Ende einer erfolglosen «Nacht» auf dem «See» als «Kindlein» angeredet wird. Natürlich hat in solcher Auslegung auch die Frage Jesu selbst keinerlei weitere Bedeutung, außer, den «Fischfang» zu motivieren, der später aber *per decisionem* ein Bild für das Wirken der Kirche sein soll. Deutlicher läßt sich nicht zeigen, wie man eine «Anrede» Jesu mißdeuten muß, wenn man sich selbst nicht angeredet fühlt.

gelium und die Johannes-Briefe gebrauchen diese Anrede oft und gern; aber selten hat sie ein so großes Gewicht wie an dieser Stelle – bedürfen doch die Jünger gerade hier eines derart kindlichen Vertrauens, um zur Wahrheit über ihr Leben fähig zu werden. Es ist, als wenn der Herr mit dieser Anrede erst selber die Bedingung schaffen wollte, in der ein ehrliches Geständnis und eine unverhohlene Bilanz über sich selbst zustande kommen können. Von jeder Psychotherapie sagt man, daß in ihr der Klient die Möglichkeit erhalte, wieder zum Kind zu werden, um die verkehrten Zwänge zum Erwachsensein mitsamt den angstvollen Kompensationsversuchen oft völlig maßloser Selbstansprüche aufzugeben. Die Anrede Jesu – «Kindlein» – drückt ein solches bedingungsloses Geltenlassen aus; sie gibt im voraus die Gewähr, daß man sich nicht zu schämen braucht, die Wahrheit zu gestehen: alles bisher war leer, hohl, inhaltslos und eitel, es bietet nichts zu einem eigentlichen Leben. – Zu einem solchen Eingeständnis bedarf es wirklich einer Anrede, wie nur Gott sie Menschen gegenüber, ohne zu demütigen, finden kann: «Kindlein». Es ist die Umkehrung der Bitte, mit der uns Christus zu Gott sprechen lehrte: «Vater unser»; es ist der Anfang davon, eine Menschlichkeit zu ahnen, deren Gestalt schon hingetreten ist ans andere Ufer.

«Werfet zur rechten Bootsseite das Netz aus»

Am nächsten liegt es wohl, bei einer vollen Einsicht in die eigene Vergeblichkeit allem, was gewesen ist, voller Gram abzuschwören und es in sich für gänzlich falsch zu halten, erscheint doch das Leben nunmehr wie ein einziger Irrtum. Und dennoch ist gerade eine solche radikale Selbstverurteilung, so nahe sie auch zu liegen scheint, eine große Gefahr, ja, sie liefe auf ein großes Mißverständnis hinaus. Bei Lichte besehen, war ja vermutlich gar nicht so sehr das, *was* man tat, verkehrt; es brachte einem selbst womöglich nur deshalb nichts ein, weil man es lediglich im Status der Selbstentfremdung, auf fremde Anordnung hin, tat. Jedenfalls fordert die Erzählung von der Erscheinung Jesu mit der Vision eines ganz anderen, eigentlichen Lebens gerade zu einer betonten *Rückkehr* in das Vergangene auf, wenn sie betont: «Werfet zur rechten Seite des Bootes das Netz aus, dann werdet ihr finden.»

Man könnte zunächst vielleicht meinen, das Gebot *der rechten Seite* sei ein bloßer Manierismus, der in seiner Scheingenauigkeit nichts weiter bedeute als eine absichtliche Mystifikation[24]. Doch weit gefehlt. Die rechte und die linke Seite

[24] Die *«rechte»* Seite spielt in den historisch-kritischen Kommentaren nur eine nebensächliche Rolle; stattdessen Erörterungen über Wurfnetz, Schleppnetz und Auslegenetz beim Fischfang am See Gennesareth und den Einfluß von Warmwasserquellen auf die Fischkonzentration in der Gegend von Tabgha; R. Schnackenburg: A.a.O., 422, Anm. 31. R. Bultmann: Das Evangelium des Johannes, 548, Anm. 4 findet immerhin, die *rechte* Seite sei die «Glücksseite», mit Berufung auf Mt 25,33, als ob es dort um «Glück» und nicht um Heil ginge! R. Schnackenburg: A.a.O., 422, nimmt die «Glücksseite» zum Beleg einer «typischen» Wundererzählung; aus dem Symbol wird für ihn ein Stilmittel.

sind in der Bibel von so ausschlaggebender Bedeutung, daß in Mt 25,33 Himmel und Hölle sich daran entscheiden können, ob jemand sich am Jüngsten Tag zur rechten oder zur linken Seite des Richterstuhles Jesu befindet. *Links* galt im Altertum als Inbegriff des Unheilbringenden und Undurchschaubaren, so sehr, daß man statt von «links» gern von «wohlbenannt» sprach, um mit dem apotropäischen Euphemismus den Fluch der linken Seite magisch abzuwehren[25]. «Linkshänder» waren in alten Sagen nicht selten die Anführer und die Tyrannenmörder. Ehud z.B., der Richter, der den feisten Kanaanäer-König Eglon tötete, war ein solcher Linkshänder (Ri 3,21); desgleichen war Mucius Scaevola, der den Etruskerkönig Lars Porsenna ermorden wollte, durch Linkshändigkeit ausgezeichnet[26], und so ließen die Beispiele sich vermehren. Natürlich wollte man mit solchen Vorstellungen nicht ausdrücken, daß jeder Linkshänder konspirativ verdächtig sei; wohl aber zeigt sich in derartigen Überlieferungen, daß die linke Seite als bedrohlich und unkontrollierbar galt. Dementsprechend ist *tiefenpsychologisch* die linke Seite als Symbol für das «Unbewußte» zu verstehen, während «rechts» die bewußte Hälfte der Psyche bezeichnet[27]. – In diesem Sinn von «bewußt» und «unbewußt» wird man z.B. wohl die Mahnung Jesu in Mt 6,3 verstehen müssen, daß, wenn man anderen etwas Gutes tue, die Rechte nicht wissen solle, was die Linke tut (vgl. Koh 10,2).

Die Gründe für die Gleichsetzung von «links» mit «unbewußt» und «rechts» mit «bewußt» sind offenbar *hirnphysiologischer* Natur: die *rechte* Hirnhälfte ist wesentlich für das Erfassen von Gestalten, also auch für die emotionalen Ausdruckshandlungen verantwortlich und korreliert mit der linken Seite der Ner-

[25] Die Identifikation der *linken* Seite mit «Unglück», der *rechten* Seite mit Glück scheint durch eine Umkehrung beim Übergang vom Matriarchat zum Patriarchat zustande gekommen zu sein. «In der römischen Augurensprache, die vom mutterrechtlichen Etrurien stammt, gilt links als günstig, rechts als ungünstig. Bei der Hochzeit wird die linke Hand der Braut vor Zeugen in die des Bräutigams gelegt, was die Römer *dextrarum conjunctio*, die Vereinigung der Linken, nannten.» E. Borneman: Das Patriarchat, 420. «Während der Zeit des Übergangs vom Mutter- zum Vaterrecht fand ein bewußter Versuch statt, die Symbole in ihr Gegenteil zu verwandeln. Zwar gab man beispielsweise noch zu, daß die Macht des Zaubers in der linken Hand lag, betonte aber bereits, daß die rechte Hand die Macht habe, den Zauber aufzuheben. Nach Plutarch schrieb Platon, als Apostel des Vaterrechts, die rechte Seite den Göttern zu, die linke den Dämonen. Plutarch selber betrachtete die rechte Hand als die schaffende, die linke als die zerstörende ... Das lateinische Wort *sinister*, das früher ‹glücklich›, ‹günstig› bedeutet hatte, wurde nun umgekehrt, um ‹unglücklich›, ‹ungünstig›, ‹unheilvoll›, ‹verkehrt›, ‹ungeschickt›, ‹linkisch› zu bedeuten.» (A.a.O., 419)

[26] Livius: Römische Frühgeschichte, 2. Buch, cap. 13; 1. Bd., S. 101–102.

[27] Vgl. E. Borneman: Das Patriarchat, 418–419: «Die linke Seite war die der irdischen Welt, die rechte die des Himmels. Links war die Materie, rechts der Geist; links die Erde, rechts die Luft; links die Nacht, rechts der Tag, links der Mond, rechts die Sonne, links die geraden Zahlen, rechts die ungeraden.» «Die linke Seite war die Ehrenseite der mutterrechtlichen Götter, die rechte die der vaterrechtlichen. Im mutterrechtlichen Ägypten galt die linke Isishand als die mütterliche, die nährende ... Demeter und Bona Dea führten ihr Szepter in der linken Hand ... Alles Poseidonische war linksbetont. Zur Linken floß im Hades Lethe, das Wasser des Vergessens ... Der Seher Melampos, der im mutterrechtlichen Tiryns lebte, und seine Nachfolger, die Melampoiden, leiteten ihre Mantik von der linken Körperseite her.»

venverbindungen; die *linke* Hirnhälfte hingegen dient dem verbalen Erfassen und steht mit der rechten Hand- und Gesichtsseite in Verbindung. Die rechte Seite besitzt demnach eine größere Affinität zum rationalen, bewußten Erleben, während die linke Seite mehr dem Gefühlshaften, Unbewußten zuneigt[28].
Von daher ergibt sich nun auch der Sinn des an sich so sonderbaren Auftrags Jesu in Joh 21,6. Die Weisung, zur rechten Seite des Bootes das Netz auszuwerfen, bedeutet offenbar soviel wie *bewußt* dasselbe zu tun, was vordem unbewußt geschah, und diese Deutung fügt sich nicht nur lückenlos in den Gang der bisherigen Auslegung, sie bestätigt und ergänzt vor allem noch einmal die bereits getroffene Deutung von «Nacht» und «Morgen». Es geht ja, so verstanden, für die Jünger nicht darum, etwas prinzipiell anderes zu machen als bisher, sondern es kommt darauf an, gewissermaßen dasselbe noch einmal zu tun, nur jetzt «bewußt», «am hellen Tage»; alles hängt, wenn es sinnvoll werden soll, an der Bewußtheit, und insofern erscheint es jetzt durchaus nicht mehr sonderbar, daß die Jünger nur «am hellen Tage» das Netz mit Fischen füllen können«; nur ein selbstgelebtes und bewußt geführtes Leben kann innerlich Erfüllung schenken.
Will man den Übergang von «Nacht» zu «Tag» im Angesicht der Erscheinung Jesu am anderen Ufer *inhaltlich* beschreiben, so muß man noch einmal von der Enttäuschung sprechen, die in dem Eingeständnis liegt: «Wir haben nichts (vom Fang) zum Essen mitgebracht.» Gerade der Schmerz dieser vollkommen negativen Feststellung zwingt zu der Überlegung, was nun wirklich gelten soll und wovon man wirklich leben will. In Anbetracht dessen, was es, absolut betrachtet, heißt, als Mensch zu leben, erfährt man in unerbittlicher Klarheit, daß alles, wovon oder wofür man bislang zu leben glaubte, in Wahrheit kein Leben war, und dieser Eindruck völliger Vergeblichkeit und Leere wird zumeist das erste sein, was man von Gott her bei einiger Ehrlichkeit über sich selbst erfährt. Dennoch wäre es nicht recht, zu denken, es könne die Religion überhaupt nur eine solche resignierte Sehnsucht nach dem anderen Ufer, ein solches Verlangen nach dem in theologischem Sinne «ganz Anderen», eine solche «Ekstase» auf das schlechterdings «Transzendente» bewirken und fördern[29]. Ein Glaube, der sich Gott nur als das reine Jenseits zu denken und vorzustellen vermöchte, bezöge sich u.U. auf einen idealistischen Gott der Philosophen, aber er wäre niemals ein wirklicher christlicher Glaube[30]. Der Kern der Erscheinung Jesu am See von

[28] S.o.S. 110, Anm. 83. Vgl. J. C. ECCLES: Das Gehirn des Menschen, 263–274.

[29] So manche Anklänge in der *Dialektischen Theologie*, s.o.S. 31–32; Anm. 36–37.

[30] Sehr richtig ist die Unterscheidung, die K. JASPERS: Der philosophische Glaube, 38–39, trifft, wenn er der «Transzendenz des Schöpfergottes» der Bibel die Gefahr der Weltlosigkeit dieses Gottes gegenüberstellt. «Die Überwindung der dämonischen Welt und der Magie bringt die Transzendenz des bildlosen, gestaltlosen, undenkbaren Gottes zum Bewußtsein. Der Schöpfungsgedanke bringt die Welt im Ganzen in die Schwebe. Die Welt ist bodenlos und nicht aus sich. Der Mensch als Einzelner in seiner Existenz gewinnt seine Freiheit in der Welt als sein Geschaffensein von Gott; er ist in seiner Bindung an den transzendenten Gott

Tiberias besteht ja gerade in der Weisung, zu der alten Tätigkeit, zu dem, was bisher war, in diese Welt der Immanenz zurückzukehren, also genau dieselben Dinge noch einmal in die Hand zu nehmen, die man ehemals verrichtet hat, sie aber jetzt bewußt, von innen her, beauftragt «vom anderen Ufer», zu verrichten. Der eigentliche Glaube besteht, mit S. KIERKEGAARD gesprochen, in diesem Gesetz der *Wiederholung*[31] all dessen, was bisher nur wie unbewußt, bei «Nacht», wie «linker Hand» gelebt wurde, in der Helligkeit des «Tages», in der Wahrheit und Entschlossenheit des Bewußtseins.

Man kann den Unterschied zwischen der Resignation an der Leere einer bestimmten Daseinsform und der Wiederholung des Lebens im Glauben sich nicht deutlich genug klarmachen. Solange jemand sich noch ein ganz anderes Leben, als er es bisher gelebt hat, wünscht, ist er noch innerlich zerrissen und mit sich im Zwiespalt. Die Einsicht in die eigene Leere legt zwar notwending eine ganze Weile lang den Wunsch oder die Hoffnung nahe, man könnte allem, was gewesen ist, entlaufen, ja, man habe geradewegs die Pflicht dazu, um aus der nichtssagenden Macherei, dem inhaltslosen Tun herauszukommen. Aber in Wahrheit geht es meistens nicht um eine Änderung des Lebens im äußeren Sinne, sondern um eine Erfüllung des Daseins mit einer inneren Beauftragung, mit einer wesentlichen Berufung; erst indem das Leben innerlich bewußt durchlebt wird, gewinnt es an Schwere und Bedeutung und beginnt, im Bilde gesprochen, sich zu füllen wie ein Treibnetz voller Fische.

Jemand z.B., der bisher sich große Mühe gab, die Lehrsätze und Weisungen der Religion möglichst getreu dem Buchstaben nach einzuhalten, entdeckt, je mehr er zu sich selbst erwacht – d.h., je mehr ihm, im Symbol dieser Erscheinungserzählung, die Gestalt des wahren Menschenwesens am anderen Ufer sichtbar wird –, wie wenig er bislang in all den religiösen Formeln selbst gelebt hat. Sie erscheinen ihm womöglich als grau und nichtig, und er fühlt die größte Neigung, sie einfach über Bord zu werfen; zu deutlich spürt er, daß er in all diesen Satzungen nur mitgemacht hat, was die anderen ihm sagten, daß er darin selber nie vorkam und daß alles, was er tat, ihn selbst nur immer ärmer und leerer zurücklassen mußte. Und dennoch geht es für ihn, wesentlich betrachtet, darum, die eigene Vergangenheit noch einmal zu *wiederholen* und für sich als sinnvoll zu entdecken. Alles, was man jetzt tut, ist unter Umständen nichts

und nur durch diese unabhängig gegenüber aller Welt.» Aber als Entgleisung droht: *«Der transzendente Gott* löst sich von der Welt. Gott ohne Schöpfung ist ein Gedanke, in dem alles verschwindet. Indem die Welt nicht nur nichtig, sondern nichts wird, wird für uns auch die Transzendenz gleichsam zu einem Nichts, ohne das noch etwas ist.» Man muß hinzufügen, daß diese Gefahr um so mehr droht, wenn die «Bildlosigkeit», «Gestaltlosigkeit» und «Undenkbarkeit» Gottes theologisch bis zur Zerschlagung der natürlichen Quellen des Glaubens in Anschauung, Gefühl und Denken getrieben werden.

[31] Zum Begriff der *«Wiederholung»* bei KIERKEGAARD vgl. E. DREWERMANN: Strukturen des Bösen, III 497–504.

anderes, als was man früher auch getan hat, aber es handelt sich jetzt um ein eigenes, selbstgewolltes Tun, in dem man selber vorkommt. Dinge, die früher nur wie sinnlos äußerlich abgehandelt wurden, vermag man bei dieser «Wiederholung» innerer Aneignung selber mitzuvollziehen, und mehr und mehr gewinnt man sie somit auf einer tieferen Ebene zurück. Sätze, die früher nur wie eine fremde Pflicht gelehrt und anerzogen wurden, können jetzt das eigene Leben bereichern; man entdeckt in ihnen selbst einen verborgenen Sinn; sie ersticken das eigene Leben nicht mehr, sondern beginnen, gerade dieses eigene, bewußte Leben zu meinen und zu bestätigen. Der entscheidende Unterschied in allem aber liegt darin, daß man jetzt zu dem, was man tut, sich innerlich in einem absoluten Sinne beauftragt und berechtigt fühlt, ganz so, als käme man jetzt überhaupt erst zu dem, was man seit jeher wollte, und man tut es nicht mehr einer fremden Weisung wegen, sondern wegen des Auftrages, der buchstäblich «vom anderen Ufer» herkommt.

Die ganze Kunst des menschlichen Lebens besteht nach diesem Text von der Erscheinung Jesu mithin in einer solchen Wiederholung des an sich so leeren Tuns in dieser Welt von Gott her, in der Anfüllung des an sich so überaus Vergänglichen, Banalen und Alltäglichen mit einer ewigen Bestimmung und Berufung. Die Jünger in dem Boot verrichten bei ihrer zweiten Ausfahrt offensichtlich die gleichen Handgriffe und Tätigkeiten wie «in der Nacht» zuvor, aber jetzt, wo sie auf die Anweisung des Herrn «an der *rechten* Seite des Bootes das Netz auswerfen», gewinnen sie selber den Eindruck, daß ihre Tätigkeit sich lohnt und sinnvoll ist. Das ehedem so Nichtige und Leere erhält jetzt für sie Inhalt, Reichtum und Bedeutung.

«Es ist der Herr»

Erst jetzt auch, da das eigene Leben sich zu füllen beginnt, erkennt der «Lieblingsjünger», daß die Gestalt am anderen Ufer Christus selber ist. Die Erfahrung der Fülle des eigenen Lebens wird mithin zur Voraussetzung, um die Person Jesu in ihrer Wahrheit und Lebendigkeit wirklich erkennen zu können; je mehr das eigene Leben sich in seinem Reichtum enthüllt, erschließt sich zugleich, wer Jesus war und bleibend ist. Beide Erfahrungen gehen ineinander über und durchdringen sich gegenseitig: was vom «anderen Ufer» her als Auftrag erging, erlangt im Reichtum eigener Fülle seine Wahrheit, und das Gefühl des inneren Reichtums wiederum bezeugt, daß die Gestalt «am anderen Ufer» identisch ist mit der Person, als die man Jesus von Nazareth kennengelernt hat. Beides gehört zusammen: In der Vision am anderen Ufer erschien den Jüngern eine Gestalt, die sie zunächst nicht mit dem Herrn verbinden konnten; sie war lediglich ein Bild dessen, was wahres Menschsein an sich selbst bedeuten kann; doch immerhin ging gerade von diesem Wesensbild der Menschlichkeit der entscheidende Befehl aus, alles noch einmal neu, am hellen Tag, zu versuchen; jetzt aber, wo

sich von innen her das Leben auf ganz neue Weise erfüllt, erkennen die Jünger in der Gestalt der Erscheinung am anderen Ufer die Person des Herrn. Erst aufgrund der eigenen Lebensfülle also wird in voller Klarheit deutlich, wie sehr das Urbild der Menschlichkeit in Jesus lebt(e), und umgekehrt: Christus lebt in diesem Bild und spricht sich darin aus, weil er in sich das Urbild aller Menschlichkeit verkörpert(e). Doch eben: Wer er wirklich war und ist, wieviel an Inhalt und an Leben von ihm ausgeht, merken und wissen die Jünger erst jetzt von diesem Zeitpunkt ihres eigenen wunderbaren Reichtums an; – so sehr bilden die Neuentdeckung Christi und der Gewinn eigener Lebensfülle eine Einheit; so sehr schließen sich «Meer» und «Ufer», «Welt» und Gott, «Diesseits» und «Jenseits», eigene Menschlichkeit und Glaube in dieser Vision des Auferstandenen zu einer einzigen und unauflöslichen Einheit zusammen.
Es müssen Bilder und Erfahrungen von dieser Art gewesen sein, aus denen, *dogmatisch* reflektiert, die späteren christlichen Bekenntnisformeln erwachsen sind, in der Person Christi habe die Göttlichkeit *und* die Menschlichkeit seiner Natur eine Einheit gefunden, indem beide Wirklichkeiten einander wechselseitig steigerten, befruchteten und sich gegenseitig bedingten[32]. An Gott zu glauben, wie ihn Christus lehrte und wie er in ihm lebte, heißt demzufolge gerade nicht, als Mensch vernichtet zu werden oder in der Erkenntnis der eigenen Nichtigkeit hilflos zusammenzusinken; es bedeutet vielmehr im Sinne ältester Christologie, in diese Welt, in die eigene Menschlichkeit zurückzukehren und sie im Netz des eigenen Lebens inhaltsreich und gefüllt zum Gestade der Ewigkeit zurückzubringen.

«Petrus» und der «Lieblingsjünger» – zwei Weisen der Annäherung

Es ist daher kein Zufall, daß bei der Erscheinung Jesu am See zugleich die innere Gegensätzlichkeit des menschlichen Daseins zu ihrer wechselseitigen Ergänzung und einheitlichen Zuordnung gelangt.
Die Widersprüchlichkeit des seelischen Erlebens wird oft in Märchen, Mythen oder Träumen in der Person von zwei einander entgegengesetzten Brüdern oder Heldengestalten symbolisiert[33]. Auch die Gestalten von Petrus und dem «Lieblingsjünger» scheinen, wie in der Erzählung vom *Wettlauf zum Grabe* in Joh

[32] Vgl. K. Rahner: Probleme der Christologie von heute, in: Schriften zur Theologie, I 204: «Menschsein ist ... gerade jene Wirklichkeit, die, von absoluter Offenheit nach oben, dann zu ihrem höchsten, wenn auch ‹ungeschuldeten› *Vollzug*, zur Wirklichkeit der höchsten Möglichkeit des Menschseins kommt, wenn in ihr der Logos selbst in die Welt hinein existent wird.» Und ferner, S. 205–206: « ... daß Christologie Ende und Anfang der Anthropologie zugleich ist und daß in alle Ewigkeit solche Anthropologie wirklich Theologie ist. ... Je mehr man sich diese Menschheit nicht bloß zu Gott dazudenkt, sondern sie als Anwesenheit Gottes selbst in der Welt begreift ..., um so mehr wird das bleibende Geheimnis des Glaubens ergreifbar und auch eine Aussage unseres eigenen Daseins.»
[33] Vgl. Tiefenpsychologie und Exegese, I 175; 215; 371.

20,3[34], in dieses archetypische Schema einzutreten. Beide verkörpern, psychologisch betrachtet, Strebungen und Fähigkeiten im Menschen, die an sich gegensätzlich nebeneinander stehen. So fällt in der Erzählung von der Erscheinung Jesu am See besonders auf, daß zwar der «Lieblingsjünger» aufgrund des gefüllten Netzes Jesus erkennt, Petrus aber daraufhin handelt und als erster zum Ufer kommt, ganz so wie in Joh 20,4 beim Wettlauf zum Grabe, wo Petrus zwar als erster zum Grab kommt, der «Lieblingsjünger» aber aufgrund des leeren Grabes als erster zur inneren Einsicht, zum «Glauben» gelangt (Joh 20,8). Der «Lieblingsjünger» verkörpert, psychologisch gesehen, offenbar die intuitive, eidetische Erkenntnisfähigkeit des Menschen, das innere, gemüthafte, passive Wesen der menschlichen Psyche, während in Petrus eher das voluntative, rationale, aktive Element seinen Ausdruck findet[35]. Beide Anlagen sind bis zu einem gewissen Grade miteinander unvereinbar, und jeder Mensch neigt deshalb mehr oder weniger ausschließlich in die eine oder in die andere Richtung seiner Seelenkräfte. Gleichwohl gehören beide Strebungen zum Menschen und müssen in irgendeiner Weise zusammenkommen. Sie können das freilich nur im Rahmen eines Lebens, bei dem die Anstrengungen des Willens durch das Einverständnis und die wohlwollende Zustimmung des Gefühls belohnt werden und in dem umgekehrt die inneren Wünsche und Bedürfnisse kein leerer Traum bleiben, sondern durch eigenes Tun in der Realität bestätigt werden. Nur in einem innerlich reich gewordenen Leben, wie es die Erzählung mit dem Bild vom gefüllten Fischnetz ausdrückt, können Petrus und der «Lieblingsjünger» trotz der Verschiedenheit ihrer Natur harmonisch und sinnvoll zusammenwirken: der *«Lieblingsjünger»*, indem er in der Gestalt am anderen Ufer den Herrn wiedererkennt, *Petrus*, indem er sich Hals über Kopf in den See wirft.

Auch dies wird jetzt, ähnlich wie bei der Erzählung vom Seewandel Jesu (Mk 6,45-51), in der Nähe und im Angesicht der Gestalt Jesu möglich: daß das Leben

[34] Es ist durchaus nicht zu sehen, wieso der *«Lieblingsjünger»* und *Petrus* in Joh 20,3ff. «Repräsentanten des Juden- und des Heidenchristentums» sein sollen, indem die Heidenchristen nach den Judenchristen zum Glauben kommen, dafür aber eine größere Glaubensbereitschaft zeigen (R. Bultmann: Johannesevangelium, 531), während in Joh 21 von Petrus und Johannes als Personen die Rede sein soll. R. Schnackenburg: Das Johannesevangelium, III 370–371, lehnt denn auch in dem «Wettlauf zum Grab» eine solche «Symboldeutung» ab und fragt nach der Stellung der beiden Jünger in der Urkirche, allerdings nur, um zu betonen, daß die Haltung des Glaubens, nicht die persönliche «Rivalität» entscheidend sei. Die Wahrheit liegt darin, daß der «Lieblingsjünger» und «Petrus» in Joh 20,3ff. ebenso «symbolisch» zu verstehen sind wie in Joh 21,1-12, wo vor allem Joh 21,7 der Szene von 20,8 entspricht; die Art ihres Symbolismus aber bezieht sich in der Tat ganz auf den Weg zum Glauben. – Das Motiv von dem «Wettlauf» (zweier Seelenhälften) ist in Träumen, Märchen und Mythen als archetypisches Symbol wohlbekannt. Die Naturmythologie kennt den ewigen Wettlauf von Sonne (Verstand) und Mond (Gefühl), der in dem Grimmschen Märchen «Der Hase und der Igel» (KHM 187) seine Spuren hinterlassen hat. Zu der weltweiten Verbreitung des Motivs vgl. J. Bolte und G. Polivka: Anmerkungen zu den Kinder- und Hausmärchen der Brüder Grimm, III 339–355.

[35] In diesem Sinne ist der Gegensatz auch für die Kirche von bleibender Gültigkeit: als Gegensatz von Institution und Intuition, von Macht und Gnade, von Ordnung und Freiheit, von Gesetz und Evangelium.

die ängstigende Bodenlosigkeit, die sich in der Symbolik des «Wassers» ausspricht, verliert und man sich ihm restlos und vorbehaltlos überlassen kann, ohne darin umzukommen. Keineswegs hemmt die Vision eines jenseitigen Ufers die Energie und den Mut, sich dem Diesseits, der «Welt», dem «Meer» der Zeit zu überlassen, ja, sich ihm sogar völlig auszuliefern. Im Gegenteil. Erst von dieser Gestalt am anderen Ufer geht die Kraft und das Vertrauen aus, sich ganz und gar in den «See» zu werfen und die Angst vor dem sonst unerträglich Ängstigenden aufzugeben; erst wenn man weiß, wer an dem anderen Ufer steht, kann man sich ganz der Welt aussetzen.

Indessen ergeben sich gerade daraus zwei Paradoxien, die die Erzählung mit bemerkenswerter Sensibilität und Ausdruckskraft gestaltet: einmal die scheinbar unsinnig exakte Wegangabe: «nur 200 Ellen» seien die Jünger noch vom Land entfernt gewesen, und dann das merkwürdige Verhalten Petri selbst, der sich, noch bevor er in den See springt, sein Obergewand anzieht.

Die eigentümliche Genauigkeit der noch verbleibenden Distanz zum Ufer ist sicherlich nicht in der Zahl, sondern eher in der Zählbarkeit der restlichen Entfernung selber von Bedeutung[36]. Es ist, wenn man den Sinn dieser Entfernungsangabe sich in etwa verdeutlicht, offenbar nicht wahr, wie manche protestantischen Theologen es darstellen, daß man von Christus und der Wahrheit Gottes endgültig noch «gar nichts» wissen könne und man bis zum Ende der Tage in der Unwahrheit bzw. in einer unabsehbaren Distanz zum Endgültigen dahintreiben müsse, ohne auch nur eine Ahnung zu besitzen, wie weit oder wie nah das rettende «Ufer» sei[37]. Wenn es so wäre, könnte nicht einmal das Bild des vollen Netzes stimmen, denn dann gäbe es wirklich nur die «Nacht», die «Leere» und die ängstigende «See». Tatsächlich aber verrät diese Erzählung mit ihrer genauen Entfernungsangabe eine ganz andere Einstellung. Man kann,

[36] R. Schnackenburg: Das Johannesevangelium, III 423, übergeht die Exaktheit der Entfernungsangabe, während er später der Zahl der gefangenen Fische («153») durchaus eine symbolische Bedeutung zuerkennt (S. 426); R. Bultmann: Das Johannesevangelium, 548, Anm. 200, verwirft die Ansicht, die «200 Ellen» könnten «die Reinigung des Sünders in zwei Stufen symbolisieren», als «zu scharfsinnig»; aber wenn er selbst die Regel aufstellt: «Je unklarer die ganze durch die Redaktion verwirrte (sic!) Erzählung ist, desto sicherer, daß die genauen Angaben . . . einen allegorischen Sinn haben» (S. 548–549), so wird diese Annahme doch wohl nicht erst für Joh 21,11, sondern schon für 21,8 gelten, wobei die einfachste Deutung (räumliche Entfernung als Bild seelischer Distanz) natürlich den Vorzug vor allen «mystischen» Erklärungen verdient. In keinem Falle ist das willkürliche «Springen» zwischen realer und symbolischer Deutungsebene plausibel zu machen, das die Kommentare historisch-kritischer Provenienz ohne Ausnahme pflegen, indem sie im Grunde ihre Hilflosigkeit in der Auslegung derartiger Stellen dokumentieren.

[37] Vgl. K. Rahner: Kirche und Parusie Christi, in: Schriften zur Theologie, VI 353: «Zwar verwirft das Christentum die Lehre, daß das Leben Gottes selbst von vornherein die eigentliche Wesenstiefe des Menschen sei, so daß er nur zu sich selbst kommen müßte, um bei Gott zu sein, aber das Christentum, mindestens in seinem katholischen Selbstverständnis, lehrt eindeutig, daß Gott sich selbst mit seiner eigenen, unendlichen Herrlichkeit schon jetzt dem Glaubenden und Liebenden zu eigen gibt, . . . so daß der faktische Mensch in der Geschichte seines Wesensvollzugs unweigerlich dem Gott des ewigen Lebens in Christo Jesu begegnet, wenn er sich nicht dem eigenen Wesen und seiner konkreten Geschichte in freier Schuld versagt.»

scheint sie sagen zu wollen, sich eigentlich erst dann der Welt mit ihrem Auf und Ab – im Bilde des «Sees» – überlassen, wenn man das «Ufer» kennt und weiß, daß es schon nicht mehr weit ist bis dorthin; das Eigentliche ist schon greifbar nahe – nur noch ein wenig, und man ist am Land. Allein in dieser klaren Eindeutigkeit der noch verbleibenden Entfernung zu der Gestalt des Herrn am anderen Ufer ist das Risiko der «Welt» gewissermaßen kalkulierbar und im ganzen überschaubar: Man weiß bzgl. der Gestalt am anderen Ufer, auf wen man sich verläßt und auf was man sich einläßt, wenn man sich nach der Art des «Petrus» in den See wirft, um als erster an das «Land» zurückzukehren.
Nur in rein vordergründiger Betrachtung mutet es dann widersinig an, wenn Petrus sich zunächst das Gewand umgürtet, ehe er vom Boot aus sich in den «See» stürzt. Ähnlich wie vorhin in der Erzählung von der Berufung des Mose (s.o.S. 384), stellt sich erneut die Frage, was es bedeutet, «nackt» oder «bekleidet» zu sein. Die «Nacktheit» kann ein ungeheurer Vorzug sein, wenn man, wie «der Mensch» im Paradies, in dem Grundempfinden lebt, sich vor den Augen der anderen, so wie man ist, sehen lassen zu können, ohne sich schämen zu müssen; dann ist es eine außerordentliche Erleichterung, nackt sein zu *dürfen* und sich nicht verstecken zu müssen, weil man weiß, daß der andere – Mensch oder Gott – das eigene Dasein gelten läßt. Andererseits ist gerade die Kleidung das erste Attribut des Menschlichen, die erste «kulturelle» Erfindung des Menschen überhaupt[38], und so kann auch das Anlegen der Kleidung bedeuten, daß man eigentlich keinen Grund mehr hat, sich bloßgestellt zu fühlen; lediglich liegt der Akzent dann stärker auf dem eigenen Tun und dem eigenen Verdienst. So werden beispielsweise in Apk 7,9.13 die Gerechten als Menschen mit «weißen Gewändern» beschrieben (s.u.S. 544), und ähnlich scheint auch das Gewand des Petrus hier gerade nicht die Schändlichkeit, sondern die strahlende Rechtfertigung seines Daseins zu bedeuten. Man braucht m.a.W., um seine Unschuld, um seine Reinheit nicht zu fürchten, wenn man sich im Vertrauen auf den Herrn in diese Welt mit Haut und Haaren hineinbegibt; man braucht vor allem keine Angst zu haben, vor den Herrn am anderen Ufer hinzutreten; mit der Fülle und dem Ertrag eines reich gelebten Lebens, das auf seinen Auftrag hin es wagte, sich «noch einmal», bewußt, am hellen Tage, zu vollziehen, darf man getrost ihm unter die Augen kommen und hat es nicht mehr nötig, sich zu schämen; man tritt «bekleidet und vernünftig» (Mk 5,15) vor den Herrn, um mit den Worten des Besessenen von Gerasa zu sprechen (s.o.S. 274).

«Bringt von den Fischen»

Am Ufer wartet auf die Jünger indessen eine neue eigentümliche Entdeckung. Die Jünger, als sie aus dem Boot ans Ufer steigen, finden bereits Fisch und Brot

[38] Zu Nacktheit und Kleidung vgl. E. DREWERMANN: Strukturen des Bösen, II 203–221; III 30–36; 43–53; 148–166.

zum Essen zubereitet, ganz so, als ob es der neuerlichen Anstrengung und Mühe ihres Fischfangs im Grunde nicht bedurft hätte. Tatsächlich kann man auf den ersten Blick in dieser Entdeckung etwas Enttäuschendes, den Menschen und sein Tun Entwertendes vermuten. Für manche Philosophen, wie F. NIETZSCHE[39] und N. HARTMANN[40] mit der Lehre vom «postulatorischen Atheismus» z.B., stand es fest, daß man im Grunde zwischen Gott und Mensch eine prinzipielle Wahl zu treffen habe: entweder, so meinten sie, gebe es Gott, dann sei alles menschliche Tun angesichts des bereits verwirklichten Absoluten sinnlos und überflüssig, oder es gebe den Menschen, dann sei es seine vornehmste Aufgabe, das Absolute aus sich selbst hervorzubringen; wenn trotzdem von «Gott» die Rede sein solle, dann allenfalls im Sinne HEGELS, der «Gott» als bloßes Resultat der menschlichen Geschichte, nicht aber als ihren Grund verstehen mochte[41]. Diese Erzählung von der Erscheinung Jesu am See denkt offensichtlich anders. Sie sieht zwischen Gott und Mensch, zwischen Diesseits und Jenseits, zwischen menschlichem Tun und göttlichem Handeln keinen solchen Gegensatz. Nach ihrer Darstellung gibt es im Gegenteil sogar eine innere Beziehung zwischen beiden Sphären, und zwar in der Weise, daß man erst im Gefühl der eigenen Erfülltheit wirklich merken wird, was Gott bzw. Christus «am anderen Ufer» immer schon dem Menschen bereitet hat.

Eine der tiefsten und der paradoxesten Wahrheiten des menschlichen Lebens besteht wohl darin, daß man am glücklichsten durch das wird, was man nicht selbst erfindet, sondern vorfindet, was man nicht selber herstellt, sondern zugestellt erhält, was man nicht selber macht, sondern an sich geschehen läßt. Von allem, was wirklich einen Menschen befriedigt und glücklich macht, sind die reichsten und gültigsten Entdeckungen gewiß solche, in denen man auf etwas stößt, das bereits da ist: eine bestimmte Wahrheit z.B., ein Stück Vernunft z.B., etwas in sich Schönes und Harmonisches z.B. Das eigene Tun und Mühen wird durch solche Entdeckungen gerade nicht entwertet, sondern gewissermaßen belohnt. Spätestens wenn man die erste Lebenshälfte mit ihren stark handlungsbetonten, expansiven Zielsetzungen durchlaufen hat, wird man zunehmend offenere Augen und Ohren für Menschen, Dinge und Zusammenhänge bekom-

[39] Vgl. F. NIETZSCHE: Also sprach Zarathustra, 2. Teil: Auf den glückseligen Inseln, S. 67: «Hinweg von Gott und Göttern lockte mich dieser Wille; was wäre denn zu schaffen, wenn Götter – dawären!»

[40] N. HARTMANN: Ethik, 354: «Die Sehnsucht nach Erlösung ist ein Zeichen inneren Bankrotts. Die Religion baut ihr Erlösungswerk gerade auf diesem Bankrott, dem moralischen Gebrochensein, auf. Die Erlösung entmündigt den Menschen tatsächlich, mutet ihm die Preisgabe der Freiheit zu. Die Folge ist eine scharf zugespitzte Antinomie zwischen Ethik und Religion ... Diese Antinomie ist weit prinzipieller ... als die von Schuld und Unschuld.» – Tatsächlich läßt sich die von HARTMANN richtig beschriebene Antinomie nur aus der Unfreiheit des Menschen in der Angst des Geistes verstehen; in jeder anderen Konzeption ist die Heteronomie der Theologie und, in Reaktion darauf, der postulatorische Atheismus einer autonomen Anthropologie nicht zu vermeiden.

[41] Vgl. E. DREWERMANN: Strukturen des Bösen, III 122.

men, die eher vorgegeben als aufgegeben sind, die zu erkennen aber gerade deshalb des Menschen ganzes Glück ausmacht[42]. Die Ordnung und die Schönheit der Natur etwa nimmt man plötzlich mit völlig anderem Bewußtsein wahr, ja, man ist vielleicht überhaupt jetzt erst imstande, sie wirklich in sich aufzunehmen. Und umgekehrt: Wie wenig wußte man früher von der objektiv vorhandenen Güte und Vernünftigkeit der Dinge ringsumher, wie sehr war man der Illusion verhaftet, daß erst die eigenen Planungen und Handlungen die Welt gewissermaßen von Grund auf vernünftiger gestalten würden! Je ruhiger und bescheidener man wird, je zufriedener sich die «Fülle» des eigenen Lebens einstellt, desto sicherer wächst die Überzeugung, daß man selber das Entscheidende nicht zu machen braucht, und desto größter wird die Bereitschaft zur Dankbarkeit, desto freudiger wird das Empfinden, daß letztlich alles, das gesamte Dasein, ein unerhörtes und ganz unverdientes *Geschenk* an den Menschen ist. Mehr und mehr lebt man fortan aus dem, was man nicht gemacht hat, und um so mehr wird man dankbar dafür, daß das Entscheidende von Gott her, im Bild gesagt: «am anderen Ufer», längst schon für uns zubereitet ist.

Dabei kann von einer Entwertung des menschlichen Tuns gerade keine Rede sein. Denn nur von dem Glück des schon Vorhandenen her begreift man auch die Bedeutung und Notwendigkeit des eigenen Tuns, mit dem man selber zur Harmonie des Ganzen beizusteuern vermag, und fühlt sich dadurch erst zu eigenem Handeln angetrieben. Wenn hingegen jemand sich unter die Verpflichtung gestellt sieht, das «Absolute» selber hervorbringen zu müssen, kann er sich eigentlich nur überfordert, resigniert und entmutigt vorkommen. Nur wenn jemand weiß, daß das Entscheidende im Grunde von Gott her bereits «angelegt» und «zubereitet» ist, so folgt er gern der Bitte Jesu: «Bringt von den Speisefischen, von denen ihr selbst jetzt gefangen habt.» Der eigene Ertrag braucht dann nur zu ergänzen, was schon da ist; und beides, das schon Gefertigte und das noch selber Mitgebrachte, verschmelzen in ein und derselben Erfahrung eines Glücks, in dem es zwischen Gott und Mensch keinerlei Gegensatz mehr gibt.

Wieder also greifen an dieser Stelle paradoxerweise Menschliches und Göttliches ineinander, durchdringen und bedingen sich, fordern und fördern sich im Wechsel. In der Gestalt des Petrus, der allein das Netz ans Land zieht, hat man, zu Recht vermutlich, einen Reflex der Sonder- und Führerrolle des Petrus in der frühen Kirche gesehen, indem Petrus den «Fischfang» der Jünger, ihre «Verkündigung» also, leitet und einbringt[43]. Aber der «Fischfang» selber ist, wie wir gesehen haben, als Bild offen für die Erfahrungen eines jeden einzelnen mit

[42] Vgl. E. Drewermann: Laßt sie erfahren, daß das Reich Gottes nahe ist, in: Psychoanalyse und Moraltheologie, III 67–75.

[43] Vgl. R. Schnackenburg: Das Johannesevangelium, III 427: «das missionarische Wirken des Petrus».

seinem Glauben an den Herrn, und ebenso verkörpert der «Petrus», der sich in den See wirft, die Möglichkeit eines jeden, im Glauben seine Angst vor der Bodenlosigkeit der Welt zu überwinden. Auch hier scheint es so zu sein, als wenn ein jeder einzelne sich mit dem Petrus, der das Netz ans Ufer zieht, identifizieren könnte: ihm selber gilt der ganze «Ertrag», und an ihm selber liegt es, ihn am anderen «Ufer» einzubringen; er selber hat es buchstäblich «in der Hand», die ganze Last des Glücks auch für sich selber einzuholen.

Bzgl. dieses «Ertrages» selbst herrscht nun erneut die gleiche sonderbare «Genauigkeit», die auch bisher den Text durchzog: es sind exakt 153 Fische, die in das Netz gegangen sind. Natürlich kann man in solchen «Konkretionen» – ähnlich wie etwa in Joh 6,10 bei der Erwähnung des reichen Grasbewuchses am Ort der Brotvermehrung – so etwas wie eine historisierende oder «antignostische» Tendenz am Werke sehen, so als wenn derartige Details die Geschichte gegen den Verdacht eines irrealen Mystizismus rechtfertigen sollten[44]. Aber die Realität, die in dieser Erzählung beschrieben wird, ist in sich selbst so jenseits aller äußerlichen Wirklichkeit von Raum und Zeit, daß eine «historisierende» Konkretheit gerade hier vollkommen fehl am Platze wäre, abgesehen davon, daß Exaktheiten wie diese das vollkommene Paradox der ganzen Szene eher noch unterstreichen, als daß sie es durch Angleichung an die gewohnte Realität zu mildern vermöchten. Auch *gematrische* Deutungen, bei denen die Zahlen durch bestimmte Buchstabenkombinationen zu ersetzen wären, helfen offenbar nicht weiter[45]. Vielmehr wird auch an dieser Stelle gerade die Zählbarkeit an sich, nicht die einzelne Zahl das Entscheidende sein: Am Ende, wenn man am anderen Ufer angekommen ist, scheint diese Zahl zu besagen, stößt man auf ein eigenartiges «Gesetz» des Glücks, das man als das Gesetz des festgelegten Quantums allen Glücks bezeichnen kann und das vielleicht sogar als ein Gesetz des Alterns und des geistigen Reifens überhaupt in Erscheinung tritt: es wächst im Verlaufe der Zeit ein gewisses Gespür für ein inneres Maß der eigenen Existenz, derart, daß man womöglich erst vom Ende des Lebens her endgültig und (er)-zählbar zu wissen vermag, zu welcher Art von Glück und zu wieviel an Glück man überhaupt imstande war.

Solange man noch jung ist und am Anfang seines Lebens steht, träumt man wohl oft noch ohne jedes Maß und noch wie ziellos von den unbegrenzten Möglichkeiten des eigenen Lebens; erst nach und nach, indem es sich verwirklicht, werden die Grenzen enger. Der Unglückliche, der leer Gebliebene, wird solche Eingrenzungen voller Angst und Traurigkeit erleben – schon wieder ist er ein Stück ärmer geworden, und wieder ist ihm etwas Wesentliches seines Lebens

[44] Eine Reihe «mystischer» und symbolischer Deutungen bei SCHNACKENBURG: A.a.O., 426, der zwischen «realer» und «symbolischer» Deutung ständig hin und her schwankt.

[45] Vgl. F. DORNSEIFF: Das Alphabet in Mystik und Magie, 106, der auf *pythagoreische* Einflüsse verweist und an AUGUSTINUS erinnert, der die 153 Fische als Dreieck von 17 deutete.

durch den Strom der Zeit abhanden gekommen. Der Glückliche indessen sieht in derartigen notwendigen Beschränkungen seines Lebens eher die eigene Form seines Wesens reifen, und er verzichtet gern auf andere Möglichkeiten, wenn dadurch etwas ganz Bestimmtes in ihm zur Wirklichkeit gelangen kann. Die Reduktion des Maßes kommt ihm vor, als wenn Gott gleich einem Holzschnitzer aus dem Block einer Statue durch immer neues Wegnehmen des Materials am Ende die eine, die allein wertvolle, die einzig bleibende Gestalt entwickeln wollte, in der er selber sich erkennt und mit der allein er am Ende ganz und gar einverstanden sein kann.

Alles Glück liegt letztlich in dem Empfinden einer derartigen ganz bestimmten *Maßzahl* des Glücks – daß jemand rückblickend von seinem Leben sagen kann: «Genauso war es richtig! *Mehr* durfte es nicht sein, sonst wäre unter der Überlast des Glücks das Netz zerrissen worden; *weniger* aber durfte es gleichfalls nicht sein, sonst wäre noch ein Rest an Leere und Unausgefülltheit übrig geblieben.» 153 – es können bei dem einen mehr, bei einem anderen weniger sein –, nur daß ein jeder sein bestimmtes Maß besitzt und daß sich dieses Maß erfüllt, ist wichtig. Es handelt sich um eine Weisheit, die in etwa in dem Gleichnis Jesu von den unterschiedlichen Talenten anklingt (Mt 25,14-30): daß ein jeder Mensch ein besonderes, von Gott nur ihm in dieser Weise zugemessenes Maß der Gnade, der Vollkommenheit und der Glückseligkeit besitzt, ohne daß doch infolge dieser Unterschiedlichkeit so etwas wie Neid oder wie Unzufriedenheit aufkommen könnten (s. u. S. 749). Denn in der Tat: vor Gott sein *eigenes Maß* zu finden, ist schon der Inbegriff des ganzen Glücks.

Die Einheit eines fraglosen Glücks oder: Die neue Unmittelbarkeit des Glaubens

In gewissem Sinne läßt sich das Gefühl des Glücks auch noch auf andere Weise, nach Art des letzten und abschließenden Bildes dieser Erzählung wiedergeben: daß der Herr die Jünger auffordert, zu kommen und zu essen. Das Grundgefühl eines wirklich erfüllten Lebens kann man tatsächlich wohl nicht besser ausdrükken als mit einem solchen Bild. Jesus selber hat in seinen Gleichnissen immer wieder von einer Einladung gesprochen, wenn er schildern wollte, wie wir als Menschen uns vor Gott fühlen dürfen: als *Eingeladene* dürften wir uns empfinden (vgl. Lk 14,15-24), und entsprechend hat Jesus in seinen Einladungen an die «Zöllner und Sünder» diesen Gedanken immer wieder gelebt und wahrgemacht (Mk 2,16; Mt 9,10; 11,9). Dieser Gedanke bildete die Grundlage der frühchristlichen Mahlgemeinschaften, und so kann es nicht anders sein, als daß auch in dem Bild von der Einladung Jesu am See deutliche Anklänge an die Eucharistiefeier vorliegen[46]: Eine Gemeinsamkeit des Mahls entsteht, wie sie für viele Er

[46] Vgl. R. Schnackenburg: Das Johannesevangelium, III 428. R. Bultmann: Johannesevangelium, 549, spricht zu Recht von dem «mysteriösen, kultischen Charakter» des Mahles.

scheinungserzählungen den Hintergrund und den eigentlichen Ort der Begegnung mit dem Herrn nach seinem Tod und seiner Auferstehung darstellt. Allerdings wird die Gegenwart des Herrn auch in dieser Erscheinungserzählung am See zunächst *persönlich* erfahren, ehe sie sich zu einer sakramentalen Erfahrung verdichten kann, und es liefe auf ein krasses Mißverständnis dieser Erzählung hinaus, wollte man in ihr das Sakramentale und das Institutionelle vorschnell zur primären oder gar alleinigen Aussage des Textes erheben, ganz so, als schaffe der Ritus selbst erst eine bestimmte Form von Unsterblichkeit, statt daß umgekehrt gerade die Erfahrung der Auferstehung dahin drängt, sich in einem heiligen Zeichen auszudrücken[47]. Worum es der Geschichte geht, ist nicht eine legendäre Begründung des christlichen Kultus, sondern das Bild eines Glaubens, für den die bleibende Gegenwart Jesu am anderen Ufer zu einer fraglosen Gewißheit zu reifen vermag.

Gewiß ist auch eine solche «Fraglosigkeit» der Gegenwart des Herrn im Abschluß der Erzählung von der Erscheinung Jesu am See für manche Richtungen der Religionsphilosophie in sich selbst höchst fragwürdig, ja in gewissem Sinne «gefährlich». Für HEGEL z.B. war der «Glaube» gleichbedeutend mit der Unreflektiertheit bloßen Gefühls, die durch eine «vernünftige» Betrachtungsweise «aufgehoben» werden müsse[48]; den Glauben nicht kritisch zu hinterfragen, bedeutete für die gesamte Aufklärungsphilosophie geradezu den Inbegriff geistiger Unmündigkeit, und es bestand allenfalls die Hoffnung, daß der Glaube, den das Denken in seiner «Unmittelbarkeit» zersetzte, sich mit Hilfe des Denkens auch wiederherstellen und in seiner Vernünftigkeit erweisen ließe. In jedem Falle mußte, zufolge dieser Konzeption, über die bloße «Unmittelbarkeit» des Glaubens «hinausgegangen» werden.

Nun ist aber der «Glaube» – wenn man das existentielle Wissen um die Gegenwart Christi als «Glauben» bezeichnen will – in der Erzählung von der Erscheinung Jesu am See alles andere als eine bloß «unreflektierte» Unmittelbarkeit. Die Erfahrung der Nähe Jesu setzt vielmehr, wie sich gezeigt hat, das Erlebnis von «Nacht» und «Leere» in einem Leben unreflektierten «Mitmachens» voraus; sie basiert auf der Ahnung eines ganz anderen, erfüllten Menschseins sowie auf dem Eingeständnis der eigenen Ohnmacht und Nichtigkeit; vorausgegangen ist die bewußte Rückkehr in das alte Leben und dessen beauftragte «Wiederholung» mit der wunderbaren Entdeckung der inneren Fülle und des eigenen Reichtums; sichtbar geworden ist in der Erfahrung des eigenen Glücks die wahre Gestalt des Herrn, verbunden mit der Bereitschaft einer vorbehaltlosen Hingabe an die «Welt» und verknüpft mit der Erkenntnis des eigenen Maßes im Austausch des Glücks – kurz, es bedarf zufolge der Erzählung von der Erscheinung Jesu am

[47] Gegen C. LÉVI-STRAUSS: Das wilde Denken, 273–274; vgl. Tiefenpsychologie und Exegese, I 335, Anm. 4.
[48] Zur Darstellung HEGELS vgl. E. DREWERMANN: Strukturen des Bösen, III 64–69.

See eines außerordentlich langen, in sich höchst komplizierten, wenngleich notwendigen Prozesses, um zu diesem in der Tat schließlich «unmittelbaren» Einvernehmen in der Gegenwart des Herrn zu gelangen. Eine «Definition» dieses Glaubens dürfte sich gerade nicht an der HEGELschen Lehre von der unreflektierten Unmittelbarkeit des Glaubens orientieren, sondern müßte im Gegenteil eher auf den großen Antihegelianer S. KIERKEGAARD zurückgreifen, der, ganz in Übereinstimmung mit dem Verständnis dieser Erzählung, den Glauben definierte als eine «durch Verzweiflung vermittelte Unmittelbarkeit»[49]; über eine solche Form des «Glaubens» kann nicht mehr «hinausgegangen» werden, sie ist vielmehr das Äußerste und Tiefste, bis wohin der Einzelne in seiner inneren Entwicklung überhaupt gelangen kann. Sie ist eine Gewißheit, die auf dem gesamten Zeugnis der eigenen Existenz beruht. Wer sich, dahin gelangt, noch einmal «hinterfragen» wollte, der müßte schon das Wertvollste, persönlich Unbezweifelbarste geradezu mutwillig selbst wieder zerstören wollen.

Denn wirklich wäre es, wie der Text sagt, ein «Wagnis», auch jetz noch in der unmittelbaren Gemeinschaft mit dem Herrn erneut nach Erkundigungen und äußeren Bezeugungen zu fragen. Das Versprechen der Religionsphilosophie, den Glauben jenseits der verständigen Kritik durch vernünftige Argumente wiederherstellen zu können, hat geistesgeschichtlich, soweit zu sehen, stets nur eine kurze Zeitlang ein trügerisches Dasein gefristet. In Wirklichkeit taugt der Glaube durchaus nicht dazu, in das Material und Konglomerat geistesgeschichtlicher Spekulationen einzugehen. Er ist in gewissem Sinne überhaupt kein Gegenstand des Fragens, sondern des Erlebens, kein Akt der Erkenntnis, sondern der Einsicht; und seine «Vermittlung» geschieht nicht durch Kritik und Beweis, sondern, ganz im Sinne dieser Erzählung von der Erscheinung Jesu am See, durch das Erleiden und Erfahren von Leere und Fülle, von Nacht und Tag, von Verzweiflung und Reichtum.

Innerhalb dieser neugewonnenen, ganz und gar persönlichen Unmittelbarkeit und Einheit mit dem Herrn muß jedes weitere Infragestellen als ebenso zerstörerisch erscheinen, wie wenn jemand eine gewisse Unruhe oder Unsicherheit, die in eine bis dahin glückliche Liebe eingebrochen ist, durch äußere Beweise oder «vernünftige» Argumente widerlegen wollte: unzweifelhaft müßte er erleben, daß alle «Argumente» zwischen Personen stets zweideutig sind und die innere Ungewißheit der persönlichen Beziehung nicht beheben, sondern nur vermehren können. Miteinander sich eins zu fühlen bedeutet ja gerade, daß das Mißtrauen, die Angst, das Fragebedürfnis selbst verschwunden sind, und, anders als etwa in bezug zu Gegenständen oder Sachen, wird eine solche fraglose

[49] Zum Glaubensbegriff KIERKEGAARDS vgl. E. DREWERMANN: Strukturen des Bösen, III 497–504.

Nähe und Einheit durch «objektive», «äußere» Untersuchungen und Nachforschungen eher untergraben als verstärkt[50].

Mit Recht *wagt* daher *keiner* von den Jüngern, den Herrn zu fragen: «Du, wer bist du?», *weil* sie wußten, es ist der Herr. Das eigentliche Ziel des Glaubens, seine eigentliche Wirklichkeit besteht in einer solchen fraglosen Gegenwart und Nähe des Herrn, die keiner Beweise mehr bedarf, weil es kein wirkliches Glück gibt, das in sich selbst noch weiterhin fragwürdig sein kann. Die Alten nannten dieses Gefühl der Einheit, dieses *Sehen* in einer fraglosen Gewißheit, die «glückselige Schau», die *«visio beatifica»*[51]: es ist der beste Ausdruck für dieses Bild einer Endgültigkeit des Glücks, die wie ein Vorgeschmack des Himmels ist. In Joh 16,23a weissagt der Herr einmal, es werde ein Tag kommen, an dem die Jünger ihn nach nichts mehr fragen müßten. «Herr, wenn Du Deine Schöpfung eines Tages in die Scheuer einbringst, so öffne das doppelte Scheunentor und laß uns dort eintreten, wo nicht mehr geantwortet wird, denn dort gibt es keine Antwort mehr, aber die Seligkeit, die der Schlußstein der Fragen ist, und die Schau, die befriedigt», betete EXUPÉRY und fügte hinzu: «Stille, Hafen des Schiffes, Stille in Gott, Hafen aller Schiffe.»[52] In dieser Szene der Erscheinung am See hat dieses Gebet der Sehnsucht scheinbar seine Erfüllung gefunden in einer ständigen Gegenwart der Ankunft des Herrn im Zeichen des Mahles.

«Es kommt Jesus»

Überraschenderweise schließt die Erscheinung Jesu mit der Bemerkung: «Es kommt Jesus», so als wäre er die ganze Zeit über nicht bereits dagewesen. Man hat, um diese Textstelle zu glätten, mitunter übersetzt: «Jesus ging hin» oder: er «ging hinzu»[53]; so aber heißt es nicht. Vielmehr liegt der Erzählung offenbar gerade daran, in der Nähe des Herrn, inmitten gläubiger Gewißheit, ausdrücklich zu versichern: «Es kommt Jesus», und damit die Hoffnung der ganzen frühen Kirche als erfüllt zu unterstreichen (1 Kor 16,22; Apk 22,17.20). Dabei geht es der Erzählung nicht um eine fremde Zukunft; sondern der Herr, der

[50] W. BERGENGRUEN: Die Feuerprobe, hat in seiner Novelle meisterlich den Teufelskreis des Mißtrauens und Zweifels beschrieben, der nur durch eine größere Liebe, nicht aber durch «eindeutigere» «Beweise» zu durchbrechen wäre (vgl. a.a.O., S. 5).

[51] Zur seligen Anschauung Gottes im Himmel vgl. J. BRINKTRINE: Die Lehre von den letzten Dingen, 123ff.

[52] A. DE SAINT-EXUPÉRY: Die Stadt in der Wüste, Nr. 39, in: Gesammelte Schriften in 3 Bden; Bd. II 162.

[53] R. SCHNACKENBURG: Das Johannesevangelium, III 418, übersetzt: «Jesus ging» und übergeht damit die eigentliche Schwierigkeit des Textes. G. DALMAN: Die Worte Jesu, 16–17, zeigt den Hebraismus dieser Redewendung auf, der aber hier (genau wie in Joh 20,18) nicht so konstruiert wird wie üblich, indem normalerweise das Partizip (gehend, kommend) «überflüssiger Weise mit einem Verbum finitium verbunden wird»; z.B.: Mt 5,24: gehe, bringe dar; Mt 12,44: es geht und findet; Mt 25,27: ich wäre gegangen und hätte genommen, u.ö. Die Konstruktion entspricht dem «gehen» (*hlk*) und «kommen» (*bw'*) im Alten Testament (vgl. Hos 5,15; 1 Sam 20,1 u.ö.); sie findet sich aber gerade nicht im Johannesevangelium. In gutem Deutsch ist die Wendung in etwa wiederzugeben mit: «und dann»; «und da»; «und jetzt»; «ich will».

kommt, erscheint schon heute in der Kirche im Bild des Mahles, im Zeichen der Eucharistie, die schon im Lukas-Evangelium als Erfüllung der Weissagung vom kommenden Reich Gottes gilt (vgl. Lk 22,15-20, im Unterschied zu Mk 14,22-25)[54]. Von daher schließt sich jetzt der Kreis, ist doch die Eucharistiefeier beides zugleich: die Feier des Todes Jesu ebenso wie das Symbol seiner Auferstehung, der Ausdruck der tiefsten Trennung ebenso wie die Feier der tiefsten Einheit mit dem Herrn. Vor allem aber sieht man jetzt, wie sehr die Mahlgemeinschaft mit dem Herrn die Erfahrung von Tod und Auferstehung am eigenen Leibe voraussetzt. Die Jünger, die dem Herrn als einem, der von den Toten auferweckt wurde, heute, in seiner Kirche, begegnen, finden sich selbst in seiner Nähe wie vom Tod erstanden und wie erlöst aus Ohnmacht und Verzweiflung. Das Sakrament des Lebens besiegelt selbst die Auferstehung in ein eigentliches und erfülltes Leben, und unabhängig von dem Übergang der eigenen Existenz vom Tod zum Leben wäre es nicht möglich, die ewige Nähe Christi zu spüren, – eine Wahrheit, die in der christlichen Dogmatik in die Lehre gekleidet wurde, daß zur Feier der Eucharistie nur imstande sei, wer (im Zeichen der Taufe) das Geheimnis von Tod und Auferstehung am eigenen Leibe erfahren habe[55].

Muß man zusätzlich noch daran erinnern, daß das «Brot» in dem langen Strom der Religionsgeschichte immer wieder als Symbol eines sterbenden und auferstehenden Gottes verstanden wurde[56] und daß speziell der «Fisch» in tiefenpsychologischer Betrachtung als ein Symbol des «Selbst», der Einheit des gesamten

[54] Vgl. R. Pesch: Das Markusevangelium, II 364–377 (Exkurs zur Abendmahlsüberlieferung), der die lukanische Fassung der Abendmahlsüberlieferung für einen redaktionellen Mischtext aus Mk und Pls hält; die paulinische Tradition (1 Kor 11,23-26) aber hält er gegenüber Mk 14,22-25 für die «jüngere, von der Situation des Paschamahles Jesu abgelöste, auf die Herrenmahlfeier der Kirche ausgerichtete kultätiologische Fassung.» (S. 369) In Mk 14,25 (dem Wort vom «Gewächs des Weinstocks») sieht Pesch nicht ein «Verzichtgelübde», sondern: «Jesu Todesprophetie hat ihre Spitze in seiner Auferstehungsgewißheit.» (361) G. Dalman: Jesus-Jeschua, 164–166, bringt diese Worte in Verbindung mit der Erwartung der jüdischen Passahliturgie: «Dieses Jahr hier, das kommende Jahr im Lande Israels, dieses Jahr als Knechte, nächstes Jahr als Freie.» «Auch bei Jesus lenkte die Erlösung der Vergangenheit, der die Passahfeier diente, den Blick auf die Erlösung der Zukunft. Aber die Unvollkommenheit der Gegenwart war ihm eine unermeßlich größere als dem frömmsten seiner Volksgenossen. Er vermißte in allen Feiern die ohne das Hemmnis der Sünde und des Todes von den Menschen ganz genossene Vaterliebe Gottes. Darum tritt in seiner Erwartung alles Völkische, alles Rituelle, ja alles Irdische zurück hinter der großen Wirklichkeit der Gottesherrschaft, welche dann Inneres und Äußeres restlos bestimmt.» (S. 166)

[55] Die dogmatische Begründung dieses Zusammenhanges von Taufe und Eucharistie war allerdings recht äußerlich (jurisdiktionell): da die Taufe die Erbsünde und alle persönlichen Sünden tilge, sei sie die Voraussetzung zum Empfang aller anderen Sakramente; vgl. J. Brinktrine: Die Lehre von den heiligen Sakramenten der katholischen Kirche, 175.

[56] So in Gestalt der Vegetationsgottheiten und der Korngötter; vgl. J. G. Frazer: Der goldene Zweig, 528–556 (*Osiris*); 562–572 (*Dionysos*); 572–581 (*Demeter* und *Persephone*); 581–600 (Kornmutter und Kornmädchen im nördlichen Europa); 600–617 (in verschiedenen Ländern), etc.

Menschen, gilt[57]? Jedenfalls bilden «Brot» und «Fisch» bereits nach ihren Herkunftsbereichen noch einmal eine Synthese aus den beiden Daseinselementen, von denen die Erzählung von der Erscheinung Jesu spricht: von Wasser und Land, von Diesseits und Jenseits, von Mensch und Gott, von Zeitlichem und Ewigem, von Angst und Zuversicht, von Verzweiflung und Gewißheit. Beide Ebenen treffen zusammen in der einen Gegenwart, in die hinein der Herr in unser Leben tritt. Vom «Fisch» des Herrn zu essen bedeutet letztlich wohl (entsprechend dem griechischen Notariqon des Wortes für «Fisch»[58]), als Element des Lebens das Bekenntnis in sich aufzunehmen, daß «Jesus Christus Gottes Sohn und Retter» ist. Der urchristliche Hymnus des Philipperbriefes jedenfalls teilte die Überzeugnung, allein in diesem Bekenntnis sei alles Heil der Welt gelegen (Phil 2,6-11).

Rückblickend auf den Gang der Auslegung erweist sich nunmehr, daß die scheinbare Paradoxie dieser Erscheinungserzählung in allen Teilen und Details ein notwendiges Ausdrucksmittel darstellt. Wer davon sprechen will, wie Gott in Christus einem Menschen sichtbar wird, kann offensichtlich nur so paradox, in sich gebrochen, reden, wie es hier geschieht. Wie ein Lichtstrahl beim Übergang von einem Medium in ein anderes jeweils in sich gebrochen wird, so kann eine Erzählung, die, wie die vorliegende, von der Gegenwart des Herrn im Menschen reden will, offenbar nur zwischen zwei ganz verschiedenen Bereichen der Wirklichkeit hin- und herspielen, und indem sie von dem einen Feld in das andere übergeht, erzeugt sie und benötigt sie das Element des Paradoxen. Die Geschlossenheit des Gesamtbildes indessen, die sich bei einer Auslegung einstellt, die dieser notwendigen Gebrochenheit der Erzählweise Rechnung trägt, darf vom Ergebnis her als ein entscheidendes Indiz für die Richtigkeit der getroffenen Interpretation im ganzen gelten.

c) Die Himmelfahrt des Elija (2 Kön 2,1-15)

Text in eigener Übersetzung (in Anlehnung an M. Buber):

Und es geschah, als Jahwe den Elija im Sturm auffahren ließ zum Himmel: fortging Elija und Elisäus aus Gilgal – da sprach Elija zu Elisäus: Bleibe doch hier, denn Jahwe hat mich nach Beth-El gesandt. Da sprach Elisäus: So wahr Jahwe lebt und so wahr deine Seele lebt – ich verlasse dich nicht. Als sie nun nach Beth-El hinunterstiegen, kamen die Prophetensöhne, die in Beth-El waren, heraus zu Elisäus und sprachen zu ihm: Weißt du, daß heute Jahwe im Begriff ist, deinen Herrn über deinem Haupt empor hinwegzunehmen? Er

[57] Zum *Fisch-Symbol* vgl. C. G. Jung: Aion, Werke IX 2, 81–103, der im «Fisch» nicht nur ein Anagramm, sondern ein echtes Symbol sieht, das er mit allen möglichen astrologischen und gnostischen Theorien in Verbindung bringt, die die eigentliche Bedeutung indessen nicht gerade sehr erhellen.
[58] Vgl. F. Dornseiff: Das Alphabet in Mystik und Magie, 137.

sprach: Auch ich weiß. Schweigt. Da sprach zu ihm Elija: Elisäus, bleibe doch hier, denn Jahwe hat mich nach Jericho gesandt. Da sprach er: So wahr Jahwe lebt und so wahr deine Seele lebt – ich verlasse dich nicht. Und als sie nach Jericho kamen, traten die Prophetensöhne, die in Jericho waren, zu Elisäus und sprachen zu ihm: Weißt du, daß heute Jahwe im Begriff ist, deinen Herrn über deinem Haupt empor hinwegzunehmen? Er sprach: Auch ich weiß. Schweigt. Da sprach zu ihm Elija: Bleibe doch hier, denn Jahwe hat mich an den Jordan gesandt. Da sprach er: So wahr Jahwe lebt und so wahr deine Seele lebt – ich verlasse dich nicht. So gingen sie beide miteinander. Fünfzig aber von den Prophetensöhnen waren mitgegangen und blieben gegenüber stehen, von fern, und die beiden standen am Jordan. Da nahm Elija seinen Mantel, knäulte ihn und schlug die Wasser, und sie teilten sich hierhin und hierhin, und hindurch schritten beide zusammen auf dem Sandgrund. Und es geschah, als sie hindurchgeschritten waren, daß Elija sprach zu Elisäus: Wünsche: was soll ich dir tun, bevor ich von dir hinweggenommen werde? Da sprach Elisäus: geschähe es doch: ein Doppelteil (des Erstlingserbes) von deinem Geiste für mich! Er sprach: Schweres hast du gewünscht. Wenn du siehst, wie ich von dir hinweggenommen werde, wird es dir so geschehen; wenn aber nicht, wird es nicht geschehen. Und es geschah: während sie weitergingen, gingen und redeten – da: Feuergefährt und Feuerrosse! und sie fuhren trennend zwischen die beiden. Da stieg Elija im Sturm zum Himmel hinauf. Und Elisäus – er sah! Er rief: Mein Vater, mein Vater, Wagen Israels und seine Reiter. Dann sah er ihn nicht mehr. Er faßte seine Gewänder und riß sie in zwei Teile. Und er hob den Mantel des Elija auf, der von ihm abgefallen war; er kehrte um und blieb am Ufer des Jordans stehen. Er nahm den Mantel des Elija, der von ihm abgefallen war, er schlug die Wasser und sprach: Wo ist Jahwe, der Gott des Elija? Auch er: als er die Wasser schlug, teilten sie sich hierhin und hierhin, und Elisäus schritt hindurch. Die Prophetensöhne aber, die in Jericho waren, sahen ihm von gegenüber her zu und sprachen: Es ruht der Geist des Elija auf Elisäus, und sie kamen ihm entgegen und verneigten sich vor ihm zur Erde.

Wohl kaum eine andere Erzählung des Alten Testaments beschreibt so tiefsinnig und schön das Geheimnis von Vision und Berufung wie die Legende von der Himmelfahrt des Elija. Erwachsen aus den Mythen und Sagen sonnenhafter Götter und Helden[1], versammelt sie den Lichtglanz und die Unzerstörbarkeit des Sonnengestirns auf dem Haupt eines einzelnen Menschen und ernennt denjenigen zum wundertätigen Propheten und machtvollen Wahrheitseher, der imstande ist, den Tod seines Freundes und Lehrers als Entrückung zum Licht, als Heimkehr zu den Sternen, als Königsaufstieg zur ewigen Vollendung wahrzunehmen.

Wie leben wir mit dem Tod?

Ein wunderbar verhaltener Kontrast durchzieht angesichts des drohenden Todes die Erzählung von der Himmelfahrt des Elija: der Kontrast zwischen Treue und Trauer, zwischen Wissen und Schweigen, zwischen Einheit und Abschied. Der Tod verfügt über die schreckliche Macht, Menschen auseinanderzureißen, die mit tausend Seilen der Liebe aneinander gebunden sind und voneinander in Ewigkeit nicht lassen können; ihnen muß der Tod erscheinen wie ein Alleszerstörer, wie ein Alleszermalmer. Was eben noch herrlich und reich sich

[1] Vgl. A. Ohler: Mythologische Elemente im Alten Testament, 61–63, deutet vor allem den übernatürlichen Wagen Jahwes auf das Wolkengefährt des (Gewitter-)Gottes in Ugarit und Mesopotamien. Zur Himmelfahrt des Helden im Sturmbraus vgl. *Herakles* (K. Kerényi: Die Mythologie der Griechen, Bd. 2: Die Heroengeschichten, 161–165); *Romulus* (Livius: Römische Frühgeschichte, 1. Buch, cap. 16) u.a.m.

verschenkend im Leben stand, sinkt plötzlich ins Grab; alles, was bis dahin die Augen mit trunkener Schönheit, die Ohren mit frohlockendem Wohlklang, die Hände mit zärtlicher Sanftheit zu erfüllen vermochte, verwandelt sich jäh und abrupt in Schauder und Klage, Kälte und Starrnis, Leere und Einsamkeit. Elend ist das Zeugnis der Sinne vom Schicksal des Menschen im Tode, und wollte man einzig ihrem troslosen Urteil sich fügen, so bliebe nichts übrig, als mit JOHANNES VON TEPL in ohnmächtigem Zorn den Würger Tod wegen Mords an dem Partner der Liebe zu verklagen: «Grimmiger Tilger aller Leute, schändlicher Ächter aller Wesen, schrecklicher Mörder aller Menschen, Ihr Tod, Euch sei geflucht!»[2] «Denn ... Ihr habt meiner Wonnen lichte Sommerblume mir aus meines Herzens Augen jammervoll ausgejätet; Ihr habt mir meines Glückes Halt, meine auserwählte Turteltaube arglistig entwendet; Ihr habt unwiederbringlich Raub an mir getan ... Frisch und froh war ich vormals in jeder Stunde; kurz und lustsam war mir Tag und Nacht, in gleicher Weise freudenreich, wonnenreich alle beide; ein jegliches Jahr war mir ein gnadenreiches Jahr. Nun wird zu mir gesprochen: Kratz ab! Bei trüben Gedanken, auf dürrem Aste, finster und verdorben bleib und jammere ohne Unterlaß! Also treibt mich der Wind, ich schwimme dahin durch des wilden Meeres Flut, die Wogen haben Oberhand gewonnen, mein Anker haftet nirgends. Drum will ich ohne Ende schreien: Ihr, Tod, Euch sei geflucht!»[3]

Es ist ein schlechter Trost, wenn der Tod sich entschuldigt mit der Last der Notwendigkeit und der unerbittlichen Gerechtigkeit seines Auftritts – seine düstere Majestät erhebt sich nur zu um so schrecklicherer Gestalt, als sie unterschiedslos eben dort keine Ausnahme duldet, wo der Liebende unbedingt die Einzigartigkeit und Unvergleichlichkeit der Geliebten als zwingendes Argument einer absoluten Ausnahme erfährt: jedem Liebenden erscheint die Geliebte als einzig, und nichts dünkt ihn schnöder als die monumentale Gleichgültigkeit und Gleichheit des Todes. Es gibt keinen Frieden auf Erden zwischen Liebe und Tod, und so nötig auch immer in der Ordnung der Welt, ist der Tod ein Skandal in der Ordnung des Herzens.

Um so dringlicher ist es, den Tod nicht nur zu beklagen; es kommt vielmehr darauf an, dem Zeugnis der Seele entschlossener Folge zu leisten als dem Zeugnis der Sinne und den Augen des Herzens mehr Glauben zu schenken als den Augen des Leibes[4]. Immer verwandelt die Liebe das Leben eines geliebten Menschen in eine lebende Legende, und nur durch den Eintritt in diese Sphäre

[2] J. VON TEPL: Der Ackermann aus Böhmen, 43.

[3] A.a.O., 44–45.

[4] Gegen A. CAMUS: Der Mythos von Sisyphus, 18–19, der gerade das Zeugnis der Sinne reklamiert, um den Eindruck der blutigen «Mathematik, die über uns herrscht», zu erhärten: «Aus dem leblosen Körper, auf dem eine Ohrfeige kein Mal mehr hinterläßt, ist die Seele verschwunden. Diese elementare und endgültige Seite des Abenteuers ist der Inhalt des absurden Gefühls.»

des legendären Charakters der Liebe öffnen sich die Augen für eine tiefere Sicht sowohl des Lebens wie des Todes eines Menschen, den wir lieben. Die Legende von der Himmelfahrt des Elija erzählt von daher nicht allein die Vision einer Berufung, sie ist in ihrer Art selbst das Ergebnis der Vision einer Berufung zur Liebe.

Wie leben wir miteinander als Sterbliche, wenn wir einander unsterblich lieben? Es ist ein wunderbares Bild, wenn die Legende von der Himmelfahrt des Elija das Leben schildert als einen gemeinsamen Gang zum Jordan, als ein wechselseitiges Sich-Begleiten zum anderen Ufer[5]. Elisäus weiß genau, daß Gott seinen Freund und Lehrer Elija noch am gleichen Tage zu sich nehmen wird, und schon dieses geheime Wissen um die verborgene Todesnähe eines Menschen, den wir über alles lieben, berührt uns auf unheimliche und sonderbare Weise. Wissen wir nicht alle um die physische Sterblichkeit und Hinfälligkeit der menschlichen Natur, auch wenn der Zeitpunkt uns unsicher scheinen muß, da wir gemeinsam am «Jordan» anlangen? Entscheidend ist der Wille, einander nicht zu (ver-) lassen, sondern zusammen den Lebensweg bis zu der Stelle zurückzulegen, an welcher der Tod auf uns wartet. Merkwürdig aber nimmt sich dabei das Gefühl der Scham aus, das Elija angesichts des Todes offenbar überkommt, so als dürfte er mit der sicheren Hinfälligkeit und Hilflosigkeit seiner Physis im Augenblick des Sterbens sich gewissermaßen dem anderen nicht mehr zumuten, und zwar demjenigen am wenigsten, der ihm gefühlsmäßig am nächsten steht. Gleich einem Tier, das seine Stunde kommen sieht und sich im Gebüsch niederlegt, um vor den anderen, gleich ob Freund oder Feind, nach Möglichkeit unentdeckt zu bleiben, suchen allem Anschein nach auch wir Menschen irgendwo nach einem scheuen Tod, der dem anderen nicht lästig oder peinlich wird – der Wunsch nach einem anständigen Tod, nach einem reuelosen Abgang. Und doch ist es gerade diese Form des verkrochenen, einsamen Todes, den die Liebe niemals akzeptieren wird.

Kann man einander bis zum Ufer des «Jordans» begleiten? A. SCHNITZLER, als er die Novelle «*Sterben*» schrieb, bezweifelte dies[6]. Aber er schilderte Menschen, die im Tod nichts anderes zu sehen vermochten als einen endgültigen Sturz ins Dunkel, als ein Fallen ins Nichts, als ein Verlöschen des Lichts, und so erstarrte die Liebe für SCHNITZLER notwendig zu einem vampirischen Alptraum wechselseitiger Abhängigkeit im Bannkreis des Todes. Auch Elisäus vermöchte niemals seinen Lehrer bis an die Grenze des Todes zu begleiten, sähe die gesamte

[5] Ein schöneres Bild für den Lebensweg gibt es nicht als dieses Sinnbild der Freundschaft angesichts des gemeinsamen Zulaufens auf den Tod hin, der doch nur ein Übergang, nicht eine Grenze der Gemeinsamkeit ist.

[6] A. SCHNITZLER: Sterben (1892), in: Ges. Werke, I 98–175; zur Darstellung vgl. E. DREWERMANN: Laßt sie erfahren, daß das Reich Gottes nahe ist, in: Psychoanalyse und Moraltheologie, III 64–65.

Legende von der Himmelfahrt des Elija im Vorgang des Sterbens nicht etwas grundlegend anderes denn eine bloße Auflösung des Leibes. Gott möchte Elija zum Himmel entrücken – *das* ist es, was in dieser Erzählung «sterben» heißt: nicht ein Versinken des Körpers in den Staub, sondern eine Erhöhung der Person in die ewige Sphäre des Göttlichen. Nichts Beschämendes und Erniedrigendes liegt in einer solchen Sicht des Todes; vielmehr, daß die grausige Allgewalt des Todes sich mildert zu einem Mittel, etwas noch Schöneres hervorzubringen als das Schattenbild des irdischen Daseins. Und aus dieser Vision ergibt sich eine entscheidende Einsicht: Nur wem der Tod nicht als endgültiges Ende begegnet, vermag einen sterblichen Menschen vollendet zu lieben, und die einzig wesentliche Frage kann dann nur lauten, wie man zu dieser Sichtweise des Todes hinzugelangen vermag.

Was in der vorliegenden Legende an der Gestalt des Elisäus so wohltuend und überzeugend wirkt, ist die tiefe Ruhe und Stille, mit der er seinen Freund und Lehrer Elija zum «Jordan» begleitet. Während die anderen Prophetenschüler scharenweise sich zusammendrängen und Elisäus mit Fragen bestürmen, ob er nicht sehe, wohin er seinem Meister folge, gebietet Elisäus souverän ihnen Schweigen. Nicht dumpfe Unwissenheit, sondern helle Klarheit bestimmt seine Einstellung zum Tode; und eben dadurch gelingt ihm das doppelt Wunderbare: daß er um die Unvermeidlichkeit des irdischen Abschieds wohl weiß und doch zugleich den Weg Station für Station mitzugehen bereit ist, der ihn und seinen geliebten Lehrer Elija von Gilgal nach Beth-El, von Beth-El nach Jericho und von dort an den Jordan führt – im Bilde gesehen ein ständiger Abstieg von der Höhe, auf welcher, altem Glauben zufolge, die Gottheit nahe ist, bis hinunter zum Tiefpunkt der Erde, bis zum Tal des Todes[7]. All die Prophetenschüler sonst wohnen dem eigentlichen Geschehen buchstäblich nur von «ferne» bei; Elisäus hingegen begleitet den Freund durch den «Jordan» hindurch ans andere Ufer.

Allein dieses Bild vom Durchwaten des Jordans ist in sich selbst bereits ein gültiges Symbol für den Tod eines Menschen: man setzt den Fuß auf etwas nie Begangenes, und man muß jene Sphäre noch einmal durchqueren, an welcher das Leben begann. Möglich ist dieser Schritt in dem Bewußtsein, daß jenseits des Stroms ein anderes Ufer wartet; der Gang des Lebens endet nicht im Tode, er tauscht sich selbst nur aus in Neuanfang und Morgenfrühe. Wenn «sterben» bedeutet, den Graben des «Jordans» zu durchschreiten, so handelt es sich nicht um ein (Ver-)Enden, sondern um eine Wiedergeburt: der Leib, wenn er stirbt,

[7] Die Topologie der Bibel ist Theologie, hier wie vielerorts sonst.

[8] Vgl. K. Gibran: Der Prophet, 60: «Denn was bedeutet Sterben anders als nackt im Winde stehn und in der Sonne zerfließen? Und was bedeutet das Stocken des Atems anders als dessen Befreiung aus den rastlosen Fluten, auf daß er sich erhebe und entfalte und Gott suche, unbeschwert? Erst so ihr trinket aus dem Flusse des Schweigens, werdet ihr wahrhaft singen. Und erst so ihr den Gipfel des Berges erklommen, werdet ihr anfangen zu steigen. Und erst, so die Erde ihren Anspruch erhoben auf eure Gliedmaße, werdet ihr wahrhaft tanzen.»

gebiert die freie Wesensgestalt der Person eines Menschen[8], ähnlich wie in der mittelalterlichen Malerei der Augenblick des Todes so dargestellt wurde, als träte aus dem Körper die Seele in der Gestalt eines Kindes heraus und begönne nun erst ihr unverstelltes und eigentliches Leben[9].

Um zu verstehen, was mit dieser Vorstellung gemeint ist, kann vielleicht die Konfrontation mit der extremen Verzweiflung einer entgegengesetzten Anschauungsweise dienlich sein. In F. SCHILLERS Drama der *«Jungfrau von Orleans»* muß z.B. der völlig verbitterte *Talbot* am Ende seines von Kriegen geschüttelten sinnlosen Daseins erklären: «Bald ists vorüber, und der Erde geb ich, / Der ewgen Sonne die Atome wieder, / Die sich zu Schmerz und Lust in mir gefügt – / Und von dem mächtgen Talbot, der die Welt / Mit seinem Kriegsruhm füllte, bleibt nichts übrig / Als eine Handvoll leichten Staubs. – So geht / Der Mensch zu Ende – und die einzige / Ausbeute, die wir aus dem Kampf des Lebens / Wegtragen, ist die Einsicht in das Nichts / Und herzliche Verachtung alles dessen, / Was uns erhaben schien und wünschenswert –».[10]

In dieser Sicht des Todes gibt es durchaus kein anderes Ufer, zu dem man einen sterbenden Freund begleiten könnte, es gibt nur die Bitternis der Zersetzung. In der Theologie des Alten Testaments begegnet man erst sehr spät – unter griechischem Einfluß und zunächst nur bezogen auf den Tod der Märtyrer[11] – den Anfängen eines Auferstehungsglaubens; aber um so wichtiger ist es, in dieser Legende vom Tod des Elija wie selbstverständlich die menschheitliche, außerhalb des Alten Testaments allerorten in den Mythen verbreitete Anschauung wiederzufinden, im Tode erhebe die Seele des Menschen sich wie mit goldenen Flügeln zum Himmel, um zu ihrer ewigen Heimat, zum Heer der Sterne, zurückzukehren[12]; denn diese theologische «Inkonsequenz» zeigt deutlich, daß man unterhalb der reflektierten Dogmatik offenbar nur tief genug in die arche-

[9] So wird in der mittelalterlichen Malerei die Seele, z.B. eines Martyrers, wie ein neugeborenes Kind dargestellt, das sich, getragen von einem Engel, aus dem Leib des Verstorbenen zum Himmel erhebt. Vgl. z.B. das Bild von der Enthauptung Johannes des Täufers, von dem Meister des sog. *Ulmer Hochaltars* (um 1400), in der Staatsgalerie Stuttgart.

[10] F. SCHILLER: Die Jungfrau von Orleans, I 994.

[11] Zum Verständnis des Todes im AT vgl. H.W. WOLFF: Anthropologie des Alten Testamentes, 162: «Der Tod ist einerseits als ein Raum gnadenloser Gottesferne beschrieben, in den Jahwe nicht mehr hineinwirken kann; jeder menschliche Versuch, auch nur die geringste Verbindung zwischen der Totenwelt und Jahwe herzustellen, wird streng unterbunden. Andererseits wird aber auch dem Tod jede Jahwe gegenüber selbständige, eigene Mächtigkeit bestritten; daß in der Totenwelt ein selbständiger Herrscher regiere, ist nicht zu denken.» Vom Spätjudentum, vor allem von den Pharisäern aber wird man nicht mehr nur sagen können, daß «die totale Entmythisierung des Todes wichtig» sei, mit der das Alte Testament dem Tod jede Gloriole genommen» habe (a.a.O., 176), so als habe der Tod für sie das letzte Wort. Zur Auffassung des Todes vgl. auch W. EICHRODT: Theologie des Alten Testaments, II-III, 143–156 zu den Vorstellungen des Ahnen- und Dämonenkultes.

[12] So die ägyptische Vorstellung von der *Ba-Seele*, vgl. H. KEES: Totenglauben und Jenseitsvorstellungen der Alten Ägypter, 38–39.

typische Vorstellungswelt der menschlichen Psyche hinabtauchen muß, um der wichtigsten Anschauung vom Schicksal des Menschen überhaupt zu begegnen: dem Glauben an die Berufung des Einzelnen zum ewigen Leben. Es ist das erste Mal im Alten Testament, daß diese menschheitliche Zuversicht in Form einer Geschichte Gestalt gewinnt, aber sie weist damit über Jahrhunderte hinweg die Richtung zum Auferstehungsglauben bzw. zur Unsterblichkeitshoffnung auch des Christentums, und es formt sich zu einer wunderbaren Einheit der Erfahrung, wenn Elisäus auf die Bitte seines Meisters: «Bleibe hier», dreimal entgegnet: «So wahr der Ewige lebt, so wahr deine Seele lebt – niemals verlasse ich dich!» (2 Kön 2,3.4.6)

Denn es ist dieser Zusammenhang wechselseitiger Begründung: daß Gott lebt auf eine Weise, die den Tod ausschließt, und daß also auch die «Seele», die Person des Elija, lebt – nicht nur jetzt, sondern immer, und daß es in der Liebe keine Trennung gibt; und umgekehrt: der Wille, der Drang, die Unmöglichkeit der Liebenden, von einander zu lassen bzw. einander zu verlassen, bildet die tiefste Stütze, um an das unvergängliche, ewige Leben eines anderen Menschen zu glauben[13]; und so erscheint Gott in der Fülle seines Lebens als Grundlage und Garant auch des menschlichen Daseins im Tode. Die Liebe erzeugt den Glauben an die Unsterblichkeit, und der Glaube an die Unsterblichkeit erzeugt die Liebe; beide Seiten der gleichen Bewegung aber sind umgriffen von Gott, der beides ineins ist: Leben und Liebe; und wer das Wesen Gottes betrachtet, versteht auch das Leben des Elija, so wie – umgekehrt – Elija zu sehen in den Tagen des Propheten dazu verholfen hat, das Wesen Gottes zu verstehen. Für Elisäus indessen ergibt sich daraus, daß er selber sein eigenes Wesen nur zu begreifen vermag, indem er das Wesen des Elija, die ewige Bestimmung seiner Person, von innen erschaut.

Eben deshalb ist es für die Berufung des Prophetenjüngers so entscheidend, daß er an der Seite seines Lehrers zu einem anderen, transzendenten Standpunkt gelangt, zu einem «Ort» am anderen Ufer des Lebensstromes. Immer wieder taucht in den Visionsberichten dieses Verlangen nach dem Land jenseits des Stromes auf, diese «Sehnsucht nach dem Paradies»[14], und sie ist, wie wir gesehen haben (s.o.S. 323), kein Nebenmoment des Visionserlebens, sondern geradewegs sein Ursprung und Ermöglichungsgrund. Stets in den Mythen und Träumen liegt das gelobte Land, der Zaubergarten mit köstlichen Früchten, das verheißene Paradies jenseits des großen Flusses «am anderen Ufer», und man gelangt dahin nur, wenn man die bekannte, diesseitige Welt des Bewußtseins, die

[13] Vgl. E. Drewermann: O Seele, begehrte ich nicht Unsterblichkeit, in: Psychoanalyse und Moraltheologie, III 17.

[14] Vgl. M. Eliade: Schamanismus und archaische Ekstasetechnik, 131–138, die Beschreibung der Himmelsreise über den *Regenbogen* (vgl. Apk 4,3) und der musikalischen Magie der Schamanentrommel.

Sphäre der äußeren Wirklichkeit, die Ebene der materiellen Bedingtheiten verläßt[15], um in der Welt der Ahnungen und Bilder das Land zu schauen, aus dem unsere Seele zur Welt kam. Gewiß mischen sich in die Bilder vom Paradies frühkindliche Erinnerungen an die Zeit der Geborgenheit und der Wärme im und am Leibe der Mutter vor und nach der Geburt[16]; aber selbst diese Erinnerungsbilder eines frühkindlichen Paradieses scheinen nur die ersten Verdichtungen einer Sehnsucht zu sein, die unser ganzes Wesen ausmacht: das Verlangen nach Ewigkeit, der Hunger nach Unendlichkeit, die Hoffnung auf Unsterblichkeit[17]; ohne sie müßte das Leben sterben, noch ehe es beginnen könnte, und recht hätte DOSTOJEWSKIS jugendlicher Selbstmörder aus metaphysischer Verzweiflung, als er sein Dasein zu beenden beschloß, weil es ihm, eingepfercht in das Getto der puren Endlichkeit, nur wie ein Hohn auf seine menschliche Würde erscheinen konnte[18].

Schon allein deshalb ist es unerläßlich, an der Seite eines Menschen, den wir über alles lieben, den Weg des irdischen Todes, den Schritt der absoluten Transzendenz jenseits der äußeren Sinne, den Pfad durch den Jordanfluß, geistig mitzuvollziehen und den Standpunkt oberflächlicher Diesseitigkeit aufzugeben; denn nur am Ufer eines weltjenseitigen Standpunktes werden wir die Wahrheit erkennen, die sich im Sterben begibt: ein Durchbrechen der irdischen Schwere, eine Auflösung der räumlichen Grenzen, eine Verwandlung des Wesens ins Licht. Was manche Märchen, am Ende zumeist einer langen Entwicklung, in einer abschließenden Szene endgültiger Erlösung, schildern, greift die Legende vom Tod des Elija an dieser Stelle als bildhafte Wahrheit vom Ende eines jeden menschlichen Lebens auf: Gott werde im Augenblick des Sterbens dem Menschen seinen Wagen entgegensenden und ihn abholen im Gefährt der Sonne[19], zusammengefügt aus Wärme und Lichtglanz; und eben so, wie einen König, wie

[15] Vgl. Tiefenpsychologie und Exegese, I 119–120.

[16] O. RANK: Das Trauma der Geburt, 99–100, sah in allen Vorstellungen von Erde, Himmel oder Paradies Reste vorgeburtlicher Erinnerungen und hielt (S. 68) die Rückkehr in den Mutterleib für *die* Urphantasie schlechthin, die (S. 188–189) im Tod ihre Erfüllung fände. Es verdient Beachtung, daß O. RANK, der usprünglich die Psychoanalyse als Religionsersatz betrachtete, nach seiner Emigration eine innere Wandlung durchmachte, die er 1941 in *«Beyond Psychology»* niederlegte; seine Schüler gründeten ein Institut und eine Zeitschrift mit dem Titel «Psychotherapy as a religious process». Vgl. A. MAEDER: Mein Weg von der Psychoanalyse zur Synthese, in: Der Psychotherapeut als Partner, 92. S.o. S. 191, Anm. 3.

[17] Nur der Mensch steht vor dem Problem des Todes, indem er nicht nur in seiner Individualität einmalig und unwiederholbar *ist*, sondern aufgrund seines Bewußtseins zugleich *weiß*, daß er es ist. Zu der gegensätzlichen Form, den Tod zu erfahren, je nachdem, ob ein Mensch mit Gott im Einklang ist oder nicht, vgl. E. DREWERMANN: Der verlorene Ursprung und die verheißene Hoffnung, in: Psychoanalyse und Moraltheologie, III 27–38.

[18] Vgl. F.M. DOSTOJEWSKI: Tagebuch eines Schriftstellers, 255–259. Vgl. E. DREWERMANN: Vom Problem des Selbstmords oder: von einer letzten Gnade der Natur, in: Psychoanalyse und Moraltheologie, III 155–160.

[19] Vgl. z.B. die Grimmschen Märchen «Der Froschkönig oder der eiserne Heinrich» (KHM 1); «Das Wasser des Lebens» (KHM 97); «Der Bärenhäuter» (KHM 101) u.ö.

einen Sohn der Sonne, führt Gott auf den Armen des Windes Elija, seinen Propheten, zum Himmel. Wohl bleibt auch jetzt für Elisäus der Tod ein bitterer Abschied von seinem Meister; aber das Sterben des Elija ereignet sich doch, während sie beide mitsammen «weitergehen, gehen und sprechen», und ein solcher Tod ist nicht Trennung, sondern Vorbereitung und Einübung, um hier auf Erden bereits sich auszurichten nach dem Leuchten der Ewigkeit, das dem Leben jetzt schon im Tod sich enthüllt. Nur in der Legende von der Himmelfahrt des Elija schimmert dieser Lichtglanz der Ewigkeit auf, aber er breitet sich hell über das ganze Alte Testament bis zum Ende der Tage, und er prägt zutiefst die Gestalt des Elisäus.

Die Vision der Unsterblichkeit und die Rückkehr ins Leben
Je nach Art der Berufung mag es verschiedene Akzente in der Gestalt und Beauftragung eines Propheten geben – keine einzige reicht heran an das Kriterium und die Begründung für das Prophetentum des Elisäus, des größten unter den Schülern des Elija: zwei Drittel der Geistigkeit und der Kraft seines Meisters werden auf ihn übergehen, wenn er die Wahrheit erkennt, die im Sterben des Elija sich vollzieht. Es ist ein Moment, an dem buchstäblich alles zur Entscheidung steht: vermag Elisäus in dem Sterben seines Lehrers nichts weiter zu sehen als ein endgültiges Ende, so wird durchaus gar nichts vom Geiste des Elija ihm zuteil werden – der Meister ist tot, und tot ist dann zugleich, was in Elija lebte; *oder* Elisäus zeigt sich imstande, den Tod seines Lehrers als Auffahrt zum Himmel zu *sehen* – nur dann wird in ihm selbst zu einem guten Teil lebendig bleiben, was in Elija sich verkörperte.
Deutlicher können sich im Grunde zwei oft geäußerte Anschauungen über das Schicksal des Menschen nach dem Tode nicht widersprechen. Die erste Ansicht lautet, der Glaube an ein Fortleben nach dem Tode meine lediglich ein Weiterleben in der Erinnerung der Angehörigen und Hinterbliebenen, und nur das Gedächtnis anderer Menschen ermögliche so etwas wie eine (mehr oder minder kurzlebige) «Ewigkeit» der Person eines Menschen nach ihrem Tode[20]. Will man der Legende von der Himmelfahrt des Elija Glauben schenken, verhält es sich gerade umgekehrt: um die Bedeutung eines Menschen in ewiger Erinnerung zu

[20] Die Verzweiflungsauskunft vom «Weiterleben» im Gedächtnis der Hinterbliebenen erteilt in klassischer Weise SALLUST: Die Verschwörung des Catilina, Proömium 1: «Ein jeder Mensch, der sich vor den übrigen Lebewesen hervorzutun trachtet, darf das Leben nicht im Nichtstun zubringen wie das Tier. Dieses hat die Natur zur Erde hinabgebeugt und nur aufs Futter bedacht geschaffen. Unsere ganze Kraft wird bestimmt vom Geist und vom Körper. Des Geistes Herrschaft und mehr des Leibes Knechtschaft nehmen wir in Anspruch. Das eine ist uns mit den Göttern, das andere mit den Tieren gemeinsam. Deshalb müssen wir, so scheint es mir richtiger, mehr durch des Geistes als des Körpers Kraft Berühmtheit erstreben und, da das uns beschiedene Leben nur kurze Zeit währt, das Andenken an uns möglichst langdauernd gestalten. Der Glanz nämlich des Reichtums und der Schönheit ist flüchtig und verblaßt. Die Leistung dagegen gilt als ruhmreich und unvergänglich.»

behalten, muß man (ein-)gesehen haben, daß er bei Gott in alle Ewigkeit lebt – die Ewigkeit des Seins ist der Grund für die mögliche Ewigkeit der Erinnerung, und nur derjenige, dessen Leben erkennbar auf immer bei Gott steht, wird auch bei den Menschen geistig sich fortzeugen.

Desgleichen erfährt auch die zweite Anschauung von der Bedeutung verwandtschaftlicher Beziehungen, eine drastische Absage. Oberflächlicher noch als die Theorie von dem Weiterleben nach dem Tode im Gedächtnis der Nachwelt hört man immer wieder die *biologische* Ansicht von der potentiellen Unsterblichkeit des Erbgutes als eines Symbols von der Ewigkeit des Lebens vertreten werden: zwar nicht als Einzelner, wohl aber in der Kette der Generationen, in seinen eigenen Kindern, sei es einem Menschen vergönnt, über den Tod des individuellen Ichs hinauszuleben. Gerade gegen diese Meinung richtet sich mit Recht die Legende von der Himmelfahrt des Elija, indem sie nicht die biologische Abkunft, wohl aber die geistige Herkunft eines Menschen als «Sohnschaft» im eigentlichen Sinne versteht. Nur in der Elisäus-Legende ist so betont, an dieser Stelle gleich zweimal, die Rede von den «Söhnen der Propheten» (2 Kön 2,3.5; vgl. 2 Kön 5,22; 6,1; 9,1), und als Elisäus seinen Lehrer im feurigen Wagen zum Himmel auffahren sieht, ruft er laut aus: «Mein Vater, mein Vater» (2 Kön 2,12). Der *geistige* Zusammenhang, nicht die biologische Abstammung macht demnach einen Menschen zum «Sohn»; Elisäus aber wird des Elija «Sohn» erst dadurch, daß er den Tod seines Lehrers als eine Auffahrt zum Himmel erkennt. Das «Fortleben» eines Menschen gründet von daher nicht in dem Leben seiner Kinder, sondern das Verhältnis ist gerade umgekehrt: allein die Einsicht in das ewige Leben eines Menschen bei Gott begründet das Fortleben seines Geistes und ermöglicht so etwas wie eine geistige Sohnschaft[22]. Zum «Sohn» des Elija kann Elisäus daher wirklich erst werden bei der Vision von der Himmelfahrt[21]

[21] *Biologisch* ist der Tod ein notwendiges Ergebnis der Mehrzelligkeit der Organismen und der Aufspaltung in Keimzellen und Somazellen; statt, wie bei den Einzellern, durch ständige Zellteilung das Leben in den Nachkommen potentiell unsterblich zu machen, ist das Muster der Individualität gerade in der Struktur der sterblichen Körperzellen enthalten. Die Mythen der Völker ahnen das Richtige, wenn sie die Entdeckung des Todes an die Entdeckung der Geschlechtlichkeit binden; vgl. E. Drewermann: Strukturen des Bösen, I 40–41; II 594–615.

[22] Von daher kommt es gerade darauf an, im Vertrauen auf die eigene Unsterblichkeit *nicht* «in den Kindern weiterleben» zu wollen, sondern ihnen die Größe des eigenen Wesens vor Gott zu vermitteln. Das Symbol der *Taufe*, vor allem in der Form der Kindertaufe, scheint u.a. zu besagen, daß ein Mensch *nicht* das Kind seiner Eltern, sondern *wesentlich* ein Kind Gottes ist. Sehr schön sagt K. Gibran: Der Prophet, 16–17: «Eure Kinder sind nicht *eure* Kinder. / Es sind die Söhne und Töchter von des Lebens Verlangen nach sich selber. / Sie kommen durch euch, doch nicht *von* euch; / Und sind sie auch bei euch, so gehören sie euch doch nicht. / Ihr dürft ihnen eure Liebe geben, doch nicht eure Gedanken, / Denn sie haben ihre eigenen Gedanken. / Ihr dürft ihren Leib behausen, doch nicht ihre Seele, / Denn ihre Seele wohnt im Hause von Morgen, das ihr nicht zu betreten vermögt, selbst nicht in euren Träumen. / Ihr dürft euch bestreben, ihnen gleich zu werden, doch suchet nicht, sie euch gleich zu machen. / Denn das Leben läuft nicht rückwärts, noch verweilet es beim Gestern. / Ihr seid die Bogen, von denen eure Kinder als lebende Pfeile entsandt werden. / . . . gleich wie Er den fliegenden Pfeil liebet, so liebt Er auch den Bogen, der standhaft bleibt.»

seines Lehrers, und erst kraft dieser inneren Schau von der Ewigkeit des Lebens wird er zu einem ebenbürtigen und erbberechtigten Träger des Geistes des Elija. Für viele der Propheten sonst mag die Bestimmung gelten, ein Prophet sei jemand, der das Antlitz Gottes geschaut habe; Elisäus hingegen wird ein Prophet allein dadurch, daß er zu sehen vermag, wie das Leben eines Menschen, seines Lehrers Elija, im Tod hinfindet zur Ewigkeit Gottes.

Nur in der Kraft dieser Vision findet Elisäus des weiteren auch zurück zu der Nähe der Menschen. In der Gestalt des Elija verdichten sich im Augenblick seiner Himmelfahrt vor den Augen des Elisäus der «Wagen Israels und seine Reiter» (2 Kön 2,12) – die Macht Gottes bzw. die absolut kämpferische «Intransigenz des alten Jahweglaubens»[23] verkörpert sich sichtbar noch einmal in dem sterbenden Propheten, und eben dieser Geist ist es, der nunmehr auch auf seinen Schüler übergeht. Doch anders als Elija, wird Elisäus einen weit engeren Kontakt zu den anderen Prophetenjüngern pflegen, als deren «Vater» er seinerseits in der Folgezeit gelten wird (2 Kön 6,2.12.21); und auch *dieses* Portrait seines Wesens findet eine Entsprechung in der Szene seiner Berufung.

Alles bisher über die Berufung des Elisäus Gesagte stellte ja eigentlich nur die erste Hälfte einer Bewegung dar, die aus der äußeren Weltbetrachtung herausführte zu dem weltjenseitigen Standpunkt einer unerhört neuen Vision der Unsterblichkeit des Lebens trotz der Bedrohung des Todes. Wohl kommt es in sich bereits einem Wunder gleich, den «Jordan» in *diese* Richtung zu durchschreiten; noch schwieriger hingegen scheint es, das Wunder des Elija noch einmal umzukehren und von der Jenseite des «Jordans» zurückzufinden zum diesseitigen Ufer: Mit dem Mantel seines Meisters und nach seinem Vorbild schlägt Elisäus auf das Wasser, und auch ihm öffnet sich der Weg durch den Strom, doch diesmal nicht fort in die Einsamkeit des Todes, sondern zurück zu den wartenden Prophetenschülern. Die wunderbare Kunst des Glaubens liegt dieser symbolischen Darstellung zufolge in der schon erwähnten «Doppelbewegung des Unendlichen» (S. KIERKEGAARD, s.o.S. 274), indem der Glaube nicht nur über die irdische Welt hinausführt, sondern zugleich die Kraft verleiht, das Endliche wiederaufzugreifen vermöge des Unendlichen.

Nicht nur der Tod – das ganze irdische Leben erscheint in einem anderen Licht, je nachdem, ob es die Sphäre der Ewigkeit gibt oder nicht; denn was sonst nur anmutet wie ein engumgrenztes Land, öffnet im Angesicht der Ewigkeit sich zu der Weite des Meeres, und die wenigen Jahre des Lebens wirken wie ein Wandern am Ufer des Ozeans; eine Entdeckung geschieht, wie sie die Männer ergriffen haben mag, die vor tausenden von Jahren, vielleicht vom persischen Golf aus, mit einfachen Booten die hohe See eroberten, um in Richtung des

[23] G. VON RAD: Theologie des Alten Testamentes, II 36.

Äquators auf der Straße der Sonne die Malediven zu besiedeln[24]: – gerade so drängt der Glaube an die Ewigkeit des Lebens danach, alle Grenzen der Endlichkeit hinter sich zu lassen, und um so dringlicher stellt sich die Frage, wie man die Erde noch aushält, wenn man den Himmel offen gesehen hat. Das Volk, das die Malediven besiedelte, errichtete (nach mesopotamischem Vorbild?) auf jeder der Inseln Tempel der Sonne, Stufen zum Himmel, betende Wege in die Unendlichkeit. Aber genügt diese Antwort?
In seiner Erzählung *«Lazarus»* hat der russische Dichter ANDREJEV einmal geschildert, wie der Hauch der Unendlichkeit eine unheimliche Kälte und Starre über alle Dinge zu legen vermag, die wie entwertet erscheinen unter den Augen der Ewigkeit[25]. Es gibt kein wirkliches Leben, solange die Endlichkeit und die Unendlichkeit unverbunden voneinander getrennt sind, denn bei einer solchen Zerspaltenheit erstickt der Mensch entweder in dem dunklen Verließ der Endlichkeit, oder er vergeht vor Sehnsucht am Fenster der Unendlichkeit. Nur wenn das Diesseits sich öffnet zur Vision der Ewigkeit und umgekehrt eine jenseitige Welt hereindrängt ins Endliche, um sich darin schon jetzt zu vollziehen und vorzubereiten, gewinnt das menschliche Dasein Halt, Perspektive und Gleichgewicht, und beide Teilbewegungen: die Transzendenz ins Unendliche ebenso wie die Wiedergewinnung des Endlichen, müssen sich zusammenfügen und einander ergänzen in dem einen göttlichen Wunder, in dem das menschliche Leben zu seiner Wahrheit gelangt.

Worauf aber bleibt dann zu hoffen?
In der jüdischen Tradition, die einen eigentlichen Auferstehungsglauben nicht teilte, verband sich mit der Gestalt des Elija die Erwartung der Wiederkehr des Propheten am Ende der Tage. Aber im Unterschied etwa zu der Erzählung von der Himmelfahrt Jesu in Apg 1,11, spricht die Geschichte von der Himmelfahrt des Elija nicht von einer solchen Hoffnung endzeitlicher Wiederkehr. Statt des Elija am Ende der Tage kehrt sein Schüler Elisäus hier und jetzt schon in diese Welt zurück, und sein Hinübergang und seine Rückkehr sind Teile ein und

[24] TH. HEYERDAHL: Tigris (1978), zeigte, daß es mit Hilfe der Seetechnik der Sumerer möglich war, vom Persisch-Arabischen Golf aus den Indischen Ozean zu befahren; in einer folgenden Expedition, deren Buchbericht noch nicht vorliegt, entdeckte er die Sonnentempel auf den Malediven, die mesopotamischen Ursprungs sein könnten.

[25] L. N. ANDREJEV: Lazarus, in: Die sieben Gehenkten. Lazarus. Judas Ischariot, 85: «Die Pracht der kaiserlichen Gemächer berührte Lazarus nicht ... Unter seinen Füßen verwandelte sich der harte Marmor in wogenden Wüstensand, und die Menge hochmütiger, üppig gekleideter Menschen wurde leere Luft unter seinen Blicken. Man fürchtete die unheimliche Wirkung seiner Augen und blickte zur Seite, wenn er vorbeischritt ... Wäre der Tod selbst vorübergegangen, – die Menschen hätten nicht mehr vor ihm erschrekken können; denn bis zur Stunde war es doch so gewesen, daß nur der Tote um den Tod wußte, und der Lebendige allein das Leben kannte ... doch dieser, eine Ausnahme, kannte den Tod, und ebenso rätselvoll wie furchtbar war sein verfluchtes Wissen.»

desselben Lebensvollzugs des Glaubens. Nicht um die Rückkehr der Toten in diese Welt geht es mithin, sondern um die Rückkehr des zur Ewigkeit Erwachten ins Diesseits; und die eigentliche Hoffnung der archetypischen Legende von der Himmelfahrt des Elija besteht im Grunde nicht in dem Versprechen, der Prophet werde am Ende der Tage auf den Wolken des Himmels zurückkommen, sondern sie liegt ganz und gar in der Einsicht und Überzeugung, daß sein Schicksal schon jetzt als Sinnbild und Vorbild für die endgültige Wirklichkeit im Leben eines jeden einzelnen verstanden werden darf. Nicht, daß wir wiederkehren zu Erde, wohl aber, daß wir einander wiedersehen im Himmel, läßt uns gemeinsam diese Welt durchwandern auf dem Weg in die Ewigkeit. Am Ende, wenn alles vergeht, wird einzig die Liebe noch bleiben. Wir werden uns wiedersehen – das ist die Verheißung, an der das Christentum die Grenzen der jüdischen Eschatologie in Richtung der Unsterblichkeitshoffnung eines jeden einzelnen unendlich überschreitet; und wenn Gott uns abholt im goldenen Gefährt der Sonne, so nur, damit wir schon heute einander die Wohnung bereiten im Hause der Ewigkeit (vgl. Joh 14,24; 2 Kor 5,1) und ein jeder im Augenblick des Todes den Weggefährten seiner Liebe und seiner Träume zu versichern vermag: «Geh ruhig und ohne Angst zurück in diese Welt und zurück zu den Menschen. Denn am Tag, da Du kommst, am anderen Ufer, werde ich Deiner warten.» Bote der Ewigkeit zu sein und einen anderen Menschen die Vision seiner unvergänglichen Schönheit und Sonnenähnlichkeit zu lehren – welch eine wunderbare Art, «Prophet» zu sein! Selbst noch Elisas Grab war mächtig, Tote zu erwecken (2 Kön 13,20-21).

III. Eschatologien und Apokalypsen

Denn was zukünftig ist, das wird herbeigewünscht, und das, was nachher kommt, darauf hoffen wir. Denn es gibt eine Zeit, die nicht vergeht. Und es kommt die Periode, die ewig bleibt, und die neue Welt . . .
Syr. Baruch-Apk. 44,11

1. Begriff und psychische Struktur

Im psychischen Umfeld von Vision (und Audition) liegt auch eine Thematik, die man in gewissem Sinne als eine Weiterentwicklung der Prophetie ansehen kann und deren Grunderleben sich als einen Sonderfall visionärer Ekstase darbietet: die Gesichte und Weissagungen der Eschatologie und Apokalyptik. Auf dem Boden der Bibel stellen sie zwei grundverschiedene intuitive Einstellungen zur Geschichte und Deutungsmuster von Geschichte dar und bilden somit in der Tat eine erweiterte Geschichtsprophetie. Bereits die prophetischen Berufungserlebnisse selbst stehen ja an der Schwelle zwischen Traum und Tag, zwischen Auftrag und Austrag des Geschichtlichen, und so ist es unvermeidbar, daß die Visionen, die dem Einzelnen seine Rolle in der Geschichte zuweisen, sich erweitern zu Einsichten auch über das Wesen und den Gang der Geschichte selbst.

a) Eschatologische Visionen

1) Inhalt und Problematik eschatologischer Visionen

Wenn wir vorhin hervorgehoben haben, daß mit der Prophetie in Israel eine religionsgeschichtlich absolut neue Form von Bewußtheit und Individualität erwacht sein muß, so ist darin auch ein neues Erleben von Geschichte enthalten; denn die Geschichte (des Volkes Israel) bietet nicht nur das Hauptthema biblischer Prophetie, sie gestaltet und vollzieht sich auf dem Boden der Bibel wesentlich im Antrieb und im Kommentar prophetischer Mahnung und Weissagung mit der ihr eigenen zentralen Ausrichtung auf das Zukünftige gegenüber allem Vergangenen[1].

[1] Vgl. J. Moltmann: Theologie der Hoffnung, 238.

Auch im Alten Israel gliederte die Zeit sich wesentlich nach den Rhythmen heiliger Zeiten und Feste, und wenn auch der Inhalt solcher Gedächtnisfeiern in der biblischen Religion zentral in der Erinnerung an bestimmte Großtaten und Machterweise Gottes in der Geschichte seines auserwählten Volkes bestand[2] (und nicht, wie in den Mythen, vornehmlich der Vergegenwärtigung bestimmter Grundgegebenheiten der Natur gewidmet war), so war doch der Gedanke des kultischen Kreislaufs selbst noch durchaus antihistorisch und dem Schema nach im Weltbild des Mythos verwurzelt; ja, die theologische Konzeption von der Auserwählung und Führung Israels durch die Gunst und Macht Jahwes verdankte sich selbst noch offenbar dem Erbe des Mythos, so sehr sie auch dazu bestimmt war, den mythischen Kreislauf durch die Vorstellung vom Bund zwischen Gott und seinem Volke aufzulösen. Erst in der Sicht der Propheten gewinnt die Geschichte Israels den spezifischen Charakter eines dramatischen Dialogs zwischen Gott und Mensch, eines unablässigen Ringens um Heil und Unheil, einer nicht endenden Kette von Entscheidungen zwischen Verfehlung und Umkehr. Entgegen der beruhigenden Wiederkehr des immer Gleichen im kultisch gebundenen Umlauf der Zeiten kam es den Propheten wesentlich auf den Augenblick *jetzt* an: in seiner Freiheit und Ungesichertheit, in seiner irreversiblen Einmaligkeit, in seiner unverwechselbaren Bedeutung und unentrinnbaren Konsequenz. Herausgefordert von den Gefahren, die dem Volk Israel durch den weltgeschichtlichen Aufstieg der Assyrer und Neubabylonier erwachsen mußten, suchten die Propheten den Sinn der gegenwärtigen Zeit zu begreifen und das Vertrauen in das zu setzen, was Gott tun wird; und je unheilvoller die Gegenwart erschien, desto sehnsuchtsvoller erwarteten sie das rettende *neue* Handeln Gottes.

Diese absolute «Hinwendung auf die Zukunft»[3] in der prophetischen Botschaft stand offensichtlich am Anfang der eschatologischen Geschichtskonzeption der israelitischen Gotteskünder. Ihre Kritik an der Gegenwart wurde so total, ihre Verwerfung der Vergangenheit so radikal, daß das Neue, das Gott heraufführte, in ihren Augen die gesamte bisherige Geschichte erschüttern mußte. Der Bruch zwischen dem in Gerichtsreden verurteilten Gewesenen und dem in Visionen erhofften Zukünftigen erschien den Propheten als so tief, «daß das Neue jenseits davon nicht mehr als die Fortsetzung des Bisherigen verstanden werden kann. Es ist etwas wie eine ‹Nullpunktsituation›, auf die Israel mit all seinem religiösen Besitzstand zurückgeworfen wird, ein Vakuum, das die Propheten durch ihre Gerichtspredigt und durch ihr Hinwegfegen aller falschen Sicherheiten erst schaffen, in das sie aber dann das Wort von dem Neuen stellen»[4]. Naturgemäß

[2] F. E. Wilms: Freude vor Gott, 42–45.

[3] G. von Rad: Theologie des Alten Testamentes, II 127.

[4] A.a.O., II 129.

erfährt dadurch die Vergangenheit eine völlig neue Wertung. Auch die Propheten kennen die Theologie der Erwählung, wenngleich in unterschiedlicher Form: der Prophet *Hosea* steht in der Exodustradition, *Jesaja* hingegen kennt nur die Ziontradition, während *Jeremia*, *Ezechiel* und *Deuterojesaja* wieder in der Exodustradition verwurzelt sind. Entscheidend aber ist, daß die Propheten «die Garantie dieser Erwählungstraditionen . . . durch Israels Schuld» als «erloschen» betrachten. «Das einzige, woran sich Israel halten kann, ist ein neues Geschichtshandeln Jahwes. Was die Botschaft der Propheten von der ganzen bisherigen, heilsgeschichtlich fundierten Theologie Israels unterscheidet, ist also dies, daß sie alles für die Existenz Israels Entscheidende, Leben und Tod, von einem kommenden Gottesgeschehen erwarten.»[5]

Von daher hat man zu Recht von der «Eschatologisierung des Geschichtsdenkens» in der Botschaft der Propheten gesprochen; und so ausufernd und schillernd der Begriff der «Eschatologie» in der Literatur auch verwandt wird, er bezeichnet in strengem Sinne dieses in der Tat revolutionierende, dieses absolut alle Sicherheit zerstörende und doch alles Vertrauen begründende Unterfangen der Propheten, die gesamte bisherige Geschichte als Heilsgrund aufzuheben und alle Hoffnung an ein *neues* Handeln Gottes an Israel zu binden, «das die alten heilsgeschichtlichen Setzungen mehr und mehr entaktualisierte, weil sich von jetzt ab Leben und Tod für Israel an dem Kommenden entschied»[6]. Die innere Diastase zwischen allem Gegenwärtigen und dem von Gott neu Gestalteten führte konsequenterweise zu einer dualistischen Konzeption der Geschichte, die sich teilte in alles, was *vor* diesem Endgültigen Handeln Gottes liegt und daher selbst als vorläufig betrachtet werden muß, sowie in all dasjenige, was *nach*

[5] A.a.O., II 131.

[6] A.a.O., II 132. – Sehr zu Recht hebt W. EICHRODT: Theologie des Alten Testamentes, I 325–326, den Widerspruch der prophetischen Botschaft vom 8. Jh. an zu der volkstümlichen Hoffnung vor allem der israelitischen Kleinbauern hervor, die nach den schweren Aramäerkriegen auf eine Wiederkehr des Paradieses warteten, «in dem nicht nur die Fülle der Naturgüter dem Menschen unbeschränkt zur Verfügung steht, die Tiere ihre Wildheit verlieren und die Völker ihre Waffen zu friedlichen Werkzeugen umschmieden, sondern auch der Paradieskönig sein mildes Regiment führt und der Gottesberg mit seinem Lebensstrom das erneuerte Jerusalem trägt.» An die Stelle dieser weitgehend mythisch vorgeprägten Bilder rückt nun die Vorstellung einer kämpferischen, aber ein weltweites Heil heraufführenden Gottesherrschaft. Diese Vorstellung konnte ihrerseits mit volkstümlichen und vor allem kultischen Erwartungen (nach dem Exil: die Wiederherstellung des Tempels) durchsetzt werden, wobei der transzendente Dualismus des persischen und griechischen Denkens keinen großen Einfluß ausübte: die Gottesherrschaft ist Teil der irdischen Geschichte. In der Spätzeit des Neuen Testamentes freilich wird das «himmlische Reich Christi» (2 Tim 4,18) zwar nicht im Gegensatz zu dem eschatologischen (geschichtlich-irdischen) Reich (4,1) gesehen, aber es wird unter griechischem Einfluß die Vertikale immer stärker betont. In Hebr 8,5; 9,23; 10,1 gelten die irdischen Dinge insgesamt nur noch als «Schattenbilder» der himmlischen Welt; das Himmlische ist das Bessere und Bleibende; urbildliche Himmelswelt und eschatologische Neuschöpfung in der Zeit verschmelzen jetzt miteinander. Vgl. R. SCHNACKENBURG: Gottes Herrschaft und Reich, 226–227.

diesem Handeln liegt und als etwas Endgültiges selbst das Ende der Geschichte darstellt.
Gleichwohl kann auch dieses Neue, das Gott wirken wird, nur in Analogie zu dem bisherigen Handeln Gottes vorgestellt werden, eine Tatsache, deren psychologische Bedeutung wir sogleich noch zu erörtern haben. *Hosea* etwa verheißt eine neue Landnahme, *Jesaja* verkündet einen neuen David und einen neuen Zion – Vorstellungen, die in die Messiashoffnungen des Spätjudentums zentral gestaltend Eingang finden werden; *Jeremia*, der den alten Bund durch die Schuld der Könige, der Priester, der Propheten und des allzu leicht verführbaren Volkes als zerstört erklärt, stellt einen neuen Bund in Aussicht, geschrieben auf die Tafeln des Herzens (Jer 31,31), verbunden mit einem neuen Exodus; ähnlich denkt *Deuterojesaja*, selbst wenn er das Volk auffordert, die ganze bisherige Heilsgeschichte zu vergessen (Jes 43,16ff)
In den Umkreis solcher Geschichtsanalogien zwischen dem früheren und dem zu erwartenden endgültigen Handeln Gottes gehören vor allem die Vorstellungen über die Art des göttlichen Eingreifens am «*Tag Jahwes*» sowie über die Zeit, die danach anbrechen wird. G. v. Rad ist wohl zuzustimmen, wenn er die Meinung von S. Mowinckel zurückwies, der «Tag Jahwes» sei identisch mit dem Thronbesteigungsfest Jahwes[7], und aufzeigte, daß die Erwartung des «Tages Jahwes» von traditionellen Vorstellungen einer Theophanie Jahwes im «heiligen Krieg» geprägt sei. Die anonyme Weissagung über Babel z.B. in Jes 13 – wohl aus dem 6. Jh. stammend – beschreibt ausführlich, wie Jahwe selbst als Kriegsgott in den Kampf zieht, während die Sterne sich verdunkeln und die Erde bebt; es ist ein Tag furchtbaren Mordens, nach dem das Weltreich Babel verödet zurückbleibt. Nicht anders wird der «Tag der Vergeltung für Jahwe» in dem (nicht von Jesaja stammenden) Gedicht gegen Edom in Jes 34 beschrieben, in dem Jahwe seine Feinde dem «Bann», d.h. der rituellen Tötung, überliefert. In Ez 7 wird «der Tag» (Jahwes) die Erde entvölkert und verwüstet zurücklassen (vgl. Ez 30, die Ankündigung gegen Ägypten). In Joel 2,1-11 weitet eine Heuschreckenplage sich aus zu der Vision eines anmarschierenden Heeres am Tag Jahwes, einem Tag des Gewölkes und der Düsternis; wieder erbebt die Erde, der Himmel erzittert, Sonne und Mond verfinstern sich. Insbesondere Zeph 1,7-18 beginnt mit dem Kriegsruf von der Nähe des Tages Jahwes, der als ein Schlachtfest geschildert wird (vgl. Jes 34,6; 46,10); das Jammern und die Entmutigung wird groß sein an diesem Tag der Verfinsterung, Panik wird die Menschen

[7] G. v. Rad: Theologie des Alten Testamentes, II 133. – Das hindert nicht, daß mythische und kultische Vorstellungen des altorientalischen Königsdramas die eschatologische Hoffnung auf den Tag Jahwes mitgeprägt haben; aber entscheidend ist, daß der Mythos «zum Gewand einer geschichtlich begründeten Hoffnung» gemacht wird; «nicht das Nationalgefühl, sondern der Gottesglaube» ist der Wurzelboden der Zukunftserwartung Israels. W. Eichrodt: Theologie des Alten Testamentes, I 340–341.

ergreifen, aber sie werden fliehend nur in das Feuer laufen können, das die Erde verzehren wird. Alles in allem ist der «Tag Jahwes» ein schrecklicher Kriegstag, und die Vorstellung selbst entstammt offenbar der tradierten Anschauung, wie Jahwe kommt, um als furchtbarer Kriegsheld den heiligen Krieg für sich zu entscheiden; selbst die einzelnen Details scheinen älteren Erzählungen entnommen: vom Donner Gottes im Schlachtenlärm erzählt 1 Sam 7,10; Steine fallen vom Himmel in Jos 10,11; Finsternis herrscht in Ex 14,20; Jos 24,7; dunkles Gewölk schüttet Regen aus in Ri 5,4. Vor allem der Schrecken Gottes *(pḥd jhwh)* und die Entmutigung der Feinde bis zur wehrlosen Selbstpreisgabe ist in älteren Texten vorgeprägt (vgl. Ex 15,14f; 23,27f; Jos 2,9.24; 5,1; 7,5; 24,16ff), und sogar der Ruf: «Nahe ist der Tag Jahwes» scheint ein stereotyper Kriegsaufruf gewesen zu sein. Daraus folgt, daß die Vorstellung vom Tag Jahwes an sich keineswegs spezifisch eschatologisch ist, sondern der alten Jahwetradition vom heiligen Krieg zugehört; sie wird aber von den Propheten als Bild der eschatologischen Wende aufgegriffen und damit zu einem Ereignis von universalhistorischer Bedeutung und kosmischer Wucht gesteigert.

Für den Begriff der *eschatologischen Hoffnung* bleibt indessen hervorzuheben, daß die prophetische Sicht die nationale Rolle Israels niemals ganz aus den Augen verliert; zudem richtet das Handeln Gottes sich nach der Art der Entscheidungen, die *jetzt*, in Reaktion auf die prophetische Botschaft selbst, getroffen werden; und ganz besonders muß betont werden, daß die eschatologische Hoffnung zwar mit einer radikalen Veränderung der Geschichte rechnet, aber trotz ihres «Dualismus» der Zeit vor und nach dem Wendepunkt des Jahwe-Tages den Rahmen der innerweltlichen Geschichte nicht verläßt.

Gerade dieses letztere Kriterium sollte man vor allem zur Abgrenzung gegenüber der Vorstellungwelt der *Apokalyptik* bei der Beschäftigung mit der spätjüdischen Eschatologie (200 v.–200 n. Chr.) möglichst streng anwenden.

Wie stark die eschatologische Hoffnung im Spätjudentum ausgeprägt war, zeigt etwa das *18-Bitten-Gebet*[8], das in den Tagen Jesu dreimal täglich gebetet wurde und ganz im Gefolge prophetischer Eschatologie mit Nachdruck darum flehte, Gott möge in die Posaune stoßen lassen zur Befreiung und ohne Hoffnung für die Abtrünnigen das Königreich der Gewalt eilends zugrunde richten. «Erbarme Dich, Jahwe, unser Gott ... über Jerusalem, deine Stadt, und über Zion, die Wohnung deiner Herrlichkeit ... über das Königtum des Hauses Davids, deines wahren Gesalbten.» Ähnlich lauten die nationalen Messiaserwartungen in den

[8] R. Mayer: Der babylonische Talmud, 420–422; vgl. E. Stauffer: Jerusalem und Rom, 106. – Zu den messianischen Hoffnungen der «Gottesherrschaft im Spätjudentum» vgl. R. Schnackenburg: Gottes Herrschaft und Reich, 23–47, der die alte nationale Eschatologie von den Makkabäern bis zu den Zeloten in entsprechenden Gebetsformeln beschreibt (23–32) und dieser Erwartung die rabbinische Lehre von der gegenwärtig verborgenen und künftig offenbaren Gottesherrschaft gegenüberstellt.

Psalmen Salomos[9]. Gleichwohl erwies sich die Hoffnung auf die Wiederherstellung des Davidreiches unter einem davidischen Messiaskönig immer wieder als durchaus trügerisch: so, als nach dem Exil die Perser den Nachfahren Davids, Serubbabel, als ihren Statthalter einsetzten und die Propheten Haggai und Sacharja ihn als Messiaskönig ausriefen; so, als es den Makkabäern in der Mitte des 2. Jh.s v. Chr. gelang, die Herrschaft der Syrer abzuschütteln, Jerusalem einzunehmen und den Tempel zu reinigen: da galt Judas, der Sohn des Mattathias, als Bringer der Heilszeit; doch von den Enttäuschungen, die wenig später durch die Hasmonäer hereinbrachen, sprechen bereits die *Psalmen Salomos* 17,6-9[10]. Noch in der Zeit des Aufstands gegen Hadrian (130-135 n. Chr.) rief Rabbi Aqiba den Anführer Bar Kochba (den «Sohn des Sterns») mit Berufung auf Num 24,17 als Messiaskönig aus; doch die Revolte endete kläglich mit der Umwandlung Jerusalems in eine römische Militärkolonie und mit der Ausweisung der Juden; der Name Bar Kochbas aber wandelte sich den jüdischen Quellen zufolge in Bar Koziba («Sohn des Lügners»)[11].

2) Theologische Einseitigkeiten in der Hermeneutik eschatologischer Visionen

Was bleibt unter diesen Umständen von der prophetischen Eschatologie für den heutigen Betrachter an Gültigem bestehen? Äußerlich gesehen, bilden die eschatologischen Visionen nichts als eine Sammlung historischer Irrtümer, die zu ihrer Zeit rührend und erschütternd gewesen sein mögen und es in ihrer religiösen Wärme und in dem Expressionismus ihrer Ausdruckskraft wohl auch heute noch sind; im ganzen aber enthalten sie eher eine Warnung denn eine Einladung dazu, den Hoffnungen derartiger Gesichte Vertrauen entgegenzubringen. Ehrlicherweise müssen wir mithin zugeben, daß gerade die Stellen der Bibel, an denen sich das Zentralanliegen ihrer tiefsten und leidenschaftlichsten Verkünder am dichtesten und klarsten ausspricht, uns Heutigen, historisch betrachtet, am deutlichsten als irrig, verwirrend, ja, gefährlich erscheinen müssen. Vollends die Visionen heiliger Kriege und schrecklicher Völkergerichte im Namen und Auftrag Gottes, ja womöglich in Jahwes eigener Person, muten uns barbarisch und roh an, und selbst wenn man die historischen Zeitumstände sowie die Denkweise des Alten Orients erklärend und relativierend in Rechnung stellt, muß man einräumen, daß in Israel selbst bereits die Propheten Schwierigkeiten hatten, mit ihren Anschauungen Glauben zu finden, und man vor allem außerhalb

9 R. Kittel: Die Psalmen Salomos, in: E. Kautzsch (Hrsg.): Die Apokryphen und Pseudepigraphen des Alten Testamentes, II 127–148.
10 A.a.O., II 145.
11 Y. Yadin: Bar Kochba, 18–19.

Israels nicht allerorten derart gewalttätig das Heil erwartete[12]. Nicht zuletzt müßte jede *äußerliche* Aneignung der alten Prophetenworte augenblicklich zu einer verheerenden Ideologisierung des Politischen führen[13], und der zu erwartende Rückschlag enttäuschter Heilserwartungen in Gestalt eines atheismusnahen Skeptizismus – wie er heute etwa für das Ende der Mullah-Herrschaft im Iran Khomeinis in Aussicht steht – sollte für jede Religion Mahnung genug sein, derartigen Vorbildern nach Möglichkeit *nicht* nachzustreben.
Es hilft auch nicht wesentlich viel weiter, wenn man – zu Recht – darauf verweist, daß in Israel selbst, nicht zuletzt gerade infolge der immer wieder einsetzenden Enttäuschungen aller nationalreligiösen Großmachtträume, die Gestalt des Messias und seiner Herrschaft zunehmend vergeistigt worden sei. Gewiß, wenn etwa die *Psalmen Salomos* 17,24 davon sprechen, Gott werde «mit eisernem Stab die Übermütigen zerschmettern», und im Parallelvers dies mit der Wendung erläutert wird, Gott werde «die gottlosen Heiden mit dem Wort seines Mundes» zerschmettern, so liegt darin unzweifelhaft eine ähnliche «Vergeistigung» vor wie in Apk 1,16; 2,12; 19,15. Aber es ist bei einer heutigen Form «vergeistigter» Aneignung der biblischen Eschatologie durchaus nicht nur mit einer bloßen «Sublimation» der aggressiven Außenseite der israelitischen Erwartungen (nationalen) Heils getan; es geht, historisch-kritisch betrachtet, im Grund darum, den gesamten Vorstellungskomplex als etwas schlechthin Zeitbedingtes und (Gott sei Dank!) Unwiederholbares erneut zum bloßen Aussagemittel ohne Bedeutung der einzelnen Bilder in sich selbst zu erklären, mithin von der «Eschatologie» der Propheten als einer innergeschichtlich beschreibbaren Hoffnung selbst vollkommen zu abstrahieren.
Das beste Beispiel für eine solche hermeneutische Abstraktion auf der Basis der historisch-kritischen Methode bietet R. BULTMANN, der im Rahmen seines Versuchs, die Botschaft der Bibel zu entmythologisieren, sehr zu Recht die Frage gestellt hat: «Was ist der Sinn der Eschatologie überhaupt?», und antwortete: «Eschatologische Predigt sieht die gegenwärtige Zeit im Licht der Zukunft und sagt dem Menschen, daß diese jetzige Welt, die Welt der Natur und der Geschichte, die Welt in der wir leben und unsere Pläne machen, nicht die einzige Welt ist, sondern daß diese Welt zeitlich und vorübergehend ist, ja letztlich leer und unwirklich im Angesicht der Ewigkeit.»[14] Das ist natürlich theologisch richtig; aber bedarf es, um der faktischen Endlichkeit des Daseins innezuwerden, der dramatischen Visionen der Propheten? Und war es die «Ewigkeit», auf

[12] Vgl. E. DREWERMANN: Der Krieg und das Christentum, 35–36; 198–201; O. PFISTER: Das Christentum und die Angst, 124–129, charakterisiert den Gott des AT's zu Recht auch als einen «Kriegsgott» mit unheimlichen und grausamen Charakterzügen.
[13] Vgl. Tiefenpsychologie und Exegese, I 297; 324.
[14] R. BULTMANN: Jesus und die Mythologie, 21–22.

die diese Gottesträumer hinwiesen, oder waren es nicht vielmehr konkrete Inhalte der sich vollziehenden Geschichte, die sie aus Gottes Hand entgegenzunehmen meinten und die in der erschauten Weise sich gerade niemals zu erfüllen vermochten? Am Ende bleibt für BULTMANN als Sinn der «mythologischen Eschatologie» der Bibel, vor allem des Neuen Testamentes, nur die vage Feststellung: «Auf eine gewisse Weise ist die unbekannte Zukunft gegenwärtig in der Heiligkeit der Liebe.»[15] Den eschatologischen Visionären kam es gegenüber einer derart leeren Existentialisierung ihrer Gesichte gerade darauf an, die Zukunft der Geschichte ihrer «Unbekanntheit» zu entreißen – sie hielten sich durchaus für eingeweiht in die Pläne des Allmächtigen, und eben deshalb trifft es für die Botschaft Jesu vielleicht, ganz gewiß aber nicht für die prophetische Eschatologie zu, wenn BULTMANN an gleicher Stelle fortfährt: «Deshalb kann man diese Hoffnung oder diesen Glauben ein Bereitsein für die unbekannte Zukunft nennen, die Gott geben wird.» «Das ist dann die tiefere Bedeutung von Jesu mythologischer Predigt: offen sein für Gottes Zukunft, die uns, wirklich jedem einzelnen, bevorsteht; bereit sein für diese Zukunft, die wie ein Dieb in der Nacht kommen kann, wenn wir es nicht erwarten; bereit sein, denn diese Zukunft wird ein Gericht sein über alle Menschen, die sich selbst an diese Welt gebunden haben und die nicht frei sind, nicht offen für Gottes Zukunft.»[16]
Deutlicher kann man im Grunde nicht sagen, daß man den Glauben an Gott bzw. die Hoffnung auf Gott zumindest in christlichem Sinne gerade in den Punkt setzt, den die Propheten mit ihrem ganzen Dasein überwinden wollten: daß die Zukunft schlechthin ungewiß sei und man deshalb unter Verzicht auf das eigene Planen und Rechnen sich den je größeren Möglichkeiten Gottes bedingungslos überlassen müsse. Den Propheten schien es evident, daß die Zukunft infolge einer Fülle von Fehlern und Versäumnissen nur auf eine Katastrophe zusteuern müsse, wenngleich sie in ihren eschatologischen Visionen Gott doch zutrauen mochten, selbst diese Katastrophe noch zum Heil zu wenden.
Man könnte BULTMANN bei seinem Bestreben, die vertrauensvolle Offenheit der Zukunft als Sinn der eschatologischen Bilder auszugeben, freilich im Sinne der Existenzphilosophie zustimmen, da es eine Form von *Angst* gibt, die es nicht aushält, die Ungewißheit der Zukunft zu wagen, und die alles unternimmt, um den Spielraum des noch nicht vorweg Geplanten, des noch Möglichen, durch selbst geschaffene Zwänge und «Notwendigkeiten» einzuengen (s. u. S. 610); eine solche Angstsicherung gegen die Zukunft, womöglich gestützt auf die Scheinsicherungen von Geld, Macht und Besitz, verformt offensichtlich die menschliche Existenz zu einer unmenschlichen Starre und steht dem Aufruf Jesu, sich nicht

[15] A.a.O., 32.
[16] A.a.O., 32–33.

Sorgen zu machen um den morgigen Tag (Mt 6,34), gewiß diametral entgegen. Aber gerade auf diesen Gegensatz einer Unfreiheit *aus Angst* und dem erst im *Glauben* möglichen Mut zur Freiheit kommt BULTMANN nicht zu sprechen, wenn er in der Sprache der Bibel (und der protestantischen Dogmatik) die «Freiheit» (im Unterschied zur Freiheit des Geistes in der Philosophie) als «Sündenfreiheit, Freiheit von Verderbnis, oder, wie Paulus sagt, vom Fleisch, vom alten Adam» bezeichnet[17]; weder gelingt es ihm auf diese Weise, die eigentliche Dramatik von Sünde und Verlorenheit in einer Existenz der Gottesferne von innen her zu verstehen[18], noch vermag er den Sinn der konkreten eschatologischen Visionen über Heil und Unheil zu erhellen.
Das Problem, dem wir vordem schon bei der Erörterung der mythischen und mythennahen Erzählungen ebenso begegnet sind wie bei der Besprechung der Wunderberichte und Visionserzählungen, stellt sich auch hier bei den eschatologischen Visionen mit der gleichen Konstanz und Unausweichlichkeit: die historisch-kritische Methode kann wohl die Zeitgebundenheit bestimmter Aussageformen der Bibel herausarbeiten, und sie besitzt darin ihre unerläßliche Aufgabe und ihr unbestreitbares Verdienst; aber mit ihrer ständigen Frage nach der *historischen* Beziehung der Texte muß sie im gleichen Augenblick die jeweiligen Erzählungen selbst der Unwahrheit überführen; auch die existentialtheologische Aneignung derartiger Berichte, obwohl in sich ein wichtiger und unentbehrlicher hermeneutischer Fortschritt, kommt bei allem Sprechen von Geschichte und Geschichtlichkeit an dem Dilemma nicht vorbei, daß sie selbst denkbar ungeschichtlich und abstrakt eine Hermeneutik betreiben muß, bei der die konkreten Erzählinhalte selbst als mindestens überflüssig erscheinen; in jedem Falle verlieren sie in der existentialtheologischen Auslegung die Kraft, in ihrer konkreten Ausdrucksgestalt gegenwärtiges Leben vorbildhaft bzw. sinnbildlich zu deuten.
Es war vollkommen richtig, wenn R. BULTMANN von der *Existenzphilosophie* schrieb: «Wenig würden wir lernen, wenn die Existenzphilosophie ... versuchte, ein Idealbild menschlicher Existenz zu geben. Die Vorstellung der ‹Eigentlichkeit› liefert kein solches Bild. Die Existenzphilosophie sagt mir nicht: ‹So und so mußt du existieren.› Sie sagt nur: ‹Du mußt existieren!› oder ... sie zeigt mir, was existieren eigentlich heißt.»[19] Aber eben deshalb kommt die existentiale Hermeneutik, die BULTMANN vorschlug, notwendigerweise nicht dazu, die biblischen Erzählungen in ihrem wirklichen Inhalt als gültige Bilder der menschlichen Existenz vor Gott zu begreifen.
Der tiefere theologische Grund dieses hermeneutischen Ansatzes liegt freilich

[17] A.a.O., 29.
[18] Vgl. E. DREWERMANN: Strukturen des Bösen, I 45–53; 75–78; 106–110; III 324–331.
[19] R. BULTMANN: Jesus und die Mythologie, 63.

erneut in dem protestantischen Bemühen begründet, den Glauben an Gott von allen menschlichen Zugriffen und Festlegungen «reinigen» zu wollen. So wie es nach protestantischer Vorstellung bisher galt, die biblische Überlieferung von allen *mythischen* Schlacken zu säubern, und wie auch die Wunder und Erscheinungen bei einem solchen Glaubensverständnis sich um der Reinheit des christlichen Glaubens willen am besten eigentlich gar nicht ereignet hätten, so entspräche es auch jetzt am ehesten einem protestantisch gereinigten Begriff von «Hoffnung», wenn die Propheten niemals irgendein göttliches Handeln für die Zukunft in Aussicht zu stellen gewagt hätten. Besteht die christliche Hoffnung allein in der schlechthinnigen Offenheit für die Zukunft an sich, so bedarf es durchaus keiner Visionen und Prophezeiungen, und es muß geradezu wie ein theologischer Beweis für die grundsätzliche «Unverfügbarkeit» Gottes gelten, wenn die spätere Geschichte den größten Teil aller vermeintlichen Prophezeiungen (mit Ausnahme einiger Katastrophenahnungen) denn auch tatsächlich mit pietätloser Nonchalance Lügen gestraft hat.

Entscheidend ist insofern auch bei der Interpretation der eschatologischen Prophetie immer wieder die Frage nach der theologischen Vorentscheidung, wie man das Verhältnis zwischen Gott und Mensch bestimmt. «Die Existenzphilosophie», schrieb R. BULTMANN, «zieht nicht die Beziehung zwischen Mensch und Gott in Betracht; das umfaßt das Bekenntnis, daß ich nicht von Gott sprechen kann als von meinem Gott, wenn ich in mich selbst hineinsehe. Meine persönliche Beziehung zu Gott kann nur von Gott her verwirklicht werden, von dem handelnden Gott her, der mir in seinem Wort begegnet.»[20] Ausgeprägter und dizidierter läßt sich nicht formulieren, worin der eigentliche protestantische Impetus der Theologie BULTMANNS liegt; das Zitat macht aber zugleich auch die ganze Fragwürdigkeit seines Ansatzes deutlich.

Denn zum ersten muß man, um so zu sprechen, wie BULTMANN es hier tut, völlig aus dem Gedächtnis gestrichen haben, daß es die Existenzphilosophie nur geben konnte dank der außerordentlich tiefen und scharfsinnigen Einsichten S. KIERKEGAARDS, der, gewissermaßen zur theologischen Propädeutik der christlichen Erbsündenlehre, den Nachweis zu führen suchte, daß die gesamte menschliche Existenz sich selber deformieren muß, wenn sie die zentrale Angst, die zur Freiheit und Geistigkeit des Menschen notwendig gehört, mit Mitteln außerhalb des Glaubens zu lösen unternimmt[21]. Gerade der für KIERKEGAARD entscheidende Gegensatz von Angst und Glaube, von Verzweiflung und Erlösung spielte in der säkularisierten Form, in der BULTMANN die Existentialontologie M. HEIDEGGERS übernahm, keine Rolle mehr, und es konnte daher nicht

[20] A.a.O., 68.
[21] Vgl. E. DREWERMANN: Strukturen des Bösen, III 411–435.

ausbleiben, daß bereits von den philosophischen Voraussetzungen her seine Hermeneutik sich als sehr verkürzt darbietet[22].

Wichtiger noch ist freilich ein zweiter Punkt: Daß ich nicht von Gott soll sprechen können «als von meinem Gott, wenn ich in mich selbst hineinsehe». Ohne es scheinbar auch nur zu ahnen, spricht BULTMANN mit diesen Worten wie selbstverständlich das religionspsychologische Todesurteil über die Möglichkeit eschatologischer Visionen. Denn will man nicht annehmen, wie es in Jer 20,7 anklingt, Gott habe mit den Gestalten der großen Propheten nur seinen Spott treiben wollen, so kann man in Anbetracht ihrer historischen Fehlweissagungen nicht glauben, daß die Künder Gottes in der Bibel ihre Visionen unmittelbar aus der Hand Jahwes selbst empfangen haben; man wird aber auch nicht ohne Zynismus annehmen können, daß gerade die frömmsten und reinsten Vertreter biblischer Frömmigkeit entweder ihre Zeitgenossen willentlich in die Irre geführt hätten oder, schlimmer noch, daß sie selber – gerade sie! – bei ihrem Sprechen von Gott sich auf grausame Weise geirrt und eben doch zu viel «in sich selbst hineingesehen» hätten. Wenn der «handelnde Gott» wirklich nur «in seinem Wort» (im engsten Sinne) begegnet, sind alle eschatologischen Bilder *a limine* als trügerisch entwertet, und die Propheten, diese von göttlichen Visionen Heimgesuchten und Gequälten, erscheinen in bizarrer Weise als die Opfer einer noch unaufgeklärten Theologie. Es kann nicht klarer als im Umkreis derartiger Ungereimtheiten zu Tage treten, wie sehr die Theologie ihre eigenen Quellen mißverstehen muß, wenn sie sich der Tiefenpsychologie in prinzipieller Starre verschließt. Allein von der Tiefenpsychologie her wird, wie wir gleich zeigen werden, das Göttliche und Gültige der eschatologischen Visionen verständlich, und ebenso verständlich wird von daher auch, warum derartige Gesichte, bezogen auf die wirkliche Geschichte, sich gleichwohl immer wieder als trügerisch erweisen mußten. Denn die psychologische Voraussetzung auch zur Erklärung der eschatologischen Visionen kann nicht anders lauten, als wir sie vorhin bereits (s. o. S. 316) bei der Hermeneutik der Visionsgeschichten insgesamt aufgestellt haben: es handelt sich in ihnen weder um Manifestationen des Göttlichen an sich selbst noch um unmittelbare Wahrnehmungen der wirklichen Geschichte; es handelt sich vielmehr um *Bilder* der Selbsterfahrung, um Projektionen der eigenen Psyche in die Geschichte hinein.

Nur in dieser Sicht läßt sich das Problem lösen, das ganz analog bereits bei der Interpretation der Mythen und Legenden bestand: daß Erzählungen, die, in wörtlichem Sinne verstanden, als Falschaussagen über die äußere Natur und die historische Wirklichkeit gelten müssen, als *symbolische* Erzählungen dennoch

[22] Zur Kritik an HEIDEGGERS Existentialontologie in philosophischer und theologischer Sicht vgl. E. DREWERMANN: A. a. O., III 450–452.

bleibende Wahrheiten über das Wesen des Menschen, über sein Verhältnis zu der ihn umgebenden Natur und über die innerlichen Antriebe zur Gestaltung der Geschichte auszusagen vermögen; ebenso können die eschatologischen Visionen *als Symbole der menschlichen Psyche* etwas Wahres über die menschliche Hoffnung aussagen, auch wenn sie in der Form geschichtlicher Projektionen, in denen die Propheten selber sie erschaut haben, historisch gesehen auf einen Irrtum hinausliefen und zu ihrem rechten Verständnis zunächst psychologisch auf symbolische Formen der Selbstwahrnehmung zurückgeführt werden müssen. Erst als Weisen symbolischer Selbstbegegnung lassen sich diese Bilder als vermittelnde, projektive Symbole zur Beschreibung auch der Wirklichkeit und Wirksamkeit Gottes in der Geschichte verstehen.

3) Die Eschatologie – eine regressive Mythologie der Zukunft

Wie also kommen *in psychologischem Sinne* eschatologische Visionen zustande? Auch wenn wir uns von den Visionserfahrungen im allgemeinen bereits eine gewisse Vorstellung zu erarbeiten versucht haben, so ist damit die spezifische Bilderfolge der eschatologischen Visionen doch noch nicht ohne weiteres verständlich, und wir müssen diese Frage daher bzgl. der Eigenart solcher Berichte noch einmal ganz neu stellen.

Man verbaut sich das Verständnis eschatologischer Bilder von vornherein, wenn man exegetisch und theologisch immer wieder gegen die Welt der Mythen polemisiert und um so energischer auf den geschichtlichen Inhalt der biblischen Prophetie und Eschatologie hinweist; der «gegenüber dem antiken Traditionsbegriff ... feste, unmythologische Bezug auf geschehene und zukünftige Geschichte»[23], auf den die gegenwärtige Theologie einen so großen Wert legt, ist gerade das Irrige in den prophetischen Eschatologien – *darin* liegt das eigentliche Problem, und die Wahrheit dieser Visionen, wenn es denn eine Wahrheit in ihnen geben soll, besteht gerade in ihrer Nähe zur Welt des Mythos.

Ein weiteres Mißverständnis der eschatologischen Visionen muß sich ergeben, wenn man bei der Interpretation dieser Bilder den Faktor der *Angst* und damit *der Regression* umgeht und wesentlich und unmittelbar den Aspekt der Hoffnung und der Progression in den Vordergrund rückt, wie es J. Moltmann in seiner hervorragenden Studie über die «*Theologie der Hoffnung*» getan hat, wenn er sagt: «Man treibt (sc. in Israel, d. V.) nicht mit dem Rücken zur Zukunft durch die Geschichte, den Blick immer wieder auf den Ursprung gerichtet, sondern geht der verheißenen Zukunft zuversichtlich entgegen. Nicht die Ur-

[23] J. Moltmann: Theologie der Hoffnung, 274.

Alten sind nahe der Wahrheit und näher den Göttern siedelnd, sondern die künftigen Geschlechter sind es, denen die Verheißungen vermittelt werden, damit sie die Erfüllung schauen werden.»[24] Auf diese Weise wird die nach vorn gerichtete Hoffnung zur alleinigen Grundlage der Eschatologie erklärt, und so verständlich diese Konzeption in Tübingen zur Zeit der Ära E. BLOCHS gewesen sein mag (vgl. I 236ff.), so wenig wird sie dem biblischen Befund selbst gerecht. Denn wohl ist es richtig, daß die Propheten nicht nostalgisch die Rückkehr in die Vergangenheit beschwören; wenn sie die Geschichte Israels als eine Geschichte des wachsenden Abfalls konzipieren, dann nicht, um irgendeine vergangene Generation als in sich vorbildlich für die Gegenwart hinzustellen. Gleichwohl benutzen sie die Traditionen des Exodus und des Sinai-Bundes oder die Traditionen vom Sion und vom Königtum Davids, um mit diesen *Symbolen* vergangener Erinnerung die Zukunft auszugestalten. Nicht die historische Vergangenheit als solche, wohl aber das symbolische Schema ihrer Erinnerungsgestalt liefert den Propheten die Bildvorlage, um die Zukunft vor sich zu sehen; und fügen wir noch hinzu, daß vor allem die Exodustradition der Bibel durch und durch nach archetypischen Motiven gestaltet und konzipiert ist – ganz so, wie in der Zionstradition die *Bilder* vom «Berg»[25] und vom «König»[26], weit entfernt nur historische Reminiszenzen zu sein, wesentlich *archetypische* Chiffren darstellen – so wird man nicht anders sagen können, als daß die Propheten in ihrer Eschatologie zwar nicht in literarhistorischer, wohl aber in strukturaler Betrachtung eine durch und durch *mythische* Sicht der Zukunft entwerfen, indem die gestaltende Kraft des Göttlichen am Ende einer bestimmten Zeit die geschichtliche Wirklichkeit gerade so prägen wird, wie sie es am Anfang getan hat[27]. Zwar verbleiben die eschatologischen Visionen der Propheten noch innerhalb der Geschichte, und sie haben es nicht, wie die Mythen, mit dem Beginn und dem Ende der Welt zu tun, aber schon im nächsten Kapitel, wenn wir uns mit der Apokalyptik beschäftigen, wird dieser Unterschied hinfällig werden; und vor allem gilt es festzustellen, daß die eschatologischen Bilder selbst der gleichen Einheit von psychischer Regression und Progression folgen, die wir bereits bei der Interpre-

[24] A.a.O., 275.

[25] Zum Archetyp des *«Berges»* in der Mitte der Welt vgl. M. LURKER: Der Kreis als Symbol: «Noch heute zeigt man in der Grabeskirche zu Jerusalem den Omphalos (sc. den Weltennabel, d. V.) in Gestalt eines becherförmigen Denkmals; für die Juden war ihre heilige Stadt auch das Zentrum der Welt getreu dem Wort bei Ezechiel (5,5), wonach Jerusalem in die Mitte aller Völker gestellt ist.»

[26] Vgl. zum Archetyp des *«Königs»* C. G. JUNG: Mysterium Conjunctionis, II 136, der im König ein Symbol des Geistes bzw. der «Bewußtseinsdominante» erblickt; vgl. bes. S. 121–132, wo er das Motiv von dem sterbenden König und dessen Erneuerung als religiöses Problem schildert. – Zum Ursprung und Wirken des *Königtums* im Alten Israel vgl. W. EICHRODT: Theologie des Alten Testamentes, I 295–308, der vor allem die mythisch-geschichtslose Gestalt des Königs als eines Gottessohnes der charismatischen Berufung des Königs in der Geschichtsvorstellung Israels gegenüberstellt.

[27] Zum Gedanken des *Kreislaufs der Zeit* vgl. E. DREWERMANN: Strukturen des Bösen, I ^{3}1981, S. 378–389.

tation mythischer und mythennaher Erzählungen beobachten konnten (vgl. I 230-250). Auch und gerade die eschatologischen Visionen stellen zunächst in psychologischem Sinne *regressive* Bewegungen dar, und auch sie folgen ganz und gar der «Sehnsucht nach dem (verlorenen) Paradies», die den Hintergrund aller großen Entwürfe transzendenter Hoffnung bildet.

Um die Eigenart eschatologischer Visionen zu verstehen, muß man deshalb zunächst danach fragen, was die Bewegung der Regression selbst verursacht. Dabei kommt es erneut darauf an, die *psychischen* Faktoren aus den zeitgeschichtlichen Bedingtheiten des politischen und sozialen Kontextes herauszuheben und zunächst rein in sich selbst im Umkreis des individuellen Erlebens zu betrachten; erst dann wird man verstehen, warum und in welcher Bedeutung damals wie heute immer die gleichen Bilder in der Seele eines Menschen sich zu regen vermögen, wenn bestimmte seelische Konflikte auf ihn einwirken; erst vom Erleben des Einzelnen her wird man dann auch begreifen können, wieso die Visionen einzelner zur Eschatologie einer ganzen Epoche werden können. Nur wenn wir verstehen, daß «Hoffnung» nicht abstrakt besteht, sondern sich an bestimmte, in der Seele eines jeden Menschen vorgegebene Bilder binden muß, um sich dem Gefühl und der Anschauung mitteilen zu können, wird man zu der symbolischen Seite der eschatologischen Visionen Zugang finden.

Dann aber muß man zunächst von Angst und Enttäuschung, statt von Hoffnung und Zuversicht sprechen. Sehr zu Recht und zugleich zu Unrecht schrieb M. BUBER: « ... die ‹eschatologische› Hoffnung ... ist zuvor immer Geschichtshoffnung; sie eschatologisiert sich erst durch die wachsende Geschichtsenttäuschung. In diesem Vorgang bemächtigt der Glaube sich der Zukunft als der unbedingten Geschichtswende, sodann der unbedingten Geschichtsüberwindung. Von da aus erklärt sich, daß die Eschatologisierung jener aktuell-geschichtlichen Vorstellungen (sc. der Erwartung eines sakralen Königtums, d. V.) ihre Mythisierung einschließt. Denn sowie der Glaube mehr und anderes als sein aktuelles Verhältnis zum Göttlichen aussprechen, sowie er also berichten und beschreiben und nicht bloß anrufen und ansagen will, muß er seinen Gegenstand mythisieren. Der Mythos ist die spontane und rechtmäßige Sprache des erwartenden und erinnernden Glaubens. Aber er ist nicht seine Substanz. Aus der mythischen Bildsamkeit sind die Bilder der Eschatologie, nicht ihr Antrieb und nicht ihre Kraft zu verstehen.»[28]

Richtig ist an dieser Konzeption, daß die Eschatologie aus einer Enttäuschung an der wirklichen Geschichte, gemessen an den prophetischen Geschichtshoffnungen, erwächst. «Die Entstehung der Eschatologie muß psychologisch erklärt werden», schrieb in gleichem Sinne S. MOWINCKEL, «sonst ist sie überhaupt

[28] M. BUBER: Königtum Gottes, II 490.

nicht erklärt ... Die Eschatologie ist als eine Flucht in die Zukunft unter dem enttäuschenden Druck einer neuen, strengen und noch ungewohnten Erfahrung der umgebenden Welt, als die alten Erfahrungen nicht mehr mit voller Echtheit erlebt werden konnten, aufzufassen, als ein Ausweichen vor dem Drucke in die Richtung des geringsten Widerstandes.»[29] Nur im Sinne einer solchen Psychologie der enttäuschten Hoffnung, die am Widerstand der Gegenwart zu scheitern droht und sich gegen das Scheitern wehrt, indem sie die drohende Geschichte in die Zukunft hinein überschreitet und, je radikaler die Herausforderung, die Überwindung *aller* Geschichte, wie sie ist und war, zu konzipieren beginnt, versteht man, daß eschatologische Prophezeiungen keineswegs nur in Israel ausgesprochen wurden, sondern immer wieder in Augenblicken auftauchen, wo ein Volk angesichts der faktischen Geschichte sich an den Rand seiner Existenz gedrängt sieht. – Beispiele dafür sind uns bereits in der Bewegung des *Geistertanzes* bei den Indianerstämmen Nordamerikas am Ende des vergangenen Jahrhunderts begegnet (vgl. I 128, Anm. 72; s.o. 93) oder in den endzeitlichen Erwartungen der aussterbenden Feuerlandindios (s.o. 327). – Die Eschatologisierung der Geschichtserwartung stellt mithin eine *ubiquitäre* Reaktionsmöglichkeit der menschlichen Psyche dar, um angesichts einer hoffnungslosen Gegenwart die Hoffnung trotz allem nicht preiszugeben. Dieser Deutungsansatz der eschatologischen Prophetie bei Buber und Mowinckel wird als richtig gelten dürfen.

Zutreffend ist vor allem auch die Feststellung Bubers von der *Mythisierung* der Geschichtshoffnung in der Eschatologie, indem hier die größere Zukunft Gottes nicht einfach angesagt bzw. als zugesagt verkündet, sondern in Bildern von grausiger Wucht und majestätischer Schönheit ausgemalt wird. Selbst wer nicht bereits in der Geschichtstheologie Israels selbst, in der Konzeption vom Handeln Gottes an seinem auserwählten Volke, im Grunde ein Fortleben mythischen Denkens erblicken will, wird doch nicht umhin können, die eschatologischen Visionen der Bibel mit den Bildern der Mythen vom Ursprung und vom Ende der menschlichen Geschichte zu vergleichen und dabei – vor allem in der Apokalyptik – ihre vollständige Übereinstimmung in allen wesentlichen Punkten festzustellen (s.u.S. 473ff.). Aus diesem Befund läßt sich psychologisch nur der Schluß ziehen, daß es in der menschlichen Psyche einen breit angelegten Schatz von Bildern gibt, in denen allein eine Hoffnung wider alle Hoffnung sich zu katalysieren vermag[30].

Dann aber ist an M. Buber dieselbe Frage zu richten wie an die protestantische

[29] S. Mowinckel: Psalmenstudien, II 324.

[30] Insofern die Glaubwürdigkeit der eschatologischen Hoffnungen wesentlich von der gefühlsmäßigen Evidenz der *Bilder* abhängt, ist es hermeneutisch ein schwerer Fehler, theologisch einen Erwartungsinhalt eschatologischer Aussagen abstrahieren zu wollen, der prinzipiell auf die Konkretheit der Bilder verzichten könnte.

Verwerfung der (mythischen) Bilder gegenüber dem verheißenden *Wort* eines bilderlosen Gottes: wie denn soll Gott, wenn die gesamte äußere Wirklichkeit als von Gott verlassen erscheint, sich dem Menschen anders mitteilen als in den Bildern der inneren Welt, um sich zu zeigen als Licht in der Finsternis, als Macht in der Ohnmacht, als Rettung im Untergang? Ohne die Annahme eines solchen Fundus von vorgegebenen Bildern der Hoffnung in den träumenden Schichten der Psyche eines jeden Menschen wird man die Eigenart der eschatologischen Visionen sowohl in ihren historischen Irrtümern wie in ihrer überzeitlich gültigen psychischen Wahrheit durchaus nicht verstehen können.

Allerdings wird man jetzt nicht einfach mehr sagen können, Gott erscheine in den Bildern der eschatologischen Zukunftsschau der Propheten oder er habe diese Bilder selber unmittelbar den Propheten eingegeben. Man wird theologisch allenfalls sagen können, daß Gott die Seele des Menschen allem Anschein nach so eingerichtet hat, daß sie mit einem absoluten Vertrauensvorschuß in Form von bildhaften Urszenen der Hoffnung und Geborgenheit auf die Welt gekommen ist; gegenüber möglichen Engpässen und Aussichtslosigkeiten in der äußeren Realität vermag der Mensch seelisch seine Ballance wiederherzustellen, indem er sich der Welt dieser Bilder in Ritus und Gebet, Meditation und Traum um so intensiver zuwendet. Was dann nach außen hin als bloßes Wunschdenken oder als Flucht in das Reich der Träume erscheinen mag, erweist seinen tiefenpsychologischen Sinn doch darin, daß nur auf diese Weise ein endgültiges Scheitern in Resignation und Verzweiflung vermieden werden kann. Unter dem Druck äußerer Blockierungen strömt die psychische Energie zurück zu den Urbildern eines paradiesischen Friedens und einer vollkommenen Geborgenheit, wie sie von den Psalmen jenseits der Katastrophe am Tag Jahwes, immer wieder beschrieben wird (vgl. z.B. Ps 23; 27; 62; 71; 91; 121; 124; 129 u.a.), und die Kraft und das Vertrauen, das aus diesen Bildern erwächst, um selbst die schwersten Einschränkungen und Rückschläge ohne seelischen Zusammenbruch durchstehen zu können, wird man auch im theologischen Sinne voller Dankbarkeit als von Gott gegeben und gewirkt betrachten können; es handelt sich aber um Offenbarungen Gottes nicht in der Gegenwart, sondern gewissermaßen vor aller Zeit und zu aller Zeit – ganz wie der Mythos es fordert –, und nur deshalb vermögen derart regressiv belebte Bilder eine Hoffnung zu vermitteln, die dem Ende aller Zeiten gilt. Auch die eschatologischen Visionen verdanken sich der Sehnsucht nach dem Ursprung, dem Menschheitsheimweh nach dem Paradies.

Von daher erledigt sich desgleichen der Vorwurf, jede *Beschreibung* der von Gott gestalteten geschichtlichen Zukunft bedeute einen Rückfall in den Mythos und stelle im Grunde eine Vermessenheit gegenüber der Unverfügbarkeit Gottes dar, indem an die Stelle des vorbehaltlosen Glaubens ein extremes Bedürfnis wisserischer Vergewisserung trete.

Die eschatologischen Visionen entstehen durchaus nicht gegen den Glauben, sie ereignen sich überhaupt nur kraft und vermöge des Glaubens; sie werden auch nicht von einer überbordenden Kraftentfaltung des Ichs getragen, sie beantworten vielmehr eine äußerste Infragestellung des Ichstandpunktes mit Hilfe einer Gegenregulation der Psyche in Form von Bildern, die vom Unbewußten her das Ich – oft genug gegen seinen Widerstand! – überschwemmen. Auf diese Weise ist es sehr wohl möglich, an Gott zu glauben und dennoch das Bilderverbot des Alten Israels zu übertreten, denn es «macht» in den eschatologischen Visionen der Mensch sich nicht selber Bilder des Göttlichen, wohl aber wagt er es, sich denjenigen Bildern in seiner Psyche anzuvertrauen, die von Natur aus in ihm angelegt sind und die unzweifelhaft von Gott stammen, wenn irgend der Schöpfungsgedanke von der Gottesebenbildlichkeit theologisch Sinn und Berechtigung besitzt. Freilich muß man das Anliegen der englischen *Deisten* dann ein Stück weit für berechtigt halten, es gebe, wie MATTHEW TINDAL schon 1730 sich ausdrückte, eine «*Christianity as old as the Creation*» (Ein Christentum, so alt wie die Schöpfung)[31], einen Glauben, der bereits begründet wurde, als Gott die menschliche Natur erschuf; ergänzen müßte man gegenüber dem Rationalismus jener Philosophen der Aufklärungszeit nur, daß die Kräfte dieses Glaubens offenbar einer Schicht der Seele angehören, die weit tiefer liegt als die menschliche Vernunft; denn gerade wo die menschliche Vernunft keinen Ausweg mehr sieht, beginnt dieser eigentümliche *Rückweg nach vorwärts*[32], auf dem die eschatologischen Visionen eine Zukunft von inner her eröffnen, die äußerlich vollständig verschlossen zu sein scheint.

4) Die bleibende Wahrheit der eschatologischen Bilder

Insofern sind die eschatologischen Visionen in wörtlichem Sinne Botschaften der Tiefe, Bildsequenzen aus dem Urgrund gegen den Abgrund, Erinnerungen an die Vorzeit zur Vergegenwärtigung der Endzeit, Aussichten vom Ende der menschlichen Geschichte für Menschen, die in der menschlichen Geschichte nach menschlichem Ermessen aussichtslos am Ende sind, radikale Abrechnungen mit der Vergangenheit zugunsten des Anbruchs einer völlig neuen Zeit. Doch um den Sinngehalt der endzeitlichen Geschichtsprophezeiungen zu verstehen, muß man sie, wie gesagt, aus dem geschichtlichen Kontext, an dem sie ausgelöst wurden, herauslösen und zunächst an den Ort ihres eigentlichen Ursprungs und ihrer bleibenden Wahrheit zurückversetzen: an die Stelle der

[31] Vgl. DURANT: Kulturgeschichte der Menschheit, XIII 372.
[32] Vgl. Tiefenpsychologie und Exegese, I 244.

individuellen Biographie. Statt in den eschatologischen Visionen (irrtümliche) Aussagen der künftigen Geschichte eines Volkes zu erblicken, sollte man sie zunächst (!) als Stabilisationsversuche der Psyche eines einzelnen mit Hilfe vorgegebener Bilder gegenüber einer äußersten Krise der Hoffnung interpretieren. Es spielt dann für die Auslegung derartiger Bilder prinzipiell keine wesentliche Rolle mehr, ob der «Tag Jahwes» über die Ägypter, über das Volk von Edom oder über die Babylonier in Aussicht gestellt wird. Auszugehen ist vielmehr von der *Typologie*, die, jenseits der konkreten historischen Situation, durch eine «traditionelle Abfolge» der Ereignisse am «Tag Jahwes» gekennzeichnet ist: «Kriegsruf, Entmutigung, Erdbeben, Verfinsterung, Jahwes Stimme»[33]. Wichtig ist ferner die Vorstellung, daß die gesamte bisherige Geschichte durch das erwartete Eingreifen Gottes *eine Zäsur* erfährt, die als Zeitenwende den Verlauf der Geschichte in ein wesensverschiedenes Vorher und Nachher teilt: die Zeit vor dem Tag Jahwes erweist sich, je länger, je eindringlicher, als eine Zeit der Erniedrigung, der Demütigung, der Zerstörung der eigenen Würde und Identität, und das wachsende Gefühl der Ohnmacht verbindet sich in Antwort darauf mit dem Glauben an eine absolute Machttat Gottes, aus der die eigene Berufung, die Verheißung der eigenen Größe in der Gestalt des Messias zu ihrer Erfüllung finden wird; dann erst, nach unvorstellbaren Kämpfen und Schrecken, wird ein Reich des Friedens anheben, und es wird sein wie in den Tagen des Mose beim Aufbruch zur endgültigen Freiheit oder wie in den Tagen des Davids, als Israel seiner unvertauschbaren Bestimmung unter den Völkern so sicher schien.
Im Sinne einer tiefenpsychologischen Interpretation derartiger Visionen kommt es darauf an, all die Momente «eschotologischer» Hoffnung nach innen zu ziehen und als Bilder eines psychischen Prozesses zu deuten, der phasenweise gegen alle Widerstände insbesondere einer unmenschlichen Vergangenheit die Gestalt einer wahren und eigentlichen Existenz hervorbringt.
Vor allem die Person des kommenden «Messias» ist als Verkörperung des «Selbst» zu verstehen, als Inbegriff der Einheit aller psychischen Gegensätze zwischen Bewußtsein und Unbewußtem[34]. Da der Begriff des «Selbst» schlecht-

[33] G. von Rad: Theologie des Alten Testamentes, II 135; vgl. A. Ohler: Mythologische Elemente im Alten Testament, 65–70, die im Hintergrund des Gotteskampfes gewisse naturmythologische Reste der Gotteserscheinung in Erdbeben, Sturm, Feuer und Gewitter erkennt; besonders der Schöpfungsmythos vom Kampf des Gottes gegen das Chaoswasser und seine Ungeheuer (a.a.O., 101–116) wird bei Ezechiel (z.B. 12,13), Deuterojesaja (27,1) und in den Psalmen (z.B. 68, 31; 74; 89) zu Bildern geschichtlichen, eschatologischen Vertrauens umgeformt.

[34] Zum Bild des *Messias* vgl. C. G. Jung: Seele und Erde, X 59, wo er die Messiasvorstellung in Anlehnung an den Archetyp der Heldengeburt deutet, sowie ders.: Ein moderner Mythus, X 355–356, wo er (in Anlehnung an die *Himmelfahrt des Elija*) das «Bild der großen, gottmenschlichen Persönlichkeit, des Urmenschen ... des islamischen Chadir, ... der ... auf der Erde wandert als eine menschliche Personifikation Allahs», mit der Messiasvorstellung verbindet, indem das Seelensymbol der Ganzheit als Gottesbild erscheint.

hin erfahrungstranszendent ist, verdichten sich in ihm Hoffnungen, die in der Tat auf einen Bruch mit der gewohnten Welt und ihrem scheinbaren Realitätssinn hinauslaufen – eine dramatische Umwertung aller Werte geschieht, die nicht vom bewußten Willen und den Kräften des Ichs geplant und herbeigeführt wird, sondern die von innen her reift und zum Durchbruch kommt, buchstäblich wenn die Zeit dafür reif ist. Dieser Umstand sowie die Tatsache, daß der seelische Komplex, der die höchste Energie auf sich vereinigt – eben das Selbst – als «Gott» wahrgenommen und tiefenpsychologisch in der Terminologie C. G. JUNGS deshalb auch so bezeichnet wird, macht es verständlich, daß es in den eschatologischen Hoffnungen nicht «der Mensch» (das bewußte Ich) ist, dessen Durchsetzung zum Heil führt, sondern das Wirken einer anderen, absolut überlegenen Macht, an der alle fremde Gewalt zerschellen muß[35].

Was in den eschatologischen Visionen als Thema der Geschichte und als Hoffnung auf ein Ende der Geschichte gemeint ist, erscheint tiefenpsychologisch mithin als ein Thema der inneren seelischen Entwicklung und als Ausdruck des Verlangens nach der endgültigen Gestalt des Selbst. Erst von der Tiefenpsychologie her wird unter diesen Voraussetzungen verständlich, warum in den eschatologischen Visionen das Handeln Gottes ohne Widerspruch durch das Handeln des Gesalbten Gottes, des Messias aus David, ersetzt werden kann; denn der Archetyp des *Königs* steht in jedem Falle für die Sphäre des Selbst, gleichgültig, ob seine Gestalt auf das Königtum Gottes oder das Königtum des Messias bezogen wird. Allerdings erscheint die Person des *Messias* noch sehr in die inneren Kämpfe und Auseinandersetzungen verwickelt, die dem Durchbruch der eigentlichen Persönlichkeit vorausgehen, und insofern ist die Friedensherrschaft «Gottes» nicht ohne weiteres identisch mit dem kämpferischen Reich des Messias; aber es handelt sich bei solchen Unterscheidungen offenbar nur um Akzente bzw. um Phasen innerhalb ein und desselben Prozesses. Alles hingegen, was der psychischen Entwicklung des Selbst dient, läßt sich wirklich nicht anders verstehen denn als Erfüllung einer Verheißung «am Anfang»: des Wesensauftrags, die eigene Freiheit und Unabhängigkeit von allen äußeren und inneren Bindungen zu gewinnen, mithin einen «Exodus» aus der Verhaftung an die Gunst anderer Menschen sowie aus der Verhaftung an das eigene Ich zu wagen und dabei zugleich – im Bild von dem Zionsberg – das eigene Zentrum, die Mitte des Herzens zu finden[36].

Um sich eine Vorstellung zu machen, wie *im wirklichen Erleben* ein Prozeß der Reifung entlang solchen Bildern eschatologischer Visionen thematisch erfahren werden kann, sei als Beispiel eine Frau von etwa 24 Jahren erwähnt, die ihr

[35] Zum Verständnis des *«Gottes»-Begriffs* bei C. G. JUNG vgl. E. DREWERMANN: Strukturen des Bösen, II 33–37.

[36] Zum Symbol des *Berges* s. o. S. 347, Anm. 25.

gesamtes bisheriges Leben damit hat verbringen müssen, den überzogenen, aus eigenen Minderwertigkeitsgefühlen geborenen Leistungsforderungen ihres Vaters nachzukommen. Gemäß dem Willen ihres Vaters hatte diese Frau schon als Mädchen gelernt, daß sie nur geliebt wurde, wenn sie durch die Gewandtheit ihres Auftretens, die Anmut ihres Äußeren und die Geistreichigkeit ihrer Rede die Aufmerksamkeit aller anderen auf sich zog – einzig als Stolz ihres Vaters verdiente diese Frau Achtung und Wertschätzung. Von früh an war sie schon als Mädchen in gewisser Weise eine Auserwählte, aber sie war auch eine vollkommen Abhängige. Wohl gelang es ihr scheinbar mühelos, den an sie gestellten Erwartungen ihres Vaters zu entsprechen: in strahlender Leichtigkeit war sie die Klassenbeste in der Schule, sie galt als Ballkönigin beim Tanz, sie brachte das Kunststück fertig, die Liebesanträge aller Jungen von weitem abzuweisen, um keine Zeit für das kostbare Studium als Studienrätin oder, wer weiß, als Promoventin in Germanistik und Theologie zu verlieren – kurz: sie blieb auf Jahre hin in allem die treueste Geliebte ihres Vaters; sie besaß alle Vorzüge; sie erreichte jedes Ziel, das ihr gesteckt wurde; sie ward von allen ringsum beneidet; – doch niemand fragte sie nach dem Preis eines solchen Lebens, und sie selber fragte sich danach scheinbar am wenigsten. Sie lebte, wie sie gelebt wurde, wähnend, selber zu leben.

Die Krise dieses nach außen so glücklichen Lebens begann, als sie mit 24 Jahren, fast schon am Ende ihrer Ausbildung, einen jungen Theologiestudenten kennenlernte, der in seiner Person das genaue Gegenbild ihres Vaters verkörperte, aber eben deshalb auch vom anderen Ende her das Bild des Vaters wiederaufgriff. Dieser junge Mann schien auf eigenartige Weise verträumt zu sein, indem er durch seine ganze Art all die Lebensinhalte infrage stellte, auf welche der Vater des Mädchens ausschließlichen Wert legte: statt irdischen Wohlergehens in sorglosem Komfort und sicherem Besitz glaubte und suchte er ein unendliches Glück in der Ewigkeit, statt des Programms von Leistungsstolz und äußerem Erfolg bemühte er sich, so gut es ging, um geduldiges Zuhören und vorurteilsloses Verstehen, und gerade diese Gegenläufigkeit zu ihrem ganzen bisherigen Leben faszinierte die junge Frau. Fast instinktiv ahnte ihr Vater die prinzipielle Herausforderung, die ihm in der Person dieses Theologiestudenten gegenüber seiner ganzen Lebensauffassung erwachsen mußte, und entsprechend heftig fiel seine Reaktion aus: der junge Mann, erklärte er, könne als Theologe seine Zuneigung gar nicht ernst meinen, denn sie werde ihn seinen Beruf kosten – ein für ihn selbst undenkbarer Gedanke. Als der Student aber dann tatsächlich seinen ursprünglichen Berufswunsch aufgab und, wie seine Freundin, ins Lehramt für Deutsch und Religion umstieg, nannte der Vater ihn einen Versager, Phantasten und Nichtskönner, bei seiner Tochter aber brach ein Gefühlszustand aus, der in der Tat einem Kampf auf Leben und Tod glich. Von der Liebe ihres Vaters getrennt, fühlte die junge Frau sich von schweren Schuldgefühlen ge-

plagt und innerlich wie vernichtet; sie empfand sich als undankbar, unzuverlässig, treulos und würdelos, andererseits aber mochte sie auch die Zuneigung ihres jugendlichen Liebhabers nicht vermissen.
So brach innerlich ein Krieg aus, der symbolisch ganz und gar den Bildern glich, mit denen in der Bibel der Tag Jahwes geschildert wird: Seelenverfinsterung und Traurigkeit bestimmten das Erleben der jungen Frau; der Boden schien ihr unter den Füßen zu wanken; innerlich fühlte sie sich leer und ausgebrannt, und ruhelos von allen Seiten erlebte sie sich in einem ständigen Kampf nach innen und außen. Gleichwohl – das wußte sie – war dieser Kampf unerläßlich, um die jahrzehntelange, jetzt als drückende Unfreiheit erlebte Vaterherrschaft abzuschütteln; ja, dieser innere Krieg auf Leben und Tod, diese radikale Kritik an allem Gewesenen, wäre nie entstanden ohne den Aufbruch zu einer völlig neuen Art, sich selbst und das Leben zu sehen; und insofern gab es eigentlich keinen Zweifel über den Ausgang des Konfliktes: wenn jemals so etwas wie Freiheit, Selbstentfaltung und Weite in das Leben dieser jungen Frau kommen sollte, so war sie es sich förmlich selber schuldig, der Liebe dieses Studenten zu glauben und ihren Wert und ihre Würde nicht länger mehr in die Zufriedenheit ihres Vaters und die Erfüllung seiner Wertmaßstäbe, sondern in die Entfaltung ihrer eigenen Persönlichkeit zu setzen.
In ihr selber lebte eine ungeheure Sehnsucht nach einer Zuwendung, die vorbehaltlos und bedingungslos nur sie selber meinte, und dafür war sie bereit, alles einzusetzen. Ohne es zu planen oder zu berechnen, wuchs und reifte in ihr eine Persönlichkeit, die bei weitem ihre erziehungsbedingten Grenzen überschritt und sich auf Erfahrungen einließ, die ihr zuvor nur als Abweichungen vom Pfad der Vernunft, der Zielstrebigkeit und der guten Sitten erschienen waren. Dafür aber wurde sie innerlicher, suchender, tiefer, teils nachdenklicher, teils vertrauensvoller und insgesamt verständnisbereiter, vorurteilsloser, selbständiger, wagemutiger, mit sich selbst zufriedener und doch zugleich von innen her anspruchsvoller und wahrhaftiger; aus einem Leben in fremden Rollenerwartungen war eine umfassendere Persönlichkeit, eine reifere Gestalt der Menschlichkeit hervorgegangen. Fragte man die junge Frau indessen nach dem Geheimnis ihrer Verwandlung, so konnte sie nur sagen, daß sie sich so angenommen fühlte wie noch nie in ihrem ganzen Leben und daß in diesem Klima eines vollkommeneren Angenommenseins alles, was in ihr lag, wie von selber zur Entfaltung drängte.
Erfahrungen dieser Art können inhaltlich auf der individuellen Ebene wohl wiedergeben, was in den mythischen Symbolen der eschatologischen Visionen der Bibel mit «Krieg» und «Exodus», mit dem Kommen der «Messias-Gestalt» und mit dem Kommen aller Völker zum «Berg» am Mittelpunkt der Welt in psychologischer Sicht gemeint ist. Vor allem zeigt sich an diesem Beispiel, wie die Vorstellung subjektiver Erwähltheit in gewissem Sinn mit einer dramati-

schen Fehlentwicklung der Vaterbindung einhergehen kann, und es wird in jedem Falle deutlich, daß die eschatologischen Visionen recht eigentlich den Erlebnisraum von Menschen widerspiegeln, die erst mit ihrer gesamten Vergangenheit brechen müssen, um zu sich selbst zu finden.

Lediglich *ein* ganz entscheidender Punkt kommt prinzipiell immer wieder zu kurz, wenn man die Sprache der Religion in die Terminologie der Tiefenpsychologie *C. G. Jungs* übersetzt: die absolute Bedeutung der Partnerschaftlichkeit und der Personalität der Liebe bei allen Formen menschlicher Reifung[37]. Selbst wenn man unterstellt, daß die mythische Symbolsprache der biblischen Eschatologie sich korrekt als Chiffrierung innerer Reifungsvorgänge lesen und verstehen läßt, so macht unser kleines Beispiel doch deutlich, daß die Bibel in diesem *einen* Punkte nicht mit Hilfe der Tiefenpsychologie entmythologisiert bzw. entsymbolisiert werden darf: daß es für einen Menschen eines absoluten Gegenübers der Liebe bedarf, um seiner eigenen unveräußerlichen Personalität und wahren Gestalt inne zu werden. In der existentialen Hermeneutik R. BULTMANNS z.B. muß die Frage schlechterdings unbeantwortbar bleiben, warum, wenn so vieles im Sprechen von «Gott» entmythologisiert werden muß, nicht auch das Sprechen von Gott selbst als mythologischer Rest zu entfernen ist[38]. Erst die Psycho-

[37] Wenn C.G. JUNG: Antwort an Martin Buber (1952), XI 661–662 erklärt, er untersuche nur, wie das Gottesbild als autonomer, seelischer Inhalt (in Visionen, mystischen Erfahrungen etc.) dem Ich gegenüber zu treten vermöge, und es genüge ihm der Archetyp dieses Bildes «vollkommen», so gibt er, ohne es zu wollen, dem Vorwurf BUBERS eigentlich recht, im Grunde Empirismus als Gnostizismus zu betreiben. Man kann zu Recht sagen, das Gottes*bild* könne «nicht losgelöst vom Menschen existieren», aber JUNG erklärt: «Gott könne» es nicht, und das ist zweifellos eine transzendente gnostische Behauptung, indem Gott als nichts anderes verstanden wird als das «Gottesbild». Es kommt aber auch psychotherapeutisch sehr darauf an, eine Metaphysizierung des Psychischen bzw. eine Psychologisierung des Metaphysischen zu vermeiden; denn die Art, in der die Archetypen dem Ich des Menschen entgegentreten, hängt sehr von der Art ab, in der das Ich im Gegenüber einer anderen Person in sich gefestigt ist oder nicht. An dieser Stelle wird die «objektale» Betrachtung FREUDS ewig ihr Recht behalten: an Personen scheitern Menschen, ehe sie an sich selber scheitern, und jenseits aller Bilder ist es wichtig, eine Person zu glauben, die in allen Bildern lebt und doch, um diese Bilder integrieren zu können, als Person mehr sein muß als alle Bilder; um selbst den Weg der Personwerdung zu beschreiten, muß der Mensch *im Bewußtsein* Gott als eine absolute Person glauben können, die ihm die Angst nimmt, dem Heerbann der eigenen Bilder zu begegnen.

[38] Vgl. die sehr berechtigte Kritik bei K. HOLLMANN: Existenz und Glaube, 99: «Der Mensch soll einen Glauben vollziehen, dessen personales Gegenüber (denn allein eine Person kann den Menschen zum Vollzug seiner gesamten Existenz führen) nicht mehr erkennbar ist. Jesus selbst teilt das Schicksal, das dem gesamten Heilsgeschehen in der Theologie Bultmanns widerfährt: Er wird zur Funktion des menschlichen Selbstverständnisses und hängt in seiner Bedeutung ab von der Bedeutsamkeit, die ihm vom Vollzug der menschlichen Existenz zugeschrieben wird.» Tatsächlich liegt die Gefahr eines solchen Verlustes des dialogischen Prinzips des Glaubens in der theologischen Dialektik des Grundansatzes der existentialen Hermeneutik BULTMANNS. «Der übersteigerte Transzendenzbegriff», schreibt HOLLMANN, «der Bultmanns Gottesvorstellung kennzeichnet, ist eine Mischung aus dem mitgebrachten Erbe der dialektischen Theologie und aus exegetischer Einzelanalyse biblischer Texte. Insbesondere hat aber die dialektische Theologie mit ihrer Abwehr aller Vermenschlichung Gottes und ihrer Betonung des nicht erheblich genug zu veranschlagenden Abstandes zwischen Gott und Welt bei Bultmann unauslöschliche Spuren und Wirkungen hinterlassen.» (A.a.O., 67)

logie der *Angst* zeigt, wie sehr ein Mensch innerlich blockiert bleiben muß, wenn er in seiner Existenz nicht auf absolute Weise sich von einer absoluten Freiheit getragen sieht. Der innere Prozeß der Selbstwerdung kommt nicht allein dadurch zustande, daß das seelische Bild des Selbst, der «Gott» der Psyche, danach drängt, sich zu entfalten, vielmehr werden die Kräfte zur Selbstfindung und -entfaltung erst geweckt, wenn es ein Gegenüber gibt, in dessen Liebe die eigene Person sich ganz und gar um ihrer selbst willen gemeint, getragen und umfangen fühlen kann. Erst im Medium des Lichts und der Wärme erblühen Rosen zu ihrer Gestalt, und erst im Umraum der Liebe vermögen Menschen zu ihrer Wesensgestalt sich zu entwickeln[39].

Diese *absolute Dimension des Personalen* ist schon deshalb nicht in innerpsychischen Prozessen aufzulösen, weil die Erfahrung der absoluten Bedeutung und Wichtigkeit der eigenen Person nur an der Person eines anderen zustande kommen kann, der mit seiner Zuwendung die eigene Person für absolut wichtig und bedeutend nimmt. Wohl ist ein jeder Mensch an sich eine absolut einmalige Hervorbringung der Natur; aber auch von dem Kristallgitter der Schneeflocken gilt: eine jede ist ihrer Struktur nach einzig und unwiederbringlich[40]. Die entscheidende Frage lautet, wie die Bestimmungen der Einmaligkeit und Unvertauschbarkeit aufhören, bloß physikalische (oder biochemische) Tatsachen zu sein, und wie sie zur geistigen Grundlage eines ganzen Lebensaufbaus, mithin zum Prinzip einer unveräußerlichen Wahrheit erhoben werden können. Zwar bringt die Natur im Rahmen ihrer allgemeinen Gesetze immer wieder Gebilde hervor, die in sich selbst unwiederholbar sind, aber sie meint die Individuen nicht in sich selbst. Damit ein Mensch sich als eine Person zu entdecken vermag, die eine unvergleichliche «königliche» Würde besitzt – um die Symbolik der «Messias»-Gestalt aufzugreifen – bedarf er einer anderen Person, die ihm mit einem solchen Respekt und einer solchen Hochachtung begegnet, wie sie einem König gegenüber angemessen ist. Zu der Entdeckung ihrer absoluten Bedeutung gelangt die menschliche Person durchaus erst in der Liebe einer anderen Person,

Tiefenpsychologisch betrachtet, zeigt sich an dem Dilemma einer «bilderlosen» Theologie, daß am Ende auch der Begriff der Person, erst der Personalität Gottes, dann aber auch der Begriff der Personalität des Menschen, ins Wanken geraten muß; die Ebene der Bilder, der konkreten Poesie des Personalen, bildet die wesentliche Brücke personhafter Beziehung; und umgekehrt wird die Ebene der Bilder nur dann ihre wegweisende und hilfreiche Funktion behalten können, wenn sie von dem Vertrauen in ein absolutes, personhaftes Gegenüber umfangen und getragen wird.

[39] Vgl. E. Drewermann: Strukturen des Bösen, II 420–430, zur Sintflutmythe als Kritik an der vermeintlichen Selbstgenügsamkeit der archetypischen Welt bei C. G. Jung.

[40] Vgl. M. Eigen – R. Winkler: Das Spiel, 125, Abb. 22, die Abbildung der wunderbaren Symmetriemuster von Schneekristallen: «Kleinodien, Ordenssterne, Brillantagraffen, wie der getreueste Juwelier sie nicht reicher und minuziöser hätte herstellen können . . ., und unter den Myriaden von Zaubersternchen in ihrer untersichtigen, dem Menschenauge nicht zugedachten, heimlichen Kleinpracht war nicht eines dem anderen gleich.» (Zit. n. Th. Mann)

für die sie eine absolute Bedeutung besitzt, und das Schönste, was Menschen einander zu schenken vermögen, ist diese Verführung zu dem Glauben an die Ewigkeit und Unsterblichkeit der eigenen Person in der Zauberkraft der Liebe. Ein jeder Mensch ist als irdische Existenz nicht weniger hinfällig und zerbrechlich als Schneeflocken im Wind; aber in der Liebe erhebt er sich über die Natur und eröffnet dem anderen in dem Gefühl einer überfließenden Dankbarkeit für die Schönheit seiner Existenz einen Einblick in die Sphäre einer absoluten Personalität und Liebe, die als Grund und Ursprung allen Seins erscheint.

Insofern ist der Bibel ganz und gar zuzustimmen und es muß gerade von seiten der Psychologie als gültige Wahrheit aller eschatologischen Aussagen über die menschliche Hoffnung auf Ganzheit und Selbstfindung mit Nachdruck herausgestellt werden, daß das Sprechen von Gott, so schwankend in den Bildern und Anschauungsformen auch immer, in sich selbst nicht in die Beschreibung des psychischen Individuationsprozesses integriert werden darf, sondern vielmehr als tragende Bedingung der Möglichkeit von Individuation überhaupt verstanden werden muß[41]. Allerdings ist zuzugeben, daß in den eschatologischen Visionen selbst die psychologische Ebene der Erfahrung mit der metaphysischen Ebene der Welt an sich, wie in den Mythen, miteinander identisch gesetzt wird, und es bildet daher eine Hauptanforderung an eine sachgemäße theologische Interpretation solcher Erzählungen, diese Vermischung der Ebenen rückgängig zu machen und zwischen der Bedingung der Wirklichkeit und der Erscheinung bzw. der Erfahrung der Wirklichkeit sorgfältig zu unterscheiden. Das Bild eines Gottes z.B., der am Tag seines Kampfes weithin die Feinde zerschmettert, gehört als historisch bedingte Vorstellung ein für allemal der Religionsgeschichte an und ist (hoffentlich!) ohnmächtig in der Gegenwart; es besitzt auch theologisch an sich keine Wahrheit; gleichwohl läßt sich von seiten der Psychologie die bleibend gültige Wahrheit dieses Bildes gut verstehen, denkt man an die seelischen Auseinandersetzungen und Kämpfe, die ein jeder Mensch durchzustehen hat, der es wagt, sein wahres Selbst zu entfalten; und da dieses Wagnis selbst nach dem Gesagten sich als ein Geheimnis zwischen Personen ereignet und nicht als bloße Folge psychischer Entwicklungsgesetze zustande kommt, hat die Bibel psychologisch nicht unrecht, wenn sie Gott als einen großen Krieger und unvergleichlichen Kampfhelden preist[42].

Dennoch ist damit der Bedeutungsgehalt der eschatologischen Visionen noch nicht wirklich erfaßt und es käme einer schweren Verkürzung der Aussageab-

[41] Es liegt hierin die ewig berechtigte Wahrheit und für alle Zeiten gültige «Leistung» vor allem des Alten Testamentes in seinem Kampf gegen die Welt der Götter; vgl. E. Drewermann: Strukturen des Bösen, III 554–558.

[42] Nur von daher wird es auch heute noch eine Berechtigung geben, solche Psalmen zu beten wie Ps 144,1. Vgl. E. Drewermann: Der Krieg und das Christentum, 198–201.

sicht derartiger Visionen gleich, wollten wir zu ihrer Auslegung bei einer rein individualpsychologischen Hermeneutik stehenbleiben; vielmehr stellt sich *das Problem der inhaltlichen Beziehung* jetzt in besonderer Weise.

Wir haben – ähnlich wie bei der Interpretation archetypischer Erzählungen im 1. Bd. der vorliegenden Arbeit – bereits gesehen, daß die eschatologischen Verheißungen, wenn man sie als *Symbole* der Psyche versteht, sich auf *jede* seelische Entwicklung beziehen lassen, in deren Verlauf das eigentliche Wesen der Persönlichkeit gegen alle möglichen inneren und äußeren Widerstände sich zu seiner Verwirklichung durchkämpft. Es spielt dabei für die Interpretation an sich keine Rolle, ob der Symbolismus selbst in seiner reinen Gestalt auch subjektiv in Form von Visionen wahrgenommen wird oder ob er sich lediglich als poetische Bildebene im konkreten Erleben verdichtet und herstellt. Wohl bedeutet es *für den Einzelnen* einen außerordentlichen Unterschied, ob er selbst in seinem Leben sich gewissermaßen auf eschatologische Weise lebendig erlebt, oder ob er die Bilder seiner Hoffnung, abgetrennt von der Wirklichkeit seiner selbst, in isolierter Form als objektive Verheißungen wie von fernab auf sich zukommen sieht: der Faktor der Angst, das Ausmaß an Leid und Zerrissenheit, die Größe der Sehnsucht sind in letzterem Falle notwendigerweise bis zur Grenze des seelisch Erträglichen ins schier Maßlose gesteigert; auch läßt die Dynamik von Resignation, Selbsthaß, Zorn, Rachephantasien und reaktiven Selbstbehauptungsversuchen die eschatologischen Visionen als kompensatorische Gegenbilder zu schweren Gefühlen der Demütigung und des drohenden Selbstverlustes erscheinen, und für die Art des Selbsterlebens kann sich aus diesen Faktoren eine außerordentliche Spannbreite unterschiedlicher Gefühle ergeben. Wesentlich für die *objektive* Bedeutung der eschatologischen Bilder selbst aber sind diese Unterschiede der subjektiven Selbstwahrnehmung nicht.

Indessen entsteht jetzt eben dadurch die Frage, auf welche konkreten Inhalte von Hoffnung die zunächst isolierten eschatologischen Schemata für den heutigen Leser sinnvollerweise zu beziehen sind. Gerade wenn wir die eschatologischen Visionen zunächst aus dem historischen Kontext ihrer Entstehung herauslösen und von der Psychologie der Individuation her zu verstehen suchen, können wir die Interpretation dieser Bilder erst für befriedigend erklären, wenn wir ihnen erneut ein Feld *überindividueller* Bedeutungsinhalte zuordnen, auf dem sie sich in der Gegenwart verwurzeln lassen. Denn was die eschatologischen Visionen der prophetischen Verkünder jederzeit von den Privatträumen eines einzelnen unterscheidet, ist, dem Gesagten zufolge, gerade nicht der Symbolismus der Bilder an sich, wohl aber der Umstand, daß ihre Visionen *für eine größere Menschengruppe belangvoll* waren (und sein sollen), indem sie auf eine seelische Notlage und Herausforderung zu antworten suchten und zu antworten vermögen, die gerade nicht rein individueller Natur war, sondern eine übergreifende Gültigkeit für viele Menschen besaß.

An dieser Stelle entsteht zugegebenermaßen so etwas wie ein hermeneutisches Loch. Niemand mehr wird sich theologisch für legitimiert halten dürfen, wenn er die Bibel mit ihren eschatologischen Verheißungen bemüht, um bestimmte Zeitereignisse wie Krieg, Hunger, wirtschaftliche Depression oder nationale Bedrängnis und Entwürdigung nach eschatologischen Vorbildern zu deuten. Die geistigen Verwirrungen in der Zeit des Zwölfjährigen Reiches sollten endgültig genügt haben, um die Gefahren eines politischen Chiliasmus oder gewisser nationalistischer Ideologien sich bewußt zu machen[43]. Die Ankunft des Messiaskönigs, wenn sie mehr sein will als das symbolische Ziel der Menschwerdung eines Einzelnen, kann eine sinnvolle Aktualität nur behalten, wenn sie sich auf die Möglichkeit der Menschwerdung eines *jeden* Menschen bezieht, und nachdem wir die Bedeutung der eschatologischen Bilder *qualitativ* für den Einzelnen ins Unendliche gesetzt haben, müssen wir sie nun auch *quantitativ* verunendlichen.

Allein im Sinne eines humanistischen Universalismus sind die Krisen, die Sorgen, die Verzweiflungsausbrüche, die Gefühle ohnmächtiger Wut und die Gefühle sieghafter Hoffnung zu verstehen, die ihren Niederschlag in den eschatologischen Visionen der Propheten gefunden haben. Man kann verzweifelt sein an den spezifischen Einengungen des *persönlichen* Lebens, und auch in diesem Falle vermögen die eschatologischen Visionen zu leiten und zu trösten; aber man kann auch verzweifelt sein an dem Unrecht, an der Gewalt, an der Unmenschlichkeit, die Tausenden, ja Millionen von Menschen auf dieser Erde immer wieder zugemutet werden, und *das* ist der eigentliche Fall der Propheten und der Bilder ihrer verzweifelten Hoffnung, auch heute. Unter Umständen wird man dann den «Tag Gottes», das «Erdbeben» der Geschichte und die «Verdunkelung» der bürgerlichen Scheinaussichten, förmlich herbeiwünschen, damit endlich eine unmenschlich scheinende Geschichte ihr Ende finden möge – denn erst jenseits einer totalen Abrechnung mit allem, was bisher Geschichte hieß, wird unter den Augen Gottes Frieden möglich sein.

Von daher ist auch die Gemeinsamkeit und Differenz zu dem Anliegen der *sozialhistorischen Hermeneutik*[44] und der *Theologie der Befreiung*[45] ein Stück weit

[43] Auch der Zionismus steht in der Gefahr einer solchen Ideologiebildung, vgl. Tiefenpsychologie und Exegese, I 297.

[44] Die sozialhistorische Hermeneutik stellt u.a. einen Versuch dar, die Kluft zwischen Jesus von Nazareth und dem Christus des Glaubens zu schließen. Vgl. L. SCHOTTROFF – W. STEGEMANN: Jesus von Nazareth – Hoffnung der Armen, 11–15. Indem die Leben-Jesu-Forschung daran verzweifelte, ein Portrait der Person Jesu zu gewinnen, muß es nach BULTMANN auch für unwahrscheinlich gelten, mit philologischen Mitteln die Worte oder die Botschaft Jesu aus den Texten der Gemeinde rekonstruieren zu können. Die sozialhistorische Hermeneutik indessen geht von der Annahme aus, daß die soziale Situation der Jesusbewegung keine andere war als die der späteren Gemeinde; es waren die Armen, Unterdrückten (Sklaven, Frauen, Tagelöhner), die die spätere Gemeinde bildeten, und sie waren offenbar auch diejenigen, die sich dem historischen Jesus

zu betonen. Solange auf dieser Erde Menschen hungern und im Elend leben, in Abhängigkeit gehalten werden und *strukturell* ins Unrecht gesetzt werden, besitzen gerade die eschatologischen Bilder der Bibel den Charakter zukunftgestaltender Utopie, den E. Bloch ihnen zugesprochen hat (vgl. I 232). Gott spricht *auch* und wesentlich in den Hilferufen der Notleidenden und in den Flüchen der Verzweifelten, und kein Mensch wird verstehen, daß Brot und Wein, Gewand und Mahl, Haus und Heim, Stadt und Garten, Reichtum und Fülle *Symbole* des ewigen Lebens sind, solange seine irdische Existenz einer Folterkammer von Hunger, Nacktheit, Heimatlosigkeit und Armut gleicht. Kein

anschlossen. Vgl. W. Stegemann: Das Evangelium und die Armen, 26–27. Sozial gesehen, existiert also eine Kontinuität, wo sonst der historische Graben trennt. Darüber hinaus gilt die sozialgeschichtliche Frage natürlich nicht (nur) der Vergangenheit. «Ihr eigentlicher Grund ist ein theologischer. Jesusnachfolge ist ein Weg, der Menschen zusammengeführt hat, die in Not waren. Diese Not ist damals wie heute auch die Not, die Unterdrückung, Haß, Gewalt und Ausbeutung erzeugen. Wer Jesusnachfolge auf ein Geschehen in den Herzen und in den privaten, zwischenmenschlichen Bezügen konzentriert, *beschränkt* die Jesusnachfolge, verharmlost Jesus.» L. Schottroff – W. Stegemann: Jesus von Nazareth, 14. Man verdankt der sozialhistorischen Fragestellung eine Reihe brauchbarer Ergebnisse über die gesellschaftliche Lage bestimmter sozialer Gruppen und Schichten zur Zeit Jesu sowie eine zweifellos berechtigte Betonung der ethischen Seite der Botschaft Jesu. Die Frage aber bleibt, woher die Kraft stammen soll, die Abgrenzungen und Barrieren sozialer und struktureller Inhumanität zu durchbrechen, wenn nicht aus der Evidenz einer Brüderschaft aller Menschen durch eine tiefere religiöse Erfahrung, wie sie in Jesus verkörpert war. Die Religion ist «früher» als das soziale Engagement, und es ist offenbar eine große Gefahr, die alte Überbetonung individueller Ethik in der traditionellen Theologie in anderem Gewande fortzusetzen und noch zu steigern, indem man sie ins Kollektive ausdehnt. Die Verwandlung des Evangeliums in eine neue Gesetzlichkeit, verbunden mit einem enormen Anwachsen individueller Schuld- und Ohnmachtsgefühle, ist die erste Folge, die faktische Belanglosigkeit und Doppelbödigkeit dieser Theologie die zweite. Am Ende wird es gut verträglich scheinen, es als «Jesusnachfolge» zu bezeichnen, wenn man als Dozent der Theologie privat ein gutes Ein- und Auskommen besitzt, während man die Beseitigung des Unrechts als Postulat an die Welthandelskonferenz delegiert. Tatsächlich gab es einen völligen «Besitzverzicht der Jünger» »in der außergewöhnlichen Begegnung mit Jesus» (a.a.O., 107), entscheidend aber ist, daß dieser Verzicht «keine ethische Begründung» besaß, sondern aus der religiösen Haltung Jesu sich wie von selbst ergab. Die Änderung der inneren Einstellung, nicht das soziale Engagement war also das Primäre. Zudem ist es in historisch-kritischer Sicht gewiß nicht zutreffend, das Sprechen von den Armen, Blinden, Lahmen etc. nicht wesentlich *symbolisch* aufzufassen, wie es Jes 61,1ff. u.a. nahegelegt (vgl. Lk 4,18–19). Schließlich wird im NT nirgendwo – außer in den Wundererzählungen der Apostelgeschichte – die Befreiung eines politischen Gefangenen berichtet, wie es eine wörtliche Befolgung z.B. von Jes 58,6ff. verlangen würde. – Zur Frohbotschaft Jesu für die Armen vgl. J. Jeremias: Neutestamentliche Theologie, I 110–123, der es für «gesichert» hält, «daß die ‹Armen› die Niedergedrückten im ganz umfassenden Sinne sind: die Bedrängten, die sich nicht verteidigen können, die Verzweifelten, die Heillosen ... Ursprünglich Bezeichnung für die Elenden, umfaßt das Wort bei den Propheten die Bedrängten und Armen, die sich ganz auf Gottes Hilfe geworfen wissen. In dem weiten Sinn, den der Begriff ‹die Armen› bei den Propheten gewonnen hatte, hat auch Jesus ihn verwendet. Gewiß gehören alle Notleidenden, die Hungernden und Dürstenden, die Unbekleideten und Fremdlinge, die Kranken und Gefangenen, zu den ‹Kleinsten›: sie sind seine Brüder (Mt 25,31–46). Aber der Kreis der ‹Armen› ist größer. Das wird deutlich, wenn man die Bezeichnungen und Bilder zusammenstellt, mit denen Jesus sie kennzeichnet. Er nennt sie: die Hungrigen, die Weinenden, die Kranken, die Schwerarbeiter, die Lastträger, die Letzten, die Einfältigen, die Verlorenen, die Sünder. Wenn bei Lukas und Matthäus je ein verschiedener Zug der komplexen Bedeutung des Wortes ‹Arme› den Ton trägt, insofern, als bei Lukas die äußere Bedrängnis, bei Matthäus die innere Not anvisiert ist, so erklärt sich das daraus, daß die ihnen vorliegende Überlieferung die Bezeichnung ‹Arme› auf

Sprechen von Gott ist glaubwürdig, wenn Menschen, womöglich mit Duldung und Unterstützung der Religion, daran gehindert werden, Menschen zu werden. Auch ist es äußerst wichtig, die überindividuellen Verflechtungen von Unrecht und Ausbeutung in Politik, Wirtschaft und Gesellschaft transparent zu machen, die immer wieder von neuem Unmenschlichkeit und Unheil produzieren.

Auf der anderen Seite ist es sinnlos und gefährlich, den «Realismus» der sozialhistorischen Hermeneutik gegen die «Träumerei» der Tiefenpsychologie auszuspielen, oder umgekehrt die Armseligkeit der Psyche in Konkurrenz zur Armut sozialer Verhältnisse zu setzen. Wenn man den Atheismus L. FEUER-

unterschiedliche kirchliche Situationen und Frontstellungen angewendet hat: die Matthäusüberlieferung der Seligpreisungen wurde in einer Kirche formuliert, die im Kampf gegen die pharisäische Versuchung der Selbstgerechtigkeit stand, die Lukasüberlieferung in einer in schwerer Bedrängnis stehenden, trostbedürftigen Kirche.» (A. a. O., 115) Zur *ökonomischen* Situation zur Zeit Jesu in Israel vgl. J. JEREMIAS: Die wirtschaftlichen Verhältnisse der Stadt Jerusalem, in: Jerusalem zur Zeit Jesu, 101–135. – *Psychologisch* stellt sich die Frage der Armut vor allem in der Behandlung schwerer Minderwertigkeitsgefühle, die oft genug den eigentlichen Grund für den Fetischismus von Geld, Macht und Reichtum abgeben; paradoxerweise ist es, z. B. in der Therapie von Depressiven, immer wieder unerläßlich, einen gewissen Mut zum eigenen Reichtum und zu vermehrten Ansprüchen an das Leben allererst einzuüben, ehe so etwas wie eine innere Freiheit gegenüber äußerem und innerem Besitz wachsen kann; «abgeben» kann nur, wer zu besitzen gelernt hat, und alles Sprechen Jesu von der Seligkeit der Armen beruht wesentlich auf dem Empfinden der Größe des Reichtums eines jeden Menschen vor Gott; *ihn* wahrzunehmen ist das eigentliche Kunststück des Glaubens, und es gerät leicht in die Gefahr, voreilig übersprungen zu werden, wenn die wesentliche Armut der Nachfolge Jesu primär sozialhistorisch oder sozialpolitisch definiert wird.

[45] Sehr eindrucksvoll und treffend hat Don PAULO EVARISTO ARNS, der Erzbischof von Sao Paulo, das Anliegen der *Befreiungstheologie* formuliert: «Befreiung heißt wirklich, was Christus gesagt hat: Daß er gekommen ist, damit die Menschen wieder hören können, wieder sehen können, wieder gehen können, wieder in Gemeinschaft leben können, wieder atmen können, wieber leben können. Leben – im umfassenden Begriff dessen, was Leben heißt, mit allem, was drinsteckt. Ich will sagen: Wenn so Befreiung nicht geschehen kann, was heißt dann überhaupt das Wort Befreiung in der Bibel und in der ganzen Geschichte der Menschheit? Wir müssen unser Leben dafür einsetzen, daß das Volk befreit wird von all diesen Übeln. Und wirklich hoffen kann und neu leben kann. Das wird auch geschehen.» M. ALBUS: Paulo Evaristo Arns. Ich trage keinen Purpur, 5. – Man hat die Befreiungstheologie oft verdächtigt, «marxistisch» beeinflußt zu sein; aber wenn die Armut der Landbevölkerung vor allem im Nordosten Brasiliens wesentlich auf Geschäftspraktiken zurückgeht, wie K. MARX sie als typisch für die innere Logik des Kapitalismus beschrieben hat, wie soll man dann «Befreiung» anders verstehen als «marxistisch«: z. B. als Ende des Industrialisierungsprogramms mit hohen Investitionen der Industrieländer und einer entsprechend hohen Auslandsverschuldung sowie als Ende des Zuckerrohranbaus zum Abbau des Schuldenberges, bzw. umgekehrt als Einführung genossenschaftlicher Anbaumethoden von Agrarprodukten für den einheimischen Markt und den eigenen Konsum? Vgl. R. DE ALMEIDA: Artikel: Armut – aus der Sicht der Theologie der Befreiung, in: P. Eicher (Hrsg.): Neues Handbuch theologischer Grundbegriffe, I 37–61. – L. BOFF: Theologie hört aufs Volk, 73, meint: «Nur ein Außenstehender kann sagen, daß das Wirken der Kirche im sozialen Bereich nicht mit ihrer vom Evangelium bestimmten Identität zu vereinbaren sei ... Der Kampf für die Rechte der Armen, das Eintreten für die Befreiung der Notleidenden hat die Perspektive des Glaubens gestärkt»; und S. 83: «Ich war wirklich erstaunt, wie sehr die auf Befreiung ausgerichtete Formulierung des Glaubens, das Evangelium als Vermenschlichung, als Botschaft, die nicht nur die Auferstehung nach dem Tod verheißt, sondern auch ein gerechtes und brüderliches Leben, in den Köpfen der Leute verankert waren.»

BACHS[46] vermeiden will, wird man sagen müssen, daß Religion sich unbedingt auch darin ausdrücken muß, dem Notleidenden zu helfen, so viel in meinen Kräften steht, daß es aber nicht schon in sich Religion ist, wenn Menschen essen, trinken und sich kleiden. Im Gegenteil, die Religion beginnt damit, die Lebens*mittel* des Menschen in Symbole ewigen Lebens umzuwandeln, und so erst schafft sie die innere Freiheit gegenüber dem Egoismus der Alltagssorgen, der immer wieder jede weitherzige Hilfsbereitschaft einengt und erstickt. Nur in der Gesinnung göttlicher Sorglosigkeit, wie die Bergpredigt sie schildert (Mt 6,25-34; Lk 12,22-31), werden Menschen zu einer solchen selbstlosen und selbstverständlichen Hilfsbereitschaft fähig werden, wie Jesus sie im Gleichnis vom barmherzigen Samariter (Lk 10,30-37) und im Gleichnis vom großen Weltgericht (Mt 25,31-46) zum Maßstab des Lebens erklärt hat. Kehrt man das Verhältnis um, wird man theologisch nicht umhin können, den verinnerlichten Zwang alter «Werkgerechtigkeit» wieder einzuführen, und sozialpolitisch wird man die mangelnde Überzeugungskraft innerer Erfahrung im Umkreis einer vertieften Religion bald schon durch gesetzgeberische (oder militärische) Gewalt kompensieren müssen.

Vollends in die Irre geht vor allem die *Aufspaltung*, mit der oft und gern der tiefenpsychologischen Hermeneutik vorgeworfen wird, sie pflege in unverantwortlicher Unbekümmertheit die «Träume» der Innenwelt, während in der Außenwelt sich die Krisen immer mehr zuspitzten. Das Gegenteil ist richtig: man wird die Engstirnigkeit z.B. der nationalökonomischen Interessen oder die zweckrationale Logik kapitalistischen Unternehmertums nicht zugunsten einer

[46] So gerät W. STEGEMANN: Das Evangelium und die Armen, 21–22, einerseits zu einer phantastisch anmutenden Gleichsetzung von Religion und Politik, wenn er erklärt (mit Berufung auf Lk 1,52f.!): «Der Messianismus der Jesus-Bewegung war vor allem (!) an einem radikalen sozialen (!) Wandel in Israel interessiert», und dann auf die wunderbare Wandlung im Schicksal des Bartimäus hinweist. Es ist sinnlos, in äußerem Sinne darauf zu hoffen, daß Gott in der Sahel-Zone Manna regnen läßt, und wenn eine Religion derartiges versprechen sollte, so wäre sie nichts weiter als ein unsinniger Aberglaube; auch eine *äußere* Erwartung des baldigen Kommens der Gottesherrschaft ist und war stets eine Hoffnung, die trog und trügen mußte. Vollends unsinnig aber wird die Ausführung STEGEMANNS, wenn er (a.a.O., 23) nach langen revolutionär und kritisch klingenden Appellen und bibelhistorischen Analysen in durchaus konventionellem Sinne bzgl. der Aussendung der Jünger Jesu versichert, die «Armen» seien «als Herolde der bevorstehenden Königsherrschaft Gottes» zu den «verarmten Volksmassen» gegangen und: «Konnten sie ihnen auch kein Brot bringen, so doch die Devise, daß der Mensch nicht vom Brot allein lebt, daß die Sorge um die tägliche Nahrung nicht ... zur alles bestimmenden Wirklichkeit werden darf». Mit Verlaub, dies ist eine «Botschaft», die kein wirklich «Armer» verstehen wird. Die wirkliche Armut bekämpft man nur durch wirkliche Aktion, Planung, Vorsorge und Wandlung, und das Sprechen von Gott löst dabei nicht ein einziges Problem; die Religion aber kann helfen, die Fragen zu lösen, die zum Wesen des Menschen gehören und aller Hilfsbereitschaft vor allem seitens der sozial Reichen immer wieder im Wege stehen: die Nichtigkeit der menschlichen Existenz, die Todverfallenheit des Daseins und die metaphysische Armseligkeit eines Menschseins ohne Gott. Sehr zustimmen muß man STEGEMANN allerdings, wenn er mit Berufung auf S. KIERKEGAARD das Wohlstandschristentum für unfähig erklärt, die Botschaft Jesu zu verstehen (a.a.O., 54).

globalen Weltbrüderlichkeit und Weltverantwortung überwinden können ohne die «irrationale» Macht und Magie menschheitlicher Bilder und Symbole, ohne die Kraft traumhafter Visionen und ohne gemeinsame religiöse Sinnbilder[47]. Seit mehr als 20 Jahren erlebt etwa ein Bürger der Bundesrepublik die äußerst scharfsinnige Debatte darüber, ob wir für die «Entwicklungshilfe» wohl 0,35 oder schon 0,37% des Bruttosozialproduktes verantwortlicherweise investieren dürfen; er erlebt, wie der Hunger in der Dritten Welt immer mehr anwächst, während Rüstung und Waffenhandel Unsummen verschlingen; er muß zuschauen, wie die Natur immer rücksichtsloser ausgebeutet wird, bis daß Pflanzen und Tiere nur noch als Teile einer industrialisierten «Nahrungsmittelproduktion» oder als Statisten der Freizeitindustrie oder als Opfer der Bauwirtschaft etc. «zu Buche schlagen».

All dieser Wahnsinn funktioniert auf der Basis höchst vernünftiger Argumente, die doch alle nur solange gelten, als wir von Gott und allen guten Geistern verlassen sind. Erst die Macht tieferer *Träume* und *Visionen*, wie sie in den Religionen der Menschheit leben, vermöchte uns aus dem Gefängnis unserer «Vernunft» ins Weite zu führen. Nur die Träumer können Berge versetzen, und recht hat jener Indio in W. HERZOGS Film *Fitzcarraldo*», wenn er die Alten seines Stammes sagen läßt: «Unser Leben ist eine Illusion, hinter der sich die Realität der Träume verbirgt.»[48] Aber wir müssen an die Wahrheit der Träume wieder glauben lernen, um die «Wirklichkeit» draußen nach der Wahrheit der Religion zu gestalten.

Steht es so, dann gilt es, insbesondere die eschatologischen Prophetien zu lesen, wie es etwa LEONARD BERNSTEIN von der Aufführung von BEETHOVENS *9. Symphonie*, vor allem vom Finale, sagte: «Es ist schlechthin unspielbar, solange wir nicht den ganzen Weg mit ihm gehen, in kindlichem Glauben, in der Sicherheit, daß es eine Unsterblichkeit gibt, wie sie nur Kinder (oder das Genie) besitzen – es ist unspielbar, solange wir nicht mit ihm gehen, wenn er ausruft ‹Brüder!›, ‹Tochter!›, ‹Freude!›, ‹Millionen!›, ‹Gott!› Aber vor allem ‹Brüder!›. Das vor allem ist sein kindlicher Aufschrei. Den müssen wir glauben, um ihn spielen zu können. Das ist der Grund, warum wir in dieser zynischen Welt von der wunderlichen, unzeitgemäßen Vorstellung verzaubert werden, daß alle Menschen auf Erden als Kinder Gottes zusammenleben können – wenn wir es von Beethoven ausgesprochen hören. Es ist der unwiderstehliche Zauber seines Glaubens, der die Idee und die Musik unzerstörbar macht. – Und ich glaube fest daran, daß einzig die Beziehung zu diesem Glauben die Auffassung eines Diri-

[47] Vgl. z.B. die Vision der *Eucharistie* als Mahl einer universellen Weltbruderschaft und eines gemeinsamen Teilens aller Güter; E. DREWERMANN: Der Krieg und das Christentum, 334–337.
[48] W. HERZOG: Fitzcarraldo; mit K. Kinski u. C. Cardinale in den Hauptrollen.

genten ausmacht. Die Begabung, sich mit Beethoven, dem zauberhaften Kind, dem unschuldigen Geist der Gnade, zu identifizieren, macht es einem möglich, die Musik wiederzugeben. Nur soweit diese Identifikation gelingt, ergeben sich die Lösungen aller anderen Probleme von Rhythmus und Orchestration und Stil. – Und das ist der Schlüssel zu meinem Rätsel von den Konzerten in Boston und Wien. Wie war das Verhältnis von Hoffnung zur Verzweiflung, das ich in Boston oder Wien fühlte? Wie lang waren meine Arme in der einen Stadt oder der anderen – lang genug, um meine Brüder, das Orchester oder nur die Gruppe der Celli oder alle, auch den Chor, ‹umschlungen› zu halten? Wie sehr gelang es mir selbst, mich wieder kindhaft werden zu lassen? Wie vertrauensvoll war ich? Wie sehr bereit, die Zweifel abzutun? Wie verzweifelt wegen Vietnam, Israel, der Sowjetunion, einem eben erst verlorenen Freund? Wie hoffnungsvoll ... für die Farbigen Amerikas, für Friede! Brüder!»[49]
Schöner läßt sich nicht sagen, was wir vorhin mit den klobigen Vokabeln der Psychoanalyse als *Regression* der eschatologischen Visionen zu den vorgegebenen Urbildern unzerstörbarer Hoffnung bezeichnet haben. Es geht darum, einer unhörbaren Musik zu lauschen, die im Herzen eines jeden verborgen ist und doch nur von den *Kindern* der Erde unverstellt vernommen wird; es geht darum, sich die Grenzenlosigkeit des Mitleids nicht abdressieren zu lassen und die wunderbare Fähigkeit, an den richtigen Stellen zu leiden, nicht durch die Macht der Gewöhnung und die Abstumpfung des bürgerlichen Alltags herabzumindern; es geht darum, allen Zorn, alle Empörung, allen Haß, alle Verzweiflung mit einem nie erlahmenden Interesse an den nimmermüden Bildern des Grauens zu sammeln und dagegen die einzige Mitgift zu setzen, die uns verbannten Kindern Evas verblieben ist: die Erinnerung und die Sehnsucht nach dem verlorenen Paradies. Es wird kommen, wenn die Hoffnung stärker ist als die Verzweiflung, und jeder einzelne leistet dazu seinen Beitrag. Wenn wir uns nicht mehr zu sehnen vermöchten nach einer anderen Geschichte als der bestehenden, was bliebe uns dann noch zu hoffen und was wären wir dann noch für Menschen?
In den «*Erzählungen der Chassidim*» hat M. Buber in der Geschichte von der «Leiter» einmal die Worte wiedergegeben, mit denen Mosche von Kobryn das Wesen des Menschen zu beschreiben suchte; es sind Worte einer wahrhaft eschatologischen Existenz. Denn Rabbi Mosche lehrte: «Es steht geschrieben: ‹Und er (sc. Jakob in Gen 28,18; d.V.) träumte: da, eine Leiter, auf die Erde gestellt.› Das ist jeder Mensch. Jeder Mensch soll es wissen: Ich bin Lehm, einer von unzähligen, irdenen Scherben bin ich, aber ‹ihr Haupt rührt an den Himmel›, bis an den Himmel reicht meine Seele, ‹und da, Boten Gottes steigen daran

[49] L. Bernstein: Erkenntnisse, 214.

auf und nieder›, sogar Aufstieg und Niederstieg der Engel hangen an meinen Taten.»[50]

Und um noch eine andere Erzählung der Chassidim hinzuzufügen, die das Bemühen des Einzelnen mit dem Wohl aller verbindet: «Rabbi Ahran sprach einst im Bethaus von Mesritsch das Morgengebet vor. Als er daran war, Gott als ‹den König› anzurufen, stürzten ihm die Tränen aus den Augen, und er konnte nicht weiterreden. Nach dem Beten fragte man ihn, was ihm zugestoßen sei. Er erklärte: ‹In jenem Augenblick kam mir in den Sinn, wie Rabbi Jochanan ben Sakkai zu Vespasian spricht: ‹Friede mit dir, o König, Friede mit dir, o König›, und der Römer fährt ihn an: ‹Zweifach bist du des Todes schuldig. Zum ersten, ich bin der König nicht, und du nennst mich so. Zum zweiten aber, gesetzt ich sei der König, warum bist du bislang nicht zu mir gekommen?› Noch ist Gott nicht wahrhaft König über die Welt, und ich bin mit Schuld daran; denn warum habe ich noch immer nicht die Umkehr getan, warum bin ich noch nicht zu ihm gekommen?›»[51]

Es gibt nur eine Erfahrung, die die bleibende Gültigkeit und Wahrheit eschatologischer Visionen zu widerlegen vermag: eine Enttäuschung der Hoffnung, die so schwer ist, daß sie den Glauben nicht nur an den Lauf der Geschichte, sondern an den Gang der Welt insgesamt zu untergraben imstande ist. Erschütterungen solchen Ausmaßes gibt und gab es immer wieder; doch auf sie antworten nicht mehr die eschatologischen Visionen der Propheten; auf sie antworten nur noch die rätselhaften Schriften der Apokalyptiker.

b) Apokalyptische Schriften

1) Das Wesen der Apokalyptik und ihre Beziehung zur prophetischen Eschatologie

Man wird das Wesen und die mögliche Gültigkeit der apokalyptischen Visionen schwerlich verstehen, wenn man mit M. Buber und G. v. Rad in der Apokalyptik lediglich eine Degenerationserscheinung der israelitischen Prophetie mit ihrer Eschatologisierung des Geschichtsdenkens zu erblicken sucht.

In seiner kleinen nach wie vor äußerst lesenswerten Schrift «*Prophetie und Apokalyptik*» (1954) hat M. Buber prinzipiell die entschlossene, hoffnungsbezogene «Wahlbejahung» und die resignierte bzw. desillusionierte «Wahlverneinung» als zwei Formen, auf eine geschichtliche Situation zu reagieren, einander

[50] M. Buber: Die Erzählungen der Chassidim, III 560.
[51] M. Buber: A.a.O., 316.

gegenübergestellt. «Die Frage», meinte BUBER, lautet: «Wage ich es, anders zu werden, als ich bin, vertrauend, daß ich in der Eigentlichkeit eben doch anders bin und es nur so erproben kann, oder nehme ich das Hindernis meiner Ewigkeit zur Kenntnis? Und aus dem Bereich der Biographie in den der Geschichte versetzt: ... Stiftet sich unsere Zukunft immer neu oder ist sie unrettbar verhängt?»[1] Beide möglichen, aber einander konträren Einstellungen seien in Gestalt der *Prophetie* und in Gestalt der *Apokalyptik* «in die Reinheit und Unbedingtheit der religiösen Sphäre erhoben» worden[2]. In der Tat: während *die Prophetie* auf eine bestimmte geschichtliche Situation antwortet und ihre Botschaft an das lebendige *Wort* eines einzelnen Verkünders bindet, sind *die Apokalyptiker* wesentlich *visionäre Schriftsteller*, die sich gerne fiktiv auf den Namen eines Propheten der Vergangenheit berufen, um mit Hilfe vorgeblicher Weissagungen über längst eingetretene Ereignisse der Geschichte als glaubwürdig auch in den Prophezeiungen kommender Dinge zu erscheinen. « ... die Stunde, an der das prophetische Wort uns teilnehmen läßt, ist ... die der wirklichen Entscheidung ... In der Welt der Apokalyptik gibt es diese gegenwärtige geschichtlich-biographische Stunde kaum je»[3]. «Alles ist hier vorentschieden, alle menschlichen Entscheidungen sind nur noch Spiegelgefecht. Die Zukunft ist nicht etwas, was zustande kommt; sie ist im Himmel schon gleichsam vorhanden.»[4] Fragt *die Prophetie* danach, was angesichts der drohenden Gefahren der Zeit zu tun ist, so steht für *den Apokalyptiker* fest, daß die Katastrophe nicht mehr abzuwenden und buchstäblich nichts mehr zu machen ist; seine Frage gilt daher nicht mehr dem richtigen Tun, sondern nur noch der Begründung und dem Verständnis der Ursachen für die als unabwendbar erachtete Ausweglosigkeit, deren Ursprung in der wesenhaften Bosheit des Menschen und in dem Altern der Welt gesehen wird. Das Interesse der Apokalyptik gilt daher nicht mehr der Verhinderung, sondern nur noch der Berechnung des Unheils. Während die Prophetie auf die Umkehr des Volkes gerichtet ist, «weiß der Apokalyptiker fast nichts von einer inneren Wandlung des Menschen, die der Weltwandlung vorausgeht»[5]. An die Stelle der Freiheit des Dialogs zwischen Gott und Mensch – das Hauptthema der Propheten – ist in der Apokalyptik die Determiniertheit der Geschichte getreten, deren Verlauf die apokalyptische Lite-

[1] M. BUBER: Prophetie und Apokalyptik, II 928.
[2] A.a.O., II 928.
[3] A.a.O., II 935.
[4] A.a.O., II 936.
[5] A.a.O., II 939. – Diese «existentielle» Differenzierung von Eschatologie und Apokalyptik im Sinne einer Alternative von Freiheit und Fatalismus, Offenheit und Determinismus besitzt Vorrang vor der Zweiteilung, die R. SCHNACKENBURG: Gottes Herrschaft und Reich, 39, zu begründen versuchte, indem er die nationale, messianische Hoffnung und die kosmische, eschatologische Hoffnung als zwei Grundformen der jüdischen Heilshoffnung verstand, die im 1. Jh. n. Chr. im *4. Esra-Buch* und in der *Baruchapokalypse* zusammengeflos-

ratur zu kennen behauptet und deren Kenntnis sie an esoterische Kreise weiterzugeben sucht.

Damit sind bereits *die Hauptmerkmale der Apokalyptik* genannt, und sie alle stehen in Gegensatz zur Prophetie: die Apokalyptik ist wesentlich *Literatur*, nicht, wie die Prophetie, gesprochenes Wort; ihre Schriften sind *Pseudonyme einer fiktiven Vorzeitlichkeit* – im Gegensatz zu der Bindung der prophetischen Botschaft an den Verkünder und seine Zeit; den Inhalt der apokalyptischen Schriften bilden *Visionen*, die auf visionäre Ekstasen oder, wie in Dan 7,1ff, auf Träume zurückgeführt werden, während die prophetische Verkündigung weit stärker von Auditionen getragen ist; der Inhalt der apokalyptischen Visionen ist indessen stark *traditionsgeprägt* – die «Apokalyptik ist Buchweisheit, ‹Literatur›, und zwar Sammelliteratur»[6], wohingegen bei aller Verhaftetheit an überkommene Verkündigungsschemata die Prophetie durch ihre unverbrauchte Originalität imponiert; kennzeichnend für die Apokalyptik sind die «Geschichtsüberblicke in Futur-Form»[7], die mit der fiktiven Vorzeitlichkeit und Pseudonymität der apokalyptischen Literatur zusammenhängen, im letzten aber auf die *Determiniertheit* der Geschichte verweisen; die Prophetie hingegen appelliert wesentlich an die Entscheidung der Zuhörer in der Gegenwart und benutzt die Vergangenheit nur als dunkle Folie der majestätischen Zukunft Gottes. Hinzufügen muß man noch den wesenhaften *Dualismus* der Apokalyptik, der sich wiederum auf charakteristische Weise von der prophetischen Eschatologie unterscheidet: wo diese nur eine Zweiteilung der Geschichte diesseits und jenseits des Eingreifens Gottes am «Tage Jahwes» kennt, nimmt die Apokalyptik, ungleich radikaler, *zwei Weltzeitalter*, zwei «Äonen» an; aber während für die prophetische Eschatologie *der kommende Olam* die innerweltliche Fortsetzung *dieses Olams* in dem glanzvollen irdischen Messiasreich darstellt[8], ist die kommende Weltzeit für die Apokalyptik rein transzendenter Art: die ganze Welt geht nach apokalyptischer Vorstellung zugrunde, um dem übernatürlichen, ewigen Reich Gottes Platz zu machen, das ohne Zutun von Menschenhand allein von Gott her aus der jenseitigen Sphäre des Himmels herniederkommen wird, wie der Prophet Daniel (2,44) sagt: «Der Gott des Himmels wird ... ein Reich erstehen lassen, das ewig unzerstörbar bleibt ... Alle diese (irdischen) Reiche wird es zermalmen und

sen seien, indem die «Tage des Messias» als noch diesem Äon zugehörig verstanden und ihnen die Ereignisse des künftigen Äons (Auferstehung und Gericht) nachgeordnet wurden. Der eigentliche Gegensatz verläuft zwischen Mythos und Natur auf der einen Seite und Geschichte und Volk auf der anderen Seite, und je nachdem nehmen die apokalyptischen und die eschatologischen Erwartungen zu oder ab, je stärker der Mythos unter dem Druck von Angst und Enttäuschung die Geschichte aufsaugt.

[6] Ph. Vielhauer: Apokalypsen und Verwandtes. Einleitung, in: W. Schneemelcher (Hrsg.): Neutestamentliche Apokryphen, II 409.

[7] A.a.O., 410.

[8] Vgl. P. Volz: Die Eschatologie der jüdischen Gemeinde im neutestamentlichen Zeitalter, 64ff.

vernichten, selbst aber in alle Ewigkeit bestehen.» Insofern gibt es, ähnlich wie in der prophetischen Eschatologie, keine geschichtliche Verbindung zwischen dieser und der kommenden Weltzeit; gleichwohl ist der radikale Dualismus der Apokalyptik in seinem weltumspannenden *Universalismus* durchaus verschieden von der Zukunftsvision der Propheten, die nicht das Schicksal der Welt, sondern zunächst nur die nationale Geschichte Israels im Sinn hat. Andererseits ist der apokalyptische Dualismus aber auch von dem metaphysischen Dualismus der Gnosis wohl zu unterscheiden, der die Transzendenz der Welt des Göttlichen aus der Zwei-Äonen-Lehre herausnimmt und in den Wesensgegensatz zweier grundverschiedener Weltbetrachtungen verwandelt[9].

Trotz dieses offensichtlichen Unterschiedes zwischen dem historischen Dualismus der Apokalyptik und dem metaphysischen Dualismus des gnostischen Weltbildes hat G. von Rad die Apokalyptik gleichwohl eher der Gnosis als der prophetischen Eschatologie zugeordnet. Den Hauptunterschied zwischen Prophetie und Apokalyptik sah G. von Rad besonders in dem Verlust an Geschichtlichkeit und in dem Determinismus der apokalyptischen Geschichtsvisionen gelegen. «Von der spezifisch heilsgeschichtlichen Verankerung der prophetischen Botschaft, d.h. von ihrer Verankerung in bestimmten Erwählungstraditionen, führt kein Weg zu dem Geschichtsbild der Apokalyptik, ebensowenig wie zu der Vorstellung, daß die Eschata seit Urzeiten festliegen.»[10] «Dieses Geschichtsbild ermangelt jedes Bekenntnischarakters; es weiß nichts mehr von jenen heilsbegründenden Taten Gottes, von denen aus ehedem ein Geschichtsbild entworfen wurde. Wohl, es geschieht Gutes und Böses in ihr, aber das wird in einer Art nacherzählt, die geradezu zeitlos wirkt.»[11] «Ja, es wäre sogar zu fragen, ob die Apokalyptik zu der Dimension der Geschichte überhaupt noch einen existentiellen Bezug hat, nachdem sie den heilsgeschichtlichen Ansatz preisgegeben hat.»[12]

Im Grunde geht es der Apokalyptik in der Tat nicht um die wirkliche Geschichte, sondern um *das Gesetz ihres Ablaufes.* Indem sie den Blick der Propheten auf die Geschichte Israels in die Weite der Weltgeschichte ausdehnt, begreift sie die großen Weltreiche als notwendige Entfaltungsformen eines von Anfang an grundgelegten Ursprungs nach festen periodisch geordneten Zeitmaßen. Wie in der mythischen Lehre der iranisch-indischen *Kosmologie von den vier Weltal-*

[9] R. Bultmann: Das Urchristentum im Rahmen der antiken Religionen 152–162, der besonders die radikale Andersheit des menschlichen Ich gegenüber allem welthaften Sein sowie die Einsamkeit des Menschen in der Gefangenschaft der Welt innerhalb des gnostischen Weltbildes hervorhebt und von daher das Jenseits in der Gnosis «als Negativum der hiesigen Welt» betrachtet (158).

[10] G. von Rad: Theologie des Alten Testamentes, II 316.

[11] A. a. O.

[12] A. a. O., II 317.

tern, tauchen wohl nicht zufällig auch in der Apokalyptik *periodische Schemata der Vierzahl* wieder auf. Zwar hat M. NOTH überzeugend gezeigt, daß die Vision von den vier Tieren in Dan 7,2ff. sich in Anlehnung an wirkliche geschichtliche Erfahrung entfaltet hat[13]; aber es scheint, daß das archetypische Schema der Vierzahl wie von selbst dazu drängt, sich an dem Material der Historie zu vervollständigen. Vor allem die allmähliche Verschlechterung, das Altern der Welt, die wesenhafte Schlechtigkeit des Menschen müssen in unerbittlicher Konsequenz ein bestimmtes von Gott festgelegtes Maß erfüllen, damit die widergöttlichen Reiche der Welt, wie Dan 8,23 sagt, «ohne Zutun von Menschenhand zerschmettert» werden. Aufgrund dieses extrem pessimistischen Determinismus kann die Weltgeschichte nur einem «großen Untergang» (Hen 83,7) entgegengehen. Anders als in der prophetischen Eschatologie bedarf es insofern keines eigentlichen Eingreifens Gottes am Ende der Geschichte; für die Apokalyptik genügt es, daß das Böse, das wesenhaft im Menschen liegt, seinem unvermeidlichen Ende entgegenwächst.

Bei so vielen Unterschieden zu den Vorstellungen der prophetischen Eschatologie scheint die Apokalyptik tatsächlich mit der Prophetie völlig unvereinbar zu sein. Statt die Apokalyptik von der Prophetie her zu begründen, hielt es G. VON RAD deshalb für angemessener, die apokalyptische Denkweise als eine Fortentwicklung der altorientalischen Weisheit zu betrachten. Für diese These scheint vor allem das Bemühen der Apokalyptik um die Erkenntnis der allgemeinen Gesetzmäßigkeit der Weltgeschichte zu sprechen; aber auch das nahezu enzyklopädische Wissen, das z.B. die Henochapokalypse auf dem Gebiet der Kulturgeschichte (Hen 8), der Astronomie (Hen 72-79), der Kalenderkunde, der Meteorologie, der Geographie u.a. verarbeitet, weist in die Richtung der Weisheit; auch die Verwendung der *Bilderreden* hat ihr Vorbild in der Weisheitsliteratur, und wenn vollends Henoch (37,2-4) sich als Träger wahrer Weisheit bezeichnet oder wenn Esra (4 Esra 14,50) «Schreiber der Wissenschaft des Höchsten» genannt wird, so scheint G. VON RAD recht zu haben, wenn er resümiert: «diese Apokalyptiker waren Wissenschaftler und Forscher.»[14] Neu an der Apokalyptik sei vor allem, daß hier die «Gelehrsamkeit zu einer bestimmten Stunde der Geschichte mit einem Verkündigungsauftrag nach außen trat»[15]; die Apokalyptiker hätten versucht, «unter dem ganzen Einsatz ihrer wissenschaftlich-charismatischen Erkenntnisse den großen Anfechtungen in der Öffentlichkeit zu begegnen»[16]; dabei seien sie freilich in die Gefahr geraten, «eine große kosmologische

[13] M. NOTH: Das Geschichtsverständnis der alttestamentlichen Apokalyptik, in: Gesammelte Studien, 257–264.

[14] G. v. RAD: Theologie des Alten Testamentes, II 319.

[15] A.a.O., II 320.

[16] A.a.O., II 321.

Gnosis zu lehren»[17]. Insgesamt seien die Apokalyptiker im wesentlichen esoterische Interpreten vorliegender Quellen gewesen, so wie in den apokalyptischen Schriften vom Toten Meer z.B. der Pescher-Kommentar zum Buche Habakuk satzweise den Prophetentext in die Zeit des bald bevorstehenden Endes überträgt, oder wie die apokalyptische Periodisierung der Weltgeschichte die älteren kosmologischen Schemata der Mythen aktualisiert.

So verstanden, stellt die Apokalyptik vor allem eine intellektuelle Antwort auf die Not der Gottesferne der Zeit dar, und es wäre gerade dieser «gnostische» Grundzug der Apokalyptik, der den lebenden, freiheitlichen und dialogischen Bezug des Glaubens in der Verkündigung der Propheten auflöst zugunsten eines schematischen, deterministischen und im Grunde apersonalen Wissens vom Ablauf der Geschichte. Gleichwohl wird man dieser Auffassung G. von Rads, so viel auch für sie zu sprechen scheint, im ganzen nicht zustimmen können. Denn so sehr auch bestimmte weisheitliche Motive und Einflüsse in der apokalyptischen Literatur spürbar sind, so sehr bleibt doch als Haupteinwand gegen die These G. von Rads von der Verwandtschaft zwischen Apokalyptik und Weisheit die Tatsache bestehen, daß es umgekehrt in der Weisheitsliteratur keinerlei Eschatologie und Naherwartung gibt[18]; vielmehr sind in diesem entscheidenden Punkte die Weisheitsliteratur und die Apokalyptik absolut unterschiedlich, während die außerordentliche Nähe zwischen der Prophetie und der Apokalyptik an gerade dieser Stelle unverkennbar ist.

Freilich genügt es erneut nicht, rein literarhistorisch diese Verwandtschaft festzustellen, man muß sich vielmehr die Frage stellen, worin, wenn es so steht, denn die Einheit und die Unterschiede zwischen prophetischer Eschatologie und Apokalyptik ihren Grund haben, wie eine bestimmte seelische bzw. geistige Notlage die Antwort der Eschatologie als offenbar ungenügend empfinden muß und die Vorstellungen der Apokalyptiker auf den Plan ruft, ja, wie *das gesamte Erleben* sich verändert, je nachdem, ob es «eschatologisch» oder «apokalyptisch» geprägt ist. Erst vom *psychischen* Erleben her wird man verstehen, daß die Eschatologie und die Apokalyptik trotz und gerade wegen ihrer Unterschiede eine im Grunde einheitliche Erlebnisform darstellen, die sich differenziert nicht nach dem Grad der Intellektualisierung geschichtlicher Erfahrung, sondern wesentlich nach dem Anwachsen und der Dynamik der *Angst*. Ausschlaggebend für diese These ist wiederum die tiefenpsychologische Einsicht, daß auch die apokalyptischen Vorstellungen archetypischen Bildern entstammen, die im Erleben eines jeden Menschen grundgelegt sind und von daher auch in die Mythen der Völker vom Ende der Welt Eingang gefunden haben.

[17] A.a.O., II 321.

[18] Ph. Vielhauer: Die Apokalyptik, in: W. Schneemelcher (Hrsg.): Neutestamentliche Apokryphen, II 420.

2) Weltuntergangsvorstellungen in der Mythologie und ihre Nähe zum schizophrenen Erleben

Wie nahe die Apokalyptik den *mythischen* Vorstellungen steht – und wie weit sie sich damit von der prophetischen Eschatologie entfernt –, zeigt sich besonders in der zentralen apokalyptischen Konzeption vom *Weltuntergang*. Die israelitische Theologie und Prophetie hatte es wesentlich mit der menschlichen Geschichte zu tun, und nur in Ausdehnung oder als symbolische Folie der menschlichen Geschichte erweiterte sich das biblische Geschichtsdenken in Richtung einer möglichen Kosmologie[19]. Der Apokalyptik hingegen geht es, wie den Mythen, um eine Weltdeutung im ganzen, und so sieht sie den Weltenlauf zwischen Anfang und Ende, zwischen Schöpfung und Untergang nach dem Gesetz einer fortschreitenden Verschlechterung und allmählichen Alterung sich vollziehen. Der «Tag Gottes» ist für die Apokalyptik nicht nur, wie in der prophetischen Eschatologie, eine Wendemarke der Geschichte, sondern ein Zusammenbruch der ganzen Schöpfung. Der absolute und entscheidende Unterschied der Apokalyptik zur Welt der Mythen (und damit auch zu den gnostischen Systemen!) liegt freilich darin, daß für die jüdische und christliche Apokalyptik Gott selbst nicht in das Stirb und Werde des Kosmos eingeht; der Weltenschöpfer ist nicht Teil der Welt, und er wird deshalb auch nicht aus dem Chaos der Zeiten in verjüngter Gestalt wiedergeboren; Kosmogonie ist nicht Theogonie – dieser absolute Unterschied wird für die jüdisch-christliche Apokalyptik zum eigentlichen Kern aller Hoffnung. Dennoch ist das archetypische Material selbst, aus dem die Apokalyptik zu allen Zeiten und Zonen ihre Visionen schöpft, in der jüdisch-christlichen Apokalyptik nicht verschieden von den Vorstellungen der Mythen. Vor allem ist das Grundschema: der Weltuntergang als Zerbersten des Kosmos, der Kampf zwischen den Mächten des Guten und des Bösen sowie hernach der Aufgang einer neuen Welt, überall das gleiche. Gewiß, daß in den konkreten Vorstellungen naturgemäß Einflüsse auch der geographischen und

[19] Vgl. E. Drewermann: Der tödliche Fortschritt, 71–78. Noch K. Rahner: Kirche und Parusie Christi, in: Schriften, VI 365–366, konnte erklären, der Mensch sei heute «der aktive, schöpferische Entwerfer und Planer seiner selbst, seiner Umwelt und so auch einer entfernten Zukunft ... Die Natur ist nicht mehr einfach die vorgegebene, unveränderliche Bühne, auf der er sein Dasein auch als Geschichte seines Heiles und seines Unheiles treibt, sondern das bloße Material, der Steinbruch, aus dem er sich erst eigentlich die Szenerie erbaut, in der als dem Ausdruck seines eigenen Selbstverständnisses er sein geschichtliches Dasein führen will ... Dieser wirklich neuen Daseinserfahrung des Menschen muß das Christentum begegnen ... Dazu gehört ..., daß das Christentum die im letzten christliche Wurzel dieser Situation des neuen Menschen erkennt ..., weil a) das Christentum von seinem Wesen her die Gesamtwirklichkeit primär als Geschichte und die Natur als ein Moment darin begreift und nicht umgekehrt, weil b) die Natur ... in Wahrheit das ist, was der Mensch sich untertan machen soll, weil sie nichts anderes ist als die Fortsetzung der Leibhaftigkeit des Menschen.» Klarer läßt sich die christliche Anthropozentrik gegenüber der Natur und die Verantwortung des Christentums an der Zerstörung der «Umwelt» (ungewollt!) nicht formulieren.

kulturellen Bedingungen sich geltend machen; doch um so erstaunlicher ist die Gleichförmigkeit und *Typologie* der apokalyptischen Visionen.

In gewissem Sinne vermag man in der Apokalyptik, wenn man sie auf die Vorstellung eines Weltendes und eines Neuanfangs beschränkt, so etwas sehen wie eine logische Konsequenz jeder mythischen Kosmologie: jede Welt, die einen Anfang in der Zeit hatte, wird in der Zeit altern und mit der Zeit zugrunde gehen. Aber selbst dann muß man im Hintergrund der apokalyptischen Weltsicht bereits ein tiefes Gespür für die Kontingenz und Endlichkeit sowie für die Fragwürdigkeit und innere Bedrohtheit der Welt voraussetzen.

Ein Beispiel kann das zeigen. In der *germanischen Mythologie* etwa weiß *Odin* sehr wohl, und die Asen ahnen es, daß trotz der Fesselung des zwielichtigen *Loki* sowie des *Fenrirwolfes* die Mächte der Finsternis schon an der Befreiung der Unholde arbeiten und daß in *Riesenheim* bereits die Feinde der Welt sich zum Angriff sammeln. Wohl hält der nimmermüde Ase *Heimdall* Wache an der Brücke *Bifröst*, dessen Auge des Nachts so scharf sieht wie am Tage und dessen Ohr zu hören vermag, wie die Wolle auf den Schafen und das Gras auf dem Erdboden wächst; und sein Horn, das *Gjallarhorn*, wird weithin die Asen zum Kampf rufen, wenn die Stunde da ist. Diese Stunde aber wird unwiderruflich kommen, denn auch die Menschen versinken immer tiefer in Schuld: «Brüder kämpfen / und bringen sich Tod, / Brudersöhne / brechen die Sippe; / arg ist die Welt / ... Windzeit, Wolfzeit, / bis die Welt vergeht – / nicht einer will des andern schonen.»[20] Vor allem «die Verstorbenen betreut man nicht mehr so, wie die Ehrfurcht vor ihnen und die alte Sitte es fordern. Haupt- und Barthaar sollen gekämmt, die Nägel an Händen und Füßen beschnitten sein, ehe man den Toten bestattet, aber immer öfter kommt es vor, daß diese Pflichten unerfüllt bleiben. Aus den unbeschnittenen Nägeln der Toten nun erbauen die Weltenfeinde ein Schiff, Naglfar genannt. Es wächst zuerst langsam, dann jedoch immer schneller, und der Tag wird kommen, an dem es bereit sein wird, die Weltenfeinde zum Angriff gegen die Asen über das weite Meer zu tragen. Dann erhebt sich die Midgardschlange aus dem Meer, und der Fenrirwolf sowie Loki werden ihrer Bande ledig.»[21] So beschreibt es «*Der Seherin Gesicht*»: «Ein Kiel fährt von Norden: / es kommen der Hel / Leute zum Land; / Loki steuert. / Mit dem Wolfe zieht / die wilde Schar.»[22] *Odin*, an der Spitze der *Einherjer*, zieht mit allen Asen in die Schlacht, doch die gegensätzlichen Mächte vernichten sich wechselseitig: *Freyr* erliegt dem Flammenschwert seines Gegners, *Tyr* wird durch das hundeartige Ungeheuer *Garm* bezwungen, *Odin* wird vom *Fenrirwolf* verschlungen; doch *Vidar* reißt den Schlund des Untieres auseinander und rächt

[20] F. Genzmer: Edda, II. Bd., 5. Der Seherin Gesicht, 32; S. 40.
[21] E. Mudrak: Nordische Götter- und Heldensagen, 65.
[22] F. Genzmer: Edda, II. Bd., 5. Der Seherin Gesicht, 38, S. 41.

Odin; *Heimdall* und *Loki* töten sich gegenseitig, und in all dem Morden nimmt das Leben ein Ende; *Midgard*, die schöne «Mittelerde», wo die Menschen wohnen, ist eine Stätte des Todes. Der Weltenbaum *Yggdrasil* ist von *Nidhögg*, dem «Neiddrachen», bis in die Wurzeln zerfressen. «Die Sonne verlischt, / das Land sinkt ins Meer; / vom Himmel stürzen / die heitern Sterne. / Lohe umtost / den Lebensnährer; / hohe Hitze steigt himmelan.»[23] Und doch: am Ende aller Vernichtung wird das Leben neu erstehen: «Seh aufsteigen / zum andern Male / Land aus Fluten, / frisch ergrünend; / Fälle schäumen; / es schwebt der Aar, / der auf dem Felsen / Fische weidet. // Auf dem Idafeld / die Asen sich finden / und reden dort vom riesigen Wurm / und denken da / der großen Dinge / und alter Runen / des Raterfürsten. // Wieder werden / die wundersamen / goldnen Tafeln / im Gras sich finden, / die vor Urtagen / ihr eigen waren. // Unbesät werden / Äcker tragen; / böses wird besser: / Balder kehrt heim; / Hödur und Balder / hausen in Walhall / froh, die Walgötter – wißt ihr noch mehr?» Es wird also eine neue Walhall geben, in welcher der schuldlose Töter Hödur neben seinem Opfer, dem schönen und lichtvollen Gott Balder, wohnen wird. Der «Neiddrache», *Nidhögg*, wird mit seinem Anhang aus dieser neuen Welt verbannt sein: «Der düstre Drache / tief drunten fliegt, / die schillernde Schlange / aus Schluchtendunkel. / Er fliegt übers Feld; / im Fittich trägt / Nidhögg die Toten: / nun versinkt er.»[24] So ist ein Weltentag vergangen und ein neuer Tag hat begonnen; wie er endet, davon sagt der Seherin Gesicht nichts mehr. Alles Geschehen aber im Werden und Vergehen ist bestimmt durch das Los der Schicksalsfügerinnen, durch die Nornen *Urd*, *Verdandi* und *Skuld* (Vergangenheit, Gegenwart und Zukunft)[25].

Eben dieser Determinismus des Schicksals ist allerorten charakteristisch für das apokalyptische Denken: das Ende kommt mit eherner Notwendigkeit, und nur aus der Gesetzmäßigkeit des Untergangs erwächst die Hoffnung auf eine neue, bessere Welt. Dennoch ist der Unterschied sichtbar, der etwa die Weltuntergangsvorstellungen der *Edda* von der jüdisch-christlichen Apokalyptik trennt: so bedroht auch immer in der germanischen Kosmologie die Welt erfahren wird, die Maße des Weltuntergangs sind in etwa ebenso fern gerückt, wie wenn die Astrophysik in unseren Tagen die Lebensdauer unserer Sonne mit «nur» noch ca. 5 Milliarden Jahren angibt[26]. Die jüdisch-christliche Apokalyptik hingegen ist

[23] A.a.O., II. Bd., 5., Nr. 44; S. 42.

[24] A.a.O., II. Bd., 5., Nr. 52, S. 44.

[25] E. Mudrak: Nordische Götter- und Heldensagen, 68; E. Nack: Germanien, 109–110.

[26] Vgl. H. Reeves: Woher nährt der Himmel seine Sterne, 139–141 (die Entwicklung der Sonne zum *Roten Riesen* und zum *Weißen Zwerg*): «Die verflüchtigte Materie unseres Planeten wird zu den galaktischen Gasen zurückkehren, aus denen sie vor 4,6 Milliarden Jahren gebildet worden war. In dieser verdünnten Materie werden sich neue Nebel verdichten. In diesen Nebeln werden sich neue Sterne und neue Geleitzüge von Planeten aufbauen. Ewigkeitsbilder in einem immer wiederholten Kreislauf.» (141)

wesentlich Naherwartung; die Vorstellung von dem dicht bevorstehenden Ende der Welt bildet keine sekundäre Modifikation der allgemeinen apokalyptischen Kosmologie, sie ist vielmehr die *Entstehungsbedingung* der spätjüdischen und frühchristlichen Apokalyptik überhaupt. Diese Feststellung ist äußerst wichtig, denn sie zeigt unzweideutig, daß die Form der spätjüdischen Apokalyptik weder von der antiken Weisheitsliteratur noch von der heidnischen Mythologie her zu verstehen ist, sondern daß ihr Ursprung, so versteckt auch immer, in der Erfahrung gegenwärtiger Geschichte liegt, nicht anders, als wie wir es bei der prophetischen Eschatologie gesehen haben. Damit aber verändert sich die Fragestellung wesentlich. Es kann jetzt nicht mehr darum gehen, gewissen «literarischen» Quellen der Apokalyptik nachzuspüren; die entscheidende Frage muß jetzt vielmehr lauten: wie aus der prophetischen Eschatologie *vom seelischen Erleben her* die Apokalyptik mit ihren erheblichen Differenzpunkten und mythennahen Vorstellungen entstehen konnte.

Die Antwort auf diese Frage ist nicht so schwer, wie es scheinen mag, wenn man sie nicht rein religionsgeschichtlich stellt, sondern psychologisch zu beantworten versucht. Wir sagten, daß bereits die prophetische Eschatologie aus einer schweren Enttäuschung an dem geschichtlichen Widerspruch zu dem nationalen Erwählungsglauben erwachsen ist, und schon diese Enttäuschung war so tief, daß sie aus der gegenwärtig sich vollziehenden Geschichte jede Hoffnung zu vertreiben vermochte: nur und erst am Ende all dessen, was bisher Geschichte hieß, wird Gott sein Reich aufrichten. Man braucht – das sei im folgenden die These – «nur» ein weniges an Angst und Enttäuschung, an Ohnmachtsgefühlen und Zorn diesem Erleben hinzuzufügen, und man erhält gerade diejenigen Vorstellungen, welche die jüdisch-christliche Apokalyptik bestimmen.

Gewiß besteht zwischen der Eschatologie der Propheten und der Apokalyptik ein qualitativer Sprung, aber dieser Sprung ergibt sich aus einem quantitativen Anwachsen eben derjenigen Gefühle, die auch der Eschatologie zugrunde liegen. Die offensichtliche Bosheit des Menschen z. B. konnte bereits den Propheten *Jeremia* zu der Aussage treiben, es ändere eher ein Panther seine Flecken als Israel seine Schlechtigkeit (Jer 13,23), und auch ihm schien der Untergang Jerusalems und die Gründung eines neuen Bundes unvermeidbar (Jer 31,31); aber nach der Zeit der Zerstreuung, nachdem Israel endgültig den Glauben an eine politisch-nationale Sonderrolle unter den Völkern preisgeben mußte, bestand kein Grund mehr, den Widerspruch zu Gottes Willen nur als ein Problem Israels zu betrachten; – *alle* Menschen leben wie ausgegossen an eine Welt, deren Schöpfer sie nicht kennen wollen; allen also gebührt die Strafe des Untergangs. Und genügt es wirklich, zu glauben, daß nur die menschliche Geschichte sich wandeln müsse, um Gott gemäß zu sein? Ist nicht die Weltordnung in sich selbst verdorben und dem Bösen preisgegeben?

Alle Erfahrungen des Negativen, Widersprüchlichen, Leidvollen verdichten sich in der Apokalyptik, und es ist gerade *die Radikalisierung der Theodizeefrage*, die eine Ausweitung der gesamten Problematik in Richtung einer apokalyptischen Kosmologie erzwingt.

Und besonders der «Determinismus» der apokalyptischen Weltsicht! Er sollte den Hauptbeweis für die Unvereinbarkeit von prophetischer Eschatologie und Apokalyptik liefern. Doch ist es so schwer vorstellbar, daß das Gefühl der Ohnmacht, das bereits die eschatologischen Visionen durchzieht, sich nur um ein weniges zu steigern braucht, um einem tiefen Fatalismus und pessimistischen Determinismus Platz zu machen?

In allem ist es der quantitative Anstieg von Angst und Not, der den Übergang der Eschatologie zur Apokalyptik erzwingt; es ist das Gefühl, daß auf Erden durchaus nichts zu erhoffen ist, das die Sehnsucht nach Erlösung überbordend macht über alle Welt hinaus und das die geschichtliche Eschatologie der Propheten in die kosmologische Ekstase der Apokalyptiker verwandelt. Insbesondere der Kern der apokalyptischen Vision: die Vorstellung vom Weltuntergang, ist nicht anders zu begreifen, als daß diese Phantasie das Problem löst, wie man mit einer Welt leben soll, die ganz anders sein müßte, um mit ihr leben zu können.

So wie in der Eschatologie der Propheten die gesamte Geschichte weggewünscht und durch eine neue ersetzt wird, so *hofft* die Apokalyptik förmlich darauf, daß diese Welt zugrunde gehen möge, um bald schon einer besseren zu weichen, und der Pessimismus dieser Weltsicht ist ebenso groß wie die eherne Zuversicht, daß *mit Notwendigkeit*, gerade infolge der völligen Verderbtheit von allem, doch noch *am Ende* alles gut werde. Das Maß der faktischen Angst und Verzweiflung ist in der apokalyptischen Welterfahrung so groß, daß die Hoffnung auf eine bessere Zukunft einer *absoluten* Gewißheit bedarf, um die Gegenwart noch zu ertragen. Nicht eine intellektuelle Hybris, sondern die Kraft der Verzweiflung treibt den Determinismus der apokalyptischen Weltuntergangsphantasien hervor.

Statt die Apokalyptik rein literarhistorisch als eine Mischung aus Eschatologie und Weisheitsliteratur mit gewissen mythischen Einschlägen zu betrachten, kommt es für ihr Verständnis mithin wesentlich darauf an, in der apokalyptischen Welterfahrung und Weltauslegung die Extremform einer verzweifelten Hoffnung zu erblicken, eine Art, buchstäblich am Rande der Welt zu leben, eine Weise, gegen eine unzumutbare Wirklichkeit der Außenwelt die eigentliche Wirklichkeit der Innenwelt zu setzen.

Der Vorteil einer solchen Betrachtungsweise liegt vor allem darin, daß die immer wieder gesuchte *Verbindung* biblischer Texte *zum rezenten Erleben* sich für die apokalyptischen Texte wie von selbst erschließt. Weit davon entfernt, ein bloßes Dokument absonderlicher religionsgeschichtlicher Strömungen innerhalb des Spätjudentums zu sein, zeigt sich nämlich, daß die apokalyptischen Weltuntergangsphantasien in allen Zeiten und Zonen eine Möglichkeit der menschlichen Psyche darstellen, auf eine als lebensfeindlich empfundene Umwelt zu reagieren, und insbesondere in der *Schizophrenie* eine große Rolle spielen. Schon früher haben wir auf die Beziehung zwischen der ekstatischen Vision und gewissen Erlebnisformen im Umkreis von Epilepsie und Psychose hingewiesen. Um im folgenden den psychischen Zusammenhang zwischen der Apokalyptik und speziell dem schizophrenen Erleben zu verstehen, müssen wir ein Stück weit die Ätiologie des schizophrenen Krankheitsbildes in tiefenpsychologischer Deutung erläutern, da selbst innerhalb der Psychoanalyse recht verschiedene, z.T. einander ergänzende, z.T. einander widersprechende Ansichten zum Wesen der Schizophrenie geäußert wurden und werden[27]; eine besondere Rolle wird dabei vor allem die spezifisch apokalyptische Vorstellung vom baldigen Untergang der Welt spielen müssen.

Als erster hat C.G. JUNG[28] sechs Jahre nach dem Erscheinen von S. FREUDS «*Traumdeutung*» auf die Ähnlichkeit von Traum und Schizophrenie hingewiesen und die Meinung vertreten, in der Schizophrenie gelangten starke Komplexe aufgrund einer Bewußtseinsschwäche zum Ausdruck; doch mit diesem Ansatz war allenfalls der allgemeine Grund des psychotischen Erlebens, nicht aber die spezifische Thematik und der Sinn der Weltuntergangsphantasien zu verstehen. FREUD selber entwickelte seine Theorie der Psychosen anhand der Autobiographie des Gerichtspräsidenten *D.P. Schreber*, indem er den «Weltuntergang» als Abzug der libidinösen Strebungen an die Außenwelt deutete – in diesem Falle mit der Absicht, dem homosexuellen Dilemma zu entkommen, in das *Schreber* durch die Beziehung zu seinem behandelnden Arzt geraten war[29]. Noch einen Schritt weiter ging FREUD in seiner Narzißmusstudie[30], in der er die Psychose als Rückkehr der Libido zum Zustand infantiler Selbstliebe interpretierte. Doch schon K. ABRAHAM[31] widerlegte durch die Praxis die Konsequenz des FREUDschen Standpunktes, es könne infolge der Unmöglichkeit einer Übertragungsneurose eine psychoanalytische Behandlung der Psychose nicht geben[32]. Besonders V. TAUSK erkannte, im Grunde im Gegensatz zu FREUD, die Psychose als

[27] Vgl. als *Übersicht über die Schizophrenieforschung* G. AMMON: Schizophrenie, in: G. Ammon (Hrsg.): Handbuch der Dynamischen Psychiatrie, I 367–378; vgl. DERS.: Auf dem Wege zu einer Psychotherapie der Schizophrenie, in: G. Ammon (Hrsg.): Psychotherapie der Psychosen, 31–49.

[28] C.G. JUNG: Über die Psychologie der Dementia praecox: Ein Versuch, III 3–170.

[29] Vgl. S. FREUD: Über einen autobiographisch beschriebenen Fall von Paranoia, VIII 239–320.

[30] S. FREUD: Zur Einführung des Narzißmus, X 148–153; 162–165.

[31] K. ABRAHAM: Die psychosexuellen Differenzen der Hysterie und der Dementia praecox (1908), in: Psychoanalytische Studien, 2. Bd., Frankfurt 1971.

[32] S. FREUD: Neurose und Psychose, XIII 387–391, deutete die Übertragungsneurosen (Zwangsneurose, Hysterie) als Konflikt von Ich und Es, die narzißtische Neurose (Melancholie) als Konflikt zwischen Ich und Überich und die Psychose als Konflikt zwischen Ich und Außenwelt.

Verlust der Ich-Abgrenzung[33], und gestützt darauf entwickelte P. FEDERN die wichtige Theorie, daß in der Psychose das Ich gerade nicht narzißtisch überbesetzt, sondern im Gegenteil völlig verarmt sei[34]; das Ziel der Therapie liege daher in dem Aufbau neuer Ich-Grenzen, wobei die gerade bei psychotisch reagierenden Patienten sehr intensive Übertragung besonders hilfreich sei.
Was aber führt zu dem Mangel an Ich-Besetzung? Schon anhand der Erfahrungen und Studien von G. SCHWING war deutlich, daß vor allem schwere Störungen in den frühkindlichen Beziehungen zur Mutter eine spätere psychotische Entwicklung einleiten können[35]. Insbesondere wenn ganze Triebbereiche oder Körperbereiche tabuisiert werden, ist das Ich gezwungen, Sicherungsmaßnahmen zu treffen, um die entsprechenden Erlebnisbereiche von der bewußten Wahrnehmung abzuspalten; die spätere Psychose stellt demnach, wie H. S. SULLIVAN gezeigt hat[36], im Grunde eine solche Sicherungsmaßnahme gegenüber dem ehedem Verbotenen dar. Auf diesen Ergebnissen aufbauend, sie aber zugleich weiterführend, sah H. F. SEARLES[37] die Ursache der schizophrenen Reaktion darin gelegen, daß der spätere Patient als Kind nicht als Individuum, sondern als bloßes Objekt behandelt wird, indem die Mutter bzw. die Familiengruppe ihm den Aufbau einer eigenen Identität nicht gestattet aus Angst, selber die eigene Identität zu verlieren; die schizophrene Reaktion auf eine solche identitätverbietende Situation erscheint somit nicht nur als eine Abwehrform, sondern als Versuch einer Spontanheilung. In jedem Falle entsteht die schizophrene Reaktion durch den Versuch, sich durch den Aufbau eines falschen Selbst unter der Fassade eines überangepaßten Funktionierens auf eine krankmachende Familiensituation einzustellen. Mit Recht konnte R. D. LAING deshalb fragen, ob nicht die eigentlich kranke Welt die Welt der sog. Normalen sei[38]; läßt

[33] V. TAUSK: Über die Entstehung des ‹Beeinflussungsapparates› in der Schizophrenie, in: Internationale Zeitschrift für Psychoanalyse, 5, 1–33.

[34] P. FEDERN: Die Psychosen-Analyse (1943), in: Ichpsychologie und die Psychosen, 107–151.

[35] G. SCHWING: Ein Weg zur Seele des Geisteskranken, 1940.

[36] H. S. SULLIVAN: The Interpersonal Theory of Psychiatry, New York 1953.

[37] H. F. SEARLES: Positive Feelings in the Relationship between the Schizophrenic and his Mother, 1958. – Vor allem die von G. BATESON entwickelte Untersuchung der «Doppelbindung» hat gezeigt, wie durch Wechselseitigkeit, Doppelbödigkeit und Unausweichlichkeit «Beziehungsfallen» zwischen Eltern und Kind entstehen können, die, zusammen mit der zwischenpersönlichen Entwertung der Beziehung sowie der Mystifikation zwichen Mitteilung und Kontext, eine spätere schizophrene Persönlichkeitsentwicklung vorbereiten. Vgl. P. WATZLAWICK – J. H. BEAVIN – D. D. JACKSON: Menschliche Kommunikation, Bern 1969; G. BATESON: Ökologie des Geistes, 353 ff. Doppelbindungen ergeben für das Kind einander widersprechende Botschaften, die in *jedem* Falle Angst vor Strafe bzw. Liebesentzug auslösen – es gibt kein Entrinnen, was immer man auch tut.

[38] R. D. LAING: Das geteilte Selbst, 12: «Ein Mensch, der sagt, daß Menschen Maschinen sind, kann ein großer Wissenschaftler sein. Ein Mensch, der sagt, daß er eine Maschine *ist*, ist ‹depersonalisiert› im psychiatrischen Jargon». «Deshalb möchte ich betonen, daß unser ‹normaler› ‹angepaßter› Zustand zu oft der Verzicht auf Ekstase ist, Verrat an unseren wahren Möglichkeiten, daß viele von uns nur zu erfolgreich darin sind, sich ein falsches Selbst anzuschaffen, um sich an falsche Realitäten anzupassen.»

man sich auf diese Frage ernsthaft ein, so steht man mit einem Mal der Sehweise der psychotischen Weltuntergangsphantasien sehr nahe, denn offenbar muß für den Schizophrenen wirklich erst eine ganze Welt(ordnung) zerstört werden, um einer heilen Welt Platz zu machen.

So unterschiedlich auch immer, zeigen die tiefenpsychologischen Theorien über das Wesen der schizophrenen Reaktion doch allesamt das Bild einer Persönlichkeit, die, in sich selbst zerrissen und von außen bedroht, den Anspruch längst aufgegeben hat, auf ihr Geschick einen wesentlichen Einfluß nehmen zu können. Das *Gefühl der Ohnmacht* in allen eigenen Belangen sowie der prinzipiellen *Einsamkeit* in allen wichtigen Gefühlsbereichen kennzeichnen die Erfahrungswelt dieses Erlebens, und wenn es unter solchen Umständen möglich sein soll, sich anderen mitzuteilen, dann allenfalls in einer verhüllten, geheimen, *symbolischen* Sprache, die, wenn überhaupt, nur wenigen Eingeweihten zugänglich sein wird.

Von daher weist das schizophrene Erleben eine Reihe von Merkmalen auf, die auch die apokalyptische Literatur wesentlich kennzeichnen: den Determinismus der Weltbetrachtung infolge einer völligen Ohnmacht des Ichs; den pseudonymen, ichverlustartigen Symbolismus der Selbstmitteilung; sowie insbesondere eine allzu fließende Abgrenzung zwischen Ich und Außenwelt. Ganz wie in den apokalyptischen Visionen erlebt auch der Schizophrene sich selbst in einem Symbolismus, mit dem er die Dinge und Menschen ringsum überzieht. Die größte Verwandtschaft zwischen apokalyptischem und schizophrenem Selbsterleben aber liegt zweifelsohne in der Gemeinsamkeit der *Weltuntergangsphantasien.*

Tiefenpsychologisch können derartige Vorstellungen vom drohenden Weltuntergang aus verschiedenen Anlässen entstehen; fast immer aber hängen sie mit dem drohenden Verlust einer Person zusammen, deren Nähe als notwendig erscheint, um eine gewisse Stabilisierung der eigenen Identität zu gewährleisten. Den «Verlust» dieser Person kann ein Todesfall ebenso einleiten wie ein möglicher Liebesentzug; es kann aber auch sein, daß, wie im Fall *Schreber*, bestimmte subjektiv als unverträglich empfundene Strebungen von Liebe oder Aggression einen Kontaktabbruch herbeizuführen drohen. In jedem Fall geht mit dem Verlust einer Person, welche im Leben die ganze Welt zu bedeuten schien, im Erleben die ganze Welt zugrunde, und entsprechend gestalten sich die apokalyptischen Vorstellungen in der Schizophrenie: das eigene Ich treibt nach dem Untergang der Welt wie ein Astronaut durch ein leeres All zwischen Sternen, die von weitem vorüberziehen, oder zwischen Inseln aus Eis, die in sonderbaren Farben von fernher schimmern, oder es wird ungewollt zum Zeugen unheimlicher, mit Strahlen ausgetragener Kriege.

Die Vorstellungen mancher Schizophrener sehen dabei inhaltlich bestimmten biblischen Bildern so ähnlich, daß man immer wieder gemeint hat, sie hätten sich überhaupt erst als «religiöser» Wahn gebildet[39]; aber zumeist tauchen einzelne Vorstellungen der Bibel, die bislang im Erleben kaum eine Bedeutung besaßen, innerhalb der schizophrenen Reaktion lediglich auf das heftigste verstärkt auf, und es ist deutlich, daß der Sachverhalt sich gerade umgekehrt darstellt: es ist die schizophrene Gefühlslage selbst, die nicht durch übermäßige Bibellektüre entsteht, sondern sich zu ihrem Ausdruck der apokalyptischen Bilder bedient, weil sie nur darin sich auf gültige Weise mitzuteilen vermag, und es sind von daher notwendigerweise die gleichen Bilder, die auch bei Patienten auftauchen, die von den biblischen Visionen kaum gehört haben.

Entscheidend für das subjektive Erleben ist in jedem Falle, daß die Visionen vom Weltuntergang, so schrecklich drohend und ohnmächtig verzweifelt sie auch mitempfunden werden mögen, doch zugleich von einer gewissen Lust am Untergang begleitet sind. Diese Welt *soll* und muß zugrunde gehen, und so sehr man ihr Ende fürchtet, so sehr sehnt man es doch auch herbei. Der Widerspruch zwischen Ich und Außenwelt bzw. zwischen Ich und Triebwelt wird als so unerträglich empfunden, daß nur eine vollständige Ausblendung der Wirklichkeit ein Überleben zu ermöglichen scheint.

Insofern kommt die Weltuntergangsphantasie – wie die Psychose selbst – in der Tat einer spontanen Selbstheilung bzw. einem Selbstrettungsversuch gleich; und damit ergibt sich ein eigentümlicher tiefenpsychologischer Zusammenhang zwischen der prophetischen Eschatologie und der Apokalyptik.

Wir sagten vorhin, daß der Unterschied zwischen Eschatologie und Apokalyptik wesentlich auf einen quantitativen Anstieg der Angst zurückzuführen sei; wir sind jetzt befugt, diese Differenz tiefenpsychologisch mit dem Unterschied ineins zu setzen, der zwischen einer *Neurose* und einer *Psychose* besteht. Ein Neurotiker, meinte S. FREUD, kenne zwar die Realität, aber er wolle von ihr aufgrund seiner Gehemmtheiten nichts wissen; der Psychotiker hingegen ersetze die ihm unerträgliche Wirklichkeit durch seinen Traum[40]. Gerade so kennt die Eschatologie zwar die historische Wirklichkeit, aber sie wünscht sie leidenschaftlich durch eine andere Weltordnung zu ersetzen, wobei, je wahrer die eschatologischen Wunschinhalte an sich sind, die «Gehemmtheiten» in einer

[39] G. M. MARTIN: Weltuntergang, 118. – Schon C. G. JUNG: Der Inhalt der Psychose, III 209, meinte, daß es «unverkennbare Analogien» zwischen pathologischen und mythologischen Bildungen gebe, indem beide Phantasiebildungen des Unbewußten seien; dementsprechend forderte er, die psychotischen Vorstellungen als Erlösungsphantasien zu betrachten. – Sehr zu Recht meint F. CAPRA: Wendezeit, 428: «Man weiß sehr wohl, daß die Erfahrungen dieser Mystiker denen schizophrener Personen oft auffallend ähnlich sind. Dennoch sind Mystiker nicht geisteskrank, da sie ihre transpersonalen Erfahrungen mit ihrem Alltagsbewußtsein zu integrieren wissen. LAING hat dafür folgende tiefsinnige Metapher geprägt: ‹Mystiker und Schizophrene befinden sich im selben Ozean; doch die Mystiker schwimmen, während die Schizophrenen ertrinken›» (Zit. nach mündlicher Mitteilung).

[40] S. FREUD: Der Realitätsverlust bei Neurose und Psychose, XIII 365.

Unterdrückung von Impulsen bestehen, die zum Leben zugelassen werden müssen, wenn die Wirklichkeit selber menschlichere Züge (wieder-)gewinnen soll. Der Apokalyptiker hingegen empfindet die gesamte Weltordnung als so unerträglich, daß er die Wirklichkeit nicht nur hinwegwünschen, sondern insgesamt als zerstört vor sich sehen muß, und seine Visionen bilden von daher ein vollkommenes Äquivalent zu den Weltuntergangsphantasien in der Schizophrenie. Desgleichen ist der *Leidensdruck* unter der Last des Bestehenden in der Apokalyptik offensichtlich noch größer als in den sehnsuchtsvoll-gewalttätigen Bildern der Eschatologie. Vom Erleben der *Neurose* her versteht man es gut, daß man mit der gesamten (biographischen) Vergangenheit brechen muß, um eine menschlichere Gestalt der Zukunft zu gewinnen, wie es in den eschatologischen Visionen verheißen wird. Vom *psychotischen* Erleben her wird jedoch verständlich, daß es nicht mit einer bloßen Abrechnung der Vergangenheit getan sein kann; es geht vielmehr darum, die gesamte Struktur verinnerlichter Entfremdung, das System des Weltganzen, zu beseitigen, wie es die apokalyptischen Schriften in Aussicht stellen. An die Stelle einer als tödlich empfundenen Weltordnung tritt jetzt die Vision einer Welt, wie sie sein müßte, um ein menschlicheres Leben zu erlauben; was in der Eschatologie «nur» ein Dualismus der Geschichte zwischen Vergangenheit und Zukunft war, verwandelt sich damit wirklich in einen Dualismus zweier absolut entgegengesetzter Ordnungen, die durch eine absolute Zäsur von Vernichtung und Neubeginn, von Tod und Auferstehung von einander getrennt sind.
Der inneren Struktur nach werden in der *Eschatologie* demzufolge die Inhalte des Unbewußten in die Geschichte hinein projiziert; in der *Apokalyptik* aber erweitert sich der Innenraum des Psychischen zur Welt selbst. Insofern ist die Nähe der Eschatologie und der Apokalyptik zu den Inhalten *der Mythen* keineswegs so zufällig, wie es in der exegetischen Literatur historisch-kritischer Provenienz den Anschein hat. Statt das Verhältnis der eschatologischen und apokalyptischen Visionen zur Welt des Mythos für etwas rein Akzidentelles zu halten, von dem man ohne Schaden abstrahieren könnte, erweist sich tiefenpsychologisch gerade, daß Eschatologie und Apokalyptik ihre Entstehung wesentlich demselben Vorgang psychischer Identifikation verdanken, durch den auch der Mythos zustande kommt. Freilich ist zu beachten, daß die Antriebsrichtung des Unbewußten in Eschatologie und Apokalyptik gerade umgekehrt zu der Richtung des Mythos sich verhält. *Der Mythos* setzt sich zum Ziel, die Angst des Menschen vor der drohenden Feindseligkeit der Natur dadurch zu überwinden, daß er die Kräfte und Gegebenheiten der Natur selber projektiv vermenschlicht und somit das menschliche Bewußtsein an die Natur anzupassen sucht[41]; zu-

[41] Vgl. Tiefenpsychologie und Exegese, I 137.

gleich negiert der Mythos die Geschichte, indem er die ängstigende Unbekanntheit des Historischen in den beruhigenden Ring der ständigen Wiederholungen eines urzeitlich gesetzten Anfangs verwandelt. Demgegenüber lebt *die Eschatologie* davon, den unheilvollen Ring der Geschichte zu zersprengen und den Anfang und das Ende der Geschichte wie die zwei Äste einer Hyperbel in symmetrischer Spiegelung über dem Koordinatennullpunkt einander gegenüberzustellen. Die *Apokalyptik* hingegen paßt gerade nicht, wie der Mythos, den Menschen an die Natur an, sondern sie löst den Konflikt der Angst gerade umgekehrt, indem sie in ihren Visionen durch Introjektion die äußere Natur und Geschichte vernichtet, um sie in einer neu geschaffenen, ganz und gar verinnerlichten Form an die Wünsche und Bedürfnisse des Menschen anzupassen.

Insofern sind wir in gewissem Sinne jetzt wirklich, wie eingangs erwähnt (s.o.S. 40), an den anderen Pol jener seelischen Entwicklungsreihe angelangt, die mit Traum und Mythos begann und nun mit Eschatologie und Apokalyptik ihr Ende findet: wenn wir den *Mythos als projizierte Psychologie* zu verstehen versucht haben, so müssen wir in der *Apokalyptik eine introjizierte Kosmologie* erkennen.

Mit gewissem Recht kann man tiefenpsychologisch daher jetzt ebenso wie religionshistorisch sagen, daß die apokalyptischen Weltuntergangsphantasien eine «extreme Form von Abwehr, bis hin zur Leugnung» darstellen[42]. «Weltuntergangsphantasien können als sachgemäßer, keineswegs nur phantastischer Ausdruck einer enormen Krise, einer außergewöhnlichen Bedrohung des Ich verstanden werden.»[43] «Zu ihr gehören ins Wort und ins Bild gesetzte Erfahrungen und Erwartungen dieser Krise, die Symbolisierung von Ängsten und Hoffnungen, ein Vorstellungskomplex mitten in der Krise angesichts vergangener, gegenwärtiger und noch zu erwartender Katastrophen und Rettungen. Weltuntergangsvorstellungen machen daher *einen* Bereich innerhalb des apokalyptischen Gesamtdramas vom Abbruch der alten und Beginn einer neuen Welt aus.»[44]

Auf diese Weise verschwindet der theologischerseits immer wieder gegen die Apokalyptik erhobene Vorwurf wie von selbst, die deterministischen Vorstellungen und Visionen der Apokalyptiker liefen auf eine Festlegung Gottes durch selbstgeschaffene Angst- und Wunschträume hinaus. Wie wir sehen, ist es ja nicht das bewußte Ich des eschatologischen oder apokalyptischen Visionärs, das sich seine Zukunftsbilder selbst erfindet, sondern umgekehrt: das Ich ist den andrängenden Bildern des Unbewußten gerade so wehrlos ausgeliefert, wie es

[42] G.M. Martin: Weltuntergang, 56.
[43] A.a.O., 58.
[44] A.a.O., 74.

sich selbst in seinen Visionen schildert; es ist der Empfänger, nicht der Schöpfer seiner Bilder. Indem es sich auf seine visionären Erfahrungen einläßt, beweist es gerade eine Haltung tiefen Vertrauens in die Kräfte, die in ihm als autonome Formen der Selbstregulation angelegt sind. Die apokalyptischen Bilder gehören «in den Bereich archetypischer Themen und Motive», und aufgrund ihrer Herkunft aus den Schichten des kollektiven Unbewußten «kann ihre Allgegenwart in Literatur und Kunst, in Religion und Ethik, in Vorstellungswelten von Kranken und Gesunden kaum überraschen»[45]. Bilder dieser Art sind wie Fenster in den Wänden einer Kathedrale, durch die das Licht des Himmels hereinfließt, um einen Raum zu erleuchten, der sonst in aussichtslosem Dunkel gefangen bliebe. Freilich ist es religionspsychologisch nicht gleichgültig, mit welcher Psychodynamik das Angebot apokalyptischer Bilder verarbeitet wird, und wenn wir auch bei der Besprechung visionärer Ekstase bislang immer wieder auf das psychotische Erleben zu sprechen kommen mußten, so ist doch der Unterschied nicht zu leugnen, der strukturell zwischen einer religiösen und einer wahnhaften Verarbeitung des Bildangebotes des Unbewußten besteht. Sehr richtig schrieb H. Rorschach, obwohl er sich von der psychogenen Natur der Schizophrenie nie zu überzeugen vermochte: «Was der Schizophrene, der in die Introversion hineinstürzt, weil seine *function du réel*, vielleicht kann man sagen: die Kontinenz der Extraversion, geschwächt ist, notgedrungen erlebt, das erlebt der Künstler, der Mystiker, der Philosoph aktiv. Die Introversion ist in allen Fällen die gleiche und gelangt zu gleichen Urgedanken wie die schizophrene Introversion. Selbst die Produkte haben eine enge Verwandtschaft untereinander. Um von zahllosen möglichen Beispielen nur einige zu nennen: Auch in Fichtes Ich-Gott, in Schellings Weltseele oder auch etwa in Tolstois oder in Bölsches Mystik wird man narzißtische Komponenten finden können. Der Unterschied wird wohl darin liegen, daß zum Beispiel der Philosoph auf der Leiter der ontogenetischen Fixierungen in die Introversion hinabsteigt und daher auch nachdenkbar ist und deswegen den Weg zur vollen Extraversion wieder aktiv zurückfindet, der Schizophrene aber passiv hinuntergeworfen wird und sein ganzes weiteres Leben mehr oder weniger vergeblich darauf verwendet, den Rückweg wieder zu finden.»[46]

Damit hängt auf das engste die Tatsache zusammen, daß die *psychotischen Ideen*, auch wenn sie zu sektenhaften Religionsgründungen führen, den Schritt der eigentlich religiösen Symbolbildung in gewissem Sinne durch *Desublimation* wieder rückgängig machen. «Die Tendenz, die sich durch die ganze phylogenetische Entwicklungsgeschichte hindurchzieht, die Tendenz der Sexualverdrängung, ist auf den Kopf gestellt», indem der «anagogische Symbolüberbau» der

[45] A.a.O., 81.
[46] H. Rorschach: Zwei schweizerische Sektenstifter, in: Ausgewählte Aufsätze, 154.

Religion «zu einer katagogischen Symbolenthüllung» geworden ist[47]. Im Unterschied zu den religiösen Vorstellungen unterliegen die psychotischen Ideen einer *Resexualisierung der Symbole* und kommen einer «Regression zum Triebleben» gleich[48]. Unterstellt man, daß die regressive und introversive Bewegung der psychischen Energie, durch welche die eschatologischen und apokalyptischen Bilder in die Tageshelle des Bewußtseins gefördert werden, stets die Gefahr einer psychotischen Überschwemmung bzw. einer Egoinflation mit sich bringt, so wird man auch den so kühl erscheinenden, *rationalistisch-gelehrt wirkenden Anstrich* vor allem der *apokalyptischen* Literatur wohl keineswegs nur für eine leere Stilform halten dürfen; vielmehr dürfte sich dahinter eine *Flucht vor der Heftigkeit der eigenen Gefühle* verbergen, indem die Vorstellungsinhalte von den zugehörigen Affekten isoliert und zugleich mit literarischen Zitaten und quasi wissenschaftlichen Exkursen vom ursprünglichen Erlebniszusammenhang getrennt werden.

Für die Interpretation der apokalyptischen Bilder bedeutet dies nur um so mehr, daß man sich durch die Fülle von Reflexionszitaten und durch das Arsenal von Bildung und Wissen in den Schriften der Apokalyptiker gerade nicht in die Irre führen lassen darf. Während die historisch-kritische Exegese ganz begierig jeden Hinweis aufgreift, um die literarischen und traditionsgeschichtlichen Abhängigkeiten und Zusammenhänge der jeweiligen Bilder zu ermitteln, ist tiefenpsychologisch gerade umgekehrt immer wieder nach den Gefühlsbedeutungen und affektiven Quellen zu fragen, denen die einzelnen apokalyptischen Visionen entstammen. Der esoterisch-verhüllende Charakter der apokalyptischen Literatur – in der historisch-kritischen Exegese zumeist als Tarnung vor dem Zugriff der Mächtigen verstanden – erscheint in tiefenpsychologischer Betrachtung eher als Ausdruck des Bemühens, die eigenen Triebregungen vor der Wahrnehmung des Bewußtseins zu bewahren, und muß entsprechend vorsichtig entschlüsselt werden.

[47] A.a.O., 156.

[48] A.a.O., 156. – Tatsächlich wird man vor allem die *Inhalte* apokalyptischer Visionen und schizophrener Wahrnehmungen als eine regressive Wiederbelebung vorgeburtlicher und geburtlicher Erfahrungen betrachten können. So hat St. Grof: Topographie des Unbewußten, 117ff., z.T. in Übernahme der Lehre von O. Rank über «Das Trauma der Geburt», zu zeigen versucht, daß gewisse perinatale Erfahrungen später in visionären Erlebnissen wiederkehren können. Die Spannungen während der *Geburtswehen* z.B. treten als Kampfszenen, Bilder von Naturkatastrophen und globalen Zerstörungen auf; im ganzen unterscheidet Grof vier «perinatale Matrizen», die den einzelnen Stadien des Geburtsvorganges entsprechen und eine Korrelation zwischen bestimmten Erfahrungsstrukturen während des Geburtsvorgangs und einer Reihe von Bildvorstellungen herstellen, die in den apokalyptischen Visionen bevorzugt zu Tage treten. Freilich wird man den Geburtsvorgang selbst symbolisch als Bild des Übergangs von Krisis, Zusammenbruch und Neuanfang deuten müssen und nicht nur mit Erinnerungen an die individuelle Geburt rechnen dürfen.

3) Die Aufnahme der Apokalyptik im frühen Christentum und die Frage ihrer sachgemäßen Interpretation

Von daher läßt sich tiefenpsychologisch die Herkunft, Eigenart und Bedeutung der apokalyptischen Visionen recht gut verstehen. Unklar aber ist noch die Frage, welch eine Wahrheit in den Vorstellungen der Apokalyptiker enthalten sein kann.

Die Aussagen der apokalyptischen Literatur haben ihren Wert als subjektive Äußerungen und symbolische Darstellungen eines spontanen Selbstheilungsversuchs der Psyche angesichts einer buchstäblich «globalen» Infragestellung des gesamten Lebensaufbaus, und insofern besitzen sie zweifellos eine psychische Berechtigung und subjektive Wahrheit; anders aber als in der Psychose beanspruchen die Apokalyptiker nicht nur, symbolisch sich selbst auszusprechen – sie wollen über das Schicksal der menschlichen Geschichte, über das Wesen der menschlichen Natur in Zeit und Ewigkeit sowie über die Zukunft der Welt im ganzen objektiv gültige Aussagen machen. Diesem theologisch-gelehrten Anspruch würde man nicht gerecht, wenn man die apokalyptischen Visionen auf demselben Niveau interpretieren wollte wie gewisse Wahnvorstellungen in der Schizophrenie. Es hilft auch nicht weiter, die Differenz zwischen den schizophrenen und den religiös-apokalyptischen Visionen lediglich in der angegebenen Weise als Folge des sozial verursachten Sublimationsdrucks zu deuten; die entscheidende Frage lautet vielmehr, inwieweit die Inhalte der apokalyptischen Visionen als archetypische Bilder des Unbewußten eine Gültigkeit beanspruchen können, die über die psychischen und sozialhistorischen Bedingtheiten ihres Auftretens hinaus eine bleibende Wahrheit über die Zukunft von Mensch und Welt angesichts ihrer äußersten Bedrohung vermittelt. Diese Wahrheit, soll es sie geben, kann nicht auf der Ebene der *äußeren* Mitteilungen liegen – alle Vorstellungen der Apokalyptik über einen nahe bevorstehenden Untergang der Welt und über das weltjenseitige Kommen des Reiches Gottes sind vom Gang der Geschichte längst widerlegt worden; aber es ist möglich, daß die apokalyptischen Visionen eine *wesentliche* Wahrheit über das Schicksal des Menschen in sich schließen, die man nur versteht, wenn man ihren Symbolgehalt, den die Tiefenpsychologie erschließen hilft, *als philosophische bzw. theologische Chiffren* reflektiert; dieser Möglichkeit müssen wir im folgenden nachgehen.

An *theologischen* Versuchen, den Wahrheitsgehalt der apokalyptischen Literatur herauszuarbeiten, hat es gerade in den letzten Jahrzehnten nicht gefehlt. Es liegt auf der Hand, daß wichtige Inhalte der kirchlichen Glaubenslehre, besonders über das Wesen Christi und das endgültige Schicksal des Menschen, zentral von dem Gedankenkreis der spätjüdischen Apokalyptik geformt wurden, und es ist daher sehr zu fragen, inwieweit man es hier wiederum nur mit symbolischen

Aussagemitteln zu tun hat oder mit Symbolen, die in sich selber eine Wahrheit ahnen lassen, die für den Menschen unverzichtbar ist, wenn seine Existenz im ganzen gelingen soll.

Wie wichtig dieses Problem für das Christentum ist, läßt sich schon daran erkennen, daß bereits *die Botschaft Jesu* zutiefst in der spätjüdischen Apokalyptik verwurzelt ist und viele ihrer Vorstellungen davon übernommen hat.

Zur Zeit Jesu war vielfach eine «Kombination der nationalen und der kosmologischen Hoffnung» vollzogen worden[49], indem «die messianische Zeit als Vorspiel vor dem neuen Aeon angesehen» wurde. So entstand «die Lehre vom Zwischenreich – eben dem Reich des Messiaskönigs –, das auf vierhundert oder tausend Jahre berechnet wird. In dem Bilde des neuen Aeons hat die Gestalt des Messias als des nationalen Königs keinen Platz. Statt seiner aber tritt die neue Gestalt eines himmlischen Heilbringers auf, der am Ende der Tage erscheinen wird, um den neuen Aeon zu bringen; es ist die Gestalt, die den rätselhaften Namen ‹*der Mensch*› trägt. Es ist offenbar die Gestalt einer kosmologischen Eschatologie (der Urmensch als Inaugurant einer neuen Menschheit), die aus dem Orient zunächst ins Judentum vorgedrungen ist, dann aber auch weiter in den Westen, wo sie als die Gestalt des Heilbringers in der 4. Ekloge *Vergils* erscheint ... In der späteren jüdischen Apokalyptik ist dieser ‹Mensch› zugleich Richter und Heilbringer ... Begreiflicherweise sind die Gestalten des Messias und des ‹Menschen› zusammengeflossen, so auch in den synoptischen Evangelien.»[50] Allem Anschein nach hat Jesus die apokalyptische Hoffnung auf das Kommen des «Menschen(sohnes)» aufgegriffen und in ihm den künftigen Richter und Heilbringer gesehen. Wie die zeitgenössischen Apokalyptiker glaubte auch Jesus daran, daß die Gottesherrschaft unmittelbar bevorstehe, wobei in seiner Botschaft freilich all die nationalen Erwartungen eines streitbaren Messiaskönigs vollkommen fehlen; wohl hoffte auch Jesus auf den Zusammenbruch der gesamten bestehenden Weltordnung, aber er vermied dabei alle kosmologischen Spekulationen und alles Ausmalen der jenseitigen Welt. «Alles wird verschlungen von dem einzigen Gedanken, daß dann Gott herrschen wird.»[51] Wohl erwartete auch Jesus, wie die gesamte Apokalyptik, die Auferstehung der Toten und das Gericht; den Kern seiner Botschaft aber bildete die immer neu wiederholte Ankündigung, nahe sei das Ende aller Zeiten, angebrochen sei die Gottesherrschaft; und daß es sich wirklich so verhielt, sollte sich an seinen eigenen Worten und Werken erkennen lassen. «Im Grunde ist also er selbst in seiner Person das ‹Zeichen der Zeit›.»[52] Gleichwohl verkündete Jesus sich nicht selber

[49] R. Bultmann: Das Urchristentum, 82.
[50] A.a.O., 82.
[51] A.a.O., 83.
[52] A.a.O., 86.

als Messias, und er verlangte nicht einen Glauben an seine Person, sondern er verwies auf den kommenden «Menschen(sohn)»; dennoch sollte sich jetzt, an der Stellung zu seiner Person, entscheiden, wie jemand zur Gottesherrschaft eingestellt war. Und diese Entscheidung ließ endgültig keine Kompromisse zu. «So hat sich Jesus selbst von seiner Familie gelöst ..., und so hat er offenbar eine Schar von Menschen aus Heimat und Beruf durch sein Wort herausgerissen ... Alle ... werden vor die Entscheidung gestellt, woran sie ihr Herz hängen wollen: Gott oder die Güter dieser Welt.»[53]

Schon bis hierhin stellt sich die Frage, wie man diese apokalyptisch durchtränkte *Botschaft Jesu* verstehen soll. Daß Jesus sich in der Erwartung des baldigen Endes der Welt geirrt hat, ist offensichtlich. Aber vielleicht ist dieser Irrtum nicht *sein* Irrtum gewesen, sondern viel eher der Irrtum all derer, die seine Naherwartung für irrig erklärten?

Man kann BULTMANN nur zustimmen, wenn er vom Ansatz seiner existentialanalytischen Interpretation her schrieb: «Prophetisches Bewußtsein erwartet offenbar stets Gottes Gericht in der nächsten Zeit, weil für den Propheten die souveräne Majestät Gottes und die Unbedingtheit seines Willens so gewaltig ist, daß demgegenüber die Welt in die Nichtigkeit versinkt und am Ende zu sein scheint ... So auch bei Jesus. Das Bewußtsein, um Gottes entscheidenden Willen zu wissen und ihn verkündigen zu müssen, gibt ihm das Bewußtsein, am Ende der Zeit zu stehen. Nicht aus Sehnsucht oder aus Spekulation ist seine eschatologische Predigt entsprungen, sondern aus dem Wissen um die Nichtigkeit der Welt, um den Willen Gottes und um die Verantwortung des Menschen vor Gott. Das damit gegebene Verständnis der menschlichen Existenz ist offenbar nicht an die Erwartung des nahen Endes der Welt gebunden, aber es enthält ein bestimmtes Urteil über die Welt, das heißt, es sieht sie schlechthin *sub specie Dei.*»[54] M. a. W.: vor den Augen Jesu erscheint das, was Gott will, so sehr zum Greifen nahe, daß es zur sicheren Gewißheit wird, die bestehende Welt(ordnung) sei endgültig am Ende. Was sich als zeitliche Naherwartung ausspricht, ergibt sich *in existentialtheologischer Deutung* aus der inneren Nähe und Dichte der Erfahrung Gottes im Leben Jesu selbst. Nicht um eine Aussage über die zeitliche Zukunft, sondern um die existentielle Gegenwart geht es in der Person und Botschaft Jesu. Denn gerade indem Jesus die ausgesprochen apokalyptischen Ausmalungen der Zukunft kategorisch zu vermeiden suchte, scheint es richtig zu sein, wenn man seine Botschaft ganz und gar auf die Gegenwart *jetzt* bezieht: es gibt vor Gott nicht länger die Ausflucht, man erkenne die wahre Form der Menschlichkeit wohl, aber man könne sie zur Zeit noch nicht leben: alles braucht seine Weile; die Rücksichtnahme auf die Familie, die Fragen der

[53] A. a. O., 87.
[54] A. a. O., 88–89.

Existenzsicherung, die bürgerlichen Spielregeln – all dies verhindere eine unmittelbare Änderung der Lebensweise. Jesus war fest davon überzeugt, daß es gelte, *heute* zu leben, oder daß man niemals dazu kommen werde, ein wahrer Mensch zu sein, und daß, wer sich jetzt nicht entscheide, am Ende leer dastehen müsse. Versteht man insbesondere die Verheißung Jesu von der Ankunft des Menschensohnes als eine existentale Chiffre für das Bild eines menschlichen, eigentlichen Lebens, so wird man sagen müssen, daß die Gestalt des wahren Menschseins unvermeidbar des Menschen Schicksal sein wird, zu seiner Hoffnung wie zu seinem Scheitern; an diesem wahren Bild der Humanität, das bei Gott steht und von Ewigkeit her gilt, wird jeder einzelne gemessen werden, und in diesem Sinne wird der «Menschensohn» buchstäblich der «Richter» eines jeden einzelnen Menschenlebens sein. Von diesem Ansatz her scheint es nur richtig, die gesamte apokalyptische Botschaft des Spätjudentums, inklusive der apokalyptischen Passagen auch des Neuen Testamentes, radikal zu entmythologisieren, gerade um der Reinheit der «prophetischen» Botschaft Jesu willen.

Aber so plausibel die Methode der existentialen Hermeneutik der apokalyptischen Bilder zunächst erscheinen mag, so liegen die Dinge doch so einfach nicht. Denn je tiefer man sich in die Botschaft Jesu versenkt, desto deutlicher wird man den Gegensatz spüren, der unversöhnlich und prinzipiell zwischen der Art seines Lebens und der Eigentümlichkeit der bestehenden Welt(ordnung) klafft. Jeder, der sich auf Jesus einläßt, lebt von der Evidenz, daß die «Naherwartung» Jesu existentiell vollkommen zu Recht besteht: es ist durchaus möglich, hier und jetzt die Scheinsicherungen von Geld, Ansehen und Macht preiszugeben und die einfachen Regeln der Menschlichkeit zu lernen: «Wer unter euch der erste sein will, der sei euer Diener» (Mt 20,27), oder: «Wer zwei Gewänder hat, der gebe dem eines ab, der keines hat» (Lk 3,11), oder, «Sammelt euch nicht Schätze auf der Erde, wo Motte und Rost sie zunichte machen und wo Diebe einbrechen und stehlen. Sammelt euch vielmehr Schätze im Himmel, wo weder Motte noch Rost sie zunichte machen und wo Diebe nicht einbrechen und stehlen. Denn wo dein Schatz ist, da wird auch dein Herz sein.» (Mt 6,19) Es gibt angesichts solcher Worte kein Ausweichen und keinen Aufschub, und das wohl größte Wunder, von dem die Evangelien berichten, dürfte gewiß darin bestehen, daß Jesus eine solche Macht besaß, Menschen wie Simon und Andreas, Jakobus und Johannes am Ufer des Sees von Genesareth wegzurufen, daß sie «sogleich» (!)[55] ihre Netze liegen ließen, ihrem Elternhaus den Rücken kehrten und ohne jede Absicherung in der bürgerlichen Existenz einfach und ohne Zögern dem Weg der Wahrheit folgten (Mk 1,16-20). Für sie «irrte» Jesus nicht, als er sprach: «Das

[55] Zu dem Gebrauch von «eutheos» (plötzlich), das bei Markus 45mal vorkommt, vgl. G. DALMAN: Die Worte Jesu, I 22–23; man sollte das Wort im Deutschen etwa mit «unmittelbar danach», «sofort» wiedergeben.

Gottesreich ist nahe» (Mk 1,15). Jeder indes, der sich dem Ruf Jesu nicht anschließt, muß seine ganze Kraft dafür einsetzen, die Botschaft Jesu als irrig zu erweisen, indem er durch sein bloßes Dasein sich und allen demonstriert, daß es nicht möglich ist, sein Leben bis in die Wurzel hinein zu ändern, daß es utopisch, gefährlich, phantastisch und widersinnig ist, so ungeschützt und offen sein Leben einzig auf Gott, die Wahrheit und die Menschlichkeit zu gründen, ja, daß es die ganze «vernünftige» Weltordnung zum Einsturz brächte, wenn alle ihr Leben so einrichten wollten, wie Jesus es vorschlug: daß es den Menschen *nicht* wesentlich bestimmt, ob er verheiratet ist, wieviele Kinder er hat, wieviel Geld er verdient, wie er sich gesund erhält, wie er sich sozial und politisch engagiert und wie er mit dem Staat, seinen Nachbarn und seinen Kollegen zum Zeitvertreib ein gewisses Auskommen findet.

Es ist wahr: wer in dem Dunstkreis der bürgerlichen Lebensinteressen verbleiben will, wird Jesus einen unvernünftigen Irrlehrer nennen und dafür Sorge tragen müssen, daß das Reich Gottes bzw. die Ankunft des Menschen(sohnes) so fern gerückt wird wie nur irgend möglich; wer nicht selber das Weinen und Trauern gelernt hat an der gewalttätigen Tyrannei und der dumpfen Unmenschlichkeit aller Grundlagen, auf denen das Zusammenleben der Menschen sich gründet, wird es als pure Exaltation von sich abtun müssen, wenn Jesus die Weinenden selig preist (Lk 6,21); und wen nicht eine grenzenlose Ahnung und Sehnsucht nach einer anderen Welt durchzieht, die anders ist als die bestehende, wird in der fleißigen Tüchtigkeit seiner Angst und in der Sturheit seiner Reflexionsverweigerung nur um so emsiger fortfahren müssen, seine Abhängigkeit und Unfreiheit als etwas Naturgegebenes und Unentrinnbares zu betonen und hinzunehmen.

Es geschieht an dieser Stelle mithin wie notwendig, daß in der Zuspitzung der Botschaft Jesu auf «die Entscheidung jetzt» das apokalyptische Element seiner Weltsicht aus der Tiefe der Erfahrung unausweichlich wiederkehrt. Es ist nicht möglich, die Botschaft Jesu anzunehmen, ohne *alles* infrage zu stellen, ja, für erledigt zu halten, was sonst dem Menschen innerweltlich Halt und Sicherheit zu bieten scheint. Für Jesus ist nur eine einzige Frage von Belang: wie ein Mensch selber seine absolute Würde und Größe im Gegenüber Gottes wiederfindet und wie er von daher alle Formen der Angst, die sonst den Zugang zu anderen Menschen verstellen müßten, zu relativieren und zu überwinden vermag (Mk 12,29-31). Eine solche Haltung kommt in der Tat einem Todesurteil über all die Wertordnungen und Wertvorstellungen gleich, die sonst die bürgerliche Existenz bestimmen; wenn es so steht, *ist* diese Welt am Ende.

Recht hat daher in gewissem Sinne J. Moltmann, wenn er Christus «als Zeichen der Hoffnung» und als «das Zeichen der Krisen» zu verstehen sucht und von der Auslegung der apokalyptischen Texte der Bibel schreibt: «Erst *danach* und *daneben* und also sekundär (sc. zur Annahme der Botschaft Jesu und der dadurch verursachten Erschütterungen, d. V.), können dann auch die ‹Zeichen des Endes› wahrgenommen werden, die Zeichen wachsender Krisen in der Weltgeschichte ... Die ‹Zeichen und Wunder› geschehen in der Befreiungsgeschichte des Geistes Christi. Dieser aber provoziert, zusammen mit ihnen und ihretwegen, auch die Zeichen der Krise und der Gefahr. Gerade durch die Verkündigung des Sieges Christi und durch die Erfahrung der Befreiung im Geist wird die Geschichte der Welt nicht in kontinuierlichen Fortschritten ihrer Vollendung entgegengeführt, sondern sie wird zunehmend kritischer. Gerade weil Christus ‹das Zeichen der Welt› ist, entstehen an ihm die Krisen. Sie sind nicht Vorzeichen der totalen Krise, sondern immer nur Zeichen bestimmter, konkreter Konflikte. Denn nicht die Krise der Welt führt zur Parusie Christi, sondern die Parusie Christi beendet diese kritische Welt.»[56] Es gibt dramatische innere wie äußere Krisen, die gerade von Menschen, die auf Christus sich einlassen, in die wie selbstverständliche Unmenschlichkeit dieser Welt(ordnung) hineingetragen und von ihnen selber durchgetragen werden müssen. Und dennoch ist auch dies nur eine Teilwahrheit in der Auslegung der apokalyptischen Texte.

Auf der anderen Seite nämlich ist es auch wahr, daß man die todverfallene und zum Untergang bestimmte Seite an der gegenwärtigen Welt(ordnung) vor sich sehen muß, um sich alternativelos und radikal für Christus als die Wahrheit und das Leben entscheiden zu können. Die Kritik von G. M. MARTIN an der theologischen Konzeption J. MOLTMANNS trifft vollkommen zu, wenn er hervorhebt, es werde hier der «Untergangsaspekt» dermaßen relativiert, «daß am Ende ... nur ein alttestamentlich-prophetischer Verstehenshorizont übrigbleibt, der christologisch ausgemalt wird»[57]. Vor allem werde mit solchen Aussagen so getan, als könne «der Menschensohn aus dem Himmel gezwungen» werden, um einer totalen Katastrophe der Welt zuvorzukommen[58]. Tatsächlich scheint in Anbetracht der wirklichen Geschichte die apokalyptische Weltsicht, die mit der drohenden Vernichtung der Welt rechnet, weit realistischer als eine Theologie, die immer wieder so tut, als wenn die menschliche Geschichte auch im irdischen Betracht von Gott trotz allem zum Guten geleitet werde – ein Heils- und Zukunftsoptimismus, der angesichts der fortschreitenden Umweltzerstörung, der aberwitzigen militärischen Aufrüstung, der schrecklichen Folgen der Bevölkerungsexplosion, der Gefahr drohender atomarer Kriege u. a. m. durch nichts gerechtfertigt erscheint[59]. All diese Krisen bestehen objektiv, und sie konkretisieren nur die strukturelle Unmenschlichkeit, die Jesus in seiner Botschaft, wenn auch unthematisch, vor Augen hatte; Krisen dieser Art werden und wurden

[56] J. MOLTMANN: Kirche in der Kraft des Geistes, 64; 66.
[57] G. M. MARTIN: Weltuntergang, 134.
[58] A. a. O., 136.
[59] Vgl. E. DREWERMANN: Der Krieg und das Christentum, 166–176.

nicht durch Jesu Botschaft provoziert – sie bilden vielmehr seit eh und je die äußerste Krise der Glaubwürdigkeit all dessen, was Jesus tat und sagte.

Man kann sich zudem wohl kaum genügend deutlich klar machen, daß über die Botschaft Jesu hinaus vor allem *die frühe Kirche* niemals von der Apokalyptik so tief geprägt worden wäre, wenn nicht *der Tod Jesu* in krasser Weise gezeigt hätte, wie tödlich die Herrschaft Gottes und die Herrschaft des Menschen einander widersprechen. «Die Urgemeinde konnte die Verkündigung Jesu nicht unverändert weitergeben, sondern mußte seinen Tod und seine Auferstehung in ihre Predigt miteinbeziehen. Sie verstand beides als eschatologische und soteriologische Ereignisse, die *gemäß den Schriften* geschehen sind (1 Kor 15,3ff.), d.h. als eschatologische Erfüllung der Weissagungen der Schrift. Während sie Jesu Tod zunächst kultisch-juristisch als Sühnopfer deutete (1 Kor 15,3; Röm 3,25; 4,25 u.ö.), verstand sie seine Auferweckung als Erhöhung zu Gott, d.h. als Einsetzung in die Würde eines eschatologischen Heilbringers. An Stelle der Erwartung der Gottesherrschaft tritt nun die Erwartung der Parusie Christi. Und an dieser Stelle findet nun das folgenschwere Einströmen apokalyptischer Vorstellungen statt. Die Anschauung von dem jetzt bei Gott weilenden und am Ende der Tage als Richter und Retter vom Himmel kommenden Menschensohn war am besten geeignet, die himmlische Würde des Erhöhten mit dem eschatologischen Entscheidungscharakter der Person des Irdischen zu verbinden; die nationale Erwartung des davidischen Messias war auf Grund von Jesu Verkündigung und Schicksal hierfür unbrauchbar. Die apokalyptischen Menschensohn-Vorstellungen beherrschen und gestalten die urchristliche Parusieerwartung, auch da, wo der Titel *Menschensohn* durch andere Würdenamen ersetzt ist, z.B. durch *Gottessohn* (1 Thess 1,10), *Kyrios* (1 Thess 4,15ff.) oder *Soter* (Phil 3,20), die nicht aus der Apokalyptik stammen.»[60]

Von daher zählte die Belehrung über die Parusie Christi zu einem Hauptstück *der frühchristlichen Missionspredigt* an die Heiden (1 Thess 1,9f.), wobei die apokalyptische Thematik naturgemäß an Umfang erheblich zunahm. Nicht nur, daß man die Wiederkunft Christi als des Menschensohnes nach apokalyptischen Vorbildern ausmalte (wie z.B. in 2 Thess 1,5-10), vor allem verband man, entsprechend der jüdischen Eschatologie und der apokalyptischen Menschensohnvorstellung, die *Parusie Christi* mit der *Auferstehung der Toten*; und zudem übernahm die Urkirche die Vorstellung der jüdischen Eschatologie von einer *letzten bösen Zeit*, die dem baldigen Ende vorausgehe. «So finden die Motive von Kriegen und Hungersnöten, vom Zerfall der Familien, von der Steigerung der Not zum Übermaß und vom Erscheinen des letzten großen Widersachers Auf-

[60] Ph. Vielhauer: Apokalyptik des Urchristentums, in: W. Schneemelcher (Hrsg.): Neutestamentliche Apokryphen, II 429.

nahme in die apokalyptischen Vorstellungen der Urchristen.»[61] (Vgl. Mk 13,5-23; Mt 10,17-36) Unzweifelhaft zählt nicht zuletzt der *Topos von dem großen endzeitlichen Abfall* ebenso zu dem festen apokalyptischen Schema der spätjüdischen Eschatologie wie *die Vision eines großen Ansturms der Feinde* des Gottesvolkes, wie sie die Schriften von Qumran in grandioser Form ausmalen (vgl. 1 Q pHab 2,1-6; vgl. auch besonders 1 QM 1,1-5, wo der endzeitliche Krieg der Söhne des Lichtes gegen die Söhne der Finsternis nach ausführlichen Anweisungen beschrieben und angeordnet wird)[62]. Eine erhebliche Rolle spielt dabei in der christlichen Apokalyptik die Gestalt des «*Antichristen*», allem Anschein nach eine christliche Variante des endzeitlichen Gegenspielers Gottes in der jüdischen Apokalyptik. Die Vorstellung selbst entstammt offensichtlich älterer Mythologie, wonach ein widergöttliches Ungeheuer, das am Anfang der Schöpfung mühsam genug bezwungen wurde, am Ende der Tage wieder frei werden wird; aber anders als z.B. in der germanischen Mythologie, wo die wiedergöttlichen Kräfte die Welt auch der Götter zugrunde richten, wird in der jüdischen Apokalyptik der Widersacher Gottes (der Satan, der Drache), der zuvor nur gefangen lag, endgültig vernichtet; «es handelt sich immer um den Gegner Gottes, nicht des Messias oder des Menschensohnes. Es ist daher möglich, daß der Antichrist nicht ein christianisierter jüdischer Antimessias, sondern eine christliche Modifikation des vermenschlichten Gegenspielers Gottes der jüdischen Apokalyptik ist»[63]. Die Erfahrungen mit heidnischen Herrschern (wie dem syrischen König Antiochos IV) haben den mythischen Widersacher im Spätjudentum offenbar vergeschichtlicht und als tyrannischen Herrscher erscheinen lassen.

Wie man sieht, gewinnt die Frage der Hermeneutik apokalyptischer Texte insofern eine außerordentliche Bedeutung, als apokalyptische Vorstellungen bereits auf dem Boden des Neuen Testamentes weite Teile der Christologie, der Eschatologie und der Ekklesiologie geprägt und die frühchristliche Dogmenbildung zentral bestimmt haben. Selbst die späteste Schrift des Neuen Testamentes, der 2. Petrusbrief, erhebt gegenüber dem Spott der Gnostiker wegen der ausbleibenden Wiederkehr des Herrn die *Naherwartung* mit der Vorstellung eines spektakulären und plötzlichen Weltuntergangs (2 Petr 3,10) zu einem Glaubenssatz, wobei als das Ziel der Geschichte der siegreiche «Einmarsch der Gläubigen in das ewige Reich und die Vernichtung der Gottlosen» hingestellt wird[64]. Wenn

[61] A.a.O., II 431.

[62] Allerdings, worauf Hans-Jürgen van der Minde mich hinweist, weicht die Lage in 1 QM 1,2 von dem apokalyptischen Topos des Ansturms der Feinde insofern ab, als die Söhne des Lichtes hier selber zum Angriff auf die Söhne der Finsternis antreten. Vgl. P. v. d. Osten-Sacken: Gott und Belial, 32.

[63] Ph. Vielhauer: Apokalyptik des Urchristentums, a.a.O., 432.

[64] E. Käsemann: Eine Apologie der urchristlichen Eschatologie, in: Exegetische Versuche und Besinnungen, I 157. Vgl. ders.: Die Anfänge christlicher Theologie, in: Exegetische Versuche und Besinnungen, II 82–104.

es vorhin noch schien, als ob man gerade christlicherseits mit Berufung auf die Botschaft Jesu von allen apokalyptischen Vorstellungen Abstand nehmen müsse, so zeigt sich demnach jetzt, daß eine radikale Entmythologisierung bzw. eine rein abstrakte Existentialisierung dieser Symbole unmittelbar zu einer weitgehenden Zerstörung der christlichen Dogmatik führen muß, und es kommt daher sehr darauf an, welch eine Bedeutung man den apokalyptischen Bildern zumißt.

An dieser Stelle verdient besonders der hermeneutische Ansatz von W. Pannenberg eine eingehendere Würdigung. Denn wenn es stimmt, daß in der Apokalyptik, indem sie introjektiv die Außenwelt zur Innenwelt macht, spiegelbildlich die Psychodynamik des Mythos wiederhergestellt wird (in der die Innenwelt sich projektiv zur Außenwelt erweitert), so ist deutlich, daß wir der Apokalyptik rein psychoanalytisch ebenso wenig gerecht werden können, wie wir es bereits beim Mythos gesehen haben (I 139). Wohl ist es möglich, die psychische Seite der jeweiligen Symbolsprache und z.T. die Motivation der vorliegenden Weltsicht mit den Mitteln der Psychoanalyse nachzuzeichnen; es darf aber bei solchen Versuchen nicht vergessen werden, daß der Mythos ebenso wie die Apokalyptik eine Weltdeutung im ganzen zu geben versucht; manche Gegensätze und Widersprüche, Infragestellungen und Konflikte ergeben sich zunächst einmal *geistig*, und statt in gewohnter psychoanalytischer Manier Gedanken lediglich als Rationalisierungen verdrängter Triebimpulse zu erklären, ist in mythischen und apokalyptischen Erzählungen und Visionen stets mit der umgekehrten Möglichkeit zu rechnen: daß bestimmte Gefühle sich aus bestimmten Gedanken und geistigen Formen reklektierter Welterfahrung ergeben. Der Apokalyptik geht es durchaus darum, nicht nur ein (schizophrenes) Psychodrama zu gestalten, sondern die Zerrissenheit der Welt, wie sie objektiv besteht, zur Sprache zu bringen; zu ihrem Verständnis bedarf es daher einer Interpretationsweise, die das Weltganze philosophisch und theologisch zu thematisieren versucht, und eben das hat W. Pannenberg sich in seinem theologischen Entwurf zum Ziel gesetzt; die Frage stellt sich daher, was sich von seinen Betrachtungen für die apokalyptische Hermeneutik lernen läßt.

Pannenbergs Bestreben[65] lag vor allem darin, die Einengung der Theologie auf die Reflexion der transzendentalen Subjektivität im Erbe der Kantischen Erkenntniskritik zu überwinden. Für die *Existentialtheologische Hermeneutik* ging es wesentlich um die Frage, wie der Glaube an Gott sich zur Ermöglichung von Freiheit und Eigentlichkeit der menschlichen Existenz verhält, und wenn bei diesem Ansatz auch nicht ohne weiteres zu sehen ist, wie sich der methodische

[65] Vgl. W. Pannenberg (Hrsg.): Offenbarung als Geschichte, ^{4}1970; ders.: Heilsgeschehen und Geschichte, in: Kerygma und Dogma, 5 (1959), 218–237; 259–288; ders.: Hermeneutik und Universalgeschichte, ZThK 60, 1963, 90ff.

Individualismus dieser Betrachtungsweise zu einer konkreten Interpretation gesellschaftlicher und geschichtlicher Gegebenheiten öffnen läßt, so eignet sich die existentiale Hermeneutik, wenn man sie in der hier vorgeschlagenen Weise mit der Tiefenpsychologie der Angst und des Symbolismus des Unbewußten verbindet, doch recht gut zur Auslegung all der Phänomene, die das Selbstverständnis des Menschen in der Alternative von Gottesnähe und Gottesferne betreffen; – der Umkreis der spätjüdischen *Eschatologie* läßt sich auf diese Weise recht gut verstehen. Gleichwohl bleibt der gesamte Bereich *kosmischer Wirklichkeit* in einer rein existentialtheologischen Betrachtung ausgeschlossen, und er läßt sich auch durch die Einbeziehung der *psychischen* Natur des Menschen mit Hilfe der Tiefenpsychologie nur schwer zurückgewinnen. Im Grunde wird in der Existentialtheologie lediglich die erkenntnistheoretische Zweiteilung der Neuzeit zwischen dem erkennenden Subjekt und dem Objekt der Erkenntnis (zwischen *res cogitans* und der *res extensa*, s.o.S. 52) wiederholt. Die Kerygma-Theologie BULTMANNS etwa betrifft durchaus nur den einzelnen Menschen, die ganze Welt ringsum scheint in strengem Sinne für diese Art von Hermeneutik kein theologisches Thema zu sein und bleibt dementsprechend die Domäne einer weitgehend mechanistischen bzw. rein positivistisch eingestellten Naturwissenschaft. PANNENBERG versuchte daher mit Recht, die «Wirklichkeit in ihrer Totalität»[66] theologisch wieder zurückzugewinnen, indem er die Geschichte als ganze zu einer «indirekten Selbstoffenbarung (Gottes) im Spiegel seines Geschichtshandelns»[67] erklärte. Alles, was geschieht, betrachtet man es als Tun Gottes, teilt mittelbar etwas von Gott selbst mit, wenngleich nur partiell; allein die Geschichte als ganze ist gültige Offenbarung Gottes. Als Sinn der apokalyptischen Texte darf nach PANNENBERG daher gelten, daß erst vom Ende der Gesamtgeschichte her die Geschichte selbst in ihrer Ganzheit als Gottesoffenbarung erkennbar ist. Die volle Selbstoffenbarung Gottes geschieht nicht am Anfang, sondern «am Ende der offenbarenden Geschichte»[68], in dem Geschehen, das die Apokalyptiker als Auferstehung von den Toten vorausschauten. Von daher betrachtet PANNENBERG die Auferstehung Christi als Vorwegnahme dessen, was allen Menschen gilt, und es ist in dem «Geschick» Christi indirekt bereits Gott selbst als der Gott aller Menschen offenbar.
Es trifft wohl nur begrenzt zu, wenn J. MOLTMANN gegen diese Konzeption einwandte, es handle sich hier um ein Rückschlußverfahren *post festum* im HEGELschen Sinne[69], wonach nur das Gewesene das Wesen (des Göttlichen) mitteile; vielmehr meint PANNENBERG doch wohl, daß erst mit dem Glauben an

[66] W. PANNENBERG: Heilsgeschehen und Geschichte, 222.
[67] W. PANNENBERG: Offenbarung als Geschichte, 15.
[68] A.a.O., 95.
[69] J. MOLTMANN: Theologie der Hoffnung, 69.

die Auferstehung Christi der menschlichen Geschichte jener Vertrauensvorschuß entgegengebracht werden kann, der sie als sich vollziehende Selbstoffenbarung Gottes verstehbar macht. Zuzustimmen ist MOLTMANNS Kritik allerdings, wenn er gegenüber PANNENBERGS Theologie der Geschichte einwendet, es sei nicht klar, wie diese Geschichtstheologie anhand der Sprache der Tatsachen «prinzipiell historisch verifizierbar» sein könne, ohne daß der Begriff der Geschichte selbst verändert werde[70]. MOLTMANN selbst schlug deshalb vor, die Auferstehung Christi nicht als bloßes Vorbild, als «Vorwegereignung des Endes aller Geschichte» und «Antizipation des allen Menschen ausstehenden ‹Geschicks›» zu betrachten, so als ob der auferstandene Christus in der Ewigkeit throne und selber keine Zukunft mehr habe, sondern so, daß Christus «die Auferstehung und das Leben selber sei, und daß folglich die Glaubenden ihre Zukunft *in* ihm finden und nicht nur *wie* er finden»[71]. Die Ostererscheinungen seien daher eine Verheißung der noch zukünftigen Herrschaft und Herrlichkeit Christi; ein christliches Offenbarungsverständnis liege deshalb nicht in dem «Geschick Jesu», sondern «in der Selbigkeit Jesu im qualitativen Unterschied von Kreuz und Auferstehung. Diese Identität im unendlichen Widerspruch wird theologisch verstanden als ein Identifikationsgeschehen, als Akt der Treue Gottes»[72]. Offenbarung ist für MOLTMANN daher wesentlich nicht logoshafte Erkenntnis einer vorhandenen Wirklichkeit des Menschen und der Welt, sondern Verheißung, Eröffnung künftiger Wirklichkeit im Widerspruch zur vorhandenen Wirklichkeit, eine *promissio inquieta* – ein Versprechen, das nie zur Ruhe kommen läßt, indem es alle bestehende «Wirklichkeit» als unzureichend, vergänglich und überholbar erscheinen läßt[73]. Dies gilt nach MOLTMANN auch für die Welt, die allererst aufgrund der verheißenen Zukunft der Wahrheit «als Geschichte erfahrbar» werde[74]; statt im Sinne des kosmologischen Gottesbeweises Gott aus der Welt oder aus der Geschichte zu beweisen, gelte es gerade umgekehrt, die Welt von der Verheißung Gottes her als gott- und zukunftsoffene Geschichte zu erweisen und die kosmologisch-mechanistische Denkweise der Neuzeit zu überwinden.

Es sei dahingestellt, inwieweit diese Vorstellungen MOLTMANNS dem Weltbild heutiger Naturwissenschaft wirklich entsprechen (s. u. S. 536); aber man muß, wenn man die Ausführungen PANNENBERGS und MOLTMANNS liest, an und für sich befreit und dankbar anerkennen, daß ihre Theologie an Weltoffenheit und Weite gegenüber der existentialen Hermeneutik sehr gewonnen hat. An *dieser*

[70] A.a.O., 70.
[71] A.a.O,, 73.
[72] A.a.O., 75.
[73] A.a.O., 78.
[74] A.a.O., 82.

Stelle müssen wir uns jedoch die Frage vorlegen, ob von ihren Ansätzen her das Anliegen und vor allem das *Weltgefühl* der Apokalyptiker: ihr tiefer Determinismus und Pessimismus, wirklich verständlich wird, und hier melden sich schwere Zweifel. Gewiß, auch die christliche Apokalyptik begreift Gott als endgültigen Herrn der Geschichte und sieht in Christus den Anfang und das Ende der Zeiten (Apk 22,13); aber man vergißt offenbar zu leicht, daß dies, wie in der Erscheinung Jesu am See (s.o. S. 392ff.), buchstäblich Visionen vom anderen Ufer sind, die mit der gegenwärtigen Geschichte zunächst nur negativ zu tun haben. Christus als der Herr der Geschichte – das ist in dem Weltbild der Apokalyptik so ähnlich zu verstehen, wie HIERONYMUS BOSCH es auf dem berühmten *Heuwagen-Triptychon*[75] gemalt hat: man sieht auf dem Bild einen riesigen Leiterwagen mit Heu, dem «Sinnbild irdischer Freuden» in ihrer Vergänglichkeit, gezogen von «einer Schar Dämonen ... direkt ... in Richtung Hölle»[76]; inmitten einer paradiesisch anmutenden Naturkulisse drängt die Menschheit sich voller Gier danach, Heu zu erraffen, getrieben von allen nur denkbaren Lüsten und Lastern; obenauf, in Gestalt zweier Liebespaare mit Musikanten, flankiert von einem betenden Engel und einem dudelsackähnlichen Dämon, sitzt die Wollust; vornean marschieren halbvertierte Menschenungeheuer, riesige obszöne Attrappen vor sich tragend; schon kommen die Menschen buchstäblich unter die Räder des monströsen Heuwagens, da gehen andere ungerührt mit Leitern und Forken zu Werke, um sich ihren Anteil zu holen; im Vordergrund des Bildes sieht man Scharlatane und Wahrsager, Mord, Unzucht und Habgier, Freßsucht und Verführung; hinter dem Heuwagen aber ziehen in unheiliger Prozession geistliche und weltliche Würdenträger – verbannte Kinder Evas sie alle; doch über allem, in einer riesigen Wolke kaum sichtbar, erscheint Christus, die Hände wie hilflos erhoben, als könne auch er nur zuwarten, bis der Gang all derer, die, wie besessen von Vergänglichem und Nichtigem, ihrem «Glück» auf grotesk-perverse Weise nachjagen, an den Ort ihrer Bestimmung auf dem rechten Flügel des Triptychons, dem Bild der Hölle, anlangt.

Keinesfalls erscheint in einer solchen wahrhaft apokalyptischen Weltsicht die menschliche Geschichte in ihrer Ganzheit als Offenbarung Gottes; vielmehr ist der Anbruch der Gottesherrschaft, ganz wörtlich die «Apokalypse» Gottes, hier durchaus nur als Zerstörung all dessen zu verstehen, was bisher Geschichte hieß. Man kann es in der Tat nicht anders denn als theologischen HEGELianismus verstehen, wenn (freilich vom Glauben, statt vom philosophischen Erkennen her) PANNENBERG die faktische Geschichte als Ort der Selbstmitteilung

[75] L. BALDASS: Hieronymus Bosch, Abb. 12.
[76] A.a.O., 39.

Gottes deutet, und dieser Eindruck ändert sich auch nicht wesentlich, wenn MOLTMANN die theologische Geschichtsbetrachtung von der eschatologischen Hoffnung der Auferstehung her konzipiert. Wohl ist es richtig, daß man die Apokalyptik auch als Botschaft einer letzten unzerstörbaren Hoffnung verstehen muß, aber zunächst muß man die Radikalität mitvollziehen, mit der die Apokalyptiker ihre *endzeitliche* Hoffnung vollkommen aus dem Gang der Weltgeschichte herausnehmen, ja, in einen absoluten Kontrast *gegen* alle Geschichte stellen: die einzig verbleibende Hoffnung liegt für sie in dem Wunsch, daß Gott die Zeit endlich erfüllt sein lassen möge, da diese Welt besteht. HEGELianisch mutet es nicht minder an, wenn MOLTMANN diesen absoluten Widerspruch zwischen Weltgeschichte und Reich Gottes in der Apokalyptik «eschatologisch» zu vermitteln sucht, indem er ihn als Dialektik von Kreuz und Auferstehung deutet, so als sei apriori jedes innerweltliche Scheitern bereits als Moment des Kreuzes aufgehoben in die Hoffnung der Auferstehung[77]. Nicht nur verwandelt man damit unter der Hand die radikal transzendente Hoffnung der Apokalyptik (und der prophetischen Eschatologie!) in eine geschichtsimmanente Antriebsgröße der Weltgeschichte; MOLTMANN sucht vor allem die Spannung zwischen Auferstehung und Parusie als *christologische Dialektik* der Geschichte selbst zu interpretieren; ob er es will oder nicht, wird damit aber aus der Hoffnung etwa des Stephanus bei seiner Steinigung (s.o.S. 352ff.) ein idealistisches *Prinzip* der Geschichtsdeutung, eine Idee an sich, die im Verlauf der Geschichte zu ihrer eigenen Verwirklichung drängt. Was die Theologie MOLTMANNS von der Dialektik HEGELS unterscheidet, ist lediglich der von BLOCH herkommende linkshegelianische Gebrauch, den MOLTMANN von der idealistischen Vorlage macht[78]: während HEGEL, der am meisten systematische unter allen protestantischen Denkern, im Grunde die bestehende bürgerliche Ordnung von innen her rechtfertigen wollte, läßt sich die dialektische Logik seines Denkens zweifellos auch *gegen jede* bestehende Ordnung der Geschichte richten, und es liegt im Grunde im protestantischen Ansatz selbst, die HEGELSCHE Philosophie auf diesen kritisch-polemischen Akzent der Geschichtsbetrachtung zurückzuführen. – Gleichwohl wird auf diese Weise der Abstand auch der Geschichtstheologie MOLTMANNS von der Auffassung der Apokalyptik nur um so deutlicher. Denn statt die Gegensätzlichkeit von Weltgeschichte und Gottesherrschaft in die Geschichte hinein zu vermitteln, kennt die Apokalyptik keine solche dialektische Mediation der «kleinen» Krisen (der revolutionären Sprünge HEGELS); für sie bleibt der Kontrast zwischen «Welt» und Gottesherrschaft absolut bestehen, ja, er faltet sich im Verlauf der Geschichte immer mehr aus

[77] Vgl. dagg. E. DREWERMANN: Das Tragische und das Christliche, in: Psychoanalyse und Moraltheologie, I 71–78, zur «Tragik Gottes».
[78] Vgl. Tiefenpsychologie und Exegese, I 233–238.

und verewigt sich geradezu: diese Welt muß vergehen, um der neuen Welt Platz zu machen.

Noch schwerer als dieser Gegensatz zwischen dem Geschichtspessimismus der Apokalyptiker und der eschatologischen Zuversicht bei PANNENBERG und MOLTMANN wiegt indessen die Auflösung der existentiellen Spannung von Angst und Glauben, die sich notwendig ergibt, wenn die Hoffnung in der Bedrohtheit des *Augenblicks jetzt* sich in ein umgreifendes theologisches Interpretationsprinzip der Geschichte im ganzen verwandelt. Die Differenz hat, im Gegenüber zur Philosophie HEGELS, bereits S. KIERKEGAARD für alle Zeiten gültig formuliert, indem er auf das bloße Faktum hinwies: als Jesus auf Golgotha starb, kannte er nicht den «Gottesbeweis» der Geschichte aus 2000 Jahren Christentum[79], und er wußte durchaus nichts von den theologischen Verfeierlichungen, denen zufolge der «erhöhte Herr» in der «Geschichte» in der «Dieselbigkeit» von Tod und Auferstehung seiner eigenen Zukunft entgegengeht. Aber in erschütternder Einfachheit läßt das Lukasevangelium (23,46) Jesus mit den Worten aus Ps 31,6 sterben: «Vater, in Deine Hände befehle ich meinen Geist». Man muß, um den wahren Inhalt «apokalyptischen» Denkens im Gegensatz zu allem innergeschichtlichen Heilsoptimismus zu begreifen, die Worte dieses wunderbaren Gebetes nur weitersprechen, wenn es heißt: «Mein Leben schwindet hin in Kummer und im Seufzen meiner Jahre; ermattet ist in Elend meine Kraft ... Ich bin dem Gedächtnis entschwunden wie ein Toter, bin geworden wie ein zerbrochenes Gefäß. Ja, ich höre das Zischeln vieler: – Grauen ringsum ... Ich aber vertraue auf dich, o Herr ... In deiner Hand steht mein Geschick» (Ps 31,11-16). Es gibt keinen besseren Kommentar zu diesen erschütternden Worten als die Gestalt des Propheten *Jeremia*, der in seiner Not – die Vision des flammenden Jerusalem vor Augen, verfolgt und verspottet von allen – sich mit den gleichen Worten an Gott wandte (Jer 20,10).

Nicht zu Unrecht sahen manche Zeitgenossen in Jesus deshalb einen wiederauferstandenen Jeremia (Mt 16,14); aber die Szene von Golgotha ist im wahrsten Sinne des Wortes nicht mehr «prophetisch», sondern durch und durch «apokalyptisch»: sie ist der tödliche Widerspruch zu der immanenten Logik nicht allein der Geschichte Israels, sondern *aller* menschlichen Geschichte, sie ist die äußerste Entlarvung der Tödlichkeit all der Gesetze, die dem menschlichen Handeln außerhalb der Einheit mit Gott wie selbstverständlich zugrunde

[79] Vgl. S. KIERKEGAARD: Der Augenblick, in: Werke XIV 200–202 (Wenn alle Christen sind, ist eben damit das Christentum nicht da). Davon unbenommen ist die *Möglichkeit* (mehr ist es historisch-kritisch nie!), die *H. Schürmann:* Gottes Reich – Jesu Geschick, 226–245, erörtert, daß Jesus mit seinem Tod in Konsequenz seiner Basileia-Verkündigung habe rechnen und ihm nach dem Vorbild der Gottesknechtslieder und im Umfeld seines einzigartigen Selbstbewußtseins, verbunden mit der Auferstehungshoffnung der Martyrer und im Kontext seiner Mahnung zur Leidensnachfolge, selber Sinn und Heilsbedeutung habe zusprechen können.

liegen[80], sie ist das Todesurteil über alles, was bisher «Leben» hieß[81]. Nur wer bereit ist, sich auf die Tödlichkeit dieser Erfahrung in ihrer ganzen irdischen Hoffnungslosigkeit einzulassen, wird «dieser Welt» so weit abgestorben und buchstäblich mit Christus gekreuzigt sein, daß er auch seiner Auferstehung gewürdigt zu werden vermag (Röm 6,8).

Um sich die prinzipielle Gegensätzlichkeit der Auferstehungsbotschaft zu jeder anderen Weltauslegung zu verdeutlichen, muß man sich vor Augen halten, daß die gesamte Menschheitsgeschichte von der Frage beherrscht wird, wie der Mensch auf die Angst reagiert, die seinem Bewußtsein entstammt, als Individuum sterblich zu sein[82]. Seit dem Beginn der Bewußtwerdung stellt sich dem Menschen der Tod als Problem dar, auf das die Natur keine Antwort (mehr) gibt; dennoch ist die Versuchung unausweichlich, mit der unendlichen Energie des Bewußtseins sich an die irdische Existenz zu klammern, wie wenn sie von der unendlichen Angst des Geistes befreien könnte; und doch gibt es nur die Antwort, die in der Person Jesu lebte: gegen die Angst das Vertrauen zu setzen und einen jeden Menschen zu lehren, daß er in seiner Würde vor Gott eine unvertauschbare Größe und Bedeutung besitzt, weil er in seinem Dasein unsterblich ist. Alle Angstsicherungen der «Welt», der Endlichkeit, werden damit in ihrer mörderischen Unmenschlichkeit offenbar gemacht und aufs äußerste herausgefordert; andererseits aber faßt das Leben Jesu gerade deshalb das Geheimnis des menschlichen Daseins in Tod und Auferstehung endgültig zusammen; und die Frage wird in alle Zukunft nur noch lauten, inwieweit jeder einzelne sich bereit hält, dem Leben zu folgen, das in Christus begonnen hat: jenseits der Angst und jenseits des Todes. Ein Leben gemäß der Bergpredigt ist allemal inmitten dieser Welt Grund genug für Hinrichtung und Kreuzigung; aber die Auferstehung Jesu ist auch Grund genug, es mit der Wahrheit der Bergpredigt zu versuchen und dem Jesus zu folgen, der uns schon nach Galiläa vorangegangen ist (Mk 16,7). Denn nur im Gegenüber einer anderen Person formt sich unsere eigene Personalität, und wir brauchen Menschen, die unser Dasein bis in die Wurzel hinein bejahen und ernstnehmen; sie aber werden gegen alle Widerstände daran festhalten, daß es uns, gerade uns, geben soll vor Gott, und sie werden gegen die Macht der Angst, der Dumpfheit, der Müdigkeit und der Verzweiflung in unser Dasein treten wie eine Verwandlung des Lebens zu neuer Geburt, wie ein Erwachen vom Schlaf, wie ein Ende des Grabes; sie werden den Tod riskieren, um das Leben zu befreien.

Es wird in der theologischen Literatur so viel von «Hoffnung» und «Leben»

[80] Vgl. E. Drewermann: Strukturen des Bösen, III 568–584.

[81] Vgl. F. M. Dostojewskij: Der Idiot, 2. Teil, Kap. 4., S. 209–214, den Tausch der Kreuze zwischen Myschkin und Rogoshin.

[82] Vgl. E. Drewermann: Der Krieg und das Christentum, 74–75.

gesprochen, daß man in diesem Zusammenhang mit KIERKEGAARD wohl daran erinnern muß, daß man von Christus nicht leben kann wie ein reich gewordener Erbe vom Vermögen seiner Eltern[83]; christlich gesehen, kommt zunächst alles darauf an, die Härte des Widerspruchs an sich selber mitzuvollziehen, die im Tode Jesu gegeben ist. Einzig derjenige, der auch in der Stunde von Golgotha an der Wahrheit dessen, was Jesus lebte, sagte und verkörperte, schon um seiner eigenen Menschlichkeit willen festzuhalten imstande ist, wird in den Stand kommen, eher die ganze Welt(ordnung) infrage zu stellen, als Jesus unrecht zu geben; – *er* wird notwendig zum «Apokalyptiker», und eben dies war offenbar die entscheidende Erfahrung der frühen Kirche, als sie ihre Theologie apokalyptisch artikulierte. Der erwartete «Messias» *ist* gekommen – daran glaubte die Gemeinschaft der Jünger Jesu fest und sicher; nie würde es in ihren Augen einen Menschen geben, in dem Gott mehr Gestalt und Wort gewinnen könnte als in ihm. Aber wenn selbst er, gerade er, sogleich nach seinem Auftreten von allen religiösen und politischen Instanzen für todesschuldig erklärt werden konnte, und zwar nicht zufällig, sondern gemäß der ganzen Logik unserer Geschichte, *wesentlich*, dann hatte die Apokalyptik offensichtlich recht, wenn sie die gesamte Weltordnung als Gegenwelt zum Gottesreich begreifen wollte.

Es ist sehr wichtig zu verstehen, daß es gerade das historische Scheitern der Mission Jesu ist, das der frühen Kirche eine apokalyptische Denkweise förmlich aufzwang; denn nur so wird man begreifen, warum die frühe Kirche vom Spätjudentum eine Denkweise *übernahm*, der sie zugleich in einem entscheidenden Punkt widersprechen mußte: die entscheidende Wende der Zeit *ist* in Christus bereits eingetreten, und man kann über das Wesen der menschlichen Geschichte nicht tiefer belehrt werden als durch das Ereignis des Karfreitags. Wenn es jetzt noch etwas zu erwarten gibt, so «nur», daß die Wahrheit des Gekreuzigten auch nach außen hin sich durchsetzt – als Gericht über die «Welt» und als Bestätigung derer, die sich für Christus entscheiden; dieser zweite Akzent der Apokalyptik verdichtet sich in der Erfahrung von der Auferstehung Jesu und in der Erwartung seiner Wiederkehr als der «Mensch». In der Auferstehung Jesu zeigt sich, daß die Apokalyptik auch darin recht hat, daß der Tod und die «Sünde» (die tödliche Verformung des Daseins aus Angst vor dem Tod) nicht imstande sind, das Leben und die Wahrheit zu zerstören, und es wird das, was in Jesus bereits geschehen ist, noch einmal, und zwar für alle, geschehen, wenn Gott ihr Leben aus der Vergänglichkeit rettet in seine Ewigkeit.

Von daher kann man bezüglich der christlichen Geschichtstheologie wohl mit K.

[83] S. KIERKEGAARD: Einübung im Christentum, in: Werke XII, 193–194, wo KIERKEGAARD sich dagegen verwahrt, im Sinne HEGELS die Wahrheit Christi für ein «Resultat», eine «Ausbeute» der menschlichen Gemeinschaft, der Gesellschaft, ‹der Genossenschaft› zu nehmen, statt in ihr einen Weg zu erkennen, den ein jeder Einzelne in den Fußspuren Jesu gehen muß.

Löwith sagen: «Infolge dieser tiefgründigen Zweideutigkeit der geschichtlichen Erfüllung, in der alles ‹schon› ist, was es ‹noch nicht› ist, lebt der gläubige Christ in einer radikalen Spannung zwischen Gegenwart und Zukunft. Er hat schon den Glauben und hofft noch. Er erfreut sich vertrauensselig dessen, worauf er noch angstvoll wartet.»[84] Mit O. Cullmann läßt sich die christliche Existenz in etwa mit der Situation während eines Krieges nach dem *Victory Day* vergleichen[85], wenn das eigentliche Kriegsende noch auf sich warten läßt, die Entscheidungsschlacht aber schon geschlagen ist; ganz so bedeuten Tod und Auferstehung Jesu für den Glaubenden, daß das Ende der Welt im Grunde schon da ist, wenngleich es zeitlich noch in unbestimmter Ferne liegt. Was aber folgt daraus für die faktische noch verbleibende Geschichte in der Sicht der Apokalyptik? Paradoxerweise gerade nicht, daß die Lage äußerlich gesehen besser geworden wäre, eher im Gegenteil: so wie etwa Nazi-Deutschland nach Stalingrad den schon verlorenen Krieg mitsamt dem Vernichtungsprogramm der Juden allererst auf seinen furchtbaren Höhepunkt zu treiben vermochte, so werden die Widerstände gegen die Wahrheit – im Sinne der frühchristlichen Apokalyptik – jetzt, obwohl der Ausgang der Geschichte eigentlich schon feststeht, erst recht zunehmen, und auch umgekehrt ist die Finsternis unerträglich für den, der das Licht gesehen hat. K. Löwith hat ganz recht, wenn er über den wesenhaften Gegensatz von Weltgeschichte und Reich Gottes schreibt: «Weltgeschichtliche Einrichtungen und Umwälzungen gehen an der letzten Realität der christlichen Hoffnung und Erwartung vorbei. Kein irdischer Fortschritt kann sich jemals dem christlichen Ziel annähern, da dieses Ziel die Erlösung von Sünde und Tod ist, denen die Weltgeschichte unterworfen bleibt. Die Heilsgeschichte wirft gelegentlich auch auf die Weltgeschichte ein Licht, aber die Ereignisse der Welt sind als solche blind ... Ein ‹Heiliges Römisches Reich› ist ein Widersinn. Ein Protestant wird ohne Bedenken dieser Feststellung beipflichten, obwohl er zögern wird zuzugeben, daß sie im Prinzip auch die theologische Unmöglichkeit einer christlichen Demokratie, einer christlichen Kultur und einer christlichen Geschichte einschließt. Während die Unterscheidung zwischen Zivilisation und Barbarei sich auf der geschichtlichen Ebene bewährt, ist die Wortverbindung ‹christliche Zivilisation› so zweifelhaft wie ein ‹zivilisiertes Christentum›. Als eine Geschichte der Welt ist die Geschichte nach Christus nicht qualitativ verschieden von der vor Christus, und zwar sowohl von einem rein empirischen als auch vom christlichen Standpunkt aus beurteilt. Die Geschichte ist, durch alle Zeiten hindurch, eine Geschichte des Handelns und Erleidens, der Übermächtigung und Erniedrigung, der Sünde und des Todes. In ihrer profanen Erschei-

[84] K. Löwith: Weltgeschichte und Heilsgeschichte, 172.
[85] O. Cullmann: Christus und die Zeit, 72.

nung ist sie eine beständige Wiederholung schmerzhafter Mißgeburten und kostspieliger Anstrengungen, die immer wieder fehlschlagen – von Hannibal über Napoleon bis zu den gegenwärtigen Führern. Die Geschichte ist der Schauplatz eines höchst intensiven Lebens, das immer wieder Trümmer hinterläßt. Es ist erschreckend, aber im Geist des Neuen Testaments, zu denken, daß diese Wiederholung von Handeln und Erleiden durch alle Zeiten hindurch erforderlich sein soll, um das Leiden Christi zu vollenden.»[86]

In der Tat kann man sich mit solchen sehr richtigen Gedanken von dem *Prinzip Hoffnung* bei PANNENBERG, BLOCH und MOLTMANN kaum weiter entfernen. Wenn die Apokalyptik nicht nur als ein historisch bedingtes Aussagemittel, sondern als eine theologisch gültige Form der Wahrheit verstanden werden soll, so gibt es für diese Welt nur mehr den Untergang zu «hoffen»; alle «eschatologische» Approximation von Weltgeschichte und Heilsgeschichte verbietet sich dann von selbst. An dieser Frage aber hängt nun auch theologisch endgültig alles: welch einen Wahrheitswert kann man und muß man den apokalyptischen Bildern und Visionen *in sich selber* zusprechen? Wieviel Verbindlichkeit besitzen sie in dem ihnen eigentümlichen Bildmaterial? Inwieweit hat ihre Weltsicht selber Gültigkeit?

Was bei MOLTMANN und PANNENBERG (aber auch bei KARL RAHNER[87]) immer wieder auffällt, ist die vollständige Abstraktion von der konkreten Bildebene der apokalyptischen Aussagen. Offensichtlich liegt dieses Bemühen um eine «bilderlose» Theologie protestantischerseits in der immer wieder zu beobachtenden Verleugnung der anthropologischen Grundlagen des christlichen Glaubens begründet. In einem langen Exkurs bekommt etwa J. MOLTMANN es fertig, zu erklären: «Was immer in der abendländischen Theologie derart (sc. bei den sog. Gottesbeweisen, d.V.) als ‹natürliche Theologie› aufgenommen und entworfen wurde, war niemals ‹natürlich› und weder ‹allgemein-menschlich› noch ‹unmittelbar›.»[88] Diese Kritik trifft in gewissem Sinne auf die rationalen Argumentationsfiguren zu, die im Rahmen der «Gottesbeweise» in Anlehnung vor allem an PLATON und ARISTOTELES entwickelt wurden[89]; *diese* Art von Theologie hängt gewiß von der Eigenart bestimmter Sprach- und Kulturräume ab und ist keinesfalls schlechthin «natürlich». Indessen dürfte es schon schwerfallen, die Erkenntnis der Biologie und Psychologie zu widerlegen, daß es bestimmte Wahrnehmungs-, Denk- und Sprachstrukturen gibt, die dem Menschen aus dem Erbe der

[86] K. LÖWITH: Weltgeschichte und Heilsgeschichte, 173–174.

[87] K. RAHNER: Theologische Prinzipien der Hermeneutik eschatologischer Aussagen, in: Schriften zur Theologie, IV 401–428.

[88] J. MOLTMANN: Theologie der Hoffnung, 79.

[89] Vgl. z.B. F. SAWICKI: Die Gottesbeweise, 87–121 (der klassische Schluß aus der Kontingenz der Welt auf Gott als «ens a se»).

Evolution her angeboren sind und ihn immer wieder zu den gleichen Fragen und Lösungsversuchen drängen, die im großen und ganzen auch in der abendländischen Metaphysik philosophisch und theologisch thematisiert wurden[90]. Aber das eigentliche Dilemma liegt offenbar darin, daß MOLTMANN (mit gewisser Berechtigung!) überhaupt nur eine *rational* geprägte Form «natürlicher Theologie» kennt und deshalb meint, mit deren Kritik auch schon die Unmöglichkeit einer natürlichen Theologie überhaupt erwiesen zu haben. Das Ergebnis solcher Darlegungen kann nur in einer *petitio principii* derjenigen theologischen Prämissen bestehen, die von K. BARTH her die protestantische Theologie nicht nur tief geprägt, sondern vor allem in ihrem Grundanliegen in außerordentlicher Klarheit zum Ausdruck gebracht haben: die absolute Freiheit, Unverfügbarkeit und Subjektivität Gottes, die niemals ein «Gegenstand» menschlicher Festlegungen und objektivierender Erkenntnis sein soll[91]. Es ist wahr: eine «Erkenntnis» Gottes kann es nur geben als personales Geschehen der Selbstmitteilung im Austausch absoluter Liebe. Aber muß man deshalb leugnen, daß es eine Fülle von Bildern, Vorstellungen, Sehnsüchten und Erwartungen gibt, die im Menschen selber wesentlich angelegt sind und die, theologisch gesehen, den Menschen gerade mit Gott verbinden, *weil* sie nur im Raum des Absoluten zu ihrer Erfüllung gelangen können? Offensichtlich liegt in den Tiefenschichten der menschlichen Psyche die Grundlage für eine «natürliche Theologie», die, statt von der Philosophie, weit stärker von der Psychologie her geprägt sein müßte und es weniger mit gewissen kulturell recht unterschiedlichen rationalen Theoriebildungen zu tun haben dürfte als vielmehr mit den großen Affekten und Gefühlen, mit den Träumen und Visionen, die in jedem Menschen ein unverfälschtes «Zeugnis der Seele»[92] für die Existenz einer anderen, transzendenten Ebene der Wirklichkeit bilden.

Gerade die apokalyptischen Bilder sind eigentlich wie nichts anderes sonst dazu angetan, als Leitweg und Beweis einer solchen natürlichen Sehnsucht des Menschen nach der Ewigkeit Gottes zu dienen. Die protestantische Theologie indessen hat sich in der Schule K. BARTHS in eine christologische Engführung hineintreiben lassen, die selbst die einfachsten religionsgeschichtlichen Tatsachen ignorieren oder weginterpretieren muß. So etwa wird bei J. MOLTMANNS z.T. großartigen Darlegungen über die christliche Hoffnung mit keinem Wort erwähnt, daß gerade der Zentralgedanke aller geschichtsjenseitigen Erwartungen des Glaubens, der Gedanke der *Auferstehung* und der Schöpfung einer *neuen*

[90] Vgl. R. RIEDL: Biologie der Erkenntnis, 151–170, der eine biologische Begründung für das Denken in Ursachen und Zwecken zu geben versucht.

[91] Vgl. H. MÜHLEN: Das Vorverständnis von Person und die evangelisch-katholische Differenz, Münster ²1965.

[92] Vgl. TERTULLIAN: Das Zeugnis der Seele, in: Tertullians ausgew. Schriften, BKV Bd. 7, 203–214.

Welt, in den Endzeithoffnungen fast aller Völker die größte Rolle spielt und sich immer wieder in den nämlichen *archetypischen* Vorstellungen ausdrückt. Stattdessen wird theologisch so getan, als wenn wirklich durch Christus der Glaube an die Auferstehung von den Toten begründet worden wäre, statt umgekehrt zu zeigen, wie dieser Glaube sich in Jesus so verdichtet, daß er die ganze Existenz vom Tod erlöst. In Wahrheit ist die Überzeugung von dem Weiterleben nach dem Tode wohl so alt wie die Entdeckung des Ichbewußtseins[93], und man wird sagen dürfen, daß es in der Entwicklung des menschlichen Bewußtseins gewiß niemals gelungen wäre, das Wagnis persönlicher Freiheit und Individualität endgültig auf sich zu nehmen, ohne die Zuversicht in die absolute Bedeutung des Einzelnen und ohne die in den Mythen verankerte Hoffnung auf die Ewigkeit der Existenz im Angesicht Gottes (s.u. S. 538ff.). Einzig diese Gewißheit in die Unsterblichkeit der Person im Gegenüber der absoluten Personalität Gottes ermöglicht es dem Einzelnen, aus dem Umkreis kollektiver Unbewußtheit herauszutreten und sich auf sich selbst zu besinnen. Spätestens seit dem Auftreten des Neandertalers mehren sich paläontologisch die Hinweise für den Glauben an ein Weiterleben nach dem Tode[94], und Ethnologie und Archäologie erlauben heute die begründete These, daß das menschliche Leben in den primitiven Stammeskulturen ebenso wie in den antiken Hochkulturen sich wohl nicht zu vollziehen vermocht hätte ohne bestimmte Formen derartiger Hoffnung auf Unsterblichkeit. Zahlreiche Hinweise gibt die Kulturgeschichte, daß im Verlauf der Bewußtwerdung des menschlichen Geistes die Sinne immer inniger aufgerufen wurden, ihr eigenes Zeugnis von der Vergänglichkeit des irdischen Daseins zu widerlegen und *Symbole* zu formen, die, wie im Ritus der Osternachtfeier der katholischen Kirche, die Kerkerwände der Welt durchlässig machen für das Licht der Ewigkeit. Das Geheimnis des Mondes, der nach drei Tagen des Todes

[93] Vgl. M. Eliade: Die Sehnsucht nach dem Ursprung, 9: «Es genügt zu sagen, daß das ‹Heilige› ein Element in der Struktur des Bewußtseins ist und keine Stufe in der Geschichte des Bewußtseins.» H. Müller-Karpe: Geschichte der Steinzeit, 248, erklärt: «Die Personalität und die darauf beruhende (!) Religiosität des Menschen spiegeln sich besonders eindringlich in seinem Verhältnis zum Tod und zu den Toten wider ... Der ausnahmslosen innerweltlichen Erfahrung zum Trotz wird der Tod nicht als etwas Endgültiges und die menschliche Existenz Auslöschendes hingenommen. Da der Lebende als Person nicht einfachhin mit seinem Körper identisch ist, wird der Verstorbene auch nicht als restlos tot angesehen. Hier klingt eine Ahnung von der nur sich selbst eigenen Existenzart des Geistigen an ... Ausschlaggebend ist hier ... das angesichts eines Toten in besonderer Intensität zum Bewußtsein kommende Erleben dessen, was man Ewigkeit nennt. Dieses ahnende Innewerden wurzelt in menschlichen Bewußtseinstiefen, die ursprünglicher sind als die Entfaltung eines rationalen Intellektes. Insofern ist eine religiöse Haltung dem Tod und den Toten gegenüber bereits vom Anfang des Menschseins an denkbar und wohl vorauszusetzen.»

[94] H. Müller-Karpe: A.a.O., 249 (die Schädel von Chou-kou-tien, aus dem Altpaläolithikum, zeigen ein besonderes Interesse für den menschlichen Kopf; im Mittelpaläolithikum – Moustérien – beweist der Begräbnisplatz von La Ferrassie eine rituelle Totenbehandlung). – Zum Totenkult in prähistorischer Zeit vgl. E.F. Jung: Der Weg ins Jenseits, 79–99, zu den Totenkulten Eurasiens im Megalithikum.

zu neuer Schönheit wiederaufersteht, die Geburt der Sonne am Ende der Nacht im Aufgang des Morgens, das Blühen von Blumen und Korn aus der Tiefe der Erde, das Sprühen des Funkens aus der Kälte des Steins, das Entzünden von Feuer aus totem Holz, das Atmen des Windes über den Wassern – alles diente als Zeichen und Zeugnis der Unsterblichkeit des menschlichen Lebens. Was wäre das Leben dem Menschen sonst, wenn nicht eine unentrinnbare Falle? Ohne den Glauben an die Auferstehung bliebe unser ganzes Dasein an der Erde haften, bis zwischen Fleisch und Staub kein Unterschied mehr ist, und anders als die Tiere, die den Tod nur erleiden, nicht erleben, müßten wir unser Leben immer tödlicher gegen den Tod formieren. So aber lehrt uns der Geist, unser Bewußtsein, die Individualität, als das Eigentliche am Menschen zu setzen und das irdische Dasein als einen Weg zum Himmel zu verstehen. In allen Kulturen übt daher die Religion in heiligen Bildern und Riten die Entgrenzung des Daseins, das Erheben der Seele, das Sammeln der festlichen Stunden, in denen die Zeit stillsteht und die Ewigkeit beginnt. Immer wieder wird besonders die Seele des Menschen als etwas dem Luftraum Zugehöriges, als Vogel[95] oder Schmetterling[96], dargestellt, das im Tod sich von der sterblichen Hülle löst, um in ein Reich des Friedens und des Glücks zurückzukehren[97].

Gewiß wird diese jenseitige Welt, wie man theologischerseits immer wieder eingewandt hat, in den Mythen nach dem Modell der diesseitigen Erde vorgestellt, nur daß alles Negative daraus entfernt ist; gewiß auch trifft es zu, daß mit den Unsterblichkeitshoffnungen der Mythen vielerlei magische Praktiken verbunden waren, durch welche die Unsterblichkeit (z.B. des ägyptischen Pharaos) allererst hergestellt zu werden schien. Aber leitet sich daraus theologisch ein Recht ab, im Namen des Christentums alles «Heidentum» zu verwerfen und die Auferstehungshoffnung des Christentums als den *Gegensatz* der «heidnischen» Lehre vom «Weiterleben» nach dem Tode zu erklären? Ein solches Recht hätte man nicht einmal, wenn man die «heidnischen» Jenseitshoffnungen mit ihren Ausmalungen eines ewigen Paradieses in einem rein naiven Realismus verstehen

[95] Vgl. z.B. den ägyptischen *Ba-Vogel* (s.u.S. 428, Anm. 12).

[96] So kannten die mexikanischen Indios das Symbol des *göttlichen Schmetterlings*; vgl. E. Drewermann: Der Krieg und das Christentum, 287, Anm. 8. Etymologisch kommt das Wort *Seele* aus dem Urgermanischen *saiwalo* und bedeutet «die vom See stammende, zum See Gehörige» und ist eine l-Ableitung von *saiwa-z* (See). «Bestimmte Seen galten den Germanen als Aufenthaltsort vor der Geburt und nach dem Tode»; F. Kluge: Etymologisches Wörterbuch, 697. Verwandt ist aber auch das altgriechische Wort *aiolos*, «beweglich, schimmernd, flatternd», der Schmetterling.

[97] Ausführlich schildert M. Eliade: Die Sehnsucht nach dem Ursprung, 131–141, die Sehnsucht der brasilianischen *Guarani* nach dem verlorenen Paradies, einer Welt ohne Übel; es handelt sich um eine Hoffnung, die mit apokalyptischen Vorstellungen durchsetzt ist, indem bei der Zerstörung der Welt nur eine paradiesische Insel Zuflucht bieten wird, zu der die Schamanen zu führen vermögen. In alten Zeiten vermochte der Kulturheros *Nanderykey* den Weg zu weisen. «Heute kann man das Paradies nur noch ‹im Geiste› erreichen, nach dem Tod.» (A.a.O., 138).

würde und sich mithin unfähig zeigen dürfte, den *symbolischen* Gehalt solcher Bilder in sich aufzunehmen wie: Essen und Trinken, Baum des Lebens, himmlische Stadt, Ewigkeit glücklicher Liebe, königliche Hochzeit, Leben ohne Plage und Krankheit etc. – Vorstellungen, deren auch *symbolischer* Sinn im übrigen schon bei den mythischen Beschreibungen eines irdischen Paradieses am «Anfang» der Welt außer Zweifel steht; selbst bei einem noch so äußerlichen, dinglich-realistischen Verständnis müßte man religionsgeschichtlich anerkennen, daß es die *mythischen* Bilder von einem ewigen Leben sind, denen die Apokalyptik auch des Spätjudentums mit ihren Auferstehungsvisionen sich verdankt; und wiederum war es die spätjüdische Apokalyptik, deren Jenseitshoffnungen Jesus mit dem Vertrauen an ein ewiges Leben in den Tod gehen ließen und die den Hintergrund auch der Deutungen abgaben, welche die frühe Kirche mit den Erscheinungen des Auferstandenen verband. Man kann sagen, daß die christlichen Jenseitsvorstellungen im großen und ganzen sublimer und mehr auf die Innenseite des symbolischen Gehaltes der einzelnen Bilder bezogen sind als etwa die Chiffren der 3000 Jahre älteren Pyramidentexte am Anfang des Alten Reiches; aber eine solche Fähigkeit zur Sublimation wohnt auch den Symbolen der «heidnischen» Mythen inne, und statt durch Ignorieren der religionsgeschichtlichen Zusammenhänge einen vermeintlichen Gegensatz zwischen Christentum und «Heidentum» in diesen wichtigsten aller Menschheitsfragen zu konstruieren, sollte man vielmehr voller Dankbarkeit feststellen, daß in der Seele eines jeden Menschen offenbar Bilder der Sehnsucht existieren, die den Einzelnen dazu bestimmen, an die Ewigkeit seines Lebens zu glauben.

An dieser Stelle ist es jedoch unvermeidlich, noch einmal die Frage nach der objektiven Wahrheit der apokalyptischen Bilder aufzugreifen und sie nunmehr tiefer zu stellen und zu beantworten, als es bisher geschah. Existentiell genügt es jetzt nicht mehr, im rein Psychologischen zu verbleiben und lediglich von archetypischen Bildern und allgemein-menschlichen Sehnsüchten zu sprechen, die dem Menschen *de facto* angeboren seien; es geht jetzt vielmehr darum zu sehen, daß die Apokalyptik in doppeltem Sinne *metaphysisch* recht hat, wenn sie die natürliche Lage des Menschen individuell wie kollektiv inmitten der Welt für schlechthin aussichtslos erklärt und versichert, dieses Leben sei nur mit dem Ausblick auf Gottes Ewigkeit zu ertragen. Auf einen jeden Menschen wartet unrettbar der Tod, und die Stundenuhr der Auflösung ist in die Struktur jeder Zelle, jedes Chromosoms lebender Materie, eingefügt. Ein Mensch, der sich der Schonungslosigkeit dieser Tatsache bewußt wird, lebt *wesentlich* «apokalyptisch»[98] – die historischen oder biographischen Lebensumstände mögen sich im

[98] Vgl. Marc Aurel: Wege zu sich selbst, XII 32, S. 97: «Welch geringer Teil der unendlichen und gähnenden Ewigkeit ist jedem zugeteilt! Denn schnell verschwindet er im Ewigen. Welch geringer Teil der ganzen

einzelnen gestalten, wie sie wollen. Einem jeden Menschen stellt sich daher die Frage, woraufhin er sein Leben gründet, und es ist jetzt vor allem eine geistige, nicht mehr vorwiegend psychologische Frage, wie er diese existentielle Herausforderung beantwortet. Ein jeder steht vor der «Wette» PASCALS, ob er sein Leben in die Endlichkeit einschnüren oder in den Atemwind der Unendlichkeit stellen will[99], und je nachdem wird sein Leben von einer letzten Aussichtslosigkeit geprägt sein oder von einer absoluten Zuversicht getragen werden. Alles kommt mithin darauf an, *geistig und existentiell* den Bildern der Psyche *recht zu geben*, die von dem Verlangen nach Unsterblichkeit Zeugnis ablegen.

Damit bekommen die Visionen der Apokalyptiker freilich ein ganz neues Gewicht. Während wir bisher versucht haben, die apokalyptischen Bilder tiefenpsychologisch von der Psychodynamik und der Erlebnisweise der Angst und der Psychose her zu verstehen, kehrt die Betrachtungsweise sich jetzt auf paradoxe Art vollkommen um. Statt tiefenpsychologisch zu sagen, die apokalyptischen Visionen entstammten der schizophrenen Reaktionsweise, gilt es jetzt, existentialanalytisch festzustellen, daß gerade der Ausfall der weltjenseitigen Hoffnungen, die sich in den apokalyptischen Bildern aussprechen, einen Gemütszustand heraufführen wird, den man als die *Verzweiflung der Endlichkeit* bezeichnen kann und strukturell mit dem Krankheitsbild der Schizophrenie identifizieren muß[100]. Statt die apokalyptischen Bilder lediglich als Ausdrucksformen einer *subjektiven* Krise bzw. als Manifestation eines wahnhaften Selbstheilungsversuches zu betrachten, erscheinen die Visionen der Apokalyptiker daseinsanalytisch gerade umgekehrt als Versuche, die *objektive* Aussichtslosigkeit des Daseins zu überwinden und den Menschen vor der verzweifelten Seelenzerstörung eines Daseins der puren Endlichkeit zu bewahren. Statt die apokalyptischen Bilder rein literarhistorisch als mythisch beeinflußte Spätformen der spätjüdischen Eschatologie abzuhandeln, kommt es jetzt vielmehr darauf an, der Exegese der apokalyptischen Bilder ihren eigentlichen «Sitz im Leben» zurückzugeben.

So wie wir bei den Wundergeschichten gesehen haben, daß man Erzählungen dieser Art nur verstehen kann, indem man den Intellektualismus der bestehenden Exegese (und Theologie insgesamt) zugunsten der Psychosomatik der

Substanz! Welch geringer Teil der ganzen Seele! Auf welch geringer Scholle der ganzen Erde gehst du! All dies bedenke und stell dir nichts als wichtig vor, als zu handeln, wie deine eigene Natur es weist, und zu leiden, wie die allgemeine Natur es bringt.» Vgl. B. PASCAL: Über die Religion, Nr. 199, S. 113: «Man stelle sich eine Anzahl Menschen vor, in Ketten gelegt und alle zum Tode verurteilt, von denen immer einige Tag für Tag vor den Augen der anderen erdrosselt werden; so daß die, die zurückbleiben, ihre eigene Lage in der ihresgleichen sehen und voller Schmerz und ohne Hoffnung aufeinanderschauen und warten, daß die Reihe an sie komme. Das ist ein Bild der Lage des Menschen.»

99 B. PASCAL: Über die Religion, Nr. 195, S. 110–112.

100 Vgl. E. DREWERMANN: Strukturen des Bösen, III 471–475.

Angst aufgibt, so sehen wir jetzt, daß man den apokalyptischen Visionen nur gerecht werden kann, wenn man sie als Kontrastbilder und Heilungssymbole gegenüber dem drohenden Alptraum eines schlechthin in die Endlichkeit eingepferchten Daseins versteht. Nur in dieser Weise gewinnen die apokalyptischen Visionen eine wesentliche, für alle Zeiten gültige Bedeutung, indem sie die Grenzen der Zeitlichkeit und der Todverfallenheit des irdischen Daseins in quälender Unentrinnbarkeit ins Bewußtsein heben und zugleich diese Grenzen aufstoßen in die Unendlichkeit.

Nur so erhält die Theologie vor allem ihre Kompetenz im Umgang mit den tiefsten und notvollsten Formen seelischen Leids: im Getto der schizophrenen Psychose, zurück und beginnt wieder zu werden, was sie ihrer ganzen Bestimmung nach sein sollte: ein Ort und ein Verfahren symbolischer Erlösung aus der Verzweiflung der Endlichkeit. Nur so auch findet vor allem die im Grunde unverfrorene Gleichmütigkeit der gegenwärtigen Theologie im Erörtern der erschütternden Bilder von Weltuntergang und Gericht, von Totenauferweckung und ewigem Paradies ihr Ende. Nicht länger mehr geht es an, auf eine Weise von Gott zu reden, als ob die Schicksale der Menschen am Rande der Verzweiflung und des Irrsinns gewissermaßen neutrale Tatsachen darstellten, die am besten in die Zuständigkeit der Psychiater, nicht jedenfalls der Gotteskünder und Seelsorger fielen.

Je länger die gegenwärtige «Theologie» der Seelenlosigkeit fortbesteht, desto mehr wird der Bequemlichkeit Vorschub geleistet, es genüge, Krankheiten des Geistes als Gehirnkrankheiten zu behandeln und mit Medikamenten den letzten Rest an seelischer Regsamkeit niederzuhalten. Eine rein historisch-kritische Auslegung der apokalyptischen Visionen ist nicht nur als eine unzureichende, weil rein schriftgelehrte Hermeneutik zu erachten, sie stellt im letzten eine Verweigerung dar, in die Zonen der Angst und der Verzweiflung hinabzutauchen, in die hinein gerade die Apokalyptik die Menschen zu allen Zeiten und an allen Orten der Weltgeschichte von Gott begleiten wollte, um sie daraus zu erlösen.

Insbesondere kommt es jetzt darauf an, die protestantische Trennung von Theologie und Psychologie als unausgesprochenes Grundprinzip biblischer (und dogmatischer) Hermeneutik bei der Auslegung der apokalyptischen Visionen entschieden zu revidieren. Noch einmal darf die Position R. BULTMANNS hier als typisch bezeichnet werden, wenn er von den apokalyptischen Jenseitsvorstellungen in seinem «*Jesus*»-Buch schreibt: «Es ist ... klar, warum Jesus nicht eine Beschreibung der Gottesherrschaft geben kann. Eine solche würde sich ja nur geben lassen, indem die Ansprüche und Ideale des Menschen oder seine seelischen Erlebnisse in ein Jenseits projiziert würden. Und damit würde dem Jenseits ja sein eigentlicher Charakter genommen, die Gottesherrschaft wäre ein menschliches Wunsch- und Phantasiegebilde und nicht die Herrschaft Gottes.»[101] Immer wieder stoßen wir auf diese protestantische Auffassung von der absoluten Andersartigkeit und Weltjenseitigkeit Gottes, die nicht nur die Mythen, die Träume, die Märchen, die Legenden, die Wunder in der Bibel als Reste unchristlichen Heidentums verwerfen muß, sondern jetzt auch die apokalyptischen Visionen als menschliche Eigenmächtigkeit gegenüber der bilderlosen Transzendenz des Göttlichen für theologisch unwahr zu erklären sucht. Aus der radikalen Andersartigkeit Gottes folgt in der protestantischen Theologie notwendig jene Überzeugung K. BARTHS, es sterbe im Tode der ganze Mensch[102], es gebe durchaus kein Weiterleben nach dem Tod, und der Mensch könne sich auf nichts in seiner eigenen Substanz berufen, was ihn über den Tod hinaus unsterblich sein lasse; vielmehr sei es nur möglich, sich im Glauben auf Gedeih und Verderb in die Hände Gottes zu geben, darauf vertrauend, daß Gott «treu» sei, indem er in einem Akt vollkommener Neuschöpfung den Menschen aus dem Totenreich ins Leben rufen werde. Demgegenüber war es bis vor einiger Zeit noch einhellige Meinung der katholischen Theologie, daß es – im Einklang mit der Überzeugung der Mythen – im Menschen unbedingt so etwas gebe wie eine unsterbliche Seele, die in sich bereits jene Bilder trage, die sie auf den Weg in ihre ewige Heimat benötige[103].

Für das Verständnis der apokalyptischen Visionen ist dieses *Prinzip der Kontinuität*, der *Analogie zwischen Diesseits und Jenseits* bei aller Entgegensetzung der alten und der neuen Schöpfung, wie man sieht, von überragender Bedeutung, und es ist deshalb unerläßlich, diesen Ansatz von den Mythen her noch ein Stück tiefer zu beleuchten. Bei der Interpretation der spätjüdischen Apokalyptik hat man immer wieder den Einfluß der *persischen* Mythologie hervorgehoben, und dieser Zusammenhang ist gewiß ebenso wichtig wie bekannt; umso nötiger aber scheint es zu sein, in einer kurzen religionsgeschichtlichen Meditation der

[101] R. BULTMANN: Jesus, 42.

[102] Vgl. in der Nachfolge K. BARTHS bes. P. ALTHAUS: Die Letzten Dinge, 92ff., der in der Lehre von dem Fortleben der Seele nach dem Tode einen bibelfremden, platonischen Dualismus sieht; der Tod sei Gericht Gottes über den sündigen Menschen. Vgl. dagg. L. BOROS: Mysterium Mortis, 92–93, der im Tod den «Ort der totalen Intuition, das heißt der ganzheitlichen Wahrnehmung und der ganzheitlichen Erinnerung», die «Stiftung eines neuen Weltbezuges» «einer ganzheitlichen Gottbegegnung», «ein Untertauchen in die ganzheitliche Weltpräsenz» erblickt. «Aus all diesen Hinweisen erwächst das Bild des Todes, das wir in unserer Entscheidungshypothese entworfen haben: Der Tod ist der erste vollpersonale Akt des Menschen und somit der seinsmäßig bevorzugte Ort des Bewußtwerdens, der Freiheit, der Gottbegegnung und der Entscheidung über das ewige Schicksal.» Besser sollte man allerdings wohl sagen, der erste vollpersonale Akt sei die Liebe, und sie sei es, die auch im Tod nicht ende, sondern nach dem Abstreifen der Gewänder der Seele in ihre ewige Wahrheit und Seligkeit gesetzt werde; denn was ist die Liebe anderes als das Verlangen, ungetrennt durch Raum und Zeit für immer miteinander zu sein und einander wie wortlos zu verstehen in jeder Herzensregung, um in der Einheit miteinander bei Gott zu sein?

[103] Vgl. J. BRINKTRINE: Die Lehre von den letzten Dingen, 13–16; 37–43, mit einem ganzen Katalog von Tätigkeiten und Aufenthaltsmöglichkeiten der Seele, wie sie deutlich in den Mythen der Völker vorgeprägt sind.

wundervollen mythischen Bilder der *ägyptischen* Jenseitsvorstellungen den Einfluß vor allem dieser großen, Jahrtausende währenden Religion auf die christlichen Vorstellungen vom Schicksal des Menschen beim Eintritt in die Ewigkeit Gottes zu erläutern, da diese Bilder vor allem die christliche Dogmatik ganz entscheidend geprägt haben. Zugleich werden wir dabei Gelegenheit nehmen, bereits durch zahlreiche Parallelen zur *Geheimen Offenbarung* die nachfolgende Interpretation des letzten Buches der Bibel ein Stück weit vorzubereiten.

4) Altägyptische Analogien zu den christlichen Jenseitshoffnungen und die Wahrheit vom Untergang der Welt

Die Erinnerung bzw. die Vergegenwärtigung des Alten Ägyptens ist an dieser Stelle unvermeidbar, weil die orthodoxe israelitische «Theologie» mit dem Protest gegen die Frömmigkeit der Ägypter und mit dem Auszug aus dem Land am Nil begann, wohingegen die christliche Theologie ohne das Erbe des Alten Ägyptens, ohne Alexandrien, ohne die koptische Kirche und ihre Väter, undenkbar wäre[1]; gerade die Apokalyptik mit ihren Jenseitsvisionen aber stellt den

[1] Vor allem die frühkirchliche Schriftauslegung ist ohne die Väterexegese der alexandrinischen Schule und ihren überragenden Einfluß auf die Dogmenentwicklung gar nicht denkbar; zur *Ausbreitung des Christentums in Ägypten*, die freilich erst von 180 n.Chr. an sich kontinuierlich belegen läßt, vgl. A. v. HARNACK: Die Mission und Ausbreitung des Christentums, 705–729, der vor allem ORIGINES die Verschmelzung der Gesamtkirche des Morgenlands mit der griechischen Kultur zuschreibt. Man sollte aber stärker, als es für gewöhnlich geschieht, den ägyptischen Einfluß auch auf die griechische Kultur hervorheben, wobei insbesondere die Zweiteilung zwischen Himmlischem und Irdischem die größte Rolle spielt. Politisch entsteht in der 21. Dynastie (um 1000 v.Chr.) erstmals die Lehre vom *«Gottesstaat»*, indem die weltliche Herrschaft – aufgespalten in die Teilherrschaft der Amunspriester von Theben über Oberägypten und die Teilherrschaft einer Familie unbekannter Herrschaft in Tanis über Unterägypten – als Beauftragung und Vertretung des eigentlichen Königs, des Gottes Amun, gilt. Vgl. E. OTTO: Ägypten, in: Weltgeschichte der Frühkulturen und der frühen Hochkulturen, 290. Zweifellos hat «die typisch ägyptische Vorstellung des Dualismus ... nicht nur eine direkte Übernahme bei Plato (Symposion) erfahren, sondern man wird den Weltauffassungen in den spätantiken religiösen Strömungen nicht ohne die Kenntnis der spezifisch ägyptischen Auffassung gerecht werden können.» (A.a.O., 325) Die ägyptische Vorstellung, die irdische Existenz als Abbild und Schatten der himmlischen Welt zu betrachten, bietet den wesentlichen Hintergrund der gesamten späten alexandrinischen Hermeneutik, und so ist es kein Wunder, daß besonders ORIGINES gegen die Anwürfe des CELSUS die allegorische Schriftauslegung begründet und rechtfertigt; vgl. ORIGINES: Gegen Celsus, IV 48–52; 71; Werke Bd. II, S. 363–370; 391–392, wo ORIGINES die Lehre vom doppelten Schriftsinn je nach der Fassungskraft der Menge oder der «geistigen», gebildeten Leser einführt. Mit indirekter Berufung auf PHILO VON ALEXANDRIEN erklärt ORIGINES: Gegen Celsus, VII 20; Werke Bd. III 233, «daß das Gesetz (sc. des Moses bzw. des ganzen AT, d.V.) ein doppeltes ist, das eine buchstäblich und das andere dem Sinne nach zu verstehen, wie auch schon einige vor uns gelehrt haben.» Maßgebend für die lateinische Kirche wurde das Auslegeprinzip des hl. AUGUSTINUS: Vom ersten katechetischen Unterricht, 1. Teil, III 6; Werke VIII 239, das ganze Alte Testament sei nur zu dem Zweck geschrieben worden, «damit es auf seine (sc. des Herrn, d.V.) Ankunft vorbereite und die künftige Kirche zum voraus verkünde». DERS.: Über die christliche Lehre, III 4; Werke VIII 109–117, geht ausführlich auf die Vieldeutigkeit der Schrift ein. – In gewissem Sinne knüpft auch die *Symboldeutung der*

Ort dar, an dem Israel gewissermaßen nach Ägypten zurückgekehrt ist und an dem das Christentum den Mut gewann, den Schoß der Synagoge zu verlassen und zur Weltkirche heranzuwachsen.

Geschichtlich betrachtet, erscheint das Alte Ägypten wie eine letzte große Aufgipfelung der Steinzeit[2], jener großen religiösen Ökumene des Megalithikums mit ihren Sonnentempeln und Grabkammern und mit ihren Mysterien des Lichts und der Unsterblichkeit[3]. Was ist der Tod? Diese Frage muß am Anfang aller Religion gestanden haben, denn der Tod zwang den Menschen zum ersten Mal, die Hoffnung über das Diesseits hinauszuheben, und jede Religion bemüht sich auf ihre Weise, das Denken und Fühlen des Menschen auf das Unsichtbare zu lenken. Nirgendwo indessen begegnet uns eine umfassendere, tiefsinnigere und gültigere Antwort auf die Frage des Todes als im Alten Ägypten, das in einer enormen Verdichtung archetypischer Bilder das Problem von Tod und Leben in den *Mittelpunkt* all seiner Überlegungen gestellt hat. Was späterhin *Orpheus* (s.o.S. 169ff.), *Platon* (s.o.S. 145) und *Pythagoras* (s.o.S. 143ff.) an Einsicht und Weisheit über die Ewigkeit des Lebens dem Abendland vermittelten, mutet an wie ein später Nachhall Ägyptens, philosophisch verfremdet bereits schon und deshalb gegenüber der Größe der Religion des Osiris wie ohnmächtig wirkend.

Der Tod war für den Ägypter «nichts anderes als ein Zustand der Krise, während welchem der, ‹der einen Namen trägt›, weder tot noch lebendig ist und während welchem das *Ka*, d.h. das, was in ihm bereits ewig war, bevor er

Tiefenpsychologie an die allegoretische Hermeneutik der alten Kirche an, begründet sie aber anthropologisch, nicht metaphysisch. Wäre die historisch-kritische Methode in ihrer Verstandeseinseitigkeit nicht gerade dadurch entstanden, daß sie die bildhaften Auslegungen der frühen Kirche – zum Teil mit Recht – als rein willkürlich verwarf und – sehr zu Unrecht – durch eine rein objektive Methode zu ersetzen suchte, so könnten wir das Anliegen der vorliegenden Arbeit weit stärker auslegungsgeschichtlich begründen, während wir zu Ergänzung und Weiterführung der historisch-kritischen Methode in ihrer gegenwärtigen Gestalt den Gedanken ganz neu einführen und rechtfertigen müssen, daß die symbolische Sprechweise gerade im Umfeld religiöser, existentiell belangvoller Texte gegenüber allen historischen Fragestellungen als primär zu betrachten ist.

[2] Zur Entwicklung der ägyptischen Kultur aus den Vorstellungen des Neolithikums und zur Überwindung der magischen Weltsicht durch das *«principium individuationis»* vgl. W. Wolf: Kulturgeschichte des Alten Ägyptens, 42–48, der darauf hinweist, daß «der magische Mensch» «noch kein eigenes Wollen hat» und «nur vermöge seiner Zugehörigkeit zum Stamm» lebt. «Daraus ergibt sich ein eigentümliches Verhältnis zu Leben und Tod. Durch seine Geburt erlangt er zwar das ‹vitale Leben›. Aber erst, wenn er mit Hilfe besonderer Stammesriten ein zweites Mal geboren wird, vermag er das ‹wahre Leben› zu gewinnen und an der Stammesgemeinschaft teilzuhaben» (S. 43). Aus solchen Vorstellungen dürfte sich *die christliche Taufe* ebenso entwikkelt haben wie die ägyptischen (Wieder-)Geburtszeremonien.

[3] Vgl. R. Wernick: Steinerne Zeugen früher Kulturen, 35–44. Die alte von G. Childe aufgestellte Theorie, wonach die Megalithkultur aus dem Vorderen Orient oder dem ägäischen Raum (durch «Missionare») nach Norden verbreitet worden sei, ist nicht mehr haltbar, seitdem man weiß, daß manche Ganggräber in der Bretagne auf 4800 v.Chr. und die frühesten Tempel Maltas bis auf 4500 v.Chr. zurückgehen. Seitdem ist eher umgekehrt an einen Einfluß der alten Megalithkultur auf die Alten Ägypter zu denken.

überhaupt geboren wurde, den scheinhaften fleischlichen Leib verläßt»[4]. «Seit Anbeginn der Zeiten fanden die Ägypter das Leben an den Ufern des Nils sehr kurz und vor allem trügerisch. Gewiß, als kluge Genießer wußten sie seine Vorzüge und Freuden zu schätzen, ebenso den Komfort, den sie im ‹Haus der Ewigkeit› wiederfinden würden. Aber sie wußten auch, daß das einzige wirklich wahre Leben das ewige Leben war, und daß dieses Leben für sie in dem Augenblick beginnen würde, wo sie – im Verlauf der geheimnisvollen Zurückgewinnung der Gestalt hinter den zwölf Pforten der Totenwelt – in der Unterwelt zum zweitenmal geboren würden ... Sie würden mit einer gerechtfertigten Seele wiedergeboren werden, so wie sie einst mit ihrem *ka* geboren wurden, d.h. ihrem Doppelgänger, ihrem anderen Ich, das allein der Tod zu identifizieren vermochte, trotz aller Trugbilder und Metamorphosen. Das *ka* war ihnen einst, gleichzeitig mit ihrer Gestalt, vom großen Bildner Chnum verliehen worden, der auf seiner Töpferscheibe das Weltenei geformt hat»[5], und so war der Tod für sie eine Rückkehr zum Urzustand und ein neues Geschaffenwerden. In eines jeden Menschen Wesen lebt dieses *Ka* als ein «Symbol unseres ewigen Selbst ... Denn sein Name ist der Ewigkeit gleichsam eingeschrieben, lange bevor noch seine Mutter ihn zum erstenmal ausspricht ... Unser unsichtbares Sein existiert ... Dieses Sein ist es, dessen Wesen unzerstörbar und unvergänglich ist. Dieses unsichtbare Sein, dieses Doppelbild unseres Selbst ist es, das die Ägypter zum Leben erwecken, für jeden Toten aller vergangenen und aller künftigen Zeiten *ein* Sein, solange die Ewigkeit währt ... Und alle Toten werden wiederauferstehen, so wie jeden Morgen aufs neue die Sonne aufersteht»[6].

Daher gibt es für den Ägypter *wesentlich* keinen Tod, ganz so wie Jesus in Joh 11,26 zu Martha sagen kann, es werde derjenige, der an ihn glaube, in Ewigkeit nicht sterben. «Jeder Mensch konnte versichert sein, auf der anderen Seite der Erde eine neue Existenz vorzufinden, die der hienieden bekannten hinreichend ähnlich war, und er konnte sich der verheißenen Ewigkeit erfreuen ...»[7], und zwar bereits in der Wahrheit des diesseitigen, die Ewigkeit vorbereitenden Lebens in der Zeit.

Fundamental ist für den Ägypter dieser «*apokalyptische Dualismus*» der Weltbetrachtung zwischen einer diesseitigen und einer jenseitigen Welt, zwischen dem irdischen und dem himmlischen Kairo oder Theben, zwischen dem Land im Osten und im Westen, zwischen der Zeit, die vergeht, indem sie sich im Kreise dreht, und der Ewigkeit, deren Kreis wie der Schoß einer Frau das Leben zur Unsterblichkeit gebiert; und zwischen beiden Welten oder, besser, zwischen

[4] A. Champdor: Das ägyptische Totenbuch in Bild und Deutung, 49.

[5] A.a.O., 147.

[6] A.a.O., 52.

[7] A.a.O., 52.

beiden Ebenen der Wirklichkeit vermittelt eine symbolische Analogie, nach der das Irdische als Spiegelung und Gleichnis der ewigen Welt verstanden wird[8]. Im Jenseitsland der Seligen, auf den «Feldern der Binsen», dem Jaru-Feld, wird der Gerechtfertigte, der *m'' ḫrw*, der «Bewahrheitete an Stimme», «jene Paradiese erleben, von denen er so oft geträumt hat, seit er sich von seiner Kindheit losgerissen hat – an den Ufern des tiefblauen Nils, des ‹göttlichen Flusses›. Er sieht im Ägypten der Toten jenen anderen Nil fließen, den himmlischen Nil, und er sieht die Matten und Wiesen, die sich ebenso grün durch die Welträume ziehen wie die Obstgärten Thebens»[9]. Und eben diese analoge Verwandtschaft zwischen Erde und Himmel, zwischen Unten und Oben erlaubte es dem Ägypter, den Glauben an ein ewiges Leben nicht als Gegensatz zu den Freuden des irdischen Lebens zu verstehen. Denn allein darin war die ägyptische Unsterblichkeitslehre durchaus *nicht*-apokalyptisch, daß sie das Diesseits nicht verwarf, um desto mehr das Jenseits preisen zu können; nicht die Verzweiflung an der Welt, wohl aber die Freude am Leben veranlaßte den Ägypter, an die Unzerstörbarkeit des Daseins zu glauben.

Es fehlt der ägyptischen Religion daher der *Geschichtspessimismus*, den die spätjüdische Apokalyptik von der schneidenden Schärfe der prophetischen Geschichtsbetrachtung übernahm. Wohl gibt es auch für das ägyptische Geschichtsbild die Vorstellung, es sei die ursprüngliche Ordnung der Welt durch einen anfanghaften Frevel gestört worden[10]; niemals aber wird dieser Gedanke so radikal gefaßt wie etwa in der «Erbsündenlehre» des 4. Esra-Buches[11], wonach der Mensch bzw. die menschliche Geschichte aufgrund ihrer unverrückbaren Schlechtigkeit zwangsläufig dem Untergang preisgegeben ist; vielmehr gilt es in ägyptischer Sicht als die Hauptaufgabe des Pharao, der selbst ein Sohn der Sonne ist, die Göttin *Maat*, die Tochter der Sonne, durch sein Handeln in ihr Recht wiedereinzusetzen[12]. Die Verbindung zwischen dem Göttlichen und dem Menschlichen verwandelt sich dem Ägypter niemals in jene Kampfpolarität, in

[8] Die Spiegelung selbst allerdings ist seitenverkehrt, muß doch die Sonne in der Unterwelt, um zu ihrem Aufgangsort im Osten zurückzugelangen, den gesamten Weg am Himmel umgekehrt durchlaufen; der Weg der Wiedergeburt ist daher der Weg entlang einer umgekehrt symmetrischen Spiegelung. Vgl. E. HORNUNG: Tal der Könige, 122–123.

[9] A. CHAMPDOR: Das ägyptische Totenbuch, 106.

[10] Zum Mythos von der goldenen Urzeit im Alten Ägypten vgl. J. ASSMANN: Der König als Sonnenpriester, 61.

[11] Vgl. 4 Esra 7, 46; 8,35: «niemand ist der Weibgeborenen, der nicht gesündigt». H. GUNKEL: Das 4. Buch Esra, in: E. Kautzsch (Hrsg.): Die Apokryphen und Pseudepigraphen des Alten Testaments, II 372; 381.

[12] Vgl. J. ASSMANN: Der König als Sonnenpriester, 62–63; vgl. auch S. MORENZ: Gott und Mensch im alten Ägypten, 93ff.; 158ff., der darauf hinweist, daß die *Maat* ihren Weg zunächst zum König, dann zu jedem einzelnen nimmt, um sich auf Erden auszubreiten (S. 159); der Widerspruch des menschlichen Herzens aber gegenüber der Schöpfungsordnung läßt es so erscheinen, daß es als Gnadengabe des Gottes gelten muß, wenn ein Mensch der *Maat* entspricht.

jene «Theomachie», als welche die spätjüdische Apokalyptik die menschliche Geschichte beschreibt.

Dieser Unterschied zwischen Ägypten und Israel ist sehr wichtig; denn eigentlich nur in der harmonischen Perspektive der ägyptischen Religiosität versteht man den Analogiegedanken zwischen Diesseits und Jenseits wirklich, den auch die jüdisch-christliche Apokalyptik trotz ihres dualistischen Radikalismus als einen Teil von Wahrheit in ihre Aussagen symbolisch übernimmt. Es scheint aber, als sei es besonders die Nähe des Ägypters zur Natur, die ihm gegenüber der menschlichen Geschichte seine heitere Gelassenheit bewahrt hat. Denn erst in der Einheitsschau ägyptischer Frömmigkeit versteht man vor allem, wie sehr bereits *der Gang der Natur* dem Ägypter den Glauben an die *Auferstehung* in sinnlicher Evidenz nahelegen konnte, sei es im ewigen Wandel der Sterne, sei es im Aufgang und Untergang der Sonne, sei es im Steigen und Fallen des Nils.

«Jedesmal, wenn er die unermeßliche afrikanische Nacht betrachtete, die ihn so süß und so rein umfing, diese Nacht des weltursprünglichen Jubels; jedesmal, wenn er seinen Blick an den wunderbaren Himmel Ägyptens heftete, der auch der Himmel von Abydos (sc. der Stadt des Osiris, d. V.) und von Theben (sc. mit dem «Tal der Könige», d. V.) war, wußte der ägyptische Zeitgenosse der Pharaonen, daß die blinkenden Sterne Seelen waren oder auch vergöttlichte Tote und daß er selber eines Tages zu einem solchen im Weltraum hängenden Lichtpunkt werden würde. Die Eingeweihten wußten, daß sie eines Tages das Licht und das Fleisch des Osiris sein würden und daß andere Lebende, die lange nach ihnen an denselben Ufern des Nils leben würden, die sie in der Nacht der Zeiten hatten geboren werden sehen, ihre Toten als Lichtgeister in der Tiefe des großen himmlischen Sarkophages wiedererkennen würden. Ja, diese Myriaden von Sternen, die so ungleichmäßig funkelten, waren Seelen und Götter und Tote. Einst hatten sie die Erde der Menschen verlassen, ... und jetzt hatten sie seit Jahrmillionen Teil an den Wirbeln der Milchstraßen, an der wunderbaren und für den Menschengeist ewig unbegreiflichen Schöpfung jenes unermeßlichen Kosmos der Toten, der so getreulich wie ein sich erinnernder Spiegel den Kosmos der Lebenden abbildete.»[13] Von daher war der Tod für den Ägypter Auffahrt zum Himmel und Heimkehr zu jener Sphäre, die in ihrer Majestät und Erhabenheit sich seit Menschengedenken als Bild einer ewigen Ordnung darbietet.

Es war aber nicht der Anblick des bestirnten Himmels allein, der den Ägypter zu dem Glauben an die Sternennatur des Menschen bestimmte; vielmehr galt ihm der Himmel als Sinnbild der himmlischen Göttin *Nut*, die sich in der

[13] A. Champdor: Das ägyptische Totenbuch, 162.

Schönheit und Anmut ihres sternengeschmückten Nachtgewandes über die Erde breitete, und im Grunde war es die Mutter des Himmels, in deren Armen der Tote in seinem himmlischen Sarkophag zur Ruhe gebettet wurde[14]. Der Tod war mithin nichts anderes als eine Wiedergeburt im Lichtglanz des Himmels. So wie in der Johannesapokalypse (Apk 3,4.5.18; 4,4; 6,11; 7,9.13; 19,14) die seligen Verstorbenen mit weißen Gewändern bekleidet werden, so symbolisieren die Leinenbinden, die den Körper des Verstorbenen als Mumie umgeben, das Gewand des Lichts[15] beim Anblick der Himmelsgöttin *Nut*, wenn sie mit ihrem von Sternbildern geschmückten Leib auf den Verstorbenen zuschreitet und ihn die Sykomore schauen läßt, aus der allmorgendlich die Sonne ersteigt[16].

Die Sonne bzw. der Sonnengott *Re* galt als ein anderes, noch wichtigeres Symbol der Unsterblichkeit im Alten Ägypten. So spricht «Isis die Große, Herrin des Himmels» zu dem Verstorbenen (dem Pharao Haremhab): «Ich bin zu dir gekommen, mein leiblicher Sohn, mein geliebter, damit du im Himmel seist wie Re.»[17] Diese Formel *(jjj ḫr·k s' n ẖt(j) mryt(j) wnn·k m pt mj Rʿ)* kehrt in den Grabesinschriften immer wieder und verweist auf die Ebenbürtigkeit und Wesensgemeinschaft des Menschen mit der Sonne – jahrhundertelang wird die frühe Kirche über diese altägyptische Formel, der Gottessohn und (Messias)-König sei durch seinen Tod und seine Auferstehung «wie der Gott» (Re) «im Himmel», überaus scharfsinnige theologische Debatten führen[18]. Im Alten Ägypten war es vor allem die *Ba-Seele*, die es dem Menschen ermöglichte, an dem Schicksal der Sonne in Tod und Wiedergeburt teilzuhaben. In grob vereinfachter, aber zutreffender Weise kann man sagen, daß die *Ka-Seele* einen Menschen wesenhaft mit dem Leben des Kosmos verbindet und sein unsterbliches Wesen als Mensch verkörpert; in der Vorstellung von der *Ba-Seele* hingegen spricht sich eine grundsätzlich neue Idee des ägyptischen Jenseitsglaubens aus: die Idee der Existenz einer souverän unabhängigen, individuellen menschlichen Seele[19], wie sie von der 5. Dynastie an entwickelt wurde. «Während der *Ka* stofflich ist, wenn auch nicht faßbar, ist der *Ba* reiner Geist. Er ist ... der freischweifende Geist», der als menschengesichtiger Vogel dargestellt wurde und jede beliebige Gestalt annehmen konnte[20]. In dieser wandlungsfähigen Gestalt der Ba-Seele wurde die Sonnennatur des Menschen am deutlichsten offenbar.

[14] A.a.O., 194.
[15] A.a.O., 172–173.
[16] A.a.O., 172.
[17] E. Hornung: Das Grab des Haremhab im Tal der Könige, 40, zu Abb. 2.
[18] Vgl. zu der innertrinitarischen *«Homoousie»* (Wesenseinheit) des Logos mit dem Vater J. Brinktrine: Die Lehre von Gott, II 163–170. Zur wahren Gottheit Christi vgl. ders.: Die Lehre von der Menschwerdung und Erlösung, 76–86; zum Einfluß der ägyptischen Glaubensvorstellung auf die christliche Trinitätslehre sowie auf die Jenseitsvorstellungen vgl. S. Morenz: Die Begegnung Europas mit Ägypten, 89.
[19] E. Dondelinger: Der Jenseitsweg der Nofretari, 45.
[20] A.a.O., 46.

Die Werdegestalten bzw. das Annehmen jeder Gestalt bezeichneten die Ägypter als Cheperu *(ḫprw)*, ein Begriff, der mit «Cheper», dem Skarabäus, verwandt war, einem der zentralen Symbole der Sonne; denn wie der Skarabäus-Käfer sein Gelege kugelförmig vor sich herrollt, um aus der dunklen Erde neues Leben zu erwecken, so sah man die Sonne in einer sich immer wiederholenden Urzeugung allmorgendlich aus der Erde hervorgehen. Daneben wurde die Nachtsonne widderköpfig dargestellt, das ägyptische Wort für Widder aber heißt *Ba*, wie die Seele, «und so führt der Gleichklang der Worte dazu, im widderköpfigen Sonnengott den *Ba* des Re zu erblicken»[21]. Für die Seele des Verstorbenen kam es folglich darauf an, die 12 Stunden der unterweltlichen Nachtfahrt des widderköpfigen Re in der Barke der Sonne zu begleiten, um an seiner Seite zu neuem Leben aufzuerstehen. «Es ist ein Stufenweg der Vergeistigung, den die Seele durchmachen muß, bevor sie ihre höchste Vollendung erreicht, bevor sie eingeht ins Licht und eins werden kann mit dem göttlichen Ursprung des Seins.»[22]

Auf diese Weise gilt die Seele der Sonne als identisch mit der Seele des Menschen, und der Mensch selbst ist seinem ganzen Wesen nach sonnenhaft *und daher* unsterblich; eben deshalb muß und darf sein *Ba* den jenseitigen Lauf der Sonne durch Himmel und Unterwelt begleiten. Sehr schön heißt es in der «*Sonnenlitanei*» bzw. im «*Buch der Anbetung des Re im Westen*» von dem Verhältnis des verstorbenen Pharao zur Sonne:

Ich bin du, und du bist ich,
dein *Ba* ist mein *Ba*,
dein Lauf ist mein Lauf durch die Unterwelt!
...
Wie du bist, so bin auch ich, ...
dein Wandel ist ja mein Wandel,
dein Dahineilen ist ja mein Dahineilen
...
Meine Fahrt ist deine Fahrt, Re,
dein Dahineilen ist ja mein Dahineilen
...
Ich gehe mit dem Gang des ‹Horizontischen›,
ich wandle mit dem Wandel Res.[23]

[21] A.a.O., 53.

[22] A.a.O., 54. Vgl. zur tiefenpsychologischen Deutung dieses Prozesses I. CLARUS: Du stirbst, damit du lebst, 130–201, die in den zwölf Stunden des «verborgenen Raumes» einen Entwicklungsprozeß zum «Frieden mit uns selber», «mit unserer Umwelt», mit unseren «Schwächen und Schattenseiten» erblickt (S. 206) und meint: «So kann ein redlich gegangener Weg durch die Finsternis einer Depression ein Weg zum Heil werden. – ... Es sind die nämlichen Kräfte, die zur Verwandlung in vielen Teil-Toden drängen – und endlich, so hoffen wir, zum Leben in einer neuen Seinsform.» (S. 206)

[23] E. HORNUNG: Tal der Könige, 103. – Man fühlt bei diesen Zeilen sich lebhaft an den wunderbaren Spiritual erinnert: «Swing low, sweet chariot»; vgl. K.H. HANSEN: Go down, Moses, 138–141.

Noch überzeugender als das Verschwinden und die Wiederkehr der Gestirne am Nachthimmel als Beweis der Unsterblichkeit wirkt nach ägyptischer Vorstellung mithin das tägliche «Wunder von Werden und Vergehen, von Hinabstieg in die Tiefe und triumphaler Wiederkehr» der Sonne «in verjüngter Gestalt. Wenn es dem Toten gelingt, in das gewaltige Schiff einzusteigen, das die Sonne in kurzer Zeit ‹Millionen von Meilen› durch die Räume des Jenseits dahinträgt, wenn er stetig im Gefolge des Sonnengottes bleibt, hat er die Gewißheit, alle Schrecken der Todeswelt zu überwinden . . . Schon der Anblick des Gottes in seiner goldenen, leuchtenden Barke, die im Urgewässer dahinfährt, bringt den Verstorbenen Trost und Freude, regt sie zu Anbetung und jubelnder Begrüßung an»[24]. Und diese *'wt jb*, diese himmlische «Weite des Herzens» ist es, zu welcher der Mensch in der Ewigkeit des Lebens bestimmt ist.
Wenn man vor allem die ägyptische *Pyramide* immer wieder als *Grabkammer* beschrieben hat, so darf man darüber doch nicht vergessen, daß sie als Abbild des Himmelsgewölbes vor allem ein Sinnbild des *Lebens* war – eine Aufforderung, schon auf Erden so zu leben, wie die Sonne am Himmel: stark und hell in ihrem Aufgang und verschwenderisch und schön in ihrem Untergang, aufstrebend in der Jugend und weise im Alter, ein Ort, da der Himmel die Erde berührt und Licht[25] und Wärme das Leben durchfluten. Zu wandeln als «Kinder des Lichtes» – so bezeichnet viel später das Neue Testament im Sprachgebrauch der apokalyptischen Gemeinde von Qumran (vgl. 1 QS III 20; 1 QM I 1,9,11 u. ö.[26]) den Auftrag derer, die an Christus glauben (Eph 5,8)[27].
Der christlichen Anschauung am nächsten kommen die Vorstellungen des Alten Ägyptens über den Tod freilich in Gestalt des *Osiris-Glaubens.*
Wenn Paulus in 1 Kor 15,20 Christus aufgrund seiner Auferstehung als den «Erstling der Entschlafenen» bezeichnet, so dürfte ihm kaum mehr bewußt gewesen sein, daß er damit den Titel des ägyptischen Gottes *Osiris (ḫntj jmntjw, nṯr ʿ', ḥḳ' ḏt:)* Erster der Westlichen, Größter Gott, König der Ewigkeit[28] übernimmt. Und in der Tat: wenn irgend das Christentum sich als Religion der Auferstehung und des Siegs über Unrecht und Tod zu verstehen sucht, so

[24] E. Hornung: Tal der Könige, 104; vgl. N. Jenkins: Das Schiff in der Wüste, 139–156, zur Rolle der *Sonnenbarke* im Unsterblichkeitsglauben der Ägypter; vgl. Das Höhlenbuch 129, in: E. Hornung: Ägyptische Unterweltsbücher, 412–413, zur Begrüßung der Sonne in der Unterwelt.

[25] L. Habachi: Die unsterblichen Obelisken Ägyptens, 31, z. B. erwähnt das Obeliskenpaar, das Ramses II vor dem Pylon des Luxortempels aufstellen ließ und das er mit der aufgehenden und mit der untergehenden Sonne identifizierte.

[26] Das Gegenteil bilden die *«Kinder der Finsternis»*, die *«Männer der Grube»* u. a. (1 QS I 10; IX 16 u. ö.). E. Lohse: Die Texte aus Qumran, 5; 35.

[27] Zur Erläuterung von Eph 5,8 vgl. H. Schlier: Der Brief an die Epheser, 237–240.

[28] Vgl. E. Hornung: Tal der Könige, 180; A. Erman-H. Grapow: Ägyptisches Handwörterbuch, 129; vgl. A. Eggebrecht: Das Alte Ägypten, 338–339, die Abbildung des Totengerichtes.

kommt es nicht umhin, sich die archetypische Gestalt des Gottes *Osiris* zu eigen zu machen.
In einzigartiger Weise verdichtete *Osiris* bereits im Alten Ägypten die gesamte symbolische Vielfalt sinnenhaft erfahrbarer Hinweise und Aufweise der Unsterblichkeit des Lebens. Wohl nicht zufällig wurden «die großen Feiern des Osiris, die sein Begräbnis umrahmen, ans Ende des letzten Monats der Überschwemmungsjahreszeit gesetzt, also als Einleitung zur Jahreszeit des ‹Hervorgehens› der Saat»[29]. *Osiris* war das belebende, *junge* Wasser des Nils, das aus der Tiefe des Urozeans hervorkam, und so wie die Thronbesteigung des Pharao «als Wiederkehr des ersten Hervorgehens der Sonne aus dem Urgewässer» gefeiert wurde, so wurde das segensreiche Wirken des Königs «gern mit dem Segen der Überschwemmung verglichen»[30]. Alles, was im «Sterben den Tod überwand, konnte zu dem Mysterium des *Osiris* in Beziehung treten: in einem Hymnus Ramses IV gilt *Osiris* als Mondgott, mithin als Stier des Himmels»[31]; bereits in den Pyramidentexten wird der angenehme Kühle fächelnde *Nordwind* mit seiner lebenspendenden Frische der Kraft des *Osiris* zugeschrieben – im Gegensatz zu den glutheißen Wüstenstürmen seines Bruders und Todfeindes *Seth*; ganz besonders aber entströmt der befruchtende *Nil* dem Leib des *Osiris*. Durchaus «universalistisch ist es schon empfunden, wenn man von Osiris sagen kann: ‹Siehe, du bist schwarz und groß in deinem Namen ‹der große Schwarze›, du bist groß und grün in deinem Namen ‹der große Grüne› (Ozean). Siehe, du bist groß und rund als großes Rund (Ozean); siehe, du bist kreisförmig und rund als Umkreis, der die Meeresinseln umgibt»[32]. «Schwarz» wie «grün» symbolisieren die Auferstehung: grün ist die sich erneuernde Natur und schwarz der fruchtbare, fette Nilschlamm[33]. So ist Osiris der *wnn-nfr*, der «Onnofris», dessen Name so viel bedeutet wie: «der gänzlich gut ist», «das gute Wesen»[34]; denn er ist der Gott, der stirbt, damit die Menschen durch seine Auferstehung leben.
Man macht sich theologisch selten wirklich klar, daß nicht nur in einzelnen Details und Motiventlehnungen, sondern in der ganzen Struktur und Architektonik die Erlösungslehre des Christentums die Vorstellungen der *Osiris*-Religion teilt, indem Elemente, die zunächst ganz disparat erscheinen, nach dem Vorbild der altägyptischen Religion miteinander verknüpft werden.
Vor allem die *Verbindung von Tod und Auferstehung* mit dem sakramentalen Symbol der *Taufe*, dem Eintauchen und Sich-Erheben aus dem Wasser (des

[29] H. Kees: Totenglauben und Jenseitsvorstellungen der Alten Ägypter, 147.
[30] A.a.O., 147.
[31] A.a.O., 146.
[32] A.a.O., 146.
[33] E. Dondelinger: Der Jenseitsweg der Nofretari, 126.
[34] A.a.O., 126.

Urozeans), verweist auf die ägyptische Vorstellung, daß der Tod des *Osiris* kein wirkliches Sterben, sondern eine Wiedergeburt darstellt, eine wirklich «neue Schöpfung» (2 Kor 5,17; vgl. 2 Petr 3,13; Apk 21,1), die dem Hervorgang der Welt in der Morgenfrühe der Schöpfung entspricht. Bis in die *Volksbräuche* des christlichen Osterfestes, des Gründungsrituals der Taufe, hinein scheinen Reste dieser alten Anschauung im Symbol des *Eis* sich erhalten zu haben; denn wie die Ba-Seele im Tod sich vogelgleich zum Himmel erhebt, so ging, der *Kosmogonie von Hermopolis* zufolge, der Sonnengott wie ein Sumpfvogel aus den Hälften eines Eies hervor, das «der große Schnatterer», die Nilgans, in einem Schilfversteck gelegt hatte[35]; ein Ei ist auch das stete Determinativ der Göttin *Isis*, der liebenden Schwester und Gemahlin des *Osiris*, die wie ein Sperberweibchen brütend über dem Leib ihres toten Gemahls den falkenköpfigen Sohn *Horus*, den Rächer seines Vaters, empfing und hervorbrachte. Dementsprechend mußte der Verstorbene nach ägyptischem Glauben auf seine Geburt zum ewigen Leben durch Rückkehr zum Urei vorbereitet werden, um sich von dem Unrat seines Herzens zu reinigen. «So wird er auf die Taufe vorbereitet, *denn der Tote muß getauft werden* in der Milch der Gans, bevor er vor die Götter hintritt. Ja, um in jener anderen Welt zu erscheinen, in der er den Göttern gleich sein wird, muß der Tote ... gereinigt werden, auf daß seine Seele erglänze, nachdem alles Unreine von ihr abgewaschen ist. Für die Eingeweihten, denen es offenbart worden war, daß der Sonnengott ‹seinen Samen zu seinem Körper fügte, um in seinem Wesen sein Ei zu erschaffen› ..., war die Geburt auf Erden lediglich die logische Folge des Todes im Jenseits, genauso wie der Tod auf Erden nur das natürliche Zeichen für die Geburt im Jenseits war ... Man versteht ..., warum es für den Ägypter ganz natürlich war, des irdischen Körpers sich zu entledigen und sich in eine Lichtgestalt zu kleiden: um sich in den ewigen Räumen ebenso leicht zu bewegen, als ob er sich auf der an den Nil grenzenden Erde befände; um jede beliebige Form anzunehmen; um für sein Teil dem Unendlichen gleich zu sein; um in der Gestalt eines Lichtgeistes das Staunen der Zeiten zu sein, die kein Gedächtnis haben.»[36]

In der Tat muß man in der ägyptischen Religion beides zusammensehen: einerseits die Verschmelzung mit dem chthonischen Unterweltsgott *Osiris* im Bild der reinigenden Taufe sowie in der rituellen Bereitung des Körpers für die Auferstehung des Leibes und andererseits die Verschmelzung der Ba-Seele mit dem Mysterium der Sonne. Nur so begreift man das logische Paradox, das der *christlichen Dogmatik* mit ihrer Lehre von der Auferstehung zugrunde liegt: daß

[35] H. Kees: Der Götterglaube im Alten Ägypten, 309.

[36] A. Champdor: Das ägyptische Totenbuch, 51; vgl. E. Hornung: Das Totenbuch der Ägypter, Spruch 85, 39–46, S. 174; zur Vorstellung der Unsterblichkeit durch ein (rituelles) Ertrinken vgl. die Abbildungen bei E. Hornung: Tal der Könige, 144–145.

einmal die ägyptisch-platonische Vorstellung von der wesenhaften Unsterblichkeit der Seele in Gänze übernommen wird, während es andererseits, entsprechend dem Vorbild der Osiris-Religion, die Auferstehung des getöteten Gottes aus dem Grabe ist, durch die jeder Einzelne zum ewigen Leben Zugang gewinnt. Beide Vorstellungen konkurrieren eigentlich miteinander, so daß man in der Schule K. BARTHS theologisch auch gemeint hat, die «mythische» Ansicht von der Unsterblichkeit der Seele zugunsten des christlichen Auferstehungsglaubens opfern zu müssen; aber es war religionsgeschichtlich unzutreffend, wenn K. BARTH, um sich gegen jede Verknüpfung des Christentums mit den Anschauungen der mythischen Religionen apodiktisch zu verwahren, rein rhetorisch die Frage vorlegte: «Wie soll man sich die Entstehung einer Überlieferung von so seltenem, so widersprüchlichem Inhalt (sc. wie von Kreuz und Auferstehung Christi, d.V.) vorstellig machen ... Was ist da zur Erklärung geleistet, wenn man auf die Möglichkeiten des Mythus, seines Erfindens, Dichtens und Ausschmückens verweist? Wie kam ein Mythus dazu, hier anzusetzen, gerade da sich zu bilden? ... Es war eben so: irgendeinmal und irgendwie hat die christliche Kirche mit dieser sehr soliden Gewißheit (sc. der Auferstehung, d.V.) angefangen.»[37] Stünde es so, vermöchte der christliche Glaube sich in der Tat auf nichts zu gründen als auf den Glauben selbst, – die protestantische Entgegensetzung von Christentum und Mythos, aber auch von Theologie und Anthropologie (bzw. Psychologie) fände in dieser wichtigen Menschheitsfrage ihren krönenden Abschluß. In Wahrheit aber zeigt die widersprüchliche Doppelung von Seelenglauben und Auferstehungsglauben in der traditionellen christlichen Dogmatik durch sich selbst, daß sie gerade an dieser entscheidenden Stelle sich älteren Quellen und einer tieferen «Logik» der Erfahrung verdankt als dem «Ereignischarakter» des «christlichen Kerygma». Allein in der Sicht des (ägyptischen) Mythos macht es Sinn, an beides zu glauben: an den Aufstieg der Seele zum Himmel und an die Auferweckung des Leibes, an das Prinzip der Sonne und an das Prinzip des *Osiris*, an die *Einheit* von Oben und Unten, an die *Synthese* von Himmel und Erde als Voraussetzung eines wahren und ganzen Lebens.

Sehr schön gibt die Westwand der Kultkammer im Grab der Königin *Nofretari*, der Gemahlin Ramses II, den Versuch wieder, den «logischen» und geschichtlichen Gegensatz von *Re* und *Osiris* miteinander auszugleichen[38]: wie die Beischrift erkennen läßt, ist auf diesem Bild der Gott *Re* abgebildet, aber er erscheint in der mumienförmigen Gestalt des Gottes *Osiris*; und sein Haupt, das

[37] K. BARTH: Dogmatik, IV 2, 285–286; zur Mühe der frühen Kirche, den (altägyptischen) Auferstehungsglauben mit philosophischen Reflexionsargumenten als christlich zu erweisen vgl. ATHENAGORAS: Über die Auferstehung von den Toten, BKV 12, S. 326–365.
[38] Vgl. E. DONDELINGER: Der Jenseitsweg der Nofretari, 102 (Tafel 19).

widderköpfig ist, weil es die Sonne während der Fahrt durch die Nacht zeigt, ist grüngesichtig wie das Haupt des *Osiris*. Es muß erwähnt werden, daß *Re* in der ägyptischen Religion mit vielen Göttern verschmolzen wurde und dabei Synthesen zustande kamen, die so bedeutsam waren wie z.B. die Gestalt des *Amun-Re*, eine Synthese zwischen der Herrschermacht von Theben und der Geistigkeit von Heliopolis; aber keine Sythese war und ist so kühn und groß gewesen wie die Vereinigung von *Re* und *Osiris*. Theologisch ist Re «der reine Geist – Osiris das sich ständig erneuernde Leben. Re ist das aktive Prinzip, der männliche Pol im Weltall. Osiris ist das ‹Stirb und Werde›, der gleichsam weibliche Pol, das Fruchtbarkeitsprinzip»[39]. «Osiris ruht in Re» – «Re ist es, der in Osiris ruht» *(Wsjr ḥtp m R ‘ – R ‘ pw ḥtp m Wsjr)* lautet denn die Inschrift[40] im Grab der Nofretari zur Verschmelzung dieser Gegensätze, die psychologisch dem Einzelnen gelingen muß, wenn er zu jener Seinsstufe gelangen will, auf welcher die Seligkeit des Nach-Tod-Lebens möglich ist[41]. An beides ist daher zu glauben, so sehr es sich logisch widersprechen mag: an die «Auferstehung des Fleisches» ebenso wie an die Unsterblichkeit der Seele.

Christlich ausgedrückt, treten die beiden Pole dieser Einheit von Himmel und Erde in den Auferstehungsvisionen der Ägypter in den ergänzenden Glaubenslehren von der Sendung des Geistes (in der *Firmung*) sowie in dem Sakrament der *Eucharistie* in Erscheinung, die beide in dem Tod und in der Auferstehung Jesu ihre Wurzel haben, und beide Anschauungen besitzen ihre ägyptischen Vorbilder.

Wer sich in Tod und Auferstehung (im Sakrament der *Taufe*) mit *Osiris* verbindet, empfängt auch nach ägyptischer Auffassung den «*Ba* des Osiris, der ‹aus dem Herzen des Osiris hervorging›»[42]. Ganz wie der Heilige Geist in Apg 2,1-4 in Feuer und Wind vom Himmel herabkommt oder in Mk 1,10 das Bild einer Taube annehmen kann, um im Bad der Taufe den Himmel zu öffnen bzw. um von der Auferstehung Christi Zeugnis zu geben, so kannten die Ägypter den *Vogel Phönix* von Junu On (Heliopolis). Der Name des Vogels gibt die gräzisierte Form des Ägyptischen «Benu» wieder und leitet sich ab von dem ägyptischen Verb *wbn* – aufgehen. «Der Phönix ist somit ein Vogel des Lichts, der mit den ersten Strahlen der Morgensonne aus dem Wasser aufzutauchen scheint. Als Vogel des Urbeginns, der sich beim Aufsteigen der Welt aus der Flut auf dem Urhügel niederließ, wird er am Ort des Urhügels, dem Benben-Haus in Heliopolis verehrt. Auch Benben ist eine iterative Form von ‹uben› . . . Benben bedeu-

[39] A.a.O., 102.

[40] A.a.O., 102.

[41] Vgl. E. Hornung: Das Totenbuch der Ägypter, Spruch 81B, S. 168, den Spruch, Gestalt anzunehmen als Lotosblüte: «Laßt mich doch die Götter schauen, welche die Unterwelt leiten, gebt mir einen Platz im Totenreich zur Seite der Herren des Westens!»

[42] E. Dondelinger: Der Jenseitsweg der Nofretari, 72.

tet ‹der Aufragende› und Benu ‹der sich Manifestierende›.»[43] Als Lichterscheinung wurde der *Benu-Vogel* als *Ba* der Sonne verehrt, und aus diesem Lichtaspekt stammt das griechische Auferstehungsbild von dem Phönix, der in den Flammen verbrennt und aus seiner Asche zu neuem Leben sich erhebt. Gerade durch dieses Motiv aber konnte am Ende des Alten Reiches, als Osiris den Sonnengott Re immer mehr verdrängte, der Vogel Phönix zur Erscheinungsform auch des *Osiris* werden, als sein Ba, der die Atefkrone trug, «die Königskrone des Osiris mit den beiden Federn»[44]. Der sterbende Gott wird in seiner Auferstehung dennoch wie in der christlichen Vorstellung zur Seele der Sonne, zum Geist, der die Erde belebt[45].

Auf der anderen Seite verkörperte *Osiris* auch die sterbende und wiederauferstehende Pflanzenwelt, und so verbanden sich mit seinem *chthonischen* Aspekt all diejenigen Erfahrungen, die im Christentum *die Feier der Eucharistie* mit der Vergegenwärtigung von Tod und Auferstehung Jesu verknüpfen. In der 7. Stunde des *Pfortenbuches*[46], in der 46. Szene, sprechen die zwölf Götter, die sich zu je einer Getreideähre herabbeugen, um für den Unterhalt der Toten zu sorgen, zu *Re*: «Es wächst das Brot (?) in den Gefilden der *Dat* (sc. der Unterwelt, d. V.), / wenn *Re* über dem Leib des *Osiris* leuchtet. / Gehst du auf, dann entstehen die frischen Pflanzen, / Größter Gott, der das Ei geschaffen hat.» Die Szene selbst, die lebhaft an *Apk 14,14-16* erinnert – an die Engel, die mit Sicheln in den Händen bereitstehen, die Ernte (des göttlichen Gerichts allerdings) einzubringen – ist nicht nur ein Lobpreis auf die fruchtbarkeitspendende Macht des Sonnengottes, sondern zeigt *Osiris* eingetaucht in die Tiefe des Erdgottes *Aker*[47]. Als Fruchtbarkeitsgott muß *Osiris* «wie das Korn in der Erde sterben, um neu verjüngt wieder zu erstehen. So gab man manchmal dem Toten eine aus Erde geformte Figur des Gottes bei, die man mit Saatkörnern gespickt hatte. Das Keimen der Saat war eine magische Hilfe für die Auferstehung des Verstorbenen. Diese Figuren nannte man ‹Kornosiris› oder ‹sprießender Osiris›»[48]. Es handelte sich dabei nicht einfach um einen Volksbrauch, so wie wir heute noch ohne weiteres Nachdenken Bäume auf die Gräber der Verstorbenen pflanzen oder Blumenkränze niederlegen; für den Ägypter waren diese Bilder innerlich gefüllt mit Leben und religiöser Bedeutung. «Das Eingehen des Korns in die Erde entspricht dem Begräbnis, und das Keimen der Saat entspricht der Auferstehung. Das Dunkel der Erde umfängt beide, sowohl das Korn wie die Mumie.

[43] A.a.O., 72; vgl. H. Kees: Der Götterglaube im Alten Ägypten, 96–97.
[44] E. Dondelinger: Der Jenseitsweg, 72.
[45] Entsprechende Vorstellungen haben über den ägyptisch beeinflußten Ps 104, 29.30 Eingang ins *«Veni creator spiritus»* der katholischen Pfingstliturgie gefunden.
[46] E. Hornung: Ägyptische Unterweltsbücher, 256.
[47] E. Hornung: Tal der Könige, 180–181.
[48] E. Dondelinger: Der Jenseitsweg, 126.

Den Auferstehungsgedanken drückt ein Sargtext aus ...: ‹Ich lebe, indem ich sterbe. Ich bin das Korn, ich gehe nicht zugrunde. Ich trete ein in die Maat, ich trage sie, ich bin der, der sie in sich trägt.›»[49] Es ist bis ins Wort hinein der gleiche Gedanke und dasselbe Bild, mit dem auch *Joh 12,24* das Geschehen von Tod und Auferstehung Jesu zu deuten versucht: «Wenn das Samenkorn nicht in die Erde fällt und stirbt, bleibt es allein. Wenn es aber stirbt, bringt es vielfach Frucht.»

Mit diesem Hinweis ist auch bereits ein Einwand widerlegt, der immer wieder gemacht wird, um die an sich offenkundigen Analogien zwischen der altägyptischen Religion und dem Christentum zu leugnen: es sei die *Osiris*-Religion «nur» ein «naturhafter» «Mythos», während Christus eine «personale» und «geschichtliche» Wirklichkeit verkörpere. Auch über die geschichtliche Realität der Königszeit des *Osiris* kann man diskutieren, wenngleich die wichtigen Unterschiede zwischen dem Kulturbringer *Osiris*, der von den Fesseln dumpfer Barbarei befreite[50], und dem christlichen Erlöser, der die Menschheit von Sünde und Schuld erlöste, nicht zu übersehen sind und an dieser Stelle gewiß nicht geleugnet werden sollen. Gleichwohl erscheint trotz der enormen zeitlichen Differenz von fast 3000 Jahren zwischen dem Beginn der frühen ägyptischen Dynastien und dem Beginn des Christentums auch schon die altägyptische Religion von Anfang nicht rein naturhaft. Nicht nur, daß Götter wie *Re* und *Osiris* von Anfang an menschengestaltig sind – es war vor allem der Gedanke der Ba-Seele, der sehr früh *die Konsequenz einer persönlichen Verantwortung* nach sich zog.

Im Alten Reich bereits taucht der Gedanke auf, den die katholische Dogmatik bis in die Gegenwart beibehalten hat: es finde im Augenblick des Todes ein *persönliches Gericht* statt[51]. Immer wieder hat man auch hier theologischerseits auf den vermeintlich absoluten Unterschied hingewiesen, der zwischen Ägypten und Israel bestehe, indem die Ägypter sich mit magischen Formeln und der scheinheiligen Beteuerung ihrer Makellosigkeit in allen Punkten der Anklage im Totengericht aus der Affäre zu ziehen versucht hätten, wohingegen der Beter von Ps 51 z.B. seine Sünde vor Gott aufrichtig bekenne und, jenseits aller Selbstrechtfertigungsversuche, nur noch auf Vergebung und Erbarmen zu hoffen vermocht hätte. Aber man muß dabei bedenken, daß es im Totengericht der Ägypter nicht mehr nur um bestimmte Vergehen mitten im Leben ging, sondern um die Gesamtbilanz des Lebens auf Sein oder Nichtsein für die ganze Ewigkeit – schon von daher stellte sich die Frage einer absoluten Rechtfertigung, und so

[49] A.a.O., 126.

[50] Vgl. zum *Osiris-Mythos* E. BRUNNER-TRAUT: Altägyptische Märchen, 88–93; Anm. S. 271–272; G. ROEDER: Urkunden zur Religion des Alten Ägypten, XXII–XXIV; 15–21.

[51] Vgl. J. BRINKTRINE: Die Lehre von den letzten Dingen, 26–37.

sehr man im einzelnen auch die negative Konfession der Ägypter kritisch als naives Wunschdenken und narzißtisches Perfektionsstreben betrachten kann, so wird man doch zugeben müssen, daß die einzelnen Punkte ihrer Gewissenserforschung von einer Sensibilität vor allem den Mitgeschöpfen gegenüber zeugen, die man im Denken der Bibel vergebens sucht[52].

«Nächst den fernöstlichen Religionen hat (nur!, d. V.) der Ägypter einen Pentateuch zum Verhalten gegen das Tier entwickelt. Seine Ethik gebot es, dem Tier nichts zuleide zu tun. Im Jenseitsgericht, wo die Götter das Herz des Toten gegen die Wahrheit ... wiegen, wird des Menschen Verhalten nicht nur gegen seinen Mitmenschen, sondern auch gegen die Natur auf die Waagschale gelegt ... Jeder Verstoß gegen die Achtung des Tieres als eines Geschöpfes galt als Sünde. Folgerichtig räumt die ägyptische Ethik dem Tier das Recht ein, den Menschen zu verklagen. In einem Pyramidenspruch wird der verstorbene König gerechtfertigt mit dem Freispruch: ‹Nicht liegt gegen NN die Anklage eines Lebenden vor, / Nicht liegt gegen NN die Anklage eines Toten vor, / Nicht liegt gegen NN die Anklage einer Gans vor, / Nicht liegt gegen NN die Anklage eines Rindes vor.› – Gans und Rind stehen als Stellvertreter des Tierreiches. Der Spruch findet sich in den Pyramiden von Unas (5. Dynastie, um 2300 v. Chr.) bis zu Pepi II (6. Dynastie, um 2200 v. Chr.).»[53]. In solchen Wendungen kommt keinesfalls eine primitive «Magie», wohl aber ein Gefühl universeller Verantwortung und Gerechtigkeitsliebe zum Ausdruck. Lapidar heißt es im späteren *Totenbuch* (Spruch 125,13.14): «Ich habe kein Unrecht gegen Menschen begangen, und ich habe keine Tiere mißhandelt.»[54] Selbst die oft gerühmte soziale Verantwortung, die man etwa bei *Amos*, *Jesaja* oder *Jeremia* exegetisch gern herausstreicht, ist Jahrhunderte früher in Ägypten bereits zu jenen Formeln festgeschrieben worden, die auch bei den Propheten später als stereotype Zitate erscheinen; so etwa, wenn es im *Totenbuch* (125,18ff) heißt: «Ich habe nicht am Beginn jedes Tages die vorgeschriebene Arbeitsleistung erhöht, / mein Name gelangte nicht vor den ‹Leiter der Barke› (Sonnengott?). / Ich habe keinen Gott beleidigt. / Ich habe kein Waisenkind an seinem Eigentum geschädigt. / Ich habe nicht getan, was die Götter verabscheuen. / Ich habe keinen Diener bei seinem Vorgesetzten verleumdet. // Ich habe nicht Schmerz zugefügt und (niemand) hungern lassen, / ich habe keine Tränen verursacht. / Ich habe nicht getötet, / und ich habe (auch) nicht zu töten befohlen; / niemandem habe ich ein Leid angetan.»[55]

Personaler und sozial verantwortlicher kann ein Mensch nicht sprechen, und

[52] Vgl. E. Drewermann: Der tödliche Fortschritt, 100.
[53] E. Brunner-Traut: Die Alten Ägypter, 42.
[54] E. Hornung: Das Totenbuch der Ägypter, 234.
[55] A.a.O., 234.

gerade den Gedanken einer solchen individuellen Gerechtigkeit im Totengericht haben die Ägypter mit dem Auferstehungsglauben des Gottes *Osiris* so zentral und überzeugend zu verbinden gewußt, daß die apokalyptische Literatur und die christliche Dogmatik die entsprechenden Vorstellungen Jahrtausende später nur aufzugreifen brauchten.

Das Entscheidende dieses Ansatzes liegt gewiß darin, daß in die Hoffnung auf ein ewiges Leben nicht allein die Freude am Dasein, sondern gleichermaßen das Verlangen nach Gerechtigkeit Eingang findet, und zwar transponiert bzw. deligiert an die Ewigkeit. Während die israelitische Theologie auf lange Zeit, bis hin zum deuteronomistischen Geschichtswerk, vergeblich nach einer göttlichen Gerechtigkeit in der menschlichen Geschichte suchte, hat die ägyptische Religion weit früher auf souveräne Weise das Problem umgekehrt, indem sie *die Maat* zum Weltgesetz der irdischen Daseinsordnung erhob, die göttliche Belohnung des Einzelnen aber für das ewige Leben in Aussicht stellte. Nicht die Enttäuschung an der Ungerechtigkeit der Welt, wie G.E. LESSING meinte[56], bildete demach den primären Grund der Unsterblichkeitshoffnung, vielmehr zeigt die ägyptische Religion gerade das Gegenteil: es existiert objektiv vorgegeben eine alles durchwaltende Weltgerechtigkeit, und die Frage ist nur, wie der Mensch sich zu ihr einstellt; statt, wie die jüdisch-christlichen Apokalyptiker, mit einer gehörigen Portion an Rache- und Ressentimentgefühlen über den Widerspruch des Unrechts sich eines endzeitlichen Gerichtes Gottes zu getrösten, traten die Ägypter dem Totengericht eher mit Scheu und Angst gegenüber – nur deshalb reagierten sie mit der unbedingten, vierfachen Selbstvergewisserung des Totenbuches: «Ich bin rein, ich bin rein» (Spruch 125,49.50)[57] auf die Krise der Bewährung im Gericht. Osiris, der Gott der Unsterblichkeit, hatte zugleich mit seinen 42 Beisitzern die Macht, mit seinem Urteilsspruch über Reinheit und Unreinheit nicht nur zu ewigem Leben, sondern auch zu ewigem Unleben zu bestimmen. Der Gott besaß die Macht darum, weil er selber durch das Unrecht seines Bruders *Seth* getötet worden war und erst das Totengericht in Heliopolis ihm sein Recht zu verschaffen vermocht hatte.

Auch bzgl. dieses Gerichtsgedankens herrscht eine wichtige Übereinstimmung zu der Auffassung des Christentums, so etwa, wenn in *Joh 16,8-11* der scheidende Jesus den Jüngern in Aussicht stellt, daß nach seinem Fortgang «der Beistand» kommen werde, um die Welt der Sünde zu überführen und den Fürsten der Welt als schon gerichtet zu erweisen. Zwar war für die Ägypter der böse *Seth*, der Widersacher des *Osiris*, nicht der Herrscher der Welt, in welcher Position die Apokalyptik (und die Evangelien!) das Böse erkannten; aber der

[56] Vgl. G.E. LESSING: Die Erziehung des Menschengeschlechts, § 44; 57; 61; 71; 72; Werke II 987; 989; 990; 992.

[57] E. HORNUNG: Das Totenbuch der Ägypter, S. 235.

Gedanke einer Gerechtigkeit jenseits des Todes, die Vorstellung einer endgültigen Verurteilung der Feinde des Guten, ist in der ägyptischen Religion ebenso wie im Christentum gleichermaßen tief verankert, und auch an dieser Stelle ist die christliche Dogmatik mit ihrer *Lehre vom Totengericht* eigentlich nur von den Anschauungen des Alten Ägypten her verstehbar.

Das eigentlich christliche Prinzip ist der Gedanke der *Vergebung*, wie er in der späteren «Irrlehre» von der allgemeinen Rehabilitation aller, von der *«Apokatastasis panton»*[58], sich denn auch unzweideutig ausspricht; offiziell übernommen aber hat das Christentum die archaische Lehre der Einheit von Auferstehung und *Gerechtigkeit*, wie die altägyptische Religion sie lehrte. Insbesondere die *kämpferischen* Vorstellungen über die Auseinandersetzungen zwischen Gut und Böse sowie über die endgültige Verurteilung im Totengericht zu Himmel oder Hölle entstammen religionsgeschichtlich einem Vorstellungskreis, der sich am frühesten und am klarsten an den Grabwänden der Alten Ägypter dargestellt findet, und man muß sich diesen religionsgeschichtlichen Hintergrund sehr deutlich klarmachen, um nicht bei der Interpretation von Texten der jüdisch-christlichen Apokalyptik auch tiefenpsychologisch von vornherein in die Irre geführt zu werden.

C. G. JUNG hat gegenüber der (biblischen) Apokalypse tiefenpsychologisch den Einwand erhoben, daß die Visionen (des Sehers von Patmos) in einer letzten Unversöhntheit stehen blieben und den Prozeß der Individuation nicht zu einem integralen Abschluß führten; schon der Glaube an den Teufel als eine in Gott nicht integrierte Kraft beweise die innere Zerrissenheit des Christentums[59]. Diesem Vorwurf, den JUNG in analoger Weise auch gegenüber der ägyptischen Religion hätte erheben können, muß man indessen entgegenhalten, was in der Auseinandersetzung mit den Interpreten der JUNGschen Schule gar nicht oft genug geltend gemacht werden kann: daß es ein sehr einseitiger, durchaus nicht allgemein zutreffender Grundsatz ist, zu glauben, die Träume, Mythen, Märchen oder eben auch die Apokalypsen seien «nichts anderes als» symbolische

[58] Die von ORIGINES inaugurierte Lehre verurteilte AUGUSTINUS: Gottesstaat, XXI 17–20; Werke III S. 393–398. Demgegenüber wird in der Gegenwart zumeist betont, die «Ewigkeit der Höllenstrafe» bleibe ganz und gar dem Willen und der Gnade Gottes untergeordnet und dürfe «auf keinen Fall absolut gesetzt werden.» H. KÜNG: Ewiges Leben?, 181.

[59] C. G. JUNG: Antwort auf Hiob, XI 466–495, deutet gerade die Geh. Offb. als Beweis für die Gegensätzlichkeit des christlichen Gottesbildes; S. 477: «Was in ihm (sc. dem Verf. der Apk., d. V.) aufbricht, ist ... die Ahnung einer ungeheuerlichen Enantiodromie, die er nicht anders verstehen kann, denn als eine endgültige Vernichtung jener Finsternis, die das Licht, das in Christo erschienen war, nicht begriffen hatte. Er sah aber nicht, daß die Macht der Zerstörung und Rache eben gerade jene Finsternis ist, von welcher sich der menschgewordene Gott abgespalten hatte.» S. 492: «Aus diesem Grunde schließt die Apokalypse, wie der klassische Individuationsprozeß, mit dem Symbol des Hierosgamos, der Hochzeit des Sohnes mit der Mutter-Braut. Die Hochzeit aber findet im Himmel statt, wo ‹nichts Unreines› eindringt, jenseits der verwüsteten Welt».

Beschreibungen des Weges zur Selbstfindung[60]. Besonders die Mythen verfügen über einen Realitätssinn, der es ihnen nicht erlaubt, die realen Gegensätze des Daseins nach der Weise des Märchens einfach zu verleugnen (vgl. I 145); ihnen kommt es vielmehr darauf an, die Struktur der jeweiligen Gegensätze in ihrer Notwendigkeit und sinnvollen Zuordnung möglichst anschaulich herauszuarbeiten und dadurch mit der Härte des Widerspruchs innerlich zu versöhnen. Zudem ist es theologisch wie psychologisch gleichermaßen wichtig, die psychischen Gegensätze nicht nach gnostischem Vorbild als absolute, «göttliche» Gegebenheiten zu metaphysizieren – alles hängt davon ab, daß es jenseits der menschlichen Zerrissenheit einen unzweideutigen, absoluten Bezugspunkt des Vertrauens und des Haltes gibt. Die *Natur*, sei sie psychisch oder physisch, ist immer ambivalent; die ewige existentielle Wahrheit des *Monotheismus* hingegen liegt gerade darin, die pantheistische Gleichsetzung von Gott und Natur zugunsten der Eindeutigkeit des Gottesbildes mit Nachdruck beseitigt zu haben; unter dem Einspruch des Monotheismus ist es ein für allemal unmöglich geworden, in der Theologie nichts weiter zu sehen als eine Form psychischer Selbstdarstellung[61].

Die Mythen indessen, schon weil sie auch die «Natur» vor Augen haben, können gar nicht anders, als in eine letzte Polarisierung der bestehenden Daseinsgegensätze einzumünden. Der Kampf zwischen Gut und Böse, das Thema der Durchsetzung der Ordnung und der Wahrheit gegen die Mächte des Chaos und der Finsternis, findet in den ägyptischen Jenseitsbüchern von daher sein tägliches Vorbild in dem *Kampf der Nachtsonne bei ihrer Fahrt durch die Unterwelt* gegen ihre dunklen Widersacher, und zahlreiche Motive dieser Auseinandersetzung haben sich in Verbindung mit den Vorstellungen vom Totengericht des Osiris auch noch Jahrtausende später in der Apokalyptik erhalten; einige Hinweise mögen an dieser Stelle genügen.

Für den Ägypter stellte *die Unterwelt*, in deren Dunkel die Sonne allabendlich hinabtaucht, den «Rest der Welt vor der Schöpfung» dar[62], eine ebenso chaotische wie fruchtbare Zone der Wirklichkeit, die immer wieder neu in verjüngter Gestalt die Sonne und die ganze Schöpfung aus sich entstehen läßt, zugleich aber

[60] Sehr bezeichnend ist die Formel von C. G. JUNG: Gut und Böse in der analytischen Psychologie, XI 673: «Ich sehe meine Aufgabe nicht darin, mich damit (sc. mit den Fragen von Gut und Böse, d. V.) philosophisch auseinanderzusetzen. Für mich sind das praktische Dinge. Gewiß interessiert mich auch gelegentlich der philosophische Aspekt, aber damit lockt man keinen Hund hinterm Ofen hervor.» JUNG hat zwar recht, wenn er fortfährt: «Die Wirklichkeit von Gut und Böse besteht in Dingen, Situationen, die einen anfallen, die einem über den Kopf hinauswachsen, wo ... es auf Leben und Tod geht.» Aber gerade deshalb geht es wesentlich auch darum, einen *geistigen* Standpunkt zu gewinnen, der den Abstieg in die Tiefe erlaubt.

[61] Vgl. E. DREWERMANN: Strukturen des Bösen, II 417–430, zur Sintfluterzählung der *Genesis* und zur Frage der Ambivalenz des Unbewußten.

[62] Vgl. E. HORNUNG: Tal der Könige, 121.

die Ordnung der gestalteten Welt immer wieder in Frage stellt[63]. Vor allem nach dem Zusammenbruch des Alten Reiches, in dem deutlichen Gefühl für die Bedrohtheit der Welt während der Ersten Zwischenzeit, tritt *die Apophis-Schlange* als die ständige Widersacherin der Sonne in Erscheinung. Ausführlich schildern im Neuen Reich die *Unterweltsbücher* diesen unablässigen Kampf, wie Apophis mit seinem Schlangenleib die Fahrbahn der Sonnenbarke versperrt, das Wasser verschluckt (*Totenbuch*, Spruch 108,7-15)[64] und mit seinem Gebrüll die ganze Unterwelt einschüchtert. Auch die Götter verfügen gegenüber der Bedrohung der *Apophis*-Schlange nur über jene Macht, mit der am Schöpfungsmorgen das Wort und die Vorstellung des Schöpfergottes wirksam wurde: über die Kraft des Zaubers[65]. Der Beginn eines jeden Morgens kommt zufolge dieser Vorstellung deshalb einem eben solchen zauberhaften Wunder gleich wie der Beginn der Welt, und ohne die unfaßbare Macht der zauberkundigen Göttin *Isis* in der Barke der Sonne, mit welcher es ihr gelingt, den *Apophis* zu fesseln, wäre die Welt längst zusammengebrochen. Wie in *Apk 20,1-3* der Drache, die alte Schlange, die – christlich – «der Teufel ist», in Ketten gelegt wird, so wird in der 66. Szene des *«Pfortenbuches»*[66], während der 10. Stunde der Unterweltfahrt, die *Apophis*schlange gebunden; und in der 11. und 12. Stunde schlingen die «Horuskinder» ihre Fesseln um die Schlange (89. Szene)[67]. Endgültig wird schließlich der Gott *Seth* «seinen Speer von Erz in sie (sc. die Schlange, d. V.) stoßen und wird sie alles (sc. Wasser, d. V.) (wieder) ausspeien lassen, was sie verschluckt hatte» (*Totenbuch*, Spruch 108,16-18)[68]. Eine andere beachtenswerte Vorstellung gibt in diesem Zusammenhang das *Totenbuch* (Spruch 17,22)[69] wieder, wo *Re* selber in Gestalt des Großen Katers am Isched-Baum in Heliopolis «die Feinde des Allherrn vernichtet.»

Demgegenüber konnte unter dem Einfluß des Osirisglaubens der Gott *Seth* später nurmehr als Feind der Sonne betrachtet werden. Die Tempelliturgie von Edfu z.B. erzählt, wie *Seth* die Form eines Nilpferds angenommen hat, «das Horus mit zehn Harpunen an verschiedenen Stellen durchbohren muß». «Isis ermuntert ihren Sohn Horus zum Kampf: ‹Stemme dich fest gegen dieses Nilpferd, und packe es mit deiner Hand ... / Vergelte Böses mit Bösem, o mein Sohn Horus ... / Du stehst da an einem strauchlosen Ufer, an einem Flußrand ohne Busch. / Deine Spieße werden springen in die Mitte des Flusses, wie die Wildgans nach ihrer Brut; / Nun wirf, in die Mitte des Flusses, durch-

[63] A.a.O., 123.
[64] E. Hornung: Das Totenbuch der Ägypter, 207.
[65] E. Hornung: Tal der Könige, 167.
[66] E. Hornung: Ägyptische Unterweltsbücher, 277–278.
[67] A.a.O., 299–301.
[68] E. Hornung: Das Totenbuch der Ägypter, 207.
[69] A.a.O., S. 60–61 (V. 20–29).

bohr ihn mit deinem Speer, mein Sohn Horus!» – Den heimkehrenden Sieger begrüßen, wie so oft in den Erzählungen der Völker, die Frauen mit Jubel und Dank[70].

Daß *Re* und *Horus*, *Apophis* und *Seth* in dieser Weise miteinander ausgetauscht werden konnten, liegt wesentlich an der soeben erwähnten Synthese von *Re* und *Osiris*, die den Kampf des *Re* gegen die *Apophis*schlange in der Tat als Parallele und Ergänzung zu dem Totengericht des *Osiris* erscheinen läßt, sind doch beide Gottheiten in ihrem Wirken wesentlich aufeinander verwiesen. Jede Nacht verbindet der Gott *Re* sich als Sonnen-Ba, wie wir sahen, mit dem Leib des *Osiris*, und dieser wiederum ist in gewissem Sinne der Leichnam der Sonne, den *Re* besucht, ganz so, wie der Ba in bestimmten Zeitabständen den Leib des Verstorbenen aufsucht.

Sehr schön wird diese *Einheit von Re und Osiris* auf einem der vergoldeten Schreine des Tut-anch-amun ausgesprochen, auf dem die Göttin *Nephthys* dem Pharao zuruft: «Dein *Ba* wird zum Himmel gehören vor Re, / dein Körper zur Erde bei Osiris, / und Tag für Tag wird dein *Ba* auf deinem Körper verweilen.»[71]

Eine gewisse Entsprechung zwischen beiden Gottheiten findet sich auch in dem Motiv der *Wiedergeburt*, das an die berühmte Szene von *Apk 12* erinnert, wo eine schwangere Frau im Himmel, angetan mit der Sonne und den Mond zu Füßen, mit ihrem neugeborenen Kind auf Adlerflügeln vor einem wasserspeienden Drachen mit sieben Hörnern in die Wüste flieht[72]. Die himmlische Frau ist in der ägyptischen Mythologie die Himmelsgöttin *Nut*, die des Abends in ihrem Leib die alt gewordene Sonne empfängt, um sie des Morgens in verjüngter Form als Sonnenkind zur Welt zu bringen[73] – der Tod selbst erweist sich damit als Verjüngung des Lebens; doch wie in *Apk 12*, wird auch die Himmelsgöttin *Nut* mit ihrem Kind von der (Apophis)Schlange bedroht, nur daß dieses Mythem in der ägyptischen Anschauung von der Sonnengeburt ins Positive gewandelt worden ist: der neugeborene Sonnengott (Cheperi) wird, entsprechend der Ambivalenz des Urzeitchaos, *schützend* von der Schlange umhüllt, deren Schwanz in ihrem Maul ist, wie das *«Amduat»* (Mittleres Register, 9. Szene)[74] sagt, – der *«Uroboros»*, der «Schwanzbeißer» – ein Symbol für den Zyklus der stets sich erneuernden materiellen Welt[75]. «Schlange der Wiedergeburt, Weltumringler, ‹Schwanz im Maul›, Apophis und ‹die große Schlange› erweisen sich letztlich als verschiedene Namen und verschiedene Gestaltungen des gleichen riesigen

[70] S. Sauneron – H. Stierlin: Die letzten Tempel Ägyptens. Edfu und Philae, 64.
[71] E. Hornung: Tal der Könige, 185.
[72] Vgl. E. Brunner-Traut: Pharao und Jesus als Söhne Gottes, in: Gelebte Mythen, 44.
[73] E. Hornung: Ägyptische Unterweltsbücher, 489 ff. (Das Buch von der Nacht).
[74] A.a.O., 124 (6. Stunde).
[75] A.a.O., 46–47; E. Hornung: Tal der Könige, 169.

Schlangenuntiers, das Tag für Tag alle Wesen verschlingt, sie aber verjüngt und erneuert wieder aus sich entläßt. Das Wunder, daß die Schöpfungswelt sich fortwährend regeneriert, verdankt sie dieser vieldeutigen Schlange und damit auch dem gefährlichen Apophis.»[76] – Längst nicht so positiv, aber sinngemäß entsprechend berichtet die *Osiris*-Mythe davon, wie die Göttin *Isis*, nachdem sie das *Horus*-Knäblein geboren hat, von dem typhonischen *Seth* verfolgt wird[77].

Aufgrund dieser Wesenseinheit von *Re* und *Osiris* darf man sagen, daß *Osiris* im Gericht auf der Ebene der *Geschichte* fortsetzt, was *Re* auf der Ebene der *Natur* siegreich bewirkt: den Kampf und die Niederringung des Bösen in all seinen Gestaltungen. Zahlreich sind die Strafen, die im Gericht über die Frevler verhängt werden, aber sie alle verweisen zurück auf das Szenarium des Sonnenkampfes, und wiederum gemahnen sie an die Grundvorstellungen auch der christlichen Apokalyptik und Dogmatik vom Großen Weltgericht. Zu Recht hat S. Morenz[78] darauf hingewiesen, daß die ägyptischen Vorstellungen von der Unterwelt nicht nur auf Vergils «Aeneis»[79] einen großen Einfluß ausgeübt haben, sondern auch in A. Dantes *«Comedia divina»*[80] mit ihren Darstellungen des Infernos die mittelalterlichen Anschauungen von der Hölle zutiefst geprägt haben. Tatsächlich läßt sich die Verbindung des Alten Ägyptens schon mit der Apokalyptik der Urkirche gerade in den *Strafvisionen* besonders deutlich aufweisen.

Während der Sonnengott bei seiner Fahrt durch die Unterwelt den Seligen alle nur denkbaren Wohltaten spendet, dringt sein Licht zu seinen «Feinden» nicht durch – nach Art eines archaischen *jus talionis* bleiben die Leugner des Lichts auf immer «Kinder der Finsternis»[81]; statt frische Kleider zu erhalten, sind sie dazu verurteilt, nackt, gefesselt und auf den Kopf gestellt in ihrem ganzen Dasein deutlich zu machen, wie schamlos, unfrei und pervers sie sind[82]. In großer Ausführlichkeit schildert das *Totenbuch* dementsprechend die Strafen der Hölle: Dämonen mit scharfen Messern warten auf die Unseligen (Spruch 17,321-324)[83],

[76] E. Hornung: Tal der Könige, 169.

[77] E. Brunner-Traut: Pharao und Jesus als Söhne Gottes, in: Gelebte Mythen, 44.

[78] S. Morenz: Die Begegnung Europas mit Ägypten, 54ff.; 109ff., verweist zu Recht auf den überragenden Einfluß der ägyptischen Religion auf die christlichen Vorstellungen von Himmel und Hölle sowie von dem Sieg Christi über die Unterwelt, in dem die altägyptische Anschauung von dem Hinabstieg *Res* in die 12 Stunden der Nacht wieder aufgegriffen wird.

[79] A.a.O., 92 (zur 4. Ekloge Vergils als Nachgestaltung des altägyptischen Mythos von der Geburt des Pharaos).

[80] A.a.O., 112.

[81] E. Hornung: Ägyptische Unterweltsbücher, 323 (Das Höhlenbuch, 2. Abschn. 1. Register); 352–353 (3. Abschn., 3. Register, 3. Szene); 367 (4. Abschn. 3. Register, 2. Szene).

[82] E. Hornung: Tal der Könige, 152.

[83] E. Hornung: Das Totenbuch der Ägypter, 74.

ganz wie in *Apk 14,15* die Engel mit den Sicheln von dem Menschensohn zur «Ernte» ausgesandt werden; das *Höhlenbuch* (2. Abschn., 5. Register)[84] spricht von der Enthauptung, dem Herzausreißen, dem Niedermetzeln der Verdammten am Ort der Vernichtungsstätte, so daß die Vernichteten in Finsternis und in ihrem eigenen Blut schwimmen, «das nach einer später belegten Vorstellung aus ihnen ‹herausgekeltert›» wird[85], wie es gleichermaßen auch in *Apk 14,20* (mit Bezug zu Jes 63,3) beschrieben wird.

Genau wie in der christlichen Vorstellung gehört auch nach ägyptischer Anschauung zur Hölle das *«nie verlöschende Feuer»* als ewige Strafe. Wenn in *Apk 19,20; 20,14* von dem «Feuersee» gesprochen wird, in den das «Tier» und sein «Prophet» sowie der Tod und das Totenreich geworfen werden, während die übrigen Feinde Gottes «mit dem Schwert getötet» werden (Apk 19,21), so scheint auch diese Vorstellung den zahlreichen Stellen der ägyptischen Unterweltsbücher zu entstammen, in denen der «Feuersee» bzw. der «Siedekessel» eine große Rolle spielt.

So malt das *«Pfortenbuch»* während der 9. Stunde (60. Szene)[86] das Bild einer Riesenschlange, die im Verein mit den Horuskindern Feuer gegen die gefesselten Sünder speit und die den Namen «Feuriger» trägt; zu diesem spricht Horus: «O ‹Feuriger› mit großer Glut – / du, auf dessen Maul mein Auge ist, dessen Windungen meine Kinder hüten! // Öffne dein Maul und klappe deine beiden Kiefer auf, / damit du Feuer speist in die Feinde meines Vaters! / Mögest du ihre Leichname in Flammen setzen und ihre *Bau* kochen / durch jenen Gluthauch deines Maules, / durch die Feuerglut, die in deinem Leib ist!» Strafdämonen mit Schlachtmessern zerteilen die Feinde des Gottes und werfen die Fleischstücke in eigens bereit gestellte Kessel[87]. Eine rächende Göttin mit dem Namen die «Schlächterin» fesselt an der Vernichtungsstätte die Feinde an Pfähle, während schlangenköpfige Dämonen Flammen unter einem großen Kessel entfachen[88]. Bei all diesen Visionen muß man bedenken, daß Zerstückeln und Verbrennen für den Ägypter, dem die Unversehrtheit des Körpers über den Tod hinaus so überaus wichtig war, natürlich so viel wie die völlige Vernichtung des Menschen bedeutete.

Dennoch zeigen manche Stellen, daß die Ägypter bei aller Drastik und Dramatik ihre eigenen Anschauungen durchaus symbolisch zu lesen wußten. Der «Feuersee» z.B. war für die Seligen «voll mit Gerste», für die Verdammten aber

[84] E. Hornung: Ägyptische Unterweltsbücher, 338.
[85] E. Hornung: Tal der Könige, 155.
[86] E. Hornung: Ägyptische Unterweltsbücher, 272.
[87] E. Hornung: Ägyptische Unterweltsbücher, 379 (Das Höhlenbuch, 5. Abschn., 3. Register, 2. Szene); 477–478 (Das Buch von der Erde, Teil D, 4. Register, 14. Szene).
[88] A.a.O., 378–379 (Das Höhlenbuch, 5. Abschn., 3. Register, 1. Szene; 2. Szene).

war «das Wasser dieses Sees ... Feuer», so daß die Vögel davonfliegen, «wenn sie sein Wasser sehen und den Gestank riechen, der in ihm ist»[89]. Insgesamt wird man sagen müssen, daß die Ägypter bei ihren Vorstellungen vom Totengericht wohl ahnten, daß die «Strafe» der Sonne bzw. die Gerechtigkeit des *Osiris* sich nicht durch einen äußeren Urteilsspruch und durch äußerlich verhängte Peinigungen vollzieht, sondern an der inneren Einstellung des Menschen zur Wirklichkeit der «Sonne» selber sich entscheidet: wer so lebt, daß seine Existenz selbst sonnendurchflutet ist von Helligkeit und Wärme, der wird selbst sein «wie die Sonne am Himmel» *(mj Rᶜ m pt)*; doch wer im Widerstreit zur Sonne lebt, den wird ihre Feuersglut versengen und zerstören. Die eigentliche Strafe, die der Sünder sich zuzieht, besteht daher in der Umkehrung der gesamten Schöpfungswirklichkeit, die er in seinem Dasein vollzogen hat. «Statt der Wiedervereinigung von Leib und Seele droht den Verurteilten die völlige Auflösung der Person und Vertilgung des Leibes im Feuer, statt göttlichem Wohlgeruch höllischer Gestank, statt Emporheben aus der Tiefe ans Licht der Sturz in die Finsternis und das ‹Verschlingen› durch den Abgrund der Welt.»[90] *Apk 20,6.14* nennt diesen Zustand sehr treffend den *«zweiten Tod»* im Feuersee und greift auch damit offenbar noch einmal ägyptisches Gedankengut auf. Denn das «Nichtsein», der «Tod» der Verdammten, ist kein Nichts, sondern die «Verneinung des seligen Fortlebens im Totenreich. Es ist die absolute, durch keine Wohltat gemilderte Gottesferne des Verworfenen, die der Geborgenheit im täglichen Anblick der Sonne gegenübersteht»[91]. Es handelt sich um einen «Seinsmodus außerhalb der Schöpfung», – eben deshalb ist die Verkörperung des urzeitlichen Chaos, die *Apophis*-Schlange, als der ewige Feind der Sonne, der eigentliche Regent dieses Zustandes der Hölle, «deren Finsternis Blut ist» und wo die Verdammten leben «vom Abscheu ihrer Herzen»[92]. «Für sie, denen der Schöpfergott nicht sein gnädiges, sondern sein strafendes Antlitz zukehrt, bedeutet das Jenseits ewige Hölle.»[93]

Die Frage stellt sich natürlich bei solchen Vergleichen zwischen den ägyptischen und den christlichen Jenseitsvorstellungen erneut, welch ein Wahrheitswert derartigen Anschauungen zuzuerkennen ist.

Tiefenpsychologisch wird man es in der Tat für unbefriedigend halten, daß am Ende des Totengerichts, anstelle einer weltumspannenden Versöhnung, die Aburteilung der Feinde der Sonne stehen soll. Die Fahrt des Sonnengotts *Re* durch

[89] A.a.O., 211 (Das Pfortenbuch, 3. Stunde, Oberes Register, 10. Szene); vgl. E. Hornung: Tal der Könige, 156.

[90] E. Hornung: Tal der Könige, 158.

[91] A.a.O., 158.

[92] E. Hornung: Ägyptische Unterweltsbücher, 367 (Höhlenbuch, 5. Abschn., 3. Register, 2. Szene).

[93] E. Hornung: Tal der Könige, 158.

die Unterwelt und die Wiedergeburt der Sonne durch die Himmelsgöttin *Nut* kann man *tiefenpsychologisch* kaum anders deuten denn als Erneuerung des Bewußtseins im Schoße des Unbewußten, und der Kampf des *Re* gegen die *Apophis*schlange erscheint dann als Auseinandersetzung mit der ständigen Gefahr, daß das Bewußtsein von den Kräften des Unbewußten in das Chaos der Triebe hinabgezogen wird[94]; daß dieser Kampf gegen den *«Apophis»* niemals ganz abgeschlossen ist, wird man tiefenpsychologisch an sich für durchaus zutreffend halten können; schwerlich wird man hingegen akzeptieren, daß die Bilder von Gericht, Kampf und Aburteilung das letzte Wort der menschlichen Entwicklung behalten sollen. Wenn zudem im Alten Ägypten das Chaos der Urzeit, das «Böse» in Gestalt des Schlangenungeheuers, als Grundbestand der Schöpfung metaphysiziert wird, so ist auch diese Anschauung tiefenpsychologisch nicht mehr zu übersetzen, und es ist der Zuständigkeitsbereich der Tiefenpsychologie damit eigentlich bereits verlassen. Vollends aber wenn das *Christentum* das Böse nicht mehr nur als Rest der Urzeit, als Resistenz der Trägheit gewissermaßen, versteht, sondern als eine personale Macht ansieht, die das Nichtsein lieber will als das Sein[95], so wird damit eine Daseinsdeutung vorgeschlagen, die von der Psychologie her nicht mehr gültig zu diskutieren ist – Philosophie und Theologie sind nicht «nur» projektive Psychologie[96].

Dann aber wird man die Verurteilung der Verdammten im Totengericht von der Tiefenpsychologie her nicht einfach als mangelnde Integration des Unbewußten kritisieren können; vielmehr wird man die altägyptische Auffassung von der «Hölle» ähnlich verstehen müssen, wie die christliche Dogmatik sie sich zu eigen gemacht hat: indem sie einerseits die Lehre von der allgemeinen Versöhnung aller verwarf und die Realität der Hölle betonte, auf der anderen Seite aber hervorhob, daß niemand wissen könne, ob je ein Mensch wirklich von dem Schicksal der ewigen Verdammnis betroffen sei[97]. Offenbar wollte man mit dieser doppelten Lehre sagen, es komme für jeden Menschen alles darauf an, sich vor einem Dasein zu bewahren, das dem «Licht», der Durchgeistigung und

[94] Vgl. I. Carus: Du stirbst, damit du lebst, 171–174, die den Schutz des Sonnengottes gegen den *Apophis* durch die Schutzschlange *Mehen* sehr sprechend durch den Traum einer 30jährigen Frau kommentiert findet: «Es ist Nacht. Ein lautloser, unheimlicher Wind geht übers Land, tödlich, wie ein Atom-Sturm. Ich werfe mich platt auf die Erde, wie eine Schlange. Etwas wie ein riesiger Mantel bedeckt mich. – Dann ist alles vorbei, die Landschaft ist leer und kahl. Aber zu meiner Verwunderung bin ich noch da, kann atmen und mich aufrichten. Ich glaube, das war der Mantel Gottes, der mich bedeckt hat. Ich wachte auf mit dem Gefühl eines großen Vertrauens.» (S. 174)

[95] Vgl. E. Drewermann: Der Teufel im Märchen, in: Archiv für Religionspsychologie, Bd. 15, 125–128.

[96] Es ist immer wieder wichtig, diese Differenz zu betonen, um eine gnostische Metaphysizierung des Psychischen zu vermeiden; vgl. E. Drewermann: Strukturen des Bösen, III 157–163.

[97] Vgl. J. Brinktrine: Die Lehre von den letzten Dingen, 147–148, der die Unsicherheit der Kirchenväter bzgl. der *origenistischen* Apokatastasis-Lehre referiert und indirekt auf den Konflikt zwischen dem Verlangen nach weltjenseitiger Gerechtigkeit und dem Bedürfnis nach Hoffnung hinweist.

der «Weite des Herzens» sich verweigere; und nicht um mit einer äußeren Strafe Gottes zu drohen oder einer endgültigen Desintegration das Wort zu reden, stellte man diese Lehre auf, sondern um den Ernst des Daseins in seinen eigenen Wahlmöglichkeiten zwischen Sein und Nichtsein, zwischen Leben und Unleben, zwischen Sonne und Düsternis bindend gültig hervorzuheben.
Vor diesem Hintergrund hebt sich nun *der Sinn des Auferstehungsglaubens* mit seiner Verheißung von Leben und Gerechtigkeit um so klarer ab. Gewiß gibt es kein eindrucksvolleres Dokument in der altägyptischen Religion, das den Sinn *aller* apokalyptischen Literatur zusammenfassen könnte, als das berühmte Gespräch zwischen dem Schöpfergott *Atum* und dem Auferstehungsgott *Osiris* im 175. Kapitel des ägyptischen *Totenbuches*; es sei hier wiedergegeben, weil es auf die menschliche Angst vor dem Tod und dem Unleben der Unwahrheit in alle Ewigkeit keine tiefere und gültigere Antwort geben kann, als die Ägypter sie an dieser Stelle gefunden haben.

> (*Osiris* spricht:)
> ‹O *Atum*, was soll es,
> daß ich zur Wüste des Totenreiches dahineilen soll?
> Sie hat kein Wasser, sie hat keine Luft,
> sie ist ganz tief, ganz finster, ganz unendlich!›
> *(Atum:)* ‹Du lebst dort im Frieden des Herzens.›
> *(Osiris:)* ‹Aber dort läßt sich ja keine Wollust finden!›
> ‹Ich habe Verklärtheit gegeben an Stelle von Wasser, Luft und Wollust,
> und Frieden des Herzens an Stelle von Brot und Bier›, sprach *Atum*.
> *(Osiris:)* ‹Und dein Angesicht schauen?›
> *(Atum:)* ‹Ich dulde ja nicht, daß du Mangel leidest.›
> *(Osiris:)* ‹Aber jeder (andere) Gott hat in der Barke der Millionen Platz genommen!›
> ‹Dein Thron gehört deinem Sohn *Horus*›, so sprach *Atum*.
> *(Osiris)*: ‹Wird er aber auch die Ältesten aussenden können?›
> *(Atum:)* ‹Er herrscht ja (auf) deinem ... Thron
> und wird (auch) den Thron in der Flammeninsel erben.›
> *(Osiris:)* ‹So befiehl doch, daß ein Gott den anderen sieht
> – mein Gesicht soll das Gesicht des Allherrn schauen!›
> ‹Wie steht es nun mit der Lebenszeit,
> die dort verbracht wird?›, so fragte *Osiris*.
> *(Atum:)* ‹Die wird Millionen und Abermillionen (von Jahren verbringen),
> eine lange Zeit von Millionen (Jahren).
> Ich aber werde alles, was ich geschaffen habe, zerstören.
> Diese Welt wird wieder in das Urgewässer zurückkehren,
> in die Urflut, wie bei ihrem Anbeginn.
> (Nur) ich bin es, der übrigbleibt, zusammen mit *Osiris*,
> nachdem ich mich wieder in andere Schlangen verwandelt habe,
> welche die Menschen nicht kennen und die Götter nicht sehen.
> Wie gut ist, was ich dem *Osiris* getan habe,
> mehr als für alle (anderen) Götter!›[98]

[98] E. Hornung: Das Totenbuch der Ägypter, Spruch 175, 15–42; S. 366–367.

Setzt man voraus, daß nach ägyptischer Auffassung jeder, der stirbt, ein «Osiris» wird, so wie nach christlicher Lehre der Gläubige im Tode mit Christus verschmilzt, um mit ihm zugleich an seiner Auferstehung teilzuhaben, so enthält dieser göttliche Dialog zwischen dem schlangenförmigen Urgott *Atum* und dem grüngesichtigen *Osiris* auf vorbildliche Weise die beiden Versprechen, die auch die christliche Lehre angesichts des Todes dem Gläubigen im Atemwind des Lebens entgegenhält: wir werden im Tode, d.h. im Abstreifen der Hüllen der irdischen Welt, auf immer gewürdigt, das Antlitz Gottes zu schauen, und: wir werden einander wiedersehen im hellen Glanz des Gotteslichtes, – ägyptisch gesprochen: das wiedergewonnene *Auge des Horus*, das Uzatauge des Himmelsgottes, wird uns erleuchten[99]; denn wir dürfen uns selbst und wir dürfen einander betrachten mit den Augen des ewigen Lichtes, in der unvergänglichen Schönheit des wahren Wesens.

Wie unendlich wichtig diese Versicherung ist, gibt das Zwiegespräch zwischen *Atum* und *Osiris* im ägyptischen *Totenbuch* auf eindringliche Weise in der Vision wieder, die der gesamten Apokalyptik zugrunde liegt: in der Erwartung des *Endes der Welt*. Es geschah unter dem Eindruck dieser Vision, daß die Apokalyptik mit einem absoluten Recht jede innergeschichtliche, irdische Hoffnung, etwa im Sinne der prophetischen Eschatologie, bereits aus Gründen der Kosmologie verworfen hat, und es zeigt sich an dieser Stelle erneut eine bleibende Wahrheit des Mythos durch seinen Bezug zur Natur. Wir haben soeben gehört, wie z.B. J. Moltmann versicherte, es gebe ein geschichtliches Bewußtsein überhaupt erst kraft der christlichen Botschaft der Auferstehung (s.o. S. 496). In Wahrheit wußten jedoch die Mythen um die wahren geschichtlichen Ausmaße des Kosmos in Raum und Zeit unvergleichlich besser Bescheid als die Bibel, für welche die Schöpfung zu einem bloßen Vorspiel der relativ kurzen Menschengeschichte zusammenschrumpfte[100]. Es ist eine ungeheuere Vision, wenn die ägyptische Apokalyptik die ganze Welt nach Ablauf riesiger Zeitläufe zugrunde gehen sieht, und erstaunlicherweise kommen gerade diese Vorstellungen den heutigen *naturwissenschaftlichen* Erkenntnissen über das Werden und Vergehen der Welt äußerst nahe. Auch dies ist eine Wahrheit der Apokalyptik, deren objektive Gültigkeit noch ein Stück weit herausgestellt zu werden verdient.

Es ist nur sehr begrenzt wahr, wenn etwa H. Fritzsch als Naturwissenschaftler urteilt: «Alle Schöpfungsgeschichten, eingeschlossen die in der Bibel beschriebenen, beziehen sich nur auf die Erde, den Himmel und die Menschen.»[101] Natür-

[99] Vgl. E. Hornung: Tal der Könige, 158; zum *Uzat-Auge* vgl. M. Lurker: Götter und Symbole der Alten Ägypter, 204.

[100] Vgl. E. Drewermann: Der tödliche Fortschritt, 71–73.

[101] H. Fritzsch: Vom Urknall zum Zerfall, 30–31.

lich enthalten die Mythen keinerlei Informationen über die wahre Entwicklung des Weltalls, deren Gesetze die von der sinnlichen Wahrnehmung vermittelten Vorstellungen über die Verhältnisse von Raum und Zeit weit hinter sich lassen; aber man darf die biblische Anthropozentrik nicht mit den großen Intuitionen der Mythen auf eine Stufe stellen, denn diese wußten durchaus, daß die Menschen nur winzig sind, gemessen an den Dimensionen des Alls[102]. Ehrlicherweise muß man eingestehen, daß gerade die Religion der Bibel zwar die Geschichte des Menschen zu thematisieren versucht hat, die Geschichte des Kosmos aber entweder ignoriert oder in anthropozentrischer Weise verzeichnet hat[103]. Die Mythen, ebenso wie die modernen Naturwissenschaften, waren sich demgegenüber sehr wohl im klaren, daß das ganze Weltall eine Geschichte hat, indem es in der Zeit begonnen ist und mit der Zeit zugrunde gehen wird. Nach heutiger Vorstellung meint man, vor 20 Mrden Jahren, bei Temperaturen von mehr als 10^{32} Grad und Energiezuständen von 10^{19} GeV, sei unsere Welt «geboren» worden[104], um in dem Bruchteil der Zeit zwischen 10^{-43} Sekunden bis 10^{-33} Sekunden auf 10^{28} Grad abzukühlen und bei Energiezuständen von 10^{15} GeV aus dem Zerfall von X-Teilchen Quarks und Antiquarks, Photonen und andere Grundbausteine der Materie zu bilden[105]. Derartige Visionen vom Anfang der Welt besitzen bei aller rationalen Exaktheit durchaus mythisches Format[106]. Und dasselbe gilt von den Vorstellungen über das Ende der Welt. Es besteht Grund zur Annahme, daß selbst die Protonen in 10^{31} Jahren zerfallen werden[107], und was die Entwicklung des Weltalls angeht, so wird, je nachdem, ob die Gesamtmasse des Kosmos die kritische Massendichte von 10^{-29} g/cm^3 überschreitet oder unterschreitet[108], die jetzige Expansion des Weltalls sich eines Tages entweder wieder umkehren und die ganze Entwicklung stufenweise zum Uranfang zurücklaufen, oder aber es wird das Weltall immer weiter sich ausdehnen und in einer immer kälter werdenden Strahlung zerfallen[109]. In jedem Falle hat die Welt einen berechenbaren Anfang und ein prinzipiell berechenbares Ende; *alles*, was sich abspielt, die Entstehung der Zeit selbst, ist Teil dieses geschichtlichen Prozesses, der als ganzes wieder zurücknimmt und auflöst, was er zusammensetzt und hervorbringt. Und dies ist nun das Entscheidende: Innerhalb dieser gesam-

[102] A.a.O., 31.
[103] Vgl. E. Drewermann: Der tödliche Fortschritt, 72–78.
[104] H. Fritzsch: Vom Urknall zum Zerfall, 223.
[105] A.a.O., 228; 268.
[106] Insbesondere treten die alten philosophischen Paradoxien über den «Anfang» der Welt nur um so deutlicher zu Tage: was war «vor» dem Anfang der Welt? Vgl. C. Sagan: Unser Kosmos, 257–279, der «am Rande der Ewigkeit» die Möglichkeit eines pulsierenden, zyklischen Universums für gegeben hält.
[107] H. Fritzsch: Vom Urknall zum Zerfall, 206–209.
[108] A.a.O., 283; 295.
[109] A.a.O., 284.

ten Geschichte gibt es absolut nichts, was nicht von Anfang an zum Untergang verurteilt wäre.

Von daher enthalten die Weltuntergangsphantasien der Apokalyptiker wie der Völkermythen nicht nur eine auch in naturwissenschaftlichem Sinne gültige Intuition der Wahrheit über das Schicksal des Kosmos – sie haben auch darin ihre unbedingte Berechtigung, daß sie mit der Aussichtslosigkeit der irdischen Existenz radikal ernst machen. Diese Welt, wenn es nur diese Welt gibt, ist eine unentrinnbare Falle, und die Alten Ägypter hatten vollkommen recht, wenn sie die einzig verbleibende Hoffnung allein in den Begriff der Ewigkeit jenseits der Zeit setzten[110].

Die Ägypter unterschieden dabei zwischen *zwei* Begriffen der Ewigkeit. Es gab für sie die ewige Zeit, die sich *zyklisch* im Kreise dreht wie der Umlauf der Sonne; diese Ewigkeit nannten die Ägypter *nḥḥ*, und sie malten sie gern mit der Sonne zwischen den beiden *ḥ-ḥ* Lauten, um die ständige Wiederkehr symbolisch darzustellen. Aber die Ägypter weigerten sich, diesen unablässigen Kreislauf, wie F. NIETZSCHE es wollte, als Zeichen von Hoffnung zu interpretieren, und auch darin kann man ihnen nur zustimmen. Längst haben Physik und Biologie gezeigt, daß die Evolution der Materie und die Entfaltung des Lebens in allen Teilen einem Geflecht von Zufall und Notwendigkeit entstammt und niemals streng determiniert ist[111], wie es die NEWTONsche Physik voraussetzte. Nichts ist im Umlauf der Zeit wiederholbar, und keinem Einzelwesen erwächst irgendeine Hoffnung aus dem Gedanken der Wiederkehr: selbst wenn diese Welt noch einmal beginnen könnte, ja selbst wenn die Geschichte des Lebens noch einmal vor 3–4 Mrde. von Jahren neu einsetzen könnte, wäre nicht zu erwarten, was F.

[110] Dies gegen H. FRITZSCH: A.a.O., 331: «Einen ewigen Gott gibt es damit (sc. unter den philosophischen Voraussetzungen der Metaphysik SPINOZAS, d.V.) ebensowenig wie ein ewiges Leben, vorausgesetzt man versteht ‹ewig› im zeitlich-physikalischen Sinne.» Das ist natürlich richtig, aber die eigentliche Frage nach der Ewigkeit ist nicht kosmologisch, sondern existentiell bestimmt. Allerdings decken zahlreiche Theologen – wie FRITZSCH zu Recht kritisiert – die Problematik rein verbal zu, statt sie zu klären bzw. anzuerkennen; so z.B. H. KÜNG: Ewiges Leben?, 280, wenn er schreibt, Ewigkeit sei «nicht rein affirmativ verstanden als linear fortgesetzte Zeit», «aber auch nicht rein negativ verstanden als statische Negation aller Zeit», sondern sie sei «die vollendete *Zeitmächtigkeit* eines Gottes, der gerade als der Lebendige zugleich Identität und Prozeß in sich schließt.»

[111] Vgl. M. EIGEN – R. WINKLER: Das Spiel, 281–290, die mit Recht der Theologie vorwerfen, daß sie, «soweit sie als Wissenschaft hervortritt» (!), sich «vornehmlich mit der Überlieferung und Auslegung historischen Gedankenguts» begnüge und «den Erkenntnissen der modernen Biologie zwar argwöhnisch, doch indifferent» gegenüberstehe (S. 290). Bes. S. 181–198 bieten eine gut geschriebene Übersicht über die Ordnungsprinzipien des Lebenden mitsamt den Einschränkungen sowohl gegenüber alten animistischen Vorstellungen wie auch gegenüber einer Überdehnung DARWINistischer Ansätze; der Mittelweg liegt für M. EIGEN in einer Kombination der Elemente des Unbegreiflichen (Gott, Religion), des Gesetzmäßigen (Materie, Dialektik) und des Zufälligen (Nichts, Existentialismus) (S. 191). Vgl. F. CAPRA: Wendezeit, 77–103, der aus den Ergebnissen der *Quantenmechanik* das Ende des CARTESIANISCHEN bzw. NEWTONSCHEN Weltbildes, mithin ein Ende des gesamten mechanizistischen Paradigmas in allen Wissenschafts- und Lebensbereichen fordert.

Nietzsche erhoffte: «daß alle Dinge ewig wiederkehren und wir selber mit und daß wir schon ewige Male dagewesen sind, und alle Dinge mit uns ..., daß es ein großes Jahr des Werdens gibt, ein Ungeheuer von großem Jahre: das muß sich, einer Sanduhr gleich, immer wieder von neuem umdrehn, damit es von neuem ablaufe und auslaufe: – so daß alle diese Jahre sich selber gleich sind, im Größten und auch im Kleinsten, so daß wir selber in jedem großen Jahre uns selber gleich sind, im Größten und auch im Kleinsten ... Ich komme wieder mit dieser Sonne, mit dieser Erde, mit diesem Adler, mit dieser Schlange – nicht zu einem neuen Leben oder besseren Leben oder ähnlichen Leben: – ich komme ewig wieder zu diesem gleichen und selbigen Leben, im Größten und auch im Kleinsten, daß ich wieder aller Dinge ewige Wiederkunft lehre.»[112] Seit der Aufstellung der *Quantenmechanik* in der modernen Physik steht fest, daß es selbst bei gleichen Ausgangsbedingungen niemals eine gleichförmige Wiederholung der Evolution des Kosmos geben kann[113]; keinerlei Zuversicht also gründet sich auf den Begriff der ewigen Wiederkehr des Kreislaufs der Welt, der *nḥḥ*-Ewigkeit der Ägypter.

Um so wichtiger ist es, daß die Ägypter einen anderen Begriff der Ewigkeit entwickelt haben, den sie *ḏt* nannten und mit dem Rückgrat des *Osiris*, dem *ḏd*-Pfeiler, verbanden. *Osiris* selber, aber auch *Nefertem*, der Gott, der als Lotosblüte die Sonne gebiert[114], heißt in den Texten «Herr des Himmels, der im Abgeschirmten Land verehrt wird, der Größte Gott, Herr bis an das Unabsehbare und Herrscher des Immerwährenden» *(nfrtmw nb pt, ḥr(j) jb n ḏsrt, nṯr ʿ ', nb r nḥḥ, ḥḳ ' ḏt);* als «das *Unabsehbare*» übersetzt E. Hornung[115] den Begriff der *zyklischen* Ewigkeit, während er die *ḏt*-Ewigkeit als «das *Immerwährende*» wiedergibt. In der Tat verkörpert der Pfeiler bzw. das Rückgrat des *Osiris* das Bild einer ewigen Dauer, einer gewissermaßen vertikal gerichteten Ewigkeit gegenüber der horizontalen Kreisbahn der *nḥḥ-Ewigkeit. Osiris*, der Gott der Auferstehung, ist demnach nicht nur der Herr der Zeit, er ist vor allem die vertikale Brücke zu jener transzendenten Ewigkeit, die jeder Art von Vergänglichkeit enthoben ist. Darin verdichtet sich eine Ahnung der Welt, die viel später Platon als das Reich der Ideen, als die Sphäre der unsterblichen Seele, als die Ebene der geistigen Welt interpretieren wird[116]; von der spätjüdischen und christlichen

[112] F. Nietzsche: Also sprach Zarathustra, S. 170.

[113] Vgl. G. Heberer: Homo – unsere Ab- und Zukunft, 107: «Die Evolution ist nicht auf ‹vorgegebene Ziele hin› verlaufen, sondern die oft ‹zielstrebig› erscheinenden Formenketten sind Ergebnisse aus dem statistischen Zusammenspiel von biotischen (Erb-)Faktoren und abiotischen (Umwelt-)Faktoren.»

[114] Zur Gestalt des Gottes *Nefertem* vgl. G. Roeder: Die ägyptische Götterwelt, 36–37; 49; H. Kees: Der Götterglaube im Alten Ägypten, 89–90; 286; 288–289.

[115] E. Hornung: Das Grab des Haremhab, S. 44, Abb. 20b; vgl. ders.: Der ägyptische Mythos von der Himmelskuh, 102–104, Exkurs zum Thema: Zeit und Ewigkeit.

[116] J. Assmann: Zeit und Ewigkeit im Alten Ägypten, 9–10, verweist auf Platon: Timaios 37c–38b, wonach auch die Zeit unendlich sei, die Ewigkeit also als eine «punktartige Gleichzeitigkeit» verstanden werden

Apokalyptik aber wird diese Welt als das «Reich Gottes» verstanden werden, wo der Tod und der Teufel dem «See des Feuers und Schwefels» (Apk 20,10.14) übergeben sind und wo weder Tod noch Tränen das Herz der Menschen heimsuchen werden (Apk 21,4). *Man kann die Vergänglichkeit der Welt nur total denken, wenn man die Unvergänglichkeit des Göttlichen hinzudenkt.* Diese Konsequenz in poetischer Dichte und visionärer Kraft für alle Zeiten gültig formuliert zu haben, ist das Verdienst der *altägyptischen Religion* und, im Anschluß an sie, der spätjüdisch-christlichen *Apokalyptik.*

Im ganzen ergibt sich aus dieser religionsgeschichtlichen Verknüpfung des Gottes Osiris mit dem Gott der Christen in der Apokalyptik tiefenpsychologisch noch eine wichtige Nebenerkenntnis. Es war F. NIETZSCHE, der den Gott *Dionysos* – in gewissem Sinne die kretisch-hellenische Form des *Osiris*[117] – dem Gekreuzigten gegenüberstellte: «Der Gott am Kreuz ist ein Fluch auf das Leben, ein Fingerzeig, sich von ihm zu erlösen; – der in Stücke geschnittene Dionysos ist eine Verheißung des Lebens: es wird ewig wiedergeboren und aus der Zerstörung heimkommen.»[118] Wenn es dem Christentum möglich wäre, auf «ägyptischere» (oder «griechischere») Weise fromm zu sein, so stünde eine dankbare Verklärung und Heiligung der Welt nicht länger mehr im Gegensatz zu der Hoffnung auf eine andere, jenseitige Welt, und die Freude der Sinne bedeutete nicht länger mehr eine Versuchung und Gefährdung auf dem Weg zur Heiligkeit. Auch für diese Erkenntnis könnte ein letztes Mal die Dichte eines Symbols von Nutzen sein. In dem Symbol des *Fisches* verehrten die frühen Christen das griechische Notarikon von «Jesus Christus, dem Sohn Gottes und Retter», einer «symbolischen Umdeutung des messianischen Fisches»[119], dessen Herkunft man schon damals kaum mehr verstand. Wohl aber wußten die Ägypter, daß «der Fisch als geheimnisvolles Symbol des Lebens» zu verstehen und von daher «als Gestaltung des Osiris» zu betrachten war; und insbesondere das Eintauchen des Osiris ins Wasser verband den Gott mit dem Fisch[120]. Wiedergeburt und Leben,

müsse; demgegenüber unterscheidet der Ägypter nḥḥ als «die Unendlichkeit des diskontinuierlichen, nach Einheiten zählbaren Aspekts der Zeit» und ḏt als «die Unbegrenztheit des kontinuierlichen Aspekts der Zeit» (S. 12). In gewissem Sinne assoziiert sich im Ägyptischen mit nḥḥ der Tag bzw. die Sonne und mit ḏt, einem Femininum, die Nacht bzw. der Mond; beide Begriffe bilden somit paarweise einander ergänzende Oppositionen, «wobei allerdings nḥḥ und ḏt als zwei allumfassende komplementäre Prinzipien in der Art von Yin und Yang erscheinen, die letztendlich auf den Gegensatz von männlich und weiblich zurückgeführt werden.» A.a.O., 45. Ferner läßt sich zuordnen: zu nḥḥ die Begriffe Ordnung, Wiederkehr, Re/Horus/lebender König, Ba-Seele, zu ḏt die Begriffe Chaos, Dauer, Osiris/Königsmumie, ẖ't-Leichnam/Leib. A.a.O., 45. – «Ägyptisch» ist vor allem PLATONS Gedanken von der Abbildhaftigkeit der Welt (TIMAIOS, 29e–31b) und von der Erschaffung der Zeit als des beweglichen Abbildes der Unvergänglichkeit (TIMAIOS, 37d–38b).

117 Vgl. K. KERÉNYI: Dionysos, 134; 181; 199; 218–219; 224–226.

118 F. NIETZSCHE: Der Wille zur Macht, Nr. 1052, S. 688.

119 F. DORNSEIFF: Das Alphabet in Mystik und Magie, 137.

120 H. KEES: Der Götterglaube im Alten Ägypten, 66.

Trieb und Geist, das ewige Geheimnis der Unsterblichkeit des Daseins vereinigten sich im Bild dieses Fisches; es vereinigten sich darin aber auch die Religionen des «heidnischen Mythos» und des «christlichen Logos», wie um zu zeigen, wie wahr das koptische *Philippusevangelium* sprach, wenn es sagte: «Die Wahrheit kam nicht nackt in die Welt, sondern sie kam in Sinnbildern und Abbildern. Sie (die Welt) wird sie nicht auf eine andere Weise erhalten.»[121]

2. Als Beispiel: Einige Bemerkungen zur Geheimen Offenbarung des Johannes

Nach Klärung der tiefenpsychologischen und z.T. auch der religionsgeschichtlichen Hintergründe und Verstehensansätze apokalyptischer Visionen ist es jetzt an der Zeit, anhand einzelner apokalyptischer Texte zu zeigen, wie eine tiefenpsychologische Interpretation dieser schwierigen Bilder möglich ist. Dabei werden die meisten Leser gewiß einige Bemerkungen zur *Joh-Apk* erwarten, die der Interpretation in der Tat die größten Schwierigkeiten in den Weg stellt.

a) Gliederung und Aufbau

Das Verständnis dieses wohl rätselhaftesten Buches der Bibel beginnt mit der Einsicht von G. Bornkamm[1], daß das «außen und innen beschriebene», mit sieben Siegeln versiegelte Büchlein von Apk 5,1 «eine zweiteilige Urkunde» darstellt, «die, in doppelter Ausführung geschrieben, einen rechtsgültigen Text und einen unversiegelten, jedermann zur Einsicht dargebotenen, entsprechenden zweiten Text enthielt»[2]; die Schrift auf der Außenseite des Buches bezeichnet den unversiegelten Text der Urkunde, während die «Innenseite» als der versiegelte Teil des Buches zu verstehen ist. Die Ereignisse, die beim Öffnen der sieben Siegel geschildert werden (Apk 6,1–8,1), sind als eine summarische Inhaltsangabe zu betrachten, die der Außenseite des «Büchleins» entspricht, während der eigentliche Inhalt erst nach der Lösung des 7. Siegels enthüllt wird. In dem folgenden Abschnitt Apk 8,2–22,5 hat man immer wieder auf die Parallelität der sieben Posaunenvisionen (Apk 8,2–11,19) und der sieben Schalenvisionen (Apk 15; 16) hingewiesen[3], und in der Tat lassen sich, z.T. nach dem Vorbild der

[121] Zit. nach M. Krause, in: Die Gnosis, II 108 (§ 67).

[1] G. Bornkamm: Die Komposition der apokalyptischen Visionen in der Offenbarung Johannis, in: Studien zu Antike und Urchristentum, 204–222.

[2] A.a.O., 205.

[3] E. Lohse: Die Offenbarung des Johannes, 87–88.

ägyptischen Plagen in Ex 7-10, die folgenden Ereignisse einander gegenüberstellen:

Apk 8,2–11,19: die sieben Posaunen	*Apk 15; 16: die sieben Zornschalen*
1. Posaune: 8,7: Hagel, Feuer und Blut werden auf die Erde geworfen; ein Drittel der Erde verbrennt.	*1. Schale:* 16,2: Geschwüre suchen die Anbeter des Tieres heim.
2. Posaune: 8,8.9: ein Feuerberg fällt ins Meer; ein Drittel des Meeres wird blutig, und ein Drittel aller Lebewesen und Schiffe geht zugrunde.	*2. Schale:* 16,3: das Meer wird zu Blut, die Lebewesen sterben.
3. Posaune: 8,10.11: ein Stern fällt auf die Erde und verwandelt ein Drittel der Flüsse und Quellen in Wermut.	*3. Schale:* 16,4: zur Strafe für das ungerecht vergossene Blut verwandeln die Wasser und Quellen sich in Blut.
4. Posaune: 8,12.13: Sonne, Mond und Sterne werden zu einem Drittel verfinstert; ein Adler ruft sein Wehe.	*4. Schale:* 16,8.9: die Sonne versengt die Gotteslästerer.
5. Posaune: 9,1-12: ein fallender Stern öffnet die Unterwelt, aus der Rauch quillt, der die Sonne verfinstert; ihm entsteigen riesige Heuschrecken wie Kriegsrosse, die die Menschen fünf Monate lang mit Skorpionstichen quälen, so daß die Menschen den Tod suchen, ohne ihn zu finden; der Führer der Heuschrecken heißt Abaddon («Verlorenheit»).	*5. Schale:* 16,10.11: das Reich des Tieres verfinstert sich; seine Bewohner zerbeißen sich die Zunge vor Qual und verfluchen den Gott des Himmels ihrer Geschwüre wegen.
6. Posaune: 9,13-21: vier Engel am Euphrat werden losgebunden; Reiterheere, 200000 Mann stark, mit roten, dunklen, gelben Panzern und auf Pferden mit Löwenköpfen, die Feuer, Rauch und Schwefel speien; sie töten mit den schlangenartigen Schwänzen der Pferde ein Drittel der Menschheit ohne Reue der Überlebenden gegenüber ihrem Götzendienst.	*6. Schale:* 16,12: der Euphrat vertrocknet, um den Königen vom Osten den Weg freizugeben; aus dem Mund des Drachens, des Tieres und des falschen Propheten kommen froschähnliche Dämonen, die die Könige der ganzen Erde zum Krieg am Tag Gottes in Harmagedon versammeln.
Zwei Zwischenstücke: 10,1-11; 11,1-14: ein Engel, angetan mit einer Wolke und umglänzt von einem Regenbogen, stehend auf Land und Meer, verheißt mit der Stimme von sieben Donnern, beim Schall der 7. Posaune werde keine Zeit mehr sein, da das Geheimnis Gottes vollendet sei (10,1-7). Der Engel gibt dem Seher ein Büchlein, das dieser essen muß, um über die Völker zu weissagen (10,8-11). Mit einem Rohr soll der Seher den Teil des Tempels vermessen, der den Heiden nicht preisgegeben ist (11,1.2). In Jerusalem herrschen 42 Monate lang die Heiden. Aber zwei Propheten Gottes, aus deren Mund Feuer kommt, das ihre Feinde verschlingt, haben die Macht, den Himmel zu schließen, die Gewässer in Blut zu verwandeln und die Erde zu schädigen. Das Tier aus der Unterwelt aber besiegt sie zur Freude aller; man schändet ihre Leichname; doch nach dreieinhalb Tagen erweckt Gott sie durch seinen Geist und erhebt sie zum Himmel (11,3-14).	

7. Posaune: 11,15-19: Unter dem Gebet der Engel und der 24 Ältesten öffnet sich der Tempel Gottes im Himmel, und es entstehen Blitz, Donner, Erdbeben und Hagel.

7. Schale: 16,17-21: Unter dem Ruf einer lauten Stimme aus dem Tempel entstehen Blitz, Donner, Erdbeben; die große Stadt zerfällt in drei Teile und die Reiche der Heiden stürzen ein. Inseln und Berge verschwinden; schwerer Hagel fällt, und die Menschen lästern Gott wegen ihrer Plagen.

Bereits an dieser «Synopse» sind eine Reihe interessanter Beobachtungen zu machen; doch wichtiger ist zunächst die Feststellung G. BORNKAMMS, daß auch die nachfolgenden Abschnitte, Apk 12-14 und Apk 17-19, einander entsprechen[4]: Es handelt sich dabei nach BORNKAMM nicht um Fortsetzungen der Ereignisse während der Posaunen- und Schalenvisionen; seiner Meinung nach liegen hier lediglich Ergänzungen und Nachträge zu den bereits mitgeteilten Offenbarungen vor, die aufgrund des überkommenen Materials nicht in das Siebenerschema eingearbeitet werden konnten. Dieser Auffassung wird man wohl nicht ganz zustimmen können (s.u. S. 545); der Hinweis aber auf tradierte Quellen, die in der Geh. Offb. verarbeitet werden, ist unstreitig zutreffend[5]: Apk 11,1-13 bereits dürfte ein jüdisches Flugblatt aus der Zeit der Belagerung Jerusalems sein[6]; Apk 12, die Vision von der Himmelskönigin, dem Kind und dem Drachen, dürfte, wie wir gesehen haben, ägyptischen (oder griechischen) Vorbildern entstammen[7]; in Apk 17, der Vision von der Hure Babylon und dem Tier, dürften eine ältere und eine jüngere Version der Sage des *Nero redivivus* miteinander verschmolzen worden sein[8]. Insgesamt aber muß man sagen, daß in dem Abschnitt von Apk 12,1–14,20 und Apk 17,1–22,5 vergleichbare Ereignisse geschildert werden. Eine einfache Gegenüberstellung mag das verdeutlichen:

Apk 12,1-14,20

12,1-6: Eine Frau im Himmel, angetan mit der Sonne, den Mond zu Füßen, mit 12 Sternen umkränzt, schreit in Geburtsschmerzen; ein Drache mit sieben Köpfen und zehn Hörnern wirft ein Drittel der Sterne auf die Erde; er will das Kind der Frau verschlingen, sobald es geboren ist; doch der Knabe, der alle Heiden mit eisernem Stab weiden soll, wird zum Throne Gottes entrückt, während das Weib zu einer Zufluchtstätte Gottes in die Wüste flieht, um 1260 Tage dort zu bleiben.

Apk 17,1-22,5

17,1-6: Ein Engel zeigt dem Seher das Gericht über die große Hure Babylon, indem er ihn im Geist in die Wüste entrückt: eine Frau sitzt dort auf einem scharlachroten Tier, das voll gotteslästerlicher Namen ist und sieben Köpfe und zehn Hörner hat; sie ist prachtvoll in Purpur geschmückt, mit einem Becher voll Unzucht in der Hand; auf ihrer Stirn trägt sie den Namen: «Das große Babylon . . .» Sie ist trunken vom Blut der Zeugen Jesu.

[4] G. BORNKAMM: Die Komposition der apokalyptischen Visionen in der Offenbarung Johannis, a.a.O., 204–222.

[5] Vgl. bes. den nach wie vor in der religionsgeschichtlichen Quellenerarbeitung überragenden Kommentar von W. BOUSSET: Die Offenbarung Johannis, 346–358; 374–379 – die Exkurse zu Apk 12; 13.

[6] So bereits W. BOUSSET: A.a.O., 325.

[7] S.o. S. 529ff.; vgl. W. BOUSSET: A.a.O., 352–355, der an die Kämpfe des *Marduk* gegen die *Tiamat* oder des *Apollo* gegen die *Pytho*-Schlange sowie des *Horus* gegen den Gott *Seth* erinnert.

[8] W. BOUSSET: A.a.O., 414.

12,7-12: Michael und seine Engel werfen den Satan-Drachen aus dem Himmel auf die Erde. Eine Stimme im Himmel frohlockt darüber und preist die Martyrer des Lammes; doch wehe der Erde und dem Meer! Denn der Zorn des Teufels ist groß.

12,13-17: Der Drache verfolgt die Frau, die mit Adlerflügeln zu ihrer Stätte in die Wüste flieht. Der Drache speit Wasser gegen die Frau, doch die Erde verschlingt das Wasser. Aus Zorn über die Frau wendet der Drache sich gegen ihre Nachkommen, die am Zeugnis Jesu festhalten.

12,18–13,10: Aus dem Meer steigt ein Tier mit sieben Köpfen, zehn Hörnern und den Gliedern aller möglichen Raubtiere; der Drache gibt ihm seinen Thron. Das Tier trägt eine tödliche Wunde an einem seiner Köpfe, doch diese heilt überraschenderweise, und alle beten den Drachen an, der dem Tiere solche Macht gegeben hat. Das Maul des Tieres lästert Gott, und es hat Macht über alle Nationen; es führt Krieg gegen die Heiligen, so daß äußerste Standhaftigkeit vonnöten ist.

13,11-18: Ein anderes Tier kommt vom Land her mit zwei Hörnern wie ein Lamm, aber es redet wie ein Drache. Es sorgt für die Anbetung des ersten Tieres und wirkt Wunder, indem es Feuer auf die Erde regnen läßt. Es überredet die Menschen, dem Tier ein Bild zu machen, dem es Leben verleiht, so daß das Bild redet und alle töten läßt, die es nicht anbeten. Alle müssen den Namen des Tieres als Zeichen tragen, wenn sie etwas kaufen oder verkaufen wollen. Der Name des Tieres ist 666.

14,1-5: Das Lamm steht auf dem Zionsberg mit 144000, die den Namen seines Vaters tragen. Ein neues Lied erklingt vor dem Thron, den vier Wesen und den Ältesten, mit einem Ton vieler Wasser und starken Donners und dem Klang von Harfen, und niemand außer den 144000 vermag es zu lernen. Sie, die jungfräulich sind und sich nie mit Frauen befleckt haben, sind die treuen Gefolgsleute Gottes und des Lammes.

14,6-13: Ein Engel verkündet das Evangelium der Gottesfurcht allen Bewohnern der Erde, Meer und Wasserquellen. Ein anderer Engel verkündet den Untergang Babylons. Ein dritter Engel verkündet die Strafe derer, die das Zeichen des Tieres tragen: gepeinigt werden sie in Feuer und Schwefel vor den Engeln und dem Lamm, ruhelos in Ewigkeit. Eine Himmelsstimme preist diejenigen selig, die im Herrn sterben.

17,7-18: Ein Engel deutet: die Frau ist die Metropole der Weltherrschaft, und sie sitzt auf sieben Bergen, den «Köpfen» des Tieres, die auch die Kaiser bezeichnen: fünf von ihnen sind gefallen, ein anderer regiert gerade, ein siebenter wird noch kommen, aber nur für kurze Zeit; als achter soll das Tier selbst erscheinen, obwohl es eines von den sieben war; die 10 Hörner sind 10 Könige, die mit dem Tier Macht erlangen und gegen das Lamm Krieg führen, aber das Lamm ist der «König der Könige», und es wird siegreich sein; die «10 Hörner» werden die Buhlerin hassen und ihr Fleisch verzehren, gemäß dem Willen Gottes.

19,1-10: Ein Loblied auf Gott erschallt im Himmel beim Untergang Babylons; die 24 Ältesten und die vier Wesen werfen sich nieder, und eine Stimme im Ton vieler Wasser und starker Donner preist Gott und ruft zur Freude; denn die Hochzeit des Lammes ist gekommen, und seine Frau hat sich in reines Linnen, das Zeichen ihrer gerechten Taten, gekleidet. Der Engel der Offenbarung preist die zur Hochzeit Geladenen, verwehrt aber, daß der Seher ihn anbetet.

[*18,1-24:* Ein Engel verkündet den Untergang Babylons; eine Himmelsstimme fordert das Gottesvolk zum Exodus aus der Stadt auf sowie zur Vergeltung ihrer Frevel. Die Könige der Erde werden um die Stadt wehklagen; die Kaufleute trauern; die Seeleute weinen beim Anblick der rauchenden Stadt. Im Himmel aber, bei den Heiligen, Aposteln und Propheten, herrscht Freude, denn Gott hat sie gerächt. Ein Engel wirft einen Mühlstein ins Meer zum Zeichen, wie plötzlich und endgültig die große Stadt Babylon zugrunde geht.] *19,9:* Der Engel der Offenbarung preist die zur Hochzeit Geladenen.

14,14-20: Einer gleich einem Menschensohn, auf einer weißen Wolke sitzend, legt auf Weisung eines Engels die Sichel an die Ernte der Erde. Ein anderer Engel tritt aus dem Tempel im Himmel heraus und schneidet auf Weisung eines anderen Engels, der vom Altar her kommt und Macht über das Feuer hat, den Weinstock der Erde ab und wirft ihn in die Kelter des Zornes Gottes. Die Kelter, die außerhalb der Stadt getreten wird, fließt über von Blut, bis zu den Zügeln der Pferde, 1600 Stadien weit.

19,11-21: Auf weißem Pferd zieht einer mit dem Namen «Treu und Wahrhaftig» in den Krieg, mit feurigen Augen und mit einem blutgetränkten Gewande, das heißt: «Wort Gottes»; auf weißen Pferden in weißen Kleidern folgen ihm die Himmelsheere, und aus seinem Munde kommt ein Schwert, das die Heiden schlägt; in seiner Hand hält er einen eisernen Stab, denn er tritt die Kelter des Zornes Gottes, und an seinem Kleid steht: «König der Könige». Ein Engel ruft den Vögeln zu, das Fleisch der feindlichen Könige zu fressen. Das Tier und die Könige ziehen in den Krieg; doch das Tier und der falsche Prophet werden in den Feuersee geworfen; die anderen werden getötet und von den Vögeln gefressen.
20,1-6: Ein Engel bindet den Satan-Drachen auf 1000 Jahre in die Unterwelt. Nur die Seelen der für Jesus enthaupteten Martyrer werden lebendig und herrschen mit Christus 1000 Jahre. Dies ist die erste Auferstehung, und selig, wer an ihr Teil hat. – Im Folgenden bis Apk 22,5: Schilderung des himmlischen Jerusalem.

Aufgrund der Parallelität dieser Texte meinte G. Bornkamm, daß in Apk 12,1–14,20 und Apk 17,1–22,5 im Grunde zweimal die gleichen Begebenheiten erzählt würden, zunächst andeutend und fragmentarisch, dann endgültig und ausführlich[9]. Aber bei aller offensichtlichen Ähnlichkeit der Geschehnisse sind doch die Unterschiede zwischen den beiden Abschnitten genauso unverkennbar. Am wichtigsten ist der vollkommene Gegensatz zwischen der himmlischen Frau, die nach der Geburt ihres Kindes von dem Drachen verfolgt wird (Apk 12,1-6.13-17), und der Frau, die auf dem nämlichen (Un-)Tier einherreitet, trunken von Blut. Man wird in einem ganz wesentlichen Punkte also nicht sagen können, es werde hier wie dort ein und dasselbe Geschehen erzählt; vielmehr ist die Anordnung offenbar nach Art eines antithetischen *parallelismus membrorum* zu verstehen, bei dem gerade die gegensätzliche Variation des gleichen Stoffes auf entscheidende Veränderungen und Neuansätze hinweisen soll. Statt eines einfachen Parallelaufbaus, dessen Teile sich nur mehr oder weniger durch ihre Ausführlichkeit voneinander unterscheiden, hat man es bei der Anordnung der

[9] G. Bornkamm: A.a.O.

Visionen eher mit einem *Spiralaufbau* zu tun, wie er in traumnahen Erzählungen üblich ist (I 188-192).

Diese Feststellung ist sehr wichtig; denn so simpel sie auch erscheinen mag, so enthält sie doch bereits den Schlüssel zum Verständnis des ganzen Textes. Vorauszusetzen ist nämlich, wenn es so steht, daß wir im Grunde verschiedene Bearbeitungsversuche ein und desselben Problems vor uns haben, und es kommt zunächst darauf an, die eigentliche Thematik des Problems zu verstehen, das allem Anschein nach besonders in den Symbolismen von «Frau» und «Tier» zum Ausdruck kommt. Vordringlich ist dann die Frage zu beantworten, wieso die erste Bearbeitung dieses Problems durch einen zweiten (und wie wir sehen werden, dritten) Versuch ergänzt werden muß, und wie die einzelnen Varianten eine gemeinsame Lösung vorbereiten. Nur unter dieser Voraussetzung wird der innere Aufbau der Geheimen Offenbarung als sinnvoll und notwendig verstehbar; oder anders ausgedrückt: nur von der inneren Psychologie der Szenen her ist die äußere Struktur ihres Aufbaus zu begreifen; anderenfalls müßte es bei dem Positivismus der historisch-kritischen Methode bleiben, die im Grunde nur feststellen kann, daß gewisse Themen in der Geheimen Offenbarung sich offenbar mehrfach wiederholen – als ob der Verfasser nur beabsichtigt hätte, die Lektüre seines Buches durch verwirrende Dubletten zu erschweren.

b) Von der Grenze einer historischen und von der Notwendigkeit einer psychologischen Deutung der Geheimen Offenbarung

Auf die Notwendigkeit einer psychologischen Interpretation des Stoffes verweisen vor allem auch die Inhalte der Visionen selbst. Freilich verdient ihr Gesamtthema zunächst in *historischer* Sicht gewürdigt zu werden, geht es doch in der Geh. Offb. um einen Trost der Hoffnung inmitten einer Situation äußerster Härte und äußerster Anfechtung. Solange Menschen um ihres Glaubens willen verfolgt, verspottet, als Asoziale behandelt und unter dem Gejohle der Öffentlichkeit hingerichtet werden, ist es unerläßlich zu betonen, daß es Angst und Not auch in der realen historischen Wirklichkeit gibt, gegeben hat und immer wieder geben wird. Es ist in solchen Augenblicken der einzige Trost, mit dem Seher auf Patmos den Blick zum Himmel zu lenken und das «Lamm» zu sehen, das geschlachtet wurde und gerade in seinem Sterben zum Sieger über alle Mächte ward, die sich Gott in den Weg stellen[10], und es kommt exegetisch von

[10] Vgl. H. U. v. BALTHASAR: Ja, ich komme bald, 131: «Man braucht . . . nicht leiblich gestorben zu sein, um in seiner Heimat, im Himmel zu leben, wo wir unser Bürgerrecht haben (Phil 3,20). Diese den Christen immer wieder eingehämmerte Wahrheit wird in der Apokalypse bildhaft geschaut.»

daher darauf an, zunächst die zahlreichen politischen und zeitgenössischen Anspielungen aufzugreifen, mit denen die Geh. Offb. ihren Lesern zu *ihrer* Zeit Mut machen wollte, sie möchten ausharren bis ans Ende; die Frage hingegen, wie ein Leser zweitausend Jahre später diese Visionen auf *sein* Leben beziehen könnte, stellte sich dem Verfasser der Geh. Offb. gewiß weniger als jedem anderen antiken Autor – es gab für ihn nur noch diese eine, letzte Zeit, dicht vor dem hereinbrechenden Ende – an eine ferne Zukunft konnte er nicht denken. Insofern ist es zum Verständnis der Geh. Offb., sogar mehr als allerorten sonst, ganz unerläßlich, zunächst den *historischen* Rahmen zu verstehen, aus dem heraus die apokalyptischen Visionen dieses Buches entstanden sind. Viele Details, die sonst unverständlich blieben, erlangen dann einen konkreten zeitbezogenen Sinn.

Um einige wichtige Anspielungen an bestimmte Zeitumstände zu erwähnen: *Die Strafengel vom Euphrat* in Apk 9,13-21 könnten einen Hinweis auf die Angst des Römischen Reiches vor der Gefahr der Parther enthalten[11]; *die zwei Propheten Gottes* in dem Traditionsstück von 11,3-13, aus deren Mund Feuer kommt und die die Gewässer in Blut verwandeln, scheinen der endzeitlichen Hoffnung nach und in Erinnerung an 2 Kön 1,10; 1 Kön 17,1 und Ex 7,17.19f Elija und Mose zu verkörpern[12], so wie man in Qumran (1 QS IX 10f)[13] zwei Messiasse aus Aaron und Israel erwartete (vgl. I 426); die Szene selbst scheint in den 42 Monaten, d.h. während der 3 $^{1/2}$ Jahre der Belagerung Jerusalems, zu spielen, der Verfasser der Geh. Offb. indessen deutet aus späterer Sicht den «Tempel», der den Heiden nicht preisgegeben wird, anscheinend auf die Gemeinde Jesu[14]. Dieselbe Bedeutung dürfte für *die Frau in Apk 12*, umkränzt von 12 Sternen, gelten: sie ist «das wahre Israel, das Gottesvolk des Alten und des Neuen Bundes»[15], aus dem, wie in 1 QH III 6-8.9f[16] und in Anspielung auf Jes 9,5f[17], das Messiaskind geboren wird, Jesus Christus; dieser ist jetzt zu Gott erhöht,

[11] E. LOHSE: Die Offenbarung des Johannes, 58; vgl. schon BOUSSET: Die Offenbarung des Johannis, 303–304.

[12] E. LOHSE: A.a.O., 63.

[13] Vgl. E. LOHSE: Die Texte aus Qumran, 33.

[14] Vgl. E. LOHSE: Die Offenbarung des Johannes, 64: «Dieses Traditionsstück (V. 3-13) ist vermutlich in jüdischen Kreisen in schwerer Notzeit mit der vorangestellten Hoffnung auf Bewahrung des Tempels (V. 1-2) verbunden worden. Der Verfasser der Offb. aber hat den ganzen jüdischer Apokalyptik entstammenden Zusammenhang übernommen und christlich überarbeitet: Vor den Toren Jerusalems ist das Kreuz Christi aufgerichtet worden (V. 8). Die beiden Zeugen sind Zeugen Christi (V. 3), die in Leiden und Sterben hineingehen (V. 7, vgl. 2,13). Gott aber wird seine Zeugen nicht im Tode lassen, sondern sie auferwecken und zu sich holen (V. 11f.). In Not und Bedrängnis erfahren alle, die am Zeugnis festhalten, die rettende und bewahrende Treue Gottes.»

[15] A.a.O., 66.

[16] E. LOHSE: Die Texte aus Qumran, 121.

[17] E. LOHSE: Die Offenbarung des Johannes, 67.

um als Richter am Ende der Tage zu erscheinen, das Weib, seine Gemeinde aber, wird vom Satan verfolgt; sie wird von Gott freilich gerettet werden wie damals Israel beim Auszug aus Ägypten[18]. *Das Tier* in Apk 12,18–13,10, das vom Teufel inthronisiert wird, ist die römische Weltmacht, und die *Hure Babylon* in Apk 17,1-18 die Stadt Rom, gegründet auf den sieben Hügeln, mit sieben Kaisern, wobei in 17,10 mit dem siebenten, der nur für kurze Zeit kommen soll, wohl *ex eventu* die Regierungszeit des Titus gemeint ist; der achte Kaiser, in dem das Tier inkarniert und der schon war, obwohl er noch erscheinen wird, dürfte Domitian als *Nero redivivus* sein[19]. Das «tierische» Weltreich Rom wird in 12,18–13,10 als monströses, satanisches Raubtier geschildert, das die Verwundung und Heilung des Lammes nachäfft und dessen Religion reiner Satanskult und Gotteslästerung ist; Gott aber wird sich «selbst der satanischen Mächte» bedienen, um das gottlose «Babylon» zu strafen (Apk 17,15-18)[20]. *Das Tier in Apk 13,11-18*, das wie ein Lamm aussieht, aber redet wie ein Drache, könnte sich auf die Priesterschaft Kleinasiens beziehen, die mit der entsprechenden Bilderverehrung den Kaiserkult, die Anbetung des ersten Tieres (Roms), betreibt[21]; in der Tat war Domitian (81-96) der erste römische Kaiser, der sich «Herr und Gott» nannte[22]; auch die Zahl 666 läßt sich hebräisch als *Neron Qesar* lesen und bezöge sich dann auf Domitian als den wiedergekommenen Nero mit seinen blutigen Christenverfolgungen[23].

Aus solchen Analysen läßt sich die Abfassungszeit der Geh. Offb. erkennen, und man versteht von daher die Notlage, in der die frühe Kirche sich gegen Ende des 1. Jh.'s befunden haben muß; man versteht den Trost, den die Geh.

[18] A. a. O., 68.

[19] Vgl. PH. VIELHAUER: Apokalypsen und Verwandtes. Einleitung, in: E. Hennecke – W. Schneemelcher: Neutestamentliche Apokryphen, II 440; E. LOHSE: Die Offenbarung des Johannes, 91; vgl. aber W. BOUSSET: Die Offenbarung des Johannis, 410–418, der sehr zu Recht meint: «Man raubt m. E. unserer Apokalypse ihren Stimmungsgehalt, wenn man ihr jene banale rationalistische Umdeutung ... zuschreibt. Der Apok. hat es in seiner Weissagung mit überirdischen höllischen und himmlischen Gewalten zu tun. Die Deutung auf Domitian ist einfach stilwidrig.» (416) Schon die Vorstellung von sieben Weltherrschern sei weit verbreitet (S. 417). Aber dann gibt es vernünftigerweise nur eine «stilgerechte» Auslegung der Geh. Offb.: eine symbolistische bzw. tiefenpsychologische, wie wir sie hier vorschlagen. – Es ist im übrigen recht bemerkenswert, daß seit dem Apk.-Kommentar von W. BOUSSET im Jahre 1906 kaum nennenswerte historische Erkenntnisse über dieses rätselhafte Buch der Bibel hinzugewonnen werden konnten, während die Probleme einer symbolistischen Deutung, die BOUSSET klar gesehen hat, im Rahmen der historisch-kritischen Methode bis in die Gegenwart hinein so gut wie vollständig unbeachtet blieben.

[20] E. LOHSE: Die Offenbarung des Johannes, 92.

[21] Vgl. W. BOUSSET: Die Offenbarung des Johannis, 365–366.

[22] Vgl. SUETON: Leben der Caesaren; Domitian, Kap. 13, S. 337–338.

[23] Vgl. W. BOUSSET: Die Offenbarung Johannis, 373–374; vgl. aber F. DORNSEIFF: Das Alphabet in Mystik und Magie, 107–108, der diese Deutung zu Recht «wegen der hebräischen Sprache» ablehnt. «Hebräische Worte erscheinen in der Offenbarung durchgängig als fremdsprachig und werden als solche übersetzt oder umschreibend erklärt.»

Offb. in die Wiederkunft des Herrn und das Ende der Welt setzte, in die «Hochzeit» des «Lammes» mit seiner Braut, der Kirche (Apk 14,1-5; 19,10), deren Mitglieder sich nicht mit «Unzucht» (= «Götzendienst» im prophetischen Sprachgebrauch) befleckt haben (14,4)[24]; man versteht, welch ein Interesse die Urkirche besaß, in dem Tod Jesu ein Vorbild des eigenen Martyriums zu sehen, die Auferstehung Jesu aber als Unterpfand ihrer Hoffnung auf die eigene Erhöhung zu deuten. Alles in allem versteht man historisch-kritisch also scheinbar eine ganze Menge von der Geh. Offb.

Aber versteht man auf diese Weise wirklich das «Buch mit sieben Siegeln»? Viele Fragen sind es, die sich dazu förmlich aufdrängen.

Zum einen: warum bedient die Geh. Offb. sich einer solchen Fülle *mythologischer* Bilder?

Es geht gewiß nicht an, die Vielzahl symbolischer Chiffren in der Geh. Offb. allein aus politischer Vorsicht vor der römischen Religionsverfolgung zu erklären; vielmehr hat die geschichtliche Krisis selbst für den Verfasser einen Siedepunkt erreicht, bei dem wie von selbst archetypisches Material aus dem Bodensatz des Unbewußten an die Oberfläche drängt. Recht hat E. LOHSE, wenn er meint, in der Geh. Offb. würden die apokalyptischen Vorstellungen benutzt, «um in mythischen Bildern die kosmische Weite des Christusereignisses zu verkündigen»[25]. Insbesondere das Kernstück des ganzen Buches, die Kapitel 12-14, sind durch und durch mythologisch geprägt; sie besaßen und besitzen religionsgeschichtlich wie tiefenpsychologisch ein Eigenleben, längst ehe sie auf die schmale Bedeutung der aktuellen Situation in der Geh. Offb. festgelegt wurden[26]. Aus diesen Feststellungen ergibt sich indessen – wie schon früher bei den archetypischen Erzählungen – eine entscheidende Veränderung des hermeneutischen Ansatzes: die geschichtliche Konkretion solcher mythischer Bilder, wie z.B. die inhaltliche Beziehung der Szene von der schwangeren Frau und dem verfolgenden Drachen in Apk 12 auf das wahre Israel und den Teufel, kann man nur als Teilausschnitt der an sich möglichen Bedeutung dieser Bilder verstehen; indem der apokalyptische Autor zur Deutung seiner Zeit auf mythische Vorlagen meint zurückgreifen zu müssen, gibt er selber zu verstehen, daß die Geschichte in ihrer historischen Bedeutung sich selbst transzendiert in das Bild eines *ewigen* Dramas. Nicht das Historische also ist das Primäre an den apokalyptischen Visionen, sondern die mythische Bildebene ist der tragende Grund der endzeitlichen Geschichte; m.a.W.: die reale Geschichte ist nicht das Thema, sondern nur der Anlaß, um die entsprechenden Bilder auf den Plan zu rufen.

[24] E. LOHSE: Die Offenbarung des Johannes, 80.

[25] A.a.O., 112.

[26] Vgl. W. BOUSSET: Die Offenbarung des Johannis, 346–358; 374–379; 391–392.

Dann aber ist es nicht nur möglich, sondern geradewegs notwendig, nach dem *ewigen* Bedeutungsgehalt der apokalyptischen Bilder an sich selbst zu fragen. Statt die historische Zeit des Autors der Geh. Offb. zu rekonstruieren und aus der Fülle seiner Bilder allenfalls eine abstrakte Theologie von Hoffnung wider alle Hoffnung zu destillieren, kommt es vielmehr darauf an, den *psychologischen* Sinn zu erhellen, der den apokalyptischen Visionen zukommt; statt bei der Analyse einer historischen Aneignung der archetypischen Bilder in den apokalyptischen Schriften stehenzubleiben, muß es zum Zwecke einer *religiösen* Interpretation der Texte gerade darum gehen, das eigene Leben mit seinen Krisen und Ängsten zu diesen Bildern in Beziehung zu setzen und von ihnen deuten zu lassen; statt das Augenmerk auf die «bewußte Aussageabsicht» des Autors, dieses ständig überforderten «Kronzeugen» der historisch-kritischen Exegese, zu richten, sollte man vielmehr verstehen, warum die Verfasser apokalyptischer Schriften sich nicht anders zu helfen wußten, als die reale Geschichte gerade nicht in theologischen Reflexionsbegriffen, sondern, ähnlich dem Traum in bezug zu den Reminiszenzen eines vergangenen Tages, mit Hilfe archetypischer Symbole aus dem Unbewußten zu deuten[27].

Es ist mithin nicht nur zulässig, sondern unbedingt erforderlich, die *symbolische* Seite der apokalyptischen Bilder tiefenpsychologisch zu untersuchen. Es genügt dann z.B. nicht, darauf zu verweisen, daß es ein alter literarischer Brauch war (und ist), Bevölkerungsgruppen und Städte in der Gestalt einer *Frau* zu personifizieren[28]; man muß vielmehr die Bedeutung des Archetyps der Frau im Hintergrund der Besonderheiten seiner zeitgeschichtlichen Anwendung zu ermitteln suchen; desgleichen muß man fragen, was die Geburt eines Kindes und dessen Verfolgung *symbolisch* bedeutet[29], was es *innerpsychisch* mit dem Drachen und den unheimlichen Tieren auf sich hat[30], was *seelisch* «Jerusalem» und «Babylon bedeuten, was für ein Sinn in der *psychischen* Topographie von «Meer», «Erde» und «Himmel» vermittelt wird, von welcher Art die «Kriege» sind, die sich in der Seele eines Menschen zutragen, und was unter gewissen psychischen Voraussetzungen insgesamt zunächst sich ereignen muß, ehe ein Mensch die Hindernisse besiegt, die dem Kommen des «Menschensohnes» im Wege stehen. Der hermeneutische Grundsatz muß hier wie allerorten immer wieder lauten, daß

[27] Mit gewissem Recht meint H.U. v. BALTHASAR: Ja, ich komme bald, 107: «... grundsätzlich sind die einzelnen Visionen je vertikal vom Himmel zur Erde hin ergehende Offenbarungen, die nur selten in einer horizontalen Folge gelesen werden dürfen.» Andererseits folgt BALTHASAR einem Symbolverständnis, das sich psychologisch nicht vermitteln läßt, sondern einer theologischen «Gehorsams»-Vorstellung anhängt, die nicht frei von supranaturalistischen Relikten ist.

[28] Vgl. E. LOHSE: Die Offenbarung des Johannes, 66.

[29] Vgl. C.G. JUNG: Zur Psychologie des Kindarchetypus, IX 1, 163–195.

[30] Zu dem religionsgeschichtlichen Umfeld des *«Drachen»* vor allem in Apk 12 vgl. W. BOUSSET: Die Offenbarung Johannis, 351–356.

nichts in der äußeren Geschichte sich ereignen wird, was nicht zuvörderst in der menschlichen Seele zum Ereignis wurde, und daß die äußere Geschichte erst dann eine Bedeutung tragen wird, wenn sie über die bloße Faktizität hinaus sich verbindet mit den ewigen archetypischen Szenen der menschlichen Psyche.

Ein anderes zentral theologisches Problem hängt auf das engste damit zusammen: *die Frage nach dem Gottesbild* der Geh. Offb.

Für die historisch-kritische Methode scheint festzustehen, daß alles Sprechen von Gott in der Bibel «wörtlich» zu nehmen ist; da sie es *als Methode* im Grunde nur mit historischen Vorstellungen von «Gott», niemals aber mit Gott selbst zu tun hat, kann sie bequemerweise die Frage völlig umgehen, wie die Wirkung einer bestimmten Gottesvorstellung *psychologisch* beschaffen ist und welch ein Gottesbild es *theologisch* verdient, als Gott oder als Götze bezeichnet zu werden. In der Interpretation der apokalyptischen Texte kommt man indessen nicht umhin, gerade diese Frage immer wieder zu stellen, wofern man überhaupt an einer wirklich religiösen Auseinandersetzung mit diesen Texten interessiert ist. Kein geringerer als Martin Luther hat dieses Problem bereits sehr klar vor 460 Jahren gesehen. In seiner Vorrede zur Geh. Offb. in der Septemberbibel von 1522 erklärte er, dieses Buch weder für prophetisch noch apostolisch halten zu können, weil es nicht klar und eindeutig, sondern in Bildern und Gesichten von Christus rede, ganz wie das *4. Esra-Buch*; – die Bilder- und Mythenfeindlichkeit des reformatorischen Ansatzes ist nicht klarer und eindeutiger auszudrücken; zudem bemängelte Luther an der Geh. Offb., daß sie «so hart befiehlt und droht». «Mein Geist kann sich in das Buch nicht schicken. Und das ist mir Ursache genug, daß ich seiner nicht hoch achte, daß Christus darin weder gelehrt noch erkannt wird.»[31].

Tatsächlich trägt das Gottesbild der Geh. Offb. durchaus nicht die Züge des gnädigen und barmherzigen Gottes, den Luther zu Recht bei Jesus und Paulus zu finden meinte. Der Gott der Geh. Offb. ähnelt eher einem grausamen Rache- und Würgeengel denn dem Gott des Erbarmens und der Liebe. Diesen Eindruck kann man nicht dadurch abschwächen, daß man auf die Situation der Martyrerzeit hinweist, in welcher der Gegensatz zwischen Staat und Kirche, Welt und Reich Gottes als ein unversöhnlicher Kampf auf Leben und Tod erscheinen mochte[32]. Sollte Christus wirklich dafür gestorben sein, daß es am Ende ein christlicher Trost, ja ein Frohlocken der Heiligen im Himmel sei, sich durch Gott «gerächt» zu finden (Apk 18,20)? Und ist es wirklich der Gott Jesu Christi, der sich der Heerscharen des Satans bedient, um die Macht des Teufels zu zerstören (Apk 17,17)? Es leidet keinen Zweifel, daß die Geh. Offb. nicht nur

[31] Zit. nach E. Lohse: Die Offenbarung des Johannes, 111–112.

[32] So Th. Reik: Die Äquivalenz der Triebgegensatzpaare, in: Der eigene und der fremde Gott, 213–230; vgl. dazu E. Drewermann: Der Krieg und das Christentum, 222; 232–233.

mythische Traditionen aufgreift, sondern daß sie ein Gottesbild vermittelt, das nach Art der soeben erörterten ägyptischen Jenseitsvorstellungen selbst durchaus mythische Züge an sich trägt. *Tiefenpsychologisch* bedeutet dieser Tatbestand, daß der «Gott» der Geh. Offb. keineswegs zunächst der transzendente, weltjenseitige Gott ist, den die christliche Theologie im Sinne hat, sondern daß man als erstes die Psychodynamik untersuchen muß, innerhalb derer in der Geh. Offb. von «Gott» gesprochen wird. Man darf die Erscheinungen Gottes nicht mit Gott selbst verwechseln (s.o. S. 333); doch um die Ebenen von Theologie und Psychologie auseinanderzuhalten, bedarf es jeweils einer tiefenpsychologischen Reflexion über die Gefühls- und Erlebnisqualitäten, die ein bestimmtes Sprechen von Gott erzeugen muß bzw. diesem zugrunde liegen.

Wie in den Mythen, Märchen, Sagen und Legenden wird man folglich auch den «Gott» der Geh. Offb. als eine Instanz der menschlichen Psyche interpretieren müssen, deren rächende Gewalt am ehesten mit der Strenge des Überichs in Verbindung zu setzen ist[33]. Die Gestalt des Satans sowie der typhonischen Tiere wird man als Gegenkräfte des Überichs kaum anders denn als Energien des Es verstehen können[34]. Zwischen beiden findet ein unerbittlicher Kampf statt; das Ich aber übernimmt inmitten dieser zerreißenden Auseinandersetzung die ohnmächtige Rolle des Zuschauers, der erschrocken und hoffend dem Drama der «Welt» beiwohnt - eine Situation, wie sie für das *schizophrene* Erleben kennzeichnend ist. Auch thematisch verfügen wir bereits über ein wichtiges Indiz zur Deutung der apokalyptischen Visionen, indem es das Verhältnis von «Frau» und «Tier» ist, das an entscheidender Stelle die Handlung der Geh. Offb. bestimmt und ihren Aufbau gestaltet. Um aber diese Thematik im ganzen zu verstehen, müssen wir der Reihe nach zunächst mit den Visionen von den sieben Posaunen in Apk 8,2ff. beginnen und diesen Abschnitt exemplarisch etwas ausführlicher besprechen, indem wir uns vor allem fragen, welche *Gefühle* die entsprechenden Visionen begleiten und welche Formen der Selbstwahrnehmung sich darin verdichten.

c) Einzelauslegung

1) Apk 8,2–9,21: Die Vision der ersten sechs Posaunen

Was geht in einem Menschen vor, der *träumt*, daß Hagel, Feuer und Blut vom Himmel regnen und ein Drittel der Erde in Flammen aufgehen lassen? Man wird traumpsychologisch kaum anders sagen können, als daß ein solcher

[33] Wie eine solche Identifikation des Göttlichen mit der Rigidität des Überichs aussehen kann, schildert sehr eindrucksvoll das Märchen vom *«Marienkind»* (KHM 3); vgl. E. Drewermann – I. Neuhaus: 31–38; 54–57.
[34] So z.B. in dem Bild von *Daniel* in der Löwengrube; vgl. Tiefenpsychologie und Exegese, I 293.

Mensch schweren Schuldgefühlen gegenüber dem Bombardement seines Überichs ausgesetzt ist, und dasselbe wird auch in der Geh. Offb. gelten: es «hagelt» Vorwürfe und flammende «Niederschläge» von oben herab, und «Gott» selber erscheint als Inbegriff einer grausam strafenden Vater-Instanz[35].
Entsprechend malen auch die folgenden Visionen der Geh. Offb. ein Lebensgefühl, in der eigenen Existenz wie «ausgebrannt», verwüstet und leer zu sein – ein Leben wie auf der Flucht, umgeben von Flammenwänden, die immer näherrücken, buchstäblich ein Tanz auf dem Vulkan. Angst, Strafe und Destruktion verdichten sich desgleichen in der extrem sadistischen Phantasie von dem «Meer von Blut», von Untergang und Tod[36]. Während in dem Weltbild der Mythen die Erde oft von der Urflut tragend und schützend umgeben wird, erscheint hier der gesamte Weltuntergrund ins Blutrünstige verschoben und tödlich vergiftet.
Furchtbarer noch als all dieses aber ist *die Vision von dem fallenden Stern Wermut.* Mit den «Sternen» verbindet sich die Welt der Ideale, der unwandelbaren Leuchtzeichen in der Dunkelheit, der Schimmer von Orientierung, Halt und Ewigkeit[37]. Es lassen sich nur schwerlich «Plagen» vorstellen, die erschütternder sind als diese Vision von den fallenden Sternen, die in der apokalyptischen Literatur immer wieder geschildert wird; denn ein derartiges Bild steht für den Zusammenbruch und Einsturz all der Werte, zu denen man glaubte aufblicken zu können. Wenn vor den Augen eines Menschen die Sterne vom Himmel fallen, so gibt es für ihn nur noch Aussichtslosigkeit und Nacht[38]. In der Geheimen Offenbarung wird es zwar noch eine Weile dauern, bis der «Drache» mit den sieben Köpfen ein Drittel der Sterne vom Himmel fegen wird (Apk 12,1-6); aber schon der eine Stern Wermut, den der Seher von Patmos vom Himmel stürzen sieht, ist imstande, ein Drittel der Flüsse und Quellen in Blut zu verwandeln, und man wird auch in dieser Vision ein tiefenpsychologisches Symbol sehen müssen: Die Lebensenergien eines Menschen werden in sich selbst vergiftet und zerstörerisch, wenn er keine Ideale über sich mehr glauben kann und wenn der Himmel über seinem Leben einstürzt.

[35] Es ist gerade dieses Gottesbild, das immer wieder den klinischen Hintergrund der psychoanalytischen Theorien S. Freuds über den Zusammenhang von Religion und Zwangsneurose abgegeben hat.

[36] Die assoziativen Bedeutungen der (projektiven) Wahrnehmung von *«Rot»* beschreibt E. Bohm: Lehrbuch der Rorschach-Psychodiagnostik, 121–122 als sehr vielschichtig; sie haben zu tun «mit libidinösen Vorstellungen (Liebe, Herz, Glut usw.) wie mit aggressiven und sadistischen (Blut, Krieg)». Ein *Rotschock* im Rorschachtest gilt als «ein Zeichen einer Fixierung an die phallische Phase» mit den entsprechenden ödipalen Schuld- und Angstgefühlen. Speziell projektive *«Blutdeutungen»* «haben meist etwas mit Angst und Schuldgefühlen zu tun» (S. 67). Vgl. zum «Rot des Blutes» I. Riedel: Farben, 24–26.

[37] In diesem Sinne verwendet z.B. A. de Saint-Exupéry: Der kleine Prinz, 85 das Symbol der «Sterne».

[38] Malerisch hat z.B. Gert Wollheim in seinem Ölgemälde *«Wenn du denkst der Mond geht unter»*, 1920/1921 einer solchen Stimmung Ausdruck zu verleihen gesucht. Abbildung bei *U. Krempel* (Hrsg.): Am Anfang: Das Junge Rheinland, 213.

Doch diese Sternenverfinsterung, an sich schon schlimm genug, dehnt sich beim nächsten Stoß der (4.) Posaune noch weiter aus: selbst *Sonne und Mond* verlieren ihren Schein. Es ist, als wenn alle Leuchtkraft des Bewußtseins in seiner Tageshelle sich verdüsterte und auch die Sprache der Träume bei Nacht keine Helligkeit mehr in das Leben zu tragen vermöchte – Verstand und Gefühl, die Welten von Vater und Mutter, der Wille zur Gestaltung des Lebens ebenso wie die Sehnsucht nach Wärme und Schutz verlieren jede Perspektive; und nimmt man den «Adler» als ein Symbol des Geistes[39], so wird aus dem menschlichen Bewußtsein unter diesen Umständen in der Tat ein einziger langgezogener Wehe- und Klageruf. Im Schatten einer verfinsterten Sonne und eines verdunkelten Mondes zu leben, bedeutet Seelenumdüsterung und Traurigkeit in erbarmungsloser, ewiger und unentrinnbarer Nacht.
Aber selbst diese Stufe des Leids ist seelisch noch zu steigern, ja, es ergibt sich jetzt wie von selbst, daß die zerschmetternde Wucht der «fallenden Sterne», daß die Macht verzweifelter Enttäuschung, bis in die Tiefe der eigenen Seele vordringt und *Ungeheuer* daraus hervorsteigen läßt. H. Bosch hat in seinen Bildern vom «Garten der Lüste»[40] den Alpträumen einen gültigen Ausdruck verliehen, die in den Zuständen der Aussichtslosigkeit in der Seele eines Menschen aufbrechen müssen. Es ist eine durchaus korrekte Begründung, wenn die Vision von dem 5. Posaunenschall berichtet, erneut sei ein Stern vom Himmel gefallen und habe die Unterwelt geöffnet. Die einzige Weise, den Abgrund des Herzens zu verschließen, bestünde in dem Glück, ein Stück Himmel über sich zu haben[41]; hier aber muß umgekehrt eine bestimmte Form von Unglück und Niedergeschlagenheit augenblicklich alle bösen Geister aus den Tiefenschichten der Seele hervorholen. Schon die depressive Grundstimmung selbst kann einen Menschen zu der «Lebensweise eines Insekts» verkommen lassen, – Kafkas Erzählung *«Die Verwandlung»* (1915) liefert dafür die beste Anschauung[42]; noch schlimmer aber ist die Heimsuchung der Psyche durch die schicksalhaft aufgenötigten Triebimpulse einer ungestillten, nicht endenden Lebensgier. Gerade inmitten des verzweifelten Unglücks, der Umdüsterung der Seele in «Rauch», kann das Verlangen nach Leben im Grunde nur um so maßloser und peinigender werden, und als Symbol dafür wird man die riesigen *«Heuschrecken»* deuten müssen, die beim Klang der fünften Posaune als eine furchtbare Heerschar über die Menschen herfallen.
Die alles verschlingende *Freßgier der Heuschrecken*, die aus ihnen eine der

39 Vgl. M. Lurker: Adler und Schlange, 36ff.; E. Drewermann – I. Neuhaus: Die Kristallkugel, 25–27; 48–52.
40 Vgl. P.S. Beagle: Der Garten der Lüste, 105–121 (zu den Visionen der Hölle).
41 Vgl. den Titel der Autobiographie der Polin J. David: Ein Stück Himmel; Wien-München 1981.
42 F. Kafka: Die Verwandlung (1915); in: Sämtliche Erzählungen, 56–99.

schlimmsten Landplagen des Orients macht[43], eignet sich sehr, um das übergroße Verlangen nach Lebensglück zu verdeutlichen, dem die Menschen unter verfinsterten Gestirnen anheimfallen müssen. Paradoxerweise kann das vitale Verlangen nach Leben gerade mit dem Gefühl geistiger Sinnlosigkeit eher noch zunehmen, und wer keine Welt mehr über sich hat, wird sich nur um so «insektenhafter» in diese irdische Welt verbeißen[44].

Die «orale» Unersättlichkeit, dieses gelebte Heuschreckendasein, verschlingt und verwüstet indessen nicht nur die eigene Umgebung durch Kahlfraß, sie sticht auch buchstäblich ins eigene Fleisch, indem die bittere Aussichtslosigkeit einer solchen Glücksgier aus Verzweiflung eine tödliche Bitterkeit mit sich bringt – besonders die unvermutete Hinterhältigkeit dieses «Eindrucks» läßt sich kaum treffender als in dem Bild eines *Skorpionenüberfalls* wiedergeben, einer tödlichen Verwundung, die hinterrücks vom «Schwanzende» des «Untiers» dem Menschen zugefügt wird. Die Qual eines solchen Lebens hat S. Kierkegaard mit dem außerordentlich treffenden Begriff der «Krankheit zum Tode» bezeichnet[45], denn um nichts anderes handelt es sich: man empfindet das ganze Dasein als eine unheilbare Krankheit und man möchte am liebsten allem ein Ende machen, aber z.T. hängt man trotz allem mit den Sinnen noch zu sehr am Leben, z.T. fühlt man sich wohl auch zu schwach, um sich selber einfach wegzuwerfen, jedenfalls ersehnt man den Tod und flieht ihn zugleich, und indem man bedingungslos sich in das Leben wirft, verwandelt sich das Dasein wie von selbst in eine tödliche Falle. *Das* also heißt es, leben zu müssen unter einem Himmel fallender Sterne und umdüsterter Gestirne, auf einer bebenden Erde, deren Quellen sich blutig vergiften und deren Boden unter den Füßen sich auftut wie ein gähnender Abgrund. Gibt es einen zusammenfassenden Begriff, um diesen Zustand zu bezeichnen, so muß er in der Tat so heißen wie der Anführer jener furchtbaren Heuschreckenscharen: «Abaddon», ein Wort, das sich von *'bd* ableitet und am besten mit «Verlorenheit» wiedergegeben werden kann[46]; aber auch andere Begriffe wie «Vereinzelung», «Isolation», «Einsamkeit» und «Ausgesetztheit» schwingen in diesem Wort

[43] Zu Recht weist schon W. Bousset: Die Offenbarung des Johannis, 301 darauf hin, daß es nicht genüge, die dämonische Heuschreckenplage allein aus der Vision von Joel 1,4ff. abzuleiten, die schon dort ins Mythologische hinüberreiche; aber natürlich genügt es auch nicht, zur Deutung solcher Bilder immer wieder die «orientalische Volksphantasie» zu bemühen.

[44] Am deutlichsten wird dieser Sachverhalt in der verzweifelten Psychodynamik der *Sucht;* vgl. E. Drewermann: Suchtstrukturen, in: Psychoanalyse und Moraltheologie, III 86–87; 90–91; nach St. Grof: Topographie des Unbewußten 137–145, entsprechen Vorstellungen dieser Art der perinatalen Grundmatrix II, deren Phänomenologie in LSD-Sitzungen u.a. mit apokalyptischen Vorstellungen unentrinnbarer Absurdität und Sinnlosigkeit übereinstimmt.

[45] Zur Typologie der Verzweiflung in S. Kierkegaard: *«Krankheit zum Tode»* vgl. in Verbindung mit der psychoanalytischen Neurosenlehre E. Drewermann: Strukturen des Bösen, III 460–468.

[46] Zur Übersetzung des Wortes *«abad»* vgl. M. Buber: Biblisches Zeugnis, II 997.

mit[47]. «Abaddon» ist der äußerste Zustand eines Menschen, der sich innerlich aufgegeben hat und doch sich selbst unentrinnbar preisgegeben ist.

Noch einen Posaunenstoß weiter, und dasselbe Leben enthüllt sich als ein gräßlicher Kampf gegen sich selbst[48]. Von Osten her bricht eine überwältigende *Streitmacht* herein und tötet ein Drittel der Menschen. Gewiß verweist *Mesopotamien* in historischer Betrachtung nach Babylon bzw. auf die Gefahr der Parther. Aber das Zweistromland ist auch der Ort des verlorenen Paradieses, der Ort des Sonnenaufgangs und der Morgenfrühe, ein Symbol des Lichtes und der Hoffnung[49]; gerade also die «Stelle» im Leben, von der eigentlich ein gewisser Mut zum Dasein ausgehen sollte, verwandelt sich in eine Quelle aggressiver Destruktion – es sind gerade die mutigen, starken Lebensantriebe, die in der Verzweiflung sich in Selbstzerstörung und Selbstverstümmelung verkehren. Nimmt man die *«Farben»*[50] auf den «Panzern» dieses «Kriegsheeres» des Selbsthasses und der Verzweiflung beim Wort, so läßt es sich vielleicht auch symbolisch verstehen, warum seine löwenköpfigen Streitrösser «Feuer, Rauch und Schwefel» speien: Man könnte an eine Verstörung auf allen drei Ebenen der Psyche denken: an die lodernde Leidenschaft des Es, an die undurchsichtige Umdüsterung des Ich und dementsprechend an die selbstentflammbare Zornglut des Überich, und man müßte dann sagen, daß es keine Zone der Persönlichkeit gibt, die nicht von dem Kampf der Verzweiflung gegen sich selbst heimgesucht würde; erneut aber, wie in dem Bild von den Heuschrecken-Skorpionen, nur noch vergrößert, stellt sich der tödliche «Schlangenbiß» dieser «Untiere» heimtückisch vom «Schwanzende» her ein, und wiederum steht die orale Gier, die «Macht des Maules» der Löwen-Pferde, in direkter Beziehung zu dem stechenden Schlangen-Ende ihres Schweifs.

Doch es ist für die Menschen offenbar nicht möglich, diese Wechselbeziehung zwischen der verzweifelten Maßlosigkeit ihrer Ansprüche und der maßlosen

[47] Etymologisch verwandt mit dem Verb *«abad»* ist *«bd»* – vereinzelt sein bzw. *«bd»* – der Stengel; *«bdd»* als Adjektiv hat die Bedeutung «allein, isoliert».

[48] Auch die Schilderung von «Kriegen» darf in Mythen und Märchen als Bild schwerer *innerer* Auseinandersetzungen gelten. St. Grof: Topographie des Unbewußten, 124–125 hat die Visionen von Kriegen, Schlachten und Revolutionen besonders mit den «perinatalen Matrizen» II und III in Verbindung gebracht, die in etwa der oralen und analen Entwicklungsphase der psychoanalytischen Entwicklungslehre entsprechen und die Grundmuster, die «Systeme verdichteter Erfahrungen» (systems of condensed experience, COEX-Systeme), für das depressive und zwangsneurotische Erleben konstituieren.

[49] Vgl. E. Drewermann: Strukturen des Bösen, I 288; 296 zum Motiv der urzeitlichen Wanderung der Menschheit nach «Osten».

[50] Vgl. I. Riedel: Farben, 44–45, die in dem *«Rot»* «das Umkippen eines extremen Willens zur Weltveränderung in Gewaltakte» und in den «blutroten Pferden» ein ausgesprochen aggressives Symbol erkennt; das «Schwefelgelb» bringt sie (S. 78) mit den «luziferischen Elementen» in Verbindung, die an sich «gefahrvoll-schöpferisch» Wandlungsprozesse markieren können; auch Krankheit und Tod (S. 83) lassen sich damit assoziieren; «Schwarz» und «Dunkel» steht in Verbindung mit Tod und Nacht (S. 157).

Verzweiflung ihrer tödlichen Selbstvergiftung wirklich zu erkennen. Sie selbst sind chronische *Götzenanbeter*, indem sie nach dem Einsturz ihres «Himmels» das Absolute im Relativen suchen müssen und somit das Irdische, das stets nur Bild und Zeichen sein kann, schon für die Wirklichkeit des Göttlichen selbst zu nehmen gezwungen sind. Erlebnismäßig kann man die Einsicht der Bibel nur bestätigen, daß eine derartig verzweifelte Verabsolutierung der endlichen Werte nur zu einem Ausufern in allen Triebbereichen und zu einem inneren Chaos führen kann. Aber es ist für die Betreffenden (und davon Betroffenen) nicht möglich, dem Teufelskreis zu entrinnen, indem das stechende Gefühl von Unglück und Schmerz immer wieder dazu antreibt, sich nur noch intensiver in die endliche Welt zu verbeißen, und indem umgekehrt die notwendige Frustration dieser unendlichen Sehnsucht nach Glück und Erfüllung immer wieder das faktische Unglück dramatisch vermehrt. Wenn also in Apk 9,21 die «Götzenanbeter» trotz all der über sie verhängten Qualen sich zu «Buße» und «Umkehr» außerstande zeigen, so wird man diesen Tatbestand nicht einfach als Ausdruck ihrer Böswilligkeit verstehen dürfen; vielmehr ist der Bibel zuzustimmen, wenn sie in der *«Verstockung»* ein wirkliches Verhängnis, eine schicksalhafte Dämonie am Werke sieht[51], die durch menschliche Bemühungen um Einsicht und Willensänderung allein nicht zu durchbrechen ist. Um der Hölle der Gottesferne zu entrinnen, müßte Gott den Menschen anders erscheinen denn als Rächer und Vergelter[52]; aber bis dahin ist der Weg noch lang, und der Leidensdruck allein, so hoch er auch steigen mag, bewirkt an sich keine Veränderung der seelischen Verzweiflung.

2) Apk 10,1-11: Die Vision des ersten «Zwischenstücks»

Bei all den geschilderten Eindrücken und Gefühlen während des Schalls der Posaunen ist jedoch darauf zu achten, daß es sich hier eben nicht um subjektiv wirklich empfundene Gefühle handelt, sondern «nur» um Visionen, die an sich von Gefühlen der Traurigkeit und Verzweiflung begleitet sein müßten, wenn nicht das gesamte affektive Erleben in Form einer Kaskade von objektivierten Bildern nach außen projiziert würde. Das Ich ist bei all seinen unheilvollen Visionen bisher weder aktiv noch passiv wirklich beteiligt; es ist nur Zuschauer, nur Medium, nur Bote, und ohne diese beobachtende Distanz zu sich selbst,

[51] Zur Theologie der «Verstockung» bes. mit Bezug zu Mk 4, 12 vgl. J. GNILKA: Die Verstockung Israels (1961).

[52] Ein solches Bild der ängstigend-rächenden Strafgewalt Gottes aber muß die unerlösten Menschen jenseits von Eden notwendig immer weiter ins Unheil treiben, wie die jahwistische Urgeschichte es in Gn 3, 24 schildert; vgl. dazu E. DREWERMANN: Strukturen des Bösen, I 105–106.

ohne dieses «schizophrene» Moment, käme die Psychologie der Vision durchaus nicht zustande[53]. Um so wichtiger ist es, daß in dem folgenden «Zwischenstück» (Apk 10,1-11) der Seher aufgefordert wird, das Büchlein zu *essen*, das ihn befähigt, über die Völker zu weissagen (Apk 10,8-11).

In historisch-kritischer Betrachtung kann dieses «Zwischenstück» als ein retardierendes, eigentlich überflüssiges Element erscheinen, psychologisch aber ist es gerade an dieser Stelle außerordentlich wichtig, daß das eigene Ich aus der Beobachterrolle herauskommt und sich selbst mit den erschauten Gesichten *identifiziert*[54]; ohne diese Verinnerlichung der Gesichte würden die Visionen der Geh. Offb. sich immer weiter in endlosen Schilderungen von Grauen und Grausen ergehen können, ohne daß innerlich eine wirkliche Wandlung einsetzen könnte. Indem aber der Visionär seine eigenen Bilder in sein Inneres aufnimmt, geschieht in ihm so etwas wie eine seelische Befruchtung, wie eine Empfängnis des Ichs im Inneren des Unbewußten[55], und erst diese «Ehe» zwischen dem Bewußtsein und den Tiefenschichten der Psyche ermöglicht das nachfolgende zentrale Symbol der ganzen Geh. Offb. von der schwangeren Frau und dem Kind.

Dementsprechend *muß* der Engel, der in Apk 10,8.9 das Büchlein zur Speise für den Seher in der Hand hält, mit seinen Füßen, die wie Feuersäulen sind, *auf dem Meer und dem Festland* stehen (Apk 10,2). Das «Festland» wird man tiefenpsychologisch als das Terrain des Bewußtseins verstehen müssen[56], während das «Meer» mit dem Bereich des Unbewußten gleichzusetzen ist[57]; ebenso wird man *die linke Seite des Engels* dem Unbewußten, die rechte Seite dem Bewußtsein zuordnen[58]. Es fällt dann auf, daß der Engel seinen linken Fuß auf das Festland und seinen rechten Fuß auf das Meer gesetzt hat, offenbar, um in dem Kontrast gerade die wechselseitige Zuordnung und Einheit von Bewußtsein und Unbewußtem hervorzuheben. Auch die anderen Attribute des Engels weisen ihn als Verkörperung einer bewußten Synthese und Integration der Seelenkräfte aus: er

[53] Die strukturelle Eigenart der den apokalyptischen Visionen entsprechenden psychopathologischen Syndrome ist nicht in einer paranoiden Symptomatologie gelegen, die in der Sprache St. Grofs der perinatalen Grundmatrix I entstammen würde und eher Gefühle mystischer Vereinigungen und Begegnungen wachrufen müßte, sondern sie ist bes. in einer Mischung aus depressiven und vor allem zwangsneurotischen Anteilen zu finden, – eine Feststellung, die wir später (s.u. S. 583) noch weiter untermauern können.

[54] Dabei ist der Vorgang des «Essens» selbst als Identifikationsgeschehen zu betrachten; zu dem Erlebniszusammenhang von Oralität und Identifikation (bes. in der Depression) vgl. E. Drewermann: Strukturen des Bösen, II 160–162.

[55] Zum Motiv der oralen Konzeption in der Mythologie sowie zur psychoanalytischen Deutung dieses Mythems vgl. E. Drewermann: Strukturen des Bösen, II 108–115.

[56/57] Zur Bedeutung von *«Erde»* und *«Meer»*, *«Festland»* und *«See»* s.o. S. 400ff.

[58] Zur Bedeutung von *«Links»* und *«Rechts»* s.o. S. 407, Anm. 25. Man wird hinzufügen müssen, daß die rationale linke Hirnhälfte unterscheiden kann zwischen dem Namen und der benannten Sache, während die symbolische und affektive rechte Hemisphäre einen solchen Unterschied zwischen Symbol und bedeutetem

kommt aus dem Himmel herab, angetan mit einer Wolke, das Gesicht wie die Sonne, die Füße wie von Feuer – alles an ihm ist lichtgestaltet, das Wolkendunkel durchdringend, und so wird man auch den *Regenbogen*, der sein Haupt umstrahlt, im Sinne eines Mandala-Symbols als ein Zeichen deuten müssen, das auf die Ganzwerdung der Persönlichkeit verweist[59].

M.a.W.: Die Vision des Engels vor dem siebten Posaunenschall, die rein literarisch betrachtet als ein sekundär gestaltetes Zwischenstück erscheinen muß, erweist sich tiefenpsychologisch als ein unerläßliches Bindeglied zur Herausbildung einer umfassenderen Einheit der Persönlichkeit. Auch *die Stimmen der sieben Donner* wird man dahin verstehen dürfen, daß der Seher ihre Worte nicht, wie bisher, (für andere) aufzeichnen, sondern (im eigenen Herzen) versiegelt bei sich tragen soll. Die Zeit dazu drängt sehr, denn mit einem feierlichen Schwur bei Gott, der *alles* – Himmel, Erde und Meer – geschaffen hat, verkündet der Engel, daß beim *Klang der 7. Posaune* der geheime Plan Gottes vollendet sein werde. «Es wird keine Zeit mehr sein» (Apk 10,6), bedeutet nicht, wie I. KANT meinte, daß die Zeit an sich in die Ewigkeit aufgehoben sei[60], sondern gerade umgekehrt, daß es gelte, die verbleibende Zeit vor dem Ende im Angesicht der Ewigkeit zu nützen.

3) Apk 11,1-14: Die Vision des zweiten «Zwischenstücks»

In diesem Zusammenhang ergibt auch die merkwürdige Szene vom *Vermessen des Tempels* (Apk 11,1-2) einen guten Sinn. In historisch-kritischer Sicht scheint hier eine Versicherung aus dem Jahre 70 vorzuliegen, die Heiden würden in den Tempel nicht eindringen – eine Zusicherung, die von dem Verfasser der Geh. Offb. allem Anschein nach auf die Gemeinde der frühen Christen übertragen wurde. Aber man versteht mit dieser Deutung weder, warum die Tempelszene

«Gegenstand» (z.B. zwischen der Flagge eines Landes und dem Land selbst) nicht zu machen vermag; die rechte Hirnhälfte «denkt» bzw. sieht und fühlt «sakramental». Vgl. G. BATESON: Geist und Natur, 40–42. Die rechte Hirnhälfte darf als der natürliche «Sitz» der religiösen Weltanschauung betrachtet werden; die einseitige Favorisierung der verbalen, bewußten Vorgänge der linken Hirnhälfte ist in ihrer Isoliertheit wesenhaft areligiös und läuft stets auf eine Überschätzung des Bewußtseins hinaus; selbst die einfachsten Vorgänge der visuellen Wahrnehmung sind dem Bewußtsein unzugänglich. «Die Sprache hat kein Ausdrucksmittel für das, was nicht bewußt ist.» (BATESON: A.a.O., 45, Anm. 9)

[59] Zum Bild des *Regenbogens* als eines Mandala-Symbols vgl. C.G. JUNG: Zur Empirie des Individuationsprozesses, IX 1, 365–366.

[60] I. KANT: Das Ende aller Dinge, Werke XI, 182: «Wenn man nicht annimmt, daß dieser Engel ‹mit seiner Stimme von sieben Donnern› (V. 3) habe Unsinn schreien wollen, so muß er damit gemeint haben, daß hinfort keine Veränderung sein soll; denn wäre in der Welt noch Veränderung, so wäre auch die Zeit da, weil jene nur in dieser Statt finden kann, und, ohne ihre Voraussetzung, gar nicht denkbar ist.» Der Text meint im Gegenteil, daß nunmehr ein Zeitpunkt erreicht ist, in dem sich *alles* ändern wird.

gerade an dieser Stelle eingeschaltet wurde, noch den Grund, warum der Seher den Tempel ausmessen soll – die Erinnerung an Ez 40,3ff.[61] verschiebt im Grunde nur die Fragestellung. Symbolisch gesehen aber geht es bei dem Vermessen des «Tempels» um etwas ganz Entscheidendes, von dem gerade hier die Rede sein muß: um die Feststellung des Bereichs, der dem Ich gegenüber seinen «Belagerungen», Einschränkungen und Obsessionen noch als ein heiliger und unantastbarer Raum erhalten bleibt; während die Versicherung einer uneinnehmbaren letzten Schutzzone des Heiligtums *historisch* im Jahre 70 sich bald schon als folgenschwerer Irrtum erwiesen haben muß, kommt *psychologisch* alles darauf an, die Stelle aufzusuchen und auszumessen, wo das Ich Zuflucht und Halt zu finden vermag. Das Herz eines jeden Menschen – so wird man das *Symbol* des Tempels deuten dürfen – trägt in sich und verkörpert etwas Heiliges und Unableitbares, und es ist selbst ein Ort, an dem die Gottheit wohnt[62]. Dieses unzerstörbare Zentrum aufzusuchen, bildet die einzige Rettung inmitten der von allen Seiten umlagernden Bedrohung.

Aber es gibt parallel dazu noch eine andere wichtige Versicherung dieses zweiten «Zwischenstückes», die man kennenlernen muß, um den Mut zu sich selbst im Vertrauen auf Gott zurückzugewinnen: *das Versprechen der Unsterblichkeit.* Ein jeder, der sich gegen die Angst in das Heiligtum seiner Seele zurückbegibt, wird genötigt sein, Stellung zu beziehen. Auf dem Haupt eines jeden ruhen heilige Verheißungen und göttliche Weissagungen, wie sie in *Mose* und *Elija* Gestalt gewonnen haben[63] – ein Versprechen von Freiheit und Weite, wie in der Erfahrung des Exodus, und ein Auftrag zum Kampf gegen jede Versklavung des Menschen durch die Vergötzung des Endlichen, wie in dem Gottesurteil des Elija auf dem Berge Karmel (1.Kön 18,1-46). Ein jeder, der eine Ahnung von

[61] W. Bousset: Die Offenbarung des Johannis, 315–317 begründet die Ansicht, daß das Ausmessen des Tempels die Erhaltung des Heiligtums angesichts der drohenden Zerstörung bedeute; die Parallele zu Ez 40, 3ff. zeigt ihm, daß hier nicht von einem zukünftigen Gebäude die Rede sein soll.

[62] Über die «symbolische» Verwendung der Tempelvisionen, einer Überlieferung aus der Zeit des jüdisch-römischen Krieges, kann an sich kein Zweifel sein, nur daß der Sinn des Symbolismus stets in der Kirchengeschichte, statt in der lebendigen Gegenwart der Psyche, gesehen wird. So schreibt A. Vögtle: Das Buch mit den sieben Siegeln, 86: «Der entscheidende Grund, weshalb Johannes das kleine Traditionsstück hätte übernehmen können, freilich in einem übertragenen und damit völlig neuen Sinn, ist indes ein ganz und gar christlicher Sachverhalt. Die Bildbezeichnung der Heilsgemeinde als ‹Tempel Gottes› blieb nachweislich noch lebendig, nachdem der materielle Tempel schon in Schutt und Asche gesunken war.» Die Frage aber ist zunächst, was eine bestimmte Symbolsprache psychologisch mitzuteilen vermag; die Frage nach der «bewußten» Verwendungsabsicht eines Symbols bei einem bestimmten Autor ist allzumal sekundär. Um es so klar wie möglich zu sagen: es gäbe überhaupt keinen Tempel, wäre nicht ein jeder Tempel in sich selber ein Symbol der Seele, und nur insoweit die Erfahrung dessen, was ein Tempel seelisch bedeutet, sich in der Gemeinschaft von glaubenden Menschen niederschlägt, läßt sich das Symbol des Tempels auf eine solche Gemeinschaft übertragen.

[63] So schon W. Bousset: Die Offenbarung Johannis, 318–319.

seiner wirklichen Berufung gewinnt, wird daher nicht umhin können, für seine Wahrheit «Zeugnis» abzulegen, und zwar inmitten seines eigenen Lebens, inmitten der «heiligen Stadt»[64].

An dieser Stelle ist die Gemeinsamkeit und der Unterschied zwischen der religiös bestimmten Literatur der Apokalyptik und der profanen Dichtung der *Märchen* recht aufschlußreich. Die *Märchen* würden gewiß, statt von dem Tempel, von einem Schloß und, statt von der heiligen Stadt, von einem Königreich (oder einer Königsstadt) sprechen[65]; und doch ist der Unterschied nicht so groß, wie es zunächst scheinen mag; denn auch der Tempel ist der Wohnsitz eines Königs, und Jerusalem ist seine Residenz – auch die religiöse Sprechweise kann, wie man sieht, der archetypischen Chiffren nicht entbehren; aber indem die Religion die Symbole der Seele ins Absolute setzt, schafft sie allererst den Hintergrund, um den Prozeß der Selbstfindung in Gang zu bringen, den die Märchen als einfache Gegebenheit schildern[66]. Auch dem Märchen gilt das Ich der menschlichen Persönlichkeit als etwas Königliches, aber die religiöse Symbolik weiß, daß nur im Gegenüber des ewigen Königs der Mensch die Möglichkeit und das Recht besitzt, sich als eines Königs Sohn zu betrachten; insofern bieten der «Tempel» und die «Stadt» Gottes eigentlich erst die Begründung, daß von «Königtum» und «Schloß» die Rede sein kann. Was die Märchen erzählen, ist im Kern eine Ableitung der «mythischen», religiösen Wahrheit in den Tiefenschichten der menschlichen Psyche (vgl. I 141-146), und nur von der Absolutheit einer göttlichen Beauftragung und Berufung her wird man im folgenden *das Auftreten der beiden Zeugen Gottes* in Apk 11,3ff. verstehen.

Das Erstaunliche der «Prophetenvision» liegt nämlich darin, daß das Wissen um die eigene Bestimmung offenbar die innere Spannung im eigenen Ich, den Kampf zwischen «Tempel» und «Stadt», zwischen Innen und Außen, zwischen Wesensberufung und Icheinschränkung allererst wirklich auf den Plan ruft. In ganz entscheidender Weise hat die Situation sich jetzt gegenüber den ersten sechs Posaunenvisionen gewandelt. Hatte man dort den Eindruck eines quälenden Gegensatzes zwischen Überich und Es, dem das Ich als ohnmächtiger Zuschauer beiwohnen muß, so hat seit dem Essen des «Büchleins» sich die Psychodynamik der Visionen erheblich gewandelt. Die Auseinandersetzung findet jetzt nicht mehr zwischen Oben und Unten, zwischen Oberwelt und Unterwelt

[64] Auch die *«heilige Stadt»* ist ein (zumeist weibliches) Symbol der Psyche; vgl. E. Drewermann: Der Krieg und das Christentum, 81, Anm. 49, und es ist eine bleibende Frage der inneren Haltung, in welcher *«Stadt»* man lebt: ob in «Jerusalem» oder in «Babylon».

[65] Vgl. z.B. das Grimmsche Märchen vom «Goldenen Vogel» (KHM 57); E. Drewermann – I. Neuhaus: Der Goldene Vogel, 36–37.

[66] Insofern ist der «Mythos» des «Glaubens» (s.o. S. 136) stets früher als das «Märchen» (des Lebens); vgl. Tiefenpsychologie und Exegese, I 141–146.

statt – sie geht in Gestalt der Gotteszeugen jetzt offenbar vom Ich aus und richtet sich gegen alle Mächte und Instanzen der umgebenden Stadt, gegen die gesamte Zone des Nicht-Ich (oder, besser: des Gegen-Ich). Das Gottesbild, das bis dahin mit dem Überich ganz und gar verschmolzen schien, steht damit zum ersten Mal eindeutig hinter den Kräften und Energien des Ich, und es ist jetzt gerade diese *positive* Rückbindung des menschlichen Ich in dem absoluten Ich Gottes, die den Mut verleiht, gewissermaßen einer ganzen Welt von Feinden zu trotzen und die bestehenden Konflikte mit «Feueratem» beim Namen zu nennen.

Die furchtbare Wahrheit der Apokalyptik liegt, tiefenpsychologisch betrachtet, im folgenden besonders in der breiten Beschreibung all der Qualen, die ein Mensch immer wieder auf sich nehmen muß, um einer Welt der Unfreiheit, des Götzendienstes und der Lüge zu entkommen. Keineswegs bringt das Wort Gottes zunächst Friede und Harmonie in das Herz eines Menschen, der sich selbst entfremdet ist, sondern alles, was er zunächst mit sich erleben wird, ähnelt eher einem schier unerträglichen Kriegszustand, ja es muß offenbar die innere Drangsal in ihm zunächst sogar noch anwachsen, um endgültig allen falschen Scheinberuhigungen den Garaus zu machen[67]. Während es sonst das Werk der Propheten und Gottesmänner sein mag, den Segen des Himmels auf die Erde zu rufen und das «Wasser des Lebens» in der Tiefe der Erde zum Fließen zu bringen, verfügen die «zwei Zeugen» hier gerade umgekehrt über die Macht, *den Himmel zu versperren und die Quellen zu vergiften*, eine furchtbare «Trockenheit» und «Dürre» ist es, die sie mit ihrer Botschaft ausrufen. Die Situation dürfte psychologisch in der Tat mit der Lage des *Elija* und des *Mose* zu vergleichen sein: als Israel sich in die Behäbigkeit und Götzendienerei des «Fruchtbarkeitskultes» Kanaans flüchtete, ließ Gott es in den Tagen des *Elija* drei Jahre lang nicht regnen, damit das Volk merken sollte, wie es buchstäblich verdurstet, wenn es die irdischen Lebens*mittel* mit der Quelle des Lebens verwechselt und das Manneswasser des *Baal* an die Stelle des Segens Jahwes setzt (1. Kön 17,1). Ähnlich hatte Mose (Ex 7,17.19-25) die Zwingherrschaft der Menschenvergötzung abgeschüttelt, indem er vor den Augen des Pharao das Wasser des Nil in Blut verwandelte. Offenbar gehört zur Befreiung des Ich aus der Einschnürung durch Angst und Abhängigkeit am Anfang immer wieder ein derartiges Gefühl wachsender Ödnis und seelischer «Brunnenvergiftung» bis hin zu dem Punkt, da es nicht mehr möglich ist, in der bisherigen Form weiterzuleben. Erst eine solche Angst *gegen* die Angst mobilisiert die Kräfte, die zur Überwindung der seelischen Entfremdung aufgebracht werden müssen, und es kann zufolge dieses Textes sehr wohl sein, daß es Formen von Not und Verzweiflung gibt, die,

[67] In diesem Sinne wird das Wort Jesu zu verstehen sein, er sei nicht gekommen, Frieden zu bringen, sondern das Schwert, Mt 10, 34.

religiös betrachtet, vom Ende her schließlich wie eine Fügung Gottes erscheinen müssen[68].

Um die Schwere der inneren Krise, von der hier die Rede ist, wirklich mitzuempfinden, muß man vor allem die extrem *sadistische* Zuspitzung des Konfliktes beachten. In den «Posaunenvisionen» bisher trat das *Überich*, die Sphäre des «Himmels», in einer äußerst aggressiven, quälenden Art in Erscheinung; von daher ist es sehr wichtig, daß nunmehr die Kräfte des *Ich* in Gestalt der beiden Propheten von sich aus zum Mittel der Aggression greifen.

Zu Recht meinte S. Freud, daß die Aggression den Ichtrieben zugerechnet werden müsse[69], und es ist in der Tat ein erstes Zeichen beginnender Ichstärke, wenn es jetzt förmlich zum Ausbruch eines offenen *Krieges* zwischen den beiden Propheten der Freiheit von Götzenfurcht (Elija) und Menschenangst (Mose) auf der einen Seite und dem Tier aus der Unterwelt auf der anderen Seite kommt (Apk 11,7). Zum Verständnis dieses «Krieges» trägt es nicht viel bei, wenn man historisch-kritisch feststellt, «das streitbare Tier aus dem Abgrund» sei in Anlehnung an Dan 7,21 in der apokalyptischen Literatur «zu einem stehenden Bild für den Widersacher der Endzeit geworden»[70]. Vielmehr gilt es zu verstehen, daß gerade der «Abgrund», die latente Verzweiflung, das Leben der Angst, randvoll ist von verinnerlichter Aggression und es zur endgültigen Befreiung, je nach dem Grad der Angst, zu einer äußerst aggressiven Auseinandersetzung mit dem eigenen aggressiven Masochismus kommen muß. Gerade weil *das «Tier aus dem Abgrund»* ein apokalyptischer *Typos* ist, muß man den typischen Sinn dieses Symbols zu verstehen suchen, und man wird dann sagen müssen, daß es keine Macht gibt, die sich stärker gegen die Befreiung des Ich richten könnte als die Energie der Angst. Alle Götzendienerei und Menschenabhängigkeit hat ja nur den Sinn, die Angst vor dem «Abgrund» zu binden, und wer den Menschen von Gott her in seine Freiheit zurückrufen will, muß deswegen mit dem geballten Widerstand aller möglichen freiwerdenden Ängste rechnen.

Insofern ist bei angemessenem Symbolverständnis die Frage nicht nur überflüs-

[68] Es handelt sich um eine Weisheit, die man symbolisch ein Stück weit in der humorvollen Legende von *Bileams Eselin* (Nu 22,22-35) ausgedrückt findet: stets, wenn wir uns anschicken, zu verfluchen, was Gott uns zum Segen in den Weg sendet, geraten wir in einen Engpaß, der immer auswegloser werden muß; unsere instinktive, nahezu «animalische» Wahrnehmungsfähigkeit (die «Eselin») erkennt zumeist weit früher als unser Bewußtsein die Gefahr eines drohenden Zusammenbruchs, wenn wir auch nur ein Stück weiter noch uns in die falsche Richtung zwingen; aber immer wieder werden wir wohl erst wirklich, wenn es gar nicht weiter geht, uns die Wahrheit unseres Lebens förmlich aufnötigen lassen.

[69] Zur Trieblehre S. Freuds vgl. das knappe Referat bei E. Drewermann: Strukturen des Bösen, II 178–182.

[70] E. Lohse: Die Offenbarung des Johannes, 63. Mit Recht hat schon W. Bousset: Die Offenbarung Johannis, 325–326 auf die Rätselhaftigkeit des Tiersymbols hingewiesen, das zwischen Mythos und Geschichte schillert; man vermißt indessen im Rahmen der historisch-kritischen Methode eine Auslegung, die der psychischen Wahrheit des Symbols gerecht würde und somit verstehbar machen könnte, welch ein Sinn in der buchstäblich «mythischen» «Geschichtsbetrachtung» der Geh. Offb. gelegen ist.

sig, sondern geradewegs falsch, woher das bis dahin niemals erwähnte *«Tier aus dem Abgrund»* an dieser Stelle komme. *Religionsgeschichtlich* dürfte es sich um einen späten Nachfolger der ägyptischen *Apophis*-Schlange handeln, und es ist auch hier offenbar dieselbe Bedeutung anzunehmen, die wir vorhin in der ägyptischen Mythologie für den Urwidersacher des Sonnengottes Re kennengelernt haben[71]; wir müssen dann sagen, daß dieses tödliche, widergöttliche «Tier» nicht nur aus dem Abgrund kommt, sondern selbst den Abgrund verkörpert. So wie in der *Apophis*-Schlange (und im Schlangensymbol überhaupt) die Nichtigkeit und Kontingenz der Welt Gestalt gewonnen hat[72], so verdichtet sich in dem «Tier» der Apokalypse die Haltlosigkeit und Abgründigkeit, die – philosophisch gesehen – zum Wesen aller geschaffenen Dinge gehört. Ohne Gott ist die ganze Welt ein Abgrund, aber die Tragik des menschlichen Daseins liegt immer wieder darin, aus lauter Angst vor der eigenen Nichtigkeit sich an Menschen oder Dinge der Welt ringsum zu klammern, wie wenn sie Gott als den tragenden Urgrund unterhalb des Abgrunds der geschaffenen Welt ersetzen könnten; aus lauter Angst beginnen schließlich alle Dinge der Welt den Schöpfer aller Welt zu verstellen, und je mehr ein Mensch aus Angst Gott aus den Augen verliert, desto abhängiger wird er in seiner Angst von allen Dingen ringsum, die in ihrer abgründigen Nichtigkeit den Grund aller Angst, die Isolation von dem absoluten Gegenüber Gottes, doch nur vermehren können.

Insofern kann es nicht ausbleiben, daß jeder Schritt zur Freiheit gegen das «Tier aus dem Abgrund», gegen die metaphysische Angst des Daseins, freigekämpft werden muß, und je mehr die Angst subjektiv in einem Menschen schwindet, desto sicherer wird er in seiner Umgebung Angst auslösen. Auch an dieser Stelle macht es wenig Sinn, wenn in der exegetischen Literatur immer wieder rein historisch auf *das Schicksal der «Propheten»* bzw. des «leidenden Gerechten» in Israel hingewiesen wird[73]; die Frage stellt sich vielmehr erneut, worin denn die Typik selbst ihren sachlichen Grund hat, daß gerade der *«Knecht-Gottes»* unaus-

[71] S.o. S. 529, Anm. 64.

[72] S.o. S. 156, Anm. 72.

[73] In der exegetischen Literatur liest sich das z.B. so: «Die Erwählung zu Gottes Eigentum, von der der voraufgehende Messungsauftrag sprach (11, 1-2), erfordert also ernsthafte Bewährung: das priesterliche und königliche Gottesvolk muß bereit sein, seine Zeugenfunktion bis zum Erleiden des gewaltsamen Todes auszuüben, um die Rechtfertigung des Himmels zu erfahren, die wiederum mit traditionellen Bildzügen beschrieben wird (V. 11-12).» A. Vögtle: Das Buch mit den sieben Siegeln, 90. – Das Problem der historisch-kritischen Methode ist allerorten dasselbe: sie behandelt die biblischen Texte in der Haltung eines objektivierenden Positivismus ohne inneres Verständnis, ohne Engagement, ohne inneres Ereignis; dafür aber verwandelt sich der Ausfall der inneren Betroffenheit in heteronome Sollensvorschriften bzgl. all dessen, was ein Christ sein und tun muß, um die Gunst des in Christus geoffenbarten Gottes zu finden. – K. Jaspers: Wahrheit und Unheil der Bultmannschen Entmythologisierung, in: K. Jaspers – R. Bultmann: Die Frage der Entmythologisierung, 52 hat (sogar gegenüber dem Anliegen von *Bultmann*'s existentialer Hermeneutik) den sehr berechtigten Einwand erhoben, es bestehe wesenhaft ein unüberwindbarer Sprung «zwischen ursprüng-

weichlich auf die tödliche Feindschaft aller anderen trifft. In Wirklichkeit kann es nicht anders sein, als daß jemand, der im Vertrauen auf Gott ein Stück persönlicher zu leben beginnt, nicht nur die Angst in sich selbst bekämpfen muß, sondern sich auch mit der Angst und der Aggression aller anderen auseinanderzusetzen hat, und im Endeffekt ist diese Auseinandersetzung allemal tödlich. Die einzige Macht, über die das «Tier aus dem Abgrund» verfügt, besteht in der Angst, die einen jeden Menschen vor dem Sturz in den Abgrund, vor der eigenen Vernichtung überkommt; um dieser Angst willen vermag das «Tier» einen jeden Menschen zu jeder beliebigen Nichtigkeit und Nichtswürdigkeit zu treiben; ein Mensch aber, der von der Angst vor der drohenden Vernichtung sich nicht beeindrucken läßt, muß zu dem erklärten Feind des Feindes aller: der Angst vor dem «Abgrund», werden; ein Mensch, der vom «Tempel» Gottes aus in die Welt tritt, wird unfehlbar das «Tier» zum Angriff provozieren[74].

lichem Verstehen und Verstehen des Verstandenen», und dieser Sprung, diese Differenz zwischen empirischer, philologischer Exegese und theologischer Glaubensaneignung werde in spannungsloser Unklarheit und falscher Vergegenständlichung vertan. «Der zusehende Verstehende kann vielleicht weiter gelangen, mehr einsehen als irgendeiner von denen, die es selber tun und sind. Aber die Weite der Einsicht hat er um den Preis der Blutlosigkeit und dazu noch um den Preis einer grundsätzlichen Beschränkung: Überall müssen wesentliche Momente seiner Einsicht entgehen gerade dadurch, daß er nicht selber ist, was er einsieht. Und leicht führt uns die Ergriffenheit im Verstehen des Verstandenen zu der Verwechslung, solches Verstehen schon für eigene Wirklichkeit zu halten. Bei Gewöhnung an solches Verhalten geraten wir in die Selbsttäuschung, die eigene Existenz durch den Schein des verstehenden Erlebens von Möglichkeiten zu ersetzen, die Unverbindlichkeit einer ästhetischen Lebenshaltung für eigene Wirklichkeit zu halten.» Und (S. 78) speziell an die Adresse R. BULTMANNS: «Bultmann ist der Historiker, dessen Forschungen ungemein zuverlässig informieren. ... Sowie Bultmann dann aber zu ‹existentialer Interpretation› übergeht, wozu er zwischenhinein immer wieder geneigt ist, wird er historisch langweilig, man lernt nichts mehr. Das aber, was damit erstrebt wird, scheint nicht erreicht, kaum im Ansatz da. Ich weiß nicht, ob das einen Pfarrer ergreifen kann. Den, der im eigenen Glauben nicht dabei ist, läßt es jedenfalls unberührt. Bultmann bewahrt auch bei der existentialen Interpretation den immer gleichen wissenschaftlichen Ton, wissend und argumentierend. Alle Herrlichkeit der Bibel überzieht er mit einer distanzierenden und zugleich einhüllenden Schicht sachlichen Redens.» S. 80: «Der große Gelehrte hat, so scheint es, sich auf ein Feld gewagt, wo er irreführt: den Philosophierenden, den er ohne Philosophie läßt, den Pfarrer, dem er eigentlich keinen Weg zeigt. Denn sind die Sprechweisen, die Bultmann lehrt, dem Pfarrer und seinen gläubigen Gemeinden nicht ungemein schwer verständlich? Helfen sie denen, die unbefangen sich klar werden sollen in der Wirklichkeit pneumatischer Ergriffenheit, die das Leben zu tragen vermag?» Es mutet nach über 30 Jahren, seit diese Zeilen geschrieben wurden, geradezu grotesk an, wenn – heute vor allem von seiten katholischer Exegeten! – gerade auf die existentiale Hermeneutik, nachdem sie pflichtgemäß auf Weisung Roms jahrzehntelang bekämpft wurde, nunmehr als auf ein Alibi und eine Gegeninstanz gegenüber dem Vorwurf der Lebens- und Glaubensferne der historisch-kritischen Methode verwiesen wird. Nein, weder in der methodischen Einstellung, noch in der Art der Darstellung hat man aus der sehr berechtigten Kritik z.B. von K. JASPERS wirklich dabeigelernt. Stattdessen hat man sich die Möglichkeit erworben, von der Notwendigkeit sogar des Martyriums auf eine Weise zu reden, die zu nichts verpflichtet. Mit S. KIERKEGAARD gefragt: «War Bischof J.P. Mynster ein Wahrheitszeuge?» Ein jeder möge sich die Frage beantworten, so gut er kann.

[74] In dieser existentiellen Dialektik scheint der Schlüssel zum Verständnis der «Erlösungslehre» zu liegen; denn nur auf dem Hintergrund der Gegenfinalität der Psychodynamik der Angst versteht man, warum das Leid notwendig ist, um von dem Leid der Gottesferne zu erlösen; vgl. E. DREWERMANN: Strukturen des Bösen, II 584–586; III 553–554.

Und doch genügt es zur Überwindung der Angst vor dem «Abgrund» nicht allein, an Gott zu glauben. Die Alten Ägypter hatten recht, wenn sie die Sonne in ihrem Sieg über die *Apophis*-Schlange wesentlich als Zeugen und Garanten des ewigen Lebens verehrten und priesen[75]. Auch in Israel brauchte die Infragestellung des alten Geschichtsoptimismus im Erwählungsglauben des Volkes nur einen bestimmten Grad zu erreichen, um in Gestalt der jüdisch-christlichen Apokalyptik die ägyptische Überzeugung aufzugreifen, daß man die Angst vor der endgültigen Vernichtung nur im *Vertrauen auf die Unendlichkeit des Lebens* besiegen kann[76]. Vor allem die Angst vor dem vernichtenden Urteil der Mitmenschen, die Abhängigkeit von ihrer Gunst und Geneigtheit, die Furcht vor ihrem Spott und ihrer Verleumdung nötigt dazu, endgültig den Glauben aufzugeben, den auch das Alte Israel in gewissem Sinne teilte: es gebe so etwas wie eine Sinnerfüllung und Kontinuität des Lebens in der Kette der Generationen und in der Erinnerung anderer Menschen. Um gegen alle Angst und Menschenfurcht zur Eigenständigkeit der Person zu gelangen, bedarf es unbedingt des Glaubens an die Unsterblichkeit der individuellen Person (s.o. S. 432); umgekehrt aber gibt es existentiell gewiß keine intensivere Bestätigung des Glaubens an die Unsterblichkeit des Lebens, als wenn jemand sein Leben gegen die Vernichtungsgewalt der öffentlichen Meinung stellt.

Insofern ist es ein entscheidender Schritt in der inneren Entwicklung zu sich selbst und auf Gott hin, wenn jemandem eine Vision zuteil wird wie das Gesicht von Tod und Auferstehung der beiden Gotteszeugen in der Geh. Offb. Das christliche Vorbild solcher Eingebungen bildet natürlich das Sterben und die Auferweckung Jesu, und auch hierin setzt sich eine zutiefst «ägyptische» Wahrheit im Christentum fort: daß es im Tod einer personalen Verschmelzung mit dem Göttlichen bedarf, um die Furcht vor dem Zerstörungswerk des Todes zu

[75] S.o. S. 515ff; 528ff. – F. CUMONT: Die orientalischen Religionen im römischen Heidentum, 150 sah vor allem in der syrischen Religion den Gestirnkult im Zusammenhang mit dem Unsterblichkeitsglauben: «Die göttlichen Gestirne sterben nicht mehr, wie Osiris oder Attis; jedesmal, wenn sie abzunehmen scheinen, werden sie wiedergeboren zu neuem Leben, stets unbesiegbar *(invicti)*». Die Entwicklung führte zu einem solaren Henotheismus bzw. Pantheismus, der im römischen Reich sich großer Beliebtheit erfreute. Daneben – oder damit verbunden – aber stand der Einfluß der ägyptischen Eschatologie, die das irdische Leben als Prüfung für ein höheres, reineres Dasein betrachtete und «besonders die elenden Massen ..., welche den Druck all der Ungerechtigkeiten der römischen Gesellschaft schmerzlich empfanden», tief beeinflußte. A.a.O., 118. Auch der *Mithras*-Kult ergänzte die «Lehre von der Unsterblichkeit der Seele ... durch die von der Auferstehung des Fleisches.» F. CUMONT: Die Mysterien der Mithra, 131.

[76] Zu den spätjüdischen Vorstellungen über Auferstehung, Unsterblichkeit und Gericht bes. in der frühen chassidischen Apokalyptik vgl. M. HENGEL: Judentum und Hellenismus, 357–369, der besonders die Individualisierung der Frömmigkeit (S. 369) sowie den Einfluß des griechisch-orphischen Jenseitsglaubens hervorhebt (S. 368). «Das brennende Theodizeeproblem suchte hier eine neue Antwort. Eine Übernahme fremder Vorstellungen muß dabei nicht primär auf literarischem Wege erfolgt sein ... Möglicherweise kommt auch eine Vermittlung der jüdischen Diaspora in Ägypten in Frage, die ... orphische Motive übernahm.» (368)

verlieren und das physische Sterben nur als die bloße Außenseite jenes Vorgangs sehen zu können, durch den das wahre, unsterbliche Wesen eines Menschen zum ewigen Leben befreit wird. Die Einsamkeit des Todes ist an sich schon schmerzlich genug; wer aber sterben muß wie die beiden Gotteszeugen in Apk 11,7-10: unter dem höhnischen Jubel all derer, die sich der tödlichen Verlogenheit ihrer Existenz nicht anders zu erwehren wissen, als indem sie die Wahrheit töten, der bedarf unbedingt einer Identifikationsgestalt, in der sein eigenes Wesen ihm noch einmal durch die Verbundenheit eines anderen zur Gewißheit wird. Eine solche Vorbild- und Identifikationsgestalt war der Gott *Osiris* für den Ägypter, eine solche Gestalt war und ist Christus für den Christen, eine solche Gestalt ist generell ein jeder Mensch, der «sonnenhaft» genug ist, um einem anderen Menschen kraft seiner Liebe die Ewigkeit des Lebens zu verheißen. Wer um der Wahrheit willen in den Tod eintritt, wird, wie der Herr, von Gott «am dritten Tage» auferweckt[77], und eine Himmelsstimme (eine *bat qol*, wie die Rabbinen sagten[78]) wird ihn in den Himmel rufen. Ohne diese Vision vor Augen, müßte der Tod, insbesondere die zynische Liquidierung eines Wahrheitszeugen, als eine letzte unwiderlegbare Infragestellung der Existenz erscheinen; so aber wird der Tod des «Gerechten», des *m ''ḫrw* der Ägypter, wie in der Stunde von Golgotha (Mt 27,51), zu einem Erdbeben für seine Mörder. Nur im Vertrauen dieser Bestätigung wird man den Mut finden, sich gänzlich zu wagen, um sich gänzlich zu gewinnen.

Es ist diese Siegesgewißheit aus der Vision einer anderen, ewigen Welt, die den eigentlichen Kern der apokalyptischen Botschaft ausmacht und die es ermöglicht, das irdische Dasein in Wahrheit zu leben. Welche eine Änderung gegenüber den früheren Visionen, wenn jetzt beim Schall der siebenten Posaune sich vor den Augen des Sehers der Himmel öffnet und *der Tempel Gottes mit der Lade seines Bundes* sichtbar wird (Apk 11,19)! Was vordem nichts als Qual und Zerstörung war, hat während der beiden «Zwischenstücke» den Charakter von Berufung, Verheißung und Zuversicht angenommen; aus innerer Zerrissenheit und passivem Erleiden wurde Kampf und Auseinandersetzung; und wo bislang nur die Angst zu regieren schien, ist ein Glaube eingezogen, der auch durch den Tod nicht zu erschüttern ist. Denn es gibt diesen Ausblick hinauf (oder zurück) in unsere ewige Heimat! Diese Überzeugung der Apokalyptik ist das alles Entscheidende. Sie zeigt, daß die irdische Welt nur die Spiegelung der Sphäre des Himmels darstellt, und umgekehrt: daß alles, was auf Erden als heilig erfahren wird, im Himmel seinen Ursprung und seine unantastbare Wirklichkeit besitzt.

[77] Der *«dritte Tag»* der Auferstehung könnte mit alten mondmythologischen Vorstellungen von den drei Tagen der Unsichtbarkeit des Neumondes zusammenhängen; vgl. E. SIECKE: Drachenkämpfe, 8; 9.

[78] Zur Vorstellung der *Himmelsstimme* vgl. G. DALMAN: Jesus-Jeschua, 15–17, der auf Stellen wie Mk 1, 11; 9,7; Apg 22, 7f.; 26, 19 hinweist.

Die eigentliche Auseinandersetzung mit den zerstörerischen Mächten ringsum begann mit dem Vermessen des irdischen «Tempels»; sie endet mit dem Ausblick auf den ewigen «Tempel» Gottes mitsamt der Bundeslade. Wenn wir vorhin sagten, der «Tempel» symbolisiere tiefenpsychologisch die Zone des Ichs, die wesenhaft gültig ist und dem Druck der Entfremdung standgehalten hat, so wird man jetzt sagen müssen, daß die Vision von dem offenen Himmel und dem Tempel Gottes unzweideutig zeigt, wie sehr die Seele des Menschen heilig ist bei Gott – und ihr größtes Heiligtum ist dies, daß Gott in ihr wohnt und ihr Verbündeter bleibt gegen alle Bedrohung und alle Verfälschung.
Eine solche Betrachtung der Geh. Offb. bietet gegenüber den historisch-kritischen Auslegeverfahren nicht nur den Vorteil, daß zahlreiche Einzelheiten, die sonst wie tote Klötze rein faktisch hingenommen werden müßten, sich von innen her mit Sinn und Leben erfüllen – es tritt vor allem auch der Gesamtaufbau des Abschnittes von Apk 8,2–11,19 in einer Geschlossenheit und Konsequenz in Erscheinung, die den sog. «Zwischenstücken» (10,1-11; 11,1-14), statt eines bloß retardierenden Elementes, eine integrale Funktion für das Verständnis des Ganzen zuweist. Wie wir sehen, enthält die Vision von den sieben Posaunen einen in sich abgerundeten Versuch, schrittweise den Status vollendeter Zerrissenheit und Ausgeliefertheit zu überwinden und gegen alle inneren und äußeren Widerstände der Berufung des eigenen Wesens zu folgen; was in historisch-kritischer Betrachtung als eine rein zeitbedingte Thematik erscheinen müßte – der Mut zum Martyrium inmitten von Not und Verfolgung –, erweist sich in der bleibenden Gültigkeit der archetypischen Symbolik als eine Thematik, die zu allen Zeiten das Leben eines jeden einzelnen wesentlich bestimmt: wie er aller Angst zum Trotz die Tödlichkeit von Menschenfurcht und Götzendienerei zu überwinden vermag und im Innenraum seiner Seele den Ort wiederentdeckt, an dem er seiner Heimat im Himmel nahe ist. Sogar in der Bibel wird man selten Texten begegnen, die so authentisch und dicht zu zeigen vermögen, wie die Kaskade traumnaher Bilder aus den Tiefenschichten der menschlichen Psyche sich grundlegend zu wandeln vermag, je nachdem, ob sie sich vollzieht in dem Getto prinzipieller Aussichtslosigkeit oder in dem Umkreis der transzendenten Gewißheit einer Würde und Größe, die auch durch die Angst vor der Nichtigkeit des Daseins angesichts des Todes nicht zu widerlegen ist.

4) Apk 12,1-17: Die Vision von der gebärenden Frau und dem Drachen

Darüberhinaus erscheint jetzt aber auch die Zuordnung der folgenden Abschnitte der Geh. Offb. in einem neuen Licht. Auch in historisch-kritischer Betrachtung ist nicht zu übersehen, daß der mythischen Vision von der gebärenden Frau und dem Drachen (Apk 12,1-17) eine zentrale Stellung in der Geh. Offb. zukommt; andererseits steht gerade dieser Abschnitt mit den nachfolgenden Visionen von der Gegnerschaft zwischen dem «Tier» und dem «Lamm» (Apk 12,18–14,20) wie ein erratischer Block zwischen den Posaunen- und den Schalenvisionen. Daß es sich hier, wie G. Bornkamm vorschlug, lediglich um Nachtragswerk handeln sollte, das wegen seiner mythologischen Herkunft literarisch nicht in das Siebenerschema integriert werden konnte[79], ist vom Gewicht dieser Passagen her völlig unwahrscheinlich. Weit plausibler ordnen sich die Dinge, wenn man, wie bereits angedeutet, den ganzen Abschnitt von Apk 12,1-14,20 im Sinne einer *Spiralenbewegung* als einen neuen Bearbeitungsversuch ein und desselben Grundkonfliktes betrachtet, der auch in den Posaunenvisionen (8,2–11,19) und erst recht in den späteren Schalenvisionen mit den nachfolgenden Visionen von der Hure Babylon und ihrem Sturz (Apk 15; 16; 17,1–20,5) das Thema angibt.

Trifft diese Annahme zu, so haben wir in der Tat *drei* verschiedene Darstellungen ein und desselben Tatbestandes vor uns, und zwar unabhängig von den vorbereitenden Visionen der sieben Siegel in Apk 6,1–8,1, die in der Tat nur erst von außen her auf den Inhalt des versiegelten Buches einstimmen sollen. Das Bild ist jetzt dieses: Die Vision von den sieben Posaunen (Apk 8,2–11,19) ist als ein in sich geschlossener Abschnitt zu verstehen; seine Thematik setzt sich nicht einfach in der Vision von der Frau und dem Drachen in Apk 14; 15 fort, vielmehr muß man die Begebenheiten in Apk 14; 15 als Variationen über dasselbe Thema ansehen, das schon in den Posaunenvisionen behandelt wurde; ein neuer dritter Bearbeitungsversuch (Apk 17,1–20,5) übergreift hernach beide Teile und führt sie durch das Thema von der Hochzeit des Lammes weiter (Apk 19,1-10). – Die Frage stellt sich dann natürlich, welch ein Sinn in dieser Anordnung verborgen ist, und eine Antwort darauf wird nur möglich sein, wenn man untersucht, wie die einzelnen «Spiralen» sich zu einander verhalten und auf welcher Ebene der Wirklichkeit sie angesiedelt sind.

Es ist an dieser Stelle weder nötig noch möglich, auch die folgenden Abschnitte der Geh. Offb. *en detail* zu interpretieren. Gerade weil viele Motive sich auf das genaueste wiederholen, wird der Leser nach dem Gesagten selber unschwer die tiefenpsychologische Bedeutung der einzelnen nachfolgenden Bildsequenzen herausfinden können. Wohl aber müssen wir *die Struktur* der nachstehenden Abschnitte in ihren Hauptlinien erläutern und begründen.

Zunächst noch ein Wort zu der Vision von den sieben Posaunen (Apk 8,2–11,19). Gerade wenn man sie, wie wir es vorgeschlagen haben, als eine in sich geschlossene Einheit betrachtet, wird man sagen müssen, daß sie in einem

[79] S. o. S. 541, Anm. 1.

ersten Versuch zeigen, wie das eigene Ich aus der Entfremdung seiner selbst zurückfindet und gegen alle Widerstände im Vertrauen auf Gott sich selber treu zu bleiben vermag. Die ganze Handlungsabfolge, die vom Himmel ausgeht und im Himmel endet, spielt allerdings noch in einer Sphäre, die eher als Vorbild denn als Verwirklichung des Prozesses gelten muß, den sie selber darstellt. Obwohl unzweifelhaft in einen Augenblick historischer Bedrängnis hineingesprochen, ist das Verhältnis dieses Abschnittes zur «wirklichen» Historie durchaus schwebend; denn selbst die geschichtlich vermittelten Traditionsstücke (wie Apk 11,1-13) werden von dem Autor der Geh. Offb. in einem Sinne verwandt, der mit der ursprünglichen Situation dieser Texte nur noch *symbolisch* etwas zu tun hat; und dieser *Negativbefund* des Historischen, auf den wir gerade mit den Mitteln der historisch-kritischen Exegese auf Schritt und Tritt stoßen, darf nicht einfach als Tatbestand hingenommen werden – es ist daraus der einzig richtige Schluß zu ziehen, daß die gesamte Szenerie der sieben Posaunen (Apk 8,2–11,19) gar kein wirkliches, sondern ein virtuelles bzw. *ideales* Geschehen beschreibt, das wir, psychologisch betrachtet, als einen Versuch deuten müssen, in einem ersten Anlauf zu zeigen, wie selbst unter schwierigsten seelischen Bedingungen die Macht des Vertrauens *an sich* die Macht der Angst zu besiegen vermag.

Nur wenn man die Vision der sieben Posaunen als einen solchen *idealen* Prozeß der Selbstfindung deutet, versteht man, warum unmittelbar nach der Himmelfahrt der beiden Propheten in Apk 11,3-14 und der Vision vom Tempel Gottes in 11,15-19 *die Vision von der himmlischen Frau* mit dem Kind einsetzt (Apk 12,1-6). Das Bild selbst ist hochmythologisch; es erschließt aber seine Notwendigkeit und seinen konkreten Sinn sofort, wenn man die Frage mitbringt, die aus der vorangegangenen Szene bei rechter Betrachtung sich wie von selbst ergibt: wie denn der Weg der eigenen Person zu sich selbst und zu Gott in der lebendigen Wirklichkeit zu begehen ist. Alles, was bisher im Himmel und auf Erden geschaut wurde, muß noch einmal von vorn in der eigenen Seele nachgelebt und nachgestaltet werden, und eben dafür steht offenbar *das Symbol der Geburt des* (Messias-)*Kindes* im Himmel[80]; was vorhin als «Essen des Büchleins» vorgestellt wurde (Apk 10,8-11), weitet sich jetzt zur Szene von Empfängnis und Geburt, und fragt man, was eigentlich hier geboren, verfolgt und zum Himmel erhöht wird, so wird man gerade wegen der *mythischen* Bilder dieser Szene durchaus nicht dabei stehen bleiben können, historisch-kritisch zu konstatieren, es gehe hier um das wahre Gottesvolk und das Schicksal des Messias. Es geht vielmehr

[80] Zur *Geburt des Messiaskindes* ist als Materialsammlung A. DREWS: Die Christusmythe, 52–85 immer noch recht anregend, der auf alte Einflüsse aus dem Umkreis der Sonnenmythologie hinwies. Bes. das Motiv von der verfolgenden Schlange besitzt einen sehr alten astralmythologischen Hintergrund; vgl. W. BOUSSET: Die Offenbarung Johannis, 337.

darum zu sehen, daß die mythischen Bilder in sich selbst eine Bedeutung tragen, die man kennen muß, um allererst die «Theologie» von «Messias» und «Kirche» verstehen zu können. Was die Gestalt des «Messias» bedeutet und welch eine erlösende Rolle der «Kirche» zukommt, wird erst auf dem Hintergrund der psychischen Symbolik wirklich verständlich, und es verhält sich hier nicht anders als allerorten im Verlauf unserer bisherigen Untersuchungen: die Geheimnisse der menschlichen Seele bilden in Thematik und Darstellung die Grundlage auch des theologischen Verstehens, während umgekehrt von einer dem Unbewußten gegenüber isolierten Theologie aus niemals mehr die wirkliche Bedeutungstiefe der mythischen Bildvorlagen (auch in der christlichen Dogmatik) zurückzugewinnen ist.

Was die Geburt des göttlichen Kindes angeht, so wird man zunächst daran erinnern müssen, daß das Motiv von Verfolgung und Flucht *notwendig* zu dem Archetyp der Geburt des (Sonnen-)Kindes hinzugehört. Alles, was wir diesbezüglich schon zu der Kindheitsgeschichte des Matthäusevangeliums gesagt haben, darf ohne weiteres auch an dieser Stelle gelten (vgl. I 519-522), und wir können uns längere Ausführungen an dieser Stelle daher sparen. Es kommt aber darauf an, den *mütterlichen* Hintergrund dieser Szene zu begreifen. Das Bild der Frau selbst, die als schönste der Frauen nach dem Vorbild der Mondgöttin gemalt ist[81], soll offenbar alles in sich versammeln, was an Traum, Poesie und Schönheit die Vorstellungskraft der sublunaren Welt bestimmt[82]; denn es sind gerade diese Schichten der träumenden Seele, denen das «göttliche Kind», das Symbol eines wahren menschlichen Lebens, seine Existenz verdankt. Doch schon die Geburt ist schmerzhaft und mühsam. Immer wieder herrscht das Vorurteil, daß die Rückkehr zur Welt der Träume und der Mythen etwas Lebenvermeidendes, Resignatives sei; aber in Wahrheit muß man einmal vor Augen haben, unter welchen dramatischen Qualen, unter wievielen Seufzern und Hilferufen – z.B. im Verlauf einer psychoanalytischen Therapie – die Gestalt des wahren Selbst eines Menschen gerade aus der Welt seiner verborgenen «nächtlichen» Wünsche und Sehnsüchte zur Welt kommt, und man wird ein für allemal wissen, daß es nichts Schwierigeres und Gefahrvolleres, aber auch nichts Wichti-

[81] Bei der «Frau» läßt sich auf altbabylonischem Hintergrund an die Sonnenfrau *Damkina*, die Mutter *Marduks*, denken, die von der lichtfeindlichen *Tiamat* verfolgt wurde; vgl. W. Bousset: A.a.O., 352. Doch statt an eine Sonnengestalt erinnert die Beschreibung der geheimnisvollen Frau eher an bestimmte lunare Züge.

[82] C.G. Jung: Antwort auf Hiob, XI 471 hebt zwar hervor, es werde hier «keine Göttin und keine ewige Jungfrau» dargestellt; gleichwohl sieht er in der Frau eine «anima mundi», «das Gegenstück des Urmännlichen», «das ganze Geheimnis des ‹Weibes›: sie enthält in ihrem Dunkel die Sonne des ‹männlichen› Bewußtseins, die als Kind dem Nachtmeer des Unbewußten entsteigt und als Greis darein versinkt. Sie ... bedeutet den Hierosgamos der Gegensätze und versöhnt die Natur mit dem Geiste. – Der Sohn, der dieser himmlischen Hochzeit entspringt, ist notwendigerweise eine complexio oppositorum, ein vereinigendes Symbol, eine Ganzheit des Lebens.»

geres im Leben geben wird, als sich auf die «mütterliche» Welt eines «einfachen» Lebendürfens in der Unverfälschtheit des eigenen Wesens einzulassen.

Der *«Drache»*, der sich augenblicklich nach der Geburt zur Gegnerschaft der Frau und ihres Kindes aufwirft, kann tiefenpsychologisch zumeist mit gutem Recht als Feind der unbewußten Seelenkräfte, mithin als Repräsentant einer einseitigen Bewußtseinseinstellung interpretiert werden[83]; – in diesem Sinne haben wir in der Kindheitsgeschichte Jesu z.B. die Gestalt des «Josef» und des «Herodes» gedeutet (vgl. I 508; 512). Hier aber liegen die Dinge nicht so einfach. Als Verkörperung des Ungeistes einer entwurzelten, gottfernen und glaubenslosen Intellektualität wird man ohne weiteres *das «Tier»* in dem späteren Abschnitt von Apk 12,18–13,10 ansprechen können, und es ergibt auch in historischer Sicht einen überraschenden und bemerkenswerten Kommentar, wenn die historisch-kritische Exegese das «Tier» mit den sieben Hörnern als Manifestation des römischen Reiches betrachtet[84]. Der «Drache» hingegen, der in Apk 12,1-6 die Frau mit ihrem Kind in Todfeindschaft verfolgt, erscheint in der Geh. Offb. zwar als der eigentliche Auftraggeber auch dieses «Tieres», aber er ist mit ihm doch nicht identisch; vielmehr kehrt in ihm offenbar das Tier aus der Unterwelt zurück, das in Apk 11,3-14 bereits die beiden Propheten Gottes verfolgt hat, und die Thematik scheint hier wie dort die gleiche: die menschliche Verzweiflung. Die Geburt des Kindes durch die «Königin» des Himmels ist im Grunde ein Symbol für alle *Hoffnung*, deren ein Mensch fähig ist; aber gerade dagegen richtet sich die Übermacht der Angst, die vernichtende Kraft der Nichtigkeit des Daseins. Dementsprechend fegt der Drache als erstes die *Sterne* vom Himmel, und wir wissen bereits, daß dieses Bild, das sonst ganz unverständlich bliebe, einer Zerstörung aller Werte, einer furchtbaren Desillusionierung aller höheren Ziele des Lebens, entspricht. Kaum geboren, regen sich Ängste und Zweifel und drohen die neugeborene Gestalt der Menschlichkeit zu «verschlingen» – ein Alptraum, der in seiner oral-depressiven Maßlosigkeit zeigt, daß hier ein Entscheidungskampf auf Leben und Tod ausgetragen wird[85].

[83] Vgl. U. Steffen: Drachenkampf, 95–101 referiert die mythologisch-theologische Szene, ohne freilich tiefenpsychologisch das Motiv selber näher auszudeuten.

[84] Der *Drache mit den sieben Köpfen* hat ursprünglich wohl mit den römischen Kaisern nichts zu tun, eher schon mit der babylonischen Mythologie, die eine siebenköpfige große Schlange kannte, W. Bousset: Die Offenbarung Johannis, 336–337. H. Winckler: Die babylonische Weltschöpfung, 12; 35–36 verweist auf den Kampf, den alle Wandelgestirne, bes. der Frühjahrsmond, gegen die böse Sieben (gegen die Plejaden) führen müssen. – Das römische Reich in seiner patriarchalisch ausgerichteten Kultur hat E. Borneman: Das Patriarchat, 519–520 als eine Gesellschaft der Konkurrenz, der Ausbeutung und der Gewaltherrschaft beschrieben.

[85] E. Barlach: Der tote Tag, in: Die Dramen, 89 schildert diese Angst des «Sohnes», des Menschen, der nur Gott zum Vater hat, aber, niedergehalten von den Bindungen an die «Mutter», die Erde, diese seine Wahrheit «nicht lernen will» (S. 95); so wird ihm ohne sein Wissen das Pferd «Herzhorn», die Energie einer zukunftgewinnenden Hoffnung, von der «Mutter» getötet und als Mahl zubereitet: «Vater, könnte ich nur deine

Es ist wichtig zu sehen, daß auch in diesem Abschnitt (Apk 12,1–14,20) eine Lösung des jetzt freilich *wirklich* bestehenden seelischen Konfliktes zunächst nur virtuell, in der Ebene eines vorgestellten An-sich-seins, erfolgt und auch hier die Geschehnisse noch mehr eine Verheißung denn eine Erfüllung aussprechen; nur unter dieser Voraussetzung wird deutlich, warum es noch eines dritten Einsatzes bedarf, um in die Auseinandersetzungen der äußeren Wirklichkeit einzutreten. Deutlicher, als es hier geschieht, kann indessen ein biblischer Text kaum sagen, wie unendlich viel wichtiger die *inneren* Gesichte sind als die Wahrnehmung der äußeren Realität. Um die Härte der historischen Wirklichkeit zu bestehen, bedarf es zuvor einer schrittweisen Durcharbeitung der inneren psychischen Konflikte, und auch diese wiederum kann nur durch die Magie von Bildern gelingen, die vorgängig eine Hoffnung vermitteln, wie sie aus der historischen Wirklichkeit niemals gewonnen werden könnte, die aber gerade deshalb dazu befähigt, der historischen Wirklichkeit, oft genug wider alle Hoffnung, standzuhalten.

Insofern kommt es entscheidend darauf an, ins vorhinein zu wissen, daß das «göttliche Kind» (ein Bild, das für die Erhöhung Christi als des Messiaskönigs so gut wie gar nicht mehr passen will) bei Gott im Himmel gerettet ist. Es liegt darin eine Versicherung, die inhaltlich in etwa dem Ausmessen des Tempels (Apk 11,1.2) und der Vision von dem Tempel Gottes im Himmel (Apk 11,15-19) entspricht, nur daß an die Stelle des «Tempels» jetzt die Person der Frau und des Kindes getreten ist. Die Verheißung selbst jedoch ist hier wie dort die gleiche: daß die wahre Gestalt eines Menschen, so bedroht in der psychischen und historischen Wirklichkeit sie auch erscheinen mag, bei Gott steht und gesichert ist. Aller Kampf und alle Auseinandersetzung in der «Wirklichkeit» «verdankt» sich dieser allem vorausliegenden Gewißheit.

Von daher ist im folgenden nun auch *der Kampf zwischen «Michael» und dem «Drachen»* (Apk 12,7-12) tiefenpsychologisch zu verstehen. In der christlichen Dogmatik hat man diese Stelle immer wieder als Bild für den «Sündenfall» des «Teufels» deuten wollen[86]; doch zu dieser Interpretation bietet der Text auch in

Stimme hören», sagt der Sohn. «... Ich wollte an deiner Hand fühlen, daß du es bist und fröhlich Vertrauen haben ...». Die «Mutter» aber sagt vom Sohn: «ich stehe neben ihm, könnte seine Hand fassen und darf es nicht. Und er ist nur in Gedanken beim Vater und lächelt lustselig. Seine Seele schwingt wie im Sonnenlicht, und doch denkt er nur an ihn. Wahrhaftig, ich bin nicht sicher, ob ich ihn nicht freudig hergäbe, lächelte er nur noch einmal wie jetzt – aber zu mir.» Es ist ein ständiger Entscheidungskampf zwischen Angst und Vertrauen, Abgrund und Urgrund, Unten und Oben, Welt und Gott, Trieb und Geist, in den der (Menschen)-Sohn gestellt ist; doch seine Bestimmung ist es, er selbst zu werden und die Gegensätze in sich zu vereinen. Entscheidend ist, daß gegenüber dem expressionistischen Drama BARLACHS in der Geh. Offb. das Bild der «Frau» an dieser Stelle nicht mehr antithetisch dem Bild des «Vaters» gegenübersteht.

[86] Vgl. J. BRINKTRINE: Die Lehre von der Schöpfung, 188 mit entsprechenden Literaturhinweisen. – Zur Wirkungsgeschichte der Gestalt des Erzengels *Michael* als Drachenkämpfers vgl. U. STEFFEN: Drachenkampf, 108–112.

historisch-kritischer Sicht keinerlei Anhaltspunkt; umgekehrt aber vermag auch die historisch-kritische Exegese nicht zu begründen, wieso gerade an dieser Stelle das mythische Motiv vom «Drachenkampf» auftaucht. Tiefenpsychologisch indessen verstehen wir sehr wohl, warum in diesem Entscheidungskampf zwischen Hoffnung und Verzweiflung, zwischen dem «neuen Sein» (P. TILLICH)[87] und dem «Abgrund», ein «Engel» Gottes hilfreich zur Seite stehen muß. In dem Bild des *«Engels»* lebt, psychologisch gesehen, die Wesensgestalt der eigenen Person[88]; sie ist Helfer auf dem Weg, Beistand in Gefahr, Schutz in Bedrängnis, Führer in Ausweglosigkeit; in ihr verkörpert sich all das, was in der Gestalt des «göttlichen Kindes» als Neuanfang und Einheit wachsen möchte,

[87] P. TILLICH: Das Neue Sein, in: Die neue Wirklichkeit, 85–95 schreibt sehr zutreffend: «Wiederversöhntsein, das ist das erste Kennzeichen der Neuen Wirklichkeit.» (S. 92) «Wo die Neue Wirklichkeit erscheint, fühlt man sich mit Gott vereinigt, mit dem Grund und Sinn der eigenen Existenz. Man besitzt das, was früher Liebe zum eigenen Schicksal genannt wurde und was wir heute den Mut nennen möchten, unsere Angst auf uns zu nehmen. Dadurch wird einem das wunderbare Erlebnis zuteil, sich mit dem eigenen Selbst wieder vereinigt zu fühlen. Dieses Erlebnis hat nichts mit Hochmut und falscher Selbstgefälligkeit zu tun, sondern mit einer Selbstannahme, die aus der Tiefe stammt. Man nimmt sich selbst an als etwas ewig Bedeutungsvolles, als etwas ewig Geliebtes, als etwas ewig Angenommenes. Der Abscheu vor sich selbst, der Haß gegen sich selbst haben aufgehört. Das Leben hat einen Mittelpunkt, eine Richtung, einen Sinn. Jede Heilung ... schafft diese Wiedervereinigung eines Selbst mit sich selbst.» (S. 93) Es ist P. TILLICHS großes Verdienst, gerade auf diese heilende, therapeutische Wirkung des Glaubens immer wieder hingewiesen und die Verbindung zu den Erfahrungen der Psychotherapie bewußt gesucht zu haben. Der Begriff des *Glaubens,* den TILLICH dabei zu Grunde legt, entspricht ganz und gar der Auffassung, die wir bei der Hermeneutik der Wundererzählungen entwickelt haben (s.o. S. 133–141). «Die Heilungsgeschichten», meint TILLICH, «beschreiben auch, welche Haltung eine Heilung möglich macht. Sie haben das Wort Glaube dafür. Selbstverständlich bedeutet Glaube in diesem Zusammenhang nicht ein Fürwahrhalten von unbeweisbaren Behauptungen. In jeder Religion bedeutet er das nie und sollte auch nie in diesem Sinne mißbraucht werden. Nein, Glaube bedeutet ein Ergriffensein von einer Macht, die stärker ist als wir, von einer Macht, die uns aufrüttelt und umwirft, umwandelt und heilt.» (A.a.O., 100) «Man nannte Jesus einen Arzt» (S. 101). «Was (aber, d.V.) für ein Bild haben wir von Jesus, dem Christus? ... Die graue Farbe des Moralpredigers, der gespannte Ausdruck des Sozialreformers, die weichen Züge eines Menschen, der leidend dient, sind vorherrschend geworden» (S. 105). «Haben wir dann und wann in gnadenvollen Augenblicken erfahren, daß wir *ganz* gemacht wurden, daß die Geister der Zerstörung uns verlassen, Zwangsvorstellungen sich auflösen, und daß statt mechanischer Abläufe, die unsere Seele tyrannisierten, nunmehr Freiheit uns beseelt? Daß schließlich Verzweiflung, diese gefährlichste aller Spaltungserscheinungen, diese wirkliche Krankheit zum Tode, geheilt wurde und wir aus Selbstzerstörung gerettet wurden? Widerfuhr uns das durch die Macht des Bildes von Jesus, dem Erlöser? Hier liegt das wirkliche Problem, das wahre Problem der Christologie (um es theologisch auszudrücken), die Frage auf Leben und Tod (um es menschlich auszudrücken)». S. 107) «Das Christentum verkündigt nicht das Christentum, sondern eine Neue Wirklichkeit.» (S. 95) – Es ist beschämend und bedrückend zu sehen, wie wenig Einfluß das Denken und vor allem die Erfahrung, das Anliegen P. TILLICHS auf den sich selbst verwaltenden theologischen Betrieb in Exegese und Dogmatik gehabt haben. Speziell in der Auslegung der Geh. Offb. geht es nicht darum, «Christus» als den «Herrn der Geschichte» zu «verkündigen», es geht zunächst einmal darum, die Abgründe der Angst und Verzweiflung mitzuempfinden und in der eigenen Existenz aufzudecken, damit die Vision des «Menschensohnes» sich zu ereignen vermag.

[88] Zum Symbol des *«Engels»* vgl. E. DREWERMANN – I. NEUHAUS: Voller Erbarmen rettet er uns. Die Tobit-Legende tiefenpsychologisch gedeutet, 40–41.

aber noch schutzbedürftig und wehrlos erscheint. Damit das «Kind» leben kann, bedarf es deshalb eines geistigen, von «Engeln» geführten Krieges *gegen* die Verzweiflung, und er muß durch die Bildung einer neuen Überzeugung, eines neuen geistigen Standpunktes, vorwegentschieden und gewonnen werden. Erst so wird das Paradox verständlich, das in jeder anderen Betrachtung dieser Szene sich dem Verständnis entzieht: daß Gott den «Teufel» aus dem Himmel vertreiben läßt, nur damit er auf Erden um so toller wüte – man sollte meinen, diese «Lösung» sei nicht gerade ein Vorteil für die Erde und der Allmacht Gottes nicht besonders angemessen. Aber während man theologisch durchaus nicht verstehen kann, warum Gott in seiner Güte und Weisheit auf derart merkwürdige und leidvolle «Umwege» in seinem Kampf gegen den «Teufel» angewiesen sein soll, leuchtet es tiefenpsychologisch ohne weiteres ein, daß in der äußeren Wirklichkeit, auf der «Erde», die Auseinandersetzung erst richtig beginnen muß, wenn sich im «Himmel», geistig, die Einstellung ein für allemal zugunsten der Hoffnung und der Menschlichkeit entschieden hat. Was als geistiger Krieg, als innere Auseinandersetzung, begann, muß nun im wirklichen Leben durchgestanden werden, und es ist allem Anschein nach gerade dieser Wechsel der Aufgabenstellung, der sich in der eigentümlichen Verlagerung der Szene vom Himmel auf die Erde manifestiert.

Auch in Apk 12,1-17 ist zunächst nicht verstehbar, wieso – offenbar zusammen mit dem Drachen – die himmlische Frau, die eben noch ihre Zufluchtstätte im Himmel besaß (12,6), gleichermaßen auf die Erde versetzt worden ist. Zwar leuchtet es in der historisch-kritischen Exegese ein, daß die «Frau», als Verkörperung des Gottesvolkes, auf Erden verfolgt wird, jedoch will dazu ihr vormaliger Aufenthalt im Himmel nicht gut passen, und das eigentliche Problem der Stelle liegt offenbar gerade in diesem Wechsel der Szene zwischen Himmel und Erde. Tiefenpsychologisch aber leuchtet es durchaus ein, daß der «mütterliche» Wurzelgrund der Seele gerade jetzt, beim Übergang von der Welt des An-sich-seins in die Wirklichkeit, sich zunächst wie in einer «Wüstenei» vorfindet, in der alles Leben erst beginnen müßte, um zu sein[89]; man versteht auch die Verfolgung durch den «Drachen», der, an dieser Stelle freilich anders als der ägyptische *Apophis*, statt ewigen Feuers «Wasser» speit. Es führt auch hier nicht weiter, lediglich als Faktum auf die Ähnlichkeit dieses Mythems etwa zu der Perseus-

[89] *Geographische Aufenthaltsorte* besitzen in historisch-kritischer Betrachtung naturgemäß keinerlei symbolische Bedeutung, sofern sie nicht auf redaktionelle Aussageabsichten oder theologische Zitate aus anderen Bibelstellen verweisen. Natürlich wird man auch hier an den Aufenthalt Israels in der Wüste denken können (E. Lohse: Die Offenbarung des Johannes, 72); aber auch dann wird es die Frage sein, was es im Exodus-Bericht bedeutet, in der *Wüste* zu leben; vgl. Tiefenpsychologie und Exegese, I 496–497. – Religiös betrachtet sind, wie im Traum, Landschaften wesentlich Seelenräume. Vgl. M. Lurker: Der Baum in Glauben und Kunst, 72–75.

Sage zu verweisen, wo der Drache Ladon die an den Felsen gefesselte Jungfrau Andromeda bedroht[90], oder an die babylonische Mythe vom Kampf Marduks gegen die Tiamat um die Errettung des Festlandes zu erinnern[91]. Tiefenpsychologisch wird man die drohende Überflutung durch das «Wasser» des Drachens am besten als ein Bild übermächtiger *«Traurigkeit»*, als eine Überflutung durch ein Meer von Tränen, verstehen müssen – man könnte dann jedenfalls recht gut das Paradox erklären, daß der «Drache» gerade in der «Wüste» «Wasser» speit, statt sich des Feueratems zu bedienen, der ihm üblicherweise zu Gebote stehen müßte[92]. Gerade wenn ein Mensch weiß, wie sein Leben eigentlich beschaffen ist, gerade wenn er fest entschlossen ist, der Vision seines eigenen Daseins zu folgen, wird ihn seine bisherige Existenzweise in ihrer «Wüstenei»: in ihrer Leere, Unfruchtbarkeit und Ödnis erschrecken müssen, und es ist dann die größte Gefahr, aus lauter Traurigkeit gegenüber der gestellten Aufgabe zu resignieren und in einer Flut von Tränen fortgeschwemmt zu werden. Niemals ist die Bedrohung der Verzweiflung so tödlich wie in dem Moment, wo geistig eigentlich bereits alle Voraussetzungen geschaffen sind, um das Leben in seiner wahren Gestalt zu beginnen; und doch ist es am Ende die «Mütterlichkeit» der «Erde» selbst[93], die das «Wasser» des «Abgrunds» aufsaugt und die «himmlische Frau» errettet.

5) Apk 12,18–13,18: Die Vision von dem Tier aus dem Meer und dem Tier aus der Erde

An dieser Stelle zum ersten Mal – und auch historisch völlig korrekt – betreten wir mit der nachfolgenden Vision von dem *Tier aus dem Meer* in Apk 12,18–13,10 den Boden des wirklichen Lebens und der wirklichen Geschichte, aber selbst dies wieder nur in einer Art virtuellen Vorausbildes. Ohne Zweifel enthält das Tier aus dem Meer mit seinen sieben Köpfen und 10 Hörnern eine Reihe von Anspielungen auf das römische Reich, und vieles entspricht bereits

[90] W. Bousset: Die Offenbarung Johannis, 352–353.

[91] A.a.O., 352.

[92] *Das Wasserspeien des Drachen* findet Bousset: Die Offenbarung Johannis, 345 zu Recht «bemerkenswert» und erklärt richtig, daß die üblicherweise angeführten biblischen Parallelen (vgl. E. Lohse: Die Offenbarung des Johannes, 72) «völlig nichtssagend» seien; das «spezifisch Mythologische unseres Textes» trete «gerade hier wieder ganz deutlich heraus.» Aber dann ist nach dem Sinn des «Mythologischen» zu fragen, während die historisch-kritische Methode an dieser Stelle, an der das Nachdenken beginnen sollte, stets abbrechen muß; denn sie könnte in der Auslegung derartiger Texte nur weiterkommen, wenn sie anerkennen würde, was sie ihrer ganzen Ausrichtung nach niemals anerkennen kann: daß es einen (unbewußten) Bedeutungsgehalt der Symbole gibt, der an sich selbst gilt und der jeweiligen Aneignung in bestimmten geschichtlichen Zusammenhängen vorausliegt, statt davon begründet zu werden.

[93] E. Lohse: Die Offenbarung des Johannes, 72.

hier schon dem Portrait des Tieres, auf dem späterhin die «Hure Babylon» in Apk 17,1-7 einherreiten wird. Gleichwohl geht es zunächst nurmehr um Grundbilder zur Bewältigung der Wirklichkeit in ihren Anfechtungen und Konflikten. Es braucht uns hier nicht zu beschäftigen, inwieweit die innere Psychologie des römischen Reiches mit seiner patriarchalischen Machtbesessenheit in historischem Sinne durch die Visionen der Geh. Offb. «richtig» wiedergegeben wird[94]; deutlich ist indessen die tiefenpsychologische Wahrheit, daß gerade aus dem Abgrund der Verzweiflung und dem Meer der Tränen der Wille entsteigt, die Tiefe der Traurigkeit mit der Gegenkraft eines einseitigen Bewußtseins und einer gefühlskalten, berechnenden Rationalität zu bekämpfen und in Schach zu halten. Ja, es mutet wie ein furchtbares Portrait unserer eigenen neuzeitlichen Lebenswirklichkeit an, wenn wir hören, daß das Tier aus dem Meere sich selbst daran macht, durch äußere Manipulationen die gleichen «Wunder» zu wirken, die religiös allein durch die Wandlung des inneren Menschen hervorgebracht werden können. Vor allem der Sieg über den Tod – das zentrale Thema jeder Religion – wird durch das «Tier» auf staunenswerte Weise nachgeahmt, und es hat fast den Anschein, als wären wir gerade in unseren Tagen überhaupt erst recht dabei, die Taten dieses «Tieres» in vollem Umfang zu würdigen. Denn selten zuvor dürfte es eine Zeit gegeben haben, die mit der Endlichkeit des Lebens so wenig anzufangen wußte wie die unsere; und statt von der Religion zu lernen, das Dasein als Vorbereitung auf die Ewigkeit zu verstehen und zu gestalten[95], verhalten wir uns in der praktischen Lebensführung ganz so, als ob es ein anderes Leben als das irdische durchaus nicht gäbe. Ganz nach dem Vorbild des Tieres aus dem Meere verbrauchen wir all unsere Intellektualität dafür, dieses irdische Dasein so angenehm, so schmerzfrei, so wohlversorgt und hygienisch wie nur möglich einzurichten, und wir vergessen darüber völlig, daß das eigentliche Problem: wie wir sinnvoll und innerlich erfüllt zu leben vermögen, auf diese Weise nur verdrängt, nicht gelöst wird[96]. Je «gründlicher» wir uns in der irdischen, materiellen Welt auskennen und festzumachen suchen, desto mehr verlieren wir uns an die Endlichkeit und werden in der Bewunderung unserer äußeren (z.B. medizinischen) Wundertaten zu Anbetern gerade der Nichtigkeit und Vergänglichkeit, die sich in dem «Drachen» verdichtet und der wir mit Hilfe seines «Tieres» zu entkommen hoffen. In der Tat scheint dies die alles entscheidende Wahl zu sein: ob wir es lernen, an den uralten «Mythos» von dem Gott zu glauben, der in menschlicher Gestalt den Tod auf sich nimmt und zum Leben hin öffnet, oder ob wir an die Stelle des Gottmenschen, der Vision

[94] S.o. S. 572, Anm. 84 (E. Borneman).
[95] Vgl. zu *Tod* und *Leben* E. Drewermann: Laßt sie erfahren, daß das Reich Gottes nahe ist, in: Psychoanalyse und Moraltheologie, 3.Bd.: An den Grenzen des Lebens, 57–84.
[96] Vgl. E. Drewermann: Strukturen des Bösen, I^3(erw.) 378–386.

Dostojewskis folgend, den *Menschgott* setzen, der mit scheinbar rationalen Mitteln den Tod besiegt, nur um ihn desto tiefer in sich aufzunehmen[97]. Es scheint möglich, alle Desiderate des Religiösen: Menschlichkeit, Freiheit, Leben, Unsterblichkeit, Liebe und Glück auf äußere Weise mißzuverstehen und mit äußeren Surrogaten zu betäuben; aber man wird den Visionen der Geh. Offb. an dieser Stelle recht geben müssen: jede Art von «Götzendienerei» endet (selbst-) zerstörerisch und schafft gerade die Formen von Unmenschlichkeit, Unfreiheit, Unleben und Verzweiflung, die man endgültig mit den vergöttlichten Mitteln der Endlichkeit zu überwinden trachtet.

Und dennoch bleibt die Versuchung ständig bestehen, bis in Sprache und Ritus hinein die Ebene des Religiösen ins Irdische zu pervertieren, indem man, mit S. Kierkegaard gesprochen, sich «absolut verhält zum Relativen»[98] und damit die Dimension des Absoluten selbst vollkommen aus den Augen verliert. Gerade die Melancholie und Traurigkeit in dem «Meer» der Tränen verführt immer wieder dazu, sich mit der Kraft eines Ertrinkenden an endliche Größen der diesseitigen Welt zu klammern, wie wenn sie Halt und Schutz gewähren könnten. In der Sprache der Geh. Offb. stellt sich diese außerordentlich starke Versuchung so dar, daß *ein anderes Tier*, nicht dem «Meer», aber der «Erde» entsteigt, das äußerlich ganz und gar der Gestalt des Erlösers gleicht und doch in seiner ganzen Denkweise eine Ausgeburt des «Drachens» darstellt (Apk 13,11-18). «Lammfromm» in Erscheinen und Auftreten, inszeniert es eine vollendete Perversion des Religiösen, indem es «Feuer vom Himmel auf die Erde regnen» läßt – indem es mithin die geistige Energie, die dem Unendlichen gehört, ins Endliche herabzieht – und indem es ein Bild des anderen Tieres anfertigen läßt. Es ist nicht einfach in äußerem Sinne der Verstoß des Bilderdienstes, den das «Tier» sich damit zu Schulden kommen läßt und den schon das Alte Testament immer wieder ad absurdum zu führen suchte (vgl. Ps 115,4-8; 135,15-20); es geht vielmehr um die Grundhaltung, aus Angst vor der Endlichkeit des Daseins gerade die endlichen Dinge der Welt als letzte Gegebenheiten zu betrachten und, in Perversion der religiösen Sehnsucht, Dinge, die selbst dem Tode anheimgegeben sind, als Erfüllungsgaranten von Heil und Glück mit einem fiktiven Eigenleben und einer projektiven Zaubermacht zu umkleiden. Dabei kann diese Scheinberuhigung der Daseinsangst nie endgültig gelingen, und so muß das Überzeugungsdefizit aller Götzendienerei durch organisierte Gewalt kompensiert werden. Die Vision selbst ist von einer schrecklichen Treffsicherheit, und sie bleibt gültig, solange die «Terrorbrüderlichkeit» kollektiver Zwangssysteme des Zusammenlebens geschichtlich andauert, indem die Angst aller voreinander

[97] F. M. Dostojewski: Die Dämonen, 3. Teil, 6. Kap. 2; S. 642–648.

[98] Zu dem Begriff der *Verzweiflung* bei S. Kierkegaard vgl. E. Drewermann: Strukturen des Bösen, III 487–497.

danach drängt, sich der Zugehörigkeit des anderen durch systematische Ausschaltung seiner Freiheit zu versichern[99]. Das Ziel ist erreicht, wenn das Innere des Menschen wie ein äußeres Material knetbar und manipulierbar geworden ist, wenn es sich wie ein Rohstoff darbietet, der jeder wünschbaren Prägung willenlos ausgeliefert ist.
Natürlich liegt es nahe, die Visionen der Geh. Offb. an dieser Stelle auch politisch zu aktualisieren.
In der Tat wirken die Verwaltungspraktiken der Römer mit dem Absolutheitsanspruch des Kaiserkultes beinahe dilettantisch, gemessen an der modernen Gleichschaltung riesiger Menschenmassen unter der zentralen Lenkung einer sich unfehlbar dünkenden Ideologie zynischer Machtausübung. Kein Zweifel: wir haben seit den Tagen des Sehers von Patmos in der Schule des *Tieres aus der Erde* gewaltig dazugelernt. Dennoch kommt es darauf an, die Bilder der Geh. Offb. auch hier zunächst im Umfeld ihrer psychologischen Bedeutung zu belassen und sie nicht vorschnell in die äußeren Strukturen von Macht und Verwaltung zu verschieben. Die bittere Wahrheit besteht ja darin, daß man Menschen nur solange mit dem Namen des Tieres imprägnieren kann, wie sie selbst ein Verlangen danach tragen, aus Angst vor sich selber ihre Freiheit an die kollektive Unverantwortlichkeit aller abzugeben. Der Terror des Kollektivismus ist kein äußeres Geschehen, dem wir ab und an – leider – zum Opfer fielen; er existiert als Wunsch und Sehnsucht in unserem Herzen, längst ehe er objektiv in den Strukturen der Macht sich kondensiert und kristallisiert[100]. Eben deswegen ist es wichtig zu sehen, daß die Verführung des «Tieres der Erde» einen jeden bedroht, der auf dem Wege zu sich selbst die Verzweiflung der Nichtigkeit und des Todes überwunden hat: kaum daß man es aushält, sterblich und endlich zu sein, öffnet sich der Abgrund der Unendlichkeit der Freiheit, und während die Angst vor der Vergänglichkeit des Daseins das «Tier aus dem Meere» auf den Plan rief, um seine scheinbare Macht über die Hinfälligkeit der menschlichen Physis zu suggerieren, drängt die Angst vor der Unableitbarkeit und Offenheit der geistigen Bestimmung in der Gestalt des «Tieres aus der Erde» dahin, sich selbst in seiner Freiheit zu verkürzen und zum bloßen Befehlsempfänger, zum ausführenden Organ, zum Apparatschik zu verformen. In beiden Fällen hält das Dasein die eigene Spannung nicht aus und bildet stattdessen falsche Synthesen seiner selbst, indem es die Endlichkeit seiner irdischen Existenz in Gestalt des «Tieres aus dem Meere» zu verunendlichen trachtet und umgekehrt die Unendlichkeit seiner geistigen Existenz in Gestalt des «Tieres aus

[99] Zur inneren Struktur der *«Terrorbrüderlichkeit»* in der Sozialphilosophie J.P. SARTRES vgl. E. DREWERMANN: Strukturen des Bösen, III 389–396.
[100] Vgl. E. DREWERMANN: Strukturen des Bösen, III 360–373 (zum Problem der Freiheit und Notwendigkeit bzw. zum Begriff der Sünde als «Situiert-Sein»).

der Erde» zu verendlichen sucht[101]. In beiden Fällen treibt es einen perversen Götzendienst, der nur durch einen erneuten Entschluß zur Selbständigkeit und Unableitbarkeit der eigenen Existenz zu überwinden ist. Wohl bedroht jede Angstgemeinschaft von Menschen den Einzelnen, wenn er selber zu leben versucht, bis in die wirtschaftliche Form des Güteraustausches hinein mit dem sozialen Exil; aber selbst solche Sanktionen und Praktiken können doch nur zu verstehen geben, daß es im letzten nicht die zu verwaltenden Bereiche des Menschen sind, die Personen miteinander verbinden, sondern daß allein der Austausch geistiger Beziehungen Menschen zusammenzuführen vermag; die Art der geistigen Beziehungen unter Menschen aber gestaltet sich ganz und gar nach der Art der Beziehung zu Gott.

6) Apk 14,1–20,6: Die Vision von der Hochzeit des Lammes und dem Sturz der Hure Babylon

Wunderbar ereignet sich im folgenden *die Vision des «Lammes»* (Apk 14,1-5). Gewiß ist die Chiffre des «Lammes» durch das Gottesknechtslied des Jesaja in Jes 53,7 bedingt sowie vielleicht durch den Gleichsinn des aramäischen Wortes *ṭlj'*, das «Knecht» wie «Lamm» bedeuten kann[102]. Im Kontext der Geh. Offb. aber ist nicht zu übersehen, daß die Vision des Lammes symbolisch auf die Vision des Tieres aus der Erde antworten soll. So wie dieses sich bereits in seiner Lammesgestalt als erklärter Gegner des *wahren* Lammes erwies (Apk 13,11), so kehren sich nun die Verhältnisse endgültig um: die übermenschliche, insofern «tierische» Versuchung weicht einer höheren göttlichen Bestimmung; an die Stelle der Gegengewalt des Menschlichen tritt die menschliche Stärke des Gött-

---

[101] Vgl. E. Drewermann: A. a. O., III 471–475 (zur Verzweiflung der Endlichkeit).

[102] J. Jeremias: Pais (theou) im NT, in: Abba, 194 meint, daß das Bild vom «Lamm Gottes» auf das Aramäische Wort zurückgehe, das sowohl «Lamm» als auch «Knabe, Diener» bezeichnen kann. Das Symbol des Lammes selbst aber könnte durchaus auf indische Einflüsse zurückgehen, indem der Sonnen- und Feuergott Agni als Stier verehrt wurde. A. Drews: Die Christusmythe, 101 meinte: «Um das Jahr 800 v. Chr. war die Sonne, der himmlische Agni, die bis dahin beim Frühlingsanfang im Sternbild des Stieres gestanden hatte (infolge des Vorrückens der Tag- und Nachtgleiche) in dasjenige des Widders eingetreten. Damit war sie nach astrologischer Denkweise selbst zum Widder geworden. Wenn sie vorher als Stier den Frühling eröffnet und die Welt von der Herrschaft des Winters erlöst hatte, eine Vorstellung, die sich noch im Mithraskult erhalten hat, so gingen diese Funktionen nunmehr auf den Widder über, und dieser wurde zum Symbol des Gottes und sühnenden Opfertiere. Nun wurde von den Persern das Sternbild des Widders mit einem Wort bezeichnet, das ebensowohl auch ‹Lamm› bedeuten konnte.» Das Lamm der Geh. Offb. wäre demnach ein Verwandter des mystischen Stier- und Widderopfers im vorderasiatischen Sonnenkult. *Tiefenpsychologisch* verkörpert das *Lamm* demnach als Sonnensymbol den Bereich des Bewußtseins, des Verstandes, und es ist diese Ebene der Wirklichkeit, die mit der «Braut», den «weiblichen», unbewußten Teilen der Psyche, sich zur Ganzheit verbinden muß.

lichen; an die Stelle von Traurigkeit, Zerstörung und Unfreiheit treten Freude, Lebendigkeit und Eigenständigkeit. Sie alle verdichten sich in dem *neuen Lied* (Apk 14,3), das nicht in äußerem Sinne zu «lernen» ist, aber den Menschen, die zu ihrem eigenen Maß gefunden haben, wie von selber als ein nicht endender Lobgesang entsteigt. Die Seele eines jeden Menschen ist vor Gott wie eine wohlgestimmte Harfe, deren Saiten unter seinen Händen erklingen zu einer himmlischen Harmonie und einschwingen in die Symphonie all der Schwestern und Brüder des Glaubens und der Liebe – in der Schar der 144000, die gegen die Macht des Abgrundes zur reinen Gestalt ihrer Menschlichkeit vor Gott gefunden haben.

Die weiteren Visionen dieser zweiten «Spiralenbewegung» haben alle das gleiche Thema: die Ausdehnung der gefundenen Wahrheit auf die ganze Lebenswirklichkeit; die einzelnen Szenen sind in sich so klar, daß wir sie nicht eigens mehr zu besprechen brauchen. Hervorzuheben ist allerdings der nach wie vor bestehende kämpferisch-sadistische Grundzug, der die verschiedenen Bilder prägt. Der Abschluß dieses zweiten Lösungsversuchs besteht in der Gewißheit, daß das «Lamm» bzw. der «Menschensohn» siegen wird; aber es ist ein Sieg der inneren Zwiespältigkeit und Abtötung – ein erheblicher Fortschritt gegenüber den in Apk 11,3-19 gezeigten Visionen von der Entrückung der «Propheten» Gottes und dem himmlischen Tempel mit der Bundeslade, aber doch noch zu zerrissen und quälerisch, um menschlich befriedigend zu sein.

Deshalb bedarf es jetzt erneut einer dritten Drehung der Spirale, um eine wahre Synthese der Gegensätze vorzubereiten.

Wen die HEGELsche Begrifflichkeit nicht abschreckt, mag sagen, daß die drei Abschnitte des «Buches mit den sieben Siegeln» sich nach Art eines dialektischen Dreischritts anordnen: nachdem der Prozeß der Selbstfindung in den Visionen von den sieben Posaunen (Apk 8,2– 11,19) in einem idealen *An-sich-sein* geschildert wurde, können wir den Abschnitt von der Geburt des «Kindes», den Triumphen der «Tiere» des «Drachens» und dem Siegeszug des «Lammes» (Apk 12,1– 14,20) als Darstellung desselben Prozesses in seinem *Für-sich-sein* bezeichnen, indem hier die subjektive, «irdische» Seite der Bewegung in Erscheinung tritt. Der nachfolgende Abschnitt (Apk 15,1–20,5) hat unzweifelhaft den Sinn, den endgültigen Sieg des Lammes zu schildern, aber so, daß hier die genannten Symbole auf die objektive Wirklichkeit hin durchsichtig gemacht werden (Apk 17,7-18) und die bestehenden Gegensätze in der Wirklichkeit nicht nur durchgekämpft, sondern schließlich einer wirklichen Synthese zugeführt werden; als einen solchen synthetischen Prozeß mag man diese dritte Windung der Spirale als den Prozeß der Selbstfindung in seinem *An-und-für-sich-sein* bezeichnen.

Entscheidend für diese Auffassung der inneren Struktur der Geh. Offb. sind vor allem zwei Beobachtungen: zum einen der Gegensatz zwischen der himmli-

schen Frau in Apk 12,1-6 und der Hure Babylon in Apk 17,1-6; zum anderen das Motiv der himmlischen «Hochzeit» des «Lammes» in Apk 19,1-10.
Wenn wir in der Vision der Frau und der Geburt des (göttlichen) Kindes ein Bild für den Beginn eines eigentlichen Lebens erkannt haben, so zeigt sich jetzt, daß die Idee des «Selbst» zwar subjektiv realisiert ist, aber objektiv noch die ganze Wirklichkeit gegen sich hat.
Daß die Vision der Frau und die Vision der Hure Babylon «irgendwie» miteinander zu tun haben, ist immer wieder gesehen worden; aber es zeigt sich bei näherem Hinblick, daß beide Bilder sich zueinander *umgekehrt symmetrisch* verhalten, indem das eine das exakte Umkehrbild des anderen darstellt: Während die Frau mit ihrem Kind von einem siebenköpfigen Drachen mit 10 Hörnern verfolgt wird, wird die Frau, in der das heidnische «Babylon» sich verkörpert, von einem eben solchen (Un-)Tier umhergetragen; während die Frau in Apk 12,1-6 durch ihre Geburt sich als *Mutter* erweist, ist die Frau in Apk 17,1-6 bewußt als *Dirne* gekennzeichnet; während die eine Frau ihres Sternenschmucks beraubt zu werden scheint, ist die andere Frau auf das trefflichste herausgeputzt; während die eine göttliches Leben schenkt, lebt die andere vom Blut der Zeugen Gottes. Tiefenpsychologisch wird man diesen Kontrast zwischen den beiden Frauengestalten wohl nur so verstehen können, daß sich in der eigenen Persönlichkeit jetzt zwei Zentren gebildet haben, die spiegelbildlich einander gegenüberstehen: der zögernd beginnenden Selbstwerdung widersteht die Gestalt der prunkenden Selbstentfremdung, und die Frage dieses dritten Abschnittes lautet deshalb, wie das wahre Ich sich gegen seine eigene Karikatur durchzusetzen vermag.
Es ist bekannt, daß in Mythen und Sagen Völker und Menschengruppen in einzelnen menschlichen Gestalten personifiziert werden können, und insbesondere *Städte* werden mit Vorliebe als Frauen dargestellt[103]. In tiefenpsychologischer Sicht bildet der Archetyp der Frau mithin ein Urbild zur Auslegung geschichtlicher Begebenheiten, und das bedeutet wiederum, daß wir auch die «Hure Babylon» zunächst als einen Bereich innerhalb der seelischen Wirklichkeit verstehen müssen, und zwar als denjenigen Teil, der sich der Herausbildung eines eigenen Lebens am meisten widersetzt. Dabei fällt auf, daß der innere Widerstreit zwischen Selbstfindung und Selbstentfremdung, zwischen der Treue und der Untreue zu Gott als ein *weiblicher* Gegensatz zwischen den Rollen von Mutter und Dirne dargestellt wird. Gewiß trifft es zu, daß bereits im Sprachgebrauch der Propheten das Verhältnis zwischen Jahwe und seinem Volk nach dem Vorbild des Verhältnisses von Mann und Frau beschrieben wird – jede Art von Götzendienerei gilt daher als eine Art ehelicher Untreue, als «Hurerei»

[103] S.o. S. 561, Anm. 64.

(vgl. bes. Hos 1,2; 2,2 u.ö.)[104]; gleichwohl ist mit dieser Feststellung noch nicht der spezifische Konflikt erfaßt, der an zentraler Stelle die Geh. Offb. kennzeichnet: die Ambivalenz des Weiblichen.

Tiefenpsychologisch wird man nicht umhin können, diesen an sich offenkundigen Befund innerer Gegensätzlichkeit als ein *zwangsneurotisches* Syndrom zu deuten[105]. Diese Feststellung ergänzt das bisherige extrem sadistisch anmutende Gesamtbild, das wir in den Visionen der Geh. Offb. gewinnen konnten. Nehmen wir zudem noch den Eindruck der zunächst rein beobachtenden, affektiven Unbeweglichkeit des Ich hinzu, so können wir die gewonnenen Merkmale in der Tat (unter Beifügung gewisser depressiver Grundzüge) allesamt dem zwangsneurotischen Erleben zuordnen und miteinander strukturell verknüpfen, indem wir die *Zuschauerrolle* des Ich als Verdrängung der aggressiv-sadistischen Affekte deuten müssen, die vom Unbewußten her dennoch in Form von ichfremd erscheinenden Visionen sich einen Zugang zum Bewußtsein zu verschaffen vermögen; als *Grund* des sadistischen bzw. masochistischen Konfliktes aber dürfen wir jetzt die *Ambivalenz im Erleben der Frau* vermuten. Wir müssen dann freilich hinzufügen, daß die Zwiespältigkeit des Weiblichen in der Geh. Offb. nicht irgendein Detail betrifft, sondern das gesamte Grunderleben prägt, und wenn wir früher das visionäre Erleben von der schizophrenen Reaktion her zu verstehen versuchten, so ist jetzt zu ergänzen, daß in der Apk. vor allem die zwangsneurotische Ambivalenz der Frau das schizophrene Gesamtmuster abgibt.

In allen Bereichen ist diese Zwiespältigkeit nachzuweisen. Wir sahen z.B. soeben, wie *die Erde* in Apk 12,13-17 die Frau vor dem wasserspeienden Drachen beschützt; aber es ist dieselbe Erde, der das dem Drachen dienstbare lammähnliche Tier entsteigt (Apk 13,11). Vornehmlich das *Gottesbild* der Geh. Offb. schwankt zwischen Schutz und Strafe, Recht und Rache, Versöhnung und Zerstörung extrem hin und her, und es scheint eine Frage zu sein, die sich nicht nur an die Geh. Offb., sondern an die Mentalität des Christentums insgesamt richten läßt: wie sein eigenes Gottesbild sich aus den zwangsneurotischen, patriarchalisch bestimmten Ambivalenzen zugunsten eines einheitlichen Erlebens des Göttlichen (und des Weiblichen!) zu läutern vermag[106]. Es ist klar, daß diese

[104] Daß dabei wie selbstverständlich die Frau als Versucherin erscheint, ist ein deutliches Kennzeichen für die patriarchalische Zwiespältigkeit der altisraelitischen Religionspsychologie ebenso wie des Christentums; vgl. E. Drewermann: Der Krieg und das Christentum, 232–282. Der patriarchalische Grundzug der christlichen Theologie, der Exegese insbesondere, zeigt sich eklatant an dem Tatbestand, daß so gut wie ausnahmslos auf den «Lehrstühlen» Männer das «rechte» wissenschaftliche Verständnis der hl. Schriften verwalten.

[105] Zur Charakterisierung der *Zwangsneurose* vgl. E. Drewermann: Sünde und Neurose, in: Psychoanalyse und Moraltheologie, 1. Bd., 136–143. Ders.: Von einer besonders tragischen Form des Mißverständnisses in der Ehe, in: Psychoanalyse und Moraltheologie, Bd. 2, 84–100.

[106] Besonders provokant und sachkundig hat Th. Reik: Dogma und Zwangsidee, 101–105 auf den Zusammenhang von Zwangsneurose und religiösem Dogmatismus hingewiesen; es scheint eine Überlebens-

Frage identisch ist mit der Erweiterung des Spielraums, den das Christentum für die seelische Integration des Einzelnen zu erschließen weiß.
Gott sei Dank, trägt die Geh. Offb., die wie keine andere Schrift der Bibel dieses Problem aufwirft, auch selber im Fortgang der weiteren Visionen zu seiner Lösung bei, und es zählt gewiß zu den tröstlichsten Verheißungen dieses seltsamen Büchleins, daß sich zugleich mit dem Menschen auch das Bild des Göttlichen zu vermenschlichen vermag. Als Symbol dafür dient der klassische Archetyp aller seelischen Integration: das *Bild der heiligen Hochzeit* des Lammes mit der Braut (Apk 19,1-10)[107]. Freilich ist dieses Bild gewissermaßen noch mitten unterwegs und keineswegs so rein und umfassend wie das Symbol der heiligen Hochzeit am Ende unzähliger Mythen und Märchen. Nicht nur, daß in den Märchen das *Motiv des Tierbräutigams*[108] selbst noch einmal einer läuternden Vermenschlichung unterzogen wird, wie z.B. in den Grimmschen Märchen vom «Froschkönig»[109] oder vom «Eselein»[110], es ist vor allem deutlich, daß gerade die Hochzeit des Lammes eine Antwort auf die bisherige Ambivalenz des Weiblichen zu geben versucht, dafür aber selbst noch *als Symbol* auf dem Niveau des bestehenden Konfliktes angesiedelt ist.
Alle bisherigen Spannungen fügen sich in diesem großen Bild der Geh. Offb. zusammen, wenn man die Stationen der Vorgeschichte noch einmal reflektiert. Es begann mit der extremen Zerspaltenheit zwischen der mütterlichen Frau und dem bedrohlichen Drachen; darauf antwortete die antithetische Umkehrung in

frage des Christentums zu sein, inwieweit es sich von dem theologischen Rationalismus seiner Selbstinterpretation und der damit verbundenen inneren wie äußeren Gewalttätigkeit befreien kann; vgl. E. Drewermann: Der Krieg und das Christentum, 277–282.

[107] Zu dem Motiv der *Hl. Hochzeit* zwischen Christus und der Kirche vgl. H. Schlier: Der Brief an die Epheser, 264–276, der die gnostische Herkunft des Bildes und seine Verbindung zu den Syzygienvorstellungen der jüdischen Sophiaspekulation unter Beweis gestellt hat. Zur symbolischen Bedeutung dieses Bildes vgl. E. Drewermann: Strukturen des Bösen, II 332–354 (zur Auslegung der «Engelehe» in Gn 6, 1-4).

[108] Das Motiv des *Tierbräutigams* erscheint bes. oft in der Variante von dem «schönen Mädchen und dem Tier», wie es in den Grimmschen Märchen z.B. in der Erzählung «Das singende springende Löweneckerchen» (KHM 88) überliefert wird. Zur Deutung dieses Motivs vgl. J.L. Henderson: Der moderne Mensch und die Mythen, in: Der Mensch und seine Symbole, 137–140, der zu Recht einen Ausdruck weiblicher (ödipaler) Vaterfixierung in dem Motiv erkennt. Die symbolische Deutung des Tiersymbols hat Origines: In Leviticum homiliae, V 2, um einen geistlichen Sinn in den veralteten Opferbestimmungen des AT's zu finden, auf geradezu klassische Weise formuliert: «Suche die Opfertiere in dir selber, und du wirst sie innen in deiner Seele finden. Verstehe, daß du innerhalb deiner selbst ... Herden der Ochsen ... Herden der Schafe und Herden der Ziegen hast ... Verstehe, daß in dir auch die Vögel des Himmels sind. Und wundere dich nicht, daß wir sagen, dieses sei in dir; verstehe, daß du auch eine zweite kleine Welt bist und daß in dir Sonne, Mond und Sterne sind.» Zit. nach C.G. Jung: Zur Empirie des Individuationsprozesses, IX 1, 372. Dem Wortlaut nach steht dem Basilius: Hexaemeron, 9. Homilie, 1, S. 139–140 entgegen, der die Allegorie der Tiere und Geschöpfe vor allem bei der Auslegung des Schöpfungsberichtes gegenüber gnostischen Spekulationen verwirft.

[109] KHM 1.

[110] KHM 144.

dem Bild von der Hure, die auf dem Drachenuntier einherreitet; die entscheidende Wandlung jetzt vollzieht sich, nachdem die Hure Babylon gestürzt ist, und sie besteht darin, daß das Drachentier ersetzt wird durch das *Lamm*, das mit seiner Braut Hochzeit hält. Das ehemals tierisch Bedrohliche oder tierhaft Perverse findet jetzt zu einer Einheit, die man tiefenpsychologisch als Integration von «Trieb» und «Seele», von Es und Ich, von Sinnlichkeit und Sittlichkeit verstehen kann, in der religiös aber der Ursprung auch aller seelischen Reifung sich ausdrückt: die Einheit von Göttlichem und Menschlichem, das Ende des Widerstreits von Himmel und Erde, von Oben und Unten, von Jenseits und Diesseits, von Ewigkeit und Zeit. Es ist ein Moment erreicht, in dem die Welt aufhört, ein gähnender Abgrund zu sein, und in dem die Sphäre des Göttlichen selbst sich als tragender Urgrund des Daseins, als Partner des Menschen enthüllt. Es ist zum ersten Mal, daß man in den Visionen der Geh. Offb. so etwas wie Frieden zu ahnen beginnt.

Und doch gehört es gerade zu der noch tierhaften Symbolsprache von der Hochzeit des Lammes, daß die innerlich schon vollzogene Synthese erneut sich kämpferisch gegen die Wirklichkeit durchsetzen muß. Das Symbol der Tierhochzeit leitet über zu dem Endkampf des «Menschensohnes» gegen die «Könige» der Erde, deren Leiber von den «Vögeln» des Himmels gefressen werden (Apk 19,11-21)[111]. Deutlich handelt es sich hier um einen «Geisterkampf», der mit dem «Wort Gottes» «geschlagen» wird. Fragt man sich inhaltlich, was hier auf dem Spiel steht, so wird man wohl nicht einfach sagen können, es gehe um die Anerkennung Christi und um die Unterwerfung der Welt unter die Herrschaft Gottes; denn so richtig eine solche Auskunft ist, so wenig Anhaltspunkte

[111] Es geht darum, den geistigen Machtanspruch des Verstandes und seiner Herrschaftswelt mit geistigen Mitteln zu bekämpfen, um die Einheit, die in dem Symbol der *Hl. Hochzeit* sich vorbereitet, in der Wirklichkeit leben zu können. – Das eigentliche Problem dieser Szenenfolge bestand für die Exegese lange Zeit darin, daß die blutrünstigen Bilder von Rache, Mord und Erniedrigung des Gegners noch über den Tod hinaus mit dem christlichen Gedankengut schier unvereinbar schienen, und man hat deshalb den ganzen Abschnitt (19, 11-21) als ein vorchristliches Traditionsstück erklären wollen. Dazu meinte lakonisch-zynisch, aber ehrlich W. Bousset: Die Offenbarung Johannis, 435: «An den Gedanken, daß ein Christ das vorliegende blutige und schaurige Nachtbild gezeichnet hat, wird man sich eben einfach gewöhnen müssen. Gelesen ist die Apk jedenfalls im jungen Christentum mit großer Vorliebe, erbaut hat man sich an diesen Racheszenen. Warum sollte ihre christliche Herkunft eine unmögliche Annahme sein?» Man muß dabei freilich ernst mit der Feststellung machen, daß es sich wirklich um «Nachtgesichte» handelt, – um die hintergründige Welt der Gefühle eines Mannes, der am Tage, im Bewußtsein, gerade durch eine auffallende Bereitschaft zu aggressionsloser «Hingabe», «Selbstaufopferung» und «Nächstenliebe» gekennzeichnet ist; dann aber ist man unmittelbar bei den Fragen, die von der Geh. Offb. in Wirklichkeit aufgegeben werden: wie man die (zwangsneurotische) Zerspaltenheit überwindet, die sich in den apk. Bildern ausdrückt; der symbolische Gehalt der Bilder, ihre psychologische Bedeutung ist dann weit wichtiger als ihre religionshistorische Einordnung (die allenfalls die symbolische Interpretation vervollständigen kann) nebst der Frage nach der *bewußten* Aussageabsicht ihrer Verwendung durch den Redaktor, die gerade als Teil unbewußter Verdrängungsvorgänge und unbewußter Selbstheilungsprozesse *dialektisch* verstanden werden muß.

bietet sie thematisch. Es ist vielmehr gut, sich klarzumachen, daß die «Könige» lediglich die letzten Reste vom Reich der «Hure Babylon» darstellen – ihr Untergang ist nur die Konsequenz der Vernichtung der Frau auf dem Tier mit den sieben Köpfen. Dann aber lohnt es sehr, einmal die auffallend lang und ausführlich geschilderte *Trauer* zu betrachten, mit der die Erdenkönige, die Kaufleute und die Seeleute auf den Untergang «Babylons» antworten (Apk 18,9-19). Offensichtlich verkörperte die «Hure Babylon» nicht nur eine Antwort auf die Angst vor der Nichtigkeit des Daseins – sie muß es auch verstanden haben, aus der Angst der Menschen buchstäblich «Kapital» zu machen; denn es ist der ökonomische Verlust, ja der finanzielle Ruin, der bewirkt, daß die Lohnabhängigen und Spekulanten von einst ihrer ehemaligen Größe nachtrauern.

Gewiß liegt in dieser Beschreibung die historisch richtige Feststellung, daß das römische Imperium wesentlich auch ein Wirtschaftsimperium war, das vor brutalen Erpressermethoden gegenüber seinen Kolonien und gegenüber dem hohen Prozentsatz an Sklaven nicht zurückschreckte[112]. Wichtiger aber ist auch hier die *Psychologie* des Geldes, mehr denn seine Ökonomie[113]. Die Frage ist ja nicht, *wie* man mit Geld Macht und Einfluß erlangt, die Frage lautet vielmehr, warum Menschen sich immer wieder auf eine Weise an das Geld binden, als wenn davon ihr ganzer Wert, ihre ganze Persönlichkeit abhängig wäre. Die Antwort kann psychoanalytisch nur lauten, daß das Geld diese Macht erlangt, wenn es wie ein Fetisch als Ersatz für die Liebe eines Kindes zu seiner Mutter genommen wird[114]. Mit Hilfe des Geldes können Menschen inmitten einer Welt, die sie als lieblos

[112] Im Antiken Rom dürfte zwischen 225–43 v. Chr. der Anteil der Sklaven gegenüber den Freien sich verfünffacht haben, so daß 3 Mio. Sklaven etwa 4,5 Mio. Freien gegenüberstanden; vgl. E. DREWERMANN: Der Krieg und das Christentum, 72, Anm. 38. M. I. FINLEY: Die Sklaverei in der Antike, 96 verweist freilich darauf, «daß eine Einschätzung der Bedeutung der Sklaven in einer Gesellschaft nicht von ihrer Gesamtzahl abhängt, wenn die erst einmal genügend hoch ist, sondern von ihrem Standort: . . . Erstens wer ihre Besitzer waren; zweitens welche Rolle sie in der Wirtschaft spielten». Offenbar «dominierten die Freien bei den landwirtschaftlichen Kleinbetrieben, . . . ebenso bei der Warenproduktion im Kleinbetrieb und im Kleinhandel in den Städten. Sklaven beherrschten und monopolisierten buchstäblich das Bild in den großen Produktionsbetrieben . . . Daraus folgt, daß Sklaven den größten Teil des direkten Einkommens an Besitz . . . für die wirtschaftlich, sozial und politisch herrschende Schicht erwirtschafteten.» (A. a. O., 97–98)

[113] Die Eigentumskritik des apokalyptischen Christentums beschreibt M. HENGEL: Eigentum und Reichtum in der frühen Kirche, 55 mit Bezug zur Stelle: «Die erbitterte Ablehnung von Reichtum und Luxus verbindet sich hier mit der schroffen Frontstellung gegen die Weltmacht, die die Christen durch blutige Verfolgung zur Anerkennung ihrer pseudoreligiösen Herrscherideologie zwingen will . . . Der aggressive, eifernde Unterton, die Freude an der erwarteten Vernichtung des Feindes, kann dabei freilich nicht überhört werden.»

[114] W. H. DESMONDE: Der Ursprung des Geldes im Tieropfer, in: J. Harten – H. Kurnitzky (Hrsg.): Museum des Geldes, I 118–127 leitet das Geld aus den Tieropfern ab, die er mit S. FREUD als «Ausdruck eines Verlangens» deutet, «mit der Mutter vereint zu sein» (118). Das (orale) Bedürfnis nach Vereinigung mit dem Totemtier bzw. nach «Nichtdifferenzierung von der Urmutter» setze sich im Geld fort. «Das Geld soll also die Urmutter ersetzen, die einst eine unfehlbare Quelle emotiver Sicherheit gewesen war. Damit stimmt auch die Entdeckung überein, daß die frühen Münzen Amulette waren, also magische Vorrichtungen, mit deren Hilfe man sich das mit der oralen Entwicklungsphase assoziierte Gefühl der Omnipotenz erwirbt. Mit

und kalt empfinden und in der sie sich selber im Grunde als sinnlos, überflüssig und minderwertig erleben, ihrem Dasein wenigstens äußerlich die so schmerzlich vermißte Größe und Bedeutung verleihen. In gewissem Sinne ist das Geld die einzig «demokratische» Macht, indem es alle naturgegebenen Unterschiede nivelliert[115], und regelmäßig zu spät erkennt man, daß das Geld in dieser Uniformierung aller ein Bruder des Todes ist: nur vor dem Tod schwinden alle Unterschiede so gründlich dahin wie vor dem Geld, und im Grunde besteht die Gier nach dem Geld selber in nichts anderem als in der Umwandlung des Lebens in totes Inventar[116]. Wer durch das Geld sich sein Leben zu erkaufen sucht, wird selber nur immer unlebendiger, abhängiger, unmenschlicher und wertloser werden, und am Ende erreicht er gerade das Ergebnis, das er unter allen Umständen vermeiden wollte: daß er buchstäblich sinnlos, überflüssig und nichtig gelebt hat.

Wie über das versinkende «Babylon» muß man eigentlich sich freuen, wenn ein solches Dasein der Unmenschlichkeit und der habgierigen Nekrophilie verendet bzw. beendet wird[117]. Erst jedenfalls wenn die Haltung von «Babylon» im Herzen eines Menschen erstorben ist, kann die «Hochzeit des Lammes» beginnen; erst wenn man aufhört, Menschen und Dinge nach ihrem Marktwert abzutaxieren, wird man entdecken, daß das Geschenk des Daseins unbezahlbar ist; und erst wenn man die Kostbarkeit von allem ringsum neu entdeckt, tritt an die Stelle des Prinzips der Macht die göttliche Allmacht der Liebe.

Insofern kann die «Hochzeit des Lammes» in der Tat zunächst nur wie eine

anderen Worten: Geld symbolisiert die Muttermilch und die Gefühle, die man mit dem Saugen an der Mutterbrust assoziiert. Deshalb bedeutet die Teilnahme an den durch die frühen Münzformen symbolisierten Religionsgemeinschaften die psychische Identifizierung mit der Mutter-Imago.» (A.a.O., 124) Dementsprechend gilt dem Besitz des Geldes die heftigste Geschwisterkonkurrenz, – denn Geld ist alles: die Liebe der Mutter, das Unterpfand von Sicherheit und Geborgenheit, der Anspruch, liebenswert genug zu sein, um Liebe zu erringen, der Sinn der ganzen Existenz. Ließ sich die Perversion bzw. die Perversität des Geldes deutlicher dokumentieren als in der Sitte der Viktorianischen Ära, den Frauen Goldmünzen als Schmuck um den Hals zu hängen? Zudem liegt eine große Gefahr des Geldes offenbar in der Einrichtung des menschlichen Gehirns, d.h. in der Linearität seiner Logik verborgen: einmal «erfunden», erzeugt das Geld seine eigene antibiologische «Philosophie». «Mehr Geld ist vermeintlich immer besser als weniger Geld. Beispielsweise sind 1001 Mark 1000 Mark vorzuziehen. Das gilt aber nicht für biologische Werte. Mehr Kalzium ist nicht immer besser als weniger Kalzium. Es gibt eine optimale Kalziummenge ... Darüber hinaus wird Kalzium toxisch». (G. Bateson: Geist und Natur, 72) Unsere Logik des Geldbesitzes macht uns zu Süchtigen.

[115] Vgl. F.M. Dostojewski: Der Jüngling, 1. Teil, 5. Kap., 3. Abschn., S. 95, wo Dostojewski das Geld als «das einsame Bewußtsein der Kraft» bezeichnet; denn: «Geld macht alle Ungleichheiten gleich.»

[116] Vgl. G.-E. Simonetti: Das Geld und der Tod, in: J. Harten – H. Kurnitzky (Hrsg.): Museum des Geldes, I 102–103.

[117] Die Alternative zwischen Sein und Haben (E. Fromm) ist im übrigen kulturell identisch mit der Alternative von Matriarchat und Patriarchat; vgl. E. Drewermann: Der Krieg und das Christentum, 244–247. Ist der Jesus, der die Händler aus dem Tempel warf, in einer Kirche gegenwärtig, die eine Schar von hochbezahlten Schriftgelehrten benötigt, um die Worte Jesu historisch «richtig» auszulegen? Dieser Kaste männlicher

absolute Verurteilung der «babylonischen» Lebenseinstellung erscheinen, wie es in Apk 19,11-22 geschildert wird. Es ist die «Treue» und «Wahrhaftigkeit», die als «Wort Gottes» «tödlich» auf das angemaßte «Königtum» von Menschen über Menschen wirken muß, und ein letztes Mal steht man vor einer absoluten Entscheidung: wer seiner Angst zu entkommen sucht, indem er seine Mitmenschen zu unterwerfen und zu beherrschen trachtet, kann angesichts der Entdekkung der Liebe, im Blick auf die «Hochzeit des Lammes», sich nur wie im «Feuersee» «glühend», wie lebendig tot, wie von «Vögeln» zerhackt erleben, indem die eigenen Wünsche nach Liebe und Glück sich in ihrer quälenden Unerfüllbarkeit offenbaren und sich sadistisch gegen die eigene Person richten; wer es aber wagt, «treu» und «wahrhaftig» zu sein und die Angst im Vertrauen auf Gott zu überwinden, wird gewürdigt werden, an der «Hochzeit des Lammes» teilzunehmen.

Die endgültige Überwindung der Angst spricht sich in der *Fesselung des Satan-Drachens* aus (Apk 20,1.2) sowie in der *Auferstehung der Martyrer* zum Leben. Eine letzte Phase beginnt, in welcher die Angst endgültig besiegt ist und alles Leid sich öffnet zu einem erweiterten Leben. Fortan werden «mütterliche»

Ausleger ist das Geld nicht unwesentlich; es ist die unabdingbare Voraussetzung für den Lebensstandard und die Lebenshaltungskosten eines solchen «Wissenschaftlerstandes». Für S. KIERKEGAARD: Tagebücher, IV 146–148 lag darin noch ein Problem, – es lohnt sich einmal den ganzen Passus zu zitieren: «Von Generation zu Generation diese hunderte und aberhunderte von Professoren – in der Christenheit, also denn doch wohl Christen, zumal sie ja Professoren der Theologie waren. Sie haben Bücher geschrieben, und wiederum Bücher über die Bücher, und Bücher, um Überschau zu halten – da gab es wieder Zeitschriften, welche nur darüber schrieben, und die Buchdruckereien gediehen, und viele viele Tausende fanden Nahrung – und das Leben keines einzigen dieser Leihdiener ähnelte auch nur im entferntesten einer wahren christlichen Existenz – ja, keinem einzigen von ihnen fiel es ein, das Neue Testament zu nehmen, es geradezu und einfältig zu lesen und sich selbst vor Gott die Frage vorzulegen: ähnelt denn mein Leben auf irgendeine, wenn auch noch so entfernte Weise dem Christi, so daß ich mich einen Nachfolger nennen dürfte – ich, Professor der Theologie ... geehrt und angesehen, mit festem Gehalt und freier Dienstwohnung und Verfasser mehrerer gelehrter Schriften über die drei Missionsreisen des Paulus. – Im Neuen Testament finden sich Stellen, aus denen man beweisen kann, daß es seine Richtigkeit hat mit Bischöfen, Priestern, Diakonen (wie wenig auch die heutigen der ursprünglichen Zeichnung ähneln), aber man finde doch im Neuen Testament die Stelle, wo vom ‹Professor der Theologie› die Rede ist. Weshalb muß man unwillkürlich lachen, wenn man zu jener Stelle, daß Gott gesetzt hat etliche zu Propheten, andere zu Aposteln, andere zu Vorstehern der Gemeinde – weshalb muß man unwillkürlich lachen, falls hinzugefügt würde: etliche zu Professoren der Theologie. Weshalb könnte da fast ebenso gut stehen: Gott hat gesetzt etliche zu Kanzleiräten? – Der ‹Professor› das ist eine spätere christliche Erfindung – ja eine spätere christliche, denn sie wurde ungefähr zu der Zeit gemacht, da das Christentum zurückzugehen begann, und der ‹Höhepunkt› des ‹Professors› wurde gerade zu unserer Zeit erreicht – da das Christentum völlig abgeschafft ist. Was drückt der ‹Professor› aus? Der ‹Professor› drückt aus, daß die Religion ein gelehrtes Problem ist; der Professor ist die größte Satire auf den ‹Apostel›. Man ist – Professor wessen? dessen, was ein paar Fischer in die Welt gesetzt haben: o, treffliches Epigramm. Daß das Christentum die Welt solle überwinden können: ja, das hat der Stifter selbst vorausgesagt, und das glaubten die ‹Fischer›. Aber das Siegeszeichen: daß das Christentum in dem Maße siegen solle, daß es Professoren der Theologie gäbe – das hat der Stifter nicht vorausgesagt, es sei denn das wäre dort geschehen, wo davon die Rede ist, daß der ‹Abfall› eintreten wird.»

Bilder jenseits der zwangsneurotischen Ambivalenzen des Weiblichen das Lebensgefühl prägen: das neue Jerusalem, das selber, wie eine Braut geschmückt, vom Himmel herabkommt (Apk 21,1.2), wird zeigen, daß das wahre Ich des Menschen im letzten nicht zu erkämpfen und zu erstreiten ist, sondern wie ein himmlisches Geschenk von Gott gegeben wird[118]; die Quellen des Lebens werden fließen (Apk 22,1), und Bäume des Lebens werden die Ufern des Flusses umsäumen (Apk 22,2); die Menschen aber werden den Namen Gottes auf ihrer Stirn tragen (Apk 22,4), da sie Gott selber wie ein ewiges Licht in ihrem Herzen tragen, wenn sie am Ziel des langen Weges zu sich selber angekommen sind.

7) Die bleibende Wahrheit der Geheimen Offenbarung

Was also bleibt von der Geh. Offb.? – Historisch-kritisch betrachtet, ist sie ein großartiger Irrtum. Statt bald schon zugrunde zu gehen, ist das römische Reich noch jahrhundertelang bestehen geblieben. Der Kaiserkult gewann überhaupt erst seine eigentliche Größe im 2. Jh. n. Chr., längst nach Abfassung der Geh. Offb.; die wirklich großen Christenverfolgungen begannen erst in der Mitte des 3. Jh.'s unter *Decius* (250) und *Valerian* (257); und schließlich waren die Christen nach den letzten großen Verfolgungen unter *Diokletian*[119] ab 303 wenig später schon nach dem Sieg *Konstantins* über *Maxentius* an der Milvischen Brücke im Jahre 312 die anerkannten Garanten des kaiserlichen Sieges. Unter *Theodosius I* wurde das Christentum im Jahre 391 sogar selbst zur Staatsreligion erklärt, ehe das antike Rom 410 von den Westgoten unter *Alarich* erobert wurde. – So völlig anders als in der Geh. Offb. erwartet, gestaltete sich die Beziehung zwischen der «Frau» und dem «Drachen».

Aber was historisch als irrig erscheinen muß, kann dennoch menschlich gesehen eine unerschöpfliche Fülle an Einsicht und Wahrheit enthalten, und so gibt es in

[118] Damit ist der Gegensatz zu dem *«Turmbau zu Babel»* in Gn 11, 1-9 deutlich; zur tiefenpsychologischen Auslegung dieser Erzählung vgl. E. DREWERMANN: Strukturen des Bösen, II 526–539.

[119] Unterdrückung und Terror werden immer dann zu Methoden der Politik, wenn die herrschende Gewalt ihre eigene Ohnmacht bzw. den beginnenden Machtzerfall deutlich spürt und nun buchstäblich mit allen Mitteln darum kämpft, sich gegen alle Widerstände an der Macht zu halten; vgl. E. DREWERMANN: Der Krieg und das Christentum, 147–149. Paradoxerweise erreichen die Christenverfolgungen daher ihren Höhepunkt gerade zu der Zeit, da der heidnische Staat objektiv bereits am Ende ist. Zu den Verfolgungen unter Diokletian vgl. H. D. STÖVER: Christenverfolgungen im römischen Reich, 217–231. – Zur Veränderung der Kirche durch den Besitz der Macht nach der Konstantinischen Wende vgl. M. HENGEL: Christus und die Macht, 54–55: «Auch Christus wurde jetzt zur *Projektionsfigur politischer Macht.* Der thronende Christus der byzantinischen Mosaiken mit Purpur und Szepter ist gleichzeitig das Abbild des irdischen Weltherrschers, der in Christi Namen über die Menschheit gebietet . . . Die bestimmende Christusgestalt war nicht mehr der irdische Jesus. Das Leiden Christi wurde zu einer dogmatischen Aporie». Aber diese Gedanken sind bereits Ende des 1.Jhs. in der christlichen Apokalyptik vorbereitet!

der ganzen Bibel kein Buch, das mit einem so langen Atem den mühsamen Weg schildert, auf dem ein Mensch aus Angst und Fremdbestimmung zu sich selbst und dem Ursprung seines Daseins zurückfindet. Freilich muß man, um zu dieser Bewertung zu gelangen, der unbewußten Organisation der archetypischen Bilder, in Antwort auf eine äußerste Krise des Glaubens und der Menschlichkeit, den Vorrang geben vor der «bewußten Aussageabsicht», auf welche die historisch-kritische Exegese sich ausschließlich kapriziert hat. In tiefenpsychologischer Sicht beschreiben die Visionen der Geh. Offb. zwar nicht, wie sie sollten, die Zukunft der Welt oder den Werdegang der menschlichen Geschichte; stattdessen aber legen sie ein bleibend gültiges Zeugnis dafür ab, wie man aus vielerlei Leid die Menschlichkeit lernt und inmitten des Leids seine Menschlichkeit bewahrt; sie plaidieren unausgesprochen für das Recht eines Menschen auf seine eigene Entwicklung und vertreten den Glauben, daß diese Entwicklung in all ihren Stadien von Gott begleitet und getragen wird; ja, wir werden anhand dieser Bilder zu Zeugen des erregenden Prozesses, durch den das Gottesbild selbst aus den Widersprüchen der menschlichen Seele sich läutert zur «Hochzeit des Lammes» und zur Vision des «himmlischen Jerusalems». Auf innigste Weise hängt der «Sieg» Gottes über seine «Feinde» in der Geh. Offb., tiefenpsychologisch betrachtet, mit der Überwindung der seelischen Zerrissenheit des Menschen zusammen, und indem man die einzelnen Stufen der Individuation schrittweise durchgeht, wächst zugleich das Vertrauen in die Fähigkeiten der menschlichen Psyche, die äußere und innere Krise der Angst und Verzweiflung mit Hilfe vorgegebener Bilder symbolisch zu bearbeiten und zu lösen. Die wichtigste Erkenntnis, die man methodisch aus der Apk. gewinnen kann, besteht daher in der Zuversicht, daß die Visionen des Unbewußten mehr über den Menschen und seine Stellung vor Gott mitzuteilen vermögen als die bewußte Kenntnisnahme der äußeren Geschichte und ihre noch so kenntnisreiche theologische Deutung.

Nicht nur exegetisch, auch dogmatisch nötigt die Geh. Offb. mithin zu einer theologischen Grundsatzentscheidung. *Entweder* war es ein «‹Sündenfall› der Kirche», entgegen dem israelitischen Bilderverbot daran zu glauben, daß sich in den Bildern der Seele auf analoge Weise Gott selbst dem Menschen offenbart – dann ist das Bemühen der Geh. Offb. von vornherein als Aberglauben zu verurteilen; die Aufgabe der Theologie bestünde dann darin, selbst den Protestantismus noch von Martin Luther zu reinigen, der, als er auf der Wartburg von dem Bildersturm Karlstadts in Wittenberg erfuhr, «nicht nur die Auswüchse» abstellte, sondern «das gesamtkirchliche Leben bis hin zur Wiedereinführung der Messe» restaurierte[120]. *Oder* die Geh. Offb. hat recht, und es leben

[120] So H. W. Bartsch: Das alttestamentliche Bilderverbot und die Verwendung des Bildes im Judentum und im frühen Christentum, in: J. Harten (Hrsg.): Bilder sind nicht verboten, 110–111. – Wie zentral das jüdische

im Menschen Bilder, denen der Mensch gerade in den Augenblicken äußerster Not sich anvertrauen muß, um Gott im eigenen Herzen wiederzufinden und um die eigene Seele im Vertrauen auf Gott zu entfalten; dann wird man JOHANNES VON DAMASKUS zustimmen müssen, als er gegen die Bilderzerstörer einen antiken griechischen (letztlich ägyptischen) Gedanken aufgriff und die Vorstellung entwickelte, «daß die Schöpfung selbst in ihren sichtbaren Gestalten auf geistigen Bildern des unsichtbaren Gottes beruhe»[121]. Es stellt dann eine notwendige Konsequenz aus der christlichen Lehre von der Menschwerdung Gottes dar, an die Wahrheit und Berechtigung der Bilder zu glauben, die in der Seele des Menschen liegen, um den Menschen mit sich selbst und mit Gott zu verbinden; ja, es käme die Lehre von der Menschwerdung Gottes selbst nicht zustande ohne das Vermögen der symbolischen Bilder, dem Menschen die Wirklichkeit Gottes auf menschliche Weise nahezubringen. Dann aber läßt sich zwischen Selbstfindung und Gottfindung im Erleben kein Unterschied mehr machen, und die Tiefenpsychologie ist ein ebenso unverzichtbares wie brauchbares Erkenntnisorgan theologischen Verstehens.

Bilderverbot vor allem die protestantische Theologie und von daher bis in die Grundlagen hinein die Exegese historisch-kritischer Provenienz bestimmt, sagt an berühmter Stelle R. BULTMANN (K. Jaspers): Zur Frage der Entmythologisierung, 118: «Wegen der Schwebe, darum wegen der Unwahrheit, die aller Wahrheit des Mythischen anhängt . . ., ist . . . zu sagen: das gesamte mythische wie das spekulative Denken wird aufgehoben durch den unerbittlichen Anspruch: du sollst dir kein Bildnis noch Gleichnis machen . . . Im Augenblick, der Ewigkeit ist, überwinden wir sie in das inkommunikable Bildlose.» Das ist ebensowohl in sich richtig wie zerstörerisch und falsch: die Bilder ruhen in sich selber, sie sind nicht Hürden, die man auf dem Weg zur «Ewigkeit» hin «nehmen» müßte oder «überspringen» könnte.

[121] Vgl. J. HARTEN: Charter, in: J. Harten (Hrsg.): Bilder sind nicht verboten, 11. JOHANNES VON DAMASKUS: Darlegungen des orthodoxen Glaubens, IV 16, S. 227–230 hält zur Begründung der Bilderverehrung das klassische und unübertreffliche Argument bereit: «Weshalb bezeichnen wir einander Ehre? Doch nur, weil wir nach dem Bilde Gottes geschaffen sind. Denn ‹die Ehre des Bildes geht›, wie der Gotteslehrer und Gottesgelehrte Basilius sagt, ‹auf das Urbild über›. Urbild aber ist das, dem etwas nachgebildet, von dem ein Abbild gemacht wird» (sc. von Gott, d. V.). Die Bilder anzuerkennen ist m. a. W. ein Verlangen und eine Haltung der Liebe und Ehrfurcht gegenüber den Menschen und gegenüber den Kreaturen; die ganze Welt ist Gottes Gleichnis, und die Ablehnung der Bilder zugunsten der «reinen» Lehre eines transzendenten Gottes heißt im Grunde, den Schöpfungsvorgang wieder rückgängig zu machen. Sehr zu Recht betont JOHANNES VON DAMASKUS demgegenüber die Lehre der Menschwerdung Gottes im Christentum.

IV. Der psychologische Beitrag zur Interpretation historischer Erzählungen

«... vielleicht bedarf die Geschichte
gerade des Menschen, der dem Licht begegnet ist.
Doch erscheint er in ihr selten als Täter,
weit öfter als Zeuge und Träger einer unaufhaltsam gestaltenden Kraft,
die in die Seelen eindringt und diese,
weil sie nicht von Menschen kommt,
leise verwandelt.»
R. Schneider: Macht und Gnade, 166

In allen Erzählgattungen, die wir bisher erörtert haben, ergab sich geradezu die Pflicht einer tiefenpsychologischen Interpretation, insofern wir es in den Mythen und Märchen, den Sagen und Legenden, aber auch, wie sich gezeigt hat, in den Wundergeschichten, den Erscheinungen, Berufungserzählungen, Eschatologien und Apokalypsen, stets mit Projektionen unbewußter psychischer Inhalte auf die Leinwand der äußeren Natur, des menschlichen Körpers, der menschlichen Geschichte oder des menschlichen Bewußtseins zu tun hatten[1]. Die Antwort auf die ständige Frage, wieso eine einzelne Geschichte überzeitliche Bedeutung haben kann, ließ sich bislang in der Weise geben, daß die Inhalte des Unbewußten selbst entweder in der gesamten symbolischen Szenenfolge oder in den affektiven Inhalten, also in den Ängsten, Wünschen, Nöten, Hoffnungen u.a., in der Seele eines jeden Menschen archetypisch angelegt seien. Symboldeutung, Einfühlung, Transaktionsanalyse, Psychosomatik und die Methoden der Traumdeutung waren daher im Verein mit Religionsgeschichte und Ethnologie die gebotenen Hilfsmittel der Auslegung.

Bereits aber bei den Eschatologien und Apokalypsen stellte sich die Frage nach der Bedeutung der realen Geschichte. Wohl sind auch die prophetischen Endzeithoffnungen und die apokalyptischen Weltuntergangsphantasien durchsetzt mit archetypischen Bildern, und so sehr die *Krisen*, durch die sie angeregt wurden, historisch bedingt waren, so sind doch die *Antworten*, die sich in ihnen verdichten, nur wahr, wenn man in ihnen die Geschichte, von der sie zu sprechen scheinen, vergißt zugunsten der Ängste, Enttäuschungen, Hoffnungen und

[1] S.o. S. 37–42.

Erwartungen, die *aller* menschlichen Geschichte wesentlich zugrunde liegen; statt ein Gegenstand historischer Forschung und Kritik zu sein, erlangen die prophetischen Eschatologien und die spätjüdische Apokalyptik eine bleibende Wahrheit eigentlich erst auf der Ebene von Sehnsucht und Glaube, von Symbolik und Dogmatik. Dennoch berühren Eschatologie und Apokalyptik bereits die Thematik der Geschichte in ihrer *Endbilanz*. Einen Schritt weiter, und wir sind bei der Frage, die sich im folgenden stellt: was es mit den Erzählungen auf sich hat, die, mindestens dem Anspruch nach, geschehene bzw. geschehende Geschichte überliefern wollen. Gibt es auch in ihnen eine religiöse Bedeutung, die über die geschichtlich unwiederholbare Situation hinaus Gültigkeit besitzt, oder sind sie nichts weiter als Erinnerungen an etwas Unwiederbringliches, von dem die Zeit uns nur immer weiter entfernt?

An dieser Stelle müssen wir noch einmal die Frage nach der Hermeneutik des Historischen aufgreifen und vor allem auf die psychologischen Konstituenten zu sprechen kommen, die das Erleben, Gestalten und Verstehen von Geschichte ermöglichen und bestimmen. Es wird sich dann zeigen, daß auch die Interpretation historischer Erzählungen der Tiefenpsychologie nicht entraten kann.

Man sollte meinen, daß bei keiner Erzählform der Bibel die historisch-kritische Exegese mehr in ihrem recht eigentlichen Element sein sollte als bei den reinen Geschichtserzählungen. Von solchen Erzählungen enthält die Bibel in der Tat nicht wenige. Um nur einige größere Abschnitte zu erwähnen, denke man im Alten Testament etwa an die Erzählungen vom Königtum[2], z.B.

die Machtergreifung Abimelechs: Ri 9,1-16a.19b-21.23-54.56-57;
die zwei Versionen, wie Saul König wurde:
a) 1 Sam 9,1-8.10-27; 10,1-7.9-16; 11,1-6.7.8-11.15; 13,2-7^{x}.16-18.23; 14,1-30^{x}.36-52;
b) 1 Sam 7,2-17; 8,1-22; 10,17-27; 11,12-25;
die Thronnachfolgegeschichte Davids:
2 Sam 9,1-13; 10,1-19; 11,1-27; 12,1-7a.13-31; 13,1-39^{x}; 14,1-24.28-33; 15,1.2.13-37^{x}; 16,1-23; 17,1-29; 18,1-17.19-32; 19,1-44; 20,1-22; 1 Kön 1,1-53; 2,10.12;
die Erzählung von der Reichstrennung:
1 Kön 12,1.3b-11^{x}.12-14.16.18.19;
die Geschichte von Jehus Revolte:
2 Kön 9,1-6.10b-13.15b-27.30-35; 10,1-9.11-17^{x}.18.19a.20-27;
die Leidensgeschichte des Jeremias.

Im Neuen Testament läßt sich an so wichtige Geschichten denken wie

die Erzählung von der Enthauptung des Johannes: Mk 6,14-29;
die Leidensgeschichte Jesu;
weite Teile des Reiseberichtes der Apostelgeschichte (Apg 15,36 – 21,26^{x})[3].

[2] Als zusammenhängende Erzählungen aufgrund der Quellenscheidung im deuteronomistischen Geschichtswerk abgedruckt bei R. Smend (Hrsg.): Biblische Zeugnisse, Frankfurt 1967.
[3] Quellenkritische Trennung der ursprünglichen Erzählteile bei H. Conzelmann: Die Apostelgeschichte, 88ff.

Tatsächlich hat in Geschichten, die wirklich oder vorgeblich sich zum Ziel gesetzt haben, historisches Material zu überliefern, die Frage der historisch-kritischen Methode ihre vorrangige Berechtigung, wie glaubwürdig in historischem Sinne die jeweiligen Geschichtsüberlieferungen sind. Aber von Anfang an wird auch innerhalb einer rein historischen Fragestellung die Untersuchung der objektiven Gegebenheiten und Fakten, der sozialpolitischen Verhältnisse und der ökonomischen Bedingungen doch nur als ein relativ vordergründiger Teil der Geschichtsforschung gelten können; parallel zu dem reduktiven, faktenermittelnden und kausal verknüpfenden Untersuchungsgang der historischen Analyse muß eine (im Sinne J. P. SARTRES) «progressive» Untersuchung einsetzen, die bei der menschlichen Freiheit der historischen Gestalten anhebt und die Transzendenz ihres Handelns in der jeweiligen Situation zu verstehen und mitzuvollziehen sucht[4]. Die Wahl des einzelnen Verhaltens ist dabei keinesfalls in der von M. WEBER beschriebenen Idealtypik zweckrationalen Handelns zu verstehen (vgl. I 44-46) – die «praktische Vernunft» ist oft genug ein armseliger Faktor des wirklichen Geschehens; wohl aber läßt sich zeigen und muß in historischer Absicht gezeigt werden, wie das einzelne Handeln sich aus dem Gesamtentwurf bzw. aus der inneren Haltung der jeweiligen geschichtlich agierenden Personen ergibt. Erst aus dem Kontext der persönlichen Biographie und der Leitlinie des individuellen Charakters der einzelnen Akteure wird die individuelle Stellungnahme des Einzelnen zu einer gegebenen Faktizität verständlich, und beides: der persönliche Charakter wie die umliegenden Gegebenheiten sind Tatbestände, die in der einzelnen Situation von den jeweils Handelnden auf ein neues Ziel hin überschritten werden[5]. Sowohl das Ziel dieses Tuns als auch den Charakter des Einzelnen, der sich darin ausspricht, muß man verstehen, wenn man das historische Geschehen nicht auf einen subjektlosen Prozeß scheinbarer Gesetzmäßigkeiten reduzieren will.

Von daher muß man sagen, daß die historisch-kritische Exegese, wenn sie auch in Zukunft der psychologischen Methode der Untersuchung sich verweigern wollte, notgedrungen zu einem Geschichtsbild gelangen müßte, das in der Vollkommenheit des eigenen reduktiven und reduzierten Ansatzes die Geschichte nur noch als ein Getriebe von Geschehnissen und Ereignissen zu begreifen vermöchte – eine Geschichte ohne handelndes Subjekt, ohne Freiheit und Verantwortung, ohne die Not der Entscheidung und ohne die Ungewißheit der Wahl, ohne den Irrationalismus der Angst und ohne die Willkür der Leidenschaft, kurz: eine Geschichte von Menschen ohne Menschen[6].

Das erste, was infolgedessen zur Interpretation der historischen Erzählungen

[4] Zur Methodologie SARTRES vgl. E. DREWERMANN: Strukturen des Bösen, III 213–216.

[5] A. a. O., III 213–216; 218–222.

[6] S. o. S. 354.

gesagt werden muß, besteht in der Behauptung, daß die geschichtliche Überlieferung ihre menschliche Dimension vor allem in ihrer psychologischen Seite besitzt; erst die psychologische Betrachtung zeigt, mit was für Menschen man es zu tun hat, ja, daß man es überhaupt mit Menschen zu tun hat. Es ist daher ein und dasselbe, die menschliche Seite der geschehenen und geschehenden Geschichte zu entdecken und Psychologie zu treiben.
Freilich ist es jetzt die Frage, was man sich zum Ziel setzt. Wer in den geschichtlichen Überlieferungen der Bibel gerade wegen des oft hohen menschlichen Einfühlungs- und Gestaltungsvermögens dieser Texte im Grunde nur Verformungen der «wirklichen» Geschichte erblickt, wird sich bemühen müssen, die eigentliche Geschichte hinter den Geschichten aufzuspüren, und die Psychologie wird ihm lediglich zum Mittel dienen, die Motive zu analysieren, aus denen die vorgeblichen Geschichtserzählungen entstanden sind; der psychologische Anteil der Interpretation ist für ihn nur der Einstieg zur Sozialpsychologie. Wem es hingegen um das Verständnis der Erzählungen selbst geht, wird sich bemühen müssen, die Menschen so zu sehen, wie sie in diesen Überlieferungen jeweils geschildert werden. In diesem Falle kann der Anspruch einer solchen Auslegung «objektiv» nur in dem Sinne sein, daß die Interpretation der jeweiligen Erzählung selbst gerecht wird; sie kann zumeist nicht «objektiv» in dem Sinne genannt werden, daß sie das Portrait der handelnden Personen, wie diese jenseits der historischen Überlieferung an sich und für sich selbst gewesen sein mögen, zu rekonstruieren vermöchte. Das Ziel einer Interpretation, die eine einzelne geschichtliche Überlieferung in sich selbst verstehen will, kann nicht darin liegen, kritisch zu fragen, wer Saul, David oder König Herodes «wirklich» waren, sondern sie muß untersuchen, wie die menschliche Wirklichkeit beschaffen ist, die in den vorliegenden Berichten erscheint. Nicht wie Saul «wirklich» König wurde – nach der Art der älteren oder der jüngeren Version – ist jetzt die Frage, sondern welch einen psychologischen Sinn es innerhalb der jeweiligen Erzählung selber macht, wenn einmal so und einmal so berichtet wird. Jenseits der Psychologie mag dann die historische Kritik der Motive und Tendenzen beginnen, die jene immanente Psychologie der einzelnen Erzählungen arrangiert haben; aber zunächst ist es gerade die psychologische Betrachtungsweise, die den Zugang zu den einzelnen Erzählungen in ihrer Eigenart eröffnet, und während die «wirkliche» Geschichte in der Tat unwiederholbar und einmalig ist, können die Gestalten in den Geschichten über die Geschichte, psychologisch betrachtet, durchaus exemplarisch und symbolisch für jeden Menschen sein.
Doch ehe wir uns der Frage nach der Interpretation einzelner geschichtlicher Erzählungen zuwenden, stellen sich zwei Vorfragen: zunächst ist zu untersuchen, welche psychischen Bedingungen es ermöglichen, daß es so etwas wie ein geschichtliches Bewußtsein überhaupt gibt; und hernach ist die Frage aufzuneh-

men, die uns vor allem in religiöser Absicht am meisten interessiert: wieso auch und gerade die individuelle Psychologie einzelner historischer Persönlichkeiten, wie sie in bestimmten geschichtlichen Erzählungen erscheint, eine *typische* und damit überzeitliche menschheitliche Bedeutung erlangen kann.

1. Die psychologische Bedeutung der Entdeckung von Geschichte

Bereits bei der Erörterung der prophetischen Berufung haben wir auf den unerhörten Bruch hingewiesen, der das ruhige Gleichmaß des Mythos von der Dramaturgie der Geschichte trennt. Das Faktum der Geschichtsschreibung selbst stellt nichts Geringeres als eine geistige und psychische Revolution erster Ordnung dar, und dieser Umbruch ist auf das engste mit der Entdeckung der Individualität und der Personalität Gottes wie des Menschen verknüpft.

Das ursprüngliche Geschichtsbild, das Jahrtausende lang bestand und das Denken und Fühlen der Menschheit zutiefst bestimmt hat, war das zyklische Geschichtsbild des Mythos, die ewige periodische Wiederkehr, und wenngleich es auch innerhalb des zyklischen Denkens zu echter Geschichtsschreibung kommen konnte, so lag doch der Sinn des Denkens in großen zeitlichen Kreisläufen darin, die Welt als vertraut erscheinen zu lassen und das Vertrauen in die Kraft ihrer Regeneration im Umlauf der Zeiten zu stärken. Die Konzeption einer linearen Geschichte hingegen hängt an der Erfahrung des Neuen, Wandelbaren, Irreversiblen, Nicht-Festgelegten. Beide Konzeptionen sind ambivalent, denn je nach den Voraussetzungen kann der Zyklus der Zeit und die Gerade der Geschichte sehr unterschiedlich erlebt werden[7]. Der Zyklus der Zeit *kann* im

[7] Es ist ein psychologisch nicht zu rechtfertigendes Vorurteil der christlichen Theologie, daß der Aufbruch zur linearen «Geschichte» in jedem Falle einen «Fortschritt» und eine «Befreiung» aus den Fesseln des «mythischen» Kreislaufdenkens darstelle. Die lineare Geschichte ist nicht weniger ambivalent als der mythische Zyklus der Zeit, und das Verhältnis beider zu einander gestaltet sich nicht anders als das Verhältnis zwischen Bewußtsein und Unbewußtem: einseitig betrachtet, ist der «Verstand» auf seine Weise nicht weniger gefährlich als die vereinseitigte, dumpfe Unbewußtheit des Geistes; eine *befreite* Menschlichkeit kann es nur geben in der *Einheit* der Gegensätze, in der *Synthese* von Zeit und Ewigkeit, *von Geschichte und Mythos*, von Bewußtsein und Unbewußtem. Aber obwohl diese Synthese eigentlich der christlichen Lehre von der Menschwerdung Gottes am meisten entspricht, wird sie von der christlichen Theologie in ihrer Verstandeseinseitigkeit und Geschichtsgläubigkeit doch am meisten bekämpft, ja geradezu für unmöglich erklärt; insbesondere die Exegese historisch-kritischer Provenienz ist in der gegenwärtigen Form lediglich die Handlangerin dieser Fehleinstellung. Es ist wahr, was M. ELIADE: Mythen, Träume, Mysterien, 219 sagte: «... der Christ von heute erfährt seine Gefallenheit nicht nur in seiner fleischlichen Bedingtheit, sondern auch in seiner geschichtlichen. Nicht mehr der Kosmos oder das Fleisch – also das Leben – schaffen die Hindernisse auf seinem Weg zum Heil: Das tut die Geschichte, der Schrecken der Geschichte.» «Weil die Fleischwerdung in der Geschichte Ereignis wurde, weil die Ankunft Christi die letzte und höchste Kundgebung des Heiligen in der Welt bezeichnet – darum kann der Christ sich nicht mehr anders retten als im konkreten, geschichtlichen Leben, in dem Leben, das Christus gewählt und gelebt hat. Wir wissen, was ihn

Umraum seelischer Geborgenheit die Ordnung eines Paradieses widerspiegeln, er *kann* aber auch die Projektion eines angstverzerrten, quasi-neurotischen Seelenzustandes darstellen. Desgleichen *kann* die lineare Geschichte als Ausdruck von Freiheit und Berufung verstanden oder als bitteres Verhängnis erfahren werden. Die erste Frage nach dem Verständnis von Zeit und Geschichte muß daher dem psychischen Parameter gelten, nach dem die Erlebnisqualität von Zeit und Geschichte sich bestimmt.

a) Die erlebte Zeit und das Existential der Geschichtlichkeit

Es bedeutete philosophiegeschichtlich eine entscheidende Wende, als M. HEIDEGGER in seinem Hauptwerk *«Sein und Zeit»* die Zeitvorstellung des Deutschen Idealismus in ihrem Ansatz zugleich bestätigte und überwand[8]. Für IMMANUEL KANT war die Zeit unter dem Eindruck der NEWTONschen Mechanik eine apriorische Anschauungsform des inneren Sinnes, eine vorgegebene Ordnung, die Sinneseindrücke *nacheinander* aufzunehmen, in ihrer Abfolge *kausal* aufeinander zu beziehen und sie damit unter die Ordnung des Verstandes zu bringen[9]. Auf diese Weise war die Zeit, anders als zuvor bei NEWTON oder LEIBNIZ, keine objektive, absolute Realität, sondern etwas Ideelles, nur im transzendentalen Subjekt Vorgestelltes; aber wie bei NEWTON war auch für KANT die Zeit eine Art leeren Raumes, ein apriorisches Maßband, auf das jedes beliebige Ereignis eingetragen werden konnte. Gegen diese Auffassung richtete sich bereits Ende des 19. Jhdt.s die aufkommende *Lebensphilosophie.* Vor allem HENRI BERGSON[10] wandte sich mit seiner Lehre von der *durée réele*, der wirklichen, erlebten Zeit,

erwartet: ‹Zittern und Angst›, ‹Schweiß wie Blutstropfen›, ‹Agonie›, ‹Traurigkeit bis zum Tode›.» Insofern aber bedarf es nicht nur einer Erlösung *in* der Geschichte, sondern vor allem einer Erlösung *von* der gegenwärtigen Struktur dessen, was bislang Geschichte geheißen hat, und hier ist es vor allem der Faktor der *Angst,* der die Geschichte des Unheils von der ewigen Gegenwart des Paradieses trennt. – Wenn G. GRESHAKE: Historie wird Geschichte, 39 meint, es werde bei BULTMANN «historisch» als «ein objektivierbares, verifizierbares Faktum bezeichnet», wohingegen «geschichtlich» ein nicht objektivierbares, nur im Dialog und Engagement erfahrbares Verstehen bezeichne, so gibt er damit das Anliegen der existentialen Hermeneutik BULTMANNS gewiß richtig wieder; er löst damit aber nicht das Problem, das auch die Exegese BULTMANNS – wie die gesamte historisch-kritische Methode – kennzeichnet: warum das «Kerygma», die Verkündigung, die gerade das Historische in das Geschichtliche umwandelt, sich in *mythischen Bildern* vollzieht, um die Bedeutung des Historischen zu formulieren. Das Paradox besteht, daß erst der Mythos, die Bildebene der Archetypen, die Historie in ihrer Geschichtswirksamkeit entdeckt.

[8] M. HEIDEGGER: Sein und Zeit, 392–397 (Der existenziale Ursprung der Historie aus der Geschichtlichkeit des Daseins); S. 420–436 (Die Abhebung des existenzial-ontologischen Zusammenhangs von Zeitlichkeit, Dasein und Weltzeit gegen Hegels Auffassung der Beziehung zwischen Zeit und Geist).

[9] I. KANT: Kritik der reinen Vernunft, III 187–194; zur Darstellung der Erkenntnistheorie KANTS vgl. E. DREWERMANN: Strukturen des Bösen, III 1–4.

[10] H. BERGSON: Essai sur les données immédiates de la conscience, 1889; dt.: Zeit und Freiheit, 1911.

gegen die Vorstellung, die Zeit sei nichts weiter als ein äußerlicher physikalischer Maßstab zur Bestimmung der Sukzession von Ereignissen im Raum. Darauf aufbauend unterschied EDMUND HUSSERL in seinen *«Vorlesungen zur Phänomenologie des inneren Zeitbewußtseins»*[11] zwischen der äußeren, meßbaren Zeit der Physik und dem inneren Erlebnisbewußtsein als der einheitlichen Form aller Erlebnisse im Erlebnisstrom.

Man muß betonen, daß die Physik selbst zu dieser Zeit bereits im Begriffe war, die Vorstellung von der leeren Raumzeit, die durch die Geometrisierung der Zeit in der allgemeinen Relativitätstheorie A. EINSTEINS geradezu auf die Spitze getrieben worden war[12], durch die Quantenmechanik zu überwinden, so daß LOUIS DE BROGLIE BERGSONS Buch *«Durée et simultanéité»*[13], in dem dieser die Relativitätstheorie mit Stumpf und Stiel auszurotten versucht hatte, in konzilianter Weise «das am wenigsten gute seiner Bücher» nannte[14]. M. HEIDEGGER hat demgegenüber die physikalische Zeit insgesamt als den derivaten und depravierten Modus eines ursprünglicheren Sichverhaltens aufgefaßt[15]. Für ihn besteht die Bedingung der Möglichkeit von Zeit in der Zeitlichkeit der menschlichen Existenz, die sich selbst im eigenen Entwurf in ihren Möglichkeiten entdeckt und von der Zukunft her Gegenwart und Vergangenheit konstituiert. Mit der Zeitlichkeit als Existential ist zugleich die Geschichtlichkeit des menschlichen Daseins gegeben. Das Dasein hat «faktisch je seine ‹Geschichte›», insofern «zur Subjektivität des ‹geschichtlichen› Subjekts die Geschichtlichkeit als Wesensverfassung» gehört[16].

b) die «Ungeschichtlichkeit» des mythischen Zyklus als Paradies oder als Verhängnis der menschlichen Existenz

Aber eben dies ist jetzt die Frage. Denn der Gedanke eines sich selbst in Freiheit entwerfenden und in seiner Eigentlichkeit entdeckenden Subjekts ist eine ganz und gar moderne Idee, die zu dem Weltbild des mythischen Denkens ganz und gar nicht paßt. Innerhalb des Mythos tritt der Mensch in eine vorgegebene

[11] E. HUSSERL: Vorlesungen zur Phänomenologie des inneren Zeitbewußtseins, 1928. Vgl. W. KELLER: Die Zeit des Bewußtseins, in: R.W. Meyer (Hrsg.): Das Zeitproblem im 20. Jahrhundert, 44–69, bes. S. 53–60, die Analyse der *erlebten* Zeit.

[12] A. EINSTEIN: Über die spezielle und die allgemeine Relativitätstheorie, 1920. Vgl. V. MEYER: Die Zeit in der Relativitätstheorie, in: R.W. Meyer (Hrsg.): Das Zeitproblem im 20. Jahrhundert, 27–43.

[13] H. BERGSON: Durée et simultanéité, 1922. Vgl. R. MEYER: Die Philosophie in Auseinandersetzung mit der Relativitätstheorie, in: R.W. Meyer (Hrsg.): Das Zeitproblem im 20. Jahrhundert, 70–89, bes. S. 86–89, wo er darauf hinweist, daß allein die *Sprache* Zeit und Welt «gewährt».

[14] L. DE BROGLIE: Licht und Materie, 170.

[15] M. HEIDEGGER: Sein und Zeit, 411–428.

[16] A.a.O., 382.

Ordnung ein, die er nicht schafft oder entwirft, sondern vorfindet und bewahren soll. Diese Ordnung beruht auf dem Prinzip der ständigen Erneuerung innerhalb eines dynamischen Gleichgewichts von Gegensätzen. Wasser und Feuer, Wind und Erde, die vier Himmelsrichtungen, Oben und Unten, Geburt und Sterben, Leben und Tod ergänzen in diesem Weltbild seit Ewigkeit einander; alles, was kommt, geht dahin, um wiedergeboren zu werden, und jedes Ende ist ein neuer Anfang, und jeder Anfang der Beginn eines Endes.

In der ägyptischen Mythologie z.B. zeigt der *Osiris-Mythos* diese Polaritäten und Zyklen besonders deutlich, und wir dürfen deshalb noch einmal auf dieses Zentralstück ägyptischer Theologie zu sprechen kommen. *Osiris*, wie wir gehört haben (s.o. S. 518ff.), war der Gott, der starb, um im Tode wiedergeboren zu werden; so vereinigten sich in ihm Tod und Auferstehung. In der älteren Vorstellung, die wir vorhin kennengelernt haben, verstarb *Osiris* durch Ertrinken in der steigenden Wasserflut des Nil; in seinem Tod aber verjüngte er sich, und seine Auferstehung belebte die gesamte Natur; auf diese Weise war er selbst ein immerwährendes Beispiel für die jährlich sich wiederholende Überschwemmung und die einsetzende Fruchtbarkeit der Erde. Nach einer anderen Version hingegen wurde *Osiris* von seinem Bruder *Seth* erschlagen, der die Leiche des Getöteten zerstückelte und zerstreute. *Isis* aber, die treue Gemahlin des *Osiris*, liebte ihren Gatten über den Tod hinaus: sie sammelte mit Hilfe von *Thot* und *Anubis* die verstreuten Teile und empfing, in der Gestalt eines Sperberweibchens über dem Toten brütend, ihren Sohn *Horus*, der den Tod seines Vaters rächen sollte. In *Osiris* vereinigen sich also auch die Begriffe des Erschlagenwerdens und der Rache, des Bösen und des Guten, des Verbrechens und seiner Ahndung sowie die Gegensatzpaare des Zerstückeltwerdens und des Zusammengefügtwerdens. In wieder einer anderen Mythe indessen war *Osiris* der Mond (s.o. S. 519), der Stück für Stück in den Mondphasen abnimmt und zunimmt; beide Gegensatzhälften vereinigen sich in dem Gott. *Osiris* selber also ist der Inbegriff der verschiedensten einander bedingenden und periodisch hervorrufenden Gegensätze eines ständigen Kreislaufs, die sich in fünf konzentrischen Kreisen ordnen lassen[17] (vgl. das Schema auf S. 600).

Diese Denkweise in zyklischen Antithesen einer «sphärischen» Einheit[18], die an diesem kurzen Beispiel genügend deutlich zu erkennen sein dürfte, gilt für die mythische Denkweise und besonders für das Zeitverständnis der Mythen insgesamt.

Das treffendste und auch in der Gegenwart noch lebendigste Symbol dieser Vorstellungsweise verkörpert wohl die indische Gestalt des tanzenden Shiva, des *Shiva Nataraja*, den die Chola des 9. Jh. im Südosten des indischen Subkon-

[17] Nach: E. Dondelinger: Der Jenseitsweg der Nofretari, 23–24.

[18] Zu dem Begriff der *Sphäre* im mythischen Zeit- und Weltverständnis vgl. Tiefenpsychologie und Exegese, I 190–191.

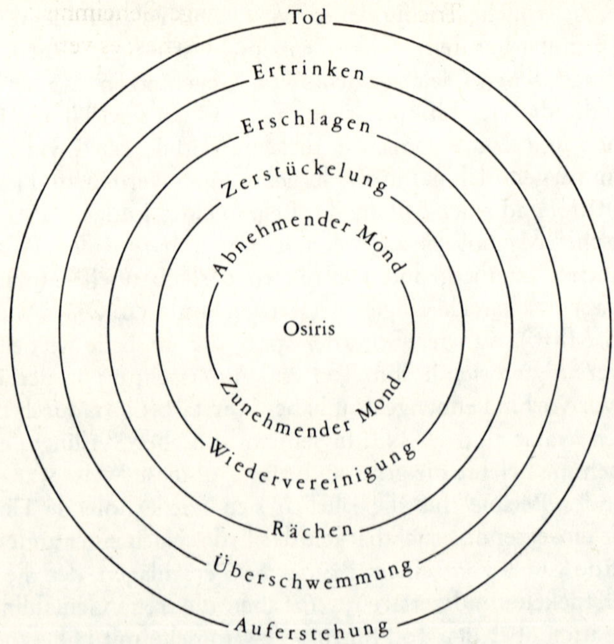

tinentes als einen Gott darstellten, der inmitten eines Feuerrades auf der Erde, einem winzigen Zwergdämonen, tanzt, indem er mit der einen Hand die Welt erschafft, während er sie mit der anderen zugrunderichtet[19]. Ein eindrucksvolleres Bild für die Größe und Tragik des mythischen Zyklus der Zeit ist nur schwer vorstellbar. Dabei war die Wirkung dieses Weltbildes mitnichten resignativ und fatalistisch. Im mythischen Kreislauf erschien die Natur dem Menschen als vertraut und berechenbar, und die Aufgabe des Menschen bestand nicht darin, die Dinge zu ändern, sondern sich in sie einzufügen.

Bereits bei der Schilderung des Traumes, den der Ogalalla-Schamane SCHWARZER HIRSCH im Alter von 9 Jahren träumte, erwähnten wir im 1. Bd. der vorliegenden Arbeit das Symbol des *Kreises* in Raum und Zeit. Alles, was geschieht, wirkt in Kreisen, und alles versucht rund zu sein, sagte SCHWARZER HIRSCH (I 136; 199). Das ganze menschliche Leben beschreibt zufolge dieser Vorstellung zwischen Geburt und Tod entlang den vier Stationen des Sonnenlaufes und den vier Weltgegenden einen solchen Kreis des Lebens, und es vollzieht sich in der Gewißheit, daß jede dieser Phasen bis hin zu Alter und Tod durchlaufen werden muß, um «richtig» zu leben.

[19] Vgl. E. DREWERMANN: Gott der Natur – Gott der Offenbarung – Gegensätze? Zwischen Shiva und Christus, in: Theologie und Glaube, 1971, Heft 2, 320–335.

Auch der Bibel ist diese «paradiesische» Vorstellung der Zeit nicht gänzlich fremd. Als z.B. in der *jahwistischen Urgeschichte* Gott nach der Katastrophe der Sintflut beschließt, den Bestand der Erde gegen die menschliche Willkür zu sichern, spricht er Worte, die im Rahmen der Naturgeschichte wie eine letzte Erinnerung an das verlorene Paradies anmuten: «Solange die Erde besteht, soll nicht aufhören Saat und Ernte, Frost und Hitze, Sommer und Winter, Tag und Nacht.» (Gen 8,22)[20] Es ist diese Sicht der ständigen Wiederkehr, in der man die mythische Vorstellung von der Zeit als einem ewigen Kreislauf am besten wiedererkennen kann: der Zyklus der Zeit erscheint hier als der Reflex einer paradiesischen Welterfahrung, als Ausdruck des Verlangens der Liebe nach unendlicher Wiederholung und immer erneuter Wiederkehr, als Manifestation des Wunsches, das Dasein in seiner Vergänglichkeit als unvergänglich zu setzen und in der Ordnung der ewigen Kreisläufe der Natur zu heiligen; – das Kirchenjahr der katholischen Kirche darf als ein solcher tiefsinniger, religionsgeschichtlich später Ableger dieses Denkens aufgefaßt werden.
Philosophisch und theologisch hat man oft die Meinung vertreten, daß es im mythischen Denken weder so etwas wie eine Geschichte noch eine Geschichtsschreibung geben könne. In der Tat liegt dem mythischen Weltbild nicht an der Zeit bzw. an der Unwiederholbarkeit des einzelnen Augenblicks, sondern an der Ewigkeit bzw. an der Unendlichkeit aller Einzelwesen, und wiederum kann die *ägyptische* Religion dafür als Beispiel dienen.
Es war der Grundzug ägyptischer Frömmigkeit, die Vergänglichkeit der Zeit zu überwinden und die Zeit in die ewige Dauer zu überführen. Das irdische Leben galt den Ägyptern, wie wir gesehen haben, nur als Abbild der Ewigkeit, und alles kam somit darauf an, trotz der Flüchtigkeit des irdischen Daseins die ewige Dauer alles Seienden in den einzelnen Gestaltungen zu entdecken und zu sichern. Die Fresken und Reliefs an den Wänden der Tempel und Gräber z.B. zeigten daher nicht realistische Bewegungen des Schreitens, sondern sie ließen den Betrachter förmlich selbst die dargestellten Personen von beiden Seiten umschreiten, um die *Idee* der Bewegung abzubilden; wohl verraten die steinernen und goldenen Statuen und Masken ein individuelles Portrait der jeweiligen Königinnen, Pharaonen und Minister, aber das Gesetz der Proportionen und die Art der Wiedergabe wurde viele Jahrhunderte lang so exakt beibehalten, daß die Bilder auf ihre Weise imstande waren, das Individuelle als Erscheinung des Göttlichen und Ewigen darzustellen.
Unter solchen Denkvoraussetzungen konnte es durchaus so etwas wie Geschichte und Geschichtsschreibung geben, aber der Sinn von Geschichte und Geschichtsschreibung lag in der Verewigung des Zeitlichen. So trägt der erste

[20] Zu der zyklischen Zeiterfahrung des ursprünglichen Daseins in der Geborgenheit Gottes vgl. E. DREWERMANN: Strukturen des Bösen, I[3](erw.) 378–389.

ägyptische König, dem der Papyrus von Turin die Vereinigung der beiden Länder von Ober- und Unterägypten zuschreibt[21], den Namen «Menes», der «Ewige»[22]. Von daher läßt sich nicht sagen, daß es keine Geschichte im mythischen Weltbild geben könne; aber es ist eine Geschichte, in der nicht die Zufälligkeiten des zeitlichen Geschehens Geltung besitzen, sondern in der kraft einer absolut religiösen Verdichtung des Zeiterlebens einzig die Verklärung zum Ewigen den Sinn der Geschichtsüberlieferung darstellt.

Das meiste, was wir von der ägyptischen Geschichte wissen, stammt infolgedessen bezeichnenderweise aus den Inschriften an den Wänden von Tempeln und Gräbern: die Siege *Thutmosis' III* z.B. finden sich auf dem Denkstein im Tempel von Karnak verzeichnet[23], die Hethiterschlacht *Ramses' II* bei Kadesch an den Wänden des Tempels von Abusimbel[24], die Schlacht *Ramses' III* gegen die «Seevölker» an den Tempelwänden von Medinet Habu, usw. Geschichte ist hier nur die Erscheinung des Göttlichen in der Zeit, sie ist buchstäblich nur die Außenseite des Heiligtums, in dem die Gottheit zur Erscheinung kommt; alle Pharaonen sind daher im Grunde in der Natur des Sonnengottes miteinander wesensgleich, und es gibt eigentlich nur *den* Pharao unter wechselnden Bedingungen bzw. es hat ein jeder Einzelne teil an der einen ewigen Natur des Göttlichen, das dennoch seiner bedarf, um in der Zeit zur Erscheinung zu kommen.

Selbst wo wir im mythischen Denken über exakte Geschichtsaufzeichnungen verfügen, ist doch das Motiv ihrer Tradition demnach grundverschieden von der Geschichtsschreibung der Hebräer, deren Anfang wir in die frühe Königszeit datieren müssen. Es bedeutete z.B. vor drei Jahrzehnten eine echte Sensation, als Alfonso Caso den berühmten Codex Nuttall der Indios in der Gegend vom Monte Alban als die Geschichte der Dynastie von *Tilantongo* zwischen 838–1130 n. Chr. erkannte – vierhundert Jahre exakter Chronologie also bei einem Volk von Analphabeten[25]! Aber das Ziel der mittelamerikanischen «Ge-

[21] Vgl. E. Eggebrecht: Die Geschichte des Pharaonenreiches, in: A. Eggebrecht (Hrsg.): Das Alte Ägypten, 41–115, S. 43–44; historisch dürfte ein Sohn *Narmers* mit Namen *Horus Aha* mit dem sagenhaften *Menes* zu identifizieren sein; nicht die Gesamtherrschaft über beide Länder Ägyptens, wohl aber die Jahresrechnung nach 365 Tagen dürfte auf ihn zurückgehen, so daß die ägyptische Jahresbenennung mit ihm den Anfang nahm.

[22] Das ägyptische Wort *mn* (dauern, bleiben; vgl. A. Erman – H. Grapow: Ägyptisches Handwörterbuch, 63) dürfte etymologisch mit dem griechischen Wort *menein* (bleiben) verwandt sein; vgl. E. Drewermann: Strukturen des Bösen, III 556.

[23] A. Erman: Die Literatur der Ägypter, 318–322.

[24] A. Erman: A.a.O., 322–337. – Sehr schön hat St. Zweig: Die Welt von Gestern, 115 von der Ewigkeit im Augenblick wahren Glücks und wahrer Lebensverdichtung im Moment des Außer-der-Welt-Seins jedes *Künstlers* gemeint: «Große Augenblicke sind immer jenseits der Zeit.» Nur solche Großen Augenblicke sind fähig, in Gestalt Großer Träume in die Überlieferung der Religion Eingang zu finden.

[25] A. Caso: Mixtec Writing and Calendar, in: Handbook of Middle American Indians, Vol. 3, Part 2, p. 948–961. Vgl. Codex Nuttall, Reprint: A.G. Miller, New York 1975.

schichtsschreibung» war nicht das, was wir im Erbe der Bibel «Geschichte» nennen. Eigentlich ging es den *Mixteken* nicht um Geschichte, sondern um die Aufstellung einer immer wiederkehrenden Periodik mantischer astrologischer Zyklen, ähnlich, wie wenn jemand täglich seine Wetterbeobachtungen notieren wollte, um einen Tausendjährigen Kalender zu erstellen. Die «Geschichte» bedeutete für sie nur ein Zwischenglied, eine Phase im Ring der ewigen Wiederkehr.

Wird dieser Kreislauf der Zeit, wie wir als eine erste Möglichkeit des Geschichtserlebens einmal unterstellen, im wesentlichen *positiv* erfahren, so ermöglicht diese Sicht der Zeitlichkeit des Daseins das Gefühl einer paradiesischen Geborgenheit im Ring der Zeit sowie das Erlebnis einer universellen Einheit mit der Natur inmitten einer ebenso überschaubaren wie bewundernswerten Harmonie. Wie sehr dieses Weltbild sich von der Eigenart des abendländischen Geschichtsbildes in seiner Bewegtheit, Unruhe und Dynamik unterscheidet, mag eine kleine Episode aus JACK LONDON's kleiner Erzählung *«Die Art des weißen Mannes»*[26] beleuchten. «Die Augen des weißen Mannes sind nicht blind», sagt dort ein alter Indianer am Yukon-River. «Der weiße Mann sieht alles, und er denkt großzügig und sehr weise. Aber der weiße Mann des einen Tages ist nicht der weiße Mann des nächsten Tages, und deshalb versteht man ihn nicht. Er tut nicht immer dieselben Dinge auf dieselbe Weise. Und nie weiß man, welches sein nächster Weg sein wird. Der Indianer hingegen tut immer dasselbe auf dieselbe Weise. Der Elch kommt immer, wenn der Winter naht, von den hohen Bergen herab. Der Lachs kommt immer im Frühling, wenn das Eis den Fluß verlassen hat. Immer tut alles dasselbe auf dieselbe Weise, und das weiß der Indianer und versteht es deshalb. Aber der weiße Mann tut nicht immer alles auf dieselbe Weise, und deshalb weiß der Indianer nie, was er tun wird, und versteht ihn nicht.»[27]

So einheitlich also und verbunden mit allem kann die zyklische Zeitvorstellung der Mythen erlebt werden. Und dennoch ist gerade der mythische Zyklus der Zeit in sich ambivalent, und es kann daran auch eine ganz andere dunkle Seite zum Vorschein kommen, in welcher der Kreislauf im Extremfall als eine Art neurotischen Wiederholungszwangs anmutet. Dieselben Spannungen, die an sich als Pole einer höheren Ordnung empfunden werden können, vermögen auch als zerreißende Widersprüche zu erscheinen, und in vielen Mythen existiert zugleich neben dem Gefühl der Geborgenheit das Empfinden eines tragischen Verhängnisses oder es durchdringen beide Erlebnisweisen einander unauflöslich und untrennbar.

[26] J. LONDON: Die Art des weißen Mannes, in: Die Art des weißen Mannes. Erzählungen, 1977. Vgl. E. DREWERMANN: Der tödliche Fortschritt, 124ff.

[27] A.a.O., 10.

Zumeist steht bereits am Beginn der mythischen Welterfahrung ein nicht zu sühnender *Frevel der Vorzeit*. Nicht selten handelt es sich dabei um einen Verstoß gegen ein göttliches Verbot, gegen ein *Nahrungsverbot* sehr oft, und wie in der jahwistischen Urgeschichte ist durch diese Gebotsübertretung schon in den Tagen der Vorzeit die Welt des Paradieses beendet worden[28]; oder ein Akt titanenhafter *Revolution* gegen eine ältere Generation von Göttern hat, wie in der griechischen Mythologie, die jetzige Zeit hervorgebracht[29]; oder es handelt sich, nach dem Modell der weltweit verbreiteten *Weltelternmythe*, um jene freche Tat, mit der, am Anfang der Welt, Himmel und Erde voneinander getrennt wurden[30]. In der ägyptischen Mythologie z. B. schuf der Gott *Schu*, die Personifikation der Atmosphäre, die bestehende Welt, indem er in blutschänderischer Eifersucht seine Tochter, die Himmelsgöttin *Nut*, von ihrem Gemahl, dem Erdgott *Geb*, schmerzlich trennte[31]; jede Nacht steigt seither die Göttin, deren Leib mit dem Heer der Sterne bedeckt ist, zu ihrem Gemahl, dem Erdgott, hinab und führt so die Dunkelheit herbei; Tag für Tag aber wiederholt sich der gleiche Frevel der Trennung, wenn ihr Vater *Schu* die Liebenden mit roher Gewalt wieder voneinander trennt und die Göttin emporstreckt, so daß sie als Himmelsgewölbe sich über die Erde lagert und nur noch mit ihren Fingerspitzen und Zehen die Erde berührt[32]. Selbst die Kopfstütze, auf der das Haupt des Pharao *Tutanchamun* ruhte, spiegelte symbolisch den Vorgang wider, wie *Schu* zwischen den beiden Löwen des Gestern und Morgen, den östlichen und westlichen Bergen (den Symbolen des Gottes *Aker* also), den Himmel emporhebt – ein Akt, der ständig wiederholt werden muß, damit die Welt nicht ins Chaos zurückstürzt[33], und doch zugleich ein Akt, der eine Ureinheit am Anfang der Welt auf immer zerspaltet.

In solchen Aspekten drückt sich die andere Seite des mythischen Kreislaufs der Zeit aus: die tragische Verewigung eines unheilvollen Urzeitgeschehens, das seither die bestehende Welt bestimmt und in ewigen Gegensätzen auseinanderreißt. So verstanden, spiegelt der Kreislauf der Zeit nicht mehr nur die Ordnung eines paradiesischen Anfangs wider, sondern er greift in unendlicher Monotonie einen unversöhnbaren Widerspruch auf, der die gesamte Welt dialektisch zerrissen und jedes Ding darinnen schillernd gemacht hat. Zeit und Geschichte müssen unter solchen Voraussetzungen dann in etwa so empfunden werden, wie die

[28] Vgl. E. Drewermann: Strukturen des Bösen, I 27–29; II 52–69.

[29] Vgl. K. Kerényi: Die Mythologie der Griechen, I 26–27 (Götter- und Titanenkämpfe).

[30] W. Staudacher: Die Trennung von Himmel und Erde, Tübingen 1942; vgl. E. Drewermann: Strukturen des Bösen, II 92; 119; 444.

[31] V. Ions: Ägyptische Mythologie, 47.

[32] A. a. O., 46.

[33] Vgl. die Abb. bei I. E. S. Edwards: Tutanchamun, 210–213.

Hegelsche Geschichtsphilosophie sie beschrieb, freilich ohne deren Fortschrittsoptimismus zu teilen[34]: als ein Geschehen, das seine Energie letztlich einem Urabfall, einer absoluten Negation verdankt; als ein Leben, das in ständigem Kampf sich gegen die Vernichtung in der Endlichkeit zu behaupten sucht und ihr dennoch immer wieder erliegt; als eine endlos sich wälzende Flut kommender und gehender Geschlechter, die wie Wellen im Ozean sich einen Moment lang zum Dasein erheben, nur um sogleich wieder im Nichts zu versinken. Um eine solche Weltordnung des ständigen Stirb und Werde im Gleichgewicht zu halten, müssen oft, wie z.B. in der Religion der mittelamerikanischen Indios, immer neue blutige Opfer dargebracht werden, um die verlöschende Kraft der Sonne (und anderer Daseinsmächte) zu ersetzen[35], und nie vergeht in einem solchen Daseinsgefühl die Angst vor dem Zusammenbruch der bestehenden Welt; oder es müssen, wie in Neuguinea, endlose Kriege geführt werden[36], um der Widersprüchlichkeit der Weltordnung im menschlichen Handeln zu entsprechen – grausame Rituale inmitten einer grausamen und tragischschuldigen Welt, in der die griechische Mythe ihr Recht zu behalten scheint, daß der Gott der Zeit, der Gott Kronos, immer von neuem seine Kinder frißt, um sich durch sie am Leben zu erhalten[37].

2. Der Beitrag der Neurosenlehre zum Verständnis von Zeit

Ein solches Welt- und Lebensgefühl kommt am meisten dem Empfinden nahe, das eine bestimmte Form *neutrotischen* Erlebens kennzeichnet und in jeder Psychotherapie eine große Rolle spielt. Der Neurotiker erlebt, ganz wie in der Negativseite des mythischen Kreislaufs der Zeit, daß er, ohne es zu wollen, offenbar den immer gleichen Zwängen und Schicksalsschlägen ausgesetzt ist: immer wieder provoziert er unbewußt und unbemerkt die gleichen Widerstände, Konflikte und Ablehnungen, immer wieder erntet er dieselben Mißerfolge, und über seinem ganzen Leben scheint ein verhängnisvoller Fluch zu liegen, der ihn unablässig in den gleichen Teufelskreisen gefangen hält – ein Schicksalszwang, dessen Wurzeln in der Tat, wie in manchen mythischen Erzählungen, in dunklen Verstrickungen am Anfang der persönlichen Biographie oder, bei genauerem Hinsehen, sogar in der Schuld längst vergangener Ge-

[34] Zur Darstellung der Hegelschen Geschichtsphilosophie vgl. E. Drewermann: Strukturen des Bösen, III 64–69.
[35] Vgl. E. Drewermann: Der Krieg und das Christentum, 286–287; 317–320.
[36] A.a.O., 19.
[37] Vgl. K. Kerényi: Die Mythologie der Griechen, I 25.

schlechter gründen[1]. Auf tragische Weise fühlt sich das neurotische Ich dazu verurteilt, ewig ein Trauma der Urzeit zu *wiederholen* und zu sühnen, ohne es doch jemals von sich her überwinden und auflösen zu können. Um den *Zyklus* der Zeit in der Weltsicht des Mythos mit seiner u. U. furchtbaren Dynamik von Zwang und Unentrinnbarkeit zu verstehen, bedarf es daher eines Vergleichs mit dem Zeiterleben in der Neurose.

Freilich ist auch das *lineare* Zeiterleben ambivalent; es kann als Erlösung von der Gesetzmäßigkeit des mythischen Kreislaufs auftreten, aber es kann auch als eine nicht endende Flucht in Ungeborgenheit und Fremde erfahren werden, und auch hier läßt sich die Art der Zeitlichkeit des Daseins am besten von den verschiedenen Neuroseformen her verständlich machen. Während der Wiederholungszwang, der jeder Neurose zugrunde liegt, als Modell zum Selbstverständnis des mythischen Kreislaufdenkens im Umfeld von Angst und Verhängnis dienen kann, sind die Verformungen des linearen Zeiterlebens von den einzelnen Neurosestrukturen selbst her verständlich zu machen.

a) Die verschiedenen Neuroseformen und die Unterschiede im Zeiterleben

Je nachdem kann die Zeit psychologisch in der Tat, wie in der modernen Physik, als leere Raumzeit oder, wie in der Lebensphilosophie, als *durée réele* erlebt werden; sie kann als gerade Planungslinie oder als Kreislauf der Nichtigkeit erscheinen; man kann sie erfahren als ständigen, gradlinigen Fortschritt oder als eine ewig frustrane Wiederholung, und all diese unterschiedlichen Strukturen im Erleben von Zeit psychologisch zu untersuchen, ist die Vorbedingung, um überhaupt zu verstehen, wie eine theologische Betrachtung von Geschichte an und für sich möglich sein kann und beschaffen sein sollte.

Die – naturwissenschaftlich inzwischen überholte – *physikalische* Vorstellung eines leeren «Zeitraumes» äußerer Meßbarkeit entspricht am ehesten dem *schizoiden* Lebensgefühl. Für das *schizoide* Erleben ist die Zeit eine Art Vakuum; es ist, wie der Schizoide sich oft beklagt, im Leben eigentlich «nie so richtig was los»; stattdessen erscheint ihm alles grenzenlos «langweilig», und auch räumlich erlebt er alles so distanziert, als wenn die Dinge und Menschen durch Glasscheiben oder durch riesige Schneelandschaften von ihm getrennt wären. Der Schizoide besitzt ein Zeitgefühl, das in etwa der Art entspricht, wie G. BÜCHNER es in *«Leonce und Lena»* einmal beschreibt: «Was die Leute nicht alles aus Langeweile treiben! Sie studieren aus Langeweile, sie beten aus Langeweile, sie

[1] Zum Mechanismus des *Wiederholungszwangs* und der daraus sich ergebenden Tragik des Lebens vgl. E. DREWERMANN: Das Tragische und das Christliche (1981), in: Psychoanalyse und Moraltheologie, I 19–39.

verlieben, verheiraten und vermehren sich aus Langeweile und sterben endlich aus Langeweile, und – und das ist der Humor davon – alles mit den wichtigsten Gesichtern, ohne zu merken, warum, und meinen Gott weiß was dazu. Alle diese Helden, diese Genies, diese Dummköpfe, diese Heiligen, diese Sünder, diese Familienväter sind im Grunde nichts als raffinierte Müßiggänger.»[2] Deutlicher läßt sich die Leere des *schizoiden* Zeitgefühls nicht ausdrücken. Andererseits drängt der *horror vacui* des schizoiden Erlebens dahin, sich verzweifelt aus der inneren Distanz zu den Dingen zu befreien. So wie manche Maler im Bannkreis der Angst sich, wie zur Rettung vor der inneren Bedrohung, einem Stilleben oder einer Landschaftsmalerei zuwenden – die Wurzel einer Weide, das riesige Geäst einer Zypresse oder ein Apfel auf dem Tisch dient wie zur magischen Beruhigung[3] –, so zwingt die Leere des schizoiden Erlebens dazu, die Zeit in einen ewigen Augenblick vollkommener Gleichgültigkeit bzw. in einen Moment überraschter Dankbarkeit auf dem Untergrund des absoluten Nichts zu verwandeln. Dostojewski z.B. beschreibt in den *«Dämonen»* einmal in Gestalt der absurden Existenz seines Antihelden *Kirillow* diese Extremform des schizoiden Zeitgefühls. Es ist das Empfinden eines Mannes, der aus Angst vor dem Tod dahin gelangt ist, den Tod insgesamt, und mithin auch die Tatsache des Werdens, des Alterns, der Zeitlichkeit des Daseins, schlechthin zu verleugnen: «Ein Leben», spricht er, «gibt es, einen Tod aber gibt es überhaupt nicht.» *Kirillow* glaubt daher «an ein ewiges Leben hier. Es gibt solche Augenblicke. Sobald man zu diesen gelangt, bleibt die Zeit stehen und wird zur Ewigkeit.» In seiner Verzweiflung erscheinen *Kirillow* alle Dinge und Ereignisse als «gut», d.h. als unterschiedslos wertvoll durch die bloße Tatsache, überhaupt zu existieren. «Ich bete alles an», erlärt er deshalb. «Sehen Sie, da kriecht eine Spinne an der Wand; ich sehe sie an und bin ihr dankbar dafür, daß sie kriecht.»[4] Es ist ein Erleben ganz am Rand des Daseins, wie wenn jemand in völliger Haltlosigkeit und getrieben von einer unendlichen Leere, Kälte und Einsamkeit sich an jedem Ding, an jedem Lebewesen, festhalten wollte. Die Worte *Kirillows* von der «Verewigung» der Zeit sind in sich schwer zu deuten; aber unzweifelhaft beschreiben sie einen totalen Weltumsturz, bei dem der ängstigende Aspekt der

[2] G. Büchner: Leonce und Lena, in: Gesammelte Werke, 110. – W.A. Stoll: Das Zeiterleben in der Psychiatrie, in: R.W. Meyer: Das Zeitproblem im 20. Jahrhundert, 175 weist darauf hin, wie sehr dem *Schizophrenen* die Zeit buchstäblich als «gestohlen» erscheint, – der Zeitstillstand ist wie eine Freiheitsberaubung durch die Vergangenheit. «... in namenloser Angst und Ausweglosigkeit ist das Ich erstarrt und damit auch die Fähigkeit, die Zeit zu erleben. Sie existiert nicht mehr.» So sagt ein Schizophrener: «Es gibt keine Vergangenheit und keine Zukunft. Die Zeit kommt nur von der Sonne (sc. es gibt nur den leeren Rhythmus von Tag und Nacht, d.V.), man könnte auch fünf Jahre lang stehenbleiben auf einem Fleck in einem dunklen Zimmer, dann gäbe es keine Vergangenheit, dann könnte man die Zeit hintergehen.» (A.a.O., 173)

[3] Vgl. z.B. zum Thema «Städte» D. Hockney: van Gogh: Caféterrasse bei Nacht (1888), in: E. Mullins (Ed.): 100 Meisterwerke, 228–231.

[4] F.M. Dostojewski: Die Dämonen, 246–249.

leeren Zeit, die Nichtigkeit des Lebens im Tod, zu einer verzweifelten Bejahung des Lebens in all seinen Formen führt, während das Schrumpfen der Zeit in einer ständigen Gegenwart kondensiert.

Ganz anders, obwohl äußerlich fast ähnlich, gestaltet sich das Zeitgefühl des *Depressiven*. Auch im depressiven Erleben zieht sich die Zeit auf einen ständigen Augenblick zusammen, aber nicht, um die unerträgliche Leere der Zeit gewissermaßen auf einen kristallinen Kern zusammenzufrieren, sondern weil es dem Depressiven gar nicht möglich ist, in sein Leben so etwas wie ein eigenes Konzept oder eine eigene Planung hineinzubringen. Die Erfahrung des Depressiven geht dahin, daß eine eigene Entscheidung, ein eigener Entschluß, etwas für sich selbst zu tun oder auf eigene Faust zu unternehmen, gewiß an der jähzornigen Drohgebärde der wichtigsten Kontaktpersonen zerbrechen wird. Statt, mit HEIDEGGER gesprochen, im Akt des «Existierens» aus den Bestimmungen der faktischen Gegebenheiten herauszutreten und sich eines eigenen Daseinsentwurfs zu getrauen[5], starrt der Depressive, wie ein Kaninchen auf der Treibjagd, auf seine Mitmenschen, insbesondere aber auf die ihm am nächsten Stehenden, und wähnt sie als seine schlimmsten Verfolger, denen er nur durch augenblickliche Anpassung oder Flucht entkommen kann. So kennt der Depressive weder Vergangenheit noch Zukunft. Angstvoll zieht sich sein Leben auf das pure Überleben im Augenblick zusammen. Das Glück des Augenblicks saugt er fast gierig in sich hinein, ständig in Sorge, es könne ihm doch im nächsten Augenblick wieder alles genommen werden[6], und stets rechnet er mit dem plötzlichen Schrecken fremder Vorwürfe und Anschuldigungen – es ist ein Leben wie auf einem nie verlöschenden Vulkan. Andererseits mag der Depressive von einer Zeit jenseits aller Zeit träumen, in welcher er Ruhe und Frieden finden werde – die meisten depressiven Selbstmordphantasien sind von solcher Art; aber diese jenseitige Zeit steht nicht in seiner Hand, sie betrifft im Grunde mehr eine fremde als seine eigene Existenz, und es handelt sich bei dieser Vorstellung eher um einen Wunsch oder um eine unendliche Sehnsucht als um eine Hoffnung oder gar Erwartung; es ist ein *«Glaube ohne Hoffnung»*, wie W. FAULKNER in seinem Drama *«Requiem für eine Nonne»*[7] einmal sagt. *Der Kreis der Zeit* – das ist für den Depressiven eine Art masochistischer Zeitmühle, ein Verschleiß im Einerlei der immer gleichen ermüdenden Pflichten, in immer den gleichen Ritualen der Angst und der Grausamkeit. *«Die Mühle des Todes»*, hat YVAN GOLL

[5] Vgl. M. HEIDEGGER: Sein und Zeit, 352–364 (Die Zeitlichkeit des umsichtigen Besorgens, und: Der zeitliche Sinn der Modifikation des umsichtigen Besorgens zum theoretischen Entdecken des innerweltlichen Vorhandenen).

[6] Zum *depressiven* Zeiterleben im Umfeld der Sorge, Besorgnis und Besorgung vgl. E. DREWERMANN: Von einer besonders tragischen Form des Mißverständnisses in der Ehe, in: Psychoanalyse und Moraltheologie, II 94–96.

[7] W. FAULKNER: Requiem für eine Nonne, 182; 302. In diesem Roman FAULKNERS über die stellvertretende, unausweichliche Schuld aus Verantwortung infolge der Unverantwortlichkeit anderer hegt die Negerin

denn auch eines seiner Gedichte auf die Vergänglichkeit benannt, in dem er schrieb:

Schöne Müllerin du drehst
Die Mühle der langsamen Stunden
Du mahlst meine Knochen
Du mahlst meine Worte
Mit trügerischer Evidenz[8]

Weiter kann man sich von dem HEIDEGGERschen Existential der Zeitlichkeit im eigenen Daseinsentwurf kaum entfernt befinden als in diesem traurig-ungelebten Leben des depressiven Aufgerieben- und Zermahlenwerdens, innerhalb dieses mythischen Sisyphus-Kreislauf, und es liefe auf eine leere Sophisterei hinaus, wollte man sagen, daß eben auch der faktische Nichtentwurf der Existenz, das Leben in «Uneigentlichkeit», einen «Entwurf» des Daseins darstelle.
Ganz exakt hingegen scheint der Phänomenologie HEIDEGGERS das *zwangsneu-*

Nancy Mannigoe, eine Exmorphinistin und Prostituierte, die von der Familie *Stevens* als Kindermädchen angestellt worden ist, zunächst «die Hoffnung, daß Gott – wenn es ihn gab – das Kind beschützen würde. Nicht sie; sie hatte nicht um Pardon gebeten und wollte keinen Pardon; sie würde mit allem fertig werden, entweder damit fertigwerden oder es ertragen – aber das Kind, das würde er beschützen vor dem Sichtwechsel ihrer Vergangenheit, weil es unschuldig war.» (182–183) Gegen Ende des Romans hingegen gesteht Nancy, daß sie bei der Ermordung des ihr anvertrauten halbjährigen Kindes, das sie davor bewahren wollte, den Zusammenbruch der Familie mitzuerleben, jede Hoffnung aufgegeben hatte. In gewissem Sinne hatte sie mit der Preisgabe der Hoffnung aufgehört, selber zu existieren. Denn Hoffnung ist «das, was man sich am schwersten abgewöhnt, aufgibt, ablegt, das Allerletzte, was der arme sündige Mensch aus der Hand gibt. Vielleicht, weil es das einzige ist, was er hat. Jedenfalls hält er bis zuletzt daran fest, klammert sich fest daran. Noch, wenn er nach dem Heil seiner Seele nur die Hand auszustrecken braucht, wenn er nur noch zu wählen hat zwischen beiden; noch wenn das Heil in seiner Hand liegt, und er brauchte nur die Finger zu schließen, auch dann ist die Sünde noch stärker als er, und eh er sich's versieht, hat er das Heil fahren lassen und wieder nach der Hoffnung gegrabscht.» – «Du meinst», fragt *Gowan Stevens* sie, «um das Heil zu gewinnen, muß man die Hoffnung aufgeben?» – «Man braucht sie ja gar nicht», entgegnet *Nancy.* «Sie brauchen nur zu glauben.» – «Was glauben?» «Einfach glauben.» (302–303) Die Frage ist: «warum müssen wir leiden? Er (sc. Gott) ist doch allmächtig, so heißt es wenigstens. Warum konnte er nicht etwas anderes erfinden? Oder, wenn schon gelitten werden muß, warum dann nicht jeder für sich allein? . . . Muß man denn die Schmerzen aller anderen Menschen auf sich nehmen, nur um an Gott zu glauben? Was ist das für ein Gott, der seine Kunden mit dem Jammer und Elend der ganzen Welt erpressen muß?» – «Er will ja nicht, daß wir leiden», antwortet *Nancy* «Aber er kann nichts machen. Er ist wie ein Mann, der zu viele Maulesel hat. Eines Morgens plötzlich sieht er sich um und sieht mehr Maulesel, als er auf einen Sitz auch nur zählen, geschweige denn Arbeit für finden kann; er weiß nur, daß es seine sind, denn sonst ist keiner da, der sie haben will . . . Und daß er, wenn es Montagmorgen wird, hingehen kann und ein paar von ihnen zusammentreiben . . . Und daß sie, wenn sie einmal im Geschirr sind, seine Arbeit tun werden, so, daß er zufrieden sein kann . . .» – «Muß man denn auch sündigen?», fragt *Stevens.* «Man *muß* nicht», entgegnet *Nancy.* «Man kann nicht anders. Und das weiß er. Aber man kann auch leiden. Und das weiß er auch. Er sagt nicht: du darfst nicht sündigen; er bittet dich nur, es nicht zu tun. Und er sagt auch nicht: du mußt leiden. Aber er gibt dir die Möglichkeit. Er gibt dir das Beste, was er sich hat ausdenken können, wozu du imstande bist. Und dann läßt er dich in den Himmel kommen.» (306–308) Deutlicher läßt sich diese Glaubenssehnsucht des *Depressiven,* der an der Erde verzweifelt, um an den Himmel zu glauben, und der sich schuldig weiß, um die Schuld des Daseins wie eine unvermeidliche Pflicht zum Abarbeiten des Verhängnisses aller zu büßen, nicht kennzeichnen.

[8] Y. GOLL: Ausgewählte Gedichte, 50 (Die Mühle des Todes).

rotische Zeitgefühl zu entsprechen, und zwar so sehr, daß man sich des Eindrucks nicht erwehren kann, als ob gerade diese Erlebnisweise dem Autor von *«Sein und Zeit»* als Vorbild gedient hätte oder als ob, umgekehrt, die existentialistische Phänomenologie der Zeit bei HEIDEGGER im Grunde auf eine Rationalisierung des zwangsneurotischen Zeitgefühls hinausliefe. Für den Zwangsneurotiker gilt aufs Wort HEIDEGGERS Beschreibung, daß im Zukunftsentwurf, im «Sich-vorweg-schon-sein-in-einer-Welt»[9], im Sorgen und Besorgen des Zukünftigen, die Gegenwart gestaltet und die Vergangenheit in ihrer Bedeutung entdeckt werde. In der Tat erlebt der Zwangsneurotiker die Zeit vor allem als einen Planungsauftrag, und er geht mit der Zukunft ähnlich um wie ein Verfasser des Kursbuches der Bahn mit dem Beginn der Herbstmonate: sie nötigen zum Festlegen eines möglichst genauen Fahrplans und Terminkalenders. Dementsprechend stellt die Zeit für den Zwangsneurotiker so etwas wie eine chronometrische Ordnungsgröße dar, und besonders das entscheidende Problem der HEIDEGGERschen Zeitlichkeit ist gerade für das zwangsneurotische Zeiterleben charakteristisch: daß es in Gestalt des *Todes* eine unüberholbare letzte Möglichkeit gibt, die alles Vorlaufen auf die Zukunft selber zum Vorläufigen stempelt[10]; aller Entwurf ist letztlich ein Sichauswerfen auf den Tod, und doch kann es gerade auf den Tod hin, wie vor allem J.P. SARTRE kritisch bemerkt hat, eigentlich gar keinen «Entwurf» mehr geben[11]. Im Grunde trifft es nicht zu, wenn HEIDEGGER meint, daß nur der Entwurfcharakter des Daseins die eigenen Möglichkeiten endgültig entdecken und freisetzen könne; denn gerade bei dem ständigen Besorgen und Entwerfen der Zukunft in der Lebensgestaltung des Zwangsneurotikers geht es in Wahrheit ganz im Gegenteil darum, mit Hilfe der Festlegungen des eigenen Zukunftsentwurfs die unendliche Fülle der Möglichkeiten durch Planung, Auswahl und Entscheidung einzugrenzen und den Spielraum der Freiheit zu eliminieren. Eben deshalb bedeutet *der Tod* für das zwangsneurotische Zeitgefühl einen solchen Skandal[12]; denn der Tod ist die einzige prinzipiell nicht einholbare oder überholbare Möglichkeit, die ständig gegenwärtig und dennoch nie zu planen ist; er ist die Infragestellung aller Zeitlichkeit; er ist der Anbruch einer Endgültigkeit, die alles «Sich-vorweg-Sein» des Daseins schlagartig beendet. Von daher wird die Zeit im zwangsneurotischen Erleben zu einem ständigen Angehen gegen den Tod, zu einem mythischen Kampf gegen die Schlange, die sich im Kreislauf der Zeit zwischen Geburt und Tod in Gestalt des Ouroboros selbst in den Schwanz beißt[13].

[9] M. HEIDEGGER: Sein und Zeit, 192.

[10] A.a.O., 260–267.

[11] Vgl. zu der Kritik J.P. SARTRES an HEIDEGGERS Verständnis des Todes die Darstellung bei E. DREWERMANN: Strukturen des Bösen, III 245–251.

[12] Vgl. zum *zwangsneurotischen* Erleben des Todes E. DREWERMANN: Von einer besonders tragischen Form des Mißverständnisses in der Ehe, in: Psychoanalyse und Moraltheologie, II 95–96.

[13] Zum Bild des *Ouroboros* vgl. H. LEISEGANG: Das Mysterium der Schlange, in: Eranos Jahrbuch 1939,

Im Unterschied zu der Zeit als einer leeren Planungsgröße, wie sie im zwangsneurotischen Lebensgefühl erscheint, entspricht das *hysterische Zeitempfinden* am ehesten der Vorstellung BERGSONS von der «wirklichen», ganz vom Erlebnisinhalt her konstituierten Zeit. Für den Hysteriker existiert die Zeit nur als ein dichtgedrängter Raum voller Möglichkeiten. Auch er stürzt in ständigen Planungen und Entwürfen in die Zukunft hinein, aber sein Ziel ist es nicht, von der Zukunft her in die Wirklichkeit des gegenwärtigen Augenblicks zurückzukommen; was ihn verlockt, ist gerade der Rausch, im Wirbel der Möglichkeiten von den Festlegungen der Gegenwart wegzustreben. Infolgedessen ist für den Hysteriker die Zeit kein Ordnungsfaktor, sondern im Gegenteil die reine Turbulenz. Es gibt für ihn durchaus keine «festen» Zeiten, sondern nur sich ergebende Gelegenheiten, Chancen, Möglichkeiten, die prinzipiell zu jeder Zeit wechseln können. Von daher spielt es für den Hysteriker keine Rolle, *wann* etwas geschieht, ihm geht es nur darum, daß überhaupt etwas geschieht. Mit seinen eigenen Terminen und Planungen kommt er deshalb ständig ins Gedränge; alles, was er unternimmt, gleicht einer unentwegten Hetze, wie wenn ein Hund fünf Hasen gleichzeitig erjagen wollte, – ein irrsinniger Querfeldeinlauf, ein scheinbar richtungsloses Hin und Her. Infolgedessen hat der Hysteriker wortwörtlich nie Zeit, vielmehr löst die Zeit sich für ihn auf in einen ständigen Wirbel des Erlebens.

Je nach der Charakterstruktur, ergibt sich also ein jeweils grundlegend anderes Zeitgefühl: Zeit ist Langeweile für den *Schizoiden*; Zeit ist eine Tretmühle für den *Depressiven*; Zeit ist Geld oder Leistung für den *Zwangsneurotiker*; Zeit ist, was man niemals hat, für den *Hysteriker*.

Diese Einsicht der Neurosenpsychologie in die unterschiedlichen Formen des Zeiterlebens erlaubt uns nun unmittelbar eine wichtige Folgerung. Wenn Zeit je nach den neurotischen oder neurotoiden Grundstrukturen der Persönlichkeit anders erfahren wird, so ist offensichtlich die Frage nach dem Verständnis des Zeiterlebens abhängig vom Faktor der *Angst* im Untergrund der menschlichen Existenz. Jede Neurose stellt den Versuch dar, auf spezifische Ängste des menschlichen Daseins zu antworten, und wir haben bereits bei der Besprechung der Psychodynamik und Psychosomatik der einzelnen Neuroseformen gesehen, von welcher Art diese Ängste und ihre (Fehl-)Verarbeitungsformen sind (s.o. S. 221ff.)[14]. Von daher können wir jetzt sagen, daß die Erlebnisweise der Zeit zentral von dem Ausmaß und dem Inhalt der Angst des menschlichen Daseins geprägt wird. Es ist *die Angst vor den Dingen* und die Fremdheit der Welt, die die Zeit des *Schizoiden* von allem Inhalt entleert; es ist *die Angst vor der Schuld* des eigenen Daseins, die dem *Depressiven* die Zeit als ein Sklavenjoch der Buße und

192–193, wo die «Schlange» als in sich zurückkehrende Zeit gedeutet wird.

[14] Vgl. E. DREWERMANN: Strukturen des Bösen, III 469–479; DERS.: Sünde und Neurose, in: Psychoanalyse und Moraltheologie, I 132–136.

der Wiedergutmachung erscheinen läßt; es ist *die Angst vor der Ungerechtfertigtheit* und Überflüssigkeit des Daseins und der eigenen Freiheit, die dem *Zwangsneurotiker* die Flucht in die Notwendigkeit von Pflicht und Leistung auferlegt und die Zeit für ihn in einen Fahrplan von Sollvorschriften verwandelt; und es ist schließlich *die Angst vor der Bindung*, der Festlegung und der Verantwortung eigener Entscheidungen, die dem *Hysteriker* die Zeit als Feuerwerk des Unvorhersehbaren erscheinen läßt. In all diesen Weisen verhindert der Druck der Angst eine Auslegung des menschlichen Daseins, die der Zeitlichkeit der Existenz den Charakter innerlicher Erfülltheit und zuversichtlicher Ruhe verleihen könnte. Vor allem, wenn *der Zyklus der Zeit* im mythischen Weltbild zu einem tragischen Alptraum zu werden beginnt, darf man voraussetzen, daß hier die (schizoid-depressive) Angst das Erleben der Zeit aus einem möglichen Paradies in einen als unvermeidlich empfundenen Fluch umqualifiziert; und wenn die lineare Gerichtetheit der Zeit in der christlich-abendländischen Geschichtsvorstellung zu einem systematischen Verplanen oder gehetzten Entfliehen jedes eigenen Entscheidungsspielraumes wird, darf man voraussetzen, daß hier die zwangsneurotisch-hysterische Angst aus dem Erleben der Zeit in der Freiheit der persönlichen Gestaltung einen entfremdeten Schicksalsablauf subjektiver Unzuständigkeit werden läßt. Umgekehrt scheint es nur eine einzige Macht zu geben, die den Gott der Zeit *nicht* als einen Gott erfahren läßt, der, wie der griechische Kronos, seine eigenen Kinder frißt: die Macht des Vertrauens und, damit aufs engste verbunden, die Energie der Liebe. Noch einmal sei hier, um des Kontrastes willen, auf ein Gedicht von YVAN GOLL verwiesen, das beschreibt, wie *in der Liebe* die Zeit zwischen der bewußten Vergangenheit und der ungewissen («linken») Zukunft ihre Ordnung findet, wie die Angst vor dem Tod sich beruhigt und das menschliche Dasein seine Kostbarkeit und Zärtlichkeit erhält und wie der Kreislauf der Gestirne des Lichts und der Zeit einmündet in die fraglose Stille der Gegenwart, die wie ein stummer Gesang ist:

Geliebte du mein Stern
An deinem rechten Ufer steht das Vergangene
An deinem linken Ufer steht das Werdende
Zusammenströmend singen wir die Gegenwart
Sie sehen uns nach die Bäume der Verwesung
Sie fliegen uns voraus die Vögel der Erlösung
In deinem rechten Auge bin ich Diamant
In meinem linken Auge bist du Samt

Die Sonne rollt von deiner rechten Schulter
Der Mond verwest in meiner linken Hand

Geliebte ich dein Strom
Zusammenfließend schweigen wir die Gegenwart[15]

[15] Y. GOLL: Gedichte 1924–1950, 58 (An Claire-Liliane).

b) Von der Ambivalenz des Geschichtlichen im Spannungsfeld von Angst und Glaube oder: Von einer möglichen Synthese zwischen Mythos und Geschichte

Genau so ambivalent wie der mythische Kreislauf kann mithin die »wirkliche Geschichte« zwischen Heil und Zerstörung, zwischen Paradies und Apokalypse, je nach dem Faktor des Glaubens oder der Angst, hin und her schwanken; die Entdeckung der Geschichte kann ein Paradies zerstören und die Harmonie des Rings der Zeit zerbrechen, sie kann aber auch von einem Teufelskreis des Unheils erlösen, und in jedem Falle kommt tiefenpsychologisch wie theologisch alles darauf an, dem Erleben und der Verarbeitungsweise der Angst in der Selbstauslegung der Zeitlichkeit des Daseins so genau wie möglich nachzugehen.

Seit den Tagen des *Deutschen Idealismus* ist geschichtsphilosophisch immer wieder die These vertreten worden, daß die menschliche Geschichte mit der Zerstörung einer paradiesischen Unbewußtheit, mit der Sünde der Erkenntnis, mit der Trennung von der Natur begonnen habe und nur durch einen solchen Urwiderspruch habe zustande kommen können[16]; zum Wesen der menschlichen Geschichte gehöre es, so meinte man, daß der Mensch sich nicht mehr, wie im Weltbild der Mythen, als Naturwesen verstehe und sich in die Natur einfüge, sondern daß er zu seiner Eigenständigkeit erwache und sich die Natur durch wachsende Kenntnis ihrer Gesetze untertänig mache; erst als selbstbewußter Herrscher über die Natur, als ein aus dem Garten Eden Vertriebener, stehe der Mensch am Anfang einer eigentlichen Geschichte, und deren wesentliche Entdeckung beruhe gerade auf der Freiheit des Menschen von den Naturgesetzen in der allmählichen Realisierung seiner Überlegenheit[17].

Dieses Geschichtsbild, das vor allem der MARXISTISCHEN Soziologie und Geschichtsphilosophie zugrunde liegt, verspricht, wenn es zutrifft, eine sehr wichtige hermeneutische Grundlage zum Verständnis von Geschichte zu bieten, und so haben nicht wenige Theologen gemeint, sich diesem Geschichtsverständnis anschließen zu müssen. Gleichwohl scheitert die Geschichtskonzeption des *Deutschen Idealismus* an der Verwechselung bzw. Identifikation von Gott und Natur. Besonders der Text, der immer wieder zur Stützung der idealistischen These herangezogen wurde: die Sündenfallerzählung des Jahwisten (Gen 3,1-7), läßt sich nicht wirklich verstehen, wenn man nach dem Vorbild SPINOZAS zwischen Gott und Natur nicht absolut unterscheidet und mithin den Akt der Bewußtwerdung (die Unterscheidung zwischen Mensch und Natur) als Akt der

[16] Vgl. zu den entsprechenden historischen und philosophischen Theorien E. DREWERMANN: Strukturen des Bösen, III 30-36; 43-53; 148-153.
[17] Vgl. A.a.O., III 45-48; 148-166.

Sünde (der Trennung zwischen Mensch und Gott) interpretiert; dem Jahwisten geht es, wie wir an anderer Stelle gezeigt haben[18], durchaus nicht um einen Abfall des Menschen von der Natur, sondern um die Sünde des Menschen gegen Gott, und die ganze Theologie des Jahwisten richtet sich *dagegen*, Gott und Natur miteinander zu identifizieren. Die Menschen, meint dieser Autor am Anfang der Bibel, werden keinesfalls zu Menschen, indem sie sich von Gott loslösen; vielmehr hängt ihre Menschlichkeit ebenso wie ihre Beziehung zu der umgebenden Natur wesentlich von ihrer Bindung an Gott ab: solange die Menschen mit Gott eins sind, ist die Welt für sie ein Paradies; doch wenn sie mit Gott zerfallen, geraten sie notwendig in ein Mißverhältnis sowohl zu sich selbst wie zu allen Wesen und Menschen ringsum. Nur in dieser Sicht der Dinge vermeidet man es, daß das Gottesbild selber in die dialektische Widersprüchlichkeit einer philosophischen oder theologischen *Gnosis* hineingerät.
Doch so *theologisch* ungereimt das Geschichtsverständnis des *Deutschen Idealismus* auch sein mag, man kann nicht leugnen, daß sein Konzept *phänomenologisch* als äußerst zutreffend erscheint. Was wir heute Geschichte nennen, besteht in der Tat in der fortschreitenden Unterscheidung des Menschen von der Natur, indem die Aneignung und Ausbeutung der Natur zu menschlichen Zwecken im Verlaufe der Geschichte in Art und Umfang immer weiter zunimmt. Insbesondere in der HEGELSCHEN und MARXISTISCHEN Geschichtsphilosophie wird die innere Gegensätzlichkeit und Widersprüchlichkeit einer solchen Geschichte der wachsenden Differenzierung zwischen Mensch und Natur offenbar sehr wirklichkeitsnah beschrieben. Im Gegensatz zu der Vorstellung der Mythen, führen die Stufen der zeitlichen Entwicklung in dem dialektischen Geschichtsbild nicht zu einer ringförmigen Harmonie, sondern zu immer neuen Ungleichgewichten, welche die Bewegung der Geschichte unerbittlich vorantreiben. Die innere Dynamik der Geschichte entstammt in dieser Sicht der *Kraft des Negativen*, einem fundamentalen *Mangel*, der die menschliche Existenz vor allem materiell kennzeichnet[19]. Gerade indem der Mensch sich von der Natur unterscheidet, entdeckt er sich biologisch als «Mängelwesen»[20], und um den naturgegebenen Mangel zu überwinden, ist er gezwungen, in Form der Kultur Wege zu seiner Existenzsicherung gegenüber einer feindseligen Natur zu finden. Der Unterschied zwischen Mensch und Natur kann auf diese Weise freilich nur immer weiter vertieft werden[21]. Der Mensch als Träger einer solchen von der Natur und ihren Kreisläufen unterschiedenen einlinigen Geschichte ist wesentlich ein

[18] Vgl. A.a.O., III 153–166.
[19] So bes. in der Philosophie J.P. SARTRES; vgl. E. DREWERMANN: A.a.O., III 330–336; 416–420.
[20] A. GEHLEN: Der Mensch, 33; 83.
[21] A. HEUSS: Zum Problem einer geschichtlichen Anthropologie, in: H.-G. Gadamer – P. Vogler (Hrsg.): Kulturanthropologie, 154–156.

«homo compensator»[22], ein Mensch, der einzig im Kampf gegen das, was ihn verneint, sich individuell wie gesellschaftlich zu dem macht, was er ist. Aber gerade dieser Kampf gegen die eigene Negiertheit nimmt die *Struktur des Mangels* in die geschichtliche Praxis in Form der *Gewalt* auf, und der gemeinsame Kampf gegen die Natur, die Arbeit an der Natur, wird somit notgedrungen zur Arbeit des Menschen am Menschen, zum Kampf aller gegen alle. Im Feld des Mangels erscheint der Andere als Feind, als Gegenmensch, und erst in einer Geschichte, in welcher der Mangel aufgehoben wäre, bestünde eine Aussicht auf die Beseitigung der antagonistischen Widersprüche, deren Aufhebung indessen zugleich einer Aufhebung der Geschichte insgesamt gleichkommen müßte[23]. In diesem Sinne ist Geschichte prinzipiell nur als Geschichte des Mangels, als zeitliche Thematisierung des Grundkonfliktes innerer Negiertheit, als Selbstauslegung der menschlichen Existenz in Kampf und Widerspruch verstehbar.

Wenn wir unter solchen Voraussetzungen nach dem *psychologischen* Beitrag zu einer Theologie der Geschichte und ihrer Auslegung fragen, so ist deutlich, daß der Mangel, das Negative, die Bedrohung seitens einer als feindselig vorgestellten Natur subjektiv nur als *Angst* reflektiert werden kann. Die Geschichte, wie in der MARXISTISCHEN Geschichtskonzeption, als Geschichte materieller Mangelüberwindung zu betrachten, heißt, entgegen allem Fortschrittsoptimismus, im letzten, die Geschichte als fortschreitende Totalisierung und Verinnerlichung von Angst zu beschreiben. So positiv sich das Geschichtsbild des antimythischen einlinigen Fortschrittsglaubens der Aufklärungsphilosophie und ihrer Nachfahren darzustellen sucht – in Wahrheit handelt es sich um eine Geschichte, die nur von Angst und Not vorangetrieben wird und deren größte Leistungen nur unter einem Übermaß an Angst zustande kommen. Im Grunde hat man es innerhalb einer solchen Geschichte mit einer durch und durch *neurotischen* Psychologie zu tun; denn als Hauptthema jeder Neurose darf gelten, daß alles Denken und Handeln im Felde der Angst nur der Überkompensation der eigenen Mängel und Minderwertigkeitsgefühle gilt. Wenn der *Deutsche Idealismus* so sehr betont, der Sinn der gesamten menschlichen Geschichte liege darin, Gott hervorzubringen, so wird man psychologisch eben dies als den Inhalt und die Struktur einer jeden Neurose verstehen müssen, daß Menschen, verzweifelt vor Angst, versuchen müssen, «Gott» aus sich hervorzupressen[24]. Im Gegensatz zum *Deutschen Idealismus* wird man *angesichts der Angst* gerade nicht glauben

[22] O. MARQUARD: Kompensation. Überlegungen zu einer Verlaufsfigur geschichtlicher Prozesse, in: K.-G. Faber – Ch. Meier (Hrsg.): Theorie der Geschichte, II 351–356.

[23] So bes. in der Sozialphilosophie J.P. SARTRES; vgl. E. DREWERMANN: Strukturen des Bösen, III 251–278; 378–379.

[24] Vgl. A. ADLER: Über den nervösen Charakter, Vorw. zur 2. Aufl., S. 26; E. DREWERMANN: Strukturen des Bösen, II, S. XLVIII.

können, daß die Kulmination von Angst und Gewalt im Felde des Mangels und der Not schließlich, in einem revolutionären Akt, in ein Reich der Vernunft und Menschlichkeit umschlagen werde, im Gegenteil: die maximale Angst, der qualitative Sprung über die Neurose hinaus – das ist die blühende *Psychose.*
Jedoch so zerrissen, zerquält und krankhaft der Mensch bei einer solchen Geschichtsbetrachtung des Mangels und der Angst auch erscheinen mag, man kann nicht leugnen, daß sich die menschliche Geschichte in der Tat mit außerordentlichem Realitätsanspruch so verstehen und beschreiben läßt. Selbst die erste große und maßgebende Geschichtsdarstellung und -deutung der Bibel, die *jahwistische Urgeschichte*, stimmt in gewissem Sinne einer solchen Sicht der menschlichen Geschichte zu. Auch dem *Jahwisten* erscheint die faktische menschliche Geschichte als eine fortschreitende Geschichte der Angst, der Entfremdung von der Natur, des Mangels, des Kampfes gegeneinander, der zunehmenden Gewalt und des verzweifelten Willens zur Selbstvergöttlichung, nur daß der *Jahwist* diese Geschichtsperspektive nicht als einen notwendigen Fortschritt im Positiven, sondern als eine in sich geschlossene Tragödie versteht[25]. Auch der *Jahwist* betrachtet die menschliche Existenz als ein abgefallenes Dasein, aber was sein Geschichtsbild von der Geschichtsphilosophie etwa des Deutschen Idealismus unterscheidet, ist die radikal theologische Zentrierung seiner Weltsicht, die es ihm ermöglicht, diese Geschichte als eine *von Gott her revidierbare Schuld* zu begreifen.
In der Paradiesgeschichte gelingt es dem *Jahwisten theologisch*, die mythische Geschichtsauffassung von aller tragischen Ambivalenz zu befreien und eine mögliche Form harmonischer, nicht-antagonistischer Geschichte dem Bild der faktischen Geschichte des Angstfortschritts jenseits von Eden gegenüberzustellen. Wir sagten soeben bereits, der *Jahwist* betrachte als Grundproblem des menschlichen Daseins nicht den «Abfall» des Menschen von der Natur, und er glaube auch nicht, der Mensch mache sich erst dadurch zum Menschen, daß er den Unterschied zur Natur so radikal wie möglich befestige und herausarbeite; für den Jahwisten erweist sich die Menschlichkeit des Menschen gerade darin, daß er mit der umgebenden Natur und mit sich selbst im Einklang lebt; aber eben in dieser entscheidenden theologischen Korrektur (und nur in ihr) liegt die Möglichkeit einer Existenz begründet, in welcher der Mensch zutiefst in seinem Dasein *nicht* von Angst, sondern von Vertrauen bestimmt ist. Nur im Vertrauen in die vorgängige Güte des Daseins, nur in der Einheit mit Gott, bleibt die Welt für den Menschen ein Paradies und wird die Zeit für ihn zu einem Ring der Geborgenheit; *ohne* Gott hingegen, allein im Gegenüber der «Natur», verformt sich dem Menschen die Welt in der Tat in eine Arena des Kampfes, und das

[25] Vgl. E. Drewermann: Strukturen des Bösen, III 166–177.

Thema menschlicher Geschichte wird dann *wesentlich* die gewaltsame Aneignung und Ausbeutung der Natur für menschliche Zwecke, ganz so, wie die MARXISTISCHE Geschichtsphilosophie es beschreibt[26]. Insofern ist die Einstellung des Menschen zur Natur für den *Jahwisten* ein wichtiges *Symptom* dafür, ob und inwieweit der Mensch mit Gott im Einklang ist oder nicht. Aber noch einmal: die Stellung des Menschen zur Natur ist für diesen eminent wichtigen Autor am Anfang der Bibel nicht das Ursprüngliche, sondern das Abgeleitete, und gerade wenn der Mensch sich selbst, wie im *Deutschen Idealismus* (und MARXISMUS), als Mittelpunkt der Welt versteht und alles ringsum ausschließlich nach seinen Interessen und Zwecksetzungen beurteilt, zeigt sich *theologisch* an dieser Anthropozentrik der Angst eigentlich nur, wie weit der Mensch von seinem Ursprung sich getrennt hat.

So sehr daher die menschliche Geschichte auch in der Dynamik der Angst und der kompensatorischen Selbstvergöttlichung des Menschen sich dialektisch hochschaukeln mag, so ist es nach Meinung des *Jahwisten* doch keinesfalls notwendig, daß die menschliche Geschichte sich in dieser Weise darbietet. Dem *Jahwisten* zufolge stellt sich die Frage vielmehr, ob und wie das Gefühl der Geborgenheit und Sicherheit, das die Vorstellung vom zyklischen Geschichtsverlauf *in den Mythen* noch zu vermitteln vermochte, sich mit der Zielgerichtetheit und Verantwortlichkeit menschlichen Handelns vereinbaren läßt, die dem linearen Geschichtsbild der biblischen Theologie zugrunde liegt. Unerläßlich dafür ist, daß der *Jahwist* in der Tat theologisch einen Schritt vollzieht, der in den Mythen angelegt sein kann, der aber dort zumindest explizit (noch) nicht vollzogen wird: die Entfernung aller Widersprüche und Gegensätze aus dem Bild des Göttlichen.

Die Mythen müssen solange ambivalent sein und wirken, als sie die Widersprüchlichkeit der Welterfahrung und der menschlichen Psyche selber für einen Teil oder gar für die letzte Wirklichkeit des Göttlichen nehmen. Wie in der HEGELschen Philosophie der Geschichte gibt es dann in der Tat kein Böses, das nicht sein Gutes wirken müßte, und kein Gutes, das nicht sein Böses nach sich ziehen würde. Die mythische Welterfahrung, wenn sie philosophisch zu Ende gedacht wird, betrachtet die Welt und die menschliche Geschichte in einer ständigen Umkehrung, in einem unablässigen dialektischen Umschlag aller Begriffe. Es ist eine Welterfahrung, für die Paradies und Hölle ständig ineinander übergehen, wo die Inhalte austauschbar und die Begriffe ununterscheidbar werden. Eine solche Welterfahrung wird, psychologisch betrachtet, zentral aus Angst geboren, und sie kann im letzten nur Angst erzeugen[27]. Demgegenüber ist es

[26] A.a.O., I^3(erw.) 1981, 365–378; vgl. E. DREWERMANN: Der tödliche Fortschritt, 104–110.

[27] E. DREWERMANN: Strukturen des Bösen, III 425–435 (die Frage nach der Schuld an der Herkunft des Mangels).

unendlich wichtig, daß *der Jahwist* – und die ganze biblische Religion – die Welt der mythischen Gegensätze von der Gottesidee radikal auszuschließen sucht. Der Gott der Bibel, der Vater der Lichter (Jak 1,17), kennt keinen Schatten, kein Böses, kein Nichts (1 Joh 1,5); er ist das Jenseits aller Weltwidersprüche, und gerade so ist und schafft er die absolute Voraussetzung für ein Vertrauen jenseits der Zerrissenheit des menschlichen Daseins[28].

Erst von dieser Idee des *Monotheismus* her scheint es möglich, sich so etwas wie eine menschliche Geschichte vorzustellen, die nicht in ständigen Widersprüchen und Umkehrungen hin und her taumelt. Nur wenn und weil es einen Gott *jenseits* der Widersprüche der menschlichen Geschichte gibt – so lautet der implizite Gedanke der *jahwistischen* Theologie –, kann die Widersprüchlichkeit des menschlichen Lebens als *Schuld*, als Folge einer an sich unnötigen Angst, als Konsequenz eines ursprünglichen Gottesabfalls bestimmt werden; und nur dann kann es eine Geschichte geben, in welcher der Mensch aus seiner Angst befreit wird und sich in Heil und Unheil gegenüber seinem Gott verantwortet. Der mythische Kreislauf könnte aufhören, nur als schicksalhafter Wiederholungszwang einer unentrinnbaren Tragödie vorgestellt zu werden, wenn der Mensch von Gott her das allmächtige Gefühl der Angst und der Schuld zu überwinden vermöchte; und gleichermaßen könnte die menschliche Geschichte von der Dynamik ihrer Widersprüche befreit werden, wenn die Angst und das Schuldgefühl im Hintergrund all der Zerrissenheiten und antagonistischen Gegensätze des menschlichen Daseins zurückträten. Ohne die Angst könnte der Mensch Träger einer Geschichte sein, in der jeder Einzelne seine unveräußerliche Bedeutung und seinen Eigenwert zurückerhielte. Die Gefahr des mythischen Denkens müßte dann nicht mehr bestehen, daß aus lauter Angst der Mensch seine Freiheit an die Gesetze des Kreislaufs deligiert und sich selbst schließlich nur noch wie eine Welle im Ozean, wie Strandgut am Ufer des Meeres im Kommen und Gehen der Gezeiten zu betrachten vermag. Ohne die Angst könnte die menschliche Geschichte wieder dem Auftrag nahekommen, den Gott, zufolge der Paradieserzählung des *Jahwisten*, ursprünglich an den Menschen gerichtet hat: er solle den Garten der Welt «bedienen und bewahren» (Gen 2,15). Ohne die Angst brauchte die Einlinigkeit der menschlichen Geschichte und die Einmaligkeit ihrer einzelnen individuellen Entscheidungen an sich der Ordnung des Kreislaufs der Natur nicht zu widersprechen, sondern es wäre möglich, die menschliche Geschichte gerade als ein Bewahren, als eine *Heiligung* der vorgegebenen Ordnungsgefüge und Sinnbezüge zu verstehen. Einordnung, nicht Widerspruch und Überwältigung, wäre dann das Ziel

[28] Um ein solches Vertrauen zu finden, bildet freilich die absolute Personalität des Gottesbildes die unerläßliche Voraussetzung. Es genügt nicht ein Überschreiten der innerweltlichen Wirklichkeit im Sinne der Mystik, wie K. DÜRCKHEIM: Vom doppelten Ursprung des Menschen, 30–32; 86–89 meint.

menschlichen Handelns in der Geschichte, - einer *paradiesischen* Geschichte, wie sie als Vorbild etwa A. STIFTER in *«Der Nachsommer»* (1857) beschrieben hat[29].

Man muß in der Tat schon zu den Mythen und Märchen der Völker oder zu den großen Dichtungen greifen, um die Spuren eines solchen paradiesischen Zeitempfindens wiederzuentdecken. In der Sammlung der BRÜDER GRIMM etwa beweist das bekannte Kindermärchen *«Schneeweißchen und Rosenrot»* (KHM 161), im Grunde eine Neudichtung von W. GRIMM, ein derart tiefes Verständnis für die Möglichkeit einer derartigen paradiesischen Geschichte ohne Angst, daß es exemplarisch ein Stück weit betrachtet zu werden verdient.

Schneeweißchen und *Rosenrot* sind als menschliche Gestalten Verkörperungen der Natur, wie um von vornherein hervorzuheben, wie sehr Mensch und Schöpfung eine Einheit zu bilden vermögen[30]. *Schneeweißchen*, die Symbolgestalt des Winters, und *Rosenrot*, die den Sommer repräsentiert, leben im Hause ihrer Mutter, der Natur, in einer Welt vollkommener Harmonie; denn so sehr sie einander in ihrem ganzen Wesen auch entgegengesetzt sind, so sehr fühlen sie sich doch zusammengehörig, und gerade in dieser Einheit des Gegensätzlichen bleibt die zyklische Ordnung des Ganzen gewahrt. Und dieses mythennahe Vorbild der Natur enthält auch eine Lehre zur rechten Betrachtung der Geschichte: Wie ohne die Geißel der Angst weder die innere Gegensätzlichkeit der Natur noch die Unterschiedlichkeit zwischen und in den Menschen von vornherein antagonistische Züge tragen müssen, indem die immanenten Differenzen von Mensch und Natur im «Hause» der «Mutter Erde» in einer Sphäre der Geborgenheit und Angstfreiheit, statt einander zu bekämpfen, sich gegenseitig *ergänzen*, so können auch die inneren Spannungen, die zu geschichtlicher *Entwicklung*, mithin zum *Aufbrechen* des bloßen Zyklus drängen, wofern sie in einem Umraum der Angstfreiheit aufgefangen werden, den Eindruck des Zerstörerischen, des gewaltsam Umstürzenden verlieren und zu einem ruhigen «Fließgleichgewicht»[31] überleiten. Schritt für Schritt zeigt das Märchen von *«Schneeweißchen und Rosenrot»* denn auch, wie eine Entwicklung, eine *Ge-*

[29] Vgl. E. DREWERMANN: Strukturen des Bösen, I^3(erw.) 378–389; III 154–157. – Im Grunde lag eine solche paradiesesähnliche Synthese von Geschichte und Urzeit, Historie und Mythos, Linearität und Zyklos vor allem der *altägyptischen* Geschichtstheologie zugrunde. Die im ägyptischen Königtum sich manifestierende Geschichtsauffassung, meint E. A. OTTO: Primäre Zentren der Hochkultur. Im Niltal: Ägypten, in: Weltgeschichte der Frühkulturen und der frühen Hochkulturen, 308, kann man «als gradlinig und zyklisch zugleich bezeichnen.» S. 309: «Ist auf der einen Seite das Geschichtsbild (sc. der Ägypter, d. V.) linear, indem es keinen Anfang und kein Ende kennt, so ist es andererseits in sich zyklisch, als die die Zeit bildenden Zeiteinheiten jeweils in sich einen Kreis vom Anfang zum Ende und Neuanfang bilden.»

[30] Vgl. E. DREWERMANN – I. NEUHAUS: Schneeweißchen und Rosenrot, 19–24.

[31] Der Gedanke der *Homöostase* oder des Fließgleichgewichts geht auf die Ideen von CLAUDE BERNARD Ende des 19. Jhs. zurück; für die Biologie wurde er neu formuliert von *L. von Bertalanffy* (W. Beier - R. Laue): Biophysik des Fließgleichgewichts (1953), ^{2}1977.

schichte, möglich ist, die, nach Besänftigung der Angst, die Harmonie des zyklisch-mythischen Anfangs nicht verläßt, und wie der einbrechende Schrecken des Neuen, der Konflikt zwischen der Bewahrung des Bisherigen und dem Mut zur Annahme des Neuen, durch Angstmilderung, Humor, Geduld und Weisheit seine zerstörerische Wirkung verlieren kann.

Auf der anderen Seite ist von daher deutlich zu sehen, daß es allein der Faktor der Angst ist, der das Fließgleichgewicht lebendiger Entwicklung in eine Bewegung dialektischer Sprünge verwandelt, wie es in der Geschichtsphilosophie HEGELS vorbildlich beschrieben wurde[32]: allein die Angst zwingt dazu, sich verzweifelt an das Vergangene zu klammern, um den Einbruch des Neuen zu verhindern; das Neue aber stürzt im Bannkreis der Angst nur um so furchtbarer herein, je länger seine Integration furchtsam hinausgezögert wurde; und umgekehrt: man stürzt aus Angst vor der Vergangenheit in die Zukunft; aber da die vergangene Schuld, das vergangene Unheil, auf diese Weise nicht bearbeitet, sondern nur verdrängt wird, kommt die Last des Gewesenen um so unvermeidbarer nach Art eines ständigen Wiederholungszwangs aus der Vergangenheit zurück; *oder*: man vermeidet die Aufgaben der Zukunft durch ein bloßes Augenblicksdenken in der Gegenwart, und auch so wird selbstredend gerade die Summe der vermiedenen, verdrängten oder hinausgeschobenen Rechnungen eines Tages ihre furchtbare Bilanz präsentieren. Die quantitativen Steigerungen und qualitativen Umbrüche, die das dialektische Geschichtsbild beschreibt, stellen letztlich die Folgen eines derartigen Verleugnungs- oder Verdrängungseffektes der Angst dar.

Die gesamte Geschichte steht mithin unter dem alternativischen Vorzeichen entweder der Angst oder des Glaubens, und der wichtigste Beitrag der Psychologie zu einer theologischen Hermeneutik von Geschichte und geschichtlichen Erzählungen dürfte darin liegen, die Neurosenlehre der Tiefenpsychologie mit der Psychodynamik der Angst soweit interpretativ zu instrumentalisieren, daß die Entscheidung zwischen Angst und Glauben als Grundkonflikt aller menschlichen Geschichte theologisch und philosophisch wirklich plausibel wird.

c) Die Uneigentlichkeit der Zeit im Felde der Angst oder: Der Augenblick ist wichtiger als die Zukunft

Insgesamt zeigt sich somit, daß unter dem Druck der Angst die Beschreibung der Zeitlichkeit als eines Existentials des Daseins, wie M. HEIDEGGER sie gegeben hat, nicht als ausreichend betrachtet werden kann und zumindest durch eine

[32] Vgl. dazu: E. DREWERMANN: Strukturen des Bösen, III 177–185.

Phänomenologie der menschlichen Existenz im Umfeld der Angst ergänzt werden muß. J. P. Sartre hat eine solche Ergänzung schon vor Jahren daseinsanalytisch und geschichtsphilosophisch vorgeschlagen, und wir brauchen seinen Anregungen an dieser Stelle nur zu folgen.
Man wird Heidegger grundsätzlich darin zustimmen können, daß das menschliche Dasein nur zu verstehen ist, wenn man sieht, wozu ein einzelner sich in die Zukunft hinein «entwirft». Um zu verstehen, was für ein Mensch jemand ist, muß man vor Augen haben, wozu er sich wesentlich verhält, welche Ziele, Ideale, Möglichkeiten ihm vorschweben und welch ein Bild von sich selbst ihn im Hintergrund all seiner Handlungen motiviert und begleitet; auch darin ist Heidegger zuzustimmen, daß von der Art dieses Zukunfts-«entwurfs» die eigene Vergangenheit ihren Wert, ihre Bedeutung, ihren Sinn erhält und damit überhaupt von einem fremden Faktum zu meiner eigenen Vergangenheit wird. Aber darin hatte J. P. Sartre völlig recht, daß er der Heideggerschen Existenzphilosophie Halbheit und Unredlichkeit vorwarf, indem hier im Grunde christliche Gedanken verfremdet würden, ohne zuzugeben, daß die gesamte Existenz *ohne die Voraussetzung des Glaubens* eine völlig andere Bestimmung und Qualität erhält als im Umkreis einer Freiheit, die zwar subjektiv als Angst erlebt, aber nicht selber von der Angst angetrieben wird. Der Entwurf, die Ekstase der Zukunft, ist *ohne die Vorgabe des Glaubens an einen Schöpfer* radikal nur als Flucht vor der eigenen Nichtigkeit, als Negation des Nichts an Sein zu verstehen, als welches das menschliche Bewußtsein ontologisch zu Recht von Hegel bestimmt wurde. Der «Entwurf» der Zukunft läuft, im Sinne einer bloßen Mangelkompensation, notwendig auf den Versuch hinaus, die beschämende Kontingenz der menschlichen Existenz zu überwinden und sich selbst, wie Gott, in einem verzweifelten Überschwang zum Grund seiner selbst zu machen[2].
Darüber hinaus läßt sich nicht leugnen, daß der Begriff des «Entwurfs» der Existenz bei Heidegger den Eindruck des Willkürlichen, des frei Wählbaren, der bloßen Dezision nicht vermeiden kann – ein Eindruck, der Heidegger nicht ganz zu Unrecht den Vorwurf eines faschistoiden Denkens eingetragen hat[3] und den er selber erst nach 1945 in den berühmten Ausführungen im *«Humanismusbrief»* zu korrigieren versucht hat[4]. Jetzt mit einmal war bei Heidegger nicht mehr vom Entwurfcharakter der Existenz die Rede, und auch die Welt galt nicht mehr als bloßes «Zeug» im «Bewandtniszusammenhang» menschlicher Selbst-

[1] Zur Heidegger-Interpretation bei J. P. Sartre vgl. E. Drewermann: Strukturen des Bösen, III 203–206.
[2] A. a. O., III 239–241.
[3] In diese Richtung zielt der Vorwurf, den, wenngleich unter eigenen systembedingten Voraussetzungen, G. Lukács: Die Zerstörung der Vernunft, II 167; 189 erhebt, indem er Heidegger und Jaspers als den «Aschermittwoch des parasitären Subjektivismus» tituliert.
[4] M. Heidegger: Platons Lehre von der Wahrheit. Mit einem Brief über den Humanismus, Bern 1947.

auslegung, vielmehr erschien jetzt der Mensch als Lichtung des Seins, das, gut HEGELIANISCH, seiner Wahrheit durch den Menschen harrt. Aber selbst wenn auch nach dieser «Kehre» HEIDEGGERS der Weg noch weit ist, um die «Seinsvergessenheit» des gegenwärtigen Menschentyps zu überwinden, so war in der neuen Sicht HEIDEGGERS bereits ein Grundzug angelegt, der an die Stelle von «Entwurf» und «Ekstase» weit eher die Haltung der Andacht, des Angerührtseins durch die umgebenden Dinge und Menschen und die Stille des Schweigens setzte[5]. Auch das Zeitverständnis müßte unter diesen Umständen eine andere Struktur erhalten. Statt, wie in «Sein und Zeit», auf eine außerordentlich gewalttätige, zwangsneurotisch anmutende Weise die Besorgung und Planung der Zukunft zu betonen und die Zeit ganz und gar von der Ausständigkeit des Zukünftigen her zu konzipieren, müßte jetzt die ruhige Vernahme des Seins in der Gegenwart als eigentlicher Ort der Zeitlichkeit des Daseins in Erscheinung treten; einer solchen Wandlung des Zeitverständnisses müßte sogar eine herausragende Bedeutung zukommen. Denn der Unterschied ist deutlich: Im Grunde konnte SARTRE völlig legitim in Kritik an dem frühen Hauptwerk HEIDEGGERS den Entwurfcharakter der Existenz als bloße Angstflucht deuten und darin einen Versuch erblicken, gegen den eigenen Mangel an Sein, gegen die prinzipielle Ungerechtfertigtheit des Daseins, der menschlichen Existenz eine gottgleiche Seinsdichte und Notwendigkeit zu verleihen; ja, von der Angst her wurde für SARTRE überhaupt erst der Drang, die Seinsbegierde der Existenz in der Philosophie Heideggers, verständlich: Nur wenn die Angst und das Nichts die menschliche Existenz beherrschen, kann man, wie HEIDEGGER wollte, dem Zukunftsbezug, dem Sich-vorweg-Sein der Existenz, ein solches Übergewicht beimessen.

Es scheint, als sei wirklich das menschliche Bewußtsein im Felde der Angst außerstande, zwischen den drei Zeitdimensionen der Vergangenheit, Gegenwart und Zukunft in ein ruhiges Gleichmaß zu gelangen und zu tun, was in dem Gedicht Y. GOLLS soeben anklang: in das Schweigen der Gegenwart als Zusammenfluß aller Zeit einzutreten. Statt des angstgetriebenen Drangs in die Zukunft müßte als die *eigentliche* Dimension der Existenz gerade nicht die ausständige Zukunft, sondern die gelebte Gegenwart verstanden werden, und zwar nicht als verzweifelt-tierhaftes Kleben in bloßer Zeitlosigkeit oder als schizoid-depressive Erstarrung in Angst, sondern so, daß der *Augenblick jetzt* als entscheidender Bewährungspunkt der Existenz verstanden wird.

Damit kommen wir zu einem Zeitverständnis, wie es besonders der dänische Religionsphilosoph S. KIERKEGAARD auf vorbildliche Weise entwickelt hat. Als

[5] Es ist ein fast geradliniger Weg, der den Ausgang der Philosophie HEIDEGGERS vom Sein mit jener Form der Mystik verbindet, die K. DÜRCKHEIM: Vom doppelten Ursprung des Menschen, 119–121 (Seinserfahrung und Verwandlung) in ergreifender Weise beschreibt.

die wesentliche Kategorie der Existenz bestimmte KIERKEGAARD sehr zu Recht den *Augenblick*, den er als Schnittpunkt zwischen Zeit und Ewigkeit verstand[6]. Der Augenblick war für KIERKEGAARD die Stelle, an welcher der Einzelne aus dem Getriebe der Zeit, der Kausalität und der Notwendigkeit heraustritt und seiner Freiheit und ewigen Verantwortung gegenüber seinem Schöpfer inne wird. Nicht der «Entwurf», sondern der Gehorsam, nicht die eigene Seinsverleihung, sondern die Bestimmung des eigenen Wesens, nicht die Zukunft, sondern die jetzt ergriffene Gegenwart kennzeichnen die Struktur eines solchen Zeitverständnisses, das, statt von der Angst, vom Glauben geprägt ist.

Im *Augenblick* geschieht es, daß die Freiheit der Geschichte und die Geborgenheit der Ewigkeit in der Zeit übereinkommen und die Bestimmung des eigenen Wesens und die Entscheidung des eigenen Willens zu einander finden können. Dazu gehört indessen als entscheidende Voraussetzung, daß *die Vergangenheit* mit ihrer Schuld, mit ihren Versäumnissen und mit ihren Beeinträchtigungen in der Angstfreiheit des Glaubens Gott zur Vergebung und Ergänzung anvertraut werden kann und daß *die Zukunft* nicht «besorgt», sondern ohne Furcht aus den Händen Gottes entgegengenommen zu werden vermag. «Wenn ich wüßte, daß morgen die Welt unterginge», soll MARTIN LUTHER in einem ihm fälschlich zugeschriebenen Ausspruch gesagt haben, «so werde ich heute noch ein Bäumchen pflanzen». Dieses *«heute»* ist die eigentliche Zeitbestimmung einer Existenz ohne Angst, und ganz entsprechend legt die Bibel, vor allem das Lukas-Evangelium und das Johannes-Evangelium[7], den größten Wert auf das *«Jetzt»* und *«Heute»* des Glaubens. In einer solchen Perspektive von Zeit und Geschichte wird das Wesen eines Menschen nicht nur durch das bestimmt, wozu er selber sich entwirft; vielmehr entscheidet sich das Wesen und der Charakter der menschlichen Existenz in der Seinsvernahme des *Augenblicks*; und nicht der Entwurf in die Zukunft verleiht der Existenz ihr Gepräge, sondern das ruhige Vertrauen in der Gegenwart heute, wie Jesus im *«Vaterunser»* seine Jünger zu beten lehrte. Verhält der Mensch, im Sinne der eben erwähnten *jahwistischen* Zeit- und Geschichtsauffassung, sich *wesentlich* zu Gott, so beruhigt sich die Angst des Daseins; in der Gegenwart des Augenblicks vereinigen sich dann der Ursprung und das Ende, der Wesensauftrag und die eigentliche Ausrichtung des menschlichen Daseins. Verhält hingegen der Mensch sich wesentlich *nicht* zu

[6] Zu S. KIERKEGAARDS Verständnis des Augenblicks vgl. E. DREWERMANN: Strukturen des Bösen, III 444–445.

[7] Vgl. das *«Jetzt»* in Lk 1, 48; 2,29; 5,10; 6, 21; 12,52; 16,25; 19,42; 22,18.36.69; Joh 4, 23; 5, 25; 8,40.52; 9,21; 12,27.31; 13,31.36; 14,29; 15,22.24; 16,5.22.29; 17,5.13. Sehr treffend sagt H. BARTH: Zeit, Gesellschaft und Geschichte, in: R.W. Meyer (Hrsg.): Das Zeitproblem im 20. Jahrhundert, 340 von der Forderung Jesu zur Umkehr (Mk 1,15): «Es ist, als ob die Entscheidung die Zeit vernichtet, aufgezehrt hat. Zwar fällt jede Entscheidung in der Zeit, aber die Zeit ist belanglos geworden angesichts dessen, worüber entschieden wird. Alles kommt darauf an, was in diesem Augenblick geschieht.»

Gott, so mißrät ihm die Synthese der Existenz aus Zeit und Ewigkeit, und er stürzt dann nur um so hastiger in die Zeitlichkeit der Zukunft, als er in nichts geborgen ist[8]. Je nachdem, deformiert die Zeitlichkeit des Daseins sich dann *entweder* zu dem mythischen Alptraum eines Kreislaufs voller Angst und Schuld bzw. zu der linearen Angstflucht einer reinen Kompensationsgeschichte, *oder* aber es gelingt dem Menschen, seine Geschichte im Gleichmaß einer zu bewahrenden Ordnung festzumachen; dann wird er wieder zu jener Ruhe hinfinden, in der sich Zeit und Ewigkeit unter den Augen Gottes im *Augenblick* durchdringen. – Es war in dieser Hinsicht ein schöner und gültiger Gedanke der *ägyptischen* Religion, daß es des Menschen ganzer Segen sei, wenn ihn das *Uzat-Auge* der Sonne anschaue (s.o.S. 536); denn *der* Mensch ist selbst gesegnet und ein Segen anderer, in dessen Dasein die Ewigkeit Gottes aufleuchtet in der Zeit und dem die wenigen Jahre seines irdischen Daseins durchflutet sind vom Licht der Unendlichkeit.

[8] Zu dem Zeitverständnis S. Kierkegaards vgl. E. Drewermann: Strukturen des Bösen, III 444–446. – Im Grunde geht es bei der Weise eines geglückten Daseins um ein *eschatologisches* Verständnis der Zeit, worauf G. Ebeling: Zeit und Wort, in: R.W. Meyer (Hrsg.): Das Zeitproblem im 20. Jahrhundert, 356 hinweist, indem er die Begegnung an das *Wort* bindet und damit die eschatologischen und apokalyptischen Bilder zur Deutung von Zeit abwertet. «Wie», fragt Ebeling, «kommen ... Ewigkeit und Eschaton geschichtlich auf uns zu, damit in der Zeit die Strittigkeit der Zeit zum Austrag kommt? Nicht als zeitlose Erfahrung von Ewigkeit, nicht als apokalyptische Schau endzeitlicher Geschichte. Oder richtiger: sofern auch auf solche Weise, dann doch nur als verhüllte Weisen von Worterfahrung. Ewigkeit und Eschaton geschehen als Wort. Ewigkeit, theologisch verstanden, ist das Zur-Sprache-Kommen der Zeitherrschaft Gottes im Wort Gottes. Eschatologie, theologisch verstanden, ist das Zur-Sprache-Kommen des Zeitverständnisses Jesu im Evangelium.» M.a.W.: damit die Zeit nicht den Menschen versklavt, sondern damit der Mensch frei wird zur Zeit, zu *seiner* Zeit, bedarf er des Anrufs Gottes in der Vollmacht seines Wortes, und die Annahme dieses Anrufs im Glauben bedeutet mitten in der Zeit ein Eintreten in die Ewigkeit. Die Ambivalenz solcher an sich richtigen Aussagen ergibt sich jedoch immer wieder aus der mangelnden Verbindung von Theologie und Anthropologie bzw. Psychologie. Wesentlich kommt es darauf an, das «Eschaton» eben nicht als eine Größe der Bibelwissenschaften und der Theologie zu «definieren», sondern von denjenigen Erfahrungen auszugehen, in denen Menschen auf dem Weg zu ihrem Heil etwas Endgültiges, Letztes, begegnet, so sehr, daß man von Herzen nur fühlen und denken kann, dieses in existentiellem Sinne Letzte sei etwas Unverlierbares, etwas in metaphysischem Sinne bleibend Gültiges, in alle Ewigkeit Festes. Man wird dann bald feststellen, daß alle derartigen Erfahrungen sich letztlich dem heilenden Einfluß einer Begegnung der *Liebe* verdanken, und diese Begegnung mit Menschen im Umkreis der Liebe ist es, durch die das «Wort» Gottes hindurch hörbar wird; denn wenn wir in der Liebe einen Menschen so anreden, daß wir ihn bis in die Tiefe seines Wesens hinein meinen und erreichen, und wenn wir sein Du so aussprechen, daß es seinen ganzen Namen verdichtet und bezeichnet, so öffnet sich unter diesem Anruf sein Wesen und verwandelt sich für den Anrufenden selbst in einen Weg ins Unendliche; hinter der Gestalt einer jeden menschlichen Person, eines jeden menschlichen Du, taucht unsichtbar die Person und das ewige Du Gottes auf und ist in jedem Dialog der Liebe stets mitangeredet, mitgemeint, mitgegenwärtig. Und umgekehrt: wann immer wir selber uns so angesprochen fühlen, daß unser eigenes Ich davon umfangen, gemeint und getragen ist, fühlen wir uns selber rückverbunden mit dem Grund unseres Daseins. Wenn wir Du sagen, verbindet es uns mit dem Auftrag und Ziel unseres Lebens; wenn wir uns selber in unserem Wesen angeredet fühlen, tauchen wir zurück in den *Grund* unseres Daseins, und am Anfang wie am Ende unseres Lebens *ist* Gott in der Sprache wechselseitiger Liebe. – Es ist dabei sehr wichtig, die Erfahrung der Ewigkeit nicht – entsprechend dem Programm der

3. Theologische Geschichtshermeneutik auf dem Hintergrund der Angst oder: Die Frage nach der Theologie oder der Ideologie der Geschichte

Von daher ergibt sich, daß es nicht erst von höchster theologischer Bedeutung ist, wie die konkrete Geschichte sich gestaltet, sondern bereits, wie jemand Zeit und Geschichte erlebt. Statt in der Zeitlichkeit und Geschichtlichkeit einfachhin ein Existential des Daseins zu erblicken, kommt es in theologischer Auslegungsabsicht vielmehr entscheidend darauf an, die Struktur der jeweiligen Zeitvorstellung im Vorzeichen möglicher Geschichte in sich selbst als eine religiöse Frage zu verstehen. Die Qualität des Zeiterlebens muß theologisch daraufhin untersucht werden, inwieweit geschichtliche Handlungen von Angst oder von Vertrauen geprägt sind; erst diese interpretative Ausrichtung erlaubt es, über das theologisch an sich unerhebliche Studium äußerer Fakten (bzw. deren prinzipiell

Entmythologisierung – in eine existential-theologische Chiffre der Eigentlichkeit des Daseins zu verwandeln; – die Liebe *lebt* von der Gewißheit der Ewigkeit des Lebens, und ihr Glück selber ist wie ein stehender Augenblick, unter dem, wie Wolken unterhalb der Spitze eines Berges, der Strom der Zeit dahintreibt. Insofern ist die Liebe stets unmittelbar zur Welt der Dichtung, des Traums und des Mythos, und es gelingt ihr *jederzeit,* die logisch so unmöglich scheinende Synthese, den Kreislauf und die Gerade der Zeit miteinander zu verbinden (s.o. S. 435). H. STRAUMANN: Das Zeitproblem im Roman, in: R.W. Meyer (Hrsg.): Das Zeitproblem im 20. Jahrhundert, 152–153 hat am Beispiel von *J. Joyce* die «Komplexität der sich überschneidenden Zeitkonzeptionen als ewiges Jetzt, als ständiger Ablauf und als vierteiliger Zyklus» aufgezeigt (153). Das «ewige Jetzt scheint am ehesten in einer von keiner Zeitlichkeit gebundenen, d.h. der Phantasie völlig freien Spielraum lassenden Zusammenschau realisiert werden zu können. Allein der Sachverhalt ist sehr viel komplexer. Das Bild vom fließenden Strom ... drängt auf die Vorstellung eines gleichmäßig fortschreitenden Zeitablaufs hin. Zugleich aber wird an den nämlichen Stellen das Zyklische dieser Bewegung betont. Der Fluß ergießt sich ins Meer, das Wasser verdunstet, wird zu Wolken und Regen und bildet wieder den Fluß.» «Tatsächlich ist auch die Bewegung von Leben, Fall, Tod und Wiederauferstehung ... nichts anderes als ein Ausdruck für den vierteiligen Zeitablauf.» (152–153) Aber es ist nicht möglich, die Zeit *außerhalb* derartiger *Bilder* und *Szenen* zu erfahren, und die protestantische Worttheologie fügt sich niemals in die Tatsache, daß die Sprache selbst evolutiv sich niemals hätte entwickeln können ohne die Jahrmillionen eines sich in Träumen und Ritualen immer reicher ausgestaltenden *symbolischen* Verstehens und Sich-Mitteilens (Vgl. K. LORENZ: Die Rückseite des Spiegels, 285–288, über Symbolbildung und Sprache). Insbesondere in den Erfahrungen jenes beseligenden Glücks, in dem der Himmel die Erde berührt und alle Gegensätze von Zeit und Ewigkeit, von Geist und Materie, von Diesseits und Jenseits im Moment der Liebe miteinander verschmelzen, weitet sich der gegenwärtige Zeitpunkt zu den ewigen Bildern, die in den Urzeitmythen und Endzeitvisionen der Völker immer wieder die Bestimmung des Menschen in seinem Wesensursprung und seiner Wesensbestimmung aussprechen. Die «Eschatologie» der Zeit ist daher immer eine Synthese aus Geschichte und Mythos, aus Linearität und Zyklus, aus traumhaftem Geschehen und geschehendem Traum. Richtig sagt EBELING: «Das historische Zeitverständnis erweist sich trotz aller begrenzten Richtigkeit darin als kurzatmig, daß es die festgestellte Zeit absolut setzt als das fraglose Element der Geschichte.» (A.a.O., 357) Nichts ist in Wahrheit fragwürdiger, sinnloser und leerer als der Abgrund der «historischen» Zeit ohne die Vision der Ewigkeit. – Verschmelzungserlebnisse des Glücks im Stillstand der Zeit ereignen sich empirisch vor allem in gewissen *epileptischen Auren,* worauf W.A. STOLL: Das Zeiterleben in der Psychiatrie, in: R.W. Meyer (Hrsg.): Das Zeitproblem im 20. Jahrhundert, 172 hinweist, der F.M. DOSTOJEWSKI: Der Idiot, 217 (s.o. S. 337) zitiert. – Zu dem Begriff «ewiges Leben» vgl. G. DALMAN: Die Worte Jesu, 127–132.

nur hypothetisch mögliche Rekonstruktion in der historisch-kritischen Methode) hinauszugelangen und die eigentlich religiöse Frage in allem vermeintlich rein profanen Geschehen aufzugreifen.

Für die historisch-kritische Forschung mag die Frage ausreichend sein, was für Ergebnisse und Wirkungen bestimmte Personen und ihre Handlungen in der Geschichte hinterlassen haben. Aber religiös ist nicht eigentlich dies die Frage, *was* Menschen tun; religiös ist allein die Frage von Belang, aus welchen Motiven heraus Menschen handeln. Die Handlungen selber bereits gleichen einem Stein, den man ins Wasser wirft: er zieht Kreise, für welche der Steinwurf selber nur den Anlaß bietet – jeder Windhauch und jede Brechung am Ufer können die Ausbreitung der Wellenringe auf eine nicht mehr vorhersehbare Weise verändern. Und eben so, wenn der Einzelne in seinem Handeln aus sich heraustritt und auf seine geschichtliche Umgebung einzuwirken versucht: er setzt Ursachen in die Welt, deren Auswirkungen ihm durchaus nicht mehr zugehören. Das einzige, was ihm gehört und unverwechselbar seine Persönlichkeit kennzeichnet, ist die Motivation seines Handelns. Diese zu ergründen ist die Aufgabe der Psychologie, und ihr Verfahren wird immer wieder darin bestehen, die einzelne Handlung nicht im Sinne Max Webers auf die Idealtypik einer an sich vernünftigen Pragmatik unter bestimmten Umständen zurückzuführen (vgl. I 44-45), sondern die einzelnen *Handlungen* auf die dahinter liegenden, oft sehr dunklen und fast immer mehr oder weniger unbewußten *Haltungen* zu beziehen. Dabei müssen die Haltungen des Einzelnen aus den ewigen, kollektiven Themenstellungen menschlicher Angst und deren Bearbeitung verständlich gemacht werden, und auch die Erforschung der «Windrichtungen», der Driften und Gezeiten, die das einzelne Tun unter den gegebenen historischen Umständen verstärken oder verfremden, muß vom Feld des Mangels und der Angst her betrieben werden.

Erst auf dem Hintergrund der ständigen Alternative von Angst und Vertrauen wird es möglich, die Deutung menschlicher Geschichte als eine *theologische* Aufgabe zu begreifen.

So wie in den Wundererzählungen die psychoneurotischen und psychosomatischen Erkrankungen zu einem theologischen Thema nur werden konnten, indem sie sich tiefenpsychologisch als Artikulationen unbewußter Ängste zu erkennen gaben, die allein in einer tieferen Form von Vertrauen sich überwinden ließen, so wird die menschliche Geschichte insgesamt nur auf dem Hintergrund der Angst zu einem Stoff, dessen Psychopathologie selber sich zu der theologischen Frage nach der Angst und ihrer Überwindung im Glauben an Gott öffnet.

Gerade die jüdisch-christliche Erlösungslehre verlangt nach einer theologischen Hermeneutik der Geschichte und der Geschichtserzählungen, die es *vermeidet*, in die Belanglosigkeit eines bloß historischen Faktenwissens auszuweichen, und sie fordert obligatorisch eine Auslegungsmethode, die dem Anspruch bereits der vorhin skizzierten *jahwistischen* Geschichtsauffassung gerecht wird: es gilt, die menschliche Geschichte, verstanden als eine Phänomenologie der Angst im Felde der Gottesferne, auf die Grundfrage des menschlichen Daseins hin transparent zu machen, wie am diagnostischen Leitfaden der Angst die handelnden Personen sich zu Gott verhalten oder eben nicht verhalten.

Es kommt infolgedessen darauf an, gerade den Schritt wieder rückgängig zu machen, den die profane Geschichtswissenschaft eingeleitet hat und unter dessen Diktat auch die historisch-kritische Exegese zunehmend geraten mußte: den Schritt in die Isolation der sog. «profanen» Geschichte.

Gegenwärtig hält die historisch-kritische Exegese an einem methodischen Ziel fest, dessen Befolgung sie nicht nur von der Theologie entfremdet, sondern das sie (wie früher schon bei der Analyse der Mythen, der Märchen, der Legenden, der Sagen, der Wundererzählungen und der Visionen, genauso auch jetzt bei den Geschichtserzählungen der Bibel) in Gegensatz zu der biblischen Denk- und Erzählweise selbst stellt und sie förmlich zwingt, das Selbstverständnis und die Aussagen der biblischen Erzählungen im Fortgang ihrer Auslegung systematisch zu zerstören.

Die Bibel hat «Geschichte» niemals profan erzählt, sondern stets theologisch; die sog. «Fakten» waren ihr Zeugnisse menschlicher Schuld und göttlichen Handelns, und niemals wollte sie, statt religiöser Erkenntnis, historisches Wissen vermitteln. Für die historisch-kritische Exegese hingegen muß es zunächst darum gehen, die geschichtlichen Tatsachen und faktischen Hintergründe der in der Bibel erzählten Geschichte zu ermitteln. Der theologische Anspruch der Bibel, in den Begebenheiten selber Gottes Wirken darzustellen, verwandelt sich damit notgedrungen in eine historisch bedingte Ideologie, die wirkungsgeschichtlich zwar noch ihre Spuren in der Gegenwart hinterlassen haben mag, aber an sich theologisch nicht begründeter und von sich her nicht plausibler ist als die Geschichtsdarstellungen der Ägypter, Assyrer, Hethiter, Elamiter und der meisten antiken Völker, in denen die jeweiligen Stammes- und Stadtgottheiten bestimmte Eroberungen, Kriege u.a. zum Wohle ihrer Gläubigen gewirkt haben sollen. Warum, so muß man sich auf dieser Ebene der Reflexion fragen, soll es glaubwürdig sein, daß Jahwe Israel das Land Kanaan gegeben und die Völker daselbst vertrieben hat, aber nicht glaubwürdig, daß der Gott Assur die Länder des Westens bis zum Mittelmeer, einschließlich Kanaan, dem König von Ninive vermacht hat? Bei dieser Art von historisch-kritischer Geschichtsbetrachtung muß aus der theologischen Geschichtsschreibung bei einiger Ehrlichkeit lediglich eine Vorgeschichte zur Ideologie der Geschichte werden; die Geschichte selbst erscheint nunmehr als Kampf der Götter (und Ideologien) gegeneinander, und im Hintergrund all dieser Formen ideologischer oder religiöser Geschichtsbetrachtung und -überlieferung geht es immer doch nur um die eine

und einzige in der Tat rein profane Frage: um Machtgewinnung und Machtausübung.
Natürlich kann und darf man nicht leugnen, daß auch die biblische Literatur eine Menge ideologisch bestimmter Geschichtsüberlieferungen enthält, die in sich lediglich von religionshistorischem Belang sind oder in denen man, wie etwa in der Geschichte vom Durchzug durch das Rote Meer oder in den Erzählungen vom Wüstenzug, vor allem das mythisch-symbolische Material archetypischer Inhalte zu einer religiös bestimmten Deutung heranziehen muß (vgl. I 484-502). Aber auch um in solchen Erzählungen Ideologie und Glauben theologisch voneinander unterscheiden zu können, muß man bereits die Psychologie der Angst voraussetzen.
Gewiß darf man es in sich selbst bereits als eine archetypische Gegebenheit betrachten, daß alle alten Völker, so weit wir sehen, ausnahmslos, ihre Geschichte als eine Kette göttlicher Führungen und Fügungen zu verstehen und zu deuten versucht haben. Ja, man muß sagen, daß es offenbar zu jedem menschlichen Leben gehört, die persönliche Biographie ebenso wie das Gesamtschicksal der zugehörigen Gruppe (des Stammes, des Volkes) nicht als eine willkürliche und undurchsichtige Anhäufung von Tatsachen oder als ein Getriebe äußerer Gesetzmäßigkeiten zu betrachten; es ist immer wieder der religiöse Anspruch eines jeden, eines Einzelnen wie eines ganzen Volkes, sein Leben als in sich gefügt betrachten zu dürfen, und er möchte und muß das Vertrauen mitbringen können, daß es, wie in der *Erzählung von Joseph und seinen Brüdern* (Gen 37-47), in all dem Auf und Ab, in dem verworren anmutenden Hin und Her der Menschenschicksale, so etwas wie einen roten Faden, einen geheimen Plan, eine verborgene Lenkung gibt, die alles zu seiner Zeit eintreffen läßt und es im ganzen wohlmeint mit dem Leben des Einzelnen wie mit dem Leben aller.
Eine religiöse Lebensbetrachtung wird niemals anders zustande kommen als im Umkreis einer gewissen Dankbarkeit für das Vergangene, einer gewissen Zuversicht für das Kommende und einer gewissen Bereitschaft zur Annahme der Gegenwart; und sie wird die menschliche Geschichte im Individuellen wie im Kollektiven mithin niemals anders schildern können denn als göttliche Fügung. Die Dankbarkeit, die Zuversicht und die Einwilligung entstehen dabei wohlgemerkt nicht aus den Fakten selbst; sie sind gewissermaßen eine religiöse Vorgabe des Glaubens, die sich an den Fakten bricht und dort sich selbst erscheint; sie werden durch Fakten nicht begründet, sondern bestätigt, nicht *er*zeugt, sondern *be*zeugt. In all dem haben wir es, gleichgültig bei welchem Volk und welcher Überlieferung, mit Religion, mit Glauben zu tun und eben nicht mit Ideologie. Zur Ideologie gerät der Glaube wiederum erst im Bannkreis der Angst – ähnlich wie das Vertrauen, dessen die Wunderheilung bedarf, aus lauter Angst und Not in eine reine «Magie», in einen sinnlosen Machtanspruch göttlichen Wirkens

verwandelt werden kann. Wenn der Glaube an die göttliche Macht aus Angst und unter dem Einbruch gar zu schwerer Schicksalsschläge zu verkommen droht, dann erst verkehrt er sich leicht in Ideologie: er wird dann fanatisch, sucht nach äußeren *Beweisen* und setzt sich selbst gegen alle anderen exklusiv und polemisch.

Doch wiederum gilt es, hier zu unterscheiden: die erste Wirkung des Glaubens besteht zweifellos darin, den Einzelnen und ein ganzes Volk darin zu versichern, daß sie selbst ein eigenes und in gewissem Sinne ausschließliches Recht zu einem eigenen Leben besitzen; insofern wird man in der Tat sogar diejenigen Passagen der Bibel für sich selber nachfühlen und anwenden können, die von Auseinandersetzung und Kampf sprechen und Gott dafür danken, daß er «meine Hände den Krieg gelehrt hat» (Ps 144,1). Aber es liegt in der Gefährdung des Glaubens durch ein Übermaß an Angst die Möglichkeit verborgen, daß das Vertrauen u. U. nicht die latente Infragestellung der Angst beruhigt, sondern daß umgekehrt der Glaube in ein Instrument der Angst verwandelt werden kann. Aus dem Glauben an das Wirken Gottes in der Geschichte wird dann ein ideologischer Anspruch; der Glaube dient dann nicht mehr zur Rechtfertigung des Daseins im ganzen, sondern zum Rechthaben in bestimmten Lebenssituationen; er ist dann nicht mehr eine Haltung der Annahme und der Dankbarkeit, sondern ein Verfahren angstvoller Ichaufblähung und eine Legitimation von Macht und Herrschaft zum Zwecke der Angstberuhigung im Untergrund des Daseins.

Eine theologische *Ideologie* liegt vor, wenn das Vertrauen in die Führung Gottes sich nicht mehr an bestimmten geschichtlichen Gegebenheiten thematisiert, sondern wenn umgekehrt das apriorische Vertrauen des Glaubens soweit von Angst verstört und zerstört ist, daß das enttäuschte religiöse Bedürfnis mit Nachdruck verlangt, sich *aus den Fakten* neu zu begründen. Aus einem Glauben, der in der Angst zugrunde gegangen ist, erwächst dann eine rechthaberische Rechtfertigungstheologie, und selbst originäre Zeugnisse und Dokumente des Glaubens sind jetzt, wenn es so steht, nicht länger mehr davor geschützt, in Argumentationsketten angstgetriebener Ideologien umgeschmiedet zu werden.

Diese Feststellungen sind sehr wichtig, weil sie zweierlei zugleich zeigen.

Zum einen wird durch sie der immer wieder geäußerte Verdacht entkräftet, als müsse *jede* theologische Betrachtung konkreter Geschichte als zeitbedingte Ideologie verstanden werden und als sei die gesamte Geschichtstheologie nur eine historische, quasi noch mythische Vorübung gewisser Geschichtsideologien der Neuzeit. Stattdessen sehen wir, daß in den konkreten Selbstinterpretationen eines Einzelnen oder eines ganzen Volkes durchaus gültige Beispiele einer gläubigen Betrachtung auch der eigenen Lebenssituation bzw. des eigenen Lebensweges vorliegen können, und statt den Glauben an die Wirksamkeit Gottes in der Geschichte, mithin jede Art von Geschichtstheologie, *a limine* unter Ideologieverdacht zu stellen, gilt es umgekehrt festzustellen, daß es gegen den Wahnsinn der Ideologien nur ein einziges wirksames Mittel gibt: nicht weniger Glauben, sondern einen tieferen Glauben.

Zum anderen wird deutlich, daß erst die Psychologie der Angst den wahren Stellenwert, die Aufgabe und die Bedeutung einer Theologie der Geschichte aufzuzeigen vermag. Die wahre Aufgabenstellung theologischer Hermeneutik kehrt sich damit allerdings erneut auf charakteristische Weise *gegen* die historisch-kritische Methode der Bibelexegese.

Wir sahen früher, daß die historisch-kritische Methode *die archetypischen* (mythischen, märchenhaften, legendären, sagenhaften) *Erzählungen* nicht wirklich auszulegen versteht, weil sie *die Inhalte* dieser Erzählungen *fortstreicht* und sich alle Mühe gibt, nach gewissen historischen Anlässen *hinter* diesen Erzählungen zu suchen, die mutmaßlich jene Phantasiegebilde auf den Plan gerufen haben könnten. In den archetypischen Erzählungen kam es uns theologisch seinerzeit gerade auf die konkreten Inhalte an; sie sind, wie die Tiefenpsychologie zeigen konnte, dem Menschen wesentlich und ein entscheidender Ort seiner Wahrheitsfindung – man versteht, wie wir sahen, buchstäblich nichts mehr, wenn man die Mythen, die Märchen, die Sagen und Legenden in Richtung einer vermuteten Historie zu überschreiten trachtet. Genau umgekehrt verhält es sich nun bei den Geschichtserzählungen. Hier hängt die Exegese historisch-kritischer Provenienz sich paradoxerweise leidenschaftlich an die überlieferten Inhalte, aber nur, um wiederum das Entscheidende zu verleugnen. *In den Geschichtserzählungen müßte sie* gerade *den konkreten Inhalt vernachlässigen*; hier dürfte sie gerade nicht die Sprache der Fakten vernehmen, sondern es müßte ihr im Sinne eines theologischen Verständnisses darauf ankommen, die Fakten lediglich als Brechungen der ewig gleichen Frage nach der Überwindung der Angst durch den Glauben zu betrachten; denn nur im Rahmen *dieser* Fragestellung sind die äußeren Fakten im Leben eines Einzelnen oder im Leben eines Volkes theologisch belangvoll. Aber weil es nach wie vor nicht nötig scheint, zugunsten einer *theologischen* Vertiefung *die Tiefenpsychologie der Angst* hermeneutisch zu instrumentalisieren, ist die Exegese außerstande, den eigenen Untersuchungsansatz methodisch richtig zu zentrieren; und so verurteilt sie sich wie von selbst dazu, ohnmächtig die Auslegungsverfahren der profanen Geschichtswissenschaften zu kopieren, die gerade darin mächtig sind, daß sie Gott in allen Betrachtungen menschlicher Geschichte methodisch konsequent aus dem Spiel lassen müssen – und scheinbar ohne Schaden aus dem Spiel lassen können.

Im Grunde begeht die Exegese in ihrer historisch-kritischen Ausrichtung bei der Interpretation der Geschichtserzählungen den gleichen Fehler, der ihr bereits früher bzgl. allen anderen Erzählgattungen zur Last gelegt werden mußte: *sie verleugnet das Unbewußte* und zerreißt damit künstlich Zusammenhänge, die um alles in der Welt als Einheit betrachtet und stehen gelassen werden müßten. Die *mythischen, märchenhaften, legendären und sagenhaften Erzählungen* mußte die historisch-kritische Exegese unabhängig von ihren konkreten Inhalten betrachten, weil sie sich dem *Unbewußten* gegenüber verschloß; die Trennung von Bewußtsein und Unbewußtem mußte bei den archetypischen Erzählungen notgedrungen zu der säuberlichen, wenngleich unsinnigen Trennung von Mythos und Geschichte führen. Dieselbe Einstellung setzte die historisch-kritische Exegese gleichermaßen außerstande, die innere Wahrheit der *Wundererzählungen* zu verstehen; die Verleugnung des Unbewußten mußte hier zu einer absurden Trennung von Körper und Seele führen und zudem eine unendliche Kluft zwischen der menschlichen Not und der vermeintlich besonderen Botschaft des christlichen Glaubens aufreißen. Dasselbe ereignete sich bei den *Visionen, Eschatologien und Apokalypsen*, in denen die Abstraktion der «Hoffnung» sich gegen den konkreten Bildinhalt richten mußte. Auch jetzt, bei den *Geschichtserzählungen*, muß sich notgedrungen dieselbe Kluft auftun, indem nunmehr Geschichte und Theologie, menschliches Handeln und göttliches Tun, methodisch und inhaltlich auseinandergerissen werden und die profangeschichtliche Betrachtung der Geschichte säuberlich von der Interpretation des Glaubens abgetrennt wird: *die exakte Geschichtsforschung entlarvt die Geschichtsideologie.*

In all diesen Trennungen reflektiert die historisch-kritische Exegese, statt von sich her theologisch den dringend nötigen Beitrag zur Heilung der gegenwärtigen Zerrissenheit des Menschen vor Gott zu leisten, lediglich in Phantasielosigkeit und Gedankenarmut den latenten Atheismus, die anthropologische Einseitigkeit des modernen Menschenbildes sowie die geistige und seelische Schizophrenie des vergangenen und (immer noch auch) unseres eigenen Jahrhunderts. Aus einer wirklich theologischen Disziplin wird auf diese Weise in Gestalt der Exegese ein Gift, das, injiziert in die Blutbahn der übrigen theologischen Fächer, unfehlbar, je länger, je mehr, eine zunehmend tödliche Wirkung entfalten muß. Bei näherer Betrachtung kann sich die historisch-kritische Exegese die Dichotomie ihrer Geschichtsauslegung in der Tat nur leisten, weil sie sich selbst von vornherein methodisch von der einzig entscheidenden, zur Theologie hin vermittelnden Frage ausschließt: wie die Menschen mit der Angst ihrer Persönlichkeit und mit der Not ihrer Zeit zu leben vermögen. Denn dies zeigt sich: erst die Betrachtung der Angst zwingt dazu, nach einer religiösen Antwort auf die menschliche Not zu suchen; *erst der Druck der Angst verlangt nach einem Maßstab zur Bewertung der menschlichen Geschichte, der allein in Gott liegt*; und erst im Bannkreis der Angst wird deutlich, daß sich wirklich, wie der *Jahwist* meinte, die gesamte menschliche Geschichte daran entscheidet, ob sie weiter auf die Stimme der «Schlange des Nichtseins», auf die Sprache der Angst im Untergrund aller Dinge, zu hören gewillt ist, oder ob sie sich auf das Wort Gottes besinnt, das allein vor dem Abgrund des Daseins zu retten vermag[1]. Nur von der Zentrierung der Angst her erscheint die theologische Dimension der Geschichte nicht mehr als etwas nachträglich Aufgesetztes oder ideologisch Zurechtgelegtes, sondern als etwas Ursprüngliches, Allein-Wesentliches, als etwas, das der menschlichen Geschichte so innerlich ist wie die Angst der Neurose und das Vertrauen der Heilung. Nur im Prisma der Angst stellt sich der menschlichen Geschichte die Entscheidungsfrage auf Heil oder Unheil für oder gegen Gott. Und nur von der Angst her gewinnt man, wie in den Wundererzählungen, eine konkrete Einsichtsmöglichkeit in die Verwirrungen menschlicher Charaktere, menschlicher Handlungsweisen und (un-)menschlicher Verstrickungen.

Statt also in theologischer Unbedarftheit die säkularisierte Geschichtsbetrachtung der historischen Wissenschaften methodisch zu übernehmen und dieselben profanen Auslegungsverfahren lediglich *unter anderem auch* auf das Untersuchungsobjekt «Bibel» anzuwenden, müßte der theologische Beitrag der Exegese bei der Auslegung der Geschichtserzählungen der Bibel gerade in dem Nachweis liegen, daß man niemals, weder damals noch heute, von der menschlichen Geschichte wirklich etwas begreift, wenn man in der Betrachtung menschlicher Geschichte Gott aus dem Spiel läßt, bzw. es müßte, anders ausgedrückt, die Exegese unmittelbar, wie die Bibel selbst es tut, von sich her evident zu machen suchen, daß man nur allzugut die menschliche Geschichte in ihrer gegenwärtigen Gestalt begreift, wenn und *weil* sie Gott aus dem Spiel läßt.

Um zu zeigen, was damit gemeint ist und wie dabei vorzugehen wäre, läßt sich vielleicht in der neueren Geschichte am besten *das Beispiel des Nationalsozialismus* heranziehen. Man wird dann leicht verstehen, daß es ein und dasselbe ist, die biblische Geschichte von einst durch eine rein äußerliche Betrachtungsweise ihrer theologischen Verbindlichkeit zu entleeren und sich selbst dazu zu verurteilen, der Not und dem Chaos der eigenen Zeitgeschichte theologisch ohnmächtig gegenüberzustehen.

Die zwölf Jahre der nationalsozialistischen Schreckensherrschaft sind geschichtlich heute so gut erforscht und *en detail* belegt wie kaum eine andere geschichtliche Epoche. Trotzdem hat gerade diese Zeit bereits den Zeitgenossen, mehr noch aber der Nachwelt eine Fülle von Problemen aufgegeben, die offensichtlich durch keine noch so genaue Analyse der einzelnen faktischen Zusammenhänge zu lösen sind. Vornean erhebt sich die oft gestellte Frage, wie das Volk GOETHES, BEETHOVENS und KANTS zu derartigen Greueltaten: dem Krieg, den unzähligen Kriegsverbrechen, den Judenvernichtungen, den Barbareien an den «slawischen Untermenschen» und zu all den Formen innerer wie äußerer Gewalt imstande

[1] Vgl. E. DREWERMANN: Strukturen des Bösen, I 313–323.

war. Beschworen wurde zur Erklärung das *faustische* Wesen des Deutschen[2]; aber selbst wenn es ein solches Wesen (oder Unwesen) «des» Deutschen gäbe – warum zeitigte es gerade in der Epoche des Nationalsozialismus derartige Wirkungen? Beschworen wurden zur Erklärung die Auswirkungen gewisser rassentheoretischer und philosophischer Ideen; der Irrationalismus des ausgehenden Bürgertums und die Widersprüche des Spätkapitalismus hätten ihren notwendigen Ausdruck im Faschismus finden müssen[3]. Wesentlich wurde der Nationalsozialismus gedeutet als ein ästhetisches Phänomen, als Ästhetisierung des Politischen (W. BENJAMIN)[4]. Aber nach all diesen Theorien hätte im Grunde die gesamte westliche Welt faschistisch werden können oder müssen – warum wurde nur Deutschland (nebst Österreich und Italien) in diesen Taumel des Nationalsozialismus hineingezogen? Die einzig plausible Theorie über das Verhängnis des Dritten Reiches scheint die Diagnose eines kollektiven Wahns, eines psychopathologischen Ausnahmezustandes zu bieten[5]. Natürlich mögen bei der Bildung eines solchen Wahns gewisse Voraussetzungen im «Volkscharakter» der Deutschen eine Rolle gespielt haben, und gewiß wird nicht zuletzt die dramatische Zuspitzung der Weltwirtschaftskrise das Aufkommen des Faschismus mitbegünstigt haben; aber die zentrale Ursache für den Massenwahn des Nationalsozialismus war allem Anschein nach der psychologische Faktor der Angst, in den alle Teilursachen und -bedingungen einmündeten und von dem her sie selber auf das nachhaltigste verstärkt wurden. J. FEST hat in seiner *Hitler*-Studie überzeugend dargetan, daß der Nationalsozialismus ganz und gar als Symptom einer fundamentalen Angst verstanden werden muß, die sich des «Führers» nur bediente, um in dieser Leitfigur des Wahnsinns ihre bestmögliche neurotische Verkörperung zu finden[6]. Der Reihe nach betrachtet, bedeutete der Nationalsozialismus u.a. einen Selbstheilungsversuch von der ungeheuren kollektiven Angst vor nationaler Demütigung und Schande nach dem verlorenen 1. Weltkrieg – ein Trauma, das nach Rache und Wiederherstellung der verlorenen Ehre drängte; der Nationalsozialismus antwortete zudem auf die weitverbreitete und sehr begründete Angst vor wirtschaftlichem Niedergang, vor Arbeitslosigkeit, Verelendung und den ausufernden Reparationsforderungen vor allem Frankreichs – ein Problem, das die Tendenz nach wirtschaftlicher Autarkie sowie die

[2] So z.B. F. SIEBURG: Gott in Frankreich, 340: «Die deutsche Jugend hat zu allen Zeiten lieber ins Unendliche gegriffen als nach dem Fertigen gelangt. Sie will werden, nicht leben, will schaffen, nicht genießen, will lösen, nicht anschauen ... Wir sind immer geneigt gewesen, in unserer Ablehnung des Fertigen bis zur Selbstauflösung zu gehen, – im Guten wie im Bösen.»

[3] Vgl. G. LUKÁCZ: Die Zerstörung der Vernunft, II 88–100, wo die gesamte Lebensphilosophie von NIETZSCHE über DILTHEY bis KLAGES als präfaschistisch abgehandelt wird.

[4] W. BENJAMIN: Zur Kritik der Gewalt und andere Aufsätze, 1965.

[5] Vgl. E. DREWERMANN: Der Krieg und das Christentum, 66; 103–106.

[6] J.C. FEST: Hitler, 134; 138; 1041; E. DREWERMANN: Strukturen des Bösen, II 495–503.

Forderung nach gemeinschaftlicher, notfalls diktatorisch erzwungener Zusammenarbeit des ganzen Volkes unausweichlich machte; der Nationalsozialismus verdichtete des weiteren die Angst vor der eigenen Unfähigkeit und Schuld, die zu der zwanghaften Suche nach den Sündenböcken und Saboteuren am Fiasko des Ersten Weltkrieges führte; hinzu kam schließlich generell die Angst vor der neuen Welt der Technisierung, der Vermassung und Entindividualisierung des Industriezeitalters, die ihrerseits nach dem großen Einzelnen in der Pose des universellen Retters verlangte; kurz: es bündelten sich alle möglichen überhaupt nur denkbaren Ängste in der Entstehungszeit des Nationalsozialismus zusammen, und so bedurfte es offenbar förmlich eines Neurotikers wie *Hitler*, der fähig war, in seiner individuellen Angst zum Sprachrohr der neurotischen Angst aller zu werden.

Für die *theologische* Beurteilung der geschichtlichen Epoche des Nationalsozialismus wäre es unter diesen Umständen entscheidend gewesen, an den Zentralstellen der kollektiven Ängste in jener Zeit anzuknüpfen und sie in den verschiedenen Themenbereichen religiös zu thematisieren und zu überwinden. Statt moralisch gegen diese oder jene Einzelmaßnahme der Nationalsozialisten zu protestieren oder sich aufgrund der wachsenden politischen Ohnmacht womöglich selber zu einem verzweifelten Paktieren und Kompromisseschließen mit der Hydra des Faschismus zu verurteilen, hätte die Theologie der 30er Jahre die neurotischen Ängste der Zeit selber aufgreifen müssen. Sie hätte vom Glauben her zeigen müssen, daß und wie die Gefühle der Minderwertigkeit und Unterlegenheit *nicht* unausweichlich in das Bedürfnis nach Rache umschlagen müssen; daß und wie der Mensch tiefer verwurzelt sein kann als in den Ungesichertheiten wirtschaftlicher Not; daß und wie es möglich sein kann, die Angst vor der Zukunft durch ein tieferes Vertrauen in die Würde der eigenen Person zu überwinden, usw. M.a.W.: die Theologie, und vornean die Exegese, hätte die bleibende Aktualität der Bergpredigt psychologisch deutlich machen können und müssen, indem sie gezeigt hätte, daß die eigentliche Entscheidung, wie zu den Tagen, da Saul König wurde (1. Sam 8,1-22), nicht für oder gegen den «Führer», sondern für oder gegen Gott gefällt wird und daß die furchtbare Psychodynamik der Angst in sich selbst bereits ein Indiz dafür ist, Gott im Felde der Angst aus den Augen verloren zu haben. Auf solche Weise hätte man zugleich zeigen können und müssen, was die Bibel mit ihren Geschichtserzählungen auf Schritt und Tritt sagen will: daß das Heil oder das Unheil eines Volkes buchstäblich davon abhängt, ob es in Gott verankert ist oder nicht. Nicht klerikale Ideologie, sondern eine psychologisch vermittelte Theologie der Angst in ihrer Diagnose und Überwindung durch den Glauben müßte das Thema einer theologischen Geschichtsbetrachtung bilden; eine Exegese aber, die sich bereits auf dem Boden der Bibel weigert, dieser Frage nachzugehen, darf sich nicht wundern, wenn sie die Menschen ihrer Zeit hilflos und ratlos zurückläßt und selber durch eine ohnmächtige, weil lebensfremde, rein schriftgelehrte Auslegung des Gotteswortes mitschuldig wird an millionenfachem Leid.

Im Grunde geht es darum zu verstehen, daß die Geschichtserzählungen vor allem des Alten Testamentes sehr zu recht «Geschichte» nur überliefern, um eine einzige theologische Wahrheit zu vermitteln: daß Menschen ohne Gott nicht menschlich leben können. Insbesondere das gesamte deuteronomistische Geschichtswerk, diese größte Geschichtssammlung und -deutung der ganzen Bibel, hat versucht, auf die Katastrophe des Untergangs Jerusalems die entscheidende Antwort zu geben: «daß Gott in dieser Geschichte erkennbar gehandelt hat, indem er auf den ständig wachsenden Abfall mit Warnungen und Strafen und schließlich, als diese sich als fruchtlos erwiesen hatten, mit der völligen Vernichtung geantwortet hat»[7]. Aber es kommt darauf an, diese Geschichtskonzeption der Bibel, nach der alles Heil und Unheil sich an der Stellung des Menschen zu Gott entscheidet, nicht rein positivistisch als äußerlichen Lehrsatz oder rein historisch als das Denken einer bestimmten Zeit zur Kenntnis zu nehmen, sondern in seiner bleibenden Wahrheit zu erfassen, und das ist nicht anders möglich, als von dem Zentralproblem der Angst her die menschliche Geschichte zu betrachten, indem man wesenhaft dem *homo compensator* die Gestalt des *homo religiosus* entgegenzusetzen versucht.

4. Die bleibende Gültigkeit einzelner Schicksale und bestimmter charakterlicher Typen: einige Frauengestalten des Alten und des Neuen Testamentes zum Beispiel

Auf diese Weise wird die tiefenpsychologische Analyse der Angst zum Schlüssel zu einem wirklich theologischen Verständnis der Zeitlichkeit und Geschichtlichkeit des menschlichen Daseins; sie eröffnet damit zugleich auch einen Zugang zum Verständnis der historischen Erzählungen in der Bibel, gleichgültig, ob diese eine «fiktive» oder «wirkliche» Geschichte wiedergeben, und es ist gerade der Vorzug einer tiefenpsychologischen Deutung der Geschichtserzählungen, daß dieser Unterschied als unerheblich betrachtet werden kann.

Für die historisch-kritische Methode hängt alles daran, herauszufinden, inwieweit die Geschichtserzählungen des Alten oder des Neuen Testamentes in historischem Sinne «wahr» sind oder nicht – fast immer lautet der Befund: vermutlich nicht, und es kann ihr unter diesen Umständen nur noch darum zu tun sein, die herrschenden *Interessen* herauszufinden, die der jeweiligen Erzählung ihr von der «Wirklichkeit» abweichendes Gepräge verliehen haben. Die

[7] M. Noth: Überlieferungsgeschichtliche Studien, 100. – Ganz ähnlich drückt es die Bibel an vielen Stellen aus, z.B. in Lev 26; Dtn 28; Jos 23, 15-16; Ri 2,13-14; 3,7-8; 6, 1.2; Ps 78 u.ö.

theologische Aporie der historisch-kritischen Methode ist hier wie allerorten die gleiche: nachdem sie durch ihre eigene Kritik die historische Unwahrheit der vorliegenden Erzählungen mit einiger Gewißheit und den wahren Sachverhalt hinter den Erzählungen mit einiger Wahrscheinlichkeit herausgestellt hat, zerrinnen ihr selbst die Geschichtserzählungen der Bibel zu reinen Tendenzgeschichten; es hilft durchaus nicht, anschließend über das eigene Zerstörungswerk einen theologischen Heiligenschein zu breiten, indem man die Geschichtsschreibung der Bibel im ganzen für vom «Glauben» gestaltet oder vom «Geist Gottes» gewirkt erklärt – während der gesamten historisch-kritischen Untersuchung der Geschichtserzählungen der Bibel geht es eben nicht um «Glauben», sondern um «Wirklichkeit» in historischem Sinne, und es ist am Ende nicht zu sehen, wie ein Glaube sich begründen und legitimieren soll, der nicht auf die Tatsachen sich gründet, auf die sich zu gründen er vorgibt. Ja, selbst den günstigsten Fall vorausgesetzt, es würde mit Hilfe der historisch-kritischen Methode wirklich einmal gelingen, ein religiös relativ wichtiges Ereignis der biblischen Überlieferung in der geschilderten Weise als «historisch» zu belegen, so stünde es um die religiöse Bedeutung eines solchen Befundes nicht besser: die Einmaligkeit und Unwiederholbarkeit des Historischen trennt den heutigen Leser ein für allemal von der Vergangenheit, und das gewesene Geschehen eröffnet ihm durchaus keinen Zugang zu seinem eigenen Wesen und dem, was von Gott her mit ihm selbst geschehen kann und sollte.

Anders die tiefenpsychologische Interpretationsmethode. Ihr Interesse gilt von vornherein nicht den äußeren Geschehnissen und Fakten, sondern den Faktoren und Beweggründen in den handelnden Menschen; ihre Frage geht nicht dahin zu untersuchen, wer diese Menschen in der Vergangenheit waren oder gewesen sein könnten, sondern wie Menschen sind und leben, die so sind und leben, wie sie in den Geschichtserzählungen der Bibel (oder anderer Überlieferungen) geschildert werden. Nicht wer David, Jonathan, Thamar oder Absalom historisch waren, ist tiefenpsychologisch von Belang, sondern wie man heute Menschen begegnet, die so sind wie «David», «Jonathan», «Thamar» oder «Absalom». Wesentlich kommt es daher darauf an, die Geschichtserzählungen *nach Art einer psychologischen Nachdichtung* mitzuvollziehen, bis eine *Typologie der Menschlichkeit* in den Texten sichtbar wird, die in ihrer Größe und in ihrer Not allen Verständnisses und allen Mitleids immer wieder in der menschlichen Geschichte fähig und bedürftig ist. Insbesondere kann und muß die Tiefenpsychologie untersuchen, wie die einzelnen *Charaktere* vom Grunderleben der Angst und durch ihre Strategien der Angstüberwindung geprägt sind. Während Handlungen und Fakten in der menschlichen Geschichte niemals wiederkehren, darf jeder menschliche Charakter, wenn man ihn nur tief genug versteht, als Teil der ewigen Poesie und Selbstgestaltung des Menschlichen betrachtet werden; hier oder nirgendwo ist der Ort, um anhand von Erzählungen längst vergangener

Geschichte in den ewigen Dialog Gottes mit den Menschen in der Geschichte des eigenen Lebens einzutreten.
Um zu verdeutlichen, wie eine solche psychologische Nachdichtung menschlicher Charaktere in den Geschichtserzählungen der Bibel praktisch aussehen kann, läßt sich oft unmittelbar an zahlreiche bereits vorliegende *dichterische* Bearbeitungen biblischer Gestalten anknüpfen. Wenn wir im folgenden ein paar Beispiele aufführen, so können wir am besten dort beginnen, wo in den biblischen Erzählungen selbst die geschichtliche Überlieferung noch gewissen mythischen Vorlagen folgt wie in den Vätersagen im Umkreis der Gestalt des Patriarchen Jakob, und dann einige Gestalten der Geschichtsüberlieferung der Bibel auswählen, die ein besonderes charakteristisches Gepräge tragen, wie einige Persönlichkeiten im Umkreis der Königshöfe des Alten und des Neuen Testamentes. Dabei wird sich insgesamt empfehlen, das Augenmerk einmal auf ein weitgehend vergessenes Thema der Exegese zu lenken: auf die Frauen in der Bibel, und so wenden wir uns im folgenden einmal so großartigen und zugleich tragischen Frauengestalten zu wie Rachel, der Lieblingsfrau Jakobs, oder Thamar, der verzweifelten Schwiegertochter des Jakobsohnes Juda, oder der vereinsamten Ruth auf den Fluren Bethlehems, u.a.m.

a) Das Schicksal Rachels

Die Geschichte *Rachels*, der geliebten Braut Jakobs, ist zusammen mit der Person ihrer dunklen Schwester *Lea* noch gewiß nach dem Vorbild der älteren Mondmythologie gestaltet, und so sind wir auf diese Patriarchenerzählung bereits bei der Hermeneutik der mythischen Geschichtsüberlieferungen der Bibel zu sprechen gekommen (I 175). Aber man hat in Übereinstimmung mit dem Text natürlich auch das Recht, die Gestalt der Rachel so zu nehmen, als wenn von einer «wirklichen» Person die Rede wäre, und dann kann und muß man sich fragen, wie wohl ein Mensch empfinden wird, der das *Schicksal Rachels* erdulden muß.
Thomas Mann hat in seinem großen *Joseph-Roman* geschildert, wie Jakob Rachel am Brunnen trifft, als eine Frau «schön ... von der Seele her», «daß Geist und Wille, ins Weibliche gewendete Klugheit und Tapferkeit hinter dieser Lieblichkeit wirkten und ihre Quelle waren: so voller Ausdruck war sie und schauender Lebensbereitschaft»[1]. Man kann psychologisch darüber nachdenken, wie die Intrigen des ränkereichen Laban auf lange Jahre die Ehe zwischen Rachel und Jakob hinauszögern, und man darf annehmen, daß hierin später ein

[1] Th. Mann: Joseph und seine Brüder, I 170.

Grund für die sonderbare Unfruchtbarkeit Rachels zu sehen sein wird, ja, daß die Ambivalenz der Vatergestalt auch zu dem Eindruck der merkwürdigen Eifersucht Gottes beiträgt, der es verbietet, daß Jakob seine schöne Braut über die Maßen liebt[2]; darüberhinaus muß man sich die Rivalität zwischen Rachel und Lea vorstellen, bis hin zu der verzweifelten Bitte, mit der die Lieblingsfrau Jakobs schließlich ihre dunkle, fruchtbare Schwester um den Besitz der Liebesäpfel anfleht[3]; an der Freude Rachels bei der Geburt ihres erstgeborenen Kindes, des Josef, dürfen wir teilhaben und werden um sie trauern, die endlich, nach langem Warten, am Wege nach Bethlehem niederkommt und bei der Geburt des «Sohns ihrer Schmerzen», Ben Oni, des Benjamin, stirbt[4]. In bewegenden Worten schildert THOMAS MANN die Tragödie Rachels, «der Rechten und Liebsten», als «die Tragödie der nichtangenommenen Tapferkeit»[5]. «Man hat fast den Mut nicht», schreibt er, «mit Jakobs Seele zu fühlen an dieser Stelle, da ihm die Herzensbraut auslöschte und hinging als Opfer für seinen Zwölften». «Es ist zum Nachdenken», fährt er fort, «ob der Gefühlvolle eigentlich mit Bewußtsein Freiheit und Ruhe mißachtet, wissentlich das Verhängnis gegen sich aufruft und nicht anders als in Ängsten und unter dem Schwerte zu leben wünscht. Offenbar ist ein solcher vermessener Wille das Zubehör der Gefühlsseligkeit, denn daß diese große Leidensbereitschaft voraussetzt und es nichts Unvorsichtigeres gibt als die Liebe, sollte jedermann wissen.»[6] Liebe wie Verweigerung, Geburt und Tod sind in der Gestalt Rachels, so verstanden, Zeichen einer tieferen Fügung des menschlichen Lebens, dessen Größe sich an der Stärke des Vertrauens ebenso wie an der Leidenschaft und Leidensfähigkeit des Herzens mißt. Selber muß man die Geschichte Rachels, der Urfrau Israels, mit dem Herzen lesen, um diese ewige, menschliche Botschaft aus Urzeittagen zu verstehen. – Wenn wir soeben sagten, die Geschichtserzählungen der Bibel müßten am Leitfaden der Angst ausgelegt werden, so kann man demnach jetzt auch umgekehrt sagen: man muß sie vor allem auslegen als das, was sie sein wollen: als Dokumente des Erbarmens Gottes und als Zeugnisse der verborgenen Güte des Daseins, mithin als verborgene Antworten Gottes an die ewige Fragwürdigkeit und Angstbesetztheit des menschlichen Daseins.

In gerade diesem Sinne hat STEFAN ZWEIG denn auch die Geschichte der Rachel in der Legende *«Rachel rechtet mit Gott»* zu interpretieren versucht. Für TH. MANN bot die Rachelerzählung, aus der Sicht Jakobs betrachtet, vor allem ein Beispiel für den Ruhm der Menschenseele, daß sie durch das Schweigen Gottes «nicht an Gott irre wird, sondern die Majestät des Unbegreiflichen zu erfassen

[2] A.a.O., I 235–239, zu Gn 29, 31.

[3] A.a.O., I 241–248.

[4] A.a.O., I 249–290.

[5] A.a.O., I 280.

[6] A.a.O., I 280–281.

und daran zu wachsen vermag»[7]. STEFAN ZWEIG hingegen sah in Rachel ein Urbild desjenigen Menschen, der in und wegen seiner Liebe unendlich duldet und gequält wird, dessen leidenschaftliches Gefühl ihm immer neue Leiden schafft, dessen Wärme und Menschlichkeit aber eine eigene Größe besitzen und am Ende so etwas wie einen rechtlichen Anspruch an Gottes Erbarmen begründen und fordern. In ST. ZWEIGS Legende steht Gott bereit, Israel endgültig wegen seiner Verfehlungen hinwegzuraffen; aber während Gottes Zorn tagelang wie ein Ungewitter am Himmel hängt, tritt Rachel in das grollende Schweigen Gottes und trägt Gott «mit dem Mute der Angst»[8] vor, was alles sie selber erdulden und erleiden mußte und wieviel Geduld ihr die Liebe abverlangte. In einem erschütternden Plädoyer für die Grenzenlosigkeit des Mitleids und der Gnade wendet sie sich an Gott, um gegen den Zorn und die Eifersucht des Allmächtigen gegenüber seinem Volk ihr eigenes Übermaß an menschlicher Geduld gegenüber ihrer Schwester Lea zu setzen, die in der Nacht der Erfüllung ihr zuvorkam und im Kindersegen sie übertraf. «... merke es, Gott», erklärt sie, «wir alle, die wir nur Menschen sind, arm und vergänglich, wir bezwangen das Böse des Neidens – du aber, du Allmächtiger, der alles erschaffen und alles erschöpft, du, aller Wesen Anbeginn und Übermaß, du, dem alles Meer ward, des wir nur Tropfen haben – du wolltest dich nicht erbarmen? Wohl weiß ich's, ein starrnackig Volk ist mein Kindvolk ... aber doch, so du Gott bist und Herr aller Fülle, muß da nicht deine Langmut ihren Übermut übermessen und dein Erbarmen ihre Fehle? Denn dies darf nicht sein, daß vor deiner Engel Antlitz ein Mensch sich beschämte und jene redeten: es war ein Weib einst auf Erden, ein schwach, sterblich Weib, Rahel genannt, die bezähmte ihren Ingrimm. Er aber, Gott, der Herr aller ist und des Alls, er diente seinem Zorn als ein Knecht. Nein, Gott, das darf nicht sein, denn so dein Erbarmen nicht ohne Ende ist, dann bist du selber unendlich nicht – *dann – bist – du – nicht – Gott.* Dann bist du der Gott nicht, den ich schuf aus meinen Tränen und dessen Stimme mich anrief in meiner Schwester geängstetem Schrei – ein Fremdgott dann bist du, ein Zorngott, ein Strafegott, ein Rachegott, und ich Rahel, ich, die nur den Liebenden liebt und nur dem Barmherzigen diente, ich, Rahel – ich verwerfe dich vor dem Antlitz deiner Engel! Mögen diese hier, mögen deine Erwählten und Propheten sich beugen – siehe, ich, Rahel, die Mutter, ich beuge mich nicht – aufrecht recke ich mich auf und trete in deine eigene Mitte, ich trete zwischen dich und dein Wort. Denn ich will rechten mit dir, ehe du rechtest mit meinen Kindern, und so klage ich dich an: dein Wort, Gott, ist Widerspruch wider dein Wesen, und dein zorniger Mund verengt dein eigentlich Herz. So richte, Gott, zwischen dir und deinem Wort! Bist du wahrhaftig der Zornige, den du kündest, dann wirf auch mich in Finsternis zu meinen Kindern, denn als eines Zorngottes Antlitz will ich

[7] A.a.O., I 289.
[8] ST. ZWEIG: Legenden, 11.

das deine nicht schauen, und mich widert die Wut deiner Eifersucht. So du aber der Barmherzige bist, den ich liebte von Anfang an und dessen Lehre ich lebte – dann laß dich endlich erkennen von mir, dann sieh mir ins Antlitz mit dem Leuchten deiner Milde und spare die Kinder, verschone die heilige Stadt.»[9]
In dieser Sichtweise wird die Gestalt Rachels, der Urmutter Israels, zu einem Zeichen urmenschlicher Mütterlichkeit und zu einem Aufruf zum Mitleid, dessen das menschliche Dasein zu allen Zeiten seiner Geschichte bedarf. Auch der Leser der Bibel muß die Haltung eines solchen mütterlichen Erbarmens mitbringen, wenn er derartige Geschichtserzählungen des Alten und des Neuen Testamentes als Erzählungen verstehen will, die inmitten des unentwirrbaren Knäuels endloser Verstrickungen und Tragödien auf verborgene Weise von Gottes Zorn und Langmut berichten. Etwas Besseres jedenfalls wird man von der Psychoanalyse nicht lernen können als den Glauben an die Macht eines gütigen Verstehens und das Vertrauen zu der heilenden Kraft vorbehaltloser Akzeptation, wie man es dem Gott der Bibel im Hintergrund seiner unheilvollen Heilsgeschichte wohl zutrauen kann und muß, – es war das humane Vermächtnis *St. Zweigs*, an das er einzig glauben mochte.

b) Die Frauen im Stammbaum Jesu: Thamar, Rahab, Ruth und Bathseba

Eine Quintessenz der alttestamentlichen Geschichtsüberlieferungen versucht in gerade diesem Sinne der *Stammbaum des Messias bei Matthäus* zu geben, und es lohnt sich, diesen Text einmal unter dem genannten Gesichtspunkt des Verstehens und der Geduld im Schicksal biblischer Frauengestalten etwas näher zu betrachten.
Schon immer ist aufgefallen, daß in Mt 1,3.5.6 vier Frauen: Thamar, Rahab, Ruth und Bathseba erwähnt werden, die alle eines gemeinsam haben: ein ungewöhnliches und absonderliches Schicksal. In exegetischer Betrachtung hat man in den Frauengestalten des Stammbaums Jesu denn auch, wie üblich, bloße Hinweise auf die Außergewöhnlichkeit der Geburt des Messias sehen wollen[10];

[9] St. Zweig: Rahel rechtet mit Gott, in: Legenden, 24–26.
[10] Selbst ein so hervorragender Exeget wie E. Lohmeyer: Das Evangelium des Matthäus, 5 findet «die Nennung der vier Frauennamen» am «auffälligsten» und wehrt sich zu Recht gegen die Interpretation, das Schicksal dieser Frauen als eine Apologie gegenüber den Verdächtigungen Mariens infolge der jungfräulichen Geburt Jesu zu betrachten; dann aber findet er, man tue besser daran, «von dem Persönlichen dieser Frauen ganz abzusehen ... und nur den allgemeineren Gedanken zu finden: Gottes Weg ist oft der Umweg.» Gottes Weg ist zwar gewiß oft ein Umweg, aber niemals ein Weg an dem «Persönlichen» von Menschen vorbei. Immer wieder zeigt sich das Unvermögen der historisch-kritischen Methode, Menschen als Personen zu verstehen, und ihre Antipathie gegenüber der Psychologie begründet und befördert stets das Ausweichen in theologische Abstraktionen und, damit aufs engste verbunden und heute besonders beliebt, in kollektive

aber auf diese Weise werden aus persönlichen Schicksalen durch die Vernachlässigung bzw. durch die komplette Unterschlagung der psychologischen Betrachtung bloße Signale einer abstrakten («messianischen») Bedeutsamkeit. Anders, wenn man sich dem *Schicksal* und den Personen der vier genannten Frauen selbst zuwendet und versucht, ihr Auftreten in der Bibel psychologisch nachzuzeichnen, statt es geschichtlich hinter den Geschichten zu rekonstruieren.

Da ist als erstes die Geschichte der *Thamar*, von der es im Stammbaum Jesu bei Matthäus lapidar heißt: «Juda zeugte Perez und Serach mit der Thamar.» (Mt 1,3) Doch diese Angabe hat ihre Vorgeschichte. Auf der Tenne des Hethiters Schua hatte Juda, der Sohn Jakobs, eine Frau kennengelernt, die zu heiraten eigentlich unter dem Verbot des Gesetzes stand. Von dieser Frau weiß man nicht, wie sie hieß; man kennt sie nur als «Schuas Tochter» (Gen 38,2), wie wenn sie durch die Person ihres Vaters bereits hinreichend genug bezeichnet wäre – eine Frau fast ohne eigene Existenz. Mit Schuas Tochter aber zeugte Juda drei Söhne: Er, Onan und Schelach, und sein Ältester, Er, heiratete eben jene Frau Thamar, die, wenn ihr Name zutrifft, sehr schön gewesen sein muß; denn «Thamar» heißt «die Dattelpalme». Aber Er starb, noch ehe Thamar ihm Kinder geboren hatte, und so heiratete sie dem Gesetz nach den zweiten der Söhne Judas, Onan. Der aber weigerte sich, seiner Frau und Schwägerin Kinder zu schenken, und auch er starb, ohne Kinder zu hinterlassen. Nun hätte der dritte der Juda-Söhne, Schelach, die verwitwete Thamar heiraten müssen; Juda jedoch lehnte eine dritte Heirat ab, denn er fürchtete, daß auch sein jüngster Sohn an der Seite seiner Schwiegertochter sterben werde. So stand denn Thamar ganz allein: ohne Mann und ohne Kind. Jede Frau in Israel lebte in der Hoffnung, daß aus der Abfolge der Geschlechter eines Tages der Messias hervorgehen werde. Kinderlos zu sein bedeutete daher, von der Linie des Heils, von der Zukunft des Erlösers ausgeschlossen zu sein. Und schlimmer noch: Thamar selbst mußte als eine Frau gelten, deren Liebe tödlich ist und die man am besten meidet wie ein hexenartiges, gefährliches Wesen[11]. Doppelt ausgeschlossen mußte Thamar sich fühlen, ausgeschlossen von der Liebe nicht weniger als von der Hoffnung, von der Gegenwart nicht minder als von der Zukunft – eine vereinsamte, an sich zur

Deutungen, so als seien Personen wie Thamar, Ruth oder Maria nur Verkörperungen der Hure, der Verbannten oder der «Jungfrau» Israel. Merkt man eigentlich nicht, daß eine solche Denkungsart, als Auslegung des Gotteswortes ausgegeben, noch schlimmer wirken muß als der faschistische Propagandasatz der Nazis: «Du bist nichts, dein Volk ist alles»? Vor dem Kollektivismus schützt allein eine Psychologie, die gewillt ist, Menschen in ihrer Einmaligkeit so tief zu verstehen, daß gerade in ihren Nöten und Ängsten, in ihren Verzweiflungen und Hoffnungen das bleibend Gültige, das Typische ihres Wesens in der Konkretheit ihrer Einzelschicksale als symbolisch sichtbar wird.

[11] Vgl. das Schicksal *Saras* im Tobitbüchlein. E. Drewermann – I. Neuhaus: Voller Erbarmen rettet er uns. Die Tobit-Legende tiefenpsychologisch gedeutet, 29–33.

völligen Resignation verdammte Frau. Aber Thamar gab nicht auf, und so ersann sie jene Tat, die das Gedächtnis der Menschheit im Stammbaum des Messias für alle Zeiten aufbewahrt, eine außerordentliche, eine skandalöse Tat. Eines Abends, beim Weinlesefest in Timna, begab sich Juda durch die Berge nach Hause zurück, als er am Weg eine Dirne fand und zu ihr einging. Beim Abschied aber forderte das Hurenweiblein nicht das übliche Entgeld, sondern es verlangte nach dem Hirtenstab Judas, seiner Schnur und seinem Siegelring, was ihr gewährt ward. Nach einer Weile nun geschah es, daß Thamar als schwanger erfunden wurde, und man machte ihr, der Ehelosen, den Prozeß. Da holte sie als Pfand den Hirtenstab, die Schnur und den Siegelring ihres Schwiegervaters Juda hervor zum Beweis seiner Vaterschaft. Niemand mehr wagte, sie zu verurteilen – zu ungeheuerlich schien ihr Verbrechen in den Augen aller und zu hoch die Stellung und die Schuld ihres Schwiegervaters und Brautgemahls; doch selbst Juda mußte anerkennen, daß Thamar Recht hatte gegen ihn (Gen 38,26). Alsbald gebar sie zwei Kinder, die sich schon stritten, noch ehe sie zur Welt kamen: Serach und Perez. (Gen 38,27-30)
Das also steht hinter der kurzen Bemerkung: «Juda zeugte den Serach und Perez mit der Thamar.» Und diese Bemerkung ist wichtig, denn allein über Perez setzt sich die Linie des Stammbaums des Messias fort. Uns aber kommt diese kurze Notiz mehr als denkwürdig vor, zeigt sie doch, auf welche Weise in der Geschichte des Heils Sünde und Gnade, Böses und Gutes ineinanderfließen. Wer wollte Thamar verurteilen? Aber wer auch könnte die Tat Thamars gutheißen? Ohne ihre Schuld hätte die Nachkommenschaft Judas keine Fortsetzung gefunden; und gerade die Schuld Thamars entstammte im Grunde den menschlich besten Antrieben. Objektiv beging Thamar in ihrer verzweifelten Paarung mit ihrem Schwiegervater ein Verbrechen, aber sie tat es in der Leidenschaft verlorener Ehre, und es ist groß an ihr zu rühmen, daß sie den Glauben an ihren Wert, an ihre Berufung, an ihre menschliche Würde trotz allem niemals gänzlich preisgegeben hat. Ihre Tat isolierte sie an sich von aller menschlichen Gemeinschaft, und dennoch trug gerade diese Tat sie in den Zusammenhang der Menschen zurück. So eigentümlich durchdringen sich in ihrem Handeln Würde und Schande, Entehrung und Stolz, Gemeinheit und Größe, und eben dieses Ineinander gilt es offenbar zu verstehen, wenn man von Gott in der menschlichen Geschichte etwas verstehen will: wie hilflos Menschen sind, wenn sie etwas von Grund auf Böses tun, welchen berechtigten Zielen sie gleichwohl folgen, wenn sie außer Gesetz und Ordnung zu geraten scheinen, und wie sie das Böse fast immer begehen aus dem Bedürfnis, nurmehr ein Mensch, nurmehr dabei sein zu dürfen. «Darin besteht Thamars Tapferkeit», sagte richtig H. Gunkel, «daß sie das gemeine Vorurteil überwindet, und daß sie ihr Recht auf Mannessamen aus der Familie ihres Gatten da nimmt, wo sie es erlangen kann. Um dieses Recht also zu erlangen, tut das energische Weib das Äußerste, was eine ehrbare Frau

tun kann; sie stellt sich einer verachteten Dirne gleich; sie vollführt, worauf im gewöhnlichen Fall schlimpflichste und grausamste Todesstrafe stände; Leben und Ehre setzt sie mutig aufs Spiel.»[12] Aber es geht nicht allein um die Freude dieser alten Geschichtserzählung (oder Sage) an der Energie bzw. an der klugen Hinterlist Thamars; es geht vor allem um den Kontrast zwischen der Ordnung des Lebens, die von Gott ist, und den Irrwegen des menschlichen Lebens, die Gott bereit ist, zum Guten zu lenken. Erst eine Psychologie der Not und der Verwirrung des menschlichen Herzens macht deutlich, was Gnade sein kann – wie grenzenlos sie ist, und daß es keine menschliche Handlung des Elends und der Verzweiflung gibt, die nicht im Wege Gottes ihr Verständnis, ihren Platz, ja, ihren Wert erhielte.

Zu der gleichen Einsicht wird man geführt, wenn im Stammbaum Jesu die zweite Frau erwähnt wird: «Salmon zeugte den Boas von der Rahab.» (Mt 1,5) – Wer Salmon ist, weiß man gar nicht. *Rahab* aber ist bekannt, nämlich als Dirne in Jericho. In den Tagen, als Josua die Stadt belagerte, sandte er zwei Kundschafter aus, die zu ihr, der Stadtbekannten, eingingen (Jos 2,1). Rahab versteckte die beiden, als die Häscher des Stadtkönigs sie suchten, denn sie wußte um die Angst der Bewohner Jerichos vor dem Volk Israel, und sie besaß den Mut, sich auf die Seite der offenbar Stärkeren zu stellen. Eine tapfere Außenseiterin, klug und gewandt, war offenbar Rahab, und sozial von den Bürgern der Stadt genügend isoliert, um vorurteilsfrei und entschlossen ihren Vorteil zu suchen: sie rettete sich und ihre Angehörigen, indem sie die Spione Josuas entkommen ließ. Dies war die einzige Tat, die Rahab befähigte, in der Linie des Heils einen so zentralen Platz in Israel einzunehmen. Und wiederum ist hier alles verwickelt, gegensätzlich und höchst ambivalent. Rahab *glaubte* an Israel aus *Angst*; sie war *treu* aus *Berechnung*; sie war *mutig* aus *Ohnmacht*; sie war *unvorsichtig* aus *Vorsicht*, sie wurde zur *Verbündeten* als *Ausgestoßene*, kurz, es gibt kein Motiv bei ihr, das nicht etwas Bestimmtes und zugleich sein Gegenteil bedeuten würde. Wieder steht man hier vor dem gleichen Phänomen des Schillerns aller Verhaltensformen und Charakterzüge; wieder sieht man mit psychologischem Einfühlungsvermögen die Gestalt eines Menschen vor sich, der in sich selber so gebrochen und widersprüchlich ist, daß man ihn in keiner Weise nach den einfachen Maßstäben von Gut und Böse beurteilen kann. Das einzige, was man tun kann, ist, zu versuchen, diese Frau in ihrem Handeln zu verstehen; und wie bei Thamar wird man dann bald merken, daß, je mehr man eine Frau wie Rahab versteht, diese «Dirne» desto imponierendere Züge annimmt. Die verruchte Frau von Jericho, je näher man sich in ihre Lage hineinversetzt, wird in ihrer Widersprüchlichkeit eine Vertraute, eine zugehörige Person. Tatsächlich läßt sich

[12] H. Gunkel: Genesis, 415.

eine Frau wie sie aus der Geschichte, wie sie ist, nicht wegdenken, ja, bei Licht besehen, nicht einmal wegwünschen. H. W. Hertzberg[13] deutete das Verhalten Rahabs als Zeichen ihres Glaubens an die überlegene Größe des Gottes Israel, des Gottes «droben im Himmel und drunten auf der Erde» (Jos 2,11); aber auf diese Weise würde man die Gestalt Rahabs theologisch verzeichnen und, wie immer wieder in der Frömmigkeitsgeschichte, ihre eigentlichen Motive verfälschen. Bestimmend für Rahab war die pure Angst, in der, wie sie sagt, das Herz ihres Volkes zerfloß und kein Mensch mehr zu atmen wagte (Jos 2,11); und was sie von allen anderen ringsum unterschied, war einzig dies, daß sie aus ihrer Angst den rechten Nutzen zu ziehen wagte. Darin allein liegt ihre Größe und ihre Berechtigung, im Stammbaum des Messias mitgezählt zu werden.
Dasselbe gilt von der dritten Frauengestalt im Stammbaum des Matthäus-Evangeliums, von *Ruth*. Ihr Mann, so hören wir, stirbt in den Steppen Moabs kinderlos, und sie steht da, allein mit ihrer Schwiegermutter Noemi, der «Lieblichen», die sich in ihrem unverdienten Unglück fortan den Namen «Mara» geben läßt, die «Bittere». (Rut 1,20) Noemi ist eine vertriebene Israelitin, die sich in der Fremde nach ihrer Heimat zurücksehnt; doch nur ihre Schwiegertochter Ruth, eine Moabiterin, hält zu ihr in ihrer Armut und Verlassenheit. Wiederum ist es nicht eigentlich Glaube, was Ruth mit Israel verbindet, eher eine Art Mitleid, Menschlichkeit und Treue. «Wohin du gehst», sagt sie zu Noemi, «da gehe auch ich hin, wo du weilst, da weile auch ich; dein Volk ist mein Volk, und dein Gott ist mein Gott». (Rut 1,16) Schon dies ist eigentümlich groß und auf sehr unorthodoxe Weise menschlich an dem Glaubensbekenntnis Ruths: daß ein Mensch, den man liebt, dem anderen eine Sicht von Gott vermitteln kann, die einem selbst zur Grundlage des Lebens wird. In dieser Einheit der Treue und des Glaubens gehen Noemi und Ruth gemeinsam zurück nach Israel. Ohne Arbeit und ohne Bleibe verdingt sich Ruth in Bethlehem bei Boas, eben dem Sohn der Dirne Rahab, als Ährenleserin auf dem Felde. Eines Nachts nun, auf Noemis Rat hin, faßt Ruth sich ein Herz und verführt Boas auf seiner Tenne, so daß er sie als seine Frau (an)erkennt und sie zu sich nimmt. Noemis List scheint nötig, weil der ältere Boas offenbar «durch die Jugend und Schönheit einer braven und jungen Frau im Augenblick, da ihm wohl zu Mute ist, und auf nächtlichem Lager eher zu einem solchen Schritt gebracht werden kann. Darum entschließt sich Noemi, alles auf die eine Karte zu setzen.»[14] Als aber die Zeit sich erfüllt, gebiert Ruth dem Boas einen Sohn mit Namen Obed, «der Dienende», und dieser wird der Vater Isais, des Großvaters Davids, des größten Königs Israels.

[13] H. W. Hertzberg: Die Bücher, Josua, Richter, Ruth, ATD 9, S. 19.
[14] A.a.O., 274.

Fast unmittelbar also führt der «Frevel» Ruths aus der tiefsten Armut in zwei Generationen zum höchsten Gipfel der politischen Geschichte Israels. Das eigentlich Aufregende aber bei dieser Psychologie der Verführung ist erneut, daß die Bibel es fertig bekommt, hinter der verzweifelten Kühnheit der jungen Ruth den Willen Gottes zu sehen. In welcher Weitherzigkeit, mit welchem Verständnis, ja, mit welchem Zwang Gott als Hauptbeteiligter an dem Abenteuer dieser waghalsigen Liebe betrachtet wird – das hinterläßt den stärksten Eindruck dieser novellistischen Erzählung zwischen Dichtung und Historie.

Insgesamt zeigen die kurzen Portraits dieser drei Frauen: Thamar, Rahab und Ruth, so unterschiedlich sie sind, in gewissem Sinne eigentlich immer das gleiche Bild. Alle drei Erzählungen berichten von Alltagsnot und Verzweiflung; allen gemeinsam ist neben der Not, der Armut und der Einsamkeit ein gewisser Hang, zum Äußersten zu gehen, ein eigentümlicher Mut zu unbedingten und endgültigen Konsequenzen; allen gemeinsam ist vor allem ihre Menschlichkeit. In all ihrer Gebrochenheit, in ihrer Schuld und in ihrer Güte, in ihrer Ausweglosigkeit und in ihrem Stolz, in ihrem Vertrauen und in ihrer Berechnung sind sie – ja, was soll man sagen: armselige *und* großartige, leidende *und* bewundernswerte, niedrige *und* höchst schätzenswerte Menschen. Man kann – das ist ganz deutlich – Menschen wie sie nicht mit einem einfachen moralischen Allerwelts- und Durchschnittsmaß beurteilen. Aber eben: so wie Thamar, wie Rahab, wie Ruth sind Menschen immer wieder und allerorten, wenn man sie ohne moralische oder theologische Scheuklappen in ihrer wahren Größe und Menschlichkeit betrachtet und sie sich nicht anders erträumt, als sie wirklich sind. Ein jeder Mensch ist auf seine Weise und in seiner Lage etwas Außerordentliches und Bewundernswertes, und man muß einen jeden anerkennen und liebgewinnen, selbst in seiner Schuld; man hat kein Recht, auch nur irgendeinen Menschen vom Weg des Heils zurückzuweisen. Und statt zu fragen, ob es Leute wie Thamar, Rahab und Ruth historisch «wirklich» gab (gewiß nicht so, wie die Bibel es berichtet!), gilt es vielmehr zu sehen, daß es derartige Menschen zu allen Zeiten gerade in dieser Art gibt und gab und immer geben wird; dieses Wissen hat die Gestalten in den Geschichtserzählungen der Bibel geprägt, und um derartige Geschichten zu verstehen, muß man sie sich von den Menschen erklären lassen, die gerade so sind wie ihre fernen Vorbilder: inmitten von Angst und Verzweiflung Suchende auf dem Wege nach Gott und nach Menschen, die ihnen etwas von Gott zu zeigen vermögen.

Richtet man daher an die Geschichtserzählungen der Bibel die theologisch einzig entscheidende Frage: Wie kommt in einer Geschichte von Sündern das Heil zu den Menschen?, so kann man mit den Gestalten der drei Frauen des Stammbaumes Jesu nur sagen: einzig indem man Gott zutraut, daß er die Menschen so nimmt, wie sie sind, öffnet sich inmitten der Geschichte des Unheils ein Weg, der zu einem Ausweg führt. Offenbar geht Gott in der Geschichte seines Heils mit den Menschen nicht nach Utopia[15]; offenbar liegt Gott nicht daran, Menschen zu verurteilen; offenbar glaubt er, daß es nur einen Weg zum Heil für diese Menschen gibt: sie anzunehmen, wie sie sind, ihr Schicksal durch Edel und Niedrig, Häßlich und Schön, Gemein und Großherzig, Verzweifelt und Entschlossen bedingungslos mitzubegleiten und zu hoffen, daß sie von selbst zum Guten fähig werden, wenn man sie nicht anklagt und verurteilt, sondern ihnen die Zuversicht gibt, als Menschen mit zum «auserwählten Volke» zu gehören. Daß man allein mit Güte und Verständnis, mit Geduld und Mitleid auf die Dauer einen gewissen Wandel zum Besseren erzielen kann – von dieser Überzeugung offenbar ist alles das getragen, was man als «Heilsgeschichte» Israels bezeichnet, und diese Überzeugung ist es, die man der Auslegung aller Geschichtserzählungen der Bibel wesentlich zugrunde legen muß.

Man wird im übrigen diese Überzeugung in der Betrachtung des täglichen Lebens immer wieder bestätigt finden. Könnte man sich ernsthaft eine Thamar wünschen ohne ihren Stolz? eine Rahab ohne ihre Verschlagenheit? eine Ruth ohne ihre demütige Treue? Ja, könnte man sich ernsthaft überhaupt irgendeinen Menschen, den man angefangen hat zu verstehen, anders wünschen, als er wirklich ist? Gewiß, weniger unglücklich könnte man ihn sich oft wünschen, weniger hilflos, weniger verängstigt, weniger gedemütigt, weniger getreten sollte er oft sein, aber wirklich anders könnte man ihn sich niemals wünschen, und wie soll ein Mensch dahin finden, mehr Mut, mehr Zuversicht, mehr Stärke zu gewinnen als auf eben dem Weg, den Gott in der Geschichte Israels als Beispiel aller Völker, als Vorbild aller Menschen und aller Menschlichkeit zu allen Zeiten der menschlichen Geschichte eingeschlagen hat? Nur in Geduld reift Zuversicht, nur in Gnade reift Stärke; Gewaltsamkeit kann nur zerstören. Eine Auslegung der Geschichtserzählungen der Bibel kann hermeneutisch einzig in der Vorgabe einer solchen um Verständnis und Güte bemühten Sicht der jeweiligen Personen erfolgen; die Psychologie, die Kunst der Einfühlung aber ist eben deshalb als das wichtigste Hilfsmittel zur Auslegung derartiger Erzählungen zu betrachten.

Aus dem Stammbaum Jesu verbleibt als letzte noch die Gestalt der *Bathseba* (Mt 1,6). Sie zählt zu den Zentralfiguren eines der ältesten Geschichtswerke der Menschheit: der sog. *Thronnachfolgegeschichte Davids*, einer Geschichte, die scheinbar nur einen gnadenlosen und unerbittlichen Machtkampf schildert, als dessen Sieger am Ende Salomo erscheint und mit ihm seine Mutter: Bathseba.

Die Geschichte dieser bemerkenswerten Frau kann man auf zwei Arten erzählen: einmal, wie die Bibel sie überliefert, dann aber, wie sie sich als psychologisch wahrscheinlich darstellt; denn an dieser Stelle ist der Ort, an dem auch die

15 So St. Andres: Wir sind Utopia, 40–44: «Gott liebt die Welt, weil sie unvollkommen ist. – Wir sind Gottes Utopia, aber eines im Werden!» (S. 44).

Psychologie einmal «kritisch» Stellung beziehen muß. Dem Wortlaut der Bibel zufolge sieht König David eines Abends von der Zinne seines Palastes aus eine Frau beim Bade, die er wegen ihrer Schönheit so leidenschaftlich begehrt, daß er sie in den Palast zu sich rufen läßt. Als sich späterhin jedoch erweist, daß Bathseba schwanger ist, ersinnt David eine List: er läßt Bathsebas Gemahl, den Hethiter Uria, von der Belagerung Rabba Ammons zurückholen, in der Hoffnung, *ihm* das Kind unterschieben zu können. Aber Uria ahnt offenbar, was gespielt wird, und trotz eines üppigen Gelages am Hof, zu dem er eingeladen wird, und entgegen den ermunternden Zureden des Königs ist er nicht dazu zu bewegen, zu seiner Gattin ins Haus zu gehen und bei ihr zu übernachten. David beschließt daher, Uria wieder vor Rabba Ammon in den Kampf zu stellen, und beauftragt seinen General Joab, einen Angriff auf die feindliche Stadt so zu arrangieren, daß Uria dabei umkommt. Auf diese Weise erhält David die Hände frei, um Bathseba, gewissermaßen zu ihrer Ehrung als Kriegerwitwe eines hoch verdienten Soldaten der königlichen Armee, an den Hof zu holen und unbeschadet der Volksmeinung zur Frau zu nehmen. Der Coup würde in der Tat nach außen hin keinerlei Probleme aufwerfen, träte nicht im nachhinein der Prophet Nathan auf, um den König in der berühmten Parabel von dem «Lamm des Armen»[16] auf seine Schuld hinzuweisen (2 Sam 12,1-25). David bereut, doch seine Strafe ist hart: das Kind, das Bathseba zur Welt bringt, erkrankt, und alle Fürbitten und Fastenübungen, mit denen David sich an Gott wendet, ändern nichts daran, daß das Kind sterben muß. Daraufhin beendet David die Zeit seiner Trauer und Reue, und zur Verwunderung des ganzen Hofes nimmt er jetzt, da sein Kind tot ist, Speise und Trank zu sich, Sinnes offenbar, daß selbst die furchtbarste Schuld, selbst eine solche, die ein Mensch kaum zu tragen vermag, ein Maß ihrer Reue finden muß und daß es sozusagen ein Recht gibt, über die Schuld hinauszuwachsen und in das Geschenk des Lebens zurückzukehren[17].

In dieser Weise wird die Geschichte von David und Bathseba in der Bibel erzählt. Man darf aber in Anbetracht des Fortgangs der Geschichte erhebliche Zweifel anmelden, ob diese Version psychologisch die ganze Wahrheit enthält. David, so berichtet die Bibel weiter, zeugte nach dem Tod des ersten Kindes mit Bathseba den Salomo, «seinen Frieden», ein Kind, das Bathseba später mit

[16] St. Zweig: Das Lamm des Armen (1929), in: Die Dramen, 711–758 hat am Beispiel Napoleons und der Affäre mit seiner Geliebten, der Gattin des Leutnants Francois Fourès, «Bellilotte», auf eindrucksvolle Weise die bleibende Aktualität dieser alten Geschichte von der Willkür der Mächtigen und dem getretenen Recht der Schwachen unter Beweis gestellt; nur, anders als im AT, kennt die moderne Geschichte zwar Herrscher, die sich mit Hilfe gewisser «Fouchés» ihrer Fehltritte zu «entledigen» wissen, aber kaum Persönlichkeiten, die imstande sind, wie König David ihre Schuld zu erkennen und zu bereuen.

[17] Vgl. E. Drewermann: Aus Schuld geschieden – verdammt zum Unglück? Von dem Recht auf Vergebung auch in der katholischen Kirche, in: Psychoanalyse und Moraltheologie, II 117–119.

allerhand listigen und grausamen Intrigen gegenüber den anderen Davidsöhnen auf den Thron zu bringen verstand. Der enorme Machthunger, den Bathseba dabei an den Tag legte, macht es äußerst unwahrscheinlich, daß sie am Anfang ihrer Beziehung zu David einfach das Opfer der Willkür des Königs gewesen sein sollte. Mindestens komplementär scheint es wohl so gewesen zu sein, wie STEFAN HEYM in seiner Nachdichtung *«Der König David Bericht»* es als Frage aufwirft: «war sie (sc. Bathseba, d. V.) nichts weiter gewesen als das hilflose Weib eines Soldaten, das man gezwungen hatte, das Feuer in den königlichen Eingeweiden zu löschen, oder war sie Ursprung und Triebkraft all der Verbrechen, die auf die erste Sünde folgten?»[18]. Es sieht so aus, als ob die furienhafte Machtgier Bathsebas sich nicht erst nach der Geburt Salomos entfaltet und betätigt hätte; und es könnte durchaus sein, daß Bathseba an jenem Nachmittag, als sie den König im Bade durch ihre Schönheit herausforderte, nicht ganz ohne Absicht und Willen handelte, um an den Hof zu kommen, und daß der König in der Macht seiner Triebgier eher ein Opfer des gierigen Machttriebs seiner Verführerin wurde; ja, noch einen Schritt weiter gefragt: wäre es nicht vorstellbar, daß Bathseba ihren Gemahl *absichtlich* auf den Stufen des Königspalastes sitzen ließ, um David zur Anerkennung ihres Kindes zu *zwingen*, wissend und wünschend, daß David gerade so handeln werde, wie er es tat, indem er ihren Gatten Uria ermordete, sie aber zur Königin erwählte? Man hätte dann ein Bild der Skrupellosigkeit vor Augen, das seines gleichen sucht und der Geschichtskonzeption des deuteronomistischen Geschichtswerkes recht gibt, wenn es im Königtum selbst und im Willen zur Macht den Ursprung der Abkehr von Gott und den Anfang der späteren Katastrophe Israels erblickte. Für die tiefenpsychologische Deutung der Geschichtserzählungen der Bibel aber lernen wir, auf Schritt und Tritt mit menschlichen Gefühlen in einer solchen Heftigkeit und Wucht zu rechnen, wie wir sie im bürgerlichen Alltag gern verschweigen und verdecken würden; die Bibel, so gelesen, an manchen verborgenen Stellen, öffnet den Raum, einmal ehrlicher zu sein und auf die Retuschen der «höfischen» und allzu höflichen Geschichtsschreibung mindestens sich selbst gegenüber Verzicht zu tun.

c) Einige Frauengestalten in der «Thronnachfolgegeschichte Davids» oder: Von der Weisheit des Archetyps der Frau

Noch drei andere Frauen mit Namen bilden den Umkreis der Frauen Davids, und sie alle verdienen, in unserem Kontext erwähnt zu werden. Da ist als erste

[18] ST. HEYM: Der König David Bericht, 143.

Michal, die Tochter Sauls, die David um den Preis von 200 Vorhäuten erschlagener Philister zur Braut gewann (1 Sam 18,27), eine Frau voller Angst und Treue, voller Ernst und Stolz, die von David verstoßen wird, als sie sich über die kultische Ekstase und Nacktheit des Königs entsetzt (2 Sam 6,20-23), und die, statt seiner, dem Palti zur Frau gegeben wird (1 Sam 25,44); da ist als zweite *Abigail*, die schöne und kluge Frau des rohen und bösartigen Nabal; sie zog Davids Freischärlerbande entgegen und bat ihn, nicht gegen Nabal und sein Hab und Gut in Blutschuld zu fallen; Abigail gefiel David so gut, daß sie nach dem Herztod Nabals, ihres Gatten, unmittelbar Davids Frau wurde und an seiner Seite blieb (1 Sam 25,1-42). Noch eine andere Frau Davids, *Ahinoam* aus Jesreel, wird mit Namen genannt; aber sie bleibt merkwürdig stumm und verliert sich in der Geschichte (1 Sam 25,43). – Alle drei Frauen bieten mit dem Stenogramm ihres Schicksals jedem mitfühlenden Geist reichlichen Stoff zur Wiederentdekkung ihrer Gestalt im wirklichen Leben; ist doch so manche Frau gezwungen, zu leben wie *Michal*, verletzt und verstört durch die Vitalität und Derbheit ihres Mannes – eine entehrte Königstochter auch sie, oder gerade umgekehrt wie *Abigail*, die sich in unglücklicher Ehe sehnt nach einem «richtigen» beherzten Mann, der nicht schon einen Namen trägt, der als «Nabal» an die hebräischen Worte für «Dummheit» und «Verwesung» gemahnt, oder wie *Ahinoam*, die sich erhoffen durfte, eine Königin zu sein, und an der doch das Leben vorbeigeht. Niemals kommt es darauf an, diese Frauen *historisch* zu beschreiben, wenn man die bleibende Gegenwart ihres Schicksals und ihres Charakters entdecken will; aber es ist unerläßlich, gerade so, wie die Bibel von ihnen berichtet, mit ihnen zu leiden und zu fühlen, um ihre Menschlichkeit in den Nöten und Sorgen heutiger Menschen wiederzuentdecken und kommentiert zu finden.
In der *Thronnachfolgegeschichte Davids* gibt es noch drei andere Frauengestalten, auf die MARTIN BUBER in seiner kleinen Abhandlung *«Weisheit und Tat der Frauen»*[19] hingewiesen hat. Die Darstellung BUBERS gilt so sehr der inneren Bewegung des Textes und dem Typischen an dem einmalig Historischen dieser Erzählungen, daß sie dem Anliegen der von uns vertretenen Auslegungsmethode historischer Texte an dieser Stelle geradezu als Vorbild dienen kann; wir brauchen die Darlegungen BUBERS daher nur zu referieren, um ein geeignetes Beispiel für die Art von Hermeneutik zu gewinnen, die wir hier vorschlagen.
Die *erste* dieser Frauengestalten tritt auf, als Absalom nach der Ermordung seines Bruders Amnon (2 Sam 13,1-37) bereits drei Jahre bei Thalmai, dem Prinzen von Gesur, auf der Flucht vor der Strafe Davids außer Landes ist (2 Sam 13,37). Davids General Joab merkt, daß der Wille nach Rache bei David allmählich nachläßt, und er möchte den König dahin bringen, der Rückkehr Absaloms

[19] M. BUBER: Weisheit und Tat der Frauen, in: Werke, II 917–923.

zuzustimmen; doch David mißtraut dem harten Sohn der Zeruja (2 Sam 3,28). Daher holt Joab eine weise Frau aus Tekoa, um den König durch eine Art Fremdbeispiel zu überzeugen. Auftragsgemäß erzählt die Frau, was Joab ihr vorgesagt hat: ihr Sohn habe seinen Bruder getötet, und wenn nun die Blutrache an ihm vollzogen werde, stehe sie vollends kinderlos und vereinsamt da. Der springende Punkt dieser Erzählung liegt in dem Konflikt zwischen dem Recht der Institution und dem Recht der Situation, und zwischen beiden soll der König entscheiden. David urteilt, wie zu erwarten war: dem Sohne dürfe nichts geschehen; aber er merkt nicht, daß er sich damit selbst das Urteil bezüglich seines eigenen Sohnes Absalom spricht. In dieser Szene ist nun vor allem die Art des Auftritts der Frau interessant. Die Unbekannte aus Tekoa beginnt ihre Rolle in volkstümlicher Sprache, und man muß sich ihren Auftritt in der Dramatik orientalischer Bittgebärde vorstellen: händeringend, jammernd, sich am Boden wälzend. Aber in dem Augenblick, wo sie zu der entscheidenden Stelle gelangt ist und die Parabel auf David selbst übertragen werden muß, verläßt diese Frau die Schranken ihrer Rolle: «sie reckt sich aus der gebückten Haltung zu ihrer Höhe auf, schüttelt vorschreitend all das Plärren und Händewerfen ab, tritt dicht vor den König und spricht nun, streng und gelassen, Menschenantlitz zu Menschenantlitz, ihre, nicht mehr Joabs, unmittelbaren Worte (2 Sam 14,13):

> Warum also planst du dergleichen wider Gottes Volk?!
> Ist ja der König, seit er diese Rede geredet hat, einem Schuldigen gleich geworden,
> weil der König selbst seinen Verstoßnen ohne Wiederkehr läßt![20]»

Wir haben früher wiederholt gesagt, man müsse die handelnden Personen in den Erzählungen der Bibel so verstehen, als sei in einer einzelnen geschilderten Szene ihr ganzes Wesen enthalten (I 447-448). So wie man ein Menschenleben nur nach seinen intensivsten und größten Augenblicken beurteilen kann, so scheint es nicht selten, als sei es für den Verlauf der menschlichen Geschichte entscheidend, daß jemand es riskiert, in einem bestimmten wesentlichen Moment sein ganzes Wesen in die Waagschale zu werfen. Gerade das jedenfalls tut diese Frau aus Tekoa. An sich könnte sie starr der Vorschrift ihrer Rolle folgen und den Text rezitieren, den Joab ihr vorgegeben hat; dann wäre und bliebe sie eine bloße Schauspielerin, die anonyme Trägerin eines zufälligen Auftrags. Aber sie handelt anders und gibt sich damit selber zu erkennen. In dem Augenblick, da sie in ihrer Schilderung den Kern ihrer Botschaft berührt, hat sie den Mut, in eigener Person zu reden, und zeigt damit im Grunde, daß sie in der Rolle der Frau, die händeringend um Gnade anstelle des Rechts fleht, *die* Rolle *ihres* Lebens spielt; in diesem Moment verschmelzen äußerer Auftrag und innere

[20] A.a.O., 919-920.

Bestimmung in ihr miteinander, und die Aufführung vor dem König gerät zur Darstellung ihres eigenen Wesens. Doch nicht nur, was sie persönlich ist, vor allem was sie wesenhaft *als Frau und Mutter* ist, drückt sich in ihren Worten und in ihrem Verhalten aus. Es geht ja nicht allein um das Recht des Volkes auf einen Thronnachfolger; es geht um das Recht von «Gottes Volk», und das verkündigt die Frau, indem sie alles Persönliche von sich abtut und Worte spricht, die nicht mehr ihr allein gehören. In M. BUBERS Diktion: «Gefäß der Botschaft wie eine Künderin, und doch in dieser Abgelöstheit mütterlicher als zuvor, urmütterlich, nicht mehr mit eigenen, aber erst recht nicht mit eingeblasenen Worten, – in uraltem, durch die Geschlechter der Frauen hin überliefertem Spruch, in einem Urfrauenspruch, Urmutterspruch, sagt sie ihre wahre Begründung, ihr ‹Denn›:

> Denn:
> Sterben Sterbliche wir,
> ists wie Wasser, zur Erde verronnen,
> das nicht aufzusammeln ist,
> aber trug Gott eine Seele nicht hinweg,
> plant er Planungen noch,
> auch den Verstoßnen unverstoßen zu lassen vor ihm.[21]«

Bei diesem Wort taucht die Frau, tiefenpsychologisch gesehen, mit ihrer Person in den *Archetyp der Frau* zurück; aus diesem heraus redet sie, und nun zeigt sich das Entscheidende: das Wesenswort des Weiblichen ist zugleich das Gotteswort – als eine Rede des Erbarmens über den Verstoßenen. Religionspsychologisch erlangt die kleine Szene damit eine überraschende Bedeutung. Denn für gewöhnlich sieht man in dem Gott des Alten Testamentes eine extrem patriarchalische Herrschergestalt, einen Gott, der mit erhobenem Arm und mit der Kraft seines Wortes dreinschlägt, daß die Berge rauchen (wie z.B. nach der Vorlage alter Baalsliturgie Ps 29); an dieser Stelle aber ist Gott eins mit dem Urempfinden einer Frau, und dieses Empfinden ist der Denkweise des Königs, der sich in männlicher Macht und Herrschaft rühmt, Gott auf Erden zu vertreten, durch und durch entgegengesetzt. Nicht durch die Strenge des Zorns und der gesetzlich verankerten Rache, sondern einzig durch Gnade und Erbarmen erfüllt sich in dieser bemerkenswerten Perikope die Ebenbildlichkeit Gottes. Verwandter als das Prinzip des Mannes scheint an dieser Stelle der Archetyp der Frau dem Wesen Gottes zu sein, und die Wirkung der Verschmelzung von Archetypischem und Individuellem im Auftritt dieser Frau aus Tekoa kann dementsprechend nur ein Werk der *Versöhnung*, nicht des Rechtsanspruches sein. Eine einzelne erfundene Geschichte, die dem König als moralische Parabel dienen sollte, weitet sich in der Gestalt dieser unbekannten Frau mithin zu einer Weis-

[21] A.a.O., 920; 921.

heit, die im Archetyp der Frau verkörpert ist und von ihr selbst Besitz ergreift; und so vermag das Unversöhnte und Verstoßene sich wieder zusammenzuschließen zum Unverstoßenen, zum Volk Gottes. Hernach geht wieder alles seinen Gang. «Die Frau hat ihren Anruf an die Königsseele und ihren Spruch der Begründung gesprochen, um deren willen sie aus ihrer Rolle – nicht gefallen, sondern herrlich gestiegen war. Nun wirft sie sich in Haltung und Rede in die Rolle, in die Fabel, in die volkstümliche Aufgeregtheit, das Plärren und Händewerfen zurück.»[22]

Eine *andere* Begebenheit, in der eine Frau über sich hinaus in den Archetyp des Weiblichen eintritt und eben dadurch Frieden wirkt, überliefert die Erzählung vom Aufstand des Benjaminiten Seba, ben Bikhri (2 Sam 20). Obwohl es Seba gelungen ist, alle Männer Israels um sich gegen David zu versammeln, hält doch Juda zu seinem König. Joab und sein Bruder Abisai jagen Seba nach und stoßen auf ihn in Abel-Beth-Maakha, in der die Bikhriter sich versammelt haben. Schon wächst der Belagerungsdamm gegen die Stadt und der Untergang scheint unabwendbar, da tritt «eine weise Frau» auf die Stadtmauer und sagt zu Joab sinngemäß, daß die Stadt, die er zu vernichten bereitstehe, seit alters her befragt wurde, um die Ordnung in Israel durch Wort und Beispiel zu erfahren und zu bestätigen. Während die Frau redet, verschmilzt mit Mal ihre eigene Person mit der Person der Stadt, und erneut kann man sehen, wie wenig zum Verständnis dieses Vorgangs mit dem Begriff der «Korporativperson» auszukommen ist (I 271ff). Denn nicht daß das Ich der Frau sich ausdehnt zu dem kollektiven Ich der Stadtbewohner, ist das Entscheidende; auch nicht, daß die Frau ihr eigenes Überlebensinteresse mit dem Interesse der Bewohner von Abel-Beth-Maakha identisch setzt; – der Vorgang ist tiefer. Indem die Frau in den Archetyp des Mütterlichen, Bewahrenden, Schützenden, Lebenerhaltenden eintritt, entdeckt sie auch die Stadt in ihrer Weisheit und Ordnung von alters her als durch und durch mütterlich; und erst in der Gemeinsamkeit des Archetypischen kommt die Verschmelzung von Individual-Ich und Kollektiv-Ich zustande. *«Ich»*, sagt diese Frau, «das sind Friedenserfahrene, Treuebewahrende von Israel» (2 Sam 20,19); und demgegenüber nun Joab:

«Du», erklärt sie von Davids General,
«du trachtest zu töten
eine Stadt:
eine Mutter in Israel –
warum willst du Jahwes Eigentum verschlingen?!»

Die *Mütterlichkeit* der Stadt also ist es, die sie zu Gottes Eigentum macht, und sie ist es auch, die eine *weise*, d.h. aus dem Wesen des Weiblichen lebende, mütter-

[22] A.a.O., 921.

liche Frau auf den Plan ruft, um Friedenserfahrung gegen Mord und Krieg und Treuebewahrung gegen Bürgerkrieg und Aufruhr zu setzen. Ein Mann wie Joab hingegen darf und kann mit seinen Mannen nicht in Abel-Beth-Maakha eindringen, denn das Wesen der Stadt ist dem Wesen eines Joab entgegengesetzt; «das hier bin ich», sagt die Frau, «das sind wir, das ist das stille Kernwachstum des Gottesvolkes – und das dort bist du, du Verschlinger»[23]. Indessen ist es auch gar nicht nötig, daß Joab die Stadt erobert, denn ihr Wesen der Treuebewahrung unterscheidet sie nicht nur von Joab, sondern auch von den Leuten des Bürgerkriegs und Aufruhrs Sebas; auf den Rat der Frau hin wird ihm der Kopf abgeschlagen und dem Joab zugeworfen, und es herrscht Friede im Lande. –

Eine *dritte* Episode, in der eine Frau kraft ihres Wesens wortlos und wie selbstverständlich Heil wirkt, enthält das 21. Kap. des 2. Buches Samuel, mit dem ein Nachtrag zum Samuelbuch beginnt. Zur Zeit einer Dürre und Hungersnot, die bereits drei Jahre dauert, läßt David das Orakel befragen und erfährt, daß auf dem Hause Sauls eine ungesühnte Blutschuld lastet, weil Saul die amoritischen Gibeoniter gegen den Schwur hatte ausrotten wollen. Die Gibeoniter verlangen zur Wiedergutmachung nicht Silber noch Gold, sondern sie verlangen sieben von den Söhnen Sauls, um sie zu Gibeon auf dem Berge des Herrn an den Pfahl zu spießen. David, für den dies ein willkommener, womöglich sogar selbst arrangierter Anlaß gewesen sein dürfte, das Haus der Sauliden weiter zu dezimieren, wählt die beiden Söhne aus, die Rizpa, die Tochter Ajas, dem Saul geboren hatte: Armoni und Meribaal, dazu die fünf Söhne, die Merab, die Tochter Sauls, geboren hatte. Die Gibeoniter pfählen die Sauliden zu Anfang der Gerstenernte und lassen die Leichen auf dem Berge liegen. Aber die Dürre hört nicht auf. Da geht Rizpa, die Nebenfrau Sauls, hin und breitet eine Sackleinwand als Zelt für sich über dem Felsen aus, vom Erntebeginn an, bis daß Wasser vom Himmel auf die Toten niederflösse, und sie gab nicht zu, daß der Vogel des Himmels auf ihnen ruhte bei Tag noch das Wild des Feldes bei Nacht (2 Sam 21,10). Als David hört, was Rizpa tut, läßt er nicht nur die Leichname beisetzen, sondern er läßt auch die Gebeine Sauls und Jonathans in die Sippengruft zu Zela im Grab von Sauls Vater, Kisch, überführen. «Und nun erst heißt es:

Als sie alles getan hatten, was der König gebot, danach ließ Gott sich dem Lande erflehn.

Nun erst hört die Dürre auf. Nicht durch die Blutrache der Gibeoniter, sondern durch die Tat Rizpas, die bei den Leichen auf dem Felsen saß, und durch die von ihr bewirkte posthume Versöhnung zwischen dem Haus Sauls und dem Haus Davids läßt Gott sich versöhnen.» «Auch die Juden», schreibt BUBER, «wissen

[23] A.a.O., 922.

um die ewige Antigone. Auf ihre, jüdische Art.»[24] Und es stimmt: Erst das Mitleid einer Mutter in Israel öffnet den Himmel, und erst die Tränen ihrer Klage über die Toten erwecken den Regen, der das Land fruchtbar macht. Nicht von der Grausamkeit des Vergeltungsrechts, sondern von einer Liebe über den Tod hinaus erwächst der Erde ihre Frucht.

d) Negativaspekte des weiblichen Archetyps: Salome zum Beispiel

In dieser Art der Auslegung: in der Rückführung einzelner Szenen auf das Charaktertypische und Archetypische des Verhaltens ließe sich nun endlos fortfahren. Wir müssen allerdings, um wenigstens bei diesen Beispielen vollständig zu sein, bereits im Umkreis des weiblichen Archetypus hinzufügen, daß der mütterliche Aspekt des Weiblichen nicht nur begütigende Züge besitzt. Schon in der Gestalt der unglücklichen Thamar klangen Züge auch des Tödlichen, Vernichtenden an, und es ist in der Tat die Frage, wie die Frauengestalten der biblischen Überlieferung ihre Macht einsetzen. *Esther* z.B. benutzt der Legende nach ihre weibliche Verführungskraft am Hofe des persischen Königs Achaschverosch (Xerxes) dazu, ihr Volk vor dem Ausrottungsbefehl des bösartigen Haman zu retten (Est 5; 8,3ff); *Judith* tötet den Holofernes, und schon in der Richterzeit weiß *Jael*, die Frau des Keniters Heber, die Gunst der Stunde zu nutzen, indem sie dem Kanaanäerkönig Sisera, als er nach der Schlacht am Tabor auf der Flucht vor der Prophetin Debora und dem Heerführer Barak in ihrem Zelt ausruht, einen Pflock durch die Schläfe treibt (Ri 4,17-24). Immerhin handelt es sich in all diesen Begebenheiten noch um Werke der Zerstörung, die zum Guten führen; die *femme fatale* aber kann ihre Macht auch ganz anders nutzen – man braucht nur an die phönizische Prinzessin und israelitische Königin *Isabel* zu denken, die in ihrem Stolz als Frau noch ein letztes Mal sich aufwirft, ehe Jehu und seine Leute sie aus dem Fenster ihres Palastes zu Jesreel in den Tod stürzen (2 Kön 9,30-37), oder an die Königin *Athalja*, die Mutter des Achasja, die nach sieben Jahren furchtbarer Razzien gegen das Königsgeschlecht von dem Priester Jojada am Pferdeeingang des Palastes erschlagen wird (2 Kön 11,1-20).

Das klassische Beispiel der negativen Seite des weiblichen Archetyps ist in den Geschichtserzählungen der Bibel zweifellos die Gestalt jener Frau, die, obwohl im Neuen Testament (in Mk 6,14-29) ohne Namen, zum ersten Mal von *Isidor von Pelusium* (um 400 n. Chr.) als *«Salome»* bezeichnet wird und unter diesem Namen in die Weltliteratur Eingang gefunden hat. Historisch gesehen, versteht

[24] A.a.O., 923.

man die Geschichte der Salome nur, wenn man die Familiengeschichte der Söhne des Herodes ein wenig kennt. Fünf Söhne nämlich hinterließ Herodes: Aristobul, Herodes (Privatmann), Archelaus, Herodes Antipas und Philippus; nur zwei von ihnen, Archelaus und Herodes Antipas, stammten von der gleichen Mutter: Malthake; alle anderen waren Stiefgeschwister. Aristobul hatte eine Tochter, Herodias, die zuerst mit Herodes, dem Privatmann, ihrem Stiefonkel, verheiratet war und ihm «Salome» gebar; dann aber brach sie die Ehe und heiratete Herodes Antipas, einen anderen Stiefonkel und ihren Schwager. Geschichtlich gesehen, irrt also Mk 6,17, wenn es heißt, Herodias sei (in erster Ehe) die Frau des Philippus gewesen; Philippus heiratete vielmehr «Salome», die Tochter der Herodias. Aber wie man die historischen Quellen auch durchsieben mag – niemals wird man auf diese Weise die Frau verstehen, die in Mk 6,14-29 als «das Mädchen» «Salome» geschildert wird. Anders hingegen, wenn man den Intuitionen der Dichter folgt. O. WILDE vor allem hat, angeregt von G. FLAUBERT's Novelle *«Herodias»*[25], in seinem Einakter aus dem Jahre 1891 *«Salome»*[26] als eine Frau dargestellt, die sich trotz der Bußpredigt des asketischen Täufers auf das leidenschaftlichste von seiner Schönheit angezogen fühlt; doch als sie Johannes um einen Kuß bittet und schroff von ihm zurückgewiesen wird, schlägt ihre Liebe in verzweifelten Haß um: sie verlangt die Enthauptung des Täufers, um wenigstens die Lippen des Toten mit ihrem Mund zu berühren; Eros und Thanatos vereinen sich zu einer perversen Hochzeit verschmähter Liebe.
Wie aber kommt es zu dieser dramatischen Steigerung der Gefühle, und wie muß man sich den Charakter eines Menschen vorstellen, der so beschaffen ist, wie G. KLIMT das Bild der «Judith» gemalt hat – eine Verdichtung aus verführerischer Wollust und kalter Berechnung, ein glühender Vulkan, dessen Gipfel von Schnee bedeckt sind[27]?
Kein geringerer als ORTEGA Y GASSET hat in seinen Betrachtungen *«Über die Liebe»* der «Salome» ein paar Bemerkungen gewidmet, die, ganz entsprechend unserem Anliegen, mit großem Einfühlungsvermögen und Scharfsinn aufzeigen, wie das Individuelle, Charakteristische einer Person sich als ein immer wiederkehrender Charakter*typ* zu erkennen gibt und damit in seiner Individualität eine bleibende Aktualität beansprucht. Faßt man, so meint ORTEGA, «das Wesen der Weiblichkeit in der Tatsache, daß ein Geschöpf sein Schicksal voll erfüllt sieht, wenn es seine Person einer anderen Person hingibt», so werde demgegenüber der Mann dazu getrieben, sich einer anderen Person zu bemächtigen. «So waltet zwischen Mann und Frau eine prästabilierte Harmonie; das Leben der Frau ist

[25] G. FLAUBERT: Herodias (1877), übers. v. E. Rechel-Mertens, in: Drei Erzählungen, Zürich 1966.
[26] O. WILDE: Salomé, frz. Tragödie in einem Akt, Paris 1891; dt.: Salome, in: Werke, 2 Bde., München 1970.
[27] G. KLIMT: Judith. I, 1901, Öl/Leinwand, 84 × 42 cm, Österreichische Galerie, Wien, Oberes Belvedere, Inv. Nr. 4737.

Hingabe, das des Mannes Eroberung; und beide Lose sind eben durch ihre Gegensätzlichkeit in vollkomenem Einklang.»[28]

Man mag (und wird) an dieser These ORTEGAS von vornherein die ausgeprägte Geschlechtermetaphysik kritisieren; aber wahr scheint zu sein, daß es in der Tat ein archetypisches Wesen der Frau bzw. des Mannes gibt, das sich in der Polarität von Hingabe und Eroberung beschreiben läßt[29]. Der empirische Charakter einer historischen Person läßt sich, wenn diese Voraussetzung zutrifft, in der Entfernung oder Annäherung an diesen Archetypus bestimmen, und es wird dann zugleich die Ambivalenz verstehbar, mit der die großen Frauengestalten auch des Alten oder Neuen Testamentes ihre heilende oder zerstörerische Energie gewinnen. *Die Frau in Abel-Beth-Maakha* z.B. wird zur Töterin, weil sie das Prinzip der Hingabe verteidigen und schützen muß gegen das, was dieses Prinzip bedroht; ebenso töten *Jael* und *Judith* nur, um zu bewahren – sie sind mörderisch innerhalb einer extremen *Vertiefung* des Weiblichen. Der Charakter der Frau verändert sich jedoch ins Gegenteil, wenn die Bewahrung des Weiblichen, die, kollektiv gebunden, dem Archetyp der Frau entspringt, zur Selbstbewahrung individualisiert und verabsolutiert wird; dann richtet sich, und zwar erneut durch den Faktor der Angst, das Prinzip der Bewahrung gegen das Prinzip der Hingabe, dann wird aus der Frau die Eroberin; und eben diesen Charaktertyp erkennt ORTEGA in der Gestalt der *Salome*, wobei er allerdings nicht nach dem Grund der Geschlechtervertauschung fragt, sondern lediglich eine glänzende Phänomenologie des *Salome-Typus* zu geben versucht.

Eine Frau wie Salome, die Frau als Raubtier, kann nach ORTEGAS Meinung nur in der Verwöhntheit der High Society aufwachsen, in einem Treibhausklima unbeschränkter Macht, in dem sich die Grenzen zwischen Wunsch und Wirklichkeit verwischen: in einer solchen Gesellschaft kann man alles tun und haben, was man will – Verlangen und Erfüllung sind eins. Die Energie des Handelns in der Realität fließt unter derart weichlichen Umständen in die Sehnsucht und Phantasie und verformt das Wesen der Weiblichkeit, das eher realbezogen ist, als daß es, wie zumeist beim Manne, sich auf ein *fantôme d'amour* auswirft. Traum und Phantasie sind in Salome deshalb für ORTEGA die wirklichsten Merkmale ihres Charakters; zudem sei sie *jungfräulich*, und ORTEGA meint, «eine übertriebene Bedachtheit auf Verlängerung dieses Zustandes pflegt sich in der Frau mit einem männlichen Charakter zu verbinden»[30]. Im Grunde sei Salome der Typ einer frigiden Weiblichkeit, eines «intakten Reptils»[31]. Die weibliche Hingabebe-

[28] J. ORTEGA Y GASSET: Über die Liebe, 53.
[29] Vgl. E. DREWERMANN: Der Krieg und das Christentum, 242–254.
[30] J. ORTEGA Y GASSET: Über die Liebe, 55.
[31] A.a.O., 55.

reitschaft, die einer selbstgeschaffenen Imagination folge, werde in der Wirklichkeit daher immer wieder frustriert: es gibt keinen Mann, der dem Traumbild entspräche. «Der Fall wiederholt sich unveränderlich: jede Salome führt mitten im Reichtum ein übellauniges, mürrisches, im Grunde von Bitterkeit zersetztes Leben. Ihr fehlt der feste Boden, auf dem sie ihre phantastische Welt verankern könnte, und wie jemand einer Gliederpuppe Kleider anprobiert, so hält sie den unwirklichen Umriß ihres Traumbildes prüfend an die Männer, die vor ihr vorübergehen»[32]. Daß Salome sich ausgerechnet Johannes den Täufer zum Geliebten erwählt, liegt nach ORTEGA (sehr in Annäherung an O. WILDE's Psychologie der Salome) einzig daran, daß dieser von allen anderen Männern verschieden ist. «Ein weiteres Zeichen entarteter Weiblichkeit: Der Täufer ist ein rasender, struppiger Geselle, der in der Wüste schreit und eine Wasserheilreligion verkündigt. Schlimmer hätte es Salome nicht treffen können; Johannes der Täufer ist ein *homme de lettres*, ein *homo religiosus*; der Gegenpol des Don Juan, welcher der *homme à femmes* ist.»[33] Tatsächlich liebt Salome, wie ORTEGA sie sieht, nicht Johannes den Täufer, sondern ihr Traumbild, und ihr Gefühl geht nicht dahin, zu lieben, sondern geliebt zu werden. Ihre Zwitterhaftigkeit läßt sie ihr Verhalten nach Männerart einrichten: sie empfindet die Liebe als eine unersättliche Begierde, die Liebe des anderen zu erobern (während die Frau zuerst ihre eigene Liebe zu dem Geliebten spürt und dann erst das Verlangen, geliebt zu werden, empfindet). Daher muß Salome sich des Täufers bemächtigen, ihm ihren Willen aufzwingen, seinen Intellekt beherrschen – sie muß seinen Kopf als kostbarste Beute in Besitz nehmen. «Rhythmischen Schritts, schwingenden Leibs, rabenhaft das hebräische Antlitz, geht sie durch die Legende, und über dem erstarrten Kopf mit den gläsernen Augen krümmt sich ihre Seele, raubgierig wie ein Falke oder ein Geier.»[34].

Es liegt uns bei solchen Betrachtungen, wohlgemerkt, nicht an den psychologischen Details oder an der historischen Glaubwürdigkeit von ORTEGAS Beschreibung; uns liegt an dem Verfahren selbst, historische Gestalten bzw. die Personen in den Geschichtsüberlieferungen (der Bibel) in der Konkretheit ihrer Portraits zu würdigen und darin zugleich *die immer wiederkehrende Figur einer möglichen Daseinsweise* zu erkennen. Zweifellos könnte man ORTEGA kritisch entgegenhalten, daß die mannweibliche Traumwelt Salomes gewiß nicht allein aus Verwöhnung und Dekadenz zu verstehen ist; – FREUDS Lehre vom weiblichen Kastrationskomplex erklärt, ungleich spannungsreicher als ORTEGAS Phänomenologie, den Kastrations- und Tötungswunsch der Frau aus dem Erleben der Angst und aus dem Minderwertigkeitsgefühl, als Frau des eigentlichen Organs der Liebe

[32] A.a.O., 56.
[33] A.a.O., 56.
[34] A.a.O., 57.

(des Penis) zu entbehren – ein Gefühl, das nach FREUD seine Bearbeitung «normalerweise» in der Hingabebereitschaft der Frau und in dem Wunsch nach einem Kind findet[35]; bei einer Frau vom Typ der Salome hingegen dominiert der Wunsch nach Rache für die vermeintliche Minderwertigkeit als Frau: sie muß, um das Trauma der Kastration zu überwinden, daß sie «nur» eine Frau ist, sich die männlichen Attribute gewaltsam aneignen. Die «phallische» Frau entspricht psychoanalytisch diesem Charaktertyp am meisten.

Abgesehen von der Kritik an Einzelheiten aber ist das Verfahren ORTEGAS in sich selbst von genialer Einfachheit und Richtigkeit; es zeigt, daß es möglich und notwendig ist, herausragende und prägende Charaktere der Geschichte bzw. der Geschichtsüberlieferung als extreme Ausformungen menschlicher Entfaltungsmöglichkeiten zu betrachten, die in ihrer Ausgeprägtheit immer wieder als Vorbildtyp (als Modell) zum Verständnis der menschlichen Psychologie herangezogen werden können und müssen. So individuell die historischen Persönlichkeiten auch sind, so verweisen sie *psychologisch* doch auf bleibende und immer wiederkehrende Gegebenheiten und Möglichkeiten der menschlichen Psyche. Was in historischer Fragestellung nur in seiner Einmaligkeit und Unwiederholbarkeit in wörtlichem Sinne «festgestellt» werden kann, gewinnt in psychologischer Betrachtung eine bleibende Aktualität, und das ist es, was in theologischer Auslegungsabsicht bei den Geschichtsüberlieferungen der Bibel allein als wesentlich zugrundegelegt werden muß. Denn theologisch geht es niemals darum, daß Gott zu vergangenen Menschen gesprochen hat – es geht darum zu zeigen, daß die menschliche Geschichte in der Fülle ihrer menschlichen Möglichkeiten zu Gott hin offen ist. Zu diesem Zweck muß als erstes gezeigt werden, daß die damaligen Menschen keine anderen Menschen waren als die heutigen; ohne diese psychologische Vermittlung muß die Theologie unausweichlich zum Historismus degenerieren. Die Kontinuität und Aktualität der Geschichte liegt aber nicht in den äußeren in sich unwiederholbaren Fakten, sondern in den Menschen, die in ihrer unvertauschbaren Individualität gleichwohl zeigen, was in jedem Menschen lebt und sich in jedem einzelnen, mehr oder weniger ausgeprägt, immer wieder zeigt und zeigen wird.

[35] S. FREUD: Über weibliche Sexualität, XIV 515–537.

5. Zwei hermeneutische Konsequenzen zur Auslegung von Geschichtserzählungen

Aus dieser Feststellung ergeben sich nun zwei Konsequenzen bzgl. einer tiefenpsychologischen Hermeneutik der biblischen Geschichtserzählungen, die wir abschließend resümieren müssen.
Wir haben in dem 1. Bd. der vorliegenden Arbeit die nichthistorischen Überlieferungen als archetypische Symbolerzählungen ausgelegt und die Überzeitlichkeit ihrer Geltung und Wahrheit mit ihrer Verankerung in den Tiefenschichten der menschlichen Psyche zu begründen versucht. Die Geschichtserzählungen der Bibel, mit denen wir es jetzt zu tun haben, besitzen nach dem Gesagten gleichfalls ein überzeitliches Moment; aber dieses liegt nicht auf der Ebene der Ereignisse, sondern der Charaktere, nicht auf der Ebene der Fakten, sondern der Personen. Statt um das Archetypische der Erzählungen muß es uns jetzt, bei den Geschichtserzählungen der Bibel, also um das Charaktertypische der einzelnen Akteure gehen, wenn wir zu einer überzeitlichen Gültigkeit und Verbindlichkeit derartiger Erzählungen vordringen wollen. Die einzelnen Charaktere aber sind tiefenpsychologisch zentral vom Erleben der Angst und der Angstverarbeitung her zu deuten, ganz so, wie es in jeder analytischen Psychotherapie der Fall zu sein pflegt.
Das Thema der Angst im Untergrund aller Geschichte muß mithin nicht nur im ganzen, als Hintergrund der Erlebnisweise von Zeitlichkeit und Geschichtlichkeit überhaupt, sondern auch in jedem einzelnen Charakter der handelnden Personen als das hermeneutische Vorzeichen aller tiefenpsychologischen Geschichtsauslegung betrachtet werden, und eben darin liegt zugleich die theologische Bedeutung der Tiefenpsychologie für die Hermeneutik der Geschichtserzählungen. Denn erst vor dem Hintergrund der immer wiederkehrenden konkreten Entscheidung zwischen Angst und Glauben hört das theologische Sprechen von der Führung Gottes auf, ein abstraktes Theorem, eine leere Setzung zu sein, in der nichts wirklich gedeutet und vom Glauben her beantwortet wird.
Die zweite wichtige Feststellung liegt in dem Verfahren der psychologischen Nachdichtung der Geschichtserzählungen selbst.
Indem wir in der tiefenpsychologischen Hermeneutik an der lebendigen Gegenwart der geschichtlichen Gestalten interessiert sind, fällt der Unterschied zwischen Dichtung und Geschichte, zwischen «story» und «history», hermeneutisch dahin, und das macht es möglich, in einem weiteren Schritt auch die Geschichtserzählungen in einem gewissen Umfang *symbolisch* zu deuten. Die Berechtigung dazu ergibt sich aus der Tatsache, daß die Grenze zwischen den nichthistorischen und den historischen Erzählungen nicht nur de facto, wie die historisch-kritische Exegese gezeigt hat, sondern prinzipiell fließend sein muß;

ja, im Grunde besteht dieser Unterschied nicht in der Sache, sondern lediglich im Ausgangspunkt.

Die «nichthistorischen Erzählungen» (die Mythen, Märchen, Sagen und Legenden) gehen, wie wir gesehen haben, vom Unbewußten, Archetypischen aus und apperzipieren bzw. interpretieren die faktische Geschichte nach den archetypischen Bildern des Unbewußten, indem sie damit zugleich das Historisch-Einmalige in das Psychisch-Ewige verwandeln. Wir sagten aber damals bereits, daß oft genug die «wirkliche» Geschichte nicht nur in archetypischen Bildern überliefert, sondern auch von archetypischen Motiven gestaltet wird (vgl. I 321-350): ihr Symbolwert ist oft nicht das nachträglich Ge- oder Erfundene, sondern das ursprünglich Vorgefundene: die «wirkliche» Geschichte gestaltet sich in diesen Fällen als Auswirkung archetypischer Szenarien – sie ist selbst ein realisierter Mythos, und der Traum ist die eigentliche Kraft ihrer Realisierung. Beim Mythos (und in verwandten Erzählungen) mußten wir deshalb vom Archetypischen ausgehen, um von dort her die scheinbare oder wirkliche Historie in ihren individuellen Gestalten und Gestaltungen zu erschließen. Bei den historischen Erzählungen jetzt verhält es sich gerade umgekehrt: von der Historie bzw. vom historischen Bericht her ist (psychologisch reduktiv) zunächst das Charaktertypische der auftretenden Akteure zu erschließen und dann, soweit als möglich, nach gewissen archetypischen Merkmalen der einzelnen Szenen zu fragen. Über die Charaktertypologie der historischen Individuen hinaus kann es nicht selten, wie in der Geschichte von der Frau, die vor David um die Rückkehr Absaloms bittet, auch eine Archetypologie der historischen Szenen geben, und so kann es geschehen, daß auch historische Begebenheiten, die in sich selbst nicht als mythische Bilder überliefert werden, tiefenpsychologisch gleichwohl nicht anders interpretiert werden müssen, als wenn es sich um mythische oder traumhafte Szenen handeln würde. Alles, was wir im ersten Band (I 327ff.) dazu gesagt haben, läßt sich mithin auch jetzt anwenden. Dabei ist deutlich, daß einer solchen symbolischen Deutung auch der Geschichtserzählungen der Bibel psychologisch und theologisch unter Umständen eine große Bedeutung zukommen kann, indem es zwar keine Wiederholung des Historischen, wohl aber symbolische Analogien zwischen vergangenem Geschehen und gegenwärtigem Erleben geben kann.

An der soeben erwähnten Episode vom *Aufstand Sebas* z.B. läßt sich diese Möglichkeit verdeutlichen. Wie sich gezeigt hat, ließ sich in der unbekannten *Frau von Abel-Beth-Maakha* beobachten, wie sehr die Macht der eigenen Persönlichkeit von der Kraft des Archetypischen getragen sein kann. Aber nicht nur ist die *anonyme* Frau selbst als Verkörperung eines Archetyps zu verstehen – auch die belagerte Stadt, die von einem Fremdling besetzt gehalten wird, darf in tiefenpsychologischer Deutung als ein psychisches *Symbol* verstanden werden, das in dieser Form ganz entsprechend in einem rezenten Traum auftreten kann.

Die «besetzte Stadt» kann etwa, als Traumsymbol verstanden, eine psychische Situation widerspiegeln, in der das Leben immer enger und verwüsteter wird, weil es von einer fremden Macht widerrechtlich okkupiert ist. Aus der Enge dieses Zustandes selbst ergibt sich dann die Warnung, den unerträglich werdenden Besatzungszustand nicht über einen gewissen Zeitpunkt hinaus zu dulden, damit es nicht zu einer gewaltsamen Katastrophe kommt; es ist unter solchen Umständen psychologisch unabweisbar, auf die Stimme des weiblichen Archetypus, auf die Weisung der anima, zu hören und der gefährlichen «Fremdherrschaft» in psychischem Sinne ein Ende zu bereiten.
Man muß zugeben, daß solche symbolistischen Deutungsansätze bei den Geschichtserzählungen der Bibel für eine historisch ausgerichtete Exegese geradezu als Musterfälle von Willkür und Phantasterei gelten werden; das hindert nicht, daß sie im Rahmen der Deutungsregeln, die wir bereits bei der Auslegung der archetypischen Erzählungen erarbeitet haben, und aufgrund der Wechselseitigkeit von Traum und Geschichte ein gewisses Recht besitzen und vor allem für eine religiöse Lektüre der Bibel unverzichtbar sind.
Denn man kann auf die theologische Aporie der historisch-kritischen Methode gar nicht oft genug hinweisen: entweder sie zeigt, daß die überlieferten Geschichtserzählungen in sich selbst schon zumeist unhistorisch sind und also dem Bereich der Dichtung, der Sage, der Symbolerzählung angehören, ohne aus diesem Befund freilich die entsprechenden hermeneutischen Konsequenzen zu ziehen, oder sie bleibt in religiös und menschlich irrelevanten Faktenerhebungen stecken. Von dem *historischen* Faktum her ist etwa der Aufstand des Seba ben Bikhri religiös vollkommen bedeutungslos und leer; er zeigt lediglich, daß es offenbar auch David niemals vollständig gelungen ist, die Gegensätze zwischen Juda und Israel zu überbrücken, die nach der Regierungszeit Salomos denn auch sehr bald zur Reichsteilung zwischen Nordreich und Südreich geführt haben.
Wenn aus den einzelnen historischen Tatsachen in den Geschichtsüberlieferungen der Bibel wirklich mehr sprechen soll als die ewig gleiche Geschichte von Krieg, Gewalt, Eroberung und Aufruhr, so *nur* auf dem Wege einer symbolischen Deutung. So wie man beim Psalmengebet die – zumeist historisch angeregten – Schilderungen der Auseinandersetzungen zwischen dem König bzw. Israel und seinen Feinden als *innere* Auseinandersetzungen zwischen dem Ich und den Mächten des Es und des Überichs verstehen darf (vgl. I 288ff.), so wird man auch in den historischen Erzählungen der Bibel immer wieder Gelegenheit finden, einzelne Szenen als Bilder innerer seelischer Zustände und Probleme zu betrachten.
Ein Beispiel für eine solche symbolische Adaption historischer Szenen mag das Gemeinte verdeutlichen.
Ein Theologe hatte viele Jahre lang den Hauptwunsch seiner Mutter erfüllt, die

sehnlichst ihren Sohn als Priester sehen wollte. Aufgrund seiner vornehmlich depressiven Charakterstruktur fühlte sich dieser Geistliche bereits schuldig, überhaupt auf der Welt zu sein; sein Geburtsmythos, seine *Deckerinnerung* (vgl. I 350-374), lautete, daß seine Mutter bei seiner Geburt beinahe gestorben wäre, nur um ihn zur Welt zu bringen – ein Leben als Muttermord von Anbeginn also. Daß er Priester geworden war, entsprang wesentlich dem Bestreben, die Schuld seiner Existenz gegenüber seiner Mutter wiedergutzumachen. Sein Ich glich in der Tat einer von Fremden besetzt gehaltenen Stadt, und doch fühlte er sich, wie die Bewohner von Abel-Beth-Maakha, außerstande, seine Freiheit zu erkämpfen; im Gegenteil, er hatte in geschickter Rationalisierung seine Einschränkungen zu Tugenden und seine Gehemmtheiten und Resignationen zum Willen Gottes erklärt. Die Leitlinie seines Lebens bestand darin, nur ja niemanden durch seine Person ins Unglück zu stürzen. Aber nun geschah es, daß seine außerordentliche Bescheidenheit, Sensibilität und Klugheit besonders auf einzelne Frauen eine große Anziehung ausübten, bis zu dem Punkt, an dem er selber gerade das immer wieder tat, was er um alles in der Welt verhindern wollte: andere Menschen, insbesondere andere Frauen, wie seine Mutter, schon durch sein Dasein und Wesen unglücklich zu machen. Die innere Gefangenschaft, der Teufelskreis, war fest geschlossen: bei seinem Bemühen, anderen zu «helfen», mußte er im Grunde ständig aus Schuldgefühlen sein eigenes Unglück betreiben; er mußte jedes Lob zurückweisen, jeden Tadel aber vergrößernd und bestätigend aufnehmen; er hatte vor sich selbst und anderen die Rolle des tüchtigen Versagers, des Sündenbocks, des Selbstaufopferers zu spielen; und dieses Lebenskonzept eines christologisch drappierten Masochismus mußte unausweichlich dahin führen, daß jede Frau, die ihm näher kam und ihr eigenes Lebensglück mit dem seinen zu verbinden trachtete, stets auf die Abwehr seiner Pflicht zum Unglück prallte und von daher selbst ins Unglück geriet. Mehrfach hatten intelligente und psychologisch einfühlsame Frauen ihn auf den Mutwillen hingewiesen, mit dem er, d.h. sein Überich, gerade dann zerstörerisch alles verdarb, wenn die Aussichten besonders günstig schienen, endlich einander, womöglich sogar sexuell, ein Stück weit näher zu kommen. Vor allem als eine etwa gleichaltrige berufstätige Frau aufgrund ihrer eigenen (ödipalen) Disposition sich mit einer geradezu verzweifelten Liebe an ihn hängte, stand jener Priester, wie die Bewohner von Abel-Beth-Maakha, vor einer Entscheidung auf Leben und Tod: von außen durch die Liebesangebote der Frau bedrängt, innerlich von seinen eigenen Triebwünschen belagert, mußte ihm eine Katastrophe drohen, wenn er sich seinem «Besatzungszustand» zwischen Es und Überich gegenüber weiterhin passiv und willfährig verhalten hätte: alles kam für ihn darauf an, auf die Stimme der «Frau in ihm», auf die Weisheit seiner lang unterdrückten *anima* zu lauschen und im Handstreich sowohl die Besatzung durch das Überich als auch die Belagerung durch das Es zu beenden, indem er den «Kopf», die Denkweise des Überichs, seinen Eskräften opferte. – Eine einzelne historische Szene wie die Geschichte vom Ende Sebas konnte diesem Theologen im Abstand von mehr als drei Jahrtausenden wie in einem Traumbild sowohl die symbolische Diagnose seines Zustands als auch den Ausweg zur Lösung seines Problems aufzeigen.

Auch bei der Interpretation historischer Erzählungen der Bibel ist man daher befugt und gehalten, die symbolistische Deutungsmöglichkeit der jeweiligen Geschichten nicht zu übersehen. Zu fragen ist stets, wie denn die einzelne Begebenheit wirkt oder wirken würde, *wenn* sie als Traum erzählt *würde*. So wie die Träume, Märchen, Mythen, Sagen und Legenden scheinbar von Ereignissen in Raum und Zeit berichten, die sich in Wahrheit allein in der menschlichen Seele zutragen, können umgekehrt Erzählungen in Raum und Zeit von Ereignissen berichten, oder auf Ereignisse hinweisen, die in der menschlichen Seele stattfinden. Es gibt eine *realhistorische Archetypik des Geschichtlichen* entweder in dem Sinne, daß die «wirkliche» Geschichte nach archetypischen Vorbildern gestaltet wird (vgl. I 321-327), oder in dem Sinne, daß der (archetypische) Symbolismus einzelner historischer Szenen dem Geschehen selber fremd ist, aber aufgrund einer inneren Affinität projektiv an die einzelne Begebenheit herangetragen wird (vgl. I 336-350).

So wie alles in der äußeren Natur, von der Blume bis zum Schmetterling, zum Symbol psychischer Inhalte werden kann, so macht der Symbolismus der Psyche auch vor den Daten der äußeren Geschichte nicht halt und bedient sich ihrer mit Vorliebe, um sich in ihnen spiegelbildlich selber zu finden und zu begegnen. Die Kriege, Stadtgründungen, Thronbesteigungen, Tempeleinweihungen, Hochzeiten, Geburten, Begräbnisse, kurz: all die Ereignisse der Vergangenheit verwandeln sich dann in symbolische Themen gegenwärtigen Erlebens und träumen sich nach in den ewigen Bildern des Unbewußten.

Es wäre zweifellos unbillig, eine solche symbolistische Deutung der Geschichte mit historischen Argumenten als illegitim abweisen zu wollen; denn eine solche Argumentation wäre nicht sinnvoller, als wenn ein Chemiker die Formel H_2O = Wasser oder NaCl = Kochsalz gegen die archetypische Symbolik des «Wassers» oder gegen die mögliche symbolische Bedeutung von «Salz» geltend machen wollte. Alle Dinge und Ereignisse der Natur ebenso wie der menschlichen Geschichte sind mögliche Spiegelwände, an denen die menschliche Psyche sich selber wahrzunehmen vermag. Darin hatte die *mythische* Geschichtsschreibung unzweifelhaft recht, daß sie die äußeren Ereignisse ins Unbewußte hineinnahm und wie intrapsychische Geschehnisse behandelte; denn nur auf diese Weise sicherte sie den singulären Einzelereignissen eine überzeitliche, durch den Symbolismus vermittelte Bedeutung. Der Symbolismus stellt das *einzige* Verfahren dar, um dem Geschichtlich-Einmaligen eine ewige Geltung zu verleihen. Auch bei den Geschichtserzählungen der Bibel liegen die Dinge nicht anders. Die entscheidende Vorarbeit einer theologischen Auslegung kann daher auch in der Bibelauslegung nicht in dem Rekurs auf die historischen Fakten bestehen, sondern umgekehrt: in der Rekonstruktion eines neuen Mythos, in der Adaption eines poetischen, traumnahen Symbolismus, in einer dichterischen Neuschöpfung, durch die das Geschehen von einst zum Schlüssel des eigenen Verständnisses wird.

In summa: *Erst vermittels der symbolischen Archetypik der einzelnen geschichtlichen Szenen und der Charaktertypik ihrer Akteure wächst die Geschichte aus ihrer historischen Einmaligkeit in die ewige Wiederholbarkeit und ständige Gegenwart des menschlich Gültigen.* Eine Auslegung der Geschichte und der Geschichtserzählungen auf *dieser*, zur Religion hin offenen Ebene verlangt, daß man sich von den äußeren Fakten lossagt und das Material des Geschichtlichen in der Vorstellung, in der Phantasie, in der Dichtung nachgestaltet und für sich selber neuerschafft. Nur auf diese Weise tritt die Geschichtsüberlieferung der Alten wieder in ihr Recht ein, wenn sie das Sprechen in «unhistorischen», mythischen, sagenumwobenen, legendären Bildern für das eigentliche und adäquate Mittel einer lebendigen, wirklichkeitsentsprechenden Geschichtsüberlieferung hielt; und nur auf diese Weise erlangen Erzählungen die, historisch betrachtet, als ideologisch bestimmte Tendenzgeschichten verkommen müßten, ihre dichterische und damit menschliche und religiöse Glaubwürdigkeit zurück.

V. Zur Auslegung der Wortüberlieferungen

Was ich gut nenne, hat mit der Moral nichts zu tun,
sondern ist einfach Güte des eigenen Geistes.
Was ich gut nenne, hat mit dem Geschmack nichts zu tun,
sondern ist einfach das Gewährenlassen der Gefühle des eigenen Lebens.
Was ich Hören nenne, hat mit dem Vernehmen der Außenwelt nichts zu tun,
sondern ist einfach Vernehmen des eigenen Innern.
Was ich Schauen nenne, hat mit dem Sehen der Außenwelt nichts zu tun,
sondern ist einfach Sehen des eigenen Wesens.
Dschuang Dsi: Südliches Blütenland, VIII, S. 107

Nachdem wir die Frage einer tiefenpsychologischen Hermeneutik der Geschichtserzählungen abgeschlossen haben, verbleibt als letzte größere Themengruppe nur noch die vielfältige Form der Worttradition. Auch hier gilt es, eine bislang scheinbar unangefochtene Bastion der historisch-kritischen Methode für die Tiefenpsychologie zu erobern, indem wir zeigen, daß ohne eine Reflexion *der psychischen* (nicht der historischen!) Situation, in die hinein oder aus der heraus ein bestimmtes Wort gesagt oder überliefert wurde, menschliche Rede nicht wirklich verstanden werden kann und daß insbesondere die *religiöse* Rede ihrer ganzen Struktur nach unweigerlich die ärgsten Mißdeutungen provozieren muß, wenn sie von ihrem psychologischen Kontext gelöst wird.
Eine Formgattung im Übergang zwischen Geschichtserzählung und Worttradition können wir im Aufbau dieser Arbeit vernachlässigen: *das Paradigma*. Was zur formalen Kennzeichnung und historischen Zielsetzung dieser Erzählform zu sagen ist, haben wir bereits bei der schematischen Übersicht im 1. Bd. dieser Arbeit (I 79-81) vorgetragen; tiefenpsychologisch aber stellt das Paradigma uns vor keine hermeneutischen Schwierigkeiten, die nicht bei der Erörterung der Geschichtserzählungen gelöst worden sein müßten oder bei der nachfolgenden Besprechung der Wortüberlieferungen eine Antwort finden sollten. Denn indem das Paradigma selbst eine Geschichtserzählung als Beispiel für die Wahrheit einer worthaften Lehre vorstellt, entspricht es in seinem geschichtlichen Erzählteil unserer Auffassung von dem typologischen Sinn des Geschichtlichen in religiöser Absicht, während sich die Frage nach dem rechten Verständnis verbaler Lehrinhalte im folgenden auch unabhängig von den Geschichtserzählungen als ein eigenes Problem darstellt.

Aus dem weiten Gebiet der Worttradition müßten wir im folgenden eigentlich drei Formgruppen besonders herausgreifen: die Logien, die Gleichniserzählungen und das kultische Lehrgut.
Die Besprechung der letzteren Gruppe: der Hymnen, der Agenden, der Glaubensbekenntnisse, Bekenntnisformeln, Kirchenlieder, sakramentalen Stiftungsworte (oder einzelner Fragmente dieser Stoffe) können wir indessen an dieser Stelle aussetzen: die Interpretationsregeln für diese Stoffe sind naturgemäß dieselben wie bei der Auslegung der archetypischen Erzählungen, deren Konzentrat oder Derivat sie im Grunde darstellen. Auf ein einprägsames Minimum reduziert oder in dichterische Form gekleidet, stellt das kultische Lehrgut die Aufgabe, zunächst die mythennahe Erzählung im Hintergrund des Textes sich vor Augen zu stellen und dann den Fehler zu vermeiden, dem die Dogmatik auf weiten Strecken anhängt: statt die kultische Legende oder Agende selber nachzuträumen, versucht sie, das kultische Konzentrat selbst zum Gegenstand rationaler Reflexion zu erheben. In Wahrheit kommt es zum Verständnis der kultischen und dogmatischen Formeln darauf an, die archetypischen Motive und Szenen heraufzubeschwören, die sich in ihnen verdichtet haben; für deren Auslegung selbst bedürfen wir keiner neuen Regeln mehr.
So haben wir es jetzt, gegen Abschluß unserer Überlegungen, nur noch mit den Logien, sofern diese religiösen Inhalts sind, zu tun sowie mit den Gleichniserzählungen; dabei können wir auch die Gleichnisse relativ kurz behandeln, da sie über die Regel und Technik der Einfühlung hinaus keine größeren hermeneutischen Anforderungen an eine tiefenpsychologische Interpretation mehr stellen.

1. Die Wortüberlieferungen im engeren Sinne

a) Die Isolation der Überlieferung vom historischen Kontext und die existentielle Rekonstruktion des inneren Zusammenhangs

Für die historisch-kritische Methode bedeutete es in der Auslegung des Neuen Testamentes eine wichtige Bestätigung, als sie durch die Auffindung des (gnostisch redigierten) *Thomasevangeliums* bei Nag Hamadi 1945[1] den Nachweis erhielt, daß die Wortüberlieferung der frühen Kirche nicht anders erfolgt sein kann, als es in den Rabbinenschulen des Spätjudentums üblich war, indem an die Stelle der «mündlichen Thora» der Rabbinen die Jesusüberlieferung der frühen

[1] K. Aland: Synopsis quattuor Evangeliorum, Appendix, übers. v. E. Haenchen, 517–530; H.-Ch. Puech: Gnostische Evangelien und verwandte Dokumente, in: E. Hennecke: Neutestamentliche Apokryphen, I 199–223.

Kirche trat[2]. Vor allem die erschlossene *Logienquelle*, die dem Matthäus- und Lukasevangelium zugrundeliegt, muß gerade so ausgesehen haben wie das Thomasevangelium: eine Anzahl einzelner Aussprüche, die, in sich vollkommen isoliert, ohne Angabe von Anlaß, Hörerkreis und Umständen stereotyp mit der Bemerkung eingeleitet wurden: «Und Jesus sagte», «Und Jesus sagte ...» Ein Prinzip, nach dem die Logien angeordnet wären, ist zumeist nicht erkennbar, außer den Gesetzen der Mnemotechnik: gewisse Stichworte, lautliche Anklänge, rhythmische Einheiten, assoziative Verknüpfungen können die Brücke zwischen einzelnen Sätzen bilden; d.h., die Verbindung zwischen den einzelnen Worten erfolgt, wenn überhaupt, denkbar äußerlich[3]. Im *Markus*evangelium z.B. sind im 4. Kapitel (Mk 4,21-25) eine Reihe einzelner Aussprüche Jesu unter bloßen *Stichworten* gesammelt: Mk 4,21: «Man zündet doch die Lampe nicht an, um sie (durch das Stellen unter den Scheffel) sofort wieder auszulöschen» – dieses Wort wurde zunächst sicher isoliert überliefert und zog dann den Satz in Mk 4,22 als Deutewort nach sich: «Nichts ist verborgen, was nicht offenbar wird ...» In Mk 4,24 ist es das Wort «geben», das sich mit dem Satz in Mk 4,25 verbindet: «Mit dem Maß, mit dem ihr meßt, wird Gott euch messen und euch dazugeben. Wer (nämlich) hat, dem wird Gott geben ...» Das Stichwort «Maß» in Mk 4,24 wiederum verbindet das Logion auch mit dem Stichwort vom Scheffel in Mk 4,21. Durch solche Stichwortkomposition wurde aus Mk 4,21.22 und 4,23.24 ein Doppelgleichnis, und so, als Doppelgleichnis, nicht mehr als einfache Spruchsammlung, wollte *Markus* es überliefern, wie der Weckruf in Mk 4,23 zeigt: «Wenn einer Ohren hat zu hören, höre er!» (Vgl. Mk 4,9) Die Zusammenfügung dieses Abschnitts selbst aber beruht auf rein äußerlichen Wortassoziationen.

Es gibt daneben natürlich, vor allem in den Evangelien, auch absichtsvolle, theologische oder sachliche Verknüpfungen. Nach *sachlichen* Gesichtspunkten z.B. sind die Worte vom Salz in Mk 9,49-50 zusammengefügt: «Jeden wird Gott mit Feuer salzen. Gut ist das Salz ...» Im einzelnen können die Motive der Komposition einzelner Logion zu längeren Redepassagen sehr vielfältig sein, ohne daß wir an dieser Stelle länger darauf einzugehen brauchten[4]. Oft genug sind die Motive auch rein *theologischer* Natur, und gerade diese Stellen sind redaktionsgeschichtlich und theologisch selbstredend am interessantesten. Es ist klar, daß ein einzelnes Wort durch seinen Kontext u.U. einen völlig anderen Sinn erhalten kann, und je nach dem Sinn, den ein einzelnes Wort bei einem biblischen Redaktor erhält, kann man demgemäß seine eigene Aussageabsicht, seine immanente Theologie, ein Stück weit sichtbar machen.

[2] Vgl. B. Gerhardsson: Memory and manuscript, 324–335.
[3] A.a.O., 163–168.
[4] Vgl. H. Zimmermann: Neutestamentliche Methodenlehre, 226–234.

In der Tat hat die historisch-kritische Exegese es bei dieser Sachlage sich zum Ziel setzen müssen, die Reden des Neuen wie des Alten Testamentes als erstes in die vermutlich ursprünglichen Einzellogien zu zerlegen und sich zu fragen, welch ein Sinn den Worten isoliert für sich selber innewohnen könnte. In vielen Fällen kommt man bei diesem Bemühen natürlich über bloße Mutmaßungen nicht hinaus, handelt es sich doch stets um einen historisierenden Zirkelschluß: man vermutet einen bestimmten unmittelbaren Wortsinn in einem Logion und schließt von dort auf die «ursprüngliche Situation», in der ein solches Wort wahrscheinlich gesagt worden sein könnte; und umgekehrt: von der angenommenen Ausgangssituation her wird ein bestimmter Sinn eines einzelnen Logions für wahrscheinlich ausgegeben. Das gesamte Verfahren muß notwendig hypothetisch bleiben: man muß einen bestimmten Sinn annehmen, um eine Situation zu (er)finden, die die angenommene Redeabsicht bestätigt, und die jeweilige Ausgangssituation wiederum legt die Annahme einer bestimmten Redeabsicht nahe. Darauf aufbauend muß indessen die Hypothesenbildung weitergehen: setzt man erst einmal eine bestimmte Grundbedeutung für ein einzelnes Logion voraus, so läßt sich von daher aufzeigen, welche abweichenden Deutungen es im weiteren Verlauf seiner Überlieferungsgeschichte (z.B. vor seiner Aufnahme in die Q-Quelle, innerhalb der Q-Quelle und schließlich bei dem jeweiligen Evangelisten) gefunden hat; und danach wiederum kann man auf die spezifischen Absichten derjenigen Gruppen schließen, die in der Kirche ein bestimmtes Wort zu ihrer Zeit und in ihrer Situation überliefert haben. Wenn man weiß, was bestimmte Kreise der frühen Kirche mit einzelnen Worten sagen wollten, kann man für ein bestimmtes Logion infolgedessen auch angeben, welch einen «Sitz im Leben» der Urkirche es unter wechselnden, zeitgeschichtlichen Bedingungen besessen haben muß – ein neuer Zirkelschluß, der aber erneut durch die innere Stimmigkeit der rekonstruierenden Hypothesen selbst wahrscheinlich gemacht werden kann.

Um ein kurzes Beispiel zu geben: Das soeben zitierte Wort Jesu von dem angezündeten Licht, das man nicht unter den Scheffel stellen soll (Mk 4,21), *könnte* in einer Situation gesprochen worden sein, als die Jünger Jesus zurieten, er solle nach seinen anfänglichen strahlenden «Erfolgen» in Galiläa nicht so grell die Kritik der Synagoge herausfordern; Jesus hätte dann im Wort von dem Licht und dem Scheffel gerade im Gegenteil zu mehr Mut und Zuversicht gegenüber seinem Wirken aufgefordert[5]. Dieser Annahme entspräche die Tatsache, daß auch sonst die Jünger Jesus zu größerer Vorsicht gemahnt zu haben scheinen, wie z.B. Petrus in Mk 8,32-33, und daß auch in solchen Fällen Jesus sich gegen eine ängstliche Leidvermeidung um jeden Preis mit Nachdruck verwahrt hat; er,

[5] J. Jeremias: Die Lampe unter dem Scheffel, in: Abba, 99–102.

der kam, um Feuer auf die Erde zu werfen, wollte, daß es brenne, nicht daß es erstickt werde (Lk 12,49). – Auf solche Weise läßt sich, im Kontext zu anderen Worten, eine bestimmte ursprüngliche Situation im Leben Jesu für ein bestimmtes Logion wahrscheinlich machen.

Mit diesem Vorgehen, das wir hier nur grob skizzieren können, leistet die historisch-kritische Methode, was sie leisten will und kann: sie zeigt die Zeitbedingtheit, die Geschichtlichkeit, die Abhängigkeit eines Wortes von bestimmten sich wandelnden deutenden Interessen auf, die seine Überlieferung, seine Formung, ja, oft genug sogar seine Entstehung begründen. Die Arbeit, die auf diesem Wege zu bewältigen ist, erreicht ein beträchtliches Ausmaß, und das erreichte Ergebnis an historischem Wissen über der Entstehungsgeschichte der Urkirche oder der Wortüberlieferung des Alten und des Neuen Testamentes ist beeindruckend.

Indessen stößt die historisch-kritische Exegese auch bei der Auslegung der Worttradition wieder auf dieselbe Schwierigkeit, die sich ihr bereits bei der Interpretation der archetypischen Erzählungen, der Wundererzählungen, der Visionen und Apokalypsen sowie der Geschichtserzählungen unüberwindlich in den Weg stellte: sie bemüht sich redlich, herauszufinden, was zur Zeit der Gestaltung und Überlieferung eines bestimmten Wortes buchstäblich «unter Umständen» gemeint gewesen sein könnte; aber sie bringt sich selbst bei all ihrem Fleiß auf doppelte Weise um die Erfüllung und den religiösen Gewinn ihrer Anstrengungen.

Zum einen ist klar, daß die Exegese erneut die Texte *gegen* deren historische Form und Aussage interpretieren muß. Statt sich zu fragen, was für einen Sinn es wohl haben mag, daß die Worttraditionen der Bibel in dieser, rein historisch betrachtet, in der Tat sehr mangelhaften Form überliefert worden sind, macht sie sich sogleich mit Eifer daran, den historischen Mangel mit ergänzendem historischem Material aus Hypothesen, Analysen und Konklusionen zu füllen. Aber auf diese Weise interpretiert man von vornherein *gegen* die Art und Weise, in der, doch wohl nicht ohne Grund, die Wortüberlieferungen weitergegeben wurden und auf uns gekommen sind. Indem die biblische und vorbiblische Tradition die einzelnen Worte der religiösen Lehrer gerade von jedem historischen Kontext zu *isolieren* suchte, hat sie, ohne es zu wollen, aber ohne jeden Zweifel, deutlich gemacht, daß sie prinzipiell eine vollkommen andere Auffassung von den überlieferten Worten und der Art ihrer Auslegung vertritt als die historisch-kritische Methode mit ihrem Bemühen, den fehlenden historischen Rahmen für die einzelnen religiösen Worte zu suchen. Für die ursprünglichen Tradenten – dies ist die offensichtliche überlieferungsgeschichtliche Tatsache – redeten die Worte ohne jeden historischen Zeitbezug durch sich selbst; sie wollten mit ihrer Überlieferung, isoliert von jedem historischen Kontext, Sätze von absoluter, ewiger Geltung überliefern, die gerade nicht zu einer bestimmten, sondern zu jeder Zeit, nicht zu einer bestimmten Menschengruppe, sondern zu der gesamten Menschheit reden sollten und zu reden vermochten. Die historisch-kritische Exegese indessen, indem sie von der diametral entgegengesetzten Voraussetzung ausgeht, daß man nur von einer bestimmten historisch gegebenen Situation her die einzelnen religiösen Worte der Bibel verstehen könne, macht *a priori* aus den Überlieferungen der heiligen Texte etwas, das diese nie und nimmer sein wollten: eine zeitbedingte, räumlich und zeitlich begrenzte Rede zu bestimmten Hörern in einer bestimmten Situation und Zeit. Während die Überlieferer gerade der Meinung waren, daß die tradierten Worte wesentlich jeden Zeitbezug sprengen und eben deshalb isoliert und in sich absolut gesehen werden müssen, schafft sich die historisch-kritische Exegese mit ihrer historischen Fragestellung wiederum ihr eigenes Prokrustesbett, indem sie den Sinn der religiösen Worte mit gewaltsamen, von außen rekonstruierten Hypothesen zerdehnt, zerstaucht – im Grunde tötet. Das Ergebnis der historisch-kritischen Exegese widerlegt dabei ihr eigenes Bemühen: gerade indem sie zeigt, wie ein bestimmter Wortsinn sich im Verlauf der Zeit immer wieder wandelt, je nachdem, zu welcher Zeit und in welcher Gruppe ein bestimmtes Logion tradiert wird, so beweist sie damit eigentlich doch nur, wie sehr den biblischen Tradenten und Redaktoren gerade an einer *zeitlosen*, offenen Verwendung der Wortüberlieferung gelegen war; durch die gesamte Art ihrer Überlieferung und Komposition machten die biblischen Autoren deutlich, daß sie die heiligen Worte ihrer Überlieferung als *zu jeder Zeit* gültig verstehen und verstanden wissen wollten.

Eben deshalb mußte es ihnen absurd erscheinen, gerade das zu tun, was die historisch-kritische Exegese unter dem methodischen Zwang ihrer historischen Fragestellung tut und tun muß: das einzelne Wort einem bestimmten *historischen* Kontext zuzuordnen und sich dabei mit einem Spiel hypothetischer Sinnmöglichkeiten zu beruhigen. Der Gegensatz ist nicht zu übersehen: was die historisch-kritische Methode an der Art der biblischen Worttradition so überaus mangelhaft und bedauerlich finden muß – daß all diese Worte ohne jede historische Situationsangabe überliefert wurden –, das macht religiös gerade das Wesen dieser Art von Überlieferung aus; und umgekehrt: wer auf der Suche nach einer vermeintlich historischen Form der Wahrheit eines Logions diese Eigenart religiöser Worttradition aufzulösen sucht, der zerstört – wie bei den archetypischen Erzählungen, wie bei den Wundererzählungen, wie an allen Stellen der Bibel – mit der «unhistorischen» Form der biblischen Überlieferung zugleich deren Sinn und Absicht.

Zum zweiten vereitelt das Vorgehen der historisch-kritischen Exegese *a principio* die Möglichkeit, eine Rede wirklich religiös zu verstehen, und dieser Vorwurf, den wir immer wieder gegen diese Methode erheben müssen, wiegt hier, im Angesicht der unmittelbar ausgesprochenen religiösen Wahrheit, am schwersten. Indem die historisch-kritische Methode die Rekonstruktion der *äußeren* Situation zur alleinigen und wesentlichen Verstehensvoraussetzung erhebt, verhindert sie *als Methode*, daß man das jeweilige Wort so aufnimmt, wie es religiös unbedingt verstanden werden muß: vollkommen *innerlich*.

Wir sagten früher bereits (I 28-37), daß die historisch-kritische Methode in sich selbst nur die fortschreitende Äußerlichkeit der geistigen Bewußtseinseinstellung der Neuzeit reflektiere; aber nirgendwo zeigt sich diese Einstellung deutlicher und absurder, weil direkter und unvermittelter, als dort, wo die geistige Substanz eines religiösen Inhaltes offen zutage tritt und nun auf eine Auslegung stößt, der es in historisch-kritischer Absicht gerade nicht darum geht, den bleibenden religiösen Sinn eines Wortes für die Gegenwart zu erschließen, sondern die stattdessen eine ganze Reihe vom Wesentlichen ablenkender Fragen aufzuwerfen und zu beantworten sich bemüht – Fragen, als da sind: zu welch einer formalen Gattung ein bestimmtes Wort seinen Stileigentümlichkeiten entsprechend gehört, an welch einen möglichen Adressaten Worte dieser Gattung vermutlich gerichtet gewesen sind, wie wohl der historische Anlaß beschaffen gewesen sein mag, der ein Wort der bestimmten Gattung zu jenem angenommenen Hörerkreis provoziert haben könnte, welche Kreise ein Interesse an der Aufnahme und Überlieferung jenes Wortes über den bloßen Augenblick hinaus gehabt haben könnten, welche leitenden Fragen und Interessen auf die Formung und Abwandlung des betreffenden Logions Einfluß genommen haben könnten – usw. Die Situation dieser Auslegungskunst trifft aufs Haar der Vorwurf, den SÖREN KIERKEGAARD schon vor 150 Jahren immer wieder erhoben hat: daß man es durch die Flucht in eine solche historisierende Objektivität vermeidet, sich selber von dem jeweiligen Wort hier und jetzt als Subjekt betreffen zu lassen. «Das Vergangene», meinte KIERKEGAARD, «ist nicht Wirklichkeit: für mich; nur das Gleichzeitige ist Wirklichkeit für mich.»[6] Ein Wort, das in der Vergangenheit gesagt wurde, als ein *göttliches*, also ewig gültiges Wort auszulegen, bedeutet nicht mehr und nicht weniger, als es auf das eigene Ich hin auszulegen; deshalb gilt es nichts so sehr zu vermeiden wie den Scheinanspruch historisierender Objektivität, – einer Bedeutsamkeit für eine bestimmte Vergangenheit unter Ausschaltung des Ichs. Denn eben darin liegt gerade der Unterschied zwischen einer historischen und einer religiösen Betrachtung eines Wortes (oder eines Ereignisses): daß es historisch vergangen, religiös aber gegenwärtig ist und sein muß. «Über die Geschichte», meinte KIERKEGAARD an gleicher Stelle, «kannst du lesen und hören wie über ein Vergangenes, du kannst, wo es dir so beliebt, nach dem Erfolg sie beurteilen. Jedoch Christi Leben auf Erden ist nichts, das vergangen wäre, wartet nicht zu seiner Zeit, vor achtzehnhundert Jahren, und

[6] S. KIERKEGAARD: Einübung im Christentum, 71 (Werke XII 60-61).

wartet auch jetzt nicht auf den Beistand des Erfolgs. Ein historisches Christentum ist Galimathias und unchristliche Verwirrtheit; denn was es an wahren Christen gibt in jeder Generation, die sind gleichzeitig mit Christus ...»[7]
Von daher versteht man, wie unangemessen es ist, den Sinn eines religiösen Wortes vorwiegend mit den Mitteln der Philologie und der historisch-kritischen Erforschung der ursprünglichen Situation, in der es vermutlich gesagt und überliefert wurde, ermitteln zu wollen. Die einzig angemessene Art, um ein religiöses Wort zu verstehen, besteht darin, die «ursprüngliche Situation» seines Anlasses zu *vergessen*, die Frage nach einer zweckbestimmten «Anwendung» und «Absicht» im Verlauf seiner Tradition *aufzugeben* und das Wort als «Wort», als historisch ergangene Rede *aufzulösen*. Immer wieder stoßen wir dabei auf die KIERKEGAARDsche Regel der *Gleichzeitigkeit* in der Hermeneutik, die wir früher schon (vgl. I 13-14; 59-60) mehrfach zitiert haben.
Man muß sich bei der Frage einer religiösen Hermeneutik biblischer Logien jedoch vor Augen halten, daß die Frage nach einer angemessenen religiösen Interpretation der Reden bestimmter Religionsgründer und religiöser Lehrer keineswegs auf die biblische Tradition beschränkt ist. Auch bei der Interpretation der Worte geht die historisch-kritische Methode fast notwendig in die Irre, indem sie ihren «Untersuchungsgegenstand» auf den engen zeitgeschichtlichen Umkreis der Bibel einzugrenzen sucht. Ihr muß dann entgehen, daß viele ihrer «Probleme» gar keine Probleme sind, sondern eine typische Eigenart religiöser Überlieferung darstellen, die erst durch unangemessene Fragestellungen den Charakter von Problemen annehmen. Immer wieder im Brahmanismus, Buddhismus, Taoismus, bei den jüdischen Chassidim[8] u.a.m. stößt man auf die Eigentümlichkeit, die religiösen Aussprüche des jeweiligen Meisters *historisch isoliert* zu überliefern, offenbar in richtigem Wissen darum, daß sie nur in dieser Form ihre überzeitliche Geltung dokumentieren können; das historisch Fehlende soll eben nicht durch hypothetisches historisches Material ergänzt werden, sondern die historische Lücke soll dazu auffordern, das isoliert überlieferte Wort von dem existentiellen Kontext des eigenen Lebens her zu verstehen. Es ist zur Auslegung der religiösen Worttraditionen daher nichts anderes zu tun als gerade dasjenige, was die historisch-kritische Exegese die Synagoge ebenso wie die frühe Kirche im Umgang mit den einzelnen religiösen Logien denn auch tatsächlich tun sieht: sie *offen* in die eigene Gegenwart zu stellen und sich nicht durch Fragen nach vergangenen Bedeutungen aus der Aktualität des Anspruchs eines religiösen Wortes davonzustehlen.
Die religiösen Lehrer selbst haben ihre Worte so verstanden. Der taoistische

[7] A.a.O., 71–72.
[8] Vgl. M. BUBER: Die Erzählungen der Chassidim, Werke III 69–712.

Weisheitslehrer DSCHUANG DSI z.B. erläuterte einmal ausführlich, wie man ein altes überliefertes Wort religiös verstehen müsse, und seine Erläuterung entspricht aufs Wort der Gleichzeitigkeitsregel, die wir von KIERKEGAARD her immer wieder so sehr betonen. «Unter meinen Worten», erklärte DSCHUANG DSI – ähnlich dem Jesus-Wort in Mt 13,52 von dem Hausherrn mit seinen neuen und alten Schätzen – «sind sieben Zehntel Zitate von Worten, die von andern schon früher ausgesprochen sind. Solche Leute nenne ich meine verehrten Vorgänger. Wer aber nur den Jahren nach vorangeht und nicht erfahren ist im Getriebe des Webstuhls der Zeit, der ist deshalb, weil er älter ist, noch lange kein Vorgänger. Ein Mensch, der nichts hat, worin er anderen voraus ist, ist kein Führer der Menschen. Wer kein Führer der Menschen ist, ist aber einfach ein Mensch der Vergangenheit.»[9] Besser läßt sich die Forderung nach *innerer*, nicht nach historischer Gleichzeitigkeit als der unerläßlichen Bedingung zum Verständnis eines religiösen Wortes nicht ausdrücken. Die zeitlose Form der Worttradition, die sich jede historische Rahmung der religiösen Worte förmlich verbietet, sollte mithin in der Auslegung gerade als die richtige und notwendige Art der Vermittlung einer religiösen Botschaft respektiert und nicht durch wisserisch sich gebende Hypothesen historisierender Veräußerlichung zerstört werden.

b) Die Gefahr ethisierender Mißverständnisse oder: Die Lehrtechnik der Rätselrede

Indem auf diese Weise beim religiösen Hören sich der Einzelne mit seinem Leben einem bestimmten religiösen Wort gegenübersieht, ist neben dem historisierenden Mißverständnis zugleich eine andere Gefahr gebannt, die sich immer wieder bei der Auslegung einer religiösen Botschaft nahelegt: *das Mißverständnis des Ethischen.* Um ein bestimmtes Wort religiös zu verstehen, darf man gerade nicht, wie die historisch-kritische Exegese es versucht, die Frage an den Text richten, nach welchen Interessen und Absichten ein bestimmtes Wort geprägt und überliefert wurde; es gilt im Gegenteil, zunächst *alle* Interessen und Absichten zurückzustellen, um anhand des religiösen Wortes sich die Frage vorzulegen, wie die Wirklichkeit der eigenen Person beschaffen ist. Ein religiöses Wort religiös zu verstehen, heißt immer, das betreffende Wort zum Spiegel zu nehmen, um sich selber darin zu betrachten, und zwar tiefer, als es in einer bloßen Reflexion des Bewußtseins möglich wäre. Eben deshalb ist die Tiefenpsychologie für die religiöse Interpretation der biblischen Logien (oder der Worttraditionen anderer Religionen) so unerläßlich, weil ohne die Frage nach der immanen-

[9] DSCHUANG DSI: Südliches Blütenland, XXVII 1, S. 285.

ten Psychologie einer religiösen Wahrheit die religiöse Botschaft an den Hörenden nur wie eine neue Forderung herantreten könnte. Die religiöse Botschaft würde dann nur wie ein neuer Befehl, wie ein willentlicher Auftrag von außen wirken; sie würde nicht von innen her den Einzelnen erneuern, befreien und zur Wahrheit seiner selber führen.

Was einzelne religiöse Worte besagen können, wird man vermutlich am besten erfahren können, wenn man darauf hört, wie Menschen sprechen, die – z.B. in einer Psychotherapie – den Mut aufbringen, sich selber tiefer zu begegnen. Es geht dabei niemals darum, sich selber moralisch nach bestimmten Normen und Forderungen zu bewerten, es geht allein darum, zu prüfen, wer man selber *ist*; das richtige *Tun* ist eine Frage zweiter Ordnung, jenseits des eigentlich Religiösen, und es ergibt sich wie von selber, wenn Menschen in sich selber Halt und Festigkeit gefunden haben. Gerade die Psychoanalyse hat eine solche Haltung tiefer Menschlichkeit in der Behandlungspraxis zu ihrer Methode erhoben, indem sie mit der Technik der Traumdeutung und der freien Assoziation einen möglichst unverstellten Zugang zu der Wahrheit eines Menschen zu finden suchte; statt der Frage: Was muß (oder soll) ich tun?, drängt sie darauf, als erstes immer wieder sich die Frage vorzulegen: Wer bin ich selbst?, was geht in mir vor sich?, wo stehe ich wirklich? Von daher lebt die Tiefenpsychologie von einem Vertrauen, das man beim Hören eines jeden religiösen Wortes unbedingt mitbringen sollte: es genügt, wenn (anhand eines solchen Wortes) der Einzelne sich selbst ein Stück weit tiefer zu begreifen lernt; um sein *Sein* geht es zunächst; sein *Tun* ist etwas Abgeleitetes und Sekundäres.

Gerade eine *religiöse* Interpretation von Bibelworten muß sich also vor allem gegenüber der Gefahr einer moralisierenden Verfälschung und Verflachung der einzelnen Weisungen und Mahnungen hüten. Die *religiösen Weisungen* sind besonders dadurch gekennzeichnet, daß sie sich dem moralischen Anspruch, der Vorstellung: «Das kann ich auch noch», auf *paradoxe* Weise entziehen. So scheinbar klar die religiösen Weisungen auch erscheinen mögen, in Wahrheit verwandeln sie sich bei näherem Hinsehen zumeist in *Rätselworte*, deren Auflösung dem Einzelnen nur in der Tiefe seiner Existenz geschenkt sein kann. Gerade weil die Religion nicht auf die Symptomatik der menschlichen Angst an der Oberfläche, sondern auf das Wesen des menschlichen Daseins zu antworten versucht, wird verständlich, warum die religiöse Rede es förmlich liebt, sich in *das Paradox* zu flüchten: sie wehrt auf diese Weise den Anspruch des Ichs ab, sich mit moralischen Mitteln seine Leistungsfähigkeit und Vortrefflichkeit zu beweisen; sie stellt die Herrschaft des Ichs mit seinen moralisch gußeisernen Begriffen, mit seinem verständigen Pragmatismus und mit seinem Willen zur Selbstdurchsetzung vollkommen in Frage; und damit wirft sie zugleich den Einzelnen vollkommen auf sich selbst zurück: es gibt angesichts der religiösen Rede durchaus keine höhere Vernunft mehr, vor deren Tribunal nach Art eines kollektiven Appellationsgerichtes das Ich wieder in sein Recht eingesetzt werden könnte.

Die religiöse Rede treibt daher zunächst in die *Vereinzelung*, und ihr Verständnis erschließt sich nur im Status der Vereinzelung. «Der Glaube», so meinte S. KIERKEGAARD vollkommen richtig, «ist eben dieses Paradox, daß der Einzelne als der Einzelne größer ist als das Allgemeine, daß er diesem berechtigt gegenübersteht ... daß der Einzelne als der Einzelne in einem absoluten Verhältnis zum Absoluten steht.»[10]

Eben wegen dieser Absolutheit der religiösen Rede ist es absurd, das Verständnis einer biblischen Weisung in der Allgemeinheit der ethischen Vernunft suchen zu wollen. Noch ärger freilich muß es erscheinen, wenn man die religiöse Rede noch nicht einmal, wie etwa in der Religionskritik der Aufklärung, in der allgemeinen Gültigkeit des geistigen Anspruchs, sondern, noch einen Schritt weiter, lediglich von der Äußerlichkeit und Bedingtheit einer bestimmten historischen Situation her zu verstehen sucht. Die religiöse Weisung unternimmt durch ihre Paradoxität und Rätselhaftigkeit gerade ein äußerstes, um den Einzelnen aus seinen gewohnten Lebensverhältnissen, aus der Einbindung in seine besonderen sozialen und historischen Verhältnisse *herauszulösen* und ihn mit dem Anspruch des Absoluten zu konfrontieren, das gleichwohl nur für ihn, unter der Voraussetzung seiner inneren Situation, in *dieser* Weise gilt. Allein die psychische bzw. existentielle Konstellation schafft den Raum, innerhalb dessen ein bestimmtes religiöses Wort verständlich ist; die Äußerlichkeiten des *historisch* Einmaligen oder die Vordergründigkeit des *ethisch* Allgemeinen hingegen können von diesem Gegenüber des Einzelnen im Angesicht des Absoluten nur wegführen, und sie richten sich, zum Auslegeverfahren erhoben, geradewegs gegen den erklärten Sinn und die formale Struktur derartiger Worte.

Es verdient an dieser Stelle die größte Beachtung, daß S. KIERKEGAARD, auf den wir bei den Fragen religiöser Hermeneutik immer wieder stoßen, es als Charakteristikum keineswegs nur der christlichen Botschaft, sondern der religiösen Rede überhaupt betrachtete, den Einzelnen durch ihre Rätselhaftigkeit auf sich selbst im Angesicht des absoluten Grundes seiner Existenz zurückzuwerfen. Immer wieder nämlich stößt man – und zwar historisch völlig unabhängig voneinander, einfach vom Wesenszug des Religiösen her – auf die Besonderheit des Rätselhaften, Paradoxen, des nur dem Einzelnen zur Lösung Aufgegebenen im Umkreis religiöser Rede.

Am deutlichsten läßt sich dieser Sachverhalt erneut am Beispiel des *Taoismus* aufzeigen, indem die Lehre und das Selbstverständnis dieser Religion auf die paradoxe Struktur des Religiösen ebenso hinweisen wie auf die Gefahr des

[10] S. KIERKEGAARD: Furcht und Zittern, (hrsg. u. übers. v. L. Richter, Werke III) 51.

ethischen Mißverständnisses des Religiösen. Einige Episoden taoistischer Überlieferung mögen zur Verdeutlichung genügen.
In den von DSCHUANG DSI erdachten Streitgesprächen zwischen KONFUZIUS, dem klassischen Vertreter des ethischen Optimismus, und LAOTSE kommt KONFUZIUS einmal auf die Menschlichkeit und Gerechtigkeit zu sprechen; *Laotse* aber erklärt, eben diese «Tugenden» der Menschlichkeit und Gerechtigkeit seien wie Staub, den man jemandem in die Augen werfe, so daß er jegliches Richtungsempfinden verliere; sie seien wie Mückenstiche, bei denen man nachts nicht schlafen könne. «Diese Eure Menschlichkeit und Gerechtigkeit», sagt er, «sind lästig, sie stören nur das Bewußtsein und verwirren mir den Geist. Wenn Ihr die Leute nur leben lassen würdet, ohne daß sie ihre ursprüngliche Einfalt verlieren, und wenn ihr selbst nur Euren natürlichen Antrieben folgen würdet, wäre der Charakter der Menschen fest gegründet. Warum lauft Ihr ungeduldig herum wie einer, der seinen Sohn verloren hat und ihn trommelschlagend sucht? Der Schwan ist ohne tägliches Reinigungsbad weiß, und der Rabe ohne schwarzen Anstrich schwarz. In ihrem Urzustand sind Schwarz und Weiß völlig am Platz. All dieses Streben nach Ansehen und Ruhm fügt dem Charakter des Menschen nichts hinzu. Wenn ein Teich austrocknet und Fische auf dem Trockenen bleiben, feuchten sie einander mit dem Schaum ihres Mundes an. Weit besser wäre es, sie in die Flüsse und Seen zurückgleiten zu lassen.»[11] M.a.W.: statt sich zu fragen: was muß ich tun, beginnt die eigentlich religiöse, die wirklich erlösende Sicht des menschlichen Daseins mit der Frage: wer bin ich in Wahrheit; und statt nach fremden Idealen zu streben, geht es in religiösem Sinne vielmehr darum, zu seinem eigenen Ursprung und Wesen zurückzufinden – alles andere ist nur ein Notbehelf außerhalb des eigentlichen Lebenselementes, ein quälendes Schnappen nach Luft, ein Zappeln aus purer Verzweiflung.
Entsprechend dieser inhaltlichen Ausrichtung der religiösen Rede ist nun auch *die paradoxe Form* beschaffen, in der sie im *Taoismus* vorgetragen wird: sie zwingt zu langem Nachdenken in der Einsamkeit, sie nötigt zu Betroffenheit und sie macht offenbar, daß bestimmte Probleme weder mit dem Verstand noch mit dem guten Willen moralischer Vorsätze zu lösen sind, weil sie sich zumeist überhaupt nur stellen, insofern die Einheit mit Gott, mit dem *Tao*, mit dem Ursprung aller Dinge und dem Wesensgesetz in allen Dingen, zerfallen ist. Von daher kommt es in der religiösen Unterweisung wesentlich darauf an, dem Irrtum vorzubeugen, man könne durch äußeres Bildungswissen, durch «vernünftige» Tips und Ratschläge oder durch logisches Nachdenken sein Leben wieder in Ordnung bringen. Im Gegenteil muß die religiöse Lehrrede bestrebt sein, den logischen Zusammenhang zu zerreißen, sei es in der besprochenen

[11] LIN YUTANG: Laotse, 205.

Weise durch die Isolation der Worte von dem «vernünftigen» zugehörigen Kontext, sei es durch die Bildung absichtlicher Paradoxien, Verfremdungen und Rätselhaftigkeiten.
Der chinesische Gelehrte KONFUZIUS z.B. rühmte sich einmal gegenüber LAOTSE, er habe die Klassiker studiert, die Reiche durchwandert und die Regierungsformen verglichen, aber keiner der Herrscher habe sich von ihm überzeugen lassen – es sei schwierig für die Leute, die Wahrheit zu verstehen. Voller Ironie meinte daraufhin LAOTSE, man müsse geradezu von einem Glück sprechen, daß KONFUZIUS keinem jener Herrscher begegnet sei, welche die Welt in Ordnung bringen wollten. Die Schriften der Klassiker seien doch nicht diese selber. Und um den Unterschied zwischen Lehre und Leben, zwischen Augenschein und Wirklichkeit zu verdeutlichen, griff LAOTSE bewußt zu dem Mittel der Rätselrede: «Die weißen Falken (Männchen und Weibchen) pflanzen sich fort, indem sie einander unverwandt in die Augen schauen. Ein männliches Kerbtier zirpt irgendwo und ein weibliches antwortet ihm irgendwo anders, und sie pflanzen sich auf diese Weise fort ... Jedes einzelnen Wesens Natur ist unveränderlich, jedes Schicksal unabwendbar. Die Zeit läßt sich nicht aufhalten, und das Tao darf nicht gehemmt werden. Wer das Tao besitzt, kann gehen, wohin er will. Ohne das Tao ist man verloren, wohin immer man geht.»[12]
M.a.W.: alles ringsum handelt von innen heraus, alles folgt dem Drang seines Wesens, und so bleibt es in Ordnung; alle künstlichen Lehren hingegen, wie man sein und handeln sollte, setzen bereits eine Unordnung voraus, die sie mit ihren allzu praktischen, allzu äußerlichen Vorschriften nur noch vermehren; um zur Einheit mit sich selbst zu finden, darf man nicht die Lebensäußerungen für das Leben nehmen, es sei denn, man wollte glauben, daß die Vögel sich vermehren, indem sie sich verliebt anschauen.
Bezeichnend war nun, wie *Konfuzius* auf diese «Lehre» *Laotses* reagierte: «Konfuzius ging heim und rührte sich drei Monate lang nicht aus seinem Hause. Dann ging er wieder zu Lao Tan (Laotse, d.V.) und sagte: «Jetzt habe ich es. Die Vögel pflanzen sich durch Eierlegen fort, die Fische durch Schaumblasen, und Kerbtiere, wie Bienen, durch Verwandlung (aus der Puppe) ... Lange habe ich mich nicht in der allgemeinen Menschheit verloren, aber wie kann man Menschlichkeit lehren, ohne sich in der Menschheit zu verlieren?» «‹Jetzt habt Ihr es›, sprach Lao Tan.»[13] D.h.: es geht nicht an, das äußere Verhalten, z.B. der Tiere, zu beobachten, wenn man das Wunder des Lebens verstehen will; dieses ereignet sich vielmehr auf den vielfachen, geheimnisvollen Wegen, die in den einzelnen Wesen von Natur aus angelegt sind. So auch nutzt es nichts, die Menschen bestimmte äußere Verhaltensweisen zu lehren; es kommt darauf an, daß sie ihr

[12] A.a.O., 206.
[13] A.a.O., 205–208.

eigenes Wesen, die «Menschheit», leben, dann ergibt sich die «Menschlichkeit» von ganz allein.

In solcher Weise sind die religiösen Worte allesamt eigentlich nur die «Fußspuren» eines Menschen; den Vorgang des Gehens, dem sie entstammen, und vor allem: die lebendige Gestalt des Menschen, der da ging, muß man in sich selbst erwecken, um das entsprechende Wort wirklich religiös in sich aufzunehmen. Alle Angaben darüber, in welch einen (historischen) «Untergrund» die Fußspur sich eindrückte, sind daher von religiösem Standpunkt aus ganz und gar überflüssig, und wenn die religiösen Lehrtraditionen der verschiedensten Völker und Kulturen immer wieder die Worte ihrer Meister in *absoluter* Form, ohne jede relativierende Angabe des historischen Fundortes, isoliert, paradox, in rätselhafter Verfremdung überliefern, so offenbar nicht, wie die historisch-kritische Methode anzunehmen scheint, um das wirkliche, religiöse Verständnis durch historische Unbedachtheit zu erschweren, sondern um es zu erleichtern, indem die Irrwege eines gelehrten Scheinverständnisses von vornherein durch die formale Unterbrechung der alltäglichen Zuordnungsgewohnheiten unterbunden werden.

Im alten China war deshalb in den taoistischen Schulen die *Rätselrede* sehr beliebt. Der große LAOTSE-Schüler DSCHUANG DSI etwa konnte von sich sagen:

«Gleichnisreden biet' ich zumeist
Und alter Reden Worte gar viele»,

und er erläuterte dies:

«Unter meinen Worten sind neun Zehntel Gleichnisreden; das heißt, ich bediene mich äußerer Bilder, um meine Gedanken auszudrücken. Gerade wie ein Vater nicht selbst den Freier macht für seinen Sohn. Denn es ist besser, wenn ein Sohn von einem andern gelobt wird, als von seinem eigenen Vater. Daß ich zu diesem Mittel greifen muß, ist aber nicht mein Fehler, sondern der Fehler des anderen. Wer eins mit uns ist, wird uns verstehen; wer nicht eins mit uns ist, wird uns widersprechen. Denn jeder billigt das, was ihm entspricht, und tadelt das, was von ihm abweicht.»[14] Diese Worte, die in ähnlicher Form auch im Johannesevangelium stehen könnten, verweisen auf die Gebrochenheit und die Not jeder religiösen Rede, die *notwendig* darin rätselhaft sein muß, daß sie das Äußere in ein bloßes Ausdrucksmittel des inneren Sinngehaltes verwandelt und somit den äußeren Verstand, z. B. im *johanneischen Mißverständnis*, unausweichlich in die Irre führt, wie wir es nachher noch im Gespräch Jesu mit der Frau am Jakobsbrunnen sehen werden (S. 688ff.). Die religiösen Worte sind stets ein Kompromiß, ein Bastard zwischen der Äußerlichkeit des Zuhörers und der Innerlichkeit des Sprechers, eine Brechung des Lichts beim Übergang von dem einen Medium

[14] DSCHUANG DSI: Südliches Blütenland, XXVII 1, S. 285.

in ein anderes. Deshalb sind sie nur eine Art Lockmittel, um in sich selbst den Ort zu finden, aus dem sie stammen, und die Worte selber zu vergessen. «Die Worte», sagte – noch einmal – der chinesische Weise *Dschuang Dsi*, «die ... wie aus einem Becher hervorkommen und gestimmt sind auf die Ewigkeit, sind solche, die einfach hervorquellen und dadurch erhaben sind über die Zeit. Jenseits der Worte herrscht Übereinstimmung. Diese Übereinstimmung aber kann durch Worte nicht zum übereinstimmenden Ausdruck gebracht werden, und die Worte decken sich mit dieser Übereinstimmung niemals ganz übereinstimmend. Darum gilt es ohne Worte auszukommen. Wer sich auf diese Rede ohne Worte versteht, der kann sein ganzes Leben lang reden, ohne Worte gemacht zu haben; er kann sein ganzes Leben lang schweigen und hat doch geredet.»[15]

Es verdient Beachtung, daß ähnliche Lehrverfahren in den Religionen der Völker immer wieder geübt wurden und werden. In *Indien* waren es die *Mantras*, die der Lehrer dem einzelnen Schüler zur Meditation aufgab und denen eine besondere «Kraft» zugeschrieben wurde; der Lehrer mußte den Schüler und seine Situation gut genug kennen, um ihm eine derartige Weisung erteilen zu können, und der Schüler umgekehrt ging erst dann wieder zu seinem Lehrer zurück, wenn er die lebendige Antwort, die Kraft, die Auflösung des zumeist rätselvollen Mantras erkannt hatte. Im *chinesischen Buddhismus* der Ming Dynastie wurde ganz ähnlich die Lehrtechnik des *Kung-an* entwickelt, die sich in *Japan* als *Koan* verbreitete: einzelne «Logien» wurden dem Schüler aufgegeben, bis daß er selbst von innen her den Sinn des entsprechenden Satzes zu erkennen oder, besser, zu leben vermochte[16].

Nicht prinzipiell anders verhält es sich offenbar auch mit der Art des öffent-

[15] A.a.O., 286.

[16] Vgl. E. Conze: Der Buddhismus, 193–195; U. Baatz: Jitokku lacht den Mond an, 20–21, dort auch mit Literaturangaben. Der Schüler der sich mit einem Koan beschäftigt, muß den kurzen ihm aufgegebenen Rätseltext für sich selber lösen, doch er vermag ihn mit den Mitteln des Verstandes nicht zu lösen. «Da der Schüler aber eine Lösung finden muß, wird sie ihn verfolgen, bis er in einen Zustand gerät, als ob er – so ein bekannter Vergleich – eine glühende Kugel verschluckt hat und sie nicht ausspeien kann.» (A.a.O., 20) – Ähnliches berichtet M. Buber: Noch einiges zur Darstellung des Chassidismus (1961/62), Werke III 995 vom chassidischen Lehrverfahren. Vom Koan sagt er sehr richtig: «Ohne Verbindung mit den als grundlegend übernommenen Lehrschriften entwickelt sich hier die dem Zen schlechthin eigentümliche Literaturgattung, das ‹Koan›, – ein gewöhnlich mit ‹Beispiel› wiedergegebenes Wort, das aber genauer als ‹Kundgebung› zu verstehen ist. Es sind dies im wesentlichen knappe Berichte von Begegnungen, eingerahmt von einleitenden ‹Hinweisen›, begleitenden ‹Erläuterungen›, dichterisch sublimierenden ‹Gesängen› u.a. Gemeinsam ist ihnen, daß im Verlauf der ‹Kundgebung› ein direkt oder indirekt gestelltes Grundproblem sich als sprachlich, ja gedanklich unlösbar, als Paradox erweist, dem kein Lehrsatz gewachsen ist, wohl aber eine die gesamte Begriffssphäre aufhebende Wesenshaltung der menschlichen Person. Besonders charakteristisch sind die Berichte über Begegnungen zwischen einem Lehrer und einem Schüler, in der dieser auf seine Frage entweder eine allem Anschein nach absurde Antwort oder auch als einzige Erwiderung einen Schrei von besonderer, hergebrachter Art zu hören bekommt oder aber geschlagen, weggestoßen, verjagt wird. Und immer wieder lesen wir, daß gerade im Augenblick des radikalen Abgelehntwerdens der Schüler die ‹Erleuchtung›

lichen Redens Jesu. Für die ganze Botschaft Jesu, mithin für die gesamte evangelische Worttradition, dürfte das Markus-Evangelium nicht ganz unrecht haben, wenn es meint, daß Jesus «ohne Rätselworte» überhaupt nicht in der Öffentlichkeit geredet habe und nur seinen Jüngern, entsprechend der Praxis der spätjüdischen Rabbinen, «für sich allein» alles ausgelegt habe (Mk 4,34). Gewiß ist das Reden in Rätselworten im Markusevangelium als ein Reden in Rätseln verstanden worden, das, in Erfüllung von Jes 6,9, der *Verstockung Israels* dienen und die Notwendigkeit des Sterbens Jesu verständlich machen sollte[17]. Aber der ursprüngliche Sinn der *«meschalim»*, der religiösen Rätselworte, ist gewiß nicht die absichtsvolle Irreführung der Zuhörer; die «Technik» der Rätselrede beruht überhaupt nicht auf irgendeinem literarischen, stilistischen oder ästhetisch begründbaren Kunstgriff – sie ergibt sich vielmehr aus dem Paradox der religiösen Erfahrung selbst und stellt am ehesten eine *pädagogische* Notwendigkeit dar, wenn man das eigentlich nicht Mitteilbare – die Erfahrung des Religiösen – trotz allem mitzuteilen versucht, indem man eine Vision, eine innere Schau, in äußere Worte zu kleiden sich bemüht. Die Absicht solcher Worte geht, wie DSCHUANG DSI richtig sagte, eigentlich dahin, die Worte überflüssig zu machen und einen eigenen Strom von selbstempfundenen Bildern anzuregen. Darum die undiskutierbare, unvermittelte Isoliertheit des religiösen Logions, darum die Schroffheit seines Anspruchs, darum die immanente Aufforderung, es solange von innen her auf sich einwirken zu lassen, bis es sich ohne intellektuelle Erklärung wie von selbst erschließt.

Man nehme z.B. das Jesuswort aus *Mk 11,23* von dem Glauben, der imstande ist, Berge zu versetzen. Als äußeres Bild mag man das Wort für eine bloß übertreibende Redefigur, für ein orientalisches Stilmittel halten. Tiefenpsychologisch aber zeigt sich, daß ein unübersteigbares Lebenshindernis in Träumen nicht selten als ein «Berg» symbolisiert werden kann, und entsprechend taucht das Bild denn auch immer wieder in den Mythen und Märchen auf: in der Grimmschen Erzählung vom «Goldenen Vogel» z.B. (KHM 57) kann der Königssohn (das Ich) die Braut (die anima) nur heimführen, wenn er einen Berg abträgt, der den Ausblick des Königspalastes verstellt; erst nachdem er mit all seinen Bemühungen scheitert, lernt er das notwendige Vertrauen in die Macht des Nicht-Handelns, durch das der Berg in einer Nacht wie von selbst verschwindet[18]. Das

empfängt, die eben nur dem Geheimnis der unumschreibbaren Situation entspringt, welche eben doch irgendwie, eben so wie es hier geschieht, berichtet, sozusagen erzählt wird.» *Buber* meint, daß im *Sufismus* Äußerungen eines Meisters im Umgang mit Gott berichtet würden, im *Zen* Äußerungen eines Meisters im Umgang mit einem Schüler, im *Chassidismus* Äußerungen eines Meisters verschiedener Art; immer aber sind es Texte von Mund zu Mund, in der «Wolke von Zeugen» gelebter Wirklichkeit, nie «objektive» Verbegrifflichungen, Theorien oder historische Faktensammlungen.

[17] J. GNILKA: Die Verstockung Israels, 23–28.

[18] Vgl. E. DREWERMANN – I. NEUHAUS: Der goldene Vogel, 49–51.

Rätselwort selbst erscheint, symbolisch verstanden, keineswegs willkürlich, sondern ganz und gar der traumhaften, inneren Wirklichkeit entnommen; es antwortet auf den *Alptraum* eines Lebens ständiger «Machbarkeiten» mit einem Bild des Nicht-zu-Machenden, und erst wenn einem das Dasein des vordergründigen Pragmatismus buchstäblich wie ein nicht zu übersteigender Berg entgegensteht, wird man begreifen, welche in der Tat bergeversetzende Kraft der Glaube besitzt; ohne den Hintergrund der Angst und der Not hingegen reduziert sich ein religiöses Wort wie Mk 11,23 auf eine humorvolle Rede oder eine arg vollmundige Sprechblase.

In jedem Falle kommt es mithin darauf an, die scheinbare Paradoxität, die Rätselhaftigkeit und die fehlende Verknüpfung der einzelnen religiösen Aussprüche mit einem deutenden historischen Kontext in den religiösen Wortüberlieferungen der Völker nicht als einen Mangel zu interpretieren, sondern darin eine Aufforderung zu erblicken, den entsprechenden Sinnzusammenhang *in der eigenen Existenz* herzustellen und sich selbst im Spiegel des einzelnen Wortes zu fragen, was für ein Mensch man selber ist. Diese Feststellung gilt ohne Unterschied für die gesamte Überlieferung religiöser Worte; und stets ergibt sich, daß zu diesem Zweck gerade eine tiefenpsychologische Interpretation von großem Nutzen ist, indem sie gleichermaßen das historisierende wie das ethisierende Mißverständnis der religiösen Rede vermeiden hilft. An die Stelle der Frage, was jemand in vergangenen Zeiten mit einem bestimmten Wort hat sagen wollen, rückt sie die Frage, was er mir selber hier und heute mit seinem Wort zu sagen hat, und vor die Frage: was muß ich tun?, stellt sie die religiös wie psychologisch weit wichtigere Frage: wer darf ich sein – vor Gott, vor mir selbst und vor den Menschen?

c) Formale Gliederung der Redegattungen

Der Wert der historisch-kritischen Exegese, so gering er für die eigentliche Interpretation religiöser Rede auch zu veranschlagen sein mag, liegt gleichwohl immer wieder unzweifelhaft darin, daß sie die unterschiedlichen *Formen* der verschiedenen Erzähl- und Redegattungen herausgearbeitet hat. Ganz so, wie bisher die verschiedenen Erzählformen der Bibel als Mythos, Märchen, Sage, Legende, Wundererzählung, Berufungsgeschichte, Apokalypse etc. einen *unterschiedlichen* Gebrauch der Tiefenpsychologie erforderten, so ist jetzt auch innerhalb der Wortüberlieferungen darauf zu achten, in welch einer Form eine bestimmte religiöse Rede wiedergegeben ist, um sie in ihrem Sinngehalt richtig aufzufassen.

Die formale Einteilung der Wortüberlieferungen, die in der Exegese des Neuen Testaments von R. BULTMANN schon vor einem halben Jahrhundert gegeben wurde, kann ihrer Sorgfalt und Differenziertheit wegen auch heute noch als vorbildlich gelten und ist jedenfalls ausreichend, um zu beschreiben, welch einen Beitrag im einzelnen die Tiefenpsychologie zur Interpretation religiöser Rede leisten kann; auch wird es genügen, sich an dieser Stelle aus didaktischen Gründen auf die Überlieferung des *Neuen Testamentes* zu beschränken, da von einem rechten Verständnis dieser Worte unmittelbar weit mehr abhängt als etwa von der Deutung bestimmter Mahnreden z. B. der Propheten des Alten Testamentes; zudem wird der Leser die einmal gewonnenen Regeln einer tiefenpsychologischen Hermeneutik religiöser Rede von selbst unschwer auch auf entsprechende Texte des Alten Testamentes übertragen können.

In den Wortüberlieferungen des Neuen Testamentes unterschied BULTMANN die folgenden Formen[1]:

1. *Streit- und Schulgespräche*, für die bestimmte Heilungen (wie in Mk 3,1-6 oder Lk 14,1-6) oder das Verhalten der Jünger (wie in Mk 2,23-28) bzw. das Verhalten Jesu selbst (wie in Lk 7,36-50) den Anlaß geben oder aber in denen gewisse Fragen von Gegnern, Hörern oder Jüngern Jesu ihre Antwort finden (vgl. Mk 12,13-17 oder Mk 12,18-27), sowie ferner

2. *die biographischen Apophthegmata*, wie die Berufungsgeschichten, die Verwerfung Jesu in seiner Heimat (Mk 6,1-6), das Opfer der Witwe (Mk 12,41-44) u. a. m.

3. Die eigentlichen Herrenworte, die *Logien*, lassen sich unterscheiden in *Grundsätze*, die, je nachdem, sachlich oder persönlich formuliert sind (wie Mt 12,34b; 6,34b; Lk 16,15b u. a. m.,bzw. Lk 10,7b; Mt 22,14; Mk 10,31 u. a. m.), *in Seligpreisungen* (z. B. Lk 11,28) und in die *Folgerungen* vom leichteren aufs schwerere (in Form des qalwachomer-Schlusses wie in Mt 6,23 oder Mt 10,29f); ferner in *die Mahnworte* (nach Art von Lk 4,23; Mt 8,22b; Lk 6,31 usw.) und *die Fragen* (z. B. Mt 6,27; Mk 2,19; Lk 6,39 u. a. m.).

4. Daneben stehen die *prophetischen* und *apokalyptischen* Worte, nämlich: die *Heilspredigt* (z. B. Lk 14,15; 10,23f; 6,20-23 u. a. m.), das *Drohwort* (wie Lk 6,24-26; 10,13-15; 11,31-32), die *Mahnrede* (Mk 15,15; Lk 12,35-38 u. a. m.) und die apokalyptische *Weissagung* (wie Mk 13,2; 14,58; Mt 26,61 u. a. m.).

5. Schließlich sind die *Gesetzesworte* und *Gemeinderegeln* zu beachten (wie Mk 2,27; 3,4; 4,15 u. a. m.).

Je nachdem, ist der Beitrag und Stellenwert einer tiefenpsychologischen Betrachtung der verschiedenen Redeformen natürlich unterschiedlich, und wir brauchen die BULTMANNsche Formentabelle nur durchzugehen, um die jeweiligen Möglichkeiten und Unterschiede an ausgewählten Beispielen exemplarisch herauszuarbeiten. Dabei können wir die Erörterung der *prophetischen* und der *apokalyptischen* Worte bereits für abgeschlossen halten; was sie von den «ge-

[1] R. BULTMANN: Die Geschichte der synoptischen Tradition, 8–161.

wöhnlichen» Mahnworten unterscheidet, haben wir tiefenpsychologisch wohl hinreichend erläutert (s. o. 356 f.). Übrig bleiben für eine nähere Betrachtung mithin die Streit- und Schulgespräche, biographischen Apophthegmata und die Logien, Gesetzesworte und Weisungen.

1) Streit- und Schulgespräche: Die Geschichte vom Zinsgroschen (Mk 12,13-17) zum Beispiel und: Das Gespräch Jesu mit der Frau am Jakobsbrunnen (Joh 4,1-42)

Die psychologische Seite der *Streit- und Schulgespräche* können wir mühelos verstehen, wenn wir auf sie die gleiche Methode anwenden, mit der wir bereits im Fall der Perikope von der Sünderin (Lk 7,36-50) gezeigt haben, wie die Wechselbeziehungen eines Gespräches sich mit Hilfe der einfühlenden Methode der *Gesprächspsychotherapie* nach ROGERS verstehen lassen (vgl. I 444 ff.). Ganz entsprechend läßt sich jetzt in Kürze an dem Beispiel eines Streitgesprächs, z. B. an der *Perikope vom Zinsgroschen* (Mk 12,13-17), die Art und der Nutzen eines solchen Vorgehens verdeutlichen. Die Auswahl gerade dieser Perikope besitzt den Vorteil, daß in ihr der historische Hintergrund tatsächlich einmal besonders deutlich hervortritt. – Darüberhinaus wird es gut sein, einmal ein längeres Gespräch auszulegen, das man eigentlich nur theologisch verstehen kann – *das Gespräch Jesu mit der Frau am Jakobsbrunnen* in Joh 4,1-42; denn in dieser Perikope zeigt sich besonders deutlich, daß man die Bedeutung auch der religiösen Themen nur begreift, wenn man immer wieder im Sinne der Methode der Einfühlung sich die Frage vorlegt, was die einzelnen mitgeteilten Gedanken, Stellungnahmen und Standpunkte für die sprechenden Personen selbst bedeuten.

A Die Geschichte vom Zinsgroschen (Mk 12,13-17)

Das Gespräch beginnt mit einer Doppelfrage, zu der die an sich verfeindeten Parteien der Pharisäer und Herodianer sich ausnahmsweise zusammengetan haben, um Jesus eine tödliche Falle zu stellen[2]: «*Dürfen* wir Steuern zahlen?» – fragen die Pharisäer, «*sollen* wir zahlen?» – die Herodianer; je nachdem, wie Jesus antwortet, scheint er sich mit Notwendigkeit sein eigenes Urteil zu sprechen: sagt er, es sei *gegen* das göttliche Gebot, den römischen Kaiser, der sich für einen Sohn Gottes ausgibt, durch die Steuerabgabe anzuerkennen, so können die Herodianer ihn als politischen Aufrührer bei den Römern denunzieren; sagt er, die Steuer sei religiös neutral, so können die Pharisäer ihn beim Volk mit seinen messianischen Erwartungen um jeden Kredit bringen. Im Hintergrund

[2] Vgl. E. STAUFFER: Die Botschaft Jesu damals und heute, 95–118; DERS.: Christus und die Caesaren, 102–125. Zu der Form des *Schulgesprächs* (Frage, Gegenfrage, Antwort der Fragesteller, Antwort des Lehrers) vgl. R. PESCH: Das Markusevangelium, II 225.

der Fragestellung stehen also eine ganze Reihe von verdeckten Absichten und Gefühlen – des Hasses und der Angst, der intellektuellen Kälte und des Willens zu äußerlicher Korrektheit sowie der diplomatisch geglätteten und geistig disziplinierten Entschlossenheit, Jesus geistig und physisch zu vernichten; absolut vorherrschend aber ist die Haltung der Heuchelei: denn noch ehe die Gegner Jesus ihre Fangfrage vorlegen, versuchen sie, ihn durch galante Komplimente zu provozieren. Sie loben ihn als einen gottesfürchtigen, von der Menschenmeinung unabhängigen Rabbi und hoffen augenscheinlich, daß Jesus sich gerade dadurch nur um so mehr von ihrer Wertschätzung abhängig machen werde, indem er sich zu einer besonders radikalen Äußerung hinreißen lasse. – Soweit die Gefühle und Finten der Pharisäer und Herodianer.

Auf seiten *Jesu* muß man unterstellen, daß er das Doppelspiel seiner Gegner von Anfang an durchschaut, er ist gewarnt und muß angesichts der tödlichen Bedrohung aufs äußerste auf der Hut sein. Um so erstaunlicher ist die Nüchternheit und der Realitätssinn, mit dem er seine Gegner anspricht.

Über die Steuerfrage ist in Israel seit Jahrzehnten diskutiert worden, und alle Argumente und Schriftbeweise, die nur irgend denkbar sind, hat man endlos hin und her gewendet, ohne zu einer Lösung zu gelangen[3]. Zweifellos erwartet man auch von Jesus in diesem Augenblick irgendein Schriftzitat, eine schriftgelehrte Auseinandersetzung oder dergleichen, und das Entscheidende an der Antwort Jesu liegt gerade darin, daß er auf diese Erwartungen *nicht* eingeht und die gesamte theoretisch-scheinheilige Ebene der Debatte durchbricht. Statt über die Steuerfrage *abstrakt* zu diskutieren, zwingt Jesus seine Gegner zu dem Eingeständnis, daß sie selber *de facto* die Steuermünze des Kaisers bei sich tragen; gingen sie von ihrem eigenen Verhalten aus, so könnten sie sich mithin die Antwort auf ihre Fangfrage selber geben: wer des Kaisers Geld benutzt, erkennt die Autorität des Kaisers an, und er belügt sich selbst, wenn er so tut, als sei es für ihn noch ein Problem, ob er den Kaiser respektieren dürfe oder solle[4]. Die Ruhe, ja der Humor, mit der Jesus mit spitzigen Fingern[5] sich das *corpus delicti* geben läßt, auf dem des Kaisers Bild und die Aufschrift zu sehen sind: «Kaiser Tiberius, der anbetungswürdige Sohn des anbetungswürdigen Gottes»[6], die

[3] Vgl. E. Stauffer: Christus und die Caesaren, 105–109, der vor allem die Geschichte der Zelotenbewegung referiert, um die politische Sprengkraft dieser Frage zu beleuchten.

[4] So bes. E. Stauffer: Die Botschaft Jesu damals und heute, 99–100.

[5] Vgl. die Darstellung von E. Nolde: Die Zinsmünze, Öl 1915, Kunsthalle Kiel.

[6] Der *Denar* ist wohl die Silbermünze des Kaisers *Tiberius,* die das Brustbild des Kaisers in olympischer Nacktheit, geschmückt mit dem Lorbeerkranz als Zeichen seiner göttlichen Würde, zeigt. Die Inschrift lautet: Tiberius, Caesar, des göttlichen Augustus Sohn, Augustus. Auf der Rückseite steht Pontifex Maximus, dazu das Bild der Mutter des Kaisers als Inkarnation der Friedensgöttin: auf dem Götterthron sitzend, mit dem olympischen Langszepter in der rechten und dem Ölzweig in der linken Hand. Vgl. R. Pesch: Das Markus-Evangelium, II 226–227; E. Stauffer: Christus und die Caesaren, 113–115, der ein sehr plastisches Bild des Denars in seiner Funktion als Macht- und Kultsymbol entwirft.

Souveränität und Sicherheit, mit der er seine Gegner überführt, die Ironie seiner Gegenfrage – alles das zeugt von einer bewundernswerten inneren Kraft.
Aber noch wichtiger als dies ist der Hinweis Jesu auf das, wonach man ihn gar nicht gefragt hat, woher aber offenbar seine innere Kraft und Gelassenheit stammt: die Beziehung zu Gott. Ein Kaiser mag sein Bild auf totes Metall prägen, aber die Menschen sollten darüber nicht vergessen, daß sie das Bild ihres Schöpfers in sich tragen[7]. Von der absoluten Beziehung zu Gott her relativiert sich die Frage, wie man zum Geld des Kaisers steht; ja, es würde das Problem der Steuerfrage sich gar nicht in dieser Weise stellen, wenn man sich der Freiheit vor Gott bewußt wäre. Die Antwort Jesu sucht eine Lösung gewissermaßen in der dritten Dimension: die Pharisäer fragen nach der «richtigen» Ordnung der Religionsgemeinschaft, die Herodianer nach der «richtigen» Ordnung der politischen Gemeinschaft, aber wie manche Einzeller, die sich nur in der Länge und Breite orientieren können[8], bewegen sich beide im Rahmen der «Ordnung» von «Staat» und «Synagoge» vollkommen an der Oberfläche; eine wirkliche Lösung der Frage gibt es nur in der Tiefe (oder Höhe) der menschlichen Existenz, in der Beziehung zu Gott. Von dieser Beziehung her denkt Jesus, und es ist immer wieder erstaunlich, wie er es fertig bringt, seine Hörer ebenso wie seine Gegner an diesen Punkt der Entscheidung zu zwingen, wo sich ihnen die Frage nach Gott unausweichlich stellt: «betroffen» gehen die Frager von Jesus weg.
Zeichnet man auf solche Weise die psychischen Bewegungen der Geschichte vom Zinsgroschen nach, so wird man entdecken, daß die Psychologie eines

[7] So R. PESCH: Das Markusevangelium, II 227: «Gottes Eigentum ist der Mensch, der Gottes Bild trägt, sein Herz, das er Gott schuldet.» Richtig meint M. HENGEL: War Jesus Revolutionär, 24: «Dieser ganze Komplex, ‹was dem Kaiser gehört›, ist . . . im Blick auf Gottes Nähe unwesentlich. Statt des ‹und Gott, was Gottes ist› müßte eigentlich adversativ ‹aber Gott, was Gottes ist› übersetzt werden. Darauf kommt es allein an, das andere ist ein Adiaphoron, dessen Ende vor der Tür steht und bei dem es eben deshalb unsinnig ist, es im positiven oder negativen Sinne zu ernst zu nehmen. Die Weltmacht wird weder gerechtfertigt noch verdammt; sie wird durch das ‹aber›, das auf Gottes Sache hinweist, entmächtigt. Die wahre Freiheit von den Mächten *beginnt* mit der *inneren Freiheit,* und die innere Freiheit im Sinne des Neuen Testamentes gewinnt nur, wer im Glauben die Nähe der Liebe Gottes begriffen hat . . .» E. STAUFFER: Die Botschaft Jesu damals und heute, 107–110 sieht die eigentliche *geistige* Revolution sehr zu Recht darin, daß mit dem Wort Jesu der Staat (und die Gesellschaft) ein für allemal als metaphysische Macht entwertet wird; wer vom Staat nichts verlangt, ist auch seiner Pflichten ledig. «Mahatma Gandhi braucht keine Steuern zu zahlen.» (110) – Wie demgegenüber eine *«sozialgeschichtliche»*, politische «Interpretation» der Stelle ausfallen müßte, hat L. FEUERBACH gezeigt, als er von dem Reformeifer seiner Zeit schrieb: «Es handelt sich . . . nicht mehr um das Sein oder Nichtsein Gottes, sondern um Sein oder Nichtsein von Menschen; nicht darum, ob Gott mit uns eines oder anderen Wesens ist, sondern darum, ob wir Menschen einander gleich oder ungleich sind; nicht darum, wie der Mensch vor Gott, sondern wie er vor Menschen Gerechtigkeit finde; . . . nicht darum, daß wir Gott geben, was Gottes ist, und dem Kaiser, was des Kaisers ist, sondern darum, daß wir endlich dem Menschen geben, was des Menschen ist . . .» L. FEUERBACH: Vorwort zu: Sämtliche Werke (1846), in: Werke in 6 Bden., IV 162.
[8] E. STAUFFER: Die Botschaft Jesu damals und heute, 99.

Menschen selber vollkommen unterschiedlich ist, je nachdem, wie er zu Gott steht; und die innere Gelassenheit, die Jesus in dieser Erzählung verrät, ist psychologisch gewiß das schönste und überzeugendste Dokument seiner Einheit und Verbundenheit mit Gott.

B Das Gespräch Jesu mit der Frau am Jakobsbrunnen (Joh 4,1-42)

Noch an einem anderen Gespräch, an der Geschichte von der Frau am Jakobsbrunnen (Joh. 4,1-42), sei die Bedeutung und Methode der psychologischen Deutung eines Gesprächsverlaufs erläutert. Die Perikope von Joh 4,1-42 verdient besondere Beachtung, weil das Verständnis dieses wichtigen Gesprächs auch theologisch ganz und gar davon abhängt, daß man, im Rahmen der einfühlenden Methode besonders entsprechend der Zeitzerdehnungsregel (vgl. I 226), die einzelnen Stufen des Gespächs als *wesentliche* in sich notwendige Stadien auf dem Weg zum Glauben versteht.

Das Gespräch[1] beginnt auf seiten Jesu mit dem Gefühl von Durst und Müdig-

[1] In der nachstehenden Interpretation kann das Zwischenstück Joh 4, 35-38 in unserem Zusammenhang unberücksichtigt bleiben. Das «missionarische Interesse» dieser Sätze mag den «Sitz im Leben» der Gemeinde für diesen Traditionsstoff darstellen, wie R. SCHNACKENBURG: Das Johannesevangelium, I 455 meint; für das Verständnis des Gesprächsverlaufs selber trägt die Stelle nichts bei. Immer wieder hat man außerhalb dieses Zwischenstückes «den klaren und wohlgelungenen Aufbau» des Dialogs zwischen Jesus und der Frau am Jakobsbrunnen festgestellt; aber die Perspektive ist von Anfang an falsch zentriert, wenn man in dem Gespräch vorrangig «die stufenweise Selbstoffenbarung Jesu» erkennt (a.a.O., 456); es geht vielmehr wesentlich darum, wie die Frau dazu kommt, Jesus als den Messias zu erkennen. Dabei sind die einzelnen Schritte des Dialogs als *wesentliche* Stufen auf dem Weg zum Glauben an Christus zu verstehen. Es geht deshalb erneut nicht an, in willkürlicher Weise zwischen «Realismus» und «Symbolismus» in der Auslegung dieses Gesprächs hin- und herzupendeln, also z.B. das Lebenswasser (4, 10-14) als *Symbol* zu betrachten, alle anderen Hinweise aber (den Durst Jesu, die fünf Männer der Frau, das Zurücklassen des Wasserkruges u.a.m.) wie äußere Fakten ohne innere Bedeutung abzuhandeln. Die Hilflosigkeit der historisch-kritischen Methode im Umgang mit der eigentlich religiösen Ausdrucksebene der biblischen Überlieferungen kann sich wohl kaum eindringlicher unter Beweis stellen als in den Mißverständnissen, denen sie z.B. einem johanneischen Gespräch gegenüber notgedrungen unterliegt. Indem sie die tiefenpsychologische Symboldeutung ohne Schaden glaubt vernachlässigen zu können, begibt sie sich selbst der eigentlichen Mitte des Verstehens; sie verurteilt sich damit selbst dazu, zwischen einer wahllosen Allegorisierung der Texte und einem platten Realismus hin- und herzuschwanken, und die «theologische» Bedeutung, zu der sie schließlich gelangt, kann nicht anders ausfallen als eine abstrakte Wiedergabe von «Glaubensinhalten» der frühchristlichen Gemeinde. So ließ sich historisch-kritisch etwa eine Zeitlang diskutieren, ob die Frau mit ihren fünf Männern nicht vielleicht eine Allegorie für das ungetreue samaritanische Volk sei und ob die fünf Männer nicht Gottheiten der fünf babylonischen Stämme darstellten, während der sechste, illegitime Mann als Jahwe zu verstehen sei – R. BULTMANN: Das Evangelium des Johannes, 138, Anm. 4 hat die ganze Allegorisierung der Stelle zu Recht bereits als unhaltbar abgelehnt; aber wenn, wie BULTMANN völlig richtig erkennt, es in Joh 4, 16-19 darum geht, «dem Menschen die Unruhe seines Lebens zum Bewußtsein» zu bringen, «die ihn von einer scheinbaren Erfüllung zur anderen treibt, und in der er nie ein Endgültiges erreicht, ehe er das Lebenswasser findet» (a.a.O., 138), so geht es im weiteren gewiß nicht einfach um die historische Streitfrage zwischen «Samaritanern» und «Juden», ob es eine rechte kultische Verehrung nur in Jerusalem oder nur auf dem Garizim geben könne, sondern anhand dieses historischen Streits stellt sich die existentielle Frage nach einem wahren

keit, und gerade an diesem scheinbar rein zufälligen und äußeren Anlaß entzündet sich einer der tiefsinnigsten Dialoge des Neuen Testamentes. Eben erst hat Jesus dem religiösen Konkurrenzdenken der Pharisäer in Judäa den Rücken gekehrt, ganz so, als ob er einer Religion nichts mehr zu sagen hätte, die nur noch quantitativ und statistisch die Anzahl ihrer «Taufen» zählt; um so bemerkenswerter ist es, daß jetzt in Samaria, gewissermaßen in religiösem Niemandsland, ein Gespräch über den Glauben beginnt, das förmlich ohne jede theologische Voraussetzung anhebt, dafür aber von einer tiefen menschlichen Ehrlichkeit getragen ist. Damit dieses Gespräch überhaupt zustande kommt, muß Jesus gleich zu Beginn mit zwei Tabus auf einmal brechen: er muß es wagen, *eine Frau* um Wasser zu bitten, und zudem noch den Mut aufbringen, als Jude *eine Samariterin* anzusprechen; wäre ihm das Tabu der Nationalität oder das Tabu der Geschlechter wichtiger als das sozusagen «internationale», allen Menschen gemeinsame Gefühl des Durstes, so wäre am Ende auch über Gott kein wahres Wort zu sagen möglich[2]. Gleichwohl sieht Jesus in dem Wasser, das den Durst

Verständnis der Religion. *Alle* Vorstufen und *alle* weiterführenden Etappen dieses Gesprächs sind mithin als existentielle Standorte auf dem Weg zu Gott, wie er in Christus sichtbar wird, zu verstehen. – Im Kontext unserer Arbeit erhalten wir durch die Auswahl gerade dieses Beispiels einmal die Gelegenheit, zu zeigen, wie der tiefenpsychologische Ansatz in der Bibelhermeneutik sich wie von selbst dahin vermittelt, Wesensfragen der menschlichen Existenz im Gegenüber Gottes zu formulieren und auf ihre Lösung hin durchsichtig zu machen. Während wir in den Erzählungen und Visionen die psychische, gefühlsmäßige und existentielle Bedeutung gewisser (archetypischer) Symbole zur Grundlage der Interpretation gemacht haben, wird sich im folgenden zeigen, daß ein rechtes Fragen nach dem gefühlsmäßigen und existentiellen Bedeutungsgehalt bestimmter Gesprächsmitteilungen einzelne Äußerungen selbst als existentielle *Chiffren* (also nicht mehr nur als tiefenpsychologische Symbole) für die Grundhaltung der menschlichen Existenz gegenüber Gott erkennen läßt.

[2] So weit zu sehen, wird gerade dieses zutiefst menschliche Gefühl einer Solidarität der Not als Anfang und als Bedingung dieses Gesprächs in den Kommentaren zur Stelle nirgendwo weiter reflektiert. Stattdessen stößt man allerorten auf ausführliche Beschreibungen des «Brunnens» sowie des historischen Gegensatzes zwischen Samaritanern und Juden, – der im Text ebenso wichtige Gegensatz zwischen Männern und Frauen (vgl. Joh 4,9.27) wird darüber stets vergessen. Vor allem aber achtet man am Anfang der Erzählung nicht auf den Kontrast zwischen der religiösen Streiterei und Proselytenmacherei der etablierten jüdischen Religion, die Jesus dazu bringt, das Land zu verlassen (Joh 4, 1-5), und der absoluten religiösen Nullpunktsituation, in der die Frau am Jakobsbrunnen Jesus begegnet. *«Samaria»* ist eben nicht das historische Samaria, sondern der Ort einer Gottesferne, in der man noch niemals in «Geist und Wahrheit» von Gott «gehört» hat. Doch selbst um dort Zugang zu finden, bedarf es einer menschlichen Ehrlichkeit, mindestens angesichts der eigenen Not. – Um das hier Gemeinte zu verdeutlichen: nach dem 1. Weltkrieg (1931) drehte G. W. Pabst den Film *«Kameradschaft»*, der anhand eines Minenunglücks 1906 in Courrières in der Nähe der deutsch-französischen Grenze zeigte, daß es jenseits der politischen Grenzziehungen des Nationalismus so etwas gibt wie eine universelle Menschlichkeit und Brüderlichkeit in Augenblicken der Not; freilich, wieviel an Ehrlichkeit und innerer Freiheit kostet es, diese Menschlichkeit jenseits der gesellschaftlichen Eitelkeiten auch wirklich zu leben und die einfache Wahrheit zu entdecken, daß Menschen überall auf Erden Menschen sind! Aber ohne diesen einfachen Anfang der Menschlichkeit ist auch von Gott kein wahres Wort zu sagen. – Nur wer begreift, daß diese *Einheit* von Menschlichkeit und Frömmigkeit bereits hier das wahre Thema des Gesprächs zwischen Jesus und der Samariterin darstellt, wird den folgenden Gesprächsverlauf in seiner inneren Stringenz verstehen können.

löscht, nur ein Bild für das, was er selbst durch seine Person zu geben vermag. Wenn man wüßte, *wer* er ist, so wüßte man um eine andere Art der Bedürftigkeit und des Durstes, und der «Brunnen» wäre nur ein Symbol für ein tieferes Verlangen und einen tieferen Frieden. Aber es ist das Schicksal aller religiösen Sprache, daß sie zunächst mißverständlich wirken muß. Von Unsichtbarem kann man nur sprechen, indem man vom Sichtbaren auf eine Weise redet, die es in das Symbol einer dahinter liegenden Wirklichkeit verwandelt; notgedrungen setzt sich die religiöse Sprache damit dem Eindruck aus, als wenn auch sie nur im äußeren Sinne von Essen und Trinken, von Wein und Brot, von Perlen und Schätzen, von Liebe und Freiheit, von Ruhe und Frieden zu sprechen wüßte[3] und nichts anderes im Sinne trüge als ein rein irdisches Glück; gerade da, wo die Religion sich am intensivsten mitteilen möchte, wird sie das Risiko, ja, die Notwendigkeit eines derartigen Mißverständnisses zunächst wohl am wenigsten vermeiden können, und besonders das Gespräch am Jakobsbrunnen zeigt, wieviele solcher «Mißverständnisse» offenbar durchaus unvermeidlich sind, um Stufe für Stufe der Erfahrung näher zu kommen, was man für sich selber eigentlich sucht und «wer der ist», der diesen Weg des inneren Gesprächs in Gang setzt und begleitet.

Äußerlicher als die Samariterin am Anfang dieses langen Weges zum Glauben kann man jedenfalls kaum denken. Während Jesus sie unvermittelt mit dem Geheimnis seiner Person konfrontiert und damit das geheime Thema des ganzen folgenden Gesprächs angibt, triumphiert die Frau zunächst in ihrer «Macht» über den Juden und Mann Jesus, der müde und durstig am Brunnenrand sitzt und eine Samariterin um Wasser bitten muß[4]. Sie sieht in dem «Wasser» lediglich ein physisches Mittel zum Löschen von physischem Durst, nichts weiter, und wenn sie jemals etwas von Religion gehört zu haben scheint, so in dem Sinne, daß es in vergangenen Zeiten einmal einen Vater Jakob gab, der den Brunnen von Sychar entdeckt und späteren Generationen hinterlassen hat. Der

[3] Es ist gerade nicht wahr, daß z.B. der von Jesus verlangte «Verzicht auf die Sorge um das Existenzminimum in den Zusammenhang der gesellschaftlichen Realität gestellt werden» muß (L. SCHOTTROFF – W. STEGEMANN: Jesus von Nazareth – Hoffnung der Armen, 63–64), so als wenn ein solcher Verzicht nur aus dem sozialen Kontext der Armut heraus verstehbar wäre – und, so müßte man (gegen die Absicht der Autoren freilich) folgern, in einer Überflußgesellschaft selber überflüssig würde; die Haltung der Sorglosigkeit vor Gott begründet sich nicht aus dem sozialen Engagement, sondern umgekehrt: die Freiheit in Gott ermöglicht die Weite des Herzens, die auch die sozialen Schranken zwischen Arm und Reich beseitigt. Es geht primär gerade nicht um Essen und Trinken in *äußerem* Sinne. S.o. S. 461f., Anm. 44.

[4] In Joh 4,9 wird bereits auf der Ebene der Übersetzung die Pointe der Stelle vertan, wenn man mit R. SCHNACKENBURG: Das Johannesevangelium, I 459 die Antwort der Frau mit den Worten wiedergibt: «Wie kannst du, ein Jude, mich, eine Samariterin, um einen Trunk bitten?» Wörtlich steht da: «Wie, du, ein Jude, der du bist, von mir zu trinken möchtest du, einer Frau, einer Samariterin, die ich bin?» Nur so behält jedes Wort seine treffsichere Ironie im Verhältnis zu der paradoxen Situation, in die Jesus sich der Frau gegenüber begibt.

Stammvater Israels ist für sie nicht der Gottesträumer (Gen 28,10-22) und Gottesstreiter (Gen 32,22-32) des Alten Testamentes; für sie ist Vater Jakob «groß», weil man von seinem Brunnen leben kann – ganz so, wie der Besitzer eines «Café Mozart» in Wien Mozart einen «großen» Mann nennen könnte, eben weil sich von seinem Namen so gut leben läßt.

In der Art dieses rein animalischen Lebens gibt es betont keinen Unterschied zwischen Mensch und Vieh – Durst haben alle[5]! –, und dennoch *leidet* die Frau insgeheim an ihrer äußerlichen Sicht, und wenn es gelingt, ihr dieses Leid bewußt zu machen, so ist ein erster wichtiger Schritt getan: es gäbe, wie in den Märchen, ein «Wasser», das von innen her den «Durst» des menschlichen Lebens zu löschen vermöchte[6].

Die Erkenntnis, die Jesus hier formuliert, entspricht bis in den Wortlaut hinein der zentralen Lehre der Menschheitsreligion des *Buddhismus*, und die Wahrheit

[5] Wie sehr eine historisierende Auslegung am existentiellen Ernst dieser Stelle vorbeigehen muß, zeigt R. SCHNACKENBURG: Das Johannesevangelium, I 464, wenn er zu Joh 4, 12 bemerkt: «Die Samariter schätzten den Patriarchen (sc. Jakob, d. V.) hoch, und in der Wendung ‹*unser* Vater Jakob› liegt der Anspruch, mit diesem Erbauer des Brunnens als ihrem Ahnherrn besonders verbunden zu sein.» Aber diese «Verbundenheit» ist eben eine vollkommen unreligiöse und ungeistige; sie ist rein biologisch-tierisch, – *das* ist das Problem, und nur wenn man den existentiellen Ort betritt, an dem die Frau mit dieser Äußerung und Denkweise steht, behält der Fortgang des Gesprächs seine innere Logik.

[6] Zum Symbol des «Lebendigen Wassers» vgl. J. DANIÉLOU: L'eau vive et le poisson, in: Les symboles chrétiens primitifs, 49–64, der vor allem auf den *kultischen* Kontext des Wortes, bes. bei den *Mandäern*, hinweist und das Ausgießen von lebendigem Wasser in der Endzeit mit der Taufe (Ez 36, 25-27; Mt 3,11) in Verbindung setzt. Jesus also, der in Judäa nicht tauft, «tauft» hier die Samariterin. Darüber hinaus wird das «Lebenswasser» «gnostischem Dualismus» entstammen (vgl. R. BULTMANN: Das Evangelium des Johannes, 133–135), indem die ursprünglich magische Vorstellung von der Kraft und Heiligkeit bestimmter Gewässer zunächst der mythologischen Vorstellung vom wunderbaren Lebenswasser und Jungbrunnen gewichen ist, um dann, nach weiterer Profanierung des irdisch-natürlichen Wassers, der sakramentalen Vorstellung von der himmlischen Wirkkraft *geweihten* Wassers in den gnostischen Taufsekten Platz zu machen. Aber wichtiger als diese religionshistorische Herleitung ist die archetypische Bedeutung des Symbols des Wassers selbst, und die «Kunst» dieses Gesprächs am Jakobsbrunnen liegt eben darin, ein absolut profanes Verständnis des «Lebenswassers» in seiner existentiellen Aporie sich selbst so weit bewußt werden zu lassen, daß daran ein Daseinsverständnis erwachsen kann, innerhalb dessen es überhaupt nichts Profanes mehr gibt. Die Szene ist an dieser Stelle ähnlich wie in Joh 7, 37-39 (vgl. R. BULTMANN: A. a. O., 228–229), nur daß Jesus hier vor dem Problem steht, wie jener «Durst» nach dem *wahren* Wasser des Lebens sich allererst wecken bzw. in der Unersättlichkeit des Durstes nach einem nur irdischen Wasser entdecken läßt. Wenn in Ps 42, 2 der Betende seine Seele in ihrem Durst nach Gott mit einem Hirsch *vergleicht*, den es nach frischen Wasserquellen dürstet, so *ist* die Frau ihrer eigenen Darstellung nach wie «Vieh», wenn sie wie seelenlos von nichts anderem als von «Durst» und «Wasser» spricht, und es bedarf zunächst der «unendlichen Resignation» des Religiösen an allem Irdischen, um die irdische Realität zur Chiffre der himmlischen Welt zu erheben. Zur Lehre der *«unendlichen Resignation»* (bei SPINOZA und KIERKEGAARD) vgl. E. DREWERMANN: Strukturen des Bösen, III 497–499. – Literarisch hat A. SOLSCHENIZYN: Krebsstation, I 28; 99–100; 107–109; 180–186; 223; 227 ein außerordentlich dichtes Bild dieser Frage L. TOLSTOIS: «Wovon leben die Menschen?» gemalt, indem er in der Gestalt des krebskranken *Jefrem Poddujew* zeigt, daß ein Mensch weder vom Alkohol noch von Pilzschwämmen, sondern einzig von der Liebe lebt. Vgl. dazu E. DREWERMANN: Strukturen des Bösen, III 108–111.

dieser großen Religion ist offenbar der Schlüssel zum Verständnis auch dieser Stelle: solange Menschen ihr Leben nur äußerlich verstehen, ist der «Durst», die *trishna*, der Drang nach Nahrung und äußerer Lust, allmächtig; man kann diesem Triebbedürfnis nachgehen, sooft man will – es wird sich periodisch immer wieder melden und das Leben in einem ständigen *Kreislauf*, in einem Gang zum immer gleichen Brunnen verschleißen[7]. In Wahrheit aber will man beim Löschen des «Durstes» nicht den Durst des Leibes löschen, sondern in der Beruhigung der Triebe *Ruhe* finden, ganz so, wie S. FREUD das Ziel der Triebe in der Rückkehr zum Anorganischen, in der Aufhebung der Triebspannung sah[8].

Die Frau versteht wohl, daß es diesen ermüdenden Kreislauf gibt, aber als einzigen Ausweg kann sie sich, wiederum rein äußerlich, nur vorstellen, daß man das Wasser, wie in einem artesischen Brunnen, frei Haus sprudeln ließe, und *so* eine Tat wäre wirklich noch «größer» als die Leistungen von Vater Jakob[9]. Der reine Materialismus ihrer Weltsicht kennt nur äußere, machbare Antworten, und es ist schmerzhaft festzustellen, daß immer wieder gerade die Religion danach befragt wird, was sie denn nun zur Beseitigung der äußeren Notdurft des Daseins getan hat, als ob es ihr, wenn sie vom Ende des «Durstes» spricht, um die Verheißung technischen Fortschritts ginge[10].

Abrupt bricht Jesus denn auch das Thema ab und bittet die Frau, ihren Mann zu rufen. Äußerlich gesehen, hat diese Aufforderung mit dem vorausgehenden Gespräch über «Durst» und «Wasser» nicht das geringste zu tun; aber wenn man sich fragt, was die Worte der Frau und die Worte Jesu *innerlich* bedeuten, so merkt man bald, daß sich die Frage des «Durstes» nur auf einer tieferen Ebene

[7] Vgl. H. OLDENBERG: Buddha, 220; 432; H. v. GLASENAPP: Die Philosophie der Inder, 312.

[8] S. FREUD: Jenseits des Lustprinzips, XIII 38; 40; 68.

[9] Joh 4, 15 bedeutet keinesfalls nur, daß die Frau auf ihrem «Mißverständnis» beharrt und um das «Zauberwasser» bittet, «das allen Durst stillen soll» (ähnlich wie Joh. 6, 34 bzgl. des Brotes!), wie R. SCHNACKENBURG: Das Johannesevangelium, I 467 meint; es geht vielmehr darum, daß eine bestimmte Lebenseinstellung, die nur ein irdisches, materielles «Glück» kennt und anerkennt, zur höchsten Entfaltung ihres Wunsches getrieben wird, um sie dann in ihrer Ausweglosigkeit bewußt zu machen. R. BULTMANN: Das Evangelium des Johannes, 137 hat zwar recht, daß die Frau «etwas Wunderbares» meint und will und darunter, in üblichem Mißverstehen der Offenbarung, doch nur eine «Erleichterung des natürlichen Lebens» erhofft; aber es gilt, die Thematik des *Lebensdurstes* in buddhistischem Sinne: in seiner Leidverhaftetheit, in seiner Leere und in seiner ermüdenden Kreislaufhaftigkeit tief genug zu erfassen, um zu bemerken, *warum* Jesus in Joh 4, 16 auf das Verhältnis der Frau gegenüber den *Männern* zu sprechen kommt.

[10] Gegenüber der immer stärker werdenden Politisierung der Exegese vor allem in der *sozialgeschichtlichen Hermeneutik* gilt es, mit M. HENGEL: Eigentum und Reichtum in der frühen Kirche, 36–38 zu betonen, daß die Forderung Jesu nach Armut wesentlich in der Erfahrung der absoluten Güte Gottes wurzelt, von der her das egoistische Festhalten am Besitz *gegen* die Not und das Lebensinteresse des Nächsten vollkommen überflüssig wird und sich von daher als Unrecht enthüllt; gegenüber dem Eigentum nahm Jesus eine außerordentlich freie und gerade nicht sozialkritisch verkrampfte oder fanatische Haltung ein; HENGEL: A.a.O., 34–36.

fortsetzt[11]. «Einmal angenommen», scheint Jesus zwischen den Zeilen der Frau sagen zu wollen, «es gäbe einen solchen artesischen Brunnen, wie Du ihn wünschst; angenommen auch, der physische Durst, aller materielle Mangel, ließe sich mühelos befriedigen, was dann? Wärest Du wirklich damit zufrieden, daß Du Dich körperlich am Leben erhältst? Solltest Du wirklich glauben, es wäre genug für Dich, zu wissen, wovon Du lebst, ohne zu wissen, wofür Du existierst? Gibt es in Dir nicht noch eine ganz andere Art von Durst und Lebensverlangen, und ist nicht der Durst vor allem nach *Liebe* ungleich viel stärker und quälender?» Das ganze Geheimnis des Menschen, meinte DOSTOJEWSKI, liege darin, daß er, wenn er gegessen und getrunken habe, sogleich fragen werde: was nun[12]? Neben dem Hunger steht das Triebbedürfnis der Sexualität; und geliebt zu werden ist ein mindestens ebenso wichtiges Bedürfnis wie das Verlangen nach Wasser und Brot.

Verwirrt muß die Frau Christus entgegnen, daß sie keinen Mann hat, und dieses Eingeständnis wird jetzt zum entscheidenden Wendepunkt des ganzen Gesprächs: zweimal weist Jesus darauf hin, daß die Frau mit dieser Aussage vollauf die Wahrheit sagt; denn offenbar kommt jetzt alles darauf an, daß die Frau selber die Tragödie ihres Lebens, den immer neuen Kreislauf ihres Verlangens

[11] Den «Sprung» von Joh 4, 15 nach 4, 16 kann man nicht wirklich verstehen, wenn man das Gespräch am Jakobsbrunnen als bloße «Selbstoffenbarung» Jesu versteht; R. BULTMANN: Das Evangelium des Johannes, 138 sieht hier lediglich eine Gelegenheit, «daß Jesus seine Allwissenheit zeigen kann»; ähnlich spricht R. SCHNACKENBURG: Das Johannesevangelium, I 467 von dem höheren Wissen, wie es zum Bild des Offenbarers gehörte. Dabei hat vor allem BULTMANN so klar wie niemand vor ihm auf dem Feld der historisch-kritischen Exegese betont, daß die «Offenbarung» Jesu nichts anderes sein kann als eine «Aufdeckung des menschlichen Seins», und selbst dieser Gedanke ist ihm als «Eisegese» vorgeworden worden (vgl. SCHNAKKENBURG: A.a.O., 468). In Wahrheit aber geht es darum, daß Jesus überhaupt erst die Voraussetzungen dafür schaffen muß, damit von Religion in «Geist und Wahrheit» die Rede sein kann. Zum rechten Verständnis dessen, was sich hier begibt, wird man *im eigenen Leben* sich diesen Gesprächsaugenblick zwischen Jesus und der Frau erneut als einen Prozeß vorstellen müssen, der u.U. viele Jahre in Anspruch nehmen kann. Die gesamte Psychotherapie kann im Grunde nicht *mehr* tun, als was hier geschieht, indem ein falsches Glücksverlangen in seiner latenten Verzweiflung aufgedeckt wird; entscheidend ist dabei nicht so sehr das «wunderbare» Wissen Jesu um die Lebenszusammenhänge zwischen Heil und Unheil als vielmehr der Umstand, daß die Frau selber merkt, was sie sagt. – Erstaunlich ist, welch eine Mühe selbst so hervorragende Exegeten wie AUGUSTINUS: Vorträge über das Evangelium des Johannes, 15. Vortrag, Kap. 19, Bd. 1 (Vorträge 1–23), Werke IV 262–264 mit dieser Stelle hatten; nachdem AUGUSTINUS selbst bei der Thematik des «Wassers» das «fleischliche» Denken der Frau eindringlich herausgestellt hat, denkt er bei dem «Mann», den die Frau rufen soll, an den «Mann der Seele»: «rufe deinen Mann» heißt ihm: «nimm deinen Verstand hinzu», «bring dein Haupt herbei».

[12] F.M. DOSTOJEWSKI: Der Jüngling, 215: «‹Nun, Steine in Brot zu verwandeln, – da hast du einen großen Gedanken.› – Ist das der größte? Nein, wahrhaftig, Sie haben mir einen ganzen Weg gezeigt! Sagen Sie: ist das wirklich der größte?› – ‹Ein sehr großer, mein Freund, ein sehr großer, aber nicht der größte; groß, aber zweitrangig, nur im gegebenen Moment ist er groß: hat der Mensch sich sattgegessen, so denkt er nicht mehr daran; im Gegenteil, er wird sofort sagen: ‹So, nun habe ich mich sattgegessen, und was soll ich jetzt tun?› Die Frage bleibt ewig offen.›»

und ihrer Unerfülltheit, bemerkt und durchschaut: fünf Männer, sagt Christus, hat sie «gehabt», und der, den sie jetzt «hat», ist auch nicht (wirklich) ihr Mann.

Endlos also kann auch das Verlangen nach Liebe die immer gleichen Enttäuschungen verursachen – *kein* Mensch wird dieser Frau genügen, denn, wie man wieder zwischen den Zeilen lesen muß: der Mensch verlangt nach einem Absoluten an Anerkennung, an Liebe und Bestätigung; er ist nicht fähig, einen Menschen menschlich zu lieben, wenn er nicht zuvor der Liebe Gottes sicher ist; im Hintergrund des ewigen Kreislaufs der Liebesenttäuschung und des ungestillten Liebesdurstes steht das zutiefst religiöse Problem, daß ein Mensch ohne Gott in jedem Menschen immer wieder auf depressive oder hysterische Weise[13] etwas Gottähnliches, einen Vaterersatz, etwas Absolutes an Halt und Geborgenheit suchen muß und daß kein Mensch es ihm zu geben vermag. «Da war», sagt H. HESSE einmal von dieser haltlosen, kindlichen Art der absoluten Liebeserwartung aneinander, «nur Lebensgier und Angst, und aus Angst, aus dummer Kinderangst vor der Kälte, vor dem Alleinsein, vor dem Tod floh man zueinander, küßte sich, umarmte sich, rieb Wange an Wange, legte Bein an Bein, warf neue Menschen in die Welt. So war es.»[14] Ohne Gott verwandelt die Liebe sich in eine endlose Kette des Unglücks, weil man ohne innere Verankerung im Absoluten durch ein Übermaß an Suche nach Halt und Bestätigung zur Liebe gar nicht fähig ist.

Diese Erkenntnis ist so wichtig, daß die Frau später diesen Moment des Gesprächs als die entscheidende Entdeckung ihres Lebens ausgeben wird: «er hat mir alles gesagt, was ich getan habe», wird sie den Leuten in Sychar sagen. Es ist der Punkt erreicht, an dem die Frau zum ersten Mal in ihrem Suchen und in ihrem Unglück sich selber durchsichtig wird, und bezeichnenderweise ist es zugleich das erste Mal, daß sie von sich her eine religiöse Vokabel ins Spiel bringt: «Ich sehe», sagt sie zu Christus, «Du bist ein Prophet.» – Wenn man mithin verstehen will, welch eine Aufgabe der Religion als erstes zukommt, so ist es zufolge dieses Gesprächs am Jakobsbrunnen sicher nicht der Bau eines artesischen Brunnens; wohl aber müßte die Religion imstande sein, die immanente Ursache des menschlichen Unglücks aufzuklären, indem sie die eigentlichen Wünsche des Menschen in ihrer Absolutheit bewußt macht und zeigt, wie frustran das Leben eines Menschen ohne Gott sich im Kreise drehen und vergeuden muß. Die religiöse Ebene des Gesprächs beginnt bereits mit dem Symbolismus des Irdischen, aber sie wird erst wirklich an der Stelle eingelöst, wo die Samariterin anfängt, sich selber zu verstehen und die Not der Vergangenheit mit

[13] Zu der ödipalen Mythologie der Liebe im Feld der Gottesferne vgl. E. DREWERMANN: Strukturen des Bösen, III 310–324, in Auslegung des Motivs der «Engelehe» in Gn 6, 1-4.

[14] H. HESSE: Klein und Wagner, in: Innen und Außen, Ges. Erzählungen, IV 73.

ihren Fehlern, Maßlosigkeiten, Unerfülltheiten und Abhängigkeiten zu begreifen. *Der Ort der Selbstfindung ist der eigentliche Anfang des Religiösen.*

Aber auch die Frage nach der Religion kann von der Samariterin zunächst nur äußerlich gestellt werden. Es gibt viele Religionen, und jede behauptet, im Recht zu sein; folglich widerlegen sie sich alle gegenseitig durch ihren Absolutheitsanspruch; wie also soll man sich entscheiden? Sehr korrekt formuliert die Frau das Problem: «unsere Väter haben gesagt» – und: «ihr sagt». Solange die Religion eine Angelegenheit der Tradition und der Väterautorität darstellt, wird jede Glaubensgemeinschaft ihren eigenen Überlieferungen folgen, und auf diese Weise läßt sich in der Tat überhaupt kein Kriterium der Wahrheit angeben; aber solange man fragt, was andere sagen oder gesagt haben, steht man der Religion insgesamt nur auf äußere Weise gegenüber, und man hat mit Gott, womöglich bei aller zur Schau getragenen Frömmigkeit, noch nicht wirklich zu tun. Was Gott möchte, sagt Jesus, sind Menschen, die in «Geist und Wahrheit anbeten».

An so gut wie allen Stellen des Johannesevangeliums ist mit «Wahrheit» die «Unverborgenheit» Gottes in Christus[15] und mit «Geist» die innere Kraft Gottes[16] gemeint; an dieser Stelle aber ist aufgrund des Kontextes ohne Zweifel mit «Geist» nicht der Geist Gottes, sondern der Standpunkt einer menschlich wahren Überzeugung (im Unterschied zu der Ungeistigkeit eines bloßen Traditionsglaubens) gemeint; mit «Wahrheit» indessen dürfte die innere Wahrhaftigkeit

[15] R. Bultmann: Der griechische und hellenistische Sprachgebrauch von *alätheia,* in: G. Kittel (Hrsg.): Theologisches Wörterbuch zum NT, I 245 meint, im johanneischen Sprachgebrauch bezeichne das Wort «die göttliche Wirklichkeit im Hinblick darauf, daß sie 1. der Wirklichkeit, in der sich der Mensch zunächst vorfindet und von der er beherrscht ist, entgegengesetzt ist, daß sie 2. sich von sich aus erschließt, also zugleich Offenbarung ist.» R. Bultmann: Das Evangelium des Johannes, 140, versteht unter «Wahrheit» «die in Jesus offenbare Wirklichkeit Gottes» und betont: «der kultischen Gottesverehrung wird nicht eine geistige, innerliche, sondern die eschatologische gegenübergestellt»; zur Begründung meint Bultmann: «Die Aufklärung über die Überlegenheit einer geistigen Gottesverehrung über eine kultische hatten weder Juden noch Griechen nötig.» (A.a.O., 140, Anm. 3) Auf diese Weise durchkreuzt Bultmann selbst das Anliegen seiner existentialen Hermeneutik durch religionsgeschichtliche Abschweifungen, zu denen er auch sonst immer wieder sich mehr als leicht verführbar zeigt. Es geht nach dem bisherigen Gesprächsverlauf ja nicht darum, welche Einsichten die jonische Philosophie oder das Spätjudentum über das Wesen des Göttlichen gewonnen hatte, sondern es geht nach dem Gesagten einzig darum, welch ein *typisches* Mißverständnis des Religiösen sich notwendig einstellen muß, wenn man die Religion rein äußerlich als eine tradierte, institutionalisierte Größe, als einen Teil ehrwürdiger Folklore versteht. Nicht um den (protestantischen!) Gegensatz von «Kult» und «Innerlichkeit» geht es, wohl aber um ein wahres oder unwahres, durch Überzeugung oder Außenlenkung bestimmtes Verhältnis zu Gott. Im übrigen kommt es darauf an, vor allem einmal die theologische Phraseologie von der «Eschatologie» zu entmythologisieren und zu enthistorisieren; man wird dann sehr bald sehen, daß «eschatologisch» gerade dies bedeutet, daß ein Mensch zu seiner Wahrheit findet, indem er in seiner Existenz zu Gott hinfindet. Die «eschatologische» «Wahrheit» Gottes ist keine andere als die Wahrheit, in die ein Mensch mit seinem ganzen Dasein eintritt, wenn er im Umraum eines tieferen Vertrauens in den absoluten personalen Hintergrund seines Daseins zu sich selbst gefunden hat. Diese Erfahrung ist identisch mit dem Vorgang einer «neuen Geburt aus dem Geiste» (Joh 3, 3-8) bzw. einem Geborensein aus Gott (Joh 1,13).

der eigenen Person gemeint sein. In «Geist» und «Wahrheit» sucht Gott an dieser Stelle doch nicht sich selber anzubeten; er verlangt nach Menschen, die in ein inneres, durch Einsicht und Übereinstimmung mit sich selbst geprägtes Verhältnis zu ihm treten.

Dabei ist es nicht so, als wenn alle Religionen, «Jerusalem» oder der «Garizim», «gleichwertig» einander gegenüberstünden – ausdrücklich betont Jesus, das «Heil» komme von den Juden; aber was die Religion Israels verkörpern und lehren sollte, bestünde wesentlich in einer inneren Lauterkeit der Anbetung, und es kann, wie dieses Gespräch zeigt, offenbar sein, daß man zu einer solchen Haltung als «Heide» oder «Samariter» eher hinfindet denn als «Jude», als ein Mensch nämlich, der sich starr in der Äußerlichkeit und Rechthaberei seines Traditionsbekenntnisses eingerichtet hat[17]. Ja, in Übernahme der alten Weissagungen der Zionstradition, etwa des Propheten Jesaja, erklärt Jesus, daß eine solche Zeit «wahrer» und «geistiger» Anbetung gewiß kommen werde, und deutet man das Bild von der «heiligen Stadt» und dem «Gottesberg» symbolisch (s.o.S. 347), so wird man sagen müssen, daß die «Geistigkeit» und «Wahrhaftigkeit» der Gottesbeziehung damit identisch ist, zum Mittelpunkt der eigenen Existenz zu finden.

Aber selbst diese Weissagung gelebter Innerlichkeit läßt sich noch einmal äußerlich verstehen, so nämlich, als wäre das Religiöse, wie man vor einem Jahrzehnt in der Nachfolge E. Blochs auch theologischerseits nicht müde wurde zu versichern, etwas alle Gegenwart Transzendierendes, etwas rein Zukünftiges, etwas schlechthin Utopisches[18].

In einer solchen Auffassung, die sich in der protestantischen Geschichtstheologie[19] und, säkularisiert, in der Hegelschen Philosophie[20] sehr stark geltend

[16] R. Bultmann: A.a.O., 140 sieht im *«Geist»* «Gottes Wunderwirken an den Menschen, das sich in der Offenbarung ereignet»; aber dieses Wunder besteht doch in dem neuen Sein, das dem Menschen zuteil wird, wenn er sich *geistig* in der *Wahrheit* seines Daseins auf Gott hin durchsichtig geworden ist. Eigentümlicherweise scheut Bultmann selbst in seiner Exegese immer wieder die Konsequenzen seines eigenen hermeneutischen Ansatzes, indem er mitten in der Darstellung der «Aufdeckung des menschlichen Seins» in die unverbindliche, weil rein historisierende Sprache Kanaans zurückfällt.

[17] Vgl. W. Gutbrod: Artikel: Israäl, Israälitäs, Judaios, Judaia etc., in: G. Kittel (Hrsg.): Theologisches Wörterbuch zum Neuen Testament, III 378–381: «Die Juden als Juden widersprechen Jesus, als er, wie sie es verstehen, den Tempel verwirft. Für sie ist der Tempel der Ort der Gegenwart Gottes; so entsteht ihr Widerspruch aus ihrem Judesein, aus ihrer Bindung an den Tempel, (Joh) 2, 18. 20. Die Juden als Juden murren, als sie Jesus sich das Brot des Lebens nennen hören.» (S. 380)

[18] Zur Philosophie E. Blochs vgl. Tiefenpsychologie und Exegese, I 232–238.

[19] Es ist – vgl. die Definition der «Wahrheit» bei Bultmann, s.o. S. 693, Anm. 15 – das ständige Problem des Protestantismus, das *extra-nos* der Gnadenerfahrung anthropologisch und psychologisch nicht vermitteln zu können und damit die theologische Dimension der Psychodynamik der Angst in der absoluten Alternative der existentiellen Grundentscheidung zwischen Angst und Glaube methodisch zu verleugnen. Zum Geschichtsbild des Protestantismus vgl. Tiefenpsychologie und Exegese, I 31–37; 96–100.

[20] Bes. A. Camus: Der Mensch in der Revolte, 144–165 hat gezeigt, wie der politische *Terror* unvermeidlich wird, wenn man in der Nachfolge Hegels die Wahrheit, das Göttliche, für das *Ergebnis* der Weltgeschichte

gemacht hat, lebt ein Rest unausgesprochener Verzweiflung gegenüber der Gegenwart, die im übrigen auf der anderen Seite sich in der Rückwärtsgewandtheit eines bloßen Historismus manifestiert, wie er auch die Exegese heute weitgehend bestimmt: man sieht die ganze Wahrheit innnerlich klar vor sich, und doch hält man es nicht für möglich, sie in der Gegenwart zu leben. HORKHEIMERS Theorie der Sehnsucht nach dem ganz anderen trug die Spuren einer solchen «Hoffnung» über dem Abgrund[21] – eines Verlangens, in dem doch auf geheime Weise die Verzweiflung ihr Spiel treibt. Denn gewiß gibt es Augenblicke, in denen sich bei allem Glauben für diese Welt nichts mehr erhoffen läßt – die Melancholie der *Negro-Spirituals*[22] und des *Blues*, gesungen ursprünglich auf den Baumwollfeldern der Südstaaten, legt dafür ein Zeugnis ab; aber das Bekenntnis zu dem *kommenden* Christus ist, gemessen an diesem Wort, in Wahrheit unchristlich, denn es übt in einer resignierten Traurigkeit Verrat an dem Anruf Gottes in der Gegenwart jetzt. Das souveräne «Ich bin», mit dem der Gott des Alten Testamentes sich offenbarte[23], muß in der Person Jesu hier und jetzt

erklärt. Vor allem die Wirkung HEGELS auf die russischen Revolutionäre des 19. Jhs., unter denen sich zahlreiche Pfarrerssöhne und Studenten befanden, erscheint in einer Form des Verhängnisses, die auch heute noch, 30 Jahre nach CAMUS' Essay, von einer beängstigenden Aktualität ist.

[21] Vgl. M. HORKHEIMER: Die Sehnsucht nach dem ganzen Anderen, 56: «Das Bewußtsein unserer Verlassenheit, unserer Endlichkeit ist kein Beweis für die Existenz Gottes, sondern es kann nur die *Hoffnung* hervorbringen, daß es ein positives Absolutes gibt.» Besonders der spezifisch *jüdische* Hintergrund HORKHEIMERS, dem «Gott» das Unnennbare, nicht einmal im Wort Darstellbare ist, zeigt sich in diesem Interview (S. 58). Wie die Zukunft in einer durchrationalisierten, verwalteten Welt von morgen aussehen wird? Sie wird an die Stelle von Individualität und Freiheit die kollektive Anpassung und die reflexhafte Folgsamkeit aller setzen. Eine solche Welt, meint HORKHEIMER, werde langweilig sein. «Man wird das Theologische abschaffen. Damit verschwindet das, was wir ‹Sinn› nennen, aus der Welt. Zwar wird große Geschäftigkeit herrschen, aber eigentlich sinnlose, also langweilige. Und eines Tages wird man auch die Philosophie als eine Kinderangelegenheit der Menschen betrachten. Vielleicht schon in naher Zukunft wird man von dem, was wir mit allem Ernst in diesem Gespräch getan haben, über die Beziehungen von Transzendentem und Relativem spekulieren, sagen, es sei läppisch. Ernsthafte Philosophie geht zu Ende.» (88–89) Früher haben wir bei der Charakterisierung des depressiven Zeitgefühls von einem Glauben ohne Hoffnung gesprochen (s.o. S. 608, Anm. 7); bei HORKHEIMERS «Sehnsucht nach dem ganz Anderen» handelt es sich offensichtlich um eine Hoffnung ohne Glauben.

[22] Bes. S. KIERKEGAARD: Furcht und Zittern, 19–20; 31–45 betonte anhand der Gestalt Abrahams, der Glaube sei gerade nicht die unendliche (philosophische) Resignation an allem Endlichen kraft der Entdeckung des Unendlichen, sondern er sei die Wiederholung des Endlichen kraft des Unendlichen. Vgl. dazu E. DREWERMANN: Strukturen des Bösen, III 497–501. Es ist wie eine Interpretation dieses Gefühls einer sehnsüchtigen Traurigkeit im Umfeld der Bilder von Lebenswasser und Frieden, wenn ein Spiritual der Negersklaven auf den Baumwollfeldern der Südstaaten Amerikas im vergangenen Jahrhundert sang: «God's gonna set dis world on fire» (Gott setzt diese Erde in Brand): «Ich werde das heilende Wasser trinken ... Ich werde trinken und nie wieder dürsten ... An einem dieser Tage – Gott weiß wann!» K.H. HANSEN: Go down, Moses, 30–31.

[23] Zu der Formel *«Ich-bin es»* als Aufnahme der alttestamentlichen Offenbarungsrede Jahwes vgl. E. STAUFFER: Jesus – Gestalt und Geschichte, 130–146. «‹Ich bin es›, das bedeutet: Wo ich bin, da ist Gott, da ruft, da fragt, da handelt, da entscheidet, da liebt, da erwählt, da vergibt, da verwirft, da verstockt, da leidet, da stirbt Gott.» (S. 145)

in der Gegenwart als göttliche Wirklichkeit erfahren werden, damit der Glaube sich verwirklicht.

Nur auf diese Weise findet die innere Entwicklung dieses Gesprächs ihren Abschluß. Es begann mit der Frage, «wer der ist, der mit dir redet», und es endet jetzt mit der Feststellung, daß in Christus die einzige absolute Wirklichkeit sich ausspricht, in der alles Wünschen und Suchen sein Ziel und seine Erfüllung findet.

Betont hebt der Text an dieser Stelle hervor, daß die Frau ihren Wasserkrug stehenläßt – was früher so wichtig schien, hat seine Bedeutung verloren[24], und es ist wie ein Beweis dafür, daß das Gespräch wirklich ans Ziel gelangt ist. Es gibt noch einen anderen «Beweis» dafür: das Ende des Tabus zwischen Mann und Frau: als die Jünger kommen, fragen sie nicht mehr, was Jesus mit «der» bzw. «einer» Frau zu tun habe; im Dorf aber erzählt die Frau den Leuten von Sychar von einem Mann, der ihre Vergangenheit erhellt hat und der *eben deswegen* wohl als der Messias gelten kann; und die Leute kommen auf das Wort der Frau hin. Nach Tagen indessen wiederholt sich bei ihnen noch einmal der Umschlag eines Glaubens auf das Zeugnis anderer hin in einen Glauben der eigenen Überzeugung. Was Menschen für einander tun können, besteht allein darin, vom eigenen Erleben her den anderen auf den Grund des eigenen neu gefundenen Lebens hinzuweisen; den Schritt zu einem Glauben in «Geist und Wahrheit» jedoch muß ein jeder durch eigenes Hören selber mitvollziehen. Andere mögen auf dem Weg zum Glauben hin durch ihre eigene Person und Erfahrung vermitteln; der Glaube selbst aber ist ein Verhältnis vermittelter Unmittelbarkeit, und gefragt: «Warum glaubst Du?», gibt es keine andere geistige und wahre Antwort als zu sagen: «Ich selber habe gehört»; vor dieser Gewißheit

[24] Dieses wichtige Detail in Joh 4, 28 wird in den Kommentaren regelmäßig übergangen oder ausdrücklich abgewertet: «Hinter dem Zurücklassen des Kruges braucht man nicht mehr zu vermuten, als daß die Frau schnell und ungehindert in den Ort gelangen will ... Dem Erzähler kommt es nur auf die Kunde an ...» R. SCHNACKENBURG: Das Johannesevangelium, I 478. Es kommt dem Erzähler im Gegenteil darauf an, einen Menschen zu schildern, der so zum Glauben gekommen ist, daß er davon Kunde geben kann; und einem solchen Menschen ist es eben nicht mehr um «Wasser» im äußeren Sinne zu tun. Richtig sagt AUGUSTINUS: Vorträge über das Johannesevangelium, 15. Vortrag, Kap. 30, Bd. 1 (Vorträge 1–23), Werke IV 271: «Sie (sc. die Frau, d. V.) gab ihre Begierde auf und eilte fort, die Wahrheit bekannt zu machen. Mögen die lernen, die das Evangelium verkünden wollen, sie sollen den Krug am Brunnen wegwerfen.» Ginge es nur um die Verbreitung der «Botschaft», so hätte der Wasserkrug keiner Erwähnung bedurft, und ebenso wenig brauchte die Verwunderung der Jünger über den Kontakt Jesu zu der Samariterin hervorgehoben zu werden; die Verse Joh 4, 27.28 greifen indessen die Szene von Joh 4, 8.9 auf und zeigen in umgekehrter Symmetrie, daß sich die Erfahrung der Wirklichkeit vollkommen in ihr Gegenteil verwandelt hat. So wie Jesus in Joh 6, 26 nach der Brotvermehrung sagen wird, es gelte «Zeichen» zu «sehen», nicht «Brot» zu essen und «satt» zu werden, so kommt es an dieser Stelle (wie in Joh 6, 35) darauf an, das «Wasser» (oder das «Brot») als Symbol zu verstehen; nur symbolisch trägt man das «Wasser des Lebens» in «irdenen Gefäßen» (2 Kor 4,7).

wird alles fremde Zeugnisgeben in Worten zum boßen «Gerede», zur bloßen *«lalia»*[25].

So betrachtet, enthüllt das Gespräch mit der Frau am Jakobsbrunnen das Gesamtbild eines langen Prozesses, den jeder Mensch in typischen Schritten der Reifung auf dem Weg des Glaubens durchleben muß. So gebrochen und sprunghaft dieser wichtige Dialog am Jakobsbrunnen äußerlich auch erscheinen mag, so in sich konsequent und schlüssig wirkt der Gesprächsablauf, wenn man ihn auf seine innere Bedeutung hin befragt und die einzelnen Stufen des Gesprächs als wesentliche Schritte einer inneren geistigen Entwicklung, einer allmählichen Verlagerung des Denkens von außen nach innen, versteht. Richtig sagte BULTMANN von diesem Gespräch: «Der Offenbarer wird nur erkannt, indem der Mensch sich selbst durchsichtig wird; Gottes- und Selbsterkenntnis vollziehen sich in Einem.»[26] Man darf hinzufügen, daß eben deshalb die theologische Exegese nicht ohne das Hilfsmittel tiefenpsychologischer Interpretation auskommen kann.

2) Biographische Apophthegmata (Aussprüche): Die Geschichte vom reichen Jüngling (Mk 10,17-27) zum Beispiel

Dasselbe läßt sich bei einer zweiten Gruppe der Wortüberlieferungen, bei den *biographischen Apophthegmata* (Aussprüchen) feststellen. Es handelt sich um Worte Jesu (oder eines anderen Gottesmannes), die in irgendeiner Weise etwas Bedeutendes im Leben eines Menschen zum Ausdruck bringen. Natürlich ist ein solcher Ausspruch besonders wichtig und entscheidend, wo er zum Anspruch wird, und das ist vor allem in den *Berufungsgeschichten* der Fall. Zwar haben

[25] Ein katholischer Pfarrer, der im 2. Weltkrieg als Student auf der Schreibstube eines Truppenverbandsplatzes eingesetzt war, erzählte, um mir diese «vermittelte Unmittelbarkeit» des Glaubens einmal zu erläutern, von einem Erlebnis während seiner Zeit am Kuban-Brückenkopf. Er war bei einer russischen Familie einquartiert, mit deren etwa 16jähriger Tochter er des Abends gern am Kuban-Strom spazierenging. Eines Abends fragte er, wie es komme, daß im Haus ihrer Eltern ein ewiges Licht vor einer Ikone brenne, wo doch die Bolschewiken sagten, es gebe keinen Gott. «Die Bolschewiken lügen», antwortete das Mädchen; und gefragt, wie es zu dieser Meinung komme, antwortete es, mit Rücksicht auf die unzureichenden Russisch-Kenntnisse seines Gesprächspartners, mehr mit Gesten als mit Worten: es zeigte lächelnd auf den Strom, der majestätisch schön dahinfloß, und es zeigte zu den Sternen; dann legte es die Hand auf seine Brust; und dann fügte es leise hinzu: «Und Mutter hat gesagt». Es gibt das Zeugnis der Dinge, und sie alle künden in ihrer Schönheit laut von der Schönheit ihres Schöpfers; es gibt das Zeugnis des eigenen Herzens, und es kündet in seiner Reinheit von der Unendlichkeit und Erhabenheit Gottes; und es gibt das Zeugnis der Menschen, die wir am meisten lieben, es gibt Zeugnis von der ewigen Liebe als Grund unseres Daseins. «Ein überzeugenderes Glaubensbekenntnis» erklärte der Pfarrer, «habe ich nie mehr in meinem Leben vernommen.»

[26] R. BULTMANN: Das Evangelium des Johannes, 138.

wir das Thema der Berufung bereits im Zusammenhang mit den Visionen schon einmal aufgegriffen, aber es lohnt sich sehr, die dort gewonnenen Einsichten nun auch für die Interpretation derjenigen Berufungserzählungen zu nutzen, in denen nicht ein inneres Gesicht, sondern ein Wort, eine verbale Aufforderung, in die Entscheidung des Lebens ruft. Zu untersuchen ist vor allem, was die einzelnen Handlungen, Verhaltensweisen und Worte an wesentlichen psychischen Veränderungen für die betreffenden Personen bedeuten, voraussetzen oder mit sich bringen; denn nur so wird sich vermeiden lassen, daß die Berufung eines Menschen durch Gott zu einem völlig heterogenen Widerfahrnis bzw. zu einem absurd anmutenden, ja ganz und gar unmenschlichen oder psychopathischen Erlebnis gerät. Würde sich eine «Berufung» wirklich so zutragen, wie eine kurzschlüssige Exegese es unter Ausschaltung aller psychologischen Gesichtspunkte und Erwägungen theologisch nahelegt – als eine Anrede Gottes, die eine absolute und radikale «Gehorsamsnachfolge» auf seiten des Menschen verlangt – so könnte man nur wünschen und müßte alles tun, um derartige «Berufungserlebnisse» im wirklichen Leben zu verhindern. Umgekehrt kann gerade die Einfühlung in den Text sowie das Bemühen, die einzelnen Bewegungen der Erzählung als wesentliche, typische Momente einer Berufung zu verstehen, ohne Schwierigkeiten zeigen, wie die Art der Berufung, ihre Umstände, die Form des Gesprächs, bis in alle Einzelheiten hinein eine innere Notwendigkeit verrät, die sich in der Erfahrung des religiösen Lebens jederzeit bestätigt, vorausgesetzt, man zerlegt, was der Text als die Bewegung eines Augenblicks erzählt, im gewöhnlichen Erleben wiederum nach der Zeitzerdehnungsregel (I 226) in einen langdauernden Prozeß innerer Reifung und tieferer Einsicht.

Besonders instruktiv für die tiefenpsychologische Auslegung eines biographischen Ausspruchs scheint als Beispiel einmal eine gewissermaßen mißlungene Berufung zu sein, wie sie in der *Geschichte vom reichen Jüngling* in Mk 10,17-27 vorliegt.

Kein anderes Evangelium des Neuen Testamentes wirkt fordernder und schroffer als dieses. Düster, betrübt, erschauernd und erschrocken – so beschreibt Markus selbst den Eindruck dieser Worte Jesu: als wenn uns Gott gar nichts an Eigenem mehr lassen wollte; als wenn er uns total verpflichten, ja, vergewaltigen wollte; als wäre Gott eine drohende, unersättlich gebietende Macht, die uns nicht Ruhe läßt, ehe sie uns nicht alles Blut aus den Adern gesogen hat.

Es ist ja nicht erlaubt, sich an der Härte dieser Worte vorbeizumogeln und sie als eine bloße Übertreibung auszugeben, als wenn Jesus etwa den zynischen Standpunkt geteilt hätte, man müsse das Unmögliche verlangen, um das Mögliche zu erreichen. Es hat auch keinen Sinn, an dem Text so lange deutend und zerredend herumzukauen, bis er leicht zu schlucken, d.h. bis daß es möglich ist, noch sozusagen die fettesten Kamele durch das Nadelöhr zu treiben.

An dieser Stelle, ohne Zweifel, wird *alles* verlangt. Aber man hüte sich vor einem Mißverständnis: es geht nicht um eine Forderung zur sozialen Hilfeleistung[1]. Gewiß, der Jüngling soll allen Besitz den Armen geben. Aber das ist ein sekundäres Motiv – es geht um die Fessel des Besitztums, nicht (wie bei Lukas etwa) um

[1] Sehr zu Recht weist M. HENGEL: Eigentum und Reichtum in der frühen Kirche, 31–38 darauf hin, daß Jesus einerseits die radikale Kritik der Propheten am Reichtum aufgegriffen hat, andererseits aber weder selber aus dem Proletariat der Tagelöhner und landlosen Pächter stammte noch auch den Kontakt zu begüterten Persönlichkeiten gemieden hätte. Beides läßt sich nur miteinander vereinbaren, wenn man auf *das Motiv* achtet, aus dem heraus Jesus das Eigentum kritisierte. «Grundlegend» für das Verständnis seiner Haltung gegenüber allen irdischen Gütern ist ... die Forderung aus der Bergpredigt (Mt 6, 33): ‹Trachtet zuerst nach der Gottesherrschaft und Gottes Gerechtigkeit und dies alles wird euch dazugegeben werden.›» (M. HENGEL: A.a.O., 32) «Der Besitz erhält ... dämonischen Charakter, weil er den Menschen bindet und gegenüber dem Ruf der Gottesherrschaft verschließt.» (A.a.O.) Es geht also darum, von den falschen Sicherungen durch Besitz und Eigentum frei zu werden im Vertrauen auf Gott; – alle sozialen Implikationen der Forderung Jesu nach Armut, die – im Unterschied etwa zur ursprünglichen Form des *Buddhismus* – gerade von der prophetischen Kritik her sich nahelegen (vgl. *Amos*!), sind als buchstäblich sekundär einzustufen. Der Unterschied ist eklatant: die prophetische Forderung nach sozialer Gerechtigkeit ist ein *ethisches* Postulat, und es muß vom freien Willen des Menschen sowohl zu fordern wie zu leisten sein; was Jesus «fordert» (besser: verkörpert, schenkt und anbietet), ist durchaus nichts, was man mit gutem Willen sich vornehmen und leisten könnte; es ergibt sich aus einer durch und durch religiösen Erfahrung, oder es ergibt sich nicht. *Dafür* steht die Geschichte vom reichen Jüngling im Markus-Evangelium. L. SCHOTTROFF – W. STEGEMANN: Jesus von Nazareth – Hoffnung der Armen, 97–102 bringen die Perikope demgegenüber durch ständige Vergleiche mit den z.T. sehr andersgearteten Vorstellungen des Lukas-Evangeliums im Grunde religiös um ihren Ernst, um das: «Bei Menschen – unmöglich!» (Mk 10, 27) – Unter bestimmten Einschränkungen ist BASILIUS: An die Reichen, in: Homilien und Predigten, II 239–257 zuzustimmen, wenn er rigoros dem «reichen Jüngling» entgegenhält: «... wäre es wahr, ... du habest von Jugend auf das Gebot der Liebe beobachtet ..., woher hättest du dann deinen riesigen Reichtum?» (Kap. 1; S. 242) BASILIUS brandmarkt den unsinnigen Putz des Reichtums, den er mit einer Sucht vergleicht (Kap. 5; S. 249), um zu fragen: «Was wirst du dem Richter antworten, wenn du die Wände kleidest, einen Menschen aber nicht kleidest, der du die Pferde schmückst, den in Lumpen gehüllten Bruder aber nicht ansiehst, der du das Getreide verfaulen lässest, und den Hungerigen nicht nährest, der du das Geld vergräbst, den Notleidenden aber nicht berücksichtigst? Hast du noch eine prunkliebende Gattin, so wird die Krankheit doppelt.» (Kap. 4; S. 246) Selbst die beliebteste Ausrede, der Reichtum sei notwendig der Kinder wegen, nennt BASILIUS einen beschönigenden «Vorwand der Habsucht». (Kap. 7, S. 253) – Gemessen an der Ehrlichkeit und dem Ernst solcher Worte, befindet die Theologie der Armut bzw. die *sozialgeschichtliche Hermeneutik* sich mindestens in ihrer jetzigen Form in der ständigen Gefahr, rein soziologisch gesehen ihren eigenen Ansprüchen nicht zu genügen. In merkwürdiger Ähnlichkeit zur Bewegung der *Narodniki* im zaristischen Rußland, entstammt ihr Denkansatz ganz und gar akademischen Kreisen, die in der objektiven Sinnentleertheit der bürgerlichen Existenz, nachdem sie alles erreicht haben, was es im Sinne bürgerlicher Lebensweise zu erreichen gibt, sich auf die Suche nach einer wahren Wirklichkeit hinter den Verkleidungen von Geld, Macht und öffentlicher Anerkennung begeben. Ihr Protest gegen die bürgerliche Kleinkariertheit ist gewiß wahr und berechtigt, aber er bleibt nur wahr, wenn die religiöse Erfahrung der Geborgenheit in Gott nicht durch ethische Postulate verstellt wird. Um einige Wahrheit in die Diskussion zu bringen, möge man S. KIERKEGAARD: Der Augenblick, Nr. 7, in: Werkausgabe, II 454–456 («Am *ersten* das Reich Gottes») lesen, um die Heuchelei zu begreifen, die unvermeidlich entsteht, wenn hoch besoldete «Professoren der Theologie» (in sich schon ein hölzernes Eisen) ausgerechnet die Armut um des Himmelsreiches willen predigen. Zudem muß man vor Augen haben, wie lang – z.B. in einer Psychotherapie – es dauern kann, ehe ein Mensch fähig wird, auf die Scheinsicherungen seiner Angst im Umfeld eines tieferen Vertrauens zu *«verzichten»*, – d.h., sie wie eine hinderliche Plage abzustreifen. Wie man die Menschen zur Armut *erlöst*, ist eine andere Frage, als wie man die soziale Armut *beseitigt*.

die Pflicht der Nächstenliebe angesichts von Hunger und Elend[2]. Tatsächlich stellt Jesus auch nicht, wie er wohl gekonnt hätte, dem Jüngling die große Not der zahlreichen Bettler und der Arbeitslosen in Galiläa vor Augen[3], und er fordert nicht im Namen des Elends die Besitzlosigkeit und den Verzicht auf Eigentum.

Ein solcher Gedanke ist kulturgeschichtlich überhaupt erst gerade ein Jahrhundert alt, und Jesus hat ihn nie gedacht; ja, selbst wenn er ihn gedacht hätte, so hätte er ihn sogleich wieder verworfen, denn er hätte gewußt, daß ein vollkommener Verzicht auf eigenen Besitz allein im Hinblick auf die Armut anderer logisch widersprüchlich und psychologisch unmöglich ist. Religiös kommt es nachdem als erstes darauf an, *die Motive* zu verstehen, die Menschen zu Sklaven ihres eigenen Besitzes werden lassen, und erst wenn diese durchsichtig geworden sind, wird man den Anspruch religiöser Armut als *Befreiung* vom Besitz verstehen.

Es scheint, daß Menschen nur deshalb an dem, was sie erworben haben, so sehr hängen, weil sie Angst haben. Wie Eichhörnchen, wenn sie den Winter nahe spüren, sich instinktiv Vorräte an Nahrung zulegen, um gegen die Zeit der Kälte und des Schnees gerüstet zu sein, so scheint die Angst auch dem Menschen die Sorge einzugeben, er müsse sich gegen mögliche Gefahren durch Vermehrung

[2] L. Schottroff – W. Stegemann: Jesus von Nazareth – Hoffnung der Armen, 108–113 verweisen zu Recht darauf, daß Lukas nicht nur die Freiheit vom Besitz, sondern auch das Verlassen der Ehefrauen fordert (Lk 14, 26; 18, 29f.). «Der Bruch mit den Ehefrauen ist ja etwas anderes als freiwillige Ehelosigkeit ... die Jesusjünger ... *müssen* auch ihre Ehefrauen verlassen, also bestehende Ehen faktisch auflösen. Ja, sie müssen insgesamt die selbstverständlichen Familienbande aufkündigen.» (110) Ein solches ebenso familienfeindliches wie besitzfeindliches Verhalten legten in der Antike insbesondere die Kyniker an den Tag, und so werten L. Schottroff und W. Stegemann diese Einstellung als wesentlich «sozialkritisch» (112); aber man verwechselt hier erneut die Ursache mit der Wirkung: die Kritik an den Reichen ergibt sich *aus* der kynischen Lebenseinstellung, nicht umgekehrt. In Wahrheit ist der nächstliegende Vergleich zu der Einstellung des Lukas, wenn schon nicht historisch, so doch der Grundhaltung nach in etwa in den indischen Mönchsbewegungen zu sehen – der *Buddha* hat in der Tat Frau und Kinder verlassen, um in seiner Armut die Menschen von den Fesseln der Welt zu befreien. Jede andere als religiöse Zentrierung der Berufung der Jünger verzeichnet die einfachsten Tatsachen des Neuen Testamentes ins geradezu Widersinnige: als Jesus Fischer am See Gennesareth wie Simon und Andreas, Jakobus und Johannes (Mk 1,16.19) in seine Nachfolge berief, versammelte er gerade nicht Bettler, Lohnabhängige, Sklaven und Tagelöhner um sich, um sie mit der Vision einer gerechteren Welt zu trösten, sondern er tat etwas sozial völlig Verantwortungsloses: er nahm intakten Familien ihren Ernährer weg, er zerstörte die ökonomische Grundlage des Zusammenlebens vieler, und statt aus sozialer Armut herauszuführen, führte er allererst die Armut und Abhängigkeit seiner Jünger vom Almosen anderer mutwillig herauf. Nicht soziales Handeln, sondern eine bestimmte religiöse Haltung ist das Ziel eines solchen Vorgehens.

[3] J. Jeremias: Jerusalem zur Zeit Jesu, 125–135 zeigt die Armut der Sklaven und Tagelöhner und das z.T. parasitäre Verhalten der Schriftgelehrten, die jedoch in der Mehrzahl selbst zu den Armen der Bevölkerung gehörten. Hätte Jesus ein zentral sozialpolitisches Anliegen in seiner Botschaft verfolgt, so müßte es doch wenigstens Anklänge an bestimmte Forderungen nach Landreform, Arbeitsbeschaffung u.ä. geben – die Zelotenbewegung hatte solche Schwerpunkte in ihrem Programm. Wenn es irgendwo erlaubt ist, in historischem Sinne *e silentio* zu schließen, sollte es doch hier der Fall sein: Jesus war *kein* Zelot.

seines Besitzes zu schützen suchen[4] – eben deshalb kann eine bloß moralische Mahnung zu Mitleid mit der Not der anderen psychologisch überhaupt erst im Umfeld einer gewissen Lebenssättigung bzw. bei einem bestimmten Maß an Überfluß wirksam sein; im Umfeld bestehenden Mangels wird sie im Gegenteil zunächst die Angst verstärken, selber in Not geraten zu können. Das Paradox des menschlichen Sicherungsstrebens durch Reichtum und Besitz liegt aber darin, daß einzig ein Mensch weiß, was kein Tier in dieser Klarheit zu wissen vermag: daß es gegen die endgültige Bedrohung des Todes, gegen die endgültige Nichtigkeit und Vernichtung der irdischen Existenz kein Mittel gibt[5]. Und gerade an dieser Stelle beginnt die eigentlich religiöse Frage, wie wir mit der Angst umgehen: ob wir nur um so mehr uns an die Welt und ihre Güter klammern und mithin das Geld zum Gott erheben, oder ob wir uns zu Gott erheben und in innerer Freiheit das Geld abgeben.

Deshalb hat Jesus offensichtlich gemeint, das eigentliche Problem bestehe nicht im Reichtum an sich, sondern in der Lebensangst, die in der Verleugnung Gottes den Reichtum nötig und die Armut unerträglich mache. «Niemand kann zwei Herren dienen ... Ihr könnt nicht Gott dienen und dem Mammon.» (Mt 6,24) *Hier* setzt Jesus an.

Da kommt ein Mann zu ihm, der offensichtlich ehrlich auf der Suche ist nach ewigem Leben, und dieses Bestreben an sich schon ist mutig und groß. Es zeigt, daß dieser Mann sich nicht an etwas hängen möchte, das nur für 30, 40 Jahre gilt. Er ist allein mit dem zufrieden, was ewig ist und ewig ihm gehören wird. Ein Mann, der auf solche Weise fragt und sucht, kann nicht ein oberflächlicher Charakter sein. Ewiges Leben: das heißt doch, es gibt etwas, von dem ich ewig als wie von mir selber sprechen kann, etwas, das so zu mir gehört, daß ich es nie verlieren kann und es mir nie genommen wird. Gesundheit, Ansehen, Schönheit, Erfolg – all das wird man mir gewiß sehr bald schon nehmen. Aber worin bestehen dann die Dinge, die tragfähig und wesentlich sind, die zu mir gehören und mich ausmachen? So fragt der Jüngling, und er hat die Vorstellung, daß er *durch rechtes Tun* so etwas wie ewige Dauer erwerben könnte: eine Tat z.B., die er niemals zu bereuen brauchte und die er auf immer als sein eigen reklamieren könnte, in der sich sein Ziel, sein Auftrag, seine Bestimmung ausdrückt – so etwas könnte in seinen Augen wohl eine ewige Bedeutung sichern und ausmachen.

Ist es nicht richtig, so zu fragen? – Käme zu uns jemand mit einer solchen Frage, wir wüßten gewiß im Handumdrehen eine ganze Vielzahl von Dingen aufzu-

[4] Zur *Verhungerungsangst* schon im Tierreich vgl. E. DREWERMANN: Strukturen des Bösen, II 226–228.

[5] Zu dieser Verunendlichung der Angst durch die Bewußtwerdung der innerweltlichen Aussichtslosigkeit der menschlichen Existenz vgl. E. DREWERMANN: Der Krieg und das Christentum, 74–75; DERS.: Strukturen des Bösen, III 216–218; 241–251.

zählen, die man tun müßte, um verantwortlich zu handeln. Politische, karitative, soziale, humane, religiöse Engagements und Aufträge – es gäbe so viel zu tun. Und dennoch winkt Jesus ab. Es klingt unglaublich schroff und ungewöhnlich sperrig, wenn Jesus zu dem Jüngling als erstes sagt: «Was nennst du mich gut, keiner ist gut, nur einer: Gott!» Gleichwohl scheint Jesus auf diesen Bruch, auf diesen Widerspruch den größten Wert zu legen, wie wenn tatsächlich an dieser Stelle eine bestimmte Fragestellung, eine Geisteshaltung, eine ganze Lebenseinstellung restlos beendet werden sollte. Wohl verstehen wir die Unruhe, den Zweifel, die ideale Gesinnung des Jünglings; aber es ist, als wenn Jesus all dies vollkommen wegwischen wollte, als wenn er ihm sagen wollte: das ewige Leben ist nicht das, was wir sind, tun und bedenken; ewig zu leben, heißt, aus Gott zu leben und sich einzulassen auf das Nicht-zu-Machende.

Nur so versteht man, wie brüsk Jesus bereits die Anrede des Jünglings: «Guter Meister» weit von sich weist. Es geht nicht allein darum, daß Christus jede Verehrung, jede Schmeichelei gegenüber seiner Person gar nicht erst aufkommen lassen möchte[6], es geht vielmehr um eine neue, absolute Entdeckung, die in Jesus lebt und Gestalt gewinnt: daß die Grunderfahrung unseres Lebens darin bestehen kann und darf, daß es Gott gibt: Gott ist. Und: Gott ist gut. In dieser Erfahrung ist und wird tatsächlich alles gut, denn es verändert die gesamte Existenzgrundlage und die gesamte Fragestellung. Nicht: was muß ich tun, damit etwas gut wird?, lautet jetzt die entscheidende Frage des Lebens, sondern

[6] K. JASPERS: Der philosophische Glaube, 85 nahm diese Stelle gegen die dogmatische Umformung Jesu «zum Christusgott» in Anspruch; aber die Frage ist, in welcher Weise denn die «Göttlichkeit» Jesu erfahrbar sein kann, wenn nicht gerade in dieser absoluten Durchsichtigkeit auf Gott hin. R. PESCH: Das Markusevangelium, II 138 meint, Jesus unterstelle, «daß vom ‹guten› Lehrer neue, besondere Gebote erwartet werden», und er weise «in diesem Sinne das Prädikat ‹gut› ab.» «Daß allein der einzige Gott ... gut ist, bedeutet, daß Jesus in seiner Antwort auf die Frage nach dem gebotenen Tun nur auf Gottes Gebote verweisen kann.» Mit einer solchen Auffassung des Textes wird jedoch nicht nur das «christologische» Problem der Stelle umgangen, es kommt darin vor allem nicht zum Ausdruck, daß in der Antwort Jesu die gesamte spätere Thematik – die Armut des Menschen und das Vertrauen auf Gott – bereits in einem Satz enthalten ist; erst von dieser Grundeinstellung her versteht man aber den Sinn der Armutsforderung Jesu, die sehr wohl in dieser Radikalität ein neues Gebot ist. Es schreibt sich so leicht, aber tatsächlich verändert es die ganze Welt, wenn man den «Verweis» Jesu auf Gott als Urheber alles Guten mitvollzieht. Nicht zuletzt liegt darin das Ende des gesamten ethischen Optimismus, das Ende jeder Gesetzesreligion beschlossen. Sehr richtig sagt R. PESCH: A.a.O., 141 (zu Mk 10, 22): «Indem Jesus das Leistungs-Lohn-Denken des Mannes anspricht, deckt er seine Verstrickung auf: Der Reiche glaubt bei seinem Tun sich selbst als Reichen heraushalten zu können. Ihm fehlt Gelassenheit, unbedingtes Gottvertrauen, die Basis wirklich sozialer Praxis.» Aber gerade diese völlig richtige Feststellung wird nicht vom Text her entfaltet; dabei käme es unbedingt darauf an, die Preisgabe des Leistungs-Lohn-Denkens als Eintritt in eine innere Armut zu verstehen. Erst dann auch ließe sich die oft geübte, an sich nur zu berechtigte Kritik an der völligen Armutsforderung Jesu widerlegen, daß wirtschaftlicher Pauperismus gerade *nicht* den sozial Schwachen zu helfen vermöge und in gewissem Sinne volkswirtschaftlich unverantwortlich sei. Es geht eben *nicht* wesentlich um eine neue Almosenethik, sondern um die Annahme der Wesensarmut des Menschen vor Gott.

die eigentliche Erfahrung zeigt, daß alles schon gut ist, weil es Gott gibt. Aller Wert, alles Schöne, alle Wahrheit, aus der ich leben kann, ist schon da; und daneben ist es nicht wichtig, nicht entscheidend, was ich tun muß und tun kann. Schon die Frage: bin ich gut oder wie kann ich selbst gut werden, verweist auf eine Angst, die ich ganz und gar aufgeben kann und darf, indem nur Gott selbst wichtig ist; der Sinn meines Daseins existiert bereits in Gott, bevor ich anfange, zu leben. Und das bedeutet: Es darf mich geben in meiner Ungeschütztheit, in meiner Armut, in meiner Nichtigkeit; denn es gibt Gott, und er ist mein Schutz, mein Reichtum, er ist in seinem Dasein der Grund, daß auch ich bin.

Vielleicht gibt es keine traurigere, zähere und schmerzlichere Form der Verzweiflung als den quälenden Kummer aller Frommen, selbst vor Gott nicht gut genug zu sein und im Grunde nichts wirklich Gültiges zu besitzen, mit dem man vor seinen Augen bestehen könnte. Die Formel des Jünglings vom ewigen Leben und sein Glaube, es müsse ihm doch irgendwie gesagt werden, was er tun könnte, um endlich selber «gut» zu werden, verrät eine Not, an der gemessen die Antwort Jesu eigentlich doch nicht als Abweisung, sondern weit eher als eine Einladung erscheint, als eine Beruhigung, als ein Hinweis, den man ganz vorsichtig und leise sich selber sagen muß, damit er unmittelbar das eigene Herz erreicht: «Nur Gott ist gut.» Es geht um eine Einladung, etwas zu sehen und etwas zu entdecken, das die Unruhe und die Angst über die Unzulänglichkeit, Fragwürdigkeit und Brüchigkeit der eigenen Existenz möglichst unaufdringlich und behutsam von uns nehmen möchte: daß der Blick wegkommt von der Haltlosigkeit und Bodenlosigkeit des eigenen Ichs und ausgerichtet wird auf Gott.

Alle Freude unseres Lebens liegt in dieser Blickveränderung. Denn es gibt gar nichts und kann gar nichts geben, das begütigender, tröstender, befreiender, heilender zu wirken vermöchte als dieses Wort, das allen Krampf beseitigt: «Nur Gott ist gut.» Es ist ein Wort, das alle Fragen löst und all das Grübeln endet, was ich tun muß, um «ewiges Leben» zu erlangen. Ganz einfach darf ich sein, wie ich bin, wenn dieses Wort stimmt – mit meinen Fehlern, Nichtigkeiten und Nichtswürdigkeiten, denn: es gibt Gott. Alles Wichtige ist sozusagen schon getan. Oder, in der Erfahrung und mit den Worten des chinesischen Weisen LAOTSE ausgedrückt: «Alles ist gemacht durch das Nichtmachen.»[7]

[7] Vgl. LIN YUTANG (Hrsg.): Laotse, 47 (Taoteking, Nr. 3): «Durch Handeln ohne Taten / Mögen alle in Frieden bleiben.» Oder a.a.O., 79 (Taoteking, Nr. 16): «Erreiche die äußerste Passivität; / Halte fest an der Grundlage der Ruhe. / Die zehntausend Dinge nehmen Gestalt an und steigen zur Tätigkeit auf, / Ich aber sehe zu, wie sie zur Ruhe zurückkehren ... Zur Wurzel zurückkehren, ist Stille, / Es heißt, zum eigenen Schicksal zurückkehren. / Zum eigenen Schicksal zurückkehren heißt, das ewige Gesetz finden ... Wer das ewige Gesetz erkennt, ist duldsam; / Da er duldsam ist, ist er unparteiisch; / Da er unparteiisch ist, ist er

Immer wieder hat Jesus in seinen Gesprächen alle Fragen nach Gott auf diesen einen zentralen Punkt zurückgeführt: «Nur Gott ist gut». Nichts hängt an uns und unseren Sorgen, alles aber an Gott. Was sich an dieser Stelle wirklich begibt, kann man mit einem Lieblingswort des Herrn auch so ausdrücken, daß wir inmitten aller Angst Gott als «nur gut», als unseren Vater, wiederentdecken[8]. Nicht zufällig redet Jesus wenig später seine Jünger, als der Jüngling fortgegangen ist, mit jenem Wort an, mit dem er am tiefsten und am innigsten das Menschendasein auszudrücken suchte: «Kinder»[9]. Denn nichts anderes vor Gott sollten wir sein und brauchten wir zu sein als dieses: Kinder vor Gott, und deshalb miteinander Brüder. In dieser Weise hat Christus gedacht, gelebt, geglaubt, gehofft. Für diese Überzeugung ist er in den Tod gegangen: daß alle Menschen sich in ihrer Ohnmacht, in ihrer Haltlosigkeit und in dem dauernden Gefühl, sich für sich selbst schämen zu müssen, an Gott anlehnen könnten und wissen dürften: niemand mehr braucht sich vor dem anderen zu schämen; keiner ist gut, aber allen hat Gott vergeben, der seine Sonne aufgehen läßt über Gerechte und Ungerechte und vor dem alle Unterschiede außerhalb der Güte sinnlos werden (Mt 5,45). Es ist ein Gedanke, wie ihn ganz ähnlich der wunderbare *Psalm 103* mit den Worten ausgedrückt hat:

> Preise meine Seele den Herrn, ...
> der all deine Schulden vergibt, ...
> der all deine Krankheiten heilt,
> der dich geradezu krönt mit Huld und Erbarmen ...
> Er weiß, daß wir Menschen nichts anderes sind
> als ein Gebilde aus Lehm, im letzten nur Staub.
> Das Menschlein ... – wie die Feldblume blüht es;
> der Wind streicht darüber,
> und schon ist sie fort,
> und niemand erkennt mehr den Ort, wo sie war.
> Doch das Erbarmen Gottes währt
> von Ewigkeit her auf Ewigkeit hin.

königlich; / Da er königlich ist, ist er im Einklang mit der Natur; / Da er im Einklang mit der Natur ist, ist er im Einklang mit dem Tao; / Da er im Einklang ist mit dem Tao, ist er ewig, / Und sein ganzes Leben ist von Unheil bewahrt.» Einen besseren Kommentar zur Haltung der «Armut» wird man in der Weltliteratur nicht finden; um dieselbe Einstellung auch in den Worten Jesu wiederzufinden, muß man freilich gerade die Armutsforderung Jesu eher aus der milden Gelassenheit religiöser *Weisheit* verstehen denn aus dem sehr berechtigten, äußerst erregten sozialen Engagement mancher Propheten des Alten Israel.

[8] J. Jeremias: Abba, in: Abba. Studien zur neutestamentlichen Theologie und Zeitgeschichte, 63 erläutert, warum die Gottesanrede Jesu: «Abba» – «lieber Vater» in den jüdischen Gebeten fehlt und was sie für Jesus bedeutete: «es war für jüdisches Empfinden unehrerbietig und darum undenkbar gewesen, Gott mit diesem familiären Wort anzureden. Es war etwas Neues und Unerhörtes, daß Jesus es gewagt hat, diesen Schritt zu vollziehen. Er hat so mit Gott geredet, wie das Kind mit seinem Vater, so schlicht, so innig, so geborgen. Das Abba der Gottesanrede Jesu enthüllt das Herzstück seines Gottesverhältnisses.»

[9] Mk 10, 24. Vgl. die Anrede in Joh 21, 5; s.o. S. 406.

Eben in dieser Gewißheit besteht das ewige Leben. – Vielleicht muß man wirklich sehr verzweifelt sein, um zu merken, daß es sich ganz genau so verhält. Jedenfalls sind die Starken, die Selbstbewußten, die Tüchtigen, die «guten» Menschen in der allergrößten Gefahr, die Herrschaft Gottes unmöglich zu machen und das, was sie befreien und erlösen könnte, weit von sich abzuweisen. Denn sie wissen ja, wie man es machen muß: in der Kirche, in der Politik, in der Familie, im Geschäft, überall wissen sie, wie man es machen muß, und daß sie Grund haben zu glauben, daß sie wirklich so sind, wie sie es von sich glauben: gute und tüchtige, reich veranlagte und vor allem reich gewordene Menschen sind sie. Und darum werden sie nie den Augenblick der Stille kennenlernen, wo alles eigene Tun zu Ende ist und alles, was man sein oder bedeuten könnte, hinfällig wird, wo es gar nichts mehr zu machen oder zu tun gibt, sondern wo es nur noch darum geht, in die eigene Nichtigkeit hinabzuschauen wie in einen tiefen Brunnen und das eigene mit Mängeln überhäufte Ich anzublicken in dem Spiegelbild des Wassers auf dem Boden der Zisterne – und nun nicht hineinzustürzen und im Taumel der Verzweiflung sich haltlos fallen zu lassen, sondern die Hände Gottes zu spüren, die gerade in diesem Augenblick sich um unsere Schultern legen, uns ganz festhalten und uns nie wieder von sich weisen werden. Denn «Gott ist gut», und unter seinen Augen haben wir nicht den geringsten Grund, gering von uns zu denken. Wir sind seine Söhne – Kinder eines ewigen Königs. Das ist unsere Wahrheit, weil es Gott gibt.
Für den, der diese Wandlung innerlich vollzogen hat, ergibt der weitere Verlauf dieses Gesprächs zwischen Jesus und dem reichen Jüngling sich jetzt wie von selber. Es ist, als wenn Jesus vom Nullpunkt an die Frage noch einmal aufgreifen wollte: «Was muß ich tun?» Nicht töten, nicht ehebrechen, nicht stehlen – all die Gebote zählt Jesus auf, wie wenn er den Jüngling ausdrücklich vor dem sublimen Stolz warnen wollte, der das Besondere des Guten will. Kein Verbrecher zu sein – schon das ist viel unter den Menschen; und es ist, wie wenn Jesus den Jüngling mit seiner Frage nach dem außerordentlichen Guten bewußt korrigieren und in den ganz bescheidenen Alltag mit seinen sehr bescheidenen Forderungen zurückführen wollte, wie um ihn in Schutz zu nehmen vor allzu hohen Idealen.
Erst wenn jenseits des eigenen Gut-sein-Müssens eine solche Sicherheit in Gott gewonnen und als feste Ruhe in die gewöhnlichen Alltäglichkeiten eingezogen ist, bekommt auch die *Armutsforderung* des Herrn ihren Sinn. Sie bildet gewissermaßen den logischen Abschluß, die einfache Folgerung aus der Erkenntnis unserer *wesentlichen* Armut: daß eigentlich schon gar nichts mehr an unserem «Vermögen» liegt, daß eigentlich doch nichts uns selbst gehört, und vor allem: daß jetzt allen alles gemeinsam ist und zur Verfügung stehen sollte. Nicht länger mehr muß fortan der eine der Konkurrent, der Gegenmensch des anderen sein, nur dadurch bereits, daß er existiert[10], sondern ein jeder kann, wenn es so steht,

dem anderen geben, wessen er bedarf, und die Barrieren und Mauern der Angst sind überflüssig und können dahinfallen. Der eigene Besitz, meine Fähigkeiten, meine Vorzüge, meine Möglichkeiten – alles das braucht mich nicht mehr vor dem anderen zu schützen; ich kann es abgeben, ohne dabei etwas zu verlieren, ähnlich wie Kinder ein Spielzeug wegschenken, für das sie längst zu alt geworden sind[11].

Wenn diese Leichtigkeit, wenn diese Selbstverständlichkeit, wenn dieses Geschenk des eigenen Arm-sein-dürfens vor Gott nicht hinter dem Verkauf des eigenen Besitzes steht, ist die Armutsforderung des Christentums ein sinnloser und unmenschlicher Krampf, der nicht befreit und löst, sondern nur immer neue Schuldgefühle hervorruft und Gott gerade an *der* Stelle zu einem vergewaltigenden, blutsaugerischen Moloch macht, wo es in Wahrheit um einen Ausdruck höchster Freiheit und tiefster Geborgenheit geht. Wie hat man nur beim Aufstellen mönchischer Ideale die ausdrückliche Warnung Jesu an dieser Stelle überhören können: «Bei Menschen – unmöglich». Überhaupt kein Vorsatz und kein noch so guter Wille vermag die Haltung der Armut zu arrangieren, sondern irgendwann muß und wird wie von selbst der Augenblick eintreten, wo ich ganz sicher weiß: ich selbst kann gar nichts tun, ich brauche aber auch gar nichts zu tun; es ist endgültig nicht mehr nötig, mich anzustrengen und mich umzumodeln, als wäre mein Leben eine ewige Neubauwohnung, sondern ich darf ein für allemal eintreten in den Raum, in dem Gott wohnt, oder, richtiger: ich darf erfahren und spüren, wie mich Gott hält und umfängt und wie ich eben deshalb alles das loslassen kann, woran ich zuvor mich wie an einem Brückengeländer angeklammert habe. Denn dieses weiß ich: «Alles ist möglich – bei Gott», – sogar daß mein nichtiges Leben einen Sinn erhält. Allein im Namen solcher Armut wird die Welt erlöst.

Es gibt, um diese Erfahrung zu verdeutlichen, gewiß kein besseres Beispiel als die kurze Episode, die LEO TOLSTOI in seinem Roman *«Krieg und Frieden»* im Leben des jungen Fürsten *Andrej Bolkonski* geschildert hat. Bei der Schlacht von Austerlitz hat Fürst Andrej an der Spitze seines fliehenden Bataillons die Fahne ergriffen und die Führung übernommen; begeistert, im Bewußtsein, etwas Ent-

[10] Zur Prolematik der Konkurrenz vor allem in der Sozialphilosophie J.P. SARTRES vgl. E. DREWERMANN: Strukturen des Bösen, III 345–346; 389–396.

[11] Auch darin spricht sich eine Erfahrung aus, die in der taoistischen Überlieferung von DSCHUANG DSI: Das wahre Buch vom südlichen Blütenland, XI 5, S. 125 meisterlich formuliert wurde: «Die das Erdreich besitzen, besitzen ein großes Ding. Wer ein großes Ding besitzt, darf sich nicht durch die Dinge selbst zum Ding machen lassen. Weil er selbst nicht als Ding erscheint, darum kann er die Dinge als Dinge behandeln. Wer es durchschaut hat, daß, was die Dinge zu Dingen macht, nicht selbst ein Ding ist, dessen Macht beschränkt sich nicht darauf, nur die Leute auf der Welt in Ordnung bringen zu können. Er geht aus und ein in der Räumlichkeit und wandelt durch die Welt. Er ist frei in seinem Gehen und Kommen, von ihm kann man sagen, daß er (die Welt) zur freien Verfügung hat. Ein Mensch, der so (die Welt) zur freien Verfügung hat, der besitzt den höchsten Adel.»

scheidendes, Großes, eine sogar historisch ruhmvolle Tat für sein Vaterland vollbringen zu können, stürzt er auf die französischen Linien zu – da sinkt er plötzlich, von einer Kugel getroffen, zusammen und alles verschwindet vor seinen Augen. In diesem Augenblick sah Andrej nichts mehr. Über ihm war nur der Himmel, «der hohe Himmel, der zwar nicht klar, aber trotzdem unermeßlich hoch schien. Graue Wolken glitten ruhig dahin. Wie still, wie ruhig, wie feierlich, dachte Fürst Andrej, gar nicht so, wie ich eben dahergestürmt bin, gar nicht so, wie wir rennen und schreien und kämpfen, ... – ganz anders ziehen die Wolken über diesen hohen, unendlichen Himmel dahin. Wie kommt es, daß ich früher niemals diesen Himmel gesehen habe? Wie glücklich bin ich, daß ich ihn endlich sehe! Ja! Alles ist eitel, alles ist Lug und Trug, außer diesem unendlichen Himmel. Es gibt nichts, nichts außer ihm ... Gott sei Dank!»[12]. Später im Lazarett begegnet er Napoleon, wie dieser herablassend die Tapferkeit der russischen Soldaten lobt[13]; und wieder erinnert sich Andrej des hohen Himmels aus der Schlacht von Austerlitz und muß denken: wie klein, wie armselig sind doch alle diese Großen[14].
Das muß es heißen als Antwort auf die Frage des Jünglings: «Was muß ich tun?» – wenn Jesus ihm antwortet: «Nur Gott allein ist gut.» Und: «Gib alles, was Du hast, den Armen.» Denn, so müßte man ergänzen: sie sind genau wie Du.

3) Seligpreisungen, Gesetzesworte und Weisungen

Bei der Auslegung religiöser Wortüberlieferungen kommt es mithin darauf an, immer wieder die innere, psychologische Bedeutung der jeweiligen Worte und Redepassagen zu beachten. Sehr deutlich wird, daß man ein einzelnes religiöses Wort überhaupt nur verstehen kann, wenn man, statt der (hypothetisch rekonstruierten) historischen Situation, die psychische Problematik sich vor Augen stellt, auf welche die religiöse Wahrheit von menschlicher Not und Erlösung zu antworten versucht; das seelische Problem im Hintergrund eines religiösen Wortes muß man kennen und als das eigene anerkennen, will man zu dem betreffenden Wort einen wahren Zugang finden. Nicht die historische, sondern die wesensmäßige Gleichzeitigkeit als Hörer der religiösen Botschaft eröffnet ein wirkliches Verstehen – jeder andere Weg verläuft sich in einer Wüstenei von Nichtigkeiten und Vordergründigkeiten.
Zudem führt eine Interpretation, die nicht die seelische Not vor Augen hat, von der ein religiöses Wort erlösen will, durch die Äußerlichkeit ihrer Auslegung

[12] L. Tolstoi: Krieg und Frieden, 3. Teil, Kap. 16, S. 375.
[13] A.a.O., 3. Teil, 19. Kap., S. 391.
[14] A.a.O., S. 391.

notgedrungen zu einer Verschlimmerung des Problems, statt zu seiner Lösung. Nirgendwo läßt sich das deutlicher zeigen als bei den Worten, die jubelnd eine bestimmte Art des Lebens glücklich preisen, oder umgekehrt: bei den Aussprüchen, die eine bestimmte Lebensform anmahnen und zur Pflicht erheben. Von daher empfiehlt es sich, ein wenig noch über die Gruppe der *Seligpreisungen*, der *Gesetzesworte* und der *Weisungen* zu sagen.

Das Wort der Feldpredigt z.B.: *«Selig sind die Weinenden»* (Lk 6,21), könnte, äußerlich genommen, in seiner paradoxen Struktur im Grunde nur den Leidenswillen der Depressiven (psychologisch) bzw. der Unterdrückten (soziologisch) verstärken, oder aber man müßte es mit Bezug zu Lk 6,25 rein antithetisch als eine Art Kampfansage gegenüber den Nicht-Weinenden verstehen[1]; in jedem Falle bliebe es ein äußerst gewalttätiges Wort, das die innere und äußere Zerrissenheit in Unglück und Traurigkeit nicht beseitigen, sondern nur durch eine kämpferische Umwertung verstärken würde. An diesem Tatbestand kann sich auch dadurch nichts ändern, daß man historisch auf die Gruppe der «Armen» (der *ᶜnjjm*) hinweist, die zur Zeit Jesu ein religiöses Ideal repräsentierten[2] – die Frage bleibt bestehen, *warum* die Traurigkeit, das Weinen, geradezu als eine Bedingung zum Heil gepriesen werden kann.

Anders verhält es sich, wenn man *psychologisch* die Frage sich vorlegt, welch

[1] Am weitesten gehen in der Auslegung von Lk 6, 20f. L. Schottroff – W. Stegemann: Jesus von Nazareth – Hoffnung der Armen, 46: «Mag sein, daß es primitive Hoffnungen sind (sc. zu erwarten, die jetzt im materiellen «Glück» «Lachenden» würden einst «weinen» infolge der durch Gott verhängten Enteignung, d.V.), es waren ja schließlich auch sehr arme Leute, die sich da mit Jesus oder in seinem Namen zusammengefunden haben.» Es nutzt nichts, diesen krassen und primitiven Materialismus, der hier als Predigt vom Reich Gottes ausgegeben und Jesus in den Mund gelegt wird, als eine großartige «Vision von dem, wozu der Mensch erschaffen ist», auszugeben. Mit aller Entschiedenheit: Nein! Der Mensch ist nicht zum Brotessen geschaffen, und so notwendig ihm die Gerechtigkeit ist, so sehr wird er nur jenseits der Angst zu jener Gerechtigkeit imstande sein, die sich im Namen Gottes «fordern» läßt. Zudem ist es in der Tat eine schlimme Illusion, mit «Visionen» Wirtschaftsfragen lösen zu wollen. Stets verhält die Leere des Begriffs sich am leichtesten polemisch zur Wirklichkeit, und es genügt nicht, «das Unrecht» beim Namen zu nennen, es kommt vor allem darauf an, seine Gründe soweit zu verstehen und durchzuarbeiten, daß sich Veränderungen erzielen lassen. Der Mannaregen in der Wüste ist ein Symbol, keine Verheißung in der äußeren Realität, und es ist stets die beste Vorbereitung für den Atheismus, wenn man religiöse Erwartungen nährt, die als Illusionen zum Scheitern verurteilt sind. – Die Naivität einer «wörtlich», d.h. äußerlich und kurzschlüssig verstandenen Bergpredigt hat Luis Buñuel in seinem Film *«Viridiana»* auf grausam-genaue Weise *ad absurdum* geführt, indem er zeigte, wie die Novizin *Viridiana* mit ihren weltfremden christlichen Idealvorstellungen nicht nur von ihrem Onkel sexuell mißbraucht, sondern vor allem von den Armen, denen sie zu helfen meint, materiell ruiniert wird. Der Film endet mit einem Säufermahl, das dem Abendmahlsbild *L. da Vincis* nachgestellt ist.

[2] M. Hengel: Judentum und Hellenismus, 97–98 nimmt wohl zu Recht an, daß der «gerade für Israel so typische Gegensatz zwischen dem reichen Gottlosen und dem armen, unschuldig unterdrückten Frommen, wie er in der prophetischen Predigt und in den Psalmen erscheint,» die Möglichkeit gegeben habe, «den sozialen Gegensatz religiös zu interpretieren. Es ist daher wohl möglich, daß sich in gewissen späten Psalmen, in den spätesten Teilen der Proverbien, den letzten prophetischen Stücken und vor allem bei Qohelet Andeutungen von religiös-sozialen Gegensätzen erhalten haben, die dann im Makkabäeraufstand in ein

eine Art von «Weinen» und «Lachen» denn so beschaffen sein kann, daß man sie segnen bzw. verfluchen möchte. Gibt es nicht eine Art zu lachen, die in ihrer Munterkeit den eigenen Schmerz, das eigene Leid nur verdrängt und aus einem ursprünglichen Übermaß an Leid bis zum Gelächter abgestumpft ist? Gegenüber einem solchen Gelächter stellt es einen unerhörten Vorzug dar, wenn nach Jahren der inneren Versteinerung endlich ein Strom der Tränen frei wird, der davon Zeugnis gibt, daß sich in der Tiefe das eigentliche Leben wieder zu regen beginnt und ein Stück seiner verlorenen Ursprünglichkeit zurückerhält.

In der Psychotherapie etwa wird man immer wieder erleben, daß jemand in die erste Sitzung strahlend hereinkommt und bereits nach wenigen Minuten fassungslos zu weinen beginnt, obwohl er jahrelang vor den Augen aller scheinbar nur lachend und fröhlich war – als würde eine Maske aus Eis, wie DANTE sie im «Inferno» beschreibt[3], endlich in einem milderen Klima zerschmelzen. F. M. DOSTOJEWSKI hat diese lachende Tarnung unsichtbaren Weinens sogar in den Mittelpunkt seines großen Romans *«Der Idiot»* gestellt. Die Zentralgestalt des Romans, *Nastassja Filippowna*, scheint nach außen hin *nur* lachend, fröhlich und herausfordernd glücklich zu sein, während sie in Wahrheit, wie *Fürst Myschkin* erkennt, nur sich selbst und alle anderen einer Schmach wegen verhöhnt, die ihr Selbstwertgefühl als Frau zutiefst verletzt hat und derentwegen sie sich auf verzweifelte Weise schuldig fühlt. Alles wäre darum zu geben, wenn *Nastassja* statt ihres furchtbaren Lachens endlich weinen würde – es wäre ein unerhörter Segen, eine unendliche Befreiung[4]. – Erst wenn das verzweifelte Gelächter der Selbstentfremdung, die Scheinmunterkeit erzwungener Anpassung nach außen, der Lachkrampf der Hysterie sich legt, wird man verstehen, wie erlöst man sich vorkommen kann, wenn es endlich erlaubt ist, zu seiner Traurigkeit ehrlich zu stehen und ihre Gründe in Wahrheit zu bearbeiten.

Nur auf dem Hintergrund der tiefenpsychologischen Analyse der verborgenen Wirklichkeit *hinter* der täuschenden Außenseite der angsterfüllten Bewußtseins-

akutes Stadium traten.» Vgl. a.a.O., 249–252. Vgl. DERS.: Eigentum und Reichtum in der frühen Kirche, 23–27. A.a.O., S. 33 weist M. HENGEL zur Erläuterung von Lk 6, 24 («Aber wehe euch Reichen, denn ihr habt euere Tröstung bereits empfangen») auf Lk 16, 19-31 (das Gleichnis vom reichen Mann und dem armen Lazarus) hin; aber dieses Gleichnis spricht von der ewigen Gerechtigkeit jenseits des Todes, und wenn man aus dem Vatergott Jesu nicht einen primitiven Gott der sozialen Rache machen will, wird man doch annehmen müssen, daß das Gericht Gottes über den Menschen nicht heteronom die Weltordnung umstürzt, sondern «nur» offenbarmacht, was als innere Wirklichkeit jetzt bereits zu sehen ist, wenn man es mit den Augen Gottes sieht: daß die Gier des Reichtums in sich selbst ein ewiges Brennen und Dürsten darstellt, das in seiner grausamen Unbarmherzigkeit auch selbst für keinerlei Barmherzigkeit zugänglich ist. Welch ein Mensch will denn so leben, wenn sein «Glück» die Hölle ist – *das* ist die eigentliche Frage Jesu in dem Gleichnis vom reichen Prasser und dem armen Lazarus; nicht aber geht es um die Aussicht, die ewige Pein des reichen Prassers in der Hölle *genießen* zu können. Welch eine Angstmoral will man denn mit einer solchen Exegese begründen?

[3] A. DANTE: Die göttliche Komödie; Die Hölle, 33. Gesang, V. 91-130; S. 144–145.

[4] F. M. DOSTOJEWSKI: Der Idiot, 1. Teil, Kap 14, S. 141–152.

einstellung wird man in angegebener Weise den tieferen, befreienden Sinn solch paradoxer Worte wie z.B. der Seligpreisungen der Bergpredigt verstehen; *der psychische Kontext* der eigenen Erfahrung entscheidet sowohl über das Verständnis wie über die Wirkungsweise derartiger Worte. Ohne die Vermittlung der Tiefenpsychologie hingegen wird der eigentlich befreiende Charakter der entsprechenden Worte und Erfahrungen auf kurzschlüssige Weise durch den Eindruck ebenso absurder wie absoluter Forderungen nur zu einer neuen Quelle von Angst und Entfremdung; das religiöse Wort wirkt dann ebenso neurotisierend, wie die Ausschaltung des Unbewußten in sich selbst neurotisch ist.

Die Verführung zu einem moralisierenden Kurzschluß in der Interpretation religiöser Worte legt sich natürlich in der Auslegung der *Weisungen und Gesetzesworte* besonders nahe: die Anweisungen selbst scheinen inhaltlich womöglich eindeutig und unmittelbar zu begreifen, und die einzig verbleibende Frage gilt folglich scheinbar nur noch dem sozialen Kontext und den historischen Bedingtheiten bestimmter Rechts- und Moralvorstellungen. In der Tat ist eine solche historische Untersuchung unerläßlich, um die *Relativität* und Zeitbedingtheit gewisser Anschauungen, mithin ihre Begrenztheit oder gar Unbrauchbarkeit für die Gegenwart zu erweisen. Aber selbst hier wird bereits der Beitrag der Tiefenpsychologie oft genug diakritisch unvermeidbar sein, um die historische und sozialgeschichtliche Untersuchung allererst in Gang zu bringen.

Wenn z.B. Paulus in 1 Kor 6,9 (vgl. 1 Tim 1,10) die *Homosexualität* verurteilt, so ergibt sich daraus scheinbar notwendig eine kirchliche Rechtsprechung, die dieses *«crimen pessumum»*, dieses «allerschlimmste», unaussprechliche «Vergehen», wie es im alten Sprachgebrauch des Kirchenrechts umschrieben wurde, nach wie vor so beurteilt, wie es in der Bibel dem Wortsinn nach geschieht. Wenn aber von seiten der Medizin und Psychoanalyse die Homosexualität teils als hormonale, teils als seelische Erkrankung verstanden werden muß, wird es natürlich zu einer äußerst problematischen Frage, wann und ob überhaupt die Homosexualität als ein sündhaftes Vergehen bezeichnet werden kann[5] und welche Gründe in der Urkirche zu einer so scharfen Verurteilung dieser sexuellen Triebzielinversion geführt haben.

Oder, um ein anderes Beispiel zu erwähnen: wenn Jesus in Mk 10,1-12 mit Bezug auf die ursprüngliche Gottesordnung *die Ehe* zwischen Mann und Frau für unauflöslich hält, so folgt daraus für die römisch-katholische Kirche heute noch, daß einer Wiederverheiratung Geschiedener unter keinem Umstand (selbst nicht, wie in der Ostkirche, mit Berufung auf Mt 5,31-32, im Fall des Ehebruchs als Grund der Ehescheidung) zugestimmt werden kann. Im rein formalen Sinn des Wortlautes ist eine solche Auslegung bzw. Anwendung des

[5] Vgl. E. DREWERMANN: Zur Frage der moraltheologischen Beurteilung bestimmter Formen sexuellen Fehlverhaltens, in: Psychoanalyse und Moraltheologie, II 171–178.

Jesus-Wortes scheinbar ganz korrekt; aber man versäumt auf diese Weise sich zu fragen, welch ein psychischer Tatbestand eigentlich gemeint ist, wenn Jesus davon sprechen kann, die Liebe zwischen einer Frau und einem Mann sei ein absolutes Geschenk Gottes, ja, sie sei wie die Erinnerung an ein verlorenes Paradies[6]. Weil man nicht die verhängnisvollen Möglichkeiten neurotischer Partnerbindungen zur Kenntnis nimmt, weil man nicht die unglückselige Psychodynamik kennt, die zwischen bestimmten Charakterstrukturen immer wieder zu den quälendsten Mißverständnissen und Zerwürfnissen führt, ja, weil man es immer wieder geradezu vermeidet, die Gefühlsbedeutung religiöser Worte mitzuvollziehen, kann man das Jesus-Wort über die Ehe in der Tat nur in einer rein rechtlichen Abstraktheit und moralischen Starre verstehen, die nicht allein den Betroffenen auf grausame Weise unrecht tut, sondern auch die wesentliche Bedingung: den Glauben jenseits der Angst, außer acht läßt, von der her Jesus spricht[7]. Die zutiefst *religiöse* Dimension des Jesuswortes wird auf diese Weise an ein rein moralistisches Verständnis der Ehe verraten.
Die Folge eines solchen Rigorismus besteht notgedrungen in einer Vermehrung von Angst und Schuldgefühlen; aus Worten, die zu einer tieferen Beruhigung der Angst des menschlichen Daseins führen sollen, werden somit Worte, die nur noch mehr verstörend und neurotisierend wirken können. Wie bei den archetypischen Symbolen der Bibel die Dogmensprache des Christentums wurzellos und fremd werden muß, wenn sie nicht im Unbewußten verankert ist, sondern kurzschlüssig auf das Urteil des Verstandes bezogen wird, so müssen die Weisungen und Mahnungen, etwa der Bergpredigt oder der Paulusbriefe, um so verkrampfender oder schädigender wirken, je mehr sie sich von dem zeitbedingten Inhalt bloßer moralischer Allgemeinplätze nach Art der Haustafeln[8] oder der sog. Lasterkataloge[9] des Neuen Testamentes entfernen.

[6] Vgl. E. Drewermann: Strukturen des Bösen, I[3](erw.) 389–410.

[7] Vgl. E. Drewermann: Ehe – tiefenpsychologische Erkenntnisse für Dogmatik und Moraltheologie, in: Psychoanalyse und Moraltheologie, II 38–76.

[8] Vgl. Kol 3, 18 – 4,1; Eph 5, 22 – 6,9; 1 Petr 2, 18 – 3,7; 1 Tim 2, 8-15; 5, 3-8; 6, 1-2; Tit 2,2-10.

[9] Vgl. Gal 5,20; Rm 1,29-31; 1 Kor 5,10.11; 6, 9f.; 2 Kor 12, 20-21; Eph 4, 31; 5, 3-5; Kol 3, 5-8; 1 Tim 1,9f.; 2 Tim 3, 2-7.

2. Gleichnisse und Parabeln

Jedes Laub am Baum
Ist dem Blick des Weisen
Eines Buches Blatt,
Gottes Macht zu preisen.
Saadi: Aus dem Diwan, S. 21

a) Begriff und Eigenart der Gleichnisse und Parabeln

Wenn wir in einem letzten Abschnitt auf die Frage der Auslegung von *Gleichnissen und Parabeln* zu sprechen kommen, so tragen wir anscheinend Eulen nach Athen, denn recht hatte A. JÜLICHER, als er schrieb: «Von Deutung kann bei einem Gleichnis nie die Rede sein. Zu lösen ... gibt es nur da, wo Knoten sind; wie kann ein Gleichnis, das geschaffen wird zum Entknoten, zum Erleichtern, mit solchen Hindernissen versehen sein?»[1] Daß dennoch heute lange Kommentare über die Gleichniserzählungen vor allem des Neuen Testamentes geschrieben werden (müssen), liegt eigentümlicherweise zu einem Teil gerade an der Anschaulichkeit der Gleichnisse, die ihre Bildvorlage der konkreten Umwelt entnehmen und damit in ihrer Bildhälfte von den Bedingtheiten bestimmter geographischer, kultureller, sozialer und politischer Gegebenheiten abhängen; *diese* Seite der Gleichnisse zu erforschen, ist unbezweifelbare und unerläßliche Aufgabe historisch-kritischer Exegese. Zudem ist das Wesen der Gleichnisse und Parabeln in der Auslegungsgeschichte so oft mißverstanden worden, daß ein großes Verdienst der historisch-kritischen Methode schon allein darin besteht, zwischen Gleichnis und Allegorie wieder deutlich unterschieden zu haben. So definierte A. JÜLICHER das «Gleichnis als diejenige Redefigur, in welcher die Wirkung eines Satzes (Gedankens) gesichert werden soll durch Nebenstellung eines ähnlichen, einem anderen Gebiet angehörigen, seiner Wirkung gewissen Satzes. Ausgeschlossen ist damit jede Verwechslung und Vermengung mit der Allegorie als derjenigen Redefigur, in welcher eine zusammenhängende Reihe von Begriffen (ein Satz oder Satzkomplex) dargestellt wird vermittelst einer Reihe von ähnlichen Begriffen aus einem anderen Gebiete»[2]. Damit ist deutlich, daß wir es bei einem Gleichnis mit einer Erzählung zu tun haben, die nicht, wie die Mythen, Märchen, Sagen und Legenden, ihren Sinn in sich selber trägt; das Gleichnis verfolgt den Zweck, von einer Wahrheit zu überzeugen, auf die hin es im *Vergleichspunkt* (im *tertium comparationis*) konzi-

[1] A. JÜLICHER: Die Gleichnisreden Jesu, I 81.
[2] A.a.O., I 80.

piert ist, und es kommt daher in der Auslegung darauf an, zwischen der «Bildhälfte» und der «Sachhälfte» eines Gleichnisses zu unterscheiden. Freilich gilt dieser Unterschied von «Bild» und «Sache» nur für den Ausleger. «Die Gleichniserzählung ist das *ganze* Wort des Erzählers an seine ursprünglichen Hörer. Es bedarf für diese keiner Deutung; aus der Situation heraus können sie das Gleichnis unmittelbar verstehen. Erst für den späteren Ausleger und Leser, dem diese Situation nicht bekannt ist oder der doch nicht in ihr drinsteht, tritt der Sinn des Gleichnisses als ein Zweites zu der Gleichniserzählung hinzu.»[3]

Je nach dem Inhalt der Gleichniserzählung läßt sich zwischen *Gleichnis* und *Parabel* unterscheiden. «*Das Gleichnis* greift einen regelmäßigen oder typischen Vorgang auf: Es entnimmt seinen Stoff also der Wirklichkeit.»[4] «*Die Parabel* greift nicht wie das Gleichnis einen typischen Vorgang der Wirklichkeit auf, sondern bringt eine frei erfundene Geschichte. Diese Geschichte aber – zu einem bestimmten Zweck erfunden – ist nicht anders als das Gleichnis zweckdienlich formuliert.»[5]

Aufgrund dieser Zweckgerichtetheit ergeben sich für Gleichnis wie Parabel eine Reihe von *Stilgesetzen*, auf die schon R. BULTMANN hingewiesen hat[6]. Charakteristisch ist die *Knappheit der Erzählung*: nur die notwendigen Personen treten auf, und zwar nach dem «Gesetz der szenischen Zweiheit», indem nur zwei Personen gleichzeitig redend oder handelnd eingeführt werden; Gruppen werden als *eine* Person behandelt. Es herrscht *Gradlinigkeit bzw. Einsträngigkeit der Erzählung*, «d.h. der Blick ruht nie auf zwei sich gleichzeitig nebeneinander abspielenden Vorgängen»[7]. Die *Charaktere* der Personen werden selten beschrieben; zumeist ergibt sich die Charakterisierung der handelnden Personen allein aus ihrem Verhalten oder aus der Wertung bestimmter Personen in der Gleichniserzählung selbst. «*Affekte und Motive* werden nur genannt, wo sie für die Handlung und die Pointe wesentlich sind.»[8] «*Nebenpersonen* werden nur, soweit es notwendig ist, charakterisiert.»[9] «Motivierungen fehlen vor allem in der Exposition, weil sie für die Pointe gleichgültig sind.»[10] Es herrscht eine strenge *Ökonomie* in der Schilderung der Vorgänge und Handlungen, indem alles für die Pointe Unnötige weggelassen wird. Insgesamt herrschen die *Stileigentümlichkeiten volkstümlicher Erzählweise*, wie man sie etwa auch im Märchen antrifft: die reiche *Verwendung der direkten Rede und des Selbstgesprächs*, das

[3] E. LINNEMANN: Gleichnisse Jesu, 32–33.
[4] A.a.O., 18.
[5] A.a.O., 19.
[6] R. BULTMANN: Die Geschichte der synoptischen Tradition, 203–208.
[7] A.a.O., 204.
[8] A.a.O., 205.
[9] A.a.O., 205.
[10] A.a.O., 205.

Gesetz der Wiederholung, das *Gesetz der Dreizahl* sowie das *Gesetz des Achtergewichtes*, d.h. das Wichtigste wird am Ende der Erzählung berichtet. Schließlich lieben die Gleichniserzählungen die *Polarisierung der Gestalten* in einander entgegengesetzten Typen, um den Hörer in der Gegenüberstellung zu einem bestimmten Urteil herauszufordern.

b) Von der immanenten Psychologie der Gleichnisse und ihrer Auslegung

Mit diesen Kennzeichnungen sind die formalen Merkmale von Gleichnis und Parabel hinreichend beschrieben, und es scheint von daher nichts weiter erforderlich, als die Literaturgattung «Gleichnis» nach den entsprechenden Gesichtspunkten auszulegen. In der Tat hat die historisch-kritische Exegese, gestützt auf die angegebenen formalen Kriterien von Gleichnis und Parabel, denn auch den Eindruck zu erwecken versucht, als wenn jede psychologische Auslegung der Gleichnisreden, etwa des Neuen Testamentes, das ursprüngliche Anliegen dieser Erzählungen: die zielstrebige Konzentration auf das *tertium comparationis*, durch fremde Eintragungen und Spekulationen nur verderben könnte. Und doch ist ein psychologisches Verständnis der Gleichniserzählungen aus vielen Gründen wesentlich und unerläßlich.

1) Deutung als Nachgestaltung

Der erste Grund ist so einfach, daß er leicht übersehen wird, aber er ist nicht unerheblich; er liegt in der *Notwendigkeit einer erzählenden Nachdichtung* der Gleichniserzählungen. Die Form, in welcher die Gleichniserzählungen uns heute vorliegen, ist nicht das Stenogramm, nicht einmal das Protokoll, allenfalls das Stichwortgerippe einer wirklichen Erzählung. Um zu vermitteln, was die Gleichnisse sagen wollen, muß man tun, was noch heute jeder Volksprediger auf der Kanzel tun wird: man muß sie in freier Rede nacherzählen, ausschmücken und als Dichtung nachgestalten. Unvermerkt wird man dabei die handelnden Personen psychologisch dem Hörer näherzubringen suchen, bis er sich in sie genügend hineinversetzen kann, um von der Geschichte selbst angerührt zu werden. Die immanente Psychologie des Erzählens dient dabei freilich zunächst nur der Weckung von Interesse und Aufmerksamkeit für die «Bildhälfte» des Gleichnisses; sie besitzt noch keine explizit interpretative Funktion.

2) Das Gesetz der unbewußten Kommunikation

Ein zweiter Grund ist wichtiger, und er hat mit dem soeben erwähnten Erzählgesetz der indirekten Charakterisierung der handelnden Personen zu tun. Ähnlich wie früher in den Sagen und Legenden, haben wir es in den Gleichniserzählungen mit «objektiven» Erzählungen zu tun (vgl. I 442), die keinen großen Wert auf die Analyse der Gefühle und Motive ihrer jeweiligen Akteure legen, aber dafür eine Situation herbeiführen, vor der wir auch im wirklichen Leben immer wieder stehen: wir müssen aus dem oft genug recht widersprüchlichen und komplexen Verhalten der handelnden Personen uns selber einen Reim zu machen versuchen und dürfen nicht darauf zählen, daß die betreffenden Personen sich selbst in ihrem Wesen kommentieren. Die Kunst des Verstehens unterscheidet sich in den Gleichnissen in dieser Hinsicht nicht wesentlich von der Aufgabe, vor die uns das Leben im Umgang mit Menschen jeden Tag stellt, indem es nicht genügt, zu konstatieren, *was* Menschen tun und sagen, sondern indem es vor allem darum gehen muß, zu verstehen, *warum* Menschen sich in gerade dieser Weise verhalten.

Was die Gleichnisse angeht, so werden wir bei dem Versuch, die geschilderten Personen in sich selber und in ihrem Umgang miteinander tiefer zu verstehen, bald schon merken, wie außerordentlich stimmig und in sich schlüssig die Schilderungen der einzelnen Personen zumeist ausfallen. Wie die meisten «Volkserzählungen», z.B. die Märchen, weisen auch die Gleichniserzählungen ein erstaunliches Gespür und einen sicheren Instinkt bei ihren Charakterzeichnungen auf, und gerade ihre notwendig typisierende Verknappung verrät in der Regel ein hohes Maß an Beobachtungsschärfe und Treffsicherheit. Umgekehrt wirken auf den Hörer einer Gleichniserzählung gerade die nicht weiter reflektierten, «objektiven» Gefühlsmitteilungen besonders intensiv ein, und es geht ihm in der Begegnung mit den Gestalten eines Gleichnisses oder einer Parabel ganz ähnlich, wie wenn er im privaten Leben einer bis dahin unbekannten Person vorgestellt wird und unbewußt, noch bevor er reflexiv begründen könnte, wieso oder warum, auf den Gesamteindruck der Gestalt des anderen mit seiner eigenen Person antwortet. Diese *unbewußte Kommunikation*, die der Hörer eines Gleichnisses zu den handelnden Personen der Erzählung unterhält, bietet den Hintergrund, auf dem der bewußt beabsichtigte Sinngehalt, der Zweck der Gleichnisrede, ihm als verbindlich angetragen werden kann. Gerade die nicht ausgesprochenen, unbewußt anklingenden Gefühle und Motive der Akteure einer Gleichniserzählung zu verstehen, bietet oft den wichtigsten Anhaltspunkt zum Verständnis ihrer Aussage.

So muß man z.B. bei dem *Gleichnis von dem verlorenen Sohn* (Lk 15,11-32) in der Gestalt des älteren Bruders die Freudlosigkeit, die Gehorsamsmoral, die Neid- und Ressentimentgefühle, das untergründige Gefühl, im Leben zu kurz zu kommen, die unterdrückte ausschweifende Phantasie, *wie* der jüngere Bruder sein Geld verbracht habe (Lk 15,30), die Verkehrung der «Gerechtigkeit» in rechthaberische Unversöhnlichkeit u.a.m. vor Augen haben, um den Charaktertyp zu begreifen, den Jesus in seinem Gleichnis vorstellt; umgekehrt wird man von daher auch gewisse Rückschlüsse auf die Seelenlage des jüngeren Sohnes ziehen können und dabei ein Stück weit Vorstellungen nachhängen, wie A. Gide sie seiner kleinen Novelle von der *«Rückkehr des verlorenen Sohnes»*[11] unterlegt hat. Oder man wird in dem *Gleichnis von dem «Schalksknecht»* (Mt 18,21-35) das Gefühl unterwürfiger Angst und Ohnmacht beachten müssen, um zu verstehen, daß es eben diese Angst ist, die gegenüber den Mitmenschen unbarmherzig und streng wirken muß, wenn sie nicht durch die Erfahrung einer absoluten Vergebung als Grundlage des gesamten Lebens überwunden wird. In dem *Gleichnis von dem reichen Mann und dem armen Lazarus* (Lk 16,19-31) wird man verstehen müssen, daß die nie zu stillende Glut der «Hölle» nicht erst eine weltjenseitige heterogene «Strafe» über den Reichen darstellt, sondern die innere Wahrheit und psychische Grundstruktur des Reichtums bildet, die im Gericht Gottes lediglich *offenbar* wird; man wird dann zugleich verstehen, daß in diesem Gleichnis auch das Motiv der Totenauferstehung keine sekundäre Abschweifung darstellt[12], sondern als geheimes Motiv dem Haften an Geld und Wohlstand wesentlich zugrundeliegt: gerade die Verzweiflung eines Lebens, das im Tod verendet, muß mit maßloser Gier in dieses Leben sich verbeißen, nur um doch niemals ein Genügen darin zu finden. – In der *Parabel von den Talenten* (Mt 25,14-30) werden wir nachher noch ausführlicher zeigen, wie notwendig es ist, sich in die Gefühlswelt der handelnden Personen hineinzuversetzen, um den Sinn eines Gleichnisses zu verstehen (s.u.S. 746ff.).

3) Die Suche nach den ursprünglichen Adressaten oder: Die primären Hörer sind wir.

Ein dritter Grund ergibt sich aus der *Suche nach dem Adressaten* der Gleichnisse. Besonders J. Jeremias hat versucht, die Gleichnisse Jesu als Erzählungen «aus der Stunde für die Stunde» zu verstehen[13], und gemeint: «Jedes seiner Gleichnisse hat einen bestimmten historischen Ort in seinem Leben. Den Versuch zu machen, ihn zurückzugewinnen – das ist die Aufgabe.»[14]
Ist es das wirklich? – Unter Aufbietung seines beträchtlichen philologischen

[11] A. Gide: Die Heimkehr des verlorenen Sohnes, in: Sämtliche Erzählungen, 161–180.
[12] S.o. S. 708, Anm. 2.
[13] J. Jeremias: Die Gleichnisse Jesu, 18.
[14] A.a.O., 18.

Wissens und Könnens hat J. JEREMIAS versucht, auch in den Gleichnissen die *ipsissima vox* Jesu herauszufinden und den Wall der historischen Skepsis der meisten Exegeten zu durchbrechen, die immer wieder die Botschaft der Gleichnisse als Aussagen der Gemeinde über sich selbst und über ihre Stellung zur Synagoge bzw. zum Hellenismus zu werten geneigt sind. Die Schwierigkeiten auf dem Weg einer Rekonstruktion der ursprünglichen Situation der Gleichnisse im Leben Jesu sind in der Tat nicht gering; JEREMIAS zählt selber auf, welche Schritte getan werden müssen, um von der Urkirche zu Jesus zurückzugelangen, indem man all die «Verfälschungen» wieder rückgängig macht, die die Gleichnisse erfahren mußten, bis sie ihre jetzige Gestalt erhielten.

Die ersten Differenzen ergaben sich bereits, als die Worte Jesu aus dem Galiläisch-Aramäisch der Mundart Jesu[15] ins Griechische übersetzt wurden und einer Hörerschaft erzählt werden mußten, die, in anderen Verhältnissen lebend, das ursprüngliche Anschauungsmaterial nicht mehr vor Augen hatte, mit dem das jeweilige Gleichnis arbeitet; Ausschmückungen traten schon auf dem Boden des Neuen Testamentes zu der überlieferten Form mancher Gleichnisse hinzu, in der Absicht, die Erzählung lebendiger zu machen, aber zugleich auch mit der Möglichkeit einer Akzent- oder Sinnverschiebung; Anspielungen und Zitate aus dem Alten Testament sowie Motive volkstümlicher Erzählungen drangen in die Gleichnisse ein; insbesondere konnte der Sinn eines Gleichnisses sich ändern durch den *Wechsel der Hörerschaft.* «Manche Gleichnisse, die ursprünglich zu anderen Hörern gesagt waren, zu den Pharisäern, den Schriftgelehrten, der Menge, bezieht die Urkirche auf die Jünger Jesu.»[16] Entsprechend stellt sich in der historisch-kritischen Gleichnisauslegung die entscheidende Frage: wer waren die ursprünglichen Hörer des Gleichnisses? Und umgekehrt, wenn diese Frage sich hypothetisch beantworten läßt: wie ist das betreffende Gleichnis zu verstehen, wenn es *dieser* Menschengruppe erzählt wurde?

Insbesondere hat das Interesse der *urkirchlichen Paränese* viele Gleichnisse, die im Munde Jesu offenbar eschatologisch gemeint waren, zu Anweisungen der Lebensführung umgeformt, wie z.B. *das Gleichnis vom Gang zum Richter (Mt 5,25f.; Lk 12,58f.); in manchen Gleichnissen Jesu suchte man eine Antwort auf das Problem der Parusieverzögerung*, wie z.B. in dem *Gleichnis von dem Türhüter* (Mk 13,33-37 u. Par.); andere Gleichnisse bezog man auf die Situation der urkirchlichen Mission, wie *das Gleichnis vom großen Gastmahl* (Mt 22,1-14; Lk 14,16-24). Das Hauptmittel, um die Gleichnisse an eine veränderte Hörerschaft zu einer veränderten Zeit in der Auseinandersetzung mit veränderten Fragen

[15] Vgl. G. DALMAN: Die Worte Jesu, 1-72 zur Begründung und Bestimmung der Hypothese von dem galiläisch-aramäischen Dialekt der Sprache Jesu.
[16] J. JEREMIAS: Die Gleichnisse Jesu, 35.

und Problemen anzupassen, stellte für die frühe Kirche indes die Methode der *Allegorisierung* dar; ihr begegnet man bereits in der neutestamentlichen Gleichnisüberlieferung auf Schritt und Tritt, und sie blieb denn auch Jahrhundertelang das Vorbild der *Väterexegese*[17]; noch bis weit ins 19. Jh. hinein bestimmte die Allegorese die Gleichnisauslegung, und eigentlich hat erst A. JÜLICHER in seiner eben erwähnten Studie von 1910 dieser Form der Gleichnisinterpretation wissenschaftlich ein Ende bereitet. Aber dieser außerordentliche Fortschritt der Gleichnisdeutung wurde doch mit einem hohen Preis bezahlt; denn wie selbstverständlich reduzierte A. JÜLICHER die Botschaft Jesu auf eine religiöse «Humanität», die Jesus als einen Weisheitslehrer voll ethischer Grundsätze erscheinen ließ[18].

Es ist nachgerade erstaunlich zu sehen, wie das Problem der historisch-kritischen Methode in der Gleichnisauslegung sich bereits vor 70 Jahren in aller Deutlichkeit stellte, ohne daß diese Art der Exegese irgendeinen Weg zu ihrer Selbstkorrektur gefunden hätte: entweder die Worte (und Taten) Jesu stellten sich unter der historischen Kritik als Formungen der Gemeinde dar, oder sie stammten von einem Jesu, der die Züge eines «Propheten» mit wechselnden modischen Inhalten annahm – einer großen ethischen Persönlichkeit z.B. um 1910, in der heutigen «sozialhistorischen Exegese» hingegen die Züge eines Mannes, der als die Wahrheit des Religiösen erkannt hat, daß die Armen, die Bettler, die Notleidenden, Kleidung, Nahrung und Unterhalt benötigen[19]; L. FEUERBACH hätte sich nur schwerlich träumen lassen, daß er nach 150 Jahren als

[17] Das berühmteste Beispiel neutestamentlicher Allegorie ist die Deutung des Gleichnisses vom Sämann in Mk 4, 13-29; vgl. J. JEREMIAS: Die Gleichnisse Jesu, 75–77, oder auch die Geschichtsallegorie, die Matthäus aus dem Gleichnis vom Großen Gastmahl entwickelt (Mt 22, 1-10 in Vergleich zu Lk 14, 16-24 und *Thomasevangelium* 64; s. ALAND: Synopsis, 525); vgl. J. JEREMIAS: A.a.O., 61–63; 65–67; 175–179. – *Die methodologischen Grundlagen der allegorischen Deutung* schuf PHILO VON ALEXANDRIEN, dessen von PLATO ebenso wie von altägyptischen Vorstellungen beeinflußtes Denken auf die frühe Kirche einen großen Einfluß ausübte; vgl. die ausführliche Darlegung und Wertschätzung der Methode des PHILO bei EUSEBIUS: Kirchengeschichte, II 17; 18, BKV Eusebius, Bd. 2, 81–82; 85–88. ORIGINES: Gegen Celsus, IV 51, BKV Origines, Bd. 2, 368 nennt den *pythagoreischen* Gelehrten NUMENIOS als Kronzeugen seiner eigenen exegetischen Methode; in: Gegen Celsus, VI 21 (BKV: Origines, Bd. 3, 123) verweist ORIGINES besonders auf die Art, wie PHILO den Traum Jakobs in Bethel von der Himmelsleiter deutet. Zur Methodik des PHILO vg. I. CHRISTIANSEN: Die Technik der allegorischen Auslegungswissenschaft bei Philo von Alexandrien, 1969.

[18] J. JEREMIAS: Die Gleichnisse Jesu, 15.

[19] Vgl. W. STEGEMANN: Das Evangelium und die Armen, 25: «... der Historiker ... stellt ... fest, daß der ‹messianische› Anspruch Jesu und seiner Nachfolger vor allem *sozial* orientiert war, sich auf die Beendigung des Elends der Armen, auf die Umkehrung der gegenwärtigen sozialen Geschichte richtete. Er sieht also hier die Hoffnung armer Juden am Werke – und er sieht, daß sie genau diese Hoffnung durch Predigt und Praxis Jesu gelernt haben.» Die Mystifikationen und Doppelbödigkeiten dieser sozial engagiert sich gebenden Exegese sind auf Schritt und Tritt zu greifen. Als historische Gründe für die Verarmung der Armen zur Zeit Jesu nennt STEGEMANN: A.a.O., 13–14: die durch *Pompeius* eingeleitete drastische Reorganisation Palästinas mit dem Verlust der Küstenstädte und der Dekapolis sowie die dadurch bedingte Einschränkung des

ungenannter Augur zum Vater einer solchen «theologischen» Art der Bibelauslegung erhoben werden könnte[20].

Neben dieser individual- oder sozialethischen Auslegung stand und steht jedoch immer wieder auch das Bestreben von Exegeten, mit historischen Beweismitteln die religiöse Zeitgebundenheit der Gestalt Jesu, vor allem die eschatologische Dichte seiner Botschaft, aufzuzeigen. Besonders C.H. DODD[21] verankerte die Gleichnisse Jesu wieder zentral in der Botschaft vom Reich Gottes, das in Jesus selber bereits angebrochen sei. Aber auch DODD's Konzept der *«realized eschatology»* mußte an das ständige Problem der «Geltung heute» rühren: die Naherwartung Jesu erwies sich, historisch betrachtet, als Irrtum, und welch eine Geltung über ALBERT SCHWEITZERS Lehre von der Gültigkeit der «Interimsethik» Jesu hinaus[22] soll nach der Enttäuschung über das ausbleibende Ende der Welt der Verkündigung Jesu von der Nähe Gottes *heute* zukommen? Es lief auf ein pietistisches Ideal hinaus, wenn J. JEREMIAS so tat, als genüge es, den Sitz der Gleichnisse im Leben Jesu aufzuspüren, um ihrer Wahrheit nahe zu sein; denn

Handels, die eine beträchtliche Anzahl landloser Bauern schuf; ferner die Enteignung riesiger Ländereien durch *Herodes d. Gr.*, die später an kapitalkräftige Eigentümer verkauft wurden – daraus ergab sich eine enorme Besitzkonzentration nebst einer Vielzahl abhängiger Pachtbauern; sodann die erdrückende Steuerlast von seiten der Römer und des herodianischen Hofes; schließlich Mißernten. Was soll und kann jemand tun, der diese sozialen Übelstände ändern will? Er wird ein politisches Programm aufstellen müssen, das in etwa den Vorstellungen der *Zelotenpartei* entspricht, oder er wird, in richtiger Einschätzung der wirklichen Machtverhältnisse, *politisch* nach dem Vorbild der *Sadduzäer* sich mit der römischen Besatzungsmacht arrangieren müssen, um desto mehr *moralisch* die Widersprüche etwa zwischen der stoischen Ethik und der römischen Verwaltungspraxis oder auch die praktischen Nachteile der brutalen Ausbeutungspolitik der Römer für die römische Staatsmacht selber aufdecken zu können. Vollkommen unsinnig aber wäre, war und ist die «Hoffnung» auf ein äußeres Eingreifen Gottes in die menschliche Geschichte. Nachdem man gerade protestantischerseits jeglichen Wunderglauben im Umkreis der Naturkausalität als Aberglauben aus dem katholischen Traditionsgut zu entfernen versucht hat, mutet es grotesk an, wenn man sieht, wie ein noch viel wüsterer Aberglaube nunmehr die protestantische Geschichtstheologie heimsucht. Es ist nicht zu leugnen, daß ein starker Glaube die Macht hat, in der Geschichte noch größere «Wunder» zu vollbringen als im Erfahrungsbereich etwa der Psychosomatik; aber diese «Wunder» müssen durch Menschen vollbracht werden inmitten eines geschichtlichen Feldes, das immer wieder gerade dann seine durch und durch tragische Struktur enthüllt, wenn scheinbar in reiner Form das Gute und das Böse miteinander ringen. Man muß z.B. Gott dankbar sein für die Zerschlagung Nazideutschlands durch die Alliierten; aber soll man am Ende Gott danken für den Bombenterror der Royal Air Force? Doch man darf sich nichts vormachen: ohne die Angriffe der RAF und ohne amerikanische Sherman-Panzer hätten die Tore von Auschwitz sich niemals geöffnet. Es gibt in dieser Frage offenbar keinen Mittelweg: wenn Jesus das Programm der Zeloten *verworfen* und den damit verbundenen Messianismus, der geradewegs in den ruinösen *Bar-Kochba*-Aufstand mündete, eben *nicht* geteilt hat, so gilt ein für allemal, daß man zwischen Religion und Politik, zwischen der Erlösung des Menschen und der Veränderung der Welt wird *wählen* müssen. Die Repolitisierung der Theologie ist und bleibt nach der Säkularisation des ausgehenden 18. Jhs. ein phantastischer Anachronismus, bei dem man sich auf Jesus niemals legitim berufen kann.

[20] S.o. S. 685, Anm. 7.

[21] C.H. DODD: The Parables of the Kingdom, Glasgow 1961.

[22] A. SCHWEITZER: Geschichte der Leben Jesu Forschung, II 620–630.

selbst wenn man den unendlichen Streit um die Historizität der einzelnen Gleichnisse im Munde Jesu durch eine überzeugende Rückführung auf die ursprüngliche Situation der Erzählung beenden könnte, so bliebe gerade dann die Frage nur um so nachdrücklicher übrig, wie denn wir selber in die Situation gebracht werden können, zu «gleichzeitigen» Hörern der Gleichnisse zu werden.

Es ist nach der sehr berechtigten, ja wohltuenden historischen Kritik an der allegorisierenden Form der Gleichnisauslegung ein für allemal nicht möglich, die Gleichnisse Jesu durch willkürliche Symbolbildungen zu aktualisieren. Aber um so mehr ist es bei der Suche nach der Gegenwartsbedeutung der Gleichnisse möglich und notwendig, die Fragen, Krisen und Nöte, auf welche die Gleichnisse Jesu eine Antwort zu geben versuchen, nicht rein historisch als bloß situative, momentane, biographisch einmalige Problemstellungen zu betrachten; es kommt vielmehr darauf an, sie als Herausforderungen zu begreifen, die *wesentlich* sich einem jeden Menschen stellen, der mit seinem Leben zu Gott in Beziehung treten möchte. Die «ursprüngliche Situation» im Leben Jesu darf hermeneutisch nicht primär historisch verstanden werden, sondern sie muß als das Vorbild oder Urbild der *existentiellen* Situation im Leben eines jeden Menschen begriffen werden. Anders ausgedrückt: um die Gültigkeit einer Gleichnisrede zu verstehen, muß die ursprüngliche Situation, wenn irgend es denn im Einzelfall zu ihrem Verständnis notwendig ist, zu wissen, in welche Situation hinein sie gesprochen wurde, selber als Gleichnis für eine grundlegende Situation des menschlichen Daseins verstanden werden. Und eben dabei leistet die *psychologische* Hermeneutik unschätzbare Dienste.

Denn die gleichnishafte Allgemeingültigkeit des historischen Vorbildes kann gewiß nicht in den Zufälligkeiten der sozialhistorischen oder religionsgeschichtlichen Verknüpfungen gesehen werden – ob Jesus zu seinen Jüngern, den Pharisäern, Zöllnern, Herodianern oder zu dem «Volk vom Lande» sprach, ist für die heutigen Leser an sich unerheblich; das Verbindende und Verbindliche zwischen Damals und Heute muß, wie bei den Logien (s.o.S. 670f.), statt in den Umständen, in den Zuständen, in den *Gefühlen und Haltungen* gesehen werden, die damals wie heute Menschen auf dem Weg zu Gott behindern oder fördern können: Entmutigung, Zweifel, Enttäuschung, Ungeduld, Engstirnigkeit, Angst, Empörung, Mißtrauen, Ehrgeiz, Habsucht, Minderwertigkeitsgefühle, Konkurrenzneid, Verarmungswahn, Sicherheitsstreben, Bequemlichkeit – kurz, alle nur denkbaren Einstellungen und emotionalen Konflikte können als Gefühle die Auslöser und den Stoff der Gleichnisse bilden, und es kommt für den Ausleger alles darauf an, die Gefühlsnuancen der Problemstellung eines Gleichnisses richtig wahrzunehmen. – An dem *Gleichnis vom Sämann* (Mk 4,3-9) werden wir gleich exemplarisch zu zeigen versuchen, wie z.B. bestimmte Gefühle von Angst und Enttäuschung nicht nur in einem bestimmten Augenblick der Verkündigung Jesu, sondern im Leben eines jeden Menschen in der Erzählung von der vielfachen Saat angesprochen werden (s.u.S. 739ff.).

4) Gleichnisrede als Existenzform

Damit stehen wir bei dem vierten und wichtigsten Punkt, warum eine psychologische Auslegung der Gleichnisse notwendig ist, und er ist identisch mit der Begründung dafür, warum es überhaupt Gleichnisse gibt und geben muß; hier gilt es, einen uralten, weitverbreiteten Irrtum zu beenden, den man als das «didaktische Mißverständnis» bezeichnen kann. Sehr zu Recht konnte A. JÜLICHER in der Kirchengeschichte eine innere Achse der Gleichnisauslegung feststellen, die sich um den Literalsinn der Gleichnisreden Jesu bemüht und die gewisse ausufernde Allegoresen tunlichst beiseite stellt. An die Spitze dieser für die historisch-kritische Exegese vorbildlichen Ausleger wird man uneingeschränkt CHRYSOSTOMUS[23] stellen müssen, dessen Auffassung JÜLICHER «in jedem Betracht die vorzüglichste» nannte, «die die kirchliche Wissenschaft in 15 Jahrhunderten erzeugt hat»[24]. Aber für CHRYSOSTOMUS bildete die Gleichnisrede nur «einen volkspädagogischen Versuch, ein Herabsteigen zu der Fassungskraft der sinnbefangenen Menge»[25]. Von CHRYSOSTOMUS läßt sich indessen die Brücke gleich in die Zeit der Renaissance zu ERASMUS schlagen und von dort zu LUTHER, M. BUTZER und CALVIN. Für alle bleibt die Gleichnisrede ein Mittel der Didaktik. «Solche Lehre», meinte LUTHER, «faßt der Herr in ein Gleichnis, wie er denn gern pflegt, denn man kanns desto besser merken»[26]. Auch CALVIN, für JÜLICHER «der größte Parabelexeget der ersten 16 Jahrhunderte»[27], hielt die Gleichnisrede für ein Mittel, eine bestimmte Lehrmeinung zu bestätigen

[23] Vgl. CHRYSOSTOMUS: Kommentar zum Evangelium des hl. Matthäus, 4 Bde., BKV, Bd. 23 (Mt 1,1 - 5, 48); Bd. 25 (Mt 6, 1 - 12, 37); Bd. 26 (Mt 12, 38 - 22, 46); Bd. 27 (Mt 23, 1 - 28,20). Der praktische Realismus des CHRYSOSTOMUS unterscheidet sich der ganzen Mentalität nach sehr von der Spiritualität der alexandrinischen Theologen; andererseits darf man nicht übersehen, daß es gerade dieser religiöse Pragmatismus ist, der leicht auf eine ethisierende Verflachung des Religiösen hinauslaufen kann und die Probleme, die etwa AUGUSTINUS gegenüber der (Irr-)Lehre des PELAGIUS erörterte, nicht nur nicht kennt, sondern geradezu verdrängen muß. Was man von der *Methode* des CHRYSOSTOMOS exegetisch lernen müßte, ist gewiß nicht allein eine Nachahmung seines historischen Realitätssinns, sondern vor allem sein Bemühen, Schriftauslegung als *Homilie*, als religiöse Verkündigung zu betreiben, so daß es kein Bibelwort gibt, das nicht belehrend für das Leben wirken kann und soll. Der Abstand des *Chrysostomus* zu der heutigen Form der Schriftauslegung kann nicht größer sein.

[24] A. JÜLICHER: Die Gleichnisreden Jesu, I 231.

[25] A.a.O., I 232.

[26] A.a.O., I 256.

[27] A.a.O., I 262.

bzw. noch klarer auszudrücken *(imo clarius sententiam exprimit)*[28]. Von dieser Meinung, *die Gleichnisrede wesentlich als ein didaktisches Mittel*, als eine Anpassung des Lehrers an die Fassungskraft bzw. an das Gedächtnis der Zuhörer zu verstehen, rückte auch JÜLICHER, trotz aller Nuancierungen im einzelnen, selber im Grunde nicht ab, wenn er in seiner soeben zitierten Definition die Gleichnisrede als Absicherung eines Gedankens bzw. als ein Beweismittel deutete.

Quer durch die Jahrhunderte zeigt die Auslegungsgeschichte der Gleichnisse Jesu in der christlichen Theologie mithin, wenn sie nicht der «Ungeschichtlichkeit» der alexandrinischen Allegorese folgt, das Bild, dem wir auch sonst immer wieder begegnet sind: das Bild eines sehr verdünnten Rationalismus und Intellektualismus, verbunden mit einer gewissen Herablassung für das «Volk», das halt in seiner mangelnden Vernünftigkeit nicht davon lassen kann, Legenden für wahrer zu nehmen als geschichtliche Tatsachen, das an Wunder glaubt und Erscheinungen des Göttlichen überliefert und das, statt durch klare Argumente *überzeugt*, eben durch Beispiele und Bilder *überredet* sein will. Eine wirkliche Synthese zwischen Realitätssinn und Frömmigkeit kommt auf diese Weise nicht zustande.

Die Wahrheit indessen lautet, daß die Ebene des Religiösen prinzipiell sich den «klaren Argumenten» verschließt und ihre Mitteilung eigentlich nie anders erfolgen kann als in Form von Rätselreden (s.o.S. 673ff.). Tatsächlich kennt das Hebräische keinen Ausdruck, der mit dem Begriff der «Parabel» oder des «Gleichnisses» übereinstimmen würde; *mšl* kann *jede* Art von bildlichem Sprechen bedeuten, und das neutestamentliche griechische Wort «Parabel» meint «Gleichnis» ebenso wie Vergleich (Lk 5,36; Mk 3,23), Sinnbild (Hebr 9,9; 11,19), Schlagwort, Redensart (Lk 4,23), Sprichwort (Lk 6,39), Rätselwort (Mk 7,17), Regel (Lk 14,7) u.a.m.[29] Wesentlich geht es zunächst also um die Einsicht, daß jedes Sprechen von Gott nur in «Meschalim», in Bild- und Rätselreden, möglich ist. Ehe man ein Gleichnis auslegt, stellt sich daher vordringlich die Frage an den Ausleger, inwieweit er selber fähig und willens ist, seine eigene Existenz und die Welt ringsum als Gleichnis Gottes wahrzunehmen; denn nur wer selbst in Gleichnissen zu sehen gelernt hat, wird zum Auslegen von Gleichnissen tauglich sein. Dieses *Sehen* in Gleichnissen aber ist weder ein rein ästhetischer Vorgang noch das Ergebnis poetischer Empfindsamkeit; vielmehr entsteht das dichterische Moment der Gleichnisrede, wie bei aller wahren Kunstanschauung, als Resultat einer existentiellen Dichte des Daseins, in welcher die äußere Welt in ihrer Vordergründigkeit *gefühlt* und in ihrer Transparenz auf eine tiefere Wirklichkeit hin *entdeckt* wird. So wie wir vorhin im Gespräch Jesu mit der Samarite-

[28] A.a.O., I 260.
[29] J. JEREMIAS: Die Gleichnisse Jesu, 16.

rin (Joh 4,1-42; s.o.S. 688ff.) erleben konnten, daß beliebige Gegenstände der Welt, wie Brunnen und Wasser z.B., in Symbole eines wirklichen, göttlichen Lebens verwandelt werden konnten, so verwandelt *jede* religiöse Wahrnehmung die Welt wesentlich in Bild und Gleichnis; ja, es ist der Kern des religiösen Welterlebens selbst, die gesamte irdische Existenz als Abbild und Vorausbild der Ewigkeit wahrnehmen zu können. Das religiöse Grundgefühl des Daseins wird nie anders von und mit Gott sprechen können als RUDOLF ALEXANDER SCHRÖDER es in seinem Gedicht *«Media Vita»* tat, als er in der letzten Strophe schrieb:

Viel hat sich schon mit mir begeben,
Und wieder viel bereitet sich;
Da dennoch alles, Tod und Leben,
Nur ein Geschwätz sind ohne dich.[30]

Dieses Grundgefühl einer absoluten Brüchigkeit und Vordergründigkeit der Welt, das Empfinden, daß sich von der «Welt» zu sprechen nur lohnt, wenn sie Gott zur Sprache bringt, bildet den eigentlichen Grund der Gleichnisrede.
Weitab, ein bloß didaktisches Verfahren auf den unteren Stufen menschlicher Fassungskraft darzustellen, erweist die Gleichnisrede sich mithin als grundlegende Mitteilungsform des Religiösen überhaupt; sie ist selbst Ausdruck jenes Vorgangs, aus dem alle Religion entsteht und in dem alles religiöse Erleben besteht; wer wissen will, was Religion ist, der kann es nur in Bild und Gleichnis lernen. Das Gleichnis ist primär also keine Literaturform, sondern die Artikulation einer Existenzweise.
Gleich zwei Vorurteile, die auf die Exegese, weil unbemerkt und philosophisch unreflektiert, einen um so größeren Einfluß ausgeübt haben, gilt es deshalb an dieser Stelle gemeinsam auszuräumen.
Das eine Vorurteil besteht in der Meinung HEGELS von der dreifachen Erscheinung der Wahrheit in der Kunst (als der Erscheinung der Wahrheit für die Sinne), in der Religion (als der Erscheinung der Wahrheit für das Gemüt) und in der Philosophie (als der Erscheinung der Wahrheit für das Denken), womit sich für ihn die Aufgabe verband, die äußere Anschauung in das Fühlen, das Fühlen aber in den Begriff «aufzuheben»[31]. So betrachtet, wäre es um die Gleichnisrede wesentlich nicht besser bestellt als seinerzeit schon um die Erzählform der Legende (vgl. I 480): es käme in geistiger Konsequenz darauf an, die Gleichnisrede als eine äußere Form der Überredung des Gefühls zu *überwinden* und durch eine reflexe Form geistiger Überzeugung zu ersetzen. Aber so verhält es sich nicht. Die Gleichnisrede, wie wir jetzt sehen, verdichtet vielmehr die Anschauung, um sie ins Unanschauliche hin durchsichtig zu machen; sie lenkt

[30] R. A. SCHRÖDER: Media Vita, in: Geistliche Gedichte, 244.
[31] Zur Religionsphilosophie HEGELS vgl. E. DREWERMANN: Strukturen des Bösen, III 64–75.

mithin die Gefühle vom Endlichen weg ins Unendliche, und sie setzt damit der Alltagslogik des Denkens, wie jede religiöse Rede, eine paradoxe Logik entgegen, die die Sicherheit des Verstandes als unbegründet erweist; insofern bedeutet die Gleichnisrede eine Aufhebung der Gesamtwirklichkeit in ihrer Vordergründigkeit auf *allen* drei Ebenen des menschlichen Wahrnehmungsvermögens, ohne daß zwischen diesen drei Ebenen ein dialektischer Fortschritt erkennbar wäre, der die Gleichnisrede zu etwas Vorläufigem, durch den Begriff Ersetzbarem herabmindern könnte.

Das zweite Vorurteil hat der russische Philosoph G. W. PLECHANOW in seinem Werk über *«Kunst und Literatur»* vorbildlich zum Ausdruck gebracht[32], indem er meinte, daß religiöse Vorstellungen, wie z. B. der Animismus, ihre Entstehung zwar «der Natur des Menschen» verdankten, aber in ihrer Entwicklung und Formung durch die ökonomischen Verhältnisse der jeweiligen Gruppe bestimmt würden. Träfe diese Annahme auch für die Gestaltung religiöser Rede zu, so läge es nahe, die Form der Gleichniserzählung selbst soziologisch bzw. sozialgeschichtlich zu begründen, indem Gleichnisse, anders etwa als die Märchen, zwar nicht *vom* Volk, wohl aber *dem* Volk erzählt wurden; der historische Ort der Gleichnisrede läge, so betrachtet, vermutlich an der Nahtstelle zwischen der ungebildeten Unterschicht des einfachen Volkes und dem Bildungsbürgertum des Mittelstandes, und man könnte die Gleichnisrede dann vielleicht für einen Versuch halten, die unteren Schichten gesellschaftlich in das Volksganze zu integrieren. Den ökonomischen (Hinter-)Grund solchen Bemühens könnte man womöglich darin sehen, die Masse des Volkes religiös zu beruhigen mit dem Ziel z. B., die große Schar der Arbeitslosen und Notleidenden zur Zeit Jesu für die Arbeit auf den Feldern der Großpächter verfügbar zu halten. Im Grunde aber hätte man es auch mit einer solchen hypothetischen Erklärung der sozialökonomischen Funktion der Gleichnisse erneut nur mit einer Variante des schon erwähnten rationalistischen Irrtums über das Wesen der Gleichnisrede als einer rein didaktischen Lehrform zu tun, und man würde sich mit solchen Theorien vor allem der Erkenntnis verschließen, daß die Form des Gleichnisses durchaus *nicht* an bestimmte soziologische bzw. ökonomische Bedingungen geknüpft ist, sondern sich aus der Psychologie der religiösen Erfahrung selbst ergibt. – Nur so versteht man, daß die Form der Gleichnisrede in ganz verschiedenen Religionen und zu ganz verschiedenen Zeiten und Orten, von der Fülle taoistischer Gleichnisse im Alten China angefangen bis hin zu den chassidischen Gleichnissen im ostgalizischen Judentum, immer wieder aufgetreten ist, wenngleich ihr sozialer Ort manchmal auch an der Grenze zwischen Bürgertum und Unterschicht angesiedelt (gewesen) sein mag.

[32] G. W. PLECHANOW: Kunst und Literatur, 125.

c) *Das Gleichnis als Verbalisationsform von Gefühlen und als Sublimationsform der Antriebe ins Unendliche*

Dennoch ist die Gleichnisrede noch nicht hinreichend gekennzeichnet, wenn man sie nur als Artikulation religiöser Erfahrung deutet; denn diese Bestimmung träfe unterschiedslos z.B. auch auf die Gebetslyrik zu. Unleugbar hat die Gleichnisrede wesentlich *auch* eine didaktische Zielsetzung, nur liegt dieses Ziel mitnichten in der Vermittlung rationaler Gedanken und Begriffe.
E. LINNEMANN hat sehr zu Recht darauf hingewiesen, welch eine große Rolle die Gleichnisse in den Ermahnungen, gelehrten Auseinandersetzungen und Streitgesprächen der Antike und des Rabbinentums spielten, und gemeint, die Gleichnisrede werde benutzt, «um in einer konkreten geschichtlichen Situation eine Entscheidung des Zuhörers im Sinne des Erzählers herbeizuführen»; die Situation selbst sei «durch den denkbar größten Gegensatz charakterisiert, der zwischen der Beurteilung der Lage durch den Erzähler und die Zuhörer besteht»; in dieser Lage diene die Parabel dem Erzähler, der über kein anderes Mittel verfügt als über die Sprache, dazu, «seine Zuhörer zu bewegen, indem er ihnen durch die Parabel ein neues Verhältnis der Situation anbietet»[1]. Vor allem «Jesu Gleichnisse dienen nicht der Belehrung, noch weniger der gelehrten Beweisführung. Nur in seltenen Ausnahmefällen geben sie eine Ermahnung oder legen es darauf an, den Hörer zu überführen. Überwiegend zu Gegnern gesprochen, wollen sie den Gegner jedoch nicht ad absurdum führen, sondern trachten danach, sein Einverständnis zu gewinnen. Der Gegner wird nicht mit oberflächlichen Argumenten abgewiesen, sondern die Tiefe des Konfliktes wird erreicht. Dadurch ist für jenen die Möglichkeit einer echten Entscheidung gegeben, die in den Streitgesprächen in der Regel fehlt.»[2] Die Gleichnisse *wollen* also belehren und überzeugen, aber sie können es nicht mit intellektuellen Argumenten, da die Fragen, Probleme und Streitpunkte, auf die sie antworten, nicht im intellektuellen, sondern im emotionalen bzw. existentiellen Bereich liegen.
Damit aber stellt sich die Frage der Gleichnisauslegung wesentlich anders dar, als es in der historisch-kritischen Methode beschrieben wird. Keinesfalls kann es jetzt mehr als ausreichend erscheinen, die einzelnen Gleichnisse bestimmten möglichen Ursprungssituationen zuzuordnen und von daher den beabsichtigten «Aussagegehalt» der jeweiligen Erzählung mit rationalen Mitteln zu rekonstruieren. Wesentlich muß es bei der Gleichnisauslegung nach dem Gesagten darum gehen, sich in das *psychische* Problem einzufühlen, auf das hin das betreffende Gleichnis erzählt wird. Alles hängt davon ab, innerlich den Weg mitzu-

[1] E. LINNEMANN: Gleichnisse Jesu, 30.
[2] A.a.O., 30.

vollziehen, auf dem ein Gleichnis zunächst *die Gefühlslage* des angesprochenen Hörerkreises zur Sprache zu bringen versucht, bis daß der Hörer selbst sich mit den dargestellten Personen in dem entscheidenden Punkt identifizieren kann. Ein Gleichnis, wie wir es jetzt betrachten, kommt ja gerade dadurch zustande, daß es versucht, die Gefühlswelt des Hörers in sich selbst verständnisvoll nachzuzeichnen, und eben diese Einfühlung, der das Gleichnis seine Existenz verdankt, wird auch dem Hörer abverlangt.

In gewissem Sinne ist an dieser Stelle E. FUCHS zuzustimmen, wenn er[3] das

[3] E. FUCHS: Hermeneutik, 62–72. – E. JÜNGEL: Paulus und Jesus, 95 kritisiert zu Recht, daß A. JÜLICHER bei seiner Bestimmung des Gleichnisses zwar eine sichere Abgrenzung gegenüber der Allegorie erreiche, das *Wesen* der Gleichnisreden Jesu aber nicht getroffen habe. Dieses sucht JÜNGEL in Kritik an DODD (115), und JEREMIAS (118–119) und in Anlehnung an E. LOHMEYER: Vom Sinn der Gleichnisse Jesu, 1938 und E. FUCHS als ein eschatologisches Sprachereignis zu bestimmen, bei dem die konventionelle Unterscheidung zwischen Bild- und Sachhälfte im Grunde hinfällig werde. «Wenn die Verkündigung Jesu von der Basileia (sc dem Königreich Gottes, d. V.) eschatologisch bestimmt war, dann bringen die Gleichnisse Jesu diese Basileia nicht als einen erst noch hinzuzudenkenden Inhalt zur Sprache. Vielmehr muß die Basileia in demselben Maße von der Sprachform der Gleichnisse als Gleichnisse her verstanden werden, wie die Gleichnisse von der Basileia her zu verstehen sind.» (A.a.O., 135) M.a.W.: man muß bereits die Welt mit den Augen Gottes sehen, um sie als Gleichnis wahrzunehmen, und indem man die Welt als Gleichnis entdeckt und schildert, wird Gott darin erfahrbar. In diesem Sinne lassen sich die Gleichnisse in der Tat nur als Ausdruck und Geschenk einer bestimmten *Existenzform* verstehen. Sehr richtig stellt JÜNGEL (a.a.O., 136) fest: «Das Gleichnis sammelt einzelne Anschauungselemente bzw. Erzählungszüge auf einen Punkt hin, der als Pointe des Gleichnisses dieses zum vornhinein bestimmt. Gerade so aber sammelt das Gleichnis *den Menschen,* den es anspricht. Es sammelt ihn selbst (ein Zerstreuter könnte kein Gleichnis verstehen!) und führt so den Gesammelten auf die ihn ansprechende Pointe zu, die zur jeweiligen *Pointe seiner Existenz* werden soll.» Auch darin wird man JÜNGEL ganz und gar zustimmen müssen, daß das Gleichnis in all seinen «Anschauungselementen» bzw. «Erzählungszügen» auf die Pointe hin seine Bedeutung besitzen muß: «Das Gleichnis lebt in allen Einzelzügen von seiner Pointe, aber die Pointe kommt ohne diese Einzelzüge nicht zum Zuge.» (A.a.O., 137) Aber statt nun zu erläutern, wie und mit welchen Mitteln das Gleichnis versucht, durch bestimmte «Anschauungselemente» – also doch wohl mit Hilfe bestimmter affektiv stark besetzter Bilder – die «Existenz» des Hörers zu «sammeln» und zu einer analogischen bzw. paradoxalen Pointe hinzuleiten, bleibt JÜNGEL bei einer ontologischen Phänomenologie des Gleichnisses stehen, und so richtig er das *Wesen* des Gleichnisses bestimmt, so unzulänglich mutet es an, sich mit der Deskription des An-sich-seins des Gleichnisses zu begnügen; gerade weil das Gleichnis ein die gesamte Existenz verwandelndes *Geschehen* vermittelt, geht es darum, die gefühlsmäßige Wirkung zu verstehen, die es beim Hörer hinterläßt; und es ist leider erneut das jede psychologische Fragestellung vermeidende (protestantische) Theologieverständnis, das selbst die Sprache Jesu vom Reich Gottes ihrer eigentlichen Erfahrungsinhalte beraubt. In der Sprache JÜNGELS lautet die Begründung dafür: «Geht es in den Gleichnissen um die Gottesherrschaft, dann hat die menschliche Existenz ihre Pointe im extra nos der Gottesherrschaft» (a.a.O., 136–137). Formal kann man auch diese Aussage nur unterstreichen: es geht in den Gleichnissen (und in allem, was Jesus sagt und tut) in der Tat wesentlich darum, den Menschen aus den innerweltlichen Beziehungen herauszulösen und vor Gott zu stellen; aber bei JÜNGEL – wie allerorten in der protestantischen Theologie – führt das *«extra nos»* der Gottesherrschaft dazu, den gesamten Bereich von Anthropologie und Psychologie methodisch auszuklammern, und eine solche Einstellung ist das gerade Gegenteil dessen, was in einem Gleichnis geschieht; denn das Gleichnis besteht eben darin, *die Gefühle* und *affektiven* Kräfte im Menschen *unterhalb* der reflexen, rational verstehbaren Entscheidungsebene so anzusprechen, daß sie unter Beibehaltung ihrer Eigendynamik sich ins Unendliche hin öffnen; nur deshalb bedarf es überhaupt der Bilder und Szenen der Gleichniserzählungen. Wer nicht zunächst zur

Gleichnis wesentlich als ein Sprachereignis zu deuten versuchte, durch welches eine bestehende Situation entscheidend verändert werde. In der Tat eröffnet ein gut erzähltes, gelungenes Gleichnis die Möglichkeit eines *Existenzwechsels*: der Erzähler und der Hörer setzt sich durch die Gleichnisrede zunächst über ein bestimmtes Problem ins Einvernehmen; dann aber eröffnet die Gleichnisrede durch ihre Pointe dem Hörer eine überraschende, neue Sicht der Dinge. Um jedoch zu verstehen, woher die Sprache eine solche Macht erhält, das Leben eines Menschen zu verändern, muß man erneut auf die Verflechtung von Wort

Kenntnis nimmt, daß Menschen aus dem Jahrmillionen alten Erbe der Evolution primär in Bildern und Szenen *fühlen* und *sehen*, ehe sie anfangen, zu sprechen und zu denken, wird niemals verstehen, warum man Bilder und Szenen *erzählen* muß, um wirksam von der Macht Gottes im menschlichen Leben zu sprechen. Mit dem Überspringen der psychologischen Ebene des emotionalen Verstehens scheint es zusammenzuhängen, daß JÜNGEL die «Macht der Gottesherrschaft» «in der Verkündigung Jesu als Macht der Liebe konkret» werden sieht und hinzufügt: «Außer der Liebe kennt Jesus nur das Gericht». (A.a.O., 196) Das stimmt natürlich vom Ergebnis her, rein phänomenologisch, läßt aber den eigentlichen Grund außer Betracht, von dem her sich die Kraft der Liebe allererst ermöglicht bzw. umgekehrt das «Gericht» als unausweichlich einstellt: *die Alternative von Angst und Glauben.* Es ist nicht anzunehmen, daß JÜNGEL einer solchen grundlegenden Alternative widersprechen will, denn es ist auch nach seiner Darstellung gerade die Liebe Christi, die gegen alle Angst den Raum des Vertrauens eröffnet (s. S. 284); aber die Akzente sind doch deutlich unterschieden, je nachdem, ob man den Menschen mit der Botschaft Gottes *«von außen her»* konfrontiert oder die Art eines wirksamen Sprechens von Gott in psychischem Sinne als Integration der gesamten menschlichen Existenz begreift. An dieser Stelle markiert der Standpunkt JÜNGELS gerade in all dem Berechtigten, das er vorträgt, die Grenze einer Theologie, die vom Menschen nur die Organe des «Hörens», das Bewußtsein und die reflexive Ichspitze der menschlichen Person, anerkennt. – Sehr zustimmen muß man E. JÜNGEL indessen, wenn er die Gleichnisse Jesu durch das *Verhalten* Jesu kommentiert sieht und sich folglich darum bemüht, die *Formgeschichte* des Evangeliums, statt vom «Boden der ‹soziologischen Tatsache›» (a.a.O., 291) her, von der Eschatologie her zu begründen. «Betrachtet man ... die Verkündigung Jesu unter diesem eschatologischen Gesichtspunkt, so wird man die typischen Sprachformen der Verkündigung Jesu nicht mehr primär von ihrem ‹soziologischen Sitz im Leben› her zu verstehen haben, sondern als das die formgeschichtlichen Gattungen in der Verkündigung Jesu konstituierende Moment das eschatologische extra nos der Basileia ansehen müssen, das zu *Worte* kommen will. Die soziologische Fragestellung der formgeschichtlichen Methode ist damit im Rahmen der formgeschichtlichen Methode durch die eschatologische Fragestellung korrigiert, bzw. hermeneutisch überboten.» (A.a.O., 295) Keine Frage, es bedarf all der verschiedenen Formen biblischer (und außerbiblischer!) Überlieferungen, um letzte («eschatologische») Wahrheiten über den Menschen auszusagen, und die vorliegende Arbeit verfolgt dasselbe Ziel, das auch JÜNGEL sich gesetzt hat: den Soziologismus der historisch-kritschen Methode *theologisch* zu überwinden. Aber es läßt sich mit den Mitteln der Hermeneutik JÜNGELS kein Leitfaden gewinnen, von dem her der Bilderreichtum der verschiedenen Formen religiöser Überlieferung in seiner konkreten Gestalt zu verstehen wäre, während wir uns gerade darum bemühen, mit tiefenpsychologischen Mitteln zu zeigen, warum die verschiedenen Formen, beginnend mit Mythos, Märchen, Sage und Legende und sich dann fortsetzend in Wundererzählung, prophetischer Vision, eschatologischer Bilderrede, apokalyptischer Weissagung und schließlich der gleichnishaften religiösen Lehrrede, *theologisch notwendig* sind. Wenn zudem das «Eschaton» Gottes so verstanden wird, daß es «uns Gottes Sein als das Ereignis seiner Menschlichkeit» offenbart, «in der sich seine Göttlichkeit erweist» (JÜNGEL: A.a.O., 284), so wird man die «Menschlichkeit» des Menschen doch wohl nicht anders beschreiben können denn als jene Ganzheit und Einheit, zu der der Mensch wesenhaft berufen und befähigt ist, wenn er die Angst, die aus seinem Bewußtsein stammt, durch ein tieferes Vertrauen in den Urgrund seines Daseins zu überwinden vermag. Statt auf recht abstrakte Weise im Bereden der «eschatologischen» bzw. Bild und Gefühl achten. Die Gesprächssituation eines Gleichniserzählers ist, unter diesem Aspekt, nicht wesentlich verschieden von der Situation eines Beraters während eines therapeutischen Gesprächs, wie wir es im Rahmen der Verbalisationstechnik bereits geschildert haben (vgl. I 444–450). Man versucht als Berater, sich in die Gefühlslage eines anderen Menschen so intensiv wie möglich hineinzuversetzen, und mit Mal steigen in dem Berater selbst Bilder auf, mit denen er die Erlebniswelt seines Klienten zu beschreiben versucht; nicht selten kann es dann geschehen, daß der andere verwundert berichtet, etwas Ähnliches habe er noch vor kurzem wirklich geträumt; und es ist deutlich, daß es eine bessere Bestätigung für eine «richtige» Verbalisation im Gespräch nicht geben kann als eine derart traumnahe «Einbildung» von Gefühlen. Entscheidend aber ist der bewußt *indirekte* bzw. der nicht-direktive Weg solcher Bildmitteilungen. Die Voraussetzung jeder «Gleichnisverbalisation» besteht darin, den anderen in seiner Not bedingungslos verstehen zu wollen – man weiß, daß und wie sehr der andere leidet und wie sehr er nach einem Ausweg sucht; aber man kann dem anderen einen solchen Ausweg von außen nicht vorschlagen – er würde in einem solchen Vorgehen mit Recht sogleich eine moralische Anforderung erblicken und dagegen nur neue Formen von Abwehr auf den Plan rufen müssen; stattdessen versucht man, sich in den anderen buchstäblich hineinzuträumen und den Roman seines Lebens in möglichst anschaulichen Bildern nachzuzeichnen, indem man nicht die Tatbestände der fremden Biographie naturalistisch abbildet, wohl aber den Gefühlshintergrund seiner Erlebnisse und Schilderungen «surrealistisch» ins Bild hebt[4].

Dimensionen der geschichtlichen Existenz des Menschen stehen zu bleiben, suchen wir lediglich nachzuweisen, daß im Menschen *Bilder* bereit liegen, in denen er im Umfeld des Vertrauens die mögliche Ganzheit seines Daseins zu ahnen, zu hoffen, zu vollziehen vermag. Die Dialektik von Eschatologie und Geschichte ist keine andere als die Dialektik von Traum und Wirklichkeit (s.u. S. 761f.). M.a.W.: auch die *Worte* der Verkündigung sind nur mächtig, wenn sie die *Bilder* beschwören, in denen der Mensch sein eigenes Wesen zu sehen vermag. Oder, mit den eschatologischen Worten von Ps 126,1: «Wenn der Herr kehren läßt die Heimkehrerschaft Zions, werden wir sein wie Träumende.»

[4] Der Begriff des «Traumes» muß dabei freilich – anscheinend im Gegensatz zur Psychoanalyse, in Wahrheit aber in Übereinstimmung mit ihrem erweiterten Verständnis der Wirklichkeit – in etwa so verstanden werden, wie der belgische Maler RENÉ MAGRITTE es tat, als er von seiner Schaffensweise schrieb: «Das Wort ‹Traum› ist im Zusammenhang mit meiner Malerei oft falsch verstanden worden. Wir wünschen uns sicherlich, daß das Reich der Träume etwas Respektables sei – doch unsere Werke sind nicht traumhaft. *Im Gegenteil.* Wenn es in diesem Zusammenhang um ‹Träume› geht, unterscheiden sie sich sehr von denen, die wir haben, wenn wir schlafen. Es ist eher eine Frage der *selbstgewollten* ‹Träume›, in denen nichts so unklar ist, wie jene Gefühle, die man hat, wenn man sich in Träumen davonstiehlt... ‹Träume›, die nicht darauf abzielen, uns in Schlaf zu versetzen, sondern uns aufzuwecken.» (Zit. nach A.M. HAMMACHER: R. Magritte, 14) Als einen Sonderfall derartiger *luzider Träume,* in denen das Bewußtsein sich den Visionen des Unbewußten aussetzt, um Bilder zum «Aufwecken» zu finden, wird man auch die «Gleichnisse» verstehen können; der Unterschied der Gleichnisse zu den «echten» Träumen liegt erneut nicht im Material, sondern im Ausgangspunkt, mithin in der Psychodynamik (vgl. unten die Skizze auf S. 735).

Die Gleichnisrede wird somit zu einer äußerst gefühlsintensiven Nachgestaltung der Innenwelt des anderen, und ihre erste Wirkung muß, wenn es mit rechten Dingen zugeht, in dem Gefühl des Hörers bestehen, ganz und gar verstanden zu sein, besser womöglich, als er selber, besetzt durch die eigenen Schwierigkeiten, in diesem Moment sich zu verstehen vermocht hätte. Meistens führt ein solches Gefühl, ein solches Klima wohlwollenden Verstandenwerdens in Form einer zwanglosen Gleichnisrede zu einer Verringerung der Angst, zu einer Auflösung der inneren Gefühlsabsperrung und Verteidigungshaltung sowie zu einem Abbau der momentan oder chronisch empfundenen Bedrohtheit.

Aber: eine Gleichnisrede, wird man gewiß sogleich einwenden, ist mehr als angewandte Psychologie und mehr als die bildhafte Verbalisation von Gefühlszuständen. Das stimmt. Der *entscheidende* Punkt einer Gleichnisrede besteht nicht in der bildhaften Verbalisation von Gefühlen, sondern in der *Durchbrechung der diesseitigen Welt*, psychologisch betrachtet: in der Umlenkung aller Antriebe, in der *Sublimation* der Affekte, und gerade dieser Zentralpunkt der Gleichnisrede muß jetzt auch tiefenpsychologisch den Kern einer angemessenen Hermeneutik bilden.

Rein literaturwissenschaftlich spricht es sich leicht, daß in einem Gleichnis Göttliches und Menschliches mit einander *verglichen* würden. Aber wenn wir vorhin schon sagten, das Gleichnis sei zunächst eine Existenzform, keine Redeweise, so müssen wir jetzt ergänzen: in der Gleichnisrede wird der Erzähler selber zu einem durch und durch «priesterlichen» Menschen; denn es geht ja nicht nur darum, daß er selbst, als Gleichnisdichter, in seinem Dasein den Widerschein Gottes über dem Antlitz der Welt, über dem Spiegel der Seele *bemerkt*, es geht vor allem darum, daß er in seiner Person als Gleichniserzähler einem anderen Menschen sich so mitteilt, daß er für diesen zu einem Tut-anch-Amun, wie die Ägypter sagten, zu einem «lebenden Bild Gottes» wird. Wenn wir bei den Propheten sehen, wie sie nicht nur in Gleichnissen reden oder in Zeichenhandlungen vor das Volk hintreten, sondern, wie Hosea, wie Jeremia, wie Ezechiel, wie der Legende nach der Prophet Jona, in ihrer ganzen Existenz selber zum Gleichnis vor den Augen aller werden, so wird man sagen dürfen, daß auch in jeder einzelnen Gleichnisrede der Erzähler dem Hörenden zu einem Ort wird, an dem der Himmel sich öffnet und die Welt sich enthüllt als Vorspiel, als Einübung, als Verheißung der Ewigkeit. Die Kunst, ein Gleichnis zu formen und nachzuvollziehen, liegt deshalb in nichts Geringerem als in der Fähigkeit, die Gleichnishaftigkeit des eigenen Daseins zu fühlen und zu «sehen» und dadurch in der eigenen Existenz zum Gleichnis Gottes gegenüber anderen Menschen zu werden. Eben dies macht das Geheimnis des «Erfolges» der Gleichnisse aus: wie gute Gedichte, wie klingende Lieder sagen und singen sie sich als eine Poesie der Ewigkeit durch die Jahrtausende weiter.

Doch gerade in dieser *religiösen* Dimension wird man die unerhörte Spannung und Dichte eines Gleichnisses nur mit *psychologischen* Mitteln verstehen können.

Da es immer wieder «Rezensenten» und «Kritiker» gibt (und geben wird), die gegenüber einem theologischen Entwurf wie dem vorliegenden den Einwand erheben, hier werde die ganze Theologie «verpsychologisiert», sei die Gelegenheit ein letztes Mal genutzt, so klar wie möglich zu erklären, daß es uns gerade umgekehrt allein darum geht zu zeigen, daß sich, je nach der Einstellung zu Gott, nicht etwas, sondern *alles* im Menschen ändert und die Psychologie eines Menschen grundverschieden sich gestaltet, je nachdem, ob sich über seinem Leben die Endlichkeit schließt wie ein Grab – und sich unter ihm öffnet wie ein verschlingender Schlund –, oder ob sich die Hände Gottes vertrauensvoll und bergend um ihn legen und ihn zu dem «Ort» zurückgeleiten, da der Himmel die Erde berührt.

Wer es ablehnt zu sehen, mit welchen psychologischen Mitteln sich in Form der *Gleichnisrede* ein Raum von Verstehen und Freiheit erschließen läßt, an dem Gott erfahrbar werden kann, und wie umgekehrt eine Haltung tieferen Vertrauens gegenüber Gott, angeregt z.B. durch ein gut erzähltes Gleichnis, alle Gefühle bis in die Wurzel hinein verändert, der kann nur eine «Pastoral» oder «Verkündigung» wollen und betreiben, die im letzten heteronom und terroristisch ist, so sehr auch immer sie von «Gnade», «Friede» und «Erlösung» reden mag. *Den* Vorwurf jedenfalls muß man der historisch-kritischen Exegese an *dieser* Stelle machen: daß sie die Gleichnisse Jesu – einen zentralen Bestandteil seiner Verkündigung! – in ihrer Verleugnung und Mißachtung der psychologischen Aspekte in einer Weise auslegt, daß die gegenwärtige Seelsorge dabei nicht nur ohne innere Veränderung bleiben muß, sondern in ihrer Seelenlosigkeit, Gefühlskälte und dirigistischen Starre geradewegs bestärkt wird. Wir haben gesehen, daß man die *Wundererzählungen* nicht verstehen kann ohne eine erhebliche Korrektur der mechanistischen Vorstellungen vom menschlichen «Körper»; wir haben gesehen, daß man die *Visionsberichte* nicht verstehen kann ohne eine erhebliche Korrektur der mechanistischen Vorstellungen von der menschlichen Seele; und man kann, wie wir jetzt sehen, auch die *Gleichnisse Jesu* nicht verstehen ohne eine erhebliche Korrektur der mechanistischen Vorstellungen von dem «Betrieb» der «Seelsorge» und «Verkündigung». Die Frage nach der Hermeneutik der Bibel ist in sich selbst eine Infragestellung unseres Menschenbildes und unserer Art von «Menschlichkeit», oder sie verliert wesentlich ihre heilende und befreiende Kraft. Noch vor aller Einzelauslegung muß eine angemessene Exegese bereits als *Methode* ihre Relevanz erhalten und unter Beweis stellen; und vor allem eine rechte Form der Auslegung göttlicher Worte und Werke wäre dazu berufen, wenn nur die Exegese ihre Kritikfähigkeit nicht primär der Historie, sondern vor allem der Gegenwart zuwenden würde.

Tatsächlich zeigt eine psychologische Betrachtung, daß es sich in der Gleichnisrede um ein Meisterstück der Psychologie handelt, das zugunsten und infolge einer neuen Dimension von Religiösität und Menschlichkeit sich ereignet. Psychologisch gesehen, muß es einer geglückten Gleichniserzählung gelingen, den Hörer im wörtlichen Sinne derart zu «verzaubern», daß er aus der Welt seiner bisherigen Erfahrung in eine andere Welt versetzt wird, die seiner eigenen zwar vollkommen *wider*spricht, aber dennoch seinen recht verstandenen Wünschen auf das sehnlichste *ent*spricht. Widerspruch und Entsprechung, Einspruch und Zuspruch kommen im Gleichnis auf eine Weise zur Sprache, die den «Kunstgriff» dieser Redeform als eine Art *existentieller Magie* verstehen läßt.

Von daher begreift man, daß die bildhafte Sprache des Gleichnisses im Grunde auf keinem anderen «Verfahren» beruht als auf dem *Wunder der Verwandlung*, das die gesamte Religion durchzieht. So wie wir die Sakramente als Rückwege in ein verlorenes Paradies betrachtet haben (s.o.S. 108f.), so besitzt die Bildersprache eines guten Gleichnisses die Macht, die Verhaftung der Lebensenergien an die äußere Welt zu revidieren und den Hörer zu seiner tieferen Wahrheit zurückzuführen.

Was rein literaturwissenschaftlich ein «Gleichnis» genannt wird, stellt sich psychologisch als eine außerordentliche *Verzauberung zur Sublimation* dar, und es scheint nicht übertrieben, die Gleichniserzählung einen *worthaften Ritus* zu nennen, so wie man umgekehrt den Ritus als ein dramatisiertes Gleichnis bezeichnen könnte. Indem die Gleichnisrede die Trieb- und Wunschwelt des Hörers in ihrer vertrauten «welthaften» Ausrichtung anspricht und an dem entscheidenden Punkt auf ein neues, überweltliches «Triebziel» umlenkt, wirkt sie in tiefenpsychologischer Sicht wie eine «Energieschleuse» der gesamten Lebensausrichtung: wer sich auf ein Gleichnis einläßt, findet sich am Ende der Erzählung auf einem höheren, wahreren, menschlicheren Standpunkt seiner Existenz wieder, und das Entscheidende liegt offenbar in der Kunst des Gleichnisses, die ursprüngliche Triebausrichtung so weit zu akzeptieren und durchzuarbeiten, daß das gesamte Welterleben eines Menschen angstfrei und vertrauensvoll genug wird, um zu einer so weitgehenden Umformung seiner selbst fähig und bereit zu sein.

Nur bei dieser Sicht der Natur der Gleichnisse als eines *Sublimationsvorgangs* versteht man, nebenbei bemerkt, ein Phänomen, das immer wieder, von der Väterzeit bis heute, den Auslegern die peinlichsten Ausflüchte abgenötigt hat: das Problem der offenbaren Amoralität mancher Gleichnisse. Es ist nicht zu leugnen, daß viele Gleichnisse Jesu Vorgänge und Handlungsweisen schildern, die der Göttlichkeit des Neuen Testamentes an sich geradezu Hohn sprechen. Am berühmtesten dafür ist zweifellos *das Gleichnis vom ungerechten Haushalter* (Lk 16,1-8), in dem wie selbstverständlich eine üble Gaunerei als «Klugheit» gelobt wird[5]. Nicht viel besser scheint es um den ungerechten Richter bestellt, der einer Witwe ihr Recht verschafft, nicht weil sie Recht hat, sondern aus Furcht vor ihrer Auf- und Zudringlichkeit (Lk 18,1-8). Andere Beispiele ließen sich hinzufügen, und sie alle verraten eine erstaunliche Bedenkenlosigkeit in der Wahl der Erzählstoffe. Es hilft wenig, wenn in der exegetischen Literatur immer wieder versichert wird, man brauche sich über derartige «Stilmittel» nicht zu mokieren, da es ja nur um das *«tertium comparationis»* der Gleichnisse gehe; eine solche «Erklärung» abstrahiert schlicht und einfach von gerade den Elementen der Erzählung, die den eigentlichen Witz, die Spannung, die Faszinationskraft des Gleichnisses ausmachen, ja, sie macht im Grunde das ganze Gleichnis überflüssig: wer all die moralischen Zweideutigkeiten, die oft genug die Handlung eines Gleichnisses bestimmen, konsequent zu übersehen und zu überhören versucht, um seiner «Lehre» teilhaftig zu werden, der bedarf eines solchen Gleichnisses nicht wirklich.

Um die Wahrheit zu sagen, kommt es indessen gerade darauf an, die geschilderten Buben- und Schurkenstücke verschiedener Gleichnisse in ihren Gefühlsnuancen möglichst intensiv mitzuempfinden und mitzugenießen, um eben dadurch geläutert zu werden. So wie man in der Traumanalyse die verborgenen Affekte eines Traumtextes nicht beiseitestellen darf, sondern durcharbeiten muß, wenn man die Kraft ihrer Verwandlung an sich erfahren will, so muß man etwa das Gefühl der *Habgier* in dem *Gleichnis vom Kaufmann* in Mt 13,45-46 mitempfinden, um zu fühlen, daß dieser Mann bei all seinem Bemühen letztlich

[5] E. JÜNGEL: Paulus und Jesus, 158–159 abstrahiert von dem Problem, statt es zu lösen, wenn er, wie üblich, erklärt: «Alle psychologischen Erwägungen sind fernzuhalten. Das moralisch Abstoßende im Verhalten des Haushalters ist nur als ‹Verfremdungseffekt› von Bedeutung; es unterstreicht die Pointe der Parabel.» Diese soll nach JÜNGEL darin liegen, daß «die Nähe der Gottesherrschaft ... die Zukunft so an die Gegenwart gebunden» hat, «daß die Gegenwart zu einer eschatologischen Möglichkeit qualifiziert wird.» (A.a.O.) Aber mußte man wirklich eine *solche* Geschichte erzählen, um *das* zu verdeutlichen? Völlig den Boden des Gleichnisses verläßt JÜNGEL, wenn er erklärt: «Daß die Gottesherrschaft in einem moralisch so fragwürdigen Beispiel zur Sprache kommt, unterstreicht die Pointe: Jetzt entscheidet es sich, ob die Zukunft als Gericht kommt oder ob sie Euch aufnimmt in den Raum, den Euch diese Parabel einräumt: in den Raum der Liebe, der als Geschichte der Liebe dort anhebt, wo Jesus eine solche der Drohung der Zukunft standhaltende Parabel zu sprechen wagte.» JÜNGEL räumt selber ein: «Gewiß, der Raum, den die Zukunft in der Parabel der Gegenwart einräumt, wird in dieser Parabel nicht als Raum der Liebe explizit.» Und er erklärt selbst die *petitio principii* seiner Auslegungsmethode, wenn er ergänzt: «Aber wohin sollte und konnte Jesus aus der Drohung des Gerichts herausrufen, wenn nicht in die Geschichte der Liebe, in der die Gegenwart der Zukunft gewiß ist, weil die Liebe sich hier als das Bleibende wiederholt.» (A.a.O., 159–160) Ärger läßt sich die Wirklichkeit einer Erzählung nicht verzeichnen; nicht von Liebe, sondern von einem nüchtern kalkulierenden Egoismus ist hier die Rede, und das Entscheidende liegt gerade darin, daß die energischste Form eines wohlverstandenen Egoismus, wenn es ums Ganze geht, sich in der Tat nicht anders äußern kann denn – als Liebe. Besser könnte es die Psychoanalyse nicht sagen, wenn sie die «Liebe» als «verschobenen Narzißmus» beschreibt; die Frage stellt sich allerdings immer wieder, woher die Kraft zu einer derartigen «Verschiebung» des Narzißmus stammt.

auf der Suche ist nach einer absoluten Kostbarkeit, die sogar (und gerade!) aus seiner Krämerseele eine Verehrerin vollendeter Schönheit erstehen läßt. – JOSEF ROTH hat in seiner Novelle *«Der Leviathan»*[6] einmal einen solchen Händler geschildert, der beim Verkauf von Korallen im Grunde ein Diener des Erlesenen und Vollkommenen ist. – In ähnlicher Weise muß man die Angst, das Sicherheitsdenken und die unbedenkliche Schläue in dem *Gleichnis von dem ungerechten Verwalter* (Lk 16,1-8) in sich selber mit höchster Leidenschaft mitempfinden, um an den Punkt zu gelangen, wo Raffinesse umschlägt in Frömmigkeit.
Und entsprechend in allen Gleichnissen!
Geschichten dieser Art sind nicht für papierene Existenzen erzählt worden, sondern für Menschen, die wissen und mitempfinden können, was Lebensgier und Leidenschaft zu bewirken vermögen. Scheinbar denkt Jesus jedenfalls in seinen Gleichnissen nicht daran, daß man von den Triebkräften der menschlichen Seele durch asketische Verleugung und moralische Prüderie absehen müsse, um Gott näher zu sein; sondern umgekehrt: gerade die Steigerung der Affekte zur höchsten Energie und zur letzten Konsequenz trägt sie in den Schilderungen Jesu in die Weite der Unendlichkeit. Frömmigkeit im Sinne dieser Gleichnisse besteht nicht in der Unterdrückung der vitalen Antriebe, sondern viel eher in ihrem dramatischen Überschwang. Die Mittelmäßigkeit, die Wohltemperiertheit, die bürgerliche Halbherzigkeit jedenfalls werden niemals zu jener Torheit fähig sein, die alle Rücksichten vergessen läßt, um alles auf eine Karte zu setzen[7]; aber gerade von einer solchen äußersten Energie der Entscheidung sprach Jesus immerzu, und seine Gleichnisse versuchten allem Anschein nach gerade, eine solche Steigerung aller Lebensinteressen *ins Unendliche* zu provozieren.
Diese psychologische Dialektik der Gleichnisse, die die Logik der Endlichkeit schildern, um sie in ihrer letzten Konsequenz mit der Energie der Unendlichkeit in HEGELschem Sinne *«aufzuheben»*, muß man verstehen, um die Wucht und Dramatik vor Augen zu haben, mit der die Gleichnisse Jesu die Seelen der Menschen bis in die Tiefe hinein umpflügen wollten und heute noch können.
Etwas Ähnliches gilt von dem höchst befremdlichen *Motiv der Angst* in vielen Gleichnissen, in denen Jesus, um die Lage des Menschen vor Gott zu verdeutlichen, von Hausherren, Richtern und Königen erzählt, die bereit stehen, ihre Diener, Delinquenten und Untergebenen grausam zu strafen. Natürlich trifft es zu, wenn seitens der historisch-kritischen Exegese auch hier immer wieder versichert wird, Jesus wolle nicht sagen, Gott sei *identisch* z.B. mit jenem Herrn,

[6] J. ROTH: Der Leviathan; in: Die Erzählungen, 234–274.
[7] So erzählt M. BUBER: Die Erzählungen der Chassidim, III 477, wie *Mosche Löb von Sasow* von einem Dieb lernte, der auch durch Schläge sich nicht von seinem «Handwerk» abbringen ließ. «‹Wenn dem so ist›, sprach der Sasower zu sich, ‹so muß auch ich das Meine wieder und wieder versuchen.›»

der in dem *Gleichnis von dem mit der Aufsicht betrauten Knecht* (Mt 24,45-51; Lk 12,42-46) seinen ungetreuen Diener «in Stücke hauen» läßt. Gleichwohl würde man erneut gerade von dem wichtigsten Moment einer solchen Gleichniserzählung abstrahieren, wenn man die drastische Schilderung der Strafe als bloßes Stilmittel deuten wollte. Auch hier stellt sich das Problem wie allerorten: die historisch-kritische Exegese, indem sie alle Gefühlsbewegungen in den Erzählungen der Bibel strikt außer Betracht zu lassen sucht, kann auch in den Gleichnissen Jesu unzählige Details nur als bloßes Aussagemittel oder als nur erzählfreudige Nebensache verstehen, ohne daß man bei einer solchen Auslegung wirklich begreifen könnte, warum derartige «Stilmittel» notwendig sein sollen. In Wahrheit legen *die Gerichtsgleichnisse* Jesu auf den Faktor der Angst offenbar ein ganz besonderes Gewicht – sie *wollen* Angst machen, und man muß das Paradox zur Kenntnis nehmen: Jesus, der wie kein anderer sonst die Menschen ein vorbehaltloses, kindliches Vertrauen lehren wollte, schildert in vielen seiner Gleichnisse Gott als eine Macht, die man *zu fürchten* habe wie nichts im Leben sonst. Offensichtlich sah demnach auch Jesus keine andere Möglichkeit, eine bestimmte Art von Gleichgültigkeit und Phlegma in heiligem Gottesschrecken aufzuscheuchen, als einen heilsamen Gottesschrecken. Vor allem aber wird man annehmen dürfen, daß Jesus auf Schritt und Tritt, wenn er zu einem grenzenlosen Vertrauen gegenüber Gott und zu einer uneingeschränkten Liebe gegenüber den Menschen einlud, konstant dem Argument der Angst begegnete, und zwar so erstickend und lähmend, daß er zu Äußerungen gedrängt werden konnte wie in Lk 12,45: «Euch aber, meinen Freunden, sage ich: Fürchtet euch nicht vor denen, die den Leib töten und nachher nichts Weiteres tun können! Ich will euch aber zeigen, wen ihr fürchten sollt: Fürchtet den, der, nachdem er getötet hat, Macht besitzt, in die Hölle zu werfen.» Es handelt sich um eine äußerste Logik der Angst gegen die Angst, um einen extremen Versuch, die Hörer gewissermaßen mit Zuckerbrot und Peitsche um jeden Preis aus ihren Scheinsicherungen herauszutreiben. Nichts ist sicher in einem Leben, an dessen Ende ganz sicher der Tod steht; und nur eines kann man ganz sicher falsch machen: aus lauter Angst sich auf eine Weise zu verschanzen und zu verbarrikadieren, die das Leben selbst ersticken muß. Auch das *Gefühl der Angst* zählt zu den wesentlichen Empfindungen, mit denen viele Gleichnisse Jesu bewußt arbeiten, um in der höchsten Steigerung der Angst zu lehren, daß nur das Vertrauen und die Liebe bedingungslos und absolut sein können – und müssen, wenn es um Gott geht.

d) *Gleichnis und Traum: der Abschluß des Kreises*

Insgesamt also gilt es, bei der Auslegung der Gleichnisse zu lernen, was auch sonst im Umgang mit Menschen als Regel dienen muß: Menschen sind wichtiger als ihre Werke, ihre Haltungen sind wichtiger als ihre Handlungen, ihre Gefühle sind wichtiger als ihre Taten, ihre seelischen Zustände sind wichtiger als die äußeren Umstände ihres Lebens. Die Art, ein Gleichnis tiefenpsychologisch auszulegen, unterscheidet sich damit nicht wesentlich von dem Verfahren der Traumdeutung, wenngleich wir, um einen Rückfall in die allegoretische Interpretation zu vermeiden, die Gleichnisrede nicht symbolistisch deuten dürfen, sondern uns auf eine möglichst genaue Beobachtung der Psychodynamik innerhalb der auftretenden Akteure der jeweiligen Gleichniserzählung konzentrieren müssen.

In gewisser Weise kehren wir mit den Gleichnissen in der Tat zu dem Anfang unserer Betrachtungen, zu der Psychologie des Traumes, zurück, und der Ring unseres Diskurses hat sich geschlossen. Wir haben bereits gesehen, wie zwischen *Mythos* und *Apokalypse* eine wechselseitige Entsprechung besteht, die sich über die gesamte Erstreckung der formgeschichtlichen Gattungen vermittelt (s.o.S. 40f.; 310); außer Betracht aber mußte damals *der Traum* als die Grundlage aller bildhaften Erzählungen bleiben. Jetzt, bei der letzten Gattung der literarischen Genera biblischer Überlieferung, stehen wir indessen genau am anderen Ende der tiefenpsychologischen Ableitung der einzelnen Formen biblischer Überlieferungen, und wir treffen dementsprechend auf das Verhältnis einer umgekehrten Symmetrie zwischen Traum und Gleichnis, die wir so formulieren können: *der Traum* ist zu verstehen als Deutung der Wirklichkeit von seiten des Unbewußten für das Bewußtsein; *das Gleichnis* hingegen ist zu verstehen als Deutung der Wirklichkeit von seiten des Bewußtseins für das Unbewußte. In schematischer Darstellung:

Unbewußtes ↓		Unbewußtes ↑
Traum ⟷	Wirklichkeit	⟷ Gleichnis
↓ Bewußtsein		↑ Bewußtsein

Von daher ergibt sich die unterschiedliche Funktion und Botschaft von Traum und Gleichnis. Der Traum versucht, sehr vereinfacht gesagt, durch die Sprache der Symbole unbewußte Triebimpulse dem Bewußtsein mitzuteilen und das Bewußtsein zur Mitarbeit an der Realisierung der entsprechenden affektiven Wünsche zu gewinnen; das Gleichnis umgekehrt versucht, durch die Sprache affektiv stark besetzter Bilder bestimmte Sinngehalte und geistige Zielsetzungen dem Unbewußten nahezubringen und das Unbewußte zur Mitarbeit an der Realisierung der entsprechenden Lebensausrichtungen zu gewinnen. – Wie weitab von der rationalistisch didaktischen Auffassung der Gleichnisse in der historisch-kritischen Exegese diese tiefenpsychologische Betrachtung der Gleichniserzählungen ausfällt, zeigt sich vor allem in der Differenz zwischen der rationalistischen Auffassung des Gleichnisses als einer Lehrform zur Vermittlung von Erkenntnissen und der psychologischen Auffassung des Gleichnisses als einer Form der Verkündigung zur Vermittlung von Erfahrungen. Wer die Gleichnisrede theologisch, wie in der Tat inzwischen manche Exegeten heute, als Ort einer möglichen Verwandlung des gesamten Daseins begreift, wird nicht umhin können, das Gleichnis als Verkündigung zu verstehen und zu dieser Auffassung die Tiefenpsychologie als Kronzeugin aufzurufen.

Damit sind wir an das Ziel unserer Ausführungen gelangt. Wohl könnte und müßte manches noch über die Auslegung vor allem der *Briefe* im Neuen Testament gesagt werden, doch die Briefe entsprechen in der Tat am ehesten den Auslegungsverfahren der historisch-kritischen Methode und stellen jedenfalls an eine tiefenpsychologische Deutung keine besonderen Aufgaben mehr. Wohl taucht auch in den Briefen, etwa des hl. Paulus, eine Reihe von Stellen auf, die nur durch eine Anwendung tiefenpsychologischer Auslegungsregeln wirklich zu verstehen sind; aber alles dazu Nötige ist hoffentlich bereits gesagt worden. Die *Bekenntnisformeln* und *Haustafeln*, die in den Briefen recht zahlreich vorkommen, haben wir schon erwähnt (s.o.S. 666; 711); die *apokalyptischen* Vorstellungen, etwa von 1. Thess 5,1-11 oder 2 Petr 3,11-18, müßten entsprechend den früheren Erwägungen ausgelegt werden (s.o.S. 473–485); zahlreiche *gnostische* Vorstellungen, die in den Briefen als Zitate auftauchen, verlangen nach einer eigenen symbolistischen Deutung. Manche theologischen Ausführungen, wie z.B. die zentralen Darlegungen des hl. Paulus in Röm 7,7-25 über den Zusammenhang von Sünde und Gesetz[8], lassen sich nur mit Hilfe gewisser Kenntnisse der Neurosenpsychologie und der Psychodynamik der Angst wirklich verstehen. Andere Passagen, wie 2 Kor 13,2-4, die von den *Berufungserlebnissen* und Offenbarungen des Apostels sprechen, müßten im Sinne der oben an-

[8] Vgl. A. Vergote: Der Beitrag der Psychoanalyse zur Exegese. Leben, Gesetz und Ich-Spaltung im 7. Kap. des Römerbriefes, in: X. Léon-Dufour (Hrsg.): Exegese im Methodenkonflikt, 73–116. Dagg. aber wendet sich sachlich G. Dautzenberg: Simul justus et peccator, in: G. Dautzenberg – G. Schmalenberg – K. Stock (Hrsg.): Rechtfertigung, 85–104, der zunächst die Auslegungsgeschichte dieses Textes referiert, wobei er besonders E. Käsemann: An die Römer, 190–192 aufgreift und meint, man mache sich die Auslegung von Rm 7 zu leicht, wenn man darin eine «Psychologie der Sünde» finde; die Aussage Pauli, unter die Sünde verkauft zu sein, meine etwas, das «von vornherein die Ebene des Moralischen und des psychologisch Erfahrbaren» überschreite (A.a.O., 97). Das Letztere ist wahr, aber es geht theologisch gerade um eine Sündenlehre, in der die tiefenpsychologische Neurosenlehre als Phänomenologie einer Verfaßtheit des

geführten Betrachtungen über die Psychologie des Visionserlebens ausgelegt werden (s.o.S. 329ff.). Wir können aber im ganzen auf die Analyse derartiger Stellen verzichten, weil sich wirklich neue *methodische* Gesichtspunkte dabei kaum mehr ergeben dürften, die Stoffmenge hingegen jedes Maß sprengen würde.

Den 1. Bd. dieser Arbeit haben wir begonnen und beschlossen mit einem Wort von NOVALIS, dessen Person uns unsichtbar, wie ein guter Geist, durch all die Zeit begleitet hat. Mit einem Wort von NOVALIS, das dem Träumen gewidmet ist, wollen wir nun auch diesen zweiten Band enden.

In *«Heinrich von Ofterdingen»* kommt NOVALIS gleich zu Beginn einmal auf das Verständnis des *Traums* zu sprechen, indem er der Meinung des Vaters die Ansicht seines Sohnes gegenüberstellt. «Träume sind Schäume», erklärt *Herr von Ofterdingen*, « ... die Zeiten sind nicht mehr, wo zu den Träumen göttliche Gesichte sich gesellten, und wir können und werden es nicht begreifen, wie es jenen auserwählten Männern, von denen die Bibel erzählt, zumute gewesen ist. Damals muß es eine andere Beschaffenheit mit den Träumen gehabt haben, so wie mit den menschlichen Dingen. – In dem Alter der Welt, wo wir leben, findet der unmittelbare Verkehr mit dem Himmel nicht mehr statt. Die alten Geschichten und Schriften sind jetzt die einzigen Quellen, durch die uns eine Kenntnis von der überirdischen Welt, soweit wir sie nötig haben, zuteil wird; und statt jener ausdrücklichen Offenbarungen redet jetzt der heilige Geist unmittelbar durch den Verstand kluger und wohlgesinnter Männer und durch die Lebensweise und die Schicksale frommer Menschen zu uns. Unsre heutigen Wunderbilder haben mich nie sonderlich erbaut, und ich habe nie jene großen Taten geglaubt, die unsre Geistlichen davon erzählen. Indes mag sich daran erbauen, wer will, und ich hüte mich wohl, jemanden in seinem Vertrauen irre zu machen.» – «Aber, lieber Vater», entgegnet *Heinrich*, «aus welchem Grunde seid Ihr so den Träumen entgegen, deren seltsame Verwandlungen und leichte zarte Natur doch unser Nachdenken gewißlich rege machen müssen? Ist nicht jeder, auch der verworrenste Traum, eine sonderliche Erscheinung, die auch ohne noch an göttliche Schickung dabei zu denken, ein bedeutsamer Riß in den geheimnisvollen Vorhang ist, der mit tausend Falten in unser Inneres hereinfällt? In den weisesten Büchern findet man unzählige Traumgeschichten von glaubhaften Menschen ... Mich dünkt der Traum eine Schutzwehr gegen die Regelmäßigkeit und Gewöhnlichkeit des Lebens, eine freie Erholung der gebundenen Phantasie, wo sie alle Bilder des Lebens durcheinander wirft, und die beständige

menschlichen Daseins in der Gottesferne erscheint; vgl. E. DREWERMANN: Strukturen des Bösen, II 553–587; III 540–562. Immer wieder zeigt sich das Dilemma der historisch-kritischen Methode, mit Hilfe verkürzter Fragestellungen Texte interpretieren zu müssen, die sich erst erschließen, wenn man sie in einer integrierten Methodologie von Tiefenpsychologie und Existenzphilosophie untersucht.

Ernsthaftigkeit des erwachsenen Menschen durch ein fröhliches Kinderspiel unterbricht. Ohne die Träume würden wir gewiß früher alt, und so kann man den Traum, wenn auch nicht als unmittelbar von oben gegeben, doch als eine göttliche Mitgabe, einen freundlichen Begleiter auf der Wallfahrt zum heiligen Grabe betrachten. Gewiß ist der Traum, den ich heute Nacht träumte, kein unwirksamer Zufall in meinem Leben gewesen, denn ich fühle es, daß er in meiner Seele wie ein weites Rad hineingreift, und sie in mächtigem Schwunge forttreibt.»[9]

Wenn die alten Schriften selbst von einer Zeit Zeugnis geben, in welcher Träume und göttliche Gesichte einen unmittelbaren Verkehr mit dem Himmel ermöglichten, so wird es kein anderes Mittel geben, um diese Schriften zu verstehen, als sich in die himmlische Welt der Träume zu versenken, bis daß sie bei Nacht und am Tage mächtig in unsere Seele hineingreifen. – Und wenn umgekehrt wir selbst wieder in einen unmittelbaren Verkehr mit dem Himmel eintreten möchten, so wird es kein anderes Mittel geben, als die Himmelsleiter der ewigen Menschheitsträume zu besteigen, als deren «Sprossen» wir all die «Gattungen» biblischer Überlieferung zwischen Mythos und Gleichnis kennengelernt haben, auf denen die Engel Gottes herabsteigen zu den Menschen und die Menschen als Kinder Gottes hinaufsteigen zu den Sternen. Wenn, wie in den Mythen, das Göttliche wieder die Seele des Menschen in allen Dingen als Lied und als Zauber berührt, und die Seele des Menschen das Leben ringsum als Sinnbild und Gleichnis zu spüren beginnt, wird diese ganze Welt wieder all der Legenden, der Sagen und Märchen, der Wunder, Visionen und Erscheinungen voll sein, zu deren Vernahme dieses Buch mit den Mitteln der Tiefenpsychologie beitragen wollte.

Es verbleibt, an *zwei Beispielen* die hier vorgeschlagene Form der *Gleichnisauslegung* zu erläutern, sodann in systematischer Form *die Regeln* zur Interpretation zusammenzustellen, die wir aus der Beschäftigung mit der religiösen Worttradition gewinnen konnten, und hernach als Resümee einige wichtige Thesen und Aspekte der gesamten Arbeit dem Leser zu seiner Bequemlichkeit mit auf den Weg zu geben.

[9] NOVALIS: Heinrich von Ofterdingen, in: G. Schulz (Hrsg.): Werke, 133–134. – Sehr schön vergleicht M. BUBER: Die Lehre vom Tao, Werke, I 1027 die Gegenläufigkeit bzw. die umgekehrte Symmetrie von Mythos und Gleichnis miteinander, wenn er schreibt: «Das Gleichnis ist die Einstellung des Absoluten in die Welt der Dinge. Der Mythus ist die Einstellung der Dinge in die Welt des Absoluten.» Denn: «. . . er (sc, der religiöse Lehrer, d. V.) spricht zu ihnen in der Sprache, die sie hören können: im Gleichnis. Und wenn er stirbt, ist ihnen sein Leben zum Gleichnis geworden. Ein Leben aber, das zum Gleichnis wurde, heißt Mythus.»

3. Zwei Beispiele

Wenn wir im folgenden zwei Beispiele, ein *Gleichnis* und eine *Parabel*, auszulegen versuchen, so in der Absicht, die Notwendigkeit und Arbeitsweise einer tiefenpsychologischen Interpretation von Gleichnisreden paradigmatisch zu belegen; insofern werden wir vor allem die Gefühlsbedeutung der «Bildhälfte» der Erzählungen herausarbeiten müssen und zeigen, daß in ihr der Schlüssel auch zum Verständnis der «Sachhälfte», d.h. der eigentlichen Aussage der jeweiligen Geschichte, liegt. Alle anderen Gesichtspunkte, insbesondere der Literarkritik und Redaktionsgeschichte der angeführten Gleichnisbeispiele, werden wir aus Gründen der gebotenen Kürze weitgehend unberücksichtigt lassen müssen – und können. Den Stil der Darstellung wählen wir meditativ, nicht mehr argumentativ, in der Hoffnung, daß das zur Begründung Notwendige hinreichend dargelegt wurde.

a) Das Gleichnis vom Sämann (Mk 4,3-9; vgl. Mt 13,3-9; Lk 8,4-8)

In der historisch-kritischen Exegese bildet, wie gesagt, die Frage nach der ursprünglichen Situation den Ausgangspunkt zum Verständnis einer Gleichnisrede; und so geht denn der übliche Streit der Hypothesen um den Zeitpunkt, zu dem Jesus das *Gleichnis vom Sämann* gesprochen haben könnte, ja, ob er es überhaupt erzählt haben kann. Vielleicht wurde es in eine Situation hinein gesprochen, als der «galiläische Frühling» im öffentlichen Auftreten Jesu bereits vorüber war und die Widerstände, Enttäuschungen und Zweifel an seiner Botschaft vom Reich Gottes auch den Kreis der Jünger zu erfassen drohten[1]; vielleicht aber kam das Gleichnis auch dadurch zustande, daß Jesus in der Predigt Johannes' des Täufers den Anbruch der Gottesherrschaft zu erkennen glaubte und sich mit seiner Meinung einer wachsenden Skepsis gegenüber sah, auf die er mit dieser Gleichnisrede zu antworten versuchte[2]. Mit historischen Mitteln sind solche Fragen, obwohl in historischer Sicht von entscheidender Bedeutung, prinzipiell niemals anders als *«approximando»* zu klären (vgl. I 59); doch kein Mensch kann sein Heil auf die Hypothesen historischer Forschung gründen. Es hilft auch nicht weiter, daß man im Fall des Sämanngleichnisses wenigstens aus dem Kontext der Evangelien und der dort schon getroffenen allegoretischen Gleichnisdeutung einigermaßen sicher angeben kann, welch eine Verwendung

[1] «Zweifel am Erfolg der Verkündigung» nimmt z.B. J. Jeremias: Die Gleichnisse Jesu, 150 als die ursprüngliche Situation des Gleichnisses an.

[2] So E. Linnemann: Gleichnisse Jesu, 180–183 mit ausführlicher Begründung.

die frühchristliche Gemeinde von dieser Erzählung abgeleitet hat; – welch eine Verwendung der heutige Leser für sein Leben mit dem Gleichnis verbinden könnte, geht daraus nicht hervor[3].

Dabei ist ohne jede Hypothesenbildung gerade im *Sämanngleichnis* das *Gefühl* unstreitig, auf welches die Erzählung Jesu einzugehen versucht: das Gefühl von Enttäuschung, Mutlosigkeit und Resignation; und man braucht nur Gefühle dieser Art als eine *wesentliche Frage* im menschlichen Leben auf dem Wege zu Gott aufzugreifen, statt das Thema *historisch* zu begründen und zu beantworten, und man wird alsbald begreifen, welch einen guten Sinn es hat, daß die ursprüngliche Tradition der Gleichnisse Jesu all die Fragen bewußt beiseite stellt, die beharrlich zu stellen und eifrig zu lösen die historisch-kritische Methode sich derart angelegen sein läßt[4].

Es gibt eine *Weltanschauung* oder, besser, ein *Lebensgefühl*, das so weit verbreitet, aber auch so quälend ist, daß Jesus ihm *das Gleichnis vom Sämann* offenbar widmen mußte. Die Gleichnisrede ist ja, wie wir sahen, unvermeidbar, wenn man auf Fragen zu antworten versucht, die man gar nicht mit Diskussionen klären kann, sondern nur, indem man die bestehende Anschauung der Dinge überprüft; und gerade zu Menschen, deren Seele unter der Last von Schmerz und Enttäuschung schwer wie ein Stein zu Boden gesunken ist und die entsprechend sich schwertun, einen neuen Standpunkt einzunehmen, spricht Jesus mit Vorliebe in *Bildern*, die die Anschauung des anderen vollkommen zu bestätigen scheinen und sie doch zugleich unendlich weiterführen, auf etwas Neues hin, das so noch nicht gesehen wurde.

[3] Sehr richtig meint E. LINNEMANN: A.a.O., 109: «Vielleicht muß man sehen, daß es uns verhältnismäßig wenig nützen würde, wenn uns der konkrete Bezug dieser Gleichnisse bekannt wäre. In seiner Konkretheit ist er einmalig, nicht identisch mit unserer Situation. Wir müßten in jedem Falle übersetzen ... – ... Der Schlüssel zu dem Sinn der Gleichnisse kann uns nur durch unsere eigene geschichtliche Situation zugespielt werden.» Das «vielleicht» und «verhältnismäßig» in dem ersten Satz dieses Zitats kann man getrost streichen; übrig bleibt dann eine Feststellung, die ebensowohl die historisch-kritische Exegese in ihrer ganzen Vorläufigkeit offenbar macht wie sie die Notwendigkeit einer sinnvermittelnden alternativen Auslegungsmethode unter Beweis stellt.

[4] Man vergleiche den Katalog von Fragen, die R. BULTMANN: Die Geschichte der synoptischen Tradition, 216 an das Gleichnis richtet und unbeantwortet stehenläßt: «... ist sie (sc. die Parabel – besser: das Gleichnis! – vom Sämann, d. V.) ein Trost für jeden Menschen, wenn nicht alle seine Arbeit Frucht trägt? ist sie in diesem Sinne gleichsam (?) ein halb resignierter, halb dankbarer Monolog Jesu? ist sie eine Mahnung an die Hörer des göttlichen Wortes? der Predigt Jesu? der Verkündigung der Gemeinde? Oder ist in der ursprünglichen Parabel überhaupt nicht auf das Wort reflektiert und ist etwa im Sinn von 4 Esr 8, 41 zu verstehen: ‹Denn wie der Landmann vielen Samen auf die Erde sät und eine Menge Pflanzen pflanzt, aber nicht alles Gesäte zur Zeit bewahrt bleibt und nicht alles Gepflanzte Wurzel schlägt, so werden auch die, die in der Welt gesät sind, nicht alle bewahrt bleiben.› (?)» Nichts in der historisch-kritischen Methode scheint schwieriger zu sein, als auf die Idee zu kommen, daß womöglich die eigene Fragestellung und Vorgehensweise unangemessen ist, wenn «bei vielen Gleichnissen» (! BULTMANN: A.a.O., 216) nur ein Wirrwarr verwirrender Hypothesen herauskommt.

In dem *Gleichnis vom Sämann* geht es um eine Frage, die sich irgendwann einmal für jeden von uns stellt: wie es eigentlich um das Verhältnis zwischen Aufwand und Ertrag in unserem Leben bestellt ist und wie sich Mühe und Erfolg, Ausgabe und Einnahme zu einander verhalten. Lohnt sich unser Leben? Für nicht wenige Menschen steht die Antwort auf diese Frage fest, und zwar negativ entschieden. Diesen Menschen erscheint das Leben wie nutzlos und vertan, als eine reine Vergeudung von Anstrengung und gutem Willen. Denn über guten Willen verfügen Menschen dieser Weltanschauung wohl fast immer und fast immer sogar im Übermaß, nur haben sie niemals den Eindruck, daß bei all ihren Bemühungen auch nur das Geringste herauskäme. Ja, im Grunde haben sie das Gefühl, schon im voraus zu wissen, daß alles, was sie tun, vergeblich sein wird. Das Leben kommt ihnen vor wie ein Wasserpumpen auf einem leckgeschlagenen Schiff, das über kurz oder lang ohnehin vollaufen wird – höchstens der Zeitpunkt des Ertrinkens läßt sich noch ein wenig hinauszögern; dann aber stellt sich doch die Frage, warum man sich überhaupt noch anstrengen soll, wenn der Untergang ohnedies bereits feststeht. Für Menschen dieser Art – und ein Stück davon steckt mehr oder weniger wohl in jedem von uns – ist das Leben ein langsames Dahinsterben, eine allmähliche Auflösung, ein fortschreitender Zerfall. Gewiß, man kann mit viel Mühe den Prozeß verlangsamen; *aufhalten* kann man ihn nie. Und also lautet die Bilanz dieser Weltsicht, unser Leben sei wie ausgeschüttet und verbraucht; es gleiche dem Bemühen, Schnittblumen zu begießen: – manche halten sich drei Tage, manche zehn Tage, keine länger als zwei Wochen. Die Vergeblichkeit, die Nutzlosigkeit, die Sinnlosigkeit von allem ist so überdeutlich, daß es zwecklos scheint, noch weiter gegen das Fiasko anzukämpfen. Das Defizit steht fest.

Aber steht es wirklich fest? Das ist die Frage dieses Gleichnisses Jesu. Doch: wie eigentlich redet Jesus, um die Sicherheit der Resignation zu verunsichern und die Macht des Zweifels in Zweifel zu ziehen? Darauf gilt es, im folgenden besonders zu achten.

Es gibt Menschen, die sozusagen als Optimisten vom Dienst auftreten, als routinierte Hoffnungsprofis gewissermaßen, die auf jede Mutlosigkeit ihre standardisierten Redensarten vorzubringen wissen, um mit ihren gutgemeinten Ratschlägen das Leben anderer «aufzurichten» und ihnen «Trost» und «Ermutigung» «zuzusprechen». Solche Tröster und Ratgeber der Zuversicht pochen unentwegt darauf, daß das Leben doch gar nicht so ergebnislos sei, alles sei gar nicht so schlimm, nur dürfe man halt das Leben nicht immer so schwer nehmen. Doch was soll jemand, der unter dem Eindruck des Mißerfolges und der Vergeblichkeit seines Lebens fast zusammenbricht, mit der «Ermutigung» anfangen, das eben dürfe man nicht, am Leben verzweifeln? Er tut es, und hat er nicht wirklich gute Gründe, es zu tun? Verhält es sich nicht, wenn man nur einmal genauer zuhört, tatsächlich Punkt für Punkt gerade so, wie er es schildert? Ja, kann es nicht am Ende sogar sein, daß die sogenannten Optimisten lediglich oberflächliche Phantasten sind, die sich nur nie die Mühe gemacht oder nie den Mut besessen haben, die Bilanz ihres Lebens prinzipiell zu durchdenken? Selbst ein Mann wie SIGMUND FREUD, der doch von der menschlichen Seele gewiß viel verstanden hat, stellte sich die Frage, ob man eigentlich immer erst depressiv werden müsse, um damit aufzuhören, sich selber etwas vorzumachen[5].

An den Gleichnissen des Neuen Testamentes beachtet man meist viel zu wenig, wie sehr Jesus in ihnen sich gerade in die Welt derer hineinzuversetzen sucht, zu denen er spricht. Wer nicht die Traurigkeit der Welt kennt, dessen Freude ist ohne Tiefe; wer nicht den Schmerz der Vergänglichkeit, der Leere und Vergeblichkeit aller Dinge erfahren hat, dessen Hoffnung ist noch nicht erprobt; wer nicht die Berechtigung, mutlos zu sein, schon selbst einmal erlebt hat, der wird mit seinen «Ratschlägen» dem anderen nur wenig nützen. Es kann daher nicht wundernehmen, daß Jesus gerade in dem *Gleichnis vom Sämann*, das doch der Hoffnung gewidmet ist, zunächst nur von den Mißerfolgen redet, unerträglich lange sogar *nur* von den Mißerfolgen, wie um den anderen, den Mutlosen, förmlich Recht zu geben. Ja, man kann das Leben, weiß Gott, so sehen, will Jesus offensichtlich sagen: als eine Kette von Mißerfolgen, als eine nicht endende Abfolge von verdorbenen und fruchtlosen Anstrengungen, als eine ermüdende Anhäufung von Aussichtslosigkeiten und vertanen Mühen. Denn, so erklärt er, es verhält sich wie bei einem Sämann: er hat gesät – im November oder Dezember, vor Beginn der Regenzeit, wenn Disteln und verdorrte Sommerpflanzen noch auf den Feldern stehen und Trampelpfade durch die steinigen Äcker führen – ,und er hat mit viel Mühe und Arbeit alles Erforderliche getan, um seine Aussaat gedeihen zu lassen. Aber was geschieht? Tag für Tag muß er mitansehen, wie die ausgestreute Saat in ihrer Substanz geschädigt und vermindert wird: die Vögel, die Felsen, die Sommerhitze, die Dornen – nur Mißerfolge scheinbar; wochenlang sieht er nichts als die augenfällige Dezimierung des kostbaren Saatgutes. Und doch: wer bei dieser Schilderung der Einbußen und des Verlustes schon beschlossen hat, wegzuhören, der ist zu bedauern, denn der verpaßt das Wesentliche: trotz all der Ausfälle, trotz all der verdorbenen Erwartungen ist der Ertrag am Ende übergroß: 30-fach, 60-fach, 100-fach.

[5] S. FREUD: Trauer und Melancholie, X 432: «Wenn er (sc. der Depressive, d. V.) sich in gesteigerter Selbstkritik als kleinlichen, egoistischen, unaufrichtigen, unselbständigen Menschen schildert, der nur immer bestrebt war, die Schwächen seines Wesens zu verbergen, so mag er sich unseres Wissens der Selbsterkenntnis ziemlich angenähert haben, und wir fragen uns nur, warum man erst krank sein muß, um solcher Wahrheit zugänglich zu sein. Denn es leidet keinen Zweifel, wer eine solche Selbsteinschätzung gefunden hat und sie vor anderen äußert – eine Schätzung, wie sie Prinz Hamlet für sich und alle anderen bereit hat, – der ist krank, ob er nun die Wahrheit sagt oder sich mehr oder weniger Unrecht tut.»

Wieso? – Unvermutet, eines Tages, durchbrechen die kleinen Spitzen der Getreidehälmchen das ausgemergelte, steinige Erdreich, und von diesem Tage an sind sie nicht mehr zu verdrängen; von diesem Zeitpunkt an treten sie ihren Siegeszug an. So ist das beim Säen. Jeder Sämann weiß das. Ja, es gibt Verluste, lange Zeit scheinbar sogar überhaupt nur Verluste. Aber kein Sämann würde säen – und kein Mensch könnte leben –, wenn er nicht wüßte, daß am Ende der Ertrag steht, überreich, hundertfach.

Ein Bild ist, rational betrachtet, nur ein schwaches Argument. Es verdeutlicht, aber es beweist nichts. Und doch verfügt es über die Kraft, Gefühle zu verwandeln und sie anzuleiten, die Welt trotz aller Mißerfolge neu zu sehen, anders, als die Schwermut es will. Und diese Zauberkraft der Wandlung der Gefühle zählt mit zu dem Wunderbaren an der Gestalt Jesu. Wie kann ein Mensch nur den Mut aufbringen, in dieser Art zu sprechen, indem er die Gründe der Verzweiflung zunächst bis zum Äußersten treibt, um dann am Ende dennoch in der unerschütterlichen, ruhigen Gewißheit zu leben, alles werde gut! Über einen derart geduldigen, unglaublich langen Atem des Abwartens und des Gewährenlassens muß Jesus verfügt haben, als er dieses Gleichnis der sichtbaren Mutlosigkeit und der unsichtbaren Hoffnung formte. Ganz deutlich spricht hier ja nicht ein Mann, der nur an der Sonnenseite gelebt und Unglück nie erfahren hätte. Im Gegenteil: Ein Mann, der in dieser Weise gelassen, ruhig und unpathetisch, wie ganz normal, wie einen Naturvorgang, bildhaft die hundert Gründe menschlicher Enttäuschung zu Worte kommen läßt, muß selber um den Abgrund menschlicher Verzweiflung zutiefst wissen – und ihn überwunden haben. Und er muß im eigenen Leben den Widerspruch von Verzweiflung und Hoffnung an jener Stelle erfahren haben, an der es sich einzig «lohnt» zu verzweifeln, weil hier alles, buchstäblich alles auf dem Spiel steht: in der Frage nach Gott und seiner «Nähe» zu den Menschen. Offensichtlich hat Jesus erleben müssen, daß auch und gerade die Worte des Glaubens und die Wunder der Liebe Gefühle von Angst, Widerstand und Haß erzeugen können, ja, daß es möglich ist – und offenbar sogar ganz unvermeidlich –, daß zunächst jede Entdeckung des Heiligen im Menschen mißdeutet und aus Angst, Unsicherheit und innerem Widerstand ins Gegenteil verkehrt wird. Dabei geht es nicht an, den Kampf um die Annahme der Gottesbotschaft nur als eine historische Auseinandersetzung zwischen Jesus und bestimmten Kreisen seiner Zeit zu verstehen; es sind dieselben Spannungen und Konflikte, die sich damals wie heute der Botschaft Jesu entgegenstellen und die in jedem Einzelnen sich immer wieder regen werden, wenn er der Wahrheit seines Lebens auch nur ein wenig näher zu kommen versucht. *Insofern* ist die frühkirchliche allegoretische Auslegung des *Sämanngleichnisses* so verkehrt nicht, wenn sie den «Acker» als die Seele bzw. als das Leben all derer verstand, an die das Wort Gottes sich richtet; denn mindestens *die* Aufforderung enthält das Gleichnis Jesu auch, darüber nachzudenken, was alles an Widerstand

und Mutlosigkeit in uns selbst sich regen mag, gerade wenn wir eigentlich genau sehen könnten, wie wir im Grunde leben sollten.
Doch so sehr man psychologisch die innere Reibung und Angst gegenüber der Wahrheit verstehen kann, die Frage stellt sich dann nur um so mehr, woher Jesus trotz allem seine Zuversicht bezog. Woher stammte sein Glaube an «die hundertfache Ernte»? Es ist dies erneut der Punkt, wo man die «Theologie» nicht psychologisch begründen kann, sondern wo umgekehrt sich zeigt, daß eine bestimmte seelische Haltung das Ergebnis einer bestimmten religiösen Einstellung ist. Offenbar muß man an dieser Stelle die Ebene der Bildhälfte des Gleichnisses verlassen, um zu verstehen, in welch einer Haltung Jesus sein Gleichnis erzählt. Gewiß, kein Sämann in Israel wird seine Saat ausstreuen ohne die Zuversicht einer ertragreichen Ernte; aber man muß ein absolutes Vertrauen in den Grund des Daseins bereits mitbringen, um das Tun des Sämanns als ein Gleichnis wahrzunehmen. Und das ist nun in der Tat die Überzeugung, aus der heraus Jesus sein Gleichnis formt, um uns eine Haltung der Zuversicht und des Vertrauens zu lehren: daß es *Gott* möglich ist, am Ende trotzdem, trotz all der zweifellos vorhandenen Rückschläge (allegorisch erweitert: trotz all des in uns Vertrockneten, Erstickten, von anderen Gestohlenen und Weggefressenen) unser Leben für sich als «erfolgreich» zu buchen.
Tatsächlich scheint es, als wenn das Geheimnis der Gottesherrschaft im Sinne Jesu gerade darin läge, daß wir in einem wachsenden Vertrauen auf Gott es uns geradezu abgewöhnen können, auf uns selbst zu sehen. Alle Schwermut fixiert irgendwo mit einem förmlich ins Elend verliebten Selbstmitleid den Blick auf sich selbst und muß natürlich in dieser Perspektive feststellen, was alles in uns mangelhaft und unbrauchbar erscheint. Aber was kommt denn eigentlich auf uns an? Wohl, wir haben etwas gesät, aber wissen wir, was dabei herauskommt? Wir haben etwas tun wollen; doch schon zeigt sich, daß wir es nicht gänzlich mit lauterem Herzen getan haben und, daß – in freier Anlehnung an das Gleichnis Jesu – eine ganze Menge «Unkraut» unserer Aussaat entgegensteht. Gewiß, es ist uns nicht möglich, etwas Vollkommenes zu tun; und doch haben wir mit dem, was wir tun wollten, Gott, so gut es ging, ein Stück von uns selbst zur Verfügung gestellt, selbst wenn es noch so verfälscht, verbogen oder sogar von Anfang an zum Mißerfolg verurteilt zu sein schien. Trotz alledem können wir doch daran festhalten, daß wir unser Leben Gott zur Verfügung stellen wollten, bzw. daß es Gott selbst ist, dessen Saat in unserem Leben aufgehen soll. Und nun kommt es nicht auf unsere Erfolge und unsere Leistungen, auf unsere Verlustziffern und unsere Bilanzen an; Gott wird aus unserem Leben etwas zu machen wissen, und zwar in jedem Falle viel mehr, als wir uns träumen lassen – so jedenfalls scheint Jesus zu glauben und es uns als eigenes Vertrauen vermitteln zu wollen.
Dabei spielt es keine allzu große Rolle, an welcher Stelle jeder einzelne sich am

meisten dem Gefühl der Vergeblichkeit und der fortschreitenden Zerstörung ausgesetzt sieht. Es kann beispielsweise sein, daß jemand am meisten unter dem biologischen Verfall seiner Jugend, seiner Schönheit, seiner Vitalität oder seiner Tüchtigkeit leidet, so daß alles, was er vor sich sieht, einem nicht aufzuhaltenden Zerstörungsprozeß gleicht; es kann in der Tat sein, daß unser Leben, vielleicht bald schon, rein physisch mit seiner Abhängigkeit unseren liebsten Freunden und Angehörigen zur Last zu werden droht; aber muß diese Erfahrung prinzipiell dem Vertrauen widersprechen, daß unser Leben, mit den Augen Gottes betrachtet, im ganzen doch so etwas wie einen Erfolg darstellt? Gerade in dem Gefühl einer solchen Abhängigkeit z.B. kann man u.U. lernen, den Stolz der Selbstversorgung aufzugeben und jene Dankbarkeit zu erwerben, die aus der Armut kommt; und womöglich werden wir gerade durch die Erfahrung unserer «Einbußen» schließlich entdecken, daß das Grundmuster unseres ganzen Lebens darin besteht, von «Weggenommenem» zu «Weggenommenem», von «Gestohlenem» zu «Gestohlenem», von «Ersticktem» zu «Ersticktem», von Verdorrtem» zu «Verdorrtem» voranzuschreiten, bis hin zu dem hundertfältigen Ertrag, den Gott, wie unbemerkt, auf seinem Acker, unserem Leben, wachsen läßt.

Es kann sein, daß uns, äußerlich betrachtet, immer mehr genommen wird; es kann sein, daß wir nach außen hin immer ärmer werden; es kann sein, daß wir uns nach allem Tun und nach allem Bemühen völlig gescheitert und wie verloren fühlen. Aber kann es nicht auch sein, daß wir uns am Ende gerade in unserer Leere Gott unendlich viel näher fühlen als im Überschwang unserer vermeintlichen Erfolge? Wichtig ist einzig, daß wir es Gott anheimstellen, was er aus unserem Leben machen will. Denn freilich ist unser «Ertrag» nicht sichtbar und unser «Erfolg» nicht vorweisbar; aber was wir Gott geben, ist niemals verschlissen, was wir für ihn einsetzen, niemals vergeudet, was wir ihm überlassen, niemals vernichtet.

Wirklich verzweifelt kann man wohl nur sein, wenn man für nichts in der Welt mehr Verantwortung trägt; nur dann kann man es sich leisten, alles für vertan und verloren zu halten. Eine Frau, z.B., die einzig für ein Hamsterchen noch zu sorgen hatte, erzählte einmal, daß sie diesem Tier zuliebe, das sie in der nahen Zoohandlung für 1,50DM gekauft hatte, an einem bestimmten Abend einen Selbstmordversuch *nicht* unternahm. Es ist schlimm, für nichts mehr geradestehen zu müssen. Wie aber, wenn Gott der kleine «Unkrautgarten» unseres Lebens wichtig ist? Wie, wenn es Gott auf keinen Fall egal ist, ob wir leben oder nicht? Schließlich gibt es uns und unser Leben auf dieser Erde, ja, im ganzen Weltall nur ein einziges Mal. Warum wollen wir uns aus lauter Mutlosigkeit Gott versagen, nur der «Steine» und des «Unkrauts» unsres Ackers wegen? Das ganze Geheimnis der Herrschaft Gottes liegt den Worten Jesu nach darin, daß Gott auch aus unserer Armut Reichtum zu schaffen vermag; wir aber merken es nur, wenn wir den Blick von uns weg auf Gott zu richten beginnen. Gerade diese «Blickwende» jedoch bedeutet es, ein Gleichnis Jesu in sich aufzunehmen: es bedeutet, ein Stück Welt so wahrzunehmen, daß es uns hilft, von uns abzusehen und Gott in den Blick zu bekommen, oder, vom Ergebnis her formuliert, es bedeutet, *entgegen der äußeren Erfahrung* unter den Augen Gottes den Blick wieder freizubekommen für den wirklichen Reichtum, für die wahre Schönheit und den langsam reifenden Ertrag unseres Lebens. So betrachtet, spendet *das Gleichnis vom Sämann* einen Trost, der selbst den Karfreitag überdauert, wenngleich es, historisch gesehen, vielleicht sogar einmal auf den Karfreitag vorbereitete.

b) Die Parabel von den unterschiedlichen Talenten (Mt 25,14-38; vgl. Lk 19,11-27)

Wie überall, so stellt sich in historisch-kritischer Sicht auch bei der *Parabel von den Talenten* die Frage nach der ursprünglichen Situation. Schon Matthäus und Lukas haben in dem Kaufmann bzw. Kronanwärter, der in die Fremde zieht und nach seiner Rückkehr mit den Knechten Abrechnung hält, Christus in seiner Wiederkunft gesehen, und Lukas hat mit z.T. erheblichen Veränderungen dabei besonders das Motiv der Parusieverzögerung sehr verstärkt: die «Zwischenzeit» galt ihm als eine Bewährungszeit, für die am Ende Gott Abrechnung verlangen wird[1]. Doch so verständlich aus der Zeit des Lukas und Matthäus eine solche Deutung scheinen mag, sicher trifft sie nicht den ursprünglichen Sinn des Gleichnisses. «Denn Jesus hat sich ganz gewiß weder mit einem Mann verglichen, ...der raffgierig hinter dem Gelde her ist, rücksichtslos auf den eigenen Vorteil bedacht, noch mit einem rohen orientalischen Despoten, der sich am Tode der vor seinen Augen ... niedergemachten Feinde weidet.»[2] Gleichwohl hat die paränetische Aufforderung zu Sorgfalt und Fleiß im Umgang mit den anvertrauten Gaben (dem Wort Gottes?) die Auslegungsgeschichte dieses Gleichnisses weitgehend bestimmt. Selbst A. JÜLICHER, der Jesus sonst als «den Helden» sieht, «der gegen Scheinheiligkeit und Buchstabenwesen, gegen Erbfrömmigkeit und Kastendünkel zu Felde zog», hält es für notwendig, daß Jesus auch «für Treue und Arbeit, wie es hier geschieht, als Bedingung des Eintritts in die Zahl der Auserwählten kräftig eintreten» mußte[3]. In Wahrheit liegt der Akzent des Gleichnisses vom «Achtergewicht» der Erzählung her eindeutig auf der Abrechnung mit dem dritten Knecht, wie C. H. DODD als erster klar heraus-

[1] J. JEREMIAS: Die Gleichnisse Jesu, 57.
[2] A.a.O., 57.
[3] A. JÜLICHER: Die Gleichnisreden Jesu, II 482–483.

gestellt hat[4], und so ist es historisch denn die Kernfrage, worin man den Vergleichspunkt zwischen diesem dritten Knecht und bestimmten ursprünglichen Adressaten im Leben Jesu vermuten will. J. JEREMIAS z. B. fragte im Sinne der historisch-kritischen Methode sehr richtig: «Wie mußten Jesu Hörer das Gleichnis verstehen? Dachten sie an das jüdische Volk, dem viel anvertraut wurde, das aber sein Pfand nicht nutzte?[5] Dachten sie an die Pharisäer, die persönliche Sicherheit in minutiöser Gesetzeserfüllung suchten, aber durch ihre selbstsüchtige Abschließung die Religion unfruchtbar machten?[6] Wir sahen schon, daß die Hörer Jesu bei den Knechten zunächst an die religiösen Führer, insbesondere an die Schriftgelehrten, denken mußten. Da Jesus diesen auch Lk 11,52 vorwirft, daß sie ihren Mitmenschen den Anteil an Gottes Gabe vorenthalten, dürfte sich die Annahme empfehlen, daß Jesus das Gleichnis von den anvertrauten Pfunden ursprünglich zu den Schriftgelehrten sprach.»[7]

Angenommen, diese historische Adressatenzuordnung des vorliegenden Gleichnisses dürfte als die am meisten wahrscheinliche gelten, was wäre damit für den heutigen Leser gewonnen? In gewissem Sinne nicht mehr als die paränetische Abstraktheit, mit der die neutestamentliche Tradition selbst bereits dazu aufforderte, die «Gabe Gottes» (was immer das sei) nicht zu vertun, wobei es im Grunde gleichgültig ist, ob der historische Bezugspunkt im Volk Israel in seiner Gesamtheit oder in bestimmten religiösen Gruppierungen des Spätjudentums zur Zeit Jesu gesehen wird. Ungleich wichtiger aber ist die Frage, wie die psychische *Haltung* beschaffen ist, die Jesus in seinem Gleichnis zu schildern und zu überwinden versucht; wenn erst einmal deutlich ist, um welch eine *gefühlsmäßige Einstellung* es in der *Parabel von den Talenten* geht, so ist es für ein «gleichzeitiges» Verstehen nebensächlich, welche historischen Gruppierungen vor 2000 Jahren einer derartigen Charakterisierung, wie Jesus sie in seiner Erzählung trifft, mehr oder minder nahe gekommen sein könnten; entscheidend kommt es darauf an zu wissen, inwieweit das eigene Leben in Gefahr steht, der von Jesus geschilderten Fehleinstellung zuzuneigen. Die in der Parabel verdichteten *Gefühle* also muß man verstehen, oder man wird die gesamte Aussageabsicht der Erzählung mißverstehen; selbst wenn Jesus in der Geschichte von den Talenten zu oder von dem Kreis der Pharisäer oder Schriftgelehrten gesprochen hätte, so doch nicht, weil sie Pharisäer oder Schriftgelehrte gewesen wären, sondern weil sie es in einer inneren Einstellung waren, die der Sache Gottes wesentlich im Wege steht. Die innere Einstellung aber, von der hier die Rede ist, versteht man nur, indem man sich in *die Lage des dritten Knechtes* so intensiv wie

[4] Vgl. C. H. DODD: The Parables of the Kingdom, 150.
[5] So vermutet J. JEREMIAS: Die Gleichnisse Jesu, 59.
[6] So C. H. DODD: The Parables of the Kingdom, 151 f.
[7] J. JEREMIAS: Die Gleichnisse Jesu, 59.

möglich *einzufühlen* versucht. Alle anderen Hypothesen führen nicht dazu, die Parabel selber besser zu verstehen, und sie ersparen vor allem die eigene innere Auseinandersetzung mit einer Problematik, von der Jesus in der Erzählung selber meint, an ihr entschieden sich Leben und Tod.

Bei dem Versuch, sich in die Gefühlswelt des dritten Knechtes hineinzuversetzen, scheidet eine «Hypothese», die in der historisch-kritischen Auslegung gern diskutiert wird, eigentlich von vornherein als vordergründig aus. Die übliche Auslegung geht von der Annahme JÜLICHERS aus, der dritte Knecht sei einfachhin von *Faulheit* oder *Untreue* gekennzeichnet; handelte es sich jedoch nur um das Problem der «Bequemlichkeit», so müßte die ganze spätere Verteidigungsrede des dritten Knechtes unverständlich bleiben, die im Hintergrund seiner scheinbaren Passivität ganz andersartige, sehr lebhafte Motive verrät. J. JEREMIAS trifft einen Teil der wirklichen Motivation, wenn er ein Suchen nach «persönlicher Sicherheit» in der Haltung des dritten Knechtes vermutet[8]; offensichtlich geht es in der *Parabel von den Talenten* in der Tat um ein paradoxes Sicherheitsstreben und um den Wunsch, nur ja nichts falsch zu machen; und ein entscheidender Punkt des Verständnisses liegt in der Einsicht, daß man am Ende alles vertun kann, wenn man *aus Angst* überhaupt nichts zu unternehmen wagt.

Doch auch mit diesem Deutungsansatz ist die innere Dramatik der Erzählung noch nicht erreicht; denn man könnte, wenn es *nur* um die Angst des dritten Knechtes ginge, die Schilderung der ersten beiden Knechte, zwei Drittel immerhin der gesamten Parabel, ohne jeden Schaden einfach weglassen. Um dem Gleichnis als ganzem zu entsprechen, muß man die *Angst* des dritten Knechtes im Zusammenhang mit der Verteilung der «Talente» an die beiden anderen Knechte sehen; von dieser Spannung einer ungleichmäßigen, in gewissem Sinne sogar «ungerechten» Verteilung muß man ausgehen, um die Spannung auch in dem Verhältnis des dritten Knechtes zu seinem Herrn von innen zu begreifen. Schließlich und vor allem aber muß man auf den Abschluß des Gleichnisses achten, in dem Jesus den «Herrn» des Knechtes als gerade so despotisch und grausam schildert, wie der Knecht ihn offenbar die ganze Zeit über gefürchtet hat. Deutlich sieht man dann, was die Parabel eigentlich schildert: eine Art von Angst, die schließlich genau das erreicht, was sie am meisten vermeiden will, und man versteht zugleich, was Jesus sagen möchte, wenn er den «Herrn» – der mittelbar doch für das Verhältnis des Menschen zu Gott steht – mit derart erschreckenden Zügen ausstattet.

Das Hauptanliegen Jesu in der *Parabel von den Talenten* scheint es zu sein, daß wir uns in unserer gesamten Lebenseinstellung vor Gott nicht immer wieder auf die Angst zurückziehen, und so beschwört er uns mit Worten, die vor Gott

[8] A.a.O., 59.

Angst machen sollen, daß wir vor Gott nicht länger mehr Angst haben. Es handelt sich um eine schier verzweifelte Logik, ganz so, wie wenn man gegen einen Steppenbrand ein neues Feuer legt, um ihn zum Verlöschen zu bringen; und man *muß* so vorgehen, wenn der Wasservorrat zum Löschen endgültig nicht mehr ausreicht. Von solcher Art sind die letzten Gleichnisse Jesu, besonders im Matthäusevangelium, fast alle, so als spräche sich darin sogar biographisch etwas Wahres aus, daß Jesus dem Matthäusevangelium zufolge unmittelbar vor seiner Hinrichtung gegen die Angst der Menschen wie beschwörend sich selbst und den anderen immer von neuem zu sagen versucht, es gebe vor Gott wirklich nur eines zu fürchten: aus lauter Angst an sich selber zu verkommen und am Ende das ganze Leben ungelebt liegen zu lassen.

Wie aber kommt es zu dem Eindruck einer solchen das ganze Leben durchtönenden Angst?

Wenn man so will, stellt die Parabel Jesu besonders im ersten Teil den Versuch dar, die Geschichte von Kain und Abel zu widerlegen. Wir kommen auf die Welt und schlagen eines Tages die Augen auf, und dann überschlagen wir die Chancen, die wir haben, im Leben voranzukommen; wir prüfen unsere Fähigkeiten, rechnen mit unseren Möglichkeiten, und siehe da!, gleich neben uns gibt es Menschen, die in irgendeinem Punkte besser dazustehen scheinen als wir selber. Sie sind schöner, klüger, reicher, besser, in irgendeiner Weise bevorzugt auf die Welt gekommen. Und das Schicksal ist ungerecht: Schon von den Startlöchern her scheint es die einen zu begünstigen und die anderen ins Hintertreffen zu setzen. Und die Frage ist nun: wie läßt sich damit leben?

Ein jeder Mensch richtet im Grunde an das Leben nicht so sehr die Frage, was er aus sich machen kann oder was er mit seinen Fähigkeiten tun soll; die tiefste Frage des menschlichen Herzens gilt dem Wunsch und dem Bemühen, akzeptabel und liebenswert genug zu sein, um eine Liebe zu erfahren, die ihm das Gefühl verleiht, berechtigt auf der Welt zu sein. Um eine solche Liebe zu erringen, unternimmt ein Mensch alles, denn nichts ist schlimmer, als denken zu müssen, die eigene Person lange nicht aus, um die notwendige Liebe zu verdienen. Und so begibt sich das ewige Thema auf den Anfangsseiten der Bibel von der Tragödie Kains, der zum Mörder an seinem Bruder wird, weil er trotz all seiner Opfer und Anstrengungen in absolutem Sinne vor Gott sich gegenüber Abel, seinem Bruder, für unansehnlich und minderrangig halten muß, und zwar nicht, weil das, was er opfert und zur Gabe darbringt, an und für sich schlecht wäre, sondern einfach nur, weil neben ihm ein anderer steht, sein Bruder, der unverdientermaßen, ohne daß man weiß, warum, von Gott bevorzugt wird[9]. Je

[9] Zur Deutung von Gn 4, 1-12 (der Geschichte von Kain und Abel) vgl. E. Drewermann: Strukturen des Bösen, I 111-147; II 247-294; III 263-299; 378-379.

mehr ein solcher Konflikt sich zuspitzt, desto dramatischere Formen nimmt er an, und schließlich muß man den anderen aus dem Wege räumen, um an seiner Stelle einen Platz im Leben einzunehmen. Die Gefängnisse der Welt sind voll von Menschen, die zu Mördern wurden aus Verzweiflung an einer zerbrochenen Liebe, und auch außerhalb der Gefängnisse ist die Welt voller Menschen, die gefangen gehalten werden von Gefühlen der Minderwertigkeit, des Zukurzgekommenseins und der unerbittlichen Konkurrenz untereinander. Eine solche Welt ist tödlich in ihrer Angst und in ihrem Haß; aber gerade dieses Weltgefühl scheint Jesus in seiner Parabel von den Talenten in der Gestalt des *dritten Knechtes* zeichnen zu wollen.

In den Augen Jesu gibt es offenbar nur einen einzigen Weg, um aus der erbarmungslosen Rivalität der Angst und der Minderwertigkeitsgefühle herauszukommen, und er besteht darin, die ersten Sätze dieser Erzählung beim Wort zu nehmen: Statt daß ein jeder, ähnlich den Wölfen, in einem ständigen Rivalitätskampf am anderen Maß nehmen würde, sollten wir die Augen lieber auf Gott richten, dem wir uns verdanken und von dem wir alles, was wir sind, empfangen haben. Diese Blickrichtung allein könnte uns von den chronischen Minderwertigkeitsgefühlen, von den nicht endenden Neidkomplexen, von den unausweichlichen Frustrationen und von den permanenten Haßreaktionen einer rein immanenten Weltsicht befreien. Solange wir uns fragen, inwieweit wir besser oder schlechter sind als andere, werden wir immer jemanden treffen, der geringer ist als wir, um ihn zu verachten, und der besser ist als wir, um uns selber zu verachten[10].

Aber wenn wir einmal denken könnten, es käme wesentlich in unserem Leben überhaupt nicht darauf an, wie wir in bezug zu anderen abschneiden, die einzig wesentliche Frage unseres Lebens bestünde vielmehr darin, wie wir mit dem umgehen, was Gott uns gegeben hat, so könnte auf der Stelle Frieden in unser Herz einkehren. Denn Gott wird uns nicht danach fragen, warum wir nicht Mose oder Abraham oder Jeremia gewesen sind[11], Gott wird uns ganz nüchtern und einfach fragen, warum wir es unter Umständen versäumt haben, mit all unseren Fähigkeiten und Anlagen wir selber zu werden, – nicht mehr, nicht weniger. Die ganze Kunst unseres Lebens könnte dann dem Bestreben gelten, das eigene Maß zu finden und uns selber darin schätzen zu lernen; und die ganze Kunst im Umgang miteinander könnte dann darauf gerichtet sein, einander das

[10] So wörtlich das berühmte *«Memorial»* in der alten St. Paulskirche von Baltimore; vgl. die Übersetzung bei E. Drewermann: Laßt sie erfahren, daß das Reich Gottes nahe ist, in: Psychoanalyse und Moraltheologie, III 73, Anm. 30.

[11] Vgl. M. Buber: Die Erzählungen der Chassidim, III 372: «Vor dem Ende sprach Rabbi Sussja: ‹In der kommenden Welt wird man mich nicht fragen: Warum bist du nicht Mose gewesen? Man wird mich fragen: Warum bist du nicht Sussja gewesen?›»

Gefühl zu vermitteln, so, wie man selber ist, absolut berechtigt, gut und vor Gottes Augen einzig richtig dazustehen. Mehr als diese Zuversicht jedenfalls brauchten wir gar nicht, um wirklich zu leben, um mit uns selbst zurechtzukommen und um eines Tages voller Vertrauen und ohne Angst vor Gott hinzutreten.

Vermögen wir indessen unseren Blick auf Gott hin nicht zu öffnen, so verwandelt sich unser Leben in einen grenzenlosen Alptraum. In der *Parabel von den Talenten* legt Jesus offensichtlich alles darauf an, diese absolute Alternative bewußt zu machen: Entweder wir betrachten unser Leben als ein *Geschenk* aus den Händen Gottes; dann ist es gut so, wie wir sind, und viel Anlaß besteht für uns zur Dankbarkeit; oder aber wir sehen unser Leben im Vergleich miteinander, sozusagen losgelöst von Gott, als bloßen Ansporn zu Leistung und Konkurrenz; dann werden wir Gott am Ende ungerecht schelten, der uns so gemacht hat, und wir werden ihn nicht verstehen.

Zu wem Jesus sein Gleichnis gesprochen hat?

Offenbar zu Menschen, wie wir sie ein Stück weit alle sind, Menschen voller Widersprüche, von denen ein jeder mit seinem Leben sich abzusichern sucht, indem er sich sagt: «Ich wüßte schon, wo meine Wahrheit läge, aber ich will um Himmels willen nichts riskieren. Ich wüßte schon, welche Träume in mir schlummern würden, aber mir fehlt der Wagemut dazu. Besser ist, ich überlasse Phantasie und Unternehmungslust den Größeren, denen, die dafür gemacht sind. Zwar spüre ich wohl eine gewisse Lebensenergie in mir, aber ich fühle mich zu schwach und ungesichert, denn neben mir stehen andere, größere, stärkere, bessere, klügere, schönere – Bevorzugte eben. Nein, ich beuge mich wie Gras im Winde, ich biege mich wie Schilf im Sturm. Nur nicht etwas riskieren, nur nicht mich preisgeben, nur nicht mich wagen.»

Die Evangelien überliefern übereinstimmend das bittere Wort Jesu, daß, wer sein Lebensprinzip einzig darauf gründe, sein Leben retten und bewahren zu wollen, es mit tödlicher Sicherheit verlieren müsse (Joh 12,25; Mt 10,39; Lk 17,33); er wird dann am Ende völlig leer dastehen, und es ist überhaupt nichts bei seinem Leben herausgekommen. Offensichtlich liebte Jesus gegenüber den ängstlichen Verweigerern die göttlichen Abenteurernaturen, die vertrauensvoll Wagemutigen, die, kaum daß sie etwas in der Hand haben, hingehen und etwas unternehmen, indem sie sich sagen: «Wozu lebe ich? Doch nicht, damit es ebenso sicher wie nutzlos brach liegenbleibt!»

Gewiß, man kann scheitern, und man kann das Scheitern fürchten. Aber wer nur das Scheitern fürchtet, scheitert sicherlich, denn er kommt nicht dazu, überhaupt auch nur irgendetwas zu tun. Man kann sich verspekulieren, und man kann etwas falsch machen, das ist wahr; aber wer in seinem Leben nur alles richtig machen will, macht niemals etwas richtig, und wer grundsätzlich sich davor schützen möchte, daß ihm am Ende eine Chance entgeht oder er auf das falsche Pferd gesetzt hat, wird nie zu einem Gewinn kommen. Obwohl die Parabel Jesu von dem Umgang mit erheblichen Geldbeträgen erzählt, ist in Wahrheit natürlich nicht von finanziellen Erwägungen die Rede, sondern von der Grundhaltung unserer Existenz. Es geht in dieser Parabel darum, den eigenen Reichtum in seinem realen Maß ohne rivalisierenden Seitenblick auf andere zu sehen und ihn zu leben, so üppig, als es möglich ist, so phantasievoll, als die Sehnsucht reicht, so reichen Herzens wie nur irgend denkbar. Alles sollten wir wagen und riskieren, denn unser Leben ist groß genug und dazu bestimmt, fruchtbar zu sein.

Täten wir so nicht, müßten wir sprichwörtlich uns selber «vergraben». Wir wären lebendig Tote. Am Ende hätten wir nie etwas falsch gemacht, aber auch nie gelebt, und diese Möglichkeit ist schlimmer als alles andere. Man kann an der Wirklichkeit scheitern, gewiß; aber wenn man dauernd an seiner eigenen Angst scheitert, suchen uns nach und nach gräßliche Depressionen heim, und diese Art des Scheiterns an sich selbst und an der eigenen Angst verzeiht das Leben nie. Denn in dem Wahn, wir wären nicht gut genug, nicht würdig genug, wir dürften uns dem Leben nicht zutrauen, werden wir schließlich wirklich immer ärmer, immer schwächer, immer «fauler», und die Angst nimmt zu; am Ende erscheint uns die ganze Weltordnung so, als ob von uns stets das Unmögliche verlangt würde. Selbst Gott kommt uns schließlich vor wie ein Würgeengel, der nur bereitsteht, zu fordern und zu fordern. Wir selbst aber erleben uns ständig als Überforderte, als Versager und buchstäblich als Nichtsnutze. Am Ende stehen wir wirklich «draußen», «zähneknirschend», im «Dunkeln.» Was in dem Gleichnis Jesu als das grausame und tyrannische Gericht des «Herrn» erscheint, ist im Grunde nur das Resultat, die logische Konsequenz eines Lebens, das aus lauter Angst nicht wagte, sich selber einzubringen, und das sich selbst furchtbar damit bestraft, am Ende gänzlich ausgeschlossen zu sein.

So betrachtet, wird man die Parabel Jesu von den Talenten ähnlich dialektisch verstehen müssen wie die meisten prophetischen Reden des Alten Testamentes: Jesus will mit seiner Erzählung an sich weder Angst verbreiten noch die Hölle lehren, aber er will mit allen Mitteln die Angst vor Gott, vor dem Leben und vor uns selber austreiben. Er, der mit all seinen Worten vom Vertrauen zu Gott sprach und uns eine angstfreie, offene Güte zu lehren versuchte, mußte offenbar erleben, daß immer wieder, auf Schritt und Tritt, dasselbe Dauerargument gegen seine Botschaft und gegen seine Person geltend gemacht wurde: was er verlange, sei zu riskant, dagegen spreche die normale Lebenserfahrung; es sei im ganzen zu kühn und zu mutig, es zerstöre die Ordnung, es bringe zuviel Aufruhr mit sich, usw. Jemand, der bei tausend Worten von dem Vertrauen zu Gott und von der Güte zu den Menschen tausendmal immer wieder Einwände solcher Art hört, muß wohl solche Gleichnisse erfinden wie z.B. die *Parabel von den Talenten*, die im Grunde die Frage an die Hörer richtet, wovor sie denn Angst haben müssen, außer, daß sie vor lauter Angst am Ende an sich selbst verkommen, indem sie, statt zu leben, ihr Dasein in einen Friedhof verwandeln. Diese Allmacht der Angst haben wir, von Gott her betrachtet, nicht verdient. Und versteht man Jesus in diesem Gleichnis und in vielen anderen seiner Worte richtig, so scheint er Gott wohl zugetraut zu haben, daß er alles begreift und vergibt; Dinge, die Menschen gewöhnlich für Verbrechen halten – Jesu eigene Anhänger haben sie getan; im engsten Kreis der Jünger und Begleiter Jesu gab es Huren und Ehebrecher, Mörder und Bandenkämpfer, und sie zählten zu den Treuesten seiner Gefolgsleute: jedenfalls muß Jesus sie gut verstanden haben. Wofür Jesus aber allem Anschein nach von einem bestimmten Zeitpunkt an durchaus kein Verständnis mehr haben wollte, war jene Haltung, mit der man aus Angst ständig zurückweicht. Jesus hielt dafür, daß eine solche Angst ganz überflüssig sei, wenn wir nur einmal von innen her wüßten, wer Gott wirklich sei und wie groß wir Menschen sein könnten. Alle Fehler, meinte Jesus, würde Gott uns vergeben, nur die Dauerangst, die am Ende zu überhaupt nichts führt, finde in Gott selber schließlich ihren ewigen Widersacher. Denn in der Gottlosigkeit unserer Angst hört das Leben auf, ein Geschenk zu sein; zunehmend verwandelt es sich in eine Plage, und Gott, der uns das Leben in seiner Armut und in seinem Reichtum zur Verfügung gestellt hat, wird immer mehr dabei zu einem Plagegeist. Da sei buchstäblich Gott vor, daß es dahin mit uns käme; eben deshalb beschwört Jesus uns dazu, die Angst zu verlassen, und wenn schon nicht aus Vertrauen zu Gott, dann doch in dem deutlichen Bewußtsein, daß die Bilanz der Angst nur lauten kann: noch mehr Angst, und daß die Bilanz der Feigheit allemal der Tod ist. Wenn wir in der Sache Gottes nicht unser Herz in die Hand zu nehmen und uns zu riskieren wagen, schutzlos, ausgesetzt und entschlossen, so werden wir am Ende selber ausgeschlossen, einsam und hohl dastehen. Damit Gott dies verhindern möge, hat Jesus diese Parabel erzählt, um die Angst bis zu jenem Höhepunkt zu treiben, an dem der Teufelskreis ihrer Sinnlosigkeit deutlich und überwindbar wird.

4. Zusammenfassende Regeln zur Interpretation der Worttraditionen

Zum Abschluß unserer Betrachtungen läßt sich erneut eine Reihe von Regeln darüber aufstellen, welch einen Beitrag die Tiefenpsychologie zur Auslegung der Worttradition religiöser Lehren, gleich, ob im Alten oder Neuen Testament, ob in der Bibel oder außerhalb der Bibel, zu leisten vermag.

a) Die Regel der formalen Isolation und der existentiellen Vereinzelung

Die unter historischem Gesichtspunkt bedauerliche Isolation, mit der die religiösen Überlieferungen der Völker die Worte ihrer Lehrer mit Vorliebe ohne jede situative Rahmung mitzuteilen pflegen, ist unter religiösem und psychologischem Gesichtspunkt ein außerordentlicher Vorteil; sie verbietet es geradezu, den fehlenden historischen Bezug mit hypothetischen Mutmaßungen von außen her zu rekonstruieren, und verlangt um so mehr danach, den Kontext des Verstehens in den Konflikten und Fragestellungen der eigenen Psyche zu suchen; das historisch Unverbundene ist religiös gerade das existentiell Verbindliche, das geschichtlich Relative gerade das aktuell Absolute, und die Tiefenpsychologie ist die Methode der Wahl, um die Problemstellung zu eruieren, in bezug zu der das einzelne Logion oder Gleichnis sich als Antwort erschließt. Auf diese Weise wird der Einzelne durch die religiöse Rede selber zunächst in die Isolation hineingetrieben: es gibt keine Ableitbarkeit von außen und keine allgemeine Berufungsinstanz, die ihm sagen könnte, wie ein religiöses Wort *für ihn selbst* zu verstehen ist.

b) Die Innerlichkeitsregel

Wie bei den archetypischen Bildern die Subjektstufe der Deutung zur Erschließung ihres religiösen Sinngehaltes zu bevorzugen ist, so kommt man dem religiösen Sinn der Logien oder Gleichnisse am ehesten nahe, wenn man die dort angesprochenen Beziehungen, Dinge, Personen, Tatbestände und Aufgaben als Bilder einer inneren Wirklichkeit versteht. Wenn z.B. in Mk 10,7 die Loslösung von Vater und Mutter als Vorbedingung der Ehe oder in Mk 10,29-30 sogar als Voraussetzung zum Verständnis der Botschaft Christi gefordert wird, so ist darin nicht ein sozialer, sondern ein *psychischer* Schritt *innerer* Reifung zu sehen; in dem «Berg», den der Glaube versetzt, ist ein Bild für *innere* Hindernisse zu erblicken (Mk 11,23), u.a.m. Erst indem man die Worte eines einzelnen Logions psychologisch nach innen zieht, stößt man auf die Gefühle und Haltungen von Angst, Gefangenschaft und Aufbruch, in deren Umfeld allein sich der religiöse Sinn zu erkennen gibt.

c) Die Personalitätsregel und das Prinzip der Gleichzeitigkeit

Dementsprechend folgt, daß die eigene Person, die eigene Existenz, der entscheidende Erkenntnisort religiöser Rede ist. Die Frage stellt sich religiös niemals, was eine Rede für andere bedeutet haben mag, sie lautet stets: was bedeutet das entsprechende Wort hier und jetzt für mich. Erst wenn ich selbst ein religiöses Wort so erlebe, daß es unmittelbar in meine Gegenwart hineinspricht, verstehe ich es religiös. Ich muß deshalb die Problemstellung im Hintergrund der religiösen Rede unmittelbar als meine eigene Frage erfahren, und ebenso spontan muß sich mir die religiöse Rede selbst als die einzig evidente Antwort erschließen. Nur so befinde ich mich als Hörer in der gleichen «Zeit», im Umkreis der gleichen Aktualität, aus der heraus der religiöse Lehrer spricht; abweichend davon, durch historische Forschung, mache ich mich selbst durch die Untersuchung des Vergangenen zu einer vergangenen, ungleichzeitigen Existenz. Alles, was nicht die eigene Person näher zu sich selbst und damit zu Gott bringt, ist als unwesentliches, ablenkendes Beiwerk von der Exegese *auszuschließen* bzw. als buchstäblich «vorläufig» zu betrachten.

d) Die Regel vom absoluten Primat des Seins vor dem Tun, des Glaubens vor der Ethik

Damit zusammen hängt der Vorrang der inneren Wahrheit vor dem äußeren Tun. Um eine religiöse Rede zu verstehen, darf man niemals als erstes, wie der reiche Jüngling im Evangelium, fragen: «Was muß ich tun»; die erste Frage ist: «Wer bin ich selbst» bzw. «Wer darf ich sein?» Selbst die religiösen Worte, die zu irgendeinem Tun (oder Lassen) aufzufordern scheinen, dienen zunächst nur der Prüfung des eigenen Standortes, der eigenen Wahrheit; erst wenn feststeht, wer ich selber bin bzw. von Gott her sein könnte, läßt sich wirklich verstehen, welch eine Art von Tun in der religiösen Rede nicht «gefordert», sondern angeboten und ermöglicht wird. Das ethische Mißverständnis der religiösen Rede verschlimmert die seelischen Konflikte, die Neurotizismen, die Teufelskreise der von Verstand und Willen verteidigten Ich-Einstellung, statt sie von innen her durch eine tiefere Vision der eigenen Existenz zu überwinden. Jede Auslegung religiöser Rede, die nicht zunächst die Verstellungen der Angst in der Tiefe der Existenz bewußt macht und aufarbeitet, nötigt sich selbst zu einer vorschnellen Moralisierung des Religiösen; sie verwandelt damit die Worte der Annahme und des Vertrauens, aus denen jede Religion wesentlich lebt, in Dekrete und Vorschriften des Überichs, die das Ich nur noch ärger überfordern, indem sie seine Annahme erneut an Bedingungen und Vorleistungen binden; aus Worten der Freiheit werden somit Worte einer neuen, verschärften Gesetzlichkeit. Die Tiefenpsychologie der Angst und die Aufarbeitung der Ichabsperrungen, Übertragungen und Sicherungsmechanismen ist die unerläßliche Voraussetzung, um die Frage: «Wer bin ich selbst?», im Umkreis einer tieferen Akzeptation gegen alle voreiligen Handlungsanweisungen konsequent genug durchzuhalten.

e) Die Regel der paradoxen Brechung von Bewußtsein und Unbewußtem

Indem die religiöse Rede den Ichstandpunkt der Selbstbegründung, der Selbsterschaffung der eigenen Daseinsberechtigung und -annahme, von Grund auf infrage stellt, muß sie notwendigerweise dem Verstand *paradox* anmuten. Sie stürzt das Ich in eine Angst zurück, die dieses gerade durch die Neurotizismen seiner Bewußtseinseinseitigkeit vermeiden wollte. Insofern durchläuft jede religiöse Rede eine Bewegung, die in der analytischen Psychotherapie ständig durchgeführt und in der Tiefenpsychologie beschrieben wird: das Ich wird gerade der Angst ausgesetzt, die es verzweifelt zu beseitigen trachtet, aber eben dadurch wird es aus der Enge seiner Selbsteinsperrungen herausgeführt: was es selber machen zu müssen glaubt, um ein Stück weit seine Anerkennung finden zu können, wird ihm als von selbst gegeben zugesichert, und im Zusammenbruch seiner eigenen moralischen, sozialen und politischen Anstrengungen lernt es, in die gnadenhafte Erfahrung eines einfachen Sein-dürfens zurückzukehren. Damit wird das als «machbar» Erscheinende zum Unerreichbaren und das bis dahin scheinbar Unerreichbare zum schlechthin Gegebenen – die gesamte Existenz, im Bannkreis der Angst an sich selber pervertiert und leidend, kehrt sich damit um; das Urteil des Verstandes erweist sich als vordergründig, unbrauchbar und irrig; die Sprache der Sehnsucht aber, die Bilder der Träume, die bleibenden Erinnerungen an die eigene Wahrheit, erwachen zum Leben und erweisen sich als berechtigt, gültig und wahr; das Unvermutete wird zur Gewißheit, das scheinbar Gewisse hingegen zu einem unsinnigen Zwangsgebilde, aus dem es endlich ein Entkommen gibt. Die Paradoxität der religiösen Rede, der Gegensatz von Bewußtseinseinstellung und Unbewußtem, der Widerspruch von Ichdurchsetzung und Gotteshandeln, ist jedoch an sich kein Gegensatz von menschlicher Natur und göttlichem Willen, wie es in der *dialektischen Theologie* protestantischer Provenienz mitunter scheinen konnte. Die Tiefenpsychologie besitzt vielmehr gerade darin eine außerordentliche interpretative, ja, dogmatische Bedeutung, daß sie die paradoxe Struktur der religiösen Rede aus dem Gegensatz von Angst und Vertrauen, von Neurose und Selbstfindung, von Verdrängung und Wahrheit, von Krankheit und Heilung verständlich zu machen vermag. Erst die Neurosenpsychologie zeigt, wie die gesamte Existenz des Menschen in seelischer Erkrankung sich selbst verfehlen kann; sie zeigt zugleich, wie gewalttätig und sadistisch der Verzweiflungskampf des Ichs gegen sich selbst, gegen das Vertrauen, gegen die Möglichkeit einer gnädigeren Selbstannahme ausfallen muß, und sie eröffnet von daher auch die Möglichkeit, den Gegensatz von Gott und Mensch im *Felde der Angst* zu verstehen. Die Tiefenpsychologie hilft damit nicht nur, den ethischen Kurzschluß einer moralisierend-aufklärerischen Interpretation der religiösen Rede zu vermeiden, wie sie im *Katholizismus* vorherrschend ist, sie bewahrt zugleich auch vor dem dogmatischen Kurzschluß einer Entgegensetzung von Gott und Mensch im Sinne eines *protestantischen extra-nos* der Gnadenlehre.

f) Die Regel von der Glaubensgrundlage des Verständnisses gegen die Angst

Von daher kann man als eine möglicherweise zwar subjektiv erscheinende, aber äußerst wichtige Regel zum Verständnis einer religiösen Rede den sicheren Grundsatz aufstellen, daß ein religiöses Wort so lange nicht richtig erfaßt ist, als es, statt in der Tiefe zu beruhigen und zu heilen, noch von sich her das Gefühl des «Du mußt», das Gefühl von Zwang und Druck, verstärkt. Vor allem die Tiefenpsychologie weiß, wieviel Angst gerade dann entsteht, wenn der neurotische Schutzwall der Überkompensationen, der überhöhten Ichideale und der ichfremden Anpassungsleistungen an ein grausames Überich ins Wanken gerät; aber *diese* Angst wird doch nur ausgelöst durch die beginnende *Ahnung* eines tieferen Vertrauens, und der Aufschrei der «Dämonen» im Neuen Testament gegen die Heilung: «Quäl mich nicht» (Mk 5,7), ist stets der Anfang einer allmählich reifenden Freiheit (s.o.S. 261). Jedem Neurotiker ergeht es in der Psychotherapie wie einem Eskimo, der unter unsäglichen Mühen und Strapazen gelernt hat, sich an die Welt ewigen Eises anzupassen und der in seinem Iglu durch die Erwärmung des Südwindes sich aufs äußerste bedroht fühlen muß. Die Art dieser Bedrohung, die unvermeidlich ist, unterscheidet sich deutlich von der Angst, die innerhalb der Neurose durch die ständigen Verdrängungen und Abwehrmechanismen des Ichs erzeugt wird: *die Angst vor der Freiheit* entsteht erst, wenn man bereits zu den Eingangstoren des Glaubens gelangt ist und das Gefühl sich regt, endlich leben zu dürfen und weniger «machen» zu müssen; es ist die Angst des *schwindenden* Drucks, die der beginnende Glaube erzeugt. Entstehen beim Hören eines religiösen Wortes *solche* Gefühle, so sind sie zweifellos ein sicheres Kriterium dafür, daß man die betreffenden Einsichten richtig und tief genug verstanden hat.

Darüberhinaus aber sind die Anzeichen eines rechten Verständnisses religiöser Lehren die gleichen wie bei einer gelingenden Psychotherapie: man fühlt sich freier, offener, weniger verkrampft, ehrlicher, toleranter, weitherziger, mutiger, selbstbewußter, mit sich mehr im Einklang und, was kein Gegensatz dazu ist, kritischer, vorurteilsfreier, flexibler, sachgerechter und im ganzen verständnisvoller. Wenn irgend ein religiöses Wort Wirkungen dieser Art erzeugt, erweist es sich als religiös verstanden; wann immer es hingegen nur neue Angst, Rechthaberei, Karrieresucht, Demonstration von eigenem Fleiß und Wissen, oder – bei Bessermeinenden – nur neue Schuldgefühle, Depressionen und Ohnmachts-

oder Selbstentleerungsideen, Opferfanatismen und Autarkietendenzen fördert und erzeugt, kann man ganz sicher sein, daß hier nicht Gottes Wort verstanden oder ausgelegt wird, sondern das Gotteswort dem eigenen Anliegen durch ganz und gar heterogene Zielsetzungen und Auslegungsverfahren in Sinn und Wirkungsweise entfremdet wird. Solche Art der Schriftgelehrsamkeit schließt das Reich der Himmel vor den Menschen zu (Mt 23,13) – es ist, wie es geschrieben steht, die pure Heuchelei, ein Reden von Gott, ohne Gott zu meinen.

g) Die Regel von der lebendigen Mitte aller Worte

Statt also ein religiöses Wort durch einen hypothetischen historischen Kontext in einem bestimmten Bedeutungsgehalt plausibel zu machen, gibt es nur ein einziges wirkliches Wahrheitskriterium für den Inhalt und das Verständnis eines religiösen Wortes: *die innere Einheit*, die es erzeugt, und dazu gehört die Einheit aller Worte derselben Überlieferung in dem gleichen Geist und der gleichen Grundeinstellung. Wenn man auch nur erst ein paar Worte religiöser Wahrheit tief genug erfaßt hat, wird man bald merken, daß alle Worte derselben Lehrüberlieferung im Grunde allesamt dem gleichen Licht entstammen, das sich lediglich durch seine Reflexion an bestimmten Fragestellungen und verschiedenen Wirklichkeitsebenen zunächst diffus darbietet. Im Grunde sind alle Sätze eines religiösen Lehrers nur die Auslegungen eines einzigen Satzes, so wie die heilige *Theresa von Avila* einmal von sich sagte, es gehe ihr wie einem Vogel, dem Gott nur ein einziges Lied zu singen gegeben habe. Versteht man die Lehren einer religiösen Überlieferung in der gezeigten Weise *innerlich* und *personal* genug, so wird man bald erkennen, daß sie alle nur einen einzigen Gesang der Gnade gegen die Angst und des Vertrauens gegen die Verzweiflung bilden. Es ist möglich, daß sich im Strom einer religiösen Überlieferung selbst schon mancherlei mißtönende Mißdeutungen, Verrechtlichungen und Ängstlichkeiten eingeschlichen haben (Mt 18,15-18, die Bußordnung der frühen Kirche, oder Mt 24,20, die Einhaltung der Sabbatordnung in der Endzeit, sind solche Beispiele) – man wird sie überhören müssen und dürfen gegenüber dem *Cantus firmus* der eigentlichen Botschaft, die in nichts anderem besteht als in dem einfachen Vertrauen in den Ursprung unseres Daseins, der es gut mit einem jeden von uns meint und den man geradezu beleidigt, würde man weiter in der Quälerei der Angst verharren.

Die innere Kohärenz und Kongruenz aller Worte einer religiösen Lehre ist für die Worttradition mithin ein ebenso sicherer Beweis für die Richtigkeit einer bestimmten Deutung wie die innere Logik und Folgerichtigkeit in der «Vollständigkeitsregel» zur Auslegung archetypischer Erzählungen (vgl. I 203–204). Die Tiefenpsychologie, indem sie immer wieder die Gefühlsbedeutung einzelner

Worte und den Hintergrund der Alternative von Angst und Vertrauen etwa der Gleichnisreden bewußt machen kann, wird damit zum besten Prüfstein für die innere Zusammengehörigkeit und Lebenswahrheit der religiösen Worte und ihrer Auslegung. Die historisch-kritische Exegese hat das große Verdienst, die Logientraditionen der Bibel in ihrer unkommentierten, isolierten, absoluten Überlieferungsform wiederentdeckt zu haben; sie würde jedoch das religiöse Anliegen dieser Worte und Überlieferungsweisen verraten, verstünde sie sich nicht selber lediglich als eine Aufforderung, das historisch Fehlende durch den Kontext des eigenen Lebens in den Tiefenschichten der menschlichen Psyche in ihrer Angst und ihrer Hoffnung zu ergänzen.

VI. Ergebnisse, Antworten und Fragen

Am Ende dieser langen Arbeit scheint es nützlich, einige Hauptergebnisse noch einmal zusammenzufassen, eventuelle Mißverständnisse, soweit als möglich, auszuräumen und den Umkreis von Schwierigkeiten und Problemen zu benennen, die mit den hier erstellten Resultaten entweder nicht zu beantworten sind oder sich durch sie allererst ergeben.

1. Mögliche (bzw. übliche) Mißverständnisse und ihre Auflösung

a) Die Dialektik zwischen historisch-kritischer Exegese und tiefenpsychologischer Hermeneutik

Nachdem wir in dieser Arbeit immer wieder die historisch-kritische Exegese als Methode zur Interpretation *religiöser* Texte für unzureichend erklärt und als Ersatz einer existentiellen Begegnung mit den biblischen Überlieferungen auf das heftigste attackiert haben, hat bei einer oberflächlichen Lektüre des Buches vielleicht der Eindruck entstehen können, wir hätten die historisch-kritische Methode in sich als illegitim oder als überflüssig hinstellen und stattdessen die Tiefenpsychologie als eine Art Allheilmittel anpreisen wollen. Das ist mitnichten der Fall. Die vorliegende Arbeit setzt im Gegenteil an jeder Stelle der Argumentation die Ergebnisse der historisch-kritischen Methode, vor allem der Formgeschichte, dankbar voraus, und obwohl es ernsthaft behauptet wurde, liegt uns am wenigsten daran, mit viel Fleiß und Aufwand einen Ausweg für «faule Studenten» zu liefern, die sich vor der Mühe eines philologischen und historischen Studiums der Schrift drücken wollen. Wohl aber geht es in theologischer Absicht darum, von den begründeten Einsichten der historisch-kritischen Forschung in die Eigenart religiöser Überlieferung einen Gebrauch zu machen, der gerade umgekehrt ausfällt als in der historisch-kritischen Methode üblich. Während diese in historischer Absicht sich darum bemüht, die einzelnen Schichten abzutragen, die in der Tradition sich über den historischen Ursprung gelegt haben, und die Tendenzen zu bestimmen, die die jeweiligen Traditionsschichten geprägt und gestaltet haben, kommt es, religiös gesehen, gerade darauf an, die überzeitlich gültige, bleibende Wahrheit herauszustellen, die sich nur in der Weise eines Mythos, eines Märchens, einer Sage, einer Legende etc. mitzuteilen vermag. Statt bedauernd die «tendenziösen» Verfälschungen der Historie in der Bibel festzustellen und hernach durch die Notwendigkeiten der urkirchlichen Gemeindebildung im Umfeld von Judentum und Hellenismus oder durch die frühchristliche Missionstätigkeit zu «erklären», muß es theologisch gerade darum gehen, die Bedeutung der einzelnen Erzählinhalte und Bilder in sich selbst zu verstehen. Was, gemessen an der äußeren Realität, historisch als Produkt religiöser Volksphantasie erscheinen muß, gilt es, gemessen an der inneren Realität, psychologisch gerade als die angemessene Form der Deutung von Geschichte zu interpretieren. Nur auf diese Weise gelangt man zu einer Einsicht in die Gegenwartsbedeutung religiöser Texte, die das geschichtliche Geschehen eben nicht als eine Abfolge vergangener Ereignisse und zeitbedingter Anschauungen erzählen wollen, sondern es in symbolhaltigen Verdichtungen der äußeren Begebenheiten überliefern; deren bleibende Wahrheit ist nicht historisch, sondern nur psychologisch zu verstehen. So wie im individuellen Erleben ein Traum die Reste wirklicher Tageserinnerungen *symbolisch* zu einer Erzählung verdichtet, die zwar nicht die Ebene der Fakten, wohl aber die Ebene der Bedeutung der Fakten für das subjektive Erleben auf bestmögliche und vollkommen korrekte Weise widerspiegelt, so besteht auch zwischen Geschichte und Mythos (inklusive von Sage, Legende, Wundergeschichte und Geschichtsvision) eine ebenso widersprüchliche wie wechselseitige Bezogenheit aufeinander, die es hermeneutisch *in dem dialektischen Gegensatz von historisch-kritischer Exegese und tiefenpsychologischer Hermeneutik* herauszuarbeiten und zu erhalten gilt.

Indem wir in dieser Arbeit das tiefenpsychologische Auslegungsverfahren *antithetisch* der historisch-kritischen Methode gegenübergestellt haben, bildet diese bereits rein logisch die Voraussetzung der tiefenpsychologischen Hermeneutik. Eine geistige Entdeckung ist nicht durch Verleugnen oder Vermeiden aus der Welt zu schaffen, und die Bewußtwerdung der Geschichtlichkeit aller Lebenserscheinungen stellt nicht irgendeine, sondern *die* zentrale Einsicht und Leistung des 19. Jh.'s dar. Insofern war es eine buchstäblich geistlose und schon deshalb gewalttätige Manier, als die katholische Kirche über 100 Jahre lang, d.h. eigentlich noch bis zum 2. Vaticanum, die historisch-kritische Methode rein disziplinarisch, mit Eid und Strafandrohung, von der Theologie auszuschließen suchte. Zugeben aber muß man, daß die historisch-kritische Methode keinesfalls eine *theologische* Methode ist noch sein kann, und wenn ihre unter dem Aspekt einer profanen Geschichtsforschung möglicherweise richtigen und berechtigten Erkenntnisse über das Zustandekommen der biblischen Texte nicht durch eine Methode ergänzt und beantwortet werden, die den Bedeutungsgehalt und die

Gültigkeit der symbolischen Verdichtung in den biblischen Überlieferungen psychologisch von innen her verständlich zu machen sucht, so trägt diese Methode in der Tat lediglich zur Profanisierung und Säkularisierung des Religiösen bei.

Nun ist auch die Tiefenpsychologie eine profane Wissenschaft; wenn sie von «Gott» spricht, meint auch sie, wie die historisch-kritische Methode, zunächst nichts anderes als Vorstellungen von Gott. Aber indem sie zeigt, daß bestimmte religiöse Vorstellungen dem Menschen nicht von außen durch die Einmaligkeit historischer Gegebenheiten vermittelt werden, sondern dem Menschen innerlich sind, vermag sie jenseits der historischen Kritik allererst die innere Wahrheit der religiösen Aussagen zu erschließen. Erst aus der antithetischen Spannung zwischen historischer Kritik und psychologischem Verstehen läßt sich eine theologische Synthese vorbereiten, in der Außen und Innen, Denken und Gefühl, Zeit und Ewigkeit miteinander zur Einheit des gegenwärtigen *Augenblicks* des Glaubens verschmelzen. Erst im Ausblick auf eine solche Synthese rechtfertigt sich das Zerstörungswerk der historisch-kritischen Methode an den religiösen Texten der Bibel, indem es den falschen Anschein der Mythen, Legenden, Visionen etc. zerstört, als sei es die äußere Wirklichkeit selbst, in der das Göttliche wohne, statt darinnen lediglich zu erscheinen; die Leere, die von der historischen Kritik zurückgelassen wird, nötigt wie von selbst dazu, den neuzeitlichen Begriff der Wirklichkeit kritisch zu überprüfen und seiner Äußerlichkeit zu entreißen – die psychische Wirklichkeit ist nicht weniger real als die physische Realität, ja, sie ist dem Menschen weit näher und ursprünglicher als die Erfahrungen der Außenwelt. In der Verinnerlichung des Wirklichkeitsbegriffs liegt, antithetisch zur historischen Kritik der traditionellen Exegese, der eigentliche Anknüpfungspunkt theologischen Verstehens.

b) Die Dialektik zwischen tiefenpsychologischer und theologischer Hermeneutik

Eben daran entzündet sich jedoch möglicherweise ein anderes, im Grunde dogmatisches, nicht mehr exegetisch bestimmtes Mißverständnis. Wer heute Theologie und Psychologie (bzw. Anthropologie) miteinander *wesentlich*, nicht nur «pastoral», ins Gespräch zu bringen unternimmt, wird nicht umhin können, sich zunächst auf einen geistigen Zweifrontenkrieg einzulassen. Er muß den Nachweis führen, daß der methodische, oft auch theoretische *Atheismus der heutigen Psychologie* auf eine Verkürzung des menschlichen Daseins hinausläuft, die in Gefahr geraten muß, mehr Neurosen zu schaffen, als zu beseitigen.

Man kann den Menschen nicht ohne Schaden auf die Welt seiner biologischen Antriebe sowie auf die Auseinandersetzungen mit seiner natürlichen und sozialen Umwelt reduzieren und dabei alle Fragen nach dem Sinn seiner personalen Existenz als unbeantwortbar, ja, als ein gewissermaßen pathologisches Symptom beiseitestellen. Auf der anderen Seite gilt es, *die Seelenlosigkeit der heutigen Theologie* zu überwinden, und das wird nicht möglich sein, ohne sich einer Reihe von Verdächtigungen seitens der traditionellen Dogmatik auszusetzen.

Es ist an dieser Stelle nicht möglich, auch nur in Grundzügen die Prinzipien einer dogmatischen Hermeneutik darzulegen, die mit den Ergebnissen der Tiefenpsychologie in Einklang stünde – diese Aufgabe sei einer späteren Arbeit vorbehalten. Wohl aber läßt sich sagen, daß die Unkenntnis der Tiefenpsychologie und, damit verbunden, die Ausklammerung des Unbewußten, die Theologie nach wie vor gegenüber der inneren Natur des Menschen auf einem Verstehensniveau gefangenhält, wie es in der Auseinandersetzung mit den Naturwissenschaften gegenüber der äußeren Natur eigentlich schon am Ende des 18. Jh.'s hätte für überwunden gelten sollen. Ohne Reflexion über die Eigengesetzlichkeit psychischer Phänomene steht das theologische Sprechen von Gott, Gottesoffenbarung, Gotteserscheinung etc. in der Gefahr, die Bilder, die sich dem Bewußtsein von den unbewußten Tiefenschichten der menschlichen Psyche her aufdrängen, entweder als Wirklichkeit an sich zu metaphysizieren oder aber im Namen einer rein an das Bewußtsein des Menschen gerichteten Offenbarung Gottes als etwas «Heidnisches» und «Widergöttliches» zu bekämpfen. Sowohl der Mystizismus als auch der Liberalismus in der Dogmatik werden sich gegen jede Art von tiefenpsychologischer Hermeneutik biblischer Bilder mit dem Argument verwahren, es werde auf diese Weise das Göttliche «verpsychologisiert», die Transzendenz Gottes werde geleugnet und die Geschichtlichkeit der Offenbarung Gottes in der Bibel in die mythische Allgegenwart des Psychischen (d.h. des kollektiven Unbewußten) aufgehoben. Da Einwände dieser Art mit enervierender Regelmäßigkeit auftauchen und einen wirklichen Lernprozeß in der Vermittlung von Theologie und Psychologie trotz aller Lippenbeteuerungen immer wieder verhindern, muß noch einmal ein Wort dazu gesagt werden.

Die Vorstellung herrscht in der Theologie immer wieder, daß Gott in Christus die zu unserem «Heil» notwendigen «Wahrheiten» historisch vermittelt habe; dabei hat gerade die historisch-kritische Exegese gegen den entschiedenen Widerstand der Dogmatik eindeutig gezeigt, daß die Glaubensinhalte des Christentums nicht eigentlich Inhalt der Botschaft Jesu waren, und das Problem besteht seither unlösbar weiter, wie sich eine Brücke zwischen dem «historischen Jesus» und dem «Christus des Glaubens» schlagen läßt. Während A. Harnack um 1900 es noch für möglich hielt, zwar nicht die Biographie, wohl aber die Persönlichkeit Jesu in den wichtigsten Zügen nachzuzeichnen[1], hat vor allem die Formgeschichte gezeigt, daß wir hinter die Verkündigung der Urkirche von dem auferstandenen Herrn Jesu Christus nicht zurückkönnen. Man darf annehmen, daß der historische Jesus den nahen Anbruch der Gottesherrschaft verkündete[2], aber von dieser Feststellung führt kein direkter Weg zum Kirchenglauben der dogmatischen Christologie, Soteriologie und Eschatologie. Das Problem ist mit historischen Mitteln in der Tat unlösbar und muß es sein, denn es gibt keine historisch begründbare Vermittlung zwischen der äußeren Realität

[1] A. v. Harnack: Das Wesen des Christentums, 29: «... so gewiß unsere Quellen für eine ‹Biographie› nicht ausreichen, so inhaltsreich sind sie doch in anderer Beziehung ... denn sie bieten uns erstlich ein anschauliches Bild von der Predigt Jesu, sowohl in Hinsicht der Grundzüge als der Anwendung im einzelnen; sie berichten zweitens den Ausgang seines Lebens im Dienste seines Berufs, und sie schildern uns drittens den Eindruck, den er auf seine Jünger gemacht hat und den sie fortgepflanzt haben.»

[2] Vgl. R. Bultmann: Jesus Christus und die Mythologie, 7–20 (Die Botschaft Jesu und das Problem der Mythologie); M. Dibelius: Jesus, 52–73 (zur Reichsgottespredigt Jesu). – Das Problem der Differenz zwischen dem «historischen Jesus» und dem «Christus des Glaubens» erscheint in historisch-kritischer Sicht stets als ein Problem der frühkirchlichen *Mythenbildung*, deren Bedeutung man religionsgeschichtlich und soziologisch aus dem Leben der frühkirchlichen Gemeinde glaubt eruieren zu können. Dabei hat R. Pesch: «Christus dem Fleische nach kennen» (2 Kor 5, 16)? Zur theologischen Bedeutung der Frage nach dem historischen Jesus, in: R. Pesch – H.A. Zwergel: Kontinuität in Jesus, 9–34 ganz recht, wenn er darauf hinweist, daß man in weiten Kreisen der historisch-kritischen Exegese und, darauf fußend, auch der (zunächst protestantischen, dann aber auch katholischen) Dogmatik im Gefolge R. Bultmanns aus der faktischen Not eine Tugend gemacht habe, indem man auf *Paulus* sich stützen zu können glaubte, wenn man, vermeintlich wie dieser, dem Leben des irdischen Jesus keine weitere Beachtung schenke; erst Ende der 60er Jahre wurde deutlich, daß man vor allem die Stelle 2 Kor 5, 16 nicht so verstehen kann, als ob Paulus vom irdischen Jesus nichts habe wissen wollen. Es geht aber auch nicht an, nun umgekehrt das paulinische Christusbild als «zeitbedingt» zu verwerfen und gewissermaßen von dem «heiligen Rest» verbliebener kritisch gesicherter Erkenntnisse der Jesusforschung aus den Glauben neu zu begründen. Zustimmen muß man m.E. R. Pesch, wenn er (a.a.O., 31) auch mit Bezug zu Paulus meint: «Die Erkenntnis der Person Christi kann ... keine andere sein als die des von Jesus als dem Sohn Gottes erweckten Glaubens. Die Frage nach dem historischen Jesus hat ihre theologische Bedeutung darin, daß sie Jesus selbst (und nicht ein mythologisch vorgestelltes Offenbarungsereignis, damit letztlich unsere Subjektivität, die sich *vorstellend* entwirft) als *Ursprung* des Glaubens festhält.» Und (a.a.O., 32): «Der im Glauben beurteilte Jesus kann ... kein anderer sein als der historische Jesus, auf den der Glaube gehört hat.» «Die historische Kritik stellt Jesus ... als Glaubenden vor und bewahrt den Glauben des Christen vor der Illusion, mit dem Kerygma bei sich selbst anzufangen.» Die Kontinuität zwischen dem historischen Jesus und dem Christus des Glaubens soll demnach in der Kontinuität *des Glaubens* liegen, den Jesus lebte und den er erweckte und in dessen Licht auch seine Gestalt erscheint. Aber diese Antwort, die in sich selbst auch nur erst mehr ein exegetisches Programm als eine durchgeführte Lösung des historischen Problems darstellt, kann nicht genügen. Man erinnere sich nur der Verzweiflung, mit der G.E. Lessing: Eine Duplik (1778), in: Werke II 1242 angesichts der Kritik des Reimarus an den Auferstehungsberichten der Evangelien ausrief: «Gott! Gott! worauf können Menschen einen Glauben gründen, durch den sie ewig glücklich zu werden hoffen!» In der Historie selbst kann der Grund zum Glauben nicht gefunden werden, denn man muß schon den Glauben an die Geschichte mitbringen, um ihn in der Geschichte bestätigt zu finden; andererseits hat R. Pesch recht: es muß, um den Glauben nicht in reiner Subjektivität verkommen zu lassen, etwas Objektives, Geschichtliches geben, von dem her der Glaube sich begründet, und dieser Bezugspunkt muß in der Person und in dem Glauben Jesu selber liegen. H. Schürmann: Traditionsgeschichtliche Untersuchungen zu den synoptischen

und der Deutung des Christusgeschehens in dem Symbolismus der urchristlichen Glaubenslehren. Selbst wenn man erklärt, der Glaube der Urkirche habe mit der Erscheinung des Auferstandenen vor Kepha begonnen (1. Kor 15,3), so ist damit doch eigentlich nur gesagt, daß die Brücke zwischen der Historie und den Glaubenssymbolen allein in den Visionen der Innenwelt der Psyche gefunden werden kann. Aber das Problem so zu formulieren heißt auch schon, es zu lösen; denn bereits wenn man begreift, daß der Bruch zwischen dem «historischen Jesus» und dem «Christus des Glaubens» wesentlich eine *Differenz* zwi-

Evangelien, 39–65 ((Die vorösterlichen Anfänge der Logientradition, 1960) hat deshalb versucht, den verhängnisvollen Graben zwischen Geschichte und Glauben, zwischen Geschehen und Bedeutung, durch eine – im Grunde konsequente – Kritik an den Voraussetzungen der Formgeschichte BULTMANNscher Prägung zu überwinden: zum einen, sagt er, «wird kein Formgeschichtler leugnen können, daß auch schon der vorösterliche Jüngerkreis ein Gemeinschaftsgebilde war, ein soziologisches Phänomen darstellt. Diese *soziologische Kontinuität* aber ist doch ein Tatbestand, der die vorösterliche und nachösterliche Jüngergemeinde verbindet, darum auch ein Geländer, an dem sich die Forschung weitertasten kann.» (A.a.O., 47) Zum zweiten: diese angenommene soziologische Kontinuität, «welche den Anwendungsbereich der formgeschichtlichen Methode ausweitet, ist eben nicht nur eine formale. Denn schon das Faktum der Nachfolge und das Bestehen eines vorösterlichen Jüngerkreises bezeugt ein wie immer geartetes vorösterliches Jüngerbekenntnis zum Worte Jesu und damit zu ihm selbst.» (48) Ja, man muß fragen: «Ob es nicht überhaupt nur darum ein nachösterliches Christusbekenntnis geben konnte, weil es schon – bei aller Unterschiedlichkeit – ein vorösterliches im Jüngerkreis gab?» (49) Mit dieser Argumentation ist SCHÜRMANN von vornherein vor der Veräußerlichung geschützt, mit der etwa 20 Jahre später die *«sozialgeschichtliche Hermeneutik»* den Graben zwischen dem historischen Jesus und dem Christus des Glaubens durch den Nachweis einer soziologischen Kontinuität der Jesusbewegung vor wie nach Ostern zu schließen versucht (L. SCHOTTROFF – W. STEGEMANN: Jesus von Nazareth – Hoffnung der Armen, 13–15; 33–34); – es geht SCHÜRMANN von vornherein nicht um Soziologie, sondern diese dient ihm nur als Brücke, um den nachösterlichen Glauben der Gemeinde mit dem vorösterlichen Glauben der Jünger Jesu verbinden zu können. Allerdings ist es gerade diese (konsequente und notwendige) Erweiterung der soziologischen Argumentation in der Formgeschichte, an der das Konzept SCHÜRMANNS *theologisch* scheitern muß. Im Prinzip richtig sagt E. JÜNGEL: Paulus und Jesus, 299–300: Es «bleibt bei SCHÜRMANN unklar, was die soziologische Größe der Jüngergemeinschaft mit dem historischen Individuum Jesus *eint*, so daß Jesus als der ‹Initiator› des Traditionsgeschehens selbst dessen Bestandteil genannt werden kann ... Gewiß gibt das Typische jenes Jüngerkreises die Möglichkeit, auf den Ursprungsort der Logientradition zu schließen. Aber dieser Ort läßt sich weder als Sitz in einem äußeren Leben noch als Sitz in einem inneren Leben bestimmen. Dieser Ort ist ursprünglicher als jeder soziologisch faßbare ‹Sitz im Leben›. Er ist als Ursprungsort der Überlieferung der Ursprung des das Leben jener Gemeinschaft bestimmenden eschatologischen Lebens selbst: die Gottesherrschaft, deren extra nos gewahrt werden will, wenn sie in den Worten Jesu zur Sprache kommt.» Die Antwort darauf sucht H. SCHÜRMANN: Gottes Reich – Jesu Geschick, 248–251 zu geben, indem er gerade den Tod Jesu als Konsequenz der Basileia-Verkündigung versteht und meint, eben diese Verkündigung der Basileia sei «das Zentrum, .. von dem aus und auf das hin die ganze Schrift verstehbar wird» (S. 248). «Jesus ist uns nicht erst aufgrund historischer Forschung zugänglich; der Glaube kann den Jesus der Erdentage in der Rede von der Basileia unmittelbar hören – und glauben. In diesem Symbolwort ist er vorösterlich gegenwärtig geworden; als Erhöhter spricht er in diesem seinem ureigenen Wort den Glaubenden noch heute unmittelbar an.» (S. 250–251) Doch selbst wenn Jesus seinem eigenen Tod «Heilsbedeutung» zugesprochen hat, so wäre damit doch nur gegeben, daß er selbst mit seiner eigenen Person von dem *Archetyp* des sterbenden und auferstehenden Gottessohnes getragen war, den *als Bild* der Mythos verkündet. Um die Wahrheit dieses Bildes zu erkennen, bedarf es *tiefenpsychologisch* eines Rekurses in die Welt der *vorgegebenen* Bilder der menschlichen Psyche, und es ist gerade diese Einheit von

schen der äußeren Realität und der deutenden Symbolsprache in den Tiefenschichten der menschlichen Psyche markiert, so eröffnet sich ein Weg auch zur *Vermittlung* zwischen der Person und der Geschichte Jesu einerseits und der Geschichte der Gemeinde und ihrer Verkündigung andererseits.
Als Verstehensmodell zur Beschreibung des Übergangs von historischer Wirklichkeit und symbolischer Deutung kann im individuellen Erleben das allnächtliche Traumgeschehen dienen, vorausgesetzt freilich, daß man es sich ein für allemal abgewöhnt, Träume als willkürliche Phantastereien abzutun. Es besteht,

Historie und Mythos, von Bewußtsein und Unbewußtem, die als Integration des ganzen Menschen die Bilder von Tod und Auferstehung als Erfahrungschiffren der Nähe und der Macht Gottes im Herzen des Menschen notwendig und verstehbar macht. Vor allem kommt es darauf an, den Formenreichtum der Jesusüberlieferung selbst von der Tiefenpsychologie her zu begründen und die Formgeschichte aus der Soziologie in die Psychologie zu übersetzen. Auf den Grundfehler und den theologischen Engpaß, der sich unweigerlich aus der Verleugnung der Tiefenpsychologie ergibt, haben wir bereits zu Anfang der vorliegenden Arbeit hingewiesen (I 37–47; 72–78): statt die Formgeschichte, wie es sich von der romantischen Hermeneutik her nahelegen würde, mit der Psychologie zu verbinden und von daher das breite Spektrum der Formen allererst in seinem bleibenden Wahrheitsgehalt zu begründen, suchte man die Formen geschichtlich, d.h. von den soziologischen Bedingtheiten der tradierenden Gruppen her zu erklären. Aber die soziologische Kontinuität tradierender Gruppen, selbst wenn sie in der Wirkungsgeschichte ein und derselben Idee steht, garantiert durchaus keine Identität historischer Wahrheit – wie groß z.B. ist der Unterschied zwischen dem historischen BUDDHA und dem Buddha des Mahayana-Buddhismus! Es geht entscheidend darum zu begreifen, daß der «Graben» der «Osterereignisse», der den historischen Jesus vom Christus des Glaubens trennt, nicht in der historischen Differenz zwischen dem Verkündiger und dem Verkündigten des Glaubens liegt (dazu würde die Zäsur des Todes völlig genügen!), sondern in der Differenz von äußerer und innerer Wahrnehmung, von Geschichte und Vision, von Realität und Symbol bzw. – in der Sprache des Strukturalismus – in der Differenz (und Einheit!) von Bezeichnetem und Bezeichnendem. Eben deshalb greifen wir auf die Tiefenpsychologie zurück, weil allein diese Auslegungsmethode die Differenz von geschichtlicher (biographischer) Erfahrung und symbolischer Bedeutungsverleihung und Bearbeitung im *Traum* zum Mittelpunkt all ihrer Untersuchungen gemacht hat. Nur unter Anerkennung des Unbewußten der Psyche mit seiner Vielzahl archetypischer Symbole sowie der Vielschichtigkeit von Traumpsychologie und Psychodynamik wird sich – das ist unsere These – das Problem, das die historisch-kritische Methode notwendig aufwerfen muß(te): die Differenz von (äußerer) Geschichte und Glauben, sinnvoll schließen lassen, oder, umgekehrt gesagt: *das Problem der historisch-kritischen Methode (wie der gegenwärtigen Theologie insgesamt) ergibt sich aus der vollständigen Ausklammerung des Unbewußten.* Das Anliegen JÜNGELS, das *extra nos* des Glaubens zu betonen, wird dabei gewahrt, wenn man versteht, daß Traum und Wirklichkeit sich zwar unterscheiden, aber eine Einheit bilden: die Ebene des Traums (des Mythos, des Märchens, der Sage, der Legende etc.) leugnet nicht die Ebene der Historie, aber sie weist dieser ihre Bedeutung zu und bildet oft genug die unerläßliche Bedingung dafür, daß eine Geschichte von symbolischer Bedeutung allererst sich ereignen kann (vgl. I 313–350; 350–374). Insbesondere der «eschatologische» Horizont des Glaubens, auf den JÜNGEL zu Recht immer wieder hinweist, ist nur als Einheit eines personal begründeten Glaubens (insofern vom *extra nos* des Glaubensgrundes her vermittelten Glaubens) und der Erfahrung innerer Einheit entlang den *Bildern* des im Subjekt sich vollziehenden Glaubens zu verstehen (s.u. S. 768). Sehr verdienstvoll ist in diesem Zusammenhang, daß E. BISER: Postkarte genügt nicht!, in: J. Sauer (Hrsg.): Mehrdimensionale Schriftauslegung, 21; 26–28 entscheidend wieder an die hermeneutischen Postulate und Vorgehensweisen S. KIERKEGAARDS erinnert und vor allem die «strukturale Alternative» (a.a.O., 26) ins Spiel bringt; freilich lassen sich auch die hermeneutischen Konsequenzen des strukturalistischen Ansatzes erst von der Tiefenpsychologie her wirklich verstehen (vgl. I 183–185), was dem Rationalismus der Theologie als Zumutung erscheinen muß.

um es noch einmal zu sagen, zwischen Traum und Historie kein Gegensatz, vielmehr gestaltet sich die äußere Wirklichkeit (wenigstens zum Teil) nach den unbewußten Tendenzen, die sich symbolisch im Traum mitteilen, und umgekehrt verwendet der Traum das Material *wirklicher* Erlebnisse, um es innerhalb symbolischer Konfigurationen in Mittel der Deutung von Geschichte und des Ausdruckes des eigenen Wesens zu verwandeln. Das nämliche Verhältnis haben wir zwischen Mythos und (Völker-)Geschichte angetroffen (vgl. I 327–336). Der Mythos stellt keine Verfälschung der Historie dar, sondern er bildet das einzige Verfahren, um die überzeitliche Bedeutung eines historischen Geschehens für alle kommenden Geschlechter mitzuteilen. Die entscheidende Frage lautet allerdings, wie die geschichtliche Wirklichkeit beschaffen sein muß, um bestimmte Träume oder Mythen zu ihrer Deutung auf den Plan zu rufen, und auch bei der Lösung dieses wichtigen Problems kann die Tiefenpsychologie weiterhelfen.

Die alte dogmatische Vorstellung, Jesus selbst habe die Menschen die wesentlichen Inhalte des christlichen Glaubens gelehrt, ist von der historischen Kritik endgültig zerstört worden; andererseits ist die Dogmatik dabei geblieben, daß die Lehre der Kirche über Jesus Christus einen historischen Grund habe – im Unterschied von allen anderen mythischen Religionen; aber die Verbindung zwischen Geschichte und Glauben ist, historisch betrachtet, völlig opak und bislang nicht mehr als ein theologisches Postulat, ein Glaubenssatz zur Begründung des Glaubens. Dennoch ist dieses Postulat richtig, und es läßt sich *psychologisch* eine Plausibilitätsbetrachtung anstellen, die den gesuchten Zusammenhang gut verständlich macht.

Das Problem besteht offenbar in der Frage, wie bestimmte Vorstellungen außerhalb einer historischen Vermittlung gleichwohl auf einen historischen Ursprung verweisen können, und es wird an dieser Stelle außerordentlich wichtig, daß das Christentum sich *wesentlich* als eine Erlösungsreligion versteht – all seine Lehren sind ausdrücklich zum *Heil* des Menschen da. Es geht also nicht um die Offenbarung irgendwelcher Inhalte, sondern spezifisch um die Vermittlung von symbolischen Inhalten, die den Menschen zu sich selbst befreien. Setzt man nun voraus, was wir an anderer Stelle gezeigt haben[3], daß der Mensch vermöge des Glaubens entscheidend von der Angst erlöst werden muß, als von der Macht, die sein gesamtes Dasein verformt und zu dem Entwurf eines vergeblichen Wie-Gott-sein-Wollens nötigt, so stellt sich das Problem einer Vermittlung von Geschichte und Glauben ganz analog der Situation dar, auf die wir in jeder Psychotherapie stoßen. Daß ein therapeutischer Prozeß heilend wirkt, läßt sich dar-

[3] Zur Verformung des menschlichen Daseins im Getto der *Angst* vgl. E. Drewermann: Strukturen des Bösen, I 45–53; 87–106; 315–318; II 540–552; 559–586; III 226–331; 479–486; 498–514.

an erkennen, daß aus den Tiefenschichten der Psyche Bilder auftauchen, die mit großer Regelmäßigkeit bestimmte Reifungsschritte signalisieren und Stufen einer inneren Wandlung im Leben eines Menschen markieren; je mehr ein Mensch seine Angst verliert und je mehr er bis in die Tiefenschichten seiner Psyche von Vertrauen getragen wird, verändern sich seine Träume. An die Stelle von Bildern neurotischer Selbstdarstellung treten nun Bildsequenzen von wegweisender Qualität, und diese Bilder *zeigen* nicht nur die beginnende Heilung an – die Heilung selbst vollzieht sich in ihnen und käme ohne sie niemals zustande; zudem handelt es sich allemal um Bilder, die es nicht in rationalem Sinne zu «begreifen», wohl aber in einem meditativen Sinne dem Bewußtsein einzuprägen und in der Ausrichtung der gesamten Existenz zu befolgen gilt. Diese Bilder entstammen ganz und gar der eigenen Psyche; sie werden nicht von außen her vorgegeben, und insofern mag man sie «unhistorisch» nennen. Gleichwohl gilt es zu beachten, daß diese Bilder der Heilung sich in der Psyche des Einzelnen nur zu vollziehen vermögen, wenn er in den Raum eines Vertrauens eintritt, das durch die Gegenwart einer anderen Person vermittelt wird; diese andere Person (der Therapeut, der Heilende) sagt nicht, was zu träumen ist; sie teilt sich selbst nicht in den Inhalten ihrer eigenen Biographie mit; sie drängt sich auch nicht selbst in den Vordergrund – wie es Jesus z.B. in Mk 10,18 ausdrücklich vermeidet (s.o.S. 702f.); aber gerade durch ihre Zurückhaltung erschafft sie ein Feld des Vertrauens, in dem der Einzelne sich selbst bis auf den Grund durchsichtig zu werden vermag.

Der Therapeut ist von daher die historische Bedingung der heilenden Bilder eines reifenden, sich in Bildern vollziehenden Vertrauens; er «predigt» diese Bilder nicht selbst, und er darf es nicht einmal; denn würde er es tun, so entstünde sogleich ein neues Gefühl von Zwang und Fremdbestimmung. Aber durch seine ungezwungene Zurückhaltung wird er ganz wortwörtlich zum «Stifter» von Symbolen des Vertrauens. Die entsprechenden Bilder und Symbole haben *historisch* mit seinen Worten oder Taten nichts zu tun, und man braucht in gewissem Sinne die Biographie seiner Person durchaus nicht zu kennen, um die wachgerufenen Bildinhalte zu verstehen; und doch entstehen die heilenden Bilder in dem Geheilten nicht ohne ihn; seine Person ist durch das Klima des Vertrauens, das er um sich herum mitzuteilen versteht, ihr eigentlicher Gründer. So wie am Beginn des Frühlings die Wärme der Sonne die Blumen aus der Erde hervorlockt, indem sie die in ihnen schlummernde Gestalt nicht erschafft, wohl aber zur Entfaltung weckt, so wird man auch die Offenbarung Gottes in dem Menschen Jesus von Nazareth nicht anders verstehen können, als daß von der Person Jesu eine solche Güte und Wärme ausging, daß all die Bilder des Heils, die in der menschlichen Seele angelegt sind, durch seine Nähe auf den Plan gerufen wurden, sich mit seiner Gestalt verbanden und sich zu einem Gesamtgemälde formten, in dessen Widerschein ein jeder Mensch die

Wahrheit Christi zu erkennen vermag, indem er sich selber darin offenbar wird. Von diesem Ansatz einer tiefenpsychologischen Vermittlung von Historie und Mythos, den wir an dieser Stelle freilich nur mehr vorschlagen denn beweisen können, lassen sich gleich drei Probleme auf einmal lösen.

Zum einen erscheint es unter der gegebenen Voraussetzung zum ersten Mal als wirklich sinnvoll und notwendig (!), daß die Bibel *kein* Leben Jesu überliefert und, zur Enttäuschung der historischen Forschung, nicht einmal die eigentliche Botschaft Jesu inhaltlich historisch getreu genug tradiert – die Nähe Gottes allein ist der ganze Inhalt dessen, was Jesus lebte und wollte, und gerade, indem er nicht sich selbst verkündete, vermochte er alles im Menschen wachzurufen, was von Gott her an Bildern der Heilung im Menschen angelegt ist.

Zum anderen wird deutlich, daß der immer wieder gegen die tiefenpsychologische Hermeneutik erhobene *Gnosisvorwurf* wohl gegen manche Äußerungen C. G. JUNGS erhoben werden mag[4], auf die hier vorgeschlagene Konzeption aber durchaus keine Anwendung findet. Mit aller Entschiedenheit haben wir immer wieder betont, daß der Mensch inmitten seiner Angst den Kräften des Unbewußten hilflos ausgeliefert ist, solange er nicht im Gegenüber einer absoluten Person seine eigene Personalität und Freiheit zu riskieren vermag; ja, wir haben gesehen, daß die Personwerdung des Menschen ohne eine ausdrückliche Erfahrung der Personalität Gottes sich niemals hätte vollziehen können (s.o.S. 359f.). Von daher gilt es immer wieder zu betonen, daß Gott *nicht* als Teil der Gesamtheit der menschlichen Psyche verstanden werden darf und daß es unbedingt erforderlich ist, jenseits des Meeres des Unbewußten an ein anderes Ufer zu glauben, an dem Gott auf uns wartet[5]. Aber um zwischen Gott und den Göttern der Psyche zu unterscheiden, bedarf es der Tiefenpsychologie als eines diakritischen Erkenntnisorgans der Theologie, und mancher der Theologen, die stirnrunzelnd sogleich den «Gnosisverdacht» auf den Tisch legen, sobald von Tiefenpsychologie auch nur die Rede ist, sollte bedenken, daß er selber in Unkenntnis der Eigengesetzlichkeit des Psychischen immer wieder, ohne es zu merken, in

[4] Vgl. die Diskussion um den *Gnosisvorwurf* zwischen M. BUBER und C. G. JUNG: Antwort an Martin Buber, XI 657–665. *Jungs* Antwort ist philosophisch nicht genügend durchreflektiert und daher an vielen Stellen widersprüchlich; sein Standpunkt, er sei nichts weiter als «Psychiater», der die religiösen Erscheinungen tiefenpsychologisch zu verstehen suche, läßt ihn in der Tat ausschließlich «Christus als das Selbst» verstehen. C. G. JUNG: Antwort auf einen Brief von Rev. D. Cox, XVIII 2, 794. Andererseits muß man rein historisch zustimmen, wenn C.G. Jung: Späterer Brief, XVIII 2, 797–801 erklärt: «Die Christenheit als Ganzes ist weniger am historischen Menschen Jesus und seiner etwas zweifelhaften Biographie interessiert als an der mythologischen Anthropos- oder Gottessohnfigur ... Außerdem ist es nicht der jüdische Rabbi und Reformator Jesus, sondern der archetypische Christus, der sich mit dem Archetypus des Erlösers in jedem von uns trifft und Überzeugung bringt.» (S. 800) Allerdings unterschätzt C. G. JUNG immer wieder die *personale* («objektale») Voraussetzung jedes Heilungsprozesses in der realen Person des absoluten Du Gottes und, vermittelnd, des zwar relativen, aber absolut notwendigen Du eines Menschen.

[5] Vgl. E. DREWERMANN: Strukturen des Bösen, II 124–152; 417–430; III 148–166.

die Gefahr kommen muß, Phänomene des Unbewußten zu metaphysizieren und auf gnostische Weise mit Gott zu identifizieren.
Auch mit Bezug auf die Christologie dürfte sich der *«Gnosisverdacht»* gegenüber unserem Ansatzpunkt widerlegt haben: *Historisch*, so hat gerade die historisch-kritische Exegese gezeigt, sind die Glaubenssymbole des Christentums eben nicht begründbar, und es erscheint nicht sehr gerecht, dieses Ergebnis der historischen Kritik, das wir als Faktum unseren Erörterungen zugrunde legen mußten, unserem Ansatz selbst zur Last zu legen, mit dessen Hilfe wir gerade einen Ausweg aus dem Dilemma der historischen Forschung für die Dogmatik aufzeigen wollen. Denn so wenig auch die Jesusüberlieferung des Neuen Testamentes mit dem historischen Jesus von Nazareth zu tun haben mag, so zeigt doch gerade die Tiefenpsychologie, daß sich die Symbole und Symbolerzählungen dieser Überlieferung niemals von innen her zu träumen und mitzuteilen vermocht hätten ohne ein Feld des Vertrauens, wie es nur um das Zentrum einer historischen Person entstehen kann und konnte[6]. Von dieser Person läßt sich sagen, daß sie imstande gewesen sein muß, ein Klima zu schaffen, in dem im Verlauf von Jahrhunderten all die Bilder ins Leben gerufen wurden, in denen allein ein Mensch den Weg seiner Ganzwerdung zu finden und von Gott in den ewigen Symbolen der Religion auf heilende Weise zu träumen vermag[7]. *Mehr* läßt sich tiefenpsychologisch nicht sagen, um die dogmatische Aussage zu be-

[6] Die eigentliche *Notwendigkeit des historischen Moments des Christentums* bzw. das theologisch unabdingbare Interesse an der Person Jesu liegt nicht in der soziologischen Kontinuität der Glaubenden (der Kirchengeschichte also), sondern in der immerwährenden Beziehung dieses Glaubens zu der Wirklichkeit einer Person, die diesen Glauben begründet und verkörpert. Das «historische» Problem der Bibelkritik ist, so betrachtet, analog zu dem «Problem», vor dem jeder Mensch steht, der die Person eines anderen liebt: er muß hinter den Fakten, Gedanken, Mitteilungen und Verhaltensweisen die Person und die Liebe des anderen *glauben*, und auf dem Weg dahin wird er die Person des anderen *träumen* müssen, um sie zu lieben. Diese Träume aber sind nicht willkürlich und «rein subjektiv», sie bilden vielmehr die subjektiven Erkenntnisbedingungen, die Fenster in der Mauer des Ichs, um den anderen in seiner Bedeutung, in seinem Gehalt und in seinem Wert (als Weg, als Wahrheit und als Leben, nach Joh 14, 6) zu erkennen. Unabhängig von dieser personalen *Verschmelzung* von «Subjekt» und «Objekt», von Innen und Außen, von Traum und Wirklichkeit, ist weder Glaube noch Liebe verstehbar oder beschreibbar; ein Wissenschaftsbegriff indessen, der an der «Vergegenständlichung» des («theologischen») «Erkenntnisobjekts» festhält, kann nur zu eben dem Ergebnis der Aufspaltung führen, das die historisch-kritische Methode präsentiert. M. a. W.: Die wesenhafte systematische Zerstörung der Glaubensgrundlagen durch den Geist der Neuzeit erhält in Gestalt der historisch-kritischen Exegese den Charakter methodologischer Unvermeidbarkeit.

[7] Zur Frage der *Einsetzung* der Sakramente vgl. schon K. Rahner: Kirche uns Sakramente, 37–67, der die *historische* Begründung der Sakramente durch Christus als eine geschichtlich unhaltbare und theologisch unnötige Position aufgibt, die er durch die Theorie von der Stiftung der *Kirche* als des Ursakramentes ersetzt. Ders.: Zur Frage der Dogmenentwicklung, in: Schriften zur Theologie, I 78 versuchte, den dogmatischen Standpunkt mit der historischen Kritik durch die Theorie von der Differenz zwischen dem expliziten und impliziten Wissen um die Inhalte der Offenbarung zu versöhnen: «Der Christus als die lebendige Mitte zwischen Gott und Welt ... ist der Gegenstand (besser: der Grund!, d. V.) einer Erfahrung, die einfacher, gesammelter und doch reicher ist als die einzelnen Sätze, durch die man diese Erfahrung ausmünzen kann.»

gründen, daß Jesus das «Wort» Gottes, der «Sohn Gottes», der «Heiland der Welt» u.a.m. ist und gewesen ist. Eine andere, religionsgeschichtliche Aufgabe bildet es, den Nachweis zu führen, daß wirklich all die Bilder des Heils sich um die Person Jesu verdichtet und in seiner Gestalt sich erfüllt haben, die auch in den Menschheitsreligionen immer wieder in auffallender Parallelität zur Lehre des Christentums auftreten.

Zum dritten werden wir auf ein Problem aufmerksam, das die ganze Kirchengeschichte zutiefst geprägt hat und prägen mußte: den *Widerspruch von Lehre und Erfahrung*. Jesus selbst, so sagten wir, hat die Symbole des Heils nicht gelehrt, aber er hat sie durch die Erfahrung eines tieferen Vertrauens wachgerufen; daraus geht hervor, daß es eigentlich nur *eine* adäquate Form der Glaubensvermittlung gibt: die vorsichtige, zurückhaltende, gütige, verstehende Bereitschaft, das Leben eines Menschen bedingungslos zu akzeptieren und zu begleiten, in dem Vertrauen, daß Gott in seiner Seele alles angelegt hat, was er auf dem Wege zu sich selbst und zu seinem Ursprung wissen muß. Andererseits verfügt die Religion über all die Bilder, die im Menschen leben, um ihm Weisung und Halt zu geben, und angesichts der individuellen Angst und Zerrissenheit im Umfeld der eigenen Daseinsnot und Ohnmacht scheint es immer wieder nötig, dem Menschen Visionen der Hoffnung vor Augen zu stellen, die seinen persönlichen Erfahrungsraum u.U. bei weitem übersteigen. Während *der Psychoanalytiker* in

Das ist zweifellos wahr; aber die eigentliche Spannung zwischen Dogmatik und Exegese, zwischen kirchlichem Lehramt und Neuem Testament liegt nicht so sehr in der Differenz zwischen unreflexem (Vor-)Wissen und reflexem, satzhaft aussagbarem «Wissen», sondern weit stärker in der Differenz, die von der historischen Kritik zwischen der historischen Erfahrung und der symbolischen («mythologischen») Ausdeutung dieser Erfahrung festgestellt wird und die innerhalb der Dogmatik noch einmal durch die Differenz verstärkt wird, die zwischen der symbolischen Ausdrucksgestalt des Glaubens und der einseitig rationalen Begrifflichkeit der theologischen Interpretation der Glaubenssymbole besteht. Beide Differenzen lassen sich nur durch die Anerkennung und Einbeziehung der bildernden Schichten im Unbewußten der menschlichen Psyche schließen; das «Vorreflexe» ist dabei nicht einfach das noch nicht «Mitgedachte» oder im Denken noch nicht Entfaltete, sondern es ist von wesentlich anderer Qualität als das Denken. Nur so wird man dem von D.F. Strauss (Leben Jesu, 1835–1836) gestellten Problem begegnen können, der unter Hegelschem Einfluß meinte, der christliche Glaube stütze sich nicht auf die historische Wirklichkeit Jesu, sondern auf die Bilder religiöser Einbildung. Der Glaube stützt sich in der Tat auf projektive Symbole, aber diese können nur im Feld eines personalen (historisch begründeten) Vertrauens in heilender Weise wachgerufen werden, und es ist – entgegen der hegelianischen Ausrichtung von Strauss – nicht möglich, in diesen «mythologischen» Bildern lediglich die Widerspiegelung von *Ideen* auf der Ebene des Gefühls zu erblicken – speziell bei den *Wundererzählungen,* die Strauss unter die Mythen subsumierte, dürfte sich gezeigt haben, daß es gerade darauf ankommt, die Bilder des Unbewußten primär mit Gefühlen und Affekten, statt mit Gedanken und Ideen in Verbindung zu setzen. – Am nächsten steht der Ansatz, den wir hier bzgl. dem Mythenverständnis vorschlagen, zweifellos P. Tillich, wenn dieser schreibt; «daß es keine andere Möglichkeit von Gott zu reden gibt außer in mythologischen Begriffen» (P. Tillich: Systematische Theologie, I 259; vgl. ders.: Mythos und Mythologie, Werke V 187–195). Sehr richtig sagt P. Tillich: Wesen und Wandel des Glaubens, 62–63: «Die Kritik am Mythos ... versucht, die Aufspaltung (sc. des Göttlichen, d.V.) zu überwinden und zu *einem* Gott zu kommen. Aber auch, wenn nur *ein* Gott geblieben ist, hat der Mythos nicht aufgehört.» «Auch der

der Behandlung eine Sphäre des Vertrauens zu schaffen sucht, indem er sich von den Traumbildern und Assoziationen seines Klienten führen läßt, sucht *der Priester* eine Haltung des Vertrauens zu begründen, indem er den Ratsuchenden anweist, den Bildern der Religion zu folgen, die im Umkreis von Vertrauen den Tiefenschichten der menschlichen Psyche entsteigen. Beide Verfahren bedürfen einander und ergänzen einander; die Kirche aber, indem sie immer wieder genötigt ist, den Glauben größeren Menschengruppen zu predigen, steht sehr leicht in der Gefahr, die Bilder des Glaubens erfahrungslos von außen an die Menschen heranzutragen und an die Stelle langsam reifenden Vertrauens voller Ungeduld den autoritären Druck einer allein seligmachenden Lehre zu setzen. Vor allem wenn die Glaubenssymbole in der theologischen Reflexion von den Schichten des Unbewußten systematisch isoliert und allein im Verstande angesiedelt werden, ist eine wachsende Entfremdung der Existenz und eine Neurotisierung der Psyche unvermeidlich.

Monotheismus fällt unter die Kritik am Mythos und bedarf . . . der ‹Entmythologisierung›». «Alle Erzählungen, in denen ein wechselseitiges Handeln zwischen Gott und Mensch geschildert wird, werden zum Gegenstand der Entmythologisierung gemacht.» Dieser Begriff «muß bejaht werden, wenn er besagt, daß ein Symbol als Symbol und ein Mythos als Mythos verstanden werden muß. Er muß abgelehnt werden, wenn mit seiner Hilfe Symbole und Mythen überhaupt zum Verschwinden gebracht werden sollen. Ein solches Unternehmen kann niemals Erfolg haben, weil Symbol und Mythos Formen des menschlichen Bewußtseins sind.» Erst dieser letzte Satz enthält den Unterschied unserer Arbeit zum Standpunkt *Tillichs.* Denn indem P. Tillich sehr stark von der Existenzphilosophie, vor allem J. P. Sartres, beeinflußt war, dessen *existentielle Psychoanalyse* er als erster – und bis heute einziger namhafter Theologe – aufgegriffen und in ihrer Bedeutung für die christliche Sünden- und Erlösungslehre sowie für das Gespräch zwischen Psychotherapie und Theologie erkannt und herausgestellt hat (zu Sartres existentieller Psychoanalyse als hermeneutischem Instrumentarium der Bibelauslegung vgl. E. Drewermann: Strukturen des Bösen, III 218–331), hat Tillich sich von der Begrenztheit der Sartreschen Phänomenologie mit ihren – von Sartre selbst später revidierten – cartesianischen Voraussetzungen nie wirklich lösen können, und so fehlt auch bei seinem Ansatz eine wirkliche Integration der Bildebenen des Unbewußten der menschlichen Psyche. Auch und gerade P. Tillich verwahrt sich daher protestantischerseits gegen die «Sicherung gegen die unbedingte Bedrohung durch Kirche und Sakrament», wie er sie im Katholizismus repräsentiert sieht (P. Tillich: Auf der Grenze, 101), statt die in sich wesentliche Bedeutung und anthropologische Fundierung der Bilder und Riten im Unbewußten zu erkennen, mittels deren die Psyche auf die Erfahrungen der «Grenze» zu antworten versucht. Das formal Richtige des Ansatzes Tillichs, den «Mythos, der als Mythos verstanden, aber nicht beseitigt oder ersetzt wird», als einen *«gebrochenen Mythos»* zu bewahren (Wesen und Wandel des Glaubens, 63), bringt sich damit inhaltlich um seine Voraussetzung: die Bilder des Mythos dürfen nicht nur für den Menschen notwendig sein, sie müssen in dieser Notwendigkeit auch etwas Wahres über Gott selbst vermitteln, oder das Feld des Archetypischen, Symbolischen und Rituellen zerfällt in eine Requisitenkammer des aufgeklärten Bewußtseins. Der bleibenden Notwendigkeit des Mythos, die Tillich beteuert, mangelt die bleibende Wahrheit, der Tillich protestantischerseits sich zugunsten der «Transzendenz» des Göttlichen verweigert. In Wahrheit geht es in der Diskussion um den «Mythos» des Christus gerade um den Glauben, daß Gott sich in den Symbolen der menschlichen Psyche selbst *mitteilt,* wenn irgend die Inkarnationslehre einen Sinn erhalten soll; – es genügt nicht, mit Tillich zu sagen, daß wir vermittels mythischer Symbole auf der Suche sind nach dem, was uns «unbedingt angeht». Die eigentlich christliche Differenz zum Mythos liegt nicht so sehr in der Transzendenz des Göttlichen, das sich selbst dem Menschen mitteilt, es liegt in der Differenz des Personalen gegenüber allem Archetypischen.

c) *Die Dialektik zwischen protestantischer und katholischer Hermeneutik*

Von daher scheint sich des weiteren auch die Lösung für ein jahrhundertealtes theologisches Dilemma zu bieten: für die kontroverstheologische Debatte und ökumenische Aporie im Dialog zwischen den Konfessionen. Vorauszusetzen ist, daß es so etwas gibt wie *das* Wesen *des* Protestantismus und *das* Wesen *des* Katholizismus. Der eigentliche Streitpunkt zwischen beiden Konfessionen liegt indessen nicht in der Rechtfertigungs- und Gnadenlehre, wie man lange Zeit gemeint hat, sondern offenbar zwischen der Subjektivität des Glaubensvollzugs und der Objektivität der Glaubensinhalte[8] (in der Trennung zwischen der *fides qua creditur* und der *fides quae creditur)*; «Fiduzialglaube» bzw. die subjektive Haltung des Vertrauens auf der einen Seite und ein dogmatisch gebundener «Glaube daß» stehen, geistig gespalten und politisch organisiert in zwei Konfessionen, einander gegenüber, und die Frage ist, wie aus diesem unchristlichen Widerstreit der Konfessionen im Christentum ein Ausweg zu finden ist.

Wir haben in dieser Arbeit immer wieder gegenüber dem protestantischen Prinzip in der Hermeneutik der Bibel den Vorwurf erhoben, es zerstöre den Symbolismus der Bilder, verleugne die anthropologischen Grundlagen des Glaubens und lehre eine Form des Christentums, die den Bilderreichtum der christlichen Glaubenstradition als heidnische Beimischungen bekämpfen *müsse.* Dieser Vorwurf richtet sich auch gegen die existentiale Hermeneutik R. BULT-

[8] Es ist gewiß richtig, wenn P. TILLICH: Auf der Grenze, 97 schreibt: «Das Protestantische am Protestantismus ist und muß immer sein die Verkündigung der menschlichen Grenzsituation, der unbedingten Bedrohtheit des menschlichen Seins.» Aber TILLICH beschreibt damit eigentlich nur die Erlebnisseite der radikalen Vereinzelung des Individuums, die dem Protestantismus in der Spannung zwischen Angst und Glaube in seiner religiösen Erfahrung und seinem theologischen Konzept wesenhaft zugrunde liegt. So wahr es ist, daß es, mit KIERKEGAARD gesprochen, die entscheidende Bestimmung des Menschen vor Gott darstellt, ein Einzelner zu werden und jede Absicherung in der beruhigten Position des ethisch Allgemeinen preiszugeben, so steht die «Vereinzelung» gerade bei KIERKEGAARD doch sehr in der Gefahr, aufgrund ihrer Abgetrenntheit von den unbewußten Erlebnisschichten der Psyche das gerade Gegenteil echter Individuation und Selbstfindung zu bewirken (vgl. E. DREWERMANN: Strukturen des Bösen, III 504–514). Vor allem die Ausklammerung des Unbewußten nötigt den Protestantismus immer wieder zur Abwehr des Bildhaften, Archetypischen, Mythenschaffenden, Rituell-Sakramentalen in allen Religionen der Menschheit, und indem er diese Bereiche der menschlichen Psyche als etwas betrachtet, das den Einzelnen durch falsche kollektive Bindungen oder heteronome Zwänge in seiner Freiheit und Verantwortung einschränken bzw. das die Transparenz alles Endlichen verstellen könnte, trägt der Protestantismus nicht wenig dazu bei, den Einzelnen gerade daran zu hindern, die Angst einer rein neurotischen Egozentrik in Richtung einer umfassenderen Begegnung mit sich selbst und dem Ursprung seiner Existenz zu verlassen. Immerhin hat gerade P. TILLICH: Wesen und Wandel des Glaubens, 72 den *sakramentalen Glaubenstyp,* den er im Katholizismus anzutreffen meint (das Unendliche wohnt im Endlichen) zu Recht als «universal» betrachtet und hinzugefügt: «Er ist das ‹tägliche Brot› des Glaubens, ohne den ein Glaube leer und abstrakt würde und seine Bedeutung für das Leben des Einzelnen und der Gruppe verlöre.»

MANNS und sein Programm der Entmythologisierung, obwohl wir dem Anliegen dieses Konzeptes natürlich zustimmen; – ohne die Vorarbeit BULTMANNS wäre der hier vorgeschlagene Weg ersichtlicherweise weder denkbar noch begehbar gewesen. Aber es ist im Rahmen der existentialen Hermeneutik die Wesentlichkeit und Unüberholbarkeit von symbolischer, mythischer Rede nicht begründbar, und vor allem der Einfluß K. BARTHS auf BULTMANN verrät auch hier die übliche antipsychologische Verdrängungshaltung gegenüber den «heidnischen» Bildern[9]. Indem wir also Grund haben, die Einseitigkeit protestantischer Hermeneutik herauszustellen, mag bei kursorischer Lektüre dieser recht umfangreichen Arbeit bei manchem Leser der Eindruck entstanden sein, es würden hier womöglich nur alte kontroverstheologische Vorurteile gepflegt und neue Formen eines katholischen Ultramontanismus wachgerufen. Aber es ist hier wie allerorten: man überwindet Gegensätze nicht, indem man sie verleugnet, sondern nur, indem man ihre Notwendigkeit begreift und zu Ende denkt; und so vertreten wir zuversichtlich die Ansicht, daß diese Arbeit gerade in der Betonung der hermeneutischen Antithesen zwischen den Konfessionen zum interkonfessionellen Gespräch einen wichtigeren Beitrag zu leisten vermag, als wenn wir die bestehende Problematik vorschnell zu harmonisieren versuchten. Einerseits haben wir den radikal protestantischen Ansatz der Existentialhermeneutik S. KIERKEGAARDS in vollem Umfang und ohne jede Einschränkung übernommen: die ganze Auseinandersetzung des menschlichen Daseins steht in dem Spannungsfeld von Angst und Vertrauen, und je nach der Grundbestimmung der Existenz verwandelt sich das *ganze* Dasein des Menschen im Felde der Angst ins Unheil oder es gewinnt sich zurück im Felde eines wiedererlangten Vertrauens. Vor allem am Beispiel der jahwistischen Urgeschichte läßt sich – wie anderenorts geschehen[10] – der Nachweis führen, wie berechtigt die protestantische Auslegung der christlichen Erbsündenlehre ist, es verforme sich in der Gnadenlosigkeit der Gottesferne nicht nur etwas am Menschen, sondern sein ganzes Wesen gerate ins «Negative» (die Lehre von der *«natura corrupta»*); insbesondere mit Hilfe der Neurosenlehre der Tiefenpsychologie wird die ver-

[9] P. TILLICH: Auf der Grenze, 25 meinte gegenüber K. BARTH sehr zu Recht: «Der Dogmatismus der Religionen, einschließlich der protestantischen Orthodoxie und der letzten Phase der dialektischen Theologie, ist darin begründet, daß ein Stück menschlich-religiöser Wirklichkeit mit göttlicher Unbedingtheit bekleidet wird ... der Großinquisitor (sc. im Sinne DOSTOJEWSKIS, d. V.) ist im Begriff, seinen Einzug in sie (sc. die Bekenntniskirche, d. V.) zu halten, und zwar in dem starken, aber engen Panzer des Barthschen Supranaturalismus.» Das eigentliche Problem des Dogmatismus (oder, subjektiv, biblizistischen Fideismus) liegt in der Ablehnung der Psychologie und damit der Wurzellosigkeit des eigenen Glaubens. Es ist immer die gleiche Angst, sich selber zu begegnen, die jene bizarre Äußerlichkeit bedingt, in der eine supranaturalistische Frömmigkeitshaltung sich mit einer merkwürdigen Form von historischem und politischem Realitätssinn und Kritikbedürfnis verpaart.

[10] E. DREWERMANN: Strukturen des Bösen, III 568–584.

heerende Psychodynamik der Angst in ihrer ganzen Dramatik von innen her verstehbar und einfühlbar[11], und es zeigt sich umgekehrt, daß allein eine Haltung fundamentalen Vertrauens den Menschen zu erlösen vermag. In der Übereinstimmung mit dieser Grundposition der protestantischen Rechtfertigungslehre kann die vorliegende Arbeit nicht protestantischer sein.
Andererseits leidet der Protestantismus an dem gleichen Übel, das er bereits vom *Katholizismus* übernommen hat: der Isolation des Glaubensbegriffs von den unbewußten Schichten der Psyche. Der Katholizismus hat zwar objektiv eine Fülle von archetypischen Symbolen in seine Glaubenslehren und Riten aufgenommen, aber er hat sich stets geweigert, den Ursprung dieser Bilder in der menschlichen Psyche anzuerkennen. Ähnlich wie man sich in der Schöpfungslehre lange Zeit über verzweifelt dagegen wehrte, die Entstehung des Lebens oder die Schöpfung des Menschen mit der Evolutionslehre in Einklang zu bringen, so weigert man sich noch heute, anzuerkennen, daß Gott offenbar alles dem Menschen zum Heil Notwendige an Symbolen in die Seele gelegt hat und diese Bilder «nur» durch ein entsprechendes personales Vertrauen geweckt zu werden brauchen, um dem Bewußtsein offenbar zu werden. Da man das Unbewußte in der menschlichen Psyche anzuerkennen sich weigerte, mußte man die Entstehung der Glaubenssymbole in der Bibel *historisch* begründen, und dies war der Punkt, an dem sehr berechtigt die protestantische Kritik sich entzündete, indem sie alles nicht biblisch und historisch Begründbare aus dem Christentum zu eliminieren suchte – die historisch-kritische Methode stellt von daher eine wesentlich protestantische Art der Schriftauslegung dar.
Es ist nun sehr wichtig zu sehen, daß die gegensätzliche Einstellung zu den archetypischen Symbolen der christlichen Glaubenslehre nur möglich ist, weil keine der beiden Konfessionen die Existenz des Unbewußten als Quelle der Gottesoffenbarung anerkennt. Die anthropologische Reduktion des Menschen auf Verstand und Willen hat den Menschen selbst zwischen Bewußtsein und Unbewußtem aufgespalten, und es ist diese anthropologische Spaltung, die den eigentlichen Grund der konfessionellen Spaltung bildet, indem der Protestantismus den Glaubensvollzug wesentlich in dem reflexen Ich des Menschen verankert, wohingegen der Katholizismus die objektiven Glaubensinhalte stärker hervorhebt[12]; da er diese aber auf eine falsche Weise historisch (statt tiefenpsychologisch) zu begründen suchte, war es unvermeidlich, daß die katholische Kirche ihre schwindende argumentative Kraft in der Neuzeit immer stärker durch Vermehrung äußerlichen Drucks und verinnerlichten Zwangs ausgleichen mußte. Ihre Tragik bestand und besteht nach wie vor darin, daß sie sich außer-

[11] Vgl. E. Drewermann: A.a.O., II 553–586; III 460–497.
[12] Vgl. a.a.O., III 514–533.

stande zeigt, mit einer eigenen Hermeneutik der objektiven Realität des Psychischen auf die protestantische Kritik zu antworten.
So verstanden, ist die abendländische Glaubensspaltung kein historisch bedingter «Fehler» gewesen, der sich bei einigem guten Willen wieder korrigieren ließe; es zeigt sich vielmehr, daß die beiden Konfessionen in ihrer sozialen Aufspaltung den Zustand einer *seelischen* Aufspaltung widerspiegeln, die als erstes rückgängig gemacht werden müßte, wenn eine ganzheitliche, integrative Form des Glaubens möglich werden sollte. Statt einander in wechselseitiger Polemik ihre Unwahrheit vorzuwerfen oder irenisch ihre Gemeinsamkeiten zu beteuern, sollten beide Konfessionen sich vielmehr gemeinsam um eine vertiefte Form der Menschlichkeit bemühen. Der *Katholizismus* müßte begreifen, daß seine Glaubenslehren im Menschen selber gründen und folglich nicht von außen durch Unterdrückung des Subjekts vermittelt werden müssen; der *Protestantismus* hingegen müßte lernen, daß die Haltung des Vertrauens im Subjekt nicht ohne die Bilder des Unbewußten sich vollziehen und zustande kommen kann. *Beide Konfessionen* müßten je auf ihre Weise eine neue Einstellung zum Unbewußten gewinnen, in welcher die innere und äußere Wirklichkeit, Traum und Historie, Glaubensvollzug und Glaubensinhalt, subjektive Freiheit und objektive Verbundenheit einander nicht ausschlössen, sondern zu einer spannungsreichen Einheit zusammenträten.
Die Auslegung der Bibel aber muß als der entscheidende Prüfstein dafür gelten, inwieweit eine solche Einheit des Denkens und Erlebens vorstellbar und wirklich ist. Indem wir in der vorliegenden Arbeit die Einseitigkeiten, Aporien und Gefahren der historisch-kritischen Methode im Erbe des protestantischen Glaubensverständnisses aufgezeigt haben, hoffen wir, zugleich die Grundlagen einer tiefenpsychologisch fundierten Hermeneutik geschaffen zu haben, die entsprechend der katholischen Glaubenslehre die Objektivität des Psychischen anerkennt und in der antithetischen Spannung beider eine neue Synthese vorbereitet.

d) Die Dialektik zwischen «Heidentum» und «Christentum»

Mit dieser Konzeption ist ein weiterer Einwand widerlegt, der immer wieder laut wird, wenn man die Archetypik der christlichen Glaubenslehren betont und, wie in diesem Buch geschehen, durch religionsgeschichtliche Vergleiche mit anderen Religionen zu belegen sucht; der Einwand lautet entweder protestantischerseits, derartige Glaubensinhalte müßten als heidnische Relikte aus dem Christentum eliminiert werden, oder katholischerseits, es werde hier die Einmaligkeit und absolute Heilsbedeutsamkeit des Christentums durch eine unzulässige Nivellierung der verschiedenen Religionsformen geleugnet; näherhin wird die alte These erneuert, das «Heidentum» sei mythisch und geschichtslos, die Wahrheiten des Christentums hingegen basierten auf historischen Gegebenheiten.

Im Grund ist das Nötige zur Widerlegung dieses Einwandes bereits gesagt. Wie es um die «historische» Begründung der christlichen «Heilswahrheiten» bestellt ist, haben wir gerade durch die historisch-kritische Methode seit 150 Jahren kennengelernt. Andererseits haben wir gerade durch die Tiefenpsychologie gesehen, wie absolut wesentlich *eine historische Person* hinter den heilenden Bildern des Glaubens angenommen werden muß, indem zur Überwindung zentraler Formen des Angsterlebens notwendig die Begegnung mit einer anderen Person gehört, in deren vertrauensvoller Nähe die heilenden Bilder der menschlichen Psyche aus dem Unbewußten allererst aktiviert zu werden vermögen; und gerade in dieser *Verbindung von personalem Vertrauen und archetypischen Träumen* scheint der wichtigste Anknüpfungspunkt für eine fundamentaltheologische Begründung des spezifisch Christlichen zu liegen.

Immer wieder hat man das Besondere des Christentums in den *Lehrinhalten* sehen wollen, aber zu Recht haben bereits antike Philosophen dagegen auf die zahlreichen Analogien zwischen den christlichen und den «heidnischen» Glaubensvorstellungen hingewiesen[13]. In der Tat liegt die Einzigartigkeit des Christentums nicht in seinen Glaubenssymbolen an sich, die vor allem im Alten Ägypten jahrtausendealte Parallelen zu den christlichen Vorstellungen aufweisen und im kollektiven Unbewußten der menschlichen Psyche verankert sind. Spezifisch christlich hingegen ist die Betonung der Personalität und Individualität in ihrer Synthese mit dem archetypischen Material der Psyche.

Was im prophetischen Erleben des Alten Testamentes eine Ausnahme war und bleiben mußte, gilt im Christentum als unbedingte Voraussetzung des Glaubens: die radikale Vereinzelung des Individuums im Moment der Entscheidung für oder gegen die Annahme der christlichen Botschaft. Mit der Entfaltung des Ichbewußtseins aber geht zugleich auch eine neue Form der Ungesichertheit und Angst einher; in der *Diagnose der Angst* als des Grundübels der Menschheit besteht denn auch eine Kernthese der christlichen Dogmatik, wenn man die christliche *Erbsündenlehre* in diesem Sinne auslegt[14]; und *von daher* ergibt sich nun auch eine entscheidende Existentialisierung des uralten Motivs von der sterbenden und auferstehenden Gottheit, die das Christentum tatsächlich zu einer einzigartigen Religion macht: nur der Gottmensch des Christentums hat Angst vor dem Sterben, und nur er muß die Todesangst besiegen, um den

[13] So z.B. Celsus; vgl. Origines: Gegen Celsus, III 24–34 (Parallelen zu den Wundern und zur Auferstehung Jesu); BKV Origines, Bd. II 229–243.

[14] Vgl. E. Drewermann: Strukturen des Bösen, II 221–235; III 226–251.

Gotteswillen zu erfüllen und die Menschheit zu erlösen. Einzig das Christentum hat *den Begriff der Person* in seiner Unableitbarkeit theologisch zum Zentralthema seiner Selbstauslegung erhoben[15], und nur das Christentum verfügt über eine Form der Erlösungslehre, die auf *die Angst der Personalität* mit dem Hinweis auf *die Person des Gottmenschen* antwortet, der in seiner eigenen Angst die Macht des Todes überwand. *Insofern* ist das Christentum an *die historische Einmaligkeit* der Gestalt seines Gründers gebunden, und insofern stellt es selbst eine historisch einmalige und unvergleichliche Religionsform dar.

Doch um das Verhältnis des Christentums zu den anderen Religionen richtig zu bestimmen, darf man nicht in den alten Fehler verfallen, die Ebene der existentiellen, personalen Entscheidung entweder gegen die Welt der archetypischen Bilder zu richten, wie im Protestantismus, oder zugunsten einer metaphysizierten Welt archetypischer Symbole zu vernachlässigen, wie im Katholizismus; denn in beiden Fällen zwingt die innere Zerspaltenheit des christlichen Menschenbildes dazu, gegen die Welt der archetypischen Bilder in den Tiefenschichten der menschlichen Psyche Front zu machen, und diese psychische Gewalttätigkeit im Inneren kann sich nur fortsetzen in politischer Gewalttätigkeit nach außen[16]. Statt die eigenen Glaubenssymbole als gemeinsames Gut der Menschlichkeit zu hüten und als Grundmelodie einer universellen Poesie des Herzens zu entfalten, wurden in der rationalen Selbstinterpretation der christlichen Theologie aus den Glaubenssymbolen der Erlösung ideologisch fixierte Legitimationsurkunden und Anweisungen zu einer seelischen und, womöglich, politischen Gewaltmission[17], deren innere Überzeugungsschwäche reaktik eher den

[15] Z.B. meint J. Ratzinger: Zum Personverständnis in der Dogmatik, in: Dogma und Verkündigung, 205, der Begriff der Person gehöre zu jenen «Zuschüssen», «die das christliche Glauben an das menschliche Denken ermöglicht und geleistet hat.» In der Tat besteht vor allem die christliche Theologiegeschichte des 3.–5. Jhs. darin, den (freilich übernommenen!) Begriff der Person von dem Begriff der «Natur» abzuheben und in der Differenz und Einheit beider die Dogmen der Trinität und der Christologie zu formulieren.

[16] Vgl. E. Drewermann: Der Krieg und das Christentum, 185–198; 251–254.

[17] A.a.O., 277–280; 359–368. – Das zu erarbeitende Programm formuliert W. Schilling: Ökumenische Theologie und Missionswissenschaft, in: U. Mann (Hrsg.): Theologie und Religionswissenschaft, 451–452 beispielhaft, wenn er «eine Religionswissenschaft» fordert, «die zum Sinne der religiösen Phänomene vorstößt, dabei auch vor dem Christentum nicht halt macht und eine tiefgreifende Mytheninterpretation sowie ein echtes Symbolverstehen zum Ziel ihrer Arbeit machen würde». «Eine solche Religionswissenschaft müßte von ihrer Sicht der Lebensmitte des Christenglaubens aus jene Theologie der Kritik unterziehen, die zwar an der Bejahung Christi und seiner Menschlichkeit festhalten will, zugleich aber den Gottesbegriff entschwinden läßt und die christliche Lehre dem Leistungsdenken anzupassen in der Gefahr ist.» Eine solche Religionswissenschaft müßte zeigen, daß Jesus Christus «den Menschen in dessen Individualität zum höchsten Wert erklärt und nur die Person des durch Buße und Vergebung hindurchgegangenen und veränderten einzelnen einen Beitrag zur Veränderung der Gesellschaft leisten kann. Daß ferner auch in der besten Gesellschaft alle peinigenden Irrationalitäten und Aporien des Lebens (Egoismus, Machtstreben, Krankheit, Tod usw.) bleiben und nur die Gnade als göttliche Rechtfertigung des Lebens Ruhe für den Menschen geben kann.»

erklärten Atheismus als den Glauben fördern mußte[18]. Vor allem versäumt die christliche Theologie, wenn sie ihre Feindschaft gegenüber der Welt des Unbewußten beibehält, in der Gegenwart die letzte Chance, von den sog. «heidnischen» Religionen zu lernen und den Sinngehalt der eigenen Glaubenssymbole tiefer zu verstehen.
So hat z.B. der christliche Personalismus in seiner antimythischen Isolation von den Schichten des Unbewußten der menschlichen Psyche dazu geführt, nicht nur die innere Natur des Menschen zu unterdrücken, sondern vor allem auch die äußere Natur dem Menschen als etwas Fremdes und Feindliches gegenüberzustellen[19]. Gerade von den mythischen Religionen müßte das Christentum die Fähigkeit sich zurückschenken lassen, die eigenen Glaubenssymbole nicht allein zur Deutung der menschlichen Existenz, sondern wesentlich auch zur *Begründung eines tieferen religiösen Verhältnisses zur umgebenden Natur* zu nutzen. Umgekehrt fällt dem Christentum offenbar die Aufgabe zu, in einer immer enger werdenden Welt im Konzert der Religionen seinen eigenen zentralen Gedanken: die absolute Bedeutung des Individuums, der Personalität und der Freiheit, als bleibend wahres Vermächtnis für alle Zeiten miteinzubringen. Die Aufgabe einer wahren *Synthese von Existenz und Symbol, von Bewußtsein und Unbewußtem, von Person und Natur*, die sich der christlichen Theologie in ihrer eigenen Hermeneutik stellt, erscheint unter anderen Vorzeichen damit zugleich als Aufgabe einer kommenden Geschichte des menschlichen Bewußtseins[20].

e) Die Dialektik zwischen tiefenpsychologischer und sozialgeschichtlicher Hermeneutik

Ein letztes Mißverständnis der tiefenpsychologischen Hermeneutik wird immer wieder geäußert und liegt sozusagen in der Luft, nachdem wir uns mit einer soziologisch fundierten bzw. sozial ausgerichteten Auslegung der Bibel recht kritisch auseinandergesetzt haben. Der übliche *theologische* Einwand lautet, daß eine Religiosität der Innerlichkeit dem Anliegen gerade der Bibel zentral widerspreche; das «Reich Gottes» sei nicht identisch mit der seelischen Innenwelt des Einzelnen; die Forderung Jesu, dem Notleidenden neben mir zum «Nächsten» zu werden, sei der prophetischen und neutestamentlichen Botschaft wesentlich, sie drohe aber ins Unverbindliche zu geraten, wenn Armut, Unfreiheit und Elend zu bloßen Symbolen der Psyche abgewertet würden; zudem verlange die Not – z.B. der Länder der Dritten Welt – überindividuelle, politisch-soziale

[18] E. Drewermann: Der Krieg und das Christentum, 362–366.
[19] Vgl. E. Drewermann: Der tödliche Fortschritt, 79–84; 133–142.
[20] Ders.: Der Krieg und das Christentum, 338–349.

Lösungen, und dieses Erfordernis rücke gerade die Analyse kollektiver Formen von Unrecht und Gewalt in ein neues Licht. Hinzufügen lassen sich die *sozialpsychologischen* Einwände: der «Einzelne», wie wir ihn hier zum «eigentlichen» Hörer religiöser Botschaft erklären, sei eine Ausgeburt idealistischen Denkens und ein Pendant des frühkapitalistischen Unternehmertums, das in der heutigen Konsum- und Massengesellschaft keine Grundlage mehr besitze; außerdem zeige gerade die Psychoanalyse durch die Aufhellung der frühkindlichen Sozialisationsprozesse, wie abhängig das subjektive Bewußtsein von den gesellschaftlichen Prozessen sei.

Gegenüber diesen Einwänden gilt es noch einmal zu betonen: wir leugnen nicht im mindesten das Prinzip sozialer Verantwortung in der Religion der Bibel, noch haben wir irgendein Interesse an der Aufrechterhaltung der Rechtfertigung der bürgerlichen Gesellschaftsordnung – «bürgerlich» im Sinne des hl. AUGUSTINUS von der *civitas terrena*. Wohl aber geht es darum, drei Gefahren gleichzeitig zu bekämpfen, die in einer *Ethisierung, Politisierung* (bzw. Ideologisierung) und *Kollektivierung* des Religiösen notwendig enthalten sind.

So wahr es ist, daß ein «Glaube ohne Werke» ein «toter» Glaube ist, so sehr kommt es heute darauf an, die Reduktion des Religiösen auf das Ethische im Sinne I. KANTS mitsamt den Erfordernissen eines rationalistischen Pragmatismus zu revidieren. Die erste Frage des Menschen – noch einmal sei es gesagt – lautet nicht: «Was muß ich tun?», sondern: «Wer bin ich?» und: «Was darf ich sein?» Inmitten einer Welt, in der scheinbar alles «machbar» ist, bildet die Religion im *Verein mit der Psychotherapie* den einzigen Freiraum eines voraussetzungslosen Sein-Dürfens und Angenommenseins des Einzelnen[21], und es ist äußerst wichtig, diesen Freiraum zu erhalten. Ein Mensch, der im Umraum seiner Freiheit zu sich selbst gefunden hat, wird auch nach außen hin «nützlicher» sein als ein noch so sozial engagierter Neurotiker, und es ist eine falsche Alternative, die Armut draußen der Armseligkeit drinnen antinomisch gegenüberzustellen. Noch weniger aber geht es an, die Fragen des menschlichen Daseins auf die Beseitigung materieller Not zu reduzieren. Die Religion beginnt nicht mit Essen und Trinken, sondern mit der Entdeckung, daß ein Mensch niemals nur essen und trinken will, ohne zu wissen, was für ein Sinn seinem Dasein zukommt. Alle Fragen äußerer Not kehren, ins Unendliche gesteigert, zurück in der Angst der menschlichen Freiheit und der Kontingenz der menschlichen Endlichkeit: die Möglichkeit, das eigene Dasein zu verfehlen, und der Tod sind die äußersten Infragestellungen der menschlichen Existenz, und *darauf* muß die Religion antworten, indem sie alle Dinge ringsum in Form von Symbolen und Riten transparent macht zum Unendlichen und dabei die Träume des

[21] Vgl. E. DREWERMANN: Von der Unmoral der Psychotherapie – oder von der Notwendigkeit einer Suspension des Ethischen im Religiösen, in: Psychoanalyse und Moraltheologie, I 95–98.

Einzelnen mit den Großen Träumen der Menschheit verbindet. Während der ethische Optimismus[22] immer wieder an den «irrationalen» Ängsten und Triebkräften des Unbewußten scheitert bzw. unmittelbar zu deren Handlanger degradiert wird, kommt der Religion gerade die Aufgabe zu, nach Art einer kollektiven Psychotherapie allererst die Voraussetzungen dafür zu schaffen, daß der Mensch dem Gefängnis der Angst entrinnt und zum «Guten» (im Sinne ethischer Verantwortung) fähig wird. Der «Symbolismus» des Religiösen ist nicht die Dispenz, sondern die Bedingung der Möglichkeit des Ethischen.

Desgleichen scheint es wichtig, die von HEGEL inaugurierte Aufhebung des Religiösen in das Politische als eine außerordentliche Gefahr auch in der Exegese zu betrachten. Keine Bibelstelle bleibt vor der Möglichkeit drohender Ideologisierung bewahrt, wenn man die symbolische Hermeneutik der Tiefenpsychologie zugunsten eines politischen Pragmatismus preisgibt; aus Bildern, die in ihrer Nähe zum Traum dem Einzelnen einen Weg zeigen, wie er in einer Sphäre des «Nicht-Handelns» zu seinem wahren Sein gelangen kann, werden dann scheinbar griffige Handlungsanweisungen zur Instrumentalisierung der Macht über möglichst große Menschengruppen. Gerade die Verleugnung der Tiefenpsychologie führt immer wieder zur Bildung kollektiver Mythen mit ihrer außerordentlichen faschistoiden Sprengkraft. Recht hatte E. JONESCO, wenn er mit apokalyptischen Worten davor warnte, Gott an den Staat verkommen zu lassen: «Was ich gelten ließe», schrieb er in seinem Tagebuch «Heute und Gestern»[23], «ist dies: Alles für Gott, falls man gläubig ist; oder falls nicht, alles für den Menschen, für die Menschen, für die Freunde der Menschen, für die Vervollkommnung des Menschen. Wie kann man für den Staat sein, der ja nichts weiter ist als eine Verwaltungsmaschine. Er ist kein Mensch, er ist nicht Gott, er ist kein Engel, er ist nicht einmal eine Idee, ein Mythos. Er ist eine Abstraktion oder vielmehr eine Justizmaschine. Aber für die Nashörner ist der Staat ein Gott geworden. Wie ist das möglich? ... Von Gott wollten sie nichts wissen, weil Gott entfremdet, und nun haben sie aus dem Staat einen Gott gemacht, um entfremdet zu werden. Mit Gott, *ob er nun existiert oder nicht*, unterhielt man sich persönlich. Man sprach zu ihm, er antwortete, oder man glaubte wenigstens, daß er antwortete. Man vertrieb ihn. Der Messias war vor der Tür. Man wollte ihm nicht öffnen. Aber vor allem ist es diese wahre oder eingebildete persönliche Realität Gottes, die wesentlich, lebendig und tröstlich war. Selbst wenn Gott nichts ist als ich, selbst wenn er nur meine Ausstrahlung ist, selbst wenn es, indem ich zu ihm spreche, genau so ist, als spräche ich zu mir vor meinem Spiegel, so gibt mir dies doch ein konkretes Bild, es entfremdet nicht, sondern bestätigt und erhärtet meine Existenz, meine Persönlichkeit. Was aber

[22] Vgl. E. DREWERMANN: Strukturen des Bösen, III ^{2}1980, S. LXIX–LXXXVI.

[23] E. JONESCO: Heute und Gestern, Gestern und Heute. Tagebuch, 96–97.

ist der Staat, wie kann man sich in den Staat hineinprojizieren, und was ist die Nation, und was ist die Gesellschaft? Entpersönlichende, nicht existentielle, stinkende, höchst entfremdende Abstraktionen. Die Menschheit existiert nicht. Es gibt nur Menschen. Die Gesellschaft existiert nicht, es gibt Freunde. Für ein Nashorn ist das nicht dasselbe. Für mich ist sein Staat ein Luftgebilde. Für das Nashorn ist die konkrete Person ein Luftgebilde.»

Von daher gilt es, mit Nachdruck der Gleichung L. Feuerbachs zu widersprechen, nach der die Religion in der Projektion des allgemeinen menschlichen Wesens besteht und ihre Wahrheit in der Vergesellschaftung des Menschen liegt. Die Leistung der Bibel war es gerade, *Gott als Person* erfahren zu haben und die gesamte Religion als ein Gespräch zwischen Ich und Du, als ein personales Verhältnis zu bestimmen.

Politisch ist allein die Masse stark; religiös ist die Masse gleichgültig. Die Brüderlichkeit der Menschen, die von der Religion der Bibel ausgeht, bedarf unbedingt der Individualität des Einzelnen; ohne seine Freiheit und Verantwortung ist auch das Ethische die pure Illusion. Um die Ausbildung des Einzelnen also muß es zunächst gehen, wenn die Religion in ihre Wahrheit kommen soll, und erst vom Einzelnen her lassen sich ohne Gefahr die großen kollektiven Bilder in den Tiefenschichten der menschlichen Psyche zur Grundlage des Zusammenlebens größerer Menschengruppen heranziehen, wie es in der Religion in Form von Kult und Ritual geschieht. *Wesentlich* aber ist der Glaube, den die Religion mitbringt: daß der Mensch nicht das Produkt biologischer Anlage, soziologischer Herkunft und psychologischer Prägung sei, sondern daß er als Person sich einzig Gott verdanke. Die Tiefenpsychologie, wie wir sie verstehen, sollte uns lehren, das menschliche Leben wieder zu lesen wie ein Traumbuch Gottes vom Menschen, und sie sollte uns in den Stand setzen, das Leben des Einzelnen in seiner Einmaligkeit und Unableitbarkeit so nachzuträumen, daß seine Suche nach Gott, sein Verlangen nach Liebe, sein Bemühen um Größe und sein Streben nach Vollendung ihn selber als Dramaturgen seines eigenen Mythos, seines eigenen Märchens, seiner eigenen Sage und seiner eigenen Legende in Erscheinung treten läßt. Erst eine konkrete Poesie des Menschen entlang den großen Menschheitsträumen vermag die menschliche «Gesellschaft» zu vermenschlichen, und eine soziale Hermeneutik sollte sich nicht in Konkurrenz, sondern in Funktion eines tieferen Verstehens der menschlichen Psyche begreifen.

2. Thesen

Positiv lassen sich besonders drei Ergebnisse dieser Arbeit thesenartig festschreiben, die noch einmal einige Grundstandpunkte in Erinnerung rufen mögen.

a) Die Revision des Objektivitätsideals der Neuzeit

Es gilt, den Dualismus des neuzeitlichen Welt- und Menschenbildes zu überwinden, das mit seiner Trennung von Geist und Materie, Denken und Gedachtem, Subjekt und Objekt einen Wissenschaftsbegriff hervorgebracht hat, innerhalb dessen «Erkenntnis» identisch ist mit der rationalen Erfassung eines «Gegenstandes» unter Ausschaltung aller subjektiven Beimischungen; dieser Wissenschaftsbegriff, der selbst in der Naturwissenschaft seit Einführung der HEISENBERGschen Unschärferelation als überwunden gelten darf[24], mußte in der Bibelauslegung eine Methode hervorbringen, die in Gestalt der historisch-kritischen Exegese der «Leidenschaft des Religiösen»[25], der «Gleichzeitigkeit» des Subjekts im Vorgang des Verstehens sowie der Ergriffenheit des Einzelnen durch Gott, der stets nur «Subjekt», niemals «Objekt» werden kann, diametral entgegensteht. Ein eigentlich religiöses Verstehen religiöser Texte beginnt erst dort, wo die historisch-kritische Methode ihr Werk getan hat; also muß sie «aufgehoben» werden in einer umfassenden Form des Verstehens, die die Vorläufigkeit (und Vordergründigkeit!) der historisch-kritischen Methode wieder deutlich werden läßt. Als Methode eines solchen umfassenderen Verstehens ist die Tiefenpsychologie die Methode der Wahl, indem diese gerade aus dem Bemühen entstanden ist, die Spaltung zwischen Subjekt und Objekt, zwischen Fühlen und Denken, zwischen Erleben und Erkennen als eine neurotische Aufspaltung bewußt zu machen und nach Möglichkeit zu revidieren.

b) Der interpretative Wert von Symbolismus und Gefühl

Obwohl die historisch-kritische Exegese in der *Formgeschichte* die verschiedenen Aussageweisen der biblischen Überlieferungen eruieren konnte und damit die Andersartigkeit dieser Traditionen von der modernen Geschichtsschreibung deutlich unter Beweis stellte, blieb sie doch der neuzeitlichen Vorstellung «kritischer» Geschichtsschreibung verhaftet, und statt sich um ein angemessenes Verständnis für die Eigenart und den Eigenwert der Mythen, Märchen, Sagen, Legenden, Wunderberichte, Visionen etc. zu bemühen, setzte die historisch-kritische Forschung alles daran, die «eigentliche» Geschichte hinter den Geschichten zu rekonstruieren und die Motive der Geschichtsformungen in den späteren Überlieferungssträngen zu erforschen. Als Entstehungsort der jeweiligen «Formen» mußte dabei die jeweilige Bezugsgruppe gelten, von der bzw. für

[24] Vgl. W. HEISENBERG: Quantenmechanik und Kantsche Philosophie (1930–32), in: Der Teil und das Ganze, 141–149, wo er die Erkenntniskritik des Idealismus zur Interpretation der Quantenmechanik heranzieht.
[25] Vgl. S. KIERKEGAARD: Die Leidenschaft des Religiösen, Stuttgart 1953.

die bestimmte Überlieferungen geprägt und gestaltet wurden – der Aussagegehalt der einzelen Formen blieb damit rein historisch-soziologisch eingegrenzt; ein möglicher Gegenwartsbezug antiker Texte zu Fragen heutigen Lebens und Erlebens konnte bei dieser Interpretationsweise prinzipiell nicht sichtbar werden.

Demgegenüber kommt es darauf an, den Akzent der Betrachtung gerade von der Historie weg auf das *Typische* der einzelnen Erzählformen zu richten, die schon durch ihre menschheitliche Verbreitung zeigen, daß sie ihre Entstehung keinesfalls bestimmten sozialhistorischen Fakten, sondern bestimmten psychischen Faktoren verdanken. Als Mittel der Interpretation sind vor allem diejenigen psychischen Kräfte zu aktivieren, die von dem Verdikt des neuzeitlichen Objektivitätsideals am meisten betroffen wurden: die Fähigkeit eines traumnahen, bildernden und bildhaften Verstehens der Symbolsprache der wesenhaft *dichterischen* Aussageform der Mythen, Märchen, Legenden etc., sowie die Kunst, die einzelnen Erzählinhalte auf die *Gefühlsbedeutungen* für die verschiedenen Akteure in den Erzählungen selber zu befragen. Den biblischen Erzählungen sollte man zuhören, wie man seinem besten Freunde zuhören würde: mit einem ständigen Interesse nicht für die *Tatsachen* seiner Mitteilungen, sondern für den emotionalen Bedeutungsgehalt seiner Äußerungen. Umgekehrt gesagt: würde man irgendeinem Menschen so zuhören, wie es die historisch-kritische Methode zur Pflicht erhebt, so würde man sich augenblicklich den verdienten Vorwurf zuziehen, das Gespräch zu «tangentialisieren», d.h. ständig einer wirklichen Begegnung auszuweichen. Als eine Methode, die außerstande ist, die Symbolsprache von Träumen, Mythen und anderen archetypischen Erzählungen zu verstehen oder auch nur die Gefühlsbedeutungen und Erlebnisinhalte in den mitgeteilten Begebenheiten einer dichterischen Erzählung wahrzunehmen, darf die historisch-kritische Exegese im Verlauf von 2000 Jahren Kirchengeschichte als dasjenige Verfahren bezeichnet werden, das am wenigstens geeignet ist, die religiöse Bedeutung und menschliche Relevanz eines Textes zu verstehen.

c) Exegese als Integration

Indem die einzelnen Formen der biblischen Überlieferung wie von selbst danach verlangen, in ihrer überzeitlichen Wahrheit und Aussagekraft mitgefühlt, mitdurchlebt, mitgeträumt zu werden, kommt der Exegese selbst eine Schlüsselrolle zur Vereinheitlichung des gegenwärtigen Menschenbildes zu. An ihr liegt es, nicht nur von (mutmaßlichen!) *Wundern der Heilung* in der Vergangenheit als etwaigen Aussagemitteln des Glaubens zu reden, sondern in der Auslegung selbst die Spaltung rückgängig zu machen, aus der die psychoneurotischen und psychosomatischen Symptombildungen entstehen, und vor allem die Angst zu beruhigen, die der Kraft eines heilenden Vertrauens im Weg steht. Desgleichen sind *die visionären Erlebnisse* in den Berufungsgeschichten, Eschatologien und Apokalypsen bis zu dem Punkt einfühlbar zu machen, an dem die Scheinrationalität des neuzeitlichen Menschenbildes mit ihren Verdrängungen, Verleugnungen und verinnerlichten Formen von Zwang und Gewalt selber als Ursache der schizophrenen Reaktionen als äußerster Versuche einer spontanen Selbstheilung in Erscheinung tritt. Nicht nur die Relevanz der überlieferten Erzählungen der Bibel, auch die Relevanz der Theologie könnte dann für die Gesellschaft endlich wirksam in Erscheinung treten. Man kann die Wunder der Heilung in der Bibel nicht verstehen, ohne der Weisheit der Schamanen recht zu geben und mit Nachdruck einer «Medizin» gegenüberzutreten, die in konsequenter Befolgung des neuzeitlichen Objektivitätsideals auch den «Körper» des Menschen lediglich als eine komplizierte Maschine, als einen «Gegenstand» «behandelt», den man mit anderen Maschinen und Gegenständen wieder «funktionsfähig» «machen» müsse; und man kann die eschatologischen und apokalyptischen Visionen nicht auslegen, ohne einer Psychiatrie entgegenzutreten, für die auch die «Seele» des Menschen nur als Reflex und Epiphänomen von Hirnprozessen existiert oder als Inbegriff frühkindlicher mechanisierter Sozialisationsprozesse verstanden wird. Der schlimmste Vorwurf, den man der historisch-kritischen Methode machen muß, besteht darin, daß sie nicht nur dem Leid und der Not der Menschen vollkommen passiv gegenübersteht, sondern daß sie das Leid und die Not der Menschen aktiv vermehrt, indem sie als Methode eben diejenigen Aufspaltungen akzeptiert und instrumentalisiert, die in der Gegenwart unzählige Leiden schaffen und unheilbar machen müssen.

d) Die notwendigen Verzweigungen der Exegese in Raum und Zeit

Damit gegeben und gefordert ist eine vollständige Umkehr dessen, was heute Religion und Theologie heißt. F. NIETZSCHES Protest gegen eine Religion der Naturfremdheit und der Naturverfälschung – psychologisch wie kosmologisch

[26] K. JASPERS: Nietzsche und das Christentum, 25–32 erklärt NIETZSCHES Protest gegen das Christentum zentral daraus, daß für NIETZSCHE das Christentum wesentlich das *Ressentiment* aller Schlechtweggekommenen verkörpert habe, – ein Sammelbecken aller Arten kranker Vernunft und seelischer Leiden, «eine Welt wie aus einem russischen Roman.» In eins mit dieser *psychologischen* Kritik am Christentum als einer Form von Psychopathologie war es für NIETZSCHE aber zugleich die antiwissenschaftliche Verlogenheit des Christentums gegenüber den Rätseln der *Natur*, die auf eine Verleugnung und Verfälschung der inneren wie der äußeren Natur hinauslaufen mußte (vgl. a.a.O., 47–56).

– steht seit 100 Jahren im Raum[26], ohne im Christentum selber eine spürbare Wandlung bewirkt zu haben. Es ist nur eine schwache Ausrede, darauf zu verweisen, daß auch das Wissen der Bibel um die Tiefenschichten der menschlichen Psyche relativ gering gewesen sei und die Thematik des «Individuationsprozesses» für sie überhaupt (noch) nicht existiert habe. Denn so richtig es ist, daß ein subjektiv-reflexes Wissen um die Vorgänge des Unbewußten in der Bibel im großen und ganzen nicht anzutreffen ist, so wird man doch umgekehrt die *projektive* Psychologie der mythischen, märchenhaften, sagenhaften und legendären Erzählungen, die hohe Sensibilität der Wundererzählungen, die objektive psychologische Wahrheit der visionären Erfahrungen und die sublimative Kraft der Gleichnisreden gar nicht hoch genug veranschlagen können. Dann aber ist es unvermeidbar, das Verhältnis von «Traum» und «Wirklichkeit» ganz neu zu bestimmen.

Es kann dann kein «Irrtum» sein, wenn noch heute in den Stammesreligionen die Glaubenstradition wesentlich vom Traumerleben her geprägt ist und wenn wir in ähnlicher Weise auch in der Bibel an allen religiös relevanten Stellen, statt auf historisch getreue Berichterstattung, auf Erzählformen stoßen, die der Welt von Traum und Mythos nahestehen. Statt die exegetischen Erkenntnismittel isoliert auf den historischen und kulturellen Umkreis der Bibel einzuengen und damit notgedrungen immer wieder nur auf die Abhängigkeit bestimmter Erzählungen und Vorstellungsweisen von bestimmten Konstellationen der Vergangenheit aufmerksam zu machen, muß es in religiöser Absicht gerade umgekehrt darum gehen, das überzeitlich Gültige, das allgemein Menschliche, das zu allen Zeiten und Zonen Gegenwärtige und Verbindliche in den biblischen Texten aufzuspüren, und dazu gehört die Ausdehnung der exegetischen Methodik auf bisher so vernachlässigte Gebiete wie die *Ethnologie* (statt der einseitigen Betonung der Archäologie), die empirische *Anthropologie* (statt der einseitigen Betonung der Soziologie), die *Religionsgeschichte* der Völker (statt der einseitigen Betonung der altorientalischen Kulturgeschichte) und bestimmte Fragen der *Verhaltensforschung* (statt der einseitigen Betonung des religiösen Bewußtseins). Statt die fremden Kultur- und Religionsformen lediglich als exegetisch irrelevant abzutun oder mit missionarischem Exklusivitätsanspruch als «Heidentum» zu bekämpfen, könnte und müßte die Exegese dazu beitragen, im Hintergrund der zahlreichen Analogien zwischen den Glaubensvorstellungen der verschiedenen Religionen die archetypischen Wurzeln der Religionen herauszuarbeiten und entgegen der Überheblichkeit des alten christlichen Sendungsbewußtseins eine universelle Hör- und Lernbereitschaft gegenüber den fremden Religionen vorzubereiten. Insbesondere müßte die christliche Theologie anerkennen, daß die Weltsicht der Mythen, zufolge den Vorstellungen heutiger Naturwissenschaft, der Wahrheit weit näherkommt als die anthropozentrische Weltauslegung der Bibel, für die die Welt zum bloßen Vorspiel und zur Bühne der menschlichen

Geschichte zusammenschrumpft[27]; und genauso müßte man anerkennen, daß die psychologische Weisheit der mythischen Religionen die verstandeseinseitige Einstellung der christlichen Theologie bei weitem übertrifft. Um die Weite und Größe der eigenen Glaubenssymbole zu verstehen, gilt es, die fremden Religionen wie einen lebendigen Kommentar zu der eigenen religiösen Überlieferung zu lesen. Es scheint unzweifelhaft, daß viele christliche Wahrheiten, etwa des Johannesevangeliums, im Spiegel z.B. des LAOTSE oder des BUDDHA hell und rein aufleuchten, während sie in dem einseitigen Rationalismus und Pragmatismus der abendländischen Theologiegeschichte eher bizarr und unbegreifbar anmuten. Angesichts einer Menschheit, die immer enger zusammenrückt und sich immer rascher vor allem in den asiatischen Ländern verdoppelt, besteht auch für die Exegese kein Grund mehr, die menschliche Geschichte so zu betrachten, wie der Kolonialismus des 19. Jh.'s es auch theologisch nahelegte: so als sei Europa der Mittelpunkt der Welt und als warteten alle anderen Kulturräume nur darauf, in Umkehrung der Naturordnung die Sonne im Westen aufgehen zu sehen.

3. Von den Grenzen auch der tiefenpsychologischen Hermeneutik

Die Einwände, die üblicherweise gegen eine tiefenpsychologische Schriftauslegung geltend gemacht werden (Gnosisverdacht, Enthistorisierung des Christentums, regressive Wirklichkeitsverleugnung, individualistische Engführung, Preisgabe des Specificums des Christentums) haben wir in der vorliegenden Arbeit, so gut wir konnten, zu beantworten versucht. *Ein* Einwand aber existiert, den wir uns selber vorlegen müssen und den wir ehrlicherweise nicht widerlegen können, weil er geschichtlich bedingt ist und nur durch die Geschichte selbst beantwortet werden kann.

Mit einer gewissen Berechtigung kann man sagen, daß die tiefenpsychologische Hermeneutik religiöser Symbole ihre Notwendigkeit und ihr Ziel darin besitzt, eine Glaubensform, die ihren Halt in der äußeren Wirklichkeit zu verlieren droht, von innen her, mit psychologischen Argumenten, neu zu stabilisieren. Als z.B. die Religion HOMERS und HESIODS durch die sophistische Aufklärung nahezu der Lächerlichkeit preisgegeben war, versuchte PLATON, die überkommenen Mythen mit philosophischen Mitteln neu zu begründen, und in seinem Erbe machten sich vor allem die alexandrinischen Interpreten daran, die mythischen Anschauungen als allegorische Bilder zu verstehen und dem aufgeklärten

[27] Vgl. E. DREWERMANN: Der tödliche Fortschritt, 71–72.

Bewußtsein in poetischer Kunstform psychologisch nahezubringen[28]. In ähnlicher Weise war am Anfang des 19. Jh.'s G. W. F. HEGEL bemüht, die Wahrheit des Christentums, dessen Dogmen in der Philosophie der Aufklärungszeit als verstandeswidrige Doktrinen hinweggespült zu werden drohten, vor dem Forum der Vernunft als notwendig zu erweisen, und wenn man so will, setzt besonders die Tiefenpsychologie C. G. JUNGS das Erbe HEGELS mit den Argumenten eines psychologischen *Idealrealismus* fort. Religionsgeschichtlich legt sich von daher gewiß der Einwand nahe, daß die tiefenpsychologische Argumentationsfigur der Innerlichkeit zur Begründung einer Religion stets als Symptom der beginnenden Dekadenz einer Religion zu werten sei; die psychologische Verinnerlichung des Religiösen entstehe immer dann, wenn die Unmittelbarkeit des Religiösen zerbrochen sei; aber noch niemals sei es gelungen, den zerstörten Außenhalt des Religiösen psychologisch von innen wieder zu ersetzen.

Auf diesen sehr berechtigten Einwand können wir nur antworten, daß wir die religiöse Situation der Gegenwart nicht geschaffen haben und sie jedenfalls so annehmen müssen, wie sie ist. Die Naivität einer Frömmigkeit, wie sie vor der Aufklärungszeit und vor der nachfolgenden historischen Bibelkritik bestand, läßt sich ein für allemal nicht mehr wiederherstellen: weder läßt der alte Wunderglaube noch der dingliche Realismus einer unsymbolischen Rezeption der mythischen Bilder in ihrer projektiven Äußerlichkeit sich wiederherstellen, und insofern bleibt gar nichts anderes übrig, als die Kunst symbolistischer Deutungsverfahren wiederzuerlernen.

Es ist dies der Punkt, an dem wir scheinbar an die alte Lehre des ORIGINES vom *dreifachen Schriftsinn*[29] anknüpfen, und es läßt sich nicht leugnen, daß es gewisse

[28] Insbesondere PHILO VON ALEXANDRIEN ist hier immer wieder zu nennen; s.o. S. 718, Anm. 17. Die gründlichste Studie zur Väterexegese verdankt man nach wie vor J. DANIÉLOU: Sacramentum futuri, 1950, der die typologische Exegese, die er an Beispielen wie Adam und Christus, Noah und die Taufe der Kirche, die Opferung Isaaks, bes. aber am Beispiel von Moses und dem mystischen Exodus (S. 131–202) aufzeigte, wesentlich als Fortsetzung der messianischen Typologie der Propheten des Alten Testamentes betrachtete, die das kommende Königreich Gottes als ein neues Paradies, als einen neuen Exodus und eine neue Sintflut beschrieben. Die apostolische Verkündigung hat nach DANIÉLOU zeigen wollen, daß diese «Figurae» in Jesus Christus ihre Erfüllung gefunden haben. Bes. bei IRENÄUS und ORIGINES habe sich die eschatologische Typologie des Alten Testamentes fortgesetzt. Der Einfluß *Philons* ist bes. bei CLEMENS V. ALEXANDRIEN, ORIGINES, GREGOR V. NYSSA und AMBROSIUS vorherrschend; gerade bei PHILON aber zeigt sich zugleich die Neigung, durchaus *allen* Einzelheiten der Schrift einen symbolischen Sinn beizumessen und, entsprechend der Gnosis, nach Analogien zwischen der Welt der Sinne und der Welt des Geistes zu suchen. Zweifellos liegt darin ein gewisses ungeschichtliches Denken PHILONS begründet, wie DANIÉLOU mit Recht kritisch hervorhebt; andererseits aber ermöglicht erst die Annahme bestimmter grundlegender «Figurae» (Archetypen) eine überzeitliche Bedeutung religiöser Erzählungen.

[29] Bes. ORIGINES und – in der lateinischen Kirche – HIERONYMUS nahmen einen *dreifachen Sinn der biblischen Texte* an: einen geschichtlichen, einen moralischen und einen mystischen, eine Dreiteilung, die in etwa der Dreiheit von Erkennen, Wollen und Handeln (Sein) bzw., wenn man so will, der Dreiheit von Glaube, Hoffnung und Liebe entspricht (s.o. S. 511, Anm. 1). Daraus entwickelte sich bes. bei BONAVENTURA durch

gemeinsame Anliegen und Berührungspunkte zwischen der alten Väterexegese – einer späten Blüte der altägyptischen Verliebtheit in Bilder der Ewigkeit – und der tiefenpsychologischen Hermeneutik gibt.

In dieser Arbeit haben wir darauf verzichtet, diese Beziehungen über die vielfache Anknüpfung an altägyptische Glaubensvorstellungen hinaus weiter hervorzuheben, und zwar aus zwei Gründen. Zum einen ist die historisch-kritische Methode gerade dadurch entstanden, daß sie die Allegorese der Väterexegese bis zur Lächerlichkeit *ad absurdum* führte und einzig den *sensus litteralis* für ihre Deutung gelten ließ; es ist von daher nicht möglich, die Selbstgewißheit der historisch-kritischen Methode zu erschüttern, indem man Argumente gegen sie ins Feld führt, aus deren Schwäche sie gerade ihre Stärke abgeleitet hat. Zudem stellte sich der Väterexegese nicht das Problem der psychischen Zerrissenheit in der Weise, in der wir heute bis zur Grenze der Seelenzerstörung und der völligen Glaubensunfähigkeit uns selbst und der Welt gegenüberstehen. Diesem Problem aber *muß* die Theologie, insbesondere die Exegese, sich stellen, wenn sie nicht selbst der fortschreitenden Entfremdung des Menschen sich mitschuldig machen will.

Deshalb greifen wir auf die Tiefenpsychologie zurück, weil diese als einzige im 20. Jahrhundert sich die Aufgabe gestellt hat, die Verdrängungen und Abspaltungen des Psychischen nach Möglichkeit rückgängig zu machen und damit auch die ursprünglichen Quellen des Religiösen wieder freizulegen. Keinesfalls betrachten wir die Tiefenpsychologie dabei als eine «Universalwissenschaft» oder als eine Form von Religionsersatz; im Gegenteil sind wir uns der Grenzen und der Unzulänglichkeit der Tiefenpsychologie gerade angesichts der unendlichen Weite des Mythos durchaus bewußt. Wohl aber wagen wir zu hoffen, daß das tiefenpsychologisch vermittelte Symbolverständnis eines Tages einem tieferen Verstehen der Chiffren des Daseins weicht. Von der Dreiheit der Bedeutungsachsen des Mythos: Natur, Gesellschaft und Psyche, erfaßt die Tiefenpsychologie nur den Bereich des Psychischen, ohne die Macht zu besitzen, dieselben Bilder in den Ordnungsstrukturen der Gesellschaft und der Natur wiederzuerkennen und auf diese Strukturen sinnvermittelnd einzuwirken. Noch befinden wir uns ganz am Anfang der Fähigkeit, die Botschaft der Träume wieder zu verstehen, und noch sind unsere Träume zu neurotisch verzerrt und gespalten, um uns mit der Welt ringsum und mit den Menschen an unserer Seite in der harmonischen Weise einer religiösen Poesie zu verbinden, wie sie einem lebendigen Ritus zugrunde liegt. Aber manches spricht dafür, daß der Weg, der von S. FREUD zu C. G. JUNG führte, über die Tiefenpsychologie selbst hinausgehen wird, um eines Tages einer vertieften Form des Religiösen Platz zu machen, in

Hinzufügung des «anagogischen», auf die Vereinigung mit Gott hinführenden Sinns die Lehre vom *vierfachen Schriftsinn.*

der die gegenwärtige Zerrissenheit des Psychischen durch eine integrale Weise des Lebens überwunden ist.

Als man einmal den BUDDHA fragte, wie man seine Lehre zu verstehen habe, soll er mit dem berühmten Gleichnis vom Floß geantwortet haben: man gebrauche, erklärte der Erhabene, ein Floß, um über den Strom zu setzen; hinübergelangt aber, lasse man es am Ufer liegen und trage es nicht mit sich auf dem Kopf herum[30]. Nach dem unumgänglichen religiösen Schiffbruch der historisch-kritischen Methode kann die tiefenpsychologische Hermeneutik heute nicht mehr sein als ein Floß, das man benutzen muß, um gegen alle Strömungen und Winde der Zeit dennoch ans andere Ufer zu gelangen. Hat man dieses Ziel erreicht, so mag man auch die tiefenpsychologische Hermeneutik getrost vergessen oder, was auf dasselbe hinausläuft, ihrer nur noch historisch gedenken. Hoffentlich kommt dieser Tag bald. Bis dahin aber bleibt die Psychoanalyse wohl unser aller Schicksal.

[30] K. SCHMIDT: Buddhas Reden. Majjhimanikaya 22, S. 74.

Verzeichnis der zitierten Literatur

(zitiert stets nach der letztgenannten Ausgabe)

1) Philosophie

M. BAKUNIN: Gott und der Staat, deutsch v. M. Nettlau, Leipzig 1919, in: Gott und der Staat und andere Schriften, hrsg. v. S. Hillmann, Reinbek (rororo rk 240–242) 1969, 56–166

H. BARTH: Zeit, Gesellschaft und Geschichte, in: R.W. Meyer (Hrsg.): Das Zeitproblem im 20. Jahrhundert. Bern-München (Ringvorlesungen der Universität Zürich 1963/64) 1964, 318–341

H. BERGSON: Essai sur les données immédiates de la conscience, 1889; dt.: Zeit und Freiheit, ^{3}1949

H. BERGSON: Durée et simultanéité. A propos de la théorie d'Einstein, 1922

M. BUBER: Ich und Du (1923; Nachwort 1957), in: Werke, 1. Bd.: Schriften zur Philosophie, München-Heidelberg 1962, 77–170

M. BUBER: Gottesfinsternis. Betrachtungen zur Beziehung zwischen Religion und Philosophie (1952, engl.; 1953 dt.), in: Werke, 1. Bd.: Schriften zur Philosophie, München-Heidelberg 1962, 503–603

M. BUBER: Die Erzählungen der Chassidim (1949), in: Werke, Bd. 3: Schriften zum Chassidismus, München-Heidelberg 1963, 69–712

M. BUBER: Die chassidische Botschaft (1952), in: Werke in 3 Bden., 3. Bd.: Schriften zum Chassidismus, München-Heidelberg 1963, 739–894

M. BUBER: Noch einiges zur Darstellung des Chassidismus (englisch 1961, deutsch 1962), in: Werke, Bd. III: Schriften zum Chassidismus, München-Heidelberg 1963, 989–998

N. BUCHARIN: Ökonomik der Transformationsperiode, hrsg. v. G. Hillmann, Reinbek (rk 261–263) 1970

G. BRUNO: La cena delle cenere, Oxford 1583; dt.: Das Aschermittwochsmahl, übers. v. F. Fellmann, eingel. v. H. Blumenberg, Frankfurt 1969; Neudruck: Frankfurt (it 548) 1981

A. CAMUS: Le Mythe de Sisyphe, Paris 1942; dt.: Der Mythos von Sisyphos. Ein Versuch über das Absurde; übers. v. H.G. Breuner – W. Rasch, Boppard 1950; Neudruck Reinbek (rde 90) 1959, mit einem komm. Essay von L. Richter

A. CAMUS: L'Homme révolté, Paris 1951; dt.: Der Mensch in der Revolte. Essays; übers. v. J. Streller; neubearb. v. G. Schlocker, unter Mitarbeit von F. Bondy, Hamburg 1953

E.H. OF CHERBURY: Tractatus de veritate, Paris 1624 (neue Ausg., Bristol 1937)

R. DESCARTES: Regulae ad Directionem Ingenii (1628–29; ed. Amsterdam 1701); dt.: Regeln zur Leitung des Geistes, in: R. Descartes, ausgew. u. eingel. v. I. Frenzel, Frankfurt (Fischer Tb. 357) 1960, 19–46

R. DESCARTES: Discours de la méthode pour bien conduire sa raison et chercher la vérité dans les sciences (1637); dt.: Abhandlung über die Methode; übers. v. K. Fischer (1836); in: R. Descartes, ausgew. u. eingel. v. I. Frenzel; Frankfurt (Fischer Tb. 357) 1960, 47–91

R. DESCARTES: Meditationes de prima Philosophia, in quibus Dei Existentia, et Animae humanae a corpore Distinctio, demonstrantur (1641); dt.: Die Meditationen; übers. v. A. Buchenau, Hamburg (Philos. Bibl. Bd. 27) 1954; in: R. Descartes, ausgew. u. eingel. v. I. Frenzel; Frankfurt (Fischer Tb. 357) 1960, 93–125

L. FEUERBACH: Über das Wunder (1839), in: Werke in 6 Bden., hrsg. v. E. Thies, 2. Bd.: Kritiken und Abhandlungen I (1832–1839), Frankfurt 1975, 218–260

L. FEUERBACH: Zur Charakteristik des modernen Afterchristentums. Herr Dr. Nepomuk von Ringseis oder Hippokrates in der Pfaffenkutte (1841), in: Werke in 6 Bden., hrsg. v. E. Thies, 3. Bd.: Kritiken und Abhandlungen II (1839–1843), Frankfurt 1975, 105–129

L. FEUERBACH: Beleuchtung der in den Theologischen Studien und Kritiken (Jahrgang 1842, I. Heft) enthaltenen Rezensionen meiner Schrift «Das Wesen des Christentums» (1842), in: Werke in 6 Bden., hrsg. v. E. Thies, 3. Bd.: Kritiken und Abhandlungen II (1839–1843), Frankfurt 1975, 163–209

L. Feuerbach: Das Wesen des Glaubens im Sinne Luthers (1844), in: Werke in 6 Bden., hrsg. v. E. Thies, 4. Bd.: Kritiken und Abhandlungen III (1844–1866), Frankfurt 1975, 7–68

L. Feuerbach: Vorwort zu: Ludwig Feuerbachs sämtliche Werke, Leipzig 1846, in: Ludwig Feuerbach, Werke in sechs Bänden, hrsg. v. E. Thies, Bd. 4: Kritiken und Abhandlungen III (1844–1866) Frankfurt (Theorie Werkausgabe) 1975, 154–164

L. Feuerbach: Wider den Dualismus von Leib und Seele, Fleisch und Geist (1846), in: Werke in 6 Bden., hrsg. v. E. Thies, 4. Bd.: Kritiken und Abhandlungen III (1844–1866), Frankfurt 1975, 165–195

L. Feuerbach: Die Naturwissenschaft und die Revolution (1850), in: Werke in 6 Bden., hrsg. v. E. Thies, 4. Bd.: Kritiken und Abhandlungen III (1844–1866), Frankfurt 1975, 243–265

L. Feuerbach: Theogonie nach den Quellen des klassischen, hebräischen und christlichen Altertums (1857), Auszüge, in: Werke in 6 Bden., hrsg. v. E. Thies, 4. Bd.: Kritiken und Abhandlungen III (1844–1866), Frankfurt 1975, 272–347

L. Feuerbach: Das Wesen des Christentums (1841), in: Werke in 6 Bden., hrsg. v. E. Thies, 5. Bd., Frankfurt 1975

N. Hartmann: Ethik, Marburg ^{1}1925; unveränderter Neudruck: Berlin ^{4}1962

G.W.F. Hegel: Der Geist des Christentums und sein Schicksal (1799), hrsg. v. G. Ruhbach, Gütersloh (Texte zur Kirchen- und Theologiegeschichte, Heft 12) 1970

G.W.F. Hegel: Vorlesungen über die Philosophie der Religion (Vorlesungen von 1821, 1824, 1827, 1831); Einf. v. Ph. Marheineke; hrsg. v. H. Glockner, in: Sämtliche Werke in 20 Bänden, Bd. 15–16, Stuttgart-Bad Cannstatt ^{4}1965

G.W.F. Hegel: Enzyklopädie der philosophischen Wissenschaften im Grundrisse, Heidelberg ^{3}1830; hrsg. v. F. Nicolin und O. Pöggeler, Hamburg (Philos. Bibl. Bd. 33) ^{6}1959

G.W.F. Hegel: Vorlesungen über die Ästhetik, hrsg. v. H.G. Hotho, Berlin ^{2}1842; mit einer Einführung hrsg. u. eingel. v. R. Bubner, 2 Bde., Stuttgart (reclam 7976; 7985) 1971

G.W.F. Hegel: Vorlesungen über die Geschichte der Philosophie, 3 Bde., auf der Grundlage der «Werke» von 1832–1845 neu edierte Ausgabe v. E. Moldenhauer u. K.M. Michel, Werke Bd. 18–20, Frankfurt 1971

G.W.F. Hegel: Philosophie der Geschichte, nach der Ausg. v. F. Brunstäd; eingef. v. T. Litt; Stuttgart (Reclam 4881–85) 1961

M. Heidegger: Sein und Zeit (1926), Tübingen 1963

M. Heidegger: Platons Lehre von der Wahrheit. Mit einem Brief über den Humanismus, Bern 1947

M. Horkheimer: Die Sehnsucht nach dem ganz Anderen. Ein Interview mit Kommentar von H. Gumnior, Hamburg (Furche Stundenbücher Bd. 97) 1970

D. Hume: Treatise on human nature, Bd. 1–3, London 1738–1740; neu hrsg., Garden City 1961; dt.: hrsg. v. T. Lippes, Bd. 1.2, Leipzig 1895–1906

D. Hume: The natural History of religion, London 1757 (neu hrsg. v. H.F. Root, London 1957); dt. hrsg. v. W. Bolin, Leipzig 1909

D. Hume: An Enquiry Concerning Human Understanding (Überarbeitung des 1. Buches des «Treatise» («Of the Understanding»), London 1758, dt.: Eine Untersuchung über den menschlichen Verstand, übers. u. hrsg. v. H. Herring, Stuttgart (reclam 5489) 1979

E. Husserl: Vorlesungen zur Phänomenologie des inneren Zeitbewußtseins, hrsg. v. M. Heidegger, 1928

K. Jaspers: Nietzsche und das Christentum (entstanden 1938; veröffentl. 1946); München 1952; Neudruck: München (Serie Piper 278) 1985

K. Jaspers: Der philosophische Glaube. Gastvorlesung Basel 1947; Frankfurt-Hamburg (Fischer Tb. 249) 1958

K. Jaspers: Vom Ursprung und Ziel der Geschichte, München 1949; Neudruck: Frankfurt (Fischer Tb. 91) 1955

K. Jaspers: Der philosophische Glaube, München 1948; Neudruck: Frankfurt (Fischer Tb. 249) 1958

K. Jaspers: Die maßgebenden Menschen. Sokrates, Buddha, Konfuzius, Jesus, München 1964; Neudruck: München (Serie Piper 126) 1975

K. Jaspers: Wahrheit und Unheil der Bultmannschen Entmythologisierung, in: K. Jaspers – R. Bultmann: Die Frage der Entmythologisierung, München (Serie Piper 207) 1981, eingef. v. H. Ott, 29–80

I. KANT: Kritik der reinen Vernunft, Riga 1781 (A); 1787 (B), in: Werke in 12 Bänden, hrsg. v. W. Weischedel, Frankfurt (Suhrkamp V.) 1968, Bd. III–IV

I. KANT: Prolegomena zu einer jeden künftigen Metaphysik, die als Wissenschaft wird auftreten können, Riga 1783, in: Werke in 12 Bänden, hrsg. v. W. Weischedel, Frankfurt (Suhrkamp V.) 1968, Bd. V, S. 109–264

I. KANT: Grundlegung zur Metaphysik der Sitten, Riga 1785 (A); 1786 (B), in: Werke in 12 Bänden, hrsg. v. W. Weischedel, Frankfurt (Suhrkamp V.) 1968, Bd. VII, 7–102

I. KANT: Die Religion innerhalb der Grenzen der bloßen Vernunft, Königsberg 1793 (A); 1794 (B), in: Werke in 12 Bänden, hrsg. v. W. Weischedel, Frankfurt (Suhrkamp V.) 1968, Bd. VIII 645–879

I. KANT: Das Ende aller Dinge (1794), in: Werke in 12 Bden., hrsg. v. W. Weischedel, Frankfurt 1960–1964, Bd. XI 172–190

W. KELLER: Die Zeit des Bewußtseins, in: R.W. Meyer (Hrsg.): Das Zeitproblem im 20. Jahrhundert, Bern-München (Ringvorlesungen der Universität Zürich 1963/64) 1964 (Dalp 96), 44–69

S. KIERKEGAARD: Furcht und Zittern. Dialektische Lyrik von Joh. de Silentio, Kopenhagen 1843; übers. ins Deutsche von L. Richter, in: Kierkegaards Werke in 5 Bänden, in neuer Übers. u. mit Kommentar vers. v. L. Richter, Hamburg (rk 71; 81; 89, 113; 147) 1960–1964; Bd. 3 (rk 89) 1961

S. KIERKEGAARD: Philosophische Brocken oder Ein bißchen Philosophie von Johannes Climacus; Kopenhagen 1844; übers. u. komm. v. L. Richter, in: Werke in 5 Bden., Bd. 5, Reinbek (rk 147) 1964

S. KIERKEGAARD: Philosophische Brosamen und Unwissenschaftliche Nachschrift (1846), hrsg. v. H. Diem u. W. Rest, Köln 1959; Neudruck: München (dtv 6064) 1976

S. KIERKEGAARD: Die Krankheit zum Tode. Eine christliche psychologische Entwicklung zur Erbauung und Erweckung, von Anti-Climacus; Kopenhagen 1849; übers. ins Deutsche von L. Richter, in: Kierkegaards Werke in 5 Bänden, in neuer Übertragung und mit Kommentar versehen von L. Richter, Hamburg (rk 71; 81; 89; 113; 147) 1960–64; Bd. 4 (rk 113)

S. KIERKEGAARD: Indövelse i Christendom. Af Anti-Climacus, Kopenhagen 1850; dt.: Einübung im Christentum, von Anti-Climacus, übers. v. E. Hirsch, Werke XII, Düsseldorf-Köln [4]1971

S. KIERKEGAARD: Einübung im Christentum, (Kopenhagen 1850), in: Werkausgabe in 2 Bden., Bd. 2: Einübung im Christentum. Der Augenblick, übers. u. hrsg. v. E. Hirsch u. H. Gerdes, Düsseldorf-Köln 1972, 9–307

S. KIERKEGAARD: Der Augenblick. Flugschriften zwischen 1854–1855; übers. u. erl. v. H. Gerdes; in: S. Kierkegaard: Werkausgabe, Bd. II, 309–567; Düsseldorf-Köln 1971

S. KIERKEGAARD: Der Augenblick. Aufsätze und Schriften des letzten Streits, übers. v. H. Gerdes, Werke XIV, Düsseldorf-Köln 1959

S. KIERKEGAARD: Die Leidenschaft des Religiösen. Eine Auswahl aus Schriften und Tagebüchern, übers. aus dem Dän. von H. Küpper, eingel. v. L. Richter, Stuttgart (reclam 7783–84) 1953

L. KLAGES: Der Geist als Widersacher der Seele, 3 Bde., [3]1953; Neudruck in: L. Klages, sämtliche Werke, hrsg. v. E. Frauchiger, G. Funke, K.J. Groffmann, R. Heiss, H.E. Schröder, 1. Abteilung: Philosophie, Bd. 1–2, Bonn 1. Bd. (Buch 1–4) [2]1981; 2. Bd. (Buch 5) [2]1983

L. KLAGES: Vom kosmogonischen Eros (1922), in: Sämtliche Werke, hrsg. v. E. Frauchinger, G. Funke, K.J. Groffmann, R. Heiss, H.E. Schröder, Bd. 3, Philosophie III, Bonn 1974, 353–497

J.O. DE LAMETTRIE: L'homme machine, Leiden 1748 (neue Ausg. hrsg. v. M. Solovine, Paris 1921); dt. hrsg. v. M. Brahn, Leipzig 1919

S.K. LANGER: Philosophy in a New Key, Cambridge 1942; dt.: Philosophie auf neuem Wege. Das Symbol im Denken, im Ritus und in der Kunst, übers. v. A. Löwith, Frankfurt 1965

G.W. LEIBNIZ: Die Theodizee (1710); übers. v. A. Buchenau, eingef. v. M. Stockhammer; Hamburg (Philos. Bibl. Bd. 71) [2]1968

G.E. LESSING: Die Erziehung des Menschengeschlechts (1780), in: Werke in 2 Bden., hrsg. v. P. Stapf, Bd. 2, Wiesbaden (Vollmer V.) o.J., 977–997

G.E. LESSING: Eine Duplik (1778), in: Werke, hrsg. v. P. Stapf, Bd. 2, Wiesbaden (Vollmer Verl.) o.J., 1180–1243

K. LÖWITH: Weltgeschichte und Heilsgeschichte. Die theologischen Voraussetzungen der Geschichtsphilosophie, Berlin-Köln-Mainz-Stuttgart (Urban Tb. 2) 1953

G. LUKÁCZ: Die Zerstörung der Vernunft (Budapest 1954); Berlin (Werkausgabe, Bd. 9) 1962; Neudruck:

Darmstadt-Neuwied (Sammlung Luchterhand 133, 138, 146) 1973–1974, 3 Bde.: 1. Bd.: Irrationalismus zwischen den Revolutionen; 2. Bd.: Irrationalismus und Imperialismus, 3. Bd.: Irrationalismus und Soziologie

M. MACHOVEČ: Jesus für Atheisten; aus dem Tschechischen übers. v. P. Kruntorad, Geleitwort v. H. Gollwitzer, Stuttgart 1972

P.R. MENDES-FLOHR: Von der Mystik zum Dialog. Martin Bubers geistige Entwicklung bis hin zu «Ich und Du». Mit einer Einf. v. E. Simon; aus dem Engl. übers. v. D.A. von Kries, Königstein 1978

F. NIETZSCHE: Also sprach Zarathustra. Ein Buch für alle und keinen (1883–1884: Teil I–III; 1885: Teil IV), München (GGTb. 403) 1960

F. NIETZSCHE: Die Geburt der Tragödie aus dem Geiste der Musik (1886), mit einem Nachwort v. H. Glockner, Stuttgart (reclam 7131–32) 1952

F. NIETZSCHE: Der Wille zur Macht. Versuch einer Umwertung aller Werte (1887); ausgew. u. geordn. v. P. Gast u. E. Förster-Nietzsche, Stuttgart (Kröner Tb. 78) 1964, Nachw. v. A. Baeumler

J. ORTEGA Y GASSET: Über die Liebe, Madrid 1938 (in deutscher Sprache); aus dem Span. übers. u. hrsg. v. H. Weyl, München (Heyne 530) ²1979

B. PASCAL: Pensées de M. Pascal sur la religion et sur quelques autres sujets, qui ont esté trouvées après sa mort parmy ses papiers, postum 1669; dt.: Über die Religion und über einige andere Gegenstände, übers. v. E. Wasmuth, Stuttgart ⁵(erw. u. neu bearb.) 1954

G.W. PLECHANOW: Iskustwo i literatura, Moskau 1949; dt.: Kunst und Literatur, übers. v. J. Harhammer; Vorw. v. M. Rosenthal; Redaktion und Kommentar v. N.F. Beltschikow, Berlin-O., 1955

F.W.J. SCHELLING: Philosophie der Offenbarung. Unveränderter Nachdruck der aus dem handschriftlichen Nachlaß herausgegebenen Ausgabe von 1858; 2 Bde., Darmstadt 1983

F. SCHILLER: Über naive und sentimentalische Dichtung (1795–1796), in: Werke, hrsg. v. P. Stapf, 2 Bde., Wiesbaden (Tempel-Klassiker) o.J., Bd. II 678–750

F. SCHILLER: Was heißt und zu welchem Ende studiert man Universalgeschichte. Eine akademische Antrittsrede, 1789; in: Werke, hrsg. v. von P. Stapf, 2 Bde., Wiesbaden (Tempel-Klassiker) o.J., Bd. II 817–833

F. SCHLEIERMACHER: Über die Religion. Reden an die Gebildeten unter ihren Verächtern (1799), mit einem Nachw. v. C.H. Ratschow, Stuttgart (reclam 8313) 1969

B. DE SPINOZA: Tractatus Theologico-Politicus, Amsterdam 1670; dt.: Theologisch-politischer Traktat, übertr., eingel. u. komm. v. C. Gebhardt, Hamburg (Philos. Bibl. 93) ⁵1955

B. DE SPINOZA: Die Ethik nach geometrischer Methode dargestellt (1677); aus dem Latein. übers. u. komm. v. O. Baensch (²1910); eingel. v. R. Schottlaender, Hamburg (Philos. Bibl. 92) 1955

M. TINDAL: Christianity as old as the creation, London 1730 (dt. Frankfurt 1741)

J. TOLAND: Christianity not mysterious, London 1696; Neudruck, eingel. v. G. Gawlick, Stuttgart 1964; dt. hrsg. v. L. Zscharnack 1909

2) Systematische Theologie

R. DE ALMEIDA: Armut – aus der Sicht der Theologie der Befreiung, übers. aus dem Port. v. H. Goldstein, in: P. Eicher (Hrsg.): Neues Handbuch theologischer Grundbegriffe, 1. Bd., München 1984, 37–61

P. ALTHAUS: Die Letzten Dinge, Gütersloh 1949

K. BARTH: Die Kirchliche Dogmatik, 5 Bde., Zürich 1932–1955

B. BARTMANN: Lehrbuch der Dogmatik, 1. Bd., Freiburg 1932

J. BERNHART: Die unbeweinte Kreatur. Reflexionen über das Tier, München 1961

L. BOFF: Theologia à Escuta do Povo, in: Revista Eclesiástica Brasileira, Petropolis; dt.: Theologie hört aufs Volk. Ein Reisetagebuch, übers. v. A. Johannemann, Düsseldorf 1982

L. BOROS: Mysterium Mortis. Der Mensch in der letzten Entscheidung, Olten-Freiburg 1962

J. BRINKTRINE: Die Lehre von Gott, 2. Bd.: Von der göttlichen Trinität, Paderborn 1954

J. BRINKTRINE: Die Lehre von der Schöpfung, Paderborn 1956

J. BRINKTRINE: Die Lehre von der Menschwerdung und Erlösung, Paderborn 1959

J. Brinktrine: Die Lehre von den heiligen Sakramenten der katholischen Kirche, 1. Bd.: Allgemeine Sakramentenlehre, Taufe, Firmung und Eucharistie, Paderborn 1961
J. Brinktrine: Die Lehre von den letzten Dingen. Die Lehre von der Kirche, Paderborn 1963
M. Buber: Zwei Glaubensweisen (1950), in: Werke, 1. Bd., München-Heidelberg 1962, 651–782
O. Cullmann: Christus und die Zeit. Die urchristliche Zeit- und Geschichtsauffassung, Zollikon ²1948
E. Drewermann: Gott der Natur – Gott der Offenbarung – Gegensätze? Zwischen Shiva und Christus, in: Theologie und Glaube, 1971, Heft 2, 320–335
E. Drewermann: Strukturen des Bösen. Die jahwistische Urgeschichte in exegetischer, psychoanalytischer und philosophischer Sicht.
1. Bd.: Die jahwistische Urgeschichte in exegetischer Sicht, Paderborn ¹1977; ²1979, erw. durch ein Vorwort: Zur Ergänzungsbedürftigkeit der historisch-kritischen Exegese; ³1981, erg. durch ein Nachwort: Von dem Geschenk des Lebens oder: das Welt- und Menschenbild der Paradieserzählung des Jahwisten (Gn 2, 4b-25), S. 356–413.
2. Bd.: Die jahwistische Urgeschichte in psychoanalytischer Sicht, Paderborn ¹1977; ²1980 erw. durch ein Vorw.: Tiefenpsychologie als anthropologische Wissenschaft; ³1981: Neudruck der 2. Aufl.
3. Bd.: Die jahwistische Urgeschichte in philosophischer Sicht, Paderborn ¹1978; ²1980, erw. durch ein Vorw.: Das Ende des ethischen Optimismus; ³1982: Neudruck der 2. Aufl.
E. Drewermann: Das Tragische und das Christliche, in: Psychoanalyse und Moraltheologie, 3 Bde., Mainz 1982–1984, 1. Bd.: Angst und Schuld, 19–78
E. Drewermann: Von der Unmoral der Psychotherapie oder von der Notwendigkeit einer Suspension des Ethischen im Religiösen, in: Psychoanalyse und Moraltheologie, 3 Bde., Mainz 1982–1984, 1. Bd.: Angst und Schuld, 79–104
E. Drewermann: Sünde und Neurose, in: Psychoanalyse und Moraltheologie, 3 Bde., Mainz 1982–1984, 1. Bd.: Angst und Schuld, 128–162
E. Drewermann: Zum Verhältnis von Psychotherapie und Seelsorge in: Psychoanalyse und Moraltheologie, 3 Bde., Mainz 1982–1984, 1. Bd.: Angst und Schuld, 163–178
E. Drewermann: Ehe – tiefenpsychologische Erkenntnisse für Dogmatik und Moraltheologie, in: Psychoanalyse und Moraltheologie, 3 Bde., Mainz 1982–1984, Bd. 2: Wege und Umwege der Liebe, 38–76
E. Drewermann: Von einer besonders tragischen Form des Mißverständnisses in der Ehe – oder: vom Recht auf Scheidung und auf Wiederverheiratung in der katholischen Kirche, in: Psychoanalyse und Moraltheologie, 3 Bde., Mainz 1982–1984, 2. Bd.: Wege und Umwege der Liebe, 77–111
E. Drewermann: Aus Schuld geschieden – verdammt zum Unglück? Von dem Recht auf Vergebung auch in der katholischen Kirche. Ein Plädoyer, in: Psychoanalyse und Moraltheologie, 3 Bde., Mainz 1982–1984, Bd. 2: Wege und Umwege der Liebe, 112–137
E. Drewermann: Zur Frage der moraltheologischen Beurteilung bestimmter Formen sexuellen Fehlverhaltens, in: Psychoanalyse und Moraltheologie, 3 Bde., Mainz 1982–1984, Bd. 2: Wege und Umwege der Liebe, 162–225
E. Drewermann: O Seele, begehrte ich nicht Unsterblichkeit, in: Psychoanalyse und Moraltheologie, 3 Bde., Mainz 1982–1984, Bd. 3: An den Grenzen des Lebens, 9–26
E. Drewermann: Der verlorene Ursprung und die verheißene Hoffnung, in: Psychoanalyse und Moraltheologie, 3 Bde., Mainz 1982–1984, Bd. 3: An den Grenzen des Lebens, 27–38
E. Drewermann: Laßt sie erfahren, daß das Reich Gottes nahe ist. Eine christliche Begründung der Arbeit mit alten Menschen, in: Psychoanalyse und Moraltheologie, 3 Bde., Mainz 1982–1984, 3. Bd.: An den Grenzen des Lebens, 57–84
E. Drewermann: Von der Zerstörung der religiösen Rede, in: Psychoanalyse und Moraltheologie, 3 Bde., Mainz 1982–1984, 3. Bd.: An den Grenzen des Lebens, 174–198
E. Drewermann: Ein Plädoyer für die Lüge oder: vom Unvermögen zur Wahrheit, in: Psychoanalyse und Moraltheologie, 3 Bde., Mainz 1982–1984, 3. Bd.: An den Grenzen des Lebens, 199–236
E. Drewermann: Der tödliche Fortschritt. Von der Zerstörung der Erde und des Menschen im Erbe des Christentums, Regensburg ³(erw.) 1981
E. Drewermann: Der Krieg und das Christentum. Von der Ohnmacht und Notwendigkeit des Religiösen, Regensburg 1982

E. Drewermann: Der Teufel im Märchen, in. Archiv für Religionspsychologie (hrsg. v. W. Keilbach u. K. Krenn), Bd. 15, Göttingen 1982, 93–128
E. Drewermann: Religionsgeschichtliche und tiefenpsychologische Bemerkungen zur Trinitätslehre, in: W. Breuning (Hrsg.): Trinität. Aktuelle Perspektiven der Theologie, Freiburg-Basel-Wien 1984, 115–142
H. Denzinger – A. Schönmetzer: Enchiridion Symbolorum, Definitionum et Declarationum de rebus Fidei et Morum, Freiburg [32]1963
G. Ebeling: Zeit und Wort, in: R.W. Meyer (Hrsg.): Das Zeitproblem im 20. Jahrhundert, Bern-München (Ringvorlesungen der Universität Zürich 1963/64) 1964, 342–361
P. Eicher: Expression und Offenbarung. Spinozas radikale Frage, in: J.J. Petuchowski – W. Strolz (Hrsg.): Offenbarung im jüdischen und christlichen Glaubensverständnis, Freiburg-Basel-Wien 1981, 123–161
P. Eicher: Bürgerliche Religion. Eine theologische Kritik, München 1983
G. Greshake: Historie wird Geschichte. Bedeutung und Sinn der Unterscheidung von Historie und Geschichte in der Theologie Rudolf Bultmanns, Essen 1963
A. von Harnack: Das Wesen des Christentums (Vorlesungen 1899–1900), mit einem Vorwort von W. Trillhaas, Gütersloh (Siebenstern Tb. 227) 1977
M. Hengel: Christus und die Macht. Die Macht Christi und die Ohnmacht der Christen. Zur Problematik einer ‹Politischen Theologie› in der Geschichte der Kirche, Stuttgart 1974
K. Hollmann: Existenz und Glaube. Entwicklung und Ergebnisse der Bultmann-Diskussion in der katholischen Theologie, Paderborn 1972
G. Hummel: Theologische Anthropologie und die Wirklichkeit der Psyche. Zum Gespräch zwischen Theologie und analytischer Psychologie, Darmstadt (Impulse der Forschung Bd. 5) 1972
E. Jüngel: Paulus und Jesus. Eine Untersuchung zur Präzisierung der Frage nach dem Ursprung der Christologie, Tübingen (Hermeneutische Untersuchungen zur Theologie, Bd. 2) [2](durchges.) 1964
H. Küng: Ewiges Leben?, München 1982; Neudruck: München-Zürich (Serie Piper 364) 1984
C.S. Lewis: Miracles. A Preliminary Study, London 1947; dt.: Wunder. Eine vorbereitende Untersuchung, übers. v. S. v. Radecki. Köln-Olten 1952
G.M. Martin: Weltuntergang. Gefahr und Sinn apokalyptischer Visionen, Stuttgart (Reihe: Symbole) 1984
W. Massa (Hrsg.): Die Wolke des Nichtwissens. Einführung und Text nach der Ausgabe: The Cloud of Unknowing, New York 1973, ins Deutsche übers. v. G. Willems, Vorw. v. E. Lassalle, Mainz (Topos Tb. 30) 1974
J. Moltmann: Theologie der Hoffnung. Untersuchungen zur Begründung und zu den Konsequenzen einer christlichen Eschatologie, München (Beiträge zur evangelischen Theologie, Bd. 38) 1966
J. Moltmann: Kirche in der Kraft des Geistes. Ein Beitrag zur messianischen Ekklesiologie, München 1975
H. Mühlen: Das Vorverständnis von Person und die evangelisch-katholische Differenz, Münster [2]1965
H. Mühlen: Die Erneuerung des christlichen Glaubens. Charisma – Geist – Befreiung, München 1974
W. Pannenberg: Heilsgeschehen und Geschichte, in: Kerygma und Dogma 5/1959, 218–237; 259–288
W. Pannenberg: Hermeneutik und Universalgeschichte, in: Zeitschrift für Theologie und Kirche, Tübingen 60/1963, 90ff.
W. Pannenberg (Hrsg.): Offenbarung als Geschichte, Göttingen [4]1970
Th. Pröpper: Der Jesus der Philosophen und der Jesus des Glaubens. Ein theologisches Gespräch mit Jaspers, Bloch, Kolakowski, Gardavski, Machoveč, Fromm, Ben-Chorin, Mainz 1976
K. Rahner: Zur Frage der Dogmenentwicklung (1954), in: Schriften zur Theologie, Bd. 1, Einsiedeln-Zürich-Köln 1962, 49–90
K. Rahner: Probleme der Christologie von heute (1954), in: Schiften zur Theologie, Bd. 1, Einsiedeln, Zürich, Köln 1962, 169–222
K. Rahner: Theologische Prinzipien der Hermeneutik eschatologischer Aussagen, in: Schriften zur Theologie, Bd. IV, Zürich-Köln 1962, 401–428
K. Rahner: Weltgeschichte und Heilsgeschichte, in: Schriften zur Theologie, Bd. V, Zürich-Köln 1962, 115–135
K. Rahner: Dogmatische Erwägungen über das Wissen und Selbstbewußtsein Christi (1961), in: Schriften zur Theologie, Bd. 5, Zürich-Köln 1962, 222–245
K. Rahner: Kirche und Parusie Christi, in: Schriften zur Theologie, Bd. VI, Einsiedeln, Zürich, Köln 1965, 348–367

K. Rahner: Kirche und Sakramente, Freiburg-Basel-Wien (Quaestiones disputatae, 10) 1960
J. Ratzinger: Zum Personverständnis in der Dogmatik, in: Dogma und Verkündigung, München-Freiburg 1973, 205–223
F. Sawicki: Die Gottesbeweise, Paderborn 1926
W. Schilling: Ökumenische Theologie und Missionswissenschaft, in: U. Mann (Hrsg.): Theologie und Religionswissenschaft. Der gegenwärtige Stand ihrer Forschungsergebnisse und Aufgaben im Hinblick auf ihr gegenseitiges Verhältnis, Darmstadt 1973, 438–453
W. v. Siebenthal: Krankheit als Folge der Sünde, Hannover 1950
P. Teilhard de Chardin: Le Phénomene humain, Paris; dt.: Der Mensch im Kosmos, übers. und für die 2. Aufl. durchges. u. verb. v. O. Marbach, München ^{3}1959
P. Teilhard de Chardin: La messe sur le monde (1923), in: Hymne de l'univers, Paris 1961; dt.: Die Messe über die Welt, in: Lobgesang des Alls, übers. v. K. Schmitz-Moormann, Olten-Freiburg 1964, 9–42
P. Teilhard de Chardin: Christentum und Evolution (1945), in: Comment je crois, Paris 1969; dt.: Mein Glaube, übers. v. K. Schmitz-Moormann, Olten 1972, 207–223
P. Teilhard de Chardin: Einführung zum christlichen Leben (1944), in: Comment je crois, Paris 1969; dt.: Mein Glaube, übers. v. K. Schmitz-Moormann, Olten 1972, 181–206
P. Tillich: Systematische Theologie, 2 Bde., Stuttgart ^{3}1956
P. Tillich: The Dynamics of Faith, 1961; dt.: Wesen und Wandel des Glaubens, vom Verf. durchges. u. bearb. Übers., Frankfurt-Berlin (Ullstein Tb. 318) 1969
P. Tillich: Auf der Grenze. Aus dem Lebenswerk Paul Tillichs, Stuttgart 1962; Neudruck: München-Hamburg (Siebenstern Tb. 3) 1964
P. Tillich: Die Neue Wirklichkeit; Auswahl aus: In der Tiefe ist Wahrheit (The Shaking of the Foundations), übers. v. A. u. G. Stöber, hrsg. v. A. Rathmann; und: Das Neue Sein (The New Being), übers. v. M. Rhine u. G. Stöber, München (dtv 70) 1962
P. Tillich: Mythos und Mythologie, in: Ges. Werke, Bd. 5: Die Frage nach dem Unbedingten, Stuttgart 1964, 187–195
P. Tillich: Der Protestantismus – Prinzip und Wirklichkeit, Stuttgart 1950; jetzt in: Ges. Werke, Bd. VII: Der Protestantismus als Kritik und Gestaltung, Stuttgart 1964
H. Zahrnt: Gott kann nicht sterben. Wider die falschen Alternativen in Theologie und Gesellschaft, München 1970; Neudruck: München (dtv 957) 1973

3) Exegese

a) Altes Testament

A. Alt: Der Gott der Väter (1929), in: Kleine Schriften zur Geschichte des Volkes Israel, 3 Bde., München ^{3}1963, I 1–78
A. Alt: Das Gottesurteil auf dem Karmel (1935), in: Kleine Schriften zur Geschichte des Volkes Israel, 3 Bde., München, 2. Bd., 1953, 135–149
A. Alt: Der Stadtstaat Samaria (1954), in: Kleine Schriften zur Geschichte des Volkes Israel, 3 Bde., München, 3. Bd., hrsg. v. M. Noth, 1959, 258–302
M. Buber: Moses (hebr. 1945; dt.: 1948), in: Werke, Bd. 2: Schriften zur Bibel, München-Heidelberg 1964, 9–230
M. Buber: Der Glaube der Propheten (holländ. 1940; dt.: 1950) in: Werke, 2. Bd.: Schriften zur Bibel, München-Heidelberg 1964, 231–484
M. Buber: Königtum Gottes (1932), in: Werke, 2. Bd.: Schriften zur Bibel, München-Heidelberg 1964, 485–723
M. Buber: Der Gesalbte (entstanden 1938), in: Werke, 2. Bd.: Schriften zur Bibel, München-Heidelberg 1964, 725–845
M. Buber: Abraham der Seher (hebr. 1939; dt. 1955), in: Werke, 2. Bd.: Schriften zur Bibel, München-Heidelberg 1964, 871–893

M. Buber: Weisheit und Tat der Frauen (1929), in: Werke in 3 Bden., 2. Bd.: Schriften zur Bibel, München-Heidelberg 1964, 917–923

M. Buber: Prophetie und Apokalyptik (1954), in: Werke, 2. Bd.: Schriften zur Bibel, München-Heidelberg 1964, 925–942

M. Buber: Falsche Propheten (hebr.: 1940; dt.: 1953), in: Werke, 2. Bd.: Schriften zur Bibel, München-Heidelberg 1964, 943–949

M. Buber: Biblisches Zeugnis (hebr. 1945; dt.: 1950), in: Werke, 2. Bd.: Schriften zur Bibel, München-Heidelberg 1964, 991–1001

M. Buber: Die Erwählung Israels (1938), in: Werke, 2. Bd.: Schriften zur Bibel, München-Heidelberg 1964, 1037–1051

M. Buber: Die Schrift und ihre Verdeutschung (1936), in: Werke, 2. Bd.: Schriften zur Bibel, München-Heidelberg 1964, 1093–1186

M. Buber (F. Rosenzweig): Die 5 Bücher der Weisung, Köln-Olten 1954

W. Eichrodt: Theologie des Alten Testamentes, Göttingen-Stuttgart, 1. Teil: Gott und Volk (⁵1957) ⁷(durchges.) 1962; 2.–3. Teil: Gott und Welt, Gott und Mensch, ⁵(durchges.) 1964

W. Gesenius: Hebräisches und Aramäisches Handwörterbuch, Berlin-Göttingen-Heidelberg ¹⁷(1915) 1962; bearb. v. F. Buhl

H. Gunkel: Die Apokalypsen des Baruch, in: E. Kautzsch (Hrsg.): Die Apokryphen und Pseudepigraphen des Alten Testaments, 2 Bde., Tübingen 1900; Reprint: Darmstadt 1962, II 402–457

H. Gunkel: Genesis, Göttingen ³1910; ⁸1969, eingel. v. W. Baumgartner

H. W. Hertzberg: Die Bücher Josua, Richter, Ruth, Göttingen (ATD 9) ²(durchges.) 1959

O. Kaiser: Der Prophet Jesaja, Kap. 1–12, Göttingen (Das Alte Testament Deutsch, Teilband 17) ²(verb.) 1963

R. Kittel: Die Psalmen Salomos, in: E. Kautzsch (Hrsg.): die Apokryphen und Pseudepigraphen des Alten Testaments, 2 Bde., Tübingen 1900; Reprint: Darmstadt 1962, II 127–148

J. Lindblom: Zur Frage des kanaanäischen Ursprungs des altisraelitschen Prophetismus, in: Festschrift für Eißfeldt: Von Ugarit nach Qumran, 1958

S. Mowinckel: Psalmenstudien, I–VI, 1921–1924; 2. Bd.: Das Thronbesteigungsfest Jahwähs und der Ursprung der Eschatologie, Oslo 1922

M. Noth: Überlieferungsgeschichtliche Studien. Die sammelnden und bearbeitenden Geschichtswerke im Alten Testament, Halle 1943 (²unverändert, Tübingen 1957)

M. Noth: Gott, König, Volk im Alten Testament. Eine methodologische Auseinandersetzung mit einer gegenwärtigen Forschungsrichtung (1950), in: Gesammelte Studien zum Alten Testament, München (Theologische Bücherei, Bd. 6) ³(erw.) 1966, 188–229

M. Noth: Geschichte und Gotteswort im Alten Testament (1949), in: Gesammelte Studien zum Alten Testament, München (Theologische Bücherei, Bd. 6) ³(erw.) 1966, 230–247

M. Noth: Das Geschichtsverständnis der alttestamentlichen Apokalyptik (1954), in: Gesammelte Studien zum Alten Testament, München (Theologische Bücherei, Bd. 6) ³(verm.) 1966, 248–273

M. Noth: Das zweite Buch Mose. Exodus, Göttingen (Das Alte Testament Deutsch, Teilband 5) ²1961

F. Nötscher: Altorientalischer und alttestamentlicher Auferstehungsglauben, Würzburg 1926; Neudruck: Darmstadt 1970, mit einem Nachtrag von J. Scharbert

A. Ohler: Mythologische Elemente im Alten Testament. Eine motivgeschichtliche Untersuchung, Düsseldorf 1969

G. von Rad: Theologie des Alten Testamentes, 2 Bde., München ⁴1957/1960

G. v. Rad: Der Anfang der Geschichtsschreibung im Alten Testament (1944), in: Gesammelte Studien zum Alten Testament, München (Theologische Bücherei, Bd. 8) ³(erw.) 1958, 148–188

G. v. Rad: Die deuteronomistische Geschichtstheologie in den Königsbüchern (1947), in: Gesammelte Studien zum Alten Testament, München (Theologische Bücherei, Bd. 8) ³(erw.) 1965, 189–204

W. Richter: Traditionsgeschichtliche Untersuchungen zum Richterbuch, Bonn (Bonner biblische Beiträge, Bd. 18) ²(durchges.) 1966

R. Smend: Biblische Zeugnisse. Literatur des alten Israel, Frankfurt (Fischer Tb. 817) 1967

A. Weiser: Der Prophet Jeremia. Kapitel 1 – 25, Göttingen (Das Alte Testament Deutsche, Teilband 20) ⁴(neu bearb.) 1960

G. WIDENGREN: Literary and Psychological Aspects of the Hebrew Prophets, Uppsala 1948
R. DE VAUX: Les Institutions de l'Ancien Testament, Paris 1958–60; dt.: Das Alte Testament und seine Lebensordnungen, 2 Bde.; übers. v. L. Hollerbach; Freiburg-Basel-Wien ²1964

b) Neues Testament

K. ALAND: Synopsis quattuor Evangeliorum, locis parallelis evangeliorum apocryphorum et patrum adhibitis edidit Kurt Aland, Stuttgart 1964; Appendix I: Evangelium Thomae copticum, 517–530, ins Deutsche übers. v. E. Haenchen
H.U. v. BALTHASAR: Ja, ich komme bald. Die Endzeit im Licht der Apokalypse. I. Die Offenbarung des Johannes mit den siebenmal sieben Bildern der Bamberger Apokalypse. II. Hans Urs von Balthasar: Die Apokalypse, Stuttgart 1980; Freiburg 1985, 105–144
K. BETH: Die Wunder Jesu, in: A. Suhl (Hrsg.): Der Wunderbegriff im Neuen Testament, Darmstadt (Wege der Forschung Bd. 295) 1980, 80–119
E. BISER: Postkarte genügt nicht!, in: J. Sauer (Hrsg.): Mehrdimensionale Schriftauslegung, Karlsruhe (Veröffentlichungen der Katholischen Akademie der Erzdiözese Freiburg) 1977, 9–34
J. BLANK: Krisis. Untersuchungen zur johanneischen Christologie und Eschatologie, Freiburg 1964
J. BLANK: Die biblischen Wunderberichte als Kerygma und als Glaubensgeschichten (1969), in: Verändert Interpretation den Glauben?, Freiburg-Basel-Wien 1972, 138–159
K. BORNHÄUSER: Das Wirken des Christus durch Worte und Taten, Gütersloh (Beiträge zur Förderung christlicher Theologie, 2. Reihe, 2) ²1924
G. BORNKAMM: Die Komposition der apokalyptischen Visionen in der Offenbarung Johannis, in: Studien zu Antike und Urchristentum, 1959, 204–222
W. BOUSSET: Die Offenbarung Johannis, Göttingen 1906; Nachdruck: Göttingen 1966
H. BRAUN: Jesus. Der Mann aus Nazareth und seine Zeit, Stuttgart-Berlin (Bibliothek Themen der Theologie, Bd. 1) ³1972
R. BULTMANN: Jesus, Tübingen 1926; München-Hamburg (Siebenstern Tb. 17) 1964, mit einem Nachw. v. W. Schmithals
R. BULTMANN: Die Geschichte der synoptischen Tradition, Marburg 1931; Göttingen 1957
R. BULTMANN: Artikel: Der griechische und hellenistische Sprachgebrauch von *alätheia,* in: G. Kittel (Hrsg.): Theologisches Wörterbuch zum Neuen Testament, Bd. 1, Stuttgart 1933, 239–251
R. BULTMANN: Das Evangelium des Johannes, Göttingen (Kritischer-exegetischer Kommentar über das Neue Testament) 1941; ¹⁷1962
R. BULTMANN: Die Frage des Wunders, in: Glauben und Verstehen, Tübingen, I ⁴1961, 214–228
R. BULTMANN: Anknüpfung und Widerspruch (1946), in: Glauben und Verstehen, Bd. II, Tübingen ³1961
R. BULTMANN: Das Urchristentum im Rahmen der antiken Religionen, Zürich 1949; Neudruck: Reinbek (rde 157–158) 1962
R. BULTMANN: Zur Frage der Entmythologisierung. Antwort an Karl Jaspers, in: K. Jaspers – R. Bultmann: Die Frage der Entmythologisierung (1954), München (Serie Piper, 207) 1981, eingef. v. H. Ott, 83–97
R. BULTMANN: Jesus Christ and Mythology, New York 1958; dt.: Jesus Christus und die Mythologie. Das Neue Testament im Licht der Bibelkritik, übers. v. U.G. Richter, Hamburg (Furche Tb. 47) 1964
T.A. BURKILL: Die Vorstellung vom Wunder mit besonderer Berücksichtigung des Markusevangeliums (1959), aus dem Engl. übers. v. D. Lührmann, in: A. Suhl (Hrsg.): Der Wunderbegriff im Neuen Testament, Darmstadt (Wege der Forschung, Bd. 295) 1980, 318–337
H. CONZELMANN: Die Apostelgeschichte, Tübingen (Handbuch zum Neuen Testament 7) 1963
G. DALMAN: Jesus – Jeschua. Die drei Sprachen Jesu in der Synagoge, auf dem Berge, beim Passahmahl, am Kreuz. Im Anhang: Ergänzungen und Verbesserungen, Leipzig 1922 (Reprint: Darmstadt 1967)
G. DALMAN: Grammatik des jüdisch-palästinensischen Aramäisch. Nach den Idiomen des palästinensischen Talmud, des Onkelostargum und Prophetentargum und der Jerusalemischen Targume, Leipzig ²(erw.) 1927; Neudruck: Darmstadt 1960
G. DALMAN: Die Worte Jesu. Mit Berücksichtigung des nachkanonischen jüdischen Schrifttums und der

aramäischen Sprache. Bd. 1: Einleitung und wichtige Begriffe. Mit Anhang: Das Vaterunser. Nachträge und Berichtigungen, Leipzig ^{2}1930 (Reprint: Darmstadt 1965)

G. DAUTZENBERG: Simul justus et peccator. Zur Auslegung von Römer 7, in: G. Dautzenberg - G. Schmalenberg - K. Stock (Hrsg.): Rechtfertigung. Ringvorlesungen des Fachbereichs Religionswissenschaften im Lutherjahr 1983, Gießen 1984, 85–104

M. DIBELIUS: Die Formgeschichte des Evangeliums (1919), 4. Aufl. der dritten durchges. Aufl. mit einem Nachw. v. G. Iber, hrsg. v. G. Bornkamm, Tübingen 1961

M. DIBELIUS: Jesus (1939), 3. Aufl. mit einem Nachw. v. W.G. Kümmel, Berlin (Sammlung Göschen 1130) 1960

C.H. DODD: The Parables of the Kingdom. Revised edition first issued in Fontana books, Glasgow 1961

E. FUCHS: Hermeneutik, Bad Cannstatt ^{3}1963

R.H. FULLER: Interpreting the Miracles, London 1966; dt.: Die Wunder Jesu in Exegese und Verkündigung, übers. u. mit Vor. u. Nachw. vers. v. F.J. Schierse, Düsseldorf 1967

B. GERHARDSSON: Memory and Manuscript. Oral Tradition and Written Transmission in Rabbinic Judaism and Early Christianity, Lund-Copenhagen (Acta Seminarii Neotestamentici Upsaliensis 22) 1961

R. GLÖCKNER: Neutestamentliche Wundergeschichten und das Lob der Wundertaten Gottes in den Psalmen. Studien zur sprachlichen und theologischen Verwandtschaft zwischen neutestamentlichen Wundergeschichten und Psalmen, Mainz (Walberberger-Studien, Neutestamentliche Reihe, Bd. 13) 1983

J. GNILKA: Die Verstockung Israels; Is 6, 9-10 in der Theologie der Synoptiker (St ANT 3), München 1961

H. GUNKEL: Das 4. Buch Esra, in: E. Kautzsch (Hrsg.): Die Apokryphen und Pseudepigraphen des Alten Testaments, 2. Bd.: Die Pseudepigraphen des Alten Testaments, Tübingen 1900; Nachdruck: Darmstadt 1962, 331–401

W. GUTBROD: Artikel Israäl, Israelitäs, Judaios, Judaia etc., in: G. Kittel (Hrsg.): Theologisches Wörterbuch zum Neuen Testament, Bd. 3, Stuttgart 1938, 356–394

F. HAHN: Christologische Hoheitstitel. Ihre Geschichte im frühen Christentum, Göttingen 1963, ^{2}1964

M. HENGEL: War Jesus Revolutionär, Stuttgart (Calwer Hefte 110) 1970

R. u. M. HENGEL: Die Heilungen Jesu und medizinisches Denken, (1959), in: A. Suhl (Hrsg.): Der Wunderbegriff im Neuen Testament, Darmstadt (Wege der Forschung, Bd. 295) 1980, 338–373

J. JEREMIAS: Die Gleichnisse Jesu (^{1}1947), Göttingen ^{6}(neu bearb.) 1962

J. JEREMIAS: Pais (theou) im NT (1954), in: Abba. Studien zur neutestamentlichen Theologie und Zeitgeschichte, Göttingen 1966, 191–216 (neu bearb.)

J. JEREMIAS: Abba, in: Abba. Studien zur neutestamentlichen Theologie und Zeitgeschichte, Göttingen 1966, 15–67

J. JEREMIAS: Die Lampe unter dem Scheffel (1940), in: Abba. Studien zur neutestamentlichen Theologie und Zeitgeschichte, Göttingen 1966, 99–102

J. JEREMIAS: Flesh and Blood cannot inherit the Kindom of God. 1 Cor XV 50 (1955–56); in: Abba. Studien zur Neutestamentlichen Theologie und Zeitgeschichte, Göttingen 1966, 298–307

J. JEREMIAS: Neutestamentliche Theologie, 1. Teil: Die Verkündigung Jesu, Gütersloh 1971

H. JORDAN: Was verstand das älteste Christentum unter Wunder? (1912), in: A. Suhl (Hrsg.): Der Wunderbegriff im Neuen Testament, Darmstadt (Wege der Forschung, Bd. 295) 1980, 177–209

A. JÜLICHER: Die Gleichnisreden Jesu, Tübingen 1910; 1. Teil: Die Gleichnisreden Jesu im allgemeinen; 2. Teil: Auslegung der Gleichnisreden der drei ersten Evangelien; Neudruck: 2 Teile in einem Band, Darmstadt 1976

E. KÄSEMANN: Eine Apologie der urchristlichen Eschatologie, in: Exegetische Versuche und Besinnungen, 1. Bd., Göttingen 1960

E. KÄSEMANN: Die Anfänge christlicher Theologie, in: Exegetische Versuche und Besinnungen, Bd. II, Göttingen 1964, 82–104

E. KÄSEMANN: An die Römer, Tübingen 1973

U. KELLERMANN: Auferstanden in den Himmel. 2 Makkabäer 7 und die Auferstehung der Märtyrer, Stuttgart (Stuttgarter Bibelstudien 95) 1978

O. KUSS: Dankbarer Abschied, München (tuduv-Studien: Reihe Religionswissenschaften, Bd. 2) 1982

E. LINNEMANN: Die Gleichnisse Jesu. Einführung und Auslegung, Göttingen 1961

E. LOHMEYER: Vom Sinn der Gleichnisse Jesu (1938), in: Urchristliche Mystik. Neutestamentliche Studien, Darmstadt ²1958, 123ff.

E. LOHMEYER: Das Evangelium des Matthäus, nachgelassene Ausarbeitung und Entwürfe zur Übersetzung und Erklärung, für den Druck erarbeitet und hrsg. v. W. Schmauch, Göttingen (Kritisch-exegetischer Kommentar über das Neue Testament, Sonderband), 1956

E. LOHSE: Die Offenbarung des Johannes, übers. u. erkl., Göttingen (NTD 11) ²1966

E. MÉNÉGOZ: Der biblische Wunderbegriff (1895), in: A. Suhl (Hrsg.): Der Wunderbegriff im Neuen Testament, Darmstadt (Wege der Forschung Bd. 295) 1980, 39–79

P. v.D. OSTEN-SACKEN: Gott und Belial, Göttingen 1969

R. PESCH: Die Vision des Stephanus. Apg 7, 55–56 im Rahmen der Apostelgeschichte, Stuttgart (Stuttgarter Bibelstudien 12) 1966

R. PESCH: Der reiche Fischfang (Lk 5, 1-11/Joh 21, 1-14). Wundergeschichte – Berufungsgeschichte – Erscheinungsbericht, Düsseldorf 1969

R. PESCH: Der Besessene von Gerasa. Entstehung und Überlieferung einer Wundergeschichte, Stuttgart (Stuttgarter Bibelstudien 56) 1972

R. PESCH: «Christus dem Fleische nach kennen» (2 Kor 5, 16)? Zur theologischen Bedeutung der Frage nach dem historischen Jesus, in: R. Pesch – H.A. Zwergel: Kontinuität in Jesus. Zugänge zu Leben, Tod und Auferstehung, Freiburg 1974, 9–34

R. PESCH: Das Markusevangelium, 2 Teile, Freiburg-Basel-Wien (Herders Theologischer Kommentar zum Neuen Testament, Bd. 2) ³/⁴(erneut durchges.) 1984

F. PREISIGKE: Die Gotteskraft der frühchristlichen Zeit (1922), in: A. Suhl (Hrsg.): Der Wunderbegriff im Neuen Testament, Darmstadt (Wege der Forschung, Bd. 295) 1980, 210–247

H.-CH. PUECH: Gnostische Evangelien und verwandte Dokumente, in: E. Hennecke: Neutestamentliche Apokryphen in deutscher Übersetzung, Bd. 1: Evangelien, 3. völlig neubearb. Aufl. hrsg. v. W. Schneemelcher, Tübingen 1959, 158–271

H. SCHLIER: Der Brief an die Epheser. Ein Kommentar, Düsseldorf 1957

R. SCHNACKENBURG: Gottes Herrschaft und Reich. Eine biblisch-theologische Studie, Freiburg-Basel-Wien ³1963

R. SCHNACKENBURG: Das Evangelium nach Markus, 2 Bde., Düsseldorf (Geistliche Schriftlesung 2) 1966, 1970

R. SCHNACKENBURG: Das Johannesevangelium, 3 Teile, Freiburg-Basel-Wien (Herders Theologischer Kommentar zum Neuen Testament Bd. IV) 1972–1975

L. SCHOTTROFF – W. STEGEMANN: Jesus von Nazareth – Hoffnung der Armen, Stuttgart-Berlin-Köln-Mainz (Urban Tb. 639) 1978

H. SCHÜRMANN: Traditionsgeschichtliche Untersuchungen zu den synoptischen Evangelien. Beiträge, Düsseldorf 1968

H. SCHÜRMANN: Gottes Reich – Jesu Geschick. Jesu ureigener Tod im Licht seiner Basileia-Verkündigung, Freiburg-Basel-Wien 1983

A. SCHWEITZER: Geschichte der Leben-Jesu-Forschung (1913; 1906 unter dem Titel: Von Reimarus zu Wrede); Neudruck: München-Hamburg (Siebenstern Tb. 77–80) 1966, 2 Bde., eingel. v. J.M. Robinson

E. SCHWEIZER: Jesus Christus im vielfältigen Zeugnis des Neuen Testamentes, Hamburg (Siebenstern Tb. 126) 1968

E. STAUFFER: Jerusalem und Rom im Zeitalter Jesu Christi, Bern (Dalp Tb. 331) 1957

E. STAUFFER: Jesus. Gestalt und Geschichte, Bern-München (Dalp 332) 1957

E. STAUFFER: Die Botschaft Jesu damals und heute, Bern-München (Dalp Tb. 333) 1959

E. STAUFFER: Christus und die Caesaren. Historische Skizzen, Hamburg 1952; Neudruck: München-Hamburg (Siebenstern Tb. 83–84) 1966

W. STEGEMANN: Das Evangelium und die Armen. Über den Ursprung der Theologie der Armen im Neuen Testament, München 1981

F. STIER: Die Heilsbotschaft nach Markus, übersetzt von F. Stier, München-Düsseldorf 1965

F. STIER: Vielleicht ist irgendwo Tag. Aufzeichnungen, Freiburg-Heidelberg 1981

D.F. STRAUSS: Das Leben Jesu. Kritisch bearbeitet (Tübingen 1835/36, 2 Bde.), in: Gesammelte Schriften, hrsg. v. E. Zeller, 12 Bde., Bd. 3–4, Bonn 1876–78

A. SUHL: Die Wunder Jesu. Ereignis und Überlieferung (1968), in: A. Suhl (Hrsg.): Der Wunderbegriff im Neuen Testament, Darmstadt (Wege der Forschung, Bd. 295) 1980, 464–509

G. TRAUB: Die Wunder im NT (1905/1907), in: A. Suhl (Hrsg.): Der Wunderbegriff im Neuen Testament, Darmstadt (Wege der Forschung, Bd. 295) 1980, 120–176

A. VERGOTE: Der Beitrag der Psychoanalyse zur Exegese. Leben, Gesetz und Ich-Spaltung im 7. Kapitel des Römerbriefes, in X. Léon-Dufour (Hrsg.): Exegese im Methodenkonflikt, München 1971, 73–116

PH. VIELHAUER: Apokalypsen und Verwandtes. Einleitung, in: W. Schneemelcher (Hrsg.): Neutestamentliche Apokryphen in deutscher Übersetzung, hrsg. v. E. Hennecke, 3(völlig neubearb.), 2 Bde., Tübingen 1964, 2. Bd.: Apostolisches, Apokalypsen und Verwandtes, 407–427

PH. VIELHAUER: Apokalyptik des Urchristentums. Einleitung, in: W. Schneemelcher (Hrsg.): Neutestamentliche Apokryphen in deutscher Übersetzung hrsg. v. E. Hennecke, 3(Völlig neubearb.), 2 Bde., Tübingen 1964, 2. Bd.: Apostolisches, Apokalypsen und Verwandtes, 428–454

A. VÖGTLE: Exegetische Erwägungen über das Wissen und Selbstbewußtsein Jesu, in: Gott in Welt. Festgabe für Karl Rahner, Bd. 1, Freiburg-Basel-Wien 1964, 608–667

A. VÖGTLE: Das Buch mit den sieben Siegeln. Die Offenbarung des Johannes in Auswahl gedeutet, Freiburg-Basel-Wien 1981

P. VOLZ: Die Eschatologie der jüdischen Gemeinde im neutestamentlichen Zeitalter, Tübingen 21934

W. WREDE: Das Messiasgeheimnis in den Evangelien. Zugleich ein Beitrag zum Verständnis des Markusevangeliums, Göttingen 1901 (41969)

H. ZIMMERMANN: Neutestamentliche Methodenlehre. Darstellung der historisch-kritischen Methode, 7. neubearb. Aufl. v. K. Kliesch, Stuttgart 1982

4) Kirchengeschichte und Patristik

ANSELM VON CANTERBURY: Cur Deus homo (ca. 1095) – Warum Gott Mensch geworden, lateinisch und deutsch, übers. v. F.S. Schmitt, Darmstadt 1956

ATHENAGORAS VON ATHEN: Über die Auferstehung von den Toten (ca. 170), übers. v. A. Eberhard, in: Frühchristliche Apologeten und Märtyrerakten, aus dem Griech. übers., 1. Bd., München-Kempten (BKV 12) 1913, 326–365

A. AUGUSTINUS: De doctrina christiana (um 397); dt.: Über die christliche Lehre, übers. v. S. Mitterer, in: Des hl. Kirchenvaters Aurelius Augustinus ausgewählte praktische Schriften homiletischen und katechetischen Inhalts, Schriften Bd. VIII, München 1925 (BKV 49), 3–225

A. AUGUSTINUS: De catechizandis rudibus (um 400); dt.: Vom ersten katechetischen Unterricht, übers. v. S. Mitterer, in: Des hl. Kirchenvaters Aurelius Augustinus ausgewählte praktische Schriften homiletischen und katechetischen Inhalts, Schriften Bd. VIII, München 1925 (BKV 49), 227–309

AURELIUS AUGUSTINUS: De civitate Dei (413–426); dt.: Des hl. Kirchenvaters Aurelius Augustinus 22 Bücher über den Gottesstaat; aus dem Lat. übers. v. A. Schröder; in: Augustinus' ausgew. Schriften, Bd. I u. II, Kempten u. München 1911; 1914; 1916 (BKV Bd. 15/16; 28); eingel. v. J.N. Espenberger

A. AUGUSTINUS: Vorträge über das Johannesevangelium, 3 Bde., übers. u. eingel. v. Th. Specht, in: Des heiligen Kirchenvaters Aurelius Augustinus ausgewählte Schriften, aus dem Latein. übers., Bd. 4–6, Kempten-München (BKV Bd. 8; 11; 19) 1913–1914

H.W. BARTSCH: Das alttestamentliche Bilderverbot und die Verwendung des Bildes im Judentum und im frühen Christentum, in: J. Harten (Hrsg.): Bilder sind nicht verboten. Eine Ausstellung vom 28.8.–24.10. zur Vertiefung des Dialogs zwischen Christen und Juden anläßlich des 87. Deutschen Katholikentages in Düsseldorf 1982, 106–111

BASILIUS VON CAESAREA: Die neun Homilien über das Hexaemeron (ca. 368 n.Chr.), in: Des heiligen Kirchenlehrers Basilius des Großen, Bischofs von Cäsarea, ausgewählte Schriften, 2 Bde., Bd. 2: Ausgewählte Homilien und Predigten, aus dem Griechischen übers. u. erl. v. A. Stegmann, München-Kempten (BKV 47) 1925, 3–153

BASILIUS VON CAESAREA: An die Reichen, in: Ausgewählte Predigten (Reden), in: Des hl. Kirchenlehrers

Basilius des Großen, Bischofs von Cäsarea, ausgew. Homilien und Predigten, aus dem Griech. übers. u. angem. v. A. Stegmann, Bd. 2, München (BKV Bd. 47) 1925, 239–257

I. Christiansen: Die Technik der allegorischen Auslegungswissenschaft bei Philo von Alexandrien. Beiträge zur Geschichte der biblischen Hermeneutik 7, 1969

J. Daniélou: Les figures du Christ dans l'Ancien Testament. Sacramentum futuri, Paris 1950

J. Daniélou: L'eau vive et le poisson (1958), in: Les symboles chrétiens primitifs, Paris 1961, 49–64

Eusebius: Kirchengeschichte, aus dem Griech. übers. v. P. Haeuser, in: Des Eusebius von Cäsarea ausgew. Schriften, Bd. 2, München-Kempten (BKV) 1932

A. von Harnack: Das Wesen des Christentums (Vorlesungen 1899–1900), mit einem Vorwort von W. Trillhaas, Gütersloh (Siebenstern Tb. 227) 1977

A. von Harnack: Die Mission und Ausbreitung des Christentums in den ersten drei Jahrhunderten, Berlin [4](verb.) 1924

J. Harten: Charter, in: J. Harten (Hrsg.): Bilder sind nicht verboten. Eine Ausstellung vom 28.8.–24.10. zur Vertiefung des Dialogs zwischen Christen und Juden anläßlich des 87. Deutschen Katholikentages in Düsseldorf 1982, 9–18

M. Hengel: Judentum und Hellenismus. Studien zu ihrer Begegnung unter besonderer Berücksichtigung Palästinas bis zur Mitte des 2. Jhs. v.Chr., Tübingen [3](durchges. u. erg.) 1973

M. Hengel: Eigentum und Reichtum in der frühen Kirche. Aspekte einer frühchristlichen Sozialgeschichte, Stuttgart 1973

Irenäus: Fünf Bücher gegen die Häresien (ca. 180–192 n.Chr.), übers. v. E. Klebba, 2 Bde., Kempten-München 1912

J. Jeremias: Jerusalem zur Zeit Jesu. Eine kulturgeschichtliche Untersuchung zur neutestamentlichen Zeitgeschichte, Göttingen [3](neubearb.) 1962

Johannes Chrysostomus: Kommentar zum Evangelium des hl. Matthäus, aus dem Griech. übers. v. J. Ch. Baur, 4 Bde., Kempten-München (BKV Bd. 23: Mt 1,1 - 5, 48; Bd. 25: Mt 6, 1 - 12, 37; Bd. 26: Mt 12, 38-22, 46; Bd. 27: Mt 23, 1 - 28,20) 1915–1916 (Des heiligen Kirchenlehrers Johannes Chrysostomus ausgewählte Schriften, Bd. 1–4)

Johannes von Damaskus: Genaue Darlegung des orthodoxen Glaubens (ca. 745 n.Chr.), aus dem Griechischen übers. u. erl. v. D. Stiefenhofer, München-Kempten (BKV 44) 1923

Justin: Dialog mit dem Juden Tryphon (ca. 155 n.Chr.), aus dem Griech. übers. u. eingel. v. P. Häuser, Kempten-München (BKV 33) 1917

M. Krause, in: Die Gnosis, Bd. II: Koptische und mandäische Quellen (Die Bibl. der Alten Welt, Reihe: Antike und Christentum), Zürich-Stuttgart 1971

E. Lohse: Die Texte aus Qumran. Hebräisch und deutsch. Mit masoretischer Punktation, Übersetzung, Einführung und Anmerkungen hrsg. v. E. Lohse, München 1964

R. Mayer: Der babylonische Talmud. Ausgew., übers. u. erkl. v. R. Mayer, München (Goldmann Tb. 1330–1332) 1963

E. Meyer: Ursprung und Anfänge des Christentums, 3 Bde., Stuttgart-Berlin 1921–1923

Origines: Gegen Celsus (ca. 248), aus dem Griechischen übers. u. eingel. v. P. Koetschau, in: Des Origines ausgew. Schriften, Bd. II u. III, Kempten u. München 1926/1927 (BKV Bd. 52/53)

E. Peterson: Das Schiff als Symbol der Kirche in der Eschatologie, in: Frühkirche, Judentum und Gnosis, Freiburg 1959, 92–96

Philonis Alexandrini: Opera quae supersunt, ed. L. Cohn u. P. Wendland, Berlin 1896ff.

H.D. Stöver: Christenverfolgung im römischen Reich. Ihre Hintergründe und Folgen, Düsseldorf-Wien 1982

Tertullian: Das Zeugnis der Seele, in: Tertullians ausgew. Schriften, Bd. 1, übers. v. K.A.H. Kellner, Kempten u. München 1912 (BKV Bd. 7), 203–214

F.E. Wilms: Freude vor Gott. Kult und Fest in Israel, Regensburg 1981

Y. Yadin: Bar Kokhba - The Rediscovery of the legendary hero of the last Jewish Revolt against Imperial Rome, London 1971; dt.: Bar Kochba. Archäologen auf den Spuren des letzten Fürsten von Israel, übers. v. H. Balling, Hamburg 1971

5) Religionsgeschichte und Ethnologie

a) Allgemeines

K. Beth: Religion und Magie bei den Naturvölkern. Ein religionsgeschichtlicher Beitrag zur Frage nach den Anfängen der Religion, Leipzig-Berlin 1914

K. Beth: Das Verhältnis von Religion und Magie (1914), in: L. Petzoldt (Hrsg.): Magie und Religion. Beiträge zu einer Theorie der Magie, Darmstadt (Wege der Forschung, Bd. 337) 1978, 27–46

H.M. Christmann: Der Doppelgegensatz: Wunder und Pseudo-Wunder – Sakrament und Magie, in: W. Bitter (Hrsg.): Magie und Wunder in der Heilkunde, München (Kindler Tb., Geist und Psyche Bd. 2016) o.J. (7. Bd. der Tagungsberichte der Stuttgarter Gemeinschaft «Arzt und Seelsorger»), 84–99

F. Dornseiff: Das Alphabet in Mystik und Magie, Berlin (Stoicheia, Heft 7) ²1925

M. Eliade: Das Heilige und das Profane. Vom Wesen des Religiösen, Reinbek (rde 31) 1957; übers. aus dem Franz.

M. Eliade: Le chamanisme et les techniques archaiques de l'exstase, Paris 1951; dt.: Schamanismus und archiasche Ekstasetechnik, übers. v. I. Köck; Zürich 1957; Neudruck: Frankfurt (stw 126) 1975

M. Eliade: Kosmogonische Mythen und magische Heilungen, in: Paideuma 6 (1954–1958), 194–204

M. Eliade: Mythes, Rêves et Mystères Paris; dt.: Mythen, Träume und Mysterien, Salzburg 1961; übers. v. M. Benedikt u. M. Vereno (Reihe: Wort und Antwort, Bd. 25, hrsg. v. M. Vereno)

M. Eliade: Der magische Flug, in: Antaios 1 (1960), 1–12

M. Eliade: The Quest, Chicago 1969; dt.: Die Sehnsucht nach dem Ursprung. Von den Quellen der Humanität, übers. v. H. Bronold, Wien 1973

W.Y. Evans-Wentz: Cuchama and Secret Mountains, ed. by. F. Waters and C.L. Adams, Pref. by A. Govinda, Standford 1981; dt.: Cuchama. Heilige Berge der Welt, übers. v. C. u. R. Taschner, Basel 1984

F. Fenner: Die Krankheit im Neuen Testament. Eine religions- und medizingeschichtliche Untersuchung, Leipzig (Untersuchungen zum Neuen Testament, hrsg. v. H. Windisch, Heft 18) 1930

H. Findeisen – H. Gehrts: Die Schamanen. Jagdhelfer und Ratgeber, Seelenfahrer, Künder und Heiler, Köln (Diedrichs Gelbe Reihe, 47) 1983

J.G. Frazer: The golden Bough, 3 Bde., London 1890; 12 Bde., London ³1907–1915; Nachtrag 1936; abgek. Ausg. 1922; danach dt.: Der goldene Zweig. Das Geheimnis von Glauben und Sitten der Völker, übers. v. H. v. Bauer, Leipzig 1928

R.A. Gould: Die Eingeborenen der Gibson-Wüste Australiens, in: E. Evans-Pritchard (Hrsg.): Bild der Völker. Die Brockhaus Völkerkunde in 10 Bden.; Bd. 1: Australien und Melanesien, Polynesien und Mikronesien, Wiesbaden 1974, 48–53

J. Halifax: Shamanic Voices, New York 1979; dt.: Die andere Wirklichkeit der Schamanen. Erfahrungsberichte von Magiern, Medizinmännern und Visionären. Die Wiederentdeckung uralten Wissens von den Kräften der Natur, Bern-München; Neudruck: München (Goldmann Tb. Esoterik, 11756) o.J.

J. Halifax: Shaman – The Wounded Healer, London 1982; dt.: Schamanen. Zauberer, Medizinmänner, Heiler; übers. v. U. Richter, Frankfurt 1983

H. Heimann: Prophetie und Geisteskrankheit, Bern (Berner Universitätsschriften, Heft 11) 1956

A.E. Jensen: Mythos und Kult bei Naturvölkern. Religionswissenschaftliche Betrachtungen, Wiesbaden (Studien zur Kulturkunde, Bd. 10) 1951

E.F. Jung: Der Weg ins Jenseits. Mythen vom Leben nach dem Tode, Düsseldorf-Wien 1983

Der Koran. Das heilige Buch des Islam. Nach der Übertragung v. L. Ullmann neu bearb. u. erl. v. L. Winter, München (GG Tb. 521–522) 1960

G. van der Leeuw: Phänomenologie der Religion (1933), ²(erw.) Tübingen 1956

L. Lévy-Brühl: Les fonctions mentales dans les sociétés inférieures, Paris 1912; dt.: Das Denken der Naturvölker, übers. u. eingel. v. W. Jerusalem, Wien-Leipzig 1921

C. Lévi-Strauss: Der Zauberer und seine Magie (1949), in: Anthropologie Structurale, Paris 1958; dt.: Strukturale Anthropologie; übers. v. H. Naumann, Frankfurt 1967, 183–203

C. Lévi-Strauss. Die Wirksamkeit der Symbole (1949), in: Anthropologie Structurale, Paris 1958; dt.: Strukturale Anthropologie, übers. v. H. Naumann, Frankfurt 1967, 204–225

C. Lévi-Strauss: Tristes Tropiques, Paris 1955; dt.: Traurige Tropen, übers. v. S. Heintz, Köln-Berlin (Pocket 10) 1970
C. Lévi-Strauss: La pensée sauvage, Paris 1962; dt.: Das wilde Denken; übers. v. H. Naumann, Frankfurt 1968
I. Lissner: So lebten die Völker der Urzeit (Aber Gott war da, Olten 1958), München (dtv 1437) 1979
A. Lommel: Schamanen und Medizinmänner. Magie und Mystik früher Kulturen, München ²(erw. u. überarb. von: Die Welt der frühen Jäger, 1965) 1980
H. Müller-Karpe: Geschichte der Steinzeit, München ²(erg.) 1976
F.R. Paturi: Zeugen der Vorzeit. Auf den Spuren europäischer Vergangenheit, Düsseldorf-Wien 1976; Neudruck: Frankfurt (Fischer Tb. 3503) 1978
K.Th. Preuss: Das Irrationale in der Magie (1938–39), in: L. Petzoldt (Hrsg.): Magie und Religion. Beiträge zu einer Theorie der Magie, Darmstadt (Wege der Forschung, Bd. 337) 1978, 223–247
D. Schröder: Zur Struktur des Schamanismus (1955), in: C.A. Schmitz (Hrsg.): Religions-Ethnologie, Frankfurt 1964, 296–334
E. Spranger: Die Magie der Seele, Tübingen ²1949
L. Vajda: Zur phaseologischen Stellung des Schamanismus (1959), in: C.A. Schmitz (Hrsg.): Religions-Ethnologie, Frankfurt 1964, 265–295
A. Vierkandt: Die entwicklungspsychologische Theorie der Zauberei (1937), in: L. Petzoldt (Hrsg.): Magie und Religion. Beiträge zu einer Theorie der Magie. Darmstadt (Wege der Forschung, Bd. 337) 1978, 146–222
M. u. R. Wax: Der Begriff der Magie (1963), in: L. Petzoldt (Hrsg.): Magie und Religion. Beiträge zu einer Theorie der Magie, Darmstadt (Wege der Forschung, Bd. 337) 1978, 325–353
K. Weinhold: Zur Geschichte des heidnischen Ritus, in: Philosophische und historische Abhandlungen der königlichen Akademie der Wissenschaften zu Berlin, Berlin 1896, 1–50
R. Wernick: The Monument Builders, New York 1973; dt.: Steinerne Zeugen früher Kulturen, übers. v. P. Mortzfeld, bearb. v. K. Lorenzen u. J. Volbeding, Reinbek (life-73) 1977
K. Zeininger: Das Wesen der Religion und das Wesen der Magie (1929), in: L. Petzoldt (Hrsg.): Magie und Religion. Beiträge zu einer Theorie der Magie, Darmstadt (Wege der Forschung, Bd. 337) 1978, 135–145

b) Altes Ägypten und Alter Orient

J. Assmann: Der König als Sonnenpriester. Ein kosmographischer Begleittext zur kultischen Sonnenhymnik in thebanischen Tempeln und Gräbern, Glückstadt (Abhandlungen des Deutschen Archäologischen Instituts Kairo, Ägyptologische Reihe Bd. 7) 1970
J. Assmann: Zeit und Ewigkeit im Alten Ägypten. Ein Beitrag zur Geschichte der Ewigkeit, Heidelberg (Abhandlungen der Heidelberger Akademie der Wissenschaften, Philos.-histor. Klasse, Jg. 1975, 1. Abh.) 1975
C. Barocas – T. Akachi: Tebe. Il santuario di Amone e la religione dell' Egitto antico, Milano 1982; dt.: Theben. Das Heiligtum Amuns, übers. v. C. Callori-Gehlsen, Freiburg (Die Welt der Religionen, Bd. 18) 1983
E. Brunner-Traut: Altägyptische Märchen, übertr. u. bearb. v. E. Brunner-Traut, Düsseldorf-Köln 1963
E. Brunner-Traut: Die Alten Ägypter. Verborgenes Leben unter Pharaonen, Stuttgart, Berlin, Köln, Mainz ²(durchges.) 1976
E. Brunner-Traut: Pharao und Jesus als Söhne Gottes (1961), in: Gelebte Mythen. Beiträge zum altägyptischen Mythos, Darmstadt 1981, 34–54
A. Champdor: Le Livre des Morts; dt.: Das ägyptische Totenbuch in Bild und Deutung, übers. v. H. Fließbach, bearb. u. hrsg. v. M. Lurker, Bern-München-Wien 1977
I. Clarus: Du stirbst, damit du lebst. Ägyptische Mythologie in tiefenpsychologischer Sicht, Fellbach 1979
F. Cumont: Die orientalischen Religionen im römischen Heidentum, übers. v. G. Gehrich, Leipzig-Berlin ²(verb. u. verm.) 1914
E. Dondelinger: Der Jenseitsweg der Nofretari. Bilder aus dem Grab einer ägyptischen Königin, Graz ²(verb.) 1977
I.E.S. Edwards: Tutankhamun: His Tomb and its Treasures, New York 1976; dt.: Tutanchamun. Das Grab und seine Schätze; übers. u. mit Nachw. vers. v. J. Rehork; Bergisch-Gladbach 1978

A. Eggebrecht: Die Geschichte des Pharaonenreiches, in: A. Eggebrecht (Hrsg.): Das Alte Ägypten, München 1984, 41–115

A. Erman – H. Grapow: Ägyptisches Handwörterbuch, Berlin 1921; Nachdruck: Darmstadt 1981

A. Erman: Ägypten und ägyptisches Leben im Altertum (1923), neu bearb. v. H. Ranke, mit einem Vorw. v. A. Eggebrecht, Hildesheim 1981

A. Erman: Die Literatur der Ägypter. Gedichte, Erzählungen und Lehrbücher aus dem 3. und 2. Jahrtausend vor Christus, Leipzig 1923

L. Habachi: Die unsterblichen Obelisken Ägyptens, mit einem Anhang von E. Buchner, übers. aus dem Engl. v. I. v. Beckerath, Mainz (Kulturgeschichte der antiken Welt Bd. 11) 1982

Th. Heyerdahl: Tigris. Auf der Suche nach unserem Ursprung, aus dem Engl. übers. v. W. Riehl, München 1979; Neudruck: Frankfurt-Berlin-Wien (Ullstein Tb. 32039) 1981

E. Hornung: Das Grab des Haremhab im Tal der Könige, Bern 1971 (unter Mitarbeit von F. Teichmann)

E. Hornung: Ägyptische Unterweltsbücher, eingel., übers. u. erl. v. E. Hornung, Zürich-München 1972

E. Hornung: Totenbuch der Ägypter, eingel., übers. u. erl. v. E. Hornung, Zürich-München 1979

E. Hornung: Tal der Könige. Die Ruhestätte der Pharaonen, Zürich-München 1982

E. Hornung: Der ägyptische Mythos von der Himmelskuh. Eine Ätiologie des Unvollkommenen, Freiburg (Schweiz)-Göttingen (Orbis Biblicus et Orientalis 46) 1982

N. Jenkins: The Boat beneath the Pyramid. King Cheops' Royal Ship, London 1980; dt.: Das Schiff in der Wüste. Ägypten zur Zeit König Cheops, übers. v. V. Bradke, Frankfurt 1980

H. Kees: Der Götterglaube im alten Ägypten, Leipzig 1956

H. Kees: Totenglauben und Jenseitsvorstellungen der alten Ägypter. Grundlagen und Entwicklung bis zum Ende des Mittleren Reiches, Berlin [3]1977

K. Mendelssohn: The Riddle of the Pyramids, London 1974; dt.: Das Rätsel der Pyramiden, übers. v. J. Rehork, Bergisch-Gladbach 1974; Neudruck: Frankfurt (Fischer Tb. 1764) 1976

S. Morenz: Die Begegnung Europas mit Ägypten. Mit einem Beitrag von M. Kaiser über Herodots Begegnung mit Ägypten, Zürich-Stuttgart, 1969

S. Morenz: Gott und Mensch im alten Ägypten, Vorw. v. E. Blumenthal, Zürich-München-Leipzig [2](erw.) 1984

E. Otto: Ägypten, in: Weltgeschichte der Frühkulturen und der frühen Hochkulturen, von E. Bayer, D.O. Edzard, H. Franke, W. Helck, H. Hoffmann, H. Helm, K.J. Narr, H. Nevermann, E. Otto, E. Sangmeister, H. Trimborn, G. Wiessner, Freiburg-Basel-Wien 1965, 282–325

A. Parrot: Assur. Die mesopotamische Kunst vom XIII. vorchristlichen Jahrhundert bis zum Tode Alexanders des Großen, München (Universum der Kunst) [2](erw.) 1972

G. Roeder: Die ägyptische Götterwelt, eingel. u. übertr. v. G. Roeder, Zürich (Die ägyptische Religion in Texten und Bildern, Bd. 1) 1959

G. Roeder (Hrsg.): Urkunden zur Religion des Alten Ägyptens, Jena 1915; Nachdruck: Düsseldorf-Köln 1978

S. Sauneron – H. Stierlin: Die letzten Tempel Ägyptens. Edfu und Philae, (Paris 1975); aus dem Franz. übers. v. C. Wild, Freiburg 1978

P. Tompkins: Secrets of the Great Pyramid, 1973; dt.: Cheops. Die Geheimnisse der Großen Pyramide – Zentrum allen Wissens der alten Ägypter, übers. v. P. Drube, München-Zürich (Knaur Tb. 3591) 1979

H. Winckler: Die babylonische Weltschöpfung, Leipzig (Der Alte Orient, 8. Jg., Heft 1) 1906

W. Wolf: Kulturgeschichte des Alten Ägypten, Stuttgart (Kröner Tb. 321) 1977

c) Griechenland und Rom

Aristoteles: De anima (Endemos oder: Über die Seele – Peri psyches), ca. 350 v.Chr.; hrsg. u. komm. v. Hicks, Cambridge 1907; ins Deutsche übers. u. erl. v. A. Busse, 1911

Marc Aurel: Wege zu sich selbst (Ta eis heauton) (ca. 170 n.Chr.), übers. u. erl. v. W. Theiler, Zürich; Neudruck: Reinbek (rk 181) 1965

J. Burnet: Early Greek Philosophy, London-Edinburg 1892; 1930; dt.: Die Anfänge der griechischen Philosophie, übers. v. E. Schenkl, Leipzig-Berlin 1913

M.T. Cicero: De natura Deorum (3 Bücher, 45 v.Chr.); dt.: Vom Wesen der Götter, übers., eingel. u. erl. v. A. Kabza, München (Goldmann Tb. 877) o.J.
F. Cumont: Die Mysterien des Mithra. Ein Beitrag zur Religionsgeschichte der römischen Kaiserzeit; dt. Ausg. v. G. Gehrich; 5. Aufl., Nachdruck der v. K. Latte besorgten verm. u. durchges. Aufl. v. 1923; Darmstadt 1981
H. Diels: Die Fragmente der Vorsokratiker; nach der von W. Kranz hrsg. 8. Aufl., eingel. v. G. Plamböck; Reinbek (Rowohlts Klassiker 10) 1957
Diogenes Laertios: Philosophon bion kai dogmaton synagoge, 10 Bücher (3. Jh. n.Chr.); dt.: Leben und Meinungen berühmter Philosophen, übers. u. erl. v. O. Apelt, 2 Bde., Leipzig 1921
A. Fol – I. Marazov: Goldene Fährte Thrakien, Porträt einer schriftlosen Hochkultur, Wort und Welt Verl., o.J.
Herodot: Historien (ca. 445 v.Chr.), 5 Bde., übers. v. E. Richtsteig, München (Goldmann Klassiker, KL 3; GTB. 767; 777; 787; 797) o.J.
R. Herzog: Die Wunderheilungen von Epidauros. Ein Beitrag zur Geschichte der Medizin und der Religion, Leipzig (Philologus, Supplementband XXII, Heft III) 1931
Homer: Die Odyssee, übers. in deutsche Prosa von W. Schadewaldt, Reinbek (Rowohlts Klassiker 29–30) 1958
Homer: Ilias; übers. v. R. Hampe, Stuttgart 1979
Homer: Ilias; neue Übertragung von W. Schadewaldt. Mit antiken Vasenbildern, Frankfurt (it 153) 1975
Jamblichos von Chalkis: De vita Pythagorica (peri Pythagoriku biu, ca. 300 n.Chr.), hrsg. v. A. Nauck, Petersburg 1884; neu hrsg. v. L. Deubner, Leipzig 1937
Kallimachos: Die Dichtungen des Kallimachos. Griechisch und Deutsch, übertr., eingel. u. erkl. v. E. Howald u. E. Staiger
K. Kerényi (C.G. Jung): Das Göttliche Mädchen. Die Hauptgestalt der Mysterien von Eleusis in mythologischer und psychologischer Beleuchtung, Amsterdam-Leipzig 1941; Albae Vigiliae VIII–IX
K. Kerényi: Der Göttliche Arzt. Studien über Asklepios und seine Kultstätten, Darmstadt 1956
K. Kerényi: Die Mythologie der Griechen, 2 Bde.; 1. Bd.: Die Götter- und Menschheitsgeschichten; 2. Bd.: Die Heroen-Geschichten, München 1958; Neudruck: München (dtv 1345–1346) 1966
K. Kerényi: Pythagoras und Orpheus (1934–1937), in: Humanistische Seelenforschung, München-Wien (Werke, hrsg. v. K. Kerényi, Bd. I) 1966, 15–51
K. Kerényi: Theos: «Gott» – auf Griechisch (1968), in: Antike Religion, München-Wien (Werke, hrsg. v. K. Kerényi, Bd. VII) 1971, 207–217
K. Kerényi: Ist die griechische Religion Erlösungsreligion? (1968), in: Antike Religion, München-Wien (Werke, hrsg. v. K. Kerényi, Bd. VII) 1971, 250–259
K. Kerényi: Der Mythos des Glaubens (1966), in: Antike Religion, München-Wien (Werke, hrsg. v. K. Kerényi, Bd. VII) 1971, 260–273
K. Kerényi: Dionysos: Urbild des unzerstörbaren Lebens, Werke VIII, hrsg. v. M. Kerényi, München-Wien 1976
A. Krug: Heilkunst und Heilkult. Medizin in der Antike, München 1985
T. Livius: Römische Frühgeschichte (Ab urbe condita); übertr. u. ausgew. v. J. Feix; 2 Bde., München (GGTb. 675; 831), 1. Bd. ^{4}1971; 2. Bd. ^{2}1972
L. Mader (Übers.): Griechische Sagen (Apollodorus, Parthenios, Antoninus Liberalis, Hyginus), eingel. u. neu übertr. v. L. Mader; aus dem Nachlaß hrsg. u. erg. v. L. Rüegg; Zürich-Stuttgart (Die Bibliothek der alten Welt) 1963
W. Marg: Hesiod. Sämtliche Gedichte. Theogonie, Erga, Frauenkatalog; übers. u. erl. v. W. Marg, Zürich-Stuttgart 1970
W.F. Otto: Die Wirklichkeit der Götter. Von der Unzerstörbarkeit griechischer Weltsicht, Hamburg (rde 170) 1963
Ovid: Metamorphosen (8 n.Chr.), übers. v. R. Suchier, bearb. v. M. Vosseler; München (GGTb. 583–584) o.J.
Philostratos: Ta es ton Tyanea Apollonion (ca. 210 n.Chr.); dt.: Apollonius von Tyana, übers. v. E. Baltzer, Rudolfstadt 1883

J.O. PLASSMANN: Orpheus. Altgriechische Mysterien. Aus dem Urtext übertragen und erläutert v. J.O. Plassmann. Mit einem Nachw. v. F. Graf, Neuausgabe: Köln (DG 40 Antike) 1982

PLATON: Charmides, in: Sämtliche Werke in 6 Bden., in der Übers. v. F. Schleiermacher mit der Stephanusnumerierung hrsg. v. W.F. Otto, E. Grassi, G. Plamböck, Reinbek (rk 1; 14; 27; 39; 47; 54) 1957–1959; Bd. 1, 1957, 127–150

PLATON: Phaidon, in: Sämtliche Werke in 6 Bden., in der Übers. v. F. Schleiermacher mit der Stephanusnumerierung hrsg. v. W.F. Otto, E. Grassi, G. Plamböck, Reinbek (rk 1; 14; 27; 39; 47; 54) 1957–1959; Bd. 3, 1958, 7–66

PLATON: Politeia (Staat), in: Sämtliche Werke in 6 Bden., in der Übers. v. F. Schleiermacher mit der Stephanusnumerierung hrsg. v. W.F. Otto, E. Grassi, G. Plamböck, Reinbek (rk 1; 14; 27; 39; 47; 54) 1957–1959; Bd. 3, 1958, 67–310

PLATON: Timaios, in: Platon: Sämtliche Werke in 6 Bden., in der Übers. v. F. Schleiermacher mit der Stephanusnumerierung hrsg. v. W.F. Otto, E. Grassi, G. Plamböck, Bd. V, Hamburg (rk 47) 1959, 141–213

PORPHYRIOS: De vita Pythagorae, in: Philosophos historia en bibliois 4, 1. Bd.; ca. 250 n.Chr.; hrsg. v. A. Nauck: Porphyrii opuscula selecta, ^{2}1886; neu: 1963

R. VON RANKE-GRAVES: The Greek Myths, 1955; dt.: Griechische Mythologie. Quellen und Deutung; übers. v. H. Seinfeld, 2 Bde., Reinbek (rde 113–114, 115–116) 1960

R. REITZENSTEIN: Die hellenistischen Mysterienreligionen. Ihre Grundgedanken und Wirkungen, Leipzig-Berlin 1910

G. SALLUSTIUS CRISPUS: Die Verschwörung des Catilina (De coniuratione Catilinae). Der Krieg mit Jugurtha (Bellum Jugurthinum), (ca. 40 v.Chr.), übers. v. G. Dorninger, München (GGTb. 489) o.J.

W. SCHADEWALDT: Die Anfänge der Philosophie bei den Griechen. Die Vorsokratiker und ihre Voraussetzungen; Tübinger Vorlesungen Bd. 1, Frankfurt (stw 218) 1978

GAIUS SUETONIUS TRANQUILLUS: De vita Caesarum (8 Bücher, ca. 120 n.Chr.); dt.: Leben der Caesaren, übers. u. hrsg. v. A. Lambert (1955), München (dtv 6005) 1972

TACITUS: Germania (De Origine et Situ Germanorum Liber, 98 n.Chr.), übers. u. erl. v. M. Fuhrmann, Stuttgart (reclam 726) 1971

O. WEINREICH: Antike Heilungswunder. Untersuchungen zum Wunderglauben der Griechen und Römer, Gießen 1909

G. WIRTH: Griechische Lyrik. Von den Anfängen bis zu Pindar. Griechisch und Deutsch, zusammengestellt und mit einem Essay «Zum Verständnis der Werke» nebst Bibliographie und Anmerkungen hrsg. v. G. Wirth, Reinbek (Rowohlts Klassiker 140–142) 1963

d) Germanische Mythologie und deutsche Volkskunde

J. BOLTE – G. POLIVKA: Anmerkungen zu den Kinder- und Hausmärchen der Brüder Grimm, 5 Bde., Leipzig 1913–1932

F. GENZMER: Die Edda, übertr. v. F. Genzmer; 2. Bd.: Götterdichtung und Spruchdichtung. Einleitungen und Anmerkungen von A. Heusler, Düsseldorf-Köln (Thule, Bd. 2) 1963 (Neuausgabe)

F. KLUGE: Etymologisches Wörterbuch der deutschen Sprache, Berlin-New York ^{21}1975

E. MUDRAK: Nordische Götter- und Heldensagen, Reutlingen 1961

E. NACK: Germanien. Länder und Völker der Germanen, Wien-Heidelberg 1958; 1977

E. SIECKE: Drachenkämpfe. Untersuchungen zur indogermanischen Sagenkunde, Leipzig (Mythologische Bibliothek, Bd. 1, Heft 1) 1907

e) Ostasien

U. BAATZ: Jitokku lacht den Mond an. Texte der Zen-Meister, ausgew., komm. u. eingel. v. U. Baatz; Vorw. v. H.M. Enomiya-Lassalle, Wien-Freiburg-Basel 1983

R. BIRNBAUM: The Healing Buddha, 1979; dt.: Der heilende Buddha. Heilung und Selbstheilung – eine

Einführung in das altbewährte, psychosomatische Heilsystem des Buddhismus, mit einem Vorw. v. J. Blofeld, übers. v. R. Fuchs; Bern-München-Wien 1982
M. BUBER: Die Lehre vom Tao (1910), in: Werke, Bd. 1: Schriften zur Philosophie, Heidelberg-München 1962, 1021–1051
E. CONZE: Buddhism, its Essence and Development, Oxford 1951; dt.: Der Buddhismus. Wesen und Entwicklung, Stuttgart (Kohlhammer Tb. 5) 1953
P. DAHLKE: Buddha. Die Lehre des Erhabenen, aus dem Palikanon ausgew. u. übertr., Berlin 1920; Neudruck: München (GGTb. 622–623) 1960
DSCHUANG DSI: Das wahre Buch vom südlichen Blütenland (um 350 v.Chr.); aus dem Chines. übers. u. eingel. v. R. Wilhelm (1912); Köln-Düsseldorf 1972
K. DÜRCKHEIM: Vom doppelten Ursprung des Menschen. Als Verheißung, Erfahrung, Auftrag, Freiburg-Basel-Wien (Herder Tb. 480) 1973
D. FELTON: Schamanismus, in: C.H. Humphrey (Hrsg.): Asiatische Sowjetunion, in: E. Evans-Pritchard (Hrsg.): Bild der Völker (Die Brockhaus Völkerkunde), Bd. IX 2, S. 176–179
H. v. GLASENAPP: Die Philosophie der Inder. Eine Einführung in ihre Geschichte und in ihre Lehren, Stuttgart (Kröner Tb. 195) ^{2}1958
G. GRIMM: Die Lehre des Buddha. Die Religion der Vernunft und der Meditation (1915), hrsg. v. M. Keller-Grimm u. M. Hoppe, Wiesbaden (Löwit-Verlag) o.J.
LIN YUTANG (Ed.): The Wisdom of Laotse, New York 1948; dt.: Laotse, übers. v. G. Coudenhove, Frankfurt (Fischer Tb. 89) 1955
TH. MERTON: The way of Chuang Tzu, New York 1965; dt.: Sinfonie für einen Seevogel und andere Texte des Tschuang-tse, hrsg. v. Th. Merton, übers. aus dem Engl. v. J. Hoffmann-Herreros, Nachw. v. B. Schellenberger, Düsseldorf 1971; Neuausg. 1984
H. OLDENBERG: Buddha. Sein Leben, seine Lehre, seine Gemeinde (1881); hrsg. u. komm. v. H. v. Glasenapp; München (GGTb. 708–709) 1961
S. RADHAKRISHNAN: The Bhagavadgita, London; dt.: Die Bhagavadgita. Sanskrittext mit Einleitung und Kommentar v. S. Radhakrishnan. Mit dem indischen Urtext verglichen und ins Deutsche übers. v. S. Lienhard, Baden-Baden 1958
S. RADHAKRISHNAN: A Hindu View of Life, London; dt.: Weltanschauung der Hindu, übers. v. R. Jockel, Baden-Baden 1961
D. LE SAUX: Sagesse Hindoue - Mystique Chrétienne; dt.: Indische Weisheit – christliche Mystik. Von der Vedanta zur Dreifaltigkeit, übers. v. H. Pfiffner, Luzern 1968
K. SCHMIDT (Übers.): Buddhas Reden. Majjhimanikaya. Die Sammlung der mittleren Texte des buddhistischen Pali-Kanons, in kritischer, kommentierter Neuübertragung v. K. Schmidt, Reinbek (Rowohlts Klassiker 87–88) 1961
H. ZIMMER: Philosophies of India, New York 1951; dt.: Philosophie und Religion Indiens, übers. v. L. Heyer-Grote, Zürich 1961; Neudruck: Frankfurt (stw 26) 1976

f) Indianerkulturen

K. S. BRECHER: Indianer-Stämme am Xingu in Brasilien, in: E. Evans-Pritchard (Hrsg.): Peoples of the World, vol. 6–7; dt.: Bild der Völker. Die Brockhaus Völkerkunde in zehn Bänden, Bd. 5, 1. Teil: Südamerika östlich der Anden; 2. Teil: Die Andenländer, Wiesbaden 1974, 42–49
D. BROWN: Bury my Heart at Wounded Knee, New York 1970; dt.: Begrabt mein Herz an der Biegung des Flusses, übers. v. H. Degner, Hamburg 1972; Neudruck: München (Knaur 351) 1974
A. CASO: Mixtec Writing and Calendar, in: Handbook of Middle American Indians, Vol. 3, Part 2, 948–961, University of Texas Press Austin 1965
G. CATLIN: Die Indianer Nordamerikas und die während eines achtjährigen Aufenthalts unter den wildesten ihrer Stämme erlebten Abenteuer und Schicksale. Mit 24 vom Verfasser nach Natur entworfenen Gemälden. Nach der 5. englischen Ausgabe deutsch herausgegeben von H. Berghaus, Brüssel und Leipzig 1848; Neudruck: Berlin 1924 (hrsg. v. A. Sommerfeld); Neudruck: Wels (L. Borowsky-Verlag) o.J.

Codex Nuttall: British Museum London. Reprint: A.G. Miller: The Codex Nuttall. A picture manuscript from ancient Mexico, edited by Zelia Nuttall, New York (Dover Publication) 1975

W. Cordan: Popol Vuh. Das Buch des Rates. Mythos und Geschichte der Maya. Aus dem Quiché übertragen und erläutert von W. Cordan, Düsseldorf-Köln 1962

N. Davies: The Aztecs. A History, London 1973; dt.: Die Azteken. Meister der Staatskunst – Schöpfer hoher Kultur; übers. v. S. Kull; Düsseldorf-Wien 1974; Neudruck: Hamburg (rororo 6950) 1976

C.A. Eastman: Ohijesa. Jugenderinnerungen eines Sioux-Indianers. Buchschmuck u. Anmerkungen v. F. Weygold, übers. v. E. Friedrichs, Hamburg 1912; Neuausgabe: Frankfurt 1976, hrsg. u. mit Nachw. vers. v. D. Leube

C.A. Eastman: Winona. Indianergeschichten aus alter Zeit, übers. v. E. Friedrichs, Buchschmuck und Anmerkungen v. F. Weygold, Hamburg 1920. Neu hrsg. und mit Nachw. v. D. Leube, Frankfurt 1977

R.B. Hill: Hanta Yo, New York 1979; dt.: Hanta Yo. Eine Indianer-Saga; nach der amerik. Übers. aus der Dakota-Sprache ins Deutsche übers. v. K.H. Hansen, Hamburg 1980

F.A. Hoffmann: Die Huichol in Mexiko, in: J. Pitt-Rivers (Hrsg.): Peoples of the World, vol. 4: Mexiko und Central America; dt.: Mexiko und Zentralamerika, in: E. Evans-Pritchard (Hrsg.): Bild der Völker (Die Brockhaus Völkerkunde), IV: Nordamerika und Zentralamerika, 2. Teil: Mexiko und Zentralamerika, übers. v. R. Kasperek, Wiesbaden 1974, 192–199

Th. Jeier: Die letzten Söhne Manitous. Das Schicksal der Indianer Nordamerikas, Düsseldorf-Wien 1976; Neudruck: München (Heyne Tb. 7079) 1979

W. Krickeberg: Altmexikanische Kulturen. Anhang: G. Kutscher: Zur Kunst Altmexikos, Berlin 1975

J. Lame Deer – R. Erdoes: Lame Deer. Seeker of Visions, New York 1972; dt.: Tahca Ushte. Medizinmann der Sioux, übers. v. C. Biegert, München 1979

H. Läng: Kulturgeschichte der Indianer Nordamerikas, Olten-Freiburg 1981

J.A. Mason: The ancient civilizations of Peru; dt.: Das Alte Peru. Eine indianische Hochkultur, übers. v. H.W.A. Schoeller, Essen 1975

W. Müller: Glauben und Denken der Sioux. Zur Gestalt archaischer Weltbilder, Berlin 1970

I. Nicholson: Mexican and Central American Mythology, London 1967; dt.: Mexikanische Mythologie, übers. v. U. Buhle, Wiesbaden 1967

R. u. T. Ridington: Das innere Gesicht von Schamanismus und Totemismus, in: D. u. B. Tedlock (Hrsg.): Teachings from the American Earth, 1975; dt.: Über den Rand des tiefen Canyon. Lehren indianischer Schamanen, übers. v. J. Eggert, Düsseldorf-Köln ^{2}1980, 168–182

Schwarzer Hirsch (Black Elk): Black Elk speaks, ed. by J. Neihardt, New York 1932; dt.: Ich rufe mein Volk. Leben, Visionen und Vermächtnis des letzten großen Sehers der Ogalalla-Sioux; übers. v. S. Lang; Olten-Freiburg 1965

Schwarzer Hirsch (Black Elk): The sacred Pipe, ed. by J.E. Brown, Manderson 1947; dt.: Die heilige Pfeife. Das indianische Weisheitsbuch der sieben geheimen Riten, übers. v. G. Hotz, Nachw. v. F. Schuon, Bericht v. H. Läng, Olten-Freiburg ^{2}(erw.) 1978

D. Sharon: Wizard of the four winds. A Shaman's Story, New York 1978; dt.: Magier der vier Winde. Der Weg eines peruanischen Schamanen, übers. v. D. Türck, Freiburg 1980

J.S. Slotkin: Der Peyote-Weg, in: D. u. B. Tedlock (Hrsg.): Teachings from the American Earth, 1975; dt.: Über den Rand des tiefen Canyon. Lehren indianischer Schamanen, übers. v. J. Eggert, Düsseldorf-Köln ^{2}1980, 100–108

H.J. Stammel: Die Indianer. Die Geschichte eines untergegangenen Volkes, Gütersloh 1977; Neudruck: München (Goldmann Tb. 11212) 1979

D. Tedlock: Der Tod aus indianischer Sicht, in: D. u. B. Tedlock (Hrsg.): Teachings from the American Earth, 1975; dt.: Über den Rand des tiefen Canyon. Lehren indianischer Schamanen, übers. v. J. Eggert, Düsseldorf-Köln ^{2}1980, 198–223

B. Tedlock: Der Weg des Clowns, in: D. u. B. Tedlock (Hrsg.): Teachings from the American Earth, 1975; dt.: Über den Rand des tiefen Canyon. Lehren indianischer Schamanen, übers. v. J. Eggert, Düsseldorf-Köln ^{2}1980, 109–121

F. Trupp: Die letzten Indianer. Kulturen Südamerikas, Wörgl 1981

6) Kulturgeschichte und Motivgeschichte

M. Albus: Paulo Evaristo Arns. Ich trage keinen Purpur, Düsseldorf (Lebenswege, Bd. 3) 1985

W. Benjamin: Zur Kritik der Gewalt und andere Aufsätze, Nachw. v. H. Marcuse, Frankfurt 1965

E. Borneman: Das Patriarchat. Ursprung und Zukunft unseres Gesellschaftssystems, Frankfurt 1975; Neudruck: Frankfurt (Fischer Tb. 3416, mit eigenem Nachwort) 1979

W. u. A. Durant: The Story of Civilization, VIII.: The Age of Louis XIV; IX.; The Age of Voltaire, New York, 1963–1965; dt.: Kulturgeschichte der Menschheit. Bd. 13: Vom Aberglauben zur Wissenschaft, übers. v. B. Jurker u. E. Lipper, München (Ullstein-Buch 36113) 1982

H.E. Erikson: Young Man Luther. A Study in Psychoanalysis and History, 1958; dt.: Der junge Mann Luther. Eine psychoanalytische und historische Studie; übers. v. J. Schiche, Reinbek (rororo 6733–34) 1970

J.C. Fest: Hitler. Eine Biographie, Frankfurt-Berlin-Wien 1973

M.I. Finley: Ancient Slavery and Modern Ideology, London 1980; dt.: Die Sklaverei in der Antike. Geschichte und Probleme; übers. v. Ch. Schwingenstein, A. Wittenburg, K. Brodersen, München 1981; Neudruck: Frankfurt (Fischer Tb. 4352) 1985

A. Heuss: Zum Problem einer geschichtlichen Anthropologie, in: H.-G. Gadamer – P. Vogler (Hrsg.): Neue Anthropologie, Bd. 4: Kulturanthropologie, Stuttgart (dtv wr 4072) 1973, 150–194

E. Jünger: Annäherungen. Drogen und Rausch, Stuttgart 1970; Neudruck: Frankfurt-Berlin-Wien (Ullstein Tb. 39003) 1980

E. Kaiser: Paracelsus in Selbstzeugnissen und Bilddokumenten, Reinbek (Rowohlts Monographien 149) 1969

G. Kaiser: Der tanzende Tod, in: Spektrum der Wissenschaft (Scientific American), 10/1984, 134–145

H. Leisegang: Das Mysterium der Schlange. Ein Beitrag zur Erforschung des griechischen Mysterienkultes und seines Fortlebens in der christlichen Welt, in: O. Fröbe-Kapteyn (Hrsg.): Eranos Jahrbuch 1939 (Bd. 7): Vorträge über die Symbolik der Wiedergeburt in der religiösen Vorstellung der Zeiten und Völker, Zürich 1940, 151–250

M. Lurker: Der Baum in Glauben und Kunst unter besonderer Berücksichtigung der Werke des Hieronymus Bosch, Baden-Baden (Studien zur Deutschen Kunstgeschichte, Bd. 328) ^{2}erw. 1976

M. Lurker: Der Kreis als Symbol im Denken, Glauben und künstlerischen Gestalten der Menschheit, Tübingen 1981

M. Lurker: Adler und Schlange. Tiersymbolik im Glauben und Weltbild der Völker, Tübingen 1983

M. Lurker: Götter und Symbole der Alten Ägypter, Bern-München 1974; Neudruck: München (GGTb. 11276) o.J.

H. Lützeler: Weltgeschichte der Kunst, Gütersloh (Die Große Bertelsmann Lexikon-Bibliothek, Bd. 6) 1959

H. Marcuse: The One-Dimensional Man. Studies in the Ideology of Advanced Industrial Society, Boston 1964; dt.: Der eindimensionale Mensch. Studien zur Ideologie der fortgeschrittenen Industriegesellschaft, übers. v. A. Schmidt, Darmstadt-Neuwied (Luchterhand, SL 4) 1967

O. Marquard: Kompensation. Überlegungen zu einer Verlaufsfigur geschichtlicher Prozesse, in: K.-G. Faber – Ch. Meier (Hrsg.): Theorie der Geschichte, Bd. 2: Historische Prozesse, München (dtv wr 4304) 1978, 330–362

W. Müller: Die heilige Stadt. Roma quadrata, himmlisches Jerusalem und die Mythe vom Weltnabel, Stuttgart 1961

F. Sieburg: Gott in Frankreich? Ein Versuch, Frankfurt 1929

W. Staudacher: Die Trennung von Himmel und Erde, Tübingen 1942

U. Steffen: Jona und der Fisch. Der Mythos von Tod und Wiedergeburt, Stuttgart-Berlin 1982

U. Steffen: Drachenkampf. Der Mythos vom Bösen, Stuttgart 1984

J. Thorwald: Macht und Geheimnis der frühen Ärzte. Ägypten, Babylonien, Indien, China, Mexiko, Peru; München-Zürich 1962; Neudruck: München (Knaur Tb. 138) 1967

7) Kosmologie und Naturphilosophie

G. BATESON: Mind and Nature. A Necessary Unity, 1979; dt.: Geist und Natur. Eine notwendige Einheit, übers. v. H.G. Holl, Frankfurt 1982

L. DE BROGLIE: Licht und Materie. Teile aus den Büchern: Licht und Materie (Matière et Lumière) und: Physik und Mikrophysik (Physique et Microphysique), aus dem Franz. übers. v. R. Tüngel u. R. Gillischewski, ausgew. v. G. Eder, Frankfurt-Hamburg (Fischer Tb. 226) 1958

F. CAPRA: The Tao of Physics, 1975; dt.: Der kosmische Reigen. Physik und östliche Mystik – ein zeitgemäßes Weltbild, übers. v. F. Lahmann, München-Wien 1977

F. CAPRA: The turning Point, 1982; dt.: Wendezeit. Bausteine für ein neues Weltbild, übers. v. E. Schuhmacher, Bern-München-Wien [7]1984

A. EINSTEIN: Über die spezielle und die allgemeine Relativitätstheorie, Braunschweig (Sammlung Vieweg. Tagesfragen aus den Gebieten der Naturwissenschaften und der Technik, Heft 38) [10](erw.) 1920

A. EINSTEIN – L. INFELD: The Evolution of Physics, New York; dt.: Die Evolution der Physik. Relativitäts- und Quantentheorie dargestellt vom Konzept bis zur definitiven Fassung, übers. v. W. Preusser, Hamburg-Wien 1950

TH. FERRIS: Galaxies, San Francisco 1980; dt.: Galaxien, übers. v. A. Ehlers, Vorw. v. A. Tammann, Basel, Boston, Stuttgart 1983

H. FRITZSCH: Vom Urknall zum Zerfall. Die Welt zwischen Anfang und Ende, München-Zürich [3](überarb.) 1983

W. HEISENBERG: Erste Gespräche über das Verhältnis von Naturwissenschaft und Religion (1927), in: Der Teil und das Ganze. Gespräche im Umkreis der Atomphysik, München 1973; Neudruck: München (dtv 903) 1973, 104–113

W. HEISENBERG: Quantenmechanik und Kantsche Philosophie (1930–32), in: Der Teil und das Ganze. Gespräche im Umkreis der Atomphysik, München (dtv 903) 1973, 141–149

R. MEYER: Die Philosophie in Auseinandersetzung mit der Relativitätstheorie, in: R.W. Meyer (Hrsg.): Das Zeitproblem im 20. Jahrhundert, Bern-München (Ringvorlesungen der Universität Zürich 1963/64) 1964 (Dalp 96), 70–89

V. MEYER: Die Zeit in der Relativitätstheorie, in: R.W. Meyer (Hrsg.): Das Zeitproblem im 20. Jahrhundert, Bern-München (Ringvorlesungen der Universität Zürich 1963/64) 1964 (Dalp 96), 27–43

H. REEVES: Patience dans l'azur. L'évolution cosmique, Paris 1981; dt.: Woher nährt der Himmel seine Sterne? Die Entwicklung des Kosmos und die Zukunft des Menschen, übers. v. N. Lauinger, Basel-Boston-Stuttgart 1983

C. SAGAN: Cosmos, New York 1980; dt.: Unser Kosmos. Eine Reise durch das Weltall, übers. v. S. Summerer u. G. Kurz, München-Zürich 1982

I. SÄNGER-BREDT: Die kosmischen Gesetze. Ungelöste Rätsel der Schöpfung, Düsseldorf-Wien 1971; Neudruck: Frankfurt (Fischer Tb. 6234) 1974

ST. WEINBERG: The First Three Minutes. A Modern View of the Origin of the Universe, New York 1977; dt.: Die ersten drei Minuten. Der Ursprung des Universums, übers. v. F. Griese, Vorw. v. R. Lüst, München (dtv 1556) 1980

V. VON WEIZSÄCKER: Am Anfang schuf Gott Himmel und Erde. Grundfragen der Naturphilosophie, Göttingen (Kleine Vandenhoeck Reihe 37–37a) 1954

8) Anthropologie, Biologie und Verhaltensforschung

L. VON BERTALANFFY – W. BEIER – R. LAUE: Biophysik des Fließgleichgewichts (1953), Braunschweig [2](bearb. u. erw.) 1977

R. BILZ: Über das emotionale Partizipieren. Ein Beitrag zu dem Problem des Menschen in seiner Umwelt (1950), in: Die unbewältigte Vergangenheit des Menschengeschlechts. Beiträge zu einer Paläoanthropologie, Frankfurt 1967, S. 39–73

R. Bilz: Paläoanthropologie. Der neue Mensch in der Sicht einer Verhaltensforschung, Frankfurt, 1. Bd. 1971 (2. Bd. nach Tod des Verf. nicht mehr erschienen)
Ch. Darwin: On the origin of species, London 1859; dt.: Die Entstehung der Arten durch natürliche Zuchtwahl, übers. v. C.W. Neumann, Nachw. v. G. Heberer, Stuttgart (reclam 3071–80) 1974
J.C. Eccles: Facing Reality, Berlin, Heidelberg, New York 1970; dt.: Wahrheit und Wirklichkeit. Mensch und Wissenschaft, übers. v. R. Liske, Berlin-Heidelberg 1975, 114–138 (Evolution und das bewußte Selbst, Vorlesung 1967)
J.C. Eccles: The Understanding of the Brain, New York 1973; dt.: Das Gehirn des Menschen. Sechs Vorlesungen für Hörer aller Fakultäten, übers. v. A. Hartung, München-Zürich 1975
J.C. Eccles: Das Rätsel Mensch. Die Gifford-Lectures an der Universität von Edinburgh 1977–1978, übers. v. K. Ferreira, München–Basel 1982
K.R. Popper - J.C. Eccles: The Self and Its Brain, Heidelberg-Berlin-London-New York 1977; dt.: Das Ich und sein Gehirn; übers. v. A. Hartung u. W. Hochkeppel, München 1982
J.C. Eccles - H. Zeier: Gehirn und Geist. Biologische Erkenntnisse über Vorgeschichte, Wesen und Zukunft des Menschen. Aus dem Engl. übers. v. A. Heil u. H. Zeier, München-Zürich 1980; Neudruck: Frankfurt (Geist und Psyche, Fischer 42225) 1984
M. Eigen – R. Winkler: Das Spiel. Naturgesetze steuern den Zufall, München-Zürich, 1975
A. Gehlen: Urmensch und Spätkultur. Philosophische Ergebnisse und Aussagen, Frankfurt-Bonn [2](neu bearb.) 1944
A. Gehlen: Der Mensch. Seine Natur und seine Stellung in der Welt, Frankfurt-Bonn [8]1966
G. Heberer: Homo – unsere Ab- und Zukunft. Herkunft und Entwicklung des Menschen aus der Sicht der aktuellen Anthropologie, Stuttgart 1968
K. Lorenz: Das sogenannte Böse. Zur Naturgeschichte der Aggression, Wien 1963
K. Lorenz: Die Rückseite des Spiegels. Versuch einer Naturgeschichte menschlichen Erkennens, München 1973; Neudruck: München (dtv 1249) 1977
J. Needham: Man a machine, New York 1928
D.S. Peters – W.F. Gutmann: Die Geschichte der Evolutionslehre, in: G. Heberer u. H. Wendt (Hrsg.): Entwicklungsgeschichte der Lebewesen. Grzimeks Tierleben. Enzyklopädie des Tierreiches. Ergänzungsband, Zürich 1972, 25–31
R. Riedl: Biologie der Erkenntnis. Die stammesgeschichtlichen Grundlagen der Vernunft, Berlin-Hamburg [3](durchges.) 1981
K. Schmidt-Koenig: Vogelzug und Vogelorientierung, in: K. Immelmann (Hrsg.): Verhaltensforschung. Sonderband «Verhaltensforschung» in: Grzimeks Tierleben. Enzyklopädie des Tierreiches, Zürich 1974, 182–188
J. v. Uexküll: Bedeutungslehre, Leipzig 1940
W. Wickler: Stammesgeschichte und Ritualisierung. Zur Entstehung tierischer und menschlicher Verhaltensmuster, München 1970; Neudruck: München (dtv wr 4166) 1975

9) Tiefenpsychologie, Psychiatrie und Psychosomatik

K. Abraham: Versuch einer Entwicklungsgeschichte der Libido aufgrund der Psychoanalyse seelischer Störungen (1924), in: Psychoanalytische Studien zur Charakterbildung und andere Schriften, hrsg. v. J. Cremerius, Frankfurt 1969, 113–183
K. Abraham: Über Einschränkungen und Umwandlungen der Schaulust bei den Psychotikern nebst Bemerkungen über analoge Erscheinungen in der Völkerpsychologie (1914), in: Psychoanalytische Studien zur Charakterbildung und andere Schriften, hrsg. v. J. Cremerius, Frankfurt 1969, 324–382
K. Abraham: Die psychosexuellen Differenzen der Hysterie und der Dementia praecox (1908), in: Gesammelte Schriften in zwei Bden., hrsg. v. J. Cremerius, Bd. I, Frankfurt (Fischer Tb. FW 7319) 1982, 132–145
A. Adler: Über den nervösen Charakter. Grundzüge einer vergleichenden Individual-Psychologie und Psychotherapie ([1]1912; [2]1919; [3]1922; [4]1927); Frankfurt (Fischer Tb. 6174) 1972, eingel. v. W. Metzger

F. ALEXANDER: Psychoanalyse der Gesamtpersönlichkeit. Neun Vorlesungen über die Anwendung von Freuds Ichtheorie auf die Neurosenlehre, Leipzig, Wien, Zürich (Internationale Psychoanalytische Bibliothek, Nr. 22) 1927

F. ALEXANDER: Psychosomatic Medicine, Chicago 1950; dt.: Psychosomatische Medizin. Grundlagen und Anwendungsgebiete; mit einem Kap. über: Die Funktionen des Sexualapparates und ihre Störungen, von Th. Benedek; übers. v. P. Kühne, Berlin 1951

A. ALLWOHN: Magie und Suggestion in der Heilpraxis, in: W. Bitter (Hrsg.): Magie und Wunder in der Heilkunde, München (Kindler Tb., Geist und Psyche Bd. 1016) o.J. (7. Bd. der Tagungsberichte der Stuttgarter Gemeinschaft «Arzt und Seelsorger»), 32–56

G. AMMON: Auf dem Wege zu einer Psychotherapie der Schizophrenie, in: G. Ammon (Hrsg.): Psychotherapie der Psychosen, München (Kindler Tb. 02146) 1975

G. AMMON: Schizophrenie, in: G. Ammon (Hrsg.): Handbuch der Dynamischen Psychiatrie, 1. Bd., München 1979, 364–462 (unter Mitarbeit v. A. u. W. Pachaly)

G. BATESON – D.D. JACKSON – J. HALEY – J.H. WEAKLAND: Vorstadien zu einer Theorie der Schizophrenie aus: Behavioral Science, Bd. I, Nr. 4, 1956, in: Steps to an Ecology of Mind. Collected Essays in Anthropology, Psychiatry, Evolution and Epistemology, 1972; dt.: Ökologie des Geistes. Anthropologische, psychologische, biologische und epistemologische Perspektiven, übers. v. H.G. Holl, Frankfurt 1981, 270–301

G. BATESON: Double bind (1969), in: Steps to an Ecology of Mind. Collected Essays in Anthropology, Psychiatry, Evolution and Epistemology, New York 1972; dt.: Ökologie des Geistes. Anthropologische, psychologische, biologische und epistemologische Perspektiven, übers. v. H.G. Holl, Frankfurt 1981, Einl. v. H. Stierlin, 353–361

D. BECK: Krankheit als Selbstheilung. Wie körperliche Krankheiten ein Versuch zu seelischer Heilung sein können, Frankfurt 1981

E. BLEULER: Lehrbuch der Psychiatrie, Berlin-Heidelberg-New York [11](umgearb. v. M. Bleuler) 1969

E. BOHM: Lehrbuch der Rorschach-Psychodiagnostik für Psychologen, Ärzte und Pädagogen, Bern-Stuttgart [3](neubearb. u. erw.) 1967

W. BRÄUTIGAM: Reaktionen – Neurosen – Abnorme Persönlichkeiten. Seelische Krankheiten im Grundriß, Stuttgart (dtv wr 4054) 1968

W.B. CANNON: Bodily Changes in Pain, Hunger, Fear and Rage, Boston 1953

P. CHRISTIAN: Herz und Kreislauf, in: V.E. Frankl, V.E. v. Gebsattel, J.H. Schultz (Hrsg.): Handbuch der Neurosenlehre und Psychotherapie, 2. Bd., München-Berlin 1959, 495–516

P. CHRISTIAN: Atmung, in: V.E. Frankl, V.E. v. Gebsattel, J.H. Schultz (Hrsg.): Handbuch der Neurosenlehre und Psychotherapie, 2. Bd., München-Berlin 1959, 517–530

W.H. DESMONDE: Der Ursprung des Geldes im Tieropfer, in: J. Harten – H. Kurnitzky (Hrsg.): Museum des Geldes. Über die seltsame Natur des Geldes in Kunst, Wissenschaft und Leben, 1. Bd., Düsseldorf (Städtische Kunsthalle) 1978, 118–127

E. DREWERMANN: Von der Notwendigkeit und Form der Konfrontationstechnik in der gesprächspsychotherapeutischen Beratung, in: Psychoanalyse und Moraltheologie, 3 Bde., Mainz 1982–1984, Bd. 2: Wege und Umwege der Liebe, 226–290

E. DREWERMANN: Suchtstrukturen, Süchte – und ihre fast unmögliche Behandlung, in: Psychoanalyse und Moraltheologie, 3 Bde., Mainz 1982–1984; 3. Bd.: An den Grenzen des Lebens, 85–97

E. DREWERMANN: Vom Problem des Selbstmords oder von einer letzten Gnade der Natur, in: Psychoanalyse und Moraltheologie, 3 Bde., Mainz 1982–1984, 3. Bd.: An den Grenzen des Lebens, 98–173

E. DREWERMANN – I. NEUHAUS: Der goldene Vogel. Grimms Märchen tiefenpsychologisch gedeutet, Bd. 2, Olten-Freiburg 1982

E. DREWERMANN – INGRITT NEUHAUS: Frau Holle. Grimms Märchen tiefenpsychologisch gedeutet, Bd. 3, Olten-Freiburg 1982

E. DREWERMANN – I. NEUHAUS: Schneeweißchen und Rosenrot. Grimms Märchen tiefenpsychologisch gedeutet, Bd. 4, Olten-Freiburg 1983

E. DREWERMANN – I. NEUHAUS: Marienkind. Grimms Märchen tiefenpsychologisch gedeutet, Bd. 5, Olten-Freiburg 1984

E. Drewermann – Ingritt Neuhaus: Die Kristallkugel. Grimms Märchen tiefenpsychologisch gedeutet, Bd. 6, Olten-Freiburg 1985
E. Drewermann – I. Neuhaus: Das Eigentliche ist unsichtbar. Der kleine Prinz tiefenpsychologisch gedeutet, Freiburg-Basel-Wien 1984
E. Drewermann – I. Neuhaus: Voller Erbarmen rettet er uns. Die Tobit-Legende tiefenpsychologisch gedeutet, Basel-Wien-Freiburg 1985
A. Dührssen: Psychogene Erkrankungen bei Kindern und Jugendlichen. Eine Einführung in die allgemeine und spezielle Neurosenlehre, Göttingen 1954
G.L. Engel: Colitis ulcerosa, in: Th. v. Uexküll (Hrsg.): Lehrbuch der Psychosomatischen Medizin, München-Wien-Baltimore [2](durchges.) 1981, 649–657
P. Federn: Über zwei typische Traumsensationen, in: Jahrbuch der Psychoanalyse, hrsg. v. S. Freud, VI. Band, Leipzig-Wien 1914, 89–134
P. Federn: Die Psychosen-Analyse (1943), in: Ego-Psychology and the Psychosis, New York 1952; dt.: Ichpsychologie und die Psychosen, übers. v. W. u. E. Federn, Bern 1956; Frankfurt 1978, 107–151
P. Federn: Zur seelischen Hygiene des psychotischen Ichs (1948), in: Ichpsychologie und die Psychosen (engl. 1952); übers. v. W. u. E. Federn, Bern 1956; Neudruck: Frankfurt 1978, 169–184
O. Fenichel: The Psychoanalytical Theory of Neurosis, New York [1]1941; [2]1945; dt.: Psychoanalytische Neurosenlehre, 3 Bde., übers. v. K. Laermann, Olten-Freiburg 1974–1977
M.-L. v. Franz: Zahl und Zeit. Psychologische Überlegungen zu einer Annäherung von Tiefenpsychologie und Physik, Stuttgart 1970; Neudruck: Frankfurt (st 602) 1980
S. Freud: Charcot (1893), in: Ges. Werke I, London 1952, 19–35
S. Freud: Die Abwehrneuropsychosen. Versuch einer psychologischen Theorie der akquirierten Hysterie, vieler Phobien und Zwangsvorstellungen und gewisser halluzinatorischer Psychosen (1894), in: Ges. Werke I, London 1952, 57–74
S. Freud: Studien über Hysterie, zus. mit J. Breuer (1895), in: Gesammelte Werke, Bd. I, London 1952, 75–312
S. Freud: Die Traumdeutung (1900), in: Ges. Werke II–III, London 1942, 1–642
S. Freud: Drei Abhandlungen zur Sexualtheorie (1905), Gesammelte Werke V, London 1942, 27–145
S. Freud: Bruchstücke einer Hysterie-Analyse («Dora») (1905), in: Ges. Werke V, London 1942, 161–286
S. Freud: Psychoanalytische Bemerkungen über einen autobiographisch beschriebenen Fall von Paranoia (dementia paranoides) (1911), in: Gesammelte Werke, Bd. VIII, London 1945, 239–320
S. Freud: Zur Einführung des Narzißmus (1914), in: Gesammelte Werke, Bd. X, London 1946, 137–170
S. Freud: Vorlesungen zur Einführung in die Psychoanalyse (1917), in: Gesammelte Werke XI, London 1944
S. Freud: Jenseits des Lustprinzips (1920), in: Ges. Werke XIII, London 1940, 1–69
S. Freud: Psychoanalyse und Libidotheorie (1923), in: Ges. Werke XIII, London 1940, 209–233
S. Freud: Der Realitätsverlust bei Neurose und Psychose (1924), in: Ges. Werke XIII, London 1940, 361–368
S. Freud: Das ökonomische Problem des Masochismus (1924), in: Gesammelte Werke, Bd. XIII, London 1940, 369–383
S. Freud: Neurose und Psychose (1924), in: Gesammelte Werke, Bd. XIII, London 1940, 387–391
S. Freud: Fetischismus (1927), in: Gesammelte Werke XIV, London 1948, 309–317
S. Freud: Die Zukunft einer Illusion (1927), in: Ges. Werke XIV, London 1948, 323–380
S. Freud: Über weibliche Sexualität (1931), in: Ges. Werke, Bd. XIV, London 1948, 515–537
S. Freud: Neue Folge der Vorlesungen zur Einführung in die Psychoanalyse (1932), in: Ges. Werke Bd. XV, London 1944
S. Freud: Psychoanalyse und Telepathie (1921), in: Ges. Werke XVII, London 1941, 25–44
V.E. v. Gebsattel: Die anankastische Fehlhaltung, in: V.E. Frankl, V.E. v. Gebsattel, J.H. Schultz (Hrsg.): Handbuch der Neurosenlehre und Psychotherapie, 2. Bd., München-Berlin 1959, 125–142
H. Glatzel: Ernährung, in: V.E. Frankl, V.E. v. Gebsattel, J.H. Schultz (Hrsg.): Handbuch der Neurosenlehre und Psychotherapie, 2. Bd., München-Berlin 1959, 125–142
St. Grof: Realms of the Human Unconscious, New York 1975; dt.: Topographie des Unbewußten. LSD im Dienst der tiefenpsychologischen Forschung, übers. v. G.H. Müller, Stuttgart (Konzepte der Humanwissenschaften) [2]1983

J.L. HENDERSON: Der moderne Mensch und die Mythen, in: Man and his Symbols, ed. C.G. Jung - M.L. v. Franz, London 1964; dt.: Der Mensch und seine Symbole, Olten-Freiburg 1968, 106–157, übers. v. K. Thiele-Dohrmann

J.M. HERRMANN – M. RASSEK – N. SCHÄFER – TH. H. SCHMIDT – TH. v. UEXKÜLL: Essentielle Hypertonie, in: Th. v. Uexküll (Hrsg.): Lehrbuch der Psychosomatischen Medizin, München-Wien-Baltimore ²(durchges.) 1981, 595–615

J.M. HERRMANN – W. SCHÜFFEL – TH. v. UEXKÜLL: Asthma bronchiale, in: Th. v. Uexküll (Hrsg.): Lehrbuch der Psychosomatischen Medizin, München-Wien-Baltimore ²(durchges.) 1981, 616–625

J.M. HERRMANN: Infektionskrankheiten, in: Th. v. Uexküll (Hrsg.): Lehrbuch der Psychosomatischen Medizin, München-Wien-Baltimore ²(durchges.) 1981, 699–706

E. JONES: Die Empfängnis der Jungfrau Maria durch das Ohr. Ein Beitrag zu der Beziehung zwischen Kunst und Religion, in: Jahrbuch der Psychoanalyse, hrsg. v. S. Freud, VI. Bd., Leipzig-Wien 1914, 135–204

E. JONES: The Life and Work of Sigmund Freud, New York; dt.: Das Leben und Werk von Sigmund Freud, übers. v. K. Jones, 3 Bde., Bern 1960

C.G. JUNG: Über die Psychologie der Dementia praecox: Ein Versuch (1907), in: Gesammelte Werke, Bd. 3, Olten-Freiburg 1971, 3–170

C.G. JUNG: Der Inhalt der Psychose (1908), in: Gesammelte Werke, Bd. 3, Olten-Freiburg 1971, 173–215

C.G. JUNG: Psychologische Typen (1921); Ges. Werke Bd. VI, Olten-Freiburg 1960, 1–537

C.G. JUNG: Definitionen, in: Gesammelte Werke VI: Psychologische Typen (1921), Olten-Freiburg 1960, 444–528

C.G. JUNG: Die Beziehungen zwischen dem Ich und dem Unbewußten (1928), in: Ges. Werke, Bd. 7, Olten-Freiburg 1964, 131–264

C.G. JUNG: Zur Psychologie des Kindarchetypus (1940, zus. mit K. Kerényi: Das göttliche Kind); Ges. Werke Bd. IX 1. Teil, Olten-Freiburg 1976, 163–195

C.G. JUNG: Zur Empirie des Individuationsprozesses (1934), in: Ges. Werke Bd. IX 1, Olten-Freiburg 1976, 309–372

C.G. JUNG: Aion. Beiträge zur Symbolik des Selbst, in: Gesammelte Werke, IX 2, Olten-Freiburg 1976

C.G. JUNG: Seele und Erde (1931), in: Gesammelte Werke, Bd. X, Olten-Freiburg 1974, 43–65

C.G. JUNG: Ein moderner Mythus. Von Dingen, die am Himmel gesehen werden (1958), in: Gesammelte Werke, Bd. X, Olten-Freiburg 1974, 337–474

C.G. JUNG: Antwort auf Hiob (1952); Ges. Werke XI, Olten-Freiburg 1963, 385–506

C.G. JUNG: Antwort auf Martin Buber (1952), in: Gesammelte Werke, Bd. XI, Olten-Freiburg 1971, 657–665

C.G. JUNG: Gut und Böse in der analytischen Psychologie (1959), in: Ges. Werke Bd. XI, Olten-Freiburg 1963, 667–681

C.G. JUNG: Mysterium Conjunctionis. Untersuchungen über die Trennung und Zusammensetzung der seelischen Gegensätze in der Alchemie, unter Mitarbeit von M.-L. v. Franz (1955–1956), in: Gesammelte Werke, Bd. XIV, 3 Teile; 1. u. 2. Teil, Olten-Freiburg 1968; 3. Teil (Ergänzungsband) 1971

C.G. JUNG: Antwort auf einen Brief von Reverend David Cox, in: Ges. Werke Bd. XVIII, 2. Teil, Olten 1981, 786–796 [797–801

C.G. JUNG: Späterer Brief, (an Rev. David Cox) (1957), in: Ges. Werke, Bd. XVIII, 2. Teil, Olten 1981,

M. KASSEL: Biblische Urbilder. Tiefenpsychologische Auslegung nach C.G. Jung, München 1980

H. VON KNORRE (Hrsg.): Seelische Krankheit – Heilung und Heil. Gedanken und Erfahrungen von Ärzten der Klinik Hohe Mark, Marburg 1980

K. KÖHLE – C. SIMONS: Anorexia nervosa, in: Th. v. Uexküll (Hrsg.): Lehrbuch der Psychosomatischen Medizin, München-Wien-Baltimore ²(durchges.) 1981, 529–556

H. KRANZ: Die schizoide Fehlhaltung, in: V.E. Frankl, V.E. v. Gebsattel, J.H. Schultz (Hrsg.): Handbuch der Neurosenlehre und Psychotherapie, 2. Bd., München-Berlin 1959, 263–284

J. LACAN: Das Ich in der Theorie Freuds und in der Technik der Psychoanalyse. Das Seminar von J. Lacan, Buch II (1954–1955), nach dem v. J.-A. Miller hergestellten französ. Text in deutscher Sprache hrsg. v. N. Haas, übers. v. H.-J. Metzger, Olten-Freiburg 1980

R.D. LAING: Die Stimme der Erfahrung. Erfahrung, Wissenschaft und Psychiatrie, aus dem Engl. übers. v. H. Hermann, Köln 1983; Neudruck: Köln (Knaur 3775) 1985

R.D. LAING: The Divided Self. An existential study in sanity and madness, London 1960; dt.: Das geteilte Selbst. Eine existentielle Studie über geistige Gesundheit und Wahnsinn, übers. v. C. Tansella-Zimmermann, Köln 1972

E. LIEK-DANZIG: Das Wunder in der Heilkunde, München [4]1940

A. MAEDER: Wege zur seelischen Heilung. Kurze Psychotherapie aus der Praxis eines Nervenarztes, Zürich 1945

A. MAEDER: Der mythische Heilbringer und der Arzt, in: Der Psychotherapeut als Partner, Zürich 1957; Neudruck: München (Kindler, Geist und Psyche 2050) o.J., 19–28

A. MAEDER: Persönliche Erinnerungen an Freud und retrospektive Besinnung (1956), in: Der Psychotherapeut als Partner, Zürich 1957; Neudruck: München (Kindler, Geist und Psyche 2050) o.J., 73–84

A. MAEDER: Mein Weg von der Psychoanalyse zur Synthese. Ein autobiographischer Beitrag zur Wandlung der Geisteshaltung seit 1900, (1956), in: Der Psychotherapeut als Partner, Zürich 1957; Neudruck: München (Kindler, Geist und Psyche 2050) o.J., 85–112

U. MAHLENDORF: Schizophrenie und Kreativität: Büchners Lenz, in: G. Ammon (Hrsg.): Handbuch der Dynamischen Psychiatrie, 2. Bd., München-Basel 1982, 793–808

P. MATUSSEK: Störungen des Sexuallebens, in: V.E. Frankl, V.E. v. Gebsattel, J.H. Schultz (Hrsg.): Handbuch der Neurosenlehre und Psychotherapie, 2. Bd., München-Berlin 1959, 580–598

ST. MENTZOS: Hysterie. Zur Psychodynamik unbewußter Inszenierungen, München (Kindler Tb. 2212) 1980

A. MITSCHERLICH: Krankheit als Konflikt. Studien zur psychosomatischen Medizin, 3 Bde., Frankfurt (sv 164; 237; 505) 1966

O. PFISTER: Das Christentum und die Angst, 1944; Neudruck: Olten 1975, mit einem Vorw. v. Th. Bonhoeffer; Neudruck: Frankfurt-Berlin-Wien (Ullstein Tb. 35219) 1985

O. PFISTER: Die psychologische Enträtselung der religiösen Glossalalie und der automatischen Kryptographie, in: Jahrbuch für psychoanalytische und psychopathologische Forschungen, hrsg. v. E. Bleuler u. S. Freud, 3. Bd., Leipzig-Wien 1912, 427–466; 730–794

F.G. PLAUM – S. STEPHANOS: Die klassischen psychoanalytischen Konzepte der Psychosomatik und ihre Beziehungen zum Konzept der «pensée opératoire», in: Th. v. Uexküll (Hrsg.): Lehrbuch der Psychosomatischen Medizin, München-Wien-Baltimore [2](durchges.) 1981, 203–216

O. RANK: Das Trauma der Geburt und seine Bedeutung für die Psychoanalyse, Leipzig-Wien-Zürich (Internationale Psychoanalytische Bibliothek, Bd. XIV) 1924

E. RASMUSSEN: Jesus. Eine vergleichende psychopathologische Studie; aus dem Dänischen übers. v. A. Rothenburg, Leipzig 1905

TH. REIK: Die Äquivalenz der Triebgegensatzpaare, in: Der eigene und der fremde Gott. Zur Psychoanalyse der religiösen Entwicklung, Wien 1923; Neudruck: Frankfurt 1972, mit einem Vorwort v. A. Mitscherlich; Taschenbuchausgabe: Frankfurt (s.tb. 221) 1975, 213–230

TH. REIK: Dogma und Zwangsidee. Eine psychoanalytische Studie zur Entwicklung der Religion (1927); Neudruck, eingel. v. Y. Spiegel u. J. Scharfenberg, Köln-Berlin-Mainz (Urban Tb. 601) 1973

I. RIEDEL: Farben. In Religion, Gesellschaft, Kunst und Psychotherapie, Stuttgart 1983

H. RORSCHACH: Zwei schweizerische Sektenstifter (Binggeli-Unternährer), in: Ausgewählte Aufsätze, hrsg. v. K.W. Bash, Bern; München (Kindler Tb. 2044) o.J., 115–157

V.S. ROTENBERG: Funktionale Dichotomie der Gehirnhemisphären und die Bedeutung der Suchaktivität für physiologische und psychopathologische Prozesse, in: G. Ammon (Hrsg.): Handbuch der Dynamischen Psychiatrie, 2. Bd., München-Basel 1982, 276–336

J. SADGER: Haut-, Schleimhaut- und Muskelerotik, in: E. Bleuler u. S. Freud (Hrsg.): Jahrbuch für psychoanalytische und psychopathologische Forschungen, Bd. 3, Leipzig-Wien 1912, 525–556

W. SCHÜFFEL – TH. v. UEXKÜLL: Ulcus duodeni, in: Th. v. Uexküll (Hrsg.): Lehrbuch der Psychosomatischen Medizin, München-Wien-Baltimore [2](durchges.) 1981, 626–639

J. SCHWERMER: Das helfende Gespräch in der Seelsorge, Paderborn [2](erw. u. überarb.) 1983

G. SCHWING: Ein Weg zur Seele des Geisteskranken, Zürich 1940

H. SCHULTZ-HENCKE: Lehrbuch der analytischen Psychotherapie (1951), Stuttgart 1965

H.F. SEARLES: Positive Feelings in the Relationship between the Schizophrenic and his Mother, in: International Journal of Psychoanalysis, 39/1958, 569–586

H. Selye: Stress without Distress, Philadelphia-New York, 1974; dt.: Streß, Lebensregeln vom Entdecker des Streß-Syndroms; übers. v. H. Th. Asbeck, Reinbek (rororo 7072) 1977
G.-F. Simonetti: Das Geld und der Tod, in: J. Harten – H. Kurnitzky (Hrsg.): Museum des Geldes. Über die seltsame Natur des Geldes in Kunst, Wissenschaft und Leben, 1. Bd., Düsseldorf (Städtische Kunsthalle) 1978, 102–103, übers. aus dem Ital. v. I. Beck
E. Spranger: Die Magie der Seele, Tübingen 1947
R. Stalmann: Psychosomatik. Wenn die Seele leidet, wird der Körper krank. Ein Therapeut erklärt Fälle aus der Praxis, München 1979; Neudruck (erw.): Frankfurt (Fischer Tb. 3332) 1984
S. Stephanos (und F. Berger): Das Konzept der «pensée opératoire» und «das psychosomatische Phänomen», in: Th. v. Uexküll (Hrsg.): Lehrbuch der Psychosomatischen Medizin, München-Wien-Baltimore ²(durchges.) 1981, 217–241
S. Stephanos – W. Biebl – F. G. Plaum: Die Konversionssyndrome, in: Th. v. Uexküll (Hrsg.): Lehrbuch der Psychosomatischen Medizin, München-Wien-Baltimore ²(durchges.) 1981, 441–452
W. A. Stoll: Das Zeiterleben in der Psychiatrie, in: R. W. Meyer (Hrsg.): Das Zeitproblem im 20. Jahrhundert, Bern-München (Ringvorlesungen der Universität Zürich 1963/64) 1964, 161–179
D. Stollberg: Therapeutische Seelsorge. Die amerikanische Seelsorgebewegung. Darstellung und Kritik. Mit einer Dokumentation, München (Studien zur praktischen Theologie, Nr. 6) 1969
H. S. Sullivan: The Interpersonal Theory of Psychiatry, New York 1953
L. Szondi: Triebpathologie, 1. Bd.: Elemente der exakten Triebpsychologie und Triebpsychiatrie, Bern 1952
L. Szondi: Lehrbuch der experimentellen Triebdiagnostik, Bd. I: Textband, Bern-Stuttgart, ²(völlig umgearb.) 1960
V. Tausk: Über die Entstehung des ‹Beeinflussungsapparates› in der Schizophrenie, in: Internationale Zeitschrift für Psychoanalyse, 5/1919, 1–33
Th. von Uexküll: Grundfragen der psychosomatischen Medizin, Reinbek (rde 179–180) 1963
Th. v. Uexküll – W. Wesiack: Psychosomatische Medizin und das Problem einer Theorie der Heilkunde, in: Th. v. Uexküll (Hrsg.): Lehrbuch der Psychosomatischen Medizin, München-Wien-Baltimore ²(durchges.) 1981, 7–21
A. von Wallenberg Pachaly (unter Mitarbeit von H. Mönnich): Ansatz zu einem Dynamisch-Psychiatrischen Verständnis der weiblichen anorektischen Reaktion, in: G. Ammon (Hrsg.): Handbuch der Dynamischen Psychiatrie, 2. Bd., München-Basel 1982, 446–530
P. Watzlawick – J. H. Beavin – D. D. Jackson: Menschliche Kommunikation. Formen, Störungen, Paradoxien, Bern 1969
K. Weber: Einführung in die psychosomatische Medizin, Bern-Stuttgart-Toronto 1984
E. Wiesenhütter: Neurosen des Kindesalters, in: V. E. Frankl, V. E. v. Gebsattel, J. H. Schultz (Hrsg.): Handbuch der Neurosenlehre und Psychotherapie, 2. Bd., München-Berlin 1959, 317–342
J. Wilder: Bewegung: in: V. E. Frankl, V. E. v. Gebsattel, J. H. Schultz (Hrsg.): Handbuch der Neurosenlehre und Psychotherapie, 2. Bd., München-Berlin 1959, 545–554
W. Th. Winkler: Die hysterische Fehlhaltung, in: V. E. Frankl, V. E. v. Gebsattel, J. H. Schultz (Hrsg.): Handbuch der Neurosenlehre und Psychotherapie, 2. Bd., München-Berlin 1959, 157–187

10) Belletristik, Malerei, Film

L. N. Andrejev: Lazarus (1906), in: Die sieben Gehenkten. Lazarus. Judas Ischariot, übers. v. I. Tinzmann u. S. Geier, mit einem Essay v. S. Geier, Reinbek (rk 15) 1957, 71–88
St. Andres: Wir sind Utopia. Novelle, München 1951
L. Baldass: Hieronymus Bosch, unter Mitarbeit von G. Heinz, München-Wien ³(erw.) 1968
E. Barlach: Der tote Tag (1912), in: Das Dichterische Werk in 3 Bden.; Die Dramen, hrsg. v. F. Dross, München 1956, 9–95
E. Barlach: Der Geistkämpfer, Städtische Kunsthalle Mannheim
L. A. Bawden: The Oxford Companion to Film, London 1976; dt.: Rororo Film-Lexikon, hrsg. v. W. Tichy, 3 Bde., Reinbek (rororo 6230) 1978

P. S. BEAGLE: The Garden of earthly Delights, New York 1982; dt.: Der Garten der Lüste. Unsere Welt in den modernen Malereien des Hieronymus Bosch, übers. v. S. Mantscheff, Köln 1983

G. BENN: Der Ptolemäer (1949), in: Sämtliche Erzählungen, Wiesbaden 1968; Neudruck: Reinbek 1970

W. BERGENGRUEN: Die Feuerprobe, Stuttgart (reclam 7214) 1951, mit einem autobiographischen Nachwort

G. BERNANOS: Journal d'un Curé de Campagne (1936); dt.: Tagebuch eines Landpfarrers; übers. v. J. Hegner, Köln [11]1966

L. BERNSTEIN: Findings, New York 1982; dt.: Erkenntnisse. Beobachtungen aus fünfzig Jahren, übers. v. P. Weiser, Hamburg 1983

W. BORCHERT: Draußen vor der Tür. Ein Stück, das kein Theater spielen und kein Publikum sehen will (1946), in: Das Gesamtwerk, mit einem biographischen Nachwort v. B. Meyer-Marwitz, Hamburg 1949, 99–165

G. BÜCHNER: Lenz (1836), in: Ges. Werke, hrsg. v. H. Honold, München (Goldmann Klassiker 7510) o.J., 79–105

G. BÜCHNER: Leonce und Lena (postum 1850), in: Gesammelte Werke, hrsg. v. H. Honold, München (GGTb. 7510) o.J., 107–140

L. BUÑUEL (Regisseur): Viridiana, Spanien/Mexiko 1961 (mit Silvia Pinal als Viridiana). Filmtext in: Inter Spectacles. Domaine cinéma, Bd. 2, Paris 1962; dt.: Virdiana, Hamburg 1962

A. CAMUS: L'Étranger, Paris 1942; dt.: Der Fremde, übers. v. G. Goyert u. H.G. Brenner, Boppard 1948; Neudruck: Reinbek (rororo 432) 1961

A. CAMUS: La Peste. Chronique, Paris 1947; dt.: Die Pest, übers. v. G. Meister, Boppard 1949; Neudruck: Reinbek (rororo 15) 1950

C. CASTANEDA: Journey to Ixtlan, New York 1972; dt.: Die Reise nach Ixtlan. Die Lehre des Don Juan, übers. v. N. Lindquist, Frankfurt (Fischer Tb. 1809) 1976

C. CASTANEDA: Tales of Power, New York 1974; dt.: Der Ring der Kraft. Don Juan in den Städten, übers. v. N.Th. Lindquist, Frankfurt 1976; Neudruck: Frankfurt (Fischer Tb. 3370) 1978

A. DANTE: La Divina Commedia (entstanden 1307–1321), Folingno 1472; dt.: Die göttliche Komödie; übers. v. K. Falke, Wiesbaden o.J.

J. DAVID: A Square of Sky. The recollections of a childhood, London 1965; dt.: Ein Stück Himmel. Erinnerungen an eine Kindheit, übers. v. H. Neves, München-Wien 1981

M. DOERNE: Gott und Mensch in Dostojewskijs Werk, Göttingen (Kleine Vandenhoeck Reihe 50) 1957

F.M. DOSTOJEWSKI: Prestuplenie i nakazanie (1866); dt.: Schuld und Sühne. Roman in 6 Teilen und einem Epilog; übers. v. W. Bergengruen; München (Droemer V.) o.J.

F.M. DOSTOJEWSKIJ: Idiot (1868); dt.: Der Idiot; übertr. v. K. Brauner; München (GGTb. 361–362) 1958

F.M. DOSTOJEWSKI: Besy (1872); dt.: Die Dämonen; übers. v. G. Jarcho, München (GGTb. 575–577) 1959

F.M. DOSTOJEWSKI: Podrostok (1875); dt.: Der Jüngling, übers. v. E.K. Rahsin, München 1957; Neudruck: Frankfurt (Fischer EC 6) 1960, mit einem Nachw. v. A. Naumann

F.M. DOSTOJEWSKI: Tagebuch eines Schriftstellers, übers. v. E.K. Rahsin, München 1963

A. GRIGORJEWNA: Erinnerungen der Anna Grigorjewna Dostojewski (gefunden 1921), übers. v. D. Umanskij, München 1925

A. GRIGORJEWNA: Das Tagebuch der Gattin Dostojewskis, hrsg. v. R. Fülöp-Miller u. F. Eckstein, über. v. V. Mitrofanoff-Demelič, München 1925

DSCHELALADDIN RUMI: Aus dem Diwan (1260 n.Chr.), aus dem Pers. übertr. u. eingel. v. A. Schimmel, Stuttgart (reclam 8911) 1964

W. FAULKNER: Requiem for a Nun (1951); dt.: Requiem für eine Nonne. Roman in Szenen; übers. v. R. Schnorr, Zürich 1956; Neudruck: Zürich (Diogenes detebe 20991) 1982

F. FELLINI (Regisseur): Roma (1972)

G. FLAUBERT: Herodias, Paris 1877 (in: Trois contes); dt.: Herodias, übers. v. E. Rechel-Mertens, in: Drei Erzählungen, Zürich 1966, Nachw. v. H. Maier

K. GIBRAN: The Prophet, New York 1972; dt.: Der Prophet, übers. v. C. Malignon, Olten-Freiburg 1972

A. GIDE: Die Heimkehr des verlorenen Sohnes (1908), übers. v. F. Hardekopf, in: Sämtliche Erzählungen, Stuttgart (Die Bücher der Neunzehn, Bd. 122) 1965, 161–180

Y. GOLL: Gedichte 1924–1950, ausgew. v. H. Bienek, Paris 1976 (Auswahl aus «Dichtungen, Lyrik, Prosa, Drama», Neuwied 1960); Neudruck: München (dtv sr 5437) 1976
Y. GOLL: Ausgewählte Gedichte, hrsg. u. eingel. v. G. Schlocker, Stuttgart (reclam 8671) 1962
R. GUARDINI: Der Mensch und der Glaube. Versuche über die religiöse Existenz in Dostojewskijs großen Romanen, Leipzig 1932
A.M. HAMMACHER: René Magritte, Köln 1975
K.H. HANSEN: Go down, Moses. 100 Spirituals und Gospel Songs. Originaltext und deutsche Fassung, ausgew., übertr. u. eingel. v. K.H. Hansen, Hamburg (Furche Stundenbücher 26) 1963
W. HERZOG (Regisseur): Fitzcarraldo, Deutschland/Peru 1981 (Hauptrollen: K. Kinsky, C. Cardinale)
H. HESSE: Klein und Wagner (1919), in: Innen und Außen; Gesammelte Erzählungen, IV. Bd., 1919–1955, zusammengestellt von V. Michels, Frankfurt (Suhrkamp st 413) 1977, 7–81
H. HESSE: Die Morgendlandfahrt. Eine Erzählung. Montagnola 1959; Neudruck: Frankfurt (sv 1) 1972
ST. HEYM: The King-David-Report, 1972; dt.: Der König David Report, übers. vom Autor, München 1972; Neudruck: Frankfurt (Fischer Tb. 1508) 1974
D. HOCKNEY: van Gogh: Caféterrasse bei Nacht (1888), in: E. Mullins (Ed.): Great Paintings; deutsch: 100 Meisterwerke aus den großen Museen der Welt, übersetzt von W. von Bonin, Band 1, Köln 1983, 228–231
H. VON HOFMANNSTHAL: Das Bergwerk von Falun (1899), in: Gedichte und lyrische Dramen, hrsg. v. H. Steiner, Stockholm 1946; Neudruck: Frankfurt 1970, 317–464
Ö. v. HORVÁTH: Der ewige Spießer. Erbaulicher Roman in drei Teilen, (1930), in: Gesammelte Werke, 5 Bde., hrsg. v. T. Krischke u. D. Hildebrandt, Bd. 3: Lyrik, Prosa, Romane, Frankfurt ^{3}(verb.) 1978, 145–278
E. JONESCO: Présent passé, passé présent, Paris 1968; dt.: Heute und Gestern, Gestern und Heute, übers. v. L. Kornell, Neuwied-Berlin 1969
F. KAFKA: Die Verwandlung (1915), in: Sämtliche Erzählungen, hrsg. v. P. Raabe, Frankfurt (Fischer Tb. 1078) 1970, 56–99
E. KEUERLEBER: Otto Dix – Menschenbilder, (Galerie der Stadt) Stuttgart 1982
U. KREMPEL (Hrsg.): Am Anfang: Das Junge Rheinland. Zur Kunst- und Zeitgeschichte einer Region 1918–1945, Düsseldorf 1985
J. LONDON: Die Art des weißen Mannes, in: Die Art des weißen Mannes. Erzählungen. Auswahl aus den amerik. Originalausgaben: Love of life, Lost Face, The Turtles of Tasman, The Night Born, On the Macaloa Mat; übers. v. E. Magnus; München (dtv 1282) 1977, 7–19
TH. MANN: Joseph und seine Brüder. Roman in 4 Teilen, Stockholm-Amsterdam 1948; Neudruck: Frankfurt-Hamburg (Fischer Tb. 1183, 1184, 1185) 1971
B. MARSHALL: Father Malachy's Miracle; dt.: Das Wunder des Malachias, übers. v. J. Hegner, Olten-Köln; Neudruck: Frankfurt (Fischer Tb. 35) 1953
H. MELVILLE: Billy Budd (1891), London 1924, Works, vol. 13; dt.: Billy Budd, übers. v. R. Möring, in: Billy Budd. Benito Cereno. Zwei Erzählungen, Hamburg 1938; Neudruck: Frankfurt (Fischer Tb. 22) 1952
TH. M. MESSER: Edvard Munch; aus dem Engl. übers. v. H. Schuldt; Köln 1976
R. MUSIL: Der Mann ohne Eigenschaften (Ges. Werke in Einzelausgaben, hrsg. v. A. Frisé), Reinbek 1952
NOVALIS: Heinrich von Ofterdingen (1802), in: G. Schulz (Hrsg.): Werke, München ^{2}(neubearb.) 1981, 129–290
G.W. PABST (Regisseur): Kameradschaft, Deutschland 1931
R.M. RILKE: Das Buch der Bilder, (1902; 1906); in: Sämtliche Werke, hrsg. v. Rilke-Archiv; in Verbindung mit R. Sieber-Rilke besorgt durch E. Zinn, 6 Bde., Frankfurt 1955–1966; 1. Bd.: Gedichte, 1. Teil 1955, 367–477
R.M. RILKE: Gedichte 1906–1926, in: Sämtliche Werke, hrsg. v. Rilke-Archiv. In Verbindung mit R. Sieber-Rilke besorgt durch E. Zinn, 6 Bde., Frankfurt 1955–1966; 2. Bd., 1956, 7–511
J. ROTH: Hiob. Roman eines einfachen Mannes (1930), Reinbek (rororo 1933) 1976
J. ROTH: Der Leviathan (1940; ursprüngl.: Der Korallenhändler, 1934), in: Die Erzählungen, mit einem Nachwort von H. Kesten, Amsterdam-Köln 1973, 234–274
SAADI: Aus dem Diwan. Aus dem Pers. übertr. v. F. Rückert, hrsg. v. A. Schimmel, Stuttgart (reclam 7944) 1971

A. de Saint-Exupéry: Terre des Hommes (1939); dt.: Wind, Sand und Sterne, übers. v. H. Becker, in: Gesammelte Schriften in 3 Bden., München (dtv 5959) 1978, I 175–340

A. de Saint-Exupéry: Le petit Prince, 1943; dt.: Der kleine Prinz, mit den Zeichnungen des Verfassers, übers. v. G. u. J. Leitgeb, Düsseldorf 1956

A. de Saint-Exupéry: La Citadelle, Paris 1948; dt.: Die Stadt in der Wüste, übers. v. O. von Nostitz, in: Gesammelte Schriften in drei Bänden, Bd. 2, Düsseldorf 1959; Neudruck: München (dtv 5959) 1978

F. Schiller: Die Jungfrau von Orleans. Eine romantische Tragödie. (1802), in: Werke, hrsg. v. P. Stapf, 2 Bde., 1. Bd., Wiesbaden (Vollmer V.) o.J., 922–1036

R. Schneider: Macht und Gnade. Gestalten, Bilder und Werte in der Geschichte, Wiesbaden 1946; Neudruck: München-Zürich (Knaur Tb. 41) 1964

R. Schneider: Winter in Wien. Aus meinen Notizbüchern 1957–1958. Mit einer Grabrede von W. Bergengruen, Freiburg-Basel-Wien 1958

A. Schnitzler: Sterben (1892), in: Gesammelte Werke in Einzelausgaben. Das erzählerische Werk, 7 Bde., Bd. 1, Frankfurt (Fischer Tb. 1960) 1977, 98–175

R.A. Schröder: Media Vita, (aus: Wintertrost, 1941), in: Geistliche Gedichte. Eine Anthologie deutscher religiöser Lyrik von den Anfängen bis zur Gegenwart, hrsg. v. H.-R. Schwab, Frankfurt (it 668), 1983, 244

L.S. Senghor, in: Schwarzer Orpheus. Moderne Dichtung afrikanischer Völker beider Hemisphären, ausgew. u. übertr. v. J. Jahn, München 1964 (Die Bücher der Neunzehn Bd. 115)

A. Solschenizyn: Rakovyj korpus, London 1968; dt.: Krebsstation. Roman in 2 Büchern, übers. v. C. Auras, A. Jais, I. Tinzmann; Neuwied-Berlin 1969; Neudruck: Reinbek (rororo 1395; 1437) 1971; Vorw. v. H. Böll

B. Stoker: Dracula, New York 1897; dt.: Dracula; übers. v. H.W. Bergner; München (Heyne Tb. 526–527) ^{7}1970

H. Straumann: Das Zeitproblem im englischen und französischen Roman: Sterne, Joyce, Faulkner und Wilder, in: R.W. Meyer (Hrsg.): Das Zeitproblem im 20. Jahrhundert, Bern-München (Ringvorlesungen der Universität Zürich 1963/64) 1964, 140–160

J. von Tepl: Der Ackermann aus Böhmen (1401). Originaler Text und Übertragung. Text nach A. Hübner, Leipzig 1937; Übers. v. F. Genzmer, Stuttgart (reclam 7666) 1963

L. Tolstoi: Krieg und Frieden. Historischer Roman (1864–69), übers. v. M. Kegel, Zürich 1974

F. Werfel: Das Lied von Bernadette, Stockholm-London 1941; Neudruck: Frankfurt 1953; Neudruck: Frankfurt (Fischer Tb. 1621) 1977

E. Wiechert: Das einfache Leben, München 1946

O. Wilde: Salomé, frz. Tragödie in einem Akt, Paris 1891; dt.: Salome, übers. v. H. Sachmann, in: Werke in 2 Bden., München 1970

St. Zweig: Das Lamm des Armen (1929), in: Die Dramen, hrsg. u. eingel. v. R. Friedenthal, Frankfurt 1964, 711–758

St. Zweig: Die Heilung durch den Geist. Mesmer – Mary Baker-Eddy – Freud, Leipzig 1931; Neudruck: Frankfurt 1966

St. Zweig: Ein Gewissen gegen die Gewalt. Castellio gegen Calvin, Wien 1938; Neudruck: Frankfurt 1979

St. Zweig: Die Welt von Gestern. Erinnerungen eines Europäers, Stockholm 1944; Neudruck: Frankfurt (Fischer Tb. 1152) 1970

St. Zweig: Legenden, Stockholm 1945; Neudruck: Frankfurt 1979, Nachwort v. A. Hildebrand

Register

Die Hochzahlen hinter den Ziffern bezeichnen die Nummern der Anmerkungen.

1. Autoren

K. Abraham 213[3], 214[7], 226[33], 478[31], 814
A. Adler 615[24] 814
K. Aland 666[1], 718[77], 799
M. Albus 463[45], 811
F. Alexander 211[2], 213[3, 4], 217[15], 222[23], 223[24], 225[31], 228[37], 232[42], 233[44, 45], 814
Alkmaion 147, 149[41], 151[52]
A. Allwohn 130[17], 814
R. de Almeida 463[45], 794
A. Alt 359[7], 386[25], 797
Ambrosius 788[28]
P. Althaus 510[102], 794
G. Ammon 478[27], 814
Anaximander 143, 344[25]
Anaximenes 143
L.N. Andrejev 434[25] 819
St. Andres 646[15], 819
Anselm von Canterbury 261[27], 802
Apollodor 170[1]
Aristoteles 63[43], 143[8], 147, 503, 807
P.E. Arns 463[45]
J. Assmann 35[41], 366[21], 514[10, 12], 539[116], 805
Athenagoras 521[37], 802
Augustinus 32, 75[2], 258, 417[45], 511[1], 527[58], 691[11], 696[24] 721[23], 780, 802, 803
Marc Aurel 507[98], 807

U. Baatz 679[16], 809
M. Baker-Eddy 112[91], 191[4]
M. Bakunin 44[1], 791
L. Baldass 497[75, 76], 819
H.U. v. Balthasar 32[37], 546[10], 550[27], 799
E. Barlach 376[39], 572[85], 573[85], 819
C. Barocas 28[30], 806
H. Barth 623[7], 791
K. Barth 31[36], 32[36], 133, 504, 510[102], 521[37], 774[9], 794
B. Bartmann 130[17], 794
H.W. Bartsch 590[120], 803
Basilius 584[108], 591[121], 699[1], 803
G. Bateson 559[58], 587[114], 812, 814
L.A. Bawden 270[32], 819
P.S. Beagle 554[40], 819
J.H. Beavin 479[37], 819
D. Beck 282[15] 814
W. Beier 619[31], 813
W. Benjamin 633[4], 811
G. Benn 17[13], 819
W. Bergengruen 421[50], 819
H. Bergson 597[10], 598[13], 611, 791
C. Bernard 619[31]
G. Bernanos 175[6], 819
J. Bernhart 96[60], 794
L. Bernstein 465, 466[49], 819
L. von Bertalanffy 619[31], 813
K. Beth 98[65], 142[2], 799, 804
W. Biebl 211[2], 818
R. Bilz 97[61, 62], 813
R. Birnbaum 106[76], 809
E. Biser 766[2], 799
J. Blank 78[7], 395[6], 799
E. Bleuler 331[5–6], 332[7–11], 333[12, 13], 814
E. Bloch 448, 462, 498, 503, 694[18]
W. Bölsche 484
L. Boff 463[45], 794
E. Bohm 553[36], 815
J. Bolte 412[34], 809
W. Borchert 252[15], 253[16], 819
E. Borneman 407[25, 27], 572[84], 577[94], 811
K. Bornhäuser 278[5], 799
G. Bornkamm 541[1, 2], 543[4], 545[9], 569, 799
L. Boros 510[102], 794
W. Bousset 543[5–8], 547[11], 548[19, 21, 23], 549[26], 550[30], 555[43], 560[61, 63], 563[70], 570[80], 571[81], 572[84], 576[90, 91, 92], 585[111], 799
H. Braun 127[15], 799
W. Bräutigam 211[2], 232[42], 815
K.S. Brecher 24[21], 810
J. Brinktrine 63[43], 70[6], 95[59], 111[86], 130[17], 174[13],

260[27], 421[51], 422[55], 510[103], 516[18], 524[51], 534[97], 573[86], 795
L. de Broglie 598[14], 812
D. Brown 93[52], 810
E. Brunner-Traut 524[50], 525[53], 530[72], 531[77], 806
G. Bruno 14[3], 791
M. Buber 134[21], 135[23–26], 136, 140, 141[37], 217, 218[17], 219, 220, 245, 246[56], 345[27, 29, 30], 356[3], 357[5], 359[8], 364[15, 16], 365[18, 19], 366[20], 368[26], 371[29, 30], 372[31], 375[37], 376[38], 381[9], 424, 449[28], 450, 451, 457[37], 467[50, 51], 468[1–5], 555[46], 649[19], 650[20], 651[21], 652[22], 653[23], 654[24], 672[8], 679[16], 733[7], 738[9], 750[11], 769[4], 791, 797, 798, 809
N. Bucharin 354[15], 791
G. Büchner 44[2], 607[2], 819
R. Bultmann 32[37], 48[10], 66, 67[1, 2], 68[4], 69, 70[7], 77, 127, 248[4], 278[2, 6, 7], 279[8, 9], 306[29], 308[32], 349[7], 392[1], 393[2], 395[5, 6], 396[9, 11], 399[13, 15], 406[24], 412[34], 413[36], 418[46], 442[14], 443[15, 16], 444[17, 19], 445[20], 446, 457, 458[38], 461[44], 470[9], 487[49–52], 488[53, 54], 509, 510[101], 564[73], 565[73], 591[120], 597[7], 681, 682[1], 686[1], 689[6], 690[9], 691[11], 693[15], 694[16, 19], 697[26], 713[6–10], 740[4], 764[2], 774, 799
J. Burckhardt 63[45]
T.A. Burkill 289[19], 800
J. Burnet 144[12], 807
M. Butzer 721

J. Calvin 721
A. Camus 44[3], 225[29], 425[4], 694[20], 695[20], 791, 820
W.B. Cannon 221[20], 815
F. Capra 14[4], 15[7], 193[6], 481[39], 538[111], 812
A. Caso 602[25], 810
C. Castaneda 382[25], 820
G. Catlin 105[75], 810
A. Champdor 513[4–7], 514[9], 515[13], 516[14–16], 520[36], 806
J.M. Charcot 194, 195
E.H. of Cherbury 46[4], 791
G. Childe 512[3]
P. Christian 214[9], 215[10], 815
I. Christiansen 718[17], 803
H.M. Christmann 131[17], 804
Chrysostomus 721[23], 803
Celsus 75[1], 511[1], 777[13]
M.T. Cicero 136[29, 30], 807
I. Clarus 517[22], 534[94], 806
Clemens v. Alexandrien 788[28]
E. Conze 679[16], 809
H. Conzelmann 339[18], 593[3], 800
W. Cordan 86[35], 810
H. Cortés 86
J. de la Cruz 155
O. Cullmann 502[85], 795
F. Cumont 400[16], 566[75], 806, 807

P. Dahlke 274[33], 809
G. Dalman 248[3], 348[6], 421[53], 422[54], 489[55], 567[78], 625[8], 717[15], 800
J. Daniélou 689[6], 788[28], 803
A. Dante 531, 820
Ch. Darwin 14[2], 538[111], 813
G. Dautzenberg 736[8], 800
J. David 554[41], 709[3], 820
N. Davies 318[9, 10], 810
J. Lame Deer 84[27], 810
H. Denzinger 70[6], 796
R. Descartes 52[27, 28], 53, 54, 55, 56[35], 57[39], 60, 62, 63[43], 68, 192[6], 193[6], 538[111], 772[7], 791
W.H. Desmonde 586[114], 815
M. Dibelius 29[30], 77, 248[4], 278[2], 292, 293[20], 764[2], 800
H. Diels 146[28], 147[31], 148[32, 34, 35], 149[36, 38, 41, 43, 44], 150[45, 49], 151[52], 152[56], 153[58–60], 154[66], 157[73, 75], 158[1], 159[3–6, 8–11], 165[16–18], 169[24], 182[26], 344[25], 807
W. Dilthey 633[3]
Diogenes Laertios 149[42], 807
C.H. Dodd 719[21], 726[3], 747[4, 6], 800
M. Doerne 44[1], 820
E. Dondelinger 516[19, 20], 517[21, 22], 519[33, 34], 521[38], 522[39, 40, 42], 523[43, 44, 48], 524[49], 599, 806
F. Dornseiff 417[45], 423[58], 540[119], 548[23], 804
A.G. Dostojewski 337[15], 820
F.M. Dostojewski 27[28], 44[1], 88[38], 155, 233[43], 266[29, 30], 337[15], 338[16], 430[18], 500[81], 578[97], 587[115], 607[4], 625[8], 691[12], 709[4], 774[9], 820
E. Drewermann 15[5, 6], 21[17], 25[22, 24], 26[25, 27], 28[32], 30[34, 35], 32[37], 33[38, 39], 34[40], 44[1], 54[32], 59[40], 63[44], 64[45], 71[8], 76[4], 77[6], 97[62], 98[65], 103[72], 111[85], 117[3], 131[18], 141[39], 153[57], 154[61–65, 67], 156[72], 157[74], 169[23], 178[10], 179[16, 18, 20], 183[33], 189[1], 193[3], 196[7–9], 197[10], 198[14], 206[33], 214[5], 223[24], 224[26], 226[32], 227[34], 231[41], 232[42], 236[48], 242[53, 54], 244[55], 252[14], 253[16], 255[18–20], 258[23], 259[25], 264[28], 274[34], 280[13], 296[24], 300[25], 322[5], 326[19, 20], 342[23], 348[5], 352[10], 356[1], 373[31, 32], 374[34, 35], 385[20], 386[23, 26], 388[28, 30], 401[18], 404[21], 405[22], 409[31], 414[38], 415[41], 416[42], 419[48], 420[49], 426[6], 429[13], 430[17, 18], 432[21], 442[12], 444[18], 445[21], 446[22], 448[27], 454[35], 458[39], 459[41, 42], 465[47], 473[19], 491[59], 498[71], 500[80, 82], 506[96], 508[100], 525[52], 528[61], 534[95], 536[100], 537[103], 551[32], 552[33], 554[39], 555[44, 45], 556[49], 557[52], 558[54, 55], 561[64, 65], 563[69], 574[88], 577[95, 96], 578[98], 579[99, 100], 580[101], 583[104, 105], 584[106, 107], 586[112], 587[117], 589[118, 119], 594[5, 6], 597[9], 600[19], 601[20], 602[22], 603[26], 604[28, 30],

605[34–36], 606[1], 608[6], 610[11, 12], 611[14], 613[16, 17], 614[18, 19], 615[23, 24], 616[25, 26, 27], 619[29, 30], 620[32], 621[1, 2], 623[6], 624[8], 632[1], 633[5, 6], 641[11], 647[17], 656[29], 680[18], 689[6], 692[14], 695[22], 701[4, 5], 706[10], 710[5], 711[6, 7], 723[31], 737[8], 749[9], 750[10], 767[3], 769[5], 772[7], 773[8], 774[10], 775[11, 12], 777[14], 778[16, 17], 779[18–20], 780[21], 781[22], 787[27], 795, 796, 815
A. Drews 570[80], 580[102]
Dschelaladdin Rumi 377[41], 820
Dschuang Dsi 665, 673[9], 676, 678[14], 679[15], 706[11], 809
W. u. A. Durant 46[4], 452[31], 811
A. Dührssen 213[3], 224[26], 225[30], 815
K. Dürckheim 344[25], 618[28], 809
E. Durkheim 132

Ch. A. Eastman 90[44–46], 92[49], 101[67], 121[10], 810
G. Ebeling 624[8], 625[8], 796
J. C. Eccles 14[2], 53[30], 63[43], 408[28], 813
Eckhart, Meister 345[30]
I. E. S. Edwards 114[95], 604[33], 806
A. Eggebrecht 518[28], 602[21], 806
P. Eicher 47[10], 48[10], 62[42] 796
W. Eichrodt 361[12], 366[21], 368[27], 428[11], 438[6], 439[7], 448[26], 798
M. Eigen 458[40], 538[11], 813
A. Einstein 22[18], 598[12], 812
M. Eliade 80[13], 82[19], 83[23], 84[26, 27], 86, 87[36, 37], 100[65], 120[10], 131[18], 321[3], 322[4, 6], 323[7–10], 324[12, 14, 15], 325[16–18], 327[23], 347[3, 4], 385[22], 429[14], 505[93], 506[97], 596[7], 804
Empedokles 146, 147, 149[43, 44], 152[56], 153[58–60], 158, 159[3–6, 8–11], 164, 165[16–18], 169[24], 176, 189
G. L. Engel 228[37], 815
Epicharmos 148[32, 34, 35], 149[36, 38], 157[75], 182[26]
E. Erdoes 84[27], 810
Erasmus von Rotterdam 721
H. E. Erikson 374[34], 811
A. Erman 35[41], 341[21] 518[28], 602[22–24], 806
Euripides 139
Euseb 142[4], 718[17], 803
W. Y. Evans-Wentz 103[72], 109[81], 347[1, 2], 804

W. Faulkner 608[7], 609[7], 820
P. Federn 327[21], 334[14], 335[14], 479[34], 815
D. Felton 118[7], 809
O. Fenichel 211[2], 214[8], 215[10, 11], 217[15], 226[32], 232[42], 233[46], 233[47], 815
F. Fenner 238[52], 278[4], 279[12], 282[14], 804
Th. Ferris 14[3], 812
J. Fest 633[6], 811
L. Feuerbach 31[36], 33[38], 61[41], 95[59], 194, 200[17], 463, 685[7], 718, 782, 791
J. G. Fichte 255, 484
H. Findeisen 80[13], 82[19], 804
M. I. Finley 586[112], 811
G. Flaubert 655[25], 820
A. Fol 170[3], 807
M. L. v. Franz 306[30], 815
J. G. Frazer 207, 422[56], 804
S. Freud 57[37], 88[40], 183, 191[3], 192[5], 193, 194[5], 195[6], 196[7, 8], 198, 205[31], 207, 210, 218[19], 228[38, 39], 234, 284[17], 327[22], 334[14], 335[14], 344[26], 373[33], 384[16], 478[29, 30, 32], 481[40], 553[35], 563[69], 586[114], 657, 658[35], 690[8], 742[5], 815, 816
H. Fritzsch 14[4], 536[101], 537[102, 104, 105, 107–109], 538[110], 812
E. Fromm 587[117]
E. Fuchs 726[3], 800
R. H. Fuller 113[94], 279[10, 11], 800

V. E. v. Gebsattel 232[42], 816
A. Gehlen 117[4], 118[5, 6], 119[8, 9], 120, 614[20], 813
H. Gehrts 80[13], 82[19], 804
F. Genzmer 474[20, 22], 475[23, 24], 809
B. Gerhardsson 667[2, 3], 800
W. Gesenius 356[2], 798
K. Gibran 427[8], 432[22], 819
A. Gide 155, 716[11], 819
H. von Glasenapp 344[26], 809
H. Glatzel 214[6], 215[11], 218[16], 222[23], 816
R. Glöckner 248[2, 5], 800
J. Gnilka 557[51], 680[17], 800
J. W. v. Goethe 632
Y. Goll 609[8], 612[15], 622, 820
R. A. Gould 181[25], 804
H. Grapow 35[41], 518[28], 602[22], 806
Gregor von Nyssa 788[28]
G. Greshake 597[7], 796
G. Grimm 106[76], 809
W. Grimm 619
St. Grof 485[48], 555[44], 556[48], 558[53], 816
W. Grönbech 64[45]
R. Guardini 44[1], 820
H. Gunkel 514[11], 642, 643[12], 798, 800
W. Gutbrod 694[17], 800
W. F. Gutmann 14[2], 814

L. Habachi 28[30], 518[25], 806
F. Hahn 139[34], 800
J. Haley 479[37], 814
J. Halifax 80[13], 82[19], 83[23], 151[51], 156[70], 805
A. M. Hammacher 728[4], 820
K. H. Hansen 517[23], 820
A. v. Harnack 133[20], 178[10], 313[3, 5], 511[1], 764[1], 796, 803

J. Harten 591[121], 803
N. Hartmann 415[20], 792
G. Heberer 539[113], 813
G.W.F. Hegel 58, 59[40, 41], 60[41], 61, 62, 143[9], 150[46, 50], 152[53], 197[11], 294[20], 415, 419[48], 420, 498, 499, 501, 581, 605[34], 614, 617, 620, 622, 695[20], 723[31], 771[7], 781, 788, 792
M. Heidegger 32[37], 445, 597[8], 598[15, 16], 608[5], 610[9, 10, 11], 621[1, 3, 4], 622, 792
H. Heimann 359[9], 805
W. Heisenberg 15[8], 783[24], 812
M. Hengel 283[16], 289[19], 566[76], 586[113], 589[119], 690[10], 699[1], 708[2], 709[2], 796, 800, 803
R. Hengel 283[16], 289[19], 800
J.L. Henderson 584[108], 816
Herodot 131[18], 807
J.M. Herrmann 225[31], 233[46], 238[51], 816
H.W. Hertzberg 644[13, 14], 798
R. Herzog 180[21], 181[23], 183[30–32], 184[34], 185[36], 186[37–39], 188, 465[48], 807
Hesiod 787
H. Hesse 323[11], 692[14], 820
A. Heuss 614[21], 811
Th. Heyerdahl 434[24], 806
St. Heym 648[18], 820
Hierokles 142[4]
Hieronymus 788[29]
R.B. Hill 85[30], 810
Hippasos 152
D. Hockney 607[3], 820
F.A. Hoffmann 122[11], 810
H. von Hofmannsthal 327[23], 821
K. Hollmann 69[5], 70[7], 457[38], 796
Homer 115, 116[1], 144, 145[16–18, 20, 21], 787, 807
M. Horkheimer 695[21], 792
E. Hornung 514[8], 516[17], 517[23], 518[24, 28], 520[36], 522[41], 523[46, 47], 525[54, 55], 526[57], 528[62], 529[63–69], 530[71, 73–75], 531[76, 81–83], 532[84–88], 533[89–93], 535[98], 536[99], 539[115], 806
Ö. von Horváth 321[2], 821
E. Hubble 14
D. Hume 46[4], 54[31], 792
G. Hummel 31[36], 32[36, 37], 796
E. Husserl 598[11], 792
A. Huxley 122[11]

Iamblichos 143[7], 807
L. Infeld 22[18], 812
Ion von Chios 146
V. Ions 604[31, 32]
Irenäus 136[27], 788[28], 803
Isidor von Pelusium 654

D.D. Jackson 479[37], 814, 819
K. Jaspers 26[26], 345[28], 360[11], 408[30], 564[73], 565[73], 591[120], 621[3], 702[6], 785[26], 792, 793
Th. Jeier 93[56], 810
N. Jenkins 518[24], 806
A.E. Jensen 100[65], 104[74], 121[10], 805
J. Jeremias 16[11], 139[34], 293[20], 324[13], 364[14], 462[44], 463[44], 580[102], 668[5], 700[3], 704[8], 716[13, 14], 717[16], 718[17, 18], 719, 722[29], 726[3], 739[1], 746[1, 2], 747[5, 7], 748[8], 800, 803
Johannes von Damaskus 591[121], 803
E. Jones 184[35], 194[5], 816
E. Jonesco 781[23], 821
H. Jordan 75[1], 800
J. Joyce 625[8]
A. Jülicher 712[1, 2], 718, 721[24–27], 722[28], 746[3], 800
E. Jüngel 293[20], 294[20], 726[3], 727[3], 732[5], 765[2], 766[2], 796
E. Jünger 63[45], 122[11], 811
C.G. Jung 57[37, 38], 88[40], 131[18], 152[55], 296[22], 343, 344[26], 345[27, 29] 423[57], 448[26], 453[34], 454[35], 457[37], 478[28], 527[59], 528[60], 550[29], 559[59], 565[74], 571[82], 584[108], 769[4], 788, 789, 816
E.F. Jung 505[94], 805
Justin 136[27], 803

E. Käsemann 493[64], 736[8], 801
F. Kafka 238[51], 554[42], 821
E. Kaiser 188[41], 811
G. Kaiser 306[28], 811
O. Kaiser 381[8], 798
Kallimachos 145[19], 807
I. Kant 54[32–33], 55[34], 59, 60, 62, 63[43], 352[10], 494, 559[60], 597[9], 780, 793
M. Kassel 400[17], 817
H. Kees 341[21], 428[12], 519[29–32], 520[35], 523[42], 539[114], 540[120], 806
W. Keller 598[11], 793
U. Kellermann 352[9], 801
K. Kerényi 116[1], 136[28, 31, 32], 137[33], 139[35], 140[36], 141[38], 144[13], 145[23], 146[24, 27], 147[29, 30], 148[33], 149[39, 40], 158[2], 170, 171[4–6], 172[8], 173[9], 174[1–2], 175[3, 5], 177[8], 178[9, 11–13], 179[15, 17], 180[22], 182[27, 28], 183[29], 187[40], 296[22], 424[1], 540[117], 604[29], 605[37], 807, 808
E. Keuerleber 267[31], 821
S. Kierkegaard 16[10], 22, 23[19, 20], 24, 28[29], 32[37], 33[38, 39], 128, 129, 155[68], 197[12], 252[14], 258[23, 24], 259[25], 274[34], 364[13], 372[31], 409[31], 420[49], 433, 445, 464[46], 499[79], 501[83], 555[45], 565[73], 578[98], 588[117], 622, 623[6], 624[8], 671[6], 672[7], 675[10], 689[6], 695[22], 699[1], 777[2], 773[8], 774, 783[25], 793

R. Kittel 441[9, 10], 798
L. Klages 14[3], 312[1], 633[3], 793
F. Kluge 506[96], 809
H. von Knorre 244[55], 817
K. Köhle 223[24], 817
Koran 347[3], 349[7], 384[14], 805
H. Kranz 224[27], 225[28], 817
W. Kranz 146[28], 147[31], 148[32, 34, 35], 149[36, 38, 41, 43, 44], 150[45, 49], 151[52], 152[56], 153[58–60], 154[66], 157[73, 75], 158[1], 159[3–6, 8–11], 165[16–18], 169[24], 182[26], 344[25], 807
M. Krause 541[121], 803
U. Krempel 553[38], 821
E. Kretschmer 225
W. Krickeberg 385[19], 810
A. Krug 116[1], 143[7], 181[23], 808
H. Küng 527[58], 538[110], 796
O. Kuss 18[14], 801

Laotse 677, 678, 787
J. Lacan 344[26], 817
R. Laforge 191[3]
R.D. Laing 156[72], 173[10], 479[38], 481[39], 817
J.O. de Lamettrie 56[36], 793
H. Läng 88[39], 810
S. Langer 68[3], 793
P. Lapide 248[3]
R. Laue 619[31], 813
G. van der Leeuw 84[23], 359[8], 805
C. Lévi-Strauss 24[21], 25[21], 31[36], 201, 202[20], 203[21–24], 204[25–30], 205[32], 419[47], 805
L. Lévy-Brühl 97[63], 98[64–65], 104[73], 105[75], 118, 167, 805
C.S. Lewis 70[7], 796
G.W. Leibniz 48, 49[11–16], 50[21–24], 51[25], 52[26], 53[29, 30], 54, 57, 62, 64, 115, 597, 793
H. Leisegang 611[13], 811
G.E. Lessing 526[56], 764[2], 793
E. Liek-Danzig 188[41], 817
J. Lindblom 357[4], 798
E. Linnemann 713[3–5], 725[1, 2], 739[2], 740[3], 801
Lin Yutang 676[11], 677[12, 13], 703[7], 809
I. Lissner 197[16], 201[19], 805
T. Livius 407[26], 424[1], 808
E. Lohmeyer 640[10], 726[3], 801
E. Lohse 518[26], 541[3], 547[11–17], 548[18–20], 549[24, 25], 550[28], 551[31], 563[70], 575[89], 576[92, 93], 801, 803
A. Lommel 83[23], 84[26], 87[36], 805
J. London 603[26, 27], 821
K. Lorenz 15[7], 217[14], 625[8], 813
K. Löwith 502[84], 503[86], 794
G. Lukácz 621[3], 633[3], 794
M. Lurker 81[13], 156[72], 201[18], 382[10], 388[30], 448[25], 536[99], 554[39], 575[89], 812
M. Luther 31[36], 72, 258, 374, 551, 590, 623, 721
H. Lützeler 307[31], 812

M. Machoveč 127[15], 794
L. Mader 170[1], 808
A. Maeder 191[3], 194[4], 227[34], 430[16], 817
U. Mahlendorf 44[2], 817
N. de Malebranche 49, 53
Th. Mann 312[2], 342[22], 458[40], 637[1], 638[2–6], 639[7], 821
I. Marazov 170[3], 807
H. Marcuse 319[12], 812
W. Marg 179[19], 808
B. Marshall 68[3], 821
G.M. Martin 481[39], 483[42–44], 484[45], 491[57, 58], 796
P. Matussek 215[12], 817
O. Marquard 615[22], 812
K. Marx 463[45], 613, 614, 617
J.A. Mason 383[12], 810
W. Massa 15[9], 796
R. Mayer 440[8], 803
H. Melville 390[32], 821
K. Mendelssohn 28[31], 806
P.R. Mendes-Flohr 345[30], 794
E. Ménégoz 67[2], 801
St. Mentzos 256[22], 817
Th. Merton 12, 809
Th.M. Messer 255[21], 296[23], 821
E. Meyer 61[41], 136[27], 248[1] 278[3], 313[4], 315[6, 7], 349[7], 804
R. Meyer 598[13], 812
V. Meyer 598[12], 813
C. Middleton 46[4]
H.J. van der Minde 493[62]
A. Mitscherlich 200[17], 817
Mohammed 349[7]
J. Moleschott 200[17]
J. Moltmann 436[1], 447[23], 448[24], 490, 491[56], 495[69], 496[70–74], 498, 499, 503[88], 504, 796
S. Morenz 367[22], 514[12], 516[18], 531[78, 79, 80], 806
S. Mowinckel 439, 450[29], 798
E. Mudrak 474[21], 475[25], 809
H. Mühlen 112[91], 191[3], 319[11], 504[91], 796
W. Müller 81[13], 89[43], 181[24], 201[18], 810, 812
H. Müller-Karpe 505[93, 94], 805
R. Musil 397[12], 821

E. Nack 475[25], 809
J. Needham 56[36], 814
J.G. Neihardt 79, 83, 92, 94, 107, 113, 166, 167

I. Neuhaus 21[17], 28[32], 179[16], 189[1], 264[28], 280[13], 296[24], 326[19, 20], 552[33], 554[39], 561[65], 574[88], 619[30], 641[11], 815
I. Newton 192[6], 193[6], 538[111], 597
I. Nicholson 122[11], 385[21], 810
F. Nietzsche 155, 172[7], 312[1], 415[39], 539[112], 540[118], 633[3], 785[26], 794
M. Noth 365[19], 368[26], 380[2-5], 383[13], 386[27], 471[13], 635[7], 798
F. Nötscher 341[21], 798
Novalis 737, 738[9], 821
Numenios 718[17]

A. Ohler 424[1], 453[33], 798
H. Oldenberg 106[76], 690[7], 809
Origines 75[1, 3], 142[5], 178[10], 511[1], 527[58], 584, 718[17], 777[13], 788[28, 29], 804
J. Ortega y Gasset 655, 656[28, 30, 31], 657[32-34], 658, 794
P. v. d. Osten-Sacken 493[62], 801
E. A. Otto 511[1], 619[29], 806
W. F. Otto 16[12] 64[45], 808
Ovid 170[2], 808

W. Pannenberg 494[65], 495[66-68], 497, 503, 796
Paracelsus 188[41]
A. Parrot 386[24], 807
B. Pascal 258, 508[98, 99], 794
F. R. Paturi 384[18], 805
Pelagius 32, 721[23]
R. Pesch 134[22], 248[1, 2, 5], 249[6-11], 252[12], 289[19], 308[32], 348[6], 352, 353[11-14], 354[16], 393[3], 401[19], 422[54], 683[2], 684[5], 685[7], 702[6], 764[2], 801
D. S. Peters 14[2], 814
E. Peterson 136[27], 398[13], 804
O. Pfister 192[5], 442[12], 818
Philo von Alexandrien 511[1], 718[17], 788[28], 804
Philolaos 147[31], 150[45, 49], 157[73]
Philostrat 142[3], 808
Pindar 146, 177
J. O. Plassmann 172[7], 808
Platon 89[43], 90, 119, 120, 127[15], 149, 157, 159[7], 160, 161[12, 13], 162[14], 179[14], 345[30], 407[25], 503, 511[1], 512, 539[116], 540[116], 718[17], 808
F. G. Plaum 211[1, 2], 818
G. W. Plechanow 724[32], 794
Plinius d. Ältere 139
Plutarch 407[25]
G. Polivka 412[34], 809
K. R. Popper 53[30], 63[43], 813
Porphyrios 143[6], 808
F. Preisigke 289[19], 801
K. Th. Preuss 99[65], 100[65, 66], 805
Th. Pröpper 127[15], 796
H. Ch. Puech 666[1], 801
Pythagoras 66, 143 ff., 160, 163, 164, 169, 171, 172, 173, 176, 177, 182, 201, 207, 417[45], 512

G. von Rad 329[1], 357[6], 359[9], 360[10], 361[12], 365[17], 368[25, 26], 433[23], 437[3, 4], 438[5, 6], 439[7], 453[33], 467, 470[10-12], 471[14-16], 472[17], 799
S. Radhakrishnan 164[15], 344[24], 809
K. Rahner 25[23], 109[79], 176[7], 411[32], 413[37], 473[19], 503[87], 770[7], 796, 797
O. Rank 191[3], 430[16], 485[48], 818
L. v. Ranke 41, 79
R. v. Ranke-Graves 170[2], 808
E. Rasmussen 142[1], 818
M. Rassek 233[46], 816
J. Ratzinger 778[15], 797
H. Reeves 475[26], 813
Th. Reik 551[32], 583[106], 818
Reimarus 764[2]
R. Reitzenstein 133[20], 808
W. Richter 365[18], 799
R. Ridington 83[23], 810
I. Riedel 556[50], 818
R. Riedl 14[4], 110[83], 504[90], 814
R. M. Rilke 229[40], 286[18], 350[8], 370[28], 399[14], 405, 821
N. v. Ringseis 95[59]
G. Roeder 524[50], 539[114], 807
K. Rogers 683
H. Rorschach 484[46], 485[47, 48], 818
V. S. Rotenberg 110[83], 818
J. Roth 43, 733[6], 821

Saadi, Scheich 712, 821
H. Sachs 191[3]
J. Sadger 217[15], 818
C. Sagan 537[106], 813
Fray B. de Sahagun 86
A. de Saint-Exupéry 264[28], 326[20], 338[17], 421[52], 553[37], 821
G. Sallustius Crispus 431[20], 808
I. Sänger-Bredt 14[3], 813
J. P. Sartre 255[18], 579[99], 594[5], 610[11], 614[19], 615[23], 621[1], 622, 706[10], 772[7]
S. Sauneron 530[70], 807
D. Le Saux 310, 810
F. Sawicki 503[89], 797
W. Schadewaldt 144[10, 11, 13-15], 146[26], 150[47, 48, 51], 151[53], 152[54], 156[69], 808
N. Schäfer 233[46], 816
F. W. J. Schelling 60[41], 61[41], 484, 794

F. Schiller 13[1], 199[15], 428[10], 794, 821
W. Schilling 778[17], 797
F. Schleiermacher 321[1], 794
H. Schlier 109[80], 518[27], 585[107], 801
K. Schmidt 106[76], 790[30], 810
T.H. Schmidt 233[46], 816
K. Schmidt-Koenig 168[22], 320[13], 814
R. Schnackenburg 16[11], 209[1], 348[6], 382[10, 11], 393[2, 3], 394[4], 395[7], 396[8, 10, 11], 398[13], 405[23], 406[24], 412[34], 413[36], 416[43], 417[44], 418[46], 421[53], 438[6], 440[8], 468[5], 686[1], 688[4], 689[5], 690[9], 691[11], 696[24], 801
R. Schneider 96[60], 592, 821
A. Schnitzler 426[6], 427, 821
A. Schönmetzer 70[6], 796
L. Schottroff 461[44], 462[44], 688[3], 699[1], 700[2], 708[1], 765[2], 801
D. Schröder 120[10], 121[10], 805
R.A. Schröder 723[30], 821
W. Schüffel 222[23], 225[31], 816, 818
H. Schultz-Hencke 149[37], 211[1], 226[32], 818
H. Schürmann 364[14], 499[79], 764[2], 765[2], 801
Schwarzer Hirsch 79[8], 80[9–13], 81[14–18], 82[19–21], 83[22], 84[24–28], 85[29–32], 86[33–34], 87, 88[39], 89[42, 43], 91[47], 92[48, 50], 93[51, 53–55, 57], 94[58], 100[66], 102[68–71], 107[77], 108[78], 109, 110[84], 111[87, 88], 112[89, 90], 113[92–94], 114[96], 117[3], 130, 135, 138, 152, 155, 166[19], 167[20], 189, 600, 811
J. Schwermer 198[13], 818
A. Schweitzer 142[1], 719[22], 801
E. Schweizer 275[35], 802
G. Schwing 479[35], 818
H.F. Searles 479[37], 818
H. Selye 221[21], 222[22], 818
L.S. Senghor 13, 822
D. Sharon 81[13], 811
W.v. Siebenthal 95[59], 797
F. Sieburg 633[2], 812
E. Siecke 567[77], 809
G.E. Simonetti 587[116], 818
C. Simons 223[24], 817
J.S. Slotkin 122[11], 811
R. Smend 375[36], 379[1], 593[2]
Snorri Sturluson 64[45]
A. Solschenizyn 689[6], 822
B. de Spinoza 46[1–5], 47[6–10], 48[10], 49[17], 50[18–20], 51, 53, 58, 59, 60, 62[42], 65, 68, 154[67], 538[110], 613, 689[6], 794
E. Spranger 99[65], 805, 818
R. Stalmann 215[10, 11, 12], 217[15], 818
H.J. Stammel 93[56], 811
W. Staudacher 604[30], 812
E. Stauffer 440[8], 683[2], 684[3, 4, 6], 685[7], 695[23], 802
U. Steffen 156[71], 260[26], 388[29], 401[20], 572[83], 573[86], 812
W. Stegemann 461[44], 462[44], 464[46], 688[3], 699[1], 700[2], 708[1], 718[19], 765[2], 801, 802
S. Stephanos 211[1, 2], 233[47], 818
F. Stier 19, 20[16], 247, 277[1], 802
H. Stierlin 530[70], 807
A. Stifter 619
B. Stoker 252[13], 822
W.A. Stoll 607[2], 625[8], 818
D. Stollberg 198[13], 818
H.D. Stöver 589[119], 804
H. Straumann 625[8], 822
D.F. Strauss 771[7], 802
G. Suetonius Tranquillus 548[22], 808
A. Suhl 289[19], 305[27], 802
H.S. Sullivan 479[36], 818
L. Szondi 331[3, 4], 390[33], 818, 819

C. Tacitus 126[14], 808
V. Tausk 479[33], 819
B. Tedlock 84[23], 85[30], 811
D. Tedlock 84[23], 85[30], 811
P. Teilhard de Chardin 14[4], 109[79], 797
J. von Tepla 425[2, 3], 822
Tertullian 504[92], 804
J. Tetzel 72
Thales 143
Therese vom Kinde Jesu 155
J. Thorwald 117[2], 812
Thukydides 24, 79
P. Tillich 164[15], 574[87], 771[7], 772[7], 773[8], 774[9], 797
M. Tindal 46[4], 452, 794
J. Toland 46[4], 794
L. Tolstoi 484, 689[6], 706, 707[12–14], 822
P. Tompkins 28[31], 807
G. Traub 29[33], 77[5], 106[76], 802
F. Trupp 106[75], 811

J. von Uexküll 223[25], 814
Th.v. Uexküll 211[1, 2], 221[21], 222[23], 226[31], 233[46], 816, 818, 819

L. Vajda 119[10], 805
R. de Vaux 252[12], 283[16], 296[21], 799
Publius Vergilius 487, 531[79]
A. Vergote 736[8], 802
Ph. Vielhauer 469[6, 7], 472[18], 492[60], 493[61, 63], 548[19], 802
A. Vierkandt 98[65], 805
A. Vögtle 176[7], 560[62], 564[73], 802
P. Volz 469[8], 802

A. von Wallenberg Pachaly 223[24]
P. Watzlawick 479[37], 819
M. Wax 100[65], 805
J.H. Weakland 479[37], 814
K. Weber 227[34], 819
M. Weber 594, 626
St. Weinberg 14[3], 813
K. Weinhold 384[17], 805
O. Weinreich 182[26], 289[19], 808
A. Weiser 329[1], 381[7], 388[31], 799
V. v. Weizsäcker 15[8], 813
F. Werfel 316[8], 822
R. Wernick 512[3], 805
W. Wickler 218[18], 814
G. Widengren 359[9], 799
E. Wiechert 377[40], 822
E. Wiesenhütter 228[35], 819
O. Wilde 655[26], 657, 822
J. Wilder 216[13], 819
F.E. Wilms 437[2], 804
H. Winckler 572[84], 807
R. Winkler 458[40], 538[111], 813
W.Th. Winkler 236[48, 49], 237[50], 819
G. Wirth 146[25], 809
W. Wolf 512[2], 807
H.W. Wolff 428[11]
Th. Woolston 46[4]
W. Wrede 308[32], 802

Xenophanes 154[66]
F. Ximenez 86

Y. Yadin 441[11], 804

H. Zahrnt 127[15], 797
H. Zeier 63[43], 813
K. Zeininger 98[65], 805
H. Zimmer 344[24, 26], 384[15], 810
H. Zimmermann 667[4], 802
St. Zweig 112[91], 189[1], 190[2], 191[4], 367[23], 602[24], 638, 639[8], 640[9], 647[16], 822

2. Namen aus Geschichte, Geographie Mythologie und Dichtung

Abaddon 542, 555
Abaton 181
Abba 704[8]
Abel 233, 331, 404, 749
Abel-Beth-Maakha 652, 653, 660, 662
Abigail 649
Abimelech 593
Machtergreifung des – 593
Abisai 652
Abraham 184, 695[22], 750
Absalom 636, 649
Abusimbel 602
Abydos 515
Achill 115, 116[1]
Adam 386, 788[28]
Afrika 76, 83
Agamede von Keos 183
Agni 580
Agrigent 158
Ägypten 28, 29, 35, 77, 100[85], 355, 367[22], 386, 401, 407[27], 428[12], 506, 511 ff., 566[76], 601, 619[29], 627, 789
Ahab 367
Ahinoam aus Jesreel 649
Ahran, Rabbi 467
Aigle 178, 179
Aker 604
Akragas 159
Alarich 589
Alexandrien 511[1]
Alketas aus Halieis 186
Amazonas 25[21]
Amduat 530
Amerika 76, 466, 695[22]
Amnon 649
Amos 525, 699[1]
Amun 511[1]
Amun-Re 522
Anches-en-Amun 114[95]
Andreas 700[2]
Andrej Bolkonski (s. Tolstoi) 706, 707
Andromache aus Epeiros 184
Andromeda 576
Anna (s. Hofmannsthal) 327[23]
Antigone 654
Antiochus IV 493
Anubis 599
Apeiron 344[25]
Apoll 116[1], 145, 152, 169, 170, 171, 177, 178, 180
Apollon Asklepios 178

Apollon Maleatas 178
Apollonios von Tyana 142[2], 143
Apophis 529, 530, 531, 533, 534, 564, 566, 575
Aqiba, Rabbi 441
Aramäer 438[6]
Archelaus 655
Aresthanas 178
Arsinoe 179
Aristobul, Sohn des Herodes 655
Arjuna 344[24]
Arkadien 177
Armoni 653
Artemis 177, 317
Arybbas 184
Asen 474, 475
Asien 76, 87
Asklepios 66, 175, 177ff., 195
Asmodi 281
Asphodeloswiese 145
Assur (Vater Chananjas) 375
Assyrien 386
Assyrer 437, 627
Atefkrone 523
Athalja, Mutter des Achasja 654
Athene 384[17]
Attis 566[75]
Ätna 158
Atum 535
Auge 116[1]
Augustus 684[6]
Auschwitz 719[19]
Austerlitz 706, 707
Australien 76, 83[23], 104, 180, 385
Azteken 86, 122[11], 385

Baal 358, 359, 361, 562, 651
Babylon 543f., 453, 561[64], 569, 577, 582, 586
Babylonien 386, 556
Babylonier 375, 437
Balder 475
Baltimore 750[10]
Barak 654
Bar Kochba (Bar Koziba) 441, 719[19]
Bartimäus 464[46]
Bathseba 367, 646, 647, 648
Beckmann (s. W. Borchert) 253
L. v. Beethoven 632
Bellilotte 647[16]
Benben-Haus 523
Benjamin 638
Bernadette Soubirous 316ff.
Beth Chesda 185
Beth-El 423, 427, 718[17]
Bethlehem 288, 637, 638
Bhagavadgita 344[24]
Bileam 38, 563[68]
Billy Budd (s. Melville) 390[32]
Bifröst 474
Bithynien 142[4]
Boas 288, 643, 644
Boibeis-See 177, 179
Bona Dea 407[27]
Bororo-Indios 344[26]
H. Bosch 110[83], 497, 554
Boston 466
Brasilien 24[21], 463[45]
Bretagne 512[3]
Buddha 106[76], 142[2], 274, 702[2], 766[2], 787, 790
L. Buñuel 708[1], 819

C. Cardinale 465[48]
L. Castellio 367[23]
Chalcedon 63
Chananja von Gibeon 375
Charmides 161, 162
Cheper 517
Cheperi 530
Cheperu 517
China (altes) 117, 676–679, 703[7], 724
Chiron 175, 176, 177
Chironion-Heilkraut 175
Chnum 513
F. Chopin 175[4]
Chou-kou-tien 505[94]
Codex Nuttall 602, 810
H. Cortés 86
Courrières 687

Dakota-Indianer 117[3]
Damaskus 238
Damkina 571[81]
Daniel 552[34]
David 230, 336, 367, 440, 595, 644, 647, 648, 649, 650, 652
Debora 366, 654
Decius 589
Dekapolis 247, 275, 718[19]
Delphi 170
Demeter 169, 172, 407[27], 422[56]
Deuterojesaja 438, 439
Deuteronomistisches Geschichtswerk 356, 368[26], 593[2], 635, 648
Digambara-Jaina 384[17]
O. Dix 267[31]

Diokletian 589
Dionysos 169, 170, 171, 312[1], 422[56], 540
Domitian 548

Edda 475
Edfu 529
Edom 453
Eglon 407
Ehud 407
Einherjer 474
Ekbatana 131[18], 281
Elamiter 627
Elatos 174
Eleusis 172, 182, 183
Eli 369
Elias 38, 47, 141, 166, 278, 348, 358, 359, 367, 376, 377, 423ff., 453[34], 547, 562, 563
Elihu aus Bus 218
Eliphas von Teman 220
Elis (s. Hofmannsthal) 327[23]
Elisabeth 184
Elisäus 65, 123, 141, 278, 378, 423ff., 435
Elohist 357, 370
Elymas 130[17]
Emmaus 404
Enuma-elisch-Epos 157[74]
Epidauros 178–188, 196
Er 641
Eros 184, 312[1]
Erzählung von der Reichstrennung 593
Erzählung von Joseph und seinen Brüdern 628
Esther 654
Etrurien 407[25]
Euphorbos 145, 152
Euphrat 542, 547
Eurasien 505[94]
Eurydike 170, 173
Ezechiel 80, 372, 438, 729

F. Fellini 19[15], 820
Fenrirwolf 474
La Ferrassie 505[94]
Feuerland 327
J. Fouché 647[16]
F. Fourès 647[16]
J. W. Forsyth 93
Freyr 474

Gabriel 184, 319
M. Gandhi 685[7]
Garizim 694
Garm 474
Geb 604
Don Genaro (s. Castaneda) 328
Gennesareth 405, 700[2]
Gerasa 140, 246, 247ff.
Germanen 126, 474, 506[96]
Gethsemane 350f.
Gibea 357
Gibeoniter 653
Gideon 365[18]
Gilgal 423, 427
Gjallarhorn 474
V. van Gogh 155, 607[3]
Golgotha 567
Gowan Stevens (s. Faulkner) 609[7]
Guadelupe 318
Guarani-Indios 506[97]

Hades 144, 145, 296, 407[27]
Hadrian 441
Haggai 441
Haman 654
Hamlet 742[5]
Hanna (Mutter Samuels) 184
Hannibal 503
Haremhab 516
Harmagedon 542
Harney Peak 166
Heber 654
Hebrus-Strom 170
Heimdall 474, 475
Heinrich von Ofterdingen (s. Novalis) 737
Hekate 179
Hektor 115, 145
Hel 474
Helena (Gefährtin des Simon Magus) 136[27]
Helena (s. Euripides) 139, 180
Heliopolis 522, 526, 529
Hera 317
Herakles 170, 174, 424[1]
Hermopolis 520
Herodes Antipas 273, 595, 655
Herodes d. Gr. 655, 572, 719[19]
Herodes (Privatmann), Sohn Herodes d. Gr. 655
Herodias 655
Herodianer 683
W. Herzog 465[48], 820
Hethiter 602, 627
Hilaeira 179
Himalaya 66
Hiob 218
A. Hitler 633, 634
Hödur 475

Holofernes 654
Horeb 376
Horus 28, 520, 529, 530, 531, 536, 540[116], 543[7], 599
Hosea 372, 438, 439, 729
Huichol-Indianer 122[11]
Huitzilopochtli 318

Idafeld 475
Indien 600, 679
Indischer Ozean 434[24]
Inka 382
Iran 442
Isabel 654
Isai 644
Isaak 788[28]
Isched-Baum 529
Ischys 177
Isis 28, 407[29], 516, 520, 529, 531, 599

Jabbok 400
Jael, Frau des Heber 654, 656
Jahwe 358, 362, 363, 384, 388, 400, 423, 424[1], 428[11], 437, 442[12], 627
–Tag Jahwes 439ff., 453, 456, 469, 473
–Thronbesteigungsfest Jahwes 439
Jahwist 103, 322, 379, 601, 614, 617, 618, 627, 631
Jairus, Tocher des 43, 277ff.
Jakob 400, 466, 637ff., 641, 688, 689, 718[17]
Jakobus (Sohn des Zebedäus) 306[29], 392, 700[2]
Jakuten 322
Japan 679
Jaru-Felder 514
Jefrem Poddujew (s. Solschenizyn) 689[5]
Jehu 593, 654
Jehus Revolte 593
Jeremia 253, 367, 368[26], 371, 372, 375, 381, 388, 438, 439, 476, 525, 729, 750
Jericho 424, 427, 643
Jerusalem 95, 306[29], 448[25], 543, 561[64], 694
Jesaja 371, 372, 381, 400, 438, 439, 525, 694
Jezreel 347, 654
Joab 647, 649, 652
Jochanan ben Sakkai 467
Johanna (Frau des Chusa) 273
Johannes d. Täufer 184, 428[9], 655, 657
Johannes (Sohn des Zebedäus) 306[29], 392, 396, 700[2]
Jojada 654
Jojakim 368[27]
Jona 31, 259, 388, 389, 400, 729
Jonathan 636, 653
Jordan 424, 426, 427, 430, 433
Joseph (der ägyptische) 628, 638
Josef (Mann Mariens) 572
Josua 643
Jotam 365[18], 380
Juan Diego 318
Juda 288, 637, 641, 642
Judas Iskariot 23, 399
Judas (Sohn des Mattathias) 441
Judith 654, 655[27], 656
Julia Domna 142
Junu On 522

Kanaa (in Galiläa) 49, 347, 392
Kanaan 77, 562, 627
Kadesch 602
Kain 233, 331, 404, 749
Kairo 513
Kalliope 170
Kappadokien 384[17]
Karlstadt (Andreas Bodenstein) 590
Karmel 358, 560
Karnak 602
Kerit 38
Kevaddha 106[76]
Khomeini 442
Kingu 157[74]
K. Kinski 465[48]
Kiowa 122[11]
Kirillow (s. Dostojewski) 607
Kisch, Sauls Vater 653
Kleimenes aus Argos 185
G. Klimt 655[27]
Komantschen 122[11]
Konfuzius 676, 677
Konstantin 589
Koronis 177, 178, 179
Korythos 116[1]
Kos 180
Kreta 171, 540
Krishna 344[24]
Kriton 178
Kronos 605, 612
Kuban-Strom 697[25]
Kuma (Paradies auf Feuerland) 327
Kynortion 178
Kyrios 492

Laban 637
Ladon 576
Lao Tan s. Laotse
Lars Porsenna 407
Lazarus (von Bethanien) 27, 278, 434[25]
Lazarus (der arme) 58, 709[2], 716

Lea 637ff.
Leidensgeschichte des Jeremias 375, 593
Leidensgeschichte Jesu 350ff., 593
Lethe 407[27]
Leto 145
Lenz (s. Büchner) 44
Leviathan 401[20]
Lieblingsjünger 412f.
Linos 170
Loki 474, 475
Lots Weib 173[12]
Lourdes 316
Luxor 518[25]

Maat 366[21], 514[12], 526
Madianiter 77
R. Magritte 728[4]
Makkabäer 440[8], 441, 708[2]
Malea 174, 178
Malediven 434[24]
Malta 512[3]
Malthake 655
Mamre 184
Mänaden 170, 173
Manasse 375
Manoach 184
Mannheim 376
Mara 644
Marduk 543[7], 571[81], 576
Mari 365
Maria (Mutter Jesu) 184, 640[10]
Maria Magdalena 230, 273, 317, 404
Martha (Schwester des Lazarus) 513
Maxentius 589
Mayahuel 122[11]
Maya-Indianer 86
Medinet Habu 602
Mehen 534[94]
Melampos 407[27]
Menes 602[22]
Merab, Sauls Tochter 653
Meribaal 653
Mesopotamien 424[1], 434, 556
Mesritsch 467
Messenien 179
Meton 158
Mexiko 117, 122[11], 318, 385
Micha ben Jimla 366
Michael 544, 573
Michal 649
Midgard 475
Midgardschlange 474
Milena (s. F. Kafka) 238[51]
Milinda-panha 344[26]
Milvische Brücke 589
Minos 145
Mithras 566[75], 580[102]
Mixteken 603
Moab 644
Monte Alban 602
Mosche von Kobryn 466
Mosche Löb von Sasow 733[7]
Moses 30, 47, 66, 252, 331, 348, 355, 356, 357, 358, 378, 379ff., 547, 562, 563, 750
Mucius Scaevola 407
E. Munch 296, 299
J.P. Mynster (Bischof) 565[73]
Myrtenberg 178
Myschkin, Fürst (s. Dostojewski) 233, 337, 500[81], 709

Nabal 649
Naboth 367
Nagasena 344[26]
Nag Hamadi 666
Nahuatl 318
Naim 347
Nancy Mannigoe (s. W. Faulkner) 609[7]
Nanderykey 506[97]
Napoleon 503, 647[16], 707
Narodniki 699[1]
Nastassja Filippowna (s. Dostojewski) 233, 709
Nathan 367, 647
Nathanael 382, 392
Navaho-Indianer 347
Nefertem 539
Nephthys 530
Nero 135
Nero redivivus 543, 548
Neuguinea 605
Nidhögg 475
Nikanor 186
Nikesibule von Messene 183
Nil 513, 515, 519
Ninive 627
Noah 788[28]
Noemi 644
Nofretari 521, 522
E. Nolde 684[5]
Nudipedalia 384[17]
Nut 515, 516, 530, 534, 604

Obed 644
Oberlin, Pfr. (s. Büchner) 44

Odin 474
Ogalalla-Sioux 79ff., 166
Oglugitschana 121[10]
Oiagros 170
Oklahoma 122[11]
Onan 641
Onnofris (der schön Seiende, Osiris) 519
Orpheus 169ff., 207
Osiris 422[56], 512, 515, 518, 519, 520, 521, 522, 523, 524, 526, 530, 531, 533, 535, 536, 540, 566[75], 599, 600

G. W. Pabst 687[2], 821
Paiute-Indianer 93
Palästina 357, 718[19]
Palti 649
Páris 115
París 194
Parther 547, 556
P. Pasolini 270
Patmos 527
Patroklos 145
Paulus 141, 171, 238, 312, 331, 710, 736[8], 764[2]
Pelethronion-Tal 175
Pelion 174, 175
Peloponnes 174, 178
Pepi II 525
Perez 642
Pergamon 182
Persephone 146, 296, 422[56]
Perser 77, 510, 580[102]
Persisch-arabischer Golf 434[24]
Perseus 575
Petrus 29ff., 141, 278, 306[29], 312, 339, 392, 396, 412, 417, 668, 700[2]
Pharao 100[65], 355, 401, 514, 516, 519, 602
Pherekydes 146
Philippus 655
Philister 357, 365, 371, 649
Phlegyas 177, 178, 179
Phoibe 179
Phönizier 77, 654
Phönix 522, 523
Pierien 170
Pima-Indianer 100[66]
Pine Ridge Agency 92
Plejaden 572[84]
Pluton 170
Pompejus 718[19]
Popol Vuh 86
Poseidon 407[27]
Pyramidentexte 507
Pytho-Schlange 543[7]

Qumran 518, 547
Q-Quelle 667, 668

Rabba Ammon 647
Rachel 637ff.
Rahab 643, 644, 645
Ramses II 518[25], 521, 602
Ramses III 602
Ramses IV 519
Raskolnikow (s. Dostojewski) 27[28]
Re 516, 521, 522, 523, 524, 529, 530, 531, 540[116], 564, 572[84]
Rechabiter 371
Reisebericht der Apostelgeschichte 593
Riesenheim 474
Rizpa, Tochter Ajas 653
Rogoshin, Parfen (s. Dostojewski) 233, 500[81]
Rom 19, 407[25], 548
Römer 127[15]
Romulus 424[1]
Rotes Meer 401, 628
Rothorn 100
Rußland 699[1]
Ruth 288, 637, 640, 644, 645, 646

Sacharja 441
Sadduzäer 719[19]
Sahel-Zone 464[46]
Salmon 643
Salome 654, 655, 656, 657
Salomo 77, 646, 647, 648
Samuel 371
Santee-Sioux 90
Sao Paulo 463[45]
Sara (Frau Abrahams) 184
Sara (Tobias Frau) 281, 298, 641[11]
Saul 230, 357, 595, 634, 649, 653
Sauls Königtum 593
Saulus 331
M. Aemilius Scaurus 136
Schelach 641
Schlägt-in-Stücke 111, 114, 135
D. P. Schreber 478
Schu 604
Schua 641
Schwarzer Weg 84, 100
Seba, ben Bikhri 652, 653, 660, 661
Seevölker 602
Selinunt 158
Semele 170
Serach 642
Serubabel 441

Seth 519, 526, 529, 530, 543[7], 599
Shiva Nataraja 600
Sibirien 83[23], 87, 119[10]
Silo 184
Simon Magus 135, 136[27]
Simson 184
Sinai 347[3], 371, 380, 448
Sisera 654
Sizilien 158
Skuld 475
Sokrates 161, 178, 197
Sonja (s. Dostojewski) 27[28]
Soter 492
Stephanus 352ff.
Südstaaten (Amerikas) 695[22]
Sumerer 434[24]
Sussja, Rabbi 750[11]
Sychar 688, 692, 696
Syrer 441
Syrien 357

Tabgha 407[24]
Tabitha 278
Tabor 347[3], 348, 654
Talbot (s. Schiller) 428
Tanis 511[1]
Tao 676, 677, 704[7]
Tekoa 650, 651
Telephos 116[1]
Telesphoros 182
Tepeyayac 318
J. Tetzel 72
Tezcatlipoca 385
Thalmai, Prinz von Gesur 649
Thamar 288, 636, 637, 640, 642, 643, 645
Theben (äg.) 511[1], 513, 515, 522
Theodosius I 589
Thomas 392
Thot 599
Thraker 160, 161, 163, 169, 190, 357
Thronnachfolgegeschichte Davids 365, 593, 646
Thutmosis III 602
Tiamat 543[7], 571[81], 576
Tiberius 684[6]
Tilantongo 602
Timna 642
Tiryns 407[27]
Titanen 170
Titus 548
Tonantzin 318
Troja 115, 144, 384[17]
Tübingen 448
Tungusen 199
Turiner Papyrus 602
Tut-anch-Amun 114[95], 530, 604, 729
Tyr 474

Uakan-Tanka 91ff., 101ff.
Ugarit 424[1]
Ulmer Hochaltar 428[9]
Unas 525
Urd 475
Uria 367, 647, 648
Uroboros 530, 611[13]

Valerian 589
Verdandi 475
Vespasian 467
Vidar 474
Vietnam 466
L. da Vinci 708[1]
Viracocha 383
Viridiana (s. Buñuel) 708[1]

Walhall 475
Wien 96[60], 466
Wirbelwind-Jäger 82, 83
Wittenberg 590
G. Wollheim 553[38]
Wounded Knee 93
Wovoka 93

Xerxes (Achaschverosch) 654
F. Ximenes 86
Xingu-Indianer 24[21]

Yaruro-Indianer 327
Yeti 66
Yggdrasil 475
Yukon-River 603

Zagreus 171
Zacharias 184
Zachäus 273
Zamolxis 161, 163, 190, 207
Zedekja 375
Zela 653
Zeruja (Mutter Joabs) 650
Zeus 140, 144, 145
Zimrilim 365[19]
Zumarraga, Bischof 318

3. Sachen und Sachverhalte

Abreagieren 202, 268ff.
Achsenzeit 360
Akupunktur 117
alexandrinische Hermeneutik 511, 718[17], 721[23], 722, 787, 788[28]
Analogie des Daseins 510, 514f.
Angst 137
-als Gegenargument des Glaubens 734
-als Grundfrage theologischer Hermeneutik 27, 29ff., 32[37], 33, 34, 129, 500, 615ff., 626ff., 638, 659, 755
-alternativ zum Glauben 272, 388, 499, 573[85], 574[87], 621ff., 727[3], 773[8]
— übersehen bei Sokrates 198
— und Dämonie 258, 266
— und Daseinsverformung 445, 767[3]
— und Dialektik der Geschichte 615f., 620
— und Flucht vor sich selbst 388, 389
— und die Frage der Schuld 618
— und Gegenfinalität 565[74], 748ff.
— und Ichverlust 336
— und Neurosenlehre 223, 224ff.
— und Notwendigkeit der Erlösung 350f., 644, 777f.
— und personales Gegenüber 457f.
— und Psychoanalyse 196
— und Psychosomatik 221
— und Verinnerlichung des Mangels 615f., 621ff.
— und Zeiterleben 606ff.
— verunendlicht durch Bewußtsein 305, 500, 563f., 701[5]
— vor der Freiheit (s. Freiheit) 374, 563f., 757
— vor der Zukunft 443ff.
anima 173, 341[20], 661, 662, 680
Anstoßnehmen 96
Antichrist 493
Apokalyptik 39, 40, 42, 395, 469ff.
-als angstbesetzte Steigerung der Eschatologie 449ff., 472ff., 476, 477
-als introjizierte Kosmologie 483
-als mangelnde Integration 527[59], 534
-als Mythisierung der Geschichte 450, 473ff.
— und endzeitlicher Abfall 493
— und frühe Kirche 492ff., 501
— und Gnosis 470f.
— und Naherwartung 488–490, 493
— und perinatale Matrizes 485[48], 556[48]
— und Prophetie 467–469
— und Schizophrenie 478ff., 480
— und Seelenlosigkeit 509
— und die Verkündigung Jesu 487ff.
— und Weltuntergangsvorstellungen 473ff.
— und das Verbot dialektischer Mediation 498
Apollinische, das 312,
Armut (s. Eigentumskritik) 462[44], 463[44], 688[3], 699[1], 702[6], 718[19]
-Sinn der religiösen – 699[1], 700[2], 705ff.
-als religiöse Verheißung 708[1], 745
Arzt als wesenhaft aus Gott 188, 194[4]
— und Priester 198f., 205, 207, 244ff., 771f.
Asketische Verzeichnung des Christentums 129
Assoziation, Technik der 195
Astralmythologie 572[84], 580
Atheismus 103, 199
-aus Mitleid 44, 708[1]
-methodischer – 103, 191, 344[26], 630, 762
-postulatorischer – 415
Auferstehung 87, 137, 323ff., 495, 505, 515f., 521f.
— in Einheit und im Widerspruch zur Unsterblichkeit 521, 522, 566[75]
Aufmerksamkeit, gleichmäßig schwebende 196
Augenblick (s. «Heute», Zeit) 499, 622–624
Aussendungsbericht 364[14]

Ba(-Vogel) 28, 428[12], 506[95], 516, 517, 520, 523, 524, 530, 532
Berufungserzählung 329ff., 697f.
-als Legitimationsurkunde 361
-formaler Aufbau 329, 391f.
-Psychologie und Symbolik 330ff., 335ff.
-Typos des Widerstandes 335f.
Bewegungssturm 237, 330
Bild
-als konstitutiv für den Glauben 451f., 458ff.
-als konstitutiv für das Wort 625[8]
Bilderverehrung (s. Gottesbild) 591[121]
Bilderzerstörung (s. Protestantismus) 127, 341, 451, 590[120]
Brahmanismus 672
Brotgelehrtentum 13f.
Brunnenvergiftung 562
Buddhismus 29[33], 343, 344[26], 384, 679, 689, 699[1], 672, 766[2]

Charismatische Glaubenserneuerung 112[91], 191
Chassidismus 466, 680[16], 724, 733[7], 750[11]
Chiliasmus 461

Christentum (s. Angst, Erlösung, Personalismus)
-als Einheit von personalem Vertrauen und archetypischem Träumen 777
-als gebrochener Mythos 772[7]
-als Personalisierung des Archetypischen 139–141
-Erlösungskomplex des - 141, 767
— und Heidentum 61[41], 163[3], 318, 506, 763, 776ff.
Christenverfolgung 589[119]
Christian-Science-Bewegung 191
Christologie 139, 140, 275f., 348, 411, 498, 501, 574[87], 702[6], 762ff.

Daimonion 197
Dankbarkeit 416, 751f.
Daseinszerstörung (s. Angst, Verzweiflung) 252, 752f., 767
Deckerinnerung 330[2], 662
défoulement (Entmassung) 242, 309
Deismus 46[4], 75[1], 452
demanding dependency (fordernde Abhängigkeit) 256
Denar 684[5]
Depression 226ff.
— und Wahrheitsliebe 742[5]
— und Zeiterleben 608–609
descensus ad inferos (Abstieg zur Unterwelt) 174
Dialektische Theologie 31, 127, 128, 129, 133, 457[38], 504, 510, 521, 756, 774
-Ersatz der Anthropologie durch Christologie 31[36], 504
-ohne Anknüpfungspunkt des Kerygmas 32[37], 33, 408[29, 30]
Dionysische, das 312
Donnerwesen 85
Doppelbewegung des Unendlichen (s. Wiederholung) 433, 434
Doppelbindung 479[37]
dreifacher Schriftsinn 788[29]
Dualismus 511[1]
-apokalyptischer - 469
-Entscheidungsdualismus 395[6]
-erkenntnistheoretischer - 52
-eschatologischer - 438f., 513
-metaphysischer - 470, 511[1]
-theologischer - 130
Dunkelangst 260

Egoinflation 88
Eheauflösung als christliche Forderung 273, 700[2]
Eigentumskritik 586[113], 588[17], 699[1]
Einheitsdenken der »Primitiven« 160–162
Eindimensionalität des modernen Menschenbildes 319
Ekstase 86, 348, 355, 361
-beim prophetischen Erleben 355ff.
Engelerscheinung 399–341, 350, 351, 558f., 574
Entmythologisierung (s. existentiale Hermeneutik) 67, 68, 69, 396[9]
Entwurf 621
Epilepsie 88, 238, 331f., 337, 625[8]
Erbsündenlehre 260[27], 774
Erinnerungsfähigkeit und Neuroseform 236f.
Erlösungslehre 272, 350f., 597[7], 756, 767
-Positivismus der chrl. - 206[27]
— und Antinomie zur Ethik 415[40], 756
»Erster der Entschlafenen« (Christus, Osiris) 518
Eschatologie 352, 624[8]
-als theologische Abstraktion ohne Anthropologie 294[20], 445, 693[15], 727[3]
-als wesentlich bildhaft 449
-als Existenzverwandlung 455f., 726[3]
-als realized eschatology 719
-als Vision des eigenen Wesens 352, 446, 693[15]
— und Apokalyptik 436ff.
— und die Erwartungen israelitischer Kleinbauern 438[6]
— und existentiale Hermeneutik 293[20], 395[5], 446, 693[15]
— und geschichtlicher Dualismus 438ff.
— und Mythos 447, 449f.
— und Revolution 127[13], 464[46], 685[7], 708[1], 718[19]
— und die Synthese von Regression und Progression 448f., 466
Essen 558
Ethisierung des Religiösen 462[44], 755f., 780ff.
Eucharistie 418, 422, 465[47], 522, 523
Ewiges Leben (s. Auferstehung, Unsterblichkeit) 302ff., 625[8]
Ewigkeit 431ff., 442, 501, 505, 506, 513, 539ff.
— als Kreis und Gerade 513, 538ff., 625[8]
Exegese, historisch-kritisch
-als Ausklammerung des Unbewußten 576[92], 766[2], 585[111], 590, 631
-als Erfahrungsfremdheit 13ff., 311, 312, 509
-als Erklärung der Herkunft ohne Verständnis der Bedeutung 77
-als Ersatz des Existierens durch das Dozieren 23, 24
-als gegen die Form religiöser Überlieferung gerichtet 630f., 669ff.
-als Integrationsverweigerung 784, 785
-als latenter Moralismus 673ff., 698f., 705f., 710

-als methodische Trennung von Subjekt und Objekt 26
-als notwendig zur Einsicht in die Eigenart religiöser Überlieferung 24, 36, 681 f., 764[2]
-als notwendig hypothetische Annäherung an die Vergangenheit 668, 739, 740[3, 4]
-als objektivierender Positivismus 546, 564[73], 671
-als protestantisches Erfordernis 315, 444f.
-als rationalistische Verengung 18f., 67[2], 641, 722
-als retrospektive Verfälschung 22, 23
-als Soziologismus und Kollektivismus 353f., 398[13], 641[10], 727[3], 765[2]
-als Trennung von Profanem und Sakralem 24, 25
-als unberührt von der Frage der Angst 27, 630ff.
-als Unfähigkeit, den Symbolismus religiöser Sprache zu verstehen 548[19], 563[70], 686[1], 761
-als vordergründiger Realismus 67[3]
-als wesentlich unreligiös 16, 22, 595f., 670ff.
Existentialismus 255, 443ff.
Existentialtheologische Hermeneutik 32[37], 66, 134, 294[20], 396[9], 398[13], 442ff., 457[38], 488, 489, 494f., 509, 510, 564[73], 565[73], 597[7], 686[1], 687[1], 689[6], 691[11], 774

Farben
-Gelb 556[50]
-Grün 519
-Rot 80, 553[36], 556[50]
-Schwarz 80, 519, 556[50]
Firmung 522
Formgeschichte als psychologische Ableitung 41, 727[3], 735f., 738
Fragen Gottes (in der Bibel) 304, 404
Frau
-Archetyp der – 651ff.
-Ambivalenz der – 528ff., 573[85], 583[104], 589
-als femme fatale 654ff.
-Mütterlichkeit der – 639f., 652f.
Freiheit
-innerlich 274, 325, 339f., 386, 685[7]
-als Transzendenz 325, 362ff., 408[30], 695[21]
— und Angst 254ff., 258, 266, 271, 272, 444, 563, 579
— und Fanatismus 374f.
— und Liebe 301f.
— und Unsterblichkeit 308
Fremdbestimmtheit 397ff.
Fußentblößung 383, 384, 385

Gefangenschaftsbewußtsein 141, 157, 159, 339f.
Gefühl
-als hermeneutische Dimension 20, 58, 64 (s. Angst)
-als Ort der Einheit von Leib und Seele 56, 57
-als Zentrum des Religiösen 58, 59
Gefühlsverdrängung im cartesianischen Wissenschaftsideal 55, 56, 62
Gehemmtheit 211[1]
Geistertanz 93, 450
Geistheilung 189ff.
Geld 233, 273, 489, 585–587, 699–701, 716
Gematrie 417
Gericht, persönliches 524f.
Geschichte 24[21], 25[23]
-als Außenseite des Göttlichen 602
-als Gottesersatz 613
-als Ideologie 629f.
-als story und history 658
-als Sündenfall 613ff.
-als symbolisches Szenarium 660ff.
-als Traumerfüllung 79, 80
-als Typologie der Menschlichkeit 636
-als Welt- und Heilsgeschichte 502f., 537f.
-als dialektischer Widerspruch 614–617
-als Widerspruch von Schuld und Erbarmen 639, 642
—, kein objektiver «Prozeß» 353, 354[15], 594
— und Staatengründung 365[17]
— vor dem Hintergrund der Angst 626ff.
-(s. auch Mangel, Mythos, Traum, Zeit)
Geschmack fürs Unendliche 321
Gesetzlosigkeit, apokalyptische 313
Gesprächspsychotherapie 683, 728
Gestirne 566[75], 580[102]
-als Bilder der Unsterblichkeit 515, 565[75]
Glauben 127f.
-als Gegenkraft der Angst 124, 136, 164, 208, 574[87]
-als Heilsmacht 134, 135
-als bestimmender Hintergrund der Psychologie 363
-als notwendig zur Heilung 124, 574[87]
-als Selbstsein 364[13], 574[87]
-als vermittelte Unmittelbarkeit 419f., 696, 697[25]
-Allgemeinheit der Vertrauenshaltung 133, 137, 164
-Fraglosigkeit im Glauben 419, 420, 421
— ohne Hoffnung 608
-Mythos des Glaubens 136ff.
— *zunächst* ohne spezifisch christologischen Inhalt 125, 164, 574[87]

Gleichnis 128
-Amoralität des Gleichnisses 731 ff.
-Begriff und Form 712–714
-als eschatologisches Ereignis 726[3]
-als Existenzform 721 ff.
-als Existenzwechsel 727
-als existentielle Magie 731
-als Kommunikation im Unbewußten 715 f.
-als Sublimation der Affekte 729 f.
-als umgekehrter Traum 735 f.
-als worthafter Ritus 731
-unableitbar aus der Sozialgeschichte 724
— und das Argument der Angst 733 ff.
Gleichzeitigkeit 672, 673, 720, 747, 754 f.
Glossolalie 191[5]
Gnosis 14[4], 109[80], 313[3], 343, 395[6], 399[15], 470[9], 472, 493, 534[96], 614, 689[6]
-Kampf gegen die Gnosis 312, 313, 584[108]
Gnosisvorwurf 341, 345[27], 457[37], 768, 769[4], 770
Goldenes Zeitalter 153
Gott der Väter 386
Gottesbild 457[37], 551 f., 562, 583, 651
-als Erscheinung transzendenter Wahrheit 361, 362
-Heteronomie des – 336
-seine Läuterung in der Apk 551 f., 583 f.
-als Verinnerlichung der Elterngestalten 341
Gottesbeweise 496, 503
Gotteserkenntnis
— und Lebensfülle 410, 411
Gotteskraft 112, 278, 289[19], 693
Gott-ist-tot-Theologie 127
Göttlicher Arzt (s. Arzt, Schamane) 142 ff.
Gottesvorstellung (s. Gottesbild) 126, 127
Grausamkeit, kultische (als Katharsis) 171
Grenzsituation 352
Große Göttin
-Hymne auf – 172[7]
Gruppenbewußtsein 119

Halluzination 331–333
-Wahrheitsgehalt der – 337 ff.
Harmonie (s. Paradiesessehnsucht) 150, 201, 337, 562, 581, 603, 616, 620
Haustafeln 736
Henotheismus 566[75]
Heroengeburt 177 ff., 184, 530, 570 f.
«Heute» 437, 489, 623, 695
Heyoka-Tanz 85, 107
Himmelsaufstieg (s. magischer Flug) 122, 325 348
Himmelsreise 83[23], 84, 87, 152, 181, 322 ff., 327
Himmelsrichtungen 80, 81
Himmelsstimme 343, 567[78]
Hinduismus 384
Hirnhälften (s. links-rechts) 63[43], 110, 558[58]
Hoffnung 305, 695[21]
Hölle 527[58], 531 ff., 709[2], 716
homo compensator 614, 617, 635
Homöostase 619[31]
Homosexualität 478, 710
Hypnose 194 f.
Hysterie 194, 234 ff., 283 f.
— und Zeiterleben 611–612

«Ich-bin» als Offenbarungsrede 695[23]
Ich-Du als Kern des Religiösen 345[27], 624[8]
Idealismus 90, 294[20]
Idealrealismus, psychologischer 345[29], 788
Idealtypik 594
Identifikation bei Depressiven (s. Essen) 226, 227
Identifizierungsritual 17
Ideologisierung 16, 366, 442, 461, 627 f.
Initiationsriten 296
Irdisches Leben als Strafe 158, 159
Islam 384

Jähzorn 390
Jainismus 384[15]
Jungfrauengeburt (s. Heroengeburt) 640[10]

Ka-Seele 341[21], 513, 516
Kastrationskomplex 284, 293, 657
Katholizismus 63, 70, 71, 757
-als Isolation des objektiven Symbolismus 775
-als sakramentaler Glaubenstyp 773[8]
-als wesentlich priesterlich 369
— und Gotteserscheinungen 315 ff.
— und Objektivitätsforderung 70, 72
— und Wallfahrtsorte 180
Kerygmatheologie 68, 69, 70, 73, 495, 521, 597
Klassengegensätze 365[18]
Koan 679[16]
Kollektivismus 641[10], 782
Komposition als redaktionelle Interpretation von Tradition 667
Königtum (s. Messias, Symbol) 365[19], 366[21], 368[26], 448[26], 454, 514[12], 648
Konkurrenz 233, 705, 749 ff.
Konstantinische Wende 589[119]
Konstitutionstyp 225, 227
Kontinuität von Jesus und Christus 764[2] f., 769[4]
— als Verhältnis von personaler Begegnung und Traum 767 ff., 770[6], 771[7]

Konversion (psychisch) 195ff.
— und Hysterie 236
— und Wundererzählungen 211ff.
-Symptomatik und Ätiologie 210ff.
Korporativperson 652
Kraft zur Heilung 84
Krankheit 95ff.
-als Dezentrierung 103
-als göttliches Verhängnis 116
-als Strafe 97
-als Traumverleugnung 101, 115
— und Sünde 95, 96, 101
Kreislauf der Zeit (s. Zeit, Wiederholung) 437
Krieg 115
Kyniker 700[2]

Lasterkatalog 711
Lebensangst und Tod 302ff., 607
Lebensdurst 690, 691
Lebensmitte und Verinnerlichung 336f.
Lebensphilosophie 597ff.
Legende 19, 37, 39, 40, 66, 426
Leib-Seele-Problematik 52, 55, 57, 61[41], 147ff.
Leid (eigenes) als Quelle von Mitleid 175ff.
Leidensdruck 557
Leistungs-Lohn-Denken 702[6]
Liberalismus 67[2]
Liebe (s. Paradiesessehnsucht, Unsterblichkeit) 326, 327

Magie 82, 91, 118ff., 135
-als Egozentrik 98[65]
-als Einheitserleben 98[65], 100, 104
-als Entwicklungspsychologie 98[65]
-als symbolische Harmonie 103[72], 116[1], 130
-als Symbolsprache 99[65]
— und rationalistische Vorurteile 105, 114
— und Jenseitskult 100[65]
— und Ritus 119
— und Traumerleben 99[65]
— und Weltanschauung 98[65]
magischer Flug (s. Himmelsreise) 324ff.
Magnetfeld der Erde 168
Maieutik 160f., 197
Makkabäer 708[2]
«Man» 266
Mandäer 689[6]
Manie 229
Mangel (s. Geschichte, homo compensator) 615, 701
Mann ohne Eigenschaften 397[12]
Mantra 679
Märchen 21, 28, 30, 31, 36, 37, 66, 88[23], 170, 561, 713, 715, 724
-Der Froschkönig (KHM 1) 214[8], 430[19], 584
-Marienkind (KHM 3) 552[33]
-Brüderchen und Schwesterchen (KHM 11) 167
-Frau Holle (KHM 24) 21, 179[16]
-Die sieben Raben (KHM 25) 131[18]
-Fundevogel (KHM 51) 81[13]
-Der goldene Vogel (KHM 57) 561[65], 680[18]
-Das singende springende Löweneckerchen (KHM 88) 584[108]
-Das Wasser des Lebens (KHM 97) 36, 182, 430[19]
-Der Bärenhäuter (KHM 101) 430[19]
-Das Eselein (KHM 144) 584
-Schneeweißchen und Rosenrot (KHM 161) 21, 296, 619[30]
-Der Hase und der Igel (KHM 187) 412[34]
-Die Kristallkugel (KHM 197) 21[17], 28[32], 189[1], 326[19]
Martyrer (s. Auferstehung) 352, 428, 546, 551, 565[73], 568
Marxismus 127[15], 463[45], 613, 615, 617
Massenwahn 633
Materialismus 200[17], 271
Maya, Schleier der – 329
Mechanizismus 56
— der Medizin 190
— der Psychoanalyse 191[3]
— der Psychiatrie 200
Meditation 343f.
Medizinmann (s. Schamanismus, Magie) 104, 107–108, 111, 118f., 144, 199
Megalithkultur 505[94], 512[3]
Mensch(ensohn) 487f., 492
Menschgott 578, 621
Messias 453f., 487f., 482, 571
-aus Aaron 547
-aus David 454, 492, 547
Messiasgeheimnis 308
Metempsychosis 146
Mißerfolg als Weltanschauung 740ff.
Missionswissenschaft (s. Christentum) 778[17]
Mitleid Gottes 639
Mittelpunkt der Welt 102, 181, 322
— und Gesundheit 162
Mondgenauigkeit (religiöser Symbolik) 312
Mond(mythologie) 179, 505, 519, 554, 567, 571, 637
-weibl. Trinität des – 179
— und dritter Tag 567[77]
Monotheismus 528, 618, 772[7]
mündliche Thora 666

Musik(therapie) 121[10], 150, 170
— und Ekstase 357
— und Unsterblichkeit 172
— als Urmelodie des Lebens 172
— als Heilmittel universeller Harmonie 173
Mystik 343f., 481[39]
Mythos (s. Paradiesessehnsucht, Urzeiterzählung) 37, 38, 39, 41, 70, 84, 136f.
-als Einheit von Natur, Gesellschaft, Psyche 789
-Ambivalenz des Gottesbildes 617
— und Historie 599ff., 619f., 766[2], 767
— und Neurose 202–205

Nacktheit 384, 414
Narodniki 699[1]
Nationalsozialismus 632, 633
Naturfremdheit
— des Christentums 14, 15, 169, 473[19], 536, 538[111], 785[26]
— der Psychoanalyse 201
Naturwunder 165ff.
Neandertaler 505
Nekrophilie (s. Geld) 233, 587
Neurosenlehre
-als Phänomenologie gottfernen Daseins 736[8]
Nirwana-Prinzip 373
Notfallreaktion 221
Nichtmachen 680, 703[7], 781

Ödipuskomplex 235, 284, 293, 692[13]
Ordensgemeinschaft 273, 706
Organwahl 222
Osternachtfeier 505, 506

Pantheismus 48, 61[41], 528, 566[75]
Paradigma 665
Paradigmenwechsel 192[6], 538[111]
Paradiesessehnsucht 153, 181, 322ff., 327, 386, 429, 430, 438[6], 449, 451, 466, 506[97]
Paranoia 228
Partizipation, mystische 97
Parusieverzögerung 717
Passahfeier 422[54]
Patriarchalismus 271, 297ff., 407[15], 572[84], 577, 583[104], 588[117], 651, 691[11]
Penisneid 658
Personalismus 343ff., 458f., 505, 566f.
-als Gefahr der Isolation vom Naturhaften 779
— und Angst 778
— und Eschatologie 624[8]
— und prophetische Berufung 359–363
— nicht sozialgeschichtlich begründbar 365
Peyote-Fest 122[11]
potentia oboedentialis 48
Priester (s. Arzt, König, Prophet, Schamane) 368ff., 729
Primitivkulturen 74ff.
Professorentum 588[117], 699[1]
Prophetie 39, 42
-als Erfahrung zwischen Ich und Du 364, 468
-als Eschatologisierung der Geschichte 438, 467
-als Gegensatz zum Kollektiven 371ff.
-als Gegensatz zum Königtum 364ff.
-als Gegensatz zum Priestertum 368ff.
-als Personalisierung des Ekstatischen 358ff.
— und Martyrium 564ff.
— und Situationsbindung 374ff., 468
— und Überichbindung 373ff.
Protestantismus 31
-als Ablehnung des Unbewußten 70, 315, 445, 509
-als Ablehnung natürlicher Theologie 503, 504
-als Entgegensetzung 31[36], 33[38], 60[41] (s. Dialekt. Theol.)
-als Entmythologisierung 66, 69, 76
-als Eschatologisierung geschichtlicher Wahrheit 413
-als Isolation des Subjekts 773[8], 775
-als Reinigung von allem Heidnischen 63, 64, 314f., 504, 510
-als Religion der Grenze 773[8]
-als Theologie des extra nos 445, 694[19], 726[3]f., 757
-als Unverfügbarkeit Gottes 445f., 488, 504, 509f.
-als wesentlich prophetisch 315, 369
— und Bilderfeindlichkeit 70[7], 451, 503, 509, 510, 590–591[120]
— und der Gegensatz von Kult und Innerlichkeit 693[15]
psychophysischer Parallelismus 53
Psychose (s. auch Apokalyptik, Schizophrenie, Vision)
-als Depersonalisation 336, 479[38]
-als Introversion 484
-als Mangel an Ichabgrenzung 334[14], 479
-als Selbstheilung 271, 334f.
— und Depression 229
— und Doppelbindung 479[37]
— und gestohlene Zeit 607[2]
— und Mystik 481[39]
— und Psychoanalyse 335
— und Verdrängung des Unbewußten 342
— und der Unterschied zur Neurose 481

Psychosomatik
-als hermeneutisches Hilfsmittel 238ff., 241ff.
Symptome:
-Allergie 225, 233, 234
-Angina 214
-Arteriosklerose 222
-Asthma 225
-Atmung 214, 215[10]
-Bewegungsstörungen 216
-Blähungen 218
-Blindheit 185, 186, 213[3], 399
-Blutfluß 282, 283ff.
-Colitis ulcerosa 228, 233
-Diarrhoe 233
-Globus hystericus 213[4]
-Hautaffektion 217[15], 225
-Hypertonie 233
-hypnoide Starre 279
-Hypochondrie 234
-Hypotonie 228
-Impotenz 183
-Lahmheit 185, 186
-Magen-Darm-Trakt, Beschwerden im - 215[11], 228
-Magersucht 223[24], 300
-Menorhagie 282f.
-Migräne 212, 213
-Pruritus 216, 217, 233
-Schilddrüsenüberfunktion 234
-Torticollis 216
-Tremor 216
-Ulcus 222, 228
-Unfruchtbarkeit 183, 184
-Zahnzerstörung 214[7]
Psychotherapie als Modell der Erlösungslehre 406
Pubertät 296, 316

Quantenmechanik 539

Rache 585[111], 586[113]
Rausch 312[1]
Rechtsauffassung, altorientalische 367, 368[25]
Regenbogen 429[14]
Regenmacher 167
Regression 430[16]
-als Chance 173[10]
-als Gefahr 173
Relativitätstheorie 598
Repolitisierung der Theologie 719[19], 780
res cogitans 52, 55, 69, 70, 495
res extensa 52, 53, 55, 69, 70, 495
retentive Gehemmtheit 149, 231
Ritus 85, 108

Sage 37, 39, 40
Sakrament 84, 108, 109[79], 131, 137
-als Fortsetzung der Wunder 133[20]
-Einsetzung durch Christus 770[7]
Schamane/Schamanismus 79ff.
-als Einheit von Priestertum und Prophetie 371
-Berufungserleben 87, 92
-kulturgeschichtliche Entwicklung 119[10]
-Poesie und Phantasie 321, 322, 326
-Psychopathologie 87
-Seelenkenntnis 199
-Überwindung eigener Krankheit 155–157
— und exogenes Delirium 122[11], 333
— und Mystik 121[10]
Schamgefühl 286
Schattenseele 145
Schizoidie 224
— und Zeiterleben 606–608
Schizophrenie (s. Psychose) 228ff., 478ff.
— und Apokalyptik 478, 552
— und Leere der Zeit 607[2]
Schulgespräch 683[2]
Seelenverlust (s. Mechanizismus) in der modernen Medizin 200, 333ff.
Seelenwanderungslehre 144ff.
Sehen 94, 292, 311, 381[9], 382, 383, 729
Sehnsucht nach dem ganz Anderen 408[30], 695[21]
Sein-Dürfen 780
Selbstfindung und Gottfindung 245, 272ff., 590f., 693
Sexualangst 299ff.
Signalsprache 97
Sitz im Leben 686[1]
Sklaverei 586[112]
Sokratischer Ausgangspunkt (der Psychotherapie) 197
Solidarität menschlicher Not 687
Sonne 179, 554
Sonnenglauben 518, 528f., 566
Sozialgeschichtliche Hermeneutik 461[44], 464[46], 688[3], 690[10], 699[1], 700[2], 708[1], 718[19], 780f.
Sozialismus 266[30]
Sozialphilosophie 594, 613ff., 706[10]
Spiralaufbau 546, 569, 581
Spracherwerb 15[7], 625[8], 727[3]
Staat und Religion 345[30], 366, 579f., 685[7], 781f.
Sternbilder 168
Stichwortkomposition 667
Streßkonzept 221[21]

Subjekt-Objekt-Spaltung 26[26], 192, 345
Suchwanderung 83[23]
Sufismus 680[16]
Suizid 227[34]
Sünde 171, 514
Symbol (s. auch Farben, Mond, Psychosomatik, Schamanismus, Sonne, Tiere, Zahlen) 35, 138, 139, 464, 505f., 507, 558[58], 663, 723
-Axis mundi 323, 325
-Baum (s. Weltenbaum, Mitte der Welt) 29, 94, 151, 322, 382[11]
-Berg 28, 109[81], 347, 357, 359[8], 427, 448[25], 454, 680
-Brot 422
-Dornstrauch 380f., 389
-Drachenkampf 529, 543[7], 573f.
-Drache mit sieben Köpfen 572[84]
-Ei 520
-Erde 550, 558
-Finsternis 399, 400
-Kinder der - 531
-Fluß 424ff., 427
-Göttliches Kind 570, 571
-Heilige Hochzeit 527[59], 571[82], 584[107], 585[111]
-König (s. Königtum) 448, 454, 661
-Kreis 94, 110
-Krieg 453ff., 456[48], 527, 550, 562
-Lamm Gottes 580[102]
-- griechisch 177
-Land (s. Erde) 363, 400–402, 414
-Landschaften 575[89]
-Lebenswasser 686[1], 689[6]
-Leviathan 156[71], 401[20]
-Licht 399
-Kinder des - 518[26]
-links - rechts (s. Hirnhälften) 107, 110[83], 406[24], 407[25, 27], 408[28], 558[58], 612
-Meer 30f., 363, 400, 401, 413, 550, 558, 560[62], 578
-Messias 453ff.
-Morgen 403
-Nacht 399, 400
-Obelisk, 518[25]
-Pfeife, heilige 91, 107, 108, 109
-Pyramide 28, 518
-Regenbogen 559[59]
-Schiff 398[13], 518
-Stab 386, 387f.
-Stadt (heilige) 181[24], 201[18], 448[25], 547, 561[14], 582, 660
-Sterne als Bilder der Unsterblichkeit 515f.
-Stern, fallender 553f.
-Sykomore 516
-Tempel 180f., 448[25], 547, 560f., 568
-Trommel 167, 189, 323
-Ufer 413
-Wasser (s. Meer, Schlange) 114, 152, 186, 413, 689[6]
-Wasserspeien 576
-Wüste 575[89]
-Wettlauf 412[34]
Symbolverlust und Psychose 336f.

Taoismus 672, 675, 706[11], 724
Taufe 422[55], 432[22], 512[2], 519, 520, 522, 689[6]
Telepathie 324
Tempelschlaf 181ff.
Terrorbrüderlichkeit 578, 579[99]
Teufelsglaube 527, 529, 534, 573
Theodizee 477, 566[76], 609[7]
Theologie der Befreiung 463[45]
Thomismus 130
Tiere 84, 96, 143, 342[22], 548, 552, 563, 584[108]
-Adler 80, 108, 554
-Biene 677
-Büffel 80, 85, 93, 108
-Eichhörnchen 700
-Elch 603
-Esel 148, 563[68]
-Falke 677
-Fisch 422, 423[57], 540, 676
-Gans 520, 525
-Hahn 178
-Heuschrecken 439, 554f.
-Hirsch 116[1], 122[11], 689[6]
-Hühner 148
-Hund 148, 168, 178, 179
-Lachs 603
-Lamm 580ff.
-Maus 260
-Mönchsgrasmücke 320
-Möwe 97
-Ochse 148, 584[108]
-Panther 476
-Pferd 80, 174
-Rabe 84, 676
-Rind 525
-Schaf 584[108]
-Schlange 30, 156, 157, 176, 179, 182, 183, 387f., 530f., 556, 564, 570 (s. Apophis, Uroboros)
-Schmetterling 506[96]
-Schwan 676
-Schwein 248
-Skarabäus 517

-Skorpion 555
-Spinne 607
-Stier 519, 580[102]
-Taube 522
-Vogel 168, 506, 584[108], 585, 677
-Walfisch 259
-Widder 517, 522, 580[102]
-Wildente 338
-Wolf 84, 178, 750
-Ziege 584[108]
Tiere als Hilfsgeister 84[26], 120[10]
Tierbräutigam 584[108]
Tierdasein (kultische Identifikation) 171
Tierfriede 148, 152, 154, 322, 438[6]
Tiergestalt des Göttlichen 180
Tieropfer 153, 586[114]
Tierschutz 525
Tiersprache 84[27], 322, 326
Tiertöterskrupulantismus 153
Tod
-als Alleszerstörer 424ff., 510
-als Gottesbegegnung 304, 424, 427, 510[102]
-als Lehrmeister 324
-als Tänzer 306
-als Widerspruch zur Liebe 425
-biologisch 432[21]
— und Individualität 172f., 430, 500, 505, 512[2]
— und Körperlichkeit 173, 425[4]
— und verzweifelte Fürsorge 302ff.
Tonal, Schatten des 329
Totengericht 527, 532f.
Totenglaube bei Homer 144f.
Totenkult 505[94]
Totstellreflex 237, 299, 330
Tränen 94, 95, 167, 576, 578, 708ff.
Traum 79, 82, 83, 84, 86, 89, 138, 465, 737, 738
-als Behandlungsform im Schamanismus 193ff., 201ff.
-als Heilmittel 100, 111, 180ff.
— und historische Wahrheit 349
— und idealistische Weltbetrachtung 90, 121[10], 347
— und die Weisheit des Unbewußten 149
-luzide Träume 728[4]
-mystische Träume 347
-Neurotisierung des Traums im Christentum 314
-Vorbereitung auf Traumempfang 101, 102, 347
Traumzeit 181, 385
Trinität(slehre) 61[41], 122[11], 179, 516[18]
Typologie, in der Patristik 788[28]

Überich 373, 552f., 562, 661f., 755
Überkompensation (s. homo compensator) 615, 757
Übertragung 194[4], 196f. 293
Uneigentlichkeit (s. Angst, Freiheit, Verzweiflung) 397, 620ff.
unendliche Resignation 689[6], 695[22]
unio mystica 343
Unleben 252ff.
Unsterblichkeit 84[23], 149, 183, 510, 560
-als Postulat der Gerechtigkeit 526
-als soziales Phantom 431[20]
— und Liebe 304f., 352, 377, 426f., 431ff., 435, 458f., 505, 625[8]
Urmensch-Erlösermythos 109[80]
Urzeitmythen 96, 97, 601, 604, 616
usus elenchthicus (legis) 33
Uzatauge 536, 624

Vagus-Tod 300[25]
Vampirphantasie 226
Vaterschaft, geistig 293f., 302, 432
Vegetarismus 143, 153, 171
Vegetationsgottheiten 170, 422[56], 519
Vegetatives (autonomes) Nervensystem 211
Verantwortung als erstickende Sorge 256, 298f., 301f.
Verdinglichung 706[11]
Vergeblichkeit 404f., 742f.
Verhungerungsangst 701[4]
Verstehen des Verstandenen 565[73]
Verstockung 557
Verzweiflung 252ff., 578, 703, 743, 745
-als Chance der Wandlung 323, 562, 705
-als latente Wahrheit der Endlichkeit 302ff., 305, 428, 430, 507f., 508[98], 538, 578
-als Mißverhältnis zu sich selbst 258, 389ff.
-als verfehltes Glücksverlangen 691[11]
— und Apokalyptik 477
— und Tapferkeit 641–645, 743f.
Visio beatifica (Anschauung Gottes) 325, 421
Visionen
-als Versicherung des Seins 348f.
-in Abgrenzung von »Erscheinungen« 346f.
-Psychodynamik und Bedeutung 346ff., 402f.
-Unterdrückung im Christentum 313ff.
Volk 371
Volksmund
-und Psychosomatik 212ff., 218ff.

Weite des Herzens 35
Welt, johanneisch 395[6]

Weltbrüderschaft 169
Weltelternmythe 604
Weltentstehung 536, 537
Wiedergeburt 146, 530, 538f.
Wiederholung 196
— des Endlichen kraft des Unendlichen (s. Glauben) 274, 433, 695[22]
— in Bewußtheit 409
Wiederholungszwang 606, 608, 610, 618, 620
Wiederverheiratung Geschiedener 711
Wirklichkeit, symbolische 89, 333, 761f.
Wissen Christi 176
Wort, religiöses 668
-als ewige Gegenwart 671
-als Heilmittel 160ff.
-als Individualisierung des Hörers 675
-als isoliert vom historischen Kontext 669ff.
-als moralisierend mißverstanden 707ff., 755
-als Rätselrede 674–681
-als Rede in existentieller Gleichzeitigkeit 672
-als wesenhaft paradox 674–677, 756
Wunder der Verwandlung 176
Wunder(erzählung) 39–41, 43ff.
-als apologetischer Irrtum 76
-als bleibende Wahrheit 45, 187, 239
-als Heteronomie des Denkens 54
-als Teil der Christologie 65, 250, 276
-als Zeichen 66, 240
-ihre scheinbar fehlende Historizität 65, 66
-ihre immanente Symbolik 242, 243
-ihre Ubiquität in allen Kulturen 75, 163, 164, 240
-ihre Typik 207, 209, 239ff., 248[2], 278, 293[20]
-im Buddhismus 106[76]
— und Eschatologie 78[7], 293[20]
— und Mirakelglaube 68
— und modernes Weltbild 46ff.
— und Notwendigkeit anthropologischer Vertiefung 78[7]
— und Theodizeeproblem 43, 45
-(s. auch Eschatologie, Psychosomatik, Sakrament, Schamanismus)
Wunderheilung
-als Visionsauftrag 79, 80
-als Zentrierung zur Mitte der Welt 93, 94
— und Glaube 574[87]
— und »Medikamente« 80, 81, 89, 90
— und Sakramente 130ff.

Zahlenmystik 144, 396[8], 413[36], 417
Zahlen 417, 418
-Eins 306[30]
-Zwei (Syzygie) 396[11], 411ff., 584[107]
-Drei 131[18], 306[30]
-Vier 81, 111, 131[18], 201[18], 347
-Sieben 131[18], 323, 572[84]
-Acht 131[18]
-Neun 323
-Zwölf 323, 517
Zeit
-Aufhebung der - 324
-Linearität der Zeit 606
-Modifikationen des Zeiterlebens 606ff.
-Symbolische Zeit 399
-Zyklus der Zeit
-als Kirchenjahr 601
-als Synthese aus Zeit und Ewigkeit 596[7], 600ff., 619[29], 625[8]
-als neurotischer Wiederholungszwang 597, 603ff., 690
-Vier-Weltalter-Lehre 470, 471
-(s. Apokalyptik, Eschatologie, Geschichte)
Zeitrafferregel - Zeitzerdehnungsregel 180, 281, 336, 387, 686, 698
Zeloten 684[3], 700[3], 719[19]
Zen (s. Mystik) 680[16]
Zerstückelung (kultische) 171
Zwangsneurose 231ff., 583[105], 589
— und Zeiterleben 610–611
Zweireichelehre 511[1]

4. Bibelstellen

(Fettdruck bezeichnet die ausführlicher besprochenen Stellen.)

Altes Testament und Spätjudentum

Genesis
1,2 388[30]
2,9 81
2,15 618
2,18-20 154
3,1-7 388, 613
3,9 404
3,24 557[52]
4,1-12 749[9]
4,10 404
8,22 601
18,1-16 184
19,26 173[12]
28,10-22 689
28,18 466
29,31 638[2]
31,30 219
32,22-32 689
32,32 400
37-47 628
38,2 641
38,26 642
38,27-30 642

Exodus
2,12 390
3,1-17; 4,1-12 (J) 379ff.
3,5 385
3,7 371[30]
3,14 375
4,1 387
4,10 389
4,11 390
4,25 384
7,9-12 387
7,10ff. 130[17]
7,17.19f 547
7,17.19-25 562
7-10 542
14,20 440
15 401
15,14f. 440
20,3 358
20,13 390
23,27f. 440
33,12 356
33,13 356
33,18-23 356

Leviticus
14,1ff. 130[17]
15,25-27 282
15,29 295
21,1-4 252
22,4 252
26 635[7]

Numeri
11,24-30 357, 370
12,6-8 358
19,11-16 252
20,22 131[17]
21,4-9 157
22 38
24,17 441

Deuteronomium
6,4 126
18,9 130[17]
18,15 348
28 635[7]
33,1-29 356
34,10-12 355

Josua
2,1 643
2,9.24 440
2,11 644
5,1 440
7,5 440
10,11 440
23,15-16 635[7]
24,7 440
24,16ff. 440

Richter
2,13-14 635[7]
3,7-8 635[7]
3,21 407
4,17-24 654
5,1-31 366
5,4 440
6,1-2 635[7]
9 pass. 593
9,7-15 365
13,1-24 184

Ruth
1,16 644
1,20 644

1 Samuel
1,1-20 184
2,11-17 369
7; 8; 10; 11 pass. 593
8,1-22 634
8,10-18 365
9; 1-8.10-27; 10; 11; 13; 14 pass. 593
10,5-6 357
11,5-10 220
15,10-31 230
16,4.15 230
18,27 649
19,18-24 357
20,1 421[53]
25,1-42 649
25,43 649
25,44 649

2 Samuel
3,28 650
6,20-23 649
9-20 pass. 592
12,1-15 367
12,1-25 647
13,1-37 649
13,37 649
14,13 650
20 652
20,19 652
21,10 653

1 Könige
1,1-53; 2,10.12 593
9; 10 pass. 593
12 pass. 593
17,1 547, 567
17,2-6 38
18,1-46 358, 561

18,26-29 359
21,17-22 368
22,1-28 366

2 Könige
1,8 378
1,10 547
2,3.4.6 429
2,3.5 432
2,1-14 378
2,1-15 424ff.
2,12 432, 433
4 pass. 377
4,18-37 278
5,8.14f.20 377
5,9ff. 130[17]
5,22 432
6,1 432
6,2.12.21 433
9,1 432
9,11 357
9,30-37 654
11,1-20 654
13,20-21 435

Esther
5 654
8,3ff. 654

Tobit
Tobit 280, 281, 298, 641[11]

Hiob
4,12-21 220
4,15 220
12,7-10 148
15,2 218
32,18-20 218
32,19 218
32,20 218
33,15-17.19.20 220
38-41 15
38,36.41 148
39,1-30 148

Psalmen
2,7 348
7,7 353
9,20 353
16,9 128
22,15-18 219
23 451
24 109
27 451
29 651
31,6 499
31,11-16 499
36,10 382
37,21 219
42,2 689[6]
51 524
56,5.12 29
62 451
67 249
68,31 453[33]
71 451
74 453[33]
78 635[7]
84,3 219
89 453[33]
91 451
103 704
104,29.30 523[45]
107,29 401[19]
115,4-8 578
121 451
124 451
126,1 728[3]
129 451
135,15-20 578
144,1 459[42], 629

Kohelet
10,2 408

Hohes Lied
5,2.5 217

Weisheit
2,19 305[27]

Jesaja
3,13 353
5,15 384[17]
6,1-7 381
6,2 384
6,9 680
6,13 81
7,9 134
7,20 384
9,1 400
9,5f. 547
11,1 81
11,6-8 154
13 439
20,2 372
27,1 453[33]
28,16 135
34 439
34,6 439
35,5f. 66, 400
40,2 34
43,16ff. 439
46,10 439
53,7 580
57,7 359
58,6ff. 462[44]
61,1 66
63,3 532
65 249

Jeremia
1,11.13 381
1,17 388
13,23 476
18,1a 374
20,7 446
20,9 100
20,10 499
20,14f. 253
27,1.2.3.4.12; 28,1.2-13.14.15-17
375
31,31 439, 476
35 371

Ezechiel
4 372
5 372
5,5 448[25]
6,13 559
7 439
12 372
12,13 453[33]
20,7-14 358
30 439
31 81
36,25-37 689[6]
40,3ff. 560[61]
43,7 252
47,12 81

Daniel
2,44 469
7,1ff. 469
7,2ff. 471
7,21 563
8,23 471

Hosea
1,2 583
1,2-9 372
2,2 583
2,8 358
3,1-5 372
4,12.13 359
5,15 421[53]
11,1 358

Joel
1,4ff. 555[43]
2,1-11 439
2,28-32 313

Amos
7,16 357

Jona 372
1,7 389
1,8 259
1,9 259, 363
2,1 388

Micha
2,6.11 357

Zephanja
1,7-18 439

äthiop. Henoch
8 471
37,2-4 471
72-79 471
83,7 471

syr. Baruch-Apk
Bar-Apk 468[5]
44,11 436

Psalmen Salomos
17,6-9 441, 442

Assumptio Mosis
10,3 352

4. Esra-Buch
4 Esra 468[5], 551

7,46 514[11]
8,35 514[11]
8,41 740[4]
14,50 471

Qumrantexte
CD (Damaskusschrift)
1,20 493
5,21 493
1 QH (Loblieder, Höhle 1)
III 6-8.9f. 547
1 QM (Kriegsrolle, Höhle 1)
1,1-5 493
1,2 496[62]
1,9.11 518
1 Q pHab (Habakuk-Pescher-Kommentar)
2,1-6 493
1 QS (Sektenregel, Höhle 1)
III 20 518
IX 10f. 547

Neues Testament

Matthäus
1,3 641
1,5 643
1,3.5.6 640
3,11 689[6]
5,24 421[53]
5,25f. 717
5,31-32 711
5,44 353
5,45 704
6,3 408
6,19 489
6,21 490
6,23 682
6,24 701
6,25-34 464
6,27 682
6,33 699[1]
6,34 443
6,34b 682
7,16 374
7,21 24
8,22b 682
9,10 418
9,22 124
9,29 124
10,7 244
10,17-36 493
10,29f. 682
10,34 562[67]
10,39 751
11,5 66, 400
11,9 418
12,34b 682
12,44 421[53]
12,45 268
13,3-9 739ff.
13,52 673
13,58 176
14,22-32 29ff.
14,28-31 401
15,28 124
16,14 499
18,15-18 758
18,20 346
18,21-35 716
20,27 489
22,1-10 718[17]
22,14 682
22,1-14 717
23,8 24
23,13 758
24,12 313
24,20 758
24,45-51 734
25,14-30 418, 716
25,14-38 746ff.
25,27 421[53]
25,31-46 462[44], 464
26,61 682
27,51 567

Markus
1,6 376
1,10 522
1,10-11 152, 343
1,11 567[78]
1,13 154
1,15 351, 490, 623[7]
1,16.19 700[2]
1,16-20 489
1,22.27 125

1,25 106
2,5 96
2,16 418
2,19 682
2,22 18
2,23 682
2,27 682
3,1-6 682
3,4 682
3,21 155, 373
3,23 722
4,3-9 720, **739ff.**
4,9 667
4,12 557[51]
4,13-29 718[17]
4,15 682
4,21 667, 668
4,21-25 667
4,21.22 667
4,22 667
4,23.24 667
4,24 667
4,25 667
4,34 680
4,35-41 166, 401
4,39 167
4,49-50 667
5,1-20 246, **247ff.**, 339[19]
5,7 262, 757
5,8 262
5,9 265
5,15 251, 415
5,18-20 249
5,19 275
5,20 275
5,21-43 43, 246, **277ff.**, 280
5,23-28 292
5,33 292
5,34 124, 279, 293, 294
5,35-43 307
5,40 306
5,42 307
6,5 136, 176
6,14-29 593, 654
6,17 655
6,30-44 66
6,45 401
6,45-51 412
7,17 722
7,31-37 242, 246
7,33 130[17]
7,33-34 106
8,1-9 66
8,32-33 668
9,2-13 347
9,7 567[78]
9,14-29 134, 135, 138
9,38 306[29]
9,38-39 20
10,1-2 710
10,7 754
10,17-27 **697ff.**
10,18 768
10,21 273
10,22 702[6]
10,24 704[9]
10,27 699[1]
10,29-30 754
10,31 682
10,33b-45 306[29]
10,46-52 27
10,52 124
11,23 176, 680, 681, 754
12,13-17 682, **683ff.**
12,18-27 682
12,29-31 490
12,30 126
12,38 16
12,41-44 682
13,2 682
13,5-23 493
13,13-37 717
13,19 391
14,22-25 422[54]
14,58 682
14,61-62 139
15,15 682
15,39 139, 140, 275
16,17-18 74, 156
16,18 244

Lukas
1,5-25 184[35]
1,26-38 184
1,48 623[7]
1,52f. 464[46]
2,1-20 178
2,29 623[7]
2,34 354
3,11 489
3,21 95
4,18-19 462[44]
4,23 682, 722
4,36 112
5,1-7 143
5,1-11 400
5,10 623[7]
5,17 112
5,19 112
5,36 722
6,20-23 682
6,21 623[7], **708ff.**
6,22 309
6,24 709[2]
6,24-26 682
6,25 708
6,31 682
6,39 682, 722
7,27f. 376
7,28 376
7,36-50 230, 682, 683
7,50 124
8,2 230
8,2.3 274
8,4-8 **739**
8,46 112
8,48 124
9,1 112
10,7b 682
10,13-15 682
10,23 682
10,30-37 464
11,26 268
11,28 682
11,31-32 682
11,52 747
12,22-31 464
12,35-38 682
12,42-46 734
12,45 734
12,49 669
12,52 623[7]
12,58f. 716
14,1-6 682
14,7 722
14,15 682
14,16-24 418, 717, 718[17]
15,11-32 715
15,30 716
16,1-8 731
16,15b 682
16,19-31 709[2], 716
16,24.26 58
16,25 623[7]
17,6 136
17,33 751

17,19 124
18,1-8 732, 733
18,42 124
19,9 273
19,11-27 746ff.
19,42 623[7]
22,15-20 422
22,18.36.69 623[7]
22,39-46 350
22,69 353
23,5 272
23,34 353
23,46 499
24,13-35 317
24,17 305, 404

Johannes
1,5 399
1,13 693[15]
1,29 177
1,45-51 382
2,1-10 49
2,18.20 694[17]
3,3-8 693[15]
3,14 157
3,19 399
4,1-5 687[2]
4,1-42 683, **686ff.**, 723
4,8.9 696[24]
4,9.27 687[2]
4,10-14 686[1]
4,12 689[5]
4,15 690[9, 11]
4,16 691[11]
4,16-19 686[1]
4,23 623[7]
4,27.28 696[24]
4,28 696[24]
4,35-38 686[1]
5,1-9 185
5,25 623[7]
6,15 309
6,16-21 401
6,26 696[24]
6,34 690[9]
6,35 696[24]
7,73-39 689[6]
8,12 399[15]
8,40.52 623[7]
9,3 96
9,6 106, 130[17]
9,21 623[7]
9,39.41 399
10,18.37 125
11,9 399
11,21 278
11,26 513
11,33.41 108
11,43 27
12.24 524
12,25 751
12,27.31 623[7]
12,35.46 399[15]
13,30 399
13,31.36 623[7]
14,6 770[6]
14,10 89
14,12 125
14,24 435
14,29 623[7]
15,22.24 623[7]
16,5.22.29 623[7]
16,8-11 526
16,23a 421
16,33 401
17,5.13 623[7]
20,1.11-18 317
20,3-10 396
20,3ff. 412
20,4 412
20,8 412[34]
20,11-15 230
20,13.15 305, 404
20,18 421[53]
20,19-23 317, 394
20,24-29 394
21,1 395
21,1-12 412[34]
21,1-14 143, 317, 378, **392ff.**, 393[3], 396, 398[13], 402
21,5 704[9]
21,6 408
21,7 412[34]
21,8 413[36]
21,11 413[36]
21,15-23 396

Apostelgeschichte
1,11 435
1,16 442
2,1-4 522
2,12 442
2,17 313
6,8 112
6,15 353
7,9.13 414
7,55f. 353ff., 553
7,60 353
9,9-19 324
9,36-43 278
12,1-19 339
13,8ff. 130[17]
14,9 124
15,36-21,26 593
19,15 442
22,7f. 567[78]
26,19 567[78]

Römer
1,29-31 711[9]
3,25 492
4,25 492
6,6 171
6,8 500
7 736[8]
7,7-25 736
7,13 171
13,12 400

1. Korinther
5,10.11 711[9]
6,9 710
6,9f. 711[9]
11,23-26 422[54]
15,3 765
15,3ff. 492
15,8 313
15,20 518
15,50 324[13]
15,54 156
16,22 421

2. Korinther
4,7 696[24]
5,1 435
5,17 520
12,2.4 323
12,20-21 711[9]
13,2-4 737

Galater
5,20 711[9]

Epheser
1,22 109
4,31 711[9]

5,3-5 711[9]
5,8 518
5,22-6,9 711[8]

Philipper
2,6-11 423
3,20 492

Kolosser
1,15-18 109[80]
1,16-18 138
1,24 109[80]
2,10.19 109[80]
3,5-8 711[9]
3,18-4,1 711[8]

1. Thessalonicher
1,9f. 492
1,10 492
4,15ff. 492
5,1-11 736
5,2 33

2. Thessalonicher
1,5-10 492
2,10 313

1. Timotheus
1,9f. 711[9]
1,10 710
2,8-15 711[8]
5,3-8 711[8]
6,1-2 127[15], 711[8]

2. Timotheus
3,1-5 313
3,2-7 711[9]
4,1 438[6]
4,18 438[6]

Titus
2,2-10 711[8]
2,9 127[15]

Hebräer
8,5 438[6]
9,9 722
9,23 438[6]
10,1 438[6]
11,19 722

Jakobus
1,17 618

1. Petrus
2,18-3,7 711[8]
3,22 354

2. Petrus
3,10 493
3,11-18 736
3,13 520

1. Johannes
1,1ff. 70
1,5 618

Apokalypse
3,4.5.18 516
4,4 516
5,1 541
5,6.9.12 177
6,1-8,1 541, 569
6,11 516
7,9.13 516
8,2-11,19 541, 542f., 568, 569, 570, 581
8,2-22,5 541
9,13-21 547
9,21 557
10,1-11 558, 568
10,2 558
10,6 559
10,8-11 558, 570
10,8.9 558
11,1-2 564[73], 573
11,1-13 543
11,3ff. 561
11,1-14 568, 570
11,7 563
11,3-13 547[14]
11,3-19 581
11,7-10 567
11,15-19 543, 570, 573
11,19 567
12 530, 543, 550
12-14 543, 549
12,1-6 553, 570, 572, 582
12,1-14,20 543ff., 569, 581
12,1-6.13-17 545
12,1-17 569, 575
12,6 575
12,7-12 573
12,13-17 583
12,18-13,10 548, 572
12,18-14,20 569, 573
13,1-18 401
13,11 580, 583
13,11-18 548, 578
14 569
14,1-5 549, 580
14,3 581
14,14 549
14,15 532
14,14-16 523
14,20 532
15 541, 542, 569
15,1-20,5 581
16 541, 542, 569
16,17-21 543
17 543
17-19 543
17,1-20,5 569
17,1-22,5 543, 545
17,1-6 582
17,1-7 577
17,1-18 548
17,7-18 581
17,10 548
17,15-18 548
17,17 552
18,20 551
19,1-10 569, 582, 584
19,10 549
19,11-21 585[11], 588
19,14 516
19,20 532
19,21 532
20,1.2 588, 589
20,1-3 529
20,6.14 533
20,10.14 540
20,14 532
21,1 401, 520
21,4 540
21,25 400
22,1 589
22,2 589
22,4 589
22,13 497
22,17.20 421

Philippusevangelium 541[121]

Thomasevangelium 666
64 718[17]